# 改革潮头鼓呼集

（上卷）

施芝鸿　著

人民出版社

1986年年底，我由上海市人民政府农业委员会办公室奉调进入中共上海市委研究室文件起草组工作。从那时起，我便由政府系统的政策研究岗位，转入了中共上海市委的政策研究平台。在此期间，上海正处于由全国改革开放的后卫向前锋的战略转变期。在进入上海市委研究室工作初期，我为改革开放写下的一系列鼓呼文章，既有为中国改革开放必须全面坚持“一个中心、两个基本点”的基本路线的鼓呼，也有为当时的中共上海市委主要领导同志全力推动的经济体制改革、国有企业改革、股份制改革、住房改革、副食品生产和消费政策改革、文化体制改革和文化对外开放的鼓呼。这些鼓呼文章，留下了上海在20世纪80年代中后期，为迎接更大力度的改革作好充分准备的历史痕迹。

进入20世纪90年代，我先是在1991年年底和1992年年初，同上海解放日报社党委书记、副总编周瑞金，《解放日报》评论部主任凌河同志一道，在我国改革开放的风口浪尖上，自觉按照邓小平同志1991年视察上海期间的重要谈话精神，以皇甫平的笔名，联手撰写了包括《改革开放要有新思路》《改革开放需要大批德才兼备的干部》等4篇为推动上海新一轮思想解放和改革开放而鼓与呼的政论文章。这些文章在全国思想理论界和广大党员干部中，均引起很大反响。

1992年春天，当被称为“忽如一夜春风来，千树万树梨花开”的邓小平同志南方谈话精神传到上海之时，我深为“东方风来满眼春”的壮阔气势所振奋和鼓舞，连夜撰写了《十一届三中全会以来的路线要讲一百年》的署名评论文章，接着又连篇撰写了《迎接澎湃涌动的改革开放新高潮》和《思想更加解放　加速改革开放》等一系列评论与鼓呼文章。

1992年年底至1995年年初，我被借调至中共中央宣传部，协助时任中共中央宣传部常务副部长的郑必坚同志，编写《邓小平同志建设有中国特色社会主义理论学习纲要》。在此期间的1993年，适逢党的十四届三中全会作出《中共中央关于建立社会主义市场经济体制若干问题的决定》。我在认真学习研读基础上，及时撰写了《论我国90年代改革的战略转变》的评论文章。接着，又应《人民日报》副总编周瑞金同志邀请，同他合作撰写了署名任仲平的《上下一心打好今年改革攻坚战》的评论文章。这篇在当时影响很大的评论文章，同此前撰写的皇甫平文章一样，都为20世纪90年代党中央关于“抓住机遇、深化改革、扩大开放、促进发展、保持稳定”的工作大局，起到了舆论造势作用；并在我国改革开放进入新阶段波飞浪涌的改革大潮中，卷起了几朵有声有色的雪浪花。

1995 年，我在结束了中共中央宣传部的借调工作之后，由中共上海市委研究室调入上海浦东新区党工委、管委会政策研究室工作。当时，正值《邓小平同志建设有中国特色社会主义理论学习纲要》和《邓小平文选》（第三卷）出版发行不久。我为推动邓小平理论在浦东新区的学习和贯彻落实，特别是为落实邓小平同志关于“抓紧浦东开发，不要动摇，一直到建成”的谆谆嘱托，连续撰写和发表了《论我国全面改革是一场新的伟大革命》《邓小平对外开放理论与浦东开发开放》《中国的社会主义制度为什么“站得住”》以及《世纪尾声访问俄罗斯和芬兰的收获与思考》等理论和评论文章，留下了当时的上海黄浦江两岸改革开放涛声裂岸、一时卷起千堆雪的历史痕迹。

世纪之交的 2000 年，我先是被借调、以后又正式调入中共中央办公厅调研室工作；7 年以后，在党的十七大召开前夕，又由中共中央办公厅调研室调入中共中央政策研究室工作；在 2013 年召开的十二届全国政协第一次全体会议上，我当选全国政协委员，并进入全国政协社会和法制委员会工作。在此期间直到本书汇编出版之前，我先后参与了党的十六大、十七大、十八大、十九大这四次党的全国代表大会和七次党的中央全会的文件起草工作。收入本书的解读文章、理论文章、评论文章，以及接受中央主流媒体、地方媒体和海外媒体记者采访的访谈文章，都同阐释和鼓呼党的十六大、十七大、十八大、十九大这四次党的全国代表大会和七次党的中央全会的文件精神息息相关，也同深入解读和阐释“三个代表”重要思想、科学发展观、习近平新时代中国特色社会主义思想息息相关。

细心的读者当会发现，收入本书“进入 21 世纪”和“党的十八大以来”这两个时期的所有理论文章和评论文章中，有多篇是直接阐释和论述这两个时期的改革开放伟大历史进程的。比如，《联系实际学习和把握江泽民同志的改革观》《改革开放的伟大历史进程和宝贵经验》《改革开放新时期与三大历史性变化》《改革开放伟大历史抉择与中国社会发生的深刻变化》《不动摇不懈怠不折腾这三句话是对改革开放 30 年经验的大力度概括》《建设一个什么样的新中国：60 年憧憬与奋斗》《从经济“走出去”到中华文化“走出去”的由来与未来》《三件大事、接力奋斗与奋力把改革开放推向前进》《准确把握我国文化改革发展面临的机遇和挑战》《我们党对社会主义市场经济新体制形成的八大规律性认识》《党的十八大报告是一个充满改革精神时代精神的报告》《党的十八大与我国民主政治建设和政治体制改革》《“摸石头就是摸规律，并非不过河”》《关于司法公正和司法改革问题》《以深化改革有效促进我国协商民主广泛多层制度化发展》《党的十八届三中全会决定总基调和全面深化改革总目标》《通过全面深化改革和推进现代治理努力实现我国“第五个现代化”》《改革创新精神的基本内涵和重要意义》《在全面深化改革中打破利益固化等问题需要加大相关制度供给》《全面深改需改革和法治两个轮子一起转》《供给侧结构性改革是如何出炉的》《国家监察体制改革是关系全局的一项重大政治体制改革》《在中国特色社会主义新时代　改革要更加注重系统性整体性协同性》等，这些为深化改革和全面改革鼓与呼的理论文章和评论文章，同我在20世纪八九十年代撰写的一系列为改革开放鼓与呼的评论文章、政论文章一样，都是作为一名党的政策研究和理论宣传工作者，对改革情有独钟和担当精神的体现。

2016年5月17日，习近平总书记在哲学社会科学工作座谈会上的讲话中指出，“这是一个需要理论而且一定能够产生理论的时代，这是一个需要思想而且一定能够产生思想的时代。我们不能辜负了这个时代。”我对此深有思想共鸣和实践体认。1998年，我在自己的第一本专著《改革潮头雪浪花》的“前言”中曾这样写道：“浪花依恋大海，没有大海哪有浪花。理论来自实践，没有火热的改革实践，没有常青的生活之树，哪有丰硕的理论之果。所以，我对改革情有独钟。我觉得，理论工作者要用理性之光来观察改革，用辩证思维来研究改革，用健全的心态来对待改革。理论工作者无权向改革发牢骚，更无权对改革作壁上观；他们对改革只有参与的义务、导向的责任；他们要始终与改革同呼吸、共命运，关注改革的进程，思考改革的难点，参与改革的攻坚，总结改革的规律。‘文以载道’，就当代来说，归根结底要载改革开放是振兴中国必由之路的‘人间正道’。”我在改革开放40年伟大实践中正是这样做的，今后还会继续这样做。

这里，还有必要就本书的书名《改革潮头鼓呼集》作一说明。2014年，习近平总书记在他亲自主持召开的文艺工作座谈会上的讲话中指出，文艺工作者要“感国运之变化、立时代之潮头、发时代之先声，为亿万人民、为伟大祖国鼓与呼”。时隔三年，习近平总书记又在新兴市场国家与发展中国家对话会上的发言中强调："我们要为开放型世界经济鼓与呼，坚定支持多边贸易体制，反对保护主义，引导经济全球化实现包容、普惠的再平衡。"在这里，"立时代之潮头"是总书记明确要求的，"鼓与呼"是总书记一再强调的；而在改革潮头不断鼓与呼，又是我这40年来一以贯之努力践行的。可见，把这本专著命名为《改革潮头鼓呼集》是适宜的。同时，《改革潮头鼓呼集》又恰好同我的第一本专著《改革潮头雪浪花》，构成了前后贯通的姊妹篇。

是为序。

# 目　录

绪论：习近平全面深化改革重要思想的鲜明时代特色 ………………… 1

## 一、20世纪80年代

重视农业科学　加速农业现代化 ……………………………………… 9
（1980年3月6日）
切莫忽视农业科技人员的作用 ………………………………………… 12
（1980年3月19日）
上海采取多种联办形式搞活农村经济 ………………………………… 14
（1980年7月20日）
耻于贫穷　勇于致富 …………………………………………………… 16
（1980年10月23日）
关于上海嘉定县试行全部作物联产到劳、按户结算责任制的情况调查 ………………………………………………………………… 18
（1981年6月23日）
关于上海郊区农业生产责任制情况的调查报告 ……………………… 26
（1981年8月4日）
为科学下乡喝彩 ………………………………………………………… 36
（1982年5月27日）

“责任制加机械化”好 …… 38
（1982 年 7 月 21 日）
在农业现代化的道路上 …… 40
（1982 年 9 月）
赴广东省学习考察农村改革情况报告 …… 44
（1982 年 9 月 22 日）
抓一抓“人才普查” …… 58
（1982 年 10 月 7 日）
欢迎上海市郊农村多出“万元户” …… 60
（1982 年 10 月 21 日）
“大而专”应与大包干并存　重在体现联产精神 …… 62
（1982 年 11 月 26 日）
改革解“缰绳”　“病马”又奔飞 …… 73
（1985 年）
旗帜鲜明地支持和保护改革 …… 77
（1986 年 4 月）
让生产者参与流通是大有可为的一着 …… 80
（1986 年 6 月 15 日）
龙港崛起“农民城”引发的联想 …… 81
（1986 年 10 月 9 日）
以“外引”促“内联” …… 82
（1986 年 10 月 19 日）
顺应农村改革以来商品经济发展　加快沪郊集镇建设步伐 …… 84
（1986 年 12 月）
用城市科技文化的强大优势带动农村 …… 89
（1987 年 1 月 10 日）
对“城乡一体化”的宣传要强化　认识要深化 …… 91
（1987 年 3 月）
改革中的秘书工作和秘书工作的改革 …… 94
（1987 年 3 月）

党的“富民政策”不会“小富即变” …… 100
（1987 年 3 月 29 日）
在改革中稳步推进沪郊农村城市化 …… 102
（1987 年 4 月 29 日）
上海结合改革开展坚持两个基本点正面教育的情况…… 104
（1987 年 9 月）
邓小平怎样把握中国改革开放的正确方向 …… 112
（1987 年 10 月）
以四化为己任　与改革共命运 …… 117
（1987 年 10 月 10 日）
上海从“南天”广东取得改革开放“真经”回 …… 119
（1988 年 1 月 23 日）
上海文化也要在改革中朝外向型发展 …… 121
（1988 年 2 月 25 日）
改革向深层拓展中的“士气”问题一议 …… 123
（1988 年 5 月 19 日）
从对副食品消费的明补政策说到自觉尊重价值规律…… 125
（1988 年 6 月）
调整我们的心态 …… 128
（1988 年 6 月 8 日）
在改革关键阶段用强大精神力量把全市人民凝聚起来 …… 130
（1988 年 7 月 27 日）
深化改革呼唤普遍增强“断乳意识” …… 132
（1988 年 9 月 13 日）
回首改革开放　十年辛苦不寻常 …… 134
（1988 年 12 月）
指导改革开放历史新时期企业思想政治工作的纲领性文件 …… 137
（1988 年 12 月 15 日）
试问谁愿从改革之路上退回去 …… 143
（1989 年 1 月 11 日）

对上海股份制试点企业情况的调查报告 …………………………… 145
（1989 年 1 月 25 日）
重视就改革中的重大问题展开社会讨论的作用 ………………… 158
（1989 年 2 月 24 日）
用十三届五中全会精神统一对治理整顿和深化改革的
思想认识 …………………………………………………………… 160
（1989 年 11 月）
我劝厂长重抖擞 …………………………………………………… 163
（1989 年 11 月 29 日）
当前思想政治工作的主旋律 ……………………………………… 165
（1989 年 12 月）
着眼于稳定　着力于鼓劲 ………………………………………… 168
（1989 年 12 月）

## 二、20 世纪 90 年代

稳定经济必先稳定农业 …………………………………………… 173
（1990 年 1 月）
领导干部下基层体察民情贵在有“情” ………………………… 176
（1990 年 1 月 9 日）
上海在改革中迎来思想政治工作的春天 ………………………… 178
（1990 年 2 月）
拨云见日廓清政治体制改革中的迷雾 …………………………… 187
（1990 年 2 月 8 日）
用“四个启动”特别是启动改革来启动市场 …………………… 195
——关于启动市场的若干思考
（1990 年 11 月）
上海开展房改方案全民大讨论是增强改革意识的大学校 ………… 200
（1990 年 12 月 20 日）
房改目标紧连着小康目标 ………………………………………… 202
（1991 年 1 月 5 日）

稳定鼓劲抓关键　开创“八五”新局面…………………………………………… 204
（1991 年 1 月 12 日）
做改革开放的“带头羊” ………………………………………………………… 206
（1991 年 2 月 15 日）
改革开放要有新思路 …………………………………………………………… 208
（1991 年 3 月 2 日）
扩大开放的意识要更强些 ……………………………………………………… 211
（1991 年 3 月 22 日）
改革开放需要大批德才兼备的干部 …………………………………………… 215
（1991 年 4 月 12 日）
附：周瑞金、凌河、施芝鸿：皇甫平三人谈……………………………………… 219
（1992 年 9 月）
群众路线与民主决策的产物 …………………………………………………… 230
（1991 年 2 月 9 日）
何以解忧　唯有改革 …………………………………………………………… 232
（1991 年 3 月）
更高地举起改革开放的旗帜 …………………………………………………… 235
（1991 年 3 月）
改革开放的时代精神与共产党员的奉献精神………………………………… 238
（1991 年 6 月 21 日）
毫不动摇地坚持改革开放 ……………………………………………………… 241
（1991 年 9 月）
老虎出山　猴子照跳 …………………………………………………………… 244
（1992 年 1 月 2 日）
党的十三届八中全会为深化农村改革指明了方向…………………………… 246
（1992 年 1 月）
十一届三中全会以来的路线要讲一百年 ……………………………………… 249
（1992 年 2 月 4 日）
试论十一届三中全会路线的“两个基本点”………………………………… 252
（1987 年）

论“两个基本点”的统一性 …………………………………………………… 258
（1989年10月）
迎接澎湃涌动的改革开放新高潮 ………………………………………… 265
（1992年3月）
在深化思想解放和扩大改革开放中开创市郊农业和农村工作
新局面 ……………………………………………………………………… 268
（1992年3月1日）
进一步加强精神文明建设　推动加快上海改革开放步伐 ………… 270
（1992年3月10日）
论走向市场 ……………………………………………………………… 273
（1992年4月15日）
论加速发展 ……………………………………………………………… 277
（1992年6月6日）
思想更加解放　加速改革开放 ………………………………………… 281
（1992年6月）
论改革开放姓“社”不姓“资” ………………………………………… 284
（1992年6月22日）
新一轮改革形势喜人逼人又催人 ……………………………………… 288
——论上海经济要上新台阶
（1992年6月22日）
加快改革开放步伐　呼唤换脑子壮胆子探路子……………………… 290
——再论上海经济要上新台阶
（1992年6月25日）
论适应加快改革新形势　加快“换脑筋” ……………………………… 292
（1992年7月6日）
论建立社会主义市场经济 ……………………………………………… 297
（1992年7月15日）
勇当“龙头”　当好“龙头” ……………………………………………… 302
（1992年7月30日）
既要唱“畅想曲”　更要唱“进行曲” ………………………………… 306
（1992年7月）

加快上海郊区“三资”企业发展步伐 …………………………… 309
（1992 年 7 月）
发挥上海“龙头”作用必先着力振兴和发展第三产业 ……………… 313
（1992 年 8 月）
改革开放十四年与我们党的十四大 …………………………… 315
（1992 年 10 月 1 日）
贯彻党的十四大精神　要讲唯物辩证法 ………………………… 319
（1992 年 11 月）
社会主义同市场经济不存在根本矛盾 ………………………… 322
（1992 年 11 月）
始终高奏改革主旋律　坚持以改革促发展 ……………………… 330
（1993 年 1 月 23 日）
热烈庆贺《邓小平文选》第三卷出版发行………………………… 333
（1993 年 11 月）
贯穿《邓小平文选》第三卷的“四个搞清楚” ……………………… 335
（1993 年 11 月 12 日）
按照十四届三中全会要求　把更大的精力集中到加快
改革上来 ………………………………………………………… 347
（1993 年 11 月）
“总设计师”怎样设计中国的“形象” ……………………………… 350
（1993 年 12 月）
为有攻坚多壮志　敢教改革谱新篇 ……………………………… 358
（1994 年 1 月）
论我国 90 年代改革的战略转变 ………………………………… 361
（1994 年 1 月）
上下一心打好今年改革攻坚战 ………………………………… 370
（1994 年 3 月 10 日）
附一：周瑞金、施芝鸿谈《人民日报》发表的《上下一心打好今年改革
攻坚战》一文的写作背景 ………………………………………… 377
（1994 年 3 月）

附二：皇甫平又用自己的语言表述中央的精神 …………………………… 381
——读任仲平《上下一心打好今年改革攻坚战》
（1994 年）
革除旧貌换新颜　彩笔绘出新天地 ………………………………………… 384
（1994 年 5 月 27 日）
为改革攻坚战“三大战役”告捷喝彩 ……………………………………… 388
（1994 年 8 月）
发展：当代中国的主义与问题 ……………………………………………… 391
（1994 年 8 月）
浦东开发开放与投资环境投资政策 ………………………………………… 401
（1994 年 9 月 7 日）
中央对浦东开发开放的定位从“重点”到“龙头”再到“标志” …… 406
（1995 年 4 月）
学习理论抓住纲　百年不变铸辉煌 ………………………………………… 409
（1996 年 1 月）
“十个一定要”与“一百年不动摇” ……………………………………… 417
（1997 年 4 月 17 日）
旗帜 · 方向 · 形象 ………………………………………………………… 419
（1997 年 7 月 8 日）
论我国全面改革是一场新的伟大革命 ……………………………………… 421
（1997 年 7 月）
邓小平理论是指引我们党胜利前进的伟大旗帜 …………………………… 443
（1997 年 11 月）
要有一个好的精神状态 ……………………………………………………… 449
（1997 年 10 月 30 日）
依托浦东开发开放　推动沪港台更大力度经贸合作 ……………………… 451
（1998 年 3 月 24 日）
邓小平对外开放理论与浦东开发开放 ……………………………………… 460
（1998 年 4 月）
中国的社会主义制度为什么“站得住” …………………………………… 467
（1999 年 9 月 3 日）

打好国有企业改革和发展的攻坚战 …………………………………… 476
（1999 年 10 月 15 日）
世纪尾声访问俄罗斯和芬兰的收获与思考 ……………………………… 479
（1999 年 12 月 1 日）

## 三、进入 21 世纪

浦东开发是快速发展与可持续发展的统一 ……………………………… 487
（2000 年 5 月 23 日）
改革攻坚阶段的反腐败题材创作需要把握好三个关系 …………… 492
（2000 年 9 月 7 日）
赴欧培训考察对西方公共行政管理和公务员管理改革情况的
“十个搞清楚” ……………………………………………………………… 495
（2001 年 6 月 28 日）
在改革开放中加强和改进党的作风建设 ……………………………… 504
（2001 年 11 月）
准确把握十六大报告的“魂”和“纲” ……………………………………… 512
（2003 年 1 月）
勇敢担负起历史和时代赋予我们的庄严使命 ………………………… 525
（2002 年 11 月）
在中国特色社会主义道路上实现中华民族的伟大复兴 …………… 529
（2002 年 11 月）
坚持用发展着的马克思主义指导改革发展新的实践………………… 533
（2002 年 11 月）
全面深化改革呼唤尊重和保护一切有益于人民和社会的劳动 …… 536
（2002 年 11 月）
尊重劳动、尊重知识、尊重人才、尊重创造是我们党和国家一项
重大方针 ……………………………………………………………………… 539
（2002 年 11 月）
党员干部在改革开放中要同步同向地实现与党俱进………………… 542
（2005 年 6 月 2 日）

把执政能力建设同先进性建设结合起来 …………………………………… 544
（2005年6月23日）
创新同改革连为一体密不可分 ……………………………………………… 547
（2006年1月10日）
联系实际学习和把握江泽民同志的改革观 ………………………………… 550
（2006年9月28日）
治党治国之道与江泽民同志的创新观 ……………………………………… 555
（2006年10月17日）
按照"三个代表"重要思想扎实有效推进党的建设 ……………………… 561
——学习《江泽民文选》要着重把握的精髓要义
（2006年10月）
构建社会主义和谐社会：从点题到破题 …………………………………… 575
（2006年10月）
列席党的十七大盛会和参与起草党的十七大文件的几点感受 …… 586
（2007年10月29日）
改革开放的伟大历史进程和宝贵经验 ……………………………………… 602
（2007年10月）
改革开放新时期与三大历史性变化 ………………………………………… 612
（2007年10月）
党的第一代中央领导集体的艰辛探索和改革开放………………………… 615
（2007年10月）
党的第二代中央领导集体的创新实践和改革开放………………………… 618
（2007年10月）
党的第三代中央领导集体的与时俱进和改革开放………………………… 621
（2007年10月）
以胡锦涛同志为总书记的党中央在接力推进伟大事业中把
改革开放继续推向前进 …………………………………………………… 624
（2007年10月）
党的十七大与新起点上新的思想解放 ……………………………………… 627
（2007年12月17日）

改革开放伟大历史抉择与中国社会发生的深刻变化………………… 639
（2008 年 7 月 24 日）
不动摇不懈怠不折腾这三句话是对改革开放 30 年经验的
大力度概括 ……………………………………………………… 660
（2008 年 12 月 20 日）
科学把握党对国际金融危机的辩证思考 ………………………… 665
（2008 年 12 月 17 日）
建设一个什么样的新中国:60 年憧憬与奋斗 ……………………… 675
（2009 年 10 月 1 日）
努力提高党的建设科学化水平 …………………………………… 692
（2009 年 10 月 29 日）
从经济“走出去”到中华文化“走出去”的由来与未来 ………… 701
（2010 年 5 月 11 日）
把坚持党的基本路线一百年不动摇贯穿党的建设
各方面和全过程 ………………………………………………… 710
（2010 年 11 月 25 日）
三件大事、接力奋斗与奋力把改革开放推向前进 ……………… 717
（2011 年 8 月）
准确把握我国文化改革发展面临的机遇和挑战…………………… 723
（2011 年 11 月 1 日）
把握好深入贯彻落实科学发展观的五个重要关系………………… 731
（2012 年 5 月 11 日）
我们党对社会主义市场经济新体制形成的八大规律性认识 ……… 741
（2012 年 6 月 11 日）
在改革开放中快速推进的上海市郊城镇化……………………… 748
（2012 年 10 月）

## 四、党的十八大以来

党的十八大报告是一个充满改革精神时代精神的报告 …………… 755
（2012 年 11 月 28 日）

从党的十八大报告看中国特色社会主义的最鲜明特色 …………… 770
（2012 年 11 月）
把推动工业化、信息化、城镇化和农业现代化同步发展写入
十八大党章的重大历史意义 ………………………………………… 782
（2012 年 11 月）
党的十八大报告中的八大关键词 ………………………………………… 786
（2012 年 11 月）
党的十八大与我国民主政治建设和政治体制改革………………… 791
（2012 年 11 月）
社会主义核心价值观与三个最大公约数 ……………………………… 796
（2013 年 3 月）
“摸石头就是摸规律，并非不过河” ……………………………………… 801
（2013 年 3 月 7 日）
关于司法公正和司法改革问题 ………………………………………… 807
（2013 年 6 月 14 日）
以深化改革有效促进我国协商民主广泛多层制度化发展 ………… 812
（2013 年 6 月 28 日）
准确把握全面深化改革的总目标 ……………………………………… 818
（2013 年 11 月）
党的十八届三中全会决定总基调和全面深化改革总目标 ………… 827
（2013 年 11 月 19 日）
通过全面深化改革和推进现代治理努力实现我国“第五个
现代化” ……………………………………………………………………… 829
（2013 年 12 月 2 日）
中国全面深化改革决不能犯颠覆性错误也决不能留历史性遗憾 … 834
（2014 年 3 月）
中央深改组没有权力寻租的空间或权钱交易的可能…………………… 846
（2014 年 3 月 13 日）
改革创新精神的基本内涵和重要意义 ………………………………… 851
（2014 年 3 月 11 日）

关于国家现代治理的基本价值 …………………………………… 854
（2014 年 1 月 26 日）
关于国家现代治理的建构 ………………………………………… 860
（2014 年 1 月 26 日）
对加大社会共治理论和实践探索的几点思考 ……………………… 866
（2014 年 8 月 27 日）
各级政府机构简政放权改革应体现“上下要联动”“左右要贯通” …… 871
（2015 年 7 月 10 日）
在全面深化改革中打破利益固化等问题需要加大相关制度供给 … 873
（2016 年 3 月）
全面依法治国标志着新时期我们党的工作重心的又一次伟大历史转折 ……………………………………………………… 879
（2014 年 12 月）
浅谈全面依法治国 ………………………………………………… 888
（2015 年 1 月）
“四个全面”可管两个百年 ………………………………………… 893
（2015 年 3 月）
全面深改需改革和法治两个轮子一起转 …………………………… 898
（2017 年 3 月 13 日）
供给侧结构性改革是如何出炉的 ………………………………… 900
（2016 年 3 月 15 日）
“一带一路”倡议背景下的中国企业以 10 种方式“走出去”是可以大有作为的 ………………………………………………… 904
（2015 年 1 月 30 日）
让中国先进制造力和强大建造力与“一带一路”沿线各国比较优势形成强大合力 ………………………………………… 909
（2015 年 2 月 2 日）
“一带一路”是兼济天下的体现 …………………………………… 916
（2015 年 5 月）
建立新型“政商关系” 亟须加强制度建设 ………………………… 923
（2016 年 3 月 16 日）

国家监察体制改革是关系全局的一项重大政治体制改革 ………… 926
（2017 年 3 月）
紧紧围绕核心　高度聚焦中心　永远不忘初心　上下勠力同心 … 930
（2017 年 3 月）
准确把握习近平总书记“7 · 26”重要讲话的五个关键词 …………… 936
（2017 年 8 月 10 日）
十九大吹响了新时代新的伟大进军冲锋号 ………………………… 943
（2017 年 10 月）
完善国家现代治理　呼唤全面深化改革 …………………………… 953
（2017 年 10 月）
在中国特色社会主义新时代　改革要更加注重系统性整体性协同性……………………………………………………………… 956
（2017 年 10 月）
新时代坚持和发展中国特色社会主义的基本方略 ………………… 959
（2017 年 10 月）
认真学懂弄通和学深悟透党的十九大精神的核心要义 …………… 966
（2018 年 1 月）
深刻领会习近平总书记的“三个一以贯之”重要思想 ……………… 979
（2018 年 3 月 29 日）

# 绪论：习近平全面深化改革重要思想的鲜明时代特色[*]

改革开放40年来，坚持与时代同步伐、与人民共命运的中国共产党人通过接力奋斗，实现了由“赶上时代”到“引领时代”的伟大跨越。特别是党的十八大以来，以习近平同志为核心的党中央提出和推进全面深化改革，聚焦完善和发展中国特色社会主义制度、推进国家治理体系和治理能力现代化的总目标，坚决破除各方面体制机制弊端，书写了在新形势下将改革开放不断推向前进的历史新篇章。习近平总书记关于全面深化改革的重要思想，具有鲜明的时代特色。

## 一、时代特色体现在不忘初心、继续前进，把党性和人民性相统一聚焦到全面深化改革的目标导向和价值取向上

中国特色社会主义进入新时代，我国社会主要矛盾已经转化为人民日益增长的美好生活需要和不平衡不充分的发展之间的矛盾。通过全面深化改革推动经济高质量发展，满足人民对更好的教育、更稳定的工作、更满意的收入、更可靠的社会保障、更高水平的医疗卫生服务、更舒适的居住条件、更优美的环境的期盼，是解决这一主要矛盾的必然选择，也是党性和人民性相统一的生动体现。习近平同志在担任党的总书记之初就庄严宣示：“人民对美好生活的向往，就是我们的奋斗目标。”他主持起草的《中共中央关于全面深化改革若干重大问题的决定》，坚持把促进社会公平正义、增进人民福祉作为全面深化改革的出发点和落脚点，突出制度改革和创新，强调进

---

* 本文原载2018年9月5日《人民日报》。

一步解放思想、解放和发展社会生产力、解放和增强社会活力。

习近平总书记关于全面深化改革的重要思想强调知行合一。他提出，以人民为中心的发展思想，不是一个抽象的、玄奥的概念，不能只停留在口头上、止步于思想环节，而要体现在经济社会发展各个环节，要求在全面深化改革中补齐民生短板、促进社会公平正义，在幼有所育、学有所教、劳有所得、病有所医、老有所养、住有所居、弱有所扶上取得新进展。

习近平总书记关于全面深化改革的重要思想，将谋划全面深化改革是为了人民、推进全面深化改革要依靠人民结合起来，强调在全面深化改革中必须尊重人民首创精神，尊重实践、尊重创造，鼓励大胆探索、勇于开拓，依靠人民创造历史伟业，聚合各项相关改革协调推进的正能量；要求鼓励地方和基层在教育、就业、医疗、社会治理、创新创业等关系群众切身利益的方面积极探索，从而把全面深化改革的目标导向和价值取向都聚焦到改革和发展为了人民、依靠人民，改革和发展的成果由人民共享上来。

灿烂的全面深化改革之花，结出了造福人民的丰硕果实。党的十八大以来的5年，习近平总书记主持召开38次中央全面深化改革领导小组会议，推出1500多项改革举措。全面深化改革推动我国人民生活水平持续提高，居民收入年均增长7.4%，超过经济增速。2012年至2017年，精准脱贫攻坚战取得决定性进展，贫困人口减少6800多万人，易地扶贫搬迁830万人，贫困发生率由党的十八大前的10.2%下降到3.1%。我国已织就当今世界最大的社会保障网，社会养老保险覆盖9亿多人，基本医疗保险覆盖13.5亿人。棚户区住房改造2600多万套，农村危房改造1700多万户，上亿人喜迁新居。

## 二、时代特色体现在统筹国内国际两个大局，把推进全面深化改革同参与全球治理体系改革和建设紧密结合上

全面深化改革是在中国特色社会主义进入新时代、科学社会主义迈向新阶段、当今世界经历新变局的时代条件下进行的。习近平总书记关于全面深化改革的重要思想，以更宽广的视野进行统筹谋划、顶层设计，把推进全面深化改革、实现国家治理体系和治理能力现代化同推进全球治理体系

改革和建设、实现国际关系民主化法治化结合起来，体现了当代中国共产党人的使命意识、担当意识。

从推进国内全面深化改革看，改革的总目标是全面的，定位于完善和发展中国特色社会主义制度、推进国家治理体系和治理能力现代化；改革覆盖的领域是全面的，在推进经济、政治、文化、社会、生态文明"五位一体"改革的同时，推进党的建设制度改革、国防和军队改革等；指导改革的战略布局是全面的，协调推进"四个全面"战略布局；改革的奋斗方向也是全面的，实现中国特色社会主义事业全面发展、全面进步。全面深化改革的根本在改革，重点在全面，关键在深化。而深化又主要体现在改革的全面发力、多点突破、纵深推进上，也体现在重大改革举措要在重要领域和关键环节取得突破性进展上；还体现在全面深化改革同参与全球治理体系改革的联动上，即主动塑造政治关系友好、经贸规则有利、发展空间广阔的良好外部环境，在国际规则制定中发出更多中国声音、注入更多中国元素，为推动形成更加公平合理的全球治理体系贡献中国智慧和中国方案。

从推进全球治理体系改革和建设看，习近平总书记敏锐把握世界大势，强调中国在全球治理体系变革中不能当旁观者、跟随者，而要做参与者、引领者。他提出"三个共"的全球治理观：共商、共建、共享；提出"四个共同"的全球治理理念：世界命运应该由各国共同掌握，国际规则应该由各国共同书写，全球事务应该由各国共同治理，发展成果应该由各国共同分享。习近平同志还阐述了中国参与全球治理"三个推动"的基本主张，即推动二十国集团完成从危机应对机制向长效治理机制的转变，推动国际货币基金组织、世界银行等国际经济金融组织切实反映国际格局的新变化，推动各国在国际经济合作中权利平等、机会平等、规则平等。所有这些，对于增加新兴市场国家和发展中国家在国际经济金融组织中的代表性和发言权影响深远。

全球治理内涵广泛，涉及经济治理、卫生治理、气候治理、国际和地区安全治理等。其中，全球经济治理是关键。在 2016 年二十国集团领导人杭州峰会上，习近平主席阐释了以平等为基础、以开放为导向、以合作为动力、以共享为目标的全球经济治理观。同时，他还提出全球经济治理的四大重点：共同构建公正高效的全球金融治理格局，维护世界经济稳定大局；共同构建开放透明的全球贸易和投资治理格局，巩固多边贸易体制，释放全球经贸投资合作潜力；共同构建绿色低碳的全球能源治理格局，推动全球绿色发展合作;共同构建包容联动的全球发展治理格局,以落实联合国2030年可持续发展议程为目标,共同增进全人类福祉。这一系列重要主张体现了全球治理的中国智慧,具有引领时代的鲜明特点。

在习近平总书记关于推进全面深化改革、推进全球治理体系改革和建设的系列主张中,都有一个不犯颠覆性错误和不搞颠覆性改革的重大命题。他强调要不断推动社会主义制度自我完善和发展,强调决不能在根本性问题上出现颠覆性错误。他指出,现行国际秩序并不完美,但只要它以规则为基础、以公平为导向、以共赢为目标,就不能随意被舍弃,更容不得推倒重来。可见,中国主张的全球治理体系改革和建设,是对现行国际秩序和全球治理格局的改革和完善,而不是另起炉灶。这不但是中国共产党内政外交逻辑内在一致的重要体现,也是对中华民族发展利益和世界发展利益高度负责的生动体现。

## 三、时代特色体现在改革与创新同向发力,推动建设社会主义现代化中国和构建人类命运共同体上

习近平总书记关于全面深化改革的重要思想,顺应当今世界是创新的世界、中国的发展离不开创新的时代潮流,强调发展是第一要务、人才是第一资源、创新是第一动力。他科学把握改革与创新的辩证统一关系,指出创新是发展的新引擎、改革是创新必不可少的点火器;全面深化改革就是要为创新拓宽道路,把创新引擎全速发动起来。这些重要论述打通了改革与创新的内在逻辑,激发出强劲的创新力,促进改革与创新同向发力,推动现代化建设内外联动。

党的十八大以来我们党推动的全方位创新,不仅体现在理论创新、实践创新、制度创新等方面,而且体现在推进供给侧结构性改革的原创性实践中。与贯彻新发展理念、推动经济高质量发展和全面深化改革相贯通的供给侧结构性改革,核心在于推动体制机制创新,重点是用改革的办法推进结构调整,优化存量资源配置,减少无效和低端供给,扩大优质增量供给特别是中高端供给,推动实现更高层次的供需动态平衡。经过几年来的艰辛努力,我国经济结构不断优化,供给体系质量不断提升,数字经济等新兴产业

蓬勃发展，经济实现中高速增长，总体平稳、稳中向好的发展态势得到进一步巩固。

改革的本质特征在于创新。新时代改革创新与发展创新紧密结合的鲜明特征之一，就体现在由发展出题目、靠改革做文章。习近平总书记创造性提出并坚定不移贯彻的新发展理念，从注重解决发展动力问题的创新发展，到注重解决发展不平衡问题的协调发展、注重解决人与自然和谐问题的绿色发展、注重解决发展内外联动问题的开放发展，再到注重解决社会公平正义问题的共享发展，都是为新时代全面深化改革确立的问题导向、目标导向、价值导向，都彰显出观念创新和实践探索的相互促进、改革创新和发展创新的同向发力。

经过不懈努力，现在我国已逐步构建起各种创新要素发挥集聚效应的广阔平台，不论基础研究还是应用研究，不论基础设施还是经济业态，不论商业模式还是消费方式，都日益迸发出创新的澎湃动能。仅从科技创新来看，目前我国科技实力已进入从量的积累向质的飞跃、从点的突破向系统能力提升的重要时期，一些前沿方向的创新已开始进入并行、领跑阶段。天宫、蛟龙、天眼、悟空、墨子、大飞机等重大科技成果相继问世，"慧眼"卫星遨游太空、量子计算机研制成功、海水稻进行测产、首艘国产航母下水、首次海域可燃冰试采成功、复兴号列车奔驰在祖国广袤大地上……这些创新成果，都是在我们党领导下全国各族人民创新创造伟力的结晶。

中国特色社会主义进入新时代，我们党推动的创新还呈现鲜明的内外联动特点。在2016年二十国集团领导人杭州峰会上，习近平主席指出中方把创新增长方式设定为杭州峰会重点议题，推动制定《二十国集团创新增长蓝图》，目的就是要向创新要动力，向改革要活力，把握创新、新科技革命和产业变革、数字经济的历史性机遇，提升世界经济中长期增长潜力。在2018年金砖国家工商论坛上，习近平主席强调坚持创新引领、把握发展机遇。在新一轮科技革命和产业变革大潮中，在新科技带来的新机遇面前，我们能够做的和应该做的就是要抢抓机遇，加大创新投入，实现新旧动能转换；全力推进结构性改革，消除一切不利于创新的体制机制障碍，充分激发创新潜能和市场活力。这体现了中国改革创新和发展创新同世界的联动。2017年年初，习近平主席在联合国日内瓦总部演讲中提出，建设一个持久和平、普遍安全、共同繁荣、开放包容、清洁美丽的世界。这一构建人类命运共同体的目标追求同中国特色社会主义要建设社会主义经济建设、政治建设、文化建设、社会建设、生态文明建设的"五位一体"总体目标相契合，同样体现了改革与创新的内外联动。

习近平总书记关于全面深化改革的重要思想，还强调全面深化改革要处理好顶层设计和"摸着石头过河"的关系；强调更加注重改革的系统性、整体性、协同性，各领域的改革和改进、联动和集成，都必须在国家治理体系和治理能力现代化上形成总体效应、取得总体效果；强调坚持改革和法治同步推进，在法治下推进改革、在改革中完善法治，积极发挥法治对改革的引导、推动、规范、保障作用，增强改革的穿透力；强调把我们党领导的全面深化改革同全面从严治党结合起来，以党的自我革命推动党领导的伟大社会革命；强调在党领导的社会革命和党的自我革命中，都要以坚忍不拔的毅力推进改革，敢于向积存多年的顽瘴痼疾开刀，敢于触及深层次利益关系和矛盾，坚决冲破思想观念束缚，坚决破除利益固化藩篱；强调我们党在新时代要展现新气象、新作为，既要把全面深化改革新的伟大社会革命进行到底，又要把党的伟大自我革命进行到底；等等。这对于全面建成小康社会、实现第一个百年奋斗目标，乘势而上开启全面建设社会主义现代化国家新征程、向第二个百年奋斗目标进军，具有长远指导意义。

# 一、20 世纪 80 年代

# 重视农业科学　加速农业现代化*

（1980年3月6日）

在党的十一届五中全会精神鼓舞下，上海市在新中国成立30年来首次召开的农业科学大会胜利闭幕了。这次会议以中央主要领导同志今年春节在农业科学家座谈会上的重要讲话为指导思想，热烈讨论了市人民政府关于《大力加强农业科学技术工作，为加速实现郊区农业现代化而奋斗》的工作报告，听取了市委领导同志的讲话，并对全国科学大会以来上海取得的农业科技成果颁发了奖状、奖金，对一批成绩显著的农业科技人员授予了技术职称。会议期间，广大农业科技工作者广泛交流了经验，对进一步搞好农业科技工作，加快郊区农业发展提出了许多宝贵建议。

粉碎"四人帮"以后，特别是党的十一届三中全会以来，上海农业科技战线在拨乱反正中迅速恢复发展。被拆散的科研机构和农业院校已经恢复，被迫改行、用非所学的农业科技人员纷纷归队，专业研究单位和群众性科学实验活动取得丰硕成果。整个农业技术战线呈现一派解放思想、大干快上的兴旺景象。科学技术是生产力，农业科技成果对推动上海郊区农副业生产和多种经营的发展起了很大的推动作用。这几年，上海郊区农业迅速发展，粮棉油单产、总产全面超历史，副食品生产连年大幅度上升，1978年、1979年两年上海郊区社员人均分配增长了近100元。这些巨大的变化，是同广大农业科技人员的积极努力分不开的。

经验证明，上海郊区农业的迅速恢复和发展主要是靠党的政策，今后上海郊区农业要有新的突破、新的发展，除了继续贯彻落实党的各项农村政策以外，将越来越多地依靠科学技术的力量。一靠政策，二靠科学，这是加快

---

* 本文系作者与上海《解放日报》宋超同志合作撰写。

上海郊区农业发展的关键。回顾一下解放30年来郊区农业发展的历史，可以看到生产的每一步发展、产量的每一次飞跃，都是同科学技术上的突破分不开的。上海郊区的粮食亩均单产，解放初期只有430多斤，60年代超过了千斤，70年代达到1600多斤。当前面临的重要课题是如何把生产再提高一步，达到新的水平，这就难度更大，非从科学技术上突破不可。

对科学技术的重要性并不是所有同志都认识了、都解决了。由于小生产经济思想的长期束缚，一部分同志对农业科学思想上不重视、工作上摆不正位置。有的认为搞农业无非是“三锄头，六铁锴，粗生活，笨办法”，没有什么科学可言；也有一种说法是“科研科研，可拖可延，今年不行，还有明年”。这些同志的共同点都是把当前生产看成“现钞”，而把科学技术工作看作“支票”，从而把科研扔在一边，只顾眼前生产、不想长远发展。在这次农业科学大会上，通过大摆违反科学、吃足苦头的事例，交流尊重科学、尝到甜头的经验，不少领导同志从鲜明的对比中看到了科学技术对加快农业发展的必要性、重要性和紧迫性，树立了“农业要大上，科研要先行”的正确观点。许多同志表示要自觉加强和改善党委对科技工作的领导，把农业科技工作作为新时期党的一项重要工作来抓，有的还表示要像重视农村政策一样重视农业科技工作，像狠抓落实政策那样狠抓农业科技工作。这必将使上海郊区农业科技工作很快出现一个新的面貌。

20世纪80年代是世界农业科学技术日新月异的时代。随着遗传工程、生物固氮和光合作用理论研究的深入，以及卫星遥感、电子计算技术和人工气候装置的逐步推广应用，展现出农业现代化的灿烂前景。中央领导同志要求上海郊区在农业现代化方面先行一步。上海市委要求把上海郊区建成稳产高产的粮棉油基地和副食品基地，为把上海加速建成重要的工业基地、外贸出口基地和科学技术基地服务。这就要求把上海农业科技工作尽快提高到一个新的水平。

现在，上海郊区粮棉油生产是有成绩的，但产量不稳，经常大起大落。解决这个矛盾要靠科学，从品种、栽培、气象、水利等方面开展综合研究。上海全市蔬菜供应虽然已基本自给，但在风害、冻害、病害出现的时候，要确保供应同样要靠科学，靠加快实现蔬菜生产现代化。为了进一步满足城乡人民对猪、禽、蛋、奶日益增长的需求，就必须大力发展畜牧业生产。但解决上海郊区饲料短缺的问题还是要靠科学，靠科学饲养、科学研究去开发各种不与人争口粮的新饲料来源。应该承认,郊区农业生产要在现有基础上提高一步,达到新的水平,难度确实很大。但是,只要正确执行党的各项政策,充分重视农业科学,扎扎实实开展农业科学研究,农业持续增产、农民持续增收就大有可为。

# 切莫忽视农业科技人员的作用*

（1980 年 3 月 19 日）

最近，笔者在同上海郊区各县科委主任的交谈中，了解到上海农业科技人员的许多“苦恼”。其中最感苦恼的是不能用其所长、尽其所能。

上海郊区农业科技力量历来是比较强的。但在“四人帮”横行时期，农业科技人员用非所学的有近千人；全国科学大会以后，广大科技人员虽然陆续归队了，但其中相当一部分科技人员仍然是用非所学。较为普遍的问题是，这些同志年复一年地跟着领导干部蹲点帮队，一年到头忙于催收催种，甚至还要他们去应付查生产进度、搞会议事务等各种“杂差”。许多科技人员不无感慨地说：“我们实际上成了生产队的联络员，抓生产进度的统计员，搞会务工作的事务员。”

上述状况之所以长期得不到根本改变，同一些领导干部没有真正认清科技人员在四化建设中的地位和作用是分不开的。现在我们国家已经进入了改革开放和现代化建设新时期。四个现代化，关键是科学技术现代化。要实现农业现代化，农业科学技术现代化一定要走在前面。广大农业科技人员是我们向科学进军的先头部队和骨干力量。他们承担着农业科学技术的攻坚任务和普及任务，不充分发挥他们的作用，农业现代化是没有希望的。我们郊区一些县乡领导同志把农业科技人员当作一般行政人员来使用，这无疑是一种极大的浪费。

为什么不能正确地使用农业科技人员呢？主要的思想障碍是把科技工作当作“远水”，认为“远水不解近渴”。这实在是一种“近视症”。美国科学家帕维里斯的统计表明，1929 年至 1972 年的 40 多年间，美国农业产量增长的 81%、生产效率提高的 71%，归功于科学研究和技术推广。上海郊

---

* 本文系作者与上海市农委办公室唐嘉文同志合作撰写。

区近30年来农业生产发展的历史也表明，某项农业科研成果的诞生或某项新技术的突破一旦应用于生产，农业产量就跨出一大步。现在，我们要在较高的起点上把上海郊区农业进一步搞上去，就要依靠农业科学的力量，十分重视发挥科技人员的作用。

当今，现代农业科学技术正在日新月异地向前发展，要使科技人员发挥更大作用，就要为广大农业科技工作者不断学习和吸收新鲜知识创造条件，使他们能适应形势发展的需要。现在不少农业科技人员的苦恼既在于不能用其所长，又在于不能得到培训提高。上海远郊奉贤县庄行公社农校的科技人员，几年来感到“老本”已吃得差不多了，但又无人抓、没人管，只得利用去年下半年农校停课的机会，自己背上行李铺盖到松江县农校去当旁听生。这种刻苦进取的精神是感人至深的，但同时不也是将了我们领导者一军吗？难道我们不应当赶快采取措施，把郊县农业科技人员的业务进修工作切实抓起来吗？

# 上海采取多种联办形式搞活农村经济*

（1980年7月20日）

党的十一届三中全会以来，上海市郊区人民公社利用有利条件，打破地区和行业的界限，采取九种联办形式，发展工副业生产，进一步搞活了农村经济。

一、与外资客商联办。目前，郊区有6家县办集体厂和3家社办厂分别同美国、日本和中国香港的客商开展了补偿贸易，用他们提供的设备和原材料，进行来料加工。这种联办形式在不占用国家外汇资金的情况下，引进了国外比较先进的技术设备，可以当年筹建、当年投产、当年创外汇。青浦县白鹤公社补偿贸易厂从筹建到投产不到半年时间，已生产出口服装21000多打，为公社积累了财富。

二、与外地联办。这种联办形式，可以充分利用外地的原料和本市的加工技术，取长补短，批量加工生产市场上供应短缺的"热门"商品。川沙县合庆公社去年年底与福建省建瓯县水北公社联合办了1个木器加工厂，利用对方完成国家计划外的木材，加工生产木制家具，利润对半分成。

三、与市属国有工厂联办。去年以来，这种联办工厂已发展到26家，一般都采取农方出土地、劳力，负责基建；工方出技术、设备、必要的管理和技术干部，工农双方取长补短，两个积极性相结合，上马快、投产快、收效快。这26家工农联营厂全部投产后，不仅1年内就可回收全部资金，而且每年可为社队提供积累资金1800多万元，每个参加联营的社队年平均收入可达70万元左右。

四、外贸部门与原料产地联办。青浦县商榻公社与上海市工艺品进出口公司联合办了1个淡水珍珠养殖场，由外贸部门提供大部分投资和技术

---

* 本文系作者与上海市农委办公室嘉文、水云、金海同志合作撰写。

资料，公社提供水面、劳动力和部分投资，所产珍珠全部由外贸部门收购包销，利润合理分成，公社得75%。今年珍珠总产量可达1000斤，明年可以超过1吨。

五、与城市集体企业联办。这种联办形式采取工方既出投资，又出劳力，农方出土地、劳力，也出一部分投资的办法，利润按投资比例分成。例如嘉定县长征公社真北大队最近与上海眼镜一厂附属的集体企业合办了1个长风眼镜厂，工方投资70余万元，农方投资30余万元，建成后可年产大众化眼镜架100万副，中档眼镜架40万副，复制赛璐珞料18吨，年产值200万元，可获利润70万元。按投资比例分成，农方可分得利润27万元，同时还安排了100多名待业知青。

六、社队投资入股联办。这是松江县在郊区首创的一种联办形式。该县打算在3年内发展长毛兔100万只，创办1座混纺羊毛衫厂，全县各社队以产兔毛多少分别入股。预计100万只长毛兔年产兔毛约250吨，可以混纺250万件羊毛衫，直接同外贸挂钩，全年收入可达3000万元，除了办厂直接吸收劳动力以外，羊毛衫的锁边、绣花、做纽洞等辅助工种，还可以带动全县农村家庭副业。

七、社与社、队与队联办。一般是富社与穷社，富队与穷队联办，好处是可以帮穷赶富，平衡发展。现在全郊区已有80多个社队工厂是采取社与社、队与队联办的。嘉定县曹王、华亭两公社原来都是穷社，同徐行公社联办了1个团结灯泡厂以后，现在这两个公社已成了富裕的公社。

八、农村大集体与小集体联办。川沙县顾路公社光辉大队前几年办了1个锅炉厂，随着生产的发展，在劳力、资金上发生了困难，从去年年初与公社联办，公社每年将原锅炉厂年利润全数照发给大队，超额利润按入股比例二八分成。这种联办形式有效地克服了小集体有限的劳力、资金与扩大再生产的矛盾。

九、集体与社员联办。这种联办形式多数用之于集体副业生产，一般采取公有私养，超额利润分成的办法，调动了社员的积极性，促进了副业生产的发展，对集体、社员都有好处。

# 耻于贫穷　勇于致富*

（1980年10月23日）

上海《文汇报》前不久刊登过一篇题为《百万富翁》的报告文学。文章介绍说：上海郊区有个叫薛家厍的生产队，今年可以实现国民生产总值100万元，成为全国第一个以生产队为单位的"百万富翁"。这真是一条符合党的十一届三中全会精神的大新闻。

薛家厍生产队耕地面积仅300来亩，却有180多户社员。党的十一届三中全会以后，这个生产队雄心勃勃而又脚踏实地地朝着富裕之路迅跑。在继续搞好蔬菜生产的同时，他们凭借雄厚的集体积累，大力发展猪禽蛋和食用菌等副食品生产，先后盖起了15幢养猪场、17幢鸡公馆和1个半机械化养鸡场。去年全队平均每个农业劳动力为城市提供了4.5头猪、192只鸡、213斤蛋；全队总产值达到89万元；社员月平均收入达到65元，强劳力超过了90元，分红时劳力最多的人家提着篮子去装钞票。

这个队的老队长陆松涛有这样一句名言："为什么只允许美国、英国和日本这些国家有百万富翁，我们社会主义的中国就不能有百万富翁？我就要当个百万富翁！不过，这个富翁不姓陆，姓薛，名叫薛家厍！"

这个队之所以能成为"百万富翁"，关键在哪里呢？就在于有这种耻于贫穷、勇于致富的雄心大志。

多年来，我们在宣传"穷棒子"精神时，走向了以为越穷越光荣的另一个极端。这是从根本上违背马列主义基本原理，也不符合共产党立党宗旨的。我们中国共产党的天职就是要带领群众治穷致富。越穷越革命是对的，但如果越革命越穷，那还要共产党干什么？我们应当带领群众像送瘟神那样，治穷送穷，而不应该一个劲地"颂穷"，为贫穷高唱赞美诗。今天，我

---

* 本文系作者与上海市农委办公室同志合作撰写。

们党带领人民向四化进军，在某种意义上说也就是向贫穷开战，走共同富裕之路。如今，这个叫薛家厍的生产队，以他们的认识和行动带头敲响了贫穷的丧钟，我们上海郊区农村各级党组织应当从中得到启发，从而添志气、鼓干劲，带领群众尽快向贫穷告别，采取多种联办形式搞活农村经济，向着富裕之路迅跑。

# 关于上海嘉定县试行全部作物联产到劳、按户结算责任制的情况调查*

（1981 年 6 月 23 日）

今年 6 月 2 日至 6 日，笔者参加由中共上海市委办公厅、市农业委员会、上海社会科学院和解放日报社组成的联合调查组，对嘉定县试行全部作物联产到劳、按户结算责任制的情况进行了调查。调查情况表明，在嘉定县，农业联产计酬责任制的推行，尽管面还不广，时间也还不长，但已经可以看出它的强大生命力。调查报告列举了八个方面的优点：（一）调动了社员积极性，增强了生产责任心；（二）提高了劳动工效和农活质量；（三）推动了科学种田；（四）减少了浪费，降低了成本；（五）挖掘了生产潜力，做到了寸土不荒；（六）促进了家庭副业发展；（七）一购三留能摆平，承包指标并不低；（八）集体化没有垮，机械化没有丢。同时，还出现了"三个没有""五个多"，即生产队敲钟催出工没有了，农民吃"大锅饭""磨洋工"的没有了，鸡鸭任意糟蹋庄稼没有了；社员关心生产的多了，钻研技术的多了，养猪积肥的多了，听广播关心气象预报的多了，务工社员回家帮忙种田和管理的多了。

当然，在实行全部作物联产到劳、按户结算责任制试行实践中，也出现了不少矛盾和问题。诸如联产到劳后，劳力不配套的农户有些实际困难；务工农户耕种土地负担轻，帮手多，两头占便宜；土地包劳分种后，由于管理不统一，成熟期不一致，对一片地的抢季节带来困难；场地和机械的使用不易统筹安排；等等。这些问题，调查组认为应区别情况，依靠群众，认真找出解决办法，属于联产到劳、按户结算这种责任制形式本身的缺陷带来的矛盾和

* 本文系作者与此篇调查报告中所列的几个部门的同志合作撰写。

问题，也要如实加以指明。特别是在推行责任制的过程中，要尊重群众，尊重实践，允许进行各种形式的试点，把选择责任制形式的权利真正交给群众。领导的责任在于引导。

## 一

在党中央〔1980〕75 号文件下达前后，嘉定县的许多社队实行了经济作物和副业生产专业承包、联产到组责任制，有部分社队去年秋播时试行了全部作物联产到组、到小小组、到劳动力的生产责任制。据对全县 2443 个生产队的统计，现有联产到组的生产队 149 个，占 6.1%；联产到小小组的生产队 12 个，占 0.5%；联产到劳的生产队 25 个，占 1%。此外，还有 21 个生产队分了口粮田，149 个生产队分了饲料地。

该县最早试行全部作物联产到劳责任制的封浜、曹王、外冈 3 个公社的 4 个生产队，是由社队干部自己搞起来的，其中 3 个是原来集体经济没有搞好，生产长期落后，社员收入低下的队。他们的做法是：生产队把全部作物和耕地分到劳动力，实行包产、包工、包本，分户结算，超产奖励，减产罚赔。定地：一般按务农劳动力平均分配土地，有的允许社员按其能力自报份额，可以有多有少。少数队务工社员也要承包一份粮田。奖赔：经济作物一般搞奖赔工分或现金，有的按比例奖赔，有的全奖全赔，有的还以议价结算；粮食作物大都搞全奖金赔，按议价结算，有的还规定超产粮食归己、减产少分口粮。试行这种责任制，比较好地克服了“大呼隆”劳动和吃“大锅饭”的现象，调动了社员群众自觉钻研技术、提高农活质量、实行精耕细作的积极性，有利于促进农业增产。

今年 4 月，中共嘉定县委常委经过实地考察、调查，认为把全部农作物联产到劳，尽管还存在不少矛盾和问题，但它既发挥了农村集体经济的优越性，又较好地调动了社员群众的生产积极性，主流是好的，应当予以肯定。4 月 30 日至 5 月 4 日，县委召开社镇局党委书记会议，组织与会同志到封浜朱家和曹王张北等生产队参观学习。不少公社书记表示：打开了眼界，受到了教育。县委书记李学广同志在会上讲了话，要求各公社回去试点。

会后，全县有 16 个公社组织党委委员和大队一二把手去试点队参观，戬浜公社城桥大队东风生产队和王楼大队蔡家生产队还组织社员去参观。

安亭、方泰、望新、娄塘、嘉西、徐行、曹王等公社召开大队干部会议，确定试行联产到劳。这样，在很短时间里，全县就有13个公社的21个生产队搞起了全部作物联产到劳责任制。

但是有些社队在宣传、试行联产到劳责任制的过程中，工作简单粗糙。方泰公社党委书记在大队干部会议上说："联产到劳搞不起来，说明你们支部书记没有本事，是'阿胡乱'。"徐行公社党委副书记下去搞试点时，指责不赞成搞联产到劳的社员"都是一些懒汉，吃荡饭的人"。望新公社望新大队石泥生产队，今年4月刚建立起联产到组责任制，社员反映比较切合实际，但大队支部书记5月9日到生产队召开队委会，要该队搞联产到劳，队委思想不通，他却在当天的社员大会上宣布这一决定，引起群众不满。

在5月中下旬的一段时间里，嘉定县广播站连续报道封浜朱家和曹王张北两个生产队联产到劳的做法，全县一下有20多个生产队扩大试行全部作物联产到劳责任制，在城乡都引起了很大震动。社员中议论纷纷，有赞成、有反对。家里劳力多、帮手多、技术又好的赞成的多，说"死田活人种，大家弄弄开，靠真本事，硬碰硬"，"过去老人、懒汉轧在'瘟病里'，总是弄不好"。思想不通的则说："土地统统分到户上，吃粥的吃粥，吃饭的吃饭，这是走老路，是倒退"，"不是奔向2000年，而是退回到1950年"。一些年老体弱和家里没有男劳力的农户，担心今后挑担、开沟、罱泥怎么办？一些不懂种田经的青年社员，担心粮田分到户后不知怎么种。一些纯农户担心无人相帮，做得苦煞。有的为此发牢骚说："毛主席去世以后，现在什么花样都出来了。"有些机关干部、教师、工人也叫得厉害说："这样搞法，是否符合中央政策？"教师说："白天教书，晚上浇水，怎么弄得好？"县委机关有位家在农村的驾驶员说："以后一下班我就要回家种田了，机关晚上值班给我两角五分补贴我也不要了。县委书记到上海开会，一过4点半我就开车回来，让他自己乘车回来好了。"

## 二

嘉定城乡干部、群众对全部作物联产到劳责任制的看法不一，实际试行情况究竟怎样？我们到最早试点的封浜朱家和曹王张北两个生产队作了重点调查，同时跑了一些面上单位，看来效果还是不错的。

一是调动了社员积极性，增强了生产责任心。由于联产到劳后，干好干坏与每家每户的切身利益联系更紧密了，过去的出工不出力变成了联产联着心。生产的好坏也由过去队长一人操心变成了社员人人关心，出现了“三个没有”“五个多”。过去对劳动力外流、任意出租土地等问题发通告、下禁令也解决不了，现在这种局面改变了。

二是提高了劳动工效和农活质量。过去“大呼隆”种田时，出工要喊一阵子，下田要拖一阵子，中间要坐一阵子，劳动工效低，农活质量差。实行定额记工以后，工效虽然提高了，但质量问题没有解决好，社员“只想千分，不想千斤”，而联产到劳后，干活工效和质量都比过去有很大提高。去年三秋进度比往年提前一个星期。今年三夏进度也相当快，在抢收割抢脱粒的同时，移栽棉花已全部种好并认真管了好几遍，棉花长得非常健壮。过去生产队长抓质量，有些小青年不服管，他们的父母还帮子女讲话；现在儿子拆烂糊（上海话，意为不讲质量），老子也不放他们过门了。

三是推动了科学种田。过去多数社员在生产上不动脑筋，队长喊做啥就做啥，现在大家动脑筋，讲究生产措施，钻研科学技术，平时收听农业技术讲座的也多起来了。张北生产队今年移栽棉花的蹲苗、早稻的两段育秧等新技术搞得很成功。朱家生产队过去多年推不开的三麦滚筒压麦、油菜喷施磷肥等技术措施，今年也都顺利推开了。

四是减少了浪费，降低了农业生产成本。过去年年讲、年年办不到的颗粒归仓，现在真正办到了。张北生产队今年收油菜籽，社员都拿被单、箬笳裹起来挑，田里、路上有散失的一遍遍地扫尽；朱家生产队社员对三麦复收复打了四五遍。对农业生产成本也都精打细算了。张北生产队今年夏熟作物全队共节省化肥 50 多担。据张田甫一户三亩半承包土地核算，光夏熟作物就节省农业生产成本 20 多元。朱家生产队规定每个社员承包的 3.8 亩土地核定农业生产成本 120 元，节约归己，去年三秋以来已节约农业生产成本 20%左右。

五是挖掘了生产潜力，做到了寸土不荒。这两个生产队的社员在自己承包的棉花田里插种玉米，在西瓜田里插种黄豆，还在小田岸上种了花生和其他小杂粮，有些过去不种的荒地现在也种熟了。朱家生产队有 1 户社员今年光在“十边地”上插种的蚕豆，收入就达 100 多元。

六是社员自由安排的时间多了，促进了家庭副业的发展。联产到劳以后，由于各项农活由自己安排，干活讲效率而不是磨时间，社员能获得更多时间从事家庭副业。张北生产队今年仅社员养猪一项就由去年的86头增加到116头。

七是一购三留能摆平，承包指标并不低。朱家生产队搞联产到劳是按照两笔账来确定总指标和单项指标的。第一笔账是摆平粮食一购三留，保证不留缺口。第二笔账是按前3年的平均数确定单项作物包产指标，其中粮食包产指标是常年亩产1552.7斤，只略低于大丰收的1979年。夏收见产结果，全队麦子总产超1万斤，预计全年粮食可超产2万斤；油菜籽超产3500多斤。而且无论是麦子、油菜，承包的48个社员户户都超产，最多的1户社员光油菜籽就超产了242斤。

八是集体化没有垮掉，机械化没有丢掉。这两个生产队搞了联产到劳以后，生产队作为集体生产的组织者和基本核算单位的经济实体地位没有垮掉，生产队仍然统一制订生产计划，统一供应农用物资，统一负责机耕、排灌，统一安排场地、机械，统一提供技术指导，统一负责过磅进仓，统一组织年终分配。生产队现有的机械化也没有丢掉，机耕、排灌、植物保护、脱粒等一整套农机具仍然作为宜统则统的部分继续发挥作用，棉花育苗移栽仍然由拖拉机统一开槽；大型脱粒机不够分配，公社、大队、生产队三级还合资新买了一些小型脱粒机供社员自愿结合、轮班使用。

当然，这两个生产队在联产到劳的实践过程中，也反映出不少矛盾和问题。主要有以下七个方面。

一是联产到劳后，过去可以通过生产队分工协作进行的各项农活现在均由一家一户独立承担，使部分劳力不配套的农户遇到一些实际困难。张北生产队承包粮田的45户中，约有1/3农户因劳力弱、技术低，感到力不从心。女社员金建娥带着两个女儿挑粪，要挑400公尺远，17岁的小女儿挑挑停停、边挑边哭。朱家生产队好几户女社员不会秧田落谷，只得请人帮忙。望新公社石泥生产队有1户请人插了1.6亩早稻，光烟酒饭菜招待就花了20多元，相当于200多斤稻谷。戬浜公社蔡家生产队有个60多岁的老太太一向是“旱脚鸭子不能下水田”，这次承包了水稻就急得双脚跳。还有的老年社员要自己割麦挑担，干不动了就发牢骚，说联产到劳苦煞了老太婆。

二是务工社员和务农社员之间矛盾突出。以前，务工社员和务农社员的矛盾一般都要到年终分配时才反映出来，而现在则贯穿于从种到收的农业生产全过程。有些务工社员多的农户，农忙时大家回去帮忙，任务一轰就完成了；而务工社员少的农户，帮手少，大忙时常常花数倍以上的时间还忙不过来。朱家生产队联产到劳的24户中，属于承包土地多、帮手少来不及做的有6户，占1/4。一些务工社员多，被称为"适意户"的人家，在装运肥料等生产环节上也常常占便宜。今年三夏大忙时，朱家生产队来了一船粪肥，队长通知社员各自去挑，劳力弱、帮手少的户忙于抢收走不开，有四户劳力强、帮手多的户捷足先登，一下就挑完了。与朱家生产队略为不同的是，张北生产队规定务工社员也要承包一份粮田，这样务农社员多的户或纯农户的劳动负担虽然轻了一些，但收入相对减少了，因此也有矛盾。目前，这两个生产队务农社员多的户和纯农户都要求安排一个名额进工厂，以便少包一份土地，多出一个帮手。

三是田间管理不统一，成熟期不一致，对抢季节也带来困难。朱家生产队有一块油菜田，由于承包的社员施肥时间不一致，施肥量也有多有少，结果成熟期相差好几天，已收割的社员催队里派拖拉机来套槽种棉花，与成熟期晚的社员发生腾地与等地的矛盾。如果是三熟制，后茬种早稻，季节矛盾就会更加突出。

四是脱粒场地和机械也有一些矛盾。朱家生产队今年夏收开始时，曾发生劳力强、进度快的社员抢占场地，劳力弱、收割慢的社员麦子无处堆放的情况。

五是土地分得过于零星分散，耕种不便。朱家生产队把183亩可耕地分成大小11块，每块都按48个劳动力平均分成48股，每人在每块土地上承包1股，这样虽然避免了好地、差地、路近、路远的矛盾，也有利于调茬轮作，但每个社员都要到11个地方干活，就显得很不方便。戬浜公社蔡家生产队最小的一块土地只有5亩，分包给34个劳力耕种，平均每人只有1分多，有的半劳动力只分到五六厘，仅相当于50平方米左右的一间房屋那么大。张北生产队采取摸彩的办法切块划分，表面上老少无欺，实际上也不合理，有些家住东头的社员要跑到最西头去种地。望新公社石泥生产队为分地不均，还发生了一个女社员投河事件，幸好被群众救起。

六是土地固定到劳以后，劳动力临时增减不能及时调整。封浜公社新华大队泾南生产队有个新娘子从外队嫁进来时队里土地已经分完了，只能等到秋后调整时再解决。

七是联产到劳还在一定程度上影响计划生育、幼托、征兵、教学等工作。原来在农村推行一孩化阻力就不小,联产到劳以后为了增强家里劳动实力,势必都要生男孩,妇女干部担心今后计划生育工作更难做了。联产到劳后朱家生产队的托儿所也关闭了。原因是按股承包土地的社员感到现在田里的活一做就光,出工时间比过去少,小孩入托时间也少了,托儿所里两个年轻阿姨带九个小孩太轻松了;而阿姨本身感到现在出工时间不统一,提前拉后,托儿所工作时间拉长了,也有意见。队里左右为难,就简单化地来个托儿所关门大吉,给没有老人领孩子的农户带来很大不便。此外,民政部门担心今年在联产到劳的生产队征兵也会遇到困难。县教育局反映,在搞联产到劳的生产队,教师放学回家后忙于种田,影响备课,教学质量也有所下降。

以上这些矛盾和问题还只是在半年多实践过程中暴露出来的,在水田作物生产过程中,还会出现哪些新的矛盾,现在还难以预料。

## 三

我们经过调查和讨论认为,粮食作物特别是水田作物的联产计酬责任制问题,是一个全国范围内还在探索的重要课题,嘉定县委依靠群众认真试点,敢于实践的精神是好的。但是,县委的同志在试点经验还不够成熟,特别是试点过程中暴露出来的许多问题还没有得到解决的情况下,就匆忙拿到面上去扩大试点,显得过急,有些单位在做法上又过于简单,以致引起农村干部、社员和社会各阶层的强烈反响是很自然的。这里既有思想认识问题,也有切身利益问题和联产到劳责任制本身所需要研究解决的实际问题。当然,还包括联产到劳这种责任制形式在上海郊区究竟适应多大范围的问题。但有一点可以肯定,就是要尊重群众、尊重实践,要把选择农业生产责任制形式的权利真正交给群众。我们的具体意见有以下 3 条。

第一,嘉定县封浜公社朱家生产队、曹王公社张北生产队等地方试行的全部作物联产到劳是责任制的一种形式,实践效果较好,可以允许存在。

第二,对已经试行全部作物联产到劳责任制的生产队,应积极帮助搞好。目前,即使是搞得最早的朱家和张北两个生产队,也只有半年多时间,才经历了夏熟作物这一熟的考验,还没有经过全年各熟,特别是水田作物生长过程的考验，没有经历自然灾害的严峻考验，要把可能遇到的问题设想得更充分一点；同时对已经暴露出来的矛盾和问题，要区别情况认真对待，凡属于能够解决的，都要群策群力找出解决的办法来；属于这种责任制形式本身的缺陷带来的矛盾和问题，也要如实地加以指明。

第三，实行全部作物联产到劳这种形式的责任制，一定要慎重稳妥，要尊重群众的意愿，群众愿意选择的可以不予干涉，群众不接受的也不能强迫命令。特别要注意接受农业合作化高潮中那种“大轰大嗡”“一阵风”“一刀切”的教训。要允许进行各种形式责任制的试点。封浜公社太平大队八个生产队，就有四种形式的责任制，公社党委坚持一视同仁，分类指导，这种工作方法是值得提倡的。

此外，我们这次对嘉定县一部分社队划分饲料地和口粮田的情况也作了调查，从试点的情况看是比较好的，但推广也同样要十分慎重。

# 关于上海郊区农业生产责任制情况的调查报告*

（1981 年 8 月 4 日）

为了从上海郊区的情况和特点出发，因地制宜实行多种形式的联产责任制，上海市农委继去河南、四川学习考察联产责任制后，又于今年 6 月中下旬，由农委五位正副主任带领 30 名机关干部组成五个调查组，分赴上海郊区各县进行调查研究。同时，部署各县组织调查研究，参加调查的有县级领导 42 人、机关干部 178 人。目前，这次调查已告一段落，现将调查的情况综合报告如下。

## 一、上海郊区农业生产责任制的发展过程和现状

据调查，自粉碎“四人帮”以来，特别是党的十一届三中全会以来，上海郊区农业生产责任制在逐步前进，形势是好的。

粉碎“四人帮”以后，上海郊区首先逐步恢复和建立定额计酬责任制，从 1977 年开始，由于集体饲养场长期亏损，所以在畜牧业上逐步实行了“四定一奖”联产责任制，取得了很好效果，绝大部分饲养场迅速扭亏为盈。此后，联产责任制逐步发展到副业生产项目、小宗经济作物以至棉花、油菜等大宗经济作物和三麦等旱地作物。今年以来，联产责任制特别是联产到劳又向水稻生产发展。对蔬菜生产的联产责任制，群众中也有不少新的创造。目前，郊区实行联产责任制的基本情况是：

畜牧业生产，80%以上的单位已实行了各种形式的专业承包联产责任制。

---

* 本文系作者与上海市农委办公室和其他处室同志合作撰写。

各项林副业生产和小宗经济作物，基本上都实行了各种形式的专业承包联产责任制。

棉花实行联产到组、到劳的发展很快，目前已有一半生产队实行了联产责任制，嘉定、宝山等县已达80%以上。

油菜、三麦实行联产到组、到劳的虽然只占10%，但农民今年普遍尝到了甜头，增产幅度都很大。特别是有一些后进队，产量甚至是成倍增长。金山县枫围公社红星七队，去年支大于收，"财政赤字"，借"外债"搞分配。去冬三麦、油菜联产到劳后，油菜亩产从173斤增加到356斤，三麦亩产从379斤增加到569斤。全队夏熟共发超产奖金3337元，平均每户奖到现金238元，而去年年终分配现金全队只有1145元，平均每户只分到现金82元。

水稻和常年菜地情况比较复杂，但也有10%左右的队实行了各种形式的联产责任制，许多社队正在积极试验，创造经验。

此外，上海郊区有不少社队将"十边地"包干到户，效果也很好。还有少数队划了饲料田，分了口粮田。对这个问题看法不一，情况也不同，要因地制宜。

以上情况说明，上海郊区农业生产责任制有一个逐步发展的过程。这个发展过程主要有以下五个特点。

第一，从大概式评工记分发展到定额记工，再逐步向各种形式的联产计酬发展。

第二，从单项作物联产计酬逐步向全部作物、全部农副业生产项目联产计酬发展。

第三，从联产到组逐步向联产到劳或责任到劳发展，进一步解决"二锅饭""小呼隆"的问题。

第四，从落后队联产到劳逐步向其他队发展。这次调查了1977年开始搞棉花联产到劳的奉贤县新寺公社柘林七队，1979年开始搞全部作物联产到劳的青浦县商榻公社南车二队，1980年开始搞全部作物联产到劳的嘉定县封浜公社朱家生产队，以及今年以来搞全部作物联产到劳的金山县枫围公社延安一队、新春二队等，几乎都是因为山重水复疑无路，在没有办法的情况下"逼上梁山""急中生智"搞起来的，效果都比较显著。延安一队从"四清"以来，长期"政局不稳"，先后换了27届队长，有一个队长曾经七上七下，过去工作组"几进几出"也没有解决问题，去年人均分配只有40元，今年联产到劳后，稻棉长势已超过了原来比较先进的延安二队。许多人惊奇地说："原来认为这个队不可救药，死蟹一只，现在找到了灵丹妙药，死蟹也变活了。"

第五，从农副业联产责任制逐步向科学技术、农村干部联产岗位责任制发展。青浦县香花桥公社香花十队，原来单季稻一直徘徊在 600 斤左右，县农科所一个技术员与他们签订了合同，进行技术指导，每亩地包产 800 斤，超产部分 60%归队、40%归农科所，其中 20%奖给技术员，减产全部由农科所赔，其中技术员赔 20%。现在这个技术员一心扑在农业上，休假也不回家，稻苗长势很好。有些社队实行干部联产岗位责任制，效果也不错。

从上海郊区农业生产责任制的发展过程来看，是不断清除农业生产上"左"的思想影响的过程，是群众在实践中勇于创造、不断前进的过程。从市农委领导思想来说，原来对专业承包、联产计酬比较积极，去年 10 月，当中央领导同志推荐陕西省米脂县孟家萍生产队的专业承包、联产计酬责任制时，市农委立即派人专门前去学习考察。对联产到组责任制，因矛盾较多，缺乏经验，市农委持慎重态度，既允许试验，又不急于推广；有些县联产到组的面开始较广，后来大部分没有能够坚持。因此，市农委根据中央〔1980〕75 号文件精神和上海郊区实际情况，在今年 2 月提出了"积极发展专业承包、联产计酬责任制，有条件的搞联产到组责任制，改进提高定额包工责任制"，还提出上海郊区不搞分田单干、不搞包产到户、不搞口粮田的意见。后来，当中央领导同志推荐河南省联产到劳责任制时，市农委又立即派人前去学习、考察。这次在郊区调查也着重是考察了这种责任制，感到联产到劳确有较广泛的适应性，正在很多作物、很多项目上迅速推广应用。这充分说明，实行联产责任制，干部、群众都有一个认识过程和实践过程，需要在实践中不断提高认识、不断改进提高。

根据调查情况分析，目前干部、群众的思想状况，不是要不要搞联产责任制的问题，而是如何因地制宜、因作物制宜，选择采用哪一种形式的联产责任制问题。总的来看，现在对于畜牧业、林副业、小宗经济作物和棉花、油菜、三麦等旱地作物，实行专业承包、联产计酬或统一经营、联产到劳的认识已逐步趋于一致，经验也比较成熟；对水稻和常年菜地，因茬口复杂，季节很紧，矛盾较多，以实行何种形式的联产责任制为宜，尚需进一步试验、比较，以便因地制宜、"择优录取"。现在有些生产队对水稻、蔬菜实行"两头统，中间包"的联产责任制,在统一耕种的前提下,田间管理责任到劳,统一收获,分别计产,实行以产记工或联产奖赔,效果较好,可以在实践中不断改进提高。

## 二、统一经营、联产到劳责任制的实践效果和发展趋势

在上海郊区目前实行的各种联产责任制中,反响最大、争议最多的是统一经营、联产到劳。赞成的人说它"权限最明确、利益最直接、责任最具体";反对的人则说它是倒退,是搞包产到户,同中央和市委关于上海郊区不搞包产到户的指示精神不符。因此,这次调查研究的重点是考察统一经营、联产到劳,特别是全部作物联产到劳责任制。

从调查情况来看,上海郊区的联产到劳责任制有两个明显特点:一是集体经济比较巩固,机械化程度较高,统一经营的内容比较多;二是多种经营比较发达,联产到劳实际上已具有不同程度的专业分工性质。因此,这种联产到劳既保持了专业承包的集体经营、专业分工的特点,又解决了承包组内"小呼隆""二锅饭"的缺陷;既继承了定额包工责任制的统一指挥、分工协作的优点,又避免了其劳动报酬与产量、产值脱节的弊端;既吸收了包产到户责任制把劳动成果和劳动报酬直接联系起来的长处,又避免了包产到户不利于发挥集体经济优越性的短处。这样,农业集体化20多年来始终没有解决的组织起来的优越性与社员个体生产积极性相脱节的矛盾初步解决了。劳动者这个生产力中最活跃的因素真正活跃起来了。在实践中,联产到劳责任制已初步显示了五大优越性。

第一,由于计酬方法变了,促使社员自觉地对劳动的最终产品负责,有利于提高质量、增加产量。

过去实行的定额记分、按时记分或联产到组、大包小评,在计酬上的一个共同特点都是工分在前,产量在后,工分成为社员取得劳动报酬的第一目的,亦即直接目的,而质量和产量则降为第二目的,即间接目的,这是出现有些社员"只争千分,不争千斤"的主要原因。实行联产到劳之后,社员首先必须取得产量,由产量演化为工分,然后取得自己的报酬,这样一来,从种到收不管哪一道工序、哪一项农活,谁也不敢拆烂糊了,也没有"大锅饭"可吃

了。联产到劳后许多社员深有体会地对公社和大队干部说:“你们过去千方百计,不如现在联产一计。”“你们过去自己烧大锅饭,还批评我们吃大锅饭,现在搞联产责任制,不烧大锅饭,我们就不会吃大锅饭了。”社员的积极性、自觉性、责任心有了很大提高。过去“队长想千斤,社员想千分”,现在个个变队长,人人想产量,自觉抓质量。

第二,由于劳动方式变了,社员干活有自主权了,家属帮忙也帮得上了,充分调动了社会劳动力。

过去“大呼隆”种田时,农民每天排队出工“磨洋工”,“无事也登三宝殿”。联产到劳以后,社员获得了“自主权”,一到抢收抢种大忙季节,社员自己请来各路支援大军,工效大大提高了。金山县界山五队去年搞棉花移栽的只有 8 个人,花了 21 天,今年参加棉花移栽的老老少少有 43 个人,只花了 3 天半就移栽结束了。有位老党员感慨万千地说:自农业合作化以来没有看到过这样高的积极性,真像个“大办农业”的样子。

第三,由于管理方式变了,干群矛盾减少了,按劳分配、男女同工同酬的原则真正实现了。

农业合作化以后,农村有些基层干部往往以“关公的面孔、张飞的喉咙”去管群众,把自己置于同社员对立的地位上。过去,农村基层干部最头痛的事是“三吵”:派工吵、验收吵、评分吵。他们说:“你们城里干部和职工评工资,多少年评一次,还搞得焦头烂额,我们农民评工分要‘年年搞、月月搞、天天搞’,怎么能吃得消?!”而且,过去“男十分、女八分,娘肚皮里定终身”,叫了 20 多年的男女同工同酬,总是无法实现。联产到劳以后,劳动力作为承包责任田的对象一般是不划等级的,真正实现了多劳多得,多产多收。

第四,由于成本核算办法变了,促使社员千方百计注重节约、降低农业生产成本,恢复了勤俭办社的好传统。

过去,产量与成本都是不直接同社员个人利益挂钩的,所以浪费比较严重,农业生产成本年年上升。实行联产到劳以后,每亩责任田的农业生产成本由生产队统一核定,节本归己,超本自负,社员人人注意精打细算、厉行节约、农业生产成本迅速下降。嘉定县朱家生产队今年夏熟联产到劳后,农业生产成本由 37%降到 25%。

第五,由于生产者的地位变了,社员真正当家作主,关心技术,学习技术，促进了科学种田。

过去，不少社员“干活听钟响，技术不吃香”，对学习技术没有紧迫感，搞农业的不学习农业技术已成为一种十分严重的潜在危险。实行联产到劳责任制以后，把科学技术同社员的经济利益紧密挂起钩来，社员学技术的积极性大不一样了。变化最大的是一批小青年，过去他们中不少人是“吃饭靠爷娘，生产靠队长，国家大事靠党中央，自己吃吃做做白相相”，生产技术基本上不懂，老一辈担心这样搞下去农业后继无人。联产到劳后，他们开始感觉到钻研技术关系到自己的切身利益，非钻不可了。过去社员碰到一起谈山海经，现在是谈种田经；过去不愿听技术讲座，现在一有讲座争着去听；金山县界山大队一次上棉花栽培技术课，原来只通知几十个人，结果来了200多人；过去有些人看不起老农和技术员，现在老农和技术员成了最受欢迎的人。

既然联产到劳责任制有那么多优越性，为什么对实行联产到劳反映又那么强烈呢？调查情况表明，反映强烈的原因：一是道听途说，对实际情况不了解；二是习惯势力，对改革感到不习惯；三是私心杂念，对触及切身利益有点不满意；四是联产到劳责任制在实践过程中也确有某些不完善的地方，需要经过实践不断加以改进。尤其是有些同志长期受“左”的思想影响，把“大呼隆”式的集体劳动当作社会主义集体经济的标志和优点，把建立集体经济内部责任制误认为改变生产资料集体所有制，错误地认为联产到劳后“倒退”了，方向、道路有问题了。还有的同志认为联产到劳与包产到户，就像土豆与马铃薯、番茄与西红柿一样，没有什么区别。

其实，联产到劳与包产到户虽然同属集体经济内部责任制的具体形式，但毕竟不是一回事，其主要区别是：(1)包产到户是把耕地的全部或绝大部分按人(或人劳比例)分包到户，实行“三包一奖”，联产到劳是在统一经营、专业分工的前提下，“先专后包”，先安排各项专业需要的劳动力，尔后才根据因材而用的原则由务农劳动力分别承包责任田。这是定劳定田管理操作，不是分田、包产到户，就像工厂的机器确定由某个工人管理操作，而不是把机床分给私人所有，属于分工负责，完成和超额完成自己的任务。(2)包产到户实际上是变集体统一经营为分散的个体经营为主，经济主体地位起了变化，联产到劳是实行统一经营的，不仅生产计划、作物布局是统一安排的，而且耕耙、育秧、肥水管理、植物保护等重要农活也是统一进行的，所以生产队的经济主体地位没有改变,是“身子不动手脚动”。(3)包产到户是除包产部分以外,全部产品归户支配,联产到劳是集体耕地上的所有产品都归集体,由生产队统一核算、统一分配的。在这个问题上所以会引起思想混乱,主要是界限不清,概念不明,语言不准,需要科学宣传解释,以统一思想认识。

目前,上海郊区实行的专业承包、联产计酬责任制,根据宜组则组、宜户则户、宜劳则劳的原则,形式也比较多样,普遍受到干部、群众的欢迎。统一经营、联产到劳在棉花、油菜、三麦等旱作物上,将会有迅速发展。小段包工、定额计酬责任制,正在不断改进提高,有的实行责任到劳,有的改为联产到劳,有的向专业承包、联产计酬发展。从发展趋势来看,根据上海郊区集体经济巩固、多种经营发达和复种指数高、机械化程度高、农业生产水平高的特点,总的方向是搞专业承包、联产计酬,市委、市政府领导在上海市人代会上也已明确提出要积极推广专业承包、联产计酬责任制。为了进一步解决承包组内的平均主义,一般都倾向于把专业承包、联产到劳结合起来,实行在生产队统一经营基础上的专业承包、联产到劳责任制,“先专后包”,把集体责任制和个人责任制结合起来,既充分发挥集体经济的优越性,又充分调动社员的个人积极性。

## 三、实行联产责任制后出现的一些新矛盾、新问题

实行联产责任制,是农业生产领域生产关系的一次重大调整,也是社会主义集体经济经营管理工作中的一项重大突破,从更重大的意义上来说,也是土地改革、合作化以来农村发生的一场经济、政治、社会的变革。在这场大的变革中,出现的许多新情况、新矛盾、新问题,涉及城乡各行各业和上层建筑各部门。这就要求各级领导部门,必须采取积极的态度,进一步肃清“左”的影响,从思想认识、工作作风和工作方法上来个大的转变,以适应变化了的新形势。

第一,社队干部在新情况下如何进行工作?

实行农业生产责任制以后,催收催种、打钟出工之类的事情不用干部管了,靠原来老一套的行政命令办法也不灵了,不少干部反映:“没事可干

了”,“不会干了”,“不好管了”。实行联产责任制对社队干部提出了更高的要求,必须进一步从经济政策、经营管理和科学技术上切实加强对农业的领导,任务不是轻了而是重了。据调查,社队干部至少有以下几项工作要做:(1)认真组织好生产队“几统一”工作,充分发挥集体经济的优越性;(2)加强思想政治工作,宣传落实党的政策;(3)研究新情况、解决新问题,不断完善生产责任制;(4)科学制定长远规划和当年生产计划,并组织实施;(5)推广行之有效的科学技术,促进科学种田;(6)广开多种经营门路,解决农村多余劳动力的出路。因此,要组织社队干部重新学习,取得新知识,积累新经验,特别是要建立干部岗位责任制,学会用经济手段管理经济,以适应联产责任制的要求。

第二,科技工作如何迅速跟上农民的迫切需求?

实行联产责任制后,广大农民要求掌握科学技术的积极性空前高涨。面对新的情况,农村干部、群众提出了许多新的要求:一是要求各级农业领导部门举办各种形式的生动活泼的讲座,加强技术辅导工作;二是要求出版部门出版更多的通俗农业科技书刊,并积极做好发行工作;三是要求新闻、广播单位要经常宣传、介绍农业科学技术,普及科学知识;四是要求教育部门在农村中学增加农业技术课程,将部分农村中学改为农业中学或职业学校,并对已劳动多年的中学毕业生进行短期培训,让他们掌握农业科技知识。同时,许多社队干部还要求把科学研究、技术推广和农业生产紧密结合起来,进一步试验和推广科技联产责任制,加快农业科学技术的发展。

第三,联产到劳后对困难户如何妥善安排?

实行联产到劳后,农村中一些困难户反映强烈,必须因人制宜妥善安排。困难户和军烈属以及民办学校教师等,如果同样承包责任田有不少困难,可以做照顾性安排,比如适当少承包土地,多安排一些队里零杂活,或者组织他们从事集体的多种经营,各尽其能,经济收益也不致减少。有些队在开始实行联产到劳时,对这个问题注意不够,引起了强烈反映。以后注意改进了,一些困难户也都称赞联产责任制“灵”了。

第四,如何解决联产后多余劳动力的出路?

联产责任制大大提高了劳动工效,一般每个生产队可多余劳力 1/3,这就为抽出更多的劳动力发展多种经营开辟了广阔前景。在调查中,实行联产责任制的生产队都强烈要求农业、供销、外贸等部门帮助他们广开门路，大开财路，解决多余劳动力的出路。有的还要求物资部门积极帮助解决发展多种经营所需的木材、钢材、水泥等材料。据调查，上海郊区在发展不用能源、不吃粮食、不占耕地的“无烟工厂”方面还大有文章可做，特别应该进一步大力发展手工编织、河蚌育珠、长毛兔、食用菌和葡萄生产等五大项目，更好地为城市、为外贸发展服务。

第五，上层建筑各部门如何适应联产责任制需要？

长期以来，城市各部门为农业服务的工作是适合过去需要的。现在情况变化了，要求各部门的工作要尽快适应和有利于联产责任制的发展。在调查中提到的主要有四个问题：(1)农副产品的交售和收购。实行联产责任制后，出现了“增产容易交售难”的情况。由于各组、各户产品的质量不一，如果生产队统一验收出售，设备和技术条件跟不上，矛盾很多。社队干部竭力主张粮食、供销部门增设收购点，进行按组、按户收购。(2)农机具供应。实行联产责任制后对小型农机具的需求量急剧增加，要求农机部门研制和供应适合于精耕细作的小型农机具，满足发展生产的需要。(3)银行信贷。银行信用社要允许社员建立账户，吸收存款，有选择地发放扶持贷款。(4)财会工作。联产到组、到户、到劳后，财会部门要辅导他们建立日常账务账目。社队干部、群众普遍希望各部门迅速改进工作，以适应新形势的需要。

第六，怎样不断改进和完善各种形式的联产责任制？

目前上海郊区实行的各种形式的联产责任制，都还不够完善。特别是水稻联产到劳，目前搞的基本上是一些落后队，而且还没有经过一年的考验，更没有经过严重自然灾害的考验，需继续试验和探索。对如何合理承包责任田，如何解决用地养地的矛盾，如何加强农业服务工作等，都还需要不断创造经验。在专业承包、联产计酬方面，对如何解决承包组内的平均主义问题，也还需要进一步研究。从目前郊区实行联产责任制的情况来看，总的是好的，在不断前进、不断改进，但要注意防止两种倾向：一是防止满足现状，故步自封。特别是有些同志受“左”的思想束缚比较严重，对联产责任制顾虑较多，心有余悸，态度不是很积极。二是防止一哄而起，搞一刀切。要坚持实事求是，从实际出发，把选择生产责任制形式的权利交给群众，充分尊重“队情民意”。这就要求上海郊区各级党组织以党的十一届六中全会精神为指针,不断清除“左”的影响,积极主动地加强对这一工作的领导,遇事同群众商量,认真解决在新情况下出现的新问题,不断改进和完善各种形式的联产责任制,进一步调动农民的积极性,把上海郊区农业提高到一个新水平。

# 为科学下乡喝彩

（1982年5月27日）

今年春天在普遍实行了农业联产责任制以后，上海郊区农村出现了一股科学下乡的热潮。广大农业科技人员，有的学习国外农业技术承包公司的办法，带着科学下乡，同农民签订技术联产责任制；有的效法欧美、日本技术推广员的做法，向农民免费散发自编自印的农业科普材料和单项技术资料；有的按农时季节，定期出"技术公告"，张贴到集镇和生产队；还有的利用可以直接到每家每户的有线广播喇叭，兴办农业科技广播讲座，向渴望得到技术指导的联产承包农民传播农业技术信息。

这个科学下乡的创举，受到了广大联产承包农民的普遍欢迎。在实行联产责任制以前，农村普遍的情况是：能工巧匠没用场，科学技术不吃香；今天广大农民则无疑都信守另一种信条了：科学出产量，技术最吃香。在现在的上海郊区农村，最畅销的是科技书，最吃香的是技术员，最爱看的是科普电影，最爱听的是农业科技专题广播，开会出席人数最多的是技术讲座。这种盛况真是令人振奋。

美国著名农业工程学家福斯特博士断言：现代农业是"应用科技力量耕作的时代"。因此，他的结论是"没有第一流知识的农民，就没有第一流的农业"。现在，日本农民中初中毕业者占19.4%，高中毕业者占74.8%，大学毕业者占5.8%。苏联国有农场场长和集体农庄主席中具有高等及中等专业文化程度的分别占98.7%和95.1%。美国农场主中也有相当大一部分受过高等或中等教育。而我国农民中还有不少文盲、半文盲，相当一部分是小学程度。这种状况决定了，要把我国农业搞上去，必须采取各种途径向农民普及科学技术。科学下乡则正是农民群众所喜闻乐见的好形式，应当持之以恒，努力坚持下去。

种田一旦真的讲科学了,瞎指挥就行不通了,南郭先生也吃不开了。科学下乡,也必定会把农村各级干部和科技人员的科学文化水平向前大大地推进一步。

# “责任制加机械化”好*

（1982 年 7 月 21 日）

今年三夏大忙季节，上海郊区嘉定县马陆公社彭赵大队在收割一片元大麦时，生产队经过分别取样测产，征得社员同意后，开来了两台“桂林二号”联合收割机，不到半天时间，全部一次收割、脱粒完毕。社员喜笑颜开地说，有了联合收割机，收割脱粒一次清，真方便！我们要“责任制加机械化”。听到这个消息，令人为之振奋。经了解，目前上海郊区由人民公社集体投资购买的这种型号的联合收割机总数已达 362 台。这样迅猛而又完全出于自愿的“买机热”，令人信服地说明，“责任制加机械化”代表了我国农业的发展方向，值得为之鼓掌喝彩。

目前上海郊区普遍实行了联产承包责任制。有人认为，实行责任制后，土地分散了，农业机械用不上了，是“责任制减机械化”，机械化肯定是处于“低潮”了。其实，实行联产承包责任制后，社员生产积极性普遍高涨，为了不误农时季节，提高耕作质量，达到增产增收，他们更需要机械化。近年来联合收割机的迅速推广就是一个例证。列宁曾经说过：“共产主义就是苏维埃政权加全国电气化”。而“责任制加机械化”则在一定程度上展示了我国社会主义农业现代化的灿烂前景。同时，这也代表了一种从土地上逐步转移农业劳动力的发展趋势。今后，随着机械化程度的不断提高，参与承包责任田的农民必然越来越少，单个农民承包的土地面积势必越来越大，到那时，农村劳动力的专业化和农业现代化的目标就可以同时实现了。

还有一些同志认为，机械化程度高了，联产计酬更难了，会影响责任制的巩固。其实，实际情况恰恰相反。实行联产承包责任制后，农民的劳动强度普遍有所提高。尤其是上海郊区，大批强壮农业劳动力转移到工副业生

* 本文系作者与上海市农委办公室唐嘉文同志合作撰写。

产上去,务农劳力一是数量锐减,二是质量下降。据 1981 年年末统计,全郊区纯农业劳动力只占农村总劳力的 56.4%,平均每人负担耕地 3.12 亩,按平均复种指数 2.4 次计算,每人实际负担播种面积近 8 亩,而这么多耕地的主要承担者又是青少年和老年妇女。有些地方甚至发生由于土劳负担过重,社员劳动强度过高,生产责任制难以落实下去的情况。后来还是通过大力发展农业机械化,用机械代替了那些强度高、化工多的农活,生产责任制才落实下去。可见,机械化的发展,是有利于责任制的改进和完善的。

发展农业一靠政策,二靠科学。"责任制加机械化"可以把靠政策和靠科学更好地结合起来。我们殷切期望上海市农机部门积极试制和生产各种受联产农民欢迎的农业机械,为他们"雪中送炭"。

# 在农业现代化的道路上*

（1982 年 9 月）

一场大雨把江南农村大地洗涤得格外青翠秀美。我们踏着雨后清爽的乡村干道，走访了上海市宝山县罗店人民公社。

这个公社坐落在上海东北角，同现代化的宝山钢铁总厂毗邻。党的十一届三中全会以来，他们雄心勃勃而又脚踏实地探索中国式农业现代化的道路，制定了农业生产和农村建设全面发展的规划。仅 4 年时间，这里就发生了令人振奋的变化。看！展现在我们眼前的是：园田化的农田，机械化的作业，专业化的组织，新建的住宅。农民兴奋地说："我们离社会主义新农村的美好前景越来越近了。"

## 一、农田基本建设开道

"中国式农业现代化要由农田基本建设来开道"，陪同我们访问的公社党委负责同志边走边向我们介绍。这个公社过去虽零打碎敲地也搞过一些农田水利建设，但没有从根本上治理。到 1978 年年底，全公社还有 1600 亩高亢地，500 多亩低洼地、箱子地，河流、道路、桥梁不配套，有 2000 多亩耕地农机、农船开不进。1977 年一场暴雨，全公社有 2/5 以上耕地受淹。而现在，我们看到的却是：河路桥梁配套成网，田块平整格田成方，阡陌笔直绿树成行，全公社基本实现了园田化，达到了日降 200 毫米雨不受涝的高标准。这是一步一个脚印，埋头苦干出来的。

他们发动群众短期突击与常年施工相结合，先后开挖了河道 26 公里、大明沟 18 里，平整了全部高亢地、低洼地，新筑了拖拉机路 18 公里，建造了

---

* 本文系作者与唐嘉文同志合作撰写。

拖拉机桥 78 座,埋设了地下渠道 8.5 公里,延伸了低压线路 28 公里,做到了农机块块田都能到,农船队队都能进,电线村村通,从而为农业现代化开辟了道路。

大雨过后,我们看到大片棉田都无积水,土壤疏松。原来,他们在地下一米深处埋设了塑料暗管,日夜不停地在排水。这一片棉田的前茬麦子,平均亩产达到 885 斤,比全公社平均亩产高二成多,是历史上从来未有过的高产量。

## 二、责任制加机械化

搞现代化农业,光停留在家庭联产承包责任制上还不行,一定要责任制加机械化。这是罗店公社的又一条经验。近几年,随着农村经济结构的变化,务农劳动力数量、质量都有所下降,务农社员反映:“责任制好是好,就是劳动起来吃不消。”在责任制的基础上进一步发展农业机械,这是生产力发展本身提出的迫切要求。

实行责任制加机械化的结果,使罗店公社出现了“收割不用刀,开沟不用锹,棉花移栽不用手套槽,田间运输不用扁担挑”的新局面。今年三夏期间,全社 7000 多亩麦子,全部由联合收割机收割,机子所到之处,滚滚麦浪顷刻间化为金色瀑布。每台收割机一天作业量相当于 150 个劳动力,全社 23 台联合收割机就相当于增加了三四千个劳动力,并且收割、脱粒、清扬、装袋,多道工序一次完成。这就使农忙不再那样忙了。晚上,社员无须开夜工,笃笃定定看电视。1 万亩移栽棉花的套槽任务,全都由套槽机所替代。背包式的喷药器,也已全部换成了机动喷雾机。目前,这个公社共装备了大拖拉机 75 台,联合收割机 26 台,机动喷雾机 61 台,开沟机 13 台,播种机 26 台,棉花移栽套槽机 30 台,大型推土机 5 台。

在公社农科站,我们还参观了机械化育秧工厂。从碎土、配肥到播种,全部由机器流水作业。这种育种方法,可以从根本上摆脱自然气候的影响,管理方便,出苗均匀,省种、省肥、省秧田,而且只要把秧盘装进配套的插秧机,不用再拔秧插秧了。这样,从育秧到插秧,再加上应用了除草剂和联合收割机,实现全盘机械化,从而结束了农民“面朝黄土背朝天,弯腰曲背几千年”的辛劳局面。社员对我们说,现在在田里做同在厂里当工人差不多了。由于劳动强度上缩小了务农和务工的差距,有效克服了离农倾向,稳定了农业,也促进了责任制进一步完善。凡是机械操作的便实行“统”,凡是手工操作的便实现“分”,既发挥了集体经济优越性,又极大调动了社员个人积极性。现在全公社已建立了农机、排灌、种子、植物保护四个专业化组织,对工作量较大、技术性较高的筑路、造房、运肥、沼气等方面的工作,都分别建立了专业队伍。专业化提高了效率,降低了成本,对农业增产起了重要作用。

## 三、生产、生活一起抓

在向农业现代化前进的道路上,他们坚持了生产、生活一起抓。这个公社原来有 259 个自然村,分布零散,占地较多,房屋破旧。现在,已沿公社干道、干河建立了 38 个新村。几年来新建楼房 8000 多间,60%的社员已住进了新房,平均每人居住面积达 21 平方米。待全公社 38 个新村点全部建成后共可多出耕地 1000 多亩。

他们还十分重视农民新村公用生活设施的配套建设。不少大队由集体投资,以新村点为单位,利用畜牧场的猪粪肥,统一建造沼气池,把沼气输送到每家每户。社员使用沼气就像城里人使用煤气一样方便。为了节省社员烧饭、烧水的时间,四方大队朱家宅生产队还搞了一座省柴灶,用 25 斤柴草就可以蒸熟全队 40 多户人家的饭,平均 1 斤柴草就可以烧 7—8 斤开水。社员家家叫好,人人称便。这个队还投资 5000 元,办了一个太阳能浴室,晴天水温可烧到六七十度,一次可供 40 人同时洗澡。

## 四、自己武装自己

这几年,罗店公社在农田基本建设和农机方面的投资共达 200 多万元,平均每亩 100 多元。这么多的资金是从哪里来的呢? 他们的经验是:“农副工全面发展,自己积累资金武装自己。”现在,这个公社 1.3 万多名劳动力中,务工社员已有 6000 名。1981 年,公社总产值中,农业产值仅占 10%,牧副业产值占 7%,社队工业产值占 83%,农副工业总收入比 1977 年增长一倍多。1981 年,每个农民的劳动生产率,已由 1977 年的 991 元猛增到

2731 元，增长了近两倍。全社人均分配，1977 年 224 元，1981 年达到 364 元。

在农副工三业全面发展中，罗店公社始终坚持以农业为主的指导思想，为了农业办工业，办了工业为农业。他们利用工业的积累进行农田基本建设，购置农业机械，还实行了社队工业利润联产共享责任制，以鼓励和促进农业生产。因此，这个公社的农业生产在近几年已由中等水平跨入先进行列。1981 年在受灾的情况下，粮食常年亩产仍达到 1545 斤，比上年增产 20%。今年 8000 多亩三麦，平均亩产达到 714 斤，亩产比上年增长 26.2%，总产增长 21%；50 亩油菜，平均亩产 332 斤，亩产比上年增长 47.1%，总产增长 45%，超过历史最高水平。

离开罗店公社时，又下起了大雨。我们由此联想到，罗店公社近 4 年的巨大变化，不正是党的十一届三中全会精神春风化雨、滋润浇灌的结果吗！

# 赴广东省学习考察农村改革情况报告

（1982年9月22日）

由上海市郊区10个县的县委书记和市农委、市农业局、农科院负责同志组成的上海农业学习考察团一行22人，于今年9月1日至14日，到广东省进行了为期两周的学习考察。原计划着重考察南海县，广东省委、省政府建议我们再去看看顺德县和东莞县。这样，我们先后共考察了佛山、惠阳两个专区的三个县和广州、佛山两个市郊以及深圳特区，看了11个公社、17个大队和1个国营林场。

这次考察学习，自始至终受到广东省委、省政府、省农委的高度重视和热情接待。在我们到达之前，广东省委办公厅专门召开了包括广东省农委，佛山、惠阳地委，南海、顺德、东莞县委以及省交际处负责人会议，按照我们事先发去的学习考察计划作了部署安排。到了广州，广东省政府副秘书长、广东省政府办公厅副主任和广东省农委负责人出面会见我们，并介绍了全面情况。下去以后，广东省农委两位副主任以及广东省驻沪办事处主任和办事处办公室主任全程陪同。广东省交际处专门为我们拨出两部带空调的中型客车。到了考察点，从地委到县委，从公社党委到大队党支部，都是主要负责人亲自出马，全程陪同，介绍情况，提供资料，安排参观，组织座谈。考察结束回到广州，同广东省委书记王德同志会见并进行了座谈。广东省的热情接待和周密安排，使我们这次学习考察取得了圆满成功。

## 一、岭南之行，眼界大开

我们这次学习考察的两个专区的三个县以及广州、佛山两个郊区，都是广东省珠江三角洲一带的经济发达地区。由于情况同我们上海郊区相似，可比性大，看了感受特别深刻。全团同志共同的体会是：岭南之行，眼界大开。

使我们大开眼界的,首先是这些地区对党的十一届三中全会精神贯彻得好,“左”倾流毒批得深,拨乱反正搞得透,重点转移转得快,农村经济搞得活。我们所到之处,所见所闻,到处是四个“一起上”的生机勃勃的新局面。

四个“一起上”就是:第一,农、副、工三业一起上。他们的观点是:农村经济应当是“鸟形经济”,农业是主体,工副业是两翼;只有主体健壮,两翼丰满,才能使原来落后的农村经济如鲲鹏展翅,扶摇直上。因此,他们在继续抓好农业的同时,促使工副业迅猛增长。人口、耕地都同上海郊区大体相仿的佛山地区,十一届三中全会后的 3 年与前 3 年相比,农业总产值平均每年增加 5. 08 亿元,工业总产值平均每年增加 12. 51 亿元。南海县 1981 年比 1978 年增长的 5. 36 亿元工农业总产值中,农业增长 3. 04 亿元,工业增长 2. 32 亿元,全县 1981 年工农业总产值的比重大体是农业和社队工业对半开。顺德县有个桂州公社,1981 年农副工业总产值高达 1. 27 亿元,成为广东省第一个、上海郊区根本找不出的“亿万富翁”公社。

第二,粮食与多种经营一起上。佛山地区在十一届三中全会后的 3 年与前 3 年比较,稻谷增长 10. 07 亿斤,平均每年增 3. 36 亿斤,糖蔗、水果、花生、塘鱼等多种经营也全面增长。东莞县常平公社除年年完成国家粮食交售任务外,1981 年按牌价和议价出售花生 4. 4 万担,超过国家任务 2 倍;交售和出售甘蔗 1. 9 万吨,超过任务 1 倍多;全社塘鱼计划任务是 300 担,却交售和出售了 1. 2 万担。全社生猪任务是白肉 92 万斤,交售和出售了 478 万斤,这一年仅多种经营的收入就使全社人均分配增加 300 元。

第三,公社、大队、生产队三级经济一起上。在这些地区,不仅农、副、工三业是协调发展的,公社三级经济也是协调发展的。给我们留下深刻印象的是南海县的“一、二、三”,即在 1981 年全县每个公社的三级总收入中,公社一级只占 1. 7 亿元,大队一级占 2. 1 亿元,生产队一级占 3. 6 亿元,生产队一级的产值比重最高,增长幅度也最大。公社一级 1981 年比 1978 年只增 1. 1 亿元,大队一级增 9405 万元,生产队一级增 1. 94 亿元。原因是他们高度重视生产队经济的发展,尤其是放手支持生产队因地制宜发展不耗能源、不用机床的劳动密集型小手工业。在这方面,南海县委是“1979 年开小口,1980 年放开手,1981 年大步走”。该县 1981 年生产队一级 3. 6 亿元总收入中,单生产队办小手工业的收入就占了1.6亿元。

第四,国家、集体、个人一起上。这些地区农村经济搞活以后,体现了国家多得、集体多留、个人多分。以佛山地区为例,三中全会前的3年平均每年收购的农副产品总值为4.89亿元,十一届三中全会后3年平均每年9.04亿元,增长84.7%。农业税款前3年平均每年4014万元,后3年平均每年4460万元,增长11.1%;社队企业税款前3年平均每年4162万元,后3年平均每年6431万元,增长55%。再从集体积累来看,南海县1978年三级固定资产仅1.93亿元,1981年达到2.85亿元,3年增长9000多万元,此外还有集体积累6582万元,占当年总收入的18.2%。社员个人得益也十分明显。仅以家庭副业为例,南海县1978年社员家庭副业总收入才4796万元,1981年猛增到1.2亿元,人均家庭副业收入达182元。东莞县1981年人均家庭副业收入为130元。该县常平公社1981年人均家庭副业收入高达300元,相当于集体分配的50%以上。有些典型户家庭副业的收入超过集体分配收入。常平公社常平大队党支部书记、第一生产队队长陈苏,去年全家集体分配收入是7500元,家庭副业的纯收入为7900元,两者共计15400元。他们的实践冲破了一个曾经非常流行的传统观点:集体经济的分配水平高了,农民靠集体富起来了,对家庭副业就不会有多大兴趣了。事实是,责任制的普遍推行,使农民很快就能干完集体的活,如果不多搞家庭副业,就会造成劳动力的极大浪费。因此,在现阶段,农民在主要依靠集体致富的同时,对发展家庭副业仍然有极为强烈的兴趣,放手让他们发展家庭副业,仍然是非常重要的生财之道。

使我们大开眼界的另一个重要方面是,这些地区农民生活富得令人简直难以置信。原来总以为上海郊区农村集体经济分配水平高,全国农村都能达到上海郊区现在的水平,就称得上小康水平了。这次出去一看,虽然人家前几年起点比我们低,但现在已超过我们一大截。以人均分配水平来看,1978年广东省的这三个县、两个郊区平均为178.6元,比当时上海郊区231元低29%。1981年这三县、两郊的平均分配水平猛增到407.2元,一举超出我们41.3%。其中,佛山市郊区去年人均三级分配收入为514元。县以下公社、大队的分配水平更高。东莞县常平公社,去年三级人均收入570元,加上家庭副业,人均实际收入为870元。万元户、千元队在这些地区都已不算是什么新闻。仅顺德县陈村公社弼教大队,去年总收入万元以上的户就占总农户的30%左右。该队弼教花园负责人黄明，去年全家总收入近2万元，家里造起一幢总面积800多平方米的庄园别墅式的“大洋楼”，造价近5万元。室外墙壁全部用琉璃瓦作装饰，室内都用高级墙布作贴面，全家6口人，拥有7辆自行车、2辆摩托车、3台电视机（2台是24寸彩电）、1只4喇叭特大收录机、1台大冰箱和1台洗衣机。去年英国驻华大使杨大卫到黄明家参观，竟仔仔细细看了两个多小时，临走时还对黄明说：我要造这样一幢别墅式的房子至少得向银行贷款20万元。类似黄明家的“小洋楼”，在我们所到的广东省这三县、两郊，随处可见。那里农民盖新房，集体不给补贴，只是统一划定地段，房屋设计千姿百态，而且是后来居上，越造越高级，现在已到了“第三代”。东莞县常平公社规划在3到5年内，全公社每家每户都造一幢二三万元的高层私人住宅。甚至在被称为“一条街道两个世界”的沙头角镇，过去因属我方管辖区，人民生活水平低，每年发生偷渡外逃到一街之隔的港英新界管辖区去，现在这里的农民也家家户户住上了高级小洋楼，农民家庭普遍有了电视机、收录机、电风扇、电饭煲、电冰箱、软沙发等高档消费品，不仅思迁向外的人安居乐业了，而且一些已经跑过去的人又重新回来定居了。这种“昨宵人去，今朝人返”的喜人景象，是这些地区农民迅速富起来的生动例证。

广东省珠江三角洲经济发达地区农民生活富得这样快，不是靠歪门邪道，而是靠实实在在的劳动致富。他们的口号是：“要致富，不怕苦。”在南海县我们参观了地处丘陵山区的水塘公社狮岭大队，这个队过去穷在山上，现在既搞好粮食生产，又坚持靠山吃山，利用200多亩山地，大搞砖、石、银灰岩等工副业，在石场工地上，我们看到社员在烈日下赤膊开山，他们说，每挣1元钱要流1斤汗。1976年该队人均分配仅141元，去年已达到549元，陈边生产队去年人均分配达1800元。

省、地、县、社各级领导大力提倡和放手支持农民致富，也是他们富得快的一个重要原因。十一届三中全会后的第1年，南海县有4个大队提前实现了县委提出队均分配400元的奋斗目标，县委不仅给他们送表扬信，还把20万响大鞭炮挂到四个大队的最高处燃放，又连续放了100多发礼花弹，向农民贺富。贺富活动连续搞了几年，使南海县迅速跃入全国富裕县行列。在与当地干部、社员交谈中，我们还听到省委书记任仲夷同志当时在全省干部大会上推荐的一副对联：有机可乘不乘愚也，有利可图不图蠢也；横批是：

发财致富。这种一个心眼儿欢迎农民致富、恭喜农民发财的正确的指导思想，使这里的社员“英雄有用武之地，发财无后顾之忧”，真正是人人争着富、家家敢冒富。我们走过的30个社、镇、场、队，在农民新落成的房子上都贴着这样的门联：“财源广进，岁岁进宝”，“春到华堂添百福，堆金积玉满屋春”，“家家喜盈门，岁岁添福寿”，以及“玉堂富贵千秋盛，金屋荣华万载兴”，等等。

## 二、搞活变富的“五大法宝”

近半个月中，我们一路考察，一路议论，又同省、地、县、社各级领导座谈、探讨，一致认为在党的十一届三中全会以后，广东省珠江三角洲经济发达地区农村经济和农民生活迅速搞活变富，主要靠的是放、调、包、补、联这“五大法宝”。

第一，关于放。我们在下去以前就从广东省农委的介绍中听到广东有个“三放”政策，就是“对外开放，对下放权，对内放宽”。“三放”政策是广东省委提出来的，从上到下，各级、各部门贯彻落实都很坚决。用他们的话来说，“富”来自“活”，“活”来自“放”，不“放”就不能“活”，不“活”就不能“富”。“过去两个纲（以阶级斗争为纲，以粮为纲），现在三个放”，确实把农村经济搞活、把农民生活搞富了。广东省委倡导的“放”，主要有四项内容。

一是在不违背党的方针、政策的前提下，对下放权，放手让各级大胆工作。我们在接触中都有一个共同的感觉：广东农村各级干部胆子都很大。他们说，胆大源于权大，上级给了我们几个权，即作物种植权，引进外资、侨资进行经济建设的审批权，当地生产上自产自销、自用自进的物资进出口自主权，以及在人才流动和劳动力流动上的自主权，等等。有了这几个权，就把农村各级干部的手脚放开了，工作积极性、主动性、创造性充分调动起来了。以引进外资、侨资来说，过去层层设卡，把港澳同胞、海外侨胞的慷慨捐赠一概拒之门外。现在各级都有一定的引进外资、侨资自主权，为农村打开了一条广阔的聚财之道。他们把多渠道引进的外资、侨资，用于办教育、办文化、办医院、办旅游、建住宅、修桥梁、修公路等，加速了农村建设。据佛山地区不完全统计，十一届三中全会以来的3年间，已先后接受华侨和港澳同胞捐赠的总值达 2.63 亿多港币。其中包括各种生产企业 63 个，各类机动车辆 5924 辆，修建或新建学校 290 所，修建或新建医院 49 所，兴建旅社、宾馆 46 家，修建桥梁 97 座，修建公路 336 公里。再以自产自销、自用自进的物资进出口自主权来说，省里规定，县以下凡属“出口自产，进口自用”的物资，可审批 50 万元以下，这就改变了单一的外贸进出口渠道，克服了独家经营、吃“大锅饭”的弊病，把以进养出、以出养进的进出口贸易搞活了。顺德县 1981 年外贸总额 2.09 亿元，占工农业总产值的 16.5%，直接出口创汇 7077 万美元，平均每人创汇 80 美元，其中纺织品出口超额 17.7%，土产品出口超额 56.1%，轻工业品出口超额 27.8%。

二是在国家计划指导下，放手发挥市场调节作用。这些地区搞活经济的一个共同特点是对市场调节利用得好。我们这里的市场调节似乎仅限于社员自留地和家庭副业所提供的农副产品，集体的农副产品是没有一点市场调节余地的。而广东省的这些地区，集体的农副产品在完成了国家征派购任务以外，都可以进入农贸市场。他们对粮食、花生、香蕉、塘鱼以及猪、鸡、鸭、鹅等都采取“包死定额，超产归己”的办法，计划内的任务必须坚决完成，完不成，农民自己出高价到市场上去买也要完成。南海县去年后季稻因灾减产，社员到余粮县买了 1600 万斤粮食，超额完成了征购任务；而对超计划部分的粮食，再多也让社队自行处理。对计划内的猪、鸭、鸡、鹅以及淡水鱼，实行“斤肉斤料”，超计划部分饲料议价进，产品高价出。顺德县去年发展养猪生产的 3 亿斤饲料中，靠市场调节的共 1.7 亿多斤，占 60%左右。由于超产可以卖高价，社员舍得下本钱，搞高投资、高产量、高收益。桂州公社社员把讨娘子、盖房子的钱都拿出来，作为追加投资用到农副业生产。产量因此而明显增长。顺德县的塘鱼，过去产多少、收多少，“文革”十年平均每亩每年只增加 1 条鱼。搞了市场调节后，每亩每年增长 50 多斤，去年该县由社员自筹资金追加到塘鱼生产上的共 1500 多万元，全县共上市淡水鱼 117 万担，相当于上海郊区 10 个县去年淡水鱼调市量的 10 倍。淡水鱼计划内的牌价是 0.6 元 1 斤，市场调节的议价鱼是 1 元左右。猪肉议价每斤瘦肉达 4 元。市场调节在广东省这些地区之所以行得通，关键是饲料议价买得进，产品高价卖得出。据了解，广州市的在职工人，现在平均每人每月奖金在 100 元左右，机关干部每月发生活补贴 15 元，另外还补贴 7 度生活用电，加上工业品价格低廉，所以虽然猪禽蛋等主要副食品 50%以上要靠议价买进，市场仍然比较平稳，社会也比较安定。

三是在坚持自力更生、充分挖掘本地资源发展工副业生产的前提下，放手大搞“三来一补”。党的十一届三中全会以来，这些地区一方面充分利用本地资源，靠山吃山，靠水吃水，发展各种工副业；另一方面积极发挥侨乡优势，利用港澳同胞、海外华侨这条对外经济联系的渠道，穿针引线，广泛开展来料加工、来料装配、来样加工和补偿贸易（简称“三来一补”）活动，取得了明显的经济效果。目前，“三来一补”已在广东全省特别是我们到过的这些广东省的发达地区遍地开花。仅佛山地区近3年来与港商、外商签订的加工装配、合作经营、补偿贸易等对外引进业务的合同就达5535项，合同期内加工总额可达6.4亿美元，现在已收入外汇6500万美元。广东全省3年来共与外商签订各种合同12000多项，金额28亿美元。两年多来广东全省共完成对外加工工业总产值14亿美元，1981年完成7亿多元，占全省工业总产值的3%，相当于一年增加产值的1/3。1981年广东全省从事对外生产活动的总人数达22万人。东莞县常平公社4.9万农业人口，去年仅开展“三来一补”收取的加工费就达人民币1000多万元，其中500万元投入分配，仅此一项，使全公社人均分配增加120多元。他们在大搞“三来一补”方面头脑十分清醒，指导思想是利用而不是依赖。南海县大沥公社潭边大队年轻的女支部书记说得好：国际市场风云变幻，“三来一补”能搞则搞，我们的立足点放在就地取材的种养业上，全大队现在正积极投资大搞“三水”作物，预计到1985年仅水稻、水果、水产三项，农民人均分配就可稳拿400元，到那时即使“三来一补”一点都没有，也能立于不败之地。

四是坚持在发展生产的前提下，放手让农民致富。全省各级党组织的指导思想是不嫌富、不限富、不怕富。该省肇庆地区农业局畜牧干部袁衍琴，去年到高要县承包办了1个养鸡场，连她在内共12人，养了7.98万只鸡，上市6.9万只，总产值57.93万元，获纯利10.15万元，按承包合同从中分成3万多元作为工资和奖金，全场干部、职工平均每人5000多元，她本人加上兼职的加奖部分共分得6000多元。面对这样高的养鸡收入，当时各种议论都有，有的说为什么袁衍琴只用十几人办一个年产7万多只鸡的大型养鸡场，都这样干，大家不是都要失业了，劳动局长也要被开除了；也有的指责他们这样干是滥发奖金。她本人慑于舆论压力，一度对这笔收入不敢要，但从省委到地委、县委领导同志都支持她，动员她要。省委第一书记任仲夷对她说，只要是劳动致富，就是1年收入1万元也是光荣的。顺德县陈村公社弼教大队弼教花园负责人黄明，在决定造那幢5万多元的大洋楼时，起先也有思想顾虑，怕冒富，公社党委书记支持他说，要造就造个像样的。领导的这种胆略和气魄，使农民打破了致富的各种后顾之忧，放心大胆地勤奋劳动，发财致富。

第二，关于调。我们走过的这三县、两郊近30多个单位，都异口同声地向我们介绍调整作物布局的好处，看来调整作物布局是这些地区搞活变富的重要一着。作物布局调整主要是调减了水稻和冬小麦，调整的面共1100多万亩，约占总播种面积的13.8%，其中水稻播种面积减少400万亩，占6%。

据省农委介绍，作物布局调整主要是纠正过去瞎指挥时造成的“以粮唯一”的错误。在陈村公社，我们听到过去曾强令社员在花盆里种水稻，在东莞县又听到“水稻上坡，甘蔗上山，木薯上天”的怪事。为纠正这种明显的瞎指挥，适当进行作物布局的调整是完全必要的。

调整的指导思想主要是两条：一是完成任务吃饱饭，即完成国家计划任务，保证社员口粮，在此基础上，种多少粮食面积，扩大多少经济作物均由生产队自行决定，上级不加干涉。二是坚持按自然规律和经济规律办事，山坡地不适合种水稻的就改种果木；低洼地水稻产量很低的就干脆挖泥做砖，然后改成鱼塘；冬小麦产量不高的，允许改种花生。现在已经可以看出，全省范围的自下而上的作物布局调整，不仅没有出什么乱子，相反取得了以下三条明显效果。

一是促进了少种高产。佛山地区四年来水稻面积共调减了50万亩，由于坚持搞少种高产的集约经营，结果单产提高了，总产也增加了。近3年来，全区粮食总产平均每年增长3.36亿斤。东莞县常平公社去年调整了1万亩早稻、8000亩后季稻，今年大面积推广优质高产杂交稻，全公社23754亩杂交水稻，亩产726斤，比去年增产238斤，仅此一项，就增产573万斤，加上其余1.3万亩常规品种的早稻也获得增产，该社今年早稻总产共比去年增659万斤。公社党委尝到了少种高产的甜头，准备明年再压缩一些粮田，用于进一步扩种经济作物。

二是促进了良性循环。全省调减的400万亩水稻播种面积中，有230万亩是低产田、沟坎田，一熟的产量高于两熟，但过去硬要搞麦、稻、稻三熟制,弄得农民筋疲力尽,产量还是上不去。现在改种了400万亩花生,每亩产120斤油、200斤花生饼,1亩花生饼就可解决2亩稻田有机肥,土地由过去的恶性循环变为良性循环,吃油也由过去年年由国家调进变为年年自给有余了。去年广东省共库存花生油1亿多斤,各地都发加急电报要求国家多调,广东省委领导同志说,这是多年来没有过的。

三是提高了经济效益,农民得到了实惠。我们实地考察的情况表明,凡是调整作物布局搞得好的,经济发展就快,农民收益就大,生产积极性就高。顺德县有个统计,作物布局调整后,每亩增收200—250元;东莞县常平公社去年人均分配575元中,属于调整作物布局的大约占100元。佛山地区的斗门县,调整作物布局以前,连续多年人均分配停留在70元左右,调整作物布局后,由于实现了粮、蔗、鱼、桑的循环生产,人均分配已猛增到250多元。

据广东省委领导同志介绍,全省作物布局调整总的情况是好的,但也有调过头的。1980年全省粮食总产359亿斤,去年只有328亿斤,减了近40亿斤。1976年以前广东每年调出商品粮16亿斤,近几年每年要调进10亿斤,这里有增加了10多万越南难民的因素,也有改革开放以后每年增加700多万人次港澳同胞回广东探亲的因素。省委的态度是:就全局来说,作物布局的调整已经到底了,个别的还可作些调整,其做法是总结发扬合理的,控制不合理的。

第三,关于包。广东省这些地区,从上到下对一个"包"字感情特别深。他们认为无论是种植业、养殖业还是社队工业,都是"一包就灵"。我们参观了各种各样的"包",得到的一个深刻印象是:一个"包"字,已经成了这些地区搞活变富的万应灵药。在农村各项经济工作中,"包"字用得广、用得活、用得卓有成效。在"包"字上对我们启发大、教育深的主要有以下四条。

一是在水稻的联产承包上取得了关键性突破,目前正在迅猛发展。他们在责任制问题上的发展过程同上海郊区大体相似,从牧副业到经济作物、粮食作物,从"三靠队"到中间队、富裕队,争论最大的是水稻。南海县直到去年8月还开全县大会,表示要坚决顶住,水稻坚决不搞联产承包。但到了9月,已经顶不住了,派到南海县边缘阻挡水稻搞"双包"的庞大的工作组也感到招架不住了,于是县委从派工作组阻止水稻搞"双包"变成支持和指导生产队搞"双包"。今年该县已有30%的队搞了"几权(生产计划、指标权,产品处理权,生产资料支配权,统一分配权)在队,包产到户",类似于我们上海郊区的"统一经营,联产到劳",半年多来,效果很好。他们说,现在认识一致了,发达地区也可以搞"双包"。由于发达地区已经形成了门类比较齐全的专业分工,"双包"只是一部分社员参与承包耕地,承包户类似于牧副业上的专业户,在生产过程、分配过程上都同集体经济挂着钩,不会引起生产队的解体。而且由于承包的标准产量定得合理,超产部分可以直接由社员拿到流通领域去搞市场调节,也易于调动社员搞水稻"双包"的积极性。所以,原来反对的,现在拥护了;原来犹豫的,现在坚定了。南海县委的指导思想是,"工业要统,农业要放,放到一家一户经营为主",今年水稻生产的"双包"责任制预计可以搞到 70%—80%。广东全省到今年 5 月,水稻"双包"的面已达 92. 1%。

二是各项专业承包都建立在投标的基础上,真正做到了因材而用,八仙过海,各显神通。投标的过程,实际上是一次群众性讨论确定各项专业承包"标准产量"的过程。哪个社员从事哪一项专业承包可以获得最佳标准产量,集体就同谁签订承包合同,从而出现了"种植业向种田能手集中,工副业向能工巧匠集中"的发展趋势。这就使各行各业的能人都可以干自己最能干的活,经济效益十分显著。顺德县的淡水鱼塘,1966 年亩产 290 斤,1976 年亩产 361 斤,搞了鱼塘投标联产专业承包后,最高亩产 2000 多斤,全县 25 万亩鱼塘,1981 年平均亩产高达 477 斤,比上海郊区精养鱼塘亩产还高 147 斤。能人搞专业承包,使广东省专业户、重点户的发展非常迅速,目前全省共有各业专业户、重点户 8 万户。有些承包集体生产的专业户,往往也是家庭副业的主业户。顺德县陈村公社弼教大队弼教花园负责人黄明、东莞县常平公社常平大队养鹅能手陈祖都是这样。他们既为队里种花,也大搞家庭花卉种植业;既为队里养鸡养鹅,又发展了家庭鸡鹅养殖业,其结果不是公私冲突,而是公私兼顾、公私两利,使他们的专业技术由于实践范围的扩大而更精湛、更娴熟。

三是一些队办工厂和小农场也出现了由能人承包的发展趋势。农副业生产可以搞承包,小农场和小工厂也能承包给私人吗?这在我们是难以想象的,而在他们那里则已成为事实。东莞县寮步公社寮步大队社员尹润南,全家 6 个劳动力,去年除耕种 3 亩责任田、承包 2 亩鱼塘(自食)、与人合股承包大队鱼塘 45 亩(尹只出股金,不参加劳动)以及与公社工交办合办 1 个 6 亩的花场外,还凭借自己 10 多年从事陶缸生产的技术,于去年 4 月向大队承包经营缸厂。该厂过去由集体经营时年年亏损,尹润南承包后1年就扭亏为盈,1981年陶厂总收入22万元,利润4.6万元,除交大队承包金23750元(比合同规定多交8000元)职工工资利润所得税外,纯利12321元。尹用这笔钱组织全厂职工到桂林旅游一次用去3900元,春节给职工"红包"用去900元,春节每个职工送1只鸡、1条鱼、1盆金橘用去550元,还剩余6971元,再减除尹本人投资3.5万元应得的利息2656元,尹润南实际多得了4315元。尹一家5人参加工厂劳动,他本人担任厂长兼供销,每月工资190元,老婆负责缸厂门市部,出卖次品,每月工资80元,长子、次子负责窑务,每月工资各80元,女儿18岁,负责家务兼顾门市部,不领工资。工资加超额利润,他一家去年实得9475元,每人年平均收入1895元,只比该厂50个职工人均年收入1063.2元多831元。大队在同他签订的承包合同规定了五条:(1)关于劳力使用,陶缸厂承包后劳力要全部是本大队的,并以原厂工作人员为基础。(2)固定财产由大队盘点登记,各执一份,交承包者使用,承包期结束,如数完好交还大队,只能使用,不能变卖,损坏要赔偿,损坏要修理。(3)承包时间两年半,1981年承包金2075元。(4)领导权属大队,业务权属承包者。(5)厂房正常维修归承包者承担,自然灾害造成损失要维修归大队承担。现陶缸厂工人都赞成这种承包方法,认为对集体有利,使社员多得,要求延长承包期。

另一个承包珠村合作农场的是广州市郊区东圃公社珠村大队的潘景练。珠村大队1964年创办的珠村农场共300多亩山地,有场员四五十人,由于经营得不好,年年亏损,仅1979年就亏损12000多元。大队想甩掉这个包袱,1980年提出要找人承包经营。当时没人敢包,后找到该场场员潘景练,他表示愿意承包,条件是每年交大队承包金2400元,每年交售国家生猪任务500斤,不再承担生产责任田,生产队也不给承包户粮食(这个大队是蔬菜队,生产队自产口粮5个月,7个月由国家供应,公社认为,国家供应的口粮指标应给承包户)。农场经营什么,如何经营由承包户决定,一包5年,期满后,如不继续承包,现有固定资产都归大队所有。初期承包的6户社员,3户是他家亲戚,后来另3户撤出,潘又发动其姐夫入股。他们采取入股自筹资金和向国家贷款的办法,共4户10股,每股出股金1909元,还用大队合作农场名义向信用社贷款4万元,两项合计筹资近6万元,办场仅两年总收入已达到90012元,纯收入68102元,其中1981年纯收入52952

元。按23个劳动力计算,每人创收2800元,相当于承包前的10倍,创利润1620元,增加10倍多,人均分配采取每月支30元加年终按累计出勤天数分红的办法,目前他们已购置1辆汽车、2辆手扶拖拉机、2辆摩托车、10台报话机,大有长期干下去的趋势,被人们称为广东的“韩丁式农场”。

四是国营林场也采取“包”的办法,为办好国营农场闯出了一条新路。顺德县有个顺峰山林场,1958年开始办的,过去年年亏本,职工很不稳定。十一届三中全会后放宽政策,实行“一二三四”包干责任制,即每获得100万元利润,10万元上缴,20万元作为职工福利,30万元作为奖金,40万元用于扩大再生产,一下子就把广大职工的积极性充分调动起来了,广开门路,发展生产。1978年全场产值只140万元,去年达到600万元;1978年亏损38万元,去年盈余180万元,每个职工的基本工资加奖金达到100元左右,如今职工人心稳定,越办越好。这个经验很值得我们上海国营农场学习,如何稳定办好农场可以从中得到启示。

第四,关于补。就是用工副业的利润补贴农业,着重是补贴粮食,试行了稻谷生产的内部补贴价,调动了农民在工副业不断发展的情况下安心务农、努力搞好粮食生产的积极性。

随着农副工的综合发展,农业同工副业这一矛盾他们也碰到了。如南海县一部分社队,就有过“搞工副业财大气粗,农业搞好搞坏不在乎”的思想,一度也出现过丢掉农业、片面追求工副业发展速度的倾向。在解决这个新问题的过程中,他们没有简单地死扣务工劳力比例、农副工三者的产值比例和务工、务农社员的分配比例。他们认为,死扣这三个比例是一种消极调节的办法。他们舍弃了这个办法,另辟蹊径,找到了着重从价格政策上积极协调农副工关系的新路子。

他们探索这样一条新路子是基于这样的指导思想:十一届三中全会以来,党中央已大幅度提高了农副产品收购价,使农民得到了好处。据佛山市郊区统计,全郊区7.1万名农业人口,仅提价一项人均受益23元。现在国家财力有限,今后不可能再靠提价来刺激农副产品的发展了,但又不能重新回到谷贱伤农的老路上去。于是,他们便想出了在自己力所能及的范围内搞农产品内部补贴价的办法。

按照这个办法,生产每担粮食,国家牌价是11.9元,而内部实行的补贴价则是每担25—30元,超产部分补贴更多。佛山市郊张槎公社每超产一担稻谷内部补贴价达70元。目前实行稻谷生产内部补贴价的主要是一些工副业壮大，集体有一定财力的经济发达社队。它的积极作用在于促使农民体会到"若要分配高，先要农业好"，承包种粮食的社员千方百计要把粮食生产搞好。南海县平州公社罗坑一队实行这一办法后，社员都抢着承包种水稻，有一个承包组4个人包了80亩地，农忙季节以每亩10元的价格雇务工社员帮助插秧，尽管付出一些费用，但他们的平均月收入仍高达180元左右，同务工社员不相上下。现在的问题在于，越是需要补贴的往往是主粮区，而主粮区越是拿不出钱来搞补贴，这涉及工业发展的合理布局等问题。他们认为只要解决了这一问题，粮食生产内部补贴价就会进一步普及推广。

第五，关于联。这是一个实践不多但正在积极探索中的问题。目前，全省有各种新的联合体8000个。广东省农委分管政策研究的李副主任在同我们座谈中谈到把土地或养殖业承包到劳到户，建立个人承包制，并不是落实生产责任制和改革生产关系的终点，因为个人承包制只解决了个人会干、能干的那一部分问题，还有很多个人不会干或干不了的事，需要通过协作，通过社会化、专业化的途径来解决。例如生产前的种子选育、排灌设施的建设等，生产中的耕作、植物保护等，生产后的加工、运销等，如果不在更大范围内组织协调，个人纵有三头六臂也解决不了这些问题。这就向公社集体经济提出了适应形势需要，建立各种产前产中产后的生产服务专业化、社会化组织的问题。他们认为，通过这样的组织去联合千千万万的承包户，就可以广泛建立起一种联而不合的经济纽带，既满足承包户的需要，又通过经济的办法取得领导权。

## 三、目前广东正在注意研究解决的几个问题

我们这次去广东是抱着认真学习的态度，了解正面的经验多，对存在的问题研究较少。9月10日，广东省委书记王德同志在接见我们考察团全体同志时，主动谈到了广东农业当前正在注意研究解决的几个问题。

第一，发展不够平衡的问题。广东省委、省农委都一再讲，这次让我们看的都是广东最好的地方，是沿海的发达地区。广东全省农业经济的发展同这些地区还有很大差距。以分配水平来说，这些地区人均分配400多元，广东全省去年人均分配才121元。社队工业发展也很不平衡。全省去年社

队企业总产值53亿元，仅佛山、汕头地区和广州郊区就占了30多亿元。海南岛整个地区工业总产值还不到1亿元，抵不上顺德县1个桂州公社。

第二，实行"三放"政策调整作物布局的问题。总的情况是好的，但也存在放过头、调过头的情况。省委曾提出作物布局调整的面要控制在总播种面积的2%—3%，但实际很难控制。调得太多，不仅造成全省花生油大量积压，去年积压1亿多斤；而且造成全省粮食大账难以平衡，从1976年以后广东就由粮食调出省变成调入省。另外，随着市场调节面的扩大，市场物价上涨的幅度也比较大。

第三，以丰补歉的问题。近几年，这些地区社员分配收入年年大幅度增长，东莞县常平公社近3年人均分配每年以150元的幅度递增，不适当控制，一旦发生比较大的自然灾害或"三来一补"出现什么波动，分配就会出现大问题。此外，一些社队干部分配水平过高，也带来了干群关系的新矛盾。南海县的生产队干部每年的报酬是按人均分配水平加一倍，县里规定生产队干部不应再参加专业承包，但不少地方没有贯彻执行，出现干部拿双重报酬，同社员收入过于悬殊，影响了干群关系。

第四，承包外产品的处理以及生产队办小工厂问题。广东省委、省农委对南海县社员承包外超产的农副产品实物归己、自行处理的做法有意见，认为还是顺德县超产实物归队、价格归己的做法较好。对南海县普遍发动办生产队小工厂也持保留态度。

第五，劳动力流动和雇工问题。现在，广东不少地区在经济发展中出现了劳动力流动和雇工问题，仅东莞县去年从外省外县雇佣的劳动力就占3万到5万人，有的承包大户随着承包面积的扩大，经营规模过大，雇工较多，对此省委的态度是暂不表态，看一看再说。

# 抓一抓"人才普查"

（1982 年 10 月 7 日）

上海郊区同全国农村一样，已经搞过土壤普查、人口普查，但还没有听说要搞人才普查的。前些日子笔者去广东农村考察，感到耳目一新的是，那里上上下下都在郑重其事地开展"人才普查"。出于新鲜和好奇，便打听了一下。原来这是广东农村近几年经济上迅速搞活变富的一个重要法宝，对我们探索如何打开上海郊区农业发展的新局面很有启发。

人才普查，就是采取领导和群众相结合的办法，通过依靠群众调查摸底，推荐、自荐或互荐加适当考核的办法，把农村中各种各样有本事的、懂经济的、会管理的"能人""明白人"最大限度发掘出来，安排到最能发挥其作用的岗位上，使他们各得其所、各显神通。在南海县到处流传着靠人才普查致富的故事。这个县有个南沙大队，原来穷得连办公费都没有，人均分配只有 82 元。近几年普查出一个会做纽扣的能人叫徐财，他带着几个会讲普通话、头脑又灵活的"三脚猫"，每当广交会开幕就站在门口仔细察看外商衣服上纽扣的式样，了解国际市场纽扣的行情，回来就利用工厂的边角废料办起一家生产纽扣的小工厂，做最时兴、最美观的纽扣。现在不仅包揽了国内的纽扣生意，还打进了国际市场。"起用徐财，发了大财"，1979 年南沙大队人均分配猛增到 500 元，其中仅纽扣所得就占了 140 元。

在东莞县常乐公社，又听到靠人才普查中发现的管理人才，救活大队电子厂的新闻。这里有个九江水大队，同港商合办了一个来料装配的电子厂，开始时大队党支部认为同香港资本家打交道，人事安排不能马虎，派了两个土改出来的老支书当厂领导。他们虽然都是好人，但不善于搞现代化的企业管理，干了一两年，生产上不去。眼看厂子快要办不下去了，后来也是搞人才普查，把一个年方 29 岁的小学民办教师请了去。他上任后果然不负众望，仅一年时间就面貌大变，去年这个队办电子厂已从 60 人扩展到 700 人，年利润达 60 多万元,仅此一项使全队人均分配增加了 500 元。

从广东农村的“人才普查”得到的宝贵启示是:农业靠科学,在很大程度上是靠能人,因为能人既是科学的领导者、管理者、探索者、实践者,又是科学的传播者,通过他们,可以把科学的生产技术、管理经验迅速推广开来、传播开去。但能人既不会从天上掉下来,又绝少会自动冒出来,这就需要我们像进行人口普查和土壤普查那样,来一个别开生面的“人才普查”。

# 欢迎上海市郊农村多出“万元户”

（1982 年 10 月 21 日）

“万元户”，这是人们对农村中先富起来的典型给予的一种有时代特色的称呼。有时，人们又戏称他们为“冒富大叔”。前一阵，打击经济领域犯罪活动，有些地方不分青红皂白，把“冒富大叔”都当成经济犯罪分子来打，“万元户”似乎也成了不那么光彩的，甚或带有嘲弄性质的代名词了。

然而最近，全国一些省市报纸上刊出的一系列大新闻，却使人们对“万元户”重新刮目相看：安徽省为被错划为经济犯罪分子的“万元户”平反；上海市陈宗烈副市长国庆登门拜访“万元户”；最近召开的上海市多种经营工作会议，把各县靠劳动致富的所有“万元户”作为特邀代表，请去共商郊区多种经营发展大计。看来，鼓励农民勇于致富，使他们“英雄有用武之地，致富无后顾之忧”的新局面已经打开了。

从大量调查材料看，“万元户”一般都是通过投标或长期实践，承包种植业或养殖业的“专业户”“重点户”。他们的共同特点是：有经济头脑、懂专业技术，善于把从集体承包的种养专业同家庭副业结合起来，做到集体、个体一起上，使其专业技术因实践范围的扩大而更精湛、更娴熟，虽然生产规模小而商品率却极高。上海郊区南汇县盐仓公社有个养兔专业户，去年仅家庭副业出售的长毛兔就达 680 多只，交售兔毛 80 多斤，不包括集体分配，仅个体养兔收入就达 1.3 万多元。显然，“万元户”作为发展农村商品经济的一支生气勃勃的骨干力量，无疑是多多益善的。

广东顺德县陈村公社有个弼教大队，去年 800 户社员中“万元户”就占 30%以上。而在上海郊区，10 个县“万元户”的总数还不及广东省的这 1 个大队多。所以，在我们上海郊区，应当鼓励更多的农村“万元户”冒尖，而切不可由“羡富”进而发展到“嫌富”“限富”。我们党的方针是：在经济政策上，允许一部分地区、一部分企业、一部分工人农民，由于辛勤努力成绩大而生活先富起来,尔后影响左邻右舍,带动更多的地区、更多的人波浪式地达到“共同富裕”。很明显,这种非均衡式、差别式的发展战略,比那种“同时富裕”“同步富裕”的理想主义的发展战略更加切合当下中国的实际,也更加受到农民群众的衷心欢迎。

# “大而专”应与大包干并存重在体现联产精神*

（1982年11月26日）

按照上海市农委党组统一部署，今年11月23日到27日，我们市农委办公室、副业处的同志，会同上海县委办公室政策调查组、新泾公社经营管理组以及《中国农民报》驻沪记者，就新泾公社沈家宅生产队责任制的现状和发展趋势问题进行了联合调查。

在调查过程中，先后召开了公社、大队、生产队干部和社员座谈会，走访了社员家庭，并听取了同沈家宅经济状况和责任制形式大体相仿的薛家厍、东陶浜、小泾浪、冯更浪等四个“尖子队”的意见。普遍反映，沈家宅生产队依据自己特定的生产条件，走出了一条以“三化”（即专业化分工、社会化协作、企业化管理）为特征的“大而专”的新路子。它同绝大多数地方已经或将要走的大包干、小而专的路子虽然形式有所不同，但却有异曲同工之妙，有殊途同归之势，同样极大地调动了社员的积极性，促进了生产力的发展和商品率的提高，而其劳动生产率和经济效益甚至比大包干、小而专还高。

沈家宅生产队以及同它条件相仿的另四个经济发达队的实践表明，在具备一定条件的前提下，在尊重队情民意的基础上，应当允许“大而专”与大包干、小而专并存。既不应当以沈家宅的模式为依据，一概反对在上海郊区搞大包干；也不应当忽视沈家宅一类经济发达队的情况，一刀切、一窝蜂地全面推行大包干。在实事求是地介绍沈家宅一类经济发达队的经验时不应该使有条件搞大包干的生产队发生任何动摇；也不要在推广大包干责任制的时候，使沈家宅一类经济发达队产生任何压力。总之，还是应当像列宁说的：马克思主义活的灵魂是具体情况具体分析。领导者的责任

---

* 本文系作者与上海市农委副业处同志合作撰写。

就在于区别情况、分类指导；宣传机关也要切忌厚此薄彼，搞所谓大包干的“舆论一律”。

## 一、在沈家宅为什么“大而专”比大包干对社员更具有吸引力

在沈家宅生产队调查过程中，令人强烈地感觉到，该队现行的、以“三化”为特征的、“大而专”的经营管理方式，远比大包干对社员的吸引力大。

我们曾向被调查的社员发问：大包干对你们有没有吸引力？社员的回答几乎都大同小异：“我们现在搞‘大而专’，钱没有少拿，觉没有少睡，电视没有少看，又不用多费心思、多担风险，有啥不好？”队干部则说：“我们的‘大而专’产量不比大包干低，贡献不比大包干小，收入不比大包干少，无论对国家、对集体、对个人都有利。”这些回答同我们实地调查了解的情况是契合的。看来，沈家宅的干部、社员一致欢迎“大而专”的路子，不完全是一种因循守旧的偏爱，也不是安于现状的惰性，而是更具有深刻的、内在的、经济上的原因。我们在反复调查中探寻了以下五个原因。

第一，“大而专”的生产水平比“小而专”高。

我国具体国情下的农业，特别是大城市郊区农业，走“小而专”的路子，其发展趋势是：大田种植业将越来越向少数种田能手集中，多数务农劳动力将逐步从土地上转移出来，成为“脱田不脱乡”，就地从事多种经营的专业户、重点户。沈家宅已基本上完成了这一转移。这个队地处上海近郊，人多地少，全队有81户、317人，有120亩耕地，人均3.8分菜田。现在128名在队劳动力中，已转移到畜牧业生产上成为养殖业专业工的共有45人，在大田实际从事蔬菜种植业的仅73人。如果不是畜牧业生产受到饲料的限制，从土地上转移出去的劳动力还会更多。这个原来单一从事蔬菜种植业的生产队，由于形成了现在这样种养业两大产业良性循环的生产结构（即种菜为畜牧业提供青饲料，畜牧业又为蔬菜种植业提供大量优质有机肥料），并借助资金有机构成的变化和物化劳动比例的上升，使种养业都达到了相当高的“大而专”的生产水平。

以畜牧业生产为例，该队10个养猪专业社员，去年共饲养和上市肉猪2000头，人均饲养、上市200头，平均每个专业社员全年创造的养猪净收入

为9133元，每头肉猪盈利45元。如果把为养猪服务的饲料组、运输组的7个辅助劳力加在一起计算，则平均每个养猪专业工全年创造的养猪净收入为5371元。这不仅是农业合作化以前的单家独户所无法达到的，也是目前上海郊区为数相当有限的专业户所难以比拟的。拿沈家宅养猪专业工同上海郊区饲养和上市肉猪最多的宝山县养猪专业户金洪祥相比，金洪祥去年共饲养大小猪200头，其中上市肉猪92头，出售苗猪66头，全年养猪净收入12950元。金洪祥本人是作为“自留人”专业养猪的，他的妻子和两个女儿作为辅助劳力，按1.5个强劳力折算，则金洪祥一家去年每个劳力实际创造的养猪净收入为5180元。从人均创造的净收入来看，金洪祥这个养猪专业户明显低于沈家宅的专业社员。

沈家宅的养鸡专业社员人均创造的净收入也比上海郊区水平最高的养鸡专业户高。该队17个养鸡专业工，去年共饲养、上市蛋鸡和肉鸡18300多只，平均每个专业社员上市家禽1000多只，创造养鸡净收入5888元，加上为养鸡服务的3个辅助劳动工，则平均每个专业社员创造养鸡净收入4973元。同郊区上市家禽最多的嘉定县养鸡专业户陆荣根相比，陆荣根去年共承包了1个大队、5个生产队35900只蛋鸡的饲养任务，他本人加上老婆、两个孩子和四个雇工，8个人去年养鸡净收入15900元，平均每人创造的养鸡净收入仅1987.5元，即使加上他们上缴给5个承包单位的集体利润，人均创造的养鸡净收入仍比沈家宅的养鸡专业社员低。因此，在调查过程中，沈家宅的干部、社员都很自豪地说，我们如果按户计算的话，户户创造的种养业净收入也都超过了万元，我们沈家宅可以说户户都是“万元户”。请你们不要只宣传专业户、重点户才可以成为“万元户”，在我们这样实行“大而专”的生产队，同样可以涌现出更多“万元户”的。

沈家宅的蔬菜生产水平如何呢？由于该队畜牧业生产已达饱和，队里又不办小工场，因此影响了大田劳动力的进一步转移。目前全队120亩菜田、73个劳动力，今年1至10月份每亩已上市蔬菜160担，亩产值908元，扣除成本每亩净收入高达864元。社员说，如果仍然按国家计划种植，即使把菜田包干到户，亩产量和亩产值也不一定有现在这样高。据调查，现在社员自留地种植蔬菜，每分田全年净收入100元左右，折合每亩1000元左右。也就是说，大包干后按自留地这样自由种植，每亩净收入也不过只有100多元的潜力。而如果按国家计划种植，经济效益并不一定比沈家宅高，相反，成本肯定会比现在高得多。去年全队蔬菜农业生产成本只占农业总收入的6%,平均每亩仅花成本29元;今年虽因多种了早熟品种和棚架作物,亩成本达到53元,但由于产量和产值进一步提高,亩成本也只占农业收入的6%。畜牧业成本也是很低的。去年全队畜牧业成本只占收入的67.3%,其中养猪成本仅65.2%。该队种养业成本之所以这样低,是因为在生产队统一经营下,种植业向养殖业提供的青饲料,养殖业向种植业提供的有机肥料都是不作价的,而如果实行大包干,势必都要作价计算,种养业的成本也势必要大幅度上升。许多社员说,就凭我们队现在这样高的生产水平、这样低的生产成本,我们也不愿脱离“大而专”去搞大包干。

第二,“大而专”的专业化与社会化两位一体也比“小而专”再“专而联”来得优越。

从我国各地农村的实际情况看,“小而专”的路子无疑是具有很大优越性的。但“小而专”本身并不包括任何社会化的因素在内,其必然的发展趋势是在“小而专”的基础上再“专而联”。例如养猪专业户既要同饲料加工等专业户联合,又要同产品运输专业户联合,甚至还要同畜牧兽医等专业技术人员联合,横向联系比较广泛。某一个环节上发生问题就会带来很大不便。而沈家宅的“大而专”,则把专业化同社会化融为一体,使社会化为专业化的产前产中产后服务更为灵便,对生产力的促进作用也更为明显。

我们在调查中看到,这个队随着机械化的发展,生产中出现了越来越细的专业化分工。首先,由于畜牧业的发展,在生产队内部出现了蔬菜种植业和畜牧业两大产业的固定分工。在养殖业内部,又有养猪、养肉鸡、养蛋鸡、养蛋鸭的专业分工。而在养猪饲养员中,还有饲养母猪、断奶猪、架子猪、催肥猪等更细的分工。蔬菜种植业内部也形成了几个作业组的分工。如果是“小而专”,那么很可能生产中的专业分工便到此为止了,但沈家宅的“大而专”并没有到此为止,他们又在专业化分工的基础上,进一步在生产队范围内开辟了尽可能广泛的社会化协作,设置了一系列生产前行、后续的社会化服务组织:例如为养猪和养鸡服务的就有饲料采购、运输、加工配置、饲料仓库管理以及兽医、孵坊等社会化组织;为蔬菜种植业服务的又有初耕、育秧、打粪、植物保护、产品运输上市等社会化组织。这样,种植业内部不仅都形成了流水线式的生产流程,而且就地形成了较为完备的社会化服务和协作体系,构成了企业化的雏形。

马克思说过,协作会产生新的生产力。沈家宅生产队的专业化分工、社会化协作,使生产力的源泉得到了充分涌流,劳动工效和劳动生产率都大大提高。每个饲养员饲养的肉猪由过去的80多头增加到260多头;饲养蛋鸭由过去的600多只增加到900多只;饲养蛋鸡由过去的600多只增加到1000多只。蔬菜生产上每个务农社员由过去负担菜田1亩多提高到近2亩。去年该队平均每个农业劳动力向国家提供蔬菜13200多斤、猪肉2131斤、家禽143只、鲜蛋2453斤,全队平均每个劳动力创造的农牧业总产值6133元,创造的净产值2219元。

专业化流水线式的生产方式和就地发达灵便的社会化服务,一方面促进了生产力的发展,另一方面使单个生产者无论在生产过程上还是专业技术上都再也离不开“大而专”的农业合作经济组织了。如同电子厂的生产流水线操作工人,可以通过多工序的流水线装配出无比复杂的集成电路,而单个操作工人却很难独立完成装配的全过程一样,沈家宅种养业每一个环节上的社员,在长期的专业化生产实践中,熟练地掌握了某一个生产环节上的专业技术,但很难离得开这个流水线去单独从事种养业的全过程。这又如同乒乓球赛中的团体冠军,分割开来未必每人都能成为单打冠军一样的道理。所以,当问到种养业社员愿不愿搞大包干,都认为还是搞专业化协作好。这种专业化协作劳动生产率很高,但劳动者的脑力和体力消耗则比之“小而专”相对要小。据调查,该队种养业社员现在每天平均劳动一般都在六七个小时,出早工、开夜工已多年不搞了,晚上都能笃笃定定看电视,享受一番农家乐,这比之大包干、小而专、单家独户的经营,白天黑夜地忙于算计、疲于奔命,自然是既减轻劳动强度又减轻思想负担了。

那么,在保留已经形成的社会化服务组织、种养业都实行统一的前提下搞“大包干”行不行? 社员们说,也不行。拿养殖业来说,现在的畜禽棚舍都是按流水线作业方式设计建造的,苗猪棚就大大小于架子猪和催肥猪棚,把苗猪棚包到户上,就无法养架子猪和催肥猪。在种植业上,如果大棚育秧、植物保护、施肥、上市等产前产后的生产环节都统起来,则充其量不过是两头统、中间包,这在现有“大而专”的条件下也可以办得到,而且还可以避免把已经实现了格子化、园田化的菜田分割得支离破碎。可见,沈家宅社员不愿意脱离“大而专”又有着物化劳动条件上的原因。

第三,活口生产的饲料市场调节比重更高,“小而专”比“大而专”更担风险。

沈家宅生产队畜牧业生产是在饲料有大量缺口的情况下，靠自找门路、靠市场调节维持下来的。猪，国家一定5年的包干饲养任务只有113头，以后虽追加到847头，但实际饲养量已高达2000头，其中有842头属于无饲料有加价，还有300多头则既无饲料又无加价。也就是说，2000多头生猪中有1100多头的饲料是完全靠市场调节解决的。蛋鸡，国家下达的计划任务11800只，实养15000只；蛋鸭，计划2000只，实养5500只。这样庞大的超计划饲养的活口，现在是依靠生产队的饲料采购运输专业组，在全国天南地北到处奔走筹集饲料的。队里的两辆大卡车、两辆小拖拉机、一条农船常年担负饲料采集和运输工作。去年，全队的猪禽饲料中，国家计划供应的218万斤，只占饲料总数的68%；队里到外省采购的44万斤（系蚕蛹、鱼粉、花生饼等高蛋白饲料，折合标准饲料80万斤），占饲料总数的25%；到上海市区采集的泔脚料1500万斤，折合标准饲料20万斤左右，约占饲料总数的7%。

如果实行大包干、小而全，至少在饲料供应和利用上就会出现三个问题：其一，如按超计划饲养的总数实行包干，首先是生产队就要担风险，对承包饲养猪禽的专业户、重点户缺口饲料供应不上怎么办？如把矛盾下放，让社员自找门路、各显神通去筹集这样庞大的缺口饲料，则风险更大。其二，如果仅按国家计划任务包干，则就生产队整体来说，猪禽饲养的商品率势必大为下降。其三，畜禽大包干后，饲料利用率和棚舍利用率都会受到影响。现在沈家宅生产队饲料利用率和棚舍周转率很高，是生产队统一调剂、统筹兼顾的结果。它的畜禽都实行高密度饲养，猪在4月龄前，每平方米猪舍饲养2头，5至6月龄每平方米饲养0.9头，7月龄时，每平方米饲养0.6头。全队肉猪饲养天数为180天，每年能出栏2次；肉鸡饲养天数为75天，每年能出栏4.8次。如果都包到户，饲料和棚舍势必都搞成“家庭所有制”，要想从提高使用率、周转率的角度调剂使用，就相当困难了。

第四，“大而专”的分配水平高，社员认为集体靠得住、有指望，因而对大包干、小而专不是那么向往。

沈家宅生产队的集体积累和社员分配水平都是相当高的，这是实行专业化分工、社会化协作，促使劳动生产率高、商品率高和经济效益高带来的必然结果。去年全队提留的集体积累85200多元，占净收入的30%，还提留固定资产折旧费1.4万元,占净收入的4.9%。现在全队拥有固定资产41.1万元,平均每个劳动力3200多元,人均分配水平842元,劳均分配水平1611元,平均每个劳动日工价为5.04元。一个年龄50多岁、身体有病、出工不足的大田蔬菜专业组女社员,工分等级8.5分,去年共分得现金1400多元,每月收入117.6元。接近退休年龄的老人,最低工分也有6.7分,全年参加劳动,月平均收入可达100元。一个初中毕业生,刚参加工作,拿最低的工分等级,月收入也高达80多元。一个驼背女青年,基本失去生产能力,月收入也达60多元。

这样高的分配水平,特别是5.04元的劳动日值,对社员具有磁石般的吸引力,使他们觉得“大而专”的集体经济,是他们走上富裕之路的“保险公司”,靠得住,有指望。所以,这里的社员普遍都不搞家庭副业,而把命运完全寄托在搞好集体生产上。在这样富裕的生产队,大包干的吸引力自然远不如5.04元的劳动日值来得更现实、更强烈了。很多社员说,搞大包干,单家独户地干,能保证每天都得到5.04元吗?这个队的干部则说,在我们沈家宅,是在分配水平高的基础上要求更高,这同分配水平很低的地方要摆脱集体、自找门路,由穷变富是不一样的。我们这里的社员首先是不愿失去集体给予他们的高收入,同时又完全相信跟着集体,好日子还在后头。看来,这是沈家宅的社员不愿脱离“大而专”去搞大包干的又一条从切身利益考虑的主要原因。

第五,沈家宅生产队的当家人具有的企业化管理水平同“大而专”的生产方式相适应。

同专业化分工、社会化协作的生产方式相适应,沈家宅生产队精明能干的当家人、明白人沈棋民,在生产上实行的是一套企业化的管理方法。其特点有以下几条。

一是按照现行价格政策,参照上年的生产实绩,合理确定各业社员的产值和利润指标。以1981年为例,队里规定,73个农业社员,全年要上缴净收入7万元,平均每亩净产值470元,每人上缴959元。养猪专业组10个饲养员,全年上缴净收入9万元,平均每人上缴9000元。养鸡组17个饲养员,全年上缴净收入11万元,平均每人上缴6470元。养鸭组6个饲养员,全年上缴净收入3万元,平均每人上缴5000元。饲料组4人,规定一年中要配制和拌料300万斤左右,保证饲料常年供应。运输组5人,负责装运全队饲料与产品。由于对各专业人员都规定了合理的产生指标,即奋斗目标,使每一个生产环节都有了明确的生产责任,各司其职,互相促进,使全队"大而专"这部大机器能正常运转。

二是实行按照等量劳动获取等量报酬的按劳分配原则,确定工分报酬到专业组的统一标准。凡完成产值利润指标的,农业记工 365 天,养猪 420 天,养鸡 415 天,养鸭 410 天。组到人按完成任务和考勤,记分到人,承认差别。去年农业社员最高得分也达 437 工。各业社员的底分是根据贡献大小,在年初由社员讨论决定的,节约用工各业归己。这个办法,撇开了纯粹由于价格因素造成的各业社员创造产值、利润的大小这个表面现象,贯彻了各业社员按等量劳动相交换的社会主义分配原则,有利于调动各业社员的积极性。

三是综合各业完成产值、利润的经济收益,统一确定工分日值,促使各业社员都千方百计争取完成和超额完成指标,提高工分日值,提高分配水平。由于各业的产值、利润指标和出勤日都是事先确定的,而工分的日值则是根据各业产值、利润的实际完成情况确定的,这就有利于调动各业社员的积极性。完成各业指标,争取较高的工分日值,就成为全生产队各业社员的共同奋斗目标,有利于发扬全队"一盘棋"的思想,紧密配合、互相协作。这实际上就是一种具有企业化特点的专业承包、联产计酬责任制。正是这种企业化的管理方法,促使沈家宅这个"大而专"的集体经济越办越好,越办越具有吸引力。

## 二、对沈家宅走"大而专"路子的未来发展趋势和前景的探讨

沈家宅生产队以"三化"为特征的"大而专"路子,在上海市近郊一些经济发达的菜区社队有一定的代表性。探讨这条"大而专"路子的未来发展趋势和前景,对这类社队很有现实意义。那么,其趋势和前景怎么样?我们在与社队干部和社员座谈中,对此进行了初步探讨,大致有以下三点基本统一的看法。

第一,沈家宅生产队和同它大体相仿的经济发达队,可以在现有的专业化基础上完善联产承包责任制,使"大而专"更臻完善,而不宜回过头去重

新走大包干、小而专的路子。其理由：一是他们已经走过了其他地方必须走的“小而专”“专而联”的道路。二是沈家宅已经有了一定规模的生产专业化基础，其农业、牧业，尤其是畜牧业，已经形成了一条提高劳动生产率、提高商品率和提高经济效益的专业化生产线。多年来的实践表明，这个生产队在专业化分工基础上的社会化协作、企业化管理，具有旺盛的生命力。三是以队为规模的“大而专”，比单干及独户的“小而全”，具有更多的优越性。它是生产社会化、科学化、商品化、现代化的一条重要途径。沈家宅生产队的专业化路子，就是集这些优点为一体的具体体现。四是专业化基础上的联产承包，不仅反映了不同地区、不同生产经营特点的不同联产承包形式，而且又反映了近郊生产队生产经营的多样性，联产承包形式也具有多样化，使联产承包形式丰富多彩，给人以新的启示。

第二，沈家宅生产队“大而专”的生产方式对社员有吸引力。他们不渴望改变目前的责任制形式去搞“双包”，或去发展重点户、专业户，这并不意味着它的责任制形式已完美无缺。应该说，这个队的生产专业化水平是比较高的，但它的联产承包责任制却是比较粗的，专业社员的生产成果与责、权、利联得还不紧。如果在联产承包责任制上再进一步，他们的生产还会更上一层楼。

纵观沈家宅生产队责任制的薄弱环节，必须着重改进提高的，主要有以下两个方面。

一是要把现在的联产到专业大组（即猪、鸡、鸭、蔬菜这“三场一组”），进一步向联产到专业小组、棚（或每个生产环节）和个人方面分解，把专业社员的生产成果与物质利益更加紧密地联系在一起，进一步调动他们搞好集体生产的积极性。目前，这个队的畜牧业考核到小组或棚是比较粗的。各棚和各饲养员领料和上交的猪、禽、蛋虽有记录，但并不作为考核和奖励的依据。比如，饲养蛋鸡蛋鸭，只要产蛋率在七成以上，就算完成定产指标。这样，大家只求过得去，不求过得硬，在一定程度上影响了一部分技术能手作用的发挥。农业的情况亦是如此，既有为生产服务、常年固定的秧棚、打粪、植保等专业组，又有分品种长期作物的番茄、黄瓜、冬瓜等专业组、专业工，但他们只有搞好生产的“责”，尚缺少搞好生产的“利”，长此这样下去，会影响生产的发展。现在，公社、大队、生产队三级干部，都已看到了这一问题，社员也有改进的要求。他们初步考虑了如下的改进步骤：（1）发动干部、社员总结经验教训，找责任制薄弱环节，议改进措施，挖生产潜力，明确翻两番的奋斗目标。(2)制订1983年计划，并把任务通过联产承包，实行层层分解，把专业社员的责、权、利紧密结合在一起，调动一切积极因素。(3)在方法上，先易后难，循序渐进，尤其是要把完善责任制放在生产的薄弱环节上。比如，蔬菜产量产值前几年低于公社平均水平，今年虽上去了，但仍有一定潜力。又如，每只肉鸡的净收入亦比较低，今年也只能达到8角左右，而高的队要超过1元。再如，去年每只肉猪净收入45元，在全公社中不是最高水平。差距说明潜力，因此，他们将把工作重心放在责任制的完善上，以把生产进一步搞上去。

二是要克服奖金分配上的平均主义，把奖金同各专业组、专业工的经营成果联系起来。前几年，沈家宅生产队在奖金安排上，采取“摆摆平”做法。去年发放奖金，养猪专业工每人60元，养鸡专业工每人25元，养鸭专业工每人40元，农业工每人23元，大家认为，这种做法不足取。我们在调查中，也理解了他们在奖金安排上的难处：其一，生产规模大。这个队一年要上市2000头猪、上万只鸡、30多万斤蛋，加上市场调节比重大于国家计划，因此，生产队和联产社员均出现计划难订、奖赔难定的客观困难。其二，生产水平高，如果同承包社员定产指标定得低，势必造成奖励高。1979年，他们曾实行过超产部分四六分成(奖40%)，结果各业之间摆不平，年底兑现不了，如指标按高水平订足，联产社员怕风险太大，不肯承包。其三，专业分工细，生产环节多，生产要上去，除主观因素外，还有其他方面的密切配合，加上有的生产环节可以定明确的指标，可以结算，有的则不能。因此，如处理不当，都会引起各个环节的连锁反应。鉴于上述情况，为了既承认差别，鼓励先进，又协调好各业之间的平衡，他们拟定的改进措施是：把公社、大队两级下拨生产队的共享金额作为奖金基数，再从当年产值中提取一定数额，两者加起来，全队控制一个全年的奖金总额。通过联产计奖或百分考核的方法，奖给各专业组或专业工。这样，既承认差别，又可避免奖励上的畸高畸低。

第三，已经初具企业化特征的沈家宅生产队，今后要向专业分工更细、联产承包更完善、经济效益更高的方向发展。在这一前提下，要进一步广开生产门路，一方面要有条件地继续重视外延扩大再生产，另一方面要更注重在内涵扩大再生产上下功夫、挖潜力。沈家宅生产队最近几年由于靠“大而专”使集体和社员走上了富裕道路，在新泾公社引起强烈反响，对人们很有吸引力。从1977年以来,上海市区青年工人到这个队联姻落户的有13人。队内姑娘不愿意嫁出去,加上新生劳力和嫁入的新娘,人口和劳力的增长快于其他生产队,近几年平均每年要增加六七个劳动力。这对生产队干部提出了一个新课题,如果生产停留在现有水平上,就意味着社员分配的减少。

为了进一步提高生产水平、提高商品率和提高经济效益,这个队对明年生产已有了初步设想:增加鹌鹑生产,利用队里的孵化设备,实行自己产蛋,自己孵化,明年发展到近万只;养三黄种鸡5000只,孵苗鸡远销广东,明年计划产苗鸡20万只,后年40万只;提高农牧业的经济效益,这样,1983年又可增加10万元收入。

我们在调查中,看到沈家宅生产队内涵扩大再生产的潜力仍很大,肉猪、蛋鸡、蛋鸭都可进一步发展。但问题是,它受到国家计划和饲料的限制,还张不开发展生产的翅膀。这就对上级有关部门也提出了一个很尖锐的问题:今后在计划安排上怎样鼓励这些队把生产搞上去,让他们为城市、为出口作出更多的贡献?

# 改革解“缰绳” “病马”又奔飞*

（1985年）

上海郊区闻名全国的“双马”之一的马桥乡，在历史上曾与嘉定县马陆乡并驾齐驱，之后由于多种原因，曾一蹶不振很多年，被人贬称“病马”。但从去年开始，马桥乡又奇迹般崛起腾飞了，工农业总产值已赶上了马陆乡。这个现象引起了我们穷根究源的兴趣：马桥乡多年一蹶不振的原因是什么？近年来经济振兴的关键又何在？

## 一、“三高三低”使马桥乡一蹶不振二十年

马桥乡是个紧邻上海闵行工业区的规模较大的乡。全乡现有耕地面积4.3万亩，其中可耕地面积3.8万亩，总劳动力2万人，粮棉面积占总面积的93%，历来有上海市的“粮仓”之称。近20多年来，马桥乡作为上海郊区的农业高产典型，曾创造了包括俞塘的水稻、紫兴的棉花、金星的油菜等高产经验。但由于长期没有摆脱单一型、粮棉型、内向型的经济结构，因而近20年间同马陆乡的差距越拉越大。80年代初，当嘉定县马陆乡已经成为上海郊区第一个“千万富翁”时，马桥乡仍然是个“高产穷社”。剖析其原因，主要是“三高三低”。

“三高”是：第一，征购指标高。直到实行合同定购前的1984年，马桥乡粮食征购指标仍然高达915万斤，占整个上海市粮食征购任务的1/3。这样高的征购任务，迫使他们长期以来把农业单纯看作是种植业，把种植业单纯看作是种粮食，主要领导也只能长期充当“粮食书记”“农业主任”。第二，复种指数高。直到1984年，全乡粮食生产仍然全部实行一年三熟制，全

* 本文系作者与上海市马桥乡办公室何顺康同志合作撰写。

年粮食播种面积高达 7 万亩左右,每个务农劳动力仅粮食一项就要承担近 6 亩。第三,务农劳力比例高。1978 年,全乡务农劳力占总劳力的 74.7%,1984 年仍然高达 40%。80 年代初,当马陆乡早已提出并着手狠抓农业劳动力转移时,马桥乡却还在片面强调加强农业劳动力管理,强调"劳力归田,车马归队",以至于闵行开发区近在咫尺,他们都不敢去承揽劳务。

"三低"是:第一,在种植业结构中,经济作物所占比重低。在该乡 4.3 万亩总耕地上,经济作物面积长期以来不到 10%,近年来虽经调整,也只占 11%左右,因此直到 1982 年平均亩产值仅 230 元。第二,在产业结构中,乡村工业所占比重低。不仅大大低于马陆乡,而且也低于上海郊区平均水平。马陆乡工业产值早在 1980 年就已占总产值的 80%以上,上海郊区这一年的平均水平也达到 60.4%,而马桥乡工业产值仅占 50%左右;1982 年,马陆乡的工业产值比重已接近 90%,马桥乡连 60%还不到。第三,分配水平低。"高产穷社"的经济格局,决定了该乡虽然在完成粮食征购任务上对国家的贡献很大,但社员所得实惠很小。近年来,该乡的分配水平不仅同马陆乡拉开了很大一段距离,而且也低于全县平均水平。1982 年,该乡劳均和人均分配水平分别比全县平均水平低 35 元和 40 元,1984 年也分别低 28 元和 15 元。

## 二、"四个大抓"使马桥乡一举腾飞

针对"高产穷社""三高三低"的现状,从 1983 年开始,马桥乡在贯彻中央几个 1 号文件过程中,解放思想,振奋精神,立志开拓,锐意进取,明确提出并具体实施了"四个大抓"。

一是大抓联产承包责任制的落实和完善,采取优惠政策鼓励土地向种田大户集中。目前全乡共发展年生产粮食万斤左右的专业户 54 户,其承包的土地面积约占全乡面积的 1/10。此外,还发展了牧副业、运输业以及商业、加工业专业户 48 户,从而为农业劳力转移打下了基础。

二是大抓种植业结构调整。他们充分利用国家对粮食由统购改为合同订购的机遇,以及市农委关于压缩棉花面积的要求,从去年以来共压缩粮棉面积近 6000 亩,并把粮食三熟制面积由 100%降到 20%左右,从而大大减轻了劳动强度,为农业劳动力大规模转移创造了条件。

三是大抓产业结构调整。1983 年年底和 1984 年年初,他们在全乡推广彭渡村和俞塘五队发展工业致富的经验,要求全乡各级领导在继续抓好农业的同时,把领导精力从单一农业转移到“稳定的农业,兴旺的副业,发达的工业”上来,做到既对农业这个“基础产业”抓住不放,又使乡、村、队三级工业一齐上。在很短时间内,全乡仅生产队小工厂在 1984 年就发展了 22 家,其中俞塘五队由于生产队工业的发展,去年净收入已达到 30 万元以上。

四是大抓农业劳动力转移。对马桥乡来说,从 1982 年片面强调加强农业劳动力管理到近两年来大抓农业劳动力转移,这的确不仅是一种认识上的飞跃,也是一种战略性转变。全乡干部、群众是以一种欢欣鼓舞的心情迎接这一转变的。据统计,仅 1984 年、1985 年两年,全乡由农业转向乡、村、队三级工业和为闵行开发区服务的第三产业的劳动力就达 6000 人左右,约占全乡总劳力的 26%。

## 三、大抓促大变,“病马”又奔飞

通过“四个大抓”,如今马桥乡的经济工作出现了七大变化。

一是农副工生产大幅度增长。1978 年全乡农副工三业总收入仅 2702.2 万元,1984 年三业总收入达 7153.3 万元,6 年中翻了一番半以上。如果把 1984 年总产值同经济起飞前的 1982 年相比,短短两年中就增长了 2244 万元。1984 年工业利润跃入上海郊区 27 个“千万富翁”乡的行列。

二是经济结构显著变化。按农副工三业分,1978 年农业占农副工三业总产值的 38.2%,1984 年已下降到 17.6%。若按三个产业分,1978 年第一产业约占当年工农业总产值的 42.6%,第二产业约占 46.5%,第三产业仅占 10.9%,而到 1984 年,第一产业的比重已下降到 23%,第二产业猛增到 64.7%,第三产业提高到 12.3%。

三是种植结构趋向合理。在压缩粮棉面积和进行熟制改革的基础上,马桥乡近两年来扩大了经济作物种植面积。去年全乡有 96 个生产队引种甘蔗 479 亩,最高亩产值达 1800 元。种植结构调整后,全乡平均每亩耕地的产值由 1982 年的 230 元提高到去年的 307 元。今年种植结构又有较大幅度的调整。

四是劳力转移速度加快。1984 年全乡农业劳动力占总劳力的比重,已由 1978 年的 74. 6%下降为 39. 6%;1978 年生产队在队劳动力约 1. 4 万人,占总劳力 72%,去年在队劳动力只占总劳力 20%,6 年中劳动力转移了 50%以上。

五是外贸出口有了发展。1984 年全乡外贸出口产品达到 1159 万元,今年该乡又同市土产、畜产机械设备进出口公司联合,与原来西业沙乐园线浆有限公司合资经营出口成套家具、木材半成品、拼接木等产品,利润可达 1000 万美元,第一期工程今年 10 月就能投产。

六是对国家贡献更大了。过去该乡虽然每年向国家提供 1065 万斤商品粮以及其他农副产品,但向国家缴纳的税金却为数很少。1978 年仅缴纳税金 124 万元,今年已达到 610 万元,6 年就增加了 4. 5 倍。

七是农民生活得到提高。1978 年全乡人均分配 250 元,1984 年达到 623 元,6 年翻了一番半。全乡已有 70%的农户建造了新房。全乡实行了医疗和教育免费制、老年社员退休制、优抚对象基本全优制。

总结历史,分析现状,马桥乡的干部和群众深有体会地说:党中央的 4 个“一号文件”是推动该乡经济起飞的“加速器”;党的十一届三中全会实行的改革开放,解开了长期阻碍经济发展的“缰绳”,使马桥乡这匹多年一蹶不振的“病马”又奋蹄奔飞了。

# 旗帜鲜明地支持和保护改革

（1986年4月）

最近，中央领导同志就坚持改革、支持改革、保护改革的问题发表了一系列重要讲话，《人民日报》也为此发表了许多重要评论，重申了“允许改革犯错误，但不允许不改革”的原则。

但是，也有一些地方的领导干部，仍在坐而论道、不思改革，对那些勇于改革、成绩显著但也有缺点或失误的同志却不能容忍，对其成绩视而不见，对细枝末节的问题抓住不放，甚至任意动用专政工具，给改革者及其家属造成很大的精神压力。相反，对那些工作平庸、长期打不开局面的干部，却连一句批评也没有。在这些同志领导的地区和单位，改革人物受气，拥护改革的群众泄气，反对或害怕改革的人却很神气。这些地方的改革者思想比较沉闷，精神状态不够振奋。归纳起来，他们在思想上主要有“三怕”。

一怕“事出有因，查无实据”的“运动员”。这主要是指那些以所谓“秉公办事”“维护改革的声誉”之类名义，拿着放大镜去找改革者的缺点，带着显微镜去挑改革者的毛病的人。他们往往“攻其一点，不及其余”，一旦发现整错了人，则以“事出有因，查无实据”自我开脱，而改革者和改革大业却因此而受到极大伤害。

二怕“袖手旁观，左右挑剔”的“评论员”。这些评论员不是争当改革的实干家、弄潮儿，而是以“清谈家”“评论家”“观察家”自居，今天指责这个改革者干错了，明天又讥笑那个改革者吃力不讨好，于是出现了一个人干事、两个人评论、四个人讥笑的坏风气。改革者反映，此种风气不破，“多做多错”的思想仍有市场，坐而论道的清谈之风就刹不住。

三怕“成事不足，败事有余”的“通信员”。这主要是指有些专爱向改革者施放暗箭的人，一有机会，就到处写信告状，使改革者陷入了匿名“人民来信”的包围之中。“民一举，官必究”，旷日持久地调查，干扰了改革者的工作，磨掉了改革者的锐气。群众说，这是“四分钱(指贴四分邮票的揭发信)、查半年”，“一毛六、一辈子臭”。那些站在改革前列的同志表示：现在“小荷才露尖尖角”，他们最需要得到的是领导的支持和理解，使他们不必过多地“侧着身子避箭”，以免消耗宝贵的时光和精力。

这些思想反映表明，党的十一届三中全会实行的改革要能够顺利进行下去，单靠改革者的决心是不够的，还需要得到上级领导的支持和保护。当前有两个思想障碍亟待破除。

一是所谓“工作的失误可以谅解，借改革为个人捞好处不能允许”。这个问题应作具体分析。如果这种“好处”是原先的改革方案中规定了的，即使不尽合理，也是应在下一步修改方案中使之臻于完善的问题，而不应该过分追究个人责任。而且马克思主义者并不排斥功利，对那些坚持改革，功在国家，利在群众，而改革者个人也得到一定物质利益的，不宜轻易给人扣上“钻改革的空子”之类帽子。衡量这类问题时，对平均主义的遗风必须彻底扫除。

二是所谓“群众有揭发，不能不查处”。为了搞清问题，有时确实需要派出调查组进行充分调查，但正确的做法应该是：是成绩就肯定，是缺点错误就帮助改正，是违法乱纪就严肃查处。这对于保护改革、推进改革都是必要的。但有些地方却不是这样做的，派了第一个调查组，明明问题已经基本弄清并已作出了肯定改革的结论又不算数；再派出第二个调查组，也作出了肯定改革的结论，还不算数；又派出另外的调查组，一定要从鸡蛋里挑出骨头、查出一点什么“问题”才罢休。调查组进进出出，把改革者置于“被告”“挨整”的地位，搞得灰溜溜。拥护改革的群众一针见血地指出：“以前企业长期亏损，经济效益上不去时，谁也不来查，而一旦有人率先改革，把经济效益搞上去了，却这也不合法，那也不符合规定。这样下去，今后谁还敢继续搞改革?”

正像改革者没有经验可能会有失误一样，各级领导如何对待改革者也是一个新课题，也会有失误，重要的是动机要正、观念要新。要做新体制的助产士，不做旧体制的卫道士。要以改革论是非，以改革论功过。改革是一项伟大事业，是前所未有的开拓性、创新性工作，无论如何不能要求改革者百分之百正确，成为十全十美的“完人”，况且人们也不可能先成了“完人”之后再去搞改革，而是要在改革过程中，逐步“完善”改革措施，同时也不断

“完善”改革者自己。

从某种意义上说，改革者需要的是上级领导部门在关键时刻给他们撑腰、为他们打气。因此，对各级领导干部来说，一方面要积极投身改革，站在改革的前列；另一方面要坚定不移地支持改革，无私无畏地保护改革，不仅要保护成功的改革者，还要保护有失误的改革者。在改革中出现的问题要通过改革来解决。比如，通过改革突破了一些原来合法不合理的规定，特别是一些不符合中央改革精神的规定，对此应该支持而不应该指责，这就叫保护改革者的积极性。不能碰到矛盾就“收”，遇到摩擦就“退”，对那些勇于开拓、成绩显著的改革者，该奖就奖，该提就提，不受闲言碎语的干扰；对有成绩也有失误的改革者，要全面衡量他在改革中的成绩和缺点，在肯定改革成绩的前提下，既指出存在的问题，又帮助他们总结经验教训，鼓励他们坚持改革、开拓前进；对那些改革卓有成效而遭到诬陷和恶意中伤的改革者，各级领导要挺身而出，明辨是非，主持公道，支持改革，切忌各打五十大板，或查明了是非也不明确表态。这种不负责任的态度只会使歪风邪气愈演愈烈，而使改革者齿冷心寒或委曲求全；对那些针对改革者的“揭发信”“诬告信”和所谓“群众反映”一定要注意分析，切不可轻信，被牵着鼻子走，以致对改革者草率处理；对于出自个人恩怨、捕风捉影、捏造事实、诬告改革者的人，则要查清事实，分别情况，严肃处理，这就叫扶正祛邪。只有这样才能形成一种人人关心改革、支持改革、投身改革的好风气、新局面。

当然，改革者自身也要有坚定的信念和充分的思想准备，如果一见“告状”就退却，那就不是坚定的改革者，也不可能把改革进行到底。同时，改革者对自己要有严格的要求，在商品经济交往活动中要牢牢把握住自己，无私才能无畏。还要知法懂法守法，自觉遵守各种经济法规，接受党和群众的监督。

生气蓬勃的改革事业，是由一大批富有开拓创新精神的改革者共同创造的。让我们共同努力，为伟大的改革事业添砖加瓦，建功立业，不断前进。

# 让生产者参与流通是大有可为的一着

（1986年6月15日）

读罢上海市青浦县练塘乡农民通过自己找门路，解决了茭白丰收后销售难的消息，深为该乡领导让农民学会自主经营，参与市场流通的做法叫好。

以上海市区农村目前已经实现了由自然经济向商品经济的转变。但是，作为商品经济主人的广大农民，并没有同步实现由商品生产者向市场经营者的转变。这是因为，长期以来实行的统购包销制度，人为地割断了生产者与经营者一身二任的天然联系，使广大农民已习惯于仅从生产者的角度想问题、办事情。尽管在农村第二步改革中统购包销制度已经被冲破，但顽强的习惯势力依然使农民把商品经营只看作是国有商业部门的事。党中央一再强调“流通渠道必须实行多渠道经营”，但实际上仍有不少地方把农副产品流通局限于国有商业单一渠道上，从而造成了商品流通中的种种梗阻现象。

针对这种情况，青浦县练塘乡的领导同志提出让农民学会自主经营，参与市场流通的做法是切中时弊的。因为商品生产本来就是为交换和流通而进行的生产。商品生产者的具体劳动创造的使用价值只有经过交换才能实现，因此学会自主经营，参与市场流通乃是商品经济的题中应有之义。常常听到有些同志埋怨商业部门不配合、不包销，这些同志忘记了自己作为商品生产者，本身就应该既关心生产，更关心流通。市委书记芮杏文同志在今年的市农村工作会议上强调指出：“农村合作经济组织要积极开辟流通集道，实现多层次经营、多渠道流通”，并且指出，“在多渠道经营上，郊区农民是大有可为的”。现在，青浦县练塘乡13万担茭白，由农民自找门路销售出去的事实充分证明了这一点。

# 龙港崛起“农民城”引发的联想

（1986年10月9日）

两年前还是一片荒滩的浙江温州龙港，如今崛起了一座“农民城”。在这个占地仅5平方公里的“农民城”里，拥有百余家商店、上千个带铺面的工场作坊，可以称得上“市井繁阜，商贾辐辏”了。这座“农民城”是由龙港附近五六千农民自行集资建造起来的。

《解放日报》上登载的这条似乎不显眼的新闻，让我感慨系之，浮想联翩。

联想之一是人家的速度。偌大一座5平方公里的“农民城”，竟然“两年不到”就建成了。我们上海市郊有个县去年开会议论要在一个老镇上建一条农民街，至今还是“上穷碧落下黄泉，两处茫茫皆不见”。老镇上建“农民街”总比荒滩上造“农民城”容易得多吧，但偏偏是难者易来易者难。

联想之二是人家的胆识。我们有些同志老是把眼睛盯在集镇的建设资金上。这些资金数目有限，杯水车薪，无济于事，而温州龙港农民一下子就筹集了1.3亿多元，我们为什么不学人家那样搞农民城镇农民建，鼓励农民“带资入镇”、集资建镇呢？

毛泽东同志说过，我们不但善于破坏一个旧世界，还将善于建设一个新世界。破坏一个旧世界容易，建设一个新世界颇难。它需要我们坚持不懈地努力和创造性地工作。吃“大锅饭”不行，吃“现成饭”“太平饭”同样不行。但愿我们上海郊区各县和乡村的同志，能够从浙江温州龙港农民建城中得到一点启迪，多一些解放思想、多一些开拓和创新。

# 以“外引”促“内联”

（1986年10月19日）

最近，一位领导同志提出要以“外引”促“内联”，这使人们进一步认识到“外引”与“内联”之间除了并列关系之外，还存在着条件关系和因果关系。

“外引”可以促“内联”，这首先取决于上海郊县的区位优势。上海郊县地处我国沿海经济开放区，是对内对外两个辐射扇面的枢纽：对外，可以面向太平洋；对内，足以辐射内陆腹地。这种区位优势决定了上海郊县应该也能够以“外引”促“内联”，在先进适用技术的引进、输入与翻版、辐射上起一种“二传手”的作用。过去，我们对此认识不足，以为“外引”主要是武装自己，对以“外引”来辐射内地考虑较少，现在有必要进一步提高认识。

“外引”可以促“内联”，这也是近年来上海郊县的实践经验所证明了的。实行邓小平同志倡导的对内对外两个开放以来，上海郊县已经批准兴办的“三资”企业共50多家，吸收外资5000多万美元，引进了几十项具有国际先进水平的新品种、新技术、新设备；同时，与全国22个省、市、区的多个县开展了横向经济联系，发展了400多项经济技术协作项目，其中有不少就是消化翻版了国外新技术后向内地扩散转移的。松江县的大江有限公司就是一个典型的实例。目前，上海郊县对从日本引进的设施园艺化蔬菜生产设备等，也正在抓紧翻版，预计成功以后也可以加速向内地扩散。

现在上海郊县有些地方的领导同志认为搞“外引”不如搞“内联”来得容易和实惠，因而在“外引”和“内联”上有点顾此失彼。这些同志应当懂得：不注重引进国外新品种、新技术、新设备，搞“内联”就容易变成“低水平的重复”；相反，如果坚持以“外引”促“内联”，就可以不断提高“内联”的起点和水平。

最近，中央已正式批准上海扩大引进外资，在这一新形势下，倡导在上海郊县各级领导干部的思想上树立起以“外引”促“内联”的观念，可谓正当其时也。

# 顺应农村改革以来商品经济发展加快沪郊集镇建设步伐

（1986年12月）

改革开放以来，随着我国农村商品经济发展，越来越多的同志认识到：加快集镇建设是推动农村商品经济发展的题中应有之义、顺理成章之举。这是因为，在我国的具体条件下，集镇既是沟通城乡商品流通的纽带，又是商品生产者了解市场信息的窗口，同时它本身又是农村剩余劳动力务工经商、生产致富的载体。因此，农业的商品化、乡村的工业化必然要导致居住的城镇化。

## 一、集镇的兴起和盛衰从来就与商品经济息息相关

我们竖看历史，集镇并不是同人类社会同步出现的。在漫长的原始农业阶段，原始手工业和农业维系于家庭纽带，因而不存在集镇形成和发展的经济条件。只是到了原始社会末期，出现了第二次社会大分工，手工业从农业中分离出来，以及商业同手工业、农业的分离，推动了“把一定生产部门固定在国家一定地区的地域分工”，才使工业、商业集中的地区形成了一定数量工商性质的城市和大批集镇。就上海郊区来看，秦汉时期由于商品交换的范围狭小，集镇的形成尚属凤毛麟角；明代随着资本主义萌芽在江南地区的出现和工场手工业的发展，推动了地域分工的发展，集镇建设的速度才明显加快。到明正德七年（1512年），集镇已由秦汉时的三四个剧增到44个；清代康雍乾嘉年间，又增加到132个；鸦片战争以后到1880年，已形成的集镇达400多个；到1937年上升为500个；再经过半个世纪，现在市郊集镇总数已达540个。按郊区地域计算，现在平均每11平方公里就有一个集

镇。如此稠密的集镇网络,完全是商品经济长期发展和发达的产物。

从新中国成立到1957年间,上海郊区集镇建设经历了兴盛—衰落—复兴的曲折历程,而这也同商品经济的发展息息相关。

新中国成立初始,在党的一系列恢复、发展国民经济的政策指导下,集镇曾有过短期的繁荣发展。全郊区500多个集镇上的商业网点在50年代初曾达到2万多家,最大的建制镇是青浦朱家角镇,有商店800多家;一般的建制镇也有商铺350多家。

从50年代中期开始,由于受"左"的指导思想影响,在市郊农村搞单一经济,取消商品生产;在集镇搞商业国营化,使集镇和个人经商受到限制和打击,导致集镇急剧衰落。据粉碎"四人帮"以后对263个原乡村镇的统计,60%以上已陷于衰落,其中45个集镇已濒临消失。即便是勉强维持下来的集镇,其商业类别也已严重萎缩。全郊区集镇商业网点已不足6000家,还不及50年代初期的一半。

党的十一届三中全会以后,在农村改革推动下,上海郊区较早实现了农业商品化和乡村工业化,从而也相应推动了城镇化进程。"六五"期间,市郊10个县仅乡村两级工业利润用于乡村集镇建设的支出就达6.5亿元,使三四十个乡镇脱胎换骨、面貌一新;另有十来个乡镇和15个国营农场镇完全是新建起来的。"六五"期间,集镇仅商业网点就新建了275万平方米,新设了800多家乡村集体商业和3.7万多户个体商业户,呈现一派"市井繁阜,商贾辐辏"的兴旺景象。历史经验已经证明:凡是商品生产活跃的时候,集镇就出现繁荣;凡是商品生产受到抑制的时候,集镇也必然会走向衰落,商品生产同集镇发展真可谓"一荣俱荣,一损俱损"。

## 二、"城郊型"农村集镇在发展商品经济中的作用尤为明显

上海市郊属于"城郊型"农村。实践证明,"城郊型"农村的以下四个特点,决定了它的集镇对发展商品经济的作用较之内地农村集镇更为明显。

第一,"城郊型"农村因其产品的商品率比较高,要求集镇承担起更为繁荣的商品集散功能和更多的社会化服务类别。据1985年的统计资料,上海郊区10个县全年出售的农副产品和乡村工业产品总额达到109亿元,占

全年农业和乡村工业总产值的 90%。其中,农副产品的商品率为 70%,几个大类的情况是:肉猪的商品率为 98%,家禽为 80.8%,鲜蛋为 82.2%,蔬菜为 94.6%,淡水鱼为 92.9%,牛奶为 95%。农村出售商品总额按农业人口平均高达 2534 元。而同年,由市区销往郊区的工业品总额为 30 多亿元,合起来,仅 1985 年一年,通过市郊集镇集散的城乡商品总值达 140 亿元。如此高度商品化的农村经济,既加重了集镇的商品集散类别,又要求集镇不断扩大其为商品生产的产前、产中、产后社会化服务类别。

第二,"城郊型"农村因其劳动力转移比较快,要求集镇承担起为日益增长的农村劳动力提供生存和就业的载体作用。因为紧靠大城市,上海郊区农村产业结构调整起步早,发展快。去年全郊区乡镇工业总产值达 87 亿元,占郊区全部经济总收入的 79.9%,从事工业生产的劳动力共 110 万人,加上从事第三产业的劳动力共 138 万人,占郊区总劳动力的 51%。这些从耕地上转移出来的劳动力目前都已被集镇所消化。按照目前国际上通行的"城市化"国家的人口标准,上海郊区已经达到了人口居住的"城镇化"水平。据预测,到 1990 年,市郊农业劳动力人均负担耕地将由目前的 2 亩左右提高到 4 至 5 亩,届时将有 120 万左右剩余农村劳动力要求在集镇就地消化。只有加快集镇发展步伐,才能承担起生存载体和就业载体的作用。

第三,"城郊型"农村因其紧靠人口密度"超载运行"的大城市,它的"空间优势"和"生态优势"为大城市所看重,这又要求农村集镇承担起为城市疏解工业和人口的功能。上海作为全国第一大城市,现在市区已拥挤不堪,平均每平方公里 4 万人,全市人均占有面积仅 2 平方米。这种高密度、超饱和的城市载荷量带来了生产布局混乱、居民住房紧张、道路通行不畅、公共交通拥挤、环境污染严重、绿化面积稀少、市政设施薄弱等一系列"大城市病"。现在多方面为根治这种"城市病"开出的一剂重要药方,就是向具有"空间优势"和"生态优势"的郊区城镇疏散工业和人口。目前,已经疏散到郊区集镇的市区工厂约 500 家、50 多万人,年总产值 120 亿元。按照中央最近批准的"上海城市发展规划",城市工业和人口还将继续以较大规模向近郊的 50 个城镇转移。这样,郊区集镇就既担负着控制农村人口盲目流向市区的"截流"作用,又起到承接扩散市区工业和人口的"分流"作用,这就叫"一身二任"的双重载体作用。

第四,"城郊型"农村因地处沿海经济开放区,对外开放度比较大,它的集镇又势必要承担起面向世界、辐射内地,以“外引”促“内联”,支援和带动内地开发的特殊功能。上海郊区10个县的县城目前都已列入国家对外开放区。根据党中央和国务院对沿海经济开放区的要求,沪郊各县正在积极开展“外引内联”,并已确立了“外引”促“内联”的指导方针。现在已批准兴办的“三资”企业有50多个,吸收外资5000多万美元,引进了几十个具有80年代国际先进水平的新品种、新技术、新设备。同时,与全国22个省市区的120多个县开展了横向联合,发展了400多项经济技术协作项目,其中有不少是消化翻版了引进的国外新技术、新设备后向内地扩展转移的。如松江县同泰国正大集团合资经营的大江有限公司,引进了国际上具有当代先进水平的肉用鸡的生产加工技术和设备,目前第一批父母代鸡种已经孵化饲养成功,并已扩散到包括“天府之国”在内的外地农村。同这种的“外引”促“内联”的作用相适应,目前郊区城镇正在进一步实行经济结构由“内向型”向“外向型”、由“封闭型”向“辐射型”的战略转变。

## 三、加速沪郊商品经济发展必须加速制订集镇发展规划

明确了集镇建设同发展商品经济的关系,要求我们着眼于推动沪郊商品经济发展,加速制订集镇发展规划。

在集镇规划的指导思想上,需要处理好几个关系:一是内向型发展与外向型发展的关系。不能单纯考虑为周围的“乡镇”服务,还要树立为对外开放服务的战略意识,把集镇建设的规模、方向、水平同改善投资环境、增强对外资的吸引力、承受力结合起来。二是第二产业同第三产业的比例关系。目前,沪郊集镇的第三产业相当薄弱,特别是金融保险、房地产业、公用事业以及科、教、文、卫等第三产业极为薄弱。据1985年的统计资料,按上海郊区集镇居民人口计算,平均每人占有的为生产、生活服务的部门增加值仅36元,为提高科学文化水平服务的部门增加值仅23元。因此,要以大力发展第三产业为突破口,切实带动集镇建设。三是经济建设与社会设施的关系。在发展经济的同时,要重视加强道路、桥梁、给水、排污、供电、园林、公共卫生、粪便垃圾处理等基础设施建设,克服“骨”“肉”比例失调的城市建设“通病”。四是改造与新建的关系。原则上,集镇建设应当是改造与新建

并举,但有些原来规模过于狭小、改造得不偿失的集镇,则应探索走开发新建的路子。比如,南汇县横沔镇70年代以来奇迹般地崛起,成为浦东腹地的一颗明珠,其成功经验正在于此。总之,集镇建设规划一定要体现合理的经济结构、健全的社会条件、完整的基础设施、良好的生态环境和投资环境。

在集镇建设的经济内容和建筑风格上,应当突出个性,不拘一格。一些工业比较发达的城镇,特别是目前已进入"千万富翁"行列的56个镇,可以侧重"以工兴镇",建成星罗棋布的"工城";农副产品集中的产区不妨"以商兴镇",建成各有特色的"商城";具有自然和人文景观优势的则宜"以景兴镇",建成吸引中外旅游者的"游城";地处腹地的闭塞地区,何妨"以静兴镇",建成"结庐在人境,而无车马喧"的"卧城",专供市区有关单位兴建疗养院、度假村等。集镇在建筑风格上也应百花齐放,布局应打破"兵营式",造型要力避"单一式",提倡搞"别墅式"、"庭院式"、民族式、乡土式,追求"农村风味,地方风格,旅游风光,独特风貌"。

在规划的组织实施上,应当倡导创造性。要放宽沪郊集镇户籍政策,允许农民自理口粮进镇落户,建造"农民街""农民城",扩大常住人口规模。在集镇的建设资金上提倡学习借鉴温州龙港镇的经验,多渠道集资,多层次融资,可以试行"带资进镇"的方法,广泛吸引农村"万元户"手头的游资。在集镇的领导体制上,要立足"城乡一体化"从上到下改革优化领导管理体制,以便加强对集镇的建设和管理。

# 用城市科技文化的强大优势带动农村

（1987年1月10日）

上海是我国城市经济最发达的地区，同内地的许多地区相比，上海郊区实现农业现代化的条件要有利得多。上海的农业现代化应该也可能走在全国前列，这是全市人民的光荣责任。

如何加快上海郊区的农业现代化？实践证明，用城市科技文化的强大优势来带动郊县农村，是一个最可靠也最有效的举措。去年上海科技、教育部门积极响应市委关于“城市各行各业要支持郊区经济文化建设”的号召，纷纷从城市走向郊区。有的参加县乡科技顾问团、智囊团，应聘担任郊区“星期六工程师”，为振兴郊区经济出谋献策、排忧解难；有的下乡支教，热心于开发农民智力；有的送戏下乡，满足农民精神和文化需求，从而使郊区农村的社会主义物质文明和精神文明建设都取得了丰硕成果。

上海郊区经济体制改革正在逐步深入，出现了由传统农业向现代化农业，自然经济向商品经济转化的新形势。当前，上海郊区科技力量和农民的科技文化素质同这样的新形势、新任务还很不适应。为了改变这种状况，以城市带动农村，更显得必要和急迫。把城市科技文化优势推向农村，使郊区成为城市现代文明的辐射地带；以城市的文明建设促进郊区农村改变落后面貌，这是加速上海郊区农村现代化建设的关键。

以城市带动农村，需要郊区广大干部、农民树立长远的战略思想，不能因一时收不到经济效益，而将农业科研、中试和推广任务拒之门外。要积极为科技人员提供科研、中试和推广基地，投入必要的场地，投入必要的物力和人力，支持科研部门尽快把现有科技成果从“样品、展品、礼品”变为具有竞争力的商品。全市科研和大专院校也要根据服务于市郊、服务于农业的要求，密切配合，通力协作。在开发科研成果时，要选择经济上有效益，资源上有优势，市场上有前景的项目抓紧进行推广。同时要朝着更远的目标，抓好生态农业、设施农业、能源农业、生物工程农业等现代化农业建设的研究和运用。市区的教育、文化、卫生、体育等各部门也都要进一步提高认识,作出支援农村的规划,帮助农民提高教育、科学、文化素质,逐步摆脱小农经济的束缚,克服封建的和资产阶级思想的影响,成为有理想、有道德、有文化、有纪律的新一代农民。

# 对"城乡一体化"的宣传要强化认识要深化

（1987 年 3 月）

去年年初，新任上海市委书记芮杏文在市农村工作会议上提出了"城乡一体化"的问题。一年来，"城乡一体化"在实践中取得扎实进展。当前的问题是：对"城乡一体化"在宣传上要进一步强化，在认识上要更加深化。

## 一、为什么对"城乡一体化"的宣传要强化

首先，这是实现上海经济和社会发展三张蓝图的客观要求。因为"三张蓝图"本身是着眼于上海 6100 平方公里的广阔空间制定的，它的具体含义是动员上海各行各业坚持"城乡一体化"，共同建设两个文明，一起描绘"三张蓝图"，共同担当四化建设的开路先锋。

其次，这是更新陈旧的城乡观念的必然要求。由于多年来的城乡二元结构形成的"思维定势"，长期积淀在包括我们宣传工作者在内的许多同志的心灵深层，因此在舆论宣传中时时会流露出某种"厚城薄乡"的意识，尽管它是一种"个人无意识"或"集体无意识"，但是在强调更新观念的今天，仍然是值得提出来加以反思的。比如，上海有一家报纸，不久前登过一则题为"卖假衣料的乡下女人"的社会新闻。我想："乡下人""阿乡"这类贬义词今后最好少见诸报端，因为从观念上说，它显然同"城乡一体化"相悖。近年来随着农民富裕程度的提高，他们在城里人面前自惭形秽的传统观念正在发生变化。很能说明问题的是"城乡联姻型"家庭的联翩出现。所谓"城乡联姻型"家庭，就是城市小伙子或姑娘同农村姑娘或小伙子联姻。我在近郊的一个乡作过调查，发现这类"城乡联姻型"家庭的一个共同特点是，城里的青年羡慕上海近郊农村的自然生态环境好、收入比城里高、住房

也宽敞，等等。一般“城乡联姻型”家庭的人均居住面积为35平方米左右；而农村姑娘之所以垂青城市小伙子，多数是因为看中了城里工厂的小伙子有文化、有技术，有利于教育下一代。毋宁说这是一种集城乡优势于一体的最佳结合，不妨说它是反映在城乡青年择偶、婚配上的“城乡一体化”，它的意义和影响是值得社会学家们去好好做做文章的。

当然，所谓“宣传要强化”并不是说一定要搞一个声势浩大的宣传战役，而是希望把“城乡一体化”的思想渗透在我们平时的宣传报道中，以便收到“随风潜入夜，润物细无声”的宣传效果。

## 二、为什么对“城乡一体化”的认识要深化

当前我们对“城乡一体化”的认识，至少应当从以下四个方面去深化。

第一，要从感性认识向理性认识深化。感性的认识表现为人们对“城乡一体化”认识仅仅停留在经济上，认为经济发达国家有这种趋势；而理性的认识则可以使人们懂得，人类社会的发展本身有逐步走向“城乡一体化”这样一条规律，懂得城市和乡村都是变动的概念，它们既是社会生产力发展到一定阶段的产物，又随着生产力的发展必然要依次经历“城市乡村化”“城乡对立化”和“城乡融合化或一体化”这三个发展阶段。只有从社会的发展规律去看问题，才能充分认识“城乡一体化”的重要性，不断提高这方面的自觉性。

第二，要从一般的战术考虑向总体的战略布局深化。有些同志对“城乡一体化”的思考停留在零打碎敲、就事论事的战术措施上，它只能把“一体化”引向一条“铺花的歧路”。最近国务院在批转上海城市发展总体规划时所加的按语，则启发人们从总体的战略布局去认识“城乡一体化”：首先，要认识到，如果上海仅仅以市区为依托实行对外开放是没有回旋余地的，只有坚决地、不失时机地在全市6100平方公里的大范围、大空间做文章，才能跳出“螺丝壳”，打开新局面。其次，上海在市区的各项重大改革也要依赖“城乡一体化”，这就是要把郊区卫星城和星罗棋布的小城镇作为一种“载体”，而要发挥这种“载体”的功能，就必须重视规划和建设这些小城镇，使它们不仅担负起控制城市人口盲目流向郊区的“截流”作用，同时也起到承接扩散市区工业和人口的“分流”作用。上海城市建设总体规划正是按“城

乡一体化”来进行构思的。

第三，要从物质领域向精神领域深化。现在人们倾向于认为“城乡一体化”不仅是指“经济一体化”，同时还包括城乡大文化的“一体化”，这表明对“一体化”的理解正在开始由物质领域向精神领域深化。

“城乡一体化”之所以要向“城乡文化一体化”深化，首先取决于两个文明建设的统一性。按照党中央对社会主义现代化建设的统一布局，精神文明与物质文明都是总体布局的共同组成部分。其次，这种深化也根源于城乡在文化建设上的差异性。由于历史形成的原因，农村文明的程度相对落后于城市，在这种情况下，城市文明理所当然地要向农村辐射。再次，这种深化也是富裕起来的农民群众的高度自觉性。就上海郊区来看，现在农民的温饱问题在总体上已经解决。“衣食足则礼仪兴”，求知、求乐、求美、求才，已经成为市郊农村广大农民的共同愿望。帮助农民提高素质、更新观念、克服愚昧和迷信，是城市科、教、文、卫、体各部门义不容辞的责任。

第四，要从战略思想向组织保证深化。“城乡一体化”作为振兴改造上海的一条重要战略原则，要能够比较顺利地得到贯彻执行，除了思想观念更新以外，必须有相应的组织保证，这又是一种深化，就是“城乡一体化”要由战略思想向组织保证深化。这不是单纯的逻辑推理，而是借鉴了兄弟省市的经验得出的结论。据有关材料提供的情况表明，近年来北京、天津等地在干部调配上采取城乡交流的方法，这种方法本市在60年代初也曾搞过，实践证明确有成效。我们希望这一行之有效的好方法在新形势下能够发扬光大。

# 改革中的秘书工作和秘书工作的改革*

（1987年3月）

我们国家正处在全面改革的历史洪流中。改革使人们的思想方式、生活方式和工作方式都发生了或正在发生着深刻的变化，秘书工作当然也不例外。值得思考的是，全面改革的宏观社会背景，究竟给秘书工作带来了哪些新情况；面对这些新情况，秘书工作应当进行哪些改革，这正是本文试图加以探讨的。

## 一、改革中秘书工作面临的新情况

我认为，全国全面改革的新形势，至少在秘书工作者面前展示了以下五种变化了的新情况。

第一，国家经济模式的转换，使秘书工作部门从上到下面临着变产品经济秘书观为商品经济秘书观的重大转折。不管人们是否意识到，随着我国由产品经济模式向社会主义商品经济模式的转换，传统的产品经济秘书观受到了商品经济客观现实的严峻挑战。这主要表现在秘书工作中的调查研究、情况反映、来信来访等环节，都同商品经济发展中新旧体制的摩擦、新旧观念的冲突紧紧地纠缠在一起，它严肃地考验着我们的秘书工作能否跟得上变化中的观念和现实。举例来说，我们在调查研究中经常会碰到如下的问题：如何看待开放搞活与纠正党内不正之风的关系？如何看待横向联系等经济交往中请客送礼、小费、回扣等现象？如何处理匿名检举信、党员负责干部的兼职报酬、企业自有资金的支配使用等方面的政策界限问题。这些问题不是常常困扰着我们从事调研工作和简报工作的秘书同志吗？前不

* 本文原载《秘书》杂志1987年第2期。

久围绕卢湾区一家商店在销售工作中的请客问题，不是在全市引起过激烈争论吗？在类似的许多争论中，秘书工作者的情况反映究竟怎么写、用什么观点和观念去写，这是大有讲究的。

我们注意到，凡是改革创新意识比较强、思想理论水平比较高的秘书工作者，常常能在纷纭的意见中提炼反映出较为正确的见解。比如，上海嘉定县委办公室在一次有关养鸡“万元户”陆荣根能否评为上海市优秀共产党员的争论中，据理力争，力排众议，向上级领导部门写了一份充分肯定这位农民专业户的情况反映，引起中央和市委领导同志的高度重视和好评。

也有一种情况，秘书工作面对扑朔迷离的社会现象，虽然不能作出本质的概括，但能从宏观的角度加以集中，表现出信息量的广度和深度。比如，上海市虹口区委办公室最近在一份情况简报中反映，现在部分职工中流传关于当前改革的一些顺口溜：宏观调控靠“税”（增加税种），微观搞活靠“奖”，横向联系靠“吃”；以及“厂长搞奖励，工会搞福利，支部搞鼓励，纪委搞处理”；还有“厂长想往国外跑，科长想往市外跑，班长想往厂外跑，工人来个全厂跑”等，是具有较高的信息价值和参考价值的。

相反，我们也看到有些秘书工作者写的情况简报，常常只会罗列群众对某某问题的不理解、对某某问题的担心而不加任何分析，这也许并不单纯是个文字表达问题。前不久一位法学理论工作者说，在改革中面临着产品经济法律观向商品经济法律现的转变；我们秘书工作者在观念更新上不也同样有一个由产品经济秘书观向商品经济秘书观转变的问题吗？

第二，经济体制的改革，使机关和基层秘书工作者的工作范围、知识领域面临重大调整和更新。过去，企业是政府机关的附属物，决策者远离现场对企业生产和经营进行遥控指挥，秘书工作也相应地反映出指令多、干预多和越俎代庖多。现在撤销行政性公司，让企业成为相对独立的经济实体，成为自主经营、自负盈亏的商品生产者和经营者，这样客观上就把企业推上市场舞台，让企业有了更大的动力和活力，开始感受到市场竞争的压力，企业的经营管理者正在向运筹帷幄、决胜千里的企业家转变。企业秘书也面临着由“跑会场向跑市场”的转变。我们注意到，不少厂长负责制试点企业，厂长上任伊始就加强了办公室力量，有的还增设厂部研究室，旨在广泛搜集市场信息，不断提出决策方案，不断调整产品结构。显然，现在的企业秘书必须懂得市场学、商品学、流通学、公关学，他们的知识结构、工作领域都比过去大大拓宽了。与此同时,随着计划经济体制由指令性计划为主变为指导性计划为主、政府机关由行政型领导变为服务型领导,机关秘书的知识结构、工作领域也要相应地发生重大转变,他们要逐步学会调查和制订经济和社会发展战略、汇集和传播经济信息、制订并监督执行经济法规、掌握和运用经济调节手段等等。这些新的工作课题、新的知识领域,也要求机关秘书下苦功重新学习。正如毛泽东同志所说,我们熟悉的东西快要闲起来了,我们不熟悉的东西正在强迫我们去学。这不也是改革中秘书工作面临的一个新情况吗?

第三,横向联系的发展、企业群体的涌现,使秘书部门担负的接待和协调的任务也空前增多了。据上海郊区10个县的政府办公室主任反映,随着跨地区、跨部门横向经济联系的发展,现在由办公室承担的送往迎来的接待任务日益繁重,工作量急剧增加。横向联系还使秘书部门协调各方利益关系的任务也更为突出了。横向联系是一种利益的结合。在各个经济实体之间的横向联合中,利益的差异和矛盾更为集中。这些矛盾反映到领导机关,秘书部门不能简单地把它们交给领导,而必须弄清楚矛盾的来龙去脉,把有关同志找来进行协调,寻找矛盾各方利益的共同点,集中各方意见的合理成分,然后从全局利益出发,向领导提出解决矛盾的建议。可以说,秘书部门现在是天天处于各种矛盾的旋涡之中,这又是一种新情况。

第四,干部制度的改革,使秘书工作的服务对象也发生了一些变化。现在秘书工作面对的是文化和专业知识相对较高的领导层。上海郊区10个县党政领导班子成员共117人,平均年龄44岁,大专文化程度以上的占61%。他们并不事事依赖秘书,自己长期充当"读稿人",而是具有较高的抽象思维能力和语言文字表达能力,他们往往要求秘书部门起一个"外脑"的作用,善于"填充式"地为他们提供信息、数据和典型,这就把秘书从"写作机器"的工作方式中解脱出来,有可能进行大量的调查研究,多为领导班子提供决策性服务。这是一种情况。另一种情况是,秘书队伍的年轻化与干部队伍的年轻化没有同步进行,因此现在不少党政机关或基层单位出现了"少帅老将胡子兵"的状况,即领导干部年纪很轻,秘书人员年龄较大;领导干部是初来乍到的新手,秘书人员却是土生土长、熟悉情况的里手。这样的地方和部门,领导干部往往要求秘书具有强烈的"参与"意识,在当好参谋与助手方面,有所作为、有所贡献,多为领导工作出主意、想办法,协助领导开展创造性的工作。

第五，经济的开放、搞活，还使部分秘书工作出现了向企业化职业化方向发展的趋向。最近从《报刊文摘》上看到，深圳有一家秘书服务公司正式开张营业了，据说上海有关部门也在酝酿开设类似的机构。这类秘书服务公司究竟算第三产业还是第四产业，这里且不论，至少它的出现表明了现实社会有这方面的需求。可以预期，随着改革的不断深入，像这种企业化的秘书服务公司将日益增多。与此同时，随着个体经济在我国城乡的发展，也为私人秘书的发展提供了契机。有些经营规模大，业务联系广，信函、接待频繁的个体户户主，苦于没有分身法，不惜重金礼聘私人秘书。这些私人秘书除了文字功夫、专业知识以外，还必须具有商品经济知识和公关素养。

## 二、新形势下的秘书工作要实行三个方面的战略转变

我认为，从上述秘书工作在改革中面临的各种新情况、新问题出发，我们秘书工作者必须从思想观念到工作内容、工作方法来一个大的转变，自觉更新观念、更新知识、更新管理。当前特别重要的是更新观念，并在围绕新时期党的总路线、总任务，当好多功能服务员的前提下，从以下三个方面尝试实行秘书工作的战略转变。

第一，秘书部门要从“事务型”向“智囊型”转变。

长期以来，我们的秘书工作经年累月陷于收收发发、批复转发、誊誊写写、打打杂差的事务圈子，停留在“管家婆”“收发室”“传送带”的低水平上。究其原因，一是长期的政治运动带来的消极因素，使秘书部门谨小慎微、火烛小心；二是有些文艺作品的片面宣传，把秘书描写成“摇摇笔杆子，出出歪点子”的“绍兴师爷”式人物，也使秘书班子对当好参谋助手望而却步。而现在，秘书工作的服务对象和改革开放以来出现的民主、团结、和谐的社会环境，都要求秘书班子尽快从“事务型”向“智囊型”转变，不仅要围绕中心工作，为领导者搞好“决策服务”，还要瞻前顾后，为领导者搞好“超前服务”。而要做到这一点，就必须处理好日常事务性服务同决策性服务的关系，既不能把日常事务性服务看作“硬任务”、而把决策性服务看作可有可无的“软任务”，也不能认为日常事务性服务是小事、当好智囊参谋是

大事,要善于把这两者有机统一起来,在调查研究上狠下功夫,在为决策服务上有新作为,使秘书部门成为出思想、出主意、出见解、出人才的“智囊团”“参谋部”“思想库”。

第二,秘书工作要从“内向型”向“外向型”、从“信息传递型”向“加工处理型”转变。

过去的秘书工作总是习惯于关门办公、文来文去;信息传递上长期处于来什么、传什么,来多少、传多少的状况,很少主动去搜集,也很少作深度加工处理。为了适应当前新形势,秘书工作一定要从“内向型”向“外向型”、从“信息传递型”向“加工处理型”转变。所谓由“内向型”向“外向型”转变,就是不能关门办公、守株待兔、坐等信息,而要主动出击,目光四射,八方搜求,上下左右,纵横联络,把一切有价值的社会信息、经济信息、思想信息、工作信息,尽可能全面、准确、迅速地搜集起来并进行加工、整理和分析。这就要求秘书班子观念要新、头脑要灵,眼睛要明、手脚要勤,关系要多、渠道要广,做到“信息源源不断,渠道多多益善”。信息要从交往中来,秘书班子不能搞庸俗关系学,但要深入研究和建立为发展社会主义有计划商品经济所必需的公共关系学。对商品经济环境下必要的交往、应酬,不应回避而要积极参加,“既要跑会场,也要跑市场;既要抓人头,又要跑码头,必要时可以去坐桌头”;为了获得更多的信息,秘书部门还要建立广泛的信息点、信息网,有些地方要求每个秘书都要有若干个相对固定的基层信息点,在工人、农民、知识分子中交三个知心朋友;有的要求秘书每周有二到三天下基层,每周编写四到五期动态,每季有一篇具有一定质量的调查报告,每月有一篇信访情况反映。所谓由“信息传递型”向“加工处理型”转变,就是要把搜集到的来自上下左右的各种信息加以筛选整理,分析研究,从中发现规律性的东西,向领导提供有价值的信息,提高工作水平。现在,中共上海市委办公厅的《重要情况摘报》每天摘发来自全市各方面的重要信息,成为受领导欢迎的一份内部简报;市政府办公厅从今年起按江泽民市长的要求,搞了一份表格式的《每日动态》,信息量也很大,同样受到领导同志的欢迎和好评。

第三,秘书工作者要从“奉命办事型”向“开拓创新型”转变。

过去,选配秘书往往从“政治上可靠”“听话”方面考虑较多。而现在新时期的秘书人才不仅政治上要可靠,还要具有政治上的敏感,要有政治头脑，善于正确地理解、迅速地把握党的方针、政策；要有政治眼光，善于从领导者的角度处理问题、审视现实；要有政治敏感，善于及时捕捉和发现在贯彻党的方针、政策中出现的新情况、新问题、新经验；要有政治见解，善于从本地区、各部门的实际出发，创造性地提出贯彻党的方针政策的决策性建议。同时，新时期的秘书还必须善于和勤于发挥“智囊”作用，这是一项开创性的、复杂的脑力劳动，没有一支会想问题、能写文章、善出主意的秘书班子是不行的。而这样的秘书班子，必须博学多才、见多识广，善于考虑战略性问题，成为足智多谋、多才多艺的名副其实的“后排议员”。做到这一点，一方面要求每个秘书工作者刻苦学习、勤奋钻研，力求成为一专多能的“通才”；另一方面也要求组织部门在选配秘书班子时，合理搭配，形成在智能结构上配套成龙的群体优势。

# 党的"富民政策"不会"小富即变"

(1987年3月29日)

在当前新形势下,农民群众怕政策变的思想又在潜滋暗长,所以有必要讨论一下这个问题。

笼统地说,党的政策不会变,这并不符合实际。因为,党的十一届三中全会以来我们党和国家制定的各项农村政策,同过去那种平均主义、"大锅饭"的政策相比,无疑是发生了根本性变化的。没有这种变,就不会有今日全国农村包括沪郊农村一派安居乐业、繁荣兴旺的景象。

所以,政策之变,未必就一定是坏事。关键是要看政策是朝着什么方向变,对富国裕民是不是有利。现在,广大农民是衷心拥护党的十一届三中全会以来的路线现行农村政策的,他们希望党的"富民政策"不要变,以便继续给农民带来实惠,这就表明了党的农村改革政策的正确性,而政策的正确性本身又应当具有连续性。正如邓小平同志所说:"我们现在的路子走对了,人民高兴,我们也有信心。我们的政策是不会变的。要变的话,只会变得更好。"这是我们观察和思考党的现行政策变与不变的一个重要思想方法。我们党的政策是集体制定的,是以推动生产力的发展为根本出发点的。党的现行农村政策既然得民心,有利于社会生产力的发展,有利于广大农民共同致富,就没有任何理由也没有任何人能够轻易改变。

现在,广大农民在党的"富民政策"指引下,才是"小富",可谓"小荷才露尖尖角",离党和国家的要求还相差很远。邓小平同志在《旗帜鲜明地反对资产阶级自由化》中说:"如果我们达到人均国民生产总值四千美元,而且是共同富裕的,到那时就能够更好地显示社会主义制度优于资本主义制度,就为世界四分之三的人口指出了奋斗方向,更加证明了马克思主义的正确性。"目前,我们国家人均国民收入才400多美元,离真正富起来还差得远呢！怎么能够设想,党的“富民政策”又突然变了呢？当然,我们说“富民政策”不会“小富即变”,丝毫也不意味着“大富即变”,这本来就是不应该有什么误会的吧。

# 在改革中稳步推进沪郊农村城市化

（1987年4月29日）

党的十一届三中全会以来，在农村改革的推动下，上海郊区农村正在出现城市化趋向。农村城市化是与农业商品化、乡村工业化以及农民的非农化同步发展的。党的十一届三中全会以来的9年中，随着产业结构调整，沪郊农村平均每年有13万多农业劳力转向第二、第三产业，目前从事第一产业的只占总劳力的33%，70%左右从事第二、第三产业的劳动力正逐渐向郊县城镇集聚。据有关部门调查：在上海郊区从事乡镇企业和第三产业的人员，在县城一般相当于常住人口的30%左右，在县属镇上占50%左右，在乡镇则比常住人口多1至2倍。还有一部分自理口粮进镇落户的农民，在近几年内预计将有30万左右可以成为自理口粮的城镇人口，这就为郊区农村城市化奠定了基础。

目前国际上对城市化的标准大体上分为四级，城市人口占总人口50%或50%以上的称"城市化国家"和"高度城市化"国家；城市人口占30%—50%的，叫"接近城市化"国家，其余都算"非城市化国家"。我国从总体上看属于"非城市化国家"，但我国东部沿海城市特别是上海，无论从城市人口还是人均国民收入水平看，都已接近"高度城市化"，市区平均每平方公里3万人，有的地方1平方公里高达16万人，这就要向"逆城市化"方向发展，即把过于拥挤的人口向郊县城镇疏解。这种特定的市情，使沪郊农村城市化面临两股潮流的夹击，即既要就地截留农村剩余人口，不再盲目流入中心城，又要适当分流市区人口。所以，沪郊农村的城市化过程，一定要按照市委提出的"城乡一体化"的战略思想来进行规划，这就是《国务院关于上海城市总体规划方案的批复》中所要求的，建成中心城、卫星城、郊县小城镇和农村集镇层次分明、协调发展的城镇体系，在全市6100平方公里的空间范围内，实现城乡人口的合理布局。

当前,沪郊10个县和市规划部门正在抓紧制订农村城市化规划。这里,笔者提出几条建议供研究和制订规划部门参考。

第一,城镇点的布局规划要有总体设计,做到大中小并举。城镇不能都搞大的,也不能都靠国家投资搞,可以借鉴浙江温州龙港的经验,让农民群众集资建设小城镇、小集镇。城镇的经济内容也要因地制宜、各有特点,有的重点发展工业,有的风景区可以发展旅游业,靠近铁路、港口的可以搞仓储业,还有的可以搞成“卧城”,着力发展度假和康复事业。

第二,要十分重视交通、通信等基础设施建设。国外中心城与半径80公里左右的郊区一般在半小时内可以到达最远处,可是目前上海连最近的县城也难以在半小时内到达。因此,中心城与郊县城镇之间要搞高速公路、铁路、有轨电车,这样就能缩短城市与农村的空间距离。此外,郊县小城镇与中心城的通信手段也很落后,因此通信事业也要列入规划,先行发展。

第三,要积极引导农民新建住宅向集镇集中。现在郊区农村住宅建设平均每年以1000万平方米的速度迅猛发展,但农村住宅像“天女散花”,不集中,太分散,不利于发展基础设施建设,也不利于建设现代化城镇。所以要通过规划,加以引导。同时,要制订政策鼓励和支持农民新建住宅向集镇靠拢。现在南汇县黄路乡搞了一条“农民街”,那是商业性质的,今后还应当发展民用与商业相结合的“农民街”“农民镇”“农民城”。

第四,要注意生态平衡,防止污染。国外的风光旅游城市是不让搞工业的,他们采取严格的“三废”防范措施,精心保护旅游区城镇的自然风光。我们也要防止重蹈大城市在这方面的覆辙。

# 上海结合改革开展坚持两个基本点正面教育的情况

（1987年9月）

## 一、为什么要提坚持两个基本点的正面教育

正面教育这个概念最早出自中共中央今年四号文件。文件指出："这场斗争，要始终坚持以正面教育为主"；又说，"这场斗争，从总体上说，是对广大党员进行一次坚持四项基本原则，全面、正确理解和贯彻执行党的十一届三中全会以来的路线、方针、政策的教育"。值得注意的是，这里给正面教育加的前置词是"全面、正确理解和贯彻执行党的十一届三中全会以来的路线、方针、政策"。而党的十一届三中全会以来的路线、方针、政策的基本点有两条：一条是坚持四项基本原则，一条是坚持改革、开放、搞活的方针。两者互相联系，缺一不可。只讲一条，不讲另一条，不符合十一届三中全会以来的路线。

对这个问题，中共上海市委认识得比较早。早在今年2月初，市委领导同志在全市党员领导干部会议上就指出："只有把反对资产阶级自由化同改革、开放、搞活有机地结合起来、辩证地统一起来，才是全面地、正确地贯彻党的十一届三中全会的路线。在反对资产阶级自由化的斗争中，我们要批判的是在改革、开放中出现的否定四项基本原则的自由化思潮，而决不是、也决不允许批改革、开放、搞活本身。"在今年5月8日至13日召开的上海市党的宣传工作会议上，主管宣传思想工作的市委常委同志又指出："要把全党的注意力统一到认真地、全面地贯彻落实中央四号文件上来，把坚持四项基本原则的教育同坚持改革、开放、搞活统一起来，通过正面教育，引导广大党员、干部和群众在坚持四项基本原则的基础上更好地实行全面改革

和对外开放,更加卓有成效地建设有中国特色的社会主义。”所以,如何科学表述和认识正面教育,这不仅仅是个提法问题,而是对党的十一届三中全会以来的路线能不能做到全面理解、正确贯彻落实的问题。

## 二、前一阶段上海是怎样结合改革开展两个基本点的正面教育的

遵照党中央关于把两个基本点统一起来开展正面教育的指导思想,上海前一段抓好正面教育的具体做法是实行以下“三个抓”。

一是分层次抓。市委在进行正面教育的指导上,提出正面教育应当分层次、抓重点,全市一般分为五个层次:对区县局、部委办的党员负责干部主要是开展中心组学习,通过学习两本书,重温党的十一届三中全会以来的路线、方针、政策,学好邓小平同志关于坚持四项基本原则、反对资产阶级自由化的有关论述,联系各地区、各系统的发展变化,加深对党的十一届三中全会路线两个基本点的认识。对县团级和处级党员干部,采取分批轮训的办法,组织他们脱产一至两周,认真学好中央有关文件和两本书,加深对在坚持四项基本原则前提下搞好改革开放,在改革开放中坚持四项基本原则重要性的认识。对基层党员干部,主要是举办系列讲座,由领导干部轮流担任主讲,讲座的内容紧紧围绕两个基本点。对广大党员,主要是采取上党课、举办业余党校等形式进行正面教育。对群众,着重抓以宪法为核心的正面教育和形势政策教育,启发和教育群众认清形势、明确任务,珍惜安定团结的政治局面。实践证明,坚持分层次抓好正面教育,既突出了重点,又保证了正面教育的覆盖面,易于向深度和广度发展。

二是采取多种形式抓。中央今年四号文件提出:“正面教育一定要做得生动活泼,丰富多彩,既有坚定的原则性,又有很强的说服力。形式和方法可以多种多样。”半年多来,上海各条战线在开展正面教育中,创造了许多行之有效的形式和方法。其中主要有以下 5 种方法:

1. 举办系列讲座。今年上半年,上海市委先后组织了 4 期坚持四项基本原则、坚持改革开放的系列讲座,共计 27 讲。市委书记、副书记和部分常委同志亲自带头主讲,带动了各部委办、区县局的党员领导干部,他们也带头到基层干部和群众中分作报告、谈体会,既辅导了群众学习,又促进了自

身学习。一批坚持四项基本原则而又热心改革开放的理论工作者也走上讲台。每期系列讲座的听众分属不同层次,有的是局级以上领导干部,有的是局级以上宣传干部,也有的是基层政工干部,每期听讲人数一般在600人至800人。通过系列讲座方式,培训了一大批骨干,然后通过他们再去对各级干部、群众开展正面教育,因此整个正面教育组织得比较扎实。在系列讲座中,中共上海市委书记芮杏文同志主讲了《四项基本原则是我们的立国治国之本》,中共上海市委副书记、市长江泽民同志主讲了《回顾上海的发展走有中国特色的社会主义道路》,他们的演讲都体现了四项基本原则同改革开放的内在统一,从而为各级干部开展系列讲座起到了示范作用。

2. 举行报告会。上海许多系统、许多单位在开展正面教育中纷纷举办专题报告会,有的请上海海运学院党委书记谈他们几年来同刘宾雁作斗争的情况;有的组织爱国民主人士、归国华侨、援外人员组成宣讲团,结合各自亲身经历,谈如何正确进行社会主义与资本主义的对比。如上海外国语学院组织从国外进修归来的教师成立"教师报告会",结合亲身感受,向同学们宣讲党的十一届三中全会路线的两个基本点,深受学生欢迎。同济大学41名正副教授自动组成"良师益友团",走上德育讲台,给大学生讲马列主义理论,讲人生观、价值观,效果也很好。上海市政协也组织了社会主义精神文明宣讲团,先后在全市各条战线进行了10多场次的宣讲,听讲的有1万多人次。宣讲员们都以自己的经历、业绩和体会,讲对党的信念;讲爱国主义;讲为社会主义四个现代化建设而艰苦奋斗、锐意进取的精神;讲为祖国统一、振兴中华的体会。许多同志反映:市政协的社会主义精神文明宣讲团,把这些内容生动、思想性强、有说服力的报告,适时地送到社会上来,是从政治上思想上对我们的关怀和帮助,使我们受到了启发和教育。

3. 召开研讨会。上海开展正面教育以来,各条战线都召开了许多研讨会。有的是研讨正面教育如何进行,有的是把在开展正面教育中提出的问题拿到研讨会上来深入研究,寻求答案,打开思路。如市教卫党委组织全市各高校的马列主义理论课教师,经过几次研讨会,编写出《坚持四项基本原则一百题——答大学生问》等专著专辑,批判那些鼓吹资产阶级自由化思潮的代表人物散布的错误观点,面对面回答大学生们提出的问题,提高了正面教育的说服力,也帮助大学生提高了辨别错误思潮的能力。市建设系统自开展正面教育以来,邀集各系统、各党校、大专院校的马列主义教研室负责人和部分教员、部分宣传部门负责人和思想政治工作研究人员，连续6次召开理论问题研讨会，有针对性地研讨正面教育中提出的各种问题，比如反对资产阶级自由化斗争的性质，中国特色的社会主义的基本思想和基本内容，十一届三中全会以来路线两个基本点的关系等。通过研讨，已形成各种讲稿、文章、宣讲材料共18篇，为基层单位开展宣讲提供了线索、思路和材料。市经委系统的党员干部、理论骨干经过研讨，归纳和总结了工业系统把握两个基本点关系的7个方面的内容：一是在发展多种经济成分中，把握公有制为“主体”与其他多种经济成分为“补充”的关系；二是在企业所有权与经营权分离中，把握企业微观搞活与接受宏观控制的关系；三是在物质利益分配中，把握国家、企业、职工三者利益关系；四是在企业生产经营中，把握社会需要与企业利益的关系；五是在企业领导体制改革中，把握厂长全面负责、党组织保证监督、职工民主管理的关系；六是在经济活动中，把握搞活经济与端正党风的关系；七是在对外开放中，把握对外引进与自力更生，学习国外先进科学技术与抵制资本主义腐朽思想和生活方式的关系等。

4. 进行对话恳谈会。中央今年十六号文件下达以后，在市委积极倡导下，全市许多地区和单位又适时采取了对话形式进行正面教育。到目前为止，全市性的对话活动共举行了5次，包括市委领导同理论工作者对话；宣传干部与大学生对话；市委宣传部领导与文艺工作者对话；理论、新闻、文艺工作者与高校政工干部对话；理论工作者和基层职工对话。这些生动活泼的对话活动，围绕如何坚持十一届三中全会以来路线的两个基本点，如何改进和加强思想政治工作，如何看待当前的改革形势等问题，进行双向互动的探讨式对话，起到了沟通思想、提高认识的作用。有些具有普遍教育意义的对话，如经济理论工作者同上海汽轮机厂职工就价格改革问题进行的对话，还作了电视录像，在上海电视台播出后，反映较好。

5. 举办读书会。这是上海高校系统普遍采用的一种正面教育形式。去年年底的学潮平息以后，上海不少大学生在反思中认识到自己对中国的国情不甚了了，在理论上又缺氧，这就容易在各种错误思潮面前丧失独立见解。有的大学生还深有感触地说，“自己过去不读马列，却在那里指手画脚地批评马列，想想实在是可悲又可笑”。理论的饥渴，盼望真理的甘露。复旦、交大、华东师大等高校的学生纷纷自发组织各种类型的马列著作读书小组。复旦国际政治系在学潮中名噪一时的“政治家沙龙”，也改名为“马列原著读书会”。许多高校党团组织不失时机地抓住这个契机，因势利导，帮助大学生们从马列著作中汲取营养。如交大党委专门派出两位教师，为原著学习小组做辅导。华东师大哲学系的教师以“学习马列原著兴趣小组”的同学为骨干，搞好原著课的教学，同时还以小组同学为主，开展了“纪念马克思、学习马克思、宣传马克思和坚持马克思主义”的系列活动，以各种生动活泼的形式，讲马克思的生平、治学态度，以及他怎样对待人生、理想、恋爱和职业选择，使大学生们受到了生动形象的教育。有些高校党组织还认识到，今天的高等学府已不是50年代马克思主义独占的理论阵地，而是正在形成一个百家争鸣的“理论市场”；摆在大学生面前的，也不是唯一的马克思主义理论，而是见仁见智的各家之言，这就向高校开展的正面教育提出了挑战。复旦等高校的党组织不回避这种挑战，他们在引导学生学习马克思主义原著的同时，有分析有批判地介绍了西方一些有代表性的哲学社会科学思潮，如萨特的存在主义、弗洛伊德的精神分析法、尼采的超人哲学等等，既指出它们合理的积极的成分，又指出它们的局限性、片面性甚至反动性，引导学生在对比中学习，收到了一定的效果。

其他多种形式的正面教育还有组织学生进行社会调查、青工政治轮训、同龄人教育、革命理想和传统教育、有关正面教育内容的知识竞赛、演讲比赛等等，效果也很好。复旦电容器厂职工在演讲中把中国特色的社会主义比作目标站（终点站是共产主义）；把四项基本原则比作轨道；把党的领导比作火车头；把全国人民比作车厢；把改革、开放比作火车轮子。他们说，火车要沿着轨道奔向目标不能没有车轮，更不能没有火车头的牵引。群众反映：“这样讲，生动、形象，我们听得进、容易懂、记得住。”

三是根据对象的不同特点抓。比如，上海科技党委从本系统知识分子较多的实际出发，在正面教育中通过开座谈会、办学习班等形式宣讲党的知识分子政策，并结合批评方、刘、王的错误观点，使知识分子认清这些搞资产阶级自由化的头面人物对党只有指责、没有建议；只有破坏性，没有建设性，使广大知识分子增强了在这场斗争中要抓紧自我学习、自我教育、自我提高的自觉性。又如上海农村党委，他们不因正面教育在“农村不搞”而放松对农民的思想教育，而是自觉在青浦、奉贤等县进行试点，引导农民回顾9年来农村改革的历程和成果，从自己看得见、摸得着的改革成果中，加深对农村新经济体制框架的认识，加深了对党的领导的重要性和社会主义制度优越性的认识，加深了对党的改革、开放、搞活方针的正确性的认识。通过教育，使农民认清改革的每一个步骤都是党提出来的，改革的每一步都坚定地走在有中国特色的社会主义道路上，改革给农民带来了实惠等，进一步增强了广大农民跟着共产党、走社会主义道路的自觉性。

## 三、在正面教育中必须坚持“两个结合”

所谓“两个结合”，就是把正面教育同社会主义精神文明建设结合起来，同加强新时期党的建设结合起来。这是上海市委今年5月初在研究如何把正面教育引向深入时提出的一个重要的指导思想。上海市委之所以提出“两个结合”的指导思想，是鉴于以下两点考虑。

第一，坚持两个基本点的正面教育同社会主义精神文明建设是完全可以结合起来的。党中央对于开展两个基本点的正面教育所提出的许多重要任务，实际上都是社会主义精神文明建设的重要内容。比如，中央提出，要把批评资产阶级自由化观点的过程，当作严肃的社会科学的研究过程；要努力把马克思主义原理同中国国情结合起来研究，使理论工作开创一个新局面；要把整顿好党和政府直接领导的报刊，既作为反对资产阶级自由化的一项紧迫任务，又作为具有长远意义的思想建设工作，要改进和加强思想政治工作，把新时期思想政治工作做得有声有色，生动活泼，真正收到实效；要加强高校工作，全面贯彻国家的教育方针，培养和造就一代又一代“四有”新人；在加强社会主义民主和法制建设过程中，要同普及和提高全民族的文化和政治水平结合起来，等等。所有这些，既是正面教育的内容，也是社会主义精神文明建设的内容。我们不应该把它们机械地割裂开来，而应该有机地结合起来。

现在，上海各条战线遵照市委提出的“两个结合”的指导思想，正在实践中努力探索把正面教育同社会主义精神文明建设结合起来的具体做法。比如，有的把深入开展正面教育同振兴中华读书活动、职工政治轮训活动、创建文明单位活动、思想政治工作研究会活动结合起来。有的工厂企业把开展正面教育中碰到的有代表性的思想认识问题交给读书活动积极分子，由他们在充分准备的基础上，用答辩会的形式生动活泼地解答这些问题，收到了群众自我教育的良好效果。

市宣传、文艺、理论战线的同志也积极行动起来，共同探索和开拓正面教育同精神文明建设结合起来的新路子。比如，市电影局最近在不断探索把正面教育同系列影展结合起来。5月份，他们专门举办了“大学生电影周”，在取得成功经验的基础上，今年8月又结合纪念建军六十周年，推出“军旗颂”系列影展活动。影展期间，本市200多家电影院和1300多个放映点，先后放映了60部从民主革命到社会主义革命和建设时期的军事题材故事片和20部新闻纪录片，市区各影院共展映7982场次，全市观众达1230万人次。上海电视台也播映了其中30部军事题材故事片，收看的观众遍及邻近上海的省市，约有6亿人次。观众普遍反映，这次影展活动，有如一个生动形象的革命历史画廊，呼唤人们重忆峥嵘岁月，从中受到了深刻的革命传统教育。影展期间，还邀请了八一电影制片厂的编导、演员下基层，广泛开展对话、座谈、访问等活动，还在报上开展了“我心目中的军人形象”征文竞赛，共收到来自全国17个省(区、市)的1700多篇影评稿。这次影展活动之所以取得空前成功，是因为从市委、市政府到各基层单位的领导，都以此作为新时期思想政治工作的一个契机，借助形象化的视听教育手段，开展了丰富多彩的活动，从而使它超越了单纯的艺术观赏范围，形成了一个打破行业界限的全社会的正面教育活动。上海理论界的同志也积极探索把正面教育同社会主义精神文明建设结合起来。他们在今年4月、6月连续召开“社会主义商品经济”和“社会主义初级阶段”理论研讨会，在正面教育中，促进了马克思主义理论队伍建设。市科协也在今年夏天在全市范围开展了包括“科学文明健康的生活方式”在内的“科普之夏”活动；长宁区委和区人武部还在该区天山公园开辟占地数十亩的“国防园”，利用图片、实物进行革命传统教育和国防教育。这说明，正面教育一旦同社会主义精神文明建设结合起来，路子就宽广了，形式就多样了，效果也就更显著。

第二，坚持两个基本点的正面教育同新时期党的建设也是完全可以结合起来的。这是因为，反对资产阶级自由化，这是党的一项政治纪律，克服软弱涣散状态，这是党在思想战线上的一项重要任务；坚持四项基本原则和坚持改革开放两个基本点，这是十一届三中全会以来我们党的基本理论和基本实践。

在今年6月召开的市党代表会议上，市委就正面教育如何同新时期党的建设结合起来作了部署。主要精神是：一是要贯彻“党要管党”的原则，把党的建设作为各级党委最重要的任务来抓；二是要改进和加强党的思想政治工作，充分发挥思想政治工作教育人、塑造人的作用，把拒腐蚀寓于建设和改革之中，增强对各种错误思潮的识别力、免疫力和抵制力；三是要继续认真抓好党风党纪建设，切实加强党的政治纪律和组织纪律，同时认真转变机关作风，克服官僚主义，提高工作效率。为此，市委在充分调查研究的基础上，已于最近颁布了《上海市党和国家机关工作人员守则》和《市委、市人民政府关于改进和转变党政机关作风的意见》。为了配合全市各单位贯彻好市委、市政府的这两个文件精神，我们市委研究室还编印了《关于反对官僚主义的文献摘编》一书，目前已发到各单位，对于促进新时期党的建设起到了一定作用。

# 邓小平怎样把握中国改革开放的正确方向*

（1987年10月）

在改革开放和现代化建设实践中，必须牢牢坚持四项基本原则，不断抵制和反对资产阶级自由化思潮，这是邓小平同志从党的十一届三中全会以来始终强调的一个重要思想，他并且为此写下一系列重要论著。《坚持四项基本原则》（1979年）、《贯彻调整方针，保证安定团结》（1980年）和《关于思想战线上的问题的谈话》（1981年），便是其中最有代表性的篇章。联系当前实际，重温邓小平同志这些重要论著，可以帮助我们增强在整个改革开放进程中，毫不动摇坚持四项基本原则的自觉性、坚定性。

## 一、坚持四项基本原则才能始终保证改革开放沿着正确方向前进

现在，我们党和国家面临两大问题：一个是要不要坚持改革开放；一个是朝着什么方向去推进改革开放。对前一个问题，邓小平同志去年12月12日在会见外宾时已经作出了明确回答。邓小平同志指出，现在"公开表示反对改革的人不多"，这说明改革在今日之中国确乎是大势所趋、人心所向；而后一个问题，则是改革开放20多年来我们党和人民同资产阶级自由化思潮反复斗争的一个焦点。

我们党特别是邓小平同志一再强调：按照党的十一届三中全会以来我们党形成的社会主义初级阶段"一个中心、两个基本点"的基本路线，我们既要毫不动摇地坚持改革开放，又要毫不动摇地坚持四项基本原则。这两

* 本文系作者重读邓小平同志关于坚持四项基本原则论著的札记。

者是辩证统一、相辅相成的。坚持改革开放是为了更好地坚持四项基本原则，而坚持四项基本原则又保证了改革开放的社会主义方向。正是从这样的辩证统一观点出发，邓小平同志早在1979年就指出："粉碎'四人帮'以至三中全会以来，党中央实行的一系列方针政策，一直是坚持这四项基本原则的。"尽管如此，邓小平同志仍然认为，在整个改革开放进程中，"还是有很大的必要来强调宣传这四项基本原则"。这是因为，"社会上有极少数人正在散布怀疑或反对这四项基本原则的思潮，而党内也有个别同志不但不承认这种思潮的危险，甚至直接或间接地加以某种程度的支持"。对此，邓小平同志明确指出，我们在继续肃清"左"的思想影响的同时，必须"用巨大的努力同怀疑四项基本原则的思潮作坚决的斗争"。

但是，由于种种原因，这些年来，我们的思想理论战线和大众传播媒介，在同资产阶级自由化思潮作斗争上态度还不够坚决，旗帜也不够鲜明。对此，邓小平同志在1980年就尖锐地批评说："我们的宣传工作还存在严重缺点，主要是没有积极主动、理直气壮而又有说服力地宣传四项基本原则，对一些反对四项基本原则的严重错误思想没有进行有力的斗争。"邓小平同志指出，产生上述情况的原因是，在我们的一些同志中，还"存在某些思想混乱"。比如，有人认为，"坚持四项基本原则会妨碍解放思想，健全社会主义法制会妨碍社会主义民主，对错误意见进行正确的批评是违反'双百'方针，等等"。邓小平同志指出："这种混乱状况确实给一些唯恐天下不乱的人的活动，提供了一方面的有利条件。"他的这番话是在1980年说的，但"历史常常有惊人的相似之处"，类似的情况在1980年出现过，在1986年又再次出现过。

比如，在前一阶段资产阶级自由化思潮泛滥开来的时候，那些公然丑化党的领导、丑化社会主义制度的自由化言论，在我们党的报刊上、在一些大学的讲坛上竟然通行无阻。某些挂着共产党员招牌的学者、名流，公然声称这"几十年来恨透了社会主义"，并且把我们党领导的社会主义国家说成是"现代式的封建主义"；主张"全盘西化"。还有的公开主张，"在西方先进文化全方位冲击我国的传统文化之前，不要提什么四个坚持；等冲击以后剩下什么，就是我们应该坚持的"。

显而易见，这种幻想把改革开放改到和开到资本主义道路上去的资产阶级自由化思潮，是从右的方面对改革开放的严重干扰。邓小平同志在

1981年时就说过的:“我们今后不搞反右派运动,但是对于各种错误倾向决不能不进行严肃的批评。”“我们要有计划、有选择地引进资本主义国家的先进技术和其他对我们有益的东西,但是我们决不学习和引进资本主义制度”。今天,当我们结合现实斗争重读重温这些重要论述时,体会是何等深刻、受益是何等及时!

## 二、学会运用专政手段和法律武器同破坏安定团结的资产阶级自由化思潮作坚决斗争

资产阶级自由化思潮在泛滥开来和付诸行动的时候,有一个重要特征,就是肆意扰乱和破坏安定团结的社会局面。对此,邓小平同志在他的上述论著中,也作过许多精辟分析。比如,他在《坚持四项基本原则》一文中指出:“林彪、‘四人帮’踢开党委闹革命,闹出一场什么‘革命’,大家都很清楚。今天如果踢开党委闹民主,会闹出一场什么‘民主’,难道不同样清楚吗?一九六六年本来是中国经济经过几年调整得到迅速发展的一年,但是林彪、‘四人帮’一闹,经济受到了严重破坏。现在中国经济正在党中央和国务院的领导下重新走上健康发展的道路,如果再让有些人到处踢开党委去闹,那就只能把四个现代化吹得精光。这不是危言耸听,而是大量实践所证明了的客观真理。”在《贯彻调整方针,保证安定团结》一文中,邓小平同志又指出:“现在有些地方已经发现,一小撮唯恐天下不乱的人正在用‘文化大革命’中的办法进行煽动和闹事,有些人甚至叫嚷什么要进行第二次‘文化大革命’……非法组织、非法刊物的积极串连,反党反社会主义言论的公开发表,反动传单的散发,政治谣言的传播,‘四人帮’残余势力的活动……对安定团结的局面造成很大的危害。”

邓小平同志的这些论述,很值得今天的青年学生们深长思之。“文革”中一代青年曾在“怀疑一切、打倒一切”错误思潮影响下,陷入名为“大民主”实为大内乱的迷误。他们中的许多人对此至今还悔恨不已。今天在校的低年级大学生,绝大多数是1976年以后出生的,他们既不知道十年动乱为何物,也不知道那种“天下大乱”式的“大民主”曾经给国家和社会造成多大的祸害。前一阶段在青年大学生中曾经掀起过“‘文革’研究热”。我们研究“文革”,就是为了防止“文革”悲剧在中国重演;如果不是这样,而是让

“文革”的故态在今天复萌,故伎在今天重演,那岂不是离开“‘文革’研究热”的本意太远了吗?

值得我们高度重视的是,邓小平同志在上述论著中早就指出,针对资产阶级自由化思潮总是扰乱和破坏安定团结的特点,我们要学会用专政手段和法律武器与之进行斗争。他在1980年的那篇文章中说过,“马克思主义理论和实际生活反复教育我们,只有绝大多数人民享有高度的民主,才能够对极少数敌人实行有效的专政;只有对极少数敌人实行专政,才能够充分保障绝大多数人民的民主权利。所以,在当前条件下,使用国家的镇压力量,来打击和瓦解各种反革命破坏分子、各种反党反社会主义分子、各种严重刑事犯罪分子,以便维护社会安定,是完全符合人民群众的要求的”。这就告诉我们,维护我国安定团结的政治局面和社会环境,是不能离开专政手段的。人民民主专政不但要讲,而且必要时还要敢于和善于使用。

同样值得我们高度重视的是,邓小平同志早在1980年的论著中就指出:“为了保证安定团结,建议国家机关通过适当的法律法令,规定罢工罢课事前要经过调处;游行示威事前要经过允许,指定时间地点;禁止不同单位之间、不同地区之间的串连;禁止非法组织的活动和非法刊物的印行。”从以上论述中可以看到,邓小平同志早就注意研究怎样运用法律武器同资产阶级自由化思潮作斗争这一新形势下的新课题了。

## 三、共产党员特别是党员干部在反对资产阶级自由化思潮的斗争中必须同党中央保持思想上政治上行动上的高度一致

早在1979年,邓小平同志就指出,在反对资产阶级自由化思潮的斗争中,必须“加强全党的组织性、纪律性。各级组织、每个党员都要按照党章的规定,一切行动服从上级组织的决定,尤其是必须同党中央保持政治上的一致。这一点在现在特别重要。谁要违反这一点,谁就要受到党的纪律的处分”。在这里,邓小平同志强调了我们党历来坚持的一条党纪党规:任何共产党员都不允许在重大政治问题上,不分场合地任意发表个人的不负责任的言论,尤其是不允许在群众中散布动摇党的领导的言论。

但是,在前一阶段资产阶级自由化思潮严重泛滥的时候,“许多问题正

出在我们党内”，一些既是学者、名流又是共产党员的人，公然置党的政治纪律于不顾，或作讲演，或写文章，带头搞资产阶级自由化。他们中有的不负责任地向青年学生散布“现在我们国家的主要矛盾是人民大众与‘官僚专制’的矛盾”，说什么“目前存在的种种问题都是党内的官僚阶级造成的，是‘一党专政’带来的”；有的公然向青年学生吹嘘他们敢于同党中央领导同志“对着干”“矛头始终对准上面”的所谓了不起的“斗争史”；还有人蛊惑人心地声称：“当前的形势是‘东风吹，战鼓擂，现在的中国谁也不怕谁’。”借此鼓动青年学生反对党中央领导。更有甚者号召青年学生、当代知识分子“都来加入共产党，一起从内部来改变党的颜色”。好家伙，这简直是直言不讳地供认了这些人是要像孙悟空钻进铁扇公主的肚子里那样，要钻到共产党的肚皮里去搞“挖心战”了！

在《关于思想战线上的问题的谈话》一文中，邓小平同志尖锐地指出：“有些人思想路线不对头，同党唱反调，作风不正派，但是有人很欣赏他们，热心发表他们的文章，这是不正确的”，“这是一种很不正常的现象，一定要认真扭转”。邓小平同志还提出，要按照党的组织原则和党纪党规，对党内那些严重搞资产阶级自由化的人，必须绳之以纪律。

联系现实斗争，重温邓小平同志关于坚持四项基本原则的重要思想，真让人眼明心亮。始终坚持包括四项基本原则在内的党的“一个中心、两个基本点”的基本路线，是我们党和国家的生命线，是人民群众的幸福线。我们广大共产党员都要用邓小平同志关于坚持四项基本原则的重要思想武装头脑，坚持在思想上、政治上、行动上紧紧地同党站在一起，始终坚持改革开放，始终坚持四项基本原则，为建设中国特色社会主义而不懈奋斗。

# 以四化为己任　与改革共命运*

（1987 年 10 月 10 日）

党的十一届三中全会以来的 9 年，上海同全国一样，改革和建设取得举世瞩目的历史性成就，这是全党全国人民在党的正确路线指引下，发扬自强不息、艰苦奋斗、开拓创新精神的结果。在加快改革、深化改革的今天，重视精神力量的激励、感奋、凝聚作用，具有十分重要的意义。

任何民族要振兴，国家要强盛，社会要变革，都需要一种强大的精神力量。我们正在从事的改革和社会主义现代化建设，是前人从未做过的开创性事业，更需要全党全社会全民族保持一种昂扬、奋发的精神状态。在社会主义初级阶段，我们在经济体制改革中实行物质利益原则，但这丝毫不意味着可以忽视精神的作用。因为劳动积极性的提高，利益关系的调整，各种困难的克服，都离不开高尚的理想和道德。我们提倡勤劳致富和一部分人先富起来，但这丝毫不意味着可以忽视和贬低先进分子的集体主义和自我牺牲精神的价值和意义。因为这种精神的发扬，正是实现共同富裕绝对不可缺少的。我们鼓励搞活经济和尊重自主权，但这丝毫不意味着可以削弱严明的纪律和社会责任感。因为只有树立起高度的社会责任感和严守法制纪律的自觉性，改革开放和社会主义现代化才能顺利进行。

党的十一届三中全会以来 9 年，我们的改革和建设所取得的成就是伟大的。但是，我们的国家毕竟底子薄，加上过去耽误的时间太多了，现在经济文化还相当落后，在国际上，我国的人均国民收入的名次还处在 100 位以后。而当今世界，新技术革命迅猛发展，市场竞争日益加剧，国际政治风云变幻，我们正面临严峻的挑战。如果不加快改革，不努力建设，继续落后下去，世界上就将没有我们的位置。对此，我们必须有清醒的认识，加倍努力，

* 本文原载 1987 年 10 月 10 日上海《文汇报》。

奋起直追。处于社会主义初级阶段的现实国情，又决定了我们的改革必然要经历一个长期、艰巨、复杂的过程，不可能一帆风顺、一蹴而就，也不可能一下子十全十美。因此，我们一定要有迎接困难、战胜困难、承担风险、同舟共济的精神准备。

改革需要探索、试验、实践，难免会有事先意想不到的情况出现，也难免会有这样那样的失误。在新旧体制交替过程中，也难免会出现某些困难和不适应。我们的各项改革，归根到底都会给全国人民带来利益和幸福，但不是每一项改革措施都会同时使每一个人得到利益。任何一项改革都不能不受到社会、历史条件的制约，因此只能采用那些利大弊小、得多失少的方案和办法，这就难免使人们在受惠的先后、得益的多少和快慢方面出现参差不齐，甚至有时还可能影响一部分人的暂时利益。这就要求我们发扬社会主义集体主义精神，个人利益服从集体利益，局部利益服从整体利益，暂时利益服从长远利益，要有忍受暂时的、局部的损失乃至痛苦的精神准备，提高对改革的承受能力。

我们的改革是有领导有秩序地进行的，改革的每一步推进，当然要靠党的正确路线的指引和党的坚强领导，但归根到底，生气勃勃的创造性的社会主义是由人民群众自己创立的。过去9年，无论是农村还是城市，都是首先由人民群众起来冲破那些不适应生产力发展的生产关系和上层建筑某些环节；我们党的改革、开放、搞活的许多政策措施，也正是在总结人民群众创造性实践的基础上提出来的。可以说，我们的改革大业的成功，最终还是取决于千百万人民群众的积极性、主动性、创造性，以及参与意识和主人翁精神。我们要以主人翁态度关心改革、支持改革、参与改革，不能只取不予、只要利不尽责，不能只顾从改革中获得好处而不肯为改革分担一点风险，更不能站在一旁，评头品足，指手画脚。在改革的历史舞台上只有全民参与席，而没有观众席。

即将召开的党的十三大，将提出加快改革的庄严任务，我们要以四化为己任，与改革共命运，提高对改革和四化建设的责任感、紧迫感和参与感，发扬艰苦奋斗，自我牺牲精神和敢于压倒一切困难的英雄气概，锐意创新，开拓前进，在党的十三大之后，把改革和建设事业推向一个新的境界。

# 上海从“南天”广东取得改革开放“真经”回

（1988年1月23日）

新年伊始，由江泽民市长亲自率领的、由上海各委办主要负责人参加的上海学习考察团一行，南下广东。历时12天的“南天取经”归来，团员们普遍反映：看到了差距，解放了思想。这是上海要以更加勇敢的姿态进入世界经济舞台的新的起步！

近些年来，上海曾先后组团去沿海一些开放城市、“明星”城市学习考察，但像这次这样高级别、高层次的学习参观团还是第一个。事情往往是这样，“百闻不如一见”，更何况下属的百闻，更不如将帅的一见。这几年来，广东抓住中央赋予的举办经济特区、给予特殊政策和灵活措施的机会，率先改革、勇于开拓、搞活经济，广东全省特别是4个经济特区呈现一派商品经济的勃勃生机，值得我们学习和借鉴。在中央强调沿海经济要“大进大出”，走“国际大循环”的新路子的时候，上海面临着“机会与挑战一起出现”的新形势，上海最高领导层审时度势，当机立断，真心诚意地去“南天取经”，可谓此其时也，此其势也。

应当看到，敢于正视自己的不足，善于虚心向兄弟省份学习，这本身是一种不甘落后、自强不息的表现。我们都还记得，在党的十三大刚落下帷幕、中央工作会议尚在进行的时候，江泽民市长就约请上海市农委负责人一起去京郊顺义县考察副食品生产，学习人家搞规模化经营的经验，如今顺义县的经验正在沪郊农村生根开花；现在，市里又派出最高级别的代表团南下广东，去学习人家向外向型经济转变的经验。像这样瞄准兄弟省市的先进经验，立志把它学到手的自觉性，正是有学习力、竞争力的表现，也是上海经济走出低谷、走向振兴的希望所在。

笔者这些年也跑过一些地方，也研究过一些开放城市、“明星”城市的经验。虽说是各有千秋,但有一点却是共同的,这就是人家都认准了不管怎么说,在党的领导下尽快把中国的社会生产力搞上去就是当前中国的最大政治这个理。在这个大前提下,这些地方的干部、群众拧成一股绳,劲往一处使,敢想敢说、敢作敢为。前些年,笔者去广东,曾听说该省的一位最高领导在全省干部大会上推荐过一副对联:“有机可乘不乘愚也;有利可图不图蠢也”,横批是“发财致富”。这是何等胆略,何等气魄。改革开放就是要有这样的胆略和气魄,才能不断取得实质性进展。

恕我直言,当前咱们上海同一些经济改革和发展搞得活的兄弟省市的差距,恐怕主要就在有没有这种精神状态上。有些外地同志对我们一些上海人说过一句大实话:“现在是你死我活,你们搞得越死,我们这里就越活!”这是揭我们的短,也是将我们的军。从这个意义上说,要搞活上海经济,必先搞活上海广大干部的精神。江泽民市长在不久前召开的全市干部大会上,要求大家不埋怨、不悲观,不要再留恋过去,眼光要向着未来,要有勇气、有志气。一句话,就是要振奋精神,敢想敢干。我们热切期待着上海高层干部通过这次“南天取经”,率先树立起这样的精神状态,使这部“真经”同上海的实际结合起来。强将手下无弱兵,上海人一旦有了这种昂扬奋发的精神状态,上海的经济工作,哪有搞不上去的道理!

# 上海文化也要在改革中朝外向型发展

（1988 年 2 月 25 日）

现在，上海正面临加快发展外向型经济的重大战略转变，文化工作也有一个如何适应外向型发展的问题。这不仅是指从市民的文化心理、文化素质的角度去改善上海的投资环境，而且意味着上海的文化艺术生产力也要勇敢地走向国际市场。

这样提出问题，是有现实依据的。1986 年 6 月 30 日，中央书记处原则同意上海文化发展战略汇报提纲后，文化部在同年年底向上海下放了对外文化交流工作的部分审批权。从那时起，上海的文化艺术便迈出了民间交流、商业演出与政府间出访演出全方位面向世界的新路子。其中，尤以商业性演出发展最快。去年全市共向 45 个国家和地区派出商业性演出团（组）21 批、557 人次，分别比放权前的 1986 年增加 98%和 67%，商业性演出的品种也由原来的 8 种增加到 11 种，京、昆、越剧、评弹、滑稽戏、民乐、民族舞蹈等，都在开辟和拓宽商业性演出的渠道。最早在全国开创出国商业性演出的上海杂技团，至去年年底，出国商业性演出已累计创汇 270 万美元，上海电影制片厂通过 3 个合拍片也创汇 304 万美元。

改革开放以来，特别是文化部下放对外文化交流工作部分审批权以来，上海文化艺术生产力的出与进同时并存。自 1986 年放权以来，上海已成功地举办了第一届国际摄影展、首届上海国际友好城市电视节、上海国际艺术节、亚洲和平音乐会、首届国际儿童音乐舞蹈艺术节和中国风格钢琴作品创作及演奏国际比赛，今年还将推出一系列大型国际文化交流活动。异国花朵在上海舞台竞相开放，使万商云集的上海也成了东西方文化交汇的一个热点。

由此看来，上海文化艺术生产力的大进大出，已有了良好的开端，初步形成了走向世界的文化氛围，塑造了上海对外开放的良好形象，有助于从

"软件"方面改善上海的投资环境。许多文艺团体在世界文化市场剧烈的竞争中,不断加强文化经营观念,积累了同国外文化经纪人、演出商谈判和合作的经验,逐步掌握了出国商业演出的规律。许多外向型文艺团体,以深厚的功力、精湛的演技、鲜明的民族性和浓郁的地方色彩风靡海外,扩大了国际竞争力和知名度,有的已成为国外演出商每演必请的重点团体。通过文化艺术的外向型发展,还开辟了利用外资合作开发上海文化基础设施建设的新路子。比如,中外合建上海电影艺术中心、电视大厦、文艺俱乐部、沪港仙乐艺术公司、电影沙龙等,在一定程度上缓解了文化资金不足的"老大难"问题。

为了适应和配合经济的外向型发展,当前,应当结合改革,更自觉、更积极地推进上海文化艺术面向世界和走向世界。应当强调,上海文化的外向型发展与经济的外向型发展应当形成合力,而不宜单兵突进、互相割裂。这方面的结合、配合,现在还远未引起足够重视。去年,上海派出的众多出国商业演出的文艺团体,除了带些节目说明书外,没有主动向国外宣传上海的经济发展情况和投资环境、投资政策。请进来举办的一些大型国际文化交流,也没有像山东的国际风筝节那样,以"风筝起飞带动经济起飞、注重同经济工作的有机结合"。这就白白丢失了许多赚取外汇的机会。听说,今年第二届上海电视节筹备班子已经开始考虑到这个问题,准备把电视节同上海特色产品的展销和贸易洽谈结合起来。我们建议上海各个外向型文艺团体,都在与外向型经济结合上下点功夫、出些高招,为推进上海经济和文化的外向型发展多作贡献!

# 改革向深层拓展中的“士气”问题一议

（1988年5月19日）

最近一个时期，在改革向深层拓展的同时，人们的埋怨、失态情绪却多了起来，对改革的信心似乎成了一个问题。正确认识其原因，对于振奋改革士气，强化改革意识，是至关重要的。

我国的全面改革已推进到这样一个阶段，改革初期的那种放权让利式改革已经不多了，相反，要求社会各阶层人士忍受“阵痛”、甘于牺牲、乐于奉献的改革开始了。自党的十三大以来相继出台的各项改革措施，几乎无不触及这个或那个社会阶层的切身利益。举例来说，以党政职能分开为重点的政治体制改革，触及曾经长期奋斗在思想政治工作第一线的广大党务干部和政工干部的利益；大学生不包分配的教育改革措施，触及曾经热情支持并积极关注改革的青年大学生的切身利益；差额选举的民主化进程，触及党和国家各级领导干部的利益；文化团体以消肿为宗旨的体制改革，触及相当一部分文艺界人士的利益；而价格体系改革和住房制度改革，则触及为数更多的工薪阶层的利益。应该说，这段时间在党内外、体制内外出现的士气低落状况，以及失望、消极、悲观、埋怨情绪，以致引出改革政策对不对、对四化信心足不足的种种议论，都是同深化改革这个大背景有关的。

当然，当前具有一定普遍性的士气问题，还同整个社会心理中对改革的高期望值与低承受力的矛盾有关。人们习惯于用“一改就灵”的理想化眼光看待改革。加上我们在工作指导和舆论引导上，又确实存在这样那样的片面性，以为请出几个“包青天”、请走几个僵化派，改革就可以大功告成了；以为宣传“万元户”“彩电村”“亿元乡”，就可以普遍激发人们投身改革的高涨热情了。当这类“期望”被社会主义初级阶段的正确立论所代替、被还是需要艰苦奋斗的舆论宣传所改变、被目前还较困难的改革现状所矫正时，人们出现某种程度的士气消沉和牢骚太盛就丝毫也不奇怪了。

当前，针对一部分人群的士气低落，有必要理直气壮地加强与改革共命运、为改革多奉献的主体意识教育，使人们认识到改革的客观规律和自己在改革中的心态，认识到牢骚无益、悲观无用，出路在于支持改革、坚持改革、深化改革。

加强人民的主体意识，就是要让人民群众都认识到，改革是人民群众自己的事业。不能把事情说成是党和政府把改革搞好了，大家都来享现成福。改革需要人民群众普遍的理解、关心、支持、参与，需要各行各业的人们一条心、一股劲、加油干、多贡献，在这方面，绝对需要的是“热风吹雨洒江天”，而不是“冷眼向洋看世界”。

加强人民的奉献意识，就是使人们认清责任权利的统一，引导人们勇于面对改革中的困难，正确对待利益关系的调整，尽量减少因利益上的攀比而导致或加剧心理上的失衡。要使人们明白，如果劳动生产率不提高，物质财富没有多少增加，一块蛋糕切来切去还是那么大，工资、奖金发滥了，结果无非是钱不值钱，大家没实惠。

“上有所好，下必甚焉；桃李不言，下自成蹊。”树立主体意识，发扬奉献精神，应当从党员、干部首先是领导干部做起，如果一些工作作风不正的干部热衷于“吃得筋疲力尽，拿得寸步难行”，群众怎么会有高昂士气？李瑞环同志最近在天津的一个干部会上说，群众最是可敬的，群众最是可爱的，群众最是可怜的，群众最是可畏的。这同“水可载舟，亦可覆舟”是同一个意思。提高士气，同舟共济的前提是官兵一致、同甘共苦，对这一点，我们广大党员干部一定要有高度的自觉性。

# 从对副食品消费的明补政策说到自觉尊重价值规律

（1988 年 6 月）

最近，京沪两地对主要副食品“暗补改明补”的措施均已出台，城镇居民的反映总的来看是平静的。这说明，明补政策可以为人们所接受，尽管接受的程度并不完全相同。

明补政策的出台，从表面上看，是由当前肉、蛋、菜等主要副食品的生产波动、供应短缺引起的，而其实质，是尊重价值法则，按价值规律办事。社会主义商品经济的发展，把我们引到了价值规律这所大学校门前，我们必须在这所学校里学会过去最不熟悉的东西。

按照价值规律，农产品与副食品之间有一个比价关系。肉禽蛋这类副食品，是由农产品中的粮食转换而来的，因此，副食品生产的涨落（这里主要指生猪生产），一般是随着粮食价格的变化而变化的。其滞后期一般是一年，二者双向波动大体上呈现此起彼落的曲线。

举例来说吧，1984 年至 1985 年年初，我国猪粮比价有利于农民养猪：1984 年，我国粮食获得特大丰收，全国到处都唤“卖粮难”，市场粮价一跌再跌，饲料价格便宜；与此同时，1985 年年初，猪肉价格放开，养猪前景看好，农民养猪积极性高涨，这一年全国猪肉产量猛增了 210 万吨，增幅为 14.5%，结果，当年就宣告我国长期凭票吃肉的历史基本结束了。但是，1985—1986 年，有关经济主管部门由一时的“卖粮难”得出了对我国粮食市场过于乐观的估计，造成运用价格杠杆调节粮食生产的某些失误，特别是加价收购大批粮食出口，导致市场粮价反弹，饲料价格上升；而与此同时，由于没有采取必要的市场调节措施，到 1986 年年初，全国普遍发生“卖猪难”状况，肉价大幅度下跌，有十几个省毛猪收购价格每公斤降到 1.3 元左右，仔猪价格每公斤降到 0.4 元至 0.6 元。商品生产者关心的是比较利益，猪粮比价的变化，促使全国各主要生猪产区农民从1986年起相继宰杀母猪，1987年出现了全国性猪肉减产，供肉量下降2%。这个危险的信号，国家经济部门其实早在1986年年底和1987年年初就已收到了，当时农民中已经流传这样的说法："养四条腿（猪）不如养两条腿（鸡），养两条腿不如养一条腿（蘑菇），养一条腿不如养没有腿（鱼）的。"可惜，由于经济主管部门担心猪肉调价会牵涉国家财政和城镇居民的承受力，没有及时采取措施，而价值规律却毫不客气地用它那只"看不见的手"指挥生产和消费，导致了1987年全国生猪产销的剧烈波动。这是从生产领域所作的分析。

让我们再从流通领域来看看吧，价值规律所要求的商品交换，是让生产者按市场价格卖，消费者按市场价格买。但我国主要副食品的购销却不是这样。国家对农民的政策是低价收购，而对城市居民却挂上补贴，以更低的价格销售。这等于是用增加财政补贴的办法人为地扭曲市场价格，从而加剧了市场供求矛盾。拿上海来说，去年副食品批发部门向外地购进猪肉每吨是4300元至4500元，加上运输、储藏，每市斤的猪肉进货价格约2.45元，而国有商业部门销售价格每市斤只有1.45元至1.5元，也就是每销售1斤冻猪肉，国家要给市民补贴近1元。在主要副食品价格如此倒挂暗贴的情况下，实质上是谁吃得多谁得到的财政补贴就多，那何乐而不吃呢？因此，1987年出现了这样的怪现象：一方面是全国生猪产量下降幅度最大的一年，另一方面又是猪肉销售量最大的一年，恐慌心理刺激着城镇居民把猪肉的商业库存变成家庭库存。权威部门提供的材料表明，近几年我国城乡居民每年消费的肉禽蛋平均增长率为7.3%，满足这样的消费增长速度，要求人均粮食占有量每年增长4%左右，但实际上我国粮食生产近几年的年增长率只有2%。居民吃肉越多，国家财政补贴的包袱就背得越重。据统计，全国对肉蛋等主要副食品补贴，1978年9.5亿元，1979年30亿元，1986年明补加暗补总共60多亿元。上海去年副食品明补加暗补10亿多元，其中单补贴市区猪肉销售就达1亿多元。

从上述分析中，我们可以看到，我国长期实行的主要副食品购销政策，实质上是一种倾向于鼓励消费而压抑供应的政策。继续维持这样的政策，不能不导致猪肉消费降不下来，猪肉货源收不上来。全国到处发现，农民对付低价收购副食品的办法不是少养猪，就是有猪不卖，宁可自己吃掉。全国农村人均猪肉消费量已从1978年的7.95公斤上升到12.6公斤，全国一年出栏生猪2.4亿头左右，其中有七成是被农民自己吃掉的。可见，暗补政策把副食品产销引上了绝路，而实行明补才是解决问题的重要出路。因为实行明补，就是自觉地把副食品购销政策调整到同农民利益一致的基础上，即尊重商品经济中的价值规律作用。国家把原来暗补给流通环节的一部分钱直接补贴给消费者，再由消费者通过支付比较高的价格直接“补贴”给生产者。这样，既可以使价格逐步接近价值，让农民有利可得，以促进副食品生产；另一方面，又可以正确引导消费，缓和市场供求矛盾。这对生产者和消费者来说无疑都是有利的。

# 调整我们的心态

（1988 年 6 月 8 日）

当前，改革正面临逆水行舟、迎着风浪前进的关键时刻。调整好我们的心态，树立改革不可能万无一失的风险意识，可谓此其时也。

我国的改革已站在抉择的十字路口：一些难度很大而又不可能绕开的问题摆在我们面前。我们为等待宽松的经济环境，追求“无震荡”的社会变革，已错失了一次次有利时机。权威人士透露，理顺农产品价格，如果 1985 年就干，比起现在“出台”来，代价至少要少一半。最近中央领导同志特别是邓小平同志，一再表示要下决心去冒全面改革物价和工资的风险，要求把工作的基点放在出现较大的风险上，并准备好对策，坚决而又稳妥地把改革中不可回避的问题解决好。

这是中央高层领导带头在做调整心态的工作。我们每一个同志都应当审时度势，尽快调整好自己的心态。

眼下最亟须调整的心态是什么？是代价意识和风险意识。改革也是要付出代价的，有时还可能遇到风险。这个道理，过去讲得不多、强调得不够，以至于人们常常在追求“鱼与熊掌二者兼得”的“仙山琼阁”。举例来说，人们既留恋旧体制下安稳、闲适、慢节奏的生活方式，又向往新体制下的高生活质量；人们既羡慕“卖茶叶蛋”“拿划鳝丝刀”的高收入，又担心果真让他去卖茶叶蛋、拿划鳝丝刀后“斯文扫地”；人们既眼红旅游宾馆、“三资”企业的优厚待遇，又受不了那里的严格管理和随时都会被“炒鱿鱼”的风险；人们既盼望外商前来投资办实业，又老是在嘀咕什么“肥水不流外人田”，生怕外国人赚了自己的钱；人们老想着涨工资、涨奖金，却又不赞成涨物价，等等。

诸如此类“鱼与熊掌二者兼得”的心态，在改革进入关键时刻的今天，客观上已经成为影响人们忍受“阵痛”、承担风险，以积极姿态投身改革的心理障碍。因为在事实上,改革是无法二者兼顾的:要么打破原来的安稳状态,建立强激励、高效益、高生活质量的新机制;要么恢复到“大锅饭”时的安稳状态,回归低效益、低生活质量。要想“鱼与熊掌二者兼得”,势必产生“想改革又怕改革”那样一种叶公好龙式的矛盾心理。例如对“隐性失业”的问题,现在大家都不满意。据统计,全国目前“在职失业大军”约有2000多万,如果改革用工制度,开放劳动力市场,无疑会大大提高工作效率和收入水平,但与此同时那面广量大的“隐性失业”就将“显性化”,这是无法得兼的。全面的物价改革和工资改革不也是如此吗?

改革的魅力正在于机会与挑战、利益与风险、索取与奉献是结伴而行的。在这个问题上,咱们中国人传统的求全心理,像人要求完人,事要求完满,又要马儿跑,又要马儿不吃草,显然是行不通的。正如你要打开国门,就无法只要外国先进的技术和管理,而完全把西方歪风“御敌于国门之外”;你要搞大进大出,加入国际经济循环圈,就无法阻止人才和劳务的大进大出(例如“出国热”);你要搞商品经济,按等价交换的价值规律办事,就无法完全消除商品交换原则侵入政治生活和党内生活。在这些问题上,搞那种“宁要”“不要”之类的一厢情愿是无济于事的。关键是加强宏观调控,尽快建立商品经济新秩序;加强党的自身建设和社会主义精神文明建设;同时要不断调整人们的心态,做好承担一定风险、付出相应代价的心理准备。发达国家把这叫作树立“起飞精神”。如果我们从上到下都能以这种“起飞精神”去调整自己的心态,有敢于冒风险、不怕付代价的心理准备,那么,改革一定会不断取得实质性进展。

# 在改革关键阶段用强大精神力量把全市人民凝聚起来

（1988年7月27日）

中共上海市委日前举行的五届七次全会，专题研究改进和加强新形势下的思想政治工作问题。这次会议开得很必要、很及时，必将促进全市各级党政组织高度重视和切实抓好思想政治工作，激励、鼓舞、调动全市共产党员和人民群众献身改革开放和社会主义现代化建设的积极性、主动性、创造性，为建立社会主义商品经济新秩序提供强大精神支柱和精神力量。

当前，我国改革进入逐步展开价格、工资和劳动制度改革的关键阶段，面临许多难度很大的新课题。为加快和深化改革，扩大对外开放，振兴上海，特别需要通过强有力的思想政治工作，进一步把人心凝聚起来，把士气振奋起来，把全市人民蕴藏着的能量释放出来，激励人们团结奋斗，共渡难关。

在新形势下，团结、激励人们共同奋斗的强大精神力量，就是“实现四化，振兴中华”。在过去10年的改革开放中，正是这一巨大的精神力量，把全国人民团结和动员起来，使我们的国家和社会发生了历史性的巨变，由一个本来处于停滞和动乱状态的社会，开始变成一个既充满活力又基本稳定的社会，由一个长期闭关自守的社会开始变成一个对外开放、勇于参与国际竞争的社会。“实现四化，振兴中华”之所以能够成为凝聚全党、全社会、全民族的巨大精神力量，就在于它使人们有了共同的奋斗目标、人生追求和行为准则。

改革开放是“实现四化，振兴中华”的必由之路。我们国家的前途、民族的命运、人民的利益都维系于改革。历史决定了我们这一代人必须“以四化为己任，与改革共命运”。社会主义初级阶段的基本国情，决定了改革不可能是一帆风顺、一蹴而就的。在新旧体制转换的过程中，必然会出现摩擦与阵痛、风险与代价、奉献与牺牲，以及一定时期难以完全避免的种种消极现象。人们对此缺乏足够的思想准备，是当前同心同德、共渡难关的主要心理障碍。从这个实际情况出发，当前思想政治工作的一个重要内容，就是要向广大党员和人民群众正确地宣传、解释改革开放的新形势。

我们要从上海的实际出发，理直气壮地宣传党的十一届三中全会以来改革开放的成就，对存在的问题和消极现象作实事求是的具体分析，把今后几年改革面临的形势、改革的方针和政策告诉广大党员和人民群众，使人们对改革关键时期的困难、矛盾有充分的精神准备，既看到有一定的风险，更看到光明的前途和希望。要正确引导人们全面认识上海的形势。今天上海面临不少困难，但上海有着尚未充分发挥的优势和潜力，党中央、国务院的一系列重大决策，又为上海的振兴提供了十分有利的条件。关键在于广大党员干部要进一步破除故步自封、被动埋怨等思想情绪，普遍树立"振兴上海、匹夫有责"的主人翁态度，增强竞争意识、开拓意识，用实际行动为上海的振兴增光添彩。

为适应发展社会主义商品经济的新形势，思想政治工作要形成新的体制、内容、观念和工作方法。就上海广大企业来说，要认真贯彻《企业法》和中央关于贯彻《企业法》的通知，把思想政治工作纳入企业管理工作中去，从只是党组织抓职工思想政治工作，逐步变为厂长也要负责职工思想政治工作；从过去主要由少数专职政工干部做思想政治工作，变成由企业中各个方面、各个组织一起来做。随着新体制的逐步建立，调动千军万马，形成一支宏大的思想政治工作队伍。其中，不仅有专职政工干部，而且有各级行政干部和管理人员，还包括从事教育、科技、新闻、出版、广播、电视、文化艺术、理论研究的人员，以及各条战线的英雄模范人物。思想政治工作是一项社会系统工程，应当利用一切可以利用的场合，运用一切可以运用的手段，借助一切可以借助的渠道，动员一切可以动员的力量，由全社会共同来做。

我们相信，只要始终坚持一手抓改革和建设，一手抓思想政治工作，我们一定能够在党的十三大精神指引下，把全市人民凝聚成一股巨大的力量，完成振兴上海的历史使命。

# 深化改革呼唤普遍增强“断乳意识”

（1988年9月13日）

当前，我国已进入改革攻坚阶段。面对这个阶段即将出台的一系列重大改革举措，亟须在广大党员干部和人民群众中普遍增强同“优胜劣汰”的竞争机制相适应的“断乳意识”。

有人说，现在的情况是“旧体制给我们奶喝，新体制给我们钱花；花钱时反对僵化，喝奶时打倒改革”。这话说得真是形象极了！高度集中而又包揽得过多的计划经济旧体制，就像一个奇大无比的“哺乳室”，它慷慨地、无休止地让属下的企业、团体和个人吮吸乳汁，面临深化改革的新形势却又不去培养它们的“断乳意识”。因而，在新旧体制转换中，我们常常看到许多企业、团体和个人，在一旦被迫“断乳”时表现出的种种惶恐不安和不知所措。

比如，长期作为政府附属物的众多国有企业，把政府和行政管理部门当成“乳母”（不是“婆婆”）。前几年撤销行政性公司，给企业强迫“断了奶”，但由于没有明确的“断乳意识”，在嗷嗷待哺的心理驱使下，它们又去找来了新的“乳母”，那些新的“公司”便乘机冒出。

文艺表演团体也有增强“断乳意识”的问题。在旧体制下，它们大都靠国家“喂奶”，现在国家实行艺术表演团体体制改革，要对其中相当一部分艺术表演团体“断乳”，让它们自谋饭吃，它们便马上出现一种“心理断乳”的恐慌，有的急急忙忙去找个“财神爷”靠着，实际上也就是去找个新“乳母”养着，不愿“断乳”。至于说到个人，这种“断乳焦虑症”就表现得更为突出了。在上海一些实行优化劳动组合的企业，搞“厂内待业”，就是一个“断乳”欲断还休的典型例证。至于所谓“留职停薪”，说穿了，也是怕彻底“断乳”而预先给自己留了后路。于是在新旧体制并存的当下，“脚踏两只船”的现象纷纷出现了：职工个人下海可以出去捞钱，回来以后还可以端“铁饭碗”;“小自由”闹着,“大锅饭”也吃着,真是“左右逢源”,自得其乐。

“断乳意识”不能普遍树立起来的原因是什么呢?日本管理学家小林实说是“父爱主义”,我看这是“母爱主义”。弗洛伊德所谓“恋母情结”在新旧体制的转换中不是比比皆是吗?喝奶的孩子会撒娇。旧体制由于对其组织成员普遍实行的“从摇篮到墓地”的全方位包揽,其结果就造成了一种对旧体制的全面依赖,组织成员一旦有什么要求得不到满足时,就向“家长”撒娇。撒娇的结果又往往是“会闹的孩子多吃奶”。

要割断“恋母情结”,关键是国家要敢于和善于“断乳”,企业、团体和个人则要善于自立。现在出现的一种“无上级企业”,就是国家在尝试对企业的“断乳”;许多企事业单位在优化劳动组合,这就是企业和团体在尝试对个人的“断乳”。在这样的形势下,要紧的是在改革旧体制的同时尽快树立新观念,努力适应这种“优胜劣汰”的法则。学会在商品经济的大海中游泳,而不是继续心存幻想。有人说我们的党和政府反正是“嘴巴是硬的,心肠是软的”,“再怎么改革总还要给一口饭吃、给一口奶喝”。饭当然给吃,奶当然也会给喝,但“乳母”大约是不会再无休无止地充当下去了。因此,普遍增强“断乳意识”已经是时候了。

# 回首改革开放　十年辛苦不寻常

（1988 年 12 月）

在改革关键时期的中国共产党人和中国人民，满怀胜利的豪情，迎来了党的十一届三中全会召开十周年。此时此刻，我们回首这十年的风雨征程，放眼这十年的巨大变化，最深切的感受是什么呢？就是本文标题所表达的："十年辛苦不寻常"。

说十年辛苦不寻常，不单单是指这十年改革开放，给国家带来了生机和活力，给人民带来了实惠和希望，更重要的是：以党的十一届三中全会为发端的思想解放运动，结束了我国长时间封闭和停滞的局面，使我们国家显示出前所未有的蓬勃生机和创造活力，开辟了充满活力和希望的新的历史发展时期。

回忆十年前，在"两个凡是"的束缚下，党对十年内乱的各项拨乱反正工作受到严重阻碍，思想理论战线万马齐喑，噤若寒蝉。邓小平同志痛感到这种局面如果再不扭转，就会给我们党的事业、国家的前途、人民的命运带来严重危害。他在党的十一届三中全会上大声疾呼："一个党，一个国家，一个民族，如果一切从本本出发，思想僵化，迷信盛行，那它就不能前进，它的生机就停止了，就要亡党亡国。"他尖锐地向全党全国人民提出，"解放思想是当前的一个重大政治问题"。也正是这个原因，党的十一届三中全会"高度评价了关于实践是检验真理的唯一标准问题的讨论，认为这对于促进全党同志和全国人民解放思想，端正思想路线，具有深远的历史意义"。在党的十一届三中全会路线指引下，带来了全党全国人民思想的大解放和社会生产力的大解放。

由党的十一届三中全会所开始的思想解放运动，直接推动了对社会主义的反思和再认识，用邓小平同志的话来说："十一届三中全会以后，我们探索了中国怎么搞社会主义。归根结底，就是要发展生产力，逐步发展中国的经济。”“从一九五八年到一九七八年这二十年的经验告诉我们:贫穷不是社会主义,社会主义要消灭贫穷。不发展生产力,不提高人民的生活水平,不能说是符合社会主义要求的。”农民群众有一句话说得很实在:“过去一段时间‘四人帮’鼓吹搞‘贫穷的社会主义’。那时,我们嘴上唱社会主义好,心里却在嘀咕肚子没吃饱。”试想,这样的“贫穷的社会主义”,怎么会对广大党员干部和人民群众有吸引力、感染力和凝聚力呢?我们过去说“穷则思变,要干,要革命”,这是对的,但是如果越革命越穷,那还要我们共产党干什么呢?我国的改革开放正是在这种“贫穷的社会主义”宣告破产,同时又伴随着对社会主义进行再认识的情况下展开的。正如邓小平同志所说,“改革是中国发展生产力的必由之路”,十年改革使我们“国家兴旺发达起来了,人民生活确实好起来了,国际信誉高起来了,这是最大的事情”。

从生产力的发展来看,党的十一届三中全会以前,我国的粮食总产量从4000亿斤提高到6000亿斤,花了整整20年时间;党的十一届三中全会以后,从1978年到1984年,只用了6年时间,粮食产量就从6000亿斤猛增到8000亿斤。我国国民生产总值这10年平均年递增9.8%。同一时期,西方发达国家的平均年增长率没有超过3%;发展中国家只有1%—2%,苏联、东欧国家也只达到3%—4%。再从人民生活水平来看,1987年同1978年相比,城镇居民家庭平均每人每年的生活费收入从316元增加到916元,扣除价格变动因素,总计增长85.6%;农村人均年纯收入从134元增加到463元,扣除价格变动因素,平均年递增12.3%。这十年间,城乡人民生活的明显改善,是人人都亲眼看到、亲身感受到的活生生的事实。

当然,十年,在人类历史的长河中只是短暂的一瞬。我们虽然取得了巨大成就,但并非一切都尽如人意,我们还面临许多困难和问题,人民还有一些牢骚和不满。解决这些问题,最根本的途径是进一步解放思想,继续深化改革开放,沿着党的十一届三中全会开辟的正确道路坚定不移地走下去。

邓小平同志指出:“解放思想,就是要运用马列主义、毛泽东思想的基本原理,研究新情况,解决新问题。”那么,什么是当前我国最重要的新情况和新问题呢?这就是:一方面我国的十年改革和建设取得了巨大成绩;另一方面,当前我国经济生活中出现了明显的通货膨胀,物价上涨幅度过大。这个问题是几年来经济过热积累下来的,群众承受不了,企业承受不了,国家也承受不了,已经引起社会的普遍关注和群众的严重不安,成为影响社会安定和群众对改革信心的重大因素。在这种情况下，如果让通货膨胀继续发展下去，不仅经济无法稳定和发展，而且改革也不可能顺利进行，甚至会损害我国这十年改革所取得的成绩。党的十三届三中全会在分析这些新情况、新问题的基础上，确定了在坚持改革开放总方向的前提下，认真治理经济环境、整顿经济秩序、全面深化改革的指导方针。在贯彻这一方针过程中，我们要处理好治理环境、整顿秩序与全面深化改革的关系，加强宏观控制与坚持微观搞活的关系，控制消费需求与增加社会有效供给的关系，降低工业增长速度与加速发展农业的关系。只要我们下定决心，团结一致，步骤稳妥，措施得力，就一定能够解决问题、克服困难，把改革和建设推向胜利的坦途。

“牢骚太盛防肠断，风物长宜放眼量”。今天，我们这个国家和民族正在进行严峻的历史性选择，开拓与保守、神奇与腐朽在各种领域、各种层次上进行搏斗。在这样的时候，尤其需要发扬党的十一届三中全会精神，解放思想，实事求是，团结一致向前看。完全可以相信，当改革走完它第二个十年的路程，也就是到 20 世纪末，我国的改革和建设一定会出现一个崭新的局面。

# 指导改革开放历史新时期企业思想政治工作的纲领性文件

（1988年12月15日）

最近，新华社播发了党的十三届三中全会原则通过的《中共中央关于加强和改进企业思想政治工作的通知》（以下简称《通知》），这是指导改革开放历史新时期企业政治工作的一个纲领性文件。它全面地回答了当前企业思想政治工作在向新体制过渡中亟须解决的一系列重大问题，科学地阐明了企业思想政治工作的地位、作用、体制、内容、指导方针和工作方法，具有重要指导性和现实针对性。

## 一、在发展社会主义商品经济条件下企业思想政治工作的地位和作用

改革开放历史新时期的思想政治工作，实际上是社会主义商品经济条件下的思想政治工作。有一种观点认为，商品经济只注重功利和务实，因此思想政治工作没有什么用处了。其实，我们要为发展社会主义商品经济扫除各种思想障碍，帮助人们树立同社会主义商品经济相适应的思维方式、价值观念、是非标准，思想政治工作是断不可少的；更不用说，在发展社会主义商品经济过程中，还会长期存在“左”的影响和右的干扰，还会出现作为商品经济伴生物的拜金主义、极端个人主义和其他消极腐败现象，这也都要靠思想政治工作去帮助人们提高免疫力。还有一种情况是，把思想政治工作的作用仅仅局限在“应急治乱”这样偏狭的范围里，把思想政治工作这个主要是立足于建设的工作方式，当成了运动式，其结果必然是“说起来重要，做起来次要，忙起来不要，出了问题才要”，不利于思想政治工作的经常化、

制度化和科学化。

为了帮助人们正确认识商品经济条件下企业思想政治工作的地位和作用,中共中央在《通知》中着重强调了以下几点:第一,“高度重视和大力加强思想政治工作,这是一个长期的战略方针”,这就同“短期行为论”划清了界限。第二,“那种认为思想政治工作万能的观点固然是不对的,但认为在发展商品经济条件下思想政治工作已经过时、可有可无的观点更是错误的”,这就同思想政治工作“无用论”划清了界限。值得注意的是,这里还提到了“万能论”的问题。“万能论”是过去一个时期“政治可以冲击一切”的产物,它的残余影响在我们强调思想政治工作重要性的时候很容易表现出来。有鉴于此,《通知》强调对当前企业存在的一些消极现象,要“综合运用经济的、行政的、法律的、教育的手段”,进行有效的管理,这就避免了企图用思想政治工作去“包医百病”的片面性,同时也把企业思想政治工作放在了一个恰如其分的功能坐标上。

## 二、建立与社会主义商品经济相适应的企业思想政治工作新体制

企业是社会主义经济组织,是商品生产经营的直接承担者。企业的这种性质决定了企业职工思想政治工作应当由作为企业法人代表的厂长负责,建立在厂长(经理)全面负责下的企业职工思想政治工作新体制。

随着《企业法》和中共中央关于贯彻《企业法》的通知的贯彻落实,企业党组织对于建立厂长负责企业职工思想政治工作的新体制已经没有很大的思想阻力。现在的主要矛盾“不是书记不愿交,而是厂长不愿接”。针对这一情况,在贯彻《通知》,推进新体制的建设上需要着重解决四个认识问题。

第一,要求厂长负责职工思想政治工作,这是额外的负担还是应尽的职责?我国企业过去长期存在思想政治工作与生产经营“两张皮”的状况。所谓“两张皮”,主要是指厂长和行政干部只管生产经营,党委和政工干部只管思想教育,把原来就不可分割的东西人为地分割开来。久而久之,思想政治工作仿佛成了企业党委和政工干部的“专利”,如今要求厂长负责思想政治工作往往被看成是一种额外负担。《通知》针对这一情况强调指出,

"思想政治工作是整个企业管理工作的重要组成部分"。这是一个十分重要的定位。当代全球企业管理的重心都在由对物的管理转向对人的管理,企业管理的方向越来越重视挖掘人的潜能。如欧美工业化国家,十分重视企业中"人的资本",即十分注重培养那些能以最大的创造力和热情工作,甚至在企业面临危机时也不离开企业去另择他途的雇员。可见,即使是资本主义的企业管理者,也已懂得并且自觉地把对人的思想教育作为经营管理的一个组成部分,我们社会主义国家的国有企业,有什么理由再继续维持"两张皮"的局面,而不去把思想政治工作纳入现代化企业管理的轨道呢?

第二,在新体制下,厂长能不能挑起思想政治工作的重担?有些厂长觉得,现在生产、经营、管理的担子已经压得自己喘不过气来,哪里还有抓思想政治工作的时间和精力。这就涉及究竟如何看待企业思想政治工作的问题。一位企业家说得好,有效的思想政治工作,其过程是融入经济工作之中的,其目的是通过经济工作来实现的,因此,整个企业的方向就是思想政治工作的方向。从这个意义上说,思想政治工作其实并不神秘,厂长和行政干部过去实际上一直在做,只是未意识到和未被人们承认而已。这个观点是很有见地的。因为思想政治工作大量体现在经营管理之中,厂长和行政干部结合经营管理完全可以做好职工思想政治工作。

第三,实行新体制会不会削弱企业思想政治工作?一般来说,不会。因为由厂长和行政干部主管思想政治工作有很多优势:一是行政干部人多、覆盖面广;二是干什么工作与进行什么教育联系紧密;三是熟悉业务,掌握思想动态及时,工作针对性强;四是可以把思想教育与经济手段、管理手段、法纪手段配合起来进行;五是便于做到解决思想认识问题与关心群众生活、解决实际问题相结合。只要他们认真负起责任,发挥这些优势,必将大大加强新时期企业思想政治工作。

第四,实行新体制后,企业党组织还要不要抓、能不能抓思想政治工作?根据党的十三大通过的党章部分条文修正案和中共中央关于贯彻《企业法》的通知的规定,企业党组织应行使保证监督职能,把思想政治工作作为自己的工作重点。一般地说,党委书记可以兼任主管思想政治工作的副厂长,以适应厂长全面负责思想政治工作新体制的要求。企业党委书记应当责无旁贷地把自己的工作重点放到思想政治工作上来,主动与厂长密切配合,积极做好工作,保证企业思想政治工作不出现"空档"现象。

## 三、从实际出发，科学地确定企业思想政治工作的任务和内容

过去，在“左”的指导思想影响下，企业思想政治工作不恰当地搞了一些脱离实际的东西，提了一些高而空的口号，其结果必然导致“高标准、低效益”。那么，怎样才算是科学地确定企业思想政治工作的任务和内容呢？一般来说，应当把握以下几点。

第一，必须把培养与社会主义现代化、商品化生产相适应的“四有”职工队伍，调动职工建设和改革的积极性、创造性，不断提高企业经济效益，促进社会生产力的发展作为企业思想政治工作的根本任务。同这个任务相适应，在企业思想政治工作的内容上，《通知》强调的是企业精神的培养，职工基本行为的训练，以及教育和引导广大职工热爱本职工作，热爱集体，服从全局，遵守纪律，诚实劳动，提高技能，恪守职业道德，做一个好职工，在自己的工作岗位上为实现共同理想多作贡献。这样的要求表面看似乎是“低”了，其实是更切合实际了。刘少奇同志讲过，一个人想做一个好人，但如果他不是一个好丈夫、好妻子，不是一个好爸爸、好孩子，也不是一个好老师、好学生，他这个好人就是空的。今天，我们每一个职工在单位里做个好职工，在社会上做个好公民，在家里做个好丈夫、好妻子、好爸爸，提出这样的要求，不是比那种试图把职工都当作政治家来要求的所谓“高标准”更切合实际吗？

第二，必须尊重企业思想政治工作的自主权。我国企业众多，工作基础、生产任务各不相同，发展也不平衡，尊重企业思想政治工作的自主权，正是为了让企业从本单位的实际出发，自主地安排教育的内容和重点，减少那些脱离企业实际、既多又杂的指令性要求。《通知》强调，“思想政治工作的具体内容和安排，原则上由企业从实际出发自行确定。上级部门对企业的思想政治工作，主要是加强宏观指导和舆论引导，抓好干部的培训”。这就是说，如同在经济上是“国家调节市场，市场引导企业”一样，在思想政治教育上，今后的发展趋势很可能是“国家调节舆论，舆论引导企业”。这无疑是广大国有企业所欢迎的。

## 四、采取正确的方针和方法，使新形势下的企业思想政治教育入耳入脑

新时期的企业思想政治工作，所处的环境、面对的对象、教育的手段都同过去有很多不同，我们应该从新时期的这些特点出发，来确定企业思想政治教育的方式和方法。《通知》在这方面着重阐明了以下几点。

第一，思想政治工作是多功能的，它应当起到多方面的作用。对思想政治工作不能再简单地归结为只是进行意识形态教育和宣传党的方针政策，同时还要突出其调节社会心理环境，激发职工工作热情和创造精神的功能。这就要求企业思想政治工作的重点，要由过去对人的消极防范转变为对人的潜能的积极开发，以促进人的全面发展。

第二，思想政治工作是多主体之间的相互交流，不应再是一部分人对另一部分人单向性的训导和灌输。在新时期，随着商品经济的发展和民主政治的建设，职工群众自我教育的作用将越来越大，这就要求我们不应再把职工看成单纯受教育的对象，而要鼓励职工进行自我教育，在思想政治工作中发挥他们自身的主观能动作用。这就要做到重大情况让职工知道，重要问题经职工讨论，广泛开展企业职工与管理者的民主协商对话，在和谐、友爱、理解的氛围中取得好的教育效果。

第三，思想政治工作的形式应该多样化。在新时期，人们愿意接受的思想政治工作方式发生了变化。《通知》总结了全国各地企业创造的行之有效、为职工群众喜闻乐见、入耳入脑的思想教育新形式，比如读书演讲、知识竞赛、心理咨询、社会调查、影评书评、体育锻炼等。这些教育形式，轻松活泼，亲切自然，使职工的“剩余精力”有地方释放，兴趣爱好有条件满足，易于对职工思想起到点滴渗透、潜移默化的作用。

第四，思想政治教育要把“尊重人、关心人、爱护人”同严格要求、加强管理统一起来。尊重人、关心人、爱护人，这是针对过去思想政治工作中“以阶级斗争为纲”，动不动就批人、整人的弊端提出来的。现在的问题是，有些同志把这个方针片面地理解为不讲原则、不讲约束，以致好人主义盛行、父爱主义至上，对职工中错误的思想和不合理的要求也无原则地迁就和迎合。我们要努力纠正这种片面性。但是，在坚持正确的原则和面对某些

不合理的要求时，仍然要以理解、关心、尊重的态度耐心地加以说明。

第五，要为企业思想政治工作创造良好的社会环境。现在职工中大量的“思想源”来自社会，许多思想问题既不是在企业产生的，也不是单靠企业就能解决的。从这个意义上说，“大气候”确实对“小气候”有影响和制约作用。现在党中央决定明后两年重点治理经济环境、整顿经济秩序，这必将为企业开展思想政治工作创造良好的“大气候”。反过来，也要看到，搞好“小气候”也会影响“大气候”。在革命战争年代，井冈山革命根据地的“星星之火，可以燎原”，就是“小气候”影响“大气候”的生动例证。可见，各个企业在加强思想政治工作、搞好自身的“小气候”方面是可以有所作为的。

# 试问谁愿从改革之路上退回去

（1989年1月11日）

近来笔者发现一个非常有趣的现象：人们都在担心党的十一届三中全会启动的改革开放会不会退回去。老百姓在担心领导层；领导层又在担心老百姓。先说老百姓吧：他们目睹各方面的整顿措施，纷纷议论“照这样整顿下去，改革是否要停下来了？是否面临退潮了？”议论中夹带着关注、焦虑和疑惑。而领导层呢？听到人们发出的种种抱怨、不满，又疑惑人民群众是否被改革面临的困难所吓倒，是不是想要退回到计划经济的旧体制去。

这两种疑惑、两种担心，恰好反映了同一种心态，那就是：作为十年改革的受益者、支持者和参与者，无论是领导还是群众，谁都不愿退回去。

试问，人们为什么不愿退回去呢？因为搞改革开放虽然碰到了一些我们不曾料到的问题，比如通货膨胀、分配不公、党内和社会上出现的某些消极腐败现象，等等。但是如果不搞改革，我们就会面临在改革前早就亲身经历过的比现在严重得多的其他种种问题。

举例来说，我们难道有谁愿意再像改革开放前那样迷信盛行、思想僵化，乃至重演所谓十亿人口只需要有一个脑袋去思考的悲剧吗？那时，连一部电影能否上映，都要由党的最高领导人去钦定。邓小平同志在党的十一届三中全会上大声疾呼：“一个党，一个国家，一个民族，如果一切从本本出发，思想僵化，迷信盛行，那它就不能前进，它的生机就停止了，就要亡党亡国。”十年改革在这方面带来的思想大解放，其意义是多么深远啊！

同样地，我们难道有谁愿意从有计划的商品经济退回到大一统的计划经济去，从公有制为主体的多种经济成分退回到单一的公有制去，从家庭联产承包责任制退回到“一大二公”的吃“大锅饭”去吗？要知道，“大锅饭”虽然好吃，但由此导致的穷日子难熬啊！人们还记得“梁三喜”那张血染的欠账单吗？《高山下的花环》的作者李存葆告诉我们：他在前线采访时发现,阵亡的战士中许多人的口袋里都有类似“梁三喜”那样的欠账单,而他们几乎都来自农村。这样,人们就能够理解:发端于我国农村的经济体制改革,确实是亿万中国农民为解决吃饱饭问题而作出的一种自我选择。1982年,我在南方农村调查时,在初步富裕起来的农民家里,亲眼见到这样的对联:“翻身不忘毛泽东,致富感谢邓小平。”这恐怕不应看成是农民群众对领导者的个人颂扬,而是老百姓对党的改革开放总方针、总政策发自内心的肯定和褒奖!

既然如此,人们为什么又有那么多的牢骚、不满、埋怨、责难呢?我以为,如果我们能够跳出那种“好事都是改革带来的,问题都与改革无干”之类绝对化的思维模式,对这个问题就很容易理解。比如,有人说“十年‘文革’是动乱,十年改革是‘乱动’”,这显然并不是故意把改革同“文革”等量齐观,而是对那些被改革释放出来的活力没有纳入正轨所表示的忧虑。又如,有人说“革命不是请客吃饭,改革好像就得请客吃饭”,这也不是公然污名改革,而是对那些借改革之名、到处请吃或吃请的不满。再如,有人说不怕货币贬值,就怕党的形象、党的威望贬值,这也不是杞人忧天,而是出于对党的真诚的关心与厚爱。当前,改革进入了困难阶段,同时也进入了反思阶段。唯其困难,唯其反思,才会有各种意见和不满。领导者应当从中吸取合理的内核,以完善我们党的改革理论和改革政策,而不是相反。

# 对上海股份制试点企业情况的调查报告*

（1989 年 1 月 25 日）

遵照中央领导同志去年 10 月 8 日关于“上海股份制可以搞快些，抓紧些”的批示精神，在市委书记江泽民同志亲自主持和带领下，从去年 11 月初开始，由市委研究室、市体改办参加的调查组，花了 1 个多月时间，对本市股份制试点的情况作了认真的调查研究。调查组先后调查了 11 家比较规范的股份制试点企业、8 家申请试点的企业，以及证券发行、交易机构等；并与本市部分经济理论工作者就股份制问题进行了两次研讨。这次调查，给我们的主要印象是：第一，股份制是商品经济发展到一定阶段的产物，是与社会化大生产相适应的一种资产组织形式。在社会主义商品经济中运用股份制形式，只要坚持公有制主导地位，就不至于出现导致资本主义的问题。第二，目前上海的股份制试点大多是在较小企业进行的，对全民所有制大中型企业示范作用还不大。第三，多数试点企业是把集资作为主要目的，而没有从重新构造企业机制的角度来考虑。第四，由于目前我国市场发育程度还很不够，整个宏观环境还不配套，以致股份制试点企业的有些做法难免存在一些问题。在摸清情况的基础上，提出了一些稳妥扩大股份制企业试点的条件、范围的建议。

## 一、上海企业股份制试点概况

第一，经过几年摸索、试点，本市已有了 11 家比较规范的股份制企业。

上海试行股份制是从 1984 年开始的。当时，部分企业在扩大经营自主

---

* 本文系作者与上海市体改办、中共上海市委研究室经济处同志合作撰写。

权以后,为了充分利用富余劳动力,在企业内部采取发行股金券等方式,兴办职工集体参股的第三产业。目前全市这类企业共有1250多户,股金总额1亿多元。这类企业虽带有若干股份制因素,但还不能被称为股份制企业。理论工作者和实际部门的同志都认为,规范化的股份制企业至少应具备四个条件:一是将企业全部资产分成等额股份,并有规范发行的股票,股票可以转让、继承,但不能退股;二是自愿入股,股权平等;三是利税分流,税后还贷;四是明确产权,两权分离。

用上述标准来衡量,目前本市被认为是比较规范的股份制试点企业有11家。其中:工业领域,有飞乐股份有限公司、真空电子器件股份有限公司、延中实业有限公司、爱使电子设备公司4家;商业服务业领域,有豫园商场股份有限公司、新世界贸易股份有限公司、飞乐音响公司、申华控股股份联合公司4家;金融业领域,有交通银行、万国证券公司2家;房产业领域,有兴业房产股份有限公司1家。其中,规模比较大的有:交通银行、万国证券公司、真空电子公司和飞乐股份公司。这11个试点企业中,目前已有9家向社会公开发行股票,股票总额8.36亿元,占目前全市股票发行总额的79%。这8.36亿元股份构成是:国家股6.56亿元,占78.4%;单位股1.44亿元,占17.2%;个人股0.36亿元,占4.4%。

这些试点企业的股权构成,大致有三种情况:一是以国家股为主体的,比如真空电子股份有限公司和飞乐股份有限公司,国家股分别占71%和50%。二是以单位股为主体的,如豫园商场股份有限公司,单位股占55%;由10个单位投资组建的万国证券公司,第一期资本金1000万元中全部是单位股。三是以个人股为主体的,如延中实业有限公司和申华控股股份联合公司,个人股分别占94%和70%,其余是少量集体股。

从公司类型来看,大体上也是三种:第一种是企事业单位之间以资金互相投资参股形成的股份公司(如交行、万国和兴业)。第二种是通过公开向单位和个人发行股票,新组建的股份公司(如飞乐音响、延中、爱使和申华)。第三种是把企业资产的增量部分,向内部职工或社会公开发行股票、筹集资金;资产的存量部分相应折算成股票,由原来的全民、集体企业转变为股份公司(如真空电子、飞乐、豫园商场、新世界)。第三种类型的股份公司在现有试点企业中居多,申请试点的企业也多为此类。

从分配形式来看,目前11家试点企业都已免去调节税,但所得税率尚未统一。其中，飞乐股份有限公司的所得税降至35%，改为税后还贷；其余10家仍缴55%的所得税，税前还贷，国家按理还可根据股金多少分得红利。由于这些企业大多已向财政承包，因此，凡照章纳税的税款低于承包基数的，仍然必须用税后留利来补足。补的数额，从飞乐股份有限公司的情况看，大致相当于国家股按2%红利利率分成的所得，其他企业测算下来也差不了多少，因此如果国家股红利利率超过5%，一般试点企业就难以承受。目前在国家股实际上不参与分红的情况下，试点企业往往首先确保个人股的红利水平。对个人股的分配现在规定了甲、乙两种办法：甲种，只计红利，不计股息，红利全部在税后支付，上不封顶，下不保底。乙种，有红有息，股息一般不超过银行一年期储蓄存款利率（目前为年利率7.2%），在税前列支；红利视企业经营情况而定，两者之和最高不得超过投资股金的15%。但在实际执行过程中，无论甲种还是乙种，也无论企业经营好坏，个人股的红利基本上为15%，带有旱涝保收性质。至于单位股分红，目前原则上掌握在7.2%左右，亦即只收息不分红。

股份制试点企业的利润分配顺序大多是：先归还技术改造贷款（税后还贷者除外），再缴纳所得税和能源、交通基金及其他规定费用和债券，然后提留公积金（生产发展基金）、公益金（福利基金）、按劳分红基金（奖励基金）和按股分红基金（红利）。各项基金的比例，原则上是由董事会商定，实际上基本参照利改税后规定的分成比例。

第二，为适应股份制企业发展需要，在金融管理机构指导下的上海证券市场正在逐步形成。

规范化的股份经济，一般是由股份公司、股票证券公司与股票交易所三位一体构成的。在这方面，上海有得天独厚的优势。上海历史上金融业就比较发达，熟悉股票发行和交易的人才较多。1984年以来，为适应股份企业的发展需要和管理需要，中国人民银行上海市分行先后制定了《关于发行股票的暂行办法》《关于企业集资和融通资金的若干规定》《关于进一步加强股票、债券印制和交易管理的意见》《证券柜台暂行规定》等有关规定，并先后批准成立了申银、海通、万国三家以发行业务为主的证券公司，形成了股票的一级市场；同时，还批准设立了11个柜台证券交易点，形成了股票二级市场的雏形。目前，上海全市已有6家试点企业的股票上市交易。由于上市股票主要是个人股，国家股和单位股尚未上市，而大部分个人持股者买了股票后一般都不转让,因此,股市比较清淡,目前平均每周成交的股票在1600股(每股100元、50元不等)左右。只有随着股份制企业的逐步增加,股票上市量不断扩大,这种股票交易才能正常开展。我们在调查中发现,华侨和外国人对上海市的股票比较感兴趣,有的外商委托证券交易柜台收购或预购股票(有的看来是猎奇或试探性质,未必是真为了投资)。一些试点企业正在和金融机构共同研究,如何向国外发行股票的问题,以探索吸收外资的新渠道。

## 二、股份制试点企业初步显示的变化及存在的问题

上海理论工作者和实际工作者在座谈中普遍认为,实行股份制作为我国企业改革的一种选择,其意义和作用在于:第一,促进社会主义公有制与商品经济的有机结合;第二,明确产权关系,改变国有财产无人负责状况;第三,有利于所有权与经营权的分离,使企业真正走上自主经营、自负盈亏、自我约束的道路;第四,推动生产要素合理流动与优化组合,提高社会资源配置效益;第五,吸收社会闲散资金,保证价格、工资改革的顺利进行。

从试点企业的实践结果看,由于各种主客观原因,上述预期目标实现的程度不尽相同,大体上可归纳为以下六个方面。

第一,初步明确了产权关系,但不同的产权主体对经营者的制约作用呈现差异。

股份制是以产权关系构造的一种企业组织形式。在股份制企业中,由于产权主体比较明确,因而所有者通过经济的办法对经营者的行为理应产生较为有效的制约作用。但实际的制约程度却因不同的产权构成而呈现差异。

一般来说,在个人股或单位股占很大比重的试点企业,经营者所感受到的来自所有者的制约作用比较明显。比如,个人股占94%以上的延中实业有限公司的经理说,他"清楚地知道如果公司经营不好,不仅1.4万个股东的利益将蒙受损失,而且会使企业在社会上声誉扫地"。因而他时时感到有一万多双眼睛天天在盯着他,这种压力"逼着企业在市场竞争中奋力拼搏"。经过三年多努力,目前延中已形成多种生产能力,固定资产价值已达

近千万元。又比如,交通银行实行股份制,中国人民银行只控股50%,40%的股份为地方或企业所有,这就使交行的经营者清醒地意识到"吃不到中央银行的'大锅饭'";"资金要自求平衡,吸收多少存款,只能放出多少贷款,不仅存贷要平衡,还要考虑资金的风险性、盈利性,促使我们形成了自我调控的意识和机制"。一个典型的例证是:现在国家严格控制信贷规模,不少银行资金周转发生严重困难,而交通银行比起其他金融机构和一些专业银行的情况却要好得多,因而得到人民银行总行的好评。

而在国家股占绝对优势的试点企业中,由于原有全民企业产权主体的人格化问题就没有真正解决,国有资产对企业的制约作用相对而言还不那么明显,企业的自我约束能力也就不甚明显。看来,这里有几个问题值得研究。

首先,国家股由谁代表?怎样行使保护国有资产并让国有资产不断增殖的职权?现在试点企业普遍的做法,仍然是由企业原主管部门代表国家股,而且几乎完全按照老办法进行管理。这样做,实践证明并没有克服固有的"大锅饭"的弊病。是否可以考虑,除了建立国有资产管理局以外,还应该分行业或地区建立各种投资公司或资产经营公司,其主要职能是经营国有资产,保护国有资产的完整并保证其不断增殖,但不干预企业的经营管理。否则,仍像现在这样,就与过去的行政管理办法没有多大区别了。

其次,现有的资产怎样评估?上海的试点企业在资产评估时,大多采取重置价值法(即固定资产重置价格扣除折旧),在评估资产时有会计事务所参与。目前普遍存在的问题是无形资产(含发明权、专利权、专有技术、商标权、商誉等工业产权和知识产权)没有评估折股。个人股红利过高,部分原因是占了无形资产流失的便宜。商业股份制企业碰到的级差地租问题也存在类似情况。目前,试点企业大多已意识到这个问题,但解决起来难度颇大。

再次,要不要设企业股?目前上海的股份制试点企业都未设企业股,而是用了单位股这个名称。实际上在不同的试点企业中,单位股的含义是不一样的。比如,真空电子器件股份有限公司,将所属各厂留存的生产发展基金、新品发展基金、后备基金、更新改造基金等全都作为国家股,单位股仅指公司以外企事业法人单位认购的股份。豫园商场股份有限公司的国家股,由原有的国拨流动资金、固定资金折成,单位股则包括其下属国有、集体企业的全部自有资金。飞乐股份有限公司的单位股,是指下属集体企业的资产折成的股份及其他单位认购的股份。后两者的单位股,可以说就是一般所谓的企业股,或者包含了企业股的因素。但现在我们对企业股采取“不承认”的做法,以致企业自有资金投到外企业可作单位股,参与取息分红,而留在本企业就不认账,这样很容易产生矛盾。我们认为,从有利于调动企业积极性着眼,作为过渡,可允许先将企业用自有资金投资形成的股份视为企业股,并根据自有资金来源,把所得收益分别记入“生产发展基金”或“福利基金”“奖励基金”等账户,作为以丰补歉的风险基金。同时,还要作出明确规定,不宜将企业的全部自有资金都转化为“职工集体股”,更不宜把这笔资产直接量化到职工个人。

第二,一定程度上体现了两权分离,但行政干预的多少与产权主体是谁有很大关系。

从调查情况看,股份制试点企业的两权分离程度是不尽相同的,大致有这样两种情况。

一种是在个人集资入股为主或多个法人单位投资参股新建的股份制企业,由于不存在行政主管部门,或虽有主管部门但主要是挂靠而不是直接隶属,企业的生产经营自主权就比较大,基本上能放开手脚去干。比如,个人股占70%的川沙县申华控股股份联合公司,成立后就脱离了原有乡镇企业管理体制,自主经营、自负盈亏,充分运用100万元股金,在1年多时间里,先后办了两个分公司、一个客运队、一个复印社、四个经营部,实现营业额1733.72万元,上缴税收67.11万元,利润达63.46万元,取得较好的经济效益。又比如,由6个法人单位共同集资新建的兴业房产股份有限公司,自主权也比较大,董事会1年开两次会,提供方向性决策,公司的经营管理则由总经理决策,基地开发不必像过去那样到处盖章,“公文旅游”也减少了。

另一种是以全民、集体企业资产折股形成的、产权主体仍隶属原主管部门的股份制企业,在试点过程中所受到的行政干预并未有多少弱化。比如,由46个分属全民、集体的商店合并组建的豫园商场股份有限公司,虽然成立至今已有1年,但这些成员仍执行各自原来的财务、工商、物价、劳动工资制度,公司难以统一安排;在网点设置、店面装修、经营范围和经营方式上,公司也没有自主权,仍需按原系统分别层层报批。又比如,真空电子器件股份有限公司是由原行政性公司演变而来的。公司成立后,其下属的六厂一所（大多是效益很好的有数千人的大厂）原有的法人地位都被随之取消了，工厂反映其自主权都被公司收掉了。还有一个奇怪现象，一些以个人股、单位股为主并且原本没有“婆婆”的小型股份公司，现在纷纷要求为其确定一个“婆婆”，否则好多事情就不好办。

一些试点企业认为，只要政企不分的旧体制不改变，不管是搞承包制还是推行股份制，“婆婆”仍然可以照管不误，这似乎可以视为“不会自行退出历史舞台”。很多同志还担心会出现以下的现象，即：在全民所有制企业中实行股份制必须是以公有制为主体，而国家如以大股东的身份进行控股，资产管理部门代替了原有主管部门，两权分离很可能又回复到两权合一。

看来，要真正强化两权分离，必须解决两个问题。首先，要从根本上解决国家对企业的管理体制和管理方法问题。目前，至少应该对股份制试点企业实行真正放开经营的办法，尽量减少对企业经营的直接干预。其次，国家在不同产业的控股比重应该有所区别。对那些关系到国计民生的产业中的大中型企业，国家控股必须超过半数，而且应作为普通股取得表决权，与股份公司“同命运、共沉浮”；对其他产业的大中型企业，国家控股可以允许低于50%，一般可作为优先股，只是按股取息，不再参与股份公司的经营决策。

此外，股份制企业必须有适应其自身发展需要的、符合国际惯例的、统一的财会账证制度，比如规定统一的资产负债表以及职工的工资性支出全部进入成本，等等。企业的经营情况应当定期公布，以增加透明度，便于社会上众多的股东监督，并使股票市价的上落有所依据。

第三，吸收了一部分社会闲散资金，有利于企业扩大生产规模，但用股票形式集资也存在一定问题。

实践证明，发行股票同向银行贷款和发行债券相比，是一种可以比较迅速、广泛筹措资金的有效手段。对于企业而言，申请银行贷款先要有一笔自有资金，还要办理较为复杂的手续，在银根抽紧时还不易贷到；发行债券则不仅利息很高，而且到期还本付息压力很大；而发行股票则有优于前两者之处。由于股票是只能转让、继承，不能退股、不定偿还期限的，这样，社会上的消费基金一旦变成股票转为企业生产基金，它就是永久性的，企业不必为到期大笔偿还债务担忧，相反，股东还为企业承担了一定风险。因此，企业扩大生产规模时，采用这种集资方法比较有利。比如，真空电子器件股份有限公司,1986 年准备安排上一条年产 100 万只彩色显像管的生产线,需要 5 亿元投资,企业至少要有 5000 万元自有资金才能立项,这个难题就是通过发行股票才得以解决的。又比如,延中实业有限公司靠发行股票 500 万元,兴建了 5600 平方米工业厂房,还兴办了一个塑料制品厂,并向两个国内联营厂、两个中外合资企业投资,迅速扩大了生产规模。

但是,从试点企业共同反映的情况看,用股票形式吸收资金也存在两个问题:一是从思想观念看,个人股东购买股票大多只有保值意识,缺少投资风险观念,他们并不是寄希望于企业发展、资产增殖、股价上升,而仅仅是为了得到比银行存款更高的利息。现在试点企业普遍担心,一旦股息、红利低了,股票就没人买,因此,本市股票分红一般都已达到 15%(在国外为 4%—5%),而且旱涝保收,不担风险。随着保值储蓄业务的开展,群众对购买股票、债券热情已日趋冷淡。但如果再提高股息红利,企业势必不堪负担,而且也将变相增加消费基金,对治理通货膨胀带来不利影响。二是从社会承受能力来看,根据近两年的预测,上海全市购买债券、股票的承受能力大体上在 12 亿元左右,剔除国库券和国家重点建设债券 8 亿多元,还剩下 4 亿元左右。如果股票过量发行,即使转移一部分银行存款,仍可能卖不出去。目前一般市民及企事业单位并不富裕,真正闲置的资金有限,在扩大股份制试点规模时必须充分认识到这一点。

我们认为,为了转变人们对股票功能的认识,必须加强这方面的宣传。要讲清楚股东收益主要来自企业纯资产增殖带来的股票本身增值的道理,让人们学会算这笔账,这才有利于企业行为的长期化。同时,也可以考虑选择一些资信高的试点企业,对老股东采取限制分红和无偿增股的做法,使他们切实体会到适量分红会给自己带来更多的好处。对于目前一些以搞股份制为名,单纯以高利息吸引股东筹集资金或者变相增加职工收益的做法要加以纠正,对一些企业特别是生产长线产品的企业通过发行股票盲目扩张的行为,更要严加控制。

第四,通过控股、参股,可以促进经济横向联合和企业集团向更高层次发展,但要真正冲破“三不变”仍会遇到较大阻力。

实行股份制,企业原有的物质资产、技术产权都可折价入股,股权平等,按股分红,企业及其主管部门和地区的利益可以得到切实保障,隶属关系容易淡化;可以使分布在不同行业、地区,分属不同所有制的企业,真正形成在生产经营和技术发展方面联系更加紧密的伙伴关系,有利于横向经济联合和企业集团的巩固和发展。上海股份制试点企业中,交通银行、万国证券公司和兴业房产股份有限公司,都是通过企业间互相投资入股组建起来的资金紧密型的企业集团;其他试点企业也有采取参股形式,对联营厂和合资企业进行了控股,形成了同舟共济的联合体。到目前为止,真空电子器件股份有限公司已组织了 15 个经济联合体;飞乐股份有限公司仅用半年多时间,就组织了 6 个经济联合体。一些申请试点的企业,如自行车厂、自行车三厂,也准备通过股份制形式,把原先比较松散的永久、凤凰集团,尽快转变为可以相对统一经营、共谋发展的企业联合组织。

但是,搞企业集团型的股份制企业,必然涉及行业、地区权益的重新分配问题,在利益发生冲突时,仍无法避免原行业条块的行政干预。如果入股企业原来所属条块的“婆婆”不开明的话,“三不变”的限制就仍然难以打破。同时,如果没有严格的法律保障,股份制集团的权益仍然容易受到条条块块的干扰。此外,在企业之间互相参股、控股时,由于不同行业、产业和地区间的资金利润率存在较大差异,也会出现一些新的矛盾。比如,交通银行与其他企业相互参股,它购买企业 60 万元股票,企业买它 100 万元股票。由于银行放款利息只有 9%,扣除上缴的营业税、所得税以及能源交通基金后,可用于支付给企业的股息已寥寥无几。结果是,企业投资于交通银行的 100 万元,得到的收益反而比交行投在企业的 60 万元所得还低,企业认为吃了亏,有的甚至想退股。这个问题不解决,股份制企业内部就很容易产生离心倾向。

第五,通过吸收职工入股使企业内部的凝聚力有所增强,但企业凝聚力的形成关键不在于此。

从理论上分析,职工买了本企业的股票,成了小股东后,主人翁意识和责任感就可能增强。他们会以所有者和劳动者的双重身份来关心企业的生产经营活动,从而表现出更高的工作热情。从试点企业的实践看,企业向内部职工发行股票确实在某种程度上体现了这一点,但这种作用并不像人们想象的那么大。确切地讲,职工是以股票持有者的身份来关心企业,并不是从国家主人翁的立场来关心企业。因此,对股份制企业最关心的往往不是本企业的职工,而是社会上的个人大股东。比如,延中实业有限公司的个人股东中,持 50 股(每股 50 元)以上的就有 250 多人,这些人从自身的利益出发,对企业经营非常关心。有的主动为公司的生产经营献计献策,有的帮助公司解决原料供应和产品推销问题,有的动手为公司设计厂房,等等。然而,这些人绝大多数并不是本企业的职工。当然,本企业职工作为股东,对工厂相对也比过去更关心一些,但由于他们手持股票数量相对较少,每年按股分到的股息、红利同其浮动工资和奖金相比,仅是“小巫见大巫”。因此,职工看重的仍然是奖金,至少就目前来说,还难以产生如同农村家庭联产承包责任制那样的“联产如联心”的效果。而且,一旦职工将手中的本企业股票转让给他人,就不再是本企业的股东,由股东身份带来的凝聚力和积极性也就无从谈起了。此外,从试点企业来看,在企业内部发行股票,由于税后留利中增加了分红基金,势必减少奖励基金,这就可能引起持股与不持股、持股多与持股少的职工之间的矛盾。

由此看来,企业的凝聚力、职工的主人翁意识,并不是光靠多拿一点钞票就会自然而然形成和提高的。因此即使在股份制企业中,对分配制度的改革和思想政治工作也决不能忽视。此外,在职工持股较广较多的企业,党员的先锋模范作用如何发挥,工会如何对职工进行教育等等,也都应该很好地研究。

第六,有利于推动生产要素的合理流动与优化组合,提高社会资源配置效益,但这要在市场充分发育的条件下才会出现,目前还谈不上。

从宏观经济的角度看,企业实行股份制,通过发行股票,把资产的实物形态和价值形态分离开来,在市场的引导下,有利于确立起一种经常性的自我反馈调节机制,使生产要素以价值形态在企业间调节余缺,让效益好的企业获得更多的资金和其他生产要素,及时减少和转移经营不善的企业的资产和资金,从而调整现有的产业结构、企业结构、产品结构,使其趋于合理,以不断提高全社会的资源配置效益。但从上海的试点情况看,通过股票流通来实现资源的优化配置目前还很难办到。这有待于生产资料市场、技术市场、资金市场、劳动力市场、信息市场等的发育和完善。同时,更需要有一大批比较规范的股份制企业,才有可能形成真正的股票市场,推动生产要素的合理流动与优化组合。

总之,上海的企业股份制试点工作是有成效的,但是由于目前整个宏观环境还不具备相应的条件,所以也存在不少问题。由于上海股份制的试点时间还不长,股份制所带来的利弊都还没有充分显示,我们的责任是针对试点中存在的问题及时加以改进,使试点工作更加健康地向前发展。

## 三、对继续积极稳妥搞好股份制企业试点的设想

上海的股份制试点工作下一步怎么办?理论界大致有三种意见:第一种意见认为,应积极推进。理由是在经济紧缩的情况下推行股份制,有利于筹集资金,发展那些效益好、社会急需的产业,也有利于将居民手中的货币吸引到生产发展上来。第二种意见认为,在经济紧缩的条件下,还是以完善承包制为宜。在通货膨胀居高不下的情况下贸然推进股份制,容易产生股息与银行利率互相攀比,难免会造成消费基金扩张,加剧通货膨胀。第三种意见认为,股份经济的发展不存在人为推广的问题。股份经济是一种金融体系,它的形成是金融组织的发育、法律制度的建立和企业机制改革相结合的过程,操之过急不利于它的健康发展。我们认为,这个问题,如作为学术研讨,尽可以见仁见智;但作为工作指导,还是应当坚决按中央和国务院的指示精神来办。

中央主要领导同志在十三届三中全会报告中指出:“推行股份制和发展企业集团,都应进一步试点,制定具体的实施方案,规定明确的界限”。中央领导同志在全国计划会议、全国经济体制改革工作会议的讲话中也指出:要“在抓紧制定章程、条例的基础上,稳妥地进行以公有制为主体的股份制试点”。根据这些指示精神,从上海的实际情况出发,我们有以下建议。第一,完善和办好现有股份制企业。凡是现行做法尚不够规范的,要研究提出改进办法,力求规范化和尽快规范化;对于受各方面制约一时难以规范化的,也要采取一些过渡性措施。第二,股份制试点的面要适当扩大一点,在目前11个试点单位的基础上,可考虑再增加一些大中型企业进行试点。第三,试点一定要建立在企业自愿的基础上,不能搞“拉郎配”。第四,试行股份制的目的不应该单纯为了集资,还要着重从企业机制的转变上来考虑问题。第五,试点中要着力做好舆论工作,向群众解释清楚股票、银行存款和债券之间的差别,引导人们重视企业的中长期效益。

(一)积极稳妥地扩大股份制试点的设想

建议在上海市机械、电子、仪表系统的一两个行业中,选择几家全民所

有制的大中型企业进行试点，争取形成包括有外贸、物资、科研等单位共同参股的企业集团。同时，结合建立国有资产经营管理机构，改变企业原有的行政隶属关系，放开经营，给企业以更多的自主权。通过以上及其他相应的配套措施，逐步形成股份制的“小气候”。

选择试点企业可以遵循以下原则。

1. 结合产业结构调整，亟须扩建改造、加快技术进步的大中型企业（投资项目已被批准或可望批准立项），可对资产存量重估后，再吸收各方参股，向社会公开发行股票，改为股份制企业。

2. 在横向经济联合中组建的跨地区、跨部门的经济联合体，为发挥整体优势、提高规模效益、增强出口创汇能力，可以通过互相参股、控股的形式改组成股份制企业集团。

3. 结合利用外资、引进技术，有条件的企业，在中外双方投资者自愿的条件下，可以办成中外合资的股份制企业。

4. 在选择试点单位时，不仅要考虑那些生产经营状况好的企业，也要找几个生产经营状况不太好的企业。目前，首先考虑选择那些产品供求大体平衡，价格可由国家统管、放开经营后对市场影响不大的企业。

在数量规模上，包括原有的 11 家试点企业在内，1989 年股份制试点企业大致宜掌握在 20 个左右。采取股份制形式组建或改建企业集团，可不受这个数量限制。在适当扩大股份制试点的同时，应允许一些企业在经过金融管理部门批准后适当进行内部短期集资，但必须明确这类企业不是股份制试点企业。

（二）制定规章，规定界限，照章试验

为进一步解决上海进行股份制试点不够规范的问题，我们有以下 6 条建议。

1. 试点工作既要考虑我国实际情况，又要考虑国际惯例，把可行性和规范性结合起来。目前，上海市体改办已草拟了《上海市股份制企业试行条例（草案）》，建议尽早修改完善。同时要尽快制定其他配套规章，对股份制企业在工商登记、税种税率、税收管理、财会制度、统计制度、利润分配等方面，作出有别于全民、集体所有制企业的专门规定。

2. 全民所有制企业搞股份制试点，必须坚持公有制为主体，切实维护国家财产完整。不允许化公为私或变相侵吞国家财产，也不能以搞股份制为名发放高股利，加剧消费基金膨胀。

3. 坚持自愿入股、股权平等、利益共享、风险共担的原则，不搞“拉郎配”，也不允许以强欺弱。

4. 搞好股份制与承包制的衔接。按理讲，已向财政承包的企业试行股份制时，不应强调必须将纳税后的留利部分先划出一块来弥补承包基数，因为国家股也应该平等地按股分红，承担风险。但由于目前股息红利率普遍较高，在国家股比例很大的企业中，国家所得的税收和息红可能大大超过现有的承包基数，从而影响到企业、职工和股东的既得利益，因此，对国家股如何取息分红及对所提息红如何分配使用问题，需专门进行研究。

5. 政府各有关部门对股份制试点企业应率先采取间接管理的办法，应给予这些企业以不低于放开经营试点企业的有关权力。对股份制企业的领导体制、决策程序、职工民主管理（如职代会与股东大会的关系等）、思想政治工作、党政关系及党建工作等，都要进行研究，定出规则。

6. 积极筹建证券管理委员会，并在其指导及协调下，逐步形成比较健全的证券发行、交易市场，将股份制企业引向健康发展的轨道。

# 重视就改革中的重大问题展开社会讨论的作用

（1989年2月24日）

一个引人注目的现象，引起了思想界、理论界乃至政治家的重视：继黑龙江、辽宁之后，目前全国已有八个省市的党委相继组织生产力标准的社会大讨论。中央有位领导同志最近评价说："这实际上是'实践是检验真理的唯一标准'大讨论的继续和发展，它涉及到对社会主义、中国国情、商品经济、价值观念、思想政治工作等一系列根本问题的再认识，对于进一步解放思想、解放生产力具有重要意义。"

笔者关注这一现象的侧重点，在于社会大讨论的思想教育功能问题。现在，全党都在研究如何加强和改进新形势下的思想政治工作问题。在笔者看来，开展重大问题的社会讨论这一方式，很值得我们在新形势下的思想政治工作中借鉴和运用。

党的十一届三中全会以来，我们党先后发起或倡导了若干重大问题的大讨论，其中较有影响的是：真理标准大讨论、社会主义生产目的讨论、农村家庭联产承包责任制讨论、社会主义商品经济理论讨论、关于坚持"两个基本点"的讨论、对社会主义初级阶段理论的讨论，以及目前正在进行的生产力标准讨论。而每一次讨论的论题，差不多都同党在各个发展阶段的中心任务紧密相关。这就是说，我们党在改革开放历史新时期以来的领导工作中，实际上已经在静悄悄改变过去那种单向"灌输式"的传统教育方式，而代之以双向交流、平等讨论的新形式。这种转变，有其深刻的社会政治和文化发展背景。

就社会政治背景看，我们国家正处在剧烈的社会变动之中，各种不同的思想观念、价值取向和道德选择往往最为活跃和繁盛。党的许多正确的主张主要来自群众或诉诸群众，这就为开展重大问题的社会讨论提供了可能。

就文化发展背景看，现在我国人民群众的平均文化水平较之建国初期有了很大提高；人民群众的参政议政意识逐步加强。同时，社会化大众传播媒介日益发达。在许多重大问题上，从高级干部到普通群众几乎是在同一时间接受着“现场直播”式同步教育，信息传输的“时间差”已大为缩小。这也为开展重大问题的社会大讨论奠定了基础。

社会大讨论由于其覆盖面广，往往可以收到大面积提高思想觉悟和认识水平的功效。十年前的真理标准大讨论，为党的十一届三中全会准备了思想条件，被邓小平同志称为“全党全国人民一项基本建设，它的意义愈看愈重要”。中央主要领导同志最近指出，“我们要进一步解放思想，进一步解放生产力”。要做到这一点，看来还是要善于开展社会大讨论，继续进行这一基本建设。全社会绝大多数人在重大问题上产生认同、达成共识，比起零打碎敲、头痛医头、脚痛医脚式的思想教育来，作用不知道要大多少倍！

我们不是要加强和改进思想政治工作吗？那就让我们从类似上述问题展开社会大讨论这样的具体事情上做起！

# 用十三届五中全会精神统一对治理整顿和深化改革的思想认识

（1989 年 11 月）

刚刚结束的党的十三届五中全会，是在我国经济发展的关键时刻召开的一次极为重要的会议。这次全会审议通过的《中共中央关于进一步治理整顿和深化改革的决定》，全面分析了当前经济形势，充分肯定了改革开放10 年来的成就，如实估计了经济工作中面临的困难，科学总结了经验教训，明确提出了进一步治理整顿和深化改革的指导方针、主要任务和基本措施，这对于引领我国国民经济尽快走出困境、实现健康发展具有重大意义。这个文件是当前统一全党对经济形势认识，特别是统一对进一步治理整顿同深化改革关系认识的强大思想武器。我们要响应市委五届九次全会号召，认真学好五中全会精神，切实统一全党思想。

学好五中全会文件，统一全党思想，首先要科学认识当前经济形势，在充分肯定成绩的同时，要正视多年经济过热积累下来的困难，认真研究新情况、解决新问题。看不到改革开放 10 年来取得的巨大成就，认为经济形势一团漆黑、畏难悲观、无所作为的观点，是错误的；当前看不到经济工作中存在问题的严峻性，认为经济形势一片光明、盲目乐观、掉以轻心的观点，也是错误的。当前我国经济暴露出来的问题和困难，是 1984 年下半年以来逐步积累下来的，是连续几年经济过热、货币发行过多、国民收入超额分配的结果。只有看清楚这一点，才能深刻理解进一步治理整顿的正确性、必要性和艰巨性，把思想统一到坚定不移地搞好治理整顿上来。

学好五中全会文件，统一全党思想，要牢固树立一个指导思想，这就是坚持长期、稳定、协调地发展经济的指导思想，彻底克服急于求成的倾向。无论是建设、改革还是治理整顿，都不能急于求成。急于求成势必导致大干快上，大干快上势必造成大起大落，大起大落势必形成来回折腾。而急于求成、大干快上之类的失误，又往往同急于求富的民众心理联系在一起。这种“急性病”既是我国经济工作中的“常见病”“多发病”，又是一种不按客观经济规律办事的“幼稚病”。现在有些同志之所以对治理整顿方针贯彻不力、行动迟缓，就在于急于求成的指导思想没有扭转，以为经过眼下短期的治理整顿以后，还是要“大干快上”，因此，“过几年紧日子”的指导思想没有真正确立，危机意识、忧患意识还不强烈，仍在按常规办事。必须明白，鉴于多年的经验教训，即便治理整顿任务完成了，我们也不能再搞什么“大干快上”了。平平稳稳地发展，似乎比较慢，但是从长远的观点看，比过热、调整、再过热、再调整的循环折腾要快得多。

学好五中全会文件，统一全党思想，要正确理解治理整顿和深化改革的关系。有的同志担心治理整顿会影响改革的发展势头，特别是担心妨碍深化改革；有的甚至认为治理整顿是走老路。其实，治理整顿，既包含巩固、扩大改革的已有成果，也包括纠正妨碍改革的偏差和失误。进一步治理整顿可以为深化改革和保证改革健康发展创造条件，它本身也需要改革的配合。现在我国通货膨胀严重、经济秩序混乱、经济结构恶化，不改变这种状况，许多改革都难以进行；许多微观搞活的措施都不能达到预期的效果。从这个意义上说，对治理整顿不积极也就是对改革不积极。我国经济发展的现状，决定了治理整顿是不可逾越的阶段。在治理整顿期间，改革要围绕治理整顿来进行，并为它服务。在当前这个时期，改革的重点应该是稳定、充实、完善前几年的改革措施。同时，根据治理整顿时期应当多一点计划性的要求，国家适当加强集中是必要的。

学好五中全会文件，统一全党思想，要正确处理好局部与整体、企业与国家、地方与中央的关系，解决利益关系上严重倾斜的问题。必须看到，全局稳不住，局部的繁荣不可能持久；损害长远利益和集体利益，眼前利益和个人利益最终也会丧失。领导干部要带头增强全局观念，服从必要的集中，克服分散主义和本位主义。同时要对党员和群众进行经济形势和治理整顿方针的宣传，让群众理解、服从治理整顿的大局，为国家分担一些暂时困难；使艰苦创业和过几年紧日子的思想深入人心，才能缓解和消除群众的埋怨和不满情绪。

学好五中全会文件，统一全党思想，必须充分发挥我们党的政治优势，加强思想政治工作，团结和依靠群众共渡经济难关。当前最重要的是保持国家的稳定。发展经济需要稳定,经济发展了又有利于稳定。我们党提出的各项任务要依靠群众去完成,困难也要依靠群众才能克服。各级领导干部要到群众中去,深入调查研究,认真体察民情。对于群众关心的切身利益和实际困难,凡是能办到的,一定要帮助解决。对于随着压缩投资规模和调整产业结构而处于待业状态的人员,要通过采取多种办法,广开生产门路,做出妥善安置,以消除不安定因素。

总之,困难是严峻的,方针是正确的,前途是光明的。只要我们认真学好五中全会精神,统一全党思想,并落到实处,就一定能振奋精神,坚定信心,万众一心,排除万难,去夺取治理整顿和深化改革的决定性胜利。

# 我劝厂长重抖擞

（1989年11月29日）

清人龚自珍有“我劝天公重抖擞，不拘一格降人才”的名句。我今借用其句，提出“我劝厂长重抖擞”，盖因在当前治理、整顿的大气候下，企业家们的精神状态确有一个重新振作的问题。

当前，上海一些企业领导干部特别是行政干部“思想上乱，精神上萎，工作上等”是一个带普遍性的问题。追根溯源，不外乎三个方面的原因。

一是随着经济领域前几年被掩盖的问题逐步显性化，以及在治理整顿中出现的某些暂时困难，使上海工业生产面临“销不出、产不足，收不回钱、买不了原材料”的严峻形势。有些企业家感叹：年初为资金、能源、原材料“三座大山”所压，现在又被市场疲软、产品滞销所困，真有点“四面楚歌”的味道了。

二是在纠正个别领导同志淡化党的领导、主张改造思想政治工作的错误、重新强调企业党组织要成为企业中的政治核心、要义不容辞地担负起领导企业思想政治工作的责任以后，有些企业家担心厂长全面负责的领导体制会出现“翻烧饼”，有所谓“书记雄赳赳、厂长灰溜溜”的消极情绪。

三是自开展反贪污、反受贿斗争以来，有些企业家还没弄清具体政策界限，就有一种条件反射式的恐惧心理，抱怨自己“搞活经济当红人，全面负责是忙人，反腐肃贪会成罪人”，因此，连必要的横向联系、经济交往、业务应酬也不敢搞了，该严格管理的也不敢管了，有的还以“看报喝茶、准备检查”聊以自嘲。

这三种消极思想其根源是一个，就是对治理整顿究竟怎么看？江泽民同志在今年国庆重要讲话中指出：治理整顿同改革开放是一致的，“对治理整顿不积极也就是对改革不积极”。当前企业在治理整顿中确实面临不少困难，但这些困难并不是治理整顿带来的，而是多年积累起来的，是1984年以来连续几年国民收入超分配的恶果。因此，我们应当既正视困难，又坚定信心，以昂扬的精神状态迎接应对治理整顿时期暂时困难的考验。企业领导干部要发扬党的优良传统，转变领导作风，坚持群众路线，身先士卒、率先垂范，带领职工群众真正过几年紧日子，以便从根本上缓解社会总需求超过总供给的矛盾，逐步消除通货膨胀，使国民经济加快走出困境。

加强思想政治工作、坚决反腐肃贪既是治理整顿的重要内容，又是搞好治理整顿的重要保障。中央强调党组织要领导企业思想政治工作同厂长要对企业两个文明全面负责并不矛盾。我们既要克服经济工作一手硬、思想政治工作一手软，一硬一软不相称的状况，又要注意在软的一手硬起来的同时，硬的一手不要软下去。要做到这一点，关键是党政应当相互配合，抓思想要从生产出发，抓生产须从思想入手，围绕共同目标，积极开展工作。厂长要尊重书记在党委集体领导中的班长地位，书记要支持厂长在生产经营中的中心地位。这样的两“心”（即厂长中心、党委核心）变一“心”，就可以同心协力，同舟共济，战胜困难，开创新局面。

至于反腐肃贪，首先要从思想上认识这项工作的重要性。企业家都要自觉做到严于律己，廉洁奉公，坚决抵制各种腐败现象的侵蚀，同时积极投入反腐肃贪斗争。其次要看到这项工作具有明确的政策界限，它绝不是冲着所有企业家来的。只要不是贪污、受贿，中饱私囊，对企业家们在前几年的“大气候”下，在经济交往和应酬中出现的一些问题，应当多一点理解和宽容，决不要不分青红皂白，把勇于开拓创新的企业经营者都搞得灰溜溜的。不久前召开的上海市企业思想政治工作会议已经宣布了明确的政策界限，这对于正确地开展企业反腐肃贪具有重要指导作用，同时也有助于消除企业经营者们的某些不必要的思想顾虑。

总之，我们的企业家面对困难和挑战，应当把思想统一起来，把精神振奋起来，把力量凝聚起来，依靠职工群众，群策群力，励精图治，克服困难，使经济尽快走出困境。这就是所谓“我劝厂长重抖擞”的意义所在。

# 当前思想政治工作的主旋律

（1989 年 12 月）

进入今年 9 月份以来，上海市委、市政府已先后召开了三个全市性的思想政治工作会议。这就是 9 月份的农村干部会议，10 月份的企业思想政治工作会议，11 月底至 12 月初的学校思想政治工作会议。这三个重要会议的指导思想和主旋律都是“一要稳定，二要鼓劲”，都是为了加强党的思想政治工作。

为什么市委、市政府这样重视抓思想政治工作，而在思想政治工作中为什么又如此强调稳定和鼓劲这个主旋律呢？

这是因为，思想政治工作是我们党的优良传统，也是我们的政治优势。无论在革命战争年代，还是社会主义建设时期以及改革开放历史新时期，思想政治工作都曾发挥过极其重要的作用。但是近几年来，由于我们曾一度忽视党的建设、精神文明建设和思想政治工作，一些地方和单位的思想政治工作极为薄弱，这是导致党内外思想混乱、导致资产阶级自由化严重泛滥的一个很重要的原因。为了贯彻落实好党的十三届四中全会关于坚持四项基本原则、反对资产阶级自由化、加强思想政治工作的要求，市委决定召开这三个会议，采取实际的步骤，扎扎实实地加强上海党的思想政治工作。

市委、市政府召开的这三个重要会议，之所以都反复强调稳定和鼓劲，并把它作为当前思想政治工作的主旋律，这是有很强现实针对性的。邓小平同志多次提出，“稳定是中国人民的最高利益”。从国际大气候包括苏联和东欧一些国家最近的事态发展看，从近十年来我国改革开放的实践看，从今年春夏之交的政治风波发生、发展的教训看，当前最重要的是保持我们国家的稳定。稳定是压倒一切的。没有稳定的局面，什么改革开放，什么社会主义现代化建设统统都谈不上了。当然，稳定并不是消极防范和被动应付，也不是取消创造活力和进取精神。我们所说的稳定同鼓劲是一致的，就是要在稳定的基础上，最大限度地调动人们的社会主义积极性，在党内党外、在各条战线造成一个既有民主又有集中，既有纪律又有自由，既有统一意志又有个人心情舒畅那样一种生动活泼的政治局面。

当前，我们各级党组织在联系各自的实际情况，贯彻落实市委这三个重要会议精神的过程中，应当牢牢把握住“一要稳定，二要鼓劲”这个主旋律；为此又应当努力认清并妥善处理好以下四个关系。

一是稳定上海与稳定全国的关系。我们要引导广大党员和群众认识到，上海在全国的地位是举足轻重的。稳定了上海，对稳定全国这个大局会起很大作用。在今年春夏之交的政治风波中，有极少数人就是企图通过搞乱上海来搞乱全国。当时中共上海市委及时提出“稳定上海，稳定大局，坚持生产，保障生活”的口号，并开展了“上海不能乱，我们怎么办?”的大讨论，稳住了上海，支援了全国。在当前治理整顿的关键时期，我们仍然要识大体、顾大局，共同努力稳定上海，振兴上海。

二是稳定经济与稳定政治的关系。政治稳定是经济稳定的前提，经济稳定是政治稳定的基础。国内外敌对势力曾经把希望寄托在中国政局的混乱上，平息北京春夏之交的政治风波以后，他们失望了。党的十三届四中全会召开后，当他们看到中国的政局是稳定的，又把希望寄托在中国经济的不稳定上面。他们多次预言中国经济要崩溃。因为经济如果崩溃了，政局也就难以稳定了。当然，他们的政治企图是注定要落空的，但反过来这也说明了保持经济稳定的重要性。当前，我们要把政治稳定是前提，经济稳定是基础，两者缺一不可的道理告诉广大党员和群众，动员大家共同努力，发挥政治优势，摆脱经济困境。

三是稳定内部与稳定社会的关系。整个社会的稳定固然是各单位内部稳定的基础，而各单位的稳定又对保持社会的稳定和发展起着十分重要的作用。所以，我们不仅要全力维护社会稳定，还要尽可能地把本单位的不稳定因素化解在萌芽状态，不使其累积起来，波及社会。这也就是党的十三届五中全会要求各级领导干部要到群众中去，认真体察民情的意义所在。

四是稳定政策与稳定队伍、稳定人心的关系。在困难面前，我们特别要强调稳定队伍、稳定人心。而队伍的稳定与人心的稳定又同政策的稳定密不可分。所谓稳定政策，就是要切忌“翻烧饼”。党的十一届三中全会以来，各条战线行之有效的政策应当保持连续性；某个政策在当时起过积极作用，现在即使看起来有些毛病，也不要马上就变。在市委、市政府召开的三个思想政治工作会议上，市委、市政府领导同志根据农村、企业、学校的实际情况，反复强调发展郊区乡镇企业的政策不变；实行厂长负责制的政策不变；贯彻党的知识分子政策和“双百方针”不变。这对于从总体上稳定队伍、稳定人心起了重要作用。

在我们即将告别1989年之际，笔者写下这些文字，意在与各条战线的党务工作者共勉。也希望来年能更多看到来自各条战线在把握“一要稳定，二要鼓劲”这个当前思想政治工作主旋律方面，所创造的各种生动活泼、行之有效的好经验。

# 着眼于稳定　着力于鼓劲

（1989年12月）

上海市学校思想政治工作会议于昨天胜利结束。这是继9月份的农村干部会议、10月份的企业思想政治工作会议之后，由市委、市政府召开的又一次全局性的重要会议。这次会议围绕如何坚持坚定正确的政治方向，切实加强和改进学校思想政治工作，把学校真正办成培养社会主义事业接班人的坚强阵地这一主题，联系今年春夏之交的政治风波，认真反思了学校思想政治工作的经验教训，统一了思想，提高了认识，明确了任务，振奋了精神。

提出加强和改进学校思想政治工作必须贯彻“着眼于稳定、着力于鼓劲”的方针，这是切合当前学校工作实际、具有很强现实针对性的正确方针。国际敌对势力，国内搞资产阶级自由化的人，总是把学校特别是高等学校作为他们思想渗透的主要场所。近几年来数次出现的学潮和今年春夏之交发生的政治风波都告诉我们，一些政治势力总是从破坏学校特别是高等学校的稳定入手，进而破坏全社会的稳定。各级各类学校的广大教职员工包括青年学生，都要从这样的战略高度来认识稳定学校的重要意义，并共同为稳定学校、稳定社会作出贡献。

今年秋季开学以来，上海市各级各类学校，特别是高等院校，在稳定师生情绪、稳定学校秩序方面做了大量卓有成效的工作，取得一定的成绩，为稳定上海，稳定大局作出了贡献。但是不稳定的因素依然存在，我们对此决不可掉以轻心。与此同时，一些师生还存有这样那样的担心或疑虑。所以，当前学校思想政治工作不但要着眼于稳定，而且要着力于鼓劲。要通过更加卓有成效的工作，把广大学生为“实现四化，振兴中华”而勤奋学习的劲头鼓起来；把广大教师教书育人的劲头鼓起来；把广大专职和兼职政工干部做好新形势下思想政治工作的劲头鼓起来。

为了贯彻好"着眼于稳定、着力于鼓劲"的方针,当前必须认真搞好清查清理工作,并按照党的政策及时解脱大多数;必须深入开展坚持四项基本原则的教育,旗帜鲜明地反对资产阶级自由化;必须加强管理,从严治校,建设良好的校风校纪;必须加强党对学校思想政治工作的领导,充分发挥党组织的政治核心作用;必须动员全党全社会力量,为学校思想政治工作创造良好的外部环境。这些都是稳定学校的重要工作。

当前,我们为稳定学校所进行的各项工作,都要着眼于和着力于最大限度调动广大师生员工的积极性。要坚决贯彻党的十一届三中全会以来的知识分子政策,继续贯彻"尊重知识,尊重人才"的方针,努力为广大教师提供良好的工作条件和生活条件。要继续坚定不移地贯彻"双百方针",鼓励广大教师尤其是教授哲学社会科学的教师在坚持四项基本原则基础上,解放思想,大胆探索,积极开展学术研究和教学活动。在严格校风校纪的过程中,必须进一步发扬校内民主,活跃校园文化生活。在加强党对学校思想政治工作的领导中,必须努力建设一支专兼结合的政工队伍,并且要在一系列政策导向上有利于稳定和鼓励政工干部队伍。

着眼于稳定、着力于鼓劲,归根到底要落实到深化教育改革,提高教育质量上来。对这几年上海各级各类学校在教育改革中取得的成绩要给予充分肯定,对的要坚持,不够的要补充,不完善的要加以完善。学校的教育改革一定要有利于调动广大教师的积极性,有利于适应社会主义建设的需要,有利于坚持社会主义方向,培养德才兼备的优秀人才。

培养一代有理想、有道德、有文化、有纪律的社会主义接班人,不仅是学校和教育工作者的职责和任务,也是全党全社会的共同责任。近年来,全党全社会在关心青少年健康成长方面作了不少努力,并取得了一定成效。今后要继续采取切实有效的措施,把培养社会主义接班人和建设者的大事真正落到实处。

我们相信,这次大会以后,只要坚定不移地贯彻"着眼于稳定、着力于鼓劲"的方针,把上海教育战线广大师生员工的思想统一起来,精神振奋起来,力量凝聚起来,同社会各方面共同满怀信心地努力工作,就一定能办好具有中国特色的社会主义教育事业!

# 二、20 世纪 90 年代

# 稳定经济必先稳定农业

（1990 年 1 月）

80 年代末 90 年代初，中共上海市委书记、市长朱镕基亲自带领几十名市级机关干部，深入郊区农村，认真调查研究。郊区广大党内外干部群众普遍认为，这是把农业放在重要地位，重视农业、支援农业和发展农业的一个好兆头。

党的十三届五中全会提出，“全党全国动员起来，集中力量办好农业”，并且要求“各级党委和政府必须把农业放在重要地位，各项经济工作都要贯彻以农业为基础的方针”。为什么在当前治理整顿、深化改革的过程中，党中央和上海市委如此重视农业问题呢？这是因为，在治理整顿乃至整个现代化建设过程中，稳定是压倒一切的。政治的稳定，需要以经济稳定为基础，而稳定经济又必须先稳定农业。农业既是国民经济的基础，又是稳定全局的基础。多年的经验表明，农业这一业如果不稳，会导致国民经济百业受损。正如陈云同志在 1985 年提出的：“无农不稳，无粮则乱。”

当前我国农业面临的状况是严峻的。从 1984 年以来，我国的粮食生产已连续五年徘徊在 8000 亿斤左右，全国人均占有粮食已从 1984 年的 800 斤下降到 730 斤。原来预定“七五”计划的最后一年即 1990 年全国粮食总产量应该达到 8500 亿—9000 亿斤，这个目标现在已不可能实现。这样，就给完成 20 世纪末农业发展目标增加了难度。更为严峻的问题还在于，现在我国人口每年以一千几百万的速度在增加，而耕地却以每年三五百万亩的速度在减少。我们必须看到这个问题的严重性。

同全国一样，上海郊区农业生产（这里主要指种植业）在十年来的改革中自从上了一个新台阶之后，也陷入了连续 5 年徘徊不前的困境。更为严重的是，耕地锐减已成为稳定上海农业的潜在危机。1978—1988 年，全市净减少耕地 46 万亩，相当于现有耕地的 1/10。全市人均占有耕地已由解放初期的7.3分下降到1988年的3.9分。上海自然资源十分贫乏，占全市土地面积94%的郊区，是城市赖以生存发展的唯一资源和空间。因此，“无农不稳”对上海也不例外。我们上海市各级党委和政府对郊区农业这件关系到稳定上海、稳定全局的大事，同样不能掉以轻心。要在全市上上下下、各行各业牢固确立长期坚持以农业为基础的指导思想，并把它贯彻到各自的实际工作中去，任何时候都不能动摇。

稳定郊区农业，首先要稳定党在农村的各项政策。党中央和中共上海市委一再强调，农村和郊区农民家庭联产承包责任制要稳定不变。当前正面临不少乡镇企业待业人员重返农业第一线的新情况，郊区人多地少的矛盾也会更加突出。因此，发展农业适度规模经营要从这个实际出发，不要急于求成。市对县的各项副食品生产扶持政策和对乡镇企业的各项优惠政策，也要继续执行下去，这是保护农民积极性的重要措施。

稳定郊区农业还必须采取切实有效的措施稳住农村耕地。现在上海耕地问题的严重性不仅表现在人地矛盾的日益加剧上，还表现在一些农村干部仍未意识到全市耕地与人口反向发展导致耕地危机的巨大惯性，对非农业建设占用耕地缺乏有效的控制，盲目占用和浪费耕地现象比较严重，仅农村建房这一项，1988年就占用耕地7000亩。人们担心照此下去，在上海6100平方公里的土地上，农业真有消亡之虞。因此，必须尽快制订保证现有耕地不再减少的政策，搞好对农村建房的统一规划，并加强对土地资源的开发利用的严格管理。

稳定郊区农业还要抓好“科技兴农”。20世纪初，一些发达国家农业生产率的提高，靠采用新技术来实现的不足20%，而当今已达到60%—80%。而目前我国农业总产值增长量中，科技进步的作用仅占30%—40%。因此，抓好农业科技推广是稳定发展上海郊区农业的一个大问题。现在我们有许多很好的、比较成熟的农业科研成果还停留在实验室和试验田里。针对这一情况，必须进一步动员和组织农业科技人员深入农村，重点推广若干项花钱较少、增产效果显著的农业科技成果，并认真地、有计划有步骤地抓好对农民的科学技术教育和培训。

稳定郊区农业还要抓农业投入，增强农业后劲。发展农业需要增加投入。除了国家、地方和集体要不断增加对农业的投资以外，农村各级党政组织还要引导农民增强对农业的投入。鉴于农户与土地的特殊关系，也鉴于农户既是自身投入的组织者,又是投入报酬的直接受益者,因此农民应当成为农业投入的主体。但现实情况是郊区农户支出年增加额的绝大部分偏重于生活消费而不重视农业投入。1985—1988 年,郊区农民家庭平均每人年总支出增加 484. 75 元,其中用于农林牧副渔的生产费用支出只增加 64. 72 元,生产性固定资产购置费用支出仅增加 0. 93 元。改革开放以来,郊区农民收入增长较快,农村各级党组织要教育农民树立过几年紧口子的思想,发扬艰苦奋斗、自力更生精神,少消费一点,多积累一点,特别是不要把投入过多地放在建房上面。1988 年郊区农民用于建房的投入达 20 亿元,把这笔钱引导到农业投入上,就可以办许多事情。

稳定农业绝不仅仅是农业部门的事,也是全市 1260 万人民的共同任务。全市各行各业都要按照党的十三届五中全会精神办事,把大力支援农业,为农业发展开绿灯作为头等大事,真正做到“全党全国动员起来,集中力量办好农业”。

# 领导干部下基层体察民情贵在有“情”

（1990年1月9日）

党的十三届五中全会向全党、首先是党的各级领导干部提出了坚持群众路线、认真体察民情的要求。许多党员干部纷纷深入基层，调查研究。

由于当前我国的国民经济遇到了一些暂时困难，还由于东欧一些国家最近出现的新情况、新问题，现在基层干部、群众中存在的思想问题比较多，工作、生产和群众生活中需要解决的实际问题也不少。因此，领导干部到群众中去，认真体察民情非常必要，这是发扬党的优良传统，同群众一起战胜暂时困难的一项重要措施。

最近笔者跟随朱镕基同志去金山县农村蹲点调查时，从亲身经历的许多事例中，悟出一个道理，就是领导干部下基层体察民情贵在有“情”。

所谓贵在有“情”，首先是对群众利益、群众疾苦要有感同身受的感情。这几年，有些干部到基层去，往往是“招招手、握握手、挥挥手”，而对群众最关心的切身利益和实际困难则漠然处之。在这种情况下，人们怀念焦裕禄那样的对群众嘘寒问暖、关怀备至的干部就是很自然的了。这次随朱镕基同志去金山县农村蹲点调查，当他听到今年农民年终分配缺少资金，原因是应收销货款被大量拖欠的情况以后，焦急万分，第二天就把市人民银行和农业银行的两位负责人请到他蹲点调研的县里，商量解决问题的办法，还建议主管工业的副市长紧急协调，组织受农民欢迎的紧俏工业品下乡以回笼货币。消息传出以后，农民笑了，干部乐了，都说新任市委书记兼老市长帮他们解决了一个大难题。这不就是五中全会关于“对于群众最关心的切身利益和实际困难，凡是能办到的，一定要千方百计帮助解决”精神的生动体现吗？

贵在有“情”，还应当表现为对基层干部解决不了的难题要有千方百计帮助排忧解难的工作热情。金山县1988年没有完成生猪调市计划，受到严厉批评。去年县委、县政府接受教训，狠抓一年，大见成效。年终，在超额完成合同定购的调市任务之后，还有上万头圈存肉猪卖不掉，农民急得直搓手，干部愁得直摇头。朱镕基同志在蹲点调研中了解到这个情况后，便做市人民银行和市财办负责同志的工作，动员他们挤出资金、扩大库存，把农民家里多余的肉猪收下来。现在这一难题已告解决。他还抓住这一事例举一反三，要求市有关部门要逐年扩大合同定购的生猪调市基数，以充分发挥郊区副食品基地的规模效益，并对超基数饲养的问题，提出了合情合理的收购政策建议。

贵在有“情”，更应当表现为对群众反映强烈的不正之风，要有疾恶如仇、惩前毖后的愤激之情。这几年有些上级领导对自己下属的干部搞不正之风往往“见怪不怪”。有的甚至还“爱屋及乌”，搞“官官相护”。他们只考虑官场上庸俗的“关系学”，却很少研究人民群众的“心理学”。这次朱镕基同志在金山蹲点调查时，当他发现有些农村干部大量拖欠集体资金建造私房、装修住房，严重脱离了群众，心情再也不能平静了。他说1990年是“党风年”，要把抓党风、促廉政作为做好农村各项工作的纲，对严重违法违纪、以权谋私的典型，要铁面无私、严肃处理，对干部要有震动，对群众要有交代。

体察民情贵在有“情”，当然并不止于这里所概括的三个方面。但从群众的反映来看，一个领导干部下去体察民情能做到这几点，他们就很满意了。以上这些，概括得不一定都很精准，仅供那些已经或正在，或将要下去体察民情的干部同志们参考。

# 上海在改革中迎来思想政治工作的春天*

（1990年2月）

1988年春天，被上海人民亲切地称为“思想政治工作的春天”。这年春天，刚刚由上海市市长转任市委书记的江泽民同志，走马上任第一件事，就抓了全市范围的思想政治工作专题调查，并亲自主持制定了《中共上海市委关于当前加强和改进思想政治工作的几点意见》，还专门召开市委五届七次全会来讨论、修改和审议、通过这一文件。

在当时一片改造和削弱党的思想政治工作的大气候下，江泽民同志的这一举动，旗帜鲜明地为全市广大党务工作者和政工干部鼓了劲、撑了腰，在当时的上海产生了很大的“示范效应”。全市许多区县局、部委办的党委领导同志也纷纷深入基层，召开各种类型的思想政治工作座谈会、交流会、研讨会，贯彻落实市委关于加强和改进思想政治工作的文件精神。当时，有一首流行全国的民谣称“上海靠战无不胜的毛泽东思想”，其背景便是针对此事而言。

或许是“萧规曹随”吧，在江泽民同志就任中共中央总书记后接任市委书记的朱镕基同志，上任伊始，也是从抓思想政治工作入手，在1989年9月至12月，先后召开了市农村、企业和学校三个思想政治工作会议，提出了“一要稳定，二要鼓劲”这一当前上海思想政治工作的主旋律，同样极大地鼓舞和凝聚了全市党内外干部群众的心。

在今年上海市各界群众春节联欢大会上，杨尚昆同志充分肯定上海这几年的工作很有成绩。上海人民深知，这是同市委几位领导同志坚持“两手抓”，始终把思想政治工作抓在手上、落到实处分不开的。

---

* 本文系作者对江泽民同志在上海专题调查思想政治工作的情况所作的若干追记。

以下是作者根据当时的调查笔记，对江泽民同志专题调查上海多条战线思想政治工作的情况所作的若干追记。

## 一、当前思想政治工作的主要诉求应该是“加强”而不是“改造”

进行思想政治工作专题调查，不能不涉及对思想政治工作现状的基本估价。当时主持中央工作的同志对全党思想政治工作情况的估价是“不适应”，强调要“改造”。然而，江泽民同志在长达一个多月的系统调查中发现，在改革开放过程中，社会各阶层的思想既活跃又混乱，这是一个思想问题大量产生、思想政治工作亟待加强的年代。但恰恰改革开放中的思想政治工作十分薄弱。不少基层单位思想政治工作的状况是：“说起来重要，做起来次要，忙起来不要，出了问题才要”。一些单位思想政治工作的“队伍散了，阵地丢了，思想乱了”。马克思主义者必须时刻注意倾听实践的呼声。江泽民同志在实践中得出这样的结论：当前思想政治工作的主要矛盾应该是“加强”而不是“改造”。

当时，有一个情况对他很有启发。5月下旬的一天，他到坐落在上海闵行开发区的中美上海施贵宝制药有限公司调查。这个年产值4300万元的企业只有250人，在上海只能算一个中小企业，然而该企业却设有专职政工干部。美方总经理康乐埃一开口就用英语对江泽民同志说，他对该企业党支部抓职工思想政治工作是理解和支持的。对此，江泽民同志既略感意外而又饶有兴趣，便也用流利的英语同美方总经理交谈起来。这位经理说，据他观察，中方党支部开展的各项思想政治工作都着眼于鼓励职工积极生产，而不是鼓动工人跟他捣乱，这样的思想政治工作对企业生产是有好处的。

江泽民问这位经理是怎样支持公司党支部开展思想政治工作的。美方总经理扳起两个手指说他有两条：第一，让中方党支部书记脱产专门负责抓思想政治工作，每周提供两小时工作时间让他组织全厂职工进行政治学习；第二，给这位专职党支部书记以仅次于中方副总经理的工资待遇。

在中美上海施贵宝制药有限公司调查研究的第2天，恰逢上海市思想政治工作研究会召开年会，江泽民同志在会上以此为例，充分论述了加强思想政治工作的极端重要性。他说，连美国资本家都懂得思想政治工作对企业的好处,我们这些靠政治工作起家的中国共产党人,还有什么理由不重视思想政治工作呢?

为了深入了解和探索思想政治工作受到严重削弱的原因,江泽民同志对全市9个系统的57个基层单位进行了长达1个多月的调查解剖,从中总结概括了五条原因。

第一,党的工作重点转向以经济建设为中心以后,我们各级党组织用比较多的精力抓经济工作,这是应该的必须的,今后还要继续这样做,但也存在忽略“两手抓”、没有把思想政治工作始终放在非常重要地位的问题。邓小平同志早就提醒我们:“在工作重心转到经济建设以后,全党都要研究如何适应新的条件,加强党的思想工作,防止埋头经济工作、忽视思想工作的倾向。”这一提醒永远值得我们高度警惕。

第二,拨乱反正以来,我们批判了“四人帮”鼓吹的“精神万能论”,强调按经济规律办事,但是也容易走上忽视思想政治工作的另一个极端,以为光靠物质鼓励就能解决一切问题。而事实证明:在整个社会主义初级阶段,由于生产力还不发达,人们的物质待遇还不可能一下子提得很高;而且从近几年的实践情况看,单靠奖金是不能解决所有问题的。必须通过大力加强思想政治工作,培养千千万万有高度觉悟的、有献身精神的劳动者。不然,社会主义是搞不上去的。

第三,对社会主义初级阶段理论和党在社会主义初级阶段的基本路线,我们也容易产生某种片面的理解。比如,在初级阶段宣扬先进思想会不会变成超越阶段?受这种思想影响,我们就不敢理直气壮地去抓先进思想的宣传教育,也不敢旗帜鲜明地反对拜金主义、极端个人主义和极端民主化。

第四,一些企事业单位实行党政分开,由行政首长对两个文明全面负责以后,由于种种原因,对思想政治工作的领导一下子还衔接不上。

第五,面对改革开放新形势,发展社会主义商品经济的新环境,思想政治工作从担负的任务到工作的对象、再到工作的方法,都比过去有了很大变化,从上到下都有一个逐步适应的过程,短期内的不适应,也是导致思想政治工作被削弱和薄弱的一个主要原因。

在市委五届七次全会上,江泽民同志在详细分析了以上五条原因之后强调指出,毛泽东同志说过:“掌握思想教育,是团结全党进行伟大政治斗争的中心环节。”今天,掌握思想教育,则是我们团结全党和全体人民深化改革、共渡难关的中心环节。我们必须一手抓改革开放，一手抓思想政治工作，把思想政治工作贯穿于建设和改革的各个领域，落实到各项工作中去。要通过强有力的思想政治工作，激励人们的社会主义积极性、创造热情和献身精神，把人心凝聚起来，把士气进一步振奋起来，共同为振兴中华、振兴上海而团结奋斗。

江泽民同志在他亲自主持制定的《中共上海市委关于当前加强和改进思想政治工作的几点意见》中，还就如何切实加强思想政治工作，从指导思想到工作重点、队伍建设、加强领导、形成社会合力等方面，作出了具体的、操作性很强的要求，对于指导全市各级党政组织加强和改进思想政治工作起到了重要作用。

## 二、把继承优良传统同改革创新结合起来增强思想政治工作的吸引力

在这次专题调查中，江泽民同志形成了这样的看法：在新的历史条件下，思想政治工作的加强同改进是紧密相连的。无论是加强还是改进，都必须把继承党的思想政治工作的优良传统同改革创新很好地结合起来。他对基层党员、干部和群众说，在新的历史条件下，继承和发扬党的思想政治工作的优良传统，这是邓小平同志多次提出的要求，是新时期思想政治工作必须遵循的一个重要原则。针对思想政治工作“改造”论者全盘否定思想政治工作优良传统的种种错误观点，江泽民同志强调指出：在长期实践中，我们党积累了丰富的思想政治工作经验，逐步形成了一套比较完整的理论、方针、原则和制度。对党的思想政治工作的基本原则和优良传统，任何时候都必须坚持。如果丢掉这些根本性的东西，就丢掉了我们党的优势和特色，思想政治工作就不能坚持正确的方向，创新、改造也就失去了基础。他强调，要继承党的群众路线好传统，坚持从群众中来，到群众中去。

在上海师范大学等高校调研时，江泽民同志了解到这些高校开设的心理咨询课程，科学破译了一些青年学生的“心理密码”，拓宽了高校思想政治工作的天地。进而他又了解到，上海有些单位已成立了心理咨询总站，开设了学生咨询专线电话和信箱等等。江泽民同志热情地肯定这是新形势下思想政治工作的“心理咨询法”，指出它是“一把钥匙开一把锁”的传统思想

政治工作方法在新形势下的创新和运用。

在上海电视台调查研究时，江泽民同志总结概括了“促进思想政治工作社会化”的新经验。他了解到，现在青少年学生所接受的各种信息量75%以上来自大众传播工具；企业职工思想受大众传播工具的影响也占很大比重。他敏锐地指出，虽然信息量不等于思想政治工作，但在现代社会中，舆论对左右人们的思想确有很大影响。他还强调，报刊、电视、广播等现代化大众传播工具，具有信息量大、时效性强、覆盖面广等特点，应当在加强和改进思想政治工作中，发挥更大的作用。为了引导大众传播工具为促进思想政治工作的社会化出力，他还在上海首创了市委、市政府领导与新闻界季度座谈会制度，每个季度都和上海市市长朱镕基同志一道，面对面地同上海新闻界各单位主要负责人进行一次双向对话交流，充分调动了新闻工作者配合基层单位做好思想政治工作的积极性。

在江泽民同志亲自主持制定的《中共上海市委关于当前加强和改进思想政治工作的几点意见》中，还总结概括了包括开展“振兴中华读书活动”，创建文明单位活动，社会调查、社会实践活动在内的思想政治工作新经验，并要求各级党政组织和政工干部根据新的实践，不断探索新路子，创造新方法，把思想政治工作提高到一个新水平。

## 三、企业党组织不能“党只管党”，要理直气壮地把思想政治工作的责任担当起来

上海是我国最大的工业城市，因此企业思想政治工作是江泽民同志这次专题调查研究的一个重点。当时上海许多企业正在根据《企业法》的有关规定，探索思想政治工作的新体制。江泽民同志在深入调查中发现，实行厂长对企业两个文明全面负责的新体制后，“厂长不到位，书记怕越位”是一个普遍存在而又亟待解决的问题。

在全国思想政治工作先进企业上钢三厂，江泽民同志同来自上海一些大中型企业的厂长们围坐在一起，严肃认真地讨论了这个问题。许多厂长坦诚地说，“甘蔗难有两头甜”，要我们对企业两个文明一起抓，我们没意见，但要我们对企业思想政治工作全面负责，实在是“心有余而力不足”。上面老是批评我们“厂长不到位”，其实，并非我们主观上不想到位，而是在

资金、能源、原材料、产品推销上都忙不过来，客观上确实难以“到位”。

有意思的是，在上海梅山钢铁厂调查时，江泽民同志又发现，作为企业在思想政治工作新体制的另一方，企业党委书记们也有一本难念的经。他们想：现在实行新体制了，企业明文规定思想政治工作由厂长全面负责了，我们这些党委书记索性就把党组织管好得了吧。于是厂里开职工大会，党委书记也不敢去讲话了，为什么？据说是怕“种了别人的地，荒了自己的田”，有“越位”犯规之嫌。

由于“厂长不到位，书记怕越位”，一些企业思想政治工作出现了“空档”现象。针对这一情况，江泽民同志边调查，边做深入细致的宣传解释工作。

他指出，要求厂长对企业两个文明全面负责，不能片面地理解为企业思想政治工作只能由厂长或者行政领导去做，更不意味着党委书记就不是企业领导人了，企业党组织就可以忽视思想政治工作了。

企业党组织的工作在任何时候都只能加强，不能削弱，更不应该在一片“改造”声中淡化。我们实行党政分开，就是要让企业党委书记们集中精力抓好党的建设，但是“党要管党”决不等于“党只管党”。在革命战争年代，我们党还要宣传群众、教育群众，组织群众去夺取革命战争的胜利，难道社会主义建设时期，我们党组织倒可以不抓职工思想政治工作了？我认为，只要共产党存在一天，党的思想政治工作就存在一天，这是我们党的政治优势，可不能丢啊！

针对有些同志认为既然企业党组织在实行厂长负责制后，要发挥保证监督作用，那么对思想政治工作也只能是搞搞保证监督的看法，江泽民同志指出，党委的保证监督职能，是从企业的领导角度讲的。思想政治工作和群众工作是企业党组织发挥保证监督作用的一个重要途径。党组织不是对思想政治工作实行保证监督，而是要通过思想政治工作去达到保证监督的目的。因此，企业党组织不能顾虑多端，在任何时候都要理直气壮地积极开展思想政治工作。

江泽民同志还指出，另一方面，作为一个高明的厂长，应当自觉地接受党组织的监督，依靠党委来做好思想政治工作。现在厂长们都在忙于抓生产、搞经营，搞原材料和产品推销，还难以花很大的精力去考虑企业思想政治工作。在这种情况下，可以考虑把企业思想政治工作划分为若干类别。

第一类是围绕完成企业生产任务过程中产生的若干思想问题，比如畏难情绪、浪费现象等等，由行政领导出面去做可能更有利；第二类是经常性的比较系统的思想政治工作，比如围绕培养“四有”新人进行提高职工觉悟的教育，党的方针政策的教育，职业道德教育，这类工作恐怕仍然是要由企业党委去做的；第三类是形势教育，从国际到国内的形势教育，要经常抓，党委书记和厂长都可以给企业党员、干部和职工作报告；第四类是针对职工中在一定时期的思想倾向问题，行政领导和党委都要挺身出来做工作。

在江泽民同志耐心细致的启发引导下，当时上海不少工厂企业的党政干部廓清了思想迷雾，致力于齐抓共管，保证了思想政治工作的不断不乱。许多企业的党政干部至今还十分留恋江泽民同志那种深入实际的具体指导。

## 四、思想政治工作是一门科学应当为政工干部评定专业职称

江泽民同志在上海各条战线进行思想政治工作专题调查研究过程中，十分注意听取政工干部的意见。政工干部们向他反映，某些不负责任的舆论宣传和不尽合理的具体政策，严重地挫伤了政工干部的积极性。比如，有的报纸竟然宣传：“政工干部砍一半，生产效益翻一番。”他们对江泽民同志说，社会上不理解我们政工干部的价值倒也罢了，最叫人寒心的是为什么党也不理解我们？上面有些权威人士喋喋不休地宣传什么精简政工机构、裁减政工人员，一个劲地鼓吹“政工干部的兼职化、业余化”，这到底是要把思想政治工作置于何地？还有些政工干部反映，现在有个很奇怪的现象：研究低级动物甚至微生物的可以评高级职称，而专门研究人这个高级动物的行为科学的，连个低级职称也评不上，这种政策导向不利于稳定政工干部队伍，更不利于加强思想政治工作。他们呼吁：应当为长期从事思想政治工作并且切实做出成效的政工干部评定职称，不然，政工干部的价值得不到社会承认，政工队伍也留不住人。

江泽民同志十分重视政工干部的这些意见。他所到之处，总是热情肯定广大政工干部的作用和贡献。他说，社会舆论应当尊重和支持从事思想

政治工作的同志。在新中国成立后的40多年里,我们党的政工队伍如同革命战争年代的军队政工干部队伍一样,确实集中了一批优秀同志。他们在各条战线努力宣传党的路线、方针、政策,做了大量"润物细无声"的工作,表现出很强的党性和革命事业心。党的十一届三中全会以来,上海涌现了一批受到群众信赖的思想政治工作者,他们功不可没。那种所谓"政工干部砍一半,生产效益翻一番"的舆论宣传是片面的、有害的,我们在宣传政治体制改革的时候,千万不能走极端,以为思想政治工作可以取消,那就大错特错了。他强调,每个企业都必须有一支精干的专门的思想政治工作队伍。这支队伍不能都搞兼职化、业余化,对各条战线的政工干部都搞兼职化、业余化,最后必然会导致把党的思想政治工作根本取消。

江泽民同志十分关注和理解广大政工干部的呼声,他表示赞同给政工干部评定专业职称。他说,思想政治教育是一门科学。思想政治工作者从事的是一种复杂的精神劳动,应该得到全社会的尊重。他主张在中央作出统一规定之前,可以在组织人事部门指导下,选择少数单位,有组织、有领导地进行政工干部评定职称的试点。在中共上海市委出台的相关文件中,对试点工作提出了三条政策性、指导性意见,保证了此项试点工作的顺利进行。

为了不断提高广大政工干部的思想和业务素质,江泽民同志还十分强调抓好对政工干部的正规化、系统化培训。他要求广大政工干部系统学习思想政治工作学、政治学、社会学、心理学、道德科学等专业知识。他还希望政工干部要努力追踪广大青年学生、青年职工的阅读热点,博览群书,不断拓宽知识面。他在上海师范大学调查时,校领导根据他的要求,开出了一张在校大学生的热门书单,一共有十几种。校领导还告诉江泽民同志,学生的阅读热点变化很快。江泽民同志对全市政工干部说,现在青年学生、青年职工看的书很多,知识面也很广。如果我们做思想政治工作的同志没有读过这些书,怎么去有的放矢地做工作?我不是说所有的热门书都要读完,但至少要了解一个梗概。这样,做思想政治工作才有本钱,才能做到有的放矢并且同我们的工作对象取得共同语言。

在江泽民同志的亲自关心指导下,上海对各条战线专职政工干部的系统培训工作从1988年春天就已经起步。市委组织部、宣传部联合举办的系统化培训班目前已连续举办了好几期,一大批经过正规培训后如虎添翼的政工干部，正生气勃勃地战斗在各自的工作岗位上，为全市各条战线的思想政治工作平添了无限生机和活力。

“俏也不争春，只把春来报。待到山花烂漫时，她在丛中笑。”笔者在想，给上海带来了思想政治工作春天的江泽民同志，如果看到今天上海市各条战线思想政治工作的明媚春光，想必一定也是这样一种心情吧？

# 拨云见日廓清政治体制改革中的迷雾*

（1990年2月8日）

上海的党政干部和广大群众永远不会忘记1988年的春天。

这年春天，在上海市九届人大会议上，江泽民同志辞去了他已担任三年的市长职务，走上了市委书记领导岗位。

这位以抓实事著称的老市长、新书记，走马上任第一件事，就是深入基层，亲自作了长达一个多月的思想政治工作专题调查。这次调查，涉及全市9大系统57个基层单位。而其中江泽民同志跑得最多的是企业，具体指导最详尽的是企业思想政治工作。现在，上海企业广大党政干部每当谈到这次调查时，总爱用“廓清迷雾”这几个字来描绘当时的情形。

确实，在1988年春天，笼罩在上海大中型企业政工干部心头的迷雾是浓重的。当时的“大气候”是主张“改造”思想政治工作，提倡政工干部“兼职化、业余化”。在企业界，正在组建的思想政治工作“新格局”，竟然要求厂长两个文明一起抓，党组织不再领导企业思想政治工作。这一切，使上海许多企业党政干部感到困惑和迷惘，“厂长不到位，书记怕越位，思想工作缺了位，思想问题一大堆”，正是当时许多企业所共同面临的问题。

江泽民同志的专题调查，就是在这样的大背景下开始的。他每到一个单位，总是鼓励大家讲真话。他本人也毫不隐瞒自己的观点，使调查的全过程充满了实事求是、平等交谈、相互探讨、解决实际问题的气氛。

## 一

1988年5月13日上午，一辆中型面包车缓缓驶进了坐落在上海闵行

* 本文系作者对江泽民同志在上海专题调查思想政治工作的情况所作的工作追记。

开发区的中美上海施贵宝制药有限公司。江泽民同志特意选择这家合资企业作为他进行企业思想政治工作调查的第一站。“深入到点，辐射到面”，是他在此次调查中经常采用的一个基本方法。这天，他把与中美上海施贵宝制药有限公司毗邻的另一家合资企业——上海三菱电梯公司的党委办公室主任也请来一起座谈。

“今天请你们来，主要是谈谈合资企业职工的思想状况，研究一下在合资企业思想政治工作应该怎么做?”江泽民同志开门见山地表明了来意。

在座谈会上，首先发言的是中美上海施贵宝制药有限公司美方总经理汤姆·康乐埃。他用英语对江泽民说，他对中方党支部抓企业职工的思想政治工作是完全理解和支持的。听到这番话，江泽民同志开始时感到有点意外，但又饶有兴趣。他也用流利的英语同美方总经理交谈起来。

康乐埃总经理说，据他观察，中方党支部开展的各项思想政治工作，都着眼于鼓励职工积极生产，而不是鼓动职工起来同企业闹矛盾。这样的思想工作，对企业显然是有好处的。

“您是怎样支持我方党支部开展思想政治工作的呢?”江泽民同志进一步问道。康乐埃有根有据地说了两条：第一，给中方党支部书记（兼工会主席）脱产抓思想工作，每半月提供1小时工作时间，用于全厂职工的全员政治学习；第二，给这位企业党支部书记以仅次于中方副总经理的工资待遇。

“措施不多，但都是干货。”江泽民同志笑容满面地把这些内容记在笔记本上。随后，中方副总经理金伯承和党支部书记肖洪清也分别发言。他们都认为，合资企业不能没有思想政治工作。因为同外国人打交道，不能没有原则；鼓励职工办好合资企业，不能没有精神动力。同时，他们也谈到，由于合资企业的所有制性质、领导体制、管理方法、工作环境都同国有企业有所区别，思想政治工作不能完全照搬国有企业的做法，而要从自身的实际出发。比如给职工送生日蛋糕，请职工家属来厂参观或外出游览，等等，既是感情投资，也是很实实在在的思想政治工作。比如，组织一些职工家属来厂参观后，家属自此对自己的亲属早出晚归的超负荷工作给予了充分理解和支持，有效消除了职工的后顾之忧。

上海三菱电梯公司的党委办公室主任顾浩金也有同感。他向江泽民同志汇报了他们在实践中创造的“三不两紧贴”的合资企业思想政治工作操作法。“三不”，就是合资不姓资（指资产阶级腐朽的意识形态、生活方式不能合进来)、加强不削弱(指思想政治工作阵地不丢、队伍不散)、适应不照搬(指思想工作原则不变,方法全新);“两紧贴”,就是思想工作要紧贴企业经济工作、紧贴职工现实思想。他生动形象地介绍了许多这方面的具体情况。有趣的是,他也谈到,上海三菱电梯公司的日方管理人员对他们开展的思想政治工作也很支持,甚至还主动参加中方组织开展的一些活动。

江泽民同志听得很认真,记得很仔细。当大家都把目光投向他时,他意味深长地说了两条:第一,对企业职工的思想政治工作,不仅我们社会主义国家要搞,资本主义国家采取不同的方式也在搞。有些做法还是从我国学过去的。比如,“两参一改三结合”“以厂为家”等,都是从中国传到日本,然后又传到西德,后来便发展成为工人代表参加企业监事会。至于西方国家的老板给工人送生日礼物已很普遍,他们把这一套统称为“行为科学”。当然,他们的目的是为资产阶级利益服务的。我们现在搞政治体制改革,千万不能走极端。如果以为思想政治工作可以取消,那就大错特错了。第二,中美上海施贵宝制药有限公司只有250个职工,却设有1名专职政工干部;上海三菱电梯公司有1000名职工,配备了9名专职政工干部。这说明,政工干部的人数,可以根据企业的大小而有多少之别,但绝对不能没有。那种全盘兼职化、业余化的搞法,他是不赞成的,那样势必导致思想政治工作的淡化和弱化。这是江泽民同志针对当时情况的一次明确表态。消息很快就不胫而走,在上海的广大党政干部中广为传播。

## 二

过了6天,江泽民同志乘坐的面包车,又穿过黄浦江越江隧道,来到了地处浦东的上钢三厂。这是一家有70多年历史的老厂,曾多次荣获全国思想政治工作先进企业称号。按照惯例,江泽民同志又把同是国有大中型企业的上海焦化厂、上海玻璃厂、上海彭浦机器厂的党政主要领导同志请到上钢三厂来一起探讨。小小的厂部会议室里,江泽民同志同大家围坐在一起,就上海大中型企业职工的思想状况和贯彻《企业法》、党政如何拧成一股绳等问题,展开了畅所欲言的热烈讨论。

上钢三厂党委书记尹灏直言不讳地说,现在,国有大中型企业严重缺乏活力,这就增加了企业党政干部做思想政治工作的难度。企业干部和职工队伍中的第二职业风、请客风、出国风盛行。上海彭浦机器厂党委副书记毕荣福反映，现在分配不公、物价上涨等问题对企业思想政治工作冲击很大。职工群众说，现在，大家最害怕的是物价上涨，最难受的是社会分配不公，最气愤的是社会风气不正。由此而造成了人心不稳、是非难分、道理难讲、工作难做。上海焦化厂厂长张培璋则认为，企业职工思想问题较多，同舆论宣传中存在的不恰当的消费导向也有关系。比如，对艰苦奋斗精神不大宣传了，一打开报纸、电视，广告宣传中尽是刺激高消费的东西。我们国家正处于社会主义初级阶段的生财和聚财阶段，如果消费导向太超前了，在实际生活中又往往不能兑现，这就会引发群众的不满。

江泽民同志在座谈会上边听边记，并不时插话。他说，对社会分配不公问题，一定要下决心解决。国有大中型企业是我国国民经济的主阵地，如果由于分配不公而导致大中企业萎缩下去，国家就没有希望了。但对广大职工，还是要做好思想工作，首先引导大家千方百计把物质财富这块“蛋糕”做大，而不能一天到晚研究这块“蛋糕”怎么切。我们国家大、底子薄，还是要提倡艰苦奋斗，不能把职工群众的消费胃口吊到不恰当的程度。这个大道理，硬着头皮还要讲……

不知不觉到了午饭时间，江泽民同志站起身来宣布座谈会暂停。餐桌上，摆在大家面前的是严格按照江泽民同志规定的每人一菜一汤。江泽民同志同厂长、书记们在一个桌上用餐，一边吃饭一边还在谈论着座谈会上的话题。江泽民停下手中的筷子，很坦率地对大家说：“现在我很担忧一个问题：厂长对思想政治工作可能是上面叫抓，你们各位厂长主观想抓，但忙于搞原材料和产品推销，精力顾不上。书记呢，恐怕感到现在实行新体制了，抓思想工作深也不是，浅也不是；还担心抓多了，怕越权。”他谈起自己几天前曾到地处南京的上海梅山钢铁厂检查工作。该厂党委书记反映：企业实行新体制后，书记在企业里不是领导了，所以开职工大会也不敢上台作报告了。江泽民同志认为，这是一种误解。当年孙中山搞旧民主主义革命，还要唤起民众呢，我们是马克思主义执政党，难道连群众工作也可以不做了？现在有些同志的主张实际上是要把企业党委改造成类似机关党委那样，对此我不太赞成。“党要管党”不等于“党只管党”嘛！

在座的企业党委书记们听了这些话都频频点头。这时，江泽民同志又对几位厂长说，我过去也当过厂长，我们之间有共同语言。新中国成立后国有企业领导体制已经有过几次反复，从一长制到党委领导下的厂长负责制，直到现在的厂长全面负责制，这是否定之否定，但是万变不离其宗，中国共产党的领导这一条在任何时候都不能动摇。我的经验是：只要坚持党的领导，我们的事业就无往而不胜；反之，如果一朝权在手，便把令来行，那就非出问题不可。所以，高明的厂长应当自觉地接受党组织的监督，依靠党组织共同做好企业思想政治工作。这时，在座的厂长们也连连点头了。

在下午的座谈会上，几位厂长都谈了依靠党委做好思想政治工作的做法和体会。比如，有的成立全厂精神文明建设委员会或职工思想政治工作领导小组，由厂长任主任或组长，党政工团参加，通过这个机构协调和整合企业内部各条线的思想政治工作力量；有的厂长将思想政治工作委托给厂党委书记去负责抓；也有的是在厂长统一规划下适当分工，厂长负责日常生产经营和管理环节中的职工思想政治工作，党组织则负责对职工的系统培训和思想政治教育工作，等等。江泽民同志听后说，在新旧体制的过渡时期，应允许各种办法都可以试。总的要把握这样一条，对企业思想政治工作要齐抓共管，共同目标是把生产力搞上去。

暮色苍茫中，江泽民同出席座谈会的同志一一握手告别。看得出来，这些书记、厂长们都眉宇舒展、大有收益。

## 三

除了深入工厂企业实地调查研究以外，在那段时间里，江泽民同志还不放过任何一个可以直接听取基层干部意见的机会，更深入地了解企业思想政治工作方面存在的问题和改进的建议。

有一天中午，他家里来了两位客人。一位是上海砂轮厂（以下简称上砂）党委书记宋启柱，另一位是郑州第二砂轮厂（以下简称二砂）厂长王辅生。他们都是江泽民同志的老朋友，这天是应邀前来做客的。江泽民同志一见到两位老朋友，便谈起企业党政领导如何处理好核心与中心的关系，形成党政合力的问题。

江泽民同志对两位基层干部说：“二砂、上砂都是大中型企业，厂长书记一起来访，我很高兴。我今天请你们到家里来，是想好好听听你们的心里话。厂长负责制已经实行几年了，你们两个厂搞得怎么样？”

二砂王辅生厂长说:“开始实行厂长负责制时,上级叫我兼书记,可我在实际工作中感到,二砂是近万人的大厂,党政一肩挑,不仅担子太重,而且也容易造成党政不分。我主动要求辞去党委书记,专心当好厂长。”

“对,大中型企业要党政分开,党委集中精力抓好党的建设和思想政治工作。干什么事,都要实事求是嘛!”说完,江泽民同志又问:“上砂怎么样?党政关系好吗?”

当听说上砂党政关系很好时,江泽民同志很感兴趣地说:“噢,现在有些企业党政关系不那么好,你们是怎么做的?”

宋启柱说:“我与厂长在1986年调整领导班子时一起到厂。实行厂长负责制后,我们强调以法治厂、民主治厂,制定了民主决策程序,使企业重大问题的决策体现民主化、科学化。决策的过程,体现了群众的意愿、专家的意见、党委的意图、厂长的意断。这样,不仅保证了决策的正确性,而且在决策过程中充分发动了群众,走了群众路线,党委也在这个过程中起到了保证监督作用。这样,党政关系就能配合得好,关系也密切了。”

江泽民同志听到这里,连连称赞:“好,民主决策好。你刚才总结归纳的那四句话也很辩证。你再讲一遍,我记一下。”说着他拿起纸笔,把民主决策可体现“群众的意愿、专家的意见、党委的意图、厂长的意断”这四句话全部记下来了。

在谈到企业党组织的地位时,宋启柱趁便反映了一个问题:“江书记,有一种理解认为,现在上面规定由厂长对两个文明建设全面负责,思想政治工作由厂长去抓,党委可以不管了。这对吗?”

江泽民同志说:“这是一种曲解。厂长全面负责,这是就他在企业的法人地位而言的,但不能排除党委要对党员、干部、职工的马列主义教育,对党的路线、方针、政策的教育。再说,在目前过渡阶段,在思想政治工作上,厂长要抓住企业思想政治工作,作总体规划的研究、制订,了解一段时期职工思想动态,重点还是抓好生产经营管理中的思想工作。除此之外,就都可以拜托党委书记去做了。思想政治工作,历来是我们党的政治优势,可不能丢啊!……”

三位老朋友的一席谈,虽然时间不长,但越谈越深,彼此都感到颇有收获。

## 四

为时一个多月的思想政治工作调查结束后，江泽民同志根据这次调查中所了解的、第一手的鲜活情况，亲自主持制定了《中共上海市委关于当前加强和改进思想政治工作的几点意见》，还专门召开市委五届七次全会来讨论、修改和审议、通过这一文件。

7 月 26 日，是市委五届七次全会的第一天。会上，江泽民同志向大家详细介绍了市委文件的起草过程以及文件中的一些主要观点。

江泽民同志首先指出，在改革开放中，必须把思想政治工作放到恰当的位置。思想政治工作既不是万能的，也不是可有可无的。邓小平同志早就提醒我们："在工作重心转到经济建设以后，全党要研究如何适应新的条件，加强党的思想工作，防止埋头经济工作、忽视思想工作的倾向。"我们要克服那种对思想政治工作"说起来重要，做起来次要，忙起来不要，出了问题才要"的偏向，坚持把掌握思想教育作为团结全党和全体人民深化改革、建设四化的中心环节。

针对有些舆论宣传贬低政工干部作用的倾向，江泽民同志明确指出：所谓"政工干部砍一半，生产效益翻一番"的说法是错误的。我们的党报党刊和社会舆论都要尊重和支持从事思想政治工作的同志。我们的政工队伍中集中了一批优秀的同志，他们是党和国家的宝贵财富。我们应该从舆论导向到政策措施，创造一个有利于政工干部开展思想政治工作的良好环境。政工干部也要不断学习，提高自身素质。要系统学习思想政治工作学、政治学、社会学、心理学、道德科学等专业知识。这是一项很重要的基本建设。要依托高校和党校有计划、有步骤地对政工干部实行正规化、系统化培训。在此基础上，可以选择若干企业为够条件的政工干部评定专业职称。

对企业思想政治工作的体制问题，江泽民同志在这次市委全会上讲得最为详尽。他说，实行企业思想政治工作新体制，要求行政干部也来做思想工作，有它的优越性，但千万不能走极端。有些同志认为，既然现在厂长对两个文明建设全面负责，企业党组织是起保证监督作用，那么企业党委对企业思想政治工作也只能是保证监督。这种看法是片面的。思想政治工作是企业党组织发挥监督作用的一个重要途径。党组织不是对思想政治工作实行保证监督，而是通过思想政治工作去达到保证监督的目的，因此，企业党组织不能顾虑多端，在任何时候都要积极开展思想政治工作。

江泽民同志的这些重要讲话，尽自己最大可能抵销了当时情况下淡化思想政治工作的“大气候”对上海企业思想政治工作“小气候”的冲击。在他耐心细致的启发引导下，当时上海不少工厂企业的党政干部廓清了思想迷雾，看清了方向，致力于齐抓共管，保证了思想政治工作在企业新旧体制转换期、过渡期的不断不乱。以后的实际也表明，上海的企业之所以在极其艰难的处境中，能做到政工机构不断不乱、政工干部队伍不减不散，从而避免了较大的震荡，并在 1989 年春夏之交的那场政治风波中经受住考验，这与当时上海市委对思想政治工作坚定不移的信念密切相关。

1988 年的春天，成了上海许多企业党政干部难以忘怀的一个春天。

在 1988 年的春天，人们俨然感受到了我们党思想政治工作的又一个春天的气息。

# 用“四个启动”特别是启动改革来启动市场

## ——关于启动市场的若干思考

（1990年11月）

全国市场的疲软现象已经积以时日了。对出现市场疲软的原因，至今仍众说不一。各种说法也许都不无道理，然而现在已经不是争论疲软原因的时候了。现在的问题是怎样把陷入疲软的市场真正启动起来。笔者的看法是，要坚持用“四个启动”来带动市场启动。

第一，要启动消费，扩张有效需求规模。

消费者对于降价的预期是产生持币待购和大规模信用回笼的一个重要原因。目前上海市政府采取了适当调低存贷款利率等办法，这固然有利于启动消费，但拓宽消费者选择领域、扩大消费领域商品供给的范围和规模，似乎更值得引起重视。

中共上海市委、市人民政府不久前宣布，要为市民办好“菜篮子”、交通、住宅（煤气）这三件大事，这不只是一般的为民办实事，在很大程度上这也是作为启动市场的一个突破口来考虑的，即启动市民对于房产、公共服务设施等的商品性消费需求。较长时间以来，由于国家对居民住宅以及其他公共服务设施一概都采取包下来的办法，致使人们产生了一种错觉，以为这些消费品都是市民应当无偿享有的一种福利，因而从未把它们纳入家庭消费的预算范围。久而久之，便造成一定程度上的“庙穷和尚富”的怪现象，即国家为建设住宅、公共服务设施而投资短缺，市民则排浪式抢购高档耐用消费品。这就导致了前者的“福利性供给”与后者的商品性供给的双重短缺，这是一种畸形消费。现在，结合积极启动市场，利用居民手中较大的结余购买力来改变消费需求结构，引导大家把货币投向房产、安装煤气等新的商品消费领域，应该说是顺理成章的。

启动这方面的消费当然不会没有阻力。现在的阻力主要来自传统观念和习惯势力。这就需要向全市人民讲清楚住宅和公共服务设施为什么必须实行商品化的道理。人们往往用缺乏承受力来反对启动这方面的消费。其实,按有关方面的科学计算,一对新婚夫妇或三口之家,要获得一套居住面积15平方米折合建筑面积30平方米的新工房,认购大体上相当于一台国产双门电冰箱价格的住宅债券,在经济上是完全承受得起的;安装一户煤气,收取500元初装费,外加购买1000元煤气建设债券,情况也是如此。前几年,我们为购买高档家用电器不惜节衣缩食,使几大件在城市居民中几乎已达到普及的程度,现在为什么不可以为市民购房、安装煤气作一点类似的投资呢?何况,这方面的投资只是一种带有储蓄性质的集资行为,国家对这些钱是有借有还的。前一阶段,对居民安装住宅电话收取1500元初装费,似乎并没有遇到太大的阻力。我们应当使市民认识到,电话、住宅、煤气,这实质上是在启动市场期间推出的新一代"三大件",上海作为我国沿海经济发达地区,为尽早普及新一代"三大件"而作一些开拓性的尝试、居民个人为此作一点破费应该讲也是值得的。

第二,要启动推销,尽快出清企业和商业压库。

目前,疲软的市场带来了产成品的大量积压,使企业缺乏正常再生产循环的前提条件。全国今年一季度就积压产成品400多亿元。从上海来看,上半年地方预算内工业企业产成品库存已接近50亿元,比去年同期上升21.8%。上海郊县乡镇工业上半年产成品积压也高达16亿元。这还不包括商业库存在内。统计公报显示,今年上半年,全市社会商品零售总额比去年同期下降7.3%。因此,目前启动市场亟须启动推销。

从总体上看,目前影响上海产成品推销主要有两个问题。

一是上海的企业缺乏主动积极、开拓进取的市场推销能力。现在国际上公认,对产品的研究开发能力、设计制造能力和市场推销能力是一个成功的企业必须具备的三种创造能力。上海由于在传统计划经济体制下长期养成的"朝南坐"习惯,往往只注意埋头开发产品和制造产品,缺乏市场推销能力,正所谓"外销不如广东,内销不如江浙"。有专家统计,在上海产品的销售额中,外贸占25%左右;而在占75%左右的内贸中,上海自己向外去推销的仅占12.5%。所以,对于上海来说,启动推销必须同大面积提高企业的市场推销能力结合起来,不然疲软一旦过去,企业又会陷入缺乏市场推销能力的恶性循环之中。

二是上海的推销政策不够灵活。现在一些兄弟省市有不少灵活而富有成效的推销政策。相比之下，上海的推销政策和促销则显得呆板，销售人员也缺乏推销的积极性。因此，当前要启动市场、启动推销，必须尽快拿出有关的推销政策，调动企业、商业和有关外销人员大力推销商品的积极性。

第三，要启动改革，解决启动市场中的深层次问题。

最近，理论界和实际工作部门关于要加大改革分量的议论多起来了。这实际上是在呼唤启动改革。启动市场与启动改革之间有没有内在的、必然的联系呢？当然是有的。我们在治理整顿中发现的最大问题，一是机制缺陷，二是结构失衡，三是效益低下。这些问题的存在和发展，是造成近几年经济过热、秩序混乱、总量失衡的病源。这些病源单靠治理整顿是解决不了的，只有通过全面深化改革，实现机制转换，才能逐步得到解决。

启动改革，首先要启动企业的机制改革，促进存量结构调整，实现资源优化再配置。要有计划地把一些不适合在上海发展的劳动密集型、资源密集型产业向外转移，对污染严重、耗能耗料高、产品无市场、无前途的行业实行“关停并转”，逐个淘汰。要进一步把行政、经济、法律手段有机结合起来，创造优胜劣汰机制，加快存量结构调整的步伐。存量结构的调整还要同组织结构调整结合起来。要按照先行试点、分批进行的要求，以强兼弱，强强联合，组建一批以全民所有制大中型企业为基础，资金、技术、生产比较集中，内部分工协作比较紧密的大型企业集团，提高上海企业参与国内外市场竞争的总体实力，逐步形成一批上海工业的支柱企业，作为上海经济走向世界的主力军。

启动企业改革，还必须进一步改革和完善企业的劳动、人事和工资等制度，真正贯彻按劳分配的原则。有专家指出，近年来上海经济相对衰落的深层原因，既不是通常所说的企业负担太重，也不是上海地区劳动者的思想觉悟和产业组织水平普遍落后于其他地区。问题的根子就在于企业内部缺乏一种长盛不衰的经济激励机制，这是企业收入分配中“大锅饭”色彩和就业体制上的“铁饭碗”色彩特别浓烈造成的。这个分析一针见血，切中要害。许多厂长和公司经理反映，现在企业里干好干坏一个样，个别懒汉带出一批懒汉的情况屡见不鲜，对调动职工积极性十分不利。同时，企业内部技术工种和普通工种的工资、奖金比差拉不开，无线电厂的模具工实际收入不如流水线上的操作工;纺织厂的保全工收入不如挡车工,以致许多人不愿学技术,不愿干技术工种。在这种情况下,不少技术人员被外地乡镇企业用高价挖走,而上海国有企业既出不了这个高价,也没有这方面的自主权,只得眼睁睁地看着人才流失而无可奈何。因此,必须通过深化国有企业改革,重新构造企业内部的经济激励机制,真正普遍贯彻按劳分配原则,使那些劳动贡献最多的劳动者群体同时成为劳动报酬最高的社会群体。这是一个不需要增加初始投资,也是一个不需要政府掏钱,却能在长时间内扩大政府财源基础的有效手段。

启动企业改革,还要努力以完善国有企业职工待业保险制度为重点,建立健全社会保障体系,这是提高企业劳动生产率,提高经济效益的关键。上海企业内部劳动力本来就比较富余,近年来由于企业内部各种科学管理手段的推行和生产结构的改革,使隐性失业人数逐年增加,一般企业冗员都高达20%—30%。在这种情况下,逐步开放上海地区的劳动力市场,并相应完善社会保障体系,从法律上、制度上保证企业有真正的用人权,成为许多企业家的迫切要求。尽快启动这方面的改革已经势在必行了。

当然,在深化企业改革的同时,有关外部环境的配套改革也必须紧紧跟上。比如,物价改革,计划体制、投资体制、物资体制、金融体制、外贸体制、社会保险体制等方面的改革,也都要尽快启动起来、深入下去。只有这样,才能促进企业结构调整,使国民经济在不断提高经济效益的基础上,实现持续、稳定、协调发展。

第四,要启动管理,尽快改变目前许多企业管理松懈、纪律松弛的现象。

现在上海不少企业管理滑坡比经济滑坡更严重。职工劳动纪律严重涣散,串岗、混岗现象愈演愈烈,甚至出现职工在岗位上睡觉、赌博等现象。造成企业管理滑坡的原因不外乎以下几个方面:一是有些企业片面理解"稳定压倒一切",把维护稳定同从严管理对立起来,自己束缚了自己的手脚。二是企业在治理整顿中碰到一些困难,特别是资金紧缺牵制了厂长许多精力,不少厂长为了应付资金借得到、工资奖金发得出,整天在外东奔西跑,把企业内部管理置之一旁。三是在廉政建设中,所谓"十个厂长九个贪,一个不贪也醉在酒缸里"之类的舆论压力,也影响了厂长抓管理的积极性。此外,还有一些厂长把从严管理同民主管理对立起来;有的则因为厂长任期过半,不愿再有所作为。抱着"一动不如一静""栽刺不如种花"的思想,想安安稳稳、太太平平地拖到任期届满、体面下台。

企业领导干部的上述精神状态同目前上海的形势和任务的要求是很不适应的。市场疲软,我们的精神决不能疲软;生产下滑,我们的思想决不能下滑。企业领导一定要振作精神,敢抓敢管。广大职工也要增强主人翁责任感,积极服从和参与管理。只有这样,企业管理松懈、纪律松弛的现象才能真正改变。

# 上海开展房改方案全民大讨论是增强改革意识的大学校

（1990年12月20日）

由上海市委、市政府发起、吸引了数百万市民群众参与的上海市房改方案全民大讨论，目前正有条不紊地向纵深发展。我们高兴地看到，对于此次大讨论，各级领导重视的程度、广大群众参与的热情都是前所少有的。“树立全局观念，发扬主人翁精神，群策群力使房改方案更加完善”，成为广大市民群众的自觉行动。尤为可喜的是，这次全民房改大讨论，其意义已经远远超出了房改方案本身。房改方案讨论是所大学校，它不论对广大群众还是对各级党员、干部，都是一次极为生动的改革思想和改革意识的再教育。

首先，房改方案的全民大讨论，使上海广大市民群众进一步增强了改革意识。基层许多群众在讨论中说得好：上海的住房问题之所以会成为老大难，一方面固然有城市人口多、资金投入少等因素，但更重要的是沿袭已久的建房分房机制有问题。多年来，居民住房基本上都是靠国家包下来、吃大锅饭，结果导致了建房资金的“有去无回”，房屋分配的“寡而不均”，使困难越积越多、路子越走越窄。现在，市委、市政府实行的房改方案，用群众的话来说，就叫作“找到了加快上海市民住房解困的金钥匙”。改变了低租金、无偿分配的住房制度，建立了国家、集体、个人三结合筹资建设住宅的新机制，这样做有利于逐步实现住房商品化和自住其力，有利于建房资金的良性循环，有利于加快解决住房困难，也有利于纠正分房中的不正之风。所以，旧的机制“势在必改”，“迟改不如早改”。群众还称赞现在分步到位的改革方案“有理、有利、有情，可信、可行、可盼”。这就表明，上海市房改方案的全民大讨论正在使广大群众实实在在地增强改革意识，认清改革是摆脱住房困境的根本出路，从而也是摆脱当前经济困境的根本出路。这种可贵的改革意识所焕发出来的改革热情，无疑将会促进上海改革开放深入发展。

其次，房改方案的全民大讨论，使广大群众进一步增强了为改革作奉献的意识。一段时间以来，我们向人民群众宣传从改革得实惠的比较多，似乎改革就是单纯的“放权让利得实惠”，一改革就会“从天上掉下馅饼来”，这就在无形中造成了人们对改革的期望值越来越大，而心理承受力却越来越弱。这次上海房改方案的全民大讨论，建立在动员民间资金，解决群众迫切需要解决的问题，进而促进生产、启动市场的构思上。而全民大讨论的过程，则使大家对此激发了共鸣，产生了共识，懂得了改革也需要作奉献，奉献在相当程度上也是为市民自己谋实惠；眼前的奉献可以换取更大的实惠。正如有些群众所说，国家、集体、个人三者一起上，看起来是个人“出了一点”，但它却是“取之于民、用之于民、造福于民”的重要措施。“党和政府为我们老百姓的住房问题动足了脑筋、操尽了心，我们老百姓适当作一点奉献是应该的，何况最终得益的还是我们自己。”这种自觉为改革作奉献的意识正是在上海此次房改全民大讨论中较为明确地树立起来的。毫无疑问，它对于不断增强广大群众对深层次改革的承受能力，推动上海深化改革各项措施的出台，也将会产生不可估量的影响。

上海房改方案的全民大讨论，也使各级领导干部受到了一次活生生的马克思主义群众路线的再教育，增强了改革必须走群众路线的意识。广大群众以积极“补台”的态度，认真负责地提出了许多可以操作的合理化建议。这说明，群众中蕴藏着极大的深化改革的积极性、创造性，只要我们善于依靠群众、经常倾听他们的意见和要求，积极引导群众，改革的决策就会更加科学化，改革的路子就会越走越宽广。

总之，上海房改方案全民大讨论是所大学校。房改是上海现阶段深化改革的第一战役。我们要因势利导、再接再厉，把房改方案的全民大讨论搞得更好，全力以赴保证房改初战必胜，为乘胜前进、顺利推出其他各项改革打下扎实的基础。

# 房改目标紧连着小康目标*

（1991年1月5日）

以上海市委、市政府领导考察中原住宅小区、朱镕基同志就房改问题发表长篇重要讲话为标志，历时近两个月的本市房改方案全民大讨论宣告顺利结束。由于各级领导的高度重视和广大市民的积极参与，这次上海房改方案全民大讨论取得圆满成功。此次大讨论听取群众意见之全面，反映民意之广泛，市民认同改革之热烈，献计献策之踊跃，都是前所少有的。

这次上海房改方案全民大讨论之所以开展得如此成功，一个重要原因就在于，市委、市政府针对市场疲软推出的住房制度改革，抓准了当前全市居民的消费热点，联结着20世纪最后10年我们党和政府领导全体人民为之奋斗的小康目标，因而具有极大的吸引力和凝聚力。党的十三届七中全会提出，从1991年到2000年，要努力实现现代化建设的第二步战略目标。其基本要求之一，就是人民生活水平要从温饱达到小康，生活资料更加丰裕，居住条件明显改善。这同本市房改所追求的目标是完全一致的。社会主义生产目的是在发展生产力的基础上满足人民日益增长的物质、文化需要。而这种满足需要的过程是分阶段推进的。如果说，前10年改革开放给人民带来的实惠较多地体现在吃穿用上，那么后10年，居民生活水平的提高，将更多地表现在住房条件的改善上。具体说来，就是到20世纪末，要使每户城市居民都拥有一套经济实惠的住宅，人均居住面积达到8平方米。

这个奋斗目标同上海市民的消费取向是完全吻合的。有识之士指出，现在我国城市居民的"大件"消费正处在一个"断层"期，当多数城市家庭在第一代"四大件"（手表、自行车、缝纫机、收音机）已经趋于饱和，第二代"四大件"（录音机、洗衣机、电冰箱、彩电）也接近饱和时，居民要求改善居住条

* 本文系作者在上海市全民房改大讨论结束时所作，原载《解放日报》。

件的呼声便愈益强烈。而房屋的供应却远远跟不上消费需求，其原因就在于，房屋作为最大的消费品之一，没有像其他大件消费品那样纳入商品化轨道，国家每年花在城镇住宅建设上的数百亿元投资、花在公房维修上的近百亿元补贴如同投入“黑洞”有去无回，这不仅使建筑业陷入低速运行的恶性循环，更导致了居民消费的畸形发展，形成“要买就一拥而上，不买就市场疲软”的怪圈。很明显，要缩短这个消费断层期，加快实现到20世纪末上海市每个家庭都“居者有其屋”的小康目标，就必须适时推行房改。可以说，房改正是实现居住小康目标的“加速器”。它关系到引导消费、启动市场，更关系到促进生产、振兴经济。这是房改的意义之所在，更是它的魅力之所在。

房改紧连着小康目标，所以我们要落实党的十三届七中全会精神，为实现我国现代化建设第二步战略目标而奋斗，就要进一步为推进房改作贡献。在这次房改大讨论中，涌现出许多像杨浦区四套班子成员那样主动推迟自家分房、决不与民争利的动人事例，现在市委、市政府主要领导同志又率先带头购买住宅债券，更为全市各级干部作出了榜样。我们要大力提倡和弘扬这种争为改革作奉献的精神，把房改不断推向前进。

房改紧连着小康目标，所以我们在实现“八五”计划和十年规划过程中，应该把住宅建设放在突出位置。我们还要把住房改革的成果切实体现在提高人民生活水平上，决不辜负人民对于房改的殷切期望和热情支持。

我们相信，只要全市各行各业、广大市民都认清房改紧连着小康目标，都以主人翁精神，积极参与房改、支持房改，作为上海现阶段深化改革第一战役的住房制度改革就一定能“初战必胜”。

# 稳定鼓劲抓关键<br>开创“八五”新局面

（1991年1月12日）

1991年新年伊始，中共上海市委召开的五届十一次全会，及时传达贯彻党的十三届七中全会精神，讨论并原则同意了《上海市国民经济和社会发展十年规划和“八五”计划纲要（草案）》的基本思路和基本内容，确定了1991年全市经济工作和党的工作的方针任务。这是一次动员全市共产党员和人民以高度的历史责任感和时代紧迫感，投入到第八个五年计划建设中去，投入到开发浦东、振兴上海的热潮中去的重要会议。贯彻落实这次会议的精神，必须充分认识20世纪最后10年上海肩负的历史重任，充分认识上海当前面临的严峻困难，稳定鼓劲抓关键，开创“八五”新局面。

在开发浦东、振兴上海的历史进程中，20世纪最后10年是非常关键的10年。从1991年到2000年，我们要贯彻朱镕基同志“开发浦东、振兴上海、服务全国、面向世界”的战略方针，力争为把上海建设成为开放型、多功能、产业结构合理、科学技术先进、具有高度文明的社会主义现代化城市打下坚实的基础，任务极其光荣而艰巨。一方面，上海80年代改革开放和现代化建设取得的重大成就，为90年代的进一步发展创造了良好条件；另一方面，资源约束、城市基础设施落后、大中型国有企业严重缺乏自我改造和发展能力，又使上海经济和社会发展面临严峻的困难。特别是1991年，作为实现上海“八五”计划和十年规划的起步年，能不能克服困难，开创稳定发展的新局面，对完成“八五”计划和十年规划关系极大。在严峻的困难面前，我们要继续贯彻市委关于“一要稳定，二要鼓劲”的方针，切实抓好三项关键性工作。

要把普遍提高国有大中型企业的经济效益，增强它们的发展后劲，作为搞好本市国民经济的关键环节来抓。上海是我国国有大中型企业最集中的城市。上海多年向中央上缴的财政，有相当大的一部分是由这些作为共和国长子的国有企业承担和完成的。各级领导从今年一开始，就要帮助国有企业有计划地进行结构调整和重点技术改造，把坚决扭转经济效益滑坡的局面提到议事日程上来。领导干部要到企业去，面对面帮助企业出主意、想办法，实行必要的扶持政策，改善企业经营的外部环境。同时，要鼓励企业党政领导振奋精神，开拓进取，积极调整产业结构、产品结构，狠抓重点技术改造，深化企业内部改革，提高经营管理水平，广泛深入地开展“质量、品种、效益年”活动，下硬功夫，把国有大中型企业搞好。

要集中优势力量，进行基础设施建设，突出抓好交通、煤气和住房，使人民群众得到实惠、受到鼓舞。前 10 年的改革和建设，给人民带来的实惠主要体现在衣、食、用的改善上，后 10 年要针对上海市民居住困难、交通拥挤等现状，把交通、煤气、住房尽快搞上去，切实解决住和行的问题。人民群众得到了新的实惠，从中受到鼓舞，其积极性、主动性、创造性就会大大提高，上海的形势就会越来越好。有关部门要通力合作，各区县和有关基层单位都要顾全大局，全力支持各项建设工程顺利开展。

要突出抓好党风和廉政建设，大力加强社会主义精神文明建设，继续开展坚持四项基本原则、反对资产阶级自由化的正面教育，广泛深入地进行爱国主义、集体主义和社会主义教育，振奋民族精神，改善社会风气，保证改革开放和经济建设健康发展。精神文明建设是项长期的工作。党的十三届四中全会以来，上海坚持“两手抓”，精神文明建设有了一些进步，但还要继续抓下去。现在行业不正之风还相当严重。要从根本上解决这些问题当然有待改革价格体制，但是精神文明要继续狠抓，行业不正之风要坚决纠正。各级领导干部要廉洁奉公，勤政为民。各区县党委、政府、财贸部门要抓紧队伍建设，提高职工素质；纪委、监察、政法、工商、物价等部门要齐抓共管，还要注意充分发挥街道办事处、居民委员会的作用，形成一股强大的力量。

让我们在党的十三届七中全会精神指引下，认真贯彻市委五届十一次全会提出的各项任务，稳定鼓劲抓关键，振奋精神，埋头苦干，为完成 1991 年上海稳定发展经济的各项任务，开创上海“八五”计划期间改革发展新局面而奋斗。

# 做改革开放的“带头羊”*

（1991年2月15日）

庚午马年去了，辛未羊年来了。亲爱的读者，当我们称颂“三羊开泰”之际，当我们互祝吉祥如意之时，您是否想到，我们正处在一个意味深长的历史交替点？

12年一个“轮回”。回首往事，上一个羊年——1979年，正是党的十一届三中全会召开之后开创中国改革新时期的一年。谁能忘记，当我们党吹响改革第一声号角之时，刚刚经历过十年浩劫的华夏大地，疮痍满目，百废待举。那时节，军衣口袋里藏着欠账单走上前线的农家子弟，何止一个“梁三喜”？抡起18磅大锤敲敲打打造机械的，又何止一个汽车工业？12年春风秋雨，12年改革开放，今天，当我们步入又一个羊年之际，我国已胜利地实现了社会主义现代化建设第一步战略目标，基本解决了几千年来缠绕着亿万中国人民的温饱问题。抚今忆昔，历史雄辩地证明，改革开放是强国富民的唯一道路，没有改革就没有中国人民美好的今天和更加美好的明天！而到下一个羊年来临的时候，我们已经跨进了21世纪，实现了小康目标，国民生产总值翻两番，“安居乐业、丰衣足食”已成为十几亿中国人民的生活写照。跨进辛未羊年，我们的改革步伐，无疑要比前一个12年更快，我们的开放幅度，无疑要比前一个12年更大！

60年一个“甲子”。我们回顾历史，前一个辛未羊年——1931年，正是旧中国苦难深重的岁月，帝国主义的铁蹄蹂躏中华大地，饱蘸着中国人民多少血泪和屈辱。腐败和落后就要挨打的教训至今记忆犹新，而只有社会主义才能救中国的真理，在今昔历史的对比中，又是多么地鲜明深刻！我们展望未来，下一个辛未羊年——2051年，又恰是社会主义的中国达到中等发

---

* 本文系作者与周瑞金、凌河同志合作撰写。

达国家水平的光辉时刻。我国的人均国民生产总值将达到4000美元,这将使我们这个十几亿人口的大国的综合国力走在世界前列。从根本上说来,当今社会生产力的大发展,才能充分显示社会主义制度的吸引力,才能大大加强科学社会主义的说服力,中国达到中等发达国家水平,这将是中国人民为社会主义事业作出的重大历史贡献。而要实现这个光辉目标,需要60年整整一个"甲子"的艰苦奋斗。这60年,必然是中国人民不断改革、探索、开拓、创新的60年,是不断扩大开放的60年。总之,是社会主义制度在改革开放中大放光彩的一个"甲子"!

从辛未羊年开始,今后的10年,是中国历史的关键10年,也是振兴上海的关键10年。10年看头年。辛未羊年,对于上海来说,应当是一个"改革年"。历史和现实已经反复证明,"何以解忧,唯有改革"。改革开放是我们须臾不可分离的法宝,改革开放是上海摆脱困境、求得振兴的唯一出路。在这个历史性的"改革年"中,我们要把改革开放的旗帜举得更高。我们要进一步解放思想,突破任何一种僵滞的思维方式的束缚,以改革开放贯穿全年,总揽全局,建立与国际性经济中心城市相适应的社会主义商品经济新格局。

我们的各级干部,都要以改革的姿态,振奋精神,敢冒风险;敢为天下先,走前人没有走过的路,做改革开放的"带头羊"。我们要在全党、全民中深入开展深化改革意识的再教育,普及社会主义商品经济观念和科学的政治民主观念,形成深化改革、扩大开放的新的全民共识,造就上海崭新的改革开放舆论环境!

"莺啼燕语报新年",愿辛未羊年以名副其实的"改革年"而载入史册!

# 改革开放要有新思路*

（1991年3月2日）

中央领导同志在今年上海市春节团拜会上，向我们提出了浦东开发要搞得更好、更快、更大胆的要求。根据这一指示精神，朱镕基同志在团拜会上强调：要更高地举起改革开放的旗帜。更快、更好、更高、更大胆，就是要求我们在贯彻落实党的十三届七中全会精神、完成现代化建设第二步战略目标过程中，在开发浦东、振兴上海的宏伟事业中，思想解放要进入新境界，改革开放要开拓新思路，经济建设要开创新局面。

在党的十三届七中全会前后，理论界和实际工作部门的同志，已经就深化改革、扩大开放，提出了一系列引人注目而又实实在在的新思路。

例如，著名经济学家刘国光提出了要突出“机制转换”的改革新思路。他认为，80年代我国经济体制的第一轮改革偏重于放权让利和物质刺激，这在当时是必要的；90年代新一轮深层次的改革则应把重点转到经济机制的转换上来，形成同社会主义有计划商品经济相适应的竞争机制、淘汰机制和高效率的宏观调控机制。否则，什么破产法、分税制、政企分开、两权分离统统都无从谈起。

又如，上海市浦东开发办公室副主任黄奇帆提出了“三个先行”的扩大开放新思路。他强调，浦东开发开放并不是前10年崛起的5个经济特区和14个开发区开发模式的翻版，它要从上海的实际出发，围绕局部再造城市功能，着重抓好金融、贸易、基础设施“三个先行”，推动资金融通，商品流通，城市交通的超前发展。有外电评论：这些做法将“使浦东开发一下子站到按现代化国际经济规律运作的高起点上。”

在党的十三届七中全会闭幕后紧接着召开的中共上海市委五届十一次

---

* 本文系作者与周瑞金、凌河同志合作撰写。

全会，更是就上海90年代经济振兴提出了不少新思路。其中最重要的是，全会强调要敢于冒一点风险，大胆利用外资进行国有大中型企业的技术改造，要紧紧环绕适应对外开放，提高城市综合功能的需要，调整改造传统工业，重点发展第三产业，努力把上海建成万商云集的商业中心，辐射全国的金融中心、信息中心，等等。

这些新思路，有的是前10年未曾涉及过的新领域，有的则反映了改革由浅层次向深层次的转换和拓展，有的则是对前一轮改革中某些已见成效的发展模式的升华。种种新思路的不断提出，反映了人们对更深层次改革开放的探索和思考。同前10年相比，90年代的改革开放将大大拓展和深化。以搞活经济而言，如果说，前10年我们较多的是发展多种经济成分，包括个体经济、私营经济、合资经济等等，那么90年代的改革则要把重点放到搞活作为社会主义经济脊梁的大中型国有企业上。要打好这场难度更大、覆盖面更广、意义更为深远的“攻坚战”，没有新思路、新招数不行，简单地套用80年代改革中的某些做法也不行。十三届七中全会号召我们在这个问题上要敢于冒风险，就是鼓励我们要勇于创新、敢于开拓，既不把书本上的个别论断当作束缚手脚的教条，也不把实践中已见成效的某些做法看成完美无缺的模式。毫无疑问，在深化改革、扩大开放的新阶段涌现出来的这种种新思路，都是服从于和服务于建设有中国特色的社会主义的基本理论和基本实践的，是对党的十三届七中全会概括的建设有中国特色社会主义十二条基本经验的实践、发展、丰富和完善。

研究新情况、探索新思路，关键在于进一步解放思想。解放思想决不是一劳永逸的。就以计划与市场的关系而言，有些同志总是习惯于把计划经济等同于社会主义，把市场经济等同于资本主义，认为在市场调节背后必然隐藏着资本主义的幽灵。随着改革的进一步深化，越来越多的同志开始懂得：计划和市场只是资源配置的两种手段和形式，而不是划分社会主义与资本主义的标志。资本主义有计划，社会主义有市场。这种科学认识的获得，正是我们在社会主义商品经济问题上又一次重大的思想解放。在改革深化、开放扩大的新形势下，我们要防止陷入某种“新的思想僵滞”。我们不能把发展社会主义商品经济和社会主义市场，同资本主义简单等同起来，一讲市场调节就以为是资本主义；不能把利用外资同自力更生对立起来，在利用外资问题上，谨小慎微，顾虑重重；不能把深化改革同治理整顿对立起来，对有些已经被实践证明是正确的、行之有效的改革，不敢坚持和完善，甚至动摇、走回头路；不能把持续稳定发展经济、不急于求成同紧迫感对立起来，工作松懈，可以办的事情也不去办。总之，进一步解放思想，是保证我们完成第二步战略目标的必要条件。实践证明，凡是思想解放的地方、部门和单位，工作就打得开新局面；凡是思想不解放的单位，就缺乏生气，工作就很难搞上去。

邓小平同志说过："干革命、搞建设，都要有一批勇于思考、勇于探索、勇于创新的闯将。……我们希望各级党委和每个党支部，都来鼓励、支持党员和群众勇于思考、勇于探索、勇于创新，都来做促进群众解放思想、开动脑筋的工作。"让我们以此作为座右铭，在社会主义现代化建设的漫长征途上，在开发浦东、振兴上海的伟大事业中，不断解放思想，永远开拓奋进！

# 扩大开放的意识要更强些*

（1991年3月22日）

当前的上海，正站在进一步扩大开放的新起点上。增强扩大开放意识的问题，比以往任何时候都更紧迫地放在我们面前。

增强扩大开放意识，就要求我们真正认识上海在90年代的历史方位和战略地位。如果说前一个10年，上海人更多的是惊羡于深圳、厦门等地的开放奇迹，那么进入90年代，上海已与其他四个经济特区一样，站到了我国开放的最前列。350平方公里的浦东新区，正以我国最大经济开发区的独特步伐走向世界；上海集保税区、经济开发区、沿海开放城市、开放地带4个开放层次于一身，形成了配套齐全的开放新格局。邓小平同志对90年代上海的开放寄予厚望，上海要把改革开放的旗帜举得更高，浦东开发开放要更快更好更大胆，这是90年代赋予上海的历史重任。没有这样一种意识，我们就不可能具有敢冒风险、敢为天下先的开放胆魄，就不可能面对挑战，抓住时机，在开拓、进取和竞争中大步走向世界。

增强扩大开放意识，就要求我们进一步解放思想，抛弃任何一种保守、僵滞、封闭的观念，形成与一个先进的国际城市相称的开放型软环境。80年代上海的开放，虽然成绩很大，但是步子还不够快，胆子还不够大，这与我们一些同志思想不够解放有着直接关系。从开放初期国际饭店楼顶首次闪亮外商广告而引出的"风波"，到80年代后期虹桥开发区向外商批租土地带来的"抱怨"。从近几年来实行"一个图章对外"中的反反复复，到如今一些同志在引进外资时的目光短浅，都说明我们在开放问题上需要有一个新的思想解放。90年代上海的开放要迈出更大步子，必须有一系列崭新的思路，敢于冒点风险，做前人没有做过的事，这对于我们的开放意识，更是一个

---

* 本文系作者与周瑞金、凌河同志合作撰写。

严峻的考验。例如开发浦东,设立保税区,实行进入自由,免征出口税等带有自由港性质的特殊政策,对于这类被称为造就“社会主义香港”的尝试,如果我们仍然囿于“姓‘社’还是姓‘资’”的诘难,那就只能坐失良机。又如允许外国人在浦东设银行,并且在外滩建金融街,以振上海国际金融中心之雄风,对于这类敢为天下先的探索,如果我们还是陷在“新上海还是旧上海”的迷惘之中,那也只能踯躅不前,难成大事。

这里,需要我们面对现实,澄清一些疑虑和误解。“这样开放下去,会不会损害民族工业?”在国有企业集中的上海,有这种担心可以理解。对于某些盲目引进、重复引进的现象,我们应当予以注意;然而10多年的开放实践已经证明,要保护民族工业,采取关起门来的办法,只能适得其反。唯有大胆开放,引进外资外技,吸收先进管理方式,经受国际市场考验,大大提高竞争能力、经营水平和企业素质,才有利于改造和振兴民族工业,在开放中真正保护民族工业。为什么新兴的厦门收录机产业、深圳自行车行业和内蒙古毛纺业,能迅速赶上或超过号称老牌冠军的上海同行?为什么上海的汽车工业,能在短短几年中结束挥汗抡锤敲敲打打的历史,迅速接近世界水平?答案就在于开放,在于主动引进、消化。应当指出的是,有些同志将中外合资合作企业等,排除在我国国民经济的范畴之外,同民族工业对立起来,将它们的产品一概视为“洋货”,这其实是对民族工业一种狭隘的理解。随着对外开放,我国经济格局正朝外向型转换。民族工业的概念早已扩展,外商投资企业已成为我国国民经济的组成部分之一,法律明确规定了它们作为中华人民共和国法人的地位。因此不能将外商投资企业与民族工业对立起来,更不能把这些企业的产品当作“洋货”来抵制,这也是一种观念的更新、思想的解放,是创造良好投资环境的一种“软件”。总之,封闭陷于落后,开放导致兴旺,这是我国40多年经济发展史的基本结论。

“这样开放下去,钱不是都落到外国人腰包里去了?”在一些似乎“精明”的同志里头,存在这种担忧。不错,外国企业家来上海投资、经商,当然为着要赚钱。但是,开放是双向的,吸引外商投资是互利的,它有利于弥补我们的资金、外汇不足,加强国民经济薄弱环节建设,推动技术改造和设备更新,同时引进先进的经营管理经验。一句话,有利于增强我国的国力。既然如此,我们在引进外资过程中,就要有长远的眼光和深谋远虑的韬略。有的项目,即使我们暂时少赚钱,甚至不赚钱,也要让利于一时,得益于长远。

我们不是说要创造良好的投资环境么？如果不给人家甜头和实惠，还谈得上什么“吸引力”呢？又遑论引鸟筑巢？在这个问题上，我们不能目光短浅，陷在眼前一时一事甚至蝇头小利的得失上拔不出来。那种以小失大、求近效而舍远利的算盘，看上去“精明”，其实并不高明。开放要加快步伐，引进要抱几个“大金娃娃”，不改变这种得失观，不拿出一点长远目光和大将风度怎么行？

“这样开放下去，不是又成了‘冒险家的乐园’么？”确实，扩大开放，会有更多的外商来上海做生意，吸引外资，会有一些外国资本家到外资企业当老板。允许外国人设银行、办商业，又会有不少“洋人”搬进高楼大厦坐写字间……于是有些人担心新上海与旧上海“差不多”了。这种只看表面不看本质的方法论，是不对的。问题的关键在于我们的政权掌握在人民手里，新上海的开放格局决非旧上海的租界，哪有什么列强逞凶、炮舰横行？哪有什么领事裁判权、治外法权等等？外国人必须遵守中国法律，平等互利经商投资。

这种万商云集的景象，是我们主动开放的结果，是社会主义国际城市的形成发展必备的条件，完全符合中国人民的根本利益，有什么可惶惶然呢？对于引进的同时带来的一些资本主义管理方式和生活方式，我们应当保持清醒头脑。引进的过程，本身就是鉴别良莠、取舍精华糟粕的过程。我们吸取的是国外先进的管理方式，对于腐朽没落的资产阶级意识形态，则坚决抵制。我们在我国法律允许的范围内，对来华外国人自身的生活方式不必多加干涉，但是对于不符合我国国情、败坏我国社会风气的东西，例如什么六合彩、陪酒女、赌博业等等，则坚决不开口子。进一步扩大开放，要求我们进一步加强社会主义精神文明建设，增强全社会的免疫功能，使干部和群众真正经得起开放的考验。所以，担心进一步扩大开放的新上海会变成“冒险家的乐园”也是不必要的。

扩大开放，说到底也是深化改革。任何改革，都不能不是一个开放的系统；而任何开放，都不可能不引起内部体制的改革和思想的解放。因此，开放意识和改革意识融会贯通，密不可分，我们要以改革的精神来扩大开放。我们现在有的扩大开放措施，本身就是深化改革的内容，例如允许外国人来开设银行，本身就是深化金融体制改革，形成国际化金融体系的突破；又如允许外国人来经营房地产，也是推进住房商品化，形成健全的房地产市场的一部分。有的扩大开放措施，则将从深层推动体制的改革，例如更大规模引进外资，必然要求从管理体制改革着手，改变法制不完备、执法不严格和某些政府部门办事效率低、互相推诿扯皮的状况，极大地改善投资软环境；又如扩大外贸，就要求深化外贸体制改革，营造自主经营，自负盈亏，工贸结合，联合统一对外的外贸经营新体制；再如引进外资改造国有企业，也必然推动国有企业管理方式和体制的转换。而扩大开放的步子，更将给我们带来大量的新思路、新意识，从深层次、全方位引起思想的进一步解放，观念的进一步更新，社会心态的进一步调整。很显然，在90年代新形势下，有没有强烈的开放意识，成为有没有深层的改革意识的重要试金石，增强扩大开放意识，实质也是改革意识的再教育、再深化。

肩负着"开发浦东、振兴上海、服务全国、面向世界"重任的我们这一代上海人，要以强烈的开放意识，写下上海发展史上最辉煌的一页！

# 改革开放需要大批德才兼备的干部*

（1991年4月12日）

刚刚落下帷幕的全国“两会”，在审议、批准十年规划和“八五”计划纲要、确定现代化建设第二步战略目标的基础上，分别对国务院、人大常委会和全国政协领导成员作了必要的充实和加强。这一引人注目的决策再一次启迪人们：要深化改革、扩大开放，开创90年代现代化建设新局面，必须不失时机地培养、选拔和任用一大批德才兼备的优秀人才，这将从组织上保证建设有中国特色的社会主义事业后继有人、绿树常青。

政治路线确定之后，干部就是决定的因素。80年代我国之所以能提前实现社会主义现代化建设第一步战略目标，一个很重要的原因是，早在70年代末、80年代初，我们党就以高瞻远瞩的战略眼光，及时抓了各级领导班子的新老合作交替工作，提拔了成千上万德才兼备的中青年干部，卓有成效地解决了我们干部队伍相当长时间以来存在的程度不同的老化和青黄不接问题。这批富有80年代时代特征的中青年干部，同老同志亲密合作，勤于学习，勇于实践，在改革开放的历史大舞台上，演出了威武雄壮的活剧，赢得了老一辈无产阶级革命家的赞赏。进入90年代以后，我们的目标更加宏大，我们的任务更加艰巨，改革开放向新的深度和广度拓展，必然要求更多的德才兼备的干部，去带领人民群众开创新局面、攀登新高峰。同时，10年前走上各级领导岗位的干部，现在有的走上了更为重要的领导岗位，有的则因为自然规律退居二线，新一轮的新老干部合作交替工作，也紧迫地放在我们面前。总之，90年代的崭新历史使命和我们干部队伍的演化规律，呼唤带着勃勃生机与活力的90年代新一辈脱颖而出，同台演奏现代化建设的“第二乐章”。这将是引导中华民族由温饱迈向小康的“华彩乐章”，因此人

---

* 本文系作者与周瑞金、凌河同志合作撰写。

们对新一轮干部新老交替的进展与质量倍加关注并寄予厚望。

培养、发现和任用成千上万90年代的中青年干部,必须毫不动摇地坚持德才兼备的原则和革命化、年轻化、知识化、专业化的方针。所谓德,就是革命化,面对90年代的风云变幻和严峻挑战,坚持革命化的方针有特别重要的意义。革命化就是指有忠诚于马克思主义的坚定信仰和原则立场,坚持走建设有中国特色的社会主义道路;坚决拥护和全面贯彻党的“一个中心、两个基本点”的基本路线,有强烈的革命事业心和政治责任心;廉洁奉公,严守法纪,求实为民,模范地执行党的民主集中制原则。讲革命化,就要满腔热忱地投身于改革开放这一中国特色社会主义伟大事业,就要以开拓进取的精神投身于马克思主义在现时代的发展实践,提高科学社会主义的说服力。所谓才,就是必须有真才实学,有适应90年代更高层次的现代化建设所需要的知识、才干、智慧与能力,尤其是有开创的实绩。我们党的干部路线,从来是同党的政治路线密切相连的,因此,干部德与才的双重标准,归根到底统一于党在现阶段的基本路线。

看一个干部是否德才兼备,归根到底是看他在坚持四项基本原则基础上对中国特色社会主义建设作出的实际贡献。邓小平同志曾经提出,要大量选拔“明白人”。这里所谓“明白人”,就是既坚持四项基本原则,又热心于改革开放;既忠诚于马克思主义,又精通各自的业务;既坚定地献身于社会主义,又深切地了解当代资本主义;既有很强的原则性,又有高度的灵活性;既有任劳任怨的奉献精神,又有永不衰竭的进取精神;既有清晰的宏观思维,又有可贵的本职实干;既能坚持集中统一,又勇于独立负责。总之,是要培养、选拔和任用改革开放条件下德与才相统一的优秀人才。

进一步培养和造就适应改革开放新形势的干部队伍,对于上海来说,十分紧迫。上海人才荟萃,上海人聪明、素质好。但是,同浦东开发开放的新要求相比,同深化经济体制改革,探索搞活国有大中型企业的艰巨任务相比,上海的干部队伍还有许多不适应之处。况且,上海人不可否认也有自身的某些弱点,例如有的人精于盘算而不善于运筹机先;有的人有大家风度而缺乏大将风范;有的人有鸟瞰世界的能力而缺少闯荡世界的气概;等等。这些弱点使上海干部队伍中的一些人在开拓创新意识上,还不能适应进一步改革开放的时代要求。我们有些干部一方面羡慕人家搞得活、放得开、上得快,另一方面又处处谨小慎微,不敢为天下先;一方面把大量的精力消耗在向上要政策、要优惠上，另一方面对中央已经给的政策又往往束之高阁，而不能用好用足用活这些政策；一方面赞叹人家上下默契、心有灵犀，另一方面又处处作茧自缚，甚至自己卡自己、自己跟自己过不去……很明显，不尽快克服干部队伍中的这些弱点，上海 90 年代的建设和改革就不可能像老一辈无产阶级革命家所要求的那样搞得更好、更快、更大胆。因此，按照改革开放的要求进一步解决好干部问题，是实现上海 90 年代的战略任务和战略目标的当务之急。

要选好用好大批德才兼备的干部，首先要大胆。邓小平同志早在 10 年前就说过："我们说资本主义社会不好，但它在发现人才、使用人才方面是非常大胆的。它有个特点，不论资排辈，凡是合格的人就使用，并且认为这是理所当然的。"20 年来的实践说明，在选拔中青年干部方面，我们不应当有过多的忧虑和数不清的清规戒律。改革开放要大胆，使用干部也要大胆。各级党委和组织人事部门要解放思想，克服障碍，勇于改革那些不合时宜的组织、人事制度，大力培养、大胆使用优秀人才。

其次是要广泛，要不拘一格用人才。战国时期的著名思想家荀子在《大略》中说过："口能言之，身能行之，国宝也；口不能言，身能行之，国器也；口能言之，身不能行，国用也；口言善，身行恶，国妖也。治国者敬其宝，爱其器，任其用，除其妖。"荀子在这里提出的一条基本的治国之要，就是要最广泛地起用各种人才，同时防止坏人混入领导核心，这个思想值得我们各级党委和组织部门重视。敬其宝，爱其器，任其用，说的是各种各样的人才都要广为罗致和各用其长。这里的宝、器、用，乃是指人的才智、才干、才学、才气的不同表现和不同侧面。现在也有这种情况：有的同志"讷于言而敏于行"，虽不善言辞，却颇能实干，这种实干家我们要用。有的同志虽不善于"决胜于千里之外"，却能"运筹于帷幄之中"，善于思考，有见解，有点子，这种羽扇纶巾、出谋划策的智囊型人才我们也应当用。至于有的同志"兼资文武此全才"，既能雄辩滔滔，又能冲锋陷阵，那更是人才难得，求之不得。只有那些"口言善，身行恶"的"国妖"，两面派、骑墙派一类角色，才毫无疑问决不能让他们混进我们的干部队伍中来。

选准选好干部还要发扬民主。要坚决克服那种被群众称为"说你行，你就行，不行也行；说你不行，你就不行，行也不行"的选人方式，发扬民主，坚持走群众路线，把那些"人民公认是坚持改革开放路线并有政绩的人，大胆地放进新的领导机构里”。这样做,既能防止个别领导人的主观随意性和用人上的不正之风,又能较好体现群众的根本意愿。当然,在不同情况下,对民意也要作具体分析。要注意去伪存真,避免使一些干部偏重于改善同上下左右的关系而不敢大胆创新和勇于负责。

“江山代有才人出,各领风骚数百年”。在 90 年代改革开放和现代化建设中涌现的大批中青年干部,不仅将在 90 年代大显身手,建功立业,其中有的还将成为“跨世纪”的人才,这样他们又将成为 21 世纪实现我国现代化建设第三步战略目标时新老交替的“人梯”。我们建设有中国特色的社会主义这一宏伟壮丽的事业就是这样,一代又一代后辈人将踩在前辈为他们架设的“人梯”上,一步一步去建造社会主义的“通天塔”。

附：

# 周瑞金、凌河、施芝鸿：皇甫平三人谈*

（1992年9月）

皇甫平，一个多少带有一点神秘色彩的名字。

皇甫平的文章，总共只有四篇，加起来字数不足一万，编不了文集，出不了专著，但是它们产生的强烈的现实震撼，则远非这区区的篇数和字数所能比拟。

责之者，其言凿凿，其势汹汹，使人着实为皇甫平捏了一把汗。

褒之者，亲切而且热烈，这里只引用一位津门老报人赞语：如果说，1978年的《实践是检验真理的唯一标准》一文揭开了第一次思想解放运动的序幕，那么揭开这一次思想解放运动序幕的，就是皇甫平四篇文章。

实践终究是检验真理的唯一标准。经过一年多的风风雨雨，越来越多的人认识到皇甫平文章对于推动中国改革开放的重要作用。前不久举行的第二届中国新闻奖评比中，这四篇文章中的《改革开放要有新思路》一文以高票荣膺一等奖。

皇甫平是谁？

## 一、皇甫平点将录

皇甫平文章一问世，海外传媒就纷纷猜测。他们有一点是猜对了的："皇甫平"不是一个人，而是一个集体笔名。但是他们都只说得出皇甫平的主要人物名叫周瑞金，而说不出还有一些什么人。

---

* 本文系上海《新闻记者》杂志记者魏永征撰写，原载《新闻记者》。

现在就由记者来作介绍吧。

对于本刊读者来说,周瑞金应该并不陌生。他曾在本刊频频出镜。作为解放日报社的党委书记,他在本刊第7期发表的《舆论:改革开放的先导》一文,阐述了《解放日报》近一时期的宣传方略,为舆论界所瞩目。30年前,这个来自浙江温州山区的年轻人,从复旦大学新闻系毕业来到解放日报社,以其清新通达的文笔,得到当时主笔政者的赏识,也因此而在"文革"中被指为"修正主义苗子"。"文革"后,他在参与领导和主持解放日报评论部工作期间,许多重要社论、评论员文章均出自他的手笔。他以"芮晶""吉匡"为笔名发表的许多杂文、散文,至今仍在一些人中留下印象。而今,他挂了报社的帅印,要以很大精力来处理社务,但仍然掌握评论这个口子,并且不时来唱几出重头戏。他思路开阔,议论风生,凡访谈者,定可以得到这样或那样的思想启示。他富有学者的气质,涉猎广泛,当得起"儒雅"二字。

凌河,年方不惑。他的笔名"司马心"的知名度已超过了他的真名,也是本刊的目录上的"常用词";另一笔名"路人"同样为路人所知,其实是"三位一体"。他的文运正旺,他在1989年书业萧条时出版的杂文集《世风别裁》,印数5000册居然在不长的时间里售罄,以至出版社主动提出再给他编选一个修订本。但如果以为他在文坛上只是擅长"短打",那就错了;他的"长靠"同样出色。他的不少法学、新闻学论文为学术界前辈所称许,并且被收入各种文集、学科年鉴。他于1987年自民主与法制社调到解放日报社后,主掌评论部。

皇甫平还有一位名叫施芝鸿。与周、凌不同的是,他从来不是职业的新闻工作者,却同新闻工作结下了不解之缘。早在七八十年代在上海市农委当秘书时,他就是解放日报社的得力通讯员。尔后进大学深造,毕业后进入中共上海市委研究室,成为那里的一根笔杆子。在繁忙的公务之余,他勤奋笔耕,写下了大量政论与时评。他同时是上海几家重要传媒的撰稿人,但毫无疑问,他同作为市委机关报的《解放日报》的关系最为亲密。

这就是皇甫平。这是一个合理的相互取长补短的组合。

记者与皇甫平们交情不浅。一年风雨,常以"皇"兄之喜而喜,以"皇"兄之忧而忧。时值酷暑,陡闻佳音,虽属意料中事,精神亦为一振,欣往道贺,于是而有此"三人谈"。

## 二、皇甫平文章是怎么写出来的？

**记者**：通常的说法，辛未年春节前邓小平到上海，然后有皇甫平文章，是这样吗？

**周瑞金**：完全正确。去年春节前夕小平同志到上海，视察了好几家企业，仔细听取了开发开放浦东的汇报，并就改革开放问题作了许多重要指示。凭我的直觉，感到小平同志是有意识地来上海就深化改革、扩大开放作一番新的鼓动的。他的关于“要更高地举起改革开放的旗帜”，“改革开放要讲几十年”，“改革开放要更快、更好、更大胆”，“不要一说计划经济就等同于社会主义，一说市场经济就等同于资本主义”等一系列重要谈话，都有很强的针对性，不仅对上海工作，而且对全国都具有深刻的指导意义。基于这样的理解，当时我们认为作为中共上海市委机关报的《解放日报》，责无旁贷应当发表几篇有影响的评论文章，来阐述小平同志关于深化改革、扩大开放的最新思想。

**施芝鸿**：我们早在1990年就曾酝酿写几篇谈论改革开放的文章。那时，治理整顿已经进行了两年，取得了明显成效，但是还有很多深层次的问题没有解决。我们在实际工作中感到对改革开放议论得不够，鼓呼也太少，需要写文章讲讲这个问题。当时酝酿过几个题目，但并没有动手写。

**周瑞金**：1990年年底举行的党的十三届七中全会，具有转折点的意味。那次会上，肯定了治理整顿和深化改革是统一的，相互促进的，集中提出了搞活国有大中型企业的问题。根据邓小平同志在七中全会前夕的重要谈话精神，江泽民同志在开幕式上重申要继续坚定不移地实行改革开放，深化改革和扩大开放是我们必须长期坚持的根本政策。他强调要革除过去体制中的弊端，改变那些不适应社会生产力发展要求的制度和办法，还指出要大胆利用一些外资进行国有大中型企业的技术改造，强调“即使冒点风险，也值得干”。党的十三届七中全会的这些精神，为我们的文章写作做了思想上的准备。

按照《解放日报》的惯例，每年春节大年初一都要写一篇小言论。庚午岁尾，传达了小平同志在上海的谈话精神。这时，我感到只写一篇应景文章是远远不够的，小年夜，就找凌河、小施来商量，决定写几篇联系上海实际来宣传小平同志改革开放新思想的文章。

**凌河**:第一篇是《做改革开放的"带头羊"》,对辛未羊年作前溯后瞻,提出我们正处在改革开放新的历史交替点上,以增强改革开放的历史责任感。文中提到的"1991年是改革年","何以解忧,唯有改革"都是当时朱镕基市长在传达贯彻七中全会精神和小平同志视察上海重要谈话精神时讲的。

**施芝鸿**:我们酝酿写的第二篇文章是《改革开放要有新思路》。根据党的十三届七中全会精神,90年代改革的重点是搞活大中型国有企业。如果说,农村经改、发展多种经济成分,还只是改革的"外围战",那么,搞活大中型企业就是一场难度更大、覆盖面更广、意义更为深远的"攻坚战",没有新思路、新招数不行,简单地套用80年代改革中的某些做法也不行。所以,老一辈革命家和领导同志强调要更快、更好、更大胆,要进一步解放思想,要冒一些风险。

**周瑞金**:解放思想不是一劳永逸的。有的人在10年前的思想解放运动中打了先锋,但在眼下深化改革的这个问题或者那个问题上却表现得有些迟缓停滞,这并不奇怪。所以文中提出"要防止陷入某种'新的思想僵滞'"。我们用"思想僵滞",是想在色彩上更加委婉一些。

我们认为,当前进一步解放思想最主要表现为如何看待市场经济的问题上,在文中否定了"把计划经济等同于社会主义,把市场经济等同于资本主义"的传统观念,指出"计划和市场不是划分社会主义和资本主义的标志。资本主义有计划,社会主义有市场"。这是小平同志的一贯思想。现在大家知道的小平同志提到市场经济的公开谈话就有五次,这就是1979年会见美国不列颠百科全书出版公司编委会副主席吉布尼的谈话,1985年会见美国企业家代表团的谈话,1990年十三届七中全会开幕前夕的谈话,1991年春节在上海参观大众汽车公司的谈话,以及今年视察南方的重要谈话。我们认为这是小平同志对马克思列宁主义的重大突破和发展,对于我们探索社会主义经济体制具有深远的指导意义。

**凌河**:我们的第三篇文章《扩大开放的意识要更强些》,中心是说上海正站在进一步扩大开放的新起点上,增强扩大开放意识,是一个非常紧迫的问题。文中针对现实生活中的一些疑虑,作了澄清和解释。通篇是很平和、很讲理的。附带说一下,上海社会科学院沈骏坡研究员有个来稿也是讲开放意识的问题,本文吸收了这篇来稿中的一些观点。但这篇文章之所以引起那么大的轰动，引起那么多的责难，则是因为提出了不要囿于姓“社”姓“资”的无理诘难这个命题。我们深感到，近年来，两个“凡是”改变为两个“凡事”（即凡事都要问一问姓“社”姓“资”），这是长期以来阻碍改革开放的一个要害问题，现在的实践已经证明，皇甫平文章击中了这个要害。今年小平同志南方谈话中，正面回答了这个问题，解开了这个“死结”。

**周瑞金**：第四篇《改革开放需要大批德才兼备的干部》，是根据江泽民同志在十三届七中全会上关于干部问题的谈话，以及吴邦国同志在上海市组织工作会议上的讲话精神，讲改革开放中选拔干部要坚持德才兼备的原则，归根到底是看他在坚持四项基本原则基础上对改革开放和现代化建设事业作出的实际贡献。这也是小平同志的一贯思想。

## 三、还有第五篇，没有写出来

**施芝鸿**：我要补充说的是，关于姓“社”姓“资”，第三篇文章只是提出了问题，我们曾经打算在第五篇文章中集中论述这个问题，当时也作了酝酿。

**记者**：你们打算怎么论述呢？

**凌河、施芝鸿**：我们当时议了这样几层意思：第一，姓“社”姓“资”，如果是指国家制度，已经解决了。第二，如果是指社会制度，那么长期以来两种制度相互学习借鉴是很正常的事。第三，如果是指体制和运行机制等方面的具体问题，那么过去长期认为是社会主义的东西，有许多并不是社会主义，需要澄清；过去长期认为是资本主义的东西，有的并不是资本主义；即使是资本主义的东西也可以为社会主义所用。第四，不要用不正确的姓“社”姓“资”的定性来指责别人。总的意思，是要进一步解放思想，消除“恐资症”的缠绕，推动改革开放的深入。

**记者**：为什么后来没有写呢？

**施芝鸿**：因为瑞金同志当时要承担另一项重要工作，就搁下了。

## 四、非同一般的反响

皇甫平文章在上海、北京和其他省市都激起了广泛反响。每篇文章发表的当天，总是有不少读者打电话到解放日报社问文章的作者是谁，并说读了这些文章很有启发，有助于进一步解放思想、认清形势、打开思路、坚定信心。《解放日报》驻京办事处也收到很多电话，打听这些文章是不是传达了小平同志的讲话精神，说这些文章以加大改革分量为主旋律，说出了我们的心里话。许多省市驻沪办事处也接到本省市领导的电话，要求收集皇甫平的全部文章，并向报社了解文章写作和发表的背景。

海外传媒迅速作出反应。有的报道文章的内容，有的则进而对文章发表的背景作出种种猜测，这些猜测，大多没有什么根据，但是我国一家地方报纸的几篇署名评论文章，引起海外舆论如此广泛的注意，确是新中国成立以来所罕见。

与此同时，一些疑问、责难也接踵而起，直至在报纸刊物书籍上对皇甫平文章中的一些论点进行不指名的公开“批判”。

即使是在这种情况下，以各种方式表示赞同和支持皇甫平的，还是大有人在。记者这里介绍几件趣事：

——有位《解放日报》记者，前往某省采访。《解放日报》在该省发行数不算大，该记者知名度也不高，但所到地县，党政官员接到名刺，“是《解放日报》来的”，霍然动容。先不问记者采访什么，倒过来向记者“采访”皇甫平其人其事。记者听是自己家里事，好办，便拣知道的说，说完了，再提采访要求，居然一路绿灯，结果满载而归。

——上海有4位局级干部，前往某省办公事，晋见省委书记。书记撇下公事不提，开口便问皇甫平。这4位都是搞经济的，并非报界中人。皇甫平文章虽然看过，但毕竟不是必读文件，哪里想到在千里之外还要应付这样的“即兴考试”？正当期期难言之时，书记大人却是口若悬河，列举皇甫平种种观点，最后一句更是掷地有声，“都是我的心里话”！

——本刊记者前往某地讲学，地委书记热情相邀小酌，席上讲的又是皇甫平。书记说，皇甫平文章篇篇读过，写得好！他要地委机关报根据皇甫平的论述结合本地实际也写几篇评论。阐述进一步解放思想，加重改革的分量，促进观念变革。一共写了五篇。记者要来一看，果然酷似皇甫平。

## 五、皇甫平为何保持沉默？

**记者**：面对这些颇具声势的责难，你们是怎么考虑的？

**周瑞金:**我们既然写文章宣传进一步解放思想,敢冒风险,敢为天下先,当然自己也要做冒一点风险的思想准备。文章发表后会发生一些争议,我们是有所预料的。但是,我们没有想到会招来那么大的压力,而且承受压力的不仅仅是我们几个人。

市委很理解我们的处境,也很爱护我们,指示我们淡化处理。其实,我们只要把皇甫平文章重新发表,加一个编者按,一切就很清楚。有文章硬说我们是主张改革开放不要问姓“社”姓“资”,然后上纲上线,说是模糊社会主义方向,引向资本主义。我们在哪一篇文章、哪一个段落说过这样的意思呢?但是当时我们还是遵照市委的指示,顾全大局,不予置理,相信大多数群众会明辨是非,服从真理。

**凌河:**皇甫平可以说既沉默,又未沉默。我们决没有放弃我们的立场和观点。去年苏东剧变之后,有的同志错误地总结教训,在贯彻党的“一个中心、两个基本点”的基本路线上发生了某些疑虑和动摇。我们认为,对于皇甫平的种种责难,正是这种倾向反映。我们继续发表评论和文章,旗帜鲜明地宣传“一个中心、两个基本点”,澄清一些不正确的看法。例如苏联8月变局后一个星期,我们发表《论干部的精神状态》,明确指出要牢牢扭住经济建设这个中心,决不分散我们的注意力,阐述只有改革开放才是我们的唯一出路。10月间,我们又发表《“科学技术是第一生产力”的理论和实践意义》的长篇文章,着重论述现阶段中国社会的主要矛盾,是人民日益增长的物质文化需要同落后的社会生产之间的矛盾,只有把社会生产力搞上去,才能在和平演变的挑战中岿然不动。这篇文章,实际上是对苏联的衰变和解体的深层教训作了一个鲜明的阐述。12月间,我们又连续发表两论《改革要有胆略》的评论,批评那种反对冒改革中的风险、认为坚持改革开放会被西方和平演变势力所利用的错误观点。

## 六、从皇甫平到吉方文

**记者:**小平同志今年南方谈话传达以后,去年舆论界在不同程度上存在的迷茫情绪一扫而空,出现了宣传贯彻小平同志南方谈话精神,加快改革开放的朝气蓬勃的局面。《解放日报》连续发表署名吉方文的文章,同样在海内外引起了强烈反响。

**周瑞金:**吉方文是皇甫平的继续。今年大年初一,我们发表《十一届三中全会以来的路线要讲一百年》的评论,拉开了宣传邓小平同志南方谈话精神的序幕。大家知道,杨尚昆主席充分肯定了这篇文章,我们受到极大的鼓舞。接下来,我们连续发表署名吉方文的文章,阐述邓小平同志南方谈话精神,至今已发表了4篇。

如果说,皇甫平的文章主要是提出观点,那么,吉方文的文章主要是展开阐述,阐述小平同志提出的重要思想。今年4月发表的《论走向市场》,是阐述小平同志在计划和市场问题上对马克思列宁主义政治经济学的重大突破的,提出了"社会主义市场经济"这个新概念。6月初发表的《论加速发展》,阐述了小平同志关于抓住时机,发展经济,过几年上一个新台阶的崭新经济思想,解决了一些干部群众存在的"加速发展会不会导致经济过热"的疑虑。接着,又发表《论改革开放姓"社"不姓"资"》,阐述了小平同志就姓"社"姓"资"问题提出的根本标准,系统回答了去年有些人就姓"社"姓"资"问题上提出的责难。7月初,我们又写了《论适应加快改革新形势　加快"换脑筋"》一文,根据小平同志视察首钢时提出的重要观点,阐述了从传统的计划经济意识转变为社会主义市场经济的观念,提出了计划经济向社会主义市场经济转化这样一场深刻的改革,必将引起经济、政治、社会、科技、文化各个领域的深刻变化,必将引起人们行为规范、生活方式、精神状态、价值观念、是非标准的重大转变。我们一定要紧紧抓住社会主义市场经济这个关键性、要害性、全局性问题来"换脑筋"。

## 七、为什么在姓"社"姓"资"问题上发难

**记者:**现在再回到皇甫平上来。在今年3月19日召开的评论工作座谈会上,瑞金同志说皇甫平文章引发出6个方面的议论。在《舆论:改革开放的先导》一文中,又说皇甫平文章率先提出了"市场与计划""姓'社'与姓'资'"两个新形势下解放思想的新观点。而从实际情况看,提出异议和责难的,主要集中在不要囿于姓"社"姓"资"的诘难这个论点上。不知这里头有什么道理?

**凌河:**姓"社"姓"资"问题确实是长期以来阻碍改革开放的一个要害问题。皇甫平文章的原话只是说对于开发浦东、设立保税区这些具体措施不

要囿于姓“社”姓“资”的诘难,而责难者却升格为改革开放不要问姓“社”姓“资”,这表明责难者奉行的恰恰是奉行凡事都要作一番“非社即资”分析的传统观点,其极左印记是很鲜明的。

**周瑞金**:本报不久前发表刘祥之的《论“左”说右》一文论述了“左”之所以根深蒂固,就在于它深厚的社会基础、强大的历史传统和悠久的思想、政治根源。我想补充的是,去年这一场“争论”还有现实的国内外的背景。1956年,中共“八大”对我国社会的主要矛盾作出了科学的论断,提出了加快社会主义建设的一系列重要方针。但是过后不久,国际上发生了波匈事件,国内又开展了反右派斗争。为了防止和平演变,就重提阶级斗争,在指导思想上逐步发生偏差,社会主义建设的正常进程很快发生了扭曲,最后形成了“以阶级斗争为纲”“无产阶级专政下继续革命”等一整套“左”的理论,酿成了十年浩劫。近两年,由于国内政治风波和国际苏东剧变,和平演变的现实危险似乎更加严重而且明确地摆在我们面前。有些人就很习惯地又要用转移经济建设中心的办法来反对和平演变。在他们看来,当前中国的主要矛盾似乎不应当是发展生产力,而是两种制度、两个阶级、两条道路的斗争,经济建设的中心地位就应当让给反和平演变,而和平演变的主要危险则来自经济领域,来自所谓“经济实用主义”。从这个过程来说,提出姓“社”姓“资”,同当年重提阶级斗争有相似之处。

**施芝鸿**:从凡事都要问一问姓“社”姓“资”来看问题,市场经济自然是姓“资”的,发展公有制以外的多种经济成分,也是姓“资”的,引进外资和外国先进的东西当然更是姓“资”的。如果按照那样的逻辑去想问题、定政策,我们的改革非但不能深化,而且势必要退回去,所以理直气壮地回答姓“社”姓“资”的诘难,确实是一个要害问题。

## 八、为小平思想深入人心而高兴

**周瑞金**:从以上回顾的这个过程可以看出,小平同志提出的建设有中国特色的社会主义,是对马列主义,毛泽东思想的重要贡献,是对科学社会主义的重大发展,也可以说是在马克思主义思想宝库中独一无二的。马克思、恩格斯创立了科学社会主义理论。列宁把理论付诸实践,建立了世界上第一个社会主义国家。毛泽东把马列主义普遍真理同中国革命实际相结合,领导我们建立了社会主义新中国。但是,在夺取政权和建立社会主义制度以后,如何从本国的国情出发,建设好社会主义事业,这个问题在社会主义国家中,长期以来在理论上和实践上并未得到很好的解决。党的十一届三中全会以来,邓小平同志以无产阶级革命家的远见卓识,深刻总结了过去国内国外建设社会主义的正反两个方面的历史教训,确立了“一个中心、两个基本点”的基本路线,标志着我国社会主义事业进入了一个新的发展阶段。近年来,面对苏联、东欧演变和解体的触目惊心的现实,邓小平同志再一次指明了航向,避免了历史曲折的重演。他在去年春节来上海期间的谈话和今年南方谈话,丰富和发展了建设有中国特色的社会主义理论。

**施芝鸿**:皇甫平本身并不足道,无非是在文章中及时传达了邓小平同志的谈话精神,提出并阐释了新形势下关乎中国改革开放全局的若干重大理论和实践问题,在思想上冲破了凡事都要问一问姓“社”姓“资”的束缚。皇甫平文章引起了国内舆论这么大的反响,证明邓小平同志的思想符合中国实际和群众意愿,具有鲜明的党性和人民性。反对者的思想武器很陈旧,因而脱离实际、脱离群众,根本成不了大气候。

**周瑞金**:是这样。今年邓小平同志南方谈话一传开,就在全国迅速形成坚持基本路线,宣传改革开放的舆论声势,表明小平同志的思想正在日益为广大群众所掌握,并转化为巨大的物质力量。这是非常令人鼓舞的。

**施芝鸿**:这表明,在当代中国,坚持改革开放是人心所向,发展市场经济是大势所趋,加快发展速度是众望所归,进一步解放思想是必由之路。

## 九、评论工作者也要“换脑筋”

**记者**:从皇甫平到吉方文,发挥了舆论在改革开放中的前驱作用。作为党报的评论工作者,你们认为应当怎样承担历史的重任?

**凌河**:将传统的计划经济意识转换为市场经济观念,这对于新闻工作者,尤其是评论工作者,是一个“换脑筋”的过程。这是一件很不容易的事,是一个严峻的考验。其一,革命导师对于市场经济是否定的,认为与社会主义不相容。马克思曾设想社会主义革命首先在发达资本主义国家胜利,一切生产资料全部归社会所有,每个人的劳动直接表现为社会劳动,整个社会可用直接计划来组织全部生产与分配,因此商品生产、市场交换和价值规律不再在社会主义社会存在。其二,长期以来"左"的束缚。毛泽东同志晚年将商品货币关系视为"和旧社会差不多",要加以"限制",这个思想成为他发动"文革"的重要理论依据。近年来不少人认为"市场经济等于资本主义",这就不只是"差不多"了。否定市场经济的"左"的观念,不是无本之木,有深刻的社会、历史基础,这就是小生产汪洋大海中千百万人的习惯势力,小生产必然排斥市场、畏惧市场。其三,我国经济发展水平对于认识的限制。我们的经济体制还处于转换阶段,市场还太少,不完善,处于初级阶段,自然经济的因素还到处可见,这就给我们确立市场经济观念这个上层建筑带来很大困难。其四,向市场经济转换会给我们新闻工作者本身带来冲击。我们的知识会显得过时,观念会显得陈旧,需要更新,需要扬弃,这会给一部分同志带来失落感。同时利益也会发生深刻调整,甚至失去不少既得利益。这里就有一个"立党为公"的问题,是个很现实的考验。所以,如果说党的十一届三中全会以后,我们面临一个从阶级斗争宣传向经济建设为中心的宣传的转变,现在又面临着第二次转变。如果说那一次是"换屁股",这次则要"换脑筋"。

# 群众路线与民主决策的产物*

（1991年2月9日）

今年2月6日开始举行的上海市九届人大常委会第24次会议，听取和审议了市政府关于住房制度改革实施方案（草案）的报告，并通过了相应的决议。这表明，房改实施方案已获得本市地方国家权力机构的批准，从而使它更具有法规性与权威性，同时也为这个方案的正式颁布施行奠定了基础。

上海市房改方案从提请市人大常委会批准，在部分试点单位先行讨论起，到把方案推向全市、开展全民大讨论，然后根据大讨论中反馈的意见将修改后的方案再次提交市人大常委会审议，前后历时近4个月。对一项地方改革措施的决策和出台，采取如此郑重其事的态度，充分表明了我们党对群众路线和民主决策的高度重视，表明了社会主义民主政治建设在上海的扎实进展。

坚持群众路线和实行民主决策，这是社会主义民主政治建设的两个重要环节，也是保证决策科学化的两个基本前提。我们党的性质、宗旨和指导思想，决定了党必须把全心全意为人民谋利益，作为自己全部执政和施政活动的出发点和归宿。而要做到这一点，首要的问题是必须保证决策和决策的执行符合人民的利益。积多年正反两方面之经验，要保证决策正确和执行有效，必须坚持从群众中来到群众中去，建立和健全民主的、科学的决策和执行程序。党和政府在制定政策措施，决定重大事项时，必须以党的思想路线为指导，坚持走群众路线，充分调查研究，广泛听取各方面意见，反复比较、鉴别和论证，有的重大决策在实施前还需要经过试点。这次本市房改方案的制定正是这样做的。在试点单位先行讨论和其后的全民大讨论中，先后对原方案作了数十处重大的修改，从而集中了群众智慧，进一步反映了群

* 本文系作者在上海市人大常委会审议通过房改实施方案时所作。

众的意愿。

根据社会主义民主政治建设的要求，对那些事关最广大群众切身利益的重大决策，除了走群众路线以外，还必须报请同级人大及其常委会民主决策，从而使党和政府的决策意向通过法律程序变成国家意志。这是因为，人民代表大会制度是我国的根本政治制度。要保证决策的科学化、民主化，就必须充分发挥人大作为权力机关的作用。这次本市房改方案的决策过程正是这样做的。市人大常委会在批准方案交由市民讨论，以及在审议通过这个方案的过程中，都充分行使了它的民主决策和监督职能，从而形成了科学的、民主的决策程序，保证了人民群众当家作主，行使管理国家事务和社会事务的权利。

社会主义民主是民主与集中的统一。在民主讨论的基础上实行正确的集中，这是实现决策科学化、民主化必不可少的制度保证。江泽民同志指出："共产党不但要发扬民主，尤其要在民主基础上集中，这也是民主本身的要求。"本市的房改实施方案就是在走群众路线的基础上正确地实行民主集中制的产物，是上海全市人民共同利益、共同意志的体现。全市人民都有责任，有义务认真贯彻执行这一方案，严格依法办事，共同为推进本市的住房制度改革、加快本市的住宅建设而奋斗。

现在，我们党和国家正处在一个历史发展的关键时期。我们要更好地贯彻执行党的基本路线，推进社会主义现代化建设，深化改革，扩大开放，完成社会主义现代化建设的第二步战略目标，巩固和完善社会主义制度，任务十分繁重艰巨。党只有更好地支持和领导人民群众当家作主，行使管理国家事务和社会事务的权利，充分发挥历史主动精神，才能胜利完成这些任务。让我们总结和发扬房改讨论中坚持群众路线、实行民主决策的经验，把它贯彻到上海各项工作中去，在"开发浦东、振兴上海、服务全国、面向世界"的历史进程中，把社会主义民主政治建设继续推向前进。

# 何以解忧　唯有改革

（1991年3月）

最近，有几条大新闻非常引人注目：一条是新华社记者2月24日报道，上海今年将在住房制度、企业机制、金融体制、外贸体制、主副食品价格和社会保障制度等6个方面加大改革分量。一条是3月3日召开的市住宅建设工作会议披露：上海市住房制度改革实施方案已报国务院批准，上海在实施这一方案的同时将加快住宅建设步伐。还有一条是市房改办负责人3月5日宣布：全市目前已有20个单位正在实施房改方案的模拟运行，4月份全市各单位都将实施模拟运行。这几条新闻传递给人们的，远不止是上海将以实际行动更高地举起改革开放的旗帜这一信息，它同时也向人们显示：正在为“开发浦东、振兴上海”而不懈奋斗的上海人民，已经越来越自觉而又坚定地认识到“何以解忧，唯有改革”这个当代中国的大道理。

其实，“何以解忧，唯有改革”的道理，人们早在前10年的改革中就已不同程度地感受到了。10多年前，当我们的国家刚刚从十年动乱中挣脱出来、国民经济刚刚从濒临崩溃的境地摆脱出来时，贫穷落后的现状和所谓“三信危机”的蛊惑曾经向人们投射过一阵阵心理阴影。就在那个时候，我们党及时召开了具有伟大历史意义的十一届三中全会，邓小平同志在这次会议上所作的《解放思想，实事求是，团结一致向前看》的重要讲话，提出了一个振聋发聩的问题：“如果现在再不实行改革，我们的现代化事业和社会主义事业就会被葬送。”党中央正是以这样深沉的忧患感和高度的紧迫感，毅然决然地抛弃了“以阶级斗争为纲”和所谓的“贫穷的社会主义”，带领全党、全国人民义无反顾地走上了改革开放、治穷致富之路。“十年辛苦不寻常”。今天当我们回顾前10年的时候，恐怕都会有一种“惊回首，离天三尺三”的感觉。短短10年，我国各方面发生了巨大变化，国民生产总值由1980年的7100亿元猛增了近一倍半，达到17400亿元；全国绝大多数地区基本解决了温饱问题，部分地区开始向小康水平迈进。这充分证明我们的路子走对了，今后10年应当坚定不移地继续沿着这条道路前进，使这条道路越走越宽广。

凭着这10年的成功实践，上海人民愈加坚信：要有效地解决多年来困扰上海经济和社会发展、困扰人民生活进一步改善的种种难题，加速实现“开发浦东、振兴上海、服务全国、面向世界”的战略思想，唯有改革，才是出路；唯有改革，才能“解忧”。当然，这是一种更高层次的“解忧”，即从依靠改革摆脱贫困，进入了依靠改革根治短缺的新阶段。同全国一样，人民群众在解决温饱以后，呼声最强烈的是解决住宅，而城市生活中供应最为短缺的也是住宅。造成住宅供应短缺的根本原因是多年沿袭的福利性无偿分房的机制。在这种机制下，国家财政每年用于建房的300亿元资金和用于维修现有公房的60亿元支出，就如同投入“黑箱”有去无回，无法形成住宅建设资金的良性循环。与住宅建设的低速运行相反，城市人口却在年年高速增长，这就使住宅分配“粥少僧多”的状况愈演愈烈，人民群众住房困难问题愈益尖锐。上海的房改方案正是在这种背景下为着“解忧”而被倒逼出来的。它一经提出，就受到全市广大市民群众的广泛认同，这个事实充分证明“何以解忧，唯有改革”已经更大规模地在上海市民中达成共识。

促使人们很快形成这一共识的原因，恐怕更为直接的是去年下半年市委、市政府推出的煤气改革取得了令人信服的成效。多年来，申请新装煤气难也是困扰上海市民的一大矛盾。在市政府作了最大努力的情况下，全市每年仅勉强新增2万户煤气用户。而去年实行收取煤气初装费的改革方案以后，当年全市就新增煤气用户12万户，今年预计还将在去年基础上再新增17万户，以至去年年底以前发生市民争购煤气建设债券而债券一时为之脱销的盛况。人们由此坚信，实行房改也必然会带来同样的“解忧”效应。市住宅建设工作会议传出的关于今后10年上海将新建住宅5000万平方米的信息，使人们对实行房改信心更加倍增。当然，这里有一个改革与发展的关系问题。改革可以加快发展，而发展必须有一个过程。因此，人们还应当克服期望值过高、指望在一两年里全部解决住房困难的急于求成的心态。

今年春节期间中央领导同志、老一辈无产阶级革命家在上海考察工作时，国家主席杨尚昆向我们提出了浦东开发要搞得更快、更好、更大胆的要求。根据中央领导同志的指示精神，朱镕基同志强调要更高地举起改革开放的旗帜。这是在东欧剧变、苏联解体、世界社会主义运动的低潮期，再一次提出了“何以解忧，唯有改革”的问题。这就是说，只有在坚持四项基本原则、坚持走中国特色社会主义道路的基础上，更快更好更大胆地深化改革，扩大开放，加快发展，不断开拓新思路，开创新局面，才能巩固和发展我国的社会主义制度，从而以它的无可争辩的优越性和吸引力来凝聚人心，迎接挑战，使作为世界上最大的社会主义国家的中国永远立于不败之地。

# 更高地举起改革开放的旗帜

（1991 年 3 月）

在中共上海市委、市人民政府今日举行的 1991 年上海市各界春节联欢会上，朱镕基同志在致贺词中说的一段话，给人们留下了深刻印象。他说："改革开放是促进社会主义经济建设的伟大动力。改革开放还要讲几十年，我们要更高地举起改革开放的旗帜，实事求是，稳步前进。"这段重要讲话，对于鼓舞英雄的上海人民在新的一年继续解放思想、振奋精神，沿着有中国特色的社会主义道路高歌猛进，具有极为重要的指导意义。

在改革开放 10 年后的今天，我们为什么还要强调更高地举起改革开放的旗帜呢？这是因为，在现时代唯有改革开放，才能加快发展社会生产力，增强社会主义的凝聚力，提高科学社会主义理论对人们的说服力。改革开放既是强国富民之路，也是建设有中国特色的社会主义的必由之路。面对国际风云变幻，为什么我们伟大的社会主义祖国坚如磐石、巍然屹立呢？就是因为我们在坚持四项基本原则基础上，既坚定不移又正确有效地实行了改革开放，使社会主义充满了生机和活力，使人民群众从中得到了实实在在的物质利益。现在，我们强调更高地举起改革开放的旗帜，既是挫败国内外敌对势力和平演变阴谋的需要，也是进一步促进稳定、加快发展，实现我国现代化建设第二步战略目标的需要。党的十三届七中全会强调指出："全面落实党的建设有中国特色的社会主义的各项方针政策，关键在于继续坚定不移地实行改革开放。"实行改革开放，这是我们党在社会主义建设理论和实践上的一个重要创造。前 10 年，我们依靠改革开放，增强了综合国力，在两种社会制度的斗争中提高了竞争实力。今后 10 年，我们把改革开放的旗帜举得更高，把改革开放搞得更快更好更有成效，就将进一步鼓舞士气，振奋精神，凝聚人心，使我们伟大的祖国以更加昂扬的姿态告别 20 世纪，迎来一个新的纪元，顺利地经受住任何风浪的考验。

更高地举起改革开放的旗帜,必须明确今后10年深化改革、扩大开放的基本方向和主攻目标。今后10年,深化经济体制改革的基本方向是按照发展社会主义有计划商品经济的要求,建立计划经济与市场调节相结合的经济运行机制。主攻目标:一是继续深化企业改革,进一步增强大中型国有企业的活力;二是健全宏观管理制度,更好地运用经济调控手段加强宏观管理。简单地说,就是该放的坚决放开,该管的切实管住。就上海来说,在1991年和整个“八五”期间,将按照先易后难、循序渐进、稳扎稳打、务求必胜的原则,进行住房制度改革、主副食品价格改革、企业用工制度和社会保障体系改革、企业体制改革和金融体制改革。同时,要以开发开放浦东为契机,进一步扩大对外开放。这些改革事关开发浦东、振兴上海的前途和命运,全市各级党组织和全市人民要树立起高度的历史责任感和时代紧迫感,为推进改革、扩大开放而团结奋斗、积极进取。

更高地举起改革开放的旗帜,关键在于必须进一步解放思想。江泽民同志强调指出:“在改革中,要解放思想,实事求是,一切从实际出发,扎扎实实地工作。”前10年改革开放之所以取得举世瞩目的巨大成就,同坚决贯彻党的十一届三中全会提出的解放思想的方针是分不开的。今后10年,要深化改革、扩大开放,同样离不开思想的进一步解放、活力的进一步释放,这是保证我们继续前进的首要条件。现在思想僵滞、缺乏开拓精神的情况是不少的。比如,有的同志把发展社会主义商品经济和社会主义市场经济,同资本主义等同起来,一讲市场调节就以为是资本主义;有的同志把深化改革同治理整顿对立起来,对有些已经被实践证明是正确的、行之有效的改革,不予以坚持和完善,甚至还动摇、走回头路;有的同志把利用外资同自力更生对立起来,尤其是不敢冒风险,积极引进外资进行大中型国有企业的技术改造;还有的同志把持续稳定发展经济、不急于求成同紧迫感对立起来,工作松懈,精神疲软,可以办的事情不积极去办;等等。坚决打破这些僵滞的思想观念,才能振奋起探索创新、奋力开拓的勇气;才能使人们摆脱习惯势力和主观偏见的束缚,面对深化改革、扩大开放的新形势,努力研究新情况,切实解决新问题,全力开创新局面。

当然,进一步深化改革、扩大开放必须处理好改革开放同治理整顿的关系。党中央一再强调,治理整顿不仅为深化改革和保证改革健康发展创造条件,而且治理整顿本身也需要贯彻改革精神和在深化改革中进行,二者是统一的、相辅相成的。现在治理整顿虽已取得明显成效，但经济生活中结构不合理、经济效益差、体制关系不顺等多年积累下来的矛盾和深层次问题还没有得到根本解决。因此，更高地举起改革开放的旗帜，丝毫也不意味着可以放松进一步治理整顿，而是要在继续坚持治理整顿的同时，逐渐加大改革分量，适当加快改革步伐。这是不应当发生什么误解的。

# 改革开放的时代精神与共产党员的奉献精神

（1991年6月21日）

在我们高扬改革开放时代精神时，还要不要、能不能在共产党员特别是党员干部中大力弘扬奉献精神？这在80年代初期，曾经引发过一场争论。当时有一种观点认为，在发展社会主义商品经济条件下，强调奉献精神已经不合时宜，因为它同物质利益原则相背离；还有人甚至对“全心全意为人民服务”“大公无私”“毫不利己，专门利人”“一不怕苦，二不怕死”等革命口号，也进行大张挞伐的“批判”。针对这一情况，邓小平同志明确指出，“党和政府愈是实行各项经济改革和对外开放的政策，党员尤其是党的高级负责干部，就愈要高度重视、愈要身体力行共产主义思想和共产主义道德”，“要教育全党同志发扬大公无私、服从大局、艰苦奋斗、廉洁奉公的精神”。

现在，改革开放已进行10多年了，发扬奉献精神，依然是人民群众对党风廉政建设最普遍、最强烈的要求。当年的一部《渴望》，万人空巷，不啻是人民群众对“爱的奉献”的渴望；一曲《血染的风采》，风靡全国、妇孺传唱，无疑是人民群众对“生命的奉献”的颂扬；一部《焦裕禄》，举国争睹，满城争说，更是人民群众对“无私奉献”的呼唤。这说明，奉献精神正是改革开放时代精神的积聚和升华。

我们正处在一个改革开放的时代。共产党员要模范地执行党在社会主义初级阶段基本路线，当然要带头发展社会主义商品经济，要按照“等价交换”的经济规律和“按劳分配”的现行政策办事。但是，这决不是说共产党员就可以带头追逐个人利益。正如邓小平同志指出的：“我们提倡按劳分配，承认物质利益，是要为全体人民的物质利益奋斗。每个人都应该有他一定的物质利益，……决不是提倡各人都向‘钱’看。要是那样，社会主义和资本主义还有什么区别?”很明显，邓小平同志在这里强调要把社会主义商品经济同资本主义商品经济严格区别开来。

资本主义商品经济是一种金钱至上、私心膨胀、尔虞我诈、物欲横流的经济，“它使人和人之间除了赤裸裸的利害关系，除了冷酷无情的‘现金交易’，就再也没有任何别的联系了”。遗憾的是，我们少数共产党员甚至党员负责干部，在商品经济的大海中游泳时，也被“淹没在利己主义打算的冰水之中”了。他们把“一切向钱看”当作发展商品经济的必然要求，把功利主义、等价交换原则用于党内政治生活和日常生活之中。他们或者是置人民群众的利益和疾苦于不顾，不择手段地巧取豪夺、与民争利；或者是奉行“有权不用、过期作废”的信条，滥用职权，搞权力寻租、权钱交易。更有甚者，公然偷税漏税、走私贩私、行贿受贿、执法犯法、敲诈勒索、贪污盗窃。显然，这些都是根本违背我们党所主张的“为人民谋利益”这个发展社会主义商品经济初衷的。

党中央一再告诫全体共产党员，要经受得起执政和改革开放的考验。所谓改革开放的考验，重要一条，就是物质利益的考验。我们有许多共产党员在这种考验面前交出了出色的答卷。比如，在“出国热”的冲击面前，我们既有像曾乐那样，把根深深扎在祖国的大地上，坚持“在中国做出成绩，再影响到国外去”的先进典型；也有像复旦大学留美博士生陈良尧那样“不受物质条件诱惑”回归祖国，给大学实验室送去了价值5000美元的设备，而自己的家却“比没出国的人家布置得更简朴”的年轻学者。这样心甘情愿地让奉献多于索取的共产党人，是多么值得人们钦敬啊！

我们主张在改革开放中弘扬无私奉献精神，这并不是主张取消个人利益。在社会主义初级阶段，劳动还是个人谋生的手段，共产党员也食人间烟火，也必须通过获得正当收入满足自己及家庭生活的需要。承认并尊重这一点，决不是个人主义，也不是降低共产党员标准。但是，共产党员作为工人阶级先进分子，应当有高于一般群众的要求。党章规定“中国共产党党员必须全心全意为人民服务，不惜牺牲个人的一切，为实现共产主义奋斗终身”。这种奉献精神同共产党员的正当个人利益是统一的。这种统一性就在于：党员和党员干部获取个人物质利益必须是正当的，“不谋取制度和政策规定以外的任何私利和特权”；党员的个人利益必须服从党和人民的利益，当两者发生冲突时，要毫不犹豫地牺牲个人利益。现在的问题在于，有些党员和干部，无限制地追逐个人物质利益，甚至把权力化为资本，大搞以权谋私、权钱交易，这就不仅同无私奉献的共产主义精神相差十万八千里，同获取正当个人利益的社会主义原则也更是相去甚远，因此才引起人民群众强烈反感。不坚决克服这种极端利己主义，党员和党员干部就不会有感召力、说服力；党组织也会失去吸引力、凝聚力。

"为有牺牲多壮志，敢教日月换新天"。在改革开放历史新时期，我们共产党员和党员干部同样要做到"为有奉献多壮志"。在一定意义上可以这样说，社会主义现代化建设发展到什么程度，就看我们艰苦奋斗、无私奉献的精神发扬到何种程度。让我们以纪念建党 70 周年为契机，大力弘扬奉献精神，让奉献精神在改革开放中不断发扬光大。

# 毫不动摇地坚持改革开放

（1991 年 9 月）

最近，在国际政治风云变幻的形势下，《人民日报》发表了《要进一步改革开放》的重要社论，及时传达了党中央的指示精神。中共上海市委领导同志也再次强调：进一步深化改革、扩大开放，是振兴上海的根本出路。我们要认真学习党中央和市委的这些重要指示精神，在全市形成稳定、团结、改革、开放的浓厚气氛，以毫不动摇地坚持改革开放这个“不变”来应对国际风云的“万变”。

江泽民同志在庆祝中国共产党成立 70 周年大会上的讲话中指出：“建设有中国特色社会主义的经济、政治、文化，必须在坚持四项基本原则的前提下，坚持改革开放的总方针。只有通过改革，社会主义制度的优越性才能更加充分发挥出来。”

毫不动摇地坚持改革开放，这是我们党的一贯立场、一贯主张。1986 年年底的学潮过后，邓小平同志强调指出：“去年发生的风波，不应该影响改革和开放，改革开放不仅要坚持，而且要加快。”1989 年春夏之交的政治风波平定伊始，邓小平同志又指出：“现在国际上担心我们会收，我们就要做几件事情，表明我们改革开放的政策不变，而且要进一步地改革开放。”近两年东欧发生剧变以后，邓小平同志和其他中央领导同志又在 1991 年的春节专门来上海视察改革开放，并作出了“要更高地举起改革开放的旗帜”，“改革开放还要讲几十年”，“浦东开发要搞得更好、更快、更大胆”的指示。最近，面对苏联局势发生的急剧变化，党中央再次强调：“不管国际政治风云如何变幻，要继续认真贯彻党的以经济建设为中心，坚持四项基本原则，坚持改革开放的基本路线，深化改革，扩大开放，集中力量把经济搞上去。”

为什么我们党如此坚定不移、毫不动摇地坚持改革开放呢？

首先，这是因为，“只有通过改革，社会主义制度的优越性才能更加充分发挥出来”。特别是在科学技术迅猛发展、经济文化交流日益扩大的当今世界，如果我们不积极改革现行体制中的弊端，不实行对外开放政策，就不可能加快发展生产力。而社会主义要在实践中显示同资本主义相比较的优越性，取得在两种社会制度竞争中的胜利，从根本上来说也取决于社会生产力的发展。东欧有一个原社会主义国家的共产党领导人在丢失政权后说过：“对于执政的共产党来说，经济建设搞好了，其他一切问题都好办。经济搞不好，群众不拥护，说话没人听，就有丢失政权的危险。”所以，坚持四项基本原则，坚持改革开放，加快发展社会生产力，增强社会主义制度的吸引力、凝聚力，提高我们的综合国力和竞争实力，这本身就是巩固和发展社会主义制度、抵御和平演变的一项主要内容。

其次，这是因为，80 年代我国改革开放的巨大成就进一步坚定了人们走中国特色社会主义道路的信心。改革开放的 12 年，是我国经济建设成就最大的时期。这主要表现在：经济增长率显著提高。从 1979 年到 1990 年，按可比价格计算，我国国民生产总值年递增 9.1%，显著高于 1953—1978 年每年平均增长 6.1%的速度。技术进步明显加快。通过改革开放，引进了一批国外先进技术，也加快了国内研究成果转化为生产的过程，使我国同世界先进水平的差距有所缩小；在经济增长中，依靠技术进步所占的比重同改革前相比，有了较大的提高。人民生活大大改善。1990 年全国居民平均消费水平，扣除物价因素，比 1978 年提高了 1.1 倍，平均每年提高 6.5%；比 1953 年到 1978 年的 26 年共提高 77%、平均每年只提高 2.2%要快得多。城乡居民住房紧张的状况有很大缓解。人均居住面积从 1953 年到 1978 年是下降的；而 1990 年同 1978 年相比，城市从人均 3.6 平方米上升到 7.1 平方米，农村从 8.1 平方米上升到近 20 平方米。实行改革开放的 12 年，也是上海经济实力增长最多、城乡面貌变化最大、人民生活提高最快的时期。

同经济上如此辉煌成就交相辉映的是，改革开放 12 年，也使我国社会政治生活和人民精神状态发生了深刻变化。广大人民思想解放，民主精神大为增强，参政议政意识明显提高。我们所以能够迅速平息 1989 年春夏之交的政治风波，所以能在今年夏季战胜特大洪涝灾害，所以能面对国际风云的变幻，保持政治稳定、经济稳定、社会稳定和人心安定，都同改革开放始终坚持正确的方向，并取得了巨大成绩，使人民群众真正得到了实惠是分不开的。正如党的十三届七中全会所指出的:“八十年代的伟大成就,进一步坚定了中国共产党和中国人民一心一意进行社会主义现代化建设的信心,增强了克服困难的勇气和毅力。”

当然,毫不动摇地坚持改革开放,必须以坚定不移地贯彻四项基本原则为前提,这两个基本点是并行不悖的,哪一个都不能少,哪一个都不能偏废。这是因为,我们所说的改革开放,是社会主义制度的自我完善和发展。如果不坚持四项基本原则,改革开放就会走偏方向,甚至会亡党亡国。所以,不改革开放不行,改革开放不坚持正确的政治方向也不行。江泽民同志的“七一”讲话对此已经作了极为透彻的论述。在今后 10 年中,我们必须按照江泽民同志“七一”讲话阐明的关于建设有中国特色社会主义经济、政治、文化中的几个“必须”和几个“不能”去做,始终保持清醒头脑,注重划清明确界限,把改革开放事业更加健康地推向前进,使之成为我国经济和社会发展的更加强大的推动力,成为实现“开发浦东、振兴上海、服务全国、面向世界”这一战略目标的根本保证。

# 老虎出山　猴子照跳

（1992 年 1 月 2 日）

1992 年新年伊始，笔者之所以用这个题目来做一篇迎接新年的文章，是因为新近拜读了著名农民企业家鲁冠球同志的一篇文章后得到的启迪。

鲁冠球去年 10 月在《企业管理》杂志发表了《老虎出山好，猴子照样跳——搞活大中型企业对乡镇企业的影响之我见》的文章。这篇文章提出了一个引人注目而又发人深思的观点，叫作经济界的“生态平衡”问题。在鲁冠球看来，前几年我国经济领域的状况是“山中无老虎（指国有大中型企业改革相对滞后），猴子称大王（指乡镇企业异军突起）”这乃是中国经济界生态失衡的表现；现在，如果只强调搞好国有大中型企业而不重视乡镇企业等多种经济成分的发展，就是说“老虎出山了，猴子吓跑了”，同样也会出现经济生态的不平衡。这位农民企业家真的很不简单，他用如此深入浅出的语言，把一个坚持以公有制为主体、允许和鼓励多种经济成分共同发展的重大理论问题说白了、说透了。

在社会主义初级阶段，我们党和国家要着力建设有中国特色的社会主义经济，是主体性与多样性的统一体。就所有制结构而言，有中国特色的社会主义经济要求坚持以公有制为主体，同时允许和鼓励其他经济成分适当发展；而在公有制经济内部，我们又要以国有大中型企业为主干，并支持和促进包括乡镇企业在内的其他公有制经济形式的协调发展。在实践中，如果以主体性取代多样性，或者以多样性去削弱或动摇主体性，就会犯“左”的或右的错误，这两种倾向常常交替出现，我们必须始终注意防止一种倾向掩盖另一种倾向。

80 年代我国的经济体制改革，以搞活小城市、小企业为先导，大城市、大企业在一定程度上为支持小城市、小企业的搞活而相对滞后了其自身的改革与发展。在这种情况下，“猴子”活蹦乱跳，“老虎”动弹不了，就没有什么可奇怪的了。我们可以指出这种状况不正常，但不能因此而把“猴子”贬得一无是处。最近，江泽民同志在一次重要会议上特意强调：“蓬勃兴起的乡镇企业，是十多年来我国农村改革的一个重大成果，是具有旺盛生命力的新生事物。”现在，“乡镇企业在全国工业总产值中占有相当的比重，已经是三分天下有其一”。这是对鲁冠球所说的“猴子”即乡镇企业的充分褒奖和肯定。90年代我国的深层次改革要以搞好国有大中型企业为重点，就是说，前几年被旧体制捆住手脚，动弹不了的“老虎”，如今要呼啸出山了。在这种情况下，“猴子”怎么办呢？李鹏同志最近在印度举行的记者招待会上说：“现在国有企业约占工业产值55%，集体经济占35%，而私营经济、个体经济和三资企业加起来大概占10%。我们认为，这个比例还不算高，今后还会继续发展，但是私营经济在中国不会占主导地位。”这就是说，“老虎”出山了，“猴子”照样跳，丝毫也不会因为“老虎”出山而把“猴子”吃掉或吓跑。

现在，倒是需要“猴子”增加一点心理承受能力，不要自惭形秽、妄自菲薄。鲁冠球说得好：“中国市场、世界市场这么大，‘老虎’、‘猴子’，尽可以各显神通，自占一方！”在中国，“老虎”与“猴子”都各有其长也各有其短，应当互相取长补短，在竞争中求生存、求发展。前几年，在“猴子”独领风骚之际，上海出了一位很有志气的二纺机厂长黄关从，他说，我就不信国有大中型企业搞不过“三资”企业，这是“老虎”敢同“猴子”一争高低的表现。这种虎虎生气，壮了“老虎”的胆子，闯出了自我发展的路子。如今，在强调搞好国有大中型企业的新形势下，“老虎”要坐“王位”了，“猴子”也要有一点“敢同老虎试比高”的猴气。上海郊区有位年轻的农民企业家沈雯，前不久向笔者表示要把他经营的紫江集团——一个严格意义上的农村生产队办的企业，变成跨国公司，到国际市场上去同“老外”们一争高低。这种“金猴奋起”的气魄，是难能可贵的，也是很值得发扬光大的。那些担心“猴子”会被“出山老虎”吃掉的人们，很可以从中得到一点启发，增长一点志气。

# 党的十三届八中全会为深化农村改革指明了方向*

（1992 年 1 月）

近日细读了党的十三届八中全会文件，掩卷之余，笔者在思考一个问题，在国际形势严峻、国内任务艰巨的大背景下，十三届八中全会强调或重申了哪些重要观点呢？笔者的看法是，十三届八中全会着重强调了以经济建设为中心、以农业为基础、以改革为动力这样三个关乎中国改革开放全局的重大问题。

## 一、为什么要重申以经济建设为中心

要回答这个问题，不妨把 1991 年党中央的工作思路再重温一遍，从中便可以找出答案来。

早在 1991 年年初，党中央就以中央文件形式，向全党通报了中央政治局常委会 1991 年工作要求。要点指出："争取经济稳定发展，加强党的建设，保持社会稳定，仍然是今年要着力抓好的三件大事。把经济搞上去，特别是搞活大中型企业，保持农业的稳步发展，改善财政困难状况，是维护稳定和做好其他各项工作的基础，也是召开党的十四大最重要的准备之一。"这样的工作思路充分表明，以江泽民同志为核心的党中央是牢牢把握住党在社会主义初级阶段基本路线的真谛、紧紧抓住了经济建设这个中心的。

东欧剧变、苏联解体以后，人们都把关注的目光一齐投向中共中央。人们要看一看，在发生了如此剧烈变化的政治事变之后，中国共产党以经济建设为中心的工作思路会不会受到冲击、发生动摇甚至逆转？人们观察的结

* 本文系作者学习研读党的十三届八中全会《决定》的札记。

果是:去年9月下旬,中共中央召开了以“研究如何进一步搞好国有大中型企业”为主要议题的中央工作会议;接着,又在11月下旬召开了“主要是讨论农业和农村工作”的十三届八中全会。这两次会议向党内外也向国内外显示了:在国际政治风云变幻的新形势下,中共中央坚持“一个中心、两个基本点”的基本路线没有动摇。党中央在年初确定的1991年经济工作要着重抓好两件事,即一是搞好国有大中型企业,二是加强农业和农村工作的基本思路没有受到干扰。

诚然,我们面临的国际形势是严峻的,国内的任务也很艰巨,在前进中也可能出现一些可以预料或难以预料的问题。我们必须增强危机感、使命感、责任感和紧迫感。

但是,有一点应该是确信无疑的,这就是:一定要集中精力把经济建设搞上去。经济搞上去了,综合国力更加提高了,人民生活不断改善了,国家更加强大了,社会主义制度的巨大优越性就会更加充分地显示出来,我们抵御和平演变的斗争就会有更加坚实深厚的物质技术文化基础,我们的社会主义制度,就会更加有把握做到永远立于不败之地。

## 二、为什么要重申以农业为基础

党的十三届八中全会指出:“农业是经济发展、社会安定、国家自立的基础,农民和农村问题始终是中国革命和建设的根本问题。没有农村的稳定和全面进步,就不可能有整个社会的稳定和全面进步;没有农民的小康,就不可能有全国人民的小康;没有农业的现代化,就不可能有整个国民经济的现代化。”这些重要论断,完全符合中国国情,是对历史经验的深刻总结。

农业是国民经济的基础,也是实现社会主义现代化建设第二步战略目标的基础。80年代党中央从抓农业入手,以农村的改革和发展,有力地支持了城市的改革和国民经济的发展。90年代党中央继续从抓农业入手,必将以农村的小康,促进全国人民的小康;以农业的现代化,支持整个国民经济的现代化;以农村的稳定,保证全国的稳定。正是因为农业和农村经济具有如此重要的战略地位,党中央才一再重申,在90年代实现第二步战略目标过程中,必须继续坚持以农业为基础。

必须清醒地看到,要在20世纪90年代实现我国社会主义现代化建设的第二步战略目标,使人民生活由温饱走向小康,最关键的是农业,最困难的也是农业。我们党为社会主义现代化建设第二步战略目标确定的小康社会,其基本经济目标包括人均国民生产总值目标、经济结构调整目标和共同富裕目标这三大类。其中,人均国民生产总值目标为 800 美元或者更高一点;经济结构调整目标则包括农业总产值比重为 1/4,第三产业比重为 1/3,农业劳动力占社会总劳力的份额约为 1/2;共同富裕目标则是指收入分配比较合理,人民之间的生活水平不存在巨大的差异,例如收入分配的基尼系数应控制在 0.6 以下,并缩小城乡之间的收入差距。上海郊区农村目前已经或接近达标。但是就整个上海郊区的农业现代化水平来看,同实现第二步战略目标还有不小差距。为此,我们还要千方百计从各方面采取措施,进一步加强农业现代化建设,努力使上海郊区农业在全国率先实现现代化。

## 三、为什么要重申以改革为动力

十三届八中全会强调,要稳定和完善党在农村的基本政策,继续深化农村改革。这就是说,推动农村经济的全面发展,必须继续以改革为动力。十一届三中全会以来的农村改革实践证明,改革开放不但是强国之路,也是富民之路。只有坚持改革开放才能巩固和发展社会主义制度。80 年代改革开放的巨大成就坚定了全党全国人民走中国特色社会主义道路的信心。我国经济体制全面改革是从农村开始的,80 年代的农村改革极大地推动了城市经济体制改革;现在党中央继续从抓深化农村改革入手,也必将推动 90 年代整个经济体制改革的深入发展。

十三届八中全会为深化农村改革指出了方向和重点,这就是:继续稳定以家庭联产承包为主的责任制,不断完善统分结合的双层经营体制,积极发展社会化服务体系,逐步壮大农村集体经济实力。这 4 句话是对深化农村改革的总体要求。这 4 个方面是一个相辅相成的有机整体,必须全面领会、全面贯彻,不可只强调其中某一个方面而忽略了其他几个方面。

总之,只要我们在农村工作中正确地把握和体现以经济建设为中心、以农业为基础、以改革为动力,我们就一定能够调动一切积极因素,开创上海郊区农业和农村工作的新局面,加快实现建设社会主义现代化新农村的奋斗目标。

# 十一届三中全会以来的路线要讲一百年

（1992年2月4日）

一年容易又春风。辛未羊年载着治理整顿、深化改革的丰硕成果去了，壬申猴年伴着进一步解放思想、加快改革开放步伐的阵阵鼓点来了。在这“一元复始、万象更新”之际，面对国际风云变幻而我国政通人和、国泰民安的形势，在感慨“风景这边独好”之余，我们又当作何感想呢？

此刻笔者想得最多的是，邓小平同志亲自倡导的十一届三中全会以来建设有中国特色的社会主义的基本路线，在这动荡的星球上，在这国际社会主义事业的低潮中，所显示的巨大威力。13年前，当极左路线把我国的国民经济引向崩溃边缘之际，当“贫穷的社会主义”宣告破产、“三信危机”愈演愈烈之时，是邓小平同志以马克思主义革命家、政治家、战略家的理论勇气、求实精神、丰富经验和远见卓识，在全党倡导思想解放，在全国推行改革开放，用“实事求是”取代了“两个凡是”，用“以经济建设为中心”取代了“以阶级斗争为纲”，用改革、开放、搞活取代了僵化、封闭、停滞，在此基础上，形成了十一届三中全会以来一整套完整的理论、路线、方针、政策。10多年来的实践无可争辩地证明，这是一条马克思主义的正确路线。正是这条路线，大大激发了全国人民的革新创造精神、开拓进取精神、实干兴邦精神，使我国经济实力显著增强，社会面貌发生深刻变化，人民群众得到莫大的实惠，中华民族展现了振兴腾飞的真正希望。正是这条路线，使得我国即使面临去年那样一场历史上罕见的洪涝灾害，仍能保持整体的稳定和正常的发展，创造出前所未有的抗灾自救和自力更生的奇迹。正是这条路线，使我国在剧烈的国际风云变幻中，“不管风吹浪打，胜似闲庭信步”。

我们党能形成这样一条合乎国情、顺乎人心的正确路线，是党和人民智慧的结晶，也是党和人民的三生之幸。历史已经反复证明，当我们党没有形成一条正确的路线以前，党就如同在黑暗中苦斗，各种“左”的和右的错误常常一再重犯。民主革命时期，在没有形成完整的新民主主义革命理论和路线之前，我们党不是有过三次“左”倾、两次右倾的严重失误吗？进入社会主义建设时期，在形成十一届三中全会路线以前，我们党不是又受到“左”倾指导思想长达20年之久的危害吗？邓小平同志说过：“中国社会从一九五八年到一九七八年二十年时间，实际上处于停滞和徘徊的状态，国家的经济和人民的生活没有得到多大的发展和提高。这种情况不改革行吗？”“如果现在再不实行改革，我们的现代化事业和社会主义事业就会被葬送。”现在好了，我们党有了一条由邓小平同志亲自倡导，来自实践又经过实践检验的完全正确的路线，有了一系列与之相配套的方针、政策，有以江泽民同志为核心的坚决贯彻执行这条路线的第三代中央领导集体，有亿万认同“改革开放最好、三中全会路线最亲”的人民群众，何愁改革不成、四化不能实现！

我们沿着党的十一届三中全会以来的路线，才干了10多年就取得了如此巨大的成就，如果再这样干上20年、30年、50年，一直干下去，中国的面貌将会发生多么巨大的变化！所以，党的十一届三中全会以来的路线要长期坚持下去，要经常讲、反复讲、连续讲上100年。这并非是哪个算命先生的主观臆测、信口推断，它是我们党在深思熟虑基础上的郑重宣示。党的十三大把十一届三中全会以来的路线，确定为“在社会主义初级阶段我们党的建设有中国特色的社会主义的基本路线”，即“一个中心、两个基本点”。

社会主义初级阶段起始于1956年，绵延至21世纪中叶，这实际上意味着党的基本路线至少要讲100年。这是我们全民奋起，艰苦创业，实现中华民族伟大复兴的100年，是经过社会主义现代化建设的“三步走”，在原来贫穷落后的基础上依次实现温饱、小康和中等发达水平的100年。在这百年奋斗的历程中，党的基本路线始终是照耀我们胜利前进的灯塔。对此，我们在思想上要坚信不疑，在行动上要坚定不移，在内心深处要一心一意，而决不能摇摇摆摆，决不要受这样那样错误思潮的干扰；也不要心血来潮，随便乱刮风，搞什么别的新花样，更不能对党的基本路线的“一个中心、两个基本点”随便加减甚至任意歪曲。

“一个中心、两个基本点”，这是中国特色社会主义的真谛，是党的十一届三中全会以来路线的基本内容。“一个中心”就是以经济建设为中心，这是现阶段我国社会的主要矛盾所决定的，是社会主义初级阶段的基本国情所要求的。江泽民同志一再强调，在社会主义现代化建设中，我们只能有经济建设这一个中心，“党和国家的各项工作都必须服从和服务于经济建设这个中心，而不能离开这个中心，更不能干扰这个中心”。“两个基本点”从根本上说，也是服从和服务于经济建设这个中心的：改革开放为经济建设提供动力，四项基本原则为经济建设指明方向，这两个基本点是相互依存，缺一不可的，是唇齿相依，相辅相成的，也是互相渗透，有机结合的。现在人们都懂得，不坚持四项基本原则，必然会滑入资产阶级自由化；而不改革开放，也同样会助长资产阶级自由化。只有改革开放，充分发挥人的积极性和创造性，从而大大发展生产力，不断提高人民的生活水平，才能使社会主义制度的优越性充分显现出来，真正具有吸引力、凝聚力，那些敌对势力要搞和平演变也演变不过去。所以，一切热心于坚持四项基本原则的同志，必须同样热心于改革开放。我们要在稳定的前提下，大胆推进改革，以改革的成果实现更长久的稳定。

90年代的上海，已被推上了全国改革开放的前沿阵地。天已降大任于斯人矣。党中央、国务院和老一辈无产阶级革命家对上海寄予厚望。去年的此时此刻，邓小平同志在上海考察工作时亲切地勉励我们“思想更解放一点，胆子更大一点，步子更快一点”。今年春节前夕，江泽民同志又鼓励我们“贯彻党的基本路线，进一步解放思想，加快改革开放的步伐，转变作风，狠抓落实，一心一意把经济建设搞上去”。杨尚昆同志也激励我们：“要坚持改革开放政策，要更放宽些，更大胆些，比现在还要放开。”李鹏同志也明确指出：“中国决不会改变得到人民广泛支持的改革开放的方针，而且还要进一步加快改革开放的步伐。”让我们以此作为座右铭，猴年奋起，励精图治，万众一心，把对党的十一届三中全会路线的满腔热忱，化为“开发浦东、振兴上海、服务全国、面向世界”的实际行动，以建设和改革的优异成绩向党的十四大献上一份厚礼！

# 试论十一届三中全会路线的“两个基本点”*

（1987年）

现在，全党和全国人民都在学习和讨论十一届三中全会路线的两个基本点。在十一届三中全会至今已经8年多、三中全会路线早已成为全国人民最亲切的政治概念的今天，展开这一学习和讨论，表明现在我们全党对十一届三中全会路线有一个再学习、再认识的问题。这是符合人们的认识规律的。毛泽东同志说过：“感觉到了的东西，我们不能立刻理解它，只有理解了的东西，才能更深刻地感觉它。”我们对十一届三中全会路线的认识和理解也是这样。

## 一、十一届三中全会路线的两个基本点都是拨乱反正的产物

现在有一种说法，认为十一届三中全会路线就是解放思想、拨乱反正，没有什么两个基本点。其实，两个基本点这一高度概括的科学概念尽管是近一两年才出现的，但两个基本点的主要内容早已内含在十一届三中全会路线之中。邓小平同志说过，“粉碎‘四人帮’以至三中全会以来，党中央实行的一系列方针政策，一直是坚持这四项基本原则的”，“改革的问题，十一届三中全会也已经提出来了”。这是无须多加论列的。这里应当着重强调的是，十一届三中全会所以会提出这两个基本点，恰恰都是解放思想、拨乱反正的结果。

---

* 本文系作者在1987年撰写，编入此书时，特意同《十一届三中全会以来的路线要讲一百年》一文放在一起。

四项基本原则并不是十一届三中全会才提出的，用邓小平同志的话来说，“这四项基本原则并不是新的东西，是我们党长期以来所一贯坚持的”。但必须指出的是，十一届三中全会在重申四项基本原则的时候，对其中的每一条都作了科学的、实事求是的拨乱反正。

就坚持社会主义来说，十一届三中全会以来，我们党从实践上和理论上，都批判了“四人帮”那种以极左面目出现的主张普遍贫穷的社会主义。我们坚持了社会主义公有制和按劳分配原则，坚持了社会主义的生产力标准，认定贫穷不是社会主义，社会主义的最根本的任务是发展生产力。也就是说，我们坚持了马克思主义的科学社会主义。

就坚持人民民主专政来说，我们党批判了“四人帮”的封建法西斯主义，平反了大量冤假错案，解决了历史上遗留的一系列问题，巩固了人民民主专政，恢复和发扬了社会主义民主，使全国上下出现了毛泽东同志生前多年盼望实现的生动活泼的政治局面。

就坚持党的领导来说，十一届三中全会以来，我们党恢复了遭到“四人帮”严重破坏的党的三大作风，健全了党的民主集中制，强调把加强党的领导同改善党的领导结合起来，增强了全党的团结、党和群众的团结，从而大大提高了党的威信。

就坚持马列主义、毛泽东思想来说，我们党破除了林彪和“四人帮”所制造的精神枷锁，坚持领袖是人不是神；坚持完整地、准确地掌握马列主义、毛泽东思想的科学体系；坚持从实际出发，实事求是，重新恢复和坚持了马克思主义的思想路线。

正如邓小平同志所说：“我们多次重申，要坚持马克思主义，坚持走社会主义道路。但是，马克思主义必须是同中国的实际相结合的马克思主义，社会主义必须是切合中国实际的有中国特色的社会主义。”这充分表明，十一届三中全会以来，我们党重申和坚持的四项基本原则，确确实实是拨乱反正的产物。

我们党从十一届三中全会以来提出改革、开放、搞活，这更是拨乱反正的产物。我们党首先拨了不重视发展生产力之乱，正如邓小平同志所说：“在坚持四项基本原则的基础上，集中力量发展社会生产力。这是最根本的拨乱反正。”为了发展生产力，我们党提出了分两步走的奋斗目标：第一步，到本世纪末达到人均国民收入一千美元，达到小康水平；第二步，到下世纪中叶即建国一百周年时达到人均国民收入四千美元,接近资本主义中等发达国家水平。为了发展生产力,我们党还拨了僵化体制、僵化模式之乱,明确提出“改革是中国发展生产力的必由之路”,“为了发展生产力,必须对我国的经济体制进行改革,实行对外开放的政策”,并且把改革、开放、搞活作为党在现阶段的总方针、总政策。改革、开放、搞活使我国经济和社会充满生机和活力。改革促进了生产力的发展,改革也促进了社会主义制度的自我完善。更重要的是,改革还使四项基本原则得到了真正的坚持和贯彻。邓小平同志 1984 年 10 月在评价《中共中央关于经济体制改革的决定》这一重要文件时说过:“不是说四个坚持吗?这是真正坚持社会主义,否则是‘四人帮’的‘宁要社会主义的草,不要资本主义的苗’。”这番话说得多好啊!它“表明我们已经开始找到了一条建设有中国特色的社会主义的路子。”

事实证明,十一届三中全会路线的两个基本点,都是在拨乱反正的基础上,作为建设有中国特色的社会主义的两大法宝同时提出来的。其中,坚持四项基本原则是一种重申,而坚持改革、开放、搞活则是十一届三中全会的新内容、新贡献。

## 二、两个基本点统一于党在新的历史时期的总任务

从十一届三中全会开始,我国进入了历史发展的新时期,也就是改革开放新时期。党在新的历史时期的总任务是:“团结全国各族人民,自力更生,艰苦奋斗,逐步实现工业、农业、国防和科学技术现代化,把我国建设成为高度文明、高度民主的社会主义国家。”总任务的实质是把四化建设作为重点;把发展生产力作为党在现阶段的首要任务;把摆脱贫困、走向小康,进而达到中等发达国家水平,作为新时期的主要奋斗目标。

党在新时期的总任务是根据实事求是的思想路线,正确分析中国现在所处的社会发展阶段,以及这个阶段的主要矛盾提出来的。邓小平同志说:“我们党的十一届三中全会制定的思想路线是坚持马克思主义同中国实际相结合,坚持实事求是、理论联系实际、一切从实际出发,也就是坚持毛泽东同志的基本思想。”

十一届三中全会以来，我们党正是从中国的实际出发，正确地分析并提出了我国目前所处的社会阶段是社会主义初级阶段。这个阶段的最大实际，就是我们已经建立了社会主义制度，但又处在生产力不很发达、经济文化十分落后的状态。这个阶段面临的一个客观历史矛盾是：从社会制度上来看，我们超越了资本主义；但从经济文化发展水平上看，我们却落后于发达资本主义国家，这便构成了现阶段我国社会主义的主要特征：在这个阶段，人民日益增长的物质文化需要同落后的社会生产之间的矛盾，是我国社会的主要矛盾，因此，我们建设社会主义首先面临的是摆脱贫困的问题。这是我们党确定的政治路线和提出奋斗目标的基本依据和出发点。用邓小平同志的话来说：“十一届三中全会以后，我们探索了中国怎么搞社会主义。归根结底，就是要发展生产力，逐步发展中国的经济。”所以在我国，坚持社会主义道路，第一步必须消灭贫穷。摆脱贫穷、走向小康，这是当前中国人民最基本的要求，也是在中国坚持马克思主义，坚持社会主义最基本的要求。

实现新时期的总任务应当走什么道路？对此，我们党在十一届三中全会时也作过冷静的思考和慎重的选择。我们党从一开始就确定我们要走的是建设有中国特色社会主义道路，也就是邓小平同志指出的：“马克思主义必须是同中国的实际相结合的马克思主义，社会主义必须是切合中国实际的有中国特色的社会主义。”走中国特色社会主义道路既不能采取过去的僵化模式，也不能走资本主义道路，而必须在坚持四项基本原则的基础上，实行改革、开放、搞活的方针。这是因为，建设有中国特色的社会主义这个命题，本身包含相互关联的两个方面：第一，它强调了我国社会性质的规定性，即我国是搞社会主义，不是搞资本主义。既然搞社会主义就一定要有共产党的领导，要有马列主义、毛泽东思想的指导，要坚持人民民主专政；第二，它强调了我国现阶段社会主义的不成熟性、不完善性。既然面对这样的国情，我们就必须立足于中国现阶段的实际，从生产力发展的要求出发，实行改革、开放、搞活。

因此，十一届三中全会路线的这两个基本点是统一的、不可分割的，两者统一于十一届三中全会以来的路线和一系列的方针政策之中，统一于建设有中国特色的社会主义实践之中，归根到底统一于党在新的历史时期的总任务之中。中央领导同志在今年春节团拜会上说，邓小平同志“是在深入研究中国实际的过程中提出这两个基本点的。我们大家都应当好好学习小平同志关于这两个方面的论述。这是中国特色的社会主义的真谛，是三中全会以来路线的基本内容。”邓小平同志本人也曾对香港特别行政区基本法起草委员会全体成员说过：“大家对于中国党和中国政府坚持开放政策不变，很高兴，但是一看到风吹草动，一看到反对资产阶级自由化，又说是不是在变了。他们忽略了中国的政策基本上是两个方面，说不变不是一个方面不变，而是两个方面不变。”而这两个方面，一个是坚持改革开放政策不变，一个是坚持社会主义制度、坚持党的领导不变。正是从这个意义上，我们就能够理解，为什么邓小平同志最近反复强调“去年发生的风波，不应该影响改革和开放，改革开放不仅要坚持，而且要加快”。我们反对自由化思潮，其目的是为了给改革、开放和四化建设，创造一个良好的政治环境和社会环境，归根到底是要在坚持正确的政治方向、政治原则下继续坚持改革、深化改革、加快改革步伐。两者是相互关联的、辩证统一的。对于十一届三中全会路线来说，他们是“并行不悖，缺一不可”的；从两者存在和运动的规律来说，是“互相渗透，有机结合”的。这就是两个基本点的辩证统一性。

## 三、坚决反对两种错误倾向才能更好地坚持两个基本点

最近召开的上海市党代表会议提出：“在社会主义现代化建设的全过程中，两个基本点都要坚持，僵化和自由化两种倾向都要防止。”这是对十一届三中全会以来党内反倾向斗争经验教训的深刻总结。

早在 1979 年 3 月党的理论工作务虚会上，邓小平同志就指出，僵化和自由化“这两种思潮都是违背马列主义、毛泽东思想的，都是妨碍我们的社会主义现代化建设事业的前进的”。在这以后不久，一位中央领导同志在四川省委全体会议上也指出：“要把党内外思想统一到三中全会精神上来，就要克服党内和社会上存在的两种错误思潮：一种是思想不够解放，存在僵化、半僵化的状况，另一种是怀疑和反对四项基本原则。”1980 年党的十一届五中全会通过的《关于党内政治生活的若干准则》也明确指出，坚持正确的政治路线和思想路线必须反对两种错误的思想倾向：一是要反对思想僵

化;一是反对和批判否定社会主义道路,否定人民民主专政,否定党的领导,否定马列主义、毛泽东思想的错误观点和思潮。前不久,在全国整党工作总结会上,中央领导同志更进一步指出:"能不能用僵化的观点来看待四项基本原则?不能。如果用僵化的观点来看待四项基本原则,势必得出排斥改革、否定开放搞活的结论。能不能用自由化的观点来看待改革、开放、搞活?不能。如果用自由化的观点来对待改革、开放、搞活,势必得出否定四项基本原则的结论。相反,丢掉自由化和僵化的观点,就必然得出两个基本点相互依存、缺一不可的结论。全面正确地理解和贯彻执行三中全会的路线,就必须不断地克服和排除自由化和僵化的影响和干扰。"

在这个问题上,我们有些同志过去常常自觉或不自觉地陷入某种片面性。要么是只热心于反僵化,而忽视反对资产阶级自由化;要么是只强调资产阶级自由化,而忽视反对僵化,甚至用僵化去反对资产阶级自由化。其实,在我们贯彻十一届三中全会路线的两个基本点的过程中,僵化和资产阶级自由化这两者都是客观存在的,都从不同的侧面危害着我们建设有中国特色的社会主义的事业。因此,我们必须进行两条战线的斗争,对哪一方面采取不承认主义或不干涉政策都不行。而且,这两条战线的斗争也是相辅相成的。不反对资产阶级自由化思潮,等于给那些顽固地坚持"左"的指导思想的人们输送弹药:"你看,现在什么东西都出来了,这都是三中全会干的好事!"而另一方面,如果不反对僵化,也会从另一个方面助长资产阶级自由化。因为如果思想僵化,不坚持改革、开放、搞活,就会束缚生产力的发展,就不能更好地显示社会主义的优越性,那就难以不断增强社会主义的吸引力,缩小资产阶级自由化思潮的影响力。

错误和挫折教训了我们,使我们比较地聪明起来了。让我们牢固树立十一届三中全会路线的两个基本点,不断克服和排除自由化和僵化的影响和干扰,把建设有中国特色的社会主义的伟大事业不断推向前进!

# 论“两个基本点”的统一性*

（1989 年 10 月）

江泽民同志今年国庆重要讲话通篇贯穿了一条思想主线，这就是坚持四项基本原则和坚持改革开放相统一。这是一个事关重大而又亟待统一认识的理论和实践问题。不把这个问题搞清楚，僵化和资产阶级自由化这两种错误倾向就会交替出现，我国社会主义现代化建设就会受到严重危害。现在有一种观点认为，两个基本点是相互矛盾的，因而在强调四项基本原则时，改革、开放只好停一停；在强调改革、开放时，四项基本原则只好放一放。这种“轮流突出”论，正是我们有些同志没有把握好两个基本点内在统一性的一个重要原因。邓小平同志最近指出：“某些人所谓的改革，应该换个名字，叫作自由化，即资本主义化。他们‘改革’的中心是资本主义化。我们讲的改革与他们不同”。这一重要讲话，与江泽民同志的国庆讲话，都清清楚楚地告诉我们：两个基本点归根到底统一于为什么要改革开放和沿着什么样的方向、道路去改革、开放这两个问题上。

## 一、实行改革开放正是为了更好地坚持四项基本原则

自改革开放以来，在我国思想理论界便一直存在所谓“三、四之争”，即有一些人认为十一届三中全会是提倡解放思想、改革开放的，而四项基本原则是妨碍解放思想和改革开放的；或者认为十一届三中全会是“放”，四项

* 本文系作者在 1989 年 10 月学习江泽民同志国庆讲话的体会而撰写，编入此书时，也同《十一届三中全会以来的路线要讲一百年》放在一起。

基本原则是“收”。显然,这就把实行改革开放同坚持四项基本原则完全对立起来了。其实,我们党之所以要在十一届三中全会以来提出改革开放的总方针、总政策,恰恰是为了更好地坚持四项基本原则。

大家都知道,坚持四项基本原则这一命题,是 1979 年 3 月由邓小平同志在党的理论工作务虚会上首先提出来的,但四项基本原则的具体内容,即坚持社会主义道路,坚持人民民主专政,坚持共产党的领导,坚持马列主义、毛泽东思想,早在我们中华人民共和国创立伊始就已确定下来了。毛泽东同志早在 1949 年 6 月发表的《论人民民主专政》中,就已详尽地阐述过这些基本原则;在《关于正确处理人民内部矛盾的问题》中,毛泽东同志更明确地把包括上述这些原则在内的、反映“我国最大多数人民的意志和我国各党派历次宣布的共同的政治主张”,概括为“判断我们的言论和行动的是非”的“六条标准”,并且强调指出,“这六条标准中,最重要的是社会主义道路和党的领导两条”。正因为如此,邓小平同志指出,“这四项基本原则并不是新的东西,是我们党长期以来所一贯坚持的”。党的十一届六中全会通过的《关于建国以来党的若干历史问题的决议》也指出,坚持四项基本原则,“这是中国各族人民从一百多年来的切身体验中得出的不可动摇的结论,也是建国三十二年来最基本的历史经验”。

既然四项基本原则“反映了我国最大多数人民的意志”,是新中国成立后“最基本的历史经验”,为什么我们党又要在 1978 年召开的十一届三中全会提出改革开放呢?我认为,主要原因有三条。

第一,改革开放是在“贫穷的社会主义”宣告破产、伴随着对社会主义进行再认识而展开的。社会主义究竟是什么?是贫穷还是生产力的高度发展?对此,我们党在十一届三中全会以前相当长的时间里“认识不是完全清醒的”。用邓小平同志的话来说,我们党在 1949 年取得全国政权后,解放了生产力,但是解放了生产力以后如何发展生产力,这件事做得不好。特别是社会主义改造基本完成以后,还是以阶级斗争为纲,忽视发展生产力。其结果,导致了从 1957 年到 1978 年整整 20 年的经济停滞。这在我国农村表现尤为明显。一些贫困地区的农民深有感触地说,过去在“四人帮”搞“贫穷的社会主义”时,我们嘴巴上喊社会主义好,心里在嘀咕肚子没吃饱。显然,这种所谓“贫穷的社会主义”是很难对人民群众有什么吸引力和凝聚力的。事实教育了我们,“贫穷不是社会主义,社会主义要消灭贫穷。不发展生产力,不提高人民的生活水平,不能说是符合社会主义要求的”。

第二,改革开放是为了建设对资本主义具有优越性的合格的社会主义。邓小平同志多次指出,“坚持社会主义,首先要摆脱贫穷落后状态,大大发展生产力”,从而建设对资本主义具有优越性的社会主义。“现在虽说我们也在搞社会主义,但事实上不够格”。我们党为了集中力量发展生产力,从1979年12月起,由邓小平同志逐步提出的分“三步走”经济发展战略,其目标就是到下个世纪中叶“达到中等发达国家水平”。邓小平同志说:“如果我们达到人均国民生产总值四千美元,而且是共同富裕的,到那时就能够更好地显示社会主义制度优于资本主义制度,就为世界四分之三的人口指出了奋斗方向,更加证明了马克思主义的正确性。”为了实现这一目标,党的十一届三中全会以来提出了一系列新的政策,其中最主要的是确定搞两个开放,即对外开放和对内开放。实行对外开放是因为我们党认识到,“现在任何国家要发达起来,闭关自守都不可能”,“不开放就发展不起来”。对内开放就是实行全面改革,因为我们党认识到,“改革是中国发展生产力的必由之路”。邓小平同志甚至说过这样的话,我们“如果现在再不实行改革,我们的现代化事业和社会主义事业就会被葬送”。可见,实行改革开放正是坚持社会主义的必然要求。可以这样说,只有社会主义才能救中国,只有改革开放才能更好地发展社会主义。

第三,实行改革开放也是为了实现社会主义的自我完善。江泽民同志在国庆讲话中强调指出,“社会主义制度是在自身基础上不断发展和完善的制度”,“立足本国国情,总结实践经验,根据社会生产力的现实水平和进一步发展的客观要求,自觉调整生产关系中与生产力不相适应的部分,调整上层建筑中与经济基础不相适应的部分,这就是我们所说的社会主义改革”。这一论述,同党的十二届三中全会通过的《中共中央关于经济体制改革的决定》提出的,我国的改革“是在党和政府的领导下有计划、有步骤、有秩序地进行的,是社会主义制度的自我完善和发展”,是完全一致的,也是同邓小平同志关于改革和建设的理论相一致的。邓小平同志说过:“我们的改革要达到一个什么目的呢?总的目的是要有利于巩固社会主义制度,有利于巩固党的领导,有利于在党的领导和社会主义制度下发展生产力。”这就清楚地表明,改革开放必须达到“三个有利于”,也就是为了更好地坚持四项基本原则,使我国的社会主义事业既充满活力又不改变颜色。如果不进行这样的改革开放,就会窒息社会主义内在的生机和活力,就会严重妨碍社会主义优越性的充分发挥。十一届三中全会以后,我们党把改革开放纳入党的基本路线,开创了我国社会主义事业发展的崭新局面。10 多年来的巨大变化证明,改革开放的总方针、总政策是完全正确的。因此,在当代中国,热心于坚持四项基本原则,就必须热心于改革开放,这就是为什么在 1989 年春夏之交的政治风波之后,邓小平同志一再强调"改革开放政策不变,几十年不变,一直要讲到底"的原因所在。一句话,取消了改革开放,实际上也就是动摇或削弱了四项基本原则。

## 二、改革开放决不能偏离四项基本原则所规范的正确道路和方向

改革开放的实践表明,只承认改革开放是为了更好地坚持四项基本原则,而不承认在改革开放过程中还有一个决不能偏离四项基本原则所规定的正确道路和方向问题,仍然把握不好两个基本点的内在统一性。这是因为,四项基本原则并不是一个游离于改革开放之外的、不可捉摸的意识形态的教条或框框。相反,它是活生生地渗透于改革开放之中的、具体可感的、清晰可辨的前进道路和政治方向。正如江泽民同志国庆讲话指出的:"在改革开放问题上,实际上存在着两种截然不同的主张。一种是党中央和邓小平同志一贯主张的坚持社会主义道路,坚持人民民主专政,坚持共产党的领导,坚持马列主义、毛泽东思想的改革开放,即作为社会主义制度自我完善的改革开放。另一种是坚持资产阶级自由化立场、要求中国'全盘西化'的人所主张的同四项基本原则相割裂、相背离、相对立的'改革开放'。这种所谓'改革开放'的实质,就是资本主义化,就是把中国纳入西方资本主义体系。我们必须明确划清两者的根本界限。当前四项基本原则和资产阶级自由化的尖锐对立,可以说在很大程度上表现在改革开放要不要坚持社会主义方向这个问题上。"可见,改革开放,改革什么,开放什么,怎样改革,怎样开放,确实都有一个走什么道路,坚持什么方向的问题。在改革开放中随时注意这个问题,在制定和贯彻现代化建设的各项方针、政策、措施、方案时,都坚持把四项基本原则和改革开放有机地统一起来,才能真正把握

好两个基本点的内在统一性。

从10年来改革开放的实践看，在经济领域开展坚持四项基本原则、反对资产阶级自由化的教育，至少有以下几个方面的问题需要引起重视。

第一，要巩固和发展社会主义公有制经济，千方百计搞活国营大中型企业，真正加强社会主义的主阵地。社会主义制度同资本主义制度的根本区别就表现在经济基础上，首先集中表现为社会主义公有制同资本主义私有制的区别。那些顽固坚持资产阶级自由化立场的人，竭力鼓吹"私有化"，鼓吹"国营不如集体、集体不如个体、个体不如私营"，在所有制问题上大做文章，全然不顾在改革中由于政策的倾斜所导致的竞争环境的不平等，以及不同所有制形式在社会主义建设中所起的不同作用，对满足社会需要、增加社会积累所作出的不同贡献。我们党在现阶段强调坚持公有制为主体、发展多种经济成分，因此在改革中必须综合协调全民、集体、个体经济的发展，重点要放在搞活全民所有制大中型企业。国家要在资金、信贷、原材料供应和税收等方面支持公有制经济的发展，同时深入改革公有制企业的管理体制，促使它们增强自我积累、自我发展的能力，更好地发挥公有制经济的优势和主导作用。

第二，要坚定不移地实行公有制基础上有计划的商品经济。社会主义有计划的商品经济是计划同市场的有机结合，那种全盘否定计划调控的做法在我国是行不通的。其实，即使是当代资本主义经济，为了适应资本主义社会化大生产的需要，也提出了政府对整个经济进行有计划调节的要求。比如本世纪50年代以来，法国、比利时、荷兰、瑞典、挪威均已较好地实行了国家计划，包括中期和年度计划，这对于遏止"生产的盲目性"起了明显作用。当代资本主义尚有生命力和发展余地，与此不无关系。我们在改革开放中，在发挥商品、货币和市场作用的同时，理应把宏观调控和计划管理搞得更好，努力创造一种适合中国情况的、把计划经济和市场调节有机结合起来的社会主义商品经济运行机制，以体现出社会主义制度的优越性。

第三，要坚持马克思主义的分配原则，认真解决个人收入悬殊、社会分配不公的问题。搞社会主义，既要破除平均主义、"大锅饭"，也要防止和克服贫富两极分化。近几年来，在"分配不公难免论"的影响下，社会上有一部分人收入畸高，与大多数人的收入差距过于悬殊。这种社会分配不公的现状已激起人们的愤慨和不满，也助长了人们对高收入、高消费的攀比心理。纠正分配不公,不仅是个经济问题,而且是个社会问题和政治问题。这个问题解决得好,有利于充分发挥工人阶级的主力军作用,有利于调动广大知识分子和机关干部的积极性,有利于巩固工农联盟,增强全民族的凝聚力,从而使人们坚定走中国特色社会主义道路的信心。1989 年春夏之交的政治风波以后,党中央新的领导集体,把解决社会分配不公作为决心要办的人民群众普遍关心的几件大事之一,确实是深得民心。

第四,要完善物质利益原则同思想政治工作两手抓的动力机制,大力加强经济领域的思想政治工作。在资产阶级自由化思潮影响下,近几年来,"一切向钱看",物质利益原则成为调动劳动者积极性的主要以至唯一手段,从而使追求高消费,追求眼前实惠而放弃远大理想,计较个人私利而不顾国家、民族整体利益等思想倾向滋长了,浅薄、庸俗甚至腐化、堕落的不良风气产生了,新中国成立初期早就绝迹的种种丑恶现象再度出现了。面对这个严峻的现实,我们必须认真思考邓小平同志提出的坚持四项基本原则缺乏一贯性、十年最大的失误是教育等问题,在社会主义经济发展动力机制上克服单一物质利益原则的片面性,纠正一手硬、一手软的状况,在抓紧社会主义物质文明建设的同时,大力加强社会主义精神文明建设。

此外,在经济领域开展坚持四项基本原则的宣传和教育,还必须遵照江泽民同志在国庆讲话中强调的:加强社会主义民主和法制建设,加强社会主义精神文明建设,加强工人阶级的领导,巩固工农联盟和增强全国各族人民大团结,以及切实加强党的建设,严肃处理以权谋私、贪污受贿、权钱交换等问题。总之,在改革开放中坚持四项基本原则并不是一句空话、套话,而是有实际内容的。这两个基本点的内在统一是可以把握、可以操作的。

邓小平同志 1987 年 7 月在《我国方针政策的两个基本点》中指出:"搞社会主义现代化建设是基本路线。要搞现代化建设使中国兴旺发达起来,第一,必须实行改革、开放政策;第二,必须坚持四项基本原则,主要是坚持党的领导,坚持社会主义道路,反对资产阶级自由化,反对走资本主义道路。"经过 10 多年来正反两方面的经验教训,特别是这次春夏之交政治风波的教训,使我们全党和全国人民对两个基本点的极端重要性及其相互依存性,在思想认识上有了一个新的飞跃。这个飞跃,就是党的十三届四中全会所概括的:"四项基本原则是立国之本,改革开放是强国之路。"坚持立国之本,走好强国之路,我国的社会主义现代化事业才能既充满活力又不改变颜色。反之,如果丢掉其中任何一个方面,都会走向倒退,不坚持四项基本原则,就会向资本主义倒退;不坚持改革开放,就会向十一届三中全会以前倒退。所以,在社会主义现代化建设的全过程中,一定要做到两个基本点都要坚持,两种错误倾向都要防止。当前和今后,我们党的思想理论建设的一个重要任务是要就此达成全党、全民族、全社会的共识。

# 迎接澎湃涌动的改革开放新高潮

（1992 年 3 月）

1992 年的春天，注定是一个不平常的春天。其所以是不平常就在于，有种种迹象表明：一个改革开放的新高潮正在神州大地涌动着。全国范围内热气腾腾的转机制、破“三铁”（铁工资、铁饭碗、铁交椅）、深化国有大中型企业改革的激流，是这个新高潮澎湃而来的雪浪花，而中央领导同志和老一辈无产阶级革命家近期关于解放思想、深化改革、扩大开放的谈话，则是这个新高潮涛声裂岸的主旋律。上海全市各级党组织要审时度势，乘势而上，从认真学习领会中央领导同志和老一辈无产阶级革命家的重要谈话入手，联系各自的实际，边务虚、边落实，想实招、鼓实劲、办实事、求实效，切切实实地为迎接这一新高潮的到来及其胜利而努力。

党的十一届三中全会启动的改革开放，已经走过了 13 年波澜壮阔的历史进程。改革图强，开放兴邦。在改革开放推动下，我们这个 11 亿人口的东方大国“旧貌”变“新颜”：全国从农村到城市，从沿海到内地，都焕发出了前所未有的生机和活力。国家经济实力显著增强，社会面貌发生深刻变化，人民安居乐业，国家繁荣兴旺。对改革开放取得的巨大成就，人民群众欢欣鼓舞，外国朋友惊叹不已，就连一些反对我们的人也不得不承认这个事实。如果没有这 10 多年来改革开放的巨大成就，没有广大群众对我们党的建设有中国特色社会主义理论和实践的衷心拥护，我们就不能顺利地平息 1989 年春夏之交的政治风波，就很难顶住两年多来的外部压力。因此，对改革开放这样一个有利于坚持社会主义、稳定社会主义、为人民造福的伟大事业，我们在思想上要坚信不疑、在行动上要坚定不移。当前，尤其要深刻领会好中央领导同志和老一辈无产阶级革命家的重要谈话精神，为迎接改革开放的新高潮做好充分的思想准备和精神准备工作。

迎接澎湃涌动的改革开放新高潮，就必须“思想更解放一点”。在以社会主义制度自我完善为目标的改革开放过程中,解放思想是一个常新的课题。改革开放不止,思想解放不息。90 年代的改革开放在广度和深度上都是 80 年代所不能比拟的。我们要按照建立社会主义有计划商品经济新体制的要求,把企业推向市场;要按照转换机制、调整结构、提高效益的要求,对企业实行关停并转,让那些该“死”的坚决死去,让那些该“活”的活得更好。我们要按照配套改革的要求,在企业内部改革人事制度、劳动用工制度、干部聘任制度和分配制度,打破“三铁”(铁工资、铁饭碗、铁交椅)、“一大”(“大锅饭”);在企业外部实行住房制度、医疗制度、劳动保险制度的改革。这些改革措施都是深层次的、动真格的,企业和社会各阶层的人们,都将不可避免地受到不同程度的触动。在这种情况下,如果思想解放的程度仍停留在 80 年代水平上便远远不够了。必须使思想解放进入新境界,才能不断适应改革深化后的新情况。

迎接澎湃涌动的改革开放新高潮,就必须“胆子更大一点”。没有更大的胆略,就打不赢深化改革这场攻坚战。所谓“胆子更大一点”,就是要坚持马克思主义思想路线,坚持实事求是,一切从实际出发,不唯上,不唯书,只唯实。社会主义初级阶段是不可逾越的,在初级阶段搞改革开放,必然会出现许许多多在马列经典中找不到现成答案、在传统模式中也找不到先例的新情况。我们只能从实际出发,按其固有的规律办事,而决不能把现阶段必然出现、应该允许存在的东西,随意贴上“资本主义”的标签简单地加以排斥,也不能超越阶段,把将来才有可能办到的事情放在现在来办。要真正做到“胆子更大一点”,就要像市委领导同志一再号召的那样,要敢于负责、勇于探索,创造性地工作,坚决改变那种“上级没有指示的不敢说,红头文件上没有的不敢想,别人没有做过的就不敢动”的消极无为的精神状态。

迎接澎湃涌动的改革开放新高潮,就必须“步子更快一点”。邓小平同志要求我们“在物质基础达到一定的时候,应当更快一点地发展”。江泽民、杨尚昆同志最近在上海考察工作时也明确指出,要“加快改革开放步伐”,“千方百计把经济快一点搞上去”。为什么要“步子更快一点”呢?这是因为 90 年代是国际政治风云变幻多端、经济竞争更加激烈的 10 年。在这 10 年中,我们面临着发达资本主义和民主社会主义的双重挑战。如果我们不能把经济建设更快地搞上去,综合国力不强,竞争实力不足,就无法抵挡民主社会主义的诱惑力和资本主义和平演变的腐蚀力。所以,能不能做到“步子更快一点”，直接关系到中国特色社会主义兴衰成败，关系到中华民族前途命运。现在，我国治理整顿任务的基本完成，宏观经济环境的相对宽松，以及我国在风云变幻的国际环境中保持了安定团结的政治局面，都为进一步加快改革开放步伐提供了良好环境和条件。所以，“步子更快一点”，不但是必要的而且是可能的。

总之，迎接澎湃涌动的改革开放新高潮，要求我们拿出勇气来，拿出办法来，拿出行动来，而上述这“三个一点”，正是勇气、办法和行动的具体表现。

# 在深化思想解放和扩大改革开放中开创市郊农业和农村工作新局面

（1992 年 3 月 1 日）

昨天，市委、市政府召开了上海市农村工作会议。这是贯彻落实党的十三届八中全会精神，进一步解放思想、加快改革开放步伐、开创 90 年代市郊农业和农村工作新局面的一次重要会议。这次会议确定的“明责放权”，加大郊县综合配套改革力度，加快郊区“三资”企业发展速度等一系列重大政策，对于郊区农村改革深化、农村经济发展和社会全面进步，具有重要指导意义。现在的关键就是要抓好落实。

落实市农村工作会议精神，首先要紧紧扭住经济建设这个中心不放，坚定不移贯彻十一届三中全会以来党在农村的一系列政策。改革开放以来，我们党在实践中形成了“一个中心、两个基本点”的基本路线。一个中心，就是坚持以经济建设为中心。这十几年来，我们国家所以能经受住各种风浪，根本的一条就是经济体制改革和经济建设取得了巨大成就，人民生活有了显著改善。看看今天的大好形势，我们会更加深刻地体会到“以经济建设为中心”合乎国情、顺乎民意，是强国富民的真理。在农村工作中坚持以经济建设为中心，一项很重要的政策就是要稳定以家庭联产承包为主的责任制。家庭联产承包责任制使集体经济的优越性和农民个人的积极性都得到了充分发挥。我们要把稳定家庭联产承包为主的责任制，作为农村集体经济的一项基本制度，长期坚持不变。发展乡镇企业是振兴农村经济的必由之路，也是实现社会主义现代化建设第二步战略目标的重要途径。要继续贯彻市委、市政府提出的“城乡一体化”方针，积极扶持、合理规划、正确引导、加强管理，大力发展乡镇企业，使之更好发挥农村经济的支柱作用、城市工业的助手作用。

落实市农村工作会议精神，还必须进一步解放思想，深化改革，扩大开放，抓住浦东开发开放契机，使郊区对外开放的步子迈得更大一点，“三资”企业的发展速度更快一点。在当前风云变幻的国际形势下，在剧烈的国际竞争和严峻的挑战面前，低速度等于不发展，低速度就会落后，我们一定要增强加快发展经济的紧迫感。应该看到，上海与外地、郊区与邻省农村在发展“三资”企业方面还有一定差距。为了加快发展速度，市委、市政府决定对郊区九县一区进一步“明责放权”，并进行综合改革试点，这十分有利于增强县级政府的综合调控能力，有利于进一步改善郊区投资环境。九县一区的各级党政组织要审时度势，乘势而上，加快郊区“三资”企业发展步伐，力争一年有一个新变化，三年有一个大变化。市各有关部门“一是要放，二是要帮”。要加强管理、服务、协调、指导，引导九县一区按照市里规定的吸收外资的投资方向和产业重点，认真审批项目，避免重复引进和低水平重复。

落实市农村工作会议精神，必须毫不动摇地坚持“两手抓”。在加快建设和改革开放步伐的同时，要始终坚持社会主义方向，继续深入开展农村社会主义思想教育，加强农村精神文明建设和法制建设。党的基本路线的“一个中心、两个基本点”是一个统一的整体，我们必须完整理解，全面贯彻执行。这几年上海郊区各级党政组织紧紧围绕经济建设这个中心，广泛深入地开展社会主义思想教育和精神文明建设的路子是对头的，效果也是好的。这次市农村工作会议对深入开展郊区农村社会主义思想教育和精神文明建设作了统一部署，郊区各级党政组织要结合各自实际，把这项工作搞得更加扎扎实实、卓有成效，使农村在深化改革、扩大开放中，保持良好的社会风气和道德风尚。

在新的一年里，我们要紧密团结在以江泽民同志为核心的党中央周围，全面准确地贯彻党的基本路线，解放思想、振奋精神，励精图治、埋头苦干，以开创郊区农业和农村工作新局面的实际行动，迎接党的十四大召开。

# 进一步加强精神文明建设 推动加快上海改革开放步伐

（1992年3月10日）

在当前加快改革开放步伐，集中精力把经济建设搞上去的时候，中共上海市委、市人民政府昨天召开了加强精神文明建设工作动员大会。这次大会强调，精神文明建设必须坚持为全面贯彻党的“一个中心、两个基本点”的基本路线服务的指导方针，并树立了全面贯彻党的基本路线、形象地体现90年代上海精神的10个红旗集体和10名先进标兵。这是上海物质文明建设和精神文明建设的旗帜，是上海人民学习的榜样。全市各条战线都要认真贯彻落实这次会议的精神，学先进、赶先进，进一步加强精神文明建设，加快上海改革开放步伐。

90年代是开发浦东、振兴上海极其有利、极为关键的时期，党中央和老一辈无产阶级革命家对上海的改革与发展寄予厚望，热情鼓励我们抓住机遇，搞得更快一点。上海在人才、技术、管理方面都有明显优势，目前完全有条件搞得更快一点。随着改革开放步伐加快，经济建设加速发展，精神文明建设就愈加显得重要。以马克思主义为指导的社会主义精神文明是中国特色社会主义的一个重要特征。我们既要把经济建设搞上去，又要把精神文明建设搞好，做到两手抓、两手都要硬。

加强社会主义精神文明建设必须全面贯彻党的基本路线，完整体现并服务于“一个中心、两个基本点”。首先，精神文明建设要为经济建设这个中心服务。正反两方面的经验一再证明，精神文明建设只有紧紧地围绕经济建设这个中心，才会有无穷的生命力。相反，如果脱离这个中心、游离于这个中心之外，就会变成无源之水、无本之木，就会同经济建设形成“两张皮”，其结果势必会走向唯心主义和形式主义。10个红旗集体善于寻找并抓住两个文明建设的结合点，吸引了人民群众的广泛参与，从而使精神文明建设既提高了人的素质，又促进了经济发展，既坚持了“两手抓”，又避免了“两张皮”。他们的经验值得全市各行各业学习和借鉴。其次，精神文明建设要促进改革开放。当前，上海各条战线都在加快改革开放步伐，工业战线的“转机制、破三铁”，商业战线的“六放开、六自主”，农业战线的“六完善、六配套”等改革试点，都是层次深、难度大、覆盖面广的“攻坚战”。这就要求精神文明建设迅速跟上时代发展步伐，帮助人们进一步解放思想、转变观念，在更高层次和更广范围理解改革、适应改革、参与改革、支持改革。从这个意义上说，解放思想、转变观念是深化改革、扩大开放的“头道工序”，我们要在改革开放中解放生产力，首先要解放思想；要转换机制，首先要转变观念，这正是当前各条战线加强精神文明建设的一项重要任务。第三，精神文明建设必须以四项基本原则为指导。只有这样才能使我们的政治成为更加团结安定的政治，使我们的社会风气成为更加健康清新的风气，使我们的经济成为更加富有活力的经济。

精神文明建设要为全面贯彻党的基本路线服务，必须在全社会发扬先进、树立标兵，从而极大地振奋起全市人民的革新创造精神、开拓进取精神、无私奉献精神和实干大干精神。这次市委、市政府命名的上海市 10 个红旗集体、10 名先进标兵，集中体现了 90 年代上海人的精神风貌，是上海精神的形象体现。我们要在广泛深入宣传、学习这 10 个红旗集体、10 名先进标兵的同时，满腔热情地发现、培养和树立各行各业、各单位自己的典型和标兵，使全社会学先进、赶先进蔚然成风，使精神力量转化为扎实工作的实际行动。

精神文明建设要为全面贯彻党的基本路线服务，必须坚持抓党风、促政风、带民风，抓党员带群众、抓机关带基层。要花大力气首先抓好干部和职工队伍，包括党政机关、执法人员、政工干部、教育工作者等队伍的职业道德建设。他们在建设社会主义精神文明中担负着特别重要的责任。尤其是他们中间的共产党员，要带头讲理想、作奉献，带头投身改革、锐意创新，带头守纪律、讲道德，在精神文明建设中起模范带头作用和表率导向作用。

精神文明建设要为全面贯彻党的基本路线服务，还必须狠抓基层建设，使一片片绿荫汇聚成满园春色。领导干部、领导机关要沉下身子抓基层建设，社会各界要形成合力抓基层建设，扎扎实实抓好企业班组、街道里弄、郊区乡村、学校、商店等基层单位，使精神文明建设真正“进班组，到人头”，从而抓到实处、取得实效。

灿烂的思想政治工作之花，必定会结出丰硕的经济之果。现在，进一步加强精神文明建设、推动加快上海改革开放步伐的大政方针已经明确，榜样表率已经树立。只要全市各级组织、各条战线认真贯彻落实这次大会的精神，上海1300万人民必将在两个文明建设中，在“开发浦东、振兴上海、服务全国、面向世界”的宏伟大业中，加快步伐，奋勇前进！

# 论走向市场*

（1992年4月15日）

把上海蔬菜经营放手推向市场的改革举措，已成功地走过了150天历程。这场被称为“静悄悄革命”的深化改革的胜利，是蔬菜经营走向市场的胜利。与此同时，搞活大中型企业的改革，把企业推向市场，营造一个生机勃勃的市场机制，也在上海全面展开。上海城乡改革的这些新实践、新进展表明，当前我们的思想要更解放一点，很重要的一条，就是要在走向市场的问题上更加解放一点。我们要转变观念，首先要确立市场观念，将传统的计划经济观念转变为计划与市场相结合的商品经济新观念。我们说胆子更大一点，步子更快一点，其中就包含走向市场的胆子要更大、更加放手，走向市场的步伐要更快、真正到位。

在计划与市场这个马克思主义政治经济学的基本问题上，我们中国共产党人的思想认识是随着中国特色社会主义的开创性实践不断突破、不断发展的。马克思曾经设想，社会主义革命将首先在发达资本主义国家取得胜利，一切生产资料全部归社会所有，每个人的劳动直接表现为社会劳动，整个社会可以用直接计划的形式来组织全部产品的生产与分配，不存在通过市场的问题。因此，商品生产、市场交换和价值规律当然也不再在社会主义社会存在并发生作用。当革命首先在经济落后的俄国取得胜利后，列宁很快发现消除商品货币市场关系是行不通的，在他推行的新经济政策的改革实践中，要求工农业之间的商品交换和国有企业的运转都在市场环境中活动，并且提出了“完整的、无所不包的、真正的计划=‘官僚主义的空想’”的著名论断。但是列宁的早逝，使他未能从理论上解决计划与市场的问题。斯大林曾长期不重视市场和价值规律，到了晚年才认识到商品和市场的作

---

* 本文系作者与周瑞金、凌河同志合作撰写。

用,但仅仅把它局限在两种公有制内部,而且将生产资料基本上排斥在商品和市场之外。毛泽东同志曾经批评过斯大林的错误,指出过我国商品生产要有一个大发展;又针对"一平二调"和"共产风"的错误,指出过价值规律"是一个伟大的学校"。但是,在他的晚年却脱离了正确的轨道,将商品货币关系等一概都视为"和旧社会差不多",要加以限制。

党的十一届三中全会全面总结了历史的经验教训,对计划与市场的认识进入了一个崭新阶段。1979年11月26日,邓小平同志在会见美国不列颠百科全书出版公司编委会副主席吉布尼等人时就说过,说市场经济只存在于资本主义社会,只有资本主义的市场经济,这肯定是不正确的。社会主义为什么不可以搞市场经济?市场经济在封建社会时期就有了萌芽。社会主义也可以搞市场经济。1985年在回答美国高级企业家代表团团长格隆瓦尔德关于社会主义和市场经济的关系的提问时,邓小平同志又说:"问题是用什么方法才能更有力地发展社会生产力。""我们过去一直搞计划经济,但多年的实践证明,只搞计划经济会束缚生产力的发展。把计划经济和市场经济结合起来,就更能解放生产力,加速经济发展。"这是当代中国马克思主义者第一次如此明确地运用生产力标准来观察、评价计划和市场的问题,阐明了我们党在这个问题上的新观点。因此在改革起始之时,我们党提出了计划经济为主、市场调节为辅的方针;在改革向城市拓展的时候,党的十二届三中全会又提出了社会主义经济"是公有制基础上的有计划的商品经济";党的十三大进而明确指出,这种"有计划商品经济的体制,应该是计划与市场内在统一的体制";在1989年春夏之交的政治风波刚刚平息的关键时刻,邓小平同志又高瞻远瞩地嘱咐我们"坚持计划经济与市场调节相结合,这个不能改";党的十三届七中全会则将"建立计划经济与市场调节相结合的经济运行机制",作为深化经济改革的基本方向。十三届七中全会以后,江泽民同志在庆祝中国共产党成立70周年大会上的讲话中指出,计划与市场,作为调节经济的手段,是建立在社会化大生产基础上的商品经济发展所客观需要的,因此在一定范围内运用这些手段,不是区别社会主义经济和资本主义经济的标志。邓小平同志近年来多次就计划与市场的关系问题,发表了一系列马克思主义的论断:计划经济不等于社会主义,资本主义也有计划;市场经济不等于资本主义,社会主义也有市场;计划和市场都是经济手段。完全可以说,党的十一届三中全会以来,邓小平同志在计划与市场问题上的新观点，是对马克思主义政治经济学理论的重大突破，对于我们探索社会主义经济体制具有现实的和深远的指导意义。

社会主义必须有市场，这不是什么人为的愿望，而是社会主义经济发展的客观要求。市场对有计划商品经济的重要作用，在于它可以通过权利、责任、利益和风险的结合，调动起直接从事经济活动的企业和个人的积极性和创造精神；在于它可以通过把握价格变动和需求信号的价值规律，引导生产资料、资金、劳动力、技术等生产要素的合理配置。正因为市场机制促成社会经济效率的迅速增长和经济运行的协调，所以我们说它是推动社会生产力迅速发展的强大机制，是可以焕发公有制经济活力的重要机制。那种一讲市场机制就同资本主义联系起来、排斥市场的观念，在理论上是错误的。有人担心发挥市场机制的作用，就会物价飞涨、生产出现无政府状态和财富向少数人集中，实践证明这种担心是不必要的。上海蔬菜走向市场 150 天，不是保持了价格的平稳，不是驱使了生产者自觉调节生产，不是使消费者得到了更多实惠吗？这正是正确有效地发挥市场机制作用的优势所在。

我们讲市场机制的必要性，决不是否定计划的作用。经济的计划性是社会主义经济制度的必然要求。以公有制为主体的社会主义经济，要求有计划按比例地发展经济，合理配置资源，并通过计划对劳动者的收入分配和他们在联合劳动中的平等协作关系加以保证和调整，从而限制和防止市场经济的某种盲目性。所以，在社会主义有计划的商品经济中，计划与市场应当不可分割地联系和统一在一起。改革开放以来，我们党所主张的市场是建立在公有制基础上受国家宏观调控的市场；我们党所主张的计划是充分反映价值规律和供求规律、注重发挥市场作用的计划。鉴于过去多年来的教训，我们现行的计划体制弊端甚多，基本上是在高度集中体制下形成的，不能适应社会主义商品经济发展的要求，因此，必须加以改革。一方面，要在广泛收集需求信息，科学预测市场需求变化的基础上，科学地制订反映市场需求的经济计划，把计划工作建立在商品交换和价值规律的基础上。另一方面，这种计划的实现是采取间接管理为主的方式，综合运用经济、行政、法律手段引导企业和市场的活动，逐步缩小指令性计划范围。总之，我们原有的计划体制必须改革，计划职能必须转变，计划方式必须改进，使之更符合市场交换的需求，适应市场运行的机制，体现价值规律，从而真正体现计划的科学性和优越性。

建立计划与市场相结合的运行机制，是我国90年代经济体制改革的目标。现在的问题是市场的发育程度还很低，市场机制还很不健全，而改革和发展的很多深层矛盾迫切需要更大程度地发挥市场作用才能解决。同时，在进一步扩大对外开放的形势下，只有努力按现代商品经济的通行规则办，才能适应国际市场激烈竞争的要求。因此，要建立充满生机和活力的社会主义经济体制，促进有计划商品经济的发展，当前就必须以走向市场、培育市场体系为重点，来形成改革的新思路，指导改革的新实践。只有这样，才能在90年代改革开放的前沿站稳脚跟，在激烈的国际国内竞争中得到振兴和腾飞！

# 论加速发展*

（1992 年 6 月 6 日）

邓小平同志在南方谈话中，语重心长地提出了抓住时机、加速发展的问题。这是邓小平同志提出的一个崭新的经济思想，也是一个事关我国改革开放和社会主义现代化事业兴衰成败的重大问题。

在我国即将出现新一轮改革开放高潮之际，提出加速发展问题，实际上是敢于接受挑战，改变束缚生产力发展的经济体制，解放和发展生产力，壮大社会主义物质基础的一种战略选择。对于中国这样一个后起的发展中的社会主义大国来说，建设速度问题是至关重要的。而加快经济发展速度同加大改革开放分量，本质上是一回事。不能把由解放生产力的改革所激发的高速度，同过去依靠强制性、高压性政策导致的高速度混为一谈。我国10 多年改革开放已大大削弱了传统增长方式高速度的基础，经济增长机制正在发生重大转变；市场需求的约束力日益强化，成为集中的计划经济体制下依靠财政供给推进高速度的强大制衡力量；国民收入分配的新的倾斜再也不可能像过去那样依靠财政强制积累推进高速度，投资主体多样和分散，增强了投资的选择性和约束性。这样，就不必过分担心加速发展会诱发出什么新的“大跃进”和“洋跃进”来。

只要我们深刻地而不是肤浅地、辩证地而不是片面地学习领会邓小平同志南方谈话，就不难发现，邓小平同志提出的抓住时机、加速发展这一崭新的经济思想，包含极为丰富的内容。首先，邓小平同志科学地总结了第二次世界大战以后，世界上许多发展中国家经济发展的普遍规律，揭示了他们在发展过程中，都曾经有过高速发展时期或若干个高速发展阶段。日本、韩国、东南亚一些国家和地区，就是如此。邓小平同志强调指出，现在，周边一

---

* 本文系作者与周瑞金、凌河同志合作撰写。

些国家和地区经济发展比我们快，如果我们不发展或发展得太慢，老百姓一比较就有问题了。并且，当前我国加速发展是有可能的，比如国际环境对我们有利，再加上发挥我国社会主义制度能够集中力量办大事的优势，在今后的现代化建设过程中，出现若干个发展速度比较快、效益比较好的阶段，是能够办到的。其次，邓小平同志提出的加速发展，是强调有条件的，他说能发展就不要阻挡，有条件的地方要尽可能搞快点。他具体列举了广东、江苏、上海等发展比较好的地区，认为目前完全有条件搞得更快一点。这里所说的条件，包括资金、技术、市场、人才等方面经济发展必须具备的条件。显然，它同过去那种“有条件要上，没有条件也要上”的盲目大干快上、同那种“这里能办到的，那里也一定能办到”的主观唯心主义的超高速是截然不同的。其三，邓小平同志提出的加速发展思想，是在加大改革开放力度的过程中实现的，是讲质量，讲效益，讲发展外向型经济，这就不必担心了。邓小平同志还以经济发展比较快的 1984 年至 1988 年 5 年为例，称赞这 5 年的加速发展，可以称作一种飞跃，给我国经济带来许多新的变化，说明对于我们这样发展中的大国来说，经济要发展得快一点，不可能总是那么平平静静、稳稳当当。他指出，要注意经济稳定、协调地发展，但稳定和协调也是相对的，不是绝对的。发展才是硬道理。改革开放胆子要大一些，敢于试验，不能像小脚女人一样。看准了的，就大胆地试，大胆地闯。其四，邓小平同志提出的加速发展的思想，是强调依靠科技和教育，靠科技进步发展经济，而不是像过去那样靠盲目扩大基建规模搞粗放型的高速发展。

总之，我们已经有了 10 多年的改革开放和加速发展的实践和经验，我们对经济的宏观调控能力必定随着改革的深入不断增强和完善，所以不必担心这会重新导致“大跃进”的失误。

那么，当前我们应当怎样具体贯彻落实邓小平同志提出的加速发展的经济思想呢？重点要抓哪些问题呢？

第一，要加快改革和开放的速度。这是邓小平同志南方谈话的精髓所在。革命是解放生产力，改革也是解放生产力。我们要加快社会生产力的发展速度，首先要加快改革开放速度。现在大家都承认，十一届三中全会以来的十几年，特别是 1979 年至 1988 年，是我国经济发展速度最快、人民得到实惠最多的时期。这 9 年，我国国民生产总值平均年增长 9.5%，创造了战后世界经济发展史上的奇迹，而这奇迹正是改革开放带来的。1979 年至

1983 年,以家庭联产承包责任制为标志的农村改革,带来了农村产业结构、劳动力结构的大幅度调整,促进了乡镇企业的异军突起,这就引发了 80 年代初我国经济的第一轮加速增长。随着 1984 年以后改革的重点由农村转入城市,开放的重点由深圳等几个经济特区扩大到沿海 14 个开放城市,城市职工生产积极性大大焕发,收入和消费水平迅速提高,从而又导致了 1984 年至 1988 年我国经济的第二轮加速增长。由此可见,加快改革开放是因,经济高速增长是果。这从沿海特区城市经济增长快于沿海其他城市和内地城市的对比中,也可以得到印证。现在,我们要加快 90 年代经济发展速度,仍然应当从加快改革开放的速度入手。

第二,要加快经济结构调整的速度。为什么 80 年代在改革开放推动下实现的经济高速增长,没有重蹈“大跃进”“洋跃进”那样的覆辙呢? 一个重要原因是这种快速增长伴随着产业结构的调整。有研究材料表明,1952 年至 1978 年间,我国社会总产值增长率相对于平均 7. 9%的增长率上下最大偏值为+24. 8%和-41. 1%,而 1979 年至 1988 年间,我国社会总产值平均增长率为 11. 3%,其上下最大偏差仅为+6. 5%和-5. 6%。这是同改革开放以来,我国产业结构变动转向最终消费需求拉动互为因果的。1958 年在“以钢为纲”的重工业自我循环产业结构下出现的高速度,必然是比例严重失调的高速度,而现在我国产业之间关联度加强,较快的增长速度引起比例关系失调的可能性已大大减少。尽管如此,经济结构的进一步调整仍然是新一轮加速增长中需要解决的重要课题。为了防止加工工业的产业雷同化和库存积压,我们要跳出争上加工工业项目的旧思路,加快第三产业发展速度。现在,我国第三产业仅占国民生产总值 27%,上海也仅为 31%,而发达国家都已达到 60%以上。发展第三产业投入少、产出多、就业面广,而且受最终需求的拉动度更强,第三产业发展再快,也不会引发经济“过热”问题。北京市前一时期爆出的“商业企业兼并工业企业”的大新闻,反映了我国第三产业加速发展的大趋势。这种跨产业的结构调整、关停并转,应当在深化改革中大大提倡和发扬。

第三,要加快提高企业经济效益的速度。有效益的速度才是真正的速度。现在国有企业效益不高的问题仍很突出。而效益问题是多年积压的深层次问题,在目前国有企业还缺乏必要的经营自主权的约束机制、生产要素还不能自由转移和组合的情况下,新的提高企业经济效益的办法难以在短时间内奏效。尽管如此,我们也不能再走外延式扩大再生产的老路子。只讲产值不讲效益,增产的东西往仓库里塞,那实际上是反映在经济工作中的形式主义。要有效地解决这个问题,必须深刻领会邓小平同志南方谈话的马克思主义辩证法。胆子大、步子快,应当主要用在改革开放上,用在调整结构上,用在提高效益上,努力走出一条既有高的速度又有好的效益的国民经济发展路子。

第四,要加快科技进步的速度。最近珠海等地重奖科技人员之所以受到全国人民普遍关注,很大程度上反映了"科学技术是第一生产力"已越来越被人们所认识。80 年代我国经济的快速增长主要是靠政策,也靠科学技术,而 90 年代新一轮加速增长除仍要依靠政策之外,则主要依靠科学技术。要大力发展高新技术产业。高新技术产业的特点是附加值高、市场潜力大。过去一台普通的机床只能卖一两万元人民币,而现在同类的数控机床,价格可以高出原来 10 倍以上。生产传统机电产品的企业,人均销售额只有几千元人民币,而上海贝尔电话公司人均销售额达到 50 万元人民币。所以,邓小平同志在南方谈话中,一再强调经济发展得快一点,必须依靠科技和教育。上海科技力量强是一大优势,尤其要注重加快科技进步的速度。

弄清楚了为什么要加速发展和怎样加速发展之后,我们就可以更深刻地认识到,邓小平同志提出的中国经济发展"要力争隔几年上一个台阶",这里提出的"台阶",就是抓住时机跳跃一下,然后再稳定一段,如此循环往复,使我国经济有一个高速发展的时期,从而增强我国综合国力,进一步提高人民的物质和文化生活水平。这样的加速发展,既区别于"走小步、不停步"一类的"渐进式",也不同于"大跃进""洋跃进"之类大起大落的"波浪式"。当前,我们国内条件具备,国际环境有利,在现代化建设过程中,争取若干个发展速度比较快、效益比较好的阶段,让我国经济跨上一个新的台阶,是非常必要的,也是完全可以办到的。我们就是要有这个雄心壮志!

# 思想更加解放　加速改革开放

（1992年6月）

现在，有越来越多的同志认识到，邓小平同志南方谈话的核心是“三个一点”，即“思想更解放一点，胆子更大一点，步子更快一点”，但对于“思想更解放一点”的“一点”，究竟包含哪些内容，则并不是尽人皆知的。不首先把这个问题弄清楚，我们就不知道当前进一步解放思想应当着重朝哪些方面去努力，从而胆子就无从大起来、步子更没法快起来。

深刻学习和领会邓小平同志的南方谈话精神，所谓“思想更解放一点”主要包括以下五个方面。

第一，要从囿于姓“社”姓“资”的争论中解放出来。这次对解放思想的再发动、再讨论，其中一个重要问题就是要弄清楚如何看待姓“资”姓“社”问题。改革开放迈不开步子，不敢闯，说来说去就是怕姓“资”。有一种论调，说“三资”企业是和平演变的温床，乡镇企业是不正之风的风源，农村家庭联产承包是社会不稳定的因素，等等。还有一种很有代表性的说法，叫作改革开放的许多政策、措施“成效明显、成分可疑”。邓小平同志南方谈话，针对这种情况，高屋建瓴地提出判断姓“社”姓“资”的三条标准，这就是看是否有利于发展社会主义社会的生产力，是否有利于增强社会主义国家的综合国力，是否有利于提高人民的生活水平。只要符合这三条的，就要大胆地试、大胆地闯，而不要再去无休无止地争论。因为“一争论就复杂了，把时间都争掉了，什么也干不成”。

第二，要从对市场经济的恐惧感中解放出来。同“恐资病”相联系的就是“恐市病”：一说市场经济就担心那是资本主义的东西。这次邓小平同志的南方谈话从理论上把这个问题说清楚了。他指出：“计划多一点还是市场多一点，不是社会主义与资本主义的本质区别。计划经济不等于社会主义，资本主义也有计划；市场经济不等于资本主义，社会主义也有市场。计划和市场都是经济手段。"1984 年,我们党确认社会主义经济是"公有制基础上的有计划的商品经济",这是思想的一大解放;现在,我们党进一步认识到社会主义商品经济就是社会主义市场经济,这是思想的又一次大解放。

第三,要从对加快速度的忧虑中解放出来。自从邓小平同志南方谈话提出要抓住时机,加速发展以来,速度问题又成了人们关注的热点,有的赞成加速,有的担心过热,有的忧虑逆转。其实,邓小平同志提出的加速发展同"过热"没有什么必然联系。这是因为,从战后许多发展中国家的发展过程来看,都曾经有过高速发展时期,或若干个高速发展阶段。现在,我们国内条件具备,国际环境有利,加速发展是必要的,也是能够办到的。况且,邓小平同志提出的加速发展是有条件的,他说,"能发展就不要阻拦,有条件的地方要尽可能搞快点",这同那种不讲条件的大干快上是截然不同的。要贯彻落实邓小平同志关于抓住时机、加速发展经济的思想,当前要注意把干劲用在加快改革开放速度上,用在加快经济结构调整速度上,用在加快提高企业经济效益上,用在加快科技进步的速度上。

第四,要从"宁左勿右"的思维定势下解放出来。邓小平同志在南方谈话中尖锐地提出"要警惕右,但主要是防止'左'"的问题,有着很强的现实针对性和指导性。在我们国家尚未摆脱不发达状态之前,"左"和右这两种错误思想的干扰和影响,将贯穿社会主义初级阶段的全过程。我们应当坚持两条战线作战,有"左"反"左",有右反右。由于"左"的积习很深,时间很长,"左"已经形成了一种习惯势力,"旧的一套搞惯了,要改不容易";而改革的历史任务,正是要从根本上改变已经形成体制和观念惯性的那些束缚生产力发展的东西。因此,在我国改革开放进程中,要始终警惕右,但主要是防止"左"。

第五,要从形式主义的束缚中解放出来。形式主义严重影响当前的改革和建设。形式主义的表现是:会议多、文章长、讲话也太长,而且内容重复,新的语言不多。此外,还有各种各样的评比检查、送往迎来、参观接待、揭幕剪彩,等等。如此热衷于做表面文章,只追求形式上的轰轰烈烈、热热闹闹,却不干实事、不讲实效,怎么能加快速度,把经济搞上去?

我国 80 年代改革开放取得的巨大成就,来源于思想解放;90 年代新一轮改革开放要取得更大成就,仍然需要进一步解放思想。"思想更解放一点”是“胆子更大一点，步子更快一点”的前提和先导。让我们在邓小平同志南方谈话精神的指引下，以思想更加解放来加速改革开放，用改革和建设的优异成绩，迎接党的十四大召开。

# 论改革开放姓“社”不姓“资”*

（1992年6月22日）

改革开放以来，我们打开国门，走向世界，引进了大批“三资”企业。此事曾经引起过争议，有一种说法是“多一分外资，就多一分资本主义，‘三资’企业多了，就是发展了资本主义”。

这种说法，已经被中外合资上海贝尔公司和贝岭公司所走过的历程所证伪。诚然，在这些“三资”企业中，按照现行的法规和政策，外商是要赚走很多钱的。但是通过兴办“三资”企业，我们国家拿回了可观的税收，我们的工人得到了就业机会、拿回了工资，我们从中可以学到先进的技术和现代的管理，我们可以因此获得打开海内外广阔市场的大量信息。更重要的是，可以有助于我们同世界经济接轨，形成世界经济格局你中有我、我中有你，关不住、封不死的态势，从而有力增强我国经济抗风险能力。这些都说明，引进外资，兴办“三资”企业，归根结底有利于社会主义社会的生产力发展，有利于社会主义国家综合国力的增强，有利于人民生活的提高，毫无疑问有了关键的这3条，就是姓“社”，而不是姓“资”。

姓“社”还是姓“资”的问题，并不只限于引进外资，而是牵系着我们整个改革开放的全局。还有一种说法：“三资”企业是和平演变的温床，乡镇企业是不正之风的风源，农村家庭联产承包责任制是社会不稳定的因素，等等，把改革开放统统说成是引进和发展资本主义，是姓“资”。这种说法同样是完全站不住脚的。改革开放以前差不多20多年时间里，在“左”的指导思想影响下搞的“贫穷的社会主义”，表面上姓“社”，实质上搞得社会主义没有多少吸引力、凝聚力，人们在口头上唱“社会主义好”，心里却嘀咕“肚子没吃饱”。这样的“社会主义”只能是死路一条。用邓小平同志的话

* 本文系作者与周瑞金、凌河同志合作撰写。

来说，如果不实行改革开放，社会主义就会被葬送。我们党在拨乱反正基础上实行的改革开放，着眼于解放和发展生产力，着眼于治穷致富，着眼于告别贫困，依次实现温饱和小康水平，着眼于提高社会主义的吸引力、凝聚力。这样的改革开放当然姓“社”不姓“资”。我们党通过革命，彻底打碎了束缚生产力发展的旧制度，建立了公有制为基础的新中国、新制度之后，面临着一个仍然束缚生产力发展的僵化、封闭的经济体制。不来一个“第二次革命”，不变革这种僵化、封闭的体制，社会主义条件下的社会生产力就不能发展，社会主义制度就不能巩固，社会主义的红旗就不能高扬。党的十一届三中全会明确指出，实现四个现代化，要求大幅度提高生产力，也就必然要求多方面改变同生产力发展不适应的生产关系和上层建筑，改变一切不适应的管理方式、活动方式和思想方式，因而是一场广泛、深刻的革命。改革开放这场社会主义条件下的第二次革命，就是要通过解放生产力、发展生产力，实现社会主义的自我完善，这是巩固和发展社会主义制度的必由之路。因此，改革开放必然姓“社”不姓“资”。同一切社会主义事业一样，改革开放是开创性的、探索性的伟大事业，在社会主义条件下，在党的领导下，一切有利于解放生产力的改革开放的新试验、新探索、新措施、新形态，只要是有利于解放和发展社会生产力的，也就必然是有利于社会主义的。衡量姓“社”姓“资”，最终的、根本的标准只有一个，那就是看是否有利于解放和发展社会主义社会的生产力。离开了这个标准，去搞姓“社”姓“资”的无休止的争论和无理也要缠住你的种种诘难，只能使改革开放的步伐被这个死结所捆住，一步也不能前进。

当前，束缚我们迈开改革开放步伐、影响我们大胆试大胆闯的探索和试验，说来说去就是怕资本主义的东西多了，走了资本主义道路。要解决这类思想困惑，要消除这种“恐资症”，说到底，就是要解决学习和利用资本主义条件下某些经济形式、手段和方法，究竟是姓“社”还是姓“资”的问题。不错，在经济体制改革过程中，我们要走向市场，而资本主义也搞市场；我们要试验股份制、证券市场，而资本主义在这方面早已有之；在对外开放中，我们引进的外资是资本家的资本，人才是资本主义制度下教育出来的人；等等。那么，这是否就意味着“引进和发展了资本主义”呢？这里的关键，在于决不能将资本主义社会存在的一切，都看成是资本主义独有而与社会主义断然不相容的东西。从总体上说，我们当然不要资本主义，而且要最终消灭资本主义，但这并不影响我们用历史唯物主义和辩证唯物主义的观点去认识和对待资本主义，“拿来”一些资本主义国家对我国发展生产有利的东西。在过去相当长一段时间内，我们在对待资本主义的问题上，往往只看到或更多地看到的是与社会主义相对立的一面，较少看到社会主义对资本主义还有学习、借鉴、合作和利用的一面。这是认识上的一种片面性。社会主义作为一种崭新的社会制度，只有在继承和利用资本主义社会已创造出来的全部社会生产力和全部优秀文明成果的基础上，并结合新的实际进行创造性转化和借鉴，才能建设成功。资本主义已经有了几百年历史，在资本主义制度下所创造和发展的先进科学与技术、有益知识和经验、科学管理方式和经营方式，是人类共同的文明成果，都是我们可以学习和借鉴的。早在十月革命胜利后不久，列宁基于资本主义对于封建主义的优越性，就深刻地指出，“我们不能设想，除了建立在庞大的资本主义文化所获得的一切经验教训的基础上的社会主义，还有别的什么社会主义”，“社会主义能否实现，就取决于我们把苏维埃政权和苏维埃管理组织同资本主义最新的进步的东西结合得好坏”。列宁明确指出了已经夺得政权的工人阶级的任务，就是“要把资本主义所积累的一切最丰富的、历史上是我们必需的全部文化、知识和技术，由资本主义的工具变成社会主义的工具”。社会主义是人类阶级社会发展的最高阶段，我们要吸取和继承人类文明史上的一切优秀成果。试想一下，既然我们可以“拿来”封建时代的四大发明和优秀文化，又为什么要惧怕资本主义制度下发展和积累起来的人类文明成果呢？既然现代资本主义可以拿去社会主义的许多东西，用来延缓它的衰落，我们为什么要拒绝它的那些好东西来不断壮大自己呢？事实上，由于资本主义和社会主义同属现代化大生产，因此，资本主义的一切反映现代社会化大生产规律的先进经营方式、管理方法，社会主义完全可以而且应当大胆吸收和借鉴。其中有些先进方式，是资本主义首先创造出来，曾经为资本主义服务的，我们可以“拿来”，使它改姓，为社会主义服务；至于那些在资本主义经济运行过程中必然产生的、恰恰具有社会主义色彩的先进方式，我们更不能因为资本主义在用，所以就将之一概拒之门外。总之，我们不能拒绝人类共同的文明成果，既不能把那些本身没有姓“社”姓“资”问题的东西，错误地判定为姓“资”而加以排斥，也不能把那些本来姓“社”的东西，错误地判定为姓“资”而加以抛弃。就是有些东西确实姓“资”，比如在我国法律允许的前提下合法经营的外国资本、港台资本和私人资本等等，也还是社会主义初级阶段所允许、所需要的，在一定条件下也是可以为“社”所用、为社会主义服务，我们也不能拒绝。我们要学习和利用资本主义一切有用的东西，在这个问题上，思想要更解放一点，胆子要更大一点，步子要更快一点。需要认识到，这种学习和利用，本身就是一项社会主义的伟大实践，因此，我们不要总是被姓“社”还是姓“资”的抽象争论所束缚，被所谓的“恐资症”所缠绕，以至“足将进而趑趄，口将言而嗫嚅”，迈不开对外开放的步子。

在学习和利用资本主义的问题上，马克思主义者是“拿来主义”者。“拿来”，就是从有利于社会主义社会生产力发展这一根本标准出发，敞开大门，大胆利用；“拿来”，就是从中国国情出发，选择、扬弃、消化、创造。历史和现实的辩证法就是这样，在当今世界上，两种社会制度在竞争中互相学习、互相利用，这已经成为一种常态；甚至姓“社”的与姓“资”的一些纯属技术性、管理性范畴的东西互相转化，也已屡见不鲜。资本主义社会存在的东西，经过改造和利用，可以改姓为“社”，为社会主义服务，为社会主义优越性增光添彩；而不搞改革、拒绝开放，继续搞封闭、搞僵化，结果经济停滞、国力衰退、人民生活长期上不去，群众离心离德，最后离散于一旦，“社”反而变成了“资”，这样的教训，世人不是已有目共睹么！

# 新一轮改革形势喜人逼人又催人

## ——论上海经济要上新台阶

（1992年6月22日）

最近，继邓小平同志南方谈话之后，党中央、国务院又作出决定：进一步扩大对外开放，形成沿海、沿江、沿边和内陆省区全方位对外开放新格局。这是抓住当前有利时机，全方位加快改革开放步伐，力争使我国经济更好更快地上一个新台阶的重大战略决策，必将对加速实现我国现代化建设第二步战略目标产生不可估量的深远影响。

上海作为中国90年代新一轮改革开放的前沿和龙头地区，各级领导干部都有一个审时度势、全面清醒认识当前形势的问题。当前上海面临的形势可以用三句话来概括，这就是：形势喜人、形势逼人、催人奋进。

我们说形势喜人，这不是套话。今年以来，在邓小平同志南方谈话精神鼓舞下，全市各条战线积极开拓，奋发进取，解放思想，真抓实干，使改革开放出现全面推进的新局面，经济工作出现了迅猛发展的好势头。今年1—5月，全市国民生产总值比去年同期增长13.9%，这样的两位数增长速度，是上海近20多年来从未有过的。在经济增长速度加快的同时，产值、销售和利税实现同步增长，经济效益明显提高。随着对外开放不断扩大和浦东开发开放步伐明显加快，今年1—5月，全市新批准外商直接投资项目402项，比去年同期增长1.8倍；协议外资金额7.15亿美元，同比增长2.8倍。全市固定资产投资进展情况也十分喜人。40项重大工程项目比翼齐飞，其中正在昼夜施工的杨高路、杨浦大桥、外高桥保税区、外高桥电厂、合流污水治理工程及通信设施建设等，都已超过计划进度。

我们说形势逼人，这不是杞人忧天。逼人的形势主要反映在两个方面：一是南方特区在贯彻邓小平同志南方谈话精神方面有新动作、大动作。比如，广东为了实现小平同志提出的力争用20年赶上“亚洲四小龙”的目标，已经制定了连续20年国民生产总值年增长保持12%的发展规划，全省上下人人都在算账，各地都在大上，呈现一派雄心勃勃、志在必夺的如虹气势。二是党中央、国务院最近作出的进一步扩大沿海、沿江、沿边及内陆省区全方位对外开放的战略决策，将形成东西南北中、开放大联动的逼人态势。这同80年代情况迥然不同。那时南方特区的优惠政策同沿海和内地其他省市相比，整整保持了10年的“时间差”。而上海浦东新区的优惠政策从颁布到实施只不过短短两年，“时间差”就已几乎不复存在，许多沿海、沿江、沿边城市乃至县、镇，几乎都享受到了与浦东新区大体相同的优惠政策，也就是龙头、龙身和龙尾，现在实际上已经站到了同一条起跑线上。

我们说形势催人奋进，就是说，既不要因为纵向比较形势喜人而沾沾自喜、故步自封；也不要因为横向比较形势逼人而长吁短叹，灰心丧气。形势喜人应当激发我们的自豪感、自信心；形势逼人又应当增强我们的危机感与紧迫感。我们说形势催人奋进，就是说，要变压力为动力，变危机为契机，卧薪尝胆，立志奋起，快马加鞭，着着领先，在同一条起跑线上“抢跑道”、“抢时间”、抢占“制高点”，力争比人家“先一步、高一招”。我们说形势催人奋进，就是说，要动员全市各级干部都来换脑子、壮胆子、闯路子，抓紧有利时机，勇于冲破束缚生产力发展的各种陈规陋习，加大改革力度，拓宽开放广度，加快发展速度，力争使上海一年有个新变化，三年有个大变化，经济隔几年就能上一个新台阶，尽快把上海建成远东地区的经济、金融、贸易中心，为促进长江三角洲和沿江地区乃至全国经济的发展作出新贡献！

# 加快改革开放步伐
# 呼唤换脑子壮胆子探路子

## ——再论上海经济要上新台阶

（1992年6月25日）

抓紧有利时机，加快改革开放步伐，力争使上海经济更好更快地上一个新台阶，这是当前全市人民的一项责无旁贷、义不容辞的战略任务。要完成这一任务，必须以邓小平同志南方谈话和中央政治局全体会议精神为指导，进一步解放思想、振奋精神、真抓实干，鼓实劲而不鼓虚劲，大胆而又过细地工作，齐心协力地办好几件大事，走出一条既有高的速度又有好的效益的国民经济发展路子。简言之，加快改革开放呼唤我们加快换脑子、壮胆子、探路子。

所谓换脑子，就是解放思想，这是党的十一届三中全会以来的一个非常重要的原则精神，也是一个帮助我们在思想上和工作上永远保持蓬勃生机与活力的法宝。思想解放了，脑子灵活了，办法就会更多，路子就会更广，就会勇于冲破落后的传统观念束缚，善于从实际出发，奋力开拓进取。为了使上海经济更好更快地上个新台阶，当前我们首先应当围绕加快改革开放和经济发展速度来换脑子。在国际上两种社会制度的竞争中，社会主义要赢得与资本主义相比较的优势，就必须有一个积极发展的速度，慢了不行，停滞不前更不行。“逆水行舟，不进则退”，我们千万不可一味求稳而丧失时机，迈不开发展的步子。

其次，我们要围绕大胆地向资本主义国家学习和借鉴有用的东西来换脑子。加快改革开放步伐，应该包括大胆吸收和借鉴人类社会创造的一切文明成果。我们要摆脱过去只看到社会主义与资本主义对立和斗争的一面，而看不到彼此还有互相学习和借鉴、合作和利用一面的种种片面性，大胆地学习和利用资本主义国家一切对我们有用的东西，而不要被姓“社”还是姓“资”问题的抽象争论束缚自己的思想和手脚，迈不开前进步子。

我们还要围绕正确认识计划与市场问题及其相互关系来换脑子。计划与市场不是社会主义与资本主义的本质区别，不要以为搞社会主义市场经济就是走资本主义道路，没那回事。多年的经验表明，光用计划经济的办法会束缚社会生产力的发展，应当把计划经济与市场经济结合起来，这样就能进一步解放生产力，加速生产力的发展。

壮胆子，就是要实事求是、放开手脚、勇于开拓、大胆试验，力求使我们的各项经济政策和实行这些政策的步骤、方法合乎实际。只要是有利于发展社会主义社会的生产力、有利于增强社会主义国家的综合国力、有利于提高人民生活水平的事，我们都应该放胆去做、敢于去闯。这些年来，上海在一些改革实践上闯了一下，比如我们成立了全国第一家证券交易所，开展了股票交易；在全国大城市中率先推出了住房制度改革；最先提出搞好国有大中型企业要从转换内部机制入手；等等。这些勇敢的探索和尝试，都取得较好的效果，并在全国引起了良好反响。这类敢为天下先的事，应当是多多益善。如果不敢试，不敢闯，我们的事业就将一事无成。

探路子，是换脑子、壮胆子在行动上的具体化。就大的方面而言，我们首先要努力探索既有高的发展速度又有好的质量和效益的国民经济发展路子，不要一讲加快发展，就走到过去那种片面追求产值、指标和片面扩大基建规模的老路上去。我们要积极探索上海这样的特大型城市改革开放和发展的路子，如果我们闯不出一条新路的话，上海的领先地位就会丢失、振兴上海的目标就难以实现。我们要积极探索国民经济动态平衡、内外平衡、积极平衡的路子，大力发展外向型经济，走出一条能源、原材料供给和产品销售“两头在外”的新路子。我们要在积极探索搞活、搞好国有大中型企业的路子中，切实搞好服务，改进宏观管理，自觉坚决走给下面放松的路，不要走给下面卡紧的路。我们还要积极探索大力开发和加快发展第三产业的路子，使大量富余的机关工作人员和企事业单位职工，有计划、有步骤地向第三产业转移，使第三产业在国内生产总值中所占比重，尽快达到发达国家水平。

总之，只要我们全市各级干部和广大群众都来换脑子、壮胆子、探路子，就必定会焕发出极大的社会主义积极性、主动性、创造性，把上海经济建设和改革开放搞得更快更好。

# 论适应加快改革新形势加快"换脑筋"*

(1992年7月6日)

近来,国人都在争说"换脑筋"。这个由邓小平同志前不久视察首钢时提出的"换脑筋",正极大地激励着、鼓舞着全国各条战线、各级党政领导干部进一步解放思想、转变观念,加快改革开放步伐,加速经济发展。

"换脑筋",是对进一步解放思想的一种形象化的说法,也是党的十一届三中全会以来的一个非常重要的原则精神。改革开放10多年来,我们党所以能够正确总结历史经验,制定改革开放新的路线方针政策,开创建设有中国特色的社会主义道路,全赖于解放思想、转换脑筋。无论是开拓新的事业和新的领域,无论是发现人才选拔人才,无论是克服前进中的困难和障碍,都同解放思想、转换脑筋直接相关。因此,解放思想、转换脑筋是一个法宝,是一个帮助我们在思想上和工作上永远保持蓬勃生机与活力的法宝,需要在深化改革、扩大开放、加速经济发展的全过程中长期坚持、永远发扬。

当前,要转换脑筋,主要是换什么?从根本上说,是要求我们加快从传统的计划经济意识转变为社会主义市场经济观念。邓小平同志早在1979年11月就明确提出:说市场经济只限于资本主义社会、资本主义的市场经济,这肯定是不正确的。社会主义为什么不可以搞市场经济?改革开放10多年来,正是因为把市场机制引入经济生活,给我国社会主义事业增添了无限生机与活力,对加快经济发展起了显著作用。毫无疑问,由计划经济向社会主义市场经济转化这样一场深刻的改革,这样一种社会运行机制的转换,必将引起整个经济、政治、社会、科技、文化各个领域的深刻变化,必将引起人们行为规范、生活方式、精神状态、价值观念、是非标准的重大转变。谁抱

* 本文系作者与周瑞金、凌河同志合作撰写。

残守缺，谁墨守成规，谁以冥顽不变而自居，谁就被生机勃勃的改革开放洪流所淘汰，更遑论站在改革潮头、推动社会前进？从这个意义上说，在改革开放向更深层次拓展、向更高难度攻坚之时，邓小平同志提出的“换脑筋”，成为我们在经济体制转变时期实现新的思想解放的鲜明旗帜。我们一定要紧紧抓住社会主义市场经济这个关键性、要害性、全局性问题来“换脑筋”，并且聚焦这个问题，进一步解放思想、更新观念，以新的思路开拓改革开放新的局面。

我们要变“坐等上面布置”为“主动开创局面”。多少年来，我们习惯于坐等上面布置，一味伸手向上要政策，没有布置就束手坐等；政策放宽到哪一步，就干到哪一步。这是长期计划经济条件下形成的惯性思维方式和行为方式，缺少市场主体的独立自主精神，缺少市场经济中那一点闯的精神、“冒”的精神，结果往往蹉跎岁月、白白丧失时机。事实上，市场经济就是一个天生的“平等派”，市场机遇并不偏爱什么人，光靠“上面布置”“优惠政策”，终究是靠不住的，只能靠自己去闯、去“冒”。现在，随着沿海、沿江、沿边、内陆全方位对外开放，浦东新区的优惠政策“时间差”几乎已不复存在。如果我们还在那里“伸手要”、坐等更优惠的政策放下来，就只能是坐失良机，导致新一轮落后。事实上，那些思想观念超前、改革开放领先的地方，从来就不屑于“等靠要”。比如广东省顺德县，在80年代并没有享受到深圳、珠海、汕头那样的特区政策，可是他们照样在市场经济的大海中游得不比特区慢，以至今日的深圳，还要向顺德学习、取经呢！所以，树立并践行一个市场经济观念，胜过十打“等靠要”的效应。

我们要变“求稳怕乱”为“先放后导”。发展社会主义市场经济是一个打破旧体制的束缚、让生产力的源泉充分涌流的过程，在这个过程中，难免会出现在旧体制下不曾出现的许多新情况、新问题。比如，我们现在放手发展各类市场，特别是大力培育和发展证券交易市场，当千百万股民都被卷入证券交易的大潮时，难免会出现一些新的碰撞或动荡。又比如，我们进一步向区县放权、向企业放权，当无数个决策主体、投资主体纷纷以独立的商品生产经营者面貌出现时，也会产生“八仙过海，各显神通”的局面。有些同志担心这样搞法会“乱了套”。其实，把市场经济条件下蓬蓬勃勃的发展势头、千姿百态的竞争势头看成“乱”的同志，恐怕还是带着传统的计划经济的眼光在看问题。这些同志不懂得，百花齐放，正是思想解放之景象；千姿百态，恰恰是市场经济之常态。当千万个、亿万个脑袋都全力开动起来，为追求国家、集体和个人的最大利益而奔忙时，的确会比只听命于一个脑袋时的僵化局面要难以驾驭。在这种情况下，出现一点“乱”是不可避免的，也是很正常的。在生机勃勃的市场经济运行中，不平衡是绝对的，而平衡则是相对的。社会主义市场经济有着优化配置资源和生产要素的特长，我们要靠市场经济这只“无形的手”去治“乱”，靠价值规律这所大学校给人们“上课”，而不是靠行政命令去治“乱”，靠恢复计划经济的旧秩序去治“乱”。我们要按市场经济发展规律，因势利导地建立起社会主义市场经济新秩序，这本身就是一个“先放后导”的过程，就是说，“放”字当头，“导”在其后，以“导”助“放”，是为了“放”得更好。切不可“求稳怕乱”，以“导”压“放”，先设置许多框框自觉或不自觉地扼杀掉社会主义市场经济的蓬勃生机与活力。

我们要变怕当“出头鸟”为敢为天下先，真正当好90年代中国新一轮改革开放的“龙头”。市场经济只崇尚胜利者，而胜利者往往是运筹机先，敢于想在别人前头，干在别人前头，从而获取“先发利益”的。70年代末80年代初，安徽滁县地区特别是凤阳县，敢于充当实行农村家庭“联产承包”的“出头鸟”，从而获得了发展农村商品经济的先发利益；80年代上半期，江苏的苏（州）锡（无锡）常（州）地区，敢于充当发展乡镇企业的“出头鸟”，从而在乡镇企业异军突起的万马奔腾中，得到了“先手之利”；在城市经济体制改革中，80年代以深圳为代表的南方特区，敢于充当发展“外向型”经济的“出头鸟”，从而走出了能源、原材料供给和产品销售“两头在外”的新路子，使其经济发展不再受国内宏观经济环境变化的约束，得到了对外开放的先发利益。事实证明，在市场竞争中，谁领先一步，谁就握有优势；反过来，如果在市场竞争中，“天予不取，反受其咎；时至不迎，反受其殃”。在条件具备的时候，谁不当“出头鸟”，谁就背上沉重的包袱，好事就变成坏事。当前，上海要先行一步，敢为天下先，并不是上海人自封的，也不是谁拍脑袋拍出来的，而是90年代全国深化改革、扩大开放的新形势把上海推上了“龙头”地位，这是上海处在滨江临海、对内对外两个辐射联结点上这一特殊地理位置所决定的，也是上海的科技、人才、管理、资金等各种优势所决定的。这对于上海，既是千载难逢的契机，又是稍纵即逝的“最后一次机遇”。我们要学习和借鉴上述地区敢当“出头鸟”的大无畏精神，不断强化“龙头”意识，壮大“龙头”功能，发挥“龙头”作用，扬长避短，在社会主义市场经济的大舞台，上演威武雄壮的活剧。这就要求我们加大改革力度、拓宽开放广度、加快发展速度，真正实行浦东浦西“东西联动、整体驱动”，努力在金融、交通、贸易、信息等第三产业的发展方面走在全国前头。同时也要与长江三角洲和长江流域相关地区实行优势互补、密切联合，真正发挥“两个扇面”的辐射作用。

我们要变“小市民、小作坊、小儿科”式的小生产意识为大思路想大问题、大手笔做大文章、大动作搞大经济。所谓“三小”，是有些外省市的同志对我们一些上海人的批评，值得我们警醒。所谓“小市民”，无非是指自居而安，缺少风险意识，因循守旧，墨守成规，缺乏创造性，对于陈规陋习不敢冲、不敢破、不敢冒风险；所谓“小作坊”，无非是指在经济发展上小打小闹，搞小而全，缺少大生产、大分工的气魄，在市场竞争中，目光短浅，自给自保，小算盘精明得很，却缺少大流通、大交换的长远眼光；所谓“小儿科”，更无非是指盲目自满，故步自封，满足于“步子不大年年走，成绩虽小年年有”，缺少敢攀高峰、加速发展的雄心壮志和宏大气魄。这“三小”，说到底是在长期计划经济体制下滋长、强化了的自然经济、小生产习惯势力，是与建立在现代化大生产基础上的市场经济水火不相容的行为规范和观念心态。上海在历史上素称“大上海”，这个“大”，大就大在市场规模之大。我们常说的大思路、大手笔、大动作，就是指要营造一个包括生产、生活资料和金融、房地产、劳动、人才等各种生产要素的大市场，使上海真正成为太平洋西岸的金融、贸易中心；就是指要赶快形成对内辐射长江流域和全国，对外走向世界的大流通，使上海真正成为整个长江流域经济发展的龙头、中国 90 年代对外高层次开放的大窗口；就是指要构造第一、第二产业，尤其是金融、贸易、交通、信息等第三产业高度发展的大经济，使上海中心城市综合功能得到真正的发挥。上海在 90 年代要“后来居上”，其当务之急，就是必须把脑筋换一换，思路变一变，来一点大思路、大手笔、大动作，做出上海改革开放的大文章。

我们要变干部使用上的“无过就是功”为“无功就是过”。所谓“无过就是功”的标准，实际上是小生产式的日出而作、日落而息、自居而安、封闭自保的生活方式、工作方式和思维方式在当下的反映，是同立志开拓、锐意进取、充满风险、敢冒敢闯的市场经济要求格格不入的。在市场中搏击，就如逆水行舟，激流勇进，不进则退。因此，按照市场经济要求衡量我们的干部，就必须有巨大的主动性、创造性和开拓性，必须时时有创新，不断有上进。在这个市场上，优胜劣汰，大浪淘沙，谁为官一任，不造福一方，谁为政多年，山河依旧，谁慵懒守成，吃前人的现成饭，吃自己的老本，就必然会被淘汰。同时，市场经济又犹如一个大海，波澜起伏，瞬息万变，充满风险。因此，要支持干部勇于去闯荡，一是不要怕犯错误，二是有了错误改了就好，要允许在市场竞争中失败，但不允许不干、不闯、不竞争。不干、不闯、不竞争，是最大的错误、最大的失败。对于那些在市场经济中勇于搏击，敢于创新，打得开局面的干部，只要不谋私利，即使有失误，也要满腔热情，大胆使用。而那些不求有功，但求无过，安于现状，得过且过的干部，虽然可能在其他方面无可指责，但长期打不开局面，没有政绩，人民是不会满意的。要加倍爱护那些勇于负责敢于开拓的干部，要在党内形成这样一种气氛，不能让看的人对干的人评头论足，分散和消耗真干的人的精力，更不能让看的人整干的人。要保护市场经济竞争中的能人。市场经济就是一个战场，千军易得，一将难求，决不能因小过而斩大将。

14 年前，在党的十一届三中全会上，邓小平同志曾大声疾呼地号召全党开动脑筋，现在，邓小平同志又用“换脑筋”来概括“思想更解放一点”，其内涵、外延无疑都比“开动脑筋”更深刻、更广泛。让我们解放思想，转换脑筋，放开手足，大胆试，大胆闯，以崭新的精神状态和工作实绩，迎接党的十四大胜利召开！

# 论建立社会主义市场经济

（1992 年 7 月 15 日）

面向新世纪的上海，正在加快改革开放步伐，这引起了世人的注目；而尤为引人注目的是，上海正在加快建立并完善社会主义市场经济。

今日之上海，要说破除旧的胆子和步子、勇立新的胆子和步子，其中最为重要的一条，就是勇敢地推动、建立和发展社会主义市场经济。进入 1992 年以来，在邓小平同志南方谈话的启示和激励下，上海的金融证券市场，房地产市场，现货、期货市场，内外贸市场，零售市场，以及支柱产品市场、科技劳务市场，都取得了长足进展。其中，金融证券市场、房地产市场，更是取得了举世瞩目的成绩，为社会主义市场经济在全国的建立和发展，提供了可资借鉴的有益经验。

"市场经济"这四个字，对上海人来说，其实并不陌生。10 多年的改革开放，从根本意义上说，其取向就可以概括为"市场取向"；其目标，就是要建立"社会主义市场经济体制"。在相当长的时间里，人们之所以回避使用"市场经济"这四个字，这无非是认为，市场经济等于资本主义，或者怕别人误解为资本主义。而现在，邓小平同志南方谈话中关于市场经济不等于资本主义、计划经济不等于社会主义的看法，已经深入人心。而且，通过 10 多年来的改革开放，对于"社会主义也有市场"，人们也有了更深切的体会。我们把市场机制引入经济生活，给我国社会主义经济平添了无限生机与活力，对加快经济的发展起了显著作用。从上海的事实来说，正因为在市场经济方面取得了突破性进展，改革开放才呈现新的局面。显然，我们再也不必惧怕"强调市场的作用就是走资本主义道路"之类的诘难，而应当在理论和实践两个层面，非常明确地、十分坚定地迈向社会主义市场经济。

在发展市场经济问题上，人们都应当记得，早在 1979 年 11 月 26 日，邓小平同志会见美国不列颠百科全书出版公司编委会副主席吉布尼时说过:说市场经济只存在于资本主义社会,只有资本主义的市场经济,这肯定是不正确的。社会主义为什么不可以搞市场经济?市场经济,在封建社会时期就有了萌芽。社会主义也可以搞市场经济。他还认为,社会主义的市场经济在方法上基本和资本主义社会相似,但也有不同。此后,在若干场合,邓小平同志对计划和市场的关系又作过多次论述,强调要重视和利用市场经济。直至最近的南方谈话,从根本上否定了把计划和市场作为区分社会主义和资本主义本质属性的传统观念。邓小平同志这一系列重大观点,不但丰富和发展了建设有中国特色的社会主义的理论,而且对进一步解放广大干部群众的思想,也是一种极具威力的精神力量。

在传统计划经济体制下,人们习惯于把计划经济看作是社会主义的唯一实现方式,是社会主义的本质特征,而忽视了完全依赖计划指令的经济体制的种种弊端。在改革开放中提出"市场取向"以后,人们又往往只看到市场的自发性方面所带来的一些消极作用,而很少看到市场对激励企业竞争、推动经济发展的积极作用。特别是看不到市场也是一种优化资源配置的方式,看不到它对优化资源配置所起的促进作用。显然,这都是认识上的片面性所导致的。

经过10多年改革开放的经验积累和比较鉴别,现在大家都已经看得很清楚,在传统的经济体制下,整个社会就像一个大一统的工厂,政府直接干预企业的微观决策:在财务上实行统收统支,在流通上实行统购统销,对劳动力实行统包统配,等等。一方面,行政主管机关是一个严厉的家长,把企业捆得死死的;另一方面,这个家长又慈父般地以吃国家的"大锅饭"承担了企业的一切风险。于是,便产生了种种现在要革除的弊端。经济体制改革的实质就在于,要以市场机制为基础的资源配置方式,取代以计划指令为主的资源配置方式。加快经济体制改革的根本任务,就是要尽快建立社会主义的市场经济体制。而建立新经济体制的一个关键问题,是要正确认识计划与市场的相互关系,就是要在国家宏观调控下,更加重视和发挥市场在资源配置上的作用。强调市场在资源配置上起重要的乃至主要的作用,正是"市场经济"这个概念的根本含义。

大量事实表明,市场是配置资源和提供激励的有效方式,它通过竞争和价格杠杆,把稀缺资源配置到能创造最好效益的环节中去,并给企业带来压力和动力。而且,市场对各种信号的反应,也是灵敏迅速的。传统体制下的信息结构是自上而下或自下而上的纵向垂直结构，行政机关向企业下达指令，企业向行政机关报告生产情况并提出要求。这样的信息传递，一是成本很高，二是往往不真实。而市场经济中的信息结构是横向的，企业间的信息传递通过价格机制进行，价格升降是生产活动和购销活动的指示器，企业可以按照社会的要求进行生产。市场协调资源配置之所以比较有效，更重要的原因还在于，市场把信息系统和激励系统联系在一起了。在产权明确的情况下，社会经济的各个独立的参与者，不管是自然人或法人，都会从权衡自身利益出发，互定契约，协调他们的行动，最终使资源得到最有效的利用，达到社会效用的最大化。正因为有这些优点，所以市场对经济发展的积极作用已越来越为社会主义国家的人们所认识，过去对市场经济的种种片面认识正在被纠偏。

那么，又如何看待计划指导呢？可以说，有的同志就是基于计划指导的必要性，而对市场经济的存在和发展心存疑虑的。应当看到，不受任何行政管理或计划干预的"纯粹市场经济"，是从来不存在的。现代市场经济或曰商品经济，无一例外地与一定方式和一定程度的宏观管理、行政指导或与计划指导共存。因此，正如社会主义商品经济可以叫作有计划的商品经济一样，社会主义市场经济某种意义上也可以叫作国家宏观计划指导下的社会主义市场经济。党的十一届三中全会以来，我们对计划与市场问题及其相互关系的认识，有一个发展过程。十二大时讲的是计划经济为主、市场调节为辅；十二届三中全会《中共中央关于经济体制改革的决定》提出了社会主义经济是公有制基础上的有计划的商品经济；十三大时，提出了社会主义有计划商品经济的体制应该是计划与市场内在统一的体制；十三届四中全会以来，使用了计划经济和市场调节相结合的经济体制和运行机制。最近，经过学习和贯彻邓小平同志南方谈话，人们对计划与市场以及建立新经济体制问题的认识，又有了新的发展，关于建立社会主义市场经济体制的提法越来越被更多人所接受。社会主义经济从一开始就是有计划的，这在人们的脑子里和认识上一直是清楚的。讲建立社会主义市场经济体制，在实践上不可能、在理论上也不应是排斥计划性的经济体制。认识的发展变化，包括存在不同意见、不同观点的讨论，这是正常的。关于计划和市场与建立新经济体制问题这样的重大问题，更需要经过反复认识、反复实践、反复总结提高，才能得出比较科学的结论。这种反复，实质是深化，是对中国特色社会主义究竟“特”在何处这样的认识的深化。现在可以这样讲,经过10多年的摸索和总结国内外经验,人们对社会主义的新经济体制,在理论上和实践上,都已经比较成熟了,也进一步趋向统一了,完全可以进入加快实施的阶段了。

科学的认识是重要的,是改革开放和经济发展的舆论先导和精神动力。但更重要的问题是在这种科学认识指导下的创新实践。现在,我们讲要建立社会主义市场经济,摆在我们面前的具体任务,就是如何加快市场的形成和发育,如何积极稳妥地推进价格改革,如何加快企业改革步伐,等等。如果不能扎扎实实地在以上这些方面推进实践,那么讲建立社会主义市场经济体制,也只能成为“绝妙好词”,而不能使我们的事业加速前进。上海企业界有人说:“没有市场想市场,有了市场怕市场。”此话说到了点子上,它表明:市场经济的形成和发展有一个艰巨的过程,而且在上海这个地方,一些长期习惯于传统体制下的企业,现在还不能很快适应新的社会主义市场经济的秩序和规则,还不能适应市场经济必然具有的竞争机制的压力,还不能把这种压力变成企业的活力。同时,这又表明,我们的一些企业界人士,对社会主义市场经济还缺乏足够的精神准备,包括还缺乏市场机制所需要的必备素质。只有正视这种现状,才能自觉地加大改革的力度,在实践中迅速地提高企业的竞争能力以及我们自身的素质。进入1992年以来,上海发展社会主义市场经济的潮流,已经把一大批企业推向了市场经济前列,也使一大批企业界人士得到了锻炼。现在的情况是,谁先投入市场、拥抱市场、用好市场,谁就能先赢得主动,谁就能在竞争中取胜。

当然,市场的发育和形成有一个过程,但我们在市场面前决不是无能为力的。市场经济发展过程中产生的某种盲目性、自发性和消极作用,是可以而且应当通过我们的努力,通过深化改革,通过正确把握宏观调控的范围和力度,通过某些经济杠杆的使用,加以控制和避免的。商品经济有两个基本要素,即竞争性的市场体系和独立自主、自负盈亏的企业。因此,建立社会主义市场经济,一个十分重要的任务,就是要加快企业改革,尽快使企业成为市场主体,能够根据市场信号自主作出经营决策,并对经营后果负完全责任。可以说,企业改革的力度直接决定着社会主义市场经济发展发育的程度。

在社会主义公有制基础上搞市场经济,是前所未有的事业。改革开放

10 多年来,我们已经进行了若干成功的探索,但总的说来还只是起步阶段。重要的是实践、探索和开拓。面向新世纪的上海,肩负着重大的历史使命。我们要形成计划与市场相结合、国内市场与国际市场相贯通、浦东开发与浦西建设相联动的,市场化、国际化、现代化“三位一体”的全新发展格局。现在,正需要我们消除疑虑,转变观念,解放思想,大胆探索,勇敢地投身于社会主义市场经济的宽阔舞台,在建设有中国特色的社会主义道路上求得新的突破!

# 勇当“龙头” 当好“龙头”

（1992年7月30日）

正当我国改革开放进入一个新的发展阶段之际，党中央作出了“以上海浦东开发开放为龙头，进而推动长江三角洲和长江沿岸地区开发开放”的重大战略决策。这一决策意义重大、影响深远。它标志着我国改革开放的战略重点正迅猛地从沿海向沿江地区推进，从珠江三角洲和珠江流域向长江三角洲和长江流域拓展。中国改革开放的“渡江战役”，将由此揭开激动人心的序幕。毫无疑问，打好这场“渡江战役”，不仅将使上海和长江三角洲率先成为我国基本实现现代化的地区之一、带动整个长江流域地区经济的新飞跃，而且对于推动我国形成全方位对外开放格局、加快社会主义市场经济新体制的建立、胜利实现社会主义现代化建设“三步走”战略部署，都有着极为重要的意义。

长江是我国的“黄金水道”，也是沟通我国东西南北经济联系的纽带和桥梁。党中央决策实行长江流域开发和开放，等于在我国广袤国土的中部形成一条横贯东西的开放带。由于长江三角洲和长江流域是我国经济最发达的地区，这里有广阔的腹地、巨大的市场，有工业化水平较高的城市群，又有雄厚的科学技术和人才优势。因此，实行长江三角洲和长江流域的全流域开发开放，必将使长江这条“游龙”“蛟龙”乘长风破万里浪，迎来它在自身发展中从未有过的跳跃和腾飞，尽快建立起繁荣富庶的长江经济走廊，并进而带动整个中国这条东方巨龙的腾飞。

党中央关于开发开放长江三角洲和长江沿岸地区的战略决策，把上海推上了“龙头”地位。所谓“龙头”，首先指的是一种区位优势。上海是千里长江的入海口，又是我国东部海岸线的中心点，这种通江达海的地理条件，使上海在对外开放、对内联合两个方面犹如两个扇形的辐射，起着沟通内外的桥梁作用。所谓“龙头”，同时也是指一种在近代史上客观形成的经济地位和历史作用。上海在开埠之前就号称“东南都会”，埠际贸易十分活跃。开埠后，由于在对外开放中发展了大规模的对外贸易和埠际贸易，成为沟通国内外商品流通的中转站和集散地，并由此确立了上海在对内对外开放上的中心地位。与这种贸易中心相联系，上海又逐步发展起著称于世的金融业，以及发达的交通运输、电讯通信、能源电力、市政交通等基础设施，奠定了它在近代中国历史上多功能中心城市的地位。新中国成立后，上海又以其雄厚的工业基础、优良的工艺传统和吸收消化国外先进技术的巨大能力，成为全国的现代工业基地。由此可见，党中央、国务院选择上海充当长江三角洲和长江流域开发开放的龙头，这决非偶然。

两年前，党中央、国务院作出的开发开放浦东的战略决策，一举把上海由 80 年代全国改革开放的“后卫”推到了“前沿”；现在，中央关于长江三角洲和长江沿岸城市进一步开发开放的战略决策，又把上海改革开放的战略地位推向一个更高层次，即由“前沿”变成了长江三角洲和长江流域开发开放的“龙头”。从“前沿”到“龙头”，意味着上海的担子更重、责任更大！“前沿”只是对上海自身战略地位的一种“定位”，它所着眼的是一种局部的振兴。而“龙头”则是一个整体的概念，它所着眼的不仅是对上海自身的“定位”，还有与长江三角洲和长江流域整体的联合、协调和服务，达到一种整体的“共振”。上海要担负起“龙头”这一光荣而艰巨的历史使命，当务之急是要在全市人民中广泛开展“勇当龙头，当好龙头”的思想教育，认清“龙头”地位，增强“龙头”意识，发扬“龙头”风格，争创“龙头”业绩。

要当好“龙头”，首先要有“敢为天下先”的先锋意识。如果说，80 年代的深圳特区作为珠江三角洲的“龙头”，主要是起到了发展外向型经济的带头作用；那么上海作为 90 年代长江流域开发开放的“龙头”，理所当然应担当起发展社会主义市场经济的带头作用，在建立社会主义市场经济新体制中走在全国前列。要坚决摒弃那种在高度集中的计划经济体制下长期形成的陈旧观念，大力培育市场，增强市场功能，完善市场体系。要积极发展金融市场，尽快恢复上海作为远东金融中心的地位。继续扩大和完善外汇调剂、同业拆借和票据贴现等市场业务，把上海外汇调剂中心发展成为全国性的外汇调剂市场。要积极开拓商品市场，尽快形成万商云集的局面。逐步建立地区性、全国性和国际性的各类消费品市场，恢复上海的消费品“龙头”地位。要完善和扩大保税生产资料市场，建立和完善各类期货市场，并大力发展仓储、运输等行业,努力使上海成为全国最大的商品集散地和物流配运枢纽。此外,上海还要积极培育和发展房地产市场,建立和发展技术、人才、信息市场。可以预期,大力发展社会主义市场经济的源头活水,必将使长江三角洲率先成为在长江沿江地区经济发展中具有强大带动能力和迈向国际市场的领航地区。

要当好“龙头”,还要有“甘为他人作嫁衣裳”的服务意识。必须十分明确,光有“龙头”自身的单兵突进和孤军深入,而没有对整个龙身、龙尾的带动和服务,便无所谓“龙头”作用。在充分考虑浦东开发开放以及如何带动浦西的振兴和改造,实现“东西联动”的同时,应当更加宏观地考虑龙头、龙身、龙尾怎样首尾联动、整体行动,更多地考虑整个长江三角洲和长江流域各地区之间怎样“共商、共建、共荣、共享”,从而更加自觉地做到“同饮一江水,同唱一台戏”,共同为打好我国改革开放的“渡江战役”而协同战斗。上海要为长江三角洲和长江流域经济发展服务,就不能继续走过去作为工业基地、发挥单一功能的老路,而要走一条发挥中心城市多功能的新路,最大限度满足整个长江流域“对外开放,对内搞活”全面发展的需要。随着长江流域的进一步开发和开放,全国经济进一步的振兴和发展,上海已经不能再满足于为国家提供一定数量的工业品和财政收入那样的贡献,而应该为兄弟地区提供外贸集散地和转口港,为内地工商业取得世界新技术和国际经济信息提供中转站,为全国工商业提供金融服务,为全国各地培训科学技术人才、高级技工和经营管理人才提供广泛的咨询服务,同时供应他们具有世界先进水平的技术和装备。总之,发挥“龙头”作用,要求上海更快地强化作为经济中心、贸易中心、金融中心和各种服务中心的功能。最近上海市委、市政府提出:90 年代上海要优先发展第三产业,积极调整第二产业,大力发展为长江三角洲和长江流域服务的资金流、商品流、信息流、技术流、人才流,这种战略选择,正是一种自觉的全局观念和服务观念的体现。今后上海大力发展这“五流”,努力使上海发展成为一个商品和生产要素大流通的中心,就既可以避免同兄弟省市争资源、争市场;又可以充分发挥上海特大型大城市的综合功能,为长江流域经济发展服务。我们要循着这种积极服务、主动服务、全面服务的路子,坚定不移地走下去。这种服务并不是单向的而是双向的,整个长江三角洲和长江流域经济繁荣之日,便是上海经济全面振兴之时。

要当好“龙头”，还必须树立同社会主义市场经济相适应的门户开放意识和人才流动意识。上海自开埠以后就逐渐成为一个移民城市、全方位开放的城市，正因为上海竞争的闸门常开不闭、源头活水川流不息，才获得了生机与活力。新中国成立以后，高度集中的计划经济体制以及严密的户籍管理制度，曾使这种门户开放的形象褪色不少，但传统仍然在发挥作用。现在，上海要担负起长江三角洲和长江流域的“龙头”，就必须坚决打破“围城意识”，尽快淡化户口观念，改革现行户籍管理制度，大力吸引国内外的各种人才，妥善解决好各类专业人才到上海工作所遇到的子女上学、医疗、住房和上海保障等问题，形成进得来、出得去的人才流动机制。现在市委、市政府已经把这项工作列入了议事日程，相信上海在90年代一定会在突破“围城意识”、广泛吸收人才方面取得突破性进展。

20世纪最后10年，历史把“勇当龙头，当好龙头”的庄严使命交给了1300万上海人民。世界在注视着、全国人民都在注视着上海人将怎样以“龙头”的精神、“龙头”的效率、“龙头”的风格、“龙头”的水平跨入21世纪。

上海人，努力啊！

# 既要唱“畅想曲” 更要唱“进行曲”

（1992年7月）

“畅想曲”与“进行曲”都是歌坛专用名词。最近有些论者巧妙地借用这两个名词，并把它们的词义推而广之，借以说明在贯彻邓小平同志南方谈话，抓住当前有利时机加快改革、开放和发展的步伐，力争使上海经济更好更快地上一个新台阶的过程中，我们不仅要善于唱“畅想曲”，更要注重唱“进行曲”。笔者认为，这一提法生动形象、切中时弊，很值得引起我们各级领导同志深思和践行。

所谓“畅想曲”，就是指在邓小平同志关于要大胆试、大胆闯的指示精神鼓舞下，经过学习和务虚提出的有关各地区、各部门、各系统改革开放和发展的大思路；所谓“进行曲”，则是指按照这些大思路所采取的种种真抓实干的具体行动，也就是近来人们常说的大手笔、大动作。毫无疑问，一台威武雄壮的交响乐，既不能没有“畅想曲”，也不能没有“进行曲”；同样，“畅想曲”和“进行曲”对于我们正在进行的有中国特色的社会主义伟大事业来说，对“开发浦东、振兴上海、服务全国、面向世界”的伟大实践来说，都是至关重要和不可或缺的。没有“畅想曲”，即没有宏观的大思路，我们就会陷入新的思想僵滞，就会忙忙碌碌而抓不住重点，忙不到点子上去；而如果没有“进行曲”，我们就会陷入新的玄学清谈，就会止于务虚而不去务实，就谈不上开创新局面、登上新台阶。所以，要全面贯彻落实邓小平同志视察南方重要谈话精神，要谱写开发浦东、振兴上海的历史新篇章，就要求我们各条战线、各级党政领导干部既要唱“畅想曲”，更要唱“进行曲”，也就是既要有“唱功”，更要有“做功”！

市委、市政府领导同志在这两方面都为我们作出了表率。半年多来，在邓小平同志南方谈话鼓舞下，市委、市政府领导班子既务虚又务实，提出了许多令人耳目一新而又切合上海实际的新思路。比如，提出要把上海发展成为远东地区经济、金融、贸易中心；提出上海要找准位置、转换机制、探索路子，发挥上海综合优势，着重抓好资金、商品、技术、人才和信息等“五流”；培养新的经济增长点，即把第三产业、城市基础设施和高新技术产业作为推动上海经济增长的三大重点；要建立新的宏观经济平衡，即要从积极平衡、内外平衡、动态平衡角度，充分利用国内外两种资源和两个市场，努力走通能源和原材料供给、产成品销售“两头在外”的新路子；要在突出抓好浦东开发、搞活大中型企业、活跃区县经济以及市场培育四个方面，努力以市场经济为依托，促进上海国民生产总值以两位数的速度发展，到20世纪末实现国民生产总值超过新加坡，等等。这些“畅想曲”，真可谓雄壮激越、气壮山河，令人荡气回肠、欢欣鼓舞。

难能可贵的是，上海市委、市政府领导同志没有仅仅停留在“畅想曲”上，而是既唱“畅想曲”，更唱“进行曲”，敢闯敢试，真抓实干，使今年上半年上海的各项工作都取得卓有成效的新进展。就改革而言，无论是企业改革、股份制改革、价格改革、金融制度改革都有了扎扎实实的新进展。就开放而言，今年以来，以浦东开发开放为重点，全市对外开放进入一个新阶段。外贸出口逐月增长，1—6月增幅已达10.1%，全市上半年共批准外商投资项目502项，协议吸收外资8.68亿美元，比去年同期增长近3倍。再就发展而言，今年1至6月，全市国民生产总值预计增长13.6%，这样的增长速度是上海近二十多年来所没有的，而且各种所有制经济和生产、建设、流通各个领域都实现了全面增长，发展势头十分喜人。

在精神文明建设方面也是这样。自从全市精神文明建设万人动员大会提出全市精神文明建设的大思路之后，半年多来已扎扎实实地抓了六件大事，即：广泛深入开展“三大讲、四知道”活动；树红旗、立标兵，开展90年代上海人形象大讨论；倡新风、纠歪风，大力推进职业道德建设；评好事、抓治理，进一步树立良好的社会风气；重质量、上水平，把“创、建、做”活动引向深入；搞活动、建设施，丰富群众的业余文化生活，等等。

但是，毋庸讳言，在上海这块土地上，只唱“畅想曲”、不唱“进行曲”的情况也是有的。比如，某些地区、部门和单位，思想务虚没完没了，方案规划一搞再搞，可就是拿不出一步实际行动来，这是不是新形势下的一种新的形式主义呢？马克思说过：“一步实际运动比一打纲领更重要。”这些地区、部门和单位的领导还是把形式主义那一套花架子赶快收起来，扎扎实实地真抓实干、多唱几曲改革开放和加快发展的“进行曲”吧。

既唱“畅想曲”又唱“进行曲”，要求我们进一步转变工作作风、提高工作效率，要求我们抓住改革和建设中牵动全局的问题深入调查研究，拿出有说服力的典型来，使什么叫胆子大、什么叫步子快，怎样才算是思想解放，让人看得见、摸得着、学得到。这样，我们上海各地区、各部门、各单位的领导水平就会大大提高一步，改革和建设的进程就会大大加快起来。

# 加快上海郊区“三资”企业发展步伐*

（1992年7月）

党的十一届三中全会以来，邓小平同志一再强调指出，“开放政策是中国的希望”，“要实现我们的第一步目标和第二步目标，不开放不行，不加强国际交往不行，不引进发达国家的先进经验、先进科学技术成果和资金不行。关起门来是不行的”，“任何一个国家要发展，孤立起来是不可能的，闭关自守是不可能的”。党的十三大根据邓小平同志的这一重要思想，把对外开放提到战略高度，号召全党和全国人民，“要以更加勇敢的姿态进入世界经济舞台”，进一步拓宽和加深对外开放的广度和深度。

上海郊区的对外开放，在这10多年来是很有成绩的。据统计，迄今为止，上海市郊10个县共创办了482家“三资”企业，协议吸收外资3.4亿美元。虽然“三资”企业的数量尚不到全市40%，吸收外资也仅占全市10.1%，但去年创汇达3.55亿美元，比上年增长103%；经济效益也较为理想，去年创利3.28亿元，增长幅度高出乡镇企业2倍。以上统计情况表明，我们虽有发展，但同兄弟省市相比，特别是同沿海几大特区城市和开放城市相比，郊区“三资”企业的发展仍有很大差距。去年郊区引进的“三资”企业占全市引进数50%以上，成绩似乎也不小。但是，这样的发展速度还比不上江苏省的苏州市。苏州市是一市五县，地域范围比上海郊区小得多，去年引进“三资”企业共422家，外资合同金额3.9亿美元；该市改革开放以来累计引进的“三资”企业共758家，利用外资合同金额6.22亿美元。在横向对比、看到差距的基础上，我们应当增强引进外资、发展“三资”企业的紧迫感和责任感。

---

* 本文系作者与中共上海市委研究室吴振兴同志合作撰写。

如果说在 80 年代，我们上海人更多的是羡慕深圳、厦门等地的开放奇迹，那么进入 90 年代，上海已同其他 5 个经济特区一样，站到了我国对外开放最前沿。上海集保税区、经济开发区、沿海开放城市、开放地带 4 个开放层次于一身，形成了配套齐全的开放新格局，上海郊区各县理应抓住这一有利机遇，加快对外开放步伐，把“三资”企业的发展速度搞得更快一些。从郊区当前的实际情况出发，贯彻落实邓小平同志关于“思想更解放一点”的指示精神，应当具体体现在以下四个“放”。

第一，要放心搞引进。过去有一种说法，“外商多投资一元钱就多一分资本主义”，这种说法缺乏最起码的常识。因为“三资”企业受到我国整个政治、经济条件的制约，是巩固壮大我国社会主义经济的必要补充。从这个意义上说，只要我们头脑清醒，多引进一点外资，多搞一点“三资”企业，是没有什么可担心的。何况我们有自己的优势，有国有大中型企业，有乡镇企业，政权又在我们手里。《人民日报》最近刊发的《对外开放和利用资本主义》的文章指出：“经济落后国家尤其是长期受封建主义统治的国家，只有正确利用而不是完全排斥资本主义，批判吸收而不是一概拒绝西方文化中对我们有用的东西，方能繁荣富强起来。”目前，上海郊区利用外资基本上还处于起步阶段，数量不是多了，而是还很不够。改革开放以来的实践，特别是经济特区和沿海开放地区的实践表明，我们完全有能力综合运用经济、法律和行政手段，将“三资”企业纳入社会主义有计划商品经济的发展轨道。因此，郊区各县、乡（镇）的各级领导要加快引进外资，大力发展“三资”企业。

第二，要放胆搞改革。扩大开放，说到底也是深化改革。任何改革，都不能不是一个开放的系统；而任何开放，都不能不引起内部体制的改革和思想观念的解放。因此，开放意识和改革意识融会贯通，密不可分。我们现有的扩大开放措施，本身就是深化改革的内容。比如，允许外国人到上海、到浦东来开设银行，这本身就是深化金融体制改革，形成国际化金融体系的新突破。又比如，允许外国人来经营房地产，这是推进住房商品化、形成健全的房地产市场的一部分。现在，我们要扩大利用外资，加快郊区“三资”企业的发展速度，也要放开胆量去革除那些影响引进速度的陈规陋习。今年 2 月底召开的上海市农村工作会议确定了一条政策，允许郊县分期分批进行综合配套政策改革试点，其目的就是要进一步扩大县级综合协调、总揽全局、自我积累、自我发展的自主权。它必将有效地改变某些政府部门办事效率低、互相推诿扯皮的状况,极大地改善郊区投资软环境。

市各综合部门特别是外资外贸部门要全力支持郊区各县的改革开放。各有关工业部门也要同郊区加强协调,统筹规划国有大中型企业与乡镇企业联合起来引进、发展“三资”企业的新课题。今后外资企业或现有“三资”企业增设项目,凡属于工业性质的,一般都应该往郊区延伸,市中心区主要功能还是办商业。这样,90 年代上海的城乡工农联营企业就有相当一部分会发展成新型的合资企业,这又会赋予“城乡一体化”以新的内容。此外,税收渠道也要实行相应的改革,总的原则要协调和处理好市、县(区)双方的利益关系,尤其要尽可能让县(区)、乡(镇)多得益,多获利。

第三,要放权促发展。为了全力支持郊区农业和农村经济的发展,这次市农村工作会议在土地审批、乡镇企业项目审批、中外合资项目审批和农村集资审批等方面有了一些新突破,对此郊区各县的同志是满意的。现在的问题是这些放权措施要真正到位,而且要配套。比如,项目审批权要配套下放,规划、土地、环保等审批权也要放下去。放权以后,虽然在短期内可能出现“重复引进”“低水平重复”等问题,但我们可以通过加强信息服务、加强宏观指导,并保留监督权、处罚权来纠正这些问题。各县在县级审批权扩大以后,也要提高全局观念,增强法制意识,认真用好权、把好关。对有关业务人员也要加强培训,提高上岗技能。

第四,要放手用能人。能人当然不都是完人,他们可能有这样那样的缺点、弱点和不足,但是他们最可贵的一条是坚决拥护、全力贯彻党的基本路线,有强烈的事业心和责任心,又有开拓进取精神,有带领群众治穷致富的本领。这样的能人,也就是邓小平同志所说的“明白人”。因为能人不可多得,所以,对能人我们必须倍加爱护,尤其是那些善于同外商打交道,对引进和管理“三资”企业有专长的能人尤其要加以爱护,使他们有充分施展才能的用武之地。

应该承认,过去,我们对引进和使用人才的竞争意识太差,导致流失了大量人才,现在能人还在外流,主要是措施不到位,管理跟不上。今后,农村各级党组织对能人,一是要保护,二是要吸引。要增加人才管理的透明度,也要积极制订一些吸引人才的有效政策。

从上海郊区实际情况看,一个企业中是否有一个由多方面人才组成的领导班子,这是决定一个企业办得好坏的关键。目前,合资企业和其他乡村企业一样,人才奇缺,既缺技术人员、管理人员,更缺外销人员。但是,在相当一部分县、乡,人才意识不强,满足于现在的情况还过得去,对培养人才没有紧迫感,甚至有些县、乡还不要国家分配的外经贸专业毕业生。合资企业的发展需要各种人才,一旦允许企业自营出口,人才缺乏的矛盾将会更突出。今后郊区各县都要加强智力投资,培养和造就一批外向型经济人才,同时要普遍提高农民的文化素质。这样,经过几年的努力,郊区外向型经济的发展就会跨上一个新的台阶。

# 发挥上海"龙头"作用必先着力振兴和发展第三产业

（1992年8月）

贯彻落实好党中央关于"以上海浦东开发开放为龙头，带动长江三角洲及沿江地区的开发开放和经济发展"的战略决策，在指导思想上必须加深认识两个问题：一是长江流域的开发开放对全国90年代改革开放和经济发展的重大作用；二是大力发展第三产业对上海当好长江流域开发开放"龙头"的重大作用。

首先，来看长江流域的开发开放对全国90年代改革开放和经济发展的重大作用。长江三角洲和沿江地区，东起上海，西到重庆，这是我国经济、科技、文化发达的精华地区。这一地区涉及七省一市，基础设施好，水力资源丰富，农业经济发达，工业门类齐全，加上城市众多，人才密集，科技力量强等许多有利因素，使得这一地区在全国的经济和社会发展中占有举足轻重的地位，并具有广阔的发展前景。这一地区将成为我国90年代开发潜力最大、经济发展有可能最快的"先行地区"，成为深化改革、扩大开放的"领航地区"。由于这一地区实力雄厚，腹地广阔，在全国国民生产总值中所占份额多，对内地辐射能力强，因此，长江三角洲和沿江地区开发开放的快慢，将在很大程度上决定我们国家实现第二步战略目标乃至整个社会主义现代化建设的进程。现在，国际市场竞争激烈，亚太地区经济发展势头强劲，这对我国来说既是机遇也是挑战。客观形势既要求，又倒逼我们上海必须加快改革开放步伐，特别是抓紧开发开放以浦东为"龙头"的长江三角洲和沿江地区，更是刻不容缓。

其次，再来看大力发展第三产业对上海当好长江流域开发开放"龙头"的重大作用。"龙头"是一种形象化的比喻。它的科学含义是指在一个城市群和流域带中，中心城市与周边城市之间的关系，也就是中心城市要在各方面为周边城市起到一种服务带动作用、辐射拉动作用。上海在近代历史发展中，就曾经起过这种作用。解放以前上海就是一个金融中心、商业中心，轻纺工业中心。那时，长江三角洲和沿江地区生产的商品，通过上海中转和集散，资金通过上海聚集和融通，各种机械设备和工艺技术通过上海吸收消化和翻版。这种“龙头”作用在新中国成立后的一段时间里逐步消失，是同片面强调把上海建成全国最大的工业基地、只发挥中心城市的单一功能分不开的。久而久之，上海同长江三角洲以及沿江城市产业重复、争资源、争市场的矛盾便越来越突出。很明显，上海要真正起到沿江开发开放的“龙头”作用，就必须优先发展第三产业。第三产业兴，则上海“龙头”作用显。从这个意义上说，党中央提出的上海要坚持“三、二、一”的产业顺序，即把第三产业放在第一位是很有道理的。

上海要大力发展第三产业，首先要积极发展融资市场、证券交易所，重振金融中心雄风。资金是经济活动的“血液”，它的流动方式在一定程度上体现了商品经济的发达程度。现在，上海的资金市场已有一定规模，今后要着重发展证券市场、外汇调剂市场、短期资金融通市场和同行业拆借市场。这样，通过资金的流动，就可以把上海与长江流域的经济发展紧密联系起来。

上海要大力发展第三产业，还应当重振信息和贸易中心的雄风。信息作为一种资源，在当今世界经济发展中起着越来越重要的作用。上海要发挥自己信息集中、集散和辐射快的优势，大力发展信息产业，加强对国内外、市内外各种信息的收集和分析，并通过各种信息机构，建立长江三角洲和长江沿江地区的信息网络，及时为经济发展和对外开放提供各种信息服务和咨询业务。上海还要抓紧建立各种批发市场，拓宽对外贸易渠道，为长江三角洲和沿江城市提供贸易服务。上海通过扩大服务贸易，可以比单纯搞工业、出产品，发挥更大的作用。上海要成为贸易中心，就必须有最为便捷的交通条件，要有世界一流的航空港，要有先进的、容量比较大的深水港集装箱码头，并且要尽快把公路运输、长江运输、海路运输和航空运输紧密衔接起来，使上海成为一个物流配运中心。只有形成贸易中心，再加上金融的条件、信息的条件，上海才能充分发挥“龙头”作用，增强对整个长江三角洲和沿江地区乃至全国经济的辐射和带动作用。

# 改革开放十四年与我们党的十四大

（1992年10月1日）

“五星红旗迎风飘扬，胜利歌声多么响亮，歌唱我们亲爱的祖国，从今走向繁荣富强。”今天，当我们唱起这支欢乐的歌曲，踏着十月的阳光，满怀豪情迎来中华人民共和国建国43周年的盛大节日时，一定会明显地感觉到，今年国庆佳节的喜庆气氛比以往更为浓郁。这是因为，今年适逢我国改革开放14年和中国共产党即将召开第十四次全国代表大会。这两个“十四”联袂而至，一时引发人们多少感慨与遐思！

14年与十四大，在今年国庆佳节结伴而来，它是14年前开始的我国历史转折点与十四大即将开创的历史新起点的契合，是邓小平同志亲自开创的建设有中国特色社会主义伟大事业与我国社会主义现代化发展历程的交汇，是辉煌的胜利与崭新的目标的对接。古人云：以史为鉴，可以知兴替。今天，在欢度国庆43周年的喜庆日子里，我们回顾14年，展望十四大，将会从历史的经验中汲取对现实的启迪，从而满怀信心地承前启后、继往开来，万众一心去夺取有中国特色社会主义事业的更大胜利。

在我们共和国的编年史上，大概没有比1978年党的十一届三中全会以来的这14年更值得人们大书特书的了。这14年，拨乱反正气势磅礴，改革开放波飞浪涌，现代化建设高歌猛进。一切亲身经历了这14年伟大变革并贡献了自己力量的中华儿女，一切关心祖国命运的炎黄子孙，都有理由为这14年的辉煌成就感到自豪：新中国成立以来我们党在一个时期指导思想上的失误，是在这14年得到系统总结和果断纠正的；邓小平同志关于建设有中国特色社会主义的理论和路线，是在这14年走向成熟并真正付诸实施的；作为社会主义制度自我完善和创新的经济体制改革和其他各方面改革，是在这14年波澜壮阔地展开并取得巨大成就的；我国沿海、沿江、沿边、内陆全方位对外开放的战略格局，是在这14年开辟和奠定的；社会主义现代化建设“三步曲”的战略目标，是在这14年构思成形并化为亿万人民的共同行动的；我国人民同建设有中国特色社会主义事业相适应的一系列新思想、新观念，是在这14年产生和发展的。

14年，弹指一挥间。然而我们伟大的祖国经历了改革开放的洗礼，却发生了多么惊人的变化！在这14年里，我们进行了改革开放的“第二次革命”，我们实现了马克思主义与我国实践相结合的“第二次历史性飞跃”，我们开始了由温饱到小康的“第二步目标”。所有这一切，使我国社会主义河山更壮丽、红旗更鲜艳、人民更幸福。可以毫不夸张地说，改革开放以来的这14年，是新中国成立以来国家经济实力增长最快、人民得到实惠最多、社会主义显示的吸引力和凝聚力最强的时期，这同我们党紧紧把握住“一个中心、两个基本点”的基本路线是分不开的。笔者在南方经济特区调研时，亲眼看到那里很多老百姓家里的大门上，贴着这样一副对联：“翻身不忘毛泽东，致富感谢邓小平”。这话说得多么好啊！这是人民群众继我们党领导中国第一次革命取得胜利时的“翻身道情”之后，由衷地唱出的歌颂我们党领导的第二次革命的“致富道情”，也是人民群众对改革开放14年的最生动形象的概括和总结。

改革开放14年伟大丰富的实践，给了当代中国共产党人哪些宝贵的启迪呢？或者说，人民群众对盼望已久、开幕在即的十四大，主要有哪些殷切期望呢？

第一，鉴于14年经验的启迪，我们要继续毫不动摇地全面贯彻党的“一个中心、两个基本点”的基本路线。我们党在新民主主义革命时期，由毛泽东同志亲自总结和概括了夺取新民主主义革命胜利的“三大法宝”，即：党的领导、统一战线、武装斗争。邓小平同志在领导我们进行改革开放14年的伟大实践中，总结和概括了夺取第二次革命胜利的新的“三大法宝”，这就是以经济建设为中心，坚持四项基本原则，坚持改革开放。这新的“三大法宝”是相互依存、相辅相成的：不坚持以经济建设为中心，社会主义制度就有丧失物质基础的危险，四项基本原则就坚持不下去；而不坚持改革开放，不建立充满生机和活力的社会主义市场经济新体制，就会窒息人民群众的积极性、主动性和创造性，经济建设也搞不上去；同时，经济建设和改革开放如果脱离了四项基本原则的指导，就会走到邪路上去。积14年之经验，“一个中心、两个基本点”的基本路线，是我们党和国家在改革开放历史新时期的基本理论和基本实践。它的科学内容必须全面贯彻而决不能任意加减,即“一个中心”不能变成“两个中心”,“两个基本点”不能变成“一个基本点”。在这个至关重要的问题上,让我们牢牢记住邓小平同志的谆谆告诫:“要坚持党的十一届三中全会以来的路线方针政策,关键是坚持‘一个中心、两个基本点’。不坚持社会主义,不改革开放,不发展经济,不改善人民生活,只能是死路一条。基本路线要管一百年,动摇不得。”

第二,鉴于14年经验的启迪,我们要坚持用邓小平理论武装全党、教育人民。恩格斯说过:“一个民族要想站在科学的最高峰,就一刻也不能没有理论思维。”列宁也说过:“没有革命的理论,就没有革命的运动。”回顾世界社会主义运动的历史,无产阶级有着一整套在经济落后的国家夺取政权、“剥夺剥夺者”的成功理论、战略和策略,却没有提供现成的关于在经济落后的社会主义国家如何进一步解放和发展生产力、使社会主义赢得与资本主义相比较的优越性的成功理论。邓小平同志的伟大就在于,他把马克思主义的普遍真理同中国建设和改革的实际结合起来,研究新情况,回答实际生活中提出的新问题,创立了建设有中国特色的社会主义理论,为在一个经济和科学技术落后的中国实现社会主义现代化,开拓了一条切实的道路和无限光明的前景。邓小平代表了一个伟大时代。邓小平的思想和理论就是当代中国发展着的马克思列宁主义、毛泽东思想。正如江泽民同志指出的:“小平同志提出的建设有中国特色的社会主义,是对马列主义、毛泽东思想的重要贡献,是对科学社会主义的新的重大发展,也可以说是马克思主义思想宝库中独一无二的。”人们期望党的十四大进一步号召全党全军和全国人民,认真学习邓小平同志的著作,用充满时代精神的邓小平思想和理论武装头脑,从而奠定党的基本路线一百年不动摇的思想理论基础,齐心协力地去完成中华民族伟大复兴的百年伟业,去谱写科学社会主义运动的历史新篇章。

第三,鉴于14年经验的启迪,我们期望党的十四大能真正把全面执行党的基本路线,在改革和建设中政绩突出、群众公认的干部大胆地选进新的领导机构,以保证建设有中国特色社会主义的伟大事业后继有人、代代相传。正确的政治路线要靠正确的组织路线来保证。中国的事情能不能办好,社会主义现代化建设和改革开放能不能坚持,经济能不能快一点发展起来,国家能不能长治久安,从一定意义上来说,关键在人。邓小平同志在今年南方谈话中再次提醒我们:"对这个问题要清醒,要注意培养人,要按照'革命化、年轻化、知识化、专业化'的标准,选拔德才兼备的人进班子。我们说党的基本路线要管一百年,要长治久安,就要靠这一条。真正关系到大局的是这个事。"人们期待着从党的十四大开始,党和国家的各个层次、各个部门都要全面、正确地贯彻干部队伍"四化"方针和德才兼备原则,把在贯彻执行党的基本路线中政绩突出、群众公认的优秀干部,特别是有强烈的改革开放意识和开拓创新精神的干部大胆地选拔上来。为适应加快改革开放和经济建设步伐的需要,我们要进一步放开视野,挑选政治思想好、熟悉经济和科技工作、有较强领导才干的干部,进入党委和政府领导班子。要解放思想,拓宽渠道,破除论资排辈、迁就照顾、求全责备等思想障碍,不拘一格选人才,坚决选拔一大批优秀年轻干部进入各级领导班子。要勇于改革一些不合时宜的组织人事制度,大力培养、大胆使用优秀人才。

总之,在总结改革开放 14 年经验,迎接党的十四大召开的历史时刻,我们中国共产党人,无不对我们党和国家的前途和未来充满必胜的信心:只要我们按照邓小平同志的理论和路线坚定不移地干下去,连续干上一百年,我们建设有中国特色社会主义的伟大目标就一定能够实现!

# 贯彻党的十四大精神
# 要讲唯物辩证法

（1992年11月）

当前，全市各级党组织按照党中央和中共上海市委的统一部署，正在认真学习和贯彻落实党的十四大精神。要把十四大精神学习好、贯彻落实好，一个很重要的问题是必须掌握唯物辩证法，切实做到按唯物辩证法办事。这是江泽民同志在党的十四届一中全会上向全党同志郑重提出来的一个重要思想方法问题，值得引起我们的高度重视。

江泽民同志指出："我们许多地方工作搞得好，就是因为掌握了唯物辩证法，比较能够用马克思主义的立场、观点、方法来认识问题、处理问题。为什么在思想认识上和实际工作中，会出现片面性、静止不变地看问题以及官僚主义、形式主义呢？一个重要原因，就是马克思主义的唯物辩证法还没有学到手。"为此，江泽民同志希望全党同志特别是领导干部都要在学习和掌握唯物辩证法方面下功夫。应当说，江泽民同志的这一番话是很有现实针对性的。这里且不说新中国成立以来，我们一些同志常常周而复始地犯片面性、绝对化、走极端的毛病，就是在当前学习十四大文件过程中，在一些同志的思想认识上也还是存在类似的问题。其中一个突出的表现是：一些同志在学习十四大文件有关社会主义市场经济体制的论述时，为了表达对发展社会主义市场经济新体制的认同和拥护，就把曾经的计划经济贬得一无是处，认为共产党也没有什么高明之处，搞了几十年计划经济，现在回过头来还不是要搞市场经济吗？早知今日，何必当初？甚至提出如果新中国成立伊始就搞市场经济，岂不是更好吗？这些想法、说法目前还比较流行。因此，很有必要运用唯物辩证法的观点，正确地分析和看待这一问题。

党的十四大关于建立社会主义市场经济新体制的决定，是我们全党思想观念上的一次新的解放，是我国经济体制改革中的一个重大突破，它无疑具有重大的理论意义和实践意义。但是我们在建立社会主义市场经济新体制过程中，要善于总结和吸取传统的计划经济体制的正反两方面的经验教训，而决不能全盘否定计划经济曾经起过的历史作用。

应该承认，十月革命胜利之初，苏联采用的高度集中的计划经济体制，在帝国主义包围下建设社会主义的斗争中曾经发挥过重大作用。在30年代，苏联就曾创造了举世瞩目的经济高速增长的成就，同当时处在严重危机和萧条之中的西方国家经济形成了鲜明对比。这种计划经济体制在我国也曾取得过引人注目的成就。新中国成立初期，我国面临的局面是：农业、手工业占国民经济的90%；现代工业基础十分薄弱，与西方国家相比至少落后一个世纪。再加上饱经战争创伤，外部又受到帝国主义的禁运、封锁和战争威胁；当时还存在着国民党统治时期遗留下来的恶性通货膨胀、投机活动猖獗、市场混乱等问题，经济生活中交织着多种尖锐复杂的矛盾，形势一度相当严峻。1950年年初，中央人民政府对财政经济工作实行统一管理，并采取了征收公粮、收购余粮、国有商业适时在市场上吞吐物资、保值储蓄等多种措施。在短短3年内，恶性通货膨胀就得到抑制，市场趋于平稳，国民经济得以迅速恢复。在第一个五年计划时期，我们党又依靠正在形成的计划经济体制，集中全国的财力、物力和人力，重点进行了以苏联援建的156项工程为主的经济建设，较快奠定了新中国工业化的初步基础。

还应当看到，新中国成立初期我国被迫采用高度集中的计划经济体制，这也是由当时多方面的主客观条件所决定的。一方面，新中国成立以后，我们对建立什么样的社会主义经济体制缺乏经验，当时唯一能借鉴的是苏联经验；另一方面，革命胜利以前的中国商品经济很不发达，小生产的基础极为深厚，物质基础相当薄弱，要在这样贫穷落后的基础上实现经济起飞、使全体人民共同富裕，需要投入巨额资金，需要大量原始积累。而当时的社会主义中国既不能用西方国家对外发动战争之类的办法去积累巨额资本，又因为当时中国被封锁，也不可能从其他国家借贷资本进行积累，只能采取计划经济体制下全民原始积累的办法，运用国家强有力的力量把全体人民创造的剩余劳动的全部甚至必要劳动的一部分统统集中起来，形成巨额资本积累和劳动积累。坚持这样做，既有效避免了西方资本主义原始积累过程中两极分化的局面，也有力保证了国家重点建设。

当然，随着经济发展规模的扩大和经济结构的多样化，在50年代初期和中期曾经起过重要作用的高度集中的计划经济体制，愈来愈不适应日趋复杂的社会生产力发展的需要，并且越来越暴露出决策失误增加、经济效率下降、企业技术进步缓慢、各种产品严重短缺等弊端。针对这些愈益凸显的弊端，党的十四大提出要建立社会主义市场经济新体制是完全必要的、非常及时的。但是，如果因为要发展社会主义市场经济，就全盘否定计划经济曾经起到过的上述历史作用则是有失偏颇的。而且即便是在发展社会主义市场经济条件下，国家必要的计划调控仍然是必不可少的。只是这种计划调控不是又简单地回到传统的计划经济体制下那种计划调控的老路上去，而是如同江泽民同志在十四大报告中提出的那样："要更新计划观念，改进计划方法，重点是合理确定国民经济和社会发展的战略目标，搞好经济发展预测、总量调控、重大结构与生产力布局规划，集中必要的财力物力进行重点建设，综合运用经济杠杆，促进经济更好更快地发展。"这里，又有许多唯物辩证法的道理，值得我们去细细琢磨。总之，学习和贯彻好十四大精神要讲唯物辩证法，这里举出的如何辩证看待计划经济的历史功过问题，只是为了说明这一观点的一个实例而已。

# 社会主义同市场经济不存在根本矛盾

（1992年11月）

党的十四大根据邓小平同志自改革开放以来的一贯思想，明确提出要把社会主义市场经济体制作为我国经济体制改革的目标。作为一个社会主义国家而又把市场经济作为自己所要重新选择的一种体制目标，其理论依据究竟何在呢？一言以蔽之，就是邓小平同志一再指出的社会主义和市场经济不存在根本矛盾。

## 一、计划经济不等于社会主义 市场经济不等于资本主义

长期以来，传统观念一直认为市场经济与计划经济都属于社会制度的范畴，市场经济是资本主义所独有的，而计划经济则是社会主义经济的基本特征。因此，传统观念又一直认为社会主义必须实行计划经济，而排斥市场经济。这样的观念虽然有一定的历史由来和理论依据，却没有能够经受住长期全面的历史检验。一个最明显的实例是，一些长期坚持高度集中的计划经济旧体制的原社会主义国家，从70年代中期开始先后陷入慢性危机，80年代后期当经济和政治的封闭状态被突破以后，制度解体的过程便接踵而至，有的甚至在短短几个月内就红旗落地、政权易手。我国也从50年代中期到70年代末期，出现了整整20年的经济缓慢发展和停滞状态，反映到人民生活上，就是那20年间改善很少。

问题究竟出在什么地方？邓小平同志以实事求是、一切从实际出发的精神，总结了我国社会主义建设的历史经验，并对苏联和东欧社会主义国家先是僵化停滞，尔后动荡瓦解的历史经验进行了观察、比较、研究和借鉴，发

现问题的症结就出在经济体制的选择上。他在改革开放的初始阶段便一再提出政策的重新选择和体制的重新构建问题。政策的重新选择，中心点就是要“从以阶级斗争为纲转到以发展生产力为中心，从封闭转到开放，从固守成规转到各方面的改革”，此外，当然还包括不断地选择和重新选择各种具体的政策，比如城乡改革的基本经济政策，尊重知识、尊重人才的政策，“一国两制”的政策，等等。而体制的重新构建，说到底，就是要在社会主义基础上，把市场经济采纳过来。为此，从 1979 年 11 月到 1992 年春视察南方期间，邓小平同志就社会主义也可以搞市场经济的问题先后作了 11 次重要论述。这些论述的侧重点和中心点，就在于一以贯之地反复强调和重申了“社会主义和市场经济不存在根本矛盾”这一马克思主义的崭新观点。

直到 1992 年在南方谈话中提出了“计划经济不等于社会主义，资本主义也有计划；市场经济不等于资本主义，社会主义也有市场”这“两个不等于”的著名论断，对长期困扰国人、一直争论不已、阻碍我们前进的市场经济是不是必然姓“资”，以及与此相连的社会主义可不可以搞市场经济的问题，作了一个清楚明白、透彻精辟的总回答，从而为党的十四大确立社会主义市场经济的目标奠定了理论基础，也为搞活社会主义经济明确了方向和思路。

为什么说社会主义和市场经济不存在根本矛盾呢？换言之，我们应该怎样完整地准确地理解邓小平同志关于“社会主义和市场经济不存在根本矛盾”的科学论断呢？

首先，在邓小平同志看来，计划和市场只是一种手段和方法，即计划经济和市场经济只是一种也具体的经济体制和运行机制。社会主义采用市场经济这种手段、方法和体制、机制，是在经济体制这个层次上，而不是在基本制度这个层次上来一个质的变化，从这个意义讲，市场经济和社会主义当然是不存在根本矛盾的。邓小平同志反复强调：“我们必须从理论上搞懂，资本主义与社会主义的区分不在于是计划还是市场这样的问题。”计划和市场“两者都是手段，市场也可以为社会主义服务”。他的这些精辟论述，启发人们从资源配置这一经济学基本观点去重新看待计划与市场的关系。

其次，说社会主义和市场经济不存在根本矛盾，是因为采用市场经济这种资源配置方式，有利于解放生产力和发展生产力，而这同社会主义本质要求是相符合的。邓小平同志指出，社会主义的本质就是解放生产力，发展生产力，消灭剥削，消除两极分化，最终达到共同富裕。他把解放和发展生产力置于社会主义本质的首位，这就坚持和恢复了马克思主义的历史唯物论。过去，在我们的教科书中，在我们的理论教育和宣传中通常都没有把生产力列入社会主义本质的范畴，或者没有突出它在社会主义本质中的地位。邓小平同志强调必须从解放和发展生产力的角度来科学地理解社会主义的本质，把生产力提到前所未有的高度，同时又把生产力与生产关系、生产力与社会关系更加紧密地联系起来。在马克思主义发展史上，这是对社会主义本质的最全面的认识和概括。探索社会主义对市场经济究竟应该采取什么态度？在我国计划经济体制在新中国成立以后的历史上曾经发挥过积极作用，以后愈来愈不适应日趋复杂的社会生产力发展需要，其弊端越来越明显地暴露出来，使本来应当生机盎然的社会主义经济愈来愈失去活力、被证明已严重阻碍社会生产力发展的情况下，可不可以在社会主义基础上把市场经济采纳过来，以增强社会主义经济的效率和活力呢？邓小平同志开辟马克思主义理论新境界的勇气，在这个问题上鲜明地表现出来了。他反复强调，只搞计划经济会束缚生产力的发展，把计划经济和市场经济结合起来，就更能解放生产力，加速经济发展。可见，他对市场经济的态度，决不是出于什么个人的偏爱，而是着眼于我国社会主义社会生产力的解放和发展，着眼于社会主义国家综合国力的增强，着眼于中国人民生活水平的提高。正是从这个根本立场出发，他要求我们遵循解放思想，实事求是，以实践作为检验真理的唯一标准的思想路线，坚持生产力标准、“三个有利于”的标准，按照这样的思想路线和判断标准，来解决和衡量包括市场经济问题在内的各种政策。

第三，说社会主义和市场经济不存在根本矛盾，还因为搞社会主义市场经济就可以既实现公平又提高效率，从而最终使社会主义赢得同资本主义相比较的优越性。近一个世纪的历史发展已经表明，社会主义制度有利于解决社会公正和公平，但相对资本主义制度而言，比较缺乏效率；资本主义制度无法从根本上解决社会公平问题，但是它效率一般都比较高。而社会主义要最终战胜资本主义必须创造出比资本主义更高的劳动生产率，即在保持社会公平的同时，要大幅度地提高效率。近年来发生了苏联解体、东欧剧变，这些社会主义国家的崩溃，最根本的原因是它们在同西方资本主义国家的和平经济竞赛中吃了败仗，没有创造出比资本主义更高的劳动生产率。

邓小平同志在总结这些经验教训的基础上，提出要搞社会主义市场经济，正是为了既实现公平又提高效率，从而更加充分地发挥社会主义同资本主义相比较的优越性。

## 二、从计划经济到市场经济的探索与实践

邓小平同志曾不止一次地说过，改革开放是中国发展生产力、实现现代化的必由之路，只能放、不能收。这十多年来，我国国民经济为什么能够从“文化大革命”期间濒临崩溃边缘的困境中走出来？为什么能够在十多年中总的来说始终以位于世界前列的较高速度持续发展？为什么能够形成今天这样一种商品供应日益丰足和人民收入不断提高的局面？我国社会主义制度在苏联解体、东欧剧变的情况下，为什么能够经受住国际政治风云变幻的严峻考验，一直保持稳定并得到不断巩固，岿然屹立在世界的东方？原因当然是多方面的。但是，从党的十一届三中全会以来，我们坚持对高度集中的僵化的计划经济体制实行改革，大胆引入市场机制，搞活了经济，促进了社会生产力的发展和人民生活的改善，从而增强了综合国力和社会主义凝聚力，这不能不说是一条根本性的原因。

党的十一届三中全会以来，我国挣脱高度集中的计划经济体制束缚、解放和发展生产力的实践过程，归结起来主要是搞两个开放，一个是对外开放，一个是对内开放。对外开放就是敞开国门，使我国经济进入国际市场，同时有条件地允许国外境外资本进入；对内开放就是打破城乡隔绝和地区封锁，让人流、物流、资金流、信息流在全国城乡充分流动起来，造就统一的社会主义大市场。改革首先从农村开始。农村家庭联产承包责任制的出现和推广，使9亿农民自合作化以来第一次获得了生产经营自主权，继之而起的农副产品价格和流通的逐步放开搞活，冲破了统购包销的计划经济体制束缚，使农户成为农村市场的主体乃至在一定程度上进入全国的直至国际的市场，那种僵化的计划经济模式就这样首先从农村被打开了缺口，从而朝着商品经济也就是市场经济迈出了决定性的一步。农民群众对此深有体会。他们说，土地改革是生产力的第一次大解放，家庭联产承包责任制是生产力的第二次大解放，价格和市场放开是生产力的第三次大解放。农村经济的迅猛发展又促进了乡镇企业异军突起，乡镇企业是在普遍实行家庭联

产承包责任制以后，逐渐从农业中分离出来的。从全国看，大部分农产品至今仍然是农民自己消费的，而乡镇企业的产品则几乎全部是按市场需求生产的。它们没有国家投资，是农民自己靠集资和贷款办起来的，因而也就很少受到条条框框的束缚，它们一开始就参与市场竞争，在市场竞争中求生存求发展，同时又反过来拓展了市场容量，推动了包括原材料、产成品、资金、劳务、技术和信息等在内的各种市场的萌芽、形成和壮大，促进了各种生产要素在城乡之间的广泛流动，如农民进城搞劳务，技术人员下乡搞承包，等等。其结果导致了城乡互开“城门”与“寨门”，各种生产要素向着城乡通开的一体化方向发展，这个过程至今还没有完结。

我国改革开放初期经中央批准创办经济特区的试验，是冲破计划经济体制束缚的又一个突破口。为什么我国东南沿海这十多年发展比全国快，同为沿海，广东又比上海发展得更快呢？原因就在于改革开放以来，中央首先批准在广东和福建毗邻港澳台的地区率先创办经济特区，并且明确赋予经济特区以灵活措施、特殊政策，率先让市场机制在特区发挥主要调节作用，放手发展市场经济，于是建筑市场、劳务市场、技术市场、资金和外汇调剂市场等等便在经济特区蓬勃发展起来，并对内地产生了强大的示范、辐射和梯度推动作用。在兴办经济特区取得成功之后，国家又相继开放沿海十几个城市，在长江三角洲、珠江三角洲、闽东南地区、环渤海地区开辟经济开放区，批准海南建省并成为经济特区，此后在1990年又批准开发开放上海浦东新区，使我国市场经济的新的“生长点”逐步扩大，连成一片，形成了总数达两亿人口的沿海开放地带，有力推动了国内市场的发展以及国内市场与国际市场的互补互接。

此外，还有城乡广泛的个体经济和相当数量的民营经济的发展，以及多种形式的外商投资企业的发展。这些经济成分作为社会主义公有制经济的补充，对搞活经济总的来说都是有重要贡献的。而这些经济成分的活力，都是同市场经济相联系的。这些经济成分是在作为公有制经济为主体的“体制外”发育和生长起来的。

至于作为我国社会主义经济骨干的国有大中型企业，由于它们在旧体制下承担的各种包袱比较重，实行体制转换的难度比较大，许多企业至今还困难重重，但总的来说，国家也正在一步一步地对它们实行放开搞活。从放权让利到企业承包，从两步“利改税”到转换企业经营机制，正在使越来越多的国有大中型企业向着成为独立的法人实体和市场主体的路上迅跑，其中一部分率先走向市场的国有大中型企业，目前已走出困境，取得了引人注目的发展。

总之，我国经济体制改革的路子，从一定意义上说，就是市场一步步放开的路子，一直到确认市场要在资源配置中起基础性作用，即确认社会主义市场经济新体制。全国城乡大量的事实说明，凡是市场作用发挥得比较充分的地方，经济的活力就比较强，经济增长就比较快，经济效益就比较好，人民生活改善的幅度就比较大。这一切，都充分证明了市场经济体制的旺盛生命力。可以这样说，没有这十多年市场取向的改革所取得的巨大成效，就不会有建立社会主义市场经济新体制的共识和抉择。

党的十四大根据邓小平同志自改革开放以来的一贯思想，明确提出建立和完善社会主义市场经济体制的改革目标，这是理论上的又一重大突破，是对有计划的商品经济的继承和发展。说它继承，是因为商品经济和市场经济是不可分的，社会分工和生产资料属于不同利益主体，是市场经济也是商品经济存在的基础。商品经济发展到了高级阶段就是市场经济。说它发展，是因为社会主义市场经济比有计划的商品经济的提法更科学，在理论上更彻底。

总之，社会主义市场经济的提出，使我们党和国家得以一举摆脱市场经济姓“社”还是姓“资”的观念缠绕，可以在没有任何思想顾虑和障碍的情况下，义无反顾而又方向一致地大胆推进各项深层次的市场取向的改革，进一步解放和发展生产力。它的现实意义和长远历史意义将越来越深刻地显示出来。

## 三、建立和完善社会主义市场经济体制

党的十四届三中全会在十四大确立的社会主义市场经济目标模式基础上，进一步勾画了社会主义市场经济的蓝图和基本框架，并明确指出：建立社会主义市场经济体制，就是要使市场在国家宏观调控下，对资源配置起基础性作用。这一人类历史上崭新的体制是同社会主义基本制度结合在一起的。它在政治上坚持共产党和人民政府的领导，在经济上坚持以公有制和按劳分配为主体，在思想文化上坚持个人利益和集体利益、国家利益相结合

的价值观念,因此社会主义市场经济完全可以比资本主义市场经济运行得更好、更有成效。

我国社会主义市场经济体制的宏伟大厦由市场体系、宏观调控体系、现代企业制度、收入分配制度和社会保障制度这五大支柱共同构成。

建立现代企业制度是构建社会主义市场经济体制的中心环节,它解决了社会主义国有经济的具体实现形式问题。邓小平同志非常重视企业改革,他强调,“企业改革,主要是解决搞活国有大中型企业的问题”。前几年,我们实行两权分离,扩大企业自主权和转换企业经营机制等改革措施,为企业进入市场奠定了初步基础;现在,我们建立现代企业制度,深化国有企业改革,解决企业产权明晰化问题,强调产权主体要多元化,明确企业拥有法人财产权,具体形式是有限责任公司、股份有限公司等,解决政企不分和干预企业经营问题,在此基础上实现企业真正自主经营、自负盈亏,这就为市场主体的形成创造了条件。

培育和发展市场体系,形成统一、开放、竞争、有序的社会主义大市场,才能充分发挥市场机制在资源配置中的基础性作用。根据国际经济发展的经验和我国的特点,培育和发展金融市场、劳动市场、房地产市场、技术市场和信息市场等生产要素市场是市场体系建设的重点。我们要按照邓小平同志关于“金融很重要,是现代经济的核心”,“要把银行真正办成银行”的要求,加快发展和完善以银行融资为主的金融市场,这是建设社会主义市场经济体制的一项重要工程。

发展社会主义市场经济,并不是崇拜市场的自发性,而不要任何宏观调控。健全的宏观调控体系,是市场经济体制的一般要求,更是社会主义市场经济体制的重要组成部分。邓小平同志一贯强调,在建立社会主义市场经济体制过程中,“宏观管理要体现在中央说话能够算数”,“过去我们是穷管,现在不同了,是走向小康社会的宏观管理”。前些年,我国宏观调控体制改革的相对滞后,影响了统一的现代大市场的建立,影响了国家对市场活动的宏观指导和调控。现在,我们形成了通过财税体制、金融体制改革以建立现代宏观调控体系的思路,这是建立社会主义市场经济体制的又一重要突破,它为规范市场秩序提供了保证。

建设社会主义市场经济体制,是服从和服务于“为人民服务”这个根本宗旨的。为了妥善解决好在深化改革中出现的各种利益矛盾,保持社会稳定,顺利建立社会主义市场经济体制,我们不仅要鼓励先进、刺激效率、合理拉开收入差距,还要按照效率优先、兼顾公平的原则,努力缓解社会分配不公,建立多层次的社会保障制度,为城乡居民提供同我国国情相适应的社会保障。

到 20 世纪末初步建立起社会主义市场经济体制,是新时期的伟大历史任务,也是一项前无古人的开创性事业。它涉及经济基础和上层建筑的许多领域,是一场触及思想解放、观念更新、利益调整、制度创新的深刻革命。因此,在推进社会主义市场经济体制建设的过程中,要特别注意处理好改革、发展、稳定的关系。发展需要改革,改革才能发展,改革和发展都离不开稳定。我们党和国家有科学理论的指导,有坚强的领导核心,加上亿万人民群众的自觉参与,建立社会主义市场经济新体制的宏伟目标一定能够实现。

# 始终高奏改革主旋律
# 坚持以改革促发展

（1993年1月23日）

猴年已乘祥云去，鸡年报晓迎春来。在一片欢乐祥和、国泰民安的氛围中，我们告别了壬申旧岁，迎来了癸酉新年。在这辞旧迎新之际，我们稍作一番回顾与前瞻，就可以更加深切地认识到，要继续发展1992年邓小平同志南方谈话和党的十四大以来，举国上下千帆竞发、百舸争流的大好形势，关键就在于必须始终坚持改革这个主旋律，坚持以改革促发展。

改革与发展，这是邓小平同志去年南方谈话的主旋律，也是猴年神州大地的最强音。有道是“东风起岁首，神州满园春”。在邓小平同志关于要抓住有利时机，加快改革开放步伐，集中精力把经济建设搞上去的讲话精神指引下，改革大潮涌起，人民意气风发，发展步伐加快。上海人民在邓小平同志去岁今日关于上海要“一年变个样，三年大变样”的殷切期望激励下，猴年奋起，惊人一跃，实现了“思想大解放，改革大突破，经济大跨越”：1992年，全市国民生产总值增长率突破14%，比80年代平均速度翻了一番，浦西旧城改造走出了成片批租新路子，浦东新区出现了“万商云集”新气象，全市引进外资仅去年一年就超过了前12年的总和。

经济上台阶，开放在扩大，改革上档次，特别是企业改革在过去一年全面驶入“快车道”，商品市场、要素市场迅猛崛起，“两级政府、两级管理”的管理体制改革方兴未艾。1300万上海人民以深化改革、扩大开放和加快发展的实际行动，把邓小平同志去年视察上海时提出的上海“目前完全有条件搞得更快一点”的预言，初步变成了现实。

1993年是大步跨入社会主义市场经济新体制的奋进年，是加快改革开放和经济建设步伐、实现第八个五年计划的关键年。早在去年岁末，从党中央、国务院就频频传来这样的信息：新的一年里，“我们要继续在改革上下功夫，通过改革来推动经济发展”。“希望各级领导在新的一年里把领导精力更多地放到改革上面来”。癸酉新年，我们必须在经济工作中突出改革这个主旋律，抓住调整结构和提高效益这个重点，坚持以改革促发展。

过去14年的经验表明，发展离不开改革，改革才能促进发展。党的十一届三中全会以来，我们国家综合国力上了一个新台阶，国民生产总值提前两年翻了一番，为到20世纪末翻两番打下了良好基础。如果不改革，这一切能做到吗？邓小平同志说过，第一个翻番，农村改革起了决定性作用，第二个翻番要靠城市改革。城市改革做得好，可以为20世纪甚至21世纪前30年到50年打下长期、持续、稳定发展的物质基础。正因为如此，邓小平同志一再提醒我们：改革开放放弃不得。照过去的老框框做，肯定达不到我们的战略目标。去年，邓小平同志在南方谈话中，进一步从理论上阐明了改革与发展的关系。他强调：革命是解放生产力，改革也是解放生产力。过去，只讲在社会主义条件下发展生产力，没有讲还要通过改革解放生产力，不完全。应该把解放生产力和发展生产力两个讲全了。显然，发展生产力的前提是解放生产力，因此，必须始终把经济体制改革和经济发展联系起来。80年代正反两方面经验启迪我们：如果不坚持以改革促发展，放松改革，单纯抓速度、只顾上项目，即使速度一时上去了也不会持久。而且经济生活中那些长期困扰我们的深层次问题必须妥善解决，改革和发展中一系列新的课题必须及时探索，以避免由经济发展的波动而引发的挫折。要坚持解放思想、实事求是，多用点辩证法，减少片面性。对改革开放和经济建设既要有紧迫感，又要讲科学性；既要立足本职，又要放眼全局；既要有开创性，又要有预见性；既要有雄心壮志，又要脚踏实地。处理好速度与结构、效益之间的关系，把发展中出现的问题解决在萌芽状态，才能把干部群众高涨的积极性引导好、发挥好、保护好，才能巩固和发展改革开放和经济发展的好势头。

江泽民同志指出，加快经济的发展，几年上一个台阶，关键是建立有效的经济管理体制和良好的运行机制。在新的一年里，我们一定要不失时机地推进改革、深化改革，以此来更好地促进今年经济的发展。上海作为90年代全国改革开放和现代化建设的“龙头”，要更高地举起改革开放这面旗帜，扎扎实实地在改革上求得新的突破，努力在建立社会主义市场经济新体制，推进企业、市场、政府机构“三位一体”的改革中率先迈出新步伐。要深化企业改革,使国有企业的经营机制转换尽快与国际惯例接轨,逐步实现企业法人化;要加快流通体制改革,率先按国际规范完善商品市场、要素市场和产权市场,逐步实现经济运行市场化;要积极推进政府机构改革,率先转换政府机构职能,加强宏观经济管理,逐步实现政府管理的间接化;要率先形成包括待业、养老及医疗在内的社会保障体系,实现职工福利社会化。同时,还要继续扩大对内对外的开放领域和开放方式,进一步充分利用国内外两个市场、两种资源和两种资金,在市场化的基础上加速走向国际化。

我们相信,在邓小平同志南方谈话和十四大精神鼓舞下,在猴年实现了惊人一跃的上海人和上海城,一定能在鸡年闻鸡起舞,引吭高歌,谱写出加快改革开放和经济发展的华彩乐章!

# 热烈庆贺《邓小平文选》第三卷出版发行

（1993年11月）

《邓小平文选》第三卷正式出版发行了，这是我们党和国家政治生活中的一件大事。党中央号召全党全国人民，要以高度的政治热情和严谨的科学态度，把认真学习《邓小平文选》第三卷这件大事认真抓好，把学习运动扎扎实实地开展起来，坚持下去，用邓小平建设有中国特色社会主义理论武装全党，推动改革开放和社会主义现代化建设不断向前发展。

邓小平建设有中国特色社会主义的理论是当代中国的马克思主义。这一理论是在马克思主义基本原理与中国实际相结合过程中产生和发展起来的，是在改革开放这场新的伟大革命的全新实践中提炼和概括出来的。邓小平建设有中国特色社会主义理论，实现了马克思主义中国化进程中的第二次历史性飞跃。《邓小平文选》第三卷，即1982—1992年卷，连同10年前出版的第二卷，即1975—1982年卷，就是这一理论形成和发展的集中体现，是我们党领导的改革开放和社会主义现代化建设这场新的革命的光辉记录，是继续推进我们伟大事业的科学指南。这一理论来自实践又高于实践，在实践中产生并经受了检验。它为我们进一步用建设有中国特色社会主义的理论武装全党，教育干部和人民，提供了最好的教材和最有力的武器。

我们这样一个11亿人口的大国、这样一个5000多万党员的大党，所从事的又是一个伟大的改革建设事业，如果没有一个统一的科学理论作指导，没有一条贯通全局和各方面工作的正确路线来指引，要取得成功是不可想象的。有了正确理论和路线，如果没有被全党所认识、理解和掌握，没有化为各级领导和广大党员的自觉行动，要取得胜利和成功同样是不可想象的。

根据中共中央关于学习《邓小平文选》第三卷的决定和江泽民同志在

学习《邓小平文选》第三卷报告会上的讲话精神，我们在学习过程中，要紧紧围绕五个方面的内容来提高认识、统一思想。这就是要紧紧抓住和深入领会解放思想、实事求是的思想路线；紧紧抓住和深入领会关于社会主义本质的科学论断和“一个中心、两个基本点”的基本路线；紧紧抓住和深入领会把握时机发展自己、分“三步走”基本实现现代化的战略任务；紧紧抓住和深入领会一系列“两手抓，两手都要硬”的基本方针；紧紧抓住和深入领会维护国家的独立和主权、发扬民族自尊心自信心、致力于振兴中华的爱国主义精神。应当看到，这五个方面的内容同十四大报告概括的建设有中国特色社会主义理论体系的九条是一致的，应当把这五个方面同这九条结合起来学习；同时，对于各级领导干部来说，还要把学习邓小平同志的创新理论同学习他的革命风格结合起来，像他那样尊重实践、尊重群众，胸襟开阔，通观全局，勇于创新，开拓前进。

为了使这项学习真正达到武装思想、统一思想的要求，必须发扬理论联系实际的马克思主义学风，紧密结合当前的形势和任务，学以致用，澄清各种模糊认识，切实提高理论素养和政治水平；提高贯彻党的基本理论和基本路线的自觉性、坚定性；提高解决实际问题、复杂问题的能力，增强工作中的原则性、系统性、预见性和创造性。

10 年前，《邓小平文选》第二卷的出版，曾经对于指导和推动我国改革开放和社会主义现代化建设事业，统一全党思想，起了重要作用。现在，《邓小平文选》第三卷的出版发行和全党范围的学习研读，必将进一步推动全党提高认识，统一思想，坚定信念，增强团结，扎实工作，满怀信心地去夺取改革开放和社会主义建设事业的新胜利。

# 贯穿《邓小平文选》第三卷的“四个搞清楚”*

（1993年11月12日）

潜心研读《邓小平文选》第三卷，我们有一个非常强烈的印象，这就是：邓小平同志在这本著作集里所论及的问题，不论是着眼现在还是放眼未来，也不论是立足中国还是面向世界，都不是从小的角度讲的，而是从大局讲的，并且又都是从政治角度讲的，所以处处显得大气磅礴、高屋建瓴。而作为贯通全书的这种从大局上讲、从政治上讲的主要的基本理论和实践问题，可以说就是“四个搞清楚”，即，搞清楚什么是当代世界的主题、中国在当今世界应当如何自处，搞清楚什么是社会主义、怎样建设社会主义，搞清楚什么是资本主义、如何对待资本主义，搞清楚什么是马克思主义、怎样才是真正坚持马克思主义。这“四个搞清楚”，是邓小平同志在改革开放和社会主义现代化建设这一全新的事业中，进行理论反思、理论探索和理论创造的基本内容，也是涵盖新一卷《邓小平文选》的一条贯穿线索。紧紧抓住这条线索，就可以全面、系统地把握新一卷《邓小平文选》的思维轨迹及其内在联系，就可以学到邓小平同志在创立建设有中国特色社会主义理论这一当代中国马克思主义过程中，所依凭的基本立场、主要观点和全新方法。

## 一、搞清楚什么是当代世界的主题、中国在当今世界应当如何自处，为制定一心一意搞建设的方针和奉行独立自主的和平外交政策奠定了理论基础

对时代主题的正确认识和敏锐把握，从来都是一个马克思主义政党正

* 本文原载1993年11月12日《解放日报》。

确制定自己的路线、方针、政策、策略的主要依据。而时代的历史条件是客观的、发展的,这种客观发展要正确地反映到人们的主观认识上来,才能为人们所把握。较长一个时期以来,我们在对时代主题的认识和把握上发生了某些偏差,这是同固守某些理论观点和传统观念,形而上学地对待关于帝国主义时代"战争是绝对不可避免"的论断,而看不到时代历史条件的发展变化分不开的。认识上的偏差导致了决策上的失误。从 60 年代中期到 70 年代初,我们国内的一切工作实际上是围绕着"要准备打仗"和立足于战争"早打""大打"来进行的,这样就不可避免地分散了精力,延误了经济建设的时机。

党的十一届三中全会前后,邓小平同志在思考党的工作重心转移的同时,就开始了对时代主题的重新审视、重新估量和重新判断。70 年代中期,他发挥了毛泽东同志关于"三个世界"划分的科学理论,提出"延缓世界大战是可能的"主要论断;从 80 年代初开始,他又敏锐地抓住了国际社会的主要矛盾已集中表现为和平问题(即"东西"问题)、发展问题(即"南北"问题)的新情况、新变化,提出"争取较长期的和平是可能的,战争是可以避免的"论断,并进而从中概括出"和平与发展是当今世界的两大主题"的精辟论断。正是根据这样一个判断,我们党及时调整了自己的对内方针和对外政策。后来,邓小平同志在谈到这个问题时说过:"我们多年来一直强调战争的危险,十一届三中全会前后,我们重新估量了国际局势,改变了过去认为战争不可避免的观点。以前总是担心打仗,每年总要说一次。现在看,担心得过分了,争取较长期的和平国际环境是可能的。""一九七八年我们制定一心一意搞建设的方针,就是建立在这样一个判断上的。"80 年代末 90 年代初,面对国际风云的急剧变幻和世界格局的重大变化,人们一度对世界主题的认识感到迷茫和困惑,针对这一情况,1992 年春天,邓小平同志在南方谈话中,又一次指出:"世界和平与发展这两大问题,至今一个也没有解决。"这就是说,虽然世界依旧很不安宁,但无论如何,和平与发展仍是当代世界的两大主题。

在搞清楚了当代世界主题的基础上,邓小平同志在他的文选第三卷中,提出了顺应和平发展这一时代主题的内政外交纲领,即:对外,要维护和平,善于自处;对内,要抓住时机,发展自己。并把它高度概括为:"主张和平的社会主义","不断发展生产力的社会主义"。

所谓“主张和平的社会主义”，就是坚持独立自主的和平外交政策，反对霸权主义和强权政治，为我们一心一意搞建设争取较长时期的国际和平环境，为我国全方位的对外开放打开更宽阔的局面。邓小平同志一再强调：“中国对外政策的目标是争取世界和平”，“谁搞和平，我们就拥护；谁搞战争和霸权，我们就反对”。

“我们真正在乎的是有一个好的环境来发展自己”。因此，他一再要求全党全国人民在世界上要善于自处、不做附庸，也不搞霸权；不示弱，也不逞强；不怕谁，也不惹谁；不当头，也不低头；不自吹，也不自卑。同时更加明确了我们党和国家的对外政策必须为国内的经济建设服务的基本方针，这很突出地表现在邓小平同志提出的用和平方式解决争端的新构想上，这就是闻名世界的“一国两制”“共同开发”。在国际局势剧变中，邓小平同志又要求我们稳住阵脚，沉着应付，“冷静、冷静、再冷静，埋头实干，做好一件事，我们自己的事”。这一自处之道使我们“任凭风浪起，稳坐钓鱼台”，不受干扰，不为所动。

所谓“不断发展生产力的社会主义”，就是要求我们充分利用国际社会东西方之间的缓和或和平有利于我们的建设与开放，南北方之间解决发展问题也有利于我们的建设与开放这一千载难逢的历史机遇，加快发展自己。这是因为，和平发展的国际环境为国际社会的每一个成员提供了同样的发展机遇，而现在周边国家“兴致很高，有可能走到我们前面。我们也在发展，但与他们比较起来，我们人口多，世界市场被别的国家占去了，我们面临着这么一个压力”，“过去我们比上不足、比下有余，现在比下也有问题了”。“如果我们不发展或发展太慢，老百姓一比较就会有问题了”。正是这种强烈的时代紧迫感和历史责任感，促使邓小平同志从改革开放以来一再强调翻两番、加快发展速度的问题。他语重心长地说：“使我们真正睡不着觉的恐怕长期是这个问题，至少十年。中国能不能顶住霸权主义、强权政治的压力，坚持我们的社会主义制度，关键就看能不能争得较快的增长速度，实现我们的发展战略”，“只要我们争得了这一条，就稳如泰山”。邓小平同志还一再强调：“贫穷不是社会主义，发展太慢也不是社会主义。”强调发展是中国人民的要求，也是世界人民特别是占人类五分之四的不发达国家人民的要求。中国共产党把握住这一点，就把握住了民族的愿望，也把握住了中国对人类的责任。“发展是硬道理”，原来硬就硬在这里啊！

难道我们不应当在正确认识这个时代主题，并在抓住机遇、用好机遇、珍惜机遇，又快又好地发展自己这个关系中华民族前途命运的问题上，尽快统一思想、达成共识吗？这个已经搞清楚了的关于时代主题与发展课题的正确判断，难道不也应当列入“一百年不变”的范畴吗?!

## 二、搞清楚什么是社会主义、怎样建设社会主义，为我们认识社会主义本质、找到建设有中国特色社会主义的发展道路提供了理论指导

《邓小平文选》第三卷有二十多处谈到对什么是社会主义、怎样建设社会主义的问题，我们“没有完全搞清楚”，认识“不是完全清醒的”；“我们的经验教训有许多条，最重要的一条，就是要搞清楚这个问题”。

邓小平同志还以他一贯的世界眼光一针见血地指出：“社会主义是个什么样子，苏联搞了很多年，也并没有完全搞清楚。”在党的十三大前夕，邓小平同志曾明确提出这样的要求，“十三大报告要在理论上阐述什么是社会主义，讲清楚我们的改革是不是社会主义”。可见，如同毛泽东同志当年把搞清楚“谁是我们的敌人，谁是我们的朋友”作为“中国革命的首要问题”一样，邓小平同志是把搞清楚什么是社会主义、怎样建设社会主义，作为社会主义建设时期进行改革开放的第二次革命的首要问题来对待和看待的。其原因，江泽民同志说得很明白：我国社会主义在改革开放前所经历的曲折与失误，归根到底就在于对这个问题没有完全搞清楚；改革开放以来，在前进中遇到的一些犹疑和困惑，归根到底也在于对这个问题没有完全搞清楚。原来，这就是我们党和国家过去失误的要害之所在啊，也是我们党在十一届三中全会之后找到正确道路的关键之所在啊。

毫无疑问，邓小平同志要求我们搞清楚什么是社会主义、怎样建设社会主义，前提是坚持社会主义，目的是为了更好地建设社会主义，巩固、发展和完善社会主义。其原因很简单：“为社会主义、共产主义而奋斗，这是我们马克思主义者过去闹革命的最大目标和崇高理想”。今天我们也仍然认定：“中国搞现代化，只能靠社会主义，不能靠资本主义。”正是因为“只有社会主义才能救中国，只有社会主义才能发展中国”，所以，我们不会容忍有的人反对社会主义，对于我们来说，真正的问题在于社会主义到底怎么坚

持，“是坚持那种不能摆脱贫穷落后状态的政策，还是在坚持四项原则的基础上选择好的政策，使社会生产力得到比较快的发展”。邓小平同志一再强调我们坚持社会主义，“我们要建设的是具有中国特色的社会主义”，其寓意、其深意就在于此！

所以，这在本质上是一个政策选择的问题，根本不发生制度选择的问题。因为制度选择的问题早已历史地解决了。

应当指出，邓小平同志要求我们搞清楚的什么是社会主义、怎样建设社会主义，在词义上和内涵上都不是同义反复，“什么是”所要探求的是社会主义的本质问题，“怎样建设”所要寻找的是社会主义的发展道路问题。

忽视了其中任何一条，都不可能正确地回答和解决建设社会主义，巩固、发展和完善社会主义的问题。从历史的经验看，搞清楚前一个问题或许更为关键，因为本质不清则道路不明。比如，毛泽东同志也曾经勇敢地提出，要以苏联的经验为鉴戒，独立自主地探索适合我国国情的社会主义建设道路的任务，就是说，在“怎样建设”上，他老人家也曾下过一番艰难求索的功夫。但是，为什么他对道路的探索没有成功反而“走入歧途”呢？原因恰恰在于他对于什么是社会主义的本质问题没有真正搞清楚，在固守那些并不属于社会主义本质的形式、手段、方法及与之相应的传统观念的情况下，自然不可能找到建设、巩固、发展和完善社会主义的正确道路。所以，要从理论和实践的结合上搞清楚这个首要的基本的理论问题，必须把“本质论”与“道路论”联系起来加以思考。

同样应当注意的是，在“本质论”与“道路论”之间，有一个中间环节，叫作“够格论”。这就是邓小平同志在 1987 年 4 月的一次重要谈话中说过的一段相当著名、相当精彩的话：“我们坚持社会主义，要建设对资本主义具有优越性的社会主义，首先必须摆脱贫穷。现在虽说我们也在搞社会主义，但事实上不够格。只有到了下世纪中叶，达到了中等发达国家的水平，才能说真的搞了社会主义，才能理直气壮地说社会主义优于资本主义。”此后，邓小平同志又多次说过“才是真正搞了社会主义”，“才能证明社会主义真正优越于资本主义”这样的话。很显然，邓小平同志科学地、精确地区分了社会主义制度的先进性、社会主义与资本主义相比较的优越性这两个概念。以往，我们总是自觉或不自觉地把这两者看作一回事，把社会主义优越性看成是先验存在的东西，而邓小平同志则认为，这两者并不完全是一回事：社会主义制度优越于资本主义制度，“首先要表现在经济发展的速度和效果方面。没有这一条，再吹牛也没有用”。他还说过：“占全国人口百分之八十的农民连温饱都没有保障，怎么能体现社会主义优越性呢?”这就是说，社会主义同资本主义相比较的优越性，是要作为过程、作为结果表现出来的，而这个过程和结果，就是要在中国共产党领导下，调动亿万中国人民的积极性，创造出更高更发达的生产力，从而使跨越了资本主义“卡夫丁峡谷”、生产力发展先天不足的社会主义，在现代化运动中赶上并超过资本主义。邓小平同志对这个“主义”的问题是相当在意的。他说，我们党和国家“要经过若干年努力，体现出社会主义的优越性，体现出我们走社会主义道路走得对”，“只要历史证明中国社会主义制度的优越性就够了”。

正是用“够格论”作为度量器，以中国自己的经验和国际的比较作为参照系，经过党的十一届三中全会以来十五年艰辛的理论探索和“摸着石头过河”的实践摸索，邓小平同志从“不是什么”和“是什么”这样正反两个方面，科学地揭示出了社会主义的本质，并在此基础上，找到了中国特色社会主义发展道路。邓小平同志指出，贫穷不是社会主义，发展太慢也不是社会主义；平均主义不是社会主义，两极分化也不是社会主义；僵化封闭不能发展社会主义，照搬外国也不能发展社会主义；没有民主就没有社会主义，没有法制也没有社会主义；不重视物质文明搞不好社会主义，不重视精神文明也搞不好社会主义。他还从社会主义所担负的历史使命出发，反复强调，“社会主义的原则，第一是发展生产，第二是共同富裕”，“在改革中，我们始终坚持两条基本原则：一是公有制始终占主体，一是共同富裕”，并进而从中概括出“社会主义的本质是解放生产力，发展生产力，消灭剥削，消除两极分化，最终达到共同富裕”。针对人们对改革开放会不会背离社会主义的疑虑和担心，邓小平同志强调指出：“对内搞活经济，是活了社会主义，没有伤害社会主义的本质。”

本质一经探明，道路便随即开辟。邓小平同志说，党的十一届三中全会以来，我们最大的收获是找到了一条建设有中国特色的社会主义道路。他把这条道路概括为“一个中心、两个基本点”。展开来说，我们通过这条道路所要建设的社会主义，是不断发展生产力的社会主义；改革开放的社会主义；以建立社会主义市场经济体制为目标的充满活力的社会主义；以马克思列宁主义、毛泽东思想为指导，坚持共产党的领导和人民民主专政的社会主义;在经济上赶上发达的资本主义国家、在政治上创造比资本主义国家更高更切实的民主并且造就比这些国家更多更优秀的人才,两个文明都超过资本主义的社会主义。一言以蔽之,我们要建设一个富强、民主、文明的现代化的社会主义。在经历了无数曲折和失误的基础上,邓小平同志依靠党和人民的智慧,为我们开辟出这样一条中国特色的社会主义道路,实在是我们党之大幸、国之大幸、人民之大幸、中华民族之大幸!只要我们坚定不移地沿着这条道路走下去,中华民族必将以辉煌的振兴与崛起迈入21世纪。

## 三、搞清楚什么是资本主义、如何对待资本主义,为我们打破自我封闭,实行对内对外全方位开放政策提供了理论依据

进入改革开放历史新时期以来,有一个很引人注目又很发人深思的现象。邓小平同志对此想必早就注意到了,所以他才会多次这样指出:面对中国的改革开放政策,某些“国际舆论特别是西方舆论以为我们是搞资本主义,或者以为我们这样搞最终要走到资本主义”。而国内呢,“有人担心中国会不会变成资本主义”,也有人“希望我们变成资本主义”。这说明,搞改革开放和现代化建设,仅仅搞清楚什么是社会主义、怎样建设社会主义还不够,还必须同时帮助人们搞清楚什么是资本主义、如何对待资本主义。这个问题正是邓小平同志本人提出来的。早在1980年回答意大利记者法拉奇关于“你是否认为资本主义并不是都是坏的”提问时,邓小平同志就说过,“要弄清什么是资本主义”。在新一卷《邓小平文选》中,他又提出:“改革开放迈不开步子,不敢闯,说来说去就是怕资本主义的东西多了,走了资本主义道路。要害是姓‘资’还是姓‘社’的问题。”

这真是一语中的、一针见血啊!改革开放以来,由于没有搞清楚什么是社会主义、什么是资本主义而一再发生的关于姓“社”姓“资”的争论,我们难道见得还少吗?中国农村家庭联产承包责任制,是我们在改革中碰到的第一个姓“社”还是姓“资”的问题。邓小平同志说,“当时提出农村实行家庭联产承包,有许多人不同意,家庭承包还算社会主义吗?嘴里不说,心里想不通,行动上就拖,有的顶了两年”。其实,当时在一些地方和部门,也有嘴上说了的,比如,“辛辛苦苦三十年,一夜退到解放前”,“早知今日,何必

当初”,等等。好在这场争论很快由农村生产力的发展、农民生活水平的提高和由此带来的我们整个国家经济的繁荣和活跃作了结论:中国农村新体制姓“社”不姓“资”。接着发生的便是特区姓“社”还是姓“资”的问题。邓小平同志说:“对办特区,从一开始就有不同意见,担心是不是搞资本主义。深圳的建设成就,明确回答了那些有这样那样担心的人。特区姓‘社’不姓‘资’。”随后,又发生了“三资”企业姓“社”还是姓“资”的疑问:“有的人认为,多一分外资,就多一分资本主义,‘三资’企业多了,就是资本主义的东西多了,就是发展了资本主义。”差不多与此同时,还发生了在资源配置上引进市场经济体制和方法是姓“社”还是姓“资”的一场大争论。邓小平同志在新一卷《邓小平文选》的多篇讲话、谈话中,对此作了精辟阐述。

他指出,那些认为“多一分外资,就多一分资本主义的人”,连基本常识都没有。“三资企业受到我国整个政治、经济条件的制约,是社会主义经济的有益补充,归根到底是有利于社会主义的”。他还强调,“我们必须从理论上搞懂,资本主义与社会主义的区分不在于是计划还是市场这样的问题”,“不要以为,一说计划经济就是社会主义,一说市场经济就是资本主义,不是那么回事,两者都是手段,市场也可以为社会主义服务”。

随着改革开放的深入,邓小平同志越来越意识到,对在改革开放过程中一再出现的姓“社”还是姓“资”的思想疑虑、理论分歧,不应就事论事地解决,那样只能是事倍功半,必须从方法论上帮助人们搞清楚什么是资本主义、如何对待资本主义。这是因为“改革开放还要讲,我们的党还要讲几十年。会有不同意见”,“光我一个人说话还不够,我们的党要说话,要说几十年”。有了思想武器,才会逐步形成共识,才会使理直气壮地出来说“我们的改革开放姓‘社’不姓‘资’”的人越来越多。邓小平同志在南方谈话中提出的“判断的标准,应该主要看是否有利于发展社会主义社会的生产力,是否有利于增强社会主义国家的综合国力,是否有利于提高人民的生活水平”,这就为我们提供了这样一个在姓“社”姓“资”问题上统一思想、分清是非、决定取舍的重要标准。

按照这个标准来观察问题、分析问题和思考问题,就要求我们共产党人既不要把那些本来姓“社”的东西错误地判定为姓“资”而加以排斥;也不要把那些本来没有姓“资”姓“社”问题、既可为“资”所用又可为“社”所用的东西错误地判定为姓“资”而加以排斥;就是对那些确实姓“资”,但在一定条件下和一定限度内可以为“社”所用、对“社”有利的东西(比如在我国法律允许下合法经营的外国资本、私人资本、雇工经营等等)也要允许其存在。在我国作为社会主义制度自我完善的改革开放中,一事当前,首先应当考虑的“问题是用什么方法才能更有力地发展社会生产力”。资本主义作为一种先于社会主义出现的社会形态,经过几百年的发展,在发展生产力方面以及经济、科技、教育、文化和社会管理方面,积累了丰富的经验。这些在资本主义制度下发展起来的科学和技术、积累的知识和经验,“都属于发展社会生产力的手段、方法,它们本身是没有阶级性的,既可以为资本主义所用,也可以为社会主义所用,谁用得好就为谁服务”。学习和利用这些东西,不存在姓“社”姓“资”的问题。试想,既然我们今天可以毫不犹豫地“拿来”封建时代的四大发明和优秀文化,又为什么要惧怕资本主义制度下发展和积累起来的人类文明呢?既然现代资本主义可以拿去社会主义的东西来延缓它的衰落,我们又为什么要拒绝引进资本主义制度下发展和积累起来的人类文明呢?邓小平同志说:“多年的经验表明,要发展生产力,靠过去的经济体制不能解决问题。所以,我们吸收资本主义中一些有用的方法来发展生产力”。“我们实行开放政策,吸收资本主义社会的一些有益的东西,是作为发展社会主义社会生产力的一种补充。”“我们发挥社会主义固有的特点,也采用资本主义的一些方法(是当作方法来用的),目的就是要加速发展生产力。”“学习资本主义的某些好东西,包括经营管理方法,也不等于实现资本主义。”从这个意义上说,“开放伤害不了我们”。相反,我们共产党人引进资本主义的资金、技术、知识、经验以及某些反映社会化大生产规律的方法、手段,是为了发展壮大社会主义,逐步取得同资本主义相比较的优越性,最终战胜资本主义。这就叫作“将欲胜之,必先学之”,如此而已,岂有他哉?所以,我们一定要从所谓“中国特色资本主义”的杯弓蛇影中解脱出来,更加理直气壮地借鉴资本主义,更加义无反顾地建设有中国特色的社会主义。

当然,在我们实行改革开放政策、向资本主义学习和借鉴一切好东西时,也不应该妄自菲薄。如果把学习借鉴变成了盲目崇外,甚至“全盘西化”,那是绝对不行的。邓小平同志说:“现在有人担心中国会不会变成资本主义。这个担心不能说没有一点道理。我们不能拿空话而是要拿事实来解除他们的这个忧虑,并且回答那些希望我们变成资本主义的人。”拿什么事实呢？就是近代中国历史所一再告诉我们的："中国走资本主义道路不行，中国除了走社会主义道路没有别的道路可走。一旦中国抛弃社会主义，就要回到半殖民地、半封建社会，不要说实现小康，就连温饱也没有保证。""如果我们搞资本主义，最终发展起来也不过成为一个附庸国，而且就连想要发展起来也不容易。""如果十亿人口的中国走资本主义道路，对世界是个灾难，是把历史拉向后退，要倒退好多年。"邓小平同志认为，对这些道理也要经常讲、反复讲。

此外，邓小平同志也清醒地意识到，"开放也会带来一些坏的东西，影响人们的思想，特别是青年的思想，所以我们同时必须反对资产阶级自由化"，否则，我们就不能建设社会主义，更不能巩固、发展和完善社会主义，甚至还会被种种资本主义势力所侵蚀腐化。总之，邓小平同志要求我们一方面要大胆学习和借鉴资本主义国家的一切好东西，有些东西不仅要学，还要花钱去买；另一方面又要坚决抵制各种腐朽的东西和反映资本主义本质属性的东西。只要我们准备了"两手"，掌握了"两点论"，我们的学习和借鉴工作就会广泛深入地开展起来并且长期坚持下去。

## 四、搞清楚什么是马克思主义、怎样才是真正坚持马克思主义，为我们解放思想、实事求是地拓展新思路、提出新办法、制定新政策、开创新局面提供了理论武装

同前面三个"搞清楚"一样，搞清楚什么是马克思主义、怎样才是真正坚持马克思主义这个问题，也是在我们开创全新事业的过程中，由实践提出问题而由邓小平同志把它概括为理论命题和历史课题的。邓小平同志1989年5月在《结束过去，开辟未来》的谈话中提出："多年来，存在一个对马克思主义、社会主义的理解问题。""马克思去世以后一百多年，究竟发生了什么变化，在变化的条件下，如何认识和发展马克思主义，没有搞清楚"。比较而言，这一个"搞清楚"从实践的层次上升到了哲学的层次、思想路线的层次，因此在"四个搞清楚"中具有带总的性质，尤其应当引起我们的高度重视。

马克思主义是发展的科学。它的基本原理没有过时，也不会过时，必须

坚持,也必须发展。邓小平同志说得好:“绝不能要求马克思为解决他去世之后上百年、几百年所产生的问题提供现成答案。列宁同样也不能承担为他去世以后五十年、一百年所产生的问题提供现成答案的任务。真正的马克思列宁主义者必须根据现在的情况,认识、继承和发展马克思列宁主义。”他还说过:“不以新的思想、观点去继承、发展马克思主义,不是真正的马克思主义者。”实践证明,对马克思主义来说,没有“坚持”的所谓发展是背叛,没有发展的坚持是死守,而死守只会是死路一条。邓小平同志不是说过“不坚持社会主义,不改革开放,不发展经济,不改善人民生活,只能是死路一条”吗?不根据新的情况去认识、继承和发展马克思主义,结果当然也只能同样如此。

要用新的思想观点来继承发展马克思主义,就必须坚持“实事求是”这一“马克思主义的精髓”,不唯书本,尊重实践。列宁之所以是一个真正的伟大的马克思主义者,就在于他不是从书本里,而是从实际、逻辑、哲学思想、共产主义理想上找到革命道路,在一个落后的国家干成了十月社会主义革命。中国伟大的马克思主义者毛泽东,并不是在马克思、列宁的书本里寻求在落后的中国夺取新民主主义革命胜利的途径。马克思能预料到在一个落后的俄国会实现十月革命吗?列宁能预料到中国会用农村包围城市、武装夺取政权吗?毛泽东同志能预料到我们用“农村家庭联产承包”“经济特区”“社会主义市场经济”打开社会主义现代化建设的新局面吗?改革开放中许许多多新东西,都是由群众在实践中提出来的。从农村家庭联产承包责任制到乡镇企业异军突起,从政社分开到农村经济组织形式多样化,从厂长负责制到转换企业经营机制、建立现代企业制度,从建立经济特区到沿海沿江沿边内陆全方位对外开放,从社会主义商品经济到社会主义市场经济,等等,都是广大人民群众实践探索的结晶。所以邓小平同志说,“在中国建设社会主义这样的事,马克思的本本上找不出来,列宁的本本上也找不出来”,“我们改革开放的成功,不是靠本本,而是靠实践,靠实事求是”。

在改革开放历史新时期,要用新的思想观点来继承发展马克思主义,就必须与时俱进,拿起解放思想这个法宝打破习惯势力,破除陈旧观念和摆脱其他主观偏见的束缚,使主观认识与客观实际相符合。党的十一届三中全会以来,我们党所从事的社会主义现代化建设和改革开放事业是全新的事业,我们的前人没有做过,马克思主义书上没有写过,其他国家也没有干过。

在开创全新事业的过程中，解放思想是推动我们开拓创新的一大法宝。十五年来，每当我们党在实践探索和理论创造上迈出重大步伐的时候，邓小平同志总是同时向全党提出解放思想的任务。拨乱反正时期，主要是从“两个凡是”、从毛泽东同志晚年错误思想中解放出来；全面改革时期，则要求我们从对马克思主义、社会主义的传统观念中那些不合乎中国实际、不合乎时代进步的框框中解放出来。解放思想不是一劳永逸的。随着历史的前进、时代的发展、实践的深化，会不断给解放思想增添新的内容。我们要遵循邓小平同志关于“思想更解放一点，胆子更大一点，步子更快一点”的要求，不断追踪生活实践的足迹，及时调整主客观关系，永远保持思想上的生机与活力，生气勃勃地推动实践不断前进。

要用新的思想观点来继承发展马克思主义，就必须把解放思想与实事求是统一起来，在实践中写出新的著作、创造新的理论。毛泽东同志曾经说过：任何国家的共产党人，任何国家的无产阶级的思想家，都要创造新的理论，拿出新的著作。任何国家，任何时候，单靠老东西是不行的。他还说，现在我们已经进入社会主义时代，出现了新的一系列问题，如果不适应新的需要，写出新的著作，形成新的理论也是不行的。历史呼唤着新的理论创造。邓小平同志创立的建设有中国特色社会主义理论就是把解放思想与实事求是相结合，它以自己鲜明的时代性、实践性、民族性、人民性，指导着我们新的伟大实践，它是马克思主义基本原理同中国具体实际相结合的最新成果，是当代中国的马克思主义。潜心学习这一理论，学以致用，融会贯通，结合新的实践，创造性地研究新情况、解决新问题，才是真正坚持马克思主义。

学习《邓小平文选》第三卷，像邓小平同志那样，在“四个搞清楚”上多下功夫，我们全党同志的马克思主义水平必将大大提高一步，全党的团结统一必将大大推进一步，从而做到对党的基本理论更加坚信不移，对党的基本路线更加坚定不移，我们的事业就大有希望。

# 按照十四届三中全会要求<br>把更大的精力集中到加快改革上来*

（1993 年 11 月）

改革开放以来我们党的第四个至关重要的三中全会——十四届三中全会胜利闭幕了。在我国经济体制改革进入新的发展阶段召开的这次重要会议，通过了《中共中央关于建立社会主义市场经济体制若干问题的决定》，勾画了到 20 世纪末初步建立社会主义市场经济体制的宏伟蓝图。为实现这一蓝图而奋斗，是全党和全国各族人民在新时期的伟大历史任务。

建立社会主义市场经济新体制，这是邓小平同志建设有中国特色社会主义理论的重要组成部分。党的十一届三中全会以来，邓小平同志以开辟马克思主义理论新境界的勇气，在推动社会主义计划经济向社会主义市场经济转变的问题上，先后作了 11 次重要论述。他始终认为，市场经济是发展经济、配置资源的效率较高的体制，社会主义对市场经济不应采取拒之门外的态度，要在社会主义基础上把它采纳过来，以增强社会主义经济的效率和活力。他指出，“社会主义和市场经济之间不存在根本矛盾”，并且提出了观察这一问题的方法论原则：“问题是用什么方法才能更有力地发展社会生产力”，“计划和市场都是方法嘛。只要对发展生产力有好处，就可以利用”。以后他又说：“不要以为，一说计划经济就是社会主义，一说市场经济就是资本主义，不是那么回事。”1992 年春，在南方谈话中，他还提出了著名的“两个不等于”（计划经济不等于社会主义，市场经济不等于资本主义）重要论断，从而彻底解决了市场经济姓“资”姓“社”的问题，为十四大确定社会主义市场经济的改革目标做好了思想和理论准备，也为十四届三中全会勾画社会主义市场经济的宏伟蓝图奠定了理论指引。

---

* 本文系作者学习研读党的十四届三中全会《决定》的札记。

社会主义市场经济体制是超越人类社会现有一切经济模式的崭新体制,这一体制的实质,就是把社会主义基本制度同市场经济有机结合起来,在国家宏观调控下充分发挥市场对资源配置的基础性作用。这一体制所要达到的根本目标,就是要最大限度推动社会生产力发展,促进效率和公平两者在更高水平上的统一。为实现这个目标,十四届三中全会提出,要建立起充满生机与活力的现代企业制度,建立起城乡市场紧密结合、国内市场与国际市场相互衔接的现代市场体系,建立起以间接手段为主的完善的现代宏观调控体系,建立起多层次的社会保障制度。这些宏观设计蓝图,体现了公有制与市场经济的内在统一,市场经济和我国国情的有机结合,市场经济的原则与我国优良的思想、政治、文化传统的完满协调。

建立社会主义市场经济体制是一项复杂的社会系统工程,既要制定总体框架,做到统一设计、统一实施,又要从解决当前发展中的突出矛盾和问题入手,"整体推进,重点突破",带动改革开放全局。十四届三中全会强调,要在近年内把更大的精力集中到加快改革上来,要紧紧抓住和全力推进金融、财税、计划、投资、外贸、国有资产管理、企业等方面的改革,采取实际步骤,取得新的突破。可以预期,解决这些问题必将对推动我国社会主义市场经济体制的建立奠定坚实基础,并为实现国家长治久安、民族进步与社会繁荣起到重要作用。

建立社会主义市场经济体制,完成新时期的伟大历史任务,必须进一步解放思想,从传统观念中那些不合乎中国实际、不合乎时代进步潮流的框框中解放出来。要真正做到"思想更解放一点,胆子更大一点,步子更快一点",积极探索,敢于实践,既继承优良传统,又勇于突破成规,从中国国情出发,借鉴世界各国包括资本主义发达国家一切反映社会化生产和市场经济一般规律的经验。要正确对待建立社会主义市场经济新体制过程中的利益关系调整。改革作为一场涉及经济基础和上层建筑许多领域的深刻革命,不仅要改变旧体制固有的各种不合理的利益格局,也要改变新旧体制转变过程中形成的某些不合理的利益格局,这就要求全党在行动上做到步调一致、令行禁止,做到胸怀全局、顾全大局,一切从全局利益出发。要教育广大党员、干部尊重群众首创精神,重视群众切身利益,及时总结群众创造出来的实践经验。要把深化改革各项措施与群众切身利益结合起来,妥善处理积累和消费、长期利益与近期利益的关系,在深化改革和发展经济的过程中,不断提高群众生活水平,使改革赢得广泛而深厚的群众基础。

建立社会主义市场经济体制要坚持“两手抓,两手都要硬”的方针。邓小平同志反复强调,两个文明建设都要超过资本主义,这才是有中国特色的社会主义。他还明确要求上海要交出物质文明和精神文明两张合格答卷。因此各级党组织要高度重视和切实加强社会主义市场经济条件下的精神文明建设,把人民群众的巨大创造力凝聚到建设有中国特色的社会主义的伟大事业上来。要在邓小平同志建设有中国特色社会主义的理论指引下,为在20世纪末初步建立起社会主义市场经济新体制同心同德、努力奋斗!

# “总设计师”怎样设计中国的“形象”

（1993 年 12 月）

在《邓小平文选》第三卷中，作为中国改革开放总设计师的邓小平同志，不仅科学地设计了中国改革开放的宏伟蓝图和根本战略，而且全方位设计了我们国家的“形象”和民族的“形象”。据不完全统计，全书直接论述国家“形象”、民族“形象”的有 12 处之多。透过这些论述，我们可以清楚地看到，国家和民族的“形象”问题，是一个贯通邓小平同志许多理论观点和重大战略决策的重要问题，它既联系着“两次革命”，又联系着“三步走”的战略目标；既联系着“一个中心、两个基本点”，又联系着社会主义和爱国主义；既联系着 20 世纪 90 年代的当代中国，又联系着 21 世纪的未来中国。

## 一、中国的“形象”在近现代、当代和 21 世纪 50 年代已经和将要经历的三次意义重大的改变

邓小平同志在论述我们国家和民族的“形象”时，有一个非同寻常的独特视角，这就是从辩证唯物主义和历史唯物主义基本立场观点出发，把国家形象、民族形象的塑造与改变，同我们党领导的革命事业紧密地联系在一起。在他看来，“革命就是解放生产力”，从一定意义上也可以具体化为革命就是改变国家和民族的“形象”。从这样一个基本观点出发，邓小平同志认为，中国的“形象”在近现代、当代和 21 世纪 50 年代，已经和将要依次经历三次带有革命意义的重大变化。

中华人民共和国的建立是第一次改变了中国的“形象”，它集中表现为“中国人站起来了”。邓小平同志 1984 年在会见香港工商界访京团和香港知名人士时曾经指出：“鸦片战争以来的一个多世纪里，外国人看不起中国

人，侮辱中国人。中华人民共和国建立后，改变了中国的形象。”此后，在1987年4月，他更具体地指出，“中华人民共和国建立以来，确实改变了中国的面貌”，这主要表现在“中国人站起来了”。邓小平同志认为，“中国人站起来了”这实在是一件了不得的大事情，它对于我们这样一个自鸦片战争以来“一个多世纪在世界上一直处于卑下地位”的国家来说，毫无疑问是国家形象、民族形象的一次具有划时代意义的、翻天覆地的变化。作为一位亲眼目睹并亲身参与了这一变化的老一辈革命家，邓小平同志每每谈论起这一变化时，总是既充满感慨又不无愤慨。他指出，“中国从鸦片战争起沦为半殖民地半封建社会，中国人成了世界著名的‘东亚病夫’”，从那以后一直到中华人民共和国成立以前，“欺负中国的列强，总共大概是十几个”。

那么，中国人为什么能够在那样积贫积弱的情况下顽强不屈地站起来呢？邓小平同志指出：“使中国人站起来的，不是蒋介石，而是共产党，是社会主义。”他还特别强调：“中国今天的形象，不是晚清政府、不是北洋军阀也不是蒋氏父子创造出来的。是中华人民共和国改变了中国的形象。”这确实道出了我们灾难深重的民族，能够发生历史沧桑巨变的真谛。中国共产党在20世纪初叶登上中国历史舞台时，面对的是一幅国家“瓜分豆剖”，民族备受欺凌，军阀混战不已，外敌长驱直入的悲惨景象。掌握了马克思主义真理而又不屈不挠的中国共产党，团结中华民族奋起战斗，取得了反对帝国主义、封建主义、官僚资本主义的新民主主义革命的胜利。邓小平同志说：“过去我们进行了新民主主义革命，建国后完成了土地改革，又进行了农业、手工业和资本主义工商业的社会主义改造，建立了社会主义经济基础，那是一个伟大的革命。那个革命搞了三十几年。”这就是说，我们国家，我们民族在近代历史上第一次成功地改变了自己的“形象”，乃是同中国共产党领导的艰苦卓绝的第一次革命联系在一起的。这次革命是一次“主义选择”的革命，我们靠人民选择的马克思主义、科学社会主义救了中国、换了新天，改变了国家和民族的形象。

我们党领导的改革开放和现代化建设这场“新的革命”（也叫第二次革命），第二次改变了中国的“形象”。这就是邓小平同志所说的“十一届三中全会以后，我们国家的形象变了”。这第二次改变“形象”，集中表现为“中国活跃起来了”，“经济发展起来了”，而且在国际风云变幻的情况下坚如磐石地“站住了”。从第一次改变“形象”时的“中国人站起来了”到第二次改变“形象”时的“中国社会主义站住了”，这不仅反映出中国革命的递进与深入，而且也表明，中国共产党人改变中国“形象”的广度与深度都进一步拓展了。

为什么我们国家和民族还会有第二次改变“形象”的问题呢？这有两方面的原因。一方面，我国的第一次革命实质上所要解决的是“救中国”的问题。只有推倒压在中国人民头上的三座大山，中国人民才能站起来，但在“救中国”的任务完成后，“建设中国”“发展中国”，就成了主要问题。另一方面，在“建设中国”“发展中国”问题上，我们又经历过许多曲折，这些曲折归结到一点，就是邓小平同志在总结新中国成立后的经验教训时指出的：“在建立社会主义经济基础以后，多年来没有制定出为发展生产力创造良好条件的政策。社会生产力发展缓慢，人民的物质和文化生活条件得不到理想的改善，国家也无法摆脱贫穷落后的状态。这种情况，迫使我们在一九七八年十二月召开的党的十一届三中全会上决定进行改革。我们总的原则是四个坚持”。“问题是怎么坚持。是坚持那种不能摆脱贫穷落后状态的政策，还是在坚持四项原则的基础上选择好的政策，使社会生产力得到比较快的发展？十一届三中全会决定进行改革，就是要选择好的政策。”这一番话，相当透彻地回答了为什么我国在第一次革命取得胜利之后，还要进行改革开放和现代化建设的第二次革命，相应地也就回答了为什么我们国家和民族还要经历第二次改变自己“形象”的问题。

如果说，我国第一次革命的胜利同正确地进行了“主义”的选择相联系，那么，第二次革命之所以也能取得巨大成功，则是同正确地进行了“政策”的选择相联系的。在80年代末、90年代初的国际风云变幻中，有中国特色的社会主义之所以能够“站得住”，可以说最根本的原因就在于党的十一届三中全会以来，我们党在邓小平同志亲自倡导下，实行了以政策的重新选择、体制的重新构建为主要特点的第二次革命。所谓“政策的重新选择”，就是“制定新的政治的、经济的、社会的政策”以及其他“一系列新的方针政策。中心点是从以阶级斗争为纲转到以发展生产力为中心，从封闭转到开放，从固守成规转到各方面的改革”。这些新政策非常见效，它使我国社会主义社会生产力有了迅速的发展，我们国家的综合国力有了新的增强，人民生活有了显著的提高，因而受到中国最大多数人民的拥护。“人民有自己的亲身经历，眼睛是雪亮的。过去吃不饱，穿不暖，现在不仅吃饱穿暖，而且有现代化生活用品，人民是高兴的。”如同党领导的第一次革命深刻地改变了中国的“形象”一样，党领导的第二次革命也使我们国家的“面貌”发生了很大的变化，邓小平同志经常用一种欢欣鼓舞、与民同乐的口吻和笔调，描绘党的十一届三中全会以来我们国家、民族“形象”的新变化。比如说，“党的十一届三中全会以后，五年多的时间确实发生了非常好的变化。我们国家的形象变了，国内的人民看清了这一点，国际上也看清了这一点。”又比如说，“人民生活确实好起来了”，“国家兴旺发达起来了，国际信誉高起来了”，“全国面貌大不相同了”，到处是“一片兴旺景象”，“光景一年比一年好”，等等。他把这些变化归结为“改革开放使中国真正活跃起来”。活跃起来反映在各个方面，既有思想的活跃，也有经济的、社会的、政治的、文化的各方面的活跃。一个国家只有活跃才有活力，有活力才有活路。

到21世纪中叶，当中国实现了现代化建设第三步战略目标的时候，中国的“形象”还将发生第三次变化，这次变化将集中地表现为中华民族以“富强、民主、文明”的崭新形象“岿然屹立于世界民族之林”。自党的十一届三中全会以来，邓小平同志经常向人们谈到21世纪中叶的美好前景。他说：“从一九八一年开始到本世纪末，花二十年的时间，翻两番，达到小康水平，就是年国民生产总值人均八百到一千美元。在这个基础上，再花五十年的时间，再翻两番，达到人均四千美元。那意味着什么？就是说，到下一个世纪中叶，我们可以达到中等发达国家的水平”。“一个十五亿人口的国家，达到中等发达国家的水平，是了不起的事情”。“如果从建国起，用一百年时间把我国建设成中等水平的发达国家，那就很了不起！”一位如此高龄的老一辈革命家，总是目光如炬地向着21世纪中叶，表明他一直在思考着、谋划着把一个什么样的中国带入21世纪的问题。如前所述，19世纪是中华民族衰落的世纪，20世纪是中华民族奋起战斗、走向振兴的世纪，而21世纪则将是中华民族实现振兴的世纪。正因为如此，邓小平同志总是一再强调：“现在人们说中国发生了明显的变化。我对一些外宾说，这只是小变化。翻两番，达到小康水平，可以说是中变化。到下世纪中叶，能够接近世界发达国家的水平，那才是大变化”。邓小平同志是这样概括我们国家和民族的这意义深远的第三次“形象”改变的实质的：“中国人民既然有能力站起来，就一定有能力永远岿然屹立于世界民族之林”。

至此,我们可以清晰地看到:所谓中国的“形象”在近现代、当代和21世纪50年代已经和将要经历的三次意义重大的改变,主要表现在从“站起来”到“站住了”一直到“岿然屹立”。这是“总设计师”按照历史发展的客观规律,为我们国家和民族所设计的总体“形象”。

## 二、当代中国和未来中国要向世界展示具有鲜明特色的五种“形象”

邓小平同志不仅高瞻远瞩地设计了我们国家、民族的总体“形象”,而且还精心设计了当代中国和未来中国的具体“形象”。这些具体的“形象”设计,充分体现了他的科学理论和战略思想,因而从把握这些具体“形象”入手,也有助于我们更好地把握其理论的科学体系和精神实质。笔者在深入研读中发现,在邓小平同志的具体设计中,当代中国和未来中国应当向世界展示的主要有五种“形象”。

第一是“要给国际上、给人民一个改革开放的形象”。这是邓小平同志在1989年春夏之交的政治风波过后一再强调的,有时是从领导班子的角度讲,有时是从给予国内国外一种什么印象的角度讲。比如,他提出:“组成具有改革开放形象的中央领导班子,使人民放心”;“中国一定要有一个具有改革开放形象的领导集体”。又比如,他强调,中国“要给国际上、给人民一个改革开放的形象,这十分重要”。值得一提的是,他的这些话都是作为“政治交代”来讲的,因而就具有格外不同寻常的意义。

为什么中国必须永远保持改革开放的“形象”呢?邓小平同志首先是从国家利益和人民利益出发来考虑这一问题的。他指出,对于改革开放这样的大方向、大政策,“国际上担心我们会收”,“人民担心我们会变”。因此,“我们要做几件事情,表明我们的改革开放不变,而且要进一步地开放”;“要体现改革开放,大开放”;“比过去更开放”,“进一步把开放的旗帜打出去”。这样,不仅可以“使人民放心”,而且也可以消除国际上对我们的各种猜测和担心。其次,邓小平同志是从按客观规律办事的角度来强调中国必须保持改革开放“形象”的。同党的八大的时候比较,现在我们党对我国社会主义建设规律的认识深刻得多了。比如,强调“改革是中国的第二次革命”,“坚持改革开放是决定中国命运的一招”,“改革开放是中国发展生产力的必由之路”，“不坚持社会主义，不改革开放，不发展经济，不改善人民生活，只能是死路一条”。所有这些，都是一种规律性的认识。正是从尊重这些客观规律出发，邓小平同志反复告诫全党：“根本的一条是改革开放不能丢”，“今后即使出现风波，甚至大的风波，改革也必须坚持，否则下一个十年没有希望”；“改革开放还要讲，我们的党还要讲几十年”；“切不要把中国搞成一个关闭性的国家”；“再就是绝不能重新回到过去那样，把经济搞得死死的”；“如果走回头路，只会回到贫穷落后状态”。他还把这些包含无数大道理的规律性认识，高度概括为两句话，叫作“改革不搞争论”“开放不能关门”。

第二是要努力造就“经济大国”的“形象”。这也是邓小平同志始终十分关注、一再反复强调的。他多次说过，“中国是个大国，又是个小国。所谓大国就是人多，土地面积大。所谓小国就是中国还是发展中国家，还比较穷”，“中国是名副其实的小国，但是又可以说中国是名副其实的大国。联合国安全理事会常任理事国，中国算一个”。这表明中国“现在已经是政治大国了”，“中华人民共和国在不长的时间内将会成为一个经济大国”。所谓“经济大国”，就是要提高我国的综合国力，“把一个贫困的中国变成小康的中国”，“把落后的中国变成发达的中国”，以便“解决十亿人的贫困问题、十亿人的发展问题”，用事实来证明社会主义的优越性。当一些国家发生动乱的时候，邓小平同志冷静地指出：“在这些国家动乱的时候，中国要真正按计划实现第二个翻番，这也就是社会主义的一个成功。到下个世纪五十年，如果我们基本上实现现代化，那就可以进一步断言社会主义成功。”当然，邓小平同志也一再强调：我们造就“经济大国”不是为了称王称霸，而是尽我们应尽的责任。“我们有我们的责任，要对世界上五分之一的人负责，要发展经济，使他们生活得更好”。他告诫我们：“不要吹，越发展越要谦虚”，“中国现在不称霸，即使将来发展起来也不称霸”，“如果十亿人的中国不坚持和平政策，不反对霸权主义，或者是随着经济的发展自己搞霸权主义，那对世界也是个灾难，也是历史的倒退”。

第三是“要给国际国内树立一个安定团结的形象”。之所以反复强调要树立安定团结的形象，首先是基于历史的经验。邓小平同志说：“要让外国人看到中国政局是稳定的，如果搞得乱七八糟、一盘散沙，那还有什么希望？过去帝国主义欺侮我们，还不是因为我们是一盘散沙？”其次，强调安定团结也是鉴于现实的教训。现在世界上一些国家动乱不已、战乱不休，为我们提供了反面教训，证明动乱不能前进，稳定才能发展。目前“中国正处在特别需要集中注意力发展经济的过程中”，“中国要实现四个现代化，摆脱落后状态，必须有一个安定团结的政治局面，必须有领导有秩序地进行建设。闹事就使我们不能安心建设”。如果今天来一个示威，明天来一个大鸣大放大字报，就没有精力搞建设。而且一旦出现闹事，不安定，国内搞得乱哄哄的，“外国资金也不会进来了。我们在这方面控制得严一点，不会影响外商来华投资，恰恰相反，外商会更放心”。正是从这个意义上，邓小平同志强调指出，“前几年依法处理了那几个搞自由化并且触犯刑律的人，中国的形象并没有因此而变坏，我们的名誉还是一天天好起来”。

安定团结包括安定和团结这两个方面。安定更多的是从全社会的角度来讲的，有时也叫稳定。这方面，邓小平同志有大量论述。比如说，“要放出一个信号，中国不能乱”，“稳定压倒一切”。比如说，“一切反对、妨碍我们走社会主义道路的东西都要排除，一切导致中国混乱甚至动乱的因素都要排除”，等等。至于团结则更多的是从决策层、领导层甚至中央核心领导层来说的。邓小平同志语重心长地说，对于中国“最关紧要的是有一个团结的领导核心”，“只要这个环节不发生问题，中国就稳如泰山。国际上不可能小视我们，来中国投资的人会越来越多”；“只要这个领导集体是团结的，坚持改革开放的，即使是平平稳稳地发展几十年，中国也会发生根本的变化”。这些谆谆教导，都是值得我们深长思之的。

第四是要保持两个文明协调发展的形象。邓小平同志对我们国家和民族形象的设计是全面的。他认为，社会主义优越性的全面发挥，要求我们“不仅经济要上去，社会秩序、社会风气也要搞好”，“两个文明都超过资本主义，这才是有中国特色的社会主义”。从这个基本着眼点出发，他对于那些丧失国格人格，足以败坏社会主义“形象”，败坏我们国家、民族“形象”的种种消极腐败现象不仅深恶痛绝，而且一再要求全党采取严厉措施严加打击和防范。他强调要不断“扫除各种丑恶现象”，“坚决抗住腐败现象”，决不能让贪婪、腐败、不公正现象，以及吸毒、嫖娼、经济犯罪现象在中国这块土地上滋长蔓延、任意泛滥，决不能让我们的青少年成为资产阶级思想的俘虏。他旗帜鲜明地提出，“思想战线不能搞精神污染”，对那种“用西方资产阶级没落文化来腐蚀青年的状况，再也不能容忍了”。他强调精神文明要立足于建设，培养一代又一代“有理想、有道德、有文化、有纪律”的社会主义新人。针对之前出现的两个文明建设“一手硬、一手软”的状况，他反复强调“两手抓，两手都要硬”。

第五是“要维护我们独立自主、不信邪、不怕鬼”的“形象”。对这一点，邓小平同志既是作为中国对外方针的一个根本立足点提出来的，又是作为我们高尚的民族气节来看待的。他一再提出，独立自主，自力更生，无论过去、现在和将来，都是我们的立足点。他还强调，中国现在也还是个穷国，为什么在世界上多极格局中占有一极地位？就是因为我们不是看着别国的脸色行事，不是坐在别人的车子上，而是一个独立自主的国家。“为什么说我们是独立自主的？就是因为我们坚持有中国特色的社会主义道路。”

坚持独立自主是同反对霸权主义、强权政治紧密联系在一起的。80 年代末、90 年代初当世界上一股逆流来势汹汹，帝国主义西方世界企图使我们放弃社会主义，和平演变到资本主义道路上去，最终纳入国际垄断资本的统治之时，邓小平同志义正词严地指出：“现在我们要顶住这股逆流，旗帜要鲜明”，“中国吓不倒”，“谁要干涉或吓唬我们，都会落空。中国人有自信心，自卑没有出路。过去自卑了一个多世纪，在中国共产党领导下站起来了。庞然大物吓唬人，中国人不怕”。“中国人民不怕孤立，不信邪”，“世界上最不怕孤立、最不怕封锁、最不怕制裁的就是中国”。他要求全党全国人民“我们决不能示弱”。正是在这样的背景下，邓小平同志提出“要维护我们独立自主，不信邪、不怕鬼的形象”。几年来，西方对我国的制裁已被打破，这充分显示了我们坚持独立自主，不信邪、不怕鬼的巨大威力。今后，我们一定要坚持对外开放，决不要把自己孤立起来，搞成封闭的国家，同时又一定要把这种大无畏的民族气节作为精神动力，一代一代传下去，任何时候都要维护我国的独立自主，不信邪、不怕压、不怕威胁，百折不挠地把我们伟大的民族振兴起来。

# 为有攻坚多壮志　敢教改革谱新篇

（1994 年 1 月）

在我国历史上具有不平凡意义的 1993 年过去了。这一年，在以江泽民同志为核心的党中央正确领导下，全党全国各族人民认真学习和贯彻邓小平同志南方谈话和党的十四大精神，国民经济在 1992 年高速增长基础上继续快速增长，中央采取的宏观调控措施取得积极成效，改革开放和现代化建设步伐明显加快，反腐倡廉、端正党风和社会风气的工作取得了阶段性成果。整个国家出现了经济发展、政治稳定、民族团结、社会进步的好形势，展现出一派国泰民安、政通人和、百业俱兴、前程似锦的蓬勃景象。

同全国的大好形势交相辉映，1993 年，上海人民在党中央、国务院的正确领导下，按照邓小平同志提出的当好“一个龙头”、交出“两份答卷”、建成“三个中心”、实现“三年大变样”的要求，坚持“两手抓”，使上海各方面工作都打开了新的局面。国民经济继 1992 年之后继续保持快速、健康发展势头；经济体制改革朝着率先建立社会主义市场经济运行机制的目标，扎扎实实地向前推进，市场在资源配置中的基础性作用显著加强；引进外资、开发浦东取得历史性突破，城市基础设施建设捷报频传、硕果累累；党的建设和全社会精神文明建设同物质文明建设比翼齐飞、同步推进。回首这一年的征程，上海人民没有辜负邓小平同志和党中央的殷切期望，以新思路、大手笔，谱写了全市两个文明建设的历史新篇章。

为什么在国际风云变幻之中，中国特色社会主义大旗不仅不倒，而且越举越高？为什么西方经济经年不振，而中国、上海的经济发展却一枝独秀、形势一片大好？我们不靠上帝的恩赐，也不靠别国的施舍，更没有什么秘密武器。我们靠的是威力无穷的邓小平同志建设有中国特色社会主义理论的武装，靠的是党的“一个中心、两个基本点”的基本路线的正确指引，靠的是人民群众对党的理论、路线、方针、政策的理解和支持、参与和投入。这就是我们的治国之道,也是我们的取胜之道。

革命者从来不陶醉于既往的成就,而是永远瞩目于未来,自觉把握好现在。现在,1994年正向我们大步走来。这是我们按照邓小平同志视察南方重要谈话精神,抓住机遇,乘势而上,保持国民经济持续、快速、健康发展非常重要的一年;是我们按照党的十四大精神和十四届三中全会通过的《中共中央关于建立社会主义市场经济体制若干问题的决定》(以下简称《决定》),在经济体制改革方面攻坚碰硬、用新体制全面取代旧体制非常关键的一年;也是我们上海按照邓小平同志和党中央的要求,当好"一个龙头",交出"两份答卷",实现"三年大变样"的决胜之年。用一句话来概括,新的一年可以叫作改革的攻坚年。党的十四届三中全会通过的《决定》,市委六届二次全会作出的部署,已经把指导我们如何打好这场攻坚战的总体思路、作战步骤规定得清清楚楚,现在的问题是要付诸实施,而且要务求首战必胜。

要打胜这场改革攻坚战,首先要从总体上把握好攻坚阶段改革的几个特点。首先,在攻坚阶段,改革的形式由过去注重单项推进转向突出综合配套;由过去的地方推进转向中央推进,由过去依靠政策推动转向主要依靠法律推动。其次,在攻坚阶段,改革的内容从过去侧重于突破旧体制转向侧重于建立新体制,从过去的单纯放权让利转向利益重新调整,从过去主要强调放开搞活转向主要突出规范秩序,从过去偏重纵向分权转向主要强调制度创新。此外,在攻坚阶段,改革的难度和风险也大了,它从过去的微观浅层转向宏观深层,从主要由国家承担风险转向全社会共担改革风险。我们要适应改革攻坚阶段形势发展的要求,就必须深入学习邓小平建设有中国特色社会主义理论,进一步解放思想、更新观念。要围绕制度创新、利益调整、攻坚碰硬来解放思想。提倡积极探索、大胆试验,提倡顾全大局、服从大局,提倡依靠群众、关心群众,提倡深入实际、真抓实干。

要打胜这场改革攻坚战,必须善于正确处理改革、发展、稳定的关系。发展是硬道理,是解决国际国内一切问题的基础。发展需要改革,改革才能发展。经济工作的安排要注意为改革创造比较宽松的环境。改革、发展都离不开稳定,没有团结稳定的政治局面,什么事情也干不成。稳定也离不开改革和发展。不改革、不发展,或者发展慢了,稳定也难以持久。1994年是十几年来改革力度最大、出台改革措施最多的一年,要特别注意保持稳定的政治环境和良好的经济环境,注意避免大的损失和社会震动。

要打胜这场改革攻坚战,必须始终坚持"两手抓,两手都要硬"。在集中精力搞改革开放和经济建设时,切不可重复"一手硬、一手软"的失误。我国的改革开放和现代化建设是一个经济振兴与文化复兴"两位一体"的伟大历史进程,因此"两手抓"是现代化建设的重要组成部分,又是现代化建设的支持和保证。要一手抓物质文明建设,一手抓精神文明建设,积极倡导在社会主义市场经济条件下坚持正确的人生观和文明健康的生活方式,加强社会公德和职业道德建设。要一手抓繁荣,一手抓管理,采取有效措施,开展反对拜金主义、极端个人主义和腐朽生活方式的教育和斗争。要一手抓改革开放,一手抓惩治腐败,依法打击各种经济、刑事犯罪活动;坚持不懈、持之以恒地抓好反腐败斗争。

毛泽东同志有两句诗:"为有牺牲多壮志,敢教日月换新天。"这是我们党领导的第一次革命的生动写照。改革开放和现代化建设这场新的革命,特别是从1994年开始到20世纪末建立社会主义市场经济新体制的七年攻坚战,要求我们发扬"为有攻坚多壮志,敢教改革谱新篇"的精神风貌,同心同德、群策群力,为实现我们改革和发展的宏伟目标而努力奋斗。

# 论我国 90 年代改革的战略转变

（1994 年 1 月）

当前，我国经济体制改革进入一个新的历史阶段。新阶段有两个显著特点：一是明确提出我国经济体制改革的目标，是建立社会主义市场经济体制，并且初步勾画了新体制的基本框架；二是对我国 80 年代经济体制改革的战略作出大幅度调整。现在，人们对前一个特点论述较多，而对后一个特点似乎还没有引起足够的重视。

笔者经过深入研究以后认为，为了适应到 20 世纪末初步建立社会主义市场经济新体制的改革目标，90 年代我国的经济体制改革战略，已经或正在发生以下八大战略转变。

## 一、改革对象由原来的变革传统计划经济单一体制转变为变革双轨并存的体制

我国 80 年代改革面对的是传统计划经济的单一体制，尽管改革过程中也遇到不少阻力，但是毕竟由于改革对象单一，阻力也容易克服。90 年代深化改革所面对的是双轨并存的体制。而双轨并存的种种弊端是众所周知的。为此，我国 90 年代经济体制改革就将直接指向无法回避的双轨并存体制。党的十四届三中全会《中共中央关于建立社会主义市场经济体制若干问题的决定》（以下简称《决定》）所设计的改革方案，几乎都同双轨并一轨的深化改革重大举措相联系。比如，实行汇率并轨，取消外汇上交和分成制度，逐步走向贸易外汇自由兑换；实行资金价格并轨，以利率为中心建立资金市场；实行劳动力价格并轨，做到工资真实化，福利工资化；以及建立技术、信息、房地产市场，土地使用制度基本上实行有偿使用的单轨制；等等。

很明显，像这样一种深层拓展的改革，其对象比 80 年代的改革要宽泛

得多，其所触及的不仅是旧体制下形成的利益格局，而且也要触及双轨并存体制下形成的新的利益格局，而这种利益格局又同80年代的某些改革措施联结在一起。要触动它，不仅会有利益上的摩擦，而且还会有观念上的缠扰。换言之，在90年代深化改革新阶段，即使改革者自身，也要提高改革的自觉性，否则就有可能成为进一步深化改革的障碍。

## 二、改革方式由原来主要是从感性探索转变为通盘设计的理性指导

应当承认，我国的经济体制改革是在拨乱反正尚未完成、理论准备又相对不足的特定历史条件下开始的。这就决定了在改革初期，对改革的对象与重点，经济体制各环节间的内在联系，改革的复杂性、风险性乃至改革的难点都不够明确。因此，邓小平同志一再强调：改革是一场“大试验”，要“摸着石头过河”，既要“走一步、看一步”，又要“大胆闯、大胆试”，“对的就坚持，不对的赶快改，新问题出来抓紧解决”。这种感性探索尽管因为缺乏理性指导和通盘规划，在实践中难免会走点弯路，甚至会出现一些失误，但这种勇于实践、勇于探索的精神毕竟是难能可贵的。我们党也正是在探索实践中逐步开辟出一条前进的道路。

随着实践经验的不断积累和改革理论的臻于完备，90年代我国经济体制改革已经具备了由感性探索向着通盘设计的理性指导转变的主客观条件。社会主义初级阶段理论、社会主义商品经济理论、社会主义市场经济理论的渐次提出，特别是党的十四大正式确立社会主义市场经济体制的改革目标，都标志着我们党对改革的理论思维逐步走向成熟，对在现阶段实行什么样的体制更加有利于解放和发展生产力，有了比较科学和清醒的认识。与此同时，经过80年代的探索与实践，经济体制各环节间的内在联系已暴露得较为清楚，改革的具体目标和框架已比较明晰，改革的重点也很明显，改革的风险与复杂程度已可清晰估计。在这样的基础上，改革自然有条件而且必须进入理性指导阶段。事实上，党的十四届三中全会通过的《决定》，就是反映这种通盘设计的改革总体规划，是90年代深化改革的行动纲领。在这个《决定》的指导下，我国经济体制改革必将更加自觉、健康、稳步、扎实地向前推进。

当然,有了通盘设计,增强了理性指导,并不等于说就不再需要发挥广大人民群众的积极性和创造性了,也并不是说在今后的改革实践中,就不再需要继续进行“摸着石头过河”的探索创新了。认识真理不是一次完成的,理性指导也不可能是一劳永逸的。我们要继承和发扬80年代改革中尊重群众首创精神的优良传统,在深化改革过程中,坚持把“人民拥护不拥护”“人民赞成不赞成”“人民高兴不高兴”“人民答应不答应”作为制定各项改革举措的出发点和归宿,依靠人民群众的集体智慧,不断增强理性指导的科学性与权威性。

## 三、改革动力由原来主要是自下而上的自发推动转变为自上而下的自觉推动

我国80年代的经济体制改革,从总体上说是自下而上的自发推动和自上而下的自觉推动相结合的,但后者主要建立在对前者的总结、规范及推广之上。一些重要的改革措施,比如实行农村家庭联产承包责任制、发展乡镇企业、城市企业经济承包制、股份制以及股份合作制等等,都是在群众自发实践的基础上得到领导部门的确认后才逐步推广的。如果没有这种自下而上的冲击和倒逼,阻碍社会生产力发展的旧体制就不会自动退出历史舞台,经济就不可能放开搞活,局面也就不可能像今天这样生动活泼。但是也要看到,地方和基层过去在冲击旧体制的同时,也不自觉地冲击了统计、规划甚至财税制度,冲击了某些必要的行为规范、纪律约束,这就损害了国家实行宏观经济管理的基础,这是产生“无序”与“混乱”的原因之一。

90年代的经济体制改革必须把自下而上的自发推动转变为同自上而下的自觉推动结合起来,在继续尊重地方、基层和群众创造性实践的基础上,更加注重加强中央对改革的指导。这就是说,90年代的深化改革,由中央作出的自觉理性指导与统一推出的改革内容、改革举措将占主导地位。事实上,中央与地方政府分税制的决策,一揽子改革方案的统一制定与有计划、有领导、有步骤的统一实施,都表明了我国90年代的改革已经和正在实行这样的战略转变。如同80年代在自下而上的地方推进的改革阶段,中央及其职能部门不应对来自地方和基层的合理的改革要求、改革行动处处设防、步步为营,在90年代实行自上而下的中央推进的改革攻坚新阶段,地方

和基层同样也不应对来自中央的改革举措和调控行动采取“上有政策、下有对策”的态度。一定要树立全局观念，保证中央政令的畅通，而决不能从局部利益和暂时利益出发，各行其是，人为地干扰改革攻坚的深化。

## 四、改革内容由原来的单项推进为主转变为全方位的整体推进、重点突破

我国80年代的改革可以简单地归结为来自各个领域带有自发性、试探性的单项推进式改革。这样的改革方式尽管速度相对慢一些，但它有效避免了某些国家“休克疗法”式的激进改革一下子造成各种问题集中爆发以致出现不可收拾的弊病。

90年代我国的经济体制改革仍然需要稳定的社会环境，因而对80年代改革的渐进式战略应当合理继承。但是，既然改革已发展到今天的历史新阶段，我们在保持社会总体稳定前提下，更应注意各项改革的综合配套、整体推进，同时选择难点实行重点突破。这是加快建立社会主义市场经济体制的客观要求。而且，由于有了15年改革和发展所积累的应对各种风险挑战的经验和已奠定的物质的、社会的、心理的基础，我国的改革战略确实也已经具备了由渐进转向加速、由单项推进转向总体配套的条件。

党的十四届三中全会通过的《决定》，其实质是全面推进改革；其目的是为了在20世纪末初步建立社会主义市场经济新体制，同时也是为了有效解决当前经济生活中的突出矛盾和问题，使国民经济持续、快速、健康发展；其特点则是“整体推进，重点突破”。它要求我们从经济体制到政治体制，从生产、分配到流通、消费，从经济运行机制到科技和教育体制进行矢向一致的整体协同改革。在整体推进中，又要对重点和难点进行突破。比如，建立现代企业制度的改革，对产权关系理论的突破；实行中央与地方分税制，对现行财政承包体制下地方利益格局的突破；建立劳动力市场，对传统就业机制、福利机制及保障机制的突破；等等。

为了保证这些改革的顺利进行，我们在工作指导上仍然要注意循序渐进，要注意研究各项改革措施出台的时机、步骤，既不能错失改革时机，也不应在条件尚不具备时一哄而上；要深入研究社会各方面、各阶层、各群体对改革的整体承受能力，以便科学把握合理的数量界限和力度大小；同时还要

进行必要的理论准备、干部培训,以及对具体改革方案作出多形式、多媒体通俗易懂、明白晓畅的宣传解释。不然,我们深化改革的各项措施不仅难以赢得广大群众的理解、参与和支持,甚至还会招致误解、疑虑和责难。

## 五、改革任务由原来以破为主转变为以立为主,相应地由原来的政策推动转变为法律推动

实行这一战略转变是同改革的不同发展阶段直接相关的。我国80年代的改革正处在冲破高度集中的计划经济体制束缚的阶段,改革所要求的是放开搞活。放开搞活同以破除旧体制为主的改革阶段的主攻目标与改革内容相联系。与之相适应,在上一阶段,改革措施的颁布和推行主要依靠的是具有较强过渡性的政策规定。

经过十多年的改革实践,对高度集中的计划经济体制的改革已取得突破性进展,改革开始进入"以立为主"的新阶段。所谓"以立为主",最重要的就是要建立社会主义市场经济新体制。具体来说,则是要建立"两个体系,三个制度",即城乡结合、内外贯通的大市场体系;保证市场经济健康运行的宏观调控体系;适应市场经济要求的现代企业制度、以按劳分配为主体的多种形式的分配制度,以及与我国国情相适应的、多层次的社会保障制度。

正是由于改革已经从"以破为主"转入"以立为主",从着眼于冲破旧体制,推出一些零星分散的改革措施转向形成市场化、规范化的经济关系,因而在新阶段便相应地更加注重制度化、法制化建设。在制度化方面,国家已经确立了三个步骤:第一步用3年时间,初步实行双轨并一轨;第二步再用5年时间完善单轨制;第三步从21世纪起,再用20年时间使新体制趋于成熟、健康运转。在法制化方面,就是对改革要从临时性的政策推动转向法律推动。新出台的各项事关全局、事关绝大多数人切身利益的改革举措,都要制定相应的法律法规,做到改革开放与法制建设的统一,用法律引导、推进和保障改革顺利进行。同时要把一些较为成熟的改革措施和较为合理的经济关系,及时以规范的制度和法律形式确定下来,以防扭曲变形。

这样的战略转变,一方面要求加快经济立法的步伐,抓紧制定关于规范

市场主体、维护市场秩序、加强宏观调控、完善社会保障、促进对外开放等方面的法律；另一方面又要求广大干部从80年代注重学习经济政策转向学习经济法律，普遍提高全党全社会法律意识和法制观念，学会运用法律手段管理经济，用法律手段推进改革，用法律手段维护自身利益与处理经济纠纷。

## 六、企业改革由原来单纯放权让利转变为以实行公司制经营为特点的制度创新

建立社会主义市场经济体制的一个核心问题，就是要解决国有企业怎样按照市场经济规则运行的问题。国有企业改革从80年代到90年代一直是我国改革的重点，也是难点。从1980年开始，我国在企业改革方面先后搞过政策性扩权、经济责任制、两步利改税、承包制、转换企业经营机制，但问题始终没有得到解决。其症结在于所有的改革措施基本上都是“放权让利”思路的产物，而没有触及计划经济体制下形成的企业制度本身的改造。由于国有企业受政企不分、产权不清、企业自主权不落实、自我约束机制不健全等问题的长期困扰，以致企业活力不足，行为难以规范，经济效益不理想。针对这种状况，90年代深化企业改革必须由放权让利式改革转变为以明晰产权关系为主要内容、以公司制经营为主要特点的企业制度创新，探索国有企业与市场经济结合的有效途径。

对企业制度创新来说，最实质、最要害、最关键的一条，就是企业法人财产权的确立。如同80年代我国实行家庭联产承包责任制的农村改革之所以一举获得成功，就在于实现了土地的集体所有权与农民家庭经营权的两权分离一样，现代企业制度改革则有效地体现了出资者所有权与企业法人财产权的分离，使企业在出资人投资形成的公司法人财产的基础上，成为独立行使民事权利和承担民事责任的法人实体和市场竞争主体。

用现代企业制度对国有企业进行制度创新，并不是一件容易的事情。它的具体实施也不是光靠理顺产权关系就能解决的，它同时还涉及就业重组、社会保障、企业税赋、债务处置等一系列复杂问题，需要慎重对待、妥善处理。而且各级干部对此还有一个理论学习与实际操作技能的培训问题，全局指导上还有一个试点与推广的统筹规划问题。各级领导干部对此务必

充分注意,万万不可粗心大意。

## 七、运行机制的改革由原来侧重于培育商品市场转变为着重培育生产要素市场

我国经济运行机制注重向着重培育生产要素市场转变,这是符合市场经济发展的一般规律的。考察一下许多国家市场经济发展的历史进程,差不多都是从商品生产和商品交换开始,先培育起发达的商品市场,尔后随着产品商品化发展到相当程度,又逐步发展起以劳动社会化为标志的劳动力市场;此后因为劳动或生产的社会化与财产权利的私有发生冲突,导致产权社会化和产权市场的形成。可见,发达的商品经济必然会导致生产要素市场的形成。我国经济体制改革虽然头绪纷繁,但概括起来,也无非是要改革产品价格制度(包括消费品和生产资料价格)以形成商品市场;改革劳动制度以及与之相关的社会保障制度,以形成劳动力市场;改革产权制度(包括财产的使用支配权与所有权分离,所有权与行政权分离,投资、金融、外汇、税收和财政、土地使用权、发明专利权、版权等制度的改革)以形成包括资产、地产和知识产权在内的产权市场。这些生产要素市场的广泛建立,必将大大加快我国社会主义市场经济新体制的建设进程。

党的十四届三中全会《决定》指出,当前要着重发展生产要素市场,重点是发展金融市场、劳动力市场、房地产市场、技术市场和信息市场等。这里,重中之重当然是金融市场,主要是建立统一开放、竞争有序、严格监管的金融市场体系。而最具理论新意的则是积极培育劳动力市场。过去的提法受传统理论观点的束缚,总是在劳务市场、劳动就业市场上兜圈子。劳动力市场概念的提出,标志着我国改革理论的又一个重大突破。它不仅把劳动力、劳动者、劳动就业过程这些概念严格区分开来,解除了人们思想上的禁锢,而且也反映了现实生活中,特别是农村、乡镇企业、外资企业、经济特区已出现的大量劳动力流动的客观现实。在社会主义初级阶段,我国工人阶级(包括知识分子)、农民阶级既是国家主人翁,又是劳动力商品所有者,他们在市场上交换的仅仅是自己的劳动能力,而不是劳动者自身。明确了这一点,就可以冲破各种思想障碍,更好发挥市场机制对劳动力资源合理配置的作用,逐步形成国家、地方、企业,多层次、多形式的劳动力市场体系,引导

城乡劳动力合理转移、有序流动,形成用人单位和劳动力双向选择、合理流动的就业机制。此外,在生产要素市场中,还明确要求发展资本市场,允许农村土地有偿转让,这也是理论观念上的突破。

## 八、宏观经济领域的改革由原来的“穷管”转变为走向小康社会的宏观管理

80年代,我国整个宏观经济领域的改革主要存在两个问题:一是同微观经济领域的放权搞活相比,这一方面的改革显得严重滞后,影响了统一的现代大市场的建立;二是宏观管理手段仍然没有摆脱旧体制下以计划作为直接调节经济手段的束缚。用邓小平同志的话来说,这叫作“穷管”。他指出,“过去我们是穷管。现在不同了,是走向小康社会的宏观管理”。这就是说,一方面,社会主义市场经济体制决不是自由放任的市场经济,而应当是具有坚强有效的国家宏观调控,逐步实现规范化、法制化的健康有序的现代市场经济,国家的宏观调控不因强调发挥市场配置资源基础性作用而削弱;另一方面,这种调控又决不是重新回到传统的计划经济体制,不应干预企业的具体生产经营活动。

党的十四届三中全会在加强“走向小康社会的宏观管理”方面,有不少突破性、开创性的新思路。主要反映在对宏观调控调什么、控什么的问题上,明确划分了中央和地方分层次的调控权,把关系国计民生重大问题的宏观决策权集中于中央,而这种决策性调控又主要是运用货币政策、财政政策来调节社会总需求与总供给的基本平衡,政府不直接干预企业的生产经营活动。按照这个思路,90年代我们对金融体制、财税体制、投资体制都要作重大的改革。人民银行要办成真正的中央银行,以稳定货币为首要目标,制订货币政策,调节货币供应量,使国际收支平衡;相应地改革专业银行,成立真正的政策性银行和商业银行,健全完善金融市场体系;把现行各种形式的地方财政包干改为国际通用的、合理划分中央与地方事权基础上的分税制;国家计划主要是拟订国民经济和社会发展的目标、战略布局、经济政策、总量平衡。以此建立计划、金融、财政之间相互配合和合理制约的机制,既加强又改善国家的宏观调控。

加强宏观调控,要求大幅度转变政府职能和调整机构配置,注重知识更

新和工作方式的转变,学习和掌握发展社会主义市场经济的基本知识和现代科学技术的基本知识,使知识结构和工作方式尽快适应市场经济和现代化建设需要。

只要各级领导干部从思想上到行动上都能真正理解和适应我国90年代改革的这些关系全局的战略转变,就一定能带领广大人民群众,顺利实现我国到20世纪末基本建成社会主义市场经济新体制的宏伟目标。

# 上下一心打好今年改革攻坚战*

（1994年3月10日）

今夕是何年？党中央国务院领导同志一再强调，今年是贯彻党的十四届三中全会通过的《中共中央关于建立社会主义市场经济体制若干问题的决定》，向着建立社会主义市场经济新体制的目标，全面深化改革的关键年、攻坚年。元月1日，江泽民同志就在全国政协新年茶话会讲话中指出，"1994年，对于我国改革开放和现代化建设是非常关键的一年"。"在新的一年，我们深化改革的核心内容，就是精心组织好建立社会主义市场经济体制的一系列重大改革措施的出台和实施工作。"1月28日，朱镕基同志在全国宣传思想工作会议上的讲话中强调，"1994年的改革和发展任务都很重，人民关心，世界瞩目。能否打好这场改革攻坚战，是对我们的一场严峻考验"。随后，李鹏同志又在春节团拜会讲话中，把今年改革攻坚战的内容集中概括为三条："一是组织好财税、金融、投资等重大改革措施的实施，建立和完善宏观调控体系；二是继续转换国有企业经营机制，探索建立适应社会主义市场经济要求的现代企业制度的有效途径；三是在充分考虑各方面承受能力的前提下适当推进价格改革，发展和完善市场体系。"

这些引人注目的重要讲话，向我们传递了两个方面的重要信息：第一，我国的经济体制改革已进入全面深化、综合配套的新阶段，今年将是十一届三中全会以后十多年来，改革措施出台最多、最集中的一年，而且改革的规模、范围、难度、深度都将是前所未有的。第二，今年的深化改革将要在培育市场主体、完善市场体系、健全调控体系这三个方面"整体推进"，同时又要在市场经济新体制的微观基础和宏观体制这两个层面"重点突破"。这些改革措施可以在今年基本成形，明年将为广大人民所熟悉，后年中国将开始

---

* 本文系作者与周瑞金同志合作撰写，原载1994年3月10日《人民日报》。

进入社会主义市场经济的新轨道。新年伊始，这场意义深远的改革攻坚战已然拉开了序幕，中央关于宏观经济体制和其他方面的一系列重要的改革方案已经出台，建立现代企业制度的微观体制改革将要在国务院选定的全国100家左右的企业先行试点。我们要充分认识今年改革攻坚战的必要性、艰巨性和复杂性，按照党的十四届三中全会《决定》，上下一心，同舟共济，全面落实中央已经出台的一系列重大改革措施，精心组织，分类指导，保证这些改革的顺利实施，坚决打胜改革攻坚战，进一步发展当前改革和发展的好形势。

## 一

为什么要把今年出台的深化改革各项重大举措称之为改革攻坚战呢？这主要是就改革的深度和难度而言的。从总体上看，今年出台的一些重大改革方案，广泛触及我们经常谈论的许多深层次的思想观念、利益调整和具体操作上的难点问题。比如，建立现代企业制度的改革方案，就深刻触及公有制经济的产权界定和实现形式问题，同80年代的企业改革主要是放权让利的政策调整不同，现在的深化改革要进一步解决企业的制度创新问题。比如，在建立要素市场的改革方案中提出的“劳动力市场”，涉及对社会主义条件下劳动者在企业中的地位界定这样深层次的问题，这同“资本市场”的概念一样，都是对传统观念的重大突破，是社会主义经济理论的新发展。又比如，各项宏观调控体制的改革方案特别是分税制的改革方案，涉及对宏观调控范畴的重新界定和对中央政府与地方政府经济管理权限的科学划分，深刻地触及中央与地方的利益关系这样深层次的问题。在经济管理上必须加强中央的权威，各项宏观调控权必须集中在中央，同时又要继续发挥中央和地方两个积极性。这是一个自新中国成立以来始终没有解决好、改革开放以来试图解决也没有完全解决的问题，所以也是一个属于攻坚碰硬的难题。至于要建立统一开放、竞争有序、严格监管的社会主义大市场，更是涉及打破部门垄断、地区垄断的利益格局调整问题，也是有相当难度的。正是从思想解放、观念更新、制度创新和利益调整的深层次、高难度两者兼而有之的意义上，中央才把今年的深化改革方案称之为攻坚战的。攻坚者，硬仗也。

既然改革的攻坚战如此艰巨，而且又存在一定风险，为什么要把这么多攻坚碰硬的任务放在今年集中出台呢？这里有一个对已经酝酿多年想干而没有条件干的改革攻坚任务，能否再往后拖延的时机判断和选择问题。就时机判断而言，尽管目前我国宏观经济中还存在这样那样的问题，但是解决经济生活中深层次矛盾的改革难关一定要过。而且，当前正是我们展开改革攻坚战的最有利的时机。首先，党的十四大根据邓小平同志南方谈话精神，确定了社会主义市场经济的改革目标，这就使我们得以一举摆脱市场经济姓“社”还是姓“资”的观念缠绕，可以在没有任何思想顾虑和障碍的情况下，义无反顾而又矢向一致地大胆推进各项深层次的市场取向的改革。其次，在过去十多年的改革进程中，我们已先后经历了不少难关，积累了宝贵经验，增加了应对复杂情况的能力。而且这次推出的各项改革攻坚战的方案，都是在以江泽民同志为核心的党中央领导下，经过长时间精心周密的调查研究，集中了全国人民智慧，并借鉴了发达国家成功经验制定的，既符合市场经济一般规律，又坚持从中国具体国情出发，尽可能照顾到各方面的利益，因而可以形成攻坚碰硬的改革共识，而减少来自各方面的阻力。此外，更为重要的是，自 1992 年邓小平同志南方谈话发表以来，我国各方面工作都打开了新的局面，国民经济蓬勃发展，市场供应十分丰富，人民生活水平进一步提高，而前进中出现的一些问题已经或正在获得有效解决，这就为全面推进改革攻坚创造了良好的政治条件和社会环境。如果我们错失这一难得的历史机遇，没有勇气和决心去攻克体制改革中的重重难关，不能很好地解决发展中遇到的种种问题，就不可能保持国民经济持续、快速、健康发展，也难以实现国民经济和社会发展第二步战略目标，甚至还有可能在今后相当长时间里，陷入高通胀和经济低速徘徊并存的窘境。

再就改革的时机选择而言，今年出台的各项改革措施能不能像有些同志所议论的那样可以再推迟一些时间出台呢？这些同志也许没有想到，财税改革和外汇改革从技术上讲都需要在一个严整划一的日历年度和会计年度起始，否则哪怕是推迟十天半月，实际上就意味着再推迟一年。此外，还要看到，现在中央财税流失十分严重，中央财政收入在国家财政收入中所占比重日益下降，赤字越来越多，再不改革财税体制，日子就过不下去了；而进口上升，出口下降，逆差扩大，国家收汇减少，资本外流日增，再不改革外汇体制，也已经难以为继；再加上传统计划经济体制的“投资饥渴症”久治不愈，竞相攀比速度，规模扩张愈演愈烈，金融扩张已经成为宏观失控的根源，再不改革投资体制和金融体制，剧烈的通货膨胀将会导致严重的政治问题。因此，党的十四届三中全会以后，我们如果不当机立断，迅速利用当前有利时机，在深化改革方面迈出较大的步子，在政治上的损失将会很大。

## 二

那么，今年出台的改革攻坚战，同党的十一届三中全会以来已经进行的各项改革相比，具有哪些新的特点呢？我们认为，深刻认识和自觉把握这些新特点，对打好这场改革攻坚战是至关重要的。

第一，就改革的对象来看，在由社会主义计划经济向社会主义市场经济转变过程中，有一个“双轨并存”的过渡阶段，这在我国改革进程中是不可避免的，而且实践表明这有利于减少震荡，避免激进改革一下子使各种问题成堆而使改革本身陷入困境的通病。然而双轨并存的体制也有许多不容忽视的负面效应。它诱使行政权力与商品经济活动联姻，导致各种利益主体职能紊乱，角色错位，约束松弛，行为失控，以及比比皆是的管理上的漏洞和规则真空。在改革攻坚战中，要逐步把双轨制改为市场经济单轨制，这就必然会触动双轨并存体制下所形成的既定利益格局，而这种利益格局又同80年代的某些改革措施联结在一起，要触动它，不仅会有利益上的摩擦，而且还会有观念上的缠绕、思想上的阻力。因此，即使在前一阶段积极改革的同志，自身也有一个进一步提高深化改革的自觉性、敢于进行自我革命的问题，主动积极地推进经济体制和本部门职能的重塑，否则很有可能成为“半截子改革者”，成为时代的落伍者。

第二，就改革的方式来看，80年代的改革主要是自下而上的自发推进，自上而下的放权让利。在那个阶段，冲击旧体制的主要动力来自地方、来自基层。各个地区、各个部门、各个单位都可以按照自己的意愿，采取改革的“自选动作”，各显神通地“摸着石头过河”。而领导部门主要是放权让利，因而凡搞改革积极的地方、单位往往得利在先，而领导部门则显得“步步为营、节节败退”。在改革的攻坚阶段，情况就不同了。由于建立新体制需要做的工作众多，它们之间又需要紧密协调，这就必须由一定的权威机关制定基本的规则进行协调；同时，由于改革攻坚战不可避免地会触及既有的利益格局,因而改革并不一定会给每个单位、每个人都带来眼前的利益,做到“皆大欢喜”。这必然会遇到种种困难和阻力,改革措施都需要进行有组织的努力,只有克服障碍,才可望得到贯彻。而且,改革攻坚战所触及的有关产权界定,国有资产管理方式的确定,新的财税体制、金融体制、外贸体制、投资体制的确立,也都不是可以用自下而上、自发推进的方式实现的,而必须由坚强有力的国家高层权威机构,对整个改革进程自上而下地进行统一协调和组织实施。如果不是这样做,而是放任自流,各行其是往前“拱”,就会产生严重的失调,势必加大改革成本,延缓国内统一市场的形成,妨碍整个国民经济的腾飞。

第三,就改革的进程来看,在 80 年代,大多是单项推进,分批操作。由于观念转变有先有后,对旧体制的感受程度有深有浅,有的地方改革积极性很高,“不用扬鞭自奋蹄”,甚至“自费改革”,“拎着乌纱搞改革”;也有一些地方则行动迟缓,并不踊跃。比如,农村改革初期搞家庭联产承包责任制,废除人民公社制度,开始的时候只有 1/3 的省干起来,第二年超过 2/3,第三年才差不多全部跟上。当时中央的方针是“允许看”,“不搞强迫,不搞运动”,“愿意干就干,干多少是多少”,一时想不通的、跟不上来的,可以等待。而在改革的攻坚阶段,必须整体推进,重点突破,共同动作。许多涉及宏观经济全局的改革措施需要统一出台时间、统一行动步骤,比如税制改革、汇率并轨,都是如同运动员要听从裁判员的发令枪响以后立刻奔跑一样,决不能你改我不改,也不能愿意干就干,不愿意干就不干,更没有任何观望和等待的余地。因此,在改革攻坚阶段,建立新体制,必须服从中央指导,维护中央权威,树立全局观念,统一认识,统一行动。

第四,就改革的指导来看,80 年代的改革,主要的指导方式是政策推动,比如农村改革,中央一年发一个一号文件,农民群众都有“富民政策”和“政策当家”之说,并且老是关注“政策变不变”;而基层干部则始终相当关心“政策的含金量”,希望不断得到来自决策层的“政策优惠”“政策倾斜”。现在到了改革攻坚阶段,指导改革的方式已经并且还将越来越多地由政策推动走向法律推动。这是因为,社会主义市场经济实质上是一种法治经济,社会主义市场经济体制的建立和完善,必须有完备的法制来规范和保障,而这在改革的指导上,就相应地要求改革决策要与立法决策紧密结合,用法律引导、推进和保障改革的顺利进行。比如,今年 1 月 1 日推出税制改革方案时，便同时推出了经全国人大重新修订的《中华人民共和国个人所得税法》，以及国务院颁布的中华人民共和国增值税、消费税、营业税、企业所得税等暂行条例。在建立现代企业制度的企业机制方面的改革全面展开以前，国家也已预先颁布了《公司法》《股票法》等等。为了适应改革攻坚阶段由法律推动的改革指导方式，一方面要求立法机关抓紧制订关于规范市场主体、维护市场秩序、加强宏观调控、完善社会保障、促进对外开放等方面的法律，并且适时修改和废止同建立新体制不相适应的法律和法规；另一方面又要求不断提高全社会的法律意识和法制观念，要求各级干部学会运用法律手段指导改革、管理经济。

## 三

认清了今年改革攻坚战的艰巨性、必要性和主要特点，大家就一定会取得一个共识，打好今年改革攻坚战，决定性的取胜之道在于齐心协力、同舟共济。“人心齐，泰山移，攻坚易”。党中央、国务院一再强调，在改革的攻坚战中，要“上下一心、务求必胜”。就当前的实际状况看，所谓“上下一心”应当主要体现在以下三个方面。

一是要在认清大局、服从和服务于大局方面，真正做到上下一心。党中央反复强调，抓住机遇，深化改革，扩大开放，促进发展，保持稳定，是今年全党工作的大局。这个大局的实质就是坚持“以改革促发展”，就是要“高奏改革主旋律”。各级领导干部都要树立抓住机遇深化改革的紧迫感、责任感、危机感和忧患意识，自觉地把更多的领导精力集中到改革上来。要围绕中央既定的大方向、大思路全神贯注，心无旁骛，千万不能认为“改革是中央的事，发展是自己的事”，只热衷于发展而不热心于改革。在改革中，要丢掉“小算盘”，不搞“小动作”，反对弄虚作假。这类行为同上下一心是背道而驰的，必须举一反三，防微杜渐。对深化改革中的消极现象要严肃批评，予以纠正。

二是要在为改革创造一个比较宽松和更为有利的经济环境方面真正做到上下一心。由于 1994 年改革力度大、攻坚任务重，经济环境无论如何不能绷得太紧，经济增长速度的计划安排，一定要适当留些余地。这就要下决心坚决控制固定资产投资规模，坚持建设规模与国力相适应，防止由于增长速度指标、固定资产投资计划指标、价格涨幅指标"三突破"而再度引发经济过热、加剧通货膨胀。邓小平同志明确地说过:"我们的一条经验是,发展顺利时要看到出现的新问题,发展要适度,经济过热就容易出毛病"。这是经验之谈,也是警策之言。各级领导同志一定要保持清醒头脑,无条件地服从中央宏观调控决策,坚决不搞逆向思维,花大气力保持经济总量基本平衡,切实抑制通货膨胀,防止经济大起大落。各地在发展速度上必须从实际出发,坚决不搞横向攀比。

三是要在坚持"两手抓,两手都要硬"的方针、维护社会政治稳定、加强社会主义精神文明建设方面真正做到上下一心。坚持"两手抓,两手都要硬"的方针,维护社会政治稳定,这是我们顺利进行改革开放和现代化建设,集中力量把经济搞上去的政治保证,也是建设有中国特色社会主义的一个重要组成部分。没有稳定的社会政治环境,改革和建设都搞不成,同时只有坚持改革和发展,才能从根本上保持稳定。我们现在是在国民经济高速运行中推进经济体制改革,又要在加快体制转换的过程中保持国民经济又快又好地增长。这就更加需要注意保持稳定的社会政治环境。各级领导都要以维护社会稳定为己任,善于体察民情,注重理顺情绪,及时化解矛盾,确保一方平安,确保良好的社会风气和舆论环境。要发扬我们党处处关心群众、事事依靠群众、一切为群众利益着想的优良传统,从政治的高度重视抓好"菜篮子""米袋子"等一切与群众生活密切相关的实事,决不能一味追求增长速度而置群众生活于不顾。

改革攻坚战的各项重大措施出台两个多月来,总的情况良好,没有出现大的问题。当前市场稳定、社会稳定、人心稳定,这就更加坚定了我们把改革攻坚战进行到底的决心。"犯其至难,图其至远。"我们相信,打胜今年这一场层次深、难度大的改革攻坚战,一定会迎来我国政治局面的长治久安和经济建设的长足发展。

让我们真正上下一心,共同奋斗,乘胜前进!

附一：

# 周瑞金、施芝鸿谈《人民日报》发表的《上下一心打好今年改革攻坚战》一文的写作背景*

（1994年3月）

## 一、周瑞金谈任仲平文章的写作背景

1991年春天，上海《解放日报》发表了署名皇甫平的4篇文章，第一次在全国的报刊上宣传和阐述了要建立社会主义市场经济体制的理论和观点，当时曾轰动海内外。时隔3年后的今年春天，《人民日报》又发表了署名任仲平的文章，提出要"上下一心打好今年改革攻坚战"，整体推进社会主义的市场经济体制，并且在本次全国人民代表大会上产生强烈反响，被代表们广泛传阅和议论。朱镕基在参加湖南省人代会的讨论会上，建议代表们认真看一看任仲平的此篇重要文章。据了解，署名叫"任仲平"重要文章的作者，就是3年前发表"皇甫平"文章的两位主要作者，一位是《人民日报》副总编辑周瑞金，一位是《邓小平同志建设有中国特色社会主义理论学习纲要》写作组成员施芝鸿。

**【贺亚君】**周瑞金说，3年前，他们撰写的皇甫平文章发表后，曾引起不小的争议，甚至还有阻力；现在，他和施芝鸿撰写以任仲平的署名，在《人民日报》上发表的《上下一心打好今年改革攻坚战》文章，情况就大不一样了，这说明改革已深入人心。

**【周瑞金】**现在来自几方面的反映和评价，其中就有来自领导上的，中

* 本文系由上海东方广播电台记者贺亚君、江小青采写，根据现场录音记录整理。

央领导已经充分肯定了这篇文章，特别是朱镕基同志当天就在全国两会一个代表团的讨论会上充分肯定了这篇文章；还有参加今年全国两会的人大代表。这次《人民日报》采访两会的记者到各个代表团，听到代表们的反映，他们都认为这篇文章写得很及时，道理讲得很透彻，解决了他们的思想认识问题。另外，从新闻界看，我们当天就接到好多新闻单位的电话，问这篇文章有什么背景。

**【江小青】**全国众多的新闻单位纷纷打电话到《人民日报》询问文章的背景，这是不多见的，说明任仲平的文章就像3年前皇甫平的文章一样，在我国改革开放的关键时刻及时阐释了中央新的思路，解决了人们认识上的困惑。所以，许多人大代表把任仲平的文章和当年皇甫平的文章联系在一起，称之为推进我国社会主义市场经济改革的"姐妹篇"。周瑞金介绍说，这篇文章是他和施芝鸿今年春节期间回上海休假时酝酿写作的。

**【周瑞金】**今年是中央重大改革措施集中出台最多的一年，也是改革力度最大的一年。同时，困难也比较多。所以从去年年底开始，中央就强调今年是深化改革、加快建设社会主义市场经济体系的关键一年。年初，朱镕基同志在全国宣传思想工作会议上就提出今年的改革是攻坚战，要打好今年改革攻坚战。

**【贺亚君】**周瑞金说，提出今年是改革的攻坚战一年，是因为今年的改革与80年代改革有许多不同点。以前80年代改革是自下而上的，各个地方自己创造，可以搞自选动作，而上面主要是放权让利，这样形成改革给大多数地方单位都带来了利益；而现在的改革、现在的市场经济改革，尽管从长远利益看，还是会给全国广大人民带来利益，但从眼前来看它会起调整作用，有的多一点，有的少一点，就产生利益格局的变化。所以，改革的方式是自上而下地推广中央的措施。

**【江小青】**周瑞金说，80年代改革，主要靠中央政策，一年一个一号文件，就推动了农村改革；而90年代的深化改革、深层次的改革，要靠法律来推动。企业改革，要发表《公司法》《股票法》，今年的税制改革，有《个人所得税法》《增值税》《消费税》，这同过去的政策推动也有很大不同。

**【周瑞金】**我们分析今年改革攻坚战有一些很明显的特点，感到今年改革难度就很大了。它触及更深层次的思想观念的问题，涉及利益格局问题，涉及制度创新问题；在具体操作上，也带来许多难点问题，比如统一税制，统一搞消费税，怎么搞，在操作上地方如何配合中央，分税制如何将地方税和中央税分开，等等，这些操作上的难点。所以说今年是改革攻坚战的一年。目前，有这么一种看法，从地方上说，他比较关心搞发展，容易形成今年改革是中央的事，好像以前我们地方搞改革是地方要搞，因此容易形成一种错觉，认为改革是中央的事，发展是地方的事。

**【贺亚君】**周瑞金说，文章提出打好今年改革攻坚战，决定性的取胜之道在于上下一心，千万不能认为“改革是中央的事，发展是自己的事”。

## 二、施芝鸿谈任仲平文章的写作过程

**【贺亚君】**施芝鸿说，他同周瑞金同志合作撰写的任仲平文章《上下一心打好今年改革攻坚战》于今年春节期间在上海讨论以后就已写成了，选择在今年全国两会开幕时发表，是因为这篇文章能够很好地反映本次全国人民代表大会的主题。

**【江小青】**施芝鸿说，这篇评论所提出的问题，同这次全国人民代表大会《政府工作报告》所阐述的主题扣得比较紧，因为党中央在1994年刚开始的时候，就提出了今年“全党工作大局”，就是“抓住机遇、深化改革、扩大开放、促进发展、保持稳定”的方针。任仲平文章所阐述的主题和整体内容，同中央这“5句话”的“全党工作大局”是扣得很紧的。

**【施芝鸿】**特别是对党中央这“5句话”的“全党工作大局”的整体逻辑关系，究竟应该做怎样辩证的、科学的理解和把握，我们是下了很大功夫深入研究的。在这个过程中，也像当年撰写皇甫平文章一样，作了很大力度的贯通起来的深入思考。我们在文章中提出，要唱响改革的主旋律，实际上是在这“5句话”当中，重点突出了改革的“主旋律”地位，强调要以改革促发展、促其他各项工作，改革是统揽各方面工作的。朱镕基同志认为这篇文章的一个创新之处，就在于突出了改革的重要地位，也就是“主旋律”地位。所以周瑞金感到把这篇文章放在全国人代会开幕这天发表，可以引起代表和政协委员对改革攻坚战的一些思考。

**【贺亚君】**施芝鸿介绍说，在任仲平文章发表前，他曾经撰写过一篇《论我国90年代改革的战略转变》的文章，可以说，那篇论文已为后来撰写任仲平文章奠定了雏形和框架结构的基础。

**【施芝鸿】**当时,周瑞金同志看到我写的这篇文章后很感兴趣,认为文章对我国90年代深化改革的八个新的特点也就是“八大战略转变”所作的思考很有深度,提出的所有观点都很有新意。他当时就建议我在这篇文章基础上,为《人民日报》撰写一篇任仲平文章。任仲平这个署名是《人民日报》重点评论的谐音。我当时答应再考虑一下。春节期间回上海休假时,周瑞金同我作了深入讨论,在此基础上,由我执笔写成并由周瑞金同志修改完成了此篇引起重大反响,受到上下好评的任仲平重要评论文章。

**【江小青】**施芝鸿说,从3年前为上海《解放日报》撰写皇甫平文章,到今天为《人民日报》撰写任仲平文章,虽然时间节点不一样,但其出发点、落脚点是一样的,都是要为我们党领导的中国改革开放事业鼓与呼。这“两平”文章(皇甫平、任仲平)之所以能在党内外、体制内外和国内外引发重要反响,起到各自的推动、激励、鼓舞作用,他的一个很重要的体会就是要善于把握国际国内两个大局、准确领会中央意图;还要善于学习,勤于思考,勇于创新。

**【施芝鸿】**当年我在上海与《解放日报》周瑞金、凌河同志联手写作皇甫平文章时,就思考了这样一个问题,在改革开放不断深入的新阶段,改革开放要有新思路。那么,为什么要有新思路,应该有哪些新思路?当时,我们作了理论联系实际的、贯通起来的思考。在皇甫平的系列文章中,把应该有哪些新思路,比如说突出机制改革转换思路,在浦东改革开放中突出三个先行的思路,以及在发展方面,努力把上海建设成万商云集的商业中心,辐射全国的金融中心、信息中心等新思路,都阐述得清清楚楚、明明白白。那么,这次执笔撰写《上下一心打好今年改革攻坚战》,也深入思考了什么是改革攻坚战,为什么要把新一轮改革重大措施称之为攻坚战,这场攻坚战同80年代改革相比有哪些特点?对这些重要问题,我们同样也进行了贯通起来的思考,在任仲平文章中对一些重大观点和理论的阐释,都是结合改革开放伟大实践,结合自己积极投身改革开放的亲身体验形成的认识,同时进行深入的理论思考的结果。

**【贺亚君】**据了解,朱镕基同志在看了任仲平文章以后,在全国人民代表大会分组讨论的代表团会议上,亲自表扬了这篇文章,而且他认为这篇文章中有“以改革统领全局”等许多值得注意的创新提法。

附二：

# 皇甫平又用自己的语言表述中央的精神*

## ——读任仲平《上下一心打好今年改革攻坚战》

## （1994年）

1994年3月10日，八届全国人大二次会议开幕之日，《人民日报》发表了署名任仲平的评论文章《上下一心打好今年改革攻坚战》（以下简称《攻坚战》）。这篇文章，全面而深刻地论述了今年全面深化改革的艰巨性、必要性和特点，以及举国上下需要达成的共识。文章一出，反响强烈。全国人大代表，交相称誉；全国公众，详加研读。大有振聋发聩之势，颇收风起云从之效。

《攻坚战》一文的要旨，乃在全面深化改革的关键年之春，以自己的语言表达了中央的精神，这就需要吃透中央精神之精髓，真正做到融会贯通。今年的改革，以元旦开始的税制改革和汇率改革揭开序幕，此后一系列重大改革方案陆续出台，是十几年来改革措施出台最多、最集中的一年。我国经济体制改革已进入全面深化、综合配套的新阶段。评论文章怎样概括当前改革的形势和任务？罗列各项改革方案和措施显然是不行的。中央领导人提出"打好改革攻坚战"，言简意赅，远比任何长篇大论更能说明问题的实质。"立片言而居要，乃一篇之警策。""攻坚战"，正是今年改革这篇大文章的"警策"。任仲平文章紧紧扣住"攻坚战"这个主题，依次论述了为什么说是"攻坚战"，这些"攻坚碰硬"的任务为什么要在今年集中出台，这场"攻坚战"有些什么新的特点，最后提出"攻坚战"的决定性取胜之道在于"上下一心"，要"以改革促发展"，"高奏改革主旋律"。在分析"攻坚战"新的特点时，又从改革的对象、方式、进程、指导四个方面作了全面的阐述。整篇文章

---

* 本文系上海《新闻记者》杂志记者秦泽撰写。

层次分明,逻辑严密,如果不是对中央的精神了然在胸,是断然写不出来的。

用自己的语言阐述中央的精神,就需要正视现实矛盾,大胆而实事求是地揭示现实矛盾,从而使中央精神真正为群众所掌握。任仲平文章是一篇阐述工作任务的文章,却摆脱了一摆成绩、二提任务的所谓“乘胜前进”的传统思路,着力论述了“攻坚战”之难。难在哪里?作者告诉我们,这主要是因为今年的改革将要广泛触及许多深层次的思想观念、利益调整和具体操作上的难点问题。具体操作不是评论所要论述的对象,该文的价值在于坦率地论证了今天的改革既有思想解放、观念更新、制度创新的问题,又有利益调整的问题,改革的阻力不仅有观念上的缠绕,而且有利益上的摩擦这样的现实矛盾。许多读者鉴于该文的风格,在谈论本文时,往往提到三年前的皇甫平文章。

任仲平虽然是《人民日报》评论部的一个集体笔名,但就该文作者而言,两“平”实为一“平”。从皇甫平到任仲平,改革态势已有很大的不同。三年前,许多人还受着市场经济姓“社”还是姓“资”的观念缠绕,皇甫平文章的意义,乃在传达了邓小平关于在计划和市场关系上的马克思主义的新观点,冲破了改革在观念上的阻力,对思想解放起了极大的推动作用。到了今天,建立社会主义市场经济已经成为全党全民的共识,该文作者敏锐地看到,在改革的新阶段,不仅要继续解放思想、更新观念,而且将会触及现有的利益格局。例如,各项宏观调控方案特别是分税制的改革方案,就深刻地触及了中央和地方的利益关系这样深层次问题,而这类利益关系问题,是新中国成立以来一直没有解决好、改革以来试图解决也没有完全解决的。这难道不是“攻坚碰硬”吗?不但如此,作者还看到,就是在此前阶段改革中形成的利益格局,随着改革的全面深化,也将要作相应的调整。文章对当前改革四个方面的阐述,贯穿了这一认识。从“双轨并存”到市场经济单轨制,从自下而上地自发推进、自上而下地放权让利到由国家高层决策机构对整个改革自上而下地进行统一协调和组织实施;从单项推进、分批操作到整体推进、重点突破、共同动作;从政策推动到法律推动,无一不渗透着观念更新和利益调整的问题。从而,文章语重心长地告诫在前一阶段积极改革的人们不要成为“半截子改革者”。人们通过这些论述不难理解到,在这场“攻坚战”中,改革与保守的矛盾在很大程度上已经让位于彻底改革还是“半截子改革”的矛盾。揭示现实矛盾,既要有远见卓识,又要有勇气胆略。如果只是停留在以往的认识水平上，对变化了的新情况视而不见，听而不闻，重复一些早已说过的老话；或是出于种种顾忌，回避矛盾，绕着弯子说话，这样的评论就会如同“钝刀子割肉”，解决不了任何实际问题。

《攻坚战》一文还娴熟地运用了从正反两个方面进行思考和论述的方法。“抓住机遇”，是中央20字方针的第一句话，是当前人们谈论得很多的一个问题，但人们所谈论的主要是从国内国际的有利环境来进行分析。该文在论述为什么要打这场“改革攻坚战”时，在肯定了我们在思想观念上、经验上、经济实力上种种有利条件之后，着重论述了如果错失历史机遇，不去攻克改革难关，将会陷于怎样的困境：如果再不改革财税体制，“日子就过不下去了”；再不改革外汇体制，也会“难以为继”；再不改革投资体制和金融体制，“剧烈的通货膨胀将会导致严重的政治问题”。如此坦率地把“不进则退”将会造成什么样的严重后果摆在全国人民面前，不啻当头棒喝，石破天惊。正面宣传，不是只许正面阐述；把正反两个方面的矛盾深刻地揭示出来，恰恰可以加重正面宣传的分量。该文的有关论述显然可以极大地激发全党全民义无反顾地把改革进行到底的勇气和决心。

党报评论要传达党的精神，这本是理所当然的任务。如果说，以往的有些评论文章，往往是把有关文件或者领导人的讲话，稍加改易便组织成文，这种宣传方式，有时仍须采用。而《攻坚战》一文，则是作者按照自己的理解和思路，从理论到实际的结合上，对中央有关精神作出了精深的阐述。从新闻评论写作的角度来说，该文确实是一篇不可多得的范文。

# 革除旧貌换新颜　彩笔绘出新天地*

（1994年5月27日）

1300万上海人民在改革开放和社会主义现代化建设的凯歌声中，迎来了上海解放45周年的盛大节日。

45年前的今天，中国人民解放军以雷霆万钧之势，击溃了国民党军队的层层设防，一举解放了中国最大的城市——上海。一百多年来受尽屈辱的上海人民从此站起来了！

四十五年事，弹指一挥间。当年欢庆上海解放的热烈场面仿佛还在眼前。“解放区的天是明朗的天，解放区的人民好喜欢”的歌声仿佛还在耳边回荡，但是历史车轮滚滚向前，上海已经换了人间。一个半殖民地半封建、畸形发展的“冒险家的乐园”，已经被中国共产党领导下的上海人民改造和建设成为充满朝气和活力的社会主义新上海。站在长江“龙头”放眼浦江两岸，但见改革开放春潮涌起，经济发展逐浪推进。百年都会正“脱胎换骨”，尽人皆说“日新月异”。看，浦江两岸高楼叠起，竖起一座座天梯，上接琼霄，下临无地。长街灯火，照彻夜空，把天上银河移到地面。江面“二龙戏珠”，江底“双蛟潜地”，把东上海、西上海紧紧联在一起。臭水沟变成了林荫道，棚户区变成了高楼群，日本侵略者登陆的金山卫建起了石化城，陈化成浴血的沙场造起了宝山钢铁总厂，曾经面黄肌瘦的血吸虫病患者的家乡，办起了水上乐园；昔日默默无闻的浦东，如今成了外商竞相投资的热点和国家重点开发的热土。上海的变化说不尽，道不完。上海人民亲眼看着一个全国最大的经济、金融、贸易中心展现在他们的面前，心情无比兴奋和自豪。

在欢庆上海解放45周年、回顾上海发生的历史性变化的时候，我们既

* 本文系作者为庆祝上海解放45周年而作，原载1994年5月27日《解放日报》。

充满了作为解放者和建设者的喜悦，又发自内心地放歌新中国成立45周年以来，特别是党的十一届三中全会后15年来和邓小平同志视察南方重要谈话3年来的沧桑巨变。新中国成立以来的45年中，以十一届三中全会以来的15年发展最快；十一届三中全会以来的15年中，又以邓小平同志南方谈话和党的十四大以来的发展势头最猛。发动群众，结合实际，认真回顾和总结我们国家、我们上海、我们全市各系统各部门各单位的发展变化，这本身就是一次最生动、最实际的社会主义制度优越性的再教育，是改革开放必要性、正确性的再教育，是建立社会主义市场经济新体制必要性的再教育。大力宣传45年来我们社会主义祖国和上海的伟大变化，激励全市人民满怀豪情奋发前进，这是宣传思想工作高扬主旋律的重要内容。

新中国成立45年来的历史，充分反映了社会主义的优越性。我国原来是一个半殖民地半封建的大国，从19世纪中叶以来的一百多年间，经过各派政治力量的反复较量，经过旧民主主义革命的多次失败和新民主主义革命的最终胜利，证明中国要走资本主义道路是走不通的。而新中国成立以后的历史发展也证明了，中国选择社会主义道路是完全正确的。以上海而言，解放初，上海的工业生产设备落后，而且工业门类绝大部分是轻纺工业，许多重要的产业几乎是空白。而今天，上海已成为工业门类齐全、协作配套条件很好的工业基地。近年来又相继发展了一批高新技术产业。1949年，上海的科教文卫事业濒于凋敝，而今天一个科学昌明、教育发达、文化繁荣、卫生先进的现代化大都市已屹立在黄浦江畔。短短45年上海发生的沧桑巨变，再次雄辩地证明了“只有社会主义才能救中国”，“只有中国特色社会主义才能发展中国”。

党的十一届三中全会后15年来的历程，深刻证明了改革开放的正确性。原先，我们曾经以为社会主义制度建立后，通往理想境界的道路便一马平川、一帆风顺了。而实践告诉我们，在社会主义制度下，我们还要不断改革上层建筑和生产关系中那些不适应生产力发展要求的部分，进一步解放和发展社会主义社会的生产力。在一个长时间里，主要是从1957年到1978年这20多年间，由于我国实行的“政策超越了社会主义初级阶段”，因而“就整个政治局面来说，是一个混乱的状态，就整个经济状况来说，实际上是处于缓慢发展和停滞状态”。当然，这决不是说在这20多年间我们的经济没有任何发展，人民生活没有任何改善，而是说同新中国成立头8年相比,同我们周边一些国家和地区相比,我们的经济发展相对缓慢,人民的生活改善不快,使社会主义的优越性未能充分显示出来。这种情况促使我们进行改革。用邓小平同志的话来说,就叫作"在坚持四项原则的基础上选择好的政策,使社会生产力得到比较快的发展"。这主要表现为"从以阶级斗争为纲转到以发展生产力为中心,从封闭转到开放,从固守成规转到各方面的改革"。改革开放为上海经济社会发展注入了新的活力。上海在实行改革开放新政策以来,大力引进和消化先进技术,改造传统工业,开拓新兴工业,发展第三产业,逐步改善了城市基础设施和投资环境,加快了向外向型、多功能、产业结构合理、科学技术先进、具有高度文明的社会主义现代化城市转变。全市国民生产总值、第三产业增加值、城乡人民收入水平在80年代都翻了一番以上。事实证明了改革开放政策是完全正确的。

对于上海来说,邓小平同志南方谈话和党的十四大以来的这几年,是最值得大书特书的。这是因为,我们党和国家在以往深思熟虑的基础上,确立了以社会主义市场经济作为我国经济体制改革的目标模式。上海近几年的持续、快速、健康发展,是同上海率先建立社会主义市场经济的运行机制的努力密切相关的。80年代,当上海还是我国计划经济的一个重要载体时,经济发展曾受到多方面的局限。邓小平同志发表南方谈话以来,上海全面加快向社会主义市场经济新体制的转轨步伐:近90%的国有大中型企业采取各种方式转换经营机制,经济活力大为增强,发展速度逐渐加快。同时,市场体系日趋完善,证券、金属、粮油等11个国家级交易所和大型交易市场相继开业。随着软硬投资环境的不断改善,近两年到上海投资的外商十分踊跃,众多世界著名的跨国公司和外资银行落户上海。浦东开发开放和城市基础设施建设大规模推进,近三年资金投入量相当于整个80年代的总和,城市面貌发生了脱胎换骨的变化。毫无疑问,这就是社会主义市场经济所迸发出的生机和活力！这个事实充分表明了把社会主义市场经济作为我国经济体制改革的目标,是进一步解放生产力、发展生产力的最关键的一招,它解决了我国社会主义的生机、活力、前途、命运这样带全局性、根本性的战略问题。

总之,45年来的实践深刻地反映了我们党和人民作出的历史选择的正确,证明了党的基本路线的正确。抓住上海解放45周年的契机,系统回顾总结我们上海、我们祖国的发展变化,对坚定地走社会主义道路、走改革开放之路、走社会主义市场经济之路大有裨益。完全可以相信，在邓小平同志建设有中国特色社会主义理论指引下，在以江泽民同志为核心的党中央领导下，沿着既定的这条有中国特色的社会主义道路走下去，上海“一年一个样，三年大变样”的近期目标和“一个龙头、三个中心”的长远目标，就一定会实现！

# 为改革攻坚战“三大战役”告捷喝彩

（1994年8月）

今年是我国经济体制改革“整体推进，重点突破”的“攻坚年”。从年初到现在，一系列体现社会主义市场经济基本框架的宏观改革措施已全部出台。人们都很关心这场改革“攻坚战”目前的进展情况究竟如何？可以告慰人们的是，各项宏观改革措施到位顺利、运转良好。借用唐代大诗人李白的诗句，可以称之为“轻舟已过万重山”。难能可贵的是，我们在进行如此巨大规模的改革“攻坚战”时，社会经济生活比较稳定，上半年全国财政、金融、外汇等方面的情况普遍好于去年，特别是外贸出口大大超过去年同期水平。与此同时，经济运行中的一些突出矛盾和问题都有不同程度的缓解，过高的工业增长率、投资增长率、信贷增长率和通货膨胀率都在稳步回落。一些持客观态度的国际舆论称之为“奇迹”，应该说是恰如其分的。

党中央、国务院今年发起的改革“攻坚战”，如同当年毛泽东同志亲自指挥的人民解放战争的“三大战役”一样，是决定胜负成败的关键之仗。这次改革攻坚战也有“三大战役”，即金融改革、财税改革、粮价和购销体制改革。

“三大战役”并不是“三箭齐发”，而是有条不紊地相继推出的。其中，金融改革是从去年下半年开始，财税改革是在今年一季度出台，粮价和购销体制改革则是今年6月份完成的。上述宏观改革“三大战役”的全线胜利，对于建立社会主义市场经济新体制，对于加强和改善我国走向小康社会的宏观管理，都是具有决定性意义的。

金融改革是“三大战役”的第一仗。邓小平同志指出：“金融很重要，是现代经济的核心。金融搞好了，一着棋活，全盘皆活。”这是至理名言。反观我国的银行系统，在这次宏观改革以前，近乎“钞票发行公司”和“不上锁的金库”，几度经济过热，几番宏观失控，都同金融扩张密不可分。再不改革金融体制，剧烈的通货膨胀将会导致严重的政治问题。在这次金融改革中，理顺了中央银行体制，取消了各省分行7%的贷款权，明确了把各专业银行逐步办成商业银行，金融机制真正开始按市场经济规则运行了，从而有效地刹住了“三乱”现象。作为金融改革题中之义的外汇管理体制改革，虽然风险很大、难度很大，但出台以后非常顺利。它不仅推进了汇率并轨，扭转了我国出口下降、进口猛增的状况，而且大大增强了我国的出口能力，使国家外汇储备达到历史最高水平，一举跃居世界第7位。国际舆论莫不盛赞我国的外汇改革非常成功、非常漂亮。

“三大战役”的第二仗是财税改革。推出财税改革的直接动因在于中央财税流失十分严重，中央财政收入在国家财政收入中的比重日益下降，财政赤字与年俱增，长此以往不仅将严重削弱中央对整个经济的宏观调控能力、导致无法调剂地区间的贫富差距，而且还蕴涵着极大的政治风险。财税改革主要有两方面内容，一是税制改革，即普遍实行增值税，这是世界通行的税种，增值税在生产和流通环节中是一环扣一环的，无论哪个环节都无法偷税漏税；二是中央和地方实行分税制，目标是逐步改变中央财政收入在去年以前只占全国财政总收入28%的状况，使中央财政占总收入的比重达到60%左右。这两项改革措施既立足中国国情，又都是按国际惯例进行设计的，既吸收了别国的长处，又结合了中国的特点；既体现了邓小平同志的思想，又兼顾了地方利益。比如，分税制就是一个温和的、渐进的设计，它虽然按60%的比例收上来，但又按照1993年的基数返回去，1994年中央财政收入增量的一半归地方。因此，尽管这两项改革对现存利益格局的触动面都相当大，人们在改革的初始阶段也曾议论纷纷、忧心忡忡，但随着改革措施的顺利出台和正常运转，其效果已日益显示出来。今年上半年全国财政收入比去年同期增长24%，超过了国民经济发展和工业增长速度。两项改革也因此而得到各地方的拥护。与财税改革一起出台的对国库券的改革，也取得空前成功。由于国家审时度势适当提高了国库券利息，所以各省市在很短时间里就完成了1000亿人民币的国库券认购任务，从而有效弥补了今年国家财政的巨额赤字，有力支持了国家重点建设，同时也大有助于刹住乱集资。

粮价和购销体制的改革是“三大战役”的最后一仗，是改革“攻坚战”中的“淮海战役”，它的重要性和艰巨性，也丝毫不亚于金融改革和财税改革。

随着我国社会主义市场经济的发育、发展和比较利益的新变化，导致农民增产不增收，种粮积极性下降，大量农田撂荒，大批农民进城，既潜伏着农业的危机，又加剧了城市的压力。很明显，如果粮价再不提高，农民种粮积极性再不调动，不仅粮食生产稳不住，吃粮会成大问题，而且农村市场打不开，工业产品也无销路，所以粮价和购销体制的改革势在必行。这项改革我们过去多年想干而不敢干，主要是担心风险太大，怕干不成。由于十多年的改革逐步提高了全社会的心理承受能力，由于宣传思想工作的深入细致，再加上城市居民的深明大义和顾全大局，目前这项改革也已取得初步成功，全国粮价稳定，购销两旺，农民种粮积极性大为高涨。各种迹象表明，一个农业生产的新高潮正在到来。

我们之所以如此欢欣鼓舞地庆贺我国改革攻坚战“三大战役”的全线胜利，乃是因为，这一胜利充分体现了以江泽民同志为核心的党中央的谋略和胆略，实现了邓小平同志伟大的改革构想，为到 20 世纪末初步建立社会主义市场经济新体制奠定了基础，同时也更加坚定了我们对于“改革必胜、四化必成”的信心。

# 发展：当代中国的主义与问题*

（1994年8月）

认真研读《邓小平文选》第三卷，我们从书中最受启发和教育的就是：在当代中国不仅坚持马列主义、坚持社会主义联系于发展，而且解决中国的各种问题也都联系于发展，因此，发展既是当代中国的“主义”，也是当代中国的“问题”。用邓小平同志的话来说，就叫作“只有社会主义能够发展中国”；“最终说服不相信社会主义的人要靠我们的发展”；“问题的根本解决取决于发展”。

“主义譬如一面旗子。”江泽民同志在学习《邓小平文选》第三卷报告会上，引述的毛泽东同志的这句话极为精辟。江泽民同志对这句话的发挥也相当精彩。他说，中国共产党成立之初，就郑重地把马克思列宁主义写在自己的旗帜上。经过延安整风和党的七大，又郑重地把马克思列宁主义与中国革命实践之统一的思想——毛泽东思想写到自己的旗帜上。从十一届三中全会开始，经过十二大、十三大到十四大，我们党又郑重地把邓小平建设有中国特色社会主义的理论写到了自己的旗帜上。毛泽东同志说：“有了旗帜，就可以集合队伍，进行战斗。”这就是说，我们党高举主义的旗帜，从根本上说，是为了解决中国的“问题”。所谓“问题”，在各个历史时期当然各不相同。在新民主主义革命时期，我们运用“主义”所要解决的“问题”是“救中国”，即让“中国人民站起来”；而在社会主义革命和建设时期，我们运用“主义”所要解决的“问题”是“发展中国”，就是要让中国振兴起来、强盛起来，“永远岿然屹立于世界民族之林”。“主义”的生命力、感召力、吸引力、凝聚力，说到底取决于它能否切实有效地解决实践向它提出的“问题”。

在改革开放和社会主义现代化建设历史新时期，邓小平同志为什么反

---

* 本文系作者学习研读《邓小平文选》第三卷的札记。

复强调我们坚持的马克思主义必须是同中国实际相结合的马克思主义，社会主义必须是切合中国实际的有中国特色的社会主义呢？其根本原因就是要帮助我们从过去对马克思主义的某些原则、某些本本的教条式理解，对社会主义的一些不科学的甚至完全扭曲了的认识，以及超越社会主义初级阶段的不正确的思想中解放出来，使我们的眼光向着中国的实际，“研究新情况、解决新问题”。“问题”解决得越多越普适越深刻，人们对“主义”的信任度和向心力就会越大越强越坚定。在国际风云变幻的形势下，马克思主义在当代中国大行其道，社会主义在当代中国大旗不倒，其全部奥秘难道不正在于此吗？我们学习《邓小平文选》第三卷，一个很重要的任务就是要在这方面达成共识，从而对坚持“主义”更坚定，对解决“问题”更执着，对加快发展更自觉。

## 一、对“主义”的重新认识开始于对发展缓慢和停滞问题的冷静反思，结论就是：我们要坚持真正的马克思主义和真正的社会主义

从《邓小平文选》第三卷中可以看到，党的十一届三中全会以来，我们党特别是邓小平同志对我们长期坚持的马列主义、社会主义，都作了高屋建瓴的重新审视。而这种对“主义”的重新认识，又是同对发展缓慢和停滞问题的痛切感受与冷静反思紧紧联系在一起的。邓小平同志说：“多少年来我们吃了一个大亏，社会主义改造基本完成了，还是‘以阶级斗争为纲’，忽视发展生产力。‘文化大革命’更走到了极端。”造成的恶果是：“就整个政治局面来说，是一个混乱状态；就整个经济情况来说，实际上是处于缓慢发展和停滞状态。”“我们干革命几十年，搞社会主义三十多年，截至一九七八年，工人的月平均工资只有四五十元，农村的大多数地区仍处于贫困状态。这叫什么社会主义优越性”？我们“国家这么大，这么穷，不努力发展生产，日子怎么过？我们人民的生活如此困难，怎么体现出社会主义优越性？”“占全国人口百分之八十的农民连温饱都没有保障，怎么能体现社会主义的优越性呢？”联系到《邓小平文选》第二卷，在那里，邓小平也有许多同样如此痛心疾首、忧心如焚的论述。邓小平同志这样说：“正确的政治领导的成果、归根到底要表现在社会生产力的发展上，人民物质文化生活的改善

上。如果在一个很长的历史时期内,社会主义国家生产力发展速度比资本主义国家慢,还谈什么优越性?""'四人帮'提出宁要穷的社会主义,不要富的资本主义,社会主义如果老是穷的,它就站不住","社会主义就有失去物质基础的危险";"我们要忧党、忧国、忧民啊!"

显然,正是这种贫穷落后的现状,正是这些令人不安的问题,引起了邓小平同志对"主义"问题的冷静反思。这在新一卷《邓小平文选》中同样有多处记载。邓小平同志说:"一九七八年底我党召开了十一届三中全会,我们冷静地分析了中国的现实,总结了经验。""什么叫社会主义,什么叫马克思主义?我们过去对这个问题的认识不是完全清醒的。""我们总结了几十年搞社会主义的经验。社会主义是什么,我们并没有完全搞清楚。""从一九五八年到一九七八年这二十年的经验告诉我们:贫穷不是社会主义,社会主义要消灭贫穷。不发展生产力,不提高人民的生活水平,不能说是符合社会主义要求的。""贫穷不是社会主义,发展太慢也不是社会主义。""我们在国际阶级斗争中要坚持马克思主义,坚持社会主义,就要表现出马克思主义的思想优越于其他的思想,社会主义制度优越于资本主义制度。"正是循着这样一个思路,邓小平同志提出了我们要搞"真正的马克思主义"和"真正的社会主义"这样重大的理论和实践问题。

提出要搞"真正的马克思主义""真正的社会主义"有两重含义:一是要搞清楚马克思主义、社会主义究竟是什么?二是马克思主义、社会主义在当代中国究竟怎样才能得到真正的坚持?

就第一层含义来说,邓小平同志认为,马克思主义最注重发展生产力。马克思主义的基本原则就是要发展生产力。这是因为,马克思主义的目的是实现共产主义,共产主义是建立在生产力高度发展基础上的、物质财富极大丰富,实行各尽所能、按需分配的社会。只有生产力高度发展,科学技术高度发展,才有可能实现按需分配。邓小平同志认为,按照马克思主义,社会主义是共产主义的第一阶段,是一个很重要的历史阶段。社会主义的首要任务是发展生产力。逐步提高人民的物质文化和生活水平。不发展生产力,不提高人民的生活水平,不能说是符合社会主义要求的。当年,我们党之所以信仰马克思主义,选择社会主义,就是鉴于历史已经证明,走资本主义道路,无论是用改良的办法,还是用革命的办法,在近代中国都走不通。因为如果搞资本主义,中国的混乱状况就不能结束,贫困落后的状况就不能改变。而走社会主义道路，从根本上说就是为了解决中国如果走资本主义道路所不能解决的这些“问题”。事实证明，社会主义确实解决了旧中国的混乱状况，解决了国家的独立和统一。邓小平同志说：“‘中国人站起来了’，是什么时候站起来的？是一九四九年。使中国人站起来的不是蒋介石，而是共产党，是社会主义。”社会主义在新中国成立初期又创造出经济发展的奇迹，它因此而为自己赢得了崇高威信。但是后来由于在指导思想上出现了失误，我国在很长一段时间内发展停滞了，徘徊不前了，由此又反过来影响到人们对“主义”的信念和信心。

就第二层含义来说，邓小平同志认为，“我们总的原则是四个坚持”，“问题是怎么坚持。是坚持那种不能摆脱贫穷落后状态的政策，还是在坚持四项原则的基础上选择好的政策，使社会生产力得到比较快的发展？十一届三中全会决定进行改革，就是要选择好的政策”。这里提出的“政策的选择”是个新概念。它表明，我国的改革作为党领导的第二次革命，同作为“主义的选择”的第一次革命不同。在当代中国，马克思主义作为党和国家的指导思想、社会主义作为我国的基本制度，这样一种对于“主义”的选择，已经历史地完成了。之所以还要进行“政策的选择”，是因为在建立社会主义经济基础以后，多年来没有制定出为发展生产力创造良好条件的政策。“这种情况迫使我们进行改革。”“十一届三中全会以后，我们探索了中国怎么搞社会主义。归根结底，就是要发展生产力，逐步发展中国的经济。”邓小平同志的这些精辟论述，科学地阐明了改革的性质不是要改掉社会主义制度，而是要改掉不能摆脱贫穷落后的不好的政策，改掉仍然束缚生产力的、不适应现代化要求的经济体制，按照社会主义的本质要求，去“选择”好政策，“选择”好机制，即“选择”有利于生产力发展的政策和体制机制。这种“政策的选择”是全方位的。从大的方面说，就是“一个中心、两个基本点”，从以阶级斗争为纲转到以发展生产力为中心，从封闭转到开放，从固守成规转到各方面的改革。从更具体的方面来说，通过改革，我们选择和形成了包括经济、政治、科技、教育、文化、军事、外交等各方面的“一整套相互关联的方针政策”，“而且有准确的表述语言”。正是这些正确的路线、方针、政策，使我国经济发展和综合国力在短短15年里跃上了一个大台阶，使社会主义的优越性比以往任何时候都更充分地显示出来。邓小平同志说：“世界上一些国家发生问题，从根本上说，都是因为经济上不去，没有饭吃，没有衣穿,工资增长被通货膨胀抵消,生活水平下降,长期过紧日子……人民现在为什么拥护我们,就是这十年有发展,发展很明显。”他由此更加坚信,“如果我们达到人均国民生产总值四千美元,而且是共同富裕的,到那时就能够更好地显示社会主义制度优于资本主义制度,就为世界四分之三的人口指出了奋斗方向,更加证明了马克思主义的正确性。”作为对共产主义理想有着坚定信念的老一辈革命家,邓小平同志对“主义”的反思,从解决“问题”出发,而又落脚到对“主义”的真正坚持上来。这对我们是多么深刻的教育和启迪啊!

## 二、解决十亿人的贫困问题、十亿人的发展问题就是我们坚持“真正的马克思主义”“真正的社会主义”所要解决的根本问题

在邓小平同志看来,发展和加快发展不仅是当代中国真正的“主义”,而且也是当代中国要尽快解决的根本“问题”。党的十一届三中全会以来,邓小平同志在强调指出“和平与发展是当代世界两大主题”(也是两大问题)的同时,也多次分析和指出了当代中国的种种问题。他指出,我们要解决社会主义初级阶段不发达的问题,解决实现工业化和生产的商品化、社会化、现代化问题,解决十亿人的贫困问题、十亿人的发展问题,解决八亿农民搞饭吃的问题,解决地区发展不平衡问题,解决人民的共同富裕问题,解决老百姓的吃、穿、用问题,住房问题,就业问题,普及国民教育、提高劳动者素质问题,解决人口问题、民族问题、环境问题,解决社会主义民主政治和精神文明建设问题,解决祖国和平统一问题,解决国权国格问题,解决维护世界和平、反对霸权主义、强权政治的问题,解决中国要对人类作出较大贡献的问题。把所有这些问题总括起来,就是要解决人民日益增长的物质文化生活的需要同落后的社会生产之间的矛盾这个根本问题,而这个问题的实质,就是发展问题。“中国解决所有问题的关键是要靠自己的发展。”邓小平同志反复指出,“我们有我们的责任,要对世界上五分之一的人负责,要发展经济,使他们生活得更好”;“而且还要更加发展起来,这是民族的要求,人民的要求,时代的要求”。他还强调,要把发展提到人类发展的高度来认识,强调“中国共产党把握住这一点,就把握了民族愿望,也把握了中国对

人类的责任。中国如果发展起来了，那就可以说我们对人类作出了贡献”。

江泽民同志在学习《邓小平文选》第三卷报告会上的讲话指出，这一卷文选内容丰富，博大精深，洋溢着鲜明的时代精神与民族精神。这种时代精神与民族精神的集中体现，就是全书贯穿始终的发展思想。发展是当今世界各国，特别是发展中国家面临的一个共同性问题，是当代中国的一个紧迫而现实的问题。我国是在一个经济文化落后的国家从事社会主义革命和社会主义建设的。中国共产党执政以后，特别是在生产资料所有制的社会主义改造基本完成以后，我们党所从事的现代化建设，是在滞后的历史条件下开始的“补课”与“追赶”并存的艰巨事业。它肩负着既要推动传统产业革命，又要迎头赶上世界新技术革命的双重历史任务，实际上是要用社会主义初级阶段一百年时间走完发达国家几百年才走完的路程，这就更加要求我们认识发展的长期性、艰巨性、紧迫性，把发展和加快发展，始终作为我们党的工作中心和根本任务，一心一意搞建设，千方百计谋发展。

近年来，先后有学者指出，发展是邓小平建设有中国特色社会主义理论的逻辑起点。笔者很赞成这个观点。邓小平同志的理论确实是把谋求发展以解决当代中国贫穷落后的问题，作为出发点和归宿的。这在新一卷《邓小平文选》中表现得尤为突出、尤为鲜明。这不但同党的十一届三中全会以来“一心一意搞建设”的战略方针有关，同邓小平同志自拨乱反正开始就一直关注并思考的当代世界主题、我国国情特点、社会主义本质等一系列理论和实践问题有关，而且还同新一卷《邓小平文选》主要收入了邓小平同志在 1982 年至 1992 年间形成和发展建设有中国特色社会主义理论的全部代表作有关。这十年，正是我国现代化建设洪波涌起、方兴未艾的十年，是制定经济发展战略，通过改革开放使整个国民经济提前实现第一步战略目标、上了一个新的大台阶的十年。发展的实践形成发展的理论，发展的理论反过来又指导发展的实践，从而使全党全国人民越来越认识到，发展确实是当今中国坚持“真正的马克思主义”“真正的社会主义”所要着力解决的根本问题。

邓小平同志本人似乎也是比较倾向于用发展来概括他提出的理论和路线的。比如，他提出，中国的大局是发展，“关心大局，就是使我们国家在二十年内发展起来”；“综观全局，不管怎么变化，我们要真正扎扎实实地抓好这十年建设，不要耽搁。这十年时间能够实现第二个翻番，就是我们最了不起的胜利”。“经济能不能避免滑坡,翻两番能不能实现,是个大问题。使我们真正睡不着觉的恐怕长期是这个问题”,是“这几年一直摆在我们脑子里的问题”。比如,他提出,“中国的主要目标是发展,是摆脱落后,使国家的力量增强起来,人民的生活逐步得到改善”,“把贫困的中国变成小康的中国”。比如,他提出,“我们的路线是发展的路线”,“党的十一届三中全会以后,我们集中力量搞四个现代化,着眼于振兴中华民族”,“十一届三中全会确立的这条中国的发展路线,是否能够坚持得住,要靠大家努力,特别是教育后代”。

那么,邓小平的理论和路线是如何一切着眼于发展、一切致力于发展的呢?

首先,他强调发展要善于抓机遇。“对于中国来说,大发展的机遇不多”,“现在世界发生大转折,就是个机遇”,“要善于把握机遇发展自己”,“凡是遇到机遇就不要丢,就是要坚持,要干起来”,“有利于发展事业的,抓着就可以干”。不然,我们国家就会处在“比上不足,比下也有问题”的尴尬境地,就无法向人民交代。

其次,他强调要通过改革开放来加快发展自己。他指出,改革是我国加快发展的“必由之路”;改革的意义,是为下一个十年和 21 世纪前五十年奠定良好的持续发展的基础。没有改革就不会有今后的持续发展。“我们要赶上时代,这是改革要达到的目的”。我们在改革中选择市场经济的运行机制,也是鉴于这种机制能够“更有力地发展社会生产力”。开放是加快发展的条件。因为“现在的世界是开放的世界”,“中国的发展离不开世界”,十一届三中全会前“三十几年的经验教训告诉我们,关起门来搞建设是不行的,发展不起来的”。实行改革开放,“是决定中国命运的一招”,“改革和开放是手段,目标是分三步走发展我们的经济”。

第三,他强调要采取正确的发展战略来推动加快发展。这些战略包括“三步走”战略,在原来贫穷落后的基础上依次实现温饱、小康、中等发达的渐进式发展战略;在“三步走”的每一个具体发展阶段,要根据条件和可能,采取“台阶式”、跳跃式发展战略,以实现“持久中的速决”。在地区之间实行有先有后、有快有慢的“差别式”发展战略,沿海地区要加快改革、开放和发展的步伐,使这个拥有两亿人口的广大地带较快地先发展起来,从而带动内地更好地发展。在发展手段上采取“科技先导型”战略,在社会的多项发展任务中,要把发展生产力放在第一位,在发展生产力的任务中要把发展科学技术放在第一位,特别是要重视发展高科技,加快产业化,以便在21世纪这一高科技世纪到来时,能够占有一席之地,增强我国参与国际竞争的能力,“不然我们很难赶上世界的发展”。

第四,他强调要维护国际和平与国内稳定,以便为加快发展创造良好的环境。“我们搞的有中国特色的社会主义,是不断发展社会生产力的社会主义,是主张和平的社会主义”,“只有争取到和平的环境,才能比较顺利地发展”,“我们不在乎别人说我们什么,我们真正在乎的是有一个好的环境来发展自己”。为此,他提出,中国在世界上要善于自处,利用机遇,把中国发展起来,少管别人的事,也不怕制裁;特别是在国际局势剧变中,他要求我们稳住阵脚,沉着应付,“冷静、冷静、再冷静,埋头实干,做好一件事,我们自己的事”。就是发展我们的经济、改善我国人民生活这一件事。他说:“中国能不能顶住霸权主义、强权政治的压力,坚持我们的社会主义制度,关键就看能不能争得较快的增长速度,实现我们的发展战略。”“只要我们争得了这一条,就稳如泰山。”

邓小平同志还反复强调,“只有稳定,才能发展”。“中国正处在特别需要集中注意力发展经济的进程中。如果追求形式上的民主,结果是既实现不了民主,经济也得不到发展,只会出现国家混乱、人心涣散的局面。”“政治不安定,谁还有精力搞饭吃?更谈不上发展了。”“中国不能把自己搞乱,这当然是对中国自己负责,同时也是对全世界、全人类负责”。

邓小平同志的发展思想还包括:要高度重视和大力加强农业,“农民没有积极性,国家就发展不起来”。要高度重视和优先发展基础产业,为21世纪的发展积蓄后劲。要着眼于帮助少数民族地区的发展。要注意经济、社会、人口、环境的协调发展。要加强党的建设、精神文明建设,克服发展中存在的消极、腐败、丑恶现象,等等。

## 三、“问题”尚未解决,“主义”不能动摇,发展还须加快,我们仍需努力

十一届三中全会以来,我们党在实践中形成的这一套深化改革、扩大开放、加快发展,使中国摆脱贫困、实现小康、走向发达的基本理论、基本路线,

对解决中国的“问题”,发挥了巨大作用,取得了明显成效,使“中国真正活跃起来”了,社会各行各业活了,城市高楼大厦多了,农村山水田园变了,家庭吃穿住用好了,我国的综合国力和人民生活水平都出现了一个质的飞跃。社会主义对人们的凝聚力、感召力、说服力,从来没有像今天这样大、这样强。现在,人们所担心的是,这一套能真正发展中国、能真正强国富民、能真正解决问题的“主义”(即党的基本理论、基本路线)会不会变?邓小平同志始终关心的也正是这个变与不变的问题。我们从新一卷《邓小平文选》中看到,在总共119篇讲话、谈话中,谈到理论、路线、方针、政策“不能变”“不该变”“不许变”“变不了”的就有几十篇之多!

为什么这个“主义”不能变?首先当然是因为它合乎规律,即中国共产党人经过艰难曲折、付出巨大代价终于在20世纪90年代,初步认识并掌握的中国社会主义建设规律。如果放弃和改变了这个“主义”,就是违背了客观规律,就必然会受到惩罚,遭受挫折,甚至走向失败。

“主义”不能变,还因为它顺乎民心,“人民现在为什么拥护我们?就是这十年有发展,发展很明显”,“在这短短的十几年内,我们国家发展得这么快,使人民高兴,世界瞩目”;“实践证明现在的政策是正确的,是行之有效的。人民生活确实好起来了,国家兴旺发达起来了,国际信誉高起来了,这是最大的事情”。如果放弃或改变了这个“主义”,“老百姓不答应,谁就会被打倒”。

“主义”不能变,还因为中国摆脱贫困、实现小康、走向发达的“问题”还没有解决;坚持“一国两制”,实现祖国和平统一的“问题”还没有解决;中华民族要对人类作出较大贡献的“问题”还没有解决;我们所追求的共产主义理想境界还没有实现。一言以蔽之,“问题”尚未解决,“主义”不能动摇,发展还须加快。这正是邓小平同志所一再告诫我们的。他说:“对外经济开放,这不是短期的政策,是个长期的政策,最少五十年到七十年不会变。为什么呢?因为我们第一步是实现翻两番,需要二十年,还有第二步,需要三十年到五十年,恐怕是要五十年,接近发达国家的水平。两步加起来,正好五十年至七十年。到那时,更不会改变了。”“中国的发展战略需要的时间,除了这个世纪的十二年以外,下个世纪还要五十年”,“实际上,五十年只是一个形象的讲法,五十年后也不会变。前五十年是不能变,五十年之后是不需要变”。邓小平同志充满信心地说:“谁也不能阻挡中国的改革开放继续下去。为什么？道理很简单，不搞改革开放就不能继续发展。”“总之，有一点是肯定的，那就是中国一定要发展，改革开放一定要继续，生产力要以适当的速度持续增长，人民生活要在生产发展基础上一步步改善。”说过来，说过去，这就叫作规律不可背、人心不可违、潮流不可挡！

“从现在起到下世纪中叶，将是很要紧的时期，我们要埋头苦干。我们肩膀上的担子重，责任大啊！”《邓小平文选》第三卷这言简意赅的压卷的两句话，其寓意何在、其深意何在？毫无疑问，这就是说，要接好老一辈无产阶级革命家开创的、改革开放和现代化建设全新事业这个班，归根到底就是要深刻理解和自觉把握老一辈革命家在开创全新事业中积累的基本经验、创造的基本理论、形成的基本路线。换言之，我们后辈共产党人担负的历史重任，就是要在以江泽民同志为核心的党中央领导下，把这一套唯一正确、行之有效的“主义”一代一代传下去。我国社会主义的前途命运就系于此，我们中华民族的兴衰成败就系于此，我们一代又一代中国共产党人的历史使命就系于此。由此看来，我们党确实是“肩膀上的担子重，责任大啊”！我们还有什么理由不认认真真地向邓小平同志其书其人其理论学习学习再学习，在提高我们治党治国治天下的本领方面努力努力再努力呢?!

# 浦东开发开放与投资环境投资政策*

（1994年9月7日）

我就各位普遍关心的浦东开发开放的有关背景和政策问题，作几点有较大信息量的说明，供各位企业家朋友们在进行投资决策时参考。

## 一、浦东新区相比其他开发区有哪些独特优势

说到浦东开发开放的独特优势，至少可以举出以下6条。

1. 地位独特。上海黄浦江东岸的浦东，是中国90年代改革开放的重点、龙头和标志。从1990年宣布浦东开发开放以来，邓小平先生每年都要到浦东视察开发开放进展情况，要求浦东开发开放必须做到“一年一变样，三年大变样”，勉励我们“抓紧浦东开发，不要动摇，一直到建成”。我们把这视为中国改革开放总设计师的“现场督战”，志在必成。所以，各位可以相信，浦东开发开放的成功是无可置疑的。

2. 目标独特。同一般经济技术开发区只是产业开发和项目开发不同，浦东开发开放是面向现代化、面向世界、面向21世纪上海现代化新城区的开发。浦东开发开放的目标，是要振兴上海、服务全国、面向世界，成为上海持续发展新的增长极，成为带动长江流域经济带发展的“龙头”。因此，浦东开发开放的规模是世界级的。

3. 地理位置独特。地处长江入海口的浦东，是中国黄金海岸与黄金水道的交汇点，是中国进入国际市场的门户与通道。上海已同国内50多个城市、境外25个城市开辟了空中航道，同170多个国家和地区的400多个港

---

* 本文系作者在日本大阪投资政策恳谈会上的演讲。

口,开辟了水上航线。从上海坐飞机到东京和大阪,所需时间与上海到北京、天津几乎相同。这样优越的地理位置,极大方便了国内外投资者特别是与上海一衣带水的日本投资者。

4. 综合优势独特。浦东开发开放是中国中央政府和上海市政府向世界打出的一张“王牌”。正如邓小平先生指出的那样,“上海在人才、技术和管理方面都有明显的优势”,“只要守信用,按照国际惯例办事,人家首先会把资金投到上海”。

5. 管理体制独特。负责浦东开发开放的新区管理委员会,是按照社会主义市场经济要求设置的人员少、效率高的一线指挥部。它管辖的面积522平方公里,管理的人口140多万,管委会只设立10个职能部门,官员总数仅800人,同浦西老城区相同级别的管理层次相比,机构和人员都减少了1/3,可以为外国投资者提供快速高效的“一条龙”“一站式”服务。

6. 优惠政策独特。浦东新区不仅拥有中国5大经济特区和全国500多个经济技术开发区的全部优惠政策,而且还在第三产业方面享有中央政府赋予的超出5大经济特区的先行先试政策。这就是:第一,允许外国企业在浦东新区开办百货商店、超级商场等第三产业。目前,中日合资上海第一八佰伴有限公司已奠基开工。第二,允许外资在上海范围开办银行、财务公司等金融机构;外资金融机构在上海黄浦江两岸都可以设置。第三,允许上海设立证券交易所,为浦东开发自行审批发行人民币股票和B种股票。第四,在浦东新区外高桥设立中国开发度最大的保税区,也就是实行“境内关外”特殊管理模式的自由贸易区。在这个区域里,实行免关税、免许可证,允许设立内资、外资国际贸易机构,从事国际转口贸易,以及设立保税生产资料交易市场等。

## 二、浦东开发开放4年来取得哪些实质性进展

1. 浦东开发开放4年来,投资250亿元人民币的第一批10大基础设施工程已全面提前建成。包括冠名为南浦和杨浦的两座黄浦江大桥,两条快速公路干道,外高桥保税区4个万吨级泊位的码头,还有一批电力、煤气、供水、排污、通信等工程。1995—2000年,我们将继续投资900多亿元人民币,再建设第二轮10大基础设施项目。这些巨额投资是通过多种渠道筹集

的，利用外资搞基础设施建设的资金只占1/3左右。

在新一轮10大基础设施项目中，最引人注目的是浦东国际机场。新机场建成后将是多跑道的，年吞吐量为5000万人次，是虹桥机场的5倍。日本有些规划专家指出，浦东国际机场的选址距日本、韩国都大约为2000公里，建成后对提高太平洋航线和东亚航线的效益有着重要意义。

2. 浦东新区各个重点功能小区开发速度进展很快。特别是陆家嘴、金桥、外高桥、张江4个重点功能小区，已成片受让土地近50平方公里，其中1/3土地已完成开发。陆家嘴开发区55幢高标准金融大楼已开工建设，在建面积285万平方米。金桥出口加工区开工项目已达122个，预计今年可实现50亿元人民币的工业产值。外高桥保税区已吸引近2000个内外资项目。

3. 海内外投资浦东的势头迅猛且经久不衰。截至今年6月底，浦东新区已吸引外资企业2134家，投资总额87.3亿美元，协议外资金额48.4亿美元。同时，有3000多家上海以及外省市和国务院各部委的企业在浦东投资开业，投资总额达200多亿人民币。

外资进入浦东的主要特点是：第一，就投资项目看，中国香港占首位，以下依次是美国、中国台湾、日本；而就投资金额看，依次是中国香港、美国、日本、中国台湾。第二，进入浦东的国际跨国公司越来越多。到目前为止，世界500强跨国公司中，已有32家在浦东投资高新技术产业或商贸服务业。第三，投资浦东第三产业的外资项目700多个，占外商投资项目总数的43%，协议投资金额占总金额的60%以上。外资进入的三产领域除了餐饮业、娱乐业之外，还有勘察设计、设备安装、房地产、咨询服务、商业零售、文化、医药、体育、科研、公用事业等。

这里，我要特别提到的是，来浦东考察咨询的日本客商一直保持着浦东新区外宾接待的第一位。这表明，日本企业界对投资浦东是有浓厚兴趣的。截至今年6月，日本在浦东新投资的项目共191个，排名第四；协议投入资金3.06亿美元，排名第三。其中，投资额在1000万美元以上的大项目有13个，是世界跨国公司进入浦东最多的国家。伊藤忠商事株式会社、三井集团、三菱集团、丸红、住友商事、松下电器等著名跨国公司，纷纷在浦东投资兴办了企业。

## 三、浦东新区是否欢迎中小项目的投资者

1. 浦东开发开放初期，较多宣传了外国跨国公司纷纷投资浦东的消息，给外国中小规模投资者造成一种浦东新区不欢迎中小项目的错觉。其实，目前已进入浦东的2134个外资项目中，中小项目占92%。日本在浦东投资兴办的191个项目中，中小项目也占91%。

2. 外资中小项目不仅以绝对的数量优势进入了浦东新区，而且还以其投入产出周期短、投资回报快的"短、平、快"优势，取得了较好的投资效益。比如，日本投资者在金桥出口加工区兴建的爱丽丝制衣有限公司，从项目洽谈到建成投产，总共只花了400天时间，投资回报率在浦东新区名列前茅。又比如，大阪府有一位投资者在浦东新区花木乡与中方合资改造了一家乡办玻璃器皿厂，日商投资15万美元，中方投资85万人民币。由于引进了先进生产设备，投产后第一年的利润总额就达2081万元人民币，日方不仅一年就收回了全部投资，而且还获得了可观的利润。

## 四、汇率并轨和税制改革会不会影响浦东新区的各项优惠政策？

1. 从1994年1月1日起，我国实施人民币汇率并轨，即把中国的两种外汇制度合二为一。这样的改革举措有利于彻底解决外方投入和汇出两种汇率带来的矛盾，方便了外商直接投资。而且，汇率并轨后，取消了外汇券，一些原来限定要付外汇券的项目，外籍人员安装和支付电话费、货物运费、住宿费以及购买机票等，均以人民币支付，既方便了外商投资企业的各种活动，也方便了外籍人员的生活。

汇率并轨后，原先官方的5.4元的汇率变成了8元左右，这样在中外合资时，中方拿出来的人民币要比原来多得多，如果原来双方各是50%的股份，那么，同样的投资，中国方面可以分到的利润可能只有30%，对在中国制造产品出口的厂商，利益就更大了。但对过多地购买进口原料而在中国生产的厂商可能有些不利。所以，总体来看，汇率并轨不会影响浦东新区的优惠政策。

2. 税制改革也不会影响浦东新区的各项优惠政策。1993 年年底以前，我国对外商投资企业和内资企业所使用的是两套不同税法。1994 年实行的税制改革，总的来说，是不增加外资企业负担的，但具体到某个企业，会有一些差异。据调查，外商投资企业的工商统一税改为增值税、营业税、消费税后，有 40%的企业税负与原来持平，30%略有增加，30%比原来降低。为了解决少数外资企业因税制改革而增加的负担，对于 1993 年 12 月 31 日已批准建立的外商投资企业因税改而增加的负担，经企业申请，税务机关批准，准予退还其由于增加税收负担而多缴的税款，但最长不超过 5 年。

这就是说，实行税制改革以后，对外资企业的税收不改变原先规定的优惠政策。相反，为了更好吸引外资，我们还把原先只适用于生产性外资企业的优惠政策扩展到非生产性外资企业，即在浦东新区内开办的非生产性外商投资企业，包括中外合资、中外合作和外商独资企业，从 1994 年开始也减按 15%的税率征收企业所得税，符合有关条件的，还可享受“一免二减半”征收企业所得税的优惠。

# 中央对浦东开发开放的定位从“重点”到“龙头”再到“标志”

（1995年4月）

最近，中共中央总书记江泽民在上海视察时，引人注目地指出：“开发开放浦东不仅关系到上海的发展，而且是中国改革开放的重要标志。”这是对浦东开发开放的重要战略地位所作的崭新界定，包含极为丰富的内容，很值得引起我们高度重视。

从1990年4月18日党中央、国务院正式宣布开发开放浦东以来，在对浦东开发开放的战略定位问题上，中央领导同志曾先后作过多次重要指示，予以科学“定位”。1991年8月21日，李鹏同志指出：“浦东的建设是中国今后十年开发的重点。”1992年4月3日，七届全国人大五次会议决议指出：“上海浦东新区是今后十年开发开放的重点。”1992年6月11日，邹家华同志指出：“开发开放浦东是国家今后十年改革开放的重点。”这些重要指示是对浦东开发开放战略地位的第一次界定，可以谓之“重点说”。而“重点”的内涵又是不断拓展的，从“开发的重点”到“开发开放的重点”直到“改革开放的重点”。

1992年以后，在中央领导同志的讲话中出现了对浦东开发开放战略地位的更进一步的界定，可以谓之“龙头说”。1992年6月11日，邹家华同志提出：“以上海浦东开发开放为龙头，带动整个沿江经济带发展。”1992年6月24日，李鹏同志提出：“以上海浦东的开发开放为龙头，推动长江沿江地区发展的工作。”1992年10月12日，江泽民同志更进一步提出：“以上海浦东开发开放为龙头，进一步开放长江沿岸城市，尽快把上海建成国际经济、金融、贸易中心之一，带动长江三角洲和整个长江流域地区经济的新飞跃。”

最近江泽民同志提出的“开发开放浦东不仅关系到上海的发展，而且是中国改革开放的重要标志”，则是对浦东开发开放战略地位所作的更高层次和更深层意义上的定位，可以谓之“标志说”。需要指出的是，在1992年11月15日至22日，江泽民同志在上海调查研究时，对浦东开发开放也曾经有过“标志”的提法。当时，他指出：“党的十四大把开发开放浦东列为我国90年代经济建设的重点。这是我国扩大对外开放的重要标志。”同样是说“标志”，而内涵却不尽相同，1992年说的是“我国扩大对外开放的重要标志”，现在的提法则是“中国改革开放的重要标志”。

毫无疑问，从“重点”到“龙头”再到“标志”，决不仅仅是提法上的改变，而是表明了党中央、国务院对浦东开发开放战略地位在认识上的不断深化和升华。“重点”和“龙头”都只是一种以国内其他地区为对应物和参照系的“比较级”提法，而“标志”则是以当代世界作为对应物而以当代中国整体形象作为大背景的一种“对照性”的提法。它回答了观察90年代及至21世纪当代中国的改革开放应当以什么作为标识、标记、标杆的问题。

浦东开发开放作为“我国扩大对外开放的重要标志”问题，学术界、经济界在过去也已有过若干论述。这些论述主要是从我国对外开放的地域和领域这两个范畴来认识的。从地域看，浦东开发开放标志着我国对外开放由南向北、由东向西、由沿海向着长江流域纵深地区的挺进；而从领域看，由于浦东开发开放实行了某些比5个经济特区更特的政策，因而对外开放的领域便从工业逐步扩展到金融、贸易、房地产和咨询服务等第三产业，并使投资主体、合作领域、经营范围日益多元化、多样化。从这个意义上，我们说，浦东开发开放是我国扩大对外开放的重要标志。

那么，对于浦东作为中国改革的重要标志又该怎样认识呢？从原则上讲，开放必然促进改革，改革也必然推动开放。但是，鉴于80年代我国改革的重点地区与开放的重点地区并不完全重合，因此，把浦东同时界定为中国改革开放的重要标志，其意义应该说是不寻常的。

90年代，我国的经济体制改革进入了“整体推进，重点突破”的新阶段，即深化改革既要在培育市场主体、完善市场体系、健全调控体系这三个方面“整体推进”，又要在市场经济新体制的微观基础和宏观体制这两个层面“重点突破”。到20世纪末，我国将要初步建立社会主义市场经济新体制。浦东作为中国市场与国际市场全面接轨的先行区和示范区，必须先行一步，率先完成“整体推进，重点突破”的深化改革“攻坚战”，率先建立社会主义市场经济运行机制。这就要求我们全面加快市场体系建设,大力发展生产要素市场,重点培育房地产交易市场、劳务市场、产权交易市场和保税生产资料市场等四大市场,及早规划信息市场和离岸金融市场的建设,巩固发展已经建立的一批其他市场。同时还要按照"东西联动"的要求,加快浦东新区要素市场与浦西大市场的联网,以便尽快扩大这些要素市场的辐射范围。从这个意义上,也许可以说,浦东以及整个上海要素市场全面建成之日,便是浦东作为"中国改革开放的重要标志"真正实现之时。

当然,江泽民同志所说的"浦东是中国改革开放的重要标志",其内涵决不仅限于上述这两个方面,它至少还应当包括:浦东应成为正确处理改革、发展、稳定三者关系的标志;成为物质文明和精神文明两个文明协调发展的标志;等等。对此,我们还需要结合实际深入学习、全面领会。当务之急是要从上到下普遍树立"标志意识",增强"标志观念",拿出"标志气度"和"标志行动"来。一步"标志行动"胜过一打"标志口号",这就是我们为落实江泽民同志关于"浦东是中国改革开放的重要标志"的重要指示所应有的态度。

# 学习理论抓住纲　百年不变铸辉煌*

（1996年1月）

《邓小平同志建设有中国特色社会主义理论学习纲要》（以下简称《理论学习纲要》），经中共中央批准，于最近公开出版发行了。这个《理论学习纲要》比较全面、系统、准确地勾画和阐发了邓小平同志建设有中国特色社会主义理论的科学体系，为全党全军全国人民深入学习邓小平著作、完整把握邓小平理论提供了一本很好的辅助读物。

学习理论抓住纲，《理论学习纲要》就是博大精深的邓小平理论体系的一个总纲。它高屋建瓴而又提纲挈领，在醒目的章节与提神的论述中，凸显了邓小平理论的逻辑线索。我们要把《理论学习纲要》纳入整个邓小平理论的学习中去，在深入学习中着重把握好这个理论的由来、理论的主题、理论的主线、理论的突破。尤其要注重理论的运用，不断提高在任何情况下坚持这一理论的自觉性和坚定性，以基本理论和基本路线的百年不变，去重铸我们民族、我国社会主义新的辉煌。

## 一、关于理论的由来

建设有中国特色社会主义理论是从哪里来的呢？对此，党的十四大报告曾作过简明扼要的表述，指出“建设有中国特色社会主义的理论，是在和平与发展成为时代主题的历史条件下，在我国改革开放和社会主义现代化建设的实践过程中，在总结我国社会主义胜利和挫折的历史经验并借鉴其他国家社会主义兴衰成败历史经验的基础上，逐步形成和发展起来的”。《理论学习纲要》据此从四个方面作了稍加展开的具体阐释。

---

* 本文系作者学习研读《邓小平同志建设有中国特色社会主义理论学习纲要》札记。

首先,这一理论是对马克思列宁主义、毛泽东思想继承和发展的成果。其次,这一理论是对我国社会主义建设历史经验教训进行科学总结的成果。第三,这一理论是对党的十一届三中全会以来我国社会主义建设新鲜经验进行科学总结的成果。第四,这一理论又是对我国社会主义建设的国际环境和时代特征进行科学分析的成果,是对我们面临的挑战和机遇进行科学分析的成果。此外,对苏联和东欧社会主义国家先是僵化停滞、尔后动荡瓦解的历史教训,进行观察和比较、研究和借鉴,也是邓小平同志建设有中国特色社会主义理论得以形成的一个由来。

一个是继承与发展的统一,一个是历史经验和教训的总结,一个是新鲜经验的总结,一个是国际形势的观察和国际经验的总结,这四个方面的综合,包容了理论与实践、历史与现实、国际与国内的丰富内涵。依凭这样广阔而深邃的视野,就使邓小平同志建设有中国特色社会主义理论,能够立足中国而又面向世界,正视现实而又放眼未来,把马克思主义同中国的国情和民族的愿望结合起来,同时代特征和世界现代化发展的文明成果结合起来,在研究新情况、解决新问题的过程中进行锲而不舍的理论探索。其结果,就是把握大局、认识规律、继承前人、突破陈规,就是邓小平同志建设有中国特色社会主义理论这一当代中国马克思主义的创立。

## 二、关于理论的主题

邓小平同志建设有中国特色社会主义理论的主题是什么?党的十四大报告曾作过这样的经典概括:“这个理论,第一次比较系统地初步回答了中国这样的经济文化比较落后的国家如何建设社会主义、如何巩固和发展社会主义的一系列基本问题,用新的思想、观点,继承和发展了马克思主义。”这就点明了建设有中国特色社会主义理论的主题是如何建设、巩固和发展社会主义。随后,江泽民同志在学习《邓小平文选》第三卷报告会上的讲话中进一步指出,“总结历史经验,我们可以看到,坚持社会主义,首先要搞清楚什么是社会主义、怎样建设社会主义这个基本的理论问题”。他还强调,“我们学习新一卷《邓小平文选》,必须紧紧抓住这个首要的基本的理论问题”。这就更深入一步地点明了建设有中国特色社会主义理论的主题是“两个搞清楚”,即“搞清楚什么是社会主义、怎样建设社会主义”。前一个搞清楚,所要解决的是社会主义的本质问题;后一个搞清楚,所要解决的是社会主义的发展道路问题。认清本质是找到道路的前提,找到道路是认清本质的结果。

对"两个搞清楚"是邓小平同志建设有中国特色社会主义理论的主题,我们可以从四个方面去理解和认识。

第一,对"什么是社会主义、怎样建设社会主义"没有完全搞清楚,这是我国社会主义长期曲折和失误的归结点。正如江泽民同志精辟地指出的那样:"我国社会主义在改革开放前所经历的曲折和失误,归根到底就在于对这个问题没有完全搞清楚"。邓小平同志本人也是这样提出和认识问题的。在《邓小平文选》中曾经不下二十次地反复提出这一问题。比如,"什么叫社会主义,什么叫马克思主义,我们过去对这个问题的认识不是完全清醒的。""我们总结了几十年搞社会主义的经验,社会主义是什么,马克思主义是什么,过去我们并没有完全搞清楚。"此外,他还多次说过,"最重要""最根本的一条经验教训,就是要弄清楚什么叫社会主义和共产主义,怎样搞社会主义"。

第二,在搞清楚"什么是社会主义"的基础上,进而探寻"怎样建设社会主义",是邓小平同志建设有中国特色社会主义理论的逻辑起始点与内在关联点。邓小平同志对外国朋友说过:"确定走社会主义道路的方向是可以的,但首先要了解什么叫社会主义,贫穷绝不是社会主义。"可见,在"两个搞清楚"中,首先要搞清楚什么是社会主义的问题。邓小平同志就是循着这样的思路,去思考社会主义问题的。对此,他在 1987 年 10 月的一次谈话中作过说明。他说,贫穷不是社会主义,社会主义的目的是实现共同富裕。"在对社会主义作这样的理解下面,我们寻找自己应该走的道路。这涉及政治领域、经济领域、文化领域等所有方面的问题。"这就清楚地表明,邓小平同志是在搞清楚"什么是社会主义"的基础上,来探寻"怎样建设社会主义"问题的。

第三,邓小平同志建设有中国特色社会主义整个理论,都是紧紧围绕什么是社会主义、怎样建设社会主义这个聚焦点来展开的。其中,社会主义本质论是回答"什么是社会主义"的,而社会主义发展道路论、社会主义初级阶段论、社会主义根本任务论、社会主义建设发展战略论、社会主义发展动力论、社会主义国家对外开放论、社会主义经济体制改革论、社会主义政治体制改革论、社会主义精神文明论、社会主义建设政治保证论、社会主义国家外交战略论、关于祖国统一的理论、社会主义依靠力量论、社会主义国家和军队建设论、社会主义事业领导核心论,都是回答“怎样建设社会主义”的。

第四,党的基本路线也是“两个搞清楚”的集中体现。基本路线的后半部分“把我国建设成为富强、民主、文明的社会主义现代化国家”,体现了“什么是社会主义”,而前半部分“领导和团结全国各族人民,以经济建设为中心,坚持四项基本原则,坚持改革开放,自力更生,艰苦创业”,则体现了“怎样建设社会主义”。正如《理论学习纲要》所指出的:“党的基本路线是建设有中国特色社会主义理论的集中体现。”

## 三、关于理论的主线

这个《理论学习纲要》,是以什么样的贯穿线索,来贯通邓小平同志建设有中国特色社会主义理论的呢?只要仔细研究一下,就可以发现,《理论学习纲要》所勾画的邓小平同志建设有中国特色社会主义理论的贯穿线索不止一条,而是有三条之多。

第一条线索,即如前所述,是一种“本质论”加“道路论”的线索。即第二章阐述的是“本质论”,从第四章到第十六章阐述的都是“道路论”。当然,认清本质、找到道路又离不开哲学基础、国情基础。第一章就是讲理论的哲学基础;第三章是讲理论的国情基础。这两章构成理论体系的“基础论”。同以下两条线索一样,“基础论”是“本体论”的前提。即关于建设社会主义思想路线的理论、关于社会主义发展阶段的理论是支撑整个理论体系的基础。

第二条线索,即“一个中心、两个基本点”的线索。也就是“基础论”以外的14个方面的理论,大体是按照“一个中心、两个基本点”来结构的。其中,关于社会主义本质和社会主义发展道路的理论、关于社会主义根本任务的理论、关于社会主义建设发展战略的理论是“一个中心”的充分展开。而关于社会主义发展动力的理论、关于社会主义国家对外开放的理论、关于社会主义经济体制改革的理论、关于社会主义政治体制改革的理论,是对“坚持改革开放”这个基本点的充分展开。关于社会主义精神文明建设的理论、关于社会主义建设政治保证的理论、关于社会主义国家外交战略的理论、关于祖国统一的理论、关于社会主义依靠力量的理论、关于社会主义国家军队和国防建设的理论、关于社会主义事业领导核心的理论,是"坚持四项基本原则"这个基本点的充分展开。

第三条线索,即改革、发展、稳定的线索。在这条线索中,"基础论"以外的 14 个方面的理论,大体是按改革、发展、稳定这三大块来结构的。其中,关于社会主义本质和社会主义发展道路的理论、关于社会主义根本任务的理论、关于社会主义建设发展战略的理论都是围绕"发展"展开的。关于社会主义发展动力的理论、关于社会主义国家对外开放的理论、关于社会主义经济体制改革的理论、关于社会主义政治体制改革的理论,都是围绕"改革"展开的。剩下的那些内容大体上都是围绕"稳定"展开的。

一个体系,三条线索,充分表明了《理论学习纲要》在勾画邓小平理论的主线方面是非常严谨和科学的。

## 四、关于理论的突破

邓小平同志建设有中国特色社会主义理论是"继承前人、突破陈规"的产物,而其中的社会主义本质论、社会主义初级阶段论和社会主义市场经济论,更是对科学社会主义理论的三个重大突破、重大发展,是建设有中国特色社会主义理论的核心内容。

第一,提出关于社会主义本质的理论,为我们对长期形成的传统的社会主义观念进行重新审视奠定了基础。

长期以来,在我们的社会主义观念中,除了那些科学的、合乎实际的东西以外,还有不少是从苏联搬来的,也有我们自己形成的不清醒的、偏离对社会主义本质科学理解的、落后于时代的、带有僵化扭曲和空想色彩的东西,这些东西成为我们前进中的沉重精神负担。全面改革的伟大实践要求我们重新审视长期形成的传统的社会主义观念,使我们的思想从传统观念中那些不合乎中国实际、不合乎时代进步、不合乎社会经济发展客观规律的桎梏中解放出来。

邓小平同志在 1992 年南方谈话中,对社会主义本质所作的总结性的理论概括(即"社会主义的本质,是解放生产力,发展生产力,消灭剥削,消除两极分化,最终达到共同富裕”)突出强调了“解放生产力,发展生产力”,纠正了过去忽视生产力发展的“左”的错误观念,体现了中国社会主义初级阶段特别需要注重发展生产力的迫切要求,体现了在当前世界新科技革命推动生产力迅速发展的条件下,社会主义为回应资本主义严峻挑战所必须采取的战略决策。同时,这个理论概括还突出强调了“消灭剥削,消除两极分化,最终达到共同富裕”,阐明了社会主义社会解放和发展生产力的成果属于谁、归谁享有,揭示了中国特色社会主义在生产关系方面的根本目标。

社会主义本质论,一方面以毫不动摇地坚持公有制和按劳分配为前提,另一方面又提出根据有利于发展生产和共同富裕的原则,来改革公有制和按劳分配的具体实现形式的新思路,从而有助于我们克服那种认为“越大越公越好”“越平均越好”的错误观念。

第二,提出社会主义初级阶段的理论,为我们党实行改革和开放政策的重新选择奠定了基础。

邓小平同志在总结新中国成立后的经验教训时指出:“在建立社会主义经济基础以后,多年来没有制定出为发展生产力创造良好条件的政策。社会生产力发展缓慢,人民的物质和文化生活条件得不到理想的改善,国家也无法摆脱贫穷落后的状态。这种情况,迫使我们在一九七八年十二月召开的党的十一届三中全会上决定进行改革。我们总的原则是四个坚持”。“问题是怎么坚持。是坚持那种不能摆脱贫穷落后状态的政策,还是在坚持四项原则的基础上选择好的政策,使社会生产力得到比较快的发展？十一届三中全会决定进行改革,就是要选择好的政策”。

为什么“多年来没有制定出为发展生产力创造良好条件的政策”呢？邓小平同志认为,最根本的原因是“制定的政策超越了社会主义初级阶段”。党的十一届三中全会以前,我们对我国社会主义所处的具体发展阶段,一直处于不完全清醒的状态。1958 年我们曾经断言,“共产主义在我国的实现,已经不是什么遥远的将来的事情了”;1962 年以后,又认为我国社会主义社会仍然处在两个阶级、两条道路激烈斗争的“过渡时期”。由对基本国情的理论判断上出现的两大错误导致了社会主义建设实践上的“大跃进”和“文化大革命”这两大失误。整个说来,我们过去大约 20 年的“左”的错误一个重要的认识根源,就在这个国情判断的问题上。

邓小平同志分析了政策失误的原因,从 1980 年起,逐步提出了“社会主义初级阶段”的理论命题。他指出：“不要离开现实和超越阶段采取一些‘左’的办法，这样是搞不成社会主义的。”“社会主义本身是共产主义的初级阶段，而我们中国又处在社会主义的初级阶段，就是不发达的阶段。一切都要从这个实际出发，根据这个实际来制订规划。”提出“社会主义初级阶段”理论，一方面要求我们必须坚持而不能离开社会主义，另一方面又要求我们必须正视而不能超越初级阶段。

实行改革开放，就是立足于社会主义初级阶段的客观现实，实行“政策的重新选择”，即“制定新的政治的、经济的、社会的政策”以及其他一系列新的方针政策。中心点是要从以阶级斗争为纲转到以发展生产力为中心，从封闭转到开放，从固守成规转到各方面的改革。这些新政策非常见效。它使我国社会主义社会生产力有了迅速的发展，我们国家的综合国力得到增强，人民生活有了显著提高，因而受到中国最大多数人民的拥护。

第三，提出社会主义市场经济理论，为我们突破把计划经济当作社会主义本质特征的传统观念，实行体制的重新构建奠定了基础。

在改革开放中，应该建立什么样的经济体制，这是建设有中国特色社会主义的一个重大的目标问题。

早在改革开放之初，邓小平同志就指出，“多年的经验表明，要发展生产力，靠过去的经济体制不能解决问题。所以，我们吸收资本主义中一些有用的方法来发展生产力”。这是邓小平同志多次提出社会主义也可以搞市场经济，下决心对我国经济体制进行重新构建的一个根本原因。

新中国成立初期，我国为适应全国财经统一、对农业手工业和资本主义工商业进行社会主义改造，以及集中力量进行初步工业化建设的需要，逐步建立起全国集中统一的计划经济体制。这种体制在当时条件下，曾经起过重要作用，全盘否定这种作用是割断历史的表现。但是随着经济规模不断扩大，经济联系日益复杂，这一体制某些统得过多过死的弊端逐渐显露出来。党的十一届三中全会以后，尽管较早开始的农村改革和建立经济特区的试验，已经在实际上显示了市场经济的活力，但由于人们对社会主义究竟能不能搞市场经济，在认识上还不统一，生怕市场经济搞多了会偏离改革的社会主义方向，因而在总体上还不可能提出建立社会主义市场经济新体制的改革目标。

邓小平同志作为当代中国马克思主义的创立者，对这一关系社会主义全局的重大问题,进行了长期观察、探索和思考,最早提出了市场经济是一种组织社会化大生产、优化资源配置的、效率较高的手段,但这个手段不是资本主义社会的专利,“说市场经济只限于资本主义社会、资本主义的市场经济,这肯定是不正确的”。以后他又提出“社会主义和市场经济之间不存在根本矛盾”,在1992年的南方谈话中,他进一步提出了两个“不等于”的著名论断。这就是:“计划经济不等于社会主义,资本主义也有计划;市场经济不等于资本主义,社会主义也有市场”。这个清楚明白、透彻精辟的理论见解,从根本上解除了把计划经济和市场经济看作属于社会基本制度范畴的思想束缚,使我们在计划与市场关系问题上的认识有了新的重大突破。至此,社会主义可不可以搞市场经济,市场经济是不是姓“资”的窗户纸,被彻底捅破了。党的十四大据此明确提出了社会主义市场经济理论,明确提出了建立这样的经济体制是我国经济体制改革的总目标。

正是因为社会主义本质论、社会主义初级阶段论和社会主义市场经济论这至关重要的“三论”,为我们对传统社会主义观念的重新审视,为政策的重新选择和体制的重新构建奠定了基础,所以,我们将其称为邓小平同志建设有中国特色社会主义理论的三个重大突破。当我们强调上述三大理论突破时,是不能离开整个理论的科学体系的。尤其是不能把社会主义本质论同公有制和按劳分配对立起来;不能把社会主义市场经济论同计划指导、宏观调控和必要的行政管理对立起来;不能把实行初级阶段的现行政策,同共产主义远大理想、中国特色社会主义共同理想对立起来,同无产阶级的世界观、人生观、价值观对立起来。

《理论学习纲要》的结束语强调指出,“党的基本路线是建设有中国特色社会主义理论的集中体现”。我们学习邓小平同志的理论和著作,归根结底要落实到坚持党的基本路线一百年不动摇上来。坚持党的基本路线的自觉性和坚定性同理论武装直接有关。邓小平同志在党的十二大开幕词中就提出了贯彻党的正确路线的自觉性和坚定性问题。我们相信,随着全党学习邓小平理论的不断深入,随着全党对这个理论科学体系的全面把握,贯彻执行党的基本路线的自觉性和坚定性,必定会大大提高,我们就能在当今世界的历史性大变动和当代中国的历史性大变革中,既抓住机遇积极进取,又妥善处理改革、发展、稳定之间的关系,把社会主义改革开放和现代化建设顺利地推向前进。

# “十个一定要”与“一百年不动摇”

（1997年4月17日）

江泽民同志在邓小平同志追悼会上的悼词中提出的高屋建瓴、铿锵有力的“十个一定要”，是代表党心民心、凝聚党心民心的庄严誓言，处处体现了邓小平同志生前多次强调的坚持党的基本路线“一百年不动摇”的精神实质。

党中央明确指出的坚持党的基本理论、基本路线一百年不动摇，这是关系我们党、国家和民族前途命运的根本问题。从邓小平同志在党的十二大开幕词中提出坚持正确路线、方针的自觉性坚定性，到南方谈话提出“基本路线要管一百年，动摇不得”，十多年里，邓小平同志千叮咛万嘱咐的就是这个根本问题。稍为关注国际问题的人都知道，海外舆论对这个问题历来议论颇多，近年来尤为集中。

党中央明确提出这“十个一定要”，表明了全党和全国人民的共识和愿望，也对那些议论给予了有力回答。人们从“十个一定要”中，可以清楚地看到，以江泽民同志为核心的党中央把坚持党的基本理论、基本路线一百年不动摇，具体化为我国现阶段经济、政治、文化、军事、外交、祖国统一和党的建设等各个方面，体现了全面继承邓小平同志遗志、全面实现邓小平同志遗愿的坚强决心和坚定信念。“十个一定要”也涵盖了“一百年不动摇”的主要方面。人们从中得到的强烈印象是，坚持走建设有中国特色社会主义道路不可逆转。只要坚持“十个一定要”，就能确保“一百年不动摇”。

邓小平同志曾强调：“我们要用事实证明这个‘不变’。”党的十四大以来，以江泽民同志为核心的党中央高举邓小平建设有中国特色社会主义理论的伟大旗帜，结合新的实践，创造性地开展工作，作出并实施了一系列正确的战略部署。我国改革开放的路子越走越宽阔，有中国特色社会主义事业的光明前景越来越充分地展现在人们面前。实践证明，以江泽民同志为核心的党中央不负重托，不负众望，是邓小平同志开创的建设有中国特色社会主义伟大事业的忠诚可靠、奋发有为的继承者。

“潮平两岸阔，风正一帆悬。”有党中央坚强有力的领导，有全国人民的共同奋斗，“一百年不动摇”一定能够更好地坚持，邓小平同志设计的社会主义现代化建设宏伟蓝图一定能够更好地实现。

# 旗帜·方向·形象

（1997年7月8日）

对于一个马克思主义执政党及其所从事的事业来说，其前进、发展、壮大都取决于科学理论的指导；而科学理论犹如一面旗帜，具有指引方向、展示形象的意义。江泽民同志在中央党校的重要讲话中精辟指出："旗帜问题至关紧要。旗帜就是方向，旗帜就是形象。"

我们党在长期革命、建设、改革中，始终高度重视旗帜问题。早在建党之初，我们党就把马克思列宁主义写在自己的旗帜上，经过延安整风和党的七大，又郑重地把马克思列宁主义与中国革命实践相结合的产物毛泽东思想，一起写到自己的旗帜上。从党的十一届三中全会开始，经过十二大、十三大到十四大，我们党又郑重地把邓小平建设有中国特色社会主义理论这一当代中国的马克思列宁主义，同马克思列宁主义、毛泽东思想一道，写到了自己的旗帜上。可以说，一切革命、建设、改革成就的取得，都是与我们党高度重视旗帜的作用分不开的。

在邓小平同志逝世之后和党的十五大召开之前的此时此刻，江泽民同志再次强调在改革开放和社会主义现代化建设历史新时期，在跨越世纪的新征途上，一定要高举邓小平建设有中国特色社会主义理论伟大旗帜，用这个理论来指导我们的整个事业和各项工作。这对于进一步统一全党思想，坚持党的基本路线和基本方针不动摇，把改革开放和社会主义现代化建设事业全面推向21世纪，具有重大现实意义和深远历史意义。

高举邓小平建设有中国特色社会主义理论伟大旗帜，是事关我们党、国家和人民前进方向的大问题。邓小平理论第一次比较系统地初步回答了在中国这样的经济文化比较落后的国家，如何建设社会主义、如何巩固和发展社会主义的一系列基本问题。我们按照这一理论去实践，短短十几年来，就使社会主义中国真正活跃和兴旺起来了，广大人民从切身感受中更加拥护社会主义。历史已经证明:在当代中国,只有这个理论而没有别的理论能够解决社会主义的前途和命运问题。如果说,毛泽东思想是指引中国人民昂首挺胸地“站起来”的理论,那么,邓小平理论就是指引中国社会主义在国际风云变幻中“站住了”的理论。世纪之交的当代中国共产党人和中国人民是幸运的,在当今世界大转折中,我们既没有“荷戟彷徨”之忧,也没有“歧途亡羊”之虑,在我们面前展现的是一派“航线已经开通,道路已经指明”的壮丽前景。虽然在前进的征途中也还会不时遇到一些这样那样的困难、问题和风险、挑战,但我们只要高举邓小平理论伟大旗帜,坚定不移地沿着建设有中国特色社会主义的方向继续前进,就一定能攻克一切困难和问题,战胜一切风险和挑战,永远立于不败之地。

高举邓小平建设有中国特色社会主义理论伟大旗帜,对于维护我们党、我们国家从党的十一届三中全会以来所形成的崭新形象极端重要。邓小平同志对党的形象、国家的形象历来十分重视。在“文化大革命”结束后和80年代末90年代初国内国际政治风波这两个重大历史关头,他都把举什么旗、走什么路同我们整个党和国家的形象紧紧联系在一起。在前一个历史关头,他强调,要真正高举毛泽东思想伟大旗帜,既不走老路,又不走邪路,而是要开辟出一条中国发展的道路。在后一个历史关头,他强调,“中国一定要有一个具有改革开放形象的领导集体”,中国“要给国际上、给人民一个改革开放的形象”。以江泽民同志为核心的党中央,没有辜负邓小平同志重托和全党全国人民的厚望,以其卓有成效的工作,向全党、全国也向世界展示了作为邓小平同志开创的建设有中国特色社会主义伟大事业忠诚可靠、奋发有为的继承者的形象。可以预期,我们只要在跨越世纪的新征途上,高举邓小平建设有中国特色社会主义理论伟大旗帜,在以江泽民同志为核心的党中央坚强领导下,抓住机遇,开拓进取,坚定不移地以经济建设为中心,积极推进经济体制、政治体制改革和精神文明建设,当代中国将一定会以富强民主文明的社会主义现代化国家这一崭新的形象,巍然屹立在世界东方。

# 论我国全面改革是一场新的伟大革命*

（1997年7月）

## 一、《邓小平文选》及党和国家重要文献对改革是一场新的伟大革命的多次重要论述

最早把我们党领导的全面改革界定为一场革命、一场伟大革命、一场新的革命、中国的第二次革命的，是邓小平同志。这是对我国改革性质及伟大意义的最为“准确的表述语言”，也是邓小平理论体系中极为深刻的科学论断。

邓小平同志很注意他的著作和思想的连贯性。我们可以看到，把我国全面改革看作是一场新的革命或第二次革命的思想，在邓小平同志的著作中是一以贯之的，从《邓小平文选》第二卷，到《邓小平文选》第三卷，这一科学论断反复出现，内容不断展开，思想不断深化。这正是改革是一场新的革命或第二次革命的科学论断，连同整个邓小平建设有中国特色社会主义理论，形成一个科学思想体系的生动体现。

在中国共产党领导下，集中力量发展生产力，通过全面改革扫除发展生产力的各种障碍（体制的、政策的、思想观念等方面的），实现社会主义现代化，是一场新的革命或第二次革命，这是党的十一届三中全会前后邓小平同志多次讲过的一个重要命题，也是在全面改革进程中，邓小平同志反复强调的一个重要命题。

1978年10月，在《工人阶级要为实现四个现代化作出优异贡献》中，邓小平同志就把我们党和国家将要进行的全面改革明确表述为，“这是一场根本改变我国经济和技术落后面貌，进一步巩固无产阶级专政的伟大革

---

* 本文系作者学习研读邓小平关于“改革是一场新的伟大革命”的札记。

命。这场革命既要大幅度地改变目前落后的生产力,就必然要多方面地改变生产关系,改变上层建筑,改变工农业企业的管理方式和国家对工农业企业的管理方式,使之适应于现代化大经济的需要”。

随后,在1979年11月26日,邓小平同志在《社会主义也可以搞市场经济》的谈话中又指出,中国现在所进行的“确实是一场新的大革命。我们革命的目的就是解放生产力,发展生产力。离开了生产力的发展、国家的富强、人民生活的改善,革命就是空的”。

1980年4月,在同中央负责同志的谈话中,邓小平同志又说:“革命是要搞阶级斗争,但革命不只是搞阶级斗争。生产力方面的革命也是革命,而且是很重要的革命,从历史的发展来讲是最根本的革命。”

综观上述这些重要思想,都是从社会主义现代化建设的角度来强调改革的革命之性质的。但着意突出地讲改革的革命性质,则是在全面改革,特别是农村改革大规模展开并取得显著成效以后。

1982年1月,在《精简机构是一场革命》中,邓小平同志指出:“总之,这是一场革命。当然,这不是对人的革命,而是对体制的革命。这场革命不搞……可能要亡党亡国。”

1984年10月,在评价广大农民创造的以家庭联产承包责任制为主的农村改革的伟大意义时,邓小平同志指出:“这几年进行的农村的改革,是一种带革命意义的改革。”

1984年10月,随着改革推进到以城市为中心的全面改革,在讨论关于经济体制改革决定的党的十二届三中全会召开前几天,邓小平同志在同联邦德国总理科尔的谈话中,进一步从总体上指出:“我们把改革当作一种革命,当然不是‘文化大革命’那样的革命。”

1985年3月,在同日本自民党副总裁二阶堂进的谈话中,邓小平同志进一步明确指出:“改革是中国的第二次革命。”

随后,在1985年8月和9月,邓小平同志又两次说过:“改革的性质同过去的革命一样,也是为了扫除发展社会生产力的障碍,使中国摆脱贫穷落后的状态。从这个意义上说,改革也可以叫革命性的变革”,“在一定的范围内也发生了某种程度的革命性变革”。

1986年3月和9月,在会见新西兰总理朗伊和答美国记者华莱士问时,邓小平同志又两次谈到改革是一场革命的问题。他说:“现在我们搞以城市经济体制改革为中心的全面改革,同农村改革一样,起初有些人怀疑,或者叫担心,他们要看一看。对这种怀疑态度,我们也允许存在,因为这是正常的。既然搞的是天翻地覆的事业,是伟大的实验,是一场革命,怎么会没有人怀疑呢?”“现在我们搞的实质上是一场革命。”

邓小平同志生前最后一次谈到改革是一场革命的问题,是在1992年1月18日至2月21日南方谈话中。他说:“革命是解放生产力,改革也是解放生产力。推翻帝国主义、封建主义、官僚资本主义的反动统治,使中国人民的生产力获得解放,这是革命,所以革命是解放生产力。社会主义基本制度确立以后,还要从根本上改变束缚生产力发展的经济体制,建立起充满生机和活力的社会主义经济体制,促进生产力的发展,这是改革,所以改革也是解放生产力。过去,只讲在社会主义条件下发展生产力,没有讲还要通过改革解放生产力,不完全。应该把解放生产力和发展生产力两个讲全了。”

邓小平理论是全党智慧的结晶。党的十五大报告指出:邓小平理论“集中体现在十一届三中全会以来邓小平著作以及党和国家的重要文献中”。根据这一重要提示,我们从改革开放以来党和国家重要文献中也可以看到,对改革是一场新的革命或第二次革命的论断与表述,也是前后连贯的、一以贯之的。

1978年12月22日通过的《中国共产党第十一届中央委员会第三次全体会议公报》指出:“实现四个现代化,要求大幅度地提高生产力,也就必然要求多方面地改变同生产力发展不适应的生产关系和上层建筑,改变一切不适应的管理方式、活动方式和思想方式,因而是一场广泛、深刻的革命。”

1981年6月,在《中国共产党中央委员会关于建国以来党的若干历史问题的决议》中进一步指出:“我们坚决纠正‘文化大革命’中所谓一个阶级推翻一个阶级的‘无产阶级专政下继续革命’口号的错误,这绝对不是说革命的任务已经完成,不需要坚决继续进行各方面的革命斗争。社会主义不但要消灭一切剥削制度和剥削阶级,而且要大大发展社会生产力,完善和发展社会主义的生产关系和上层建筑,并在这个基础上逐步消灭一切阶级差别,逐步消灭一切主要由于社会生产力发展不足而造成的重大社会差别和社会不平等,直到共产主义的实现。这是人类历史上空前伟大的革命。我们现在为建设社会主义现代化国家而进行的斗争,正是这个伟大革命的一个阶段。这种革命和剥削制度被推翻以前的革命不同,不是通过激烈的阶级对抗和冲突来实现,而是通过社会主义制度本身,有领导、有步骤、有秩序地进行。这个转入和平发展时期的革命比过去的革命更深刻,更艰巨,不但需要很长的历史时期才能完成,而且仍然需要许多代人坚持不懈、严守纪律的艰苦奋斗,英勇牺牲。"

1984年10月,《中共中央关于经济体制改革的决定》指出:"中国共产党人以不断推动社会发展和进步为自己的历史使命。在反动统治下,我们党领导广大人民群众进行革命,为推翻旧制度而奋斗;在人民当家作主的社会主义制度下,我们党领导广大人民群众自觉地进行改革,为建设高度文明、高度民主的社会主义现代化强国而奋斗。"

在此以后,中国共产党第十三次全国代表大会、第十四次全国代表大会的报告都这样强调指出:"社会主义体制改革就其引起社会变革的广度和深度来说,是又一次革命","是开始了一场新的革命。它的实质和目标,是要从根本上改变束缚我国生产力发展的经济体制,建立充满生机和活力的社会主义新经济体制,同时相应地改革政治体制和其他方面的体制,以实现中国的社会主义现代化"。

1993年11月,《中共中央关于建立社会主义市场经济体制若干问题的决定》指出:"经济体制改革是一场涉及经济基础和上层建筑许多领域的深刻革命,必然要改变旧体制固有的和体制转变过程中形成的各种不合理的利益格局,不可避免地会遇到这样或那样的困难和阻力。"

1997年9月,江泽民同志在中国共产党第十五次全国代表大会报告中,从近代中国百年历史中经历的三次巨大变革的大跨度比较中,再次强调了改革开放是"在以邓小平为核心的第二代领导集体的领导下开始的新的革命。在建国以来革命和建设成就的基础上,我们党总结历史经验和教训,成功地走出了一条建设有中国特色社会主义的新道路。社会主义在中国显示的蓬勃生机和活力,为全世界所瞩目"。

从以上的引证和列举中,我们可以清晰地看到,关于我国全面改革是一场新的革命或第二次革命这一科学论断,从提出到发展和深化的全过程。这不仅对我们深入学习、研究和全面把握邓小平理论是有益的,而且对我们进一步认识和理解我国全面改革的性质和意义,也是大有助益的。然而,问题的关键不在于引证而在于诠释,在于如何全面、准确地理解和说清我国全面改革是一场新的革命或第二次革命的问题。

笔者注意到,这几年陆续出版的数百本邓小平研究著作和报刊上发表的上万篇邓小平理论研究论文,对邓小平关于我国全面改革是一场新的革命的科学论断,从各种角度作出了不少颇有见地、颇有启迪的解说。如有的从“革命”一词的狭义和广义的角度来解释,也有的从“革命”一词的本义和引申义的角度来论证,还有的则从我国全面改革的广泛性、深刻性、艰巨性的角度来阐发。总之,注家蜂起,见仁见智。这里,笔者想从这样一个角度,就是联系邓小平同志本人和十一届三中全会以来党和国家重要文献对全面改革是一场新的革命的一系列重要论述,来认识和理解这一科学论断的内涵与外延,这样可能更接近和符合《邓小平文选》及党和国家重要文献提出和使用这一科学概念的本意。

## 二、新的革命或第二次革命是相对于我们党领导的第一次革命而言的

在邓小平同志逝世时的悼念活动中,江泽民同志代表党中央在悼词中作出了一系列同我们党领导的两次伟大革命有关的重要论断。“在中国共产党历史上,党领导中国人民进行了一场把半殖民地半封建的旧中国变成社会主义新中国的伟大革命;十一届三中全会以来又领导人民开始了一场新的革命,要把中国由不发达的社会主义国家变成富强民主文明的社会主义现代化国家。在这两次伟大革命的进程中,实现了马克思主义同中国实际相结合的两次历史性飞跃,形成了两大理论成果,这就是毛泽东思想和邓小平建设有中国特色社会主义理论。两次伟大革命,两次历史性飞跃,造就了两个伟大人物,这就是毛泽东同志和作为毛泽东同志的战友、事业继承者的邓小平同志。”

在上述两次伟大革命、两次历史性飞跃、两个伟大人物的精彩论述之后,江泽民同志还提出了两个“如果”:“邓小平同志这样说过:如果没有毛泽东同志,我们中国人民至少还要在黑暗中摸索更长的时间。我们今天同样应当说,如果没有邓小平同志,中国人民就不可能有今天的新生活,中国就不可能有今天改革开放的新局面和社会主义现代化的光明前景。”

这一精辟论述不仅科学阐明了邓小平同志在党的十一届三中全会以后,取得堪同毛泽东相提并论的历史地位的由来,而且也深刻阐明了我们党

领导的全面改革这场新的革命、第二次革命的由来。

首先,新的革命或中国的第二次革命是相对于中国的第一次革命而言的。它是在过去的革命赢得胜利、社会主义建设取得成就的基础上进行的,它是对过去革命的继承和发展。1985年8月,邓小平同志在同坦桑尼亚总统尼雷尔的谈话《对中国改革的两种评价》中说:“过去我们进行了新民主主义革命,建国后完成了土地改革,又进行了农业、手工业和资本主义工商业的社会主义改造,建立了社会主义经济基础,那是一个伟大的革命。那个革命搞了三十几年。”从这个精辟论述中,我们可以看到,邓小平同志在这里是把我们党领导的新民主主义革命和社会主义改造这两个阶段的革命历程统称为第一次革命的。

中国的第一次革命是在以毛泽东同志为核心的党中央领导下取得胜利的。其目的就是要把半殖民地半封建的旧中国,改造成为新民主主义和社会主义的新中国。我们党领导的第一次革命,尽管也经历了种种艰难曲折,但是从总体上看,成功地解决了中国进行新民主主义革命和向社会主义过渡的一系列基本问题,用新的思路、观点继承和发展了马克思主义。

中国革命的胜利,开创了中国历史新纪元,也改变了世界格局。就开辟中国历史新纪元来说,党的十五大报告把毛泽东同志领导的我们党的第一次革命,称之为继孙中山领导的辛亥革命之后,20世纪中国的第二次历史性巨变,这是恰如其分的。就改变了世界格局来看,由于中国革命的胜利,占全球人口1/5的中华人民共和国的成立和社会主义基本制度在这样一个东方大国的建立,同第二次世界大战后其他一系列社会主义国家的发展一道,使社会主义从一国的实践发展成为多国的实践。中国革命的胜利对战后民族解放和独立运动的发展产生了巨大影响,使社会主义运动和民族解放运动这两大历史潮流相互联结,这无疑又成为世界社会主义理论和实践史上的第三次历史性推进:第一次历史性推进,是马克思主义的创立,使在人类社会有悠久历史的社会主义思想从空想发展成为科学;第二次历史性推进,是俄国革命的胜利,使科学社会主义从学说变为实践。这样,从《共产党宣言》发表以来一个半世纪的历史证明,无产阶级领导人民通过武装斗争夺取政权是能够成功的,在领导人民建设社会主义方面,也取得了巨大成就和宝贵经验。

其次,新的革命或中国的第二次革命又是在过去的革命取得成功、建立了社会主义制度以后,在具体探索建设社会主义道路的过程中经历了曲折和失误的基础上发生的。特别是在已经完成生产资料的社会主义改造以后仍然以阶级斗争为纲,以致发生了十年“文化大革命”的内乱,几乎毁掉了过去革命的成果,并使过去形成的体制的弊端更加尖锐地暴露出来的情况下进行的。邓小平同志在《对中国改革的两种评价》中,高度估量了中国第一次革命的伟大意义,然后说:“但是在建立社会主义经济基础以后,多年来没有制定出为发展生产力创造良好条件的政策。社会生产力发展缓慢,人民的物质和文化生活条件得不到理想的改善,国家也无法摆脱贫穷落后的状态。这种情况,迫使我们在一九七八年十二月召开的党的十一届三中全会上决定进行改革。我们总的原则是四个坚持:坚持社会主义道路,坚持人民民主专政,坚持共产党的领导,坚持马列主义、毛泽东思想。这已经写进中国的宪法。问题是怎么坚持。是坚持那种不能摆脱贫穷落后状态的政策,还是在坚持四项原则的基础上选择好的政策,使社会生产力得到比较快的发展?十一届三中全会决定进行改革,就是要选择好的政策。”他还说:“如果现在再不实行改革,我们的现代化事业和社会主义事业就会被葬送。”这就是全面改革作为新的革命、第二次革命的由来。

中国的新的革命、第二次革命,是在以邓小平同志为核心的党中央领导下进行的。这次革命是要在过去的革命已经把半殖民地半封建的旧中国改造成为新民主主义社会和社会主义新中国的基础上,进一步改造中国,即通过改革开放,把一个不发达的社会主义中国改造成为富强民主文明的社会主义中国。这就是两次革命的联系和统一。用党的十四大报告的表述来说,中国的第二次革命就是在坚持四项基本原则即坚持第一次革命的基本成果的基础上,从根本上改变仍然束缚我国生产力发展的经济体制,建立充满生机和活力的社会主义新经济体制,同时相应地改革政治体制和其他方面的体制,使中国摆脱贫穷落后,实现中国的社会主义现代化。

这里很自然地会产生一个问题,既然第一次革命以社会主义改造为终结、第二次革命又以十一届三中全会为起点,那么,这两次革命中间的20多年该划到哪里去呢?我国党史界有一种意见,主张今后写中国共产党历史,可以分为三大篇:第一篇为民主革命时期党史篇,从1921年写到1949年,共28年;第二篇为社会主义时期党史篇,从1949年写到1978年,共29年(也有一种主张写到1976年,以“徘徊中前进的两年”作为党的十一届三中全会的酝酿和准备,那样,这一段就是 27 年);第三篇为社会主义改革时期党史篇,从 1978 年到现在,已整整 20 年了。照此看来,邓小平同志所说的两次革命中间的那 20 多年,既可以看作第一次革命向第二次革命的过渡期,又可以看作为第二次革命作准备的探索期。而这二十几年按照中共中央党史研究室所著的《中国共产党的七十年》的分期,又可再细分为从 1956 年到 1966 年"社会主义建设在探索中曲折发展的 10 年"和"'文化大革命'的 10 年"。

前一个 10 年,我们党为寻找中国自己的社会主义建设道路而进行的探索包含两个发展趋向,一个是正确的和比较正确的趋向,这就是我们党在探索中国自己的建设社会主义道路的过程中,形成和积累的一些正确的和比较正确的理论观点、方针政策和实践经验。主要是指 1956 年八大一次会议前后("前"到《论十大关系》,"后"到《关于正确处理人民内部矛盾的问题》和 1958 年年初全党工作重心向技术革命的转移)一年多的探索,1959 年庐山会议以前八九个月的探索,1960 年提出"八字方针"以后 5 年调整经济的探索,即指这三段时间的探索中所取得的积极成果。另一个是错误的倾向,就是我们党在这个过程中形成的一些错误的理论观点、政策思想和实践经验。主要是指经济建设上急于求成的"大跃进"和从反右斗争扩大化到庐山会议的"反右倾",再到八届十中全会以后阶级斗争扩大化的"左"的错误。这两种趋向,在这 10 年中相互交织,相互消长。错误趋向的积累和发展,终于在一个时期压倒正确的趋向,从而导致出现 10 年"文化大革命"这场内乱的巨大曲折。

后一个 10 年,"文化大革命"的 10 年,在我们党内也有两个发展趋向。"文化大革命"十年内乱的错误理论和实践在党的领导层占据主导地位,党和人民遭到极大灾难,这是一个趋向,是支配这 10 年的趋向;同时,在我们党内还存在着对"文化大革命"的怀疑、抵制、批判和抗争,这是另一个趋向,是被压制的趋向。虽然被压制,但它却一直没有停止,并且在艰难曲折的斗争中逐步发展,终于导致"文化大革命"的结束。

1956 年以来,我们党在探索中国自己的建设社会主义道路的过程中出现的上述两种发展趋向,客观上都为十一届三中全会以来以邓小平同志为核心的党中央领导中国的第二次革命,并且找到一条有中国特色的社会主义建设道路做好了历史准备。

第三,新的革命或中国的第二次革命又是在面临新的世界形势的国际环境和周边环境中进行的。所谓新的世界形势,包括新的时代主题,新的科技发展,新的国力较量。战后资本主义世界的诸多深刻矛盾虽然依旧存在,仍在发展,但发达国家、新兴工业化国家和地区在经济增长和科技革命方面取得了许多新的成就和经验,对刚刚诞生不久的社会主义形成很大压力。与此同时,社会主义在世界范围内又经历了严重曲折和空前挫折。这些新的形势,在以前或者不曾存在,或者已经存在但还没有现在这样突出和显著,或者有些已经比较明显而我们自己没能很好地认识和把握。总之,新的形势对中国的社会主义事业提出了新的挑战、新的机遇、新的任务,要求我们赋予新的革命以新的内涵。

只有坚持从以上这三个方面来认识问题,才能完整、准确地理解邓小平同志和我们党提出新的革命或中国的第二次革命这个命题的历史必然性和现实针对性,才能完整、准确地理解以党的十一届三中全会为标志而开始的这场新的伟大革命的历史意义和地位,从而也才能完整、准确地理解邓小平理论作为指导这场新的伟大革命的新的理论的历史意义和地位。

## 三、我国全面改革是一场新的革命或中国的第二次革命的四重含义

全面改革是一场新的革命或中国的第二次革命这一命题,除了前述相对于我们党领导的第一次革命而言的历史内涵以外,这一命题本身还具有以下四重含义。

第一,我们党领导的生产力方面的革命也是革命,而且是很重要的革命、最根本的革命。

在《邓小平文选》第二卷新增篇目《社会主义首先要发展生产力》中,邓小平同志有这样一段很重要、很深刻的论述:"革命是要搞阶级斗争,但革命不只是搞阶级斗争。生产力方面的革命也是革命,而且是很重要的革命,从历史的发展来讲是最根本的革命。"应该说,邓小平的这段精彩论述,极大地拓展了"革命"这一概念的内涵。从这个意义上来看问题,似乎很难用狭义与广义或本义与引申义,来解释邓小平同志关于改革是一场新的革命或中国的第二次革命的论述中,对"革命"这一概念的理解和运用。

不错,列宁曾经说过:“从马克思主义观点来看,革命究竟是什么意思呢?这就是用暴力打碎陈旧的政治上层建筑,即打碎那种由于同新的生产关系发生矛盾而到一定的时候就要瓦解的上层建筑。”马克思、恩格斯也说过:“每一次革命都破坏旧社会,所以它是社会的。每一次革命都推翻旧政权,所以它具有政治性。”毛泽东同志说得更为直截了当:“革命是暴动,是一个阶级推翻另一个阶级的暴烈的行动。”马克思主义经典作家之所以把革命看成是政治革命和社会革命,看成是社会政治、经济制度的根本变革(经济制度的变革主要是讲“剥夺剥夺者”,改革所有制;政治制度的变革主要是讲“打碎旧的国家机器”,用暴力革命夺取国家政权),有其历史的由来。马克思主义产生以后,把大部分时间和精力投注在“破坏一个旧世界”上,他们对于“革命”这一概念的认识与运用,不能不同他们的主要的实践活动相联系。与之相适应,过去我们的哲学教材《历史唯物主义原理》、文科通用教材《辩证唯物主义和历史唯物主义原理》,一般也都把革命看成是社会革命和政治革命。改革开放以后,人们一般都把社会革命和政治革命看作“革命”这一概念的本义,同这一情况不无关系。

然而,从全部人类历史,特别是全部人类文明史的角度看问题,一方面,对社会经济制度、政治制度的根本变革,仍然要通过社会革命、政治革命来解决。另一方面,至少还应当把科学革命、技术革命、产业革命也纳入革命的范畴。科学革命是人们在认识世界的手段和能力方面发生的质的飞跃;技术革命是人们在改造世界的能力、手段、工具、设备等方面发生的质的变化;产业革命则是指社会生产力的水平、结构、配置、组织形式、分工协作状况等方面发生的质的变化。邓小平同志关于生产力的革命“从历史的发展来讲是最根本的革命”的重要论断,表明他对“革命”这一概念的认识和运用,发生了从社会革命、政治革命到科学革命、技术革命、产业革命的拓展。这同他一再强调科学技术是第一生产力的重要思想是互为贯通的。

邓小平同志关于生产力的革命也是革命,而且是很重要的革命、最根本的革命的观点,同毛泽东同志 1957 年 3 月所写的一个讲话提纲里的思想是一脉相承的。毛泽东同志在这个提纲里这样写道:“现在处在转变时期:由阶级斗争到向自然界斗争,由革命到建设,由过去的革命到技术革命和文化革命。”1958 年年初,在《工作方法六十条(草案)》中,毛泽东同志提出的“不断革命”,重点也是讲要由过去的搞阶级斗争的革命,转到现在的革命即发展生产力、进行经济建设、搞技术革命和文化革命（那时讲的文化革命，是指扫除文盲、发展教育科学文化等等，即革文化落后的命）。这些本来都是很好的思想，既阐明了党面临的形势和任务的根本转变，又赋予新的建设以革命的含义。我们是共产党人，我们在基本完成过去搞阶级斗争的革命任务以后，又担当起搞建设这场新的革命任务。只是后来重提“以阶级斗争为纲”，这才把发展生产力、发展经济建设和文化建设推到次要地位，而把本来不能称为“革命”、充其量只是一场“内乱”的“文化大革命”推到中心位置。党的十一届三中全会以后，我们党正本清源、拨乱反正，彻底否定“文化大革命”，重新确立以经济建设为全党工作的中心，也就是重新恢复和进一步发展了从搞阶级斗争的革命到生产力方面的革命的思想和理论。

早在 80 年代中期，我们党就已认识到，当时有两个浪潮，一个是世界新技术革命的浪潮，一个是国际共产主义运动的浪潮，在当代中国汇合起来，汇合于我们的改革开放和社会主义现代化建设。两个浪潮汇集在一起，新的科学革命、技术革命以及由此引起的产业革命，本来就是共产主义运动的一个重要组成部分。恩格斯说过，共产主义运动的物质承担者——无产阶级本身就是产业革命的产物，是同先进的科学技术、先进的生产力相联系的。共产主义学说本身也是包括科学革命、技术革命、产业革命在内的人类文明的结晶。同时，共产主义、社会主义必须建立在科学技术、社会生产高度发达的基础之上。所以，马克思主义者从来都把先进的科学技术的发展，看作是一种革命的力量。我们对邓小平同志所说的改革是一场新的革命或者中国的第二次革命，难道不应当从这样的高度、这样的角度去认识和理解吗？我们党发动的全面改革应该也完全可以做到一身二任，既是社会主义的实践，是社会主义、共产主义运动的一个组成部分，又要适应新的科技革命的世界潮流；既管经济、政治制度的进一步完善与发展，又管生产力的革命的不断深化与推进，这才是共产党人所应有的一种“革命的思考”和“思考的革命”的立场、观点和方法啊！

第二，从革命是解放生产力，改革也是解放生产力的角度来说，改革是一场新的革命。

对邓小平同志关于改革是一场新的革命、是中国的第二次革命的内涵，既要从生产力方面的革命来考察，还要从冲破束缚生产力发展、不适应生产力发展的经济体制和科技、教育、政治体制,以达到进一步解放生产力的目的这个方面来考察。在邓小平同志的著作以及我们党和国家重要文献中,关于改革是一场新的革命、是中国的第二次革命的一系列论述,分别讲过这两个命题,并且正是从这两个方面相统一的高度,来阐发这场新的伟大革命的。这方面的集中体现,就是邓小平同志在1992年春天南方谈话中高度概括的解放生产力同发展生产力相统一的观点。他说:“过去,只讲在社会主义条件下发展生产力,没有讲还要通过改革解放生产力,不完全。应该把解放生产力和发展生产力两个讲全了。”

社会主义革命是为了解放生产力,马克思主义者一直是这样说的。但是过去这样说,指的是社会主义革命要推翻和消灭旧的剥削制度和私有制度,从束缚生产力发展的旧制度下把生产力解放出来,至于社会主义基本制度建立起来以后,通常便认为主要任务就是发展生产力的问题,而不再有解放生产力的问题了。毛泽东同志就曾多次这样说过:在社会主义制度建立以后,“我们的根本任务已经由解放生产力变为在新的生产关系下面保护和发展生产力”。但是,我国社会主义在实践中的发展却表明:一方面,社会主义的基本制度是促进生产力发展的,另一方面,在社会主义基本制度建立以后,要形成能够真正体现这种基本制度优越性的各种体制,包括经济体制、政治体制、科技体制、教育体制和文化体制等等,还会有艰难曲折的过程,还需要不断开拓创新。实践证明,我们过去建立起来的具体体制(首要和主要的是经济体制),存在着严重弊端,仍然束缚着生产力的发展。主要问题是政企职责不分,条块分割,国家对企业统得过多过死,忽视价值规律和市场作用,分配中的平均主义严重。这些就造成了企业缺乏应有的自主权,企业吃国家“大锅饭”、职工吃企业“大锅饭”的局面,严重压抑了企业和广大职工群众的积极性、主动性、创造性,妨碍了社会主义经济活力的充分发挥。农村建立的人民公社体制,政企不分,土地集中经营管理,重要农产品实行统派购制度,这些也都严重束缚和影响了广大农民的生产积极性。因此,在社会主义基本制度建立以后,仍有一个“从根本上改变束缚生产力发展的经济体制,建立起充满生机和活力的社会主义经济体制”的问题,也就是说仍然有一个解放生产力的问题。邓小平同志在总结新的实践经验的基础上,在南方谈话中指出,“革命是解放生产力,改革也是解放生产力”,这在理论上是一个新的重大突破。邓小平同志不仅是针对旧的剥削制度和私有制度来讲解放生产力，而且是针对社会主义条件下旧的经济体制来讲改革、讲解放生产力，这当然是对马克思主义的新发展。虽然邓小平在南方谈话前也已多次讲过“改革也是解放生产力”，但是南方谈话从与“革命”相对照的角度来提出这个问题，就具有很大的鲜明性和尖锐性了。从这里，我们更进一步认识到了改革被视为一场广泛、深刻的革命的缘由。

邓小平同志在南方谈话中指出，改革是要“从根本上改变束缚生产力发展的经济体制”，这个“从根本上改变”的提法，在1984年《中共中央关于经济体制改革的决定》中就已提出了，但在当时并没有引起人们的足够重视和理解，南方谈话再次郑重提出这一观点，人们才认真去思考和领会。所谓从根本上改变旧的经济体制，就意味着我国全面改革不是在原有经济体制的框架内，作一些细枝末节的纯粹量变性质的修补，而是要在体制变革这个层次上（不是在基本制度这个层次上）来一个质的变化。这就是要改变高度集中的、行政命令的、传统计划经济体制，建立起社会主义市场经济新体制。只有这样广泛深刻的变革，才会对生产力的发展产生“解放”作用，因而也才具有革命意义。

当然，革命是解放生产力，改革也是解放生产力，二者在对“生产力的解放”上并非同一个层次。革命是解放生产力，属于第一个层次，即通过摧毁打碎旧的国家机器、旧的社会基本制度那样的政治革命、社会革命，来解放生产力。改革也是解放生产力，属于第二个层次，即在坚持社会主义基本制度的前提下，通过改革具体体制来解放生产力。就变革具体体制来说，我国的全面改革，尤其是经济体制改革，也可以说是管理体制和管理机制的一种“转型”，即从计划经济时期高度集权、以行政手段为主的管理体制和管理机制，转变为适应大规模现代化建设时期的管理体制、管理机制。关于这种“转型”的提法，还可以从邓小平南方谈话中关于“定型化”的提法中找到依据。邓小平同志说：“恐怕再有三十年的时间，我们才会在各方面形成一整套更加成熟、更加定型的制度。在这个制度下的方针、政策，也将更加定型化。”

中国特色社会主义“定型化”的思想，是邓小平同志提出的一个重要理论命题。它包括若干层次。第一个层次是基本制度，如经济领域的公有制与多种所有制经济共同发展的基本经济制度；政治领域体现人民当家作主地位的人民代表大会制度、体现多党合作的政治协商制度等基本政治制度，以及依法治国、法治国家的制度；思想文化领域以马克思主义为指导，以培育“四有”公民为目标，发展面向现代化、面向世界、面向未来，民族的、科学的、大众的社会主义先进文化等。第二个层次是具体制度，即体制，包括经济、政治、科技、教育、文化等各方面的体制，都必须是充满生机和活力的，是能够适应在经济上创造比资本主义更高的劳动生产率、在政治上创造出比资本主义更高更切实的民主、在组织上造就出比资本主义国家更多更优秀的人才这一要求的。第三个层次是运行机制，如从传统的计划经济体制转变为社会主义市场经济体制。第四个层次是经济管理方法，我们要在总结自己经验的基础上，吸收当今世界各国的一切有益文明成果，在企业中实行科学的经济管理方法。此外，方法、政策也将定型化，它贯穿在上述四个层次之中。显然，我们现在距离中国特色社会主义“定型化”，还有相当长的路要走，因此，我们对全面改革也应当这样来认识：“革命尚未成功，同志仍须努力。”

邓小平同志把全面改革定义为进一步解放和发展社会生产力，除了理论上的创新意义以外，还有一个重要作用，这就是：围绕不断解放和发展生产力，把中国共产党从领导人民进行民主革命、社会主义革命到社会主义建设，直到最终实现共产主义的全部社会变革、社会实践活动，历史地贯穿和统一起来。这个统一，仍然集中体现在邓小平在南方谈话中关于“革命是解放生产力，改革也是解放生产力”的重要论述之中。深刻认识和自觉坚持这个根本观点，我们就能从理论上和实践上牢固树立建设社会主义必须以经济建设为中心的指导思想；就能真正把是否有利于发展社会主义社会的生产力、是否有利于增强社会主义国家的综合国力、是否有利于提高人民的生活水平，作为判断改革开放和各方面工作是非得失的标准；就能更加自觉和坚定地贯彻执行党的十一届三中全会确立的这条中国的发展路线。邓小平同志领导我们党搞改革开放的第二次革命，提出一整套理论和政策，归根到底是为我们民族贡献了这样一条致力于发展的路线，而中国的发展，本身就是社会主义的胜利。这也就是邓小平同志所说的，实现我国现代化的第二步战略目标，是“社会主义的一个成功”，实现第三步战略目标，则“可以断言社会主义成功”。

有人可能会问：在50年代后期“左”的错误思想居于支配地位时，不也曾提出过还需要解放生产力的问题吗？这不是比邓小平同志提出的“改革也是解放生产力”的思想还要早吗？不错，但那时讲的解放生产力，主要的着眼点，是针对生产关系中尚未扫清的私有制残余和认为公有制范围尚不够大、程度尚不够高，这种束缚着生产力发展的情况而言的，所以要搞人民公社化，要割资本主义尾巴；或者是认为上层建筑中的资本主义思想和政治力量，束缚着生产力的发展，所以要搞“文化大革命”。实践表明，这样做的结果，不是解放生产力，恰恰是极大地破坏了生产力。所以那个时候从以两个阶级、两条道路斗争为纲的观点出发，来讲解放生产力，同我们今天从现实生产力的发展状况和要求出发，针对仍然束缚生产力发展的落后体制，来讲解放生产力，是不能同日而语的。因此，不应该把两者混淆起来，更不能以前者来否定后者。

第三，从改革所涉及的利益关系的重大调整而言，改革也是一场深刻的革命。

邓小平同志曾多次强调，社会主义改革不是某一方面、某一领域的改革，而是“全面的改革，包括经济体制改革、政治体制改革和相应的其他各个领域的改革”。而且“每次改革涉及的人和事都很广泛，很深刻，触及许多人的利益，会遇到很多的障碍”。党的十一届三中全会以来，党和国家重要文献也一再指出：“经济体制改革是一场涉及经济基础和上层建筑许多领域的深刻革命，必然要改变旧体制固有的和体制转变过程中形成的各种不合理的利益格局，不可避免地会遇到这样或那样的困难和阻力。”这就是说，我国全面改革广泛触及中央与地方，国家、集体与个人，部门与部门，地方与地方，人与人之间的利益格局的大调整与再分配，而利益一般都具有能上不能下、能增不能减的刚性，当改革措施涉及一些部门、地方、企业、个人或社会阶层的既得利益时，往往会引起强烈反应。中央文献把这种既得利益格局概括为“旧体制下固有的”和“体制转变过程中形成的”这样两种情况，是切中要害、击中时弊的。显然，触动这两种状况的利益格局，用邓小平同志的话来说，也就是在全面改革中如何把握好放与管的关系问题。

作为从根本上改变束缚生产力发展的高度集权的计划经济体制的全面改革，在强调“放”的时候，所触动的一般是中央部门和条条的既得利益，而得利的往往是地方、企业和个人。这个时候改革的阻力，一般表现为部门与条条对放权、放开设置各种限制。但是，“放”毕竟是全面改革的大势所趋。邓小平同志充分肯定“这几年我们走的路子是对的”，“如果不放，经济发展能搞出今天这样一个规模来吗”？放开，就是让一部分人、一部分企业、一部分地区先富裕起来。放开，就是让农民家庭有生产经营的自主权，让集体的企业有经营的自主权，也让国有企业有真正经营的自主权。有自主权才会有积极性和创造性。放开，就是让个体经济和私营经济有一定程度的发展，让国外境外资本进来有一定程度的发展，把这一部分体制外的积极性也调动起来。放开，就是要走向市场。我国经济体制改革的路子，从一定意义上说，也就是市场一步步放开的路子，一直到确认市场要在资源配置中起基础性作用，即确认社会主义市场经济新体制。

实践证明，这种放权、放开有利于打破旧体制的束缚，让生产力的源泉充分涌流。当然，放权、放开以后，当无数个决策主体、投资主体纷纷以独立的商品生产经营者面目出现时，当千万个、亿万个脑袋都开动起来，为追求利益最大化而奔忙时，也会产生“八仙过海，各显神通”的局面，这比旧体制下那种10亿颗脑袋只听命于一个脑袋的僵化局面当然要难以驾驭。但百花齐放，正是思想解放之景象；千姿百态，恰恰是市场经济之常态。我们要按市场经济的发展规律，因势利导地去建立社会主义市场经济新秩序，这本身是个“先放后导”“放中有导”“以导助放”的过程，切不可“求稳怕乱”，靠行政命令去治“乱”，靠恢复计划经济旧秩序去治“乱”，那样无疑会自觉不自觉地扼杀社会主义市场经济的蓬勃生机与活力。

当然，放开并不等于不要管理。现代市场经济的一个特点，正是有一套适合市场经济的现代政府管理。资本主义的现代市场经济都是如此。邓小平同志说：“日本就有一个企划厅嘛，美国也有计划嘛。”“资本主义就没有控制，就那么自由？”何况我们在社会主义国家，全国经济是一个有机的整体，必须制定和实施全国统一的法律、方针、政策，才能保证总量平衡和结构优化，维护全国市场的统一，促进国民经济有序运行和协调发展。

在管的问题上，邓小平同志总是讲两个方面。

一方面是：“中央要有权威”，“宏观管理要体现在中央说话能够算数”。这是中央的责任，不能放弃责任。中央制定的法律、政策、措施，各地各部门就要坚决执行，“不能搞‘上有政策下有对策’”。

另一方面是：管，并不意味着重新回到过去高度集中的行政命令的传统计划经济体制，“绝不能重复回到过去那样，把经济搞得死死的”。

邓小平同志综合这两个方面，提出了一个新概念：走向小康社会的宏观管理，就是既不同于过去的管理，又不是不要管理。在确立社会主义市场经济新体制的目标以后，如何实现这种走向小康社会的宏观管理，正是当前亟待研究解决的一个重大课题。

在中央强调“管”的时候，所触动的一般是地方、企业、个人和各种既得利益阶层的利益。他们往往会利用“放”的过程中市场规则的不健全、政府管理的不到位，以及信息的不对称，大搞“权力搅买卖”之类的“寻租”活动。他们打着非常激进的改革旗号，要求政府不要设定规则，希望停留在市场无秩序的状态之中，以便浑水摸鱼、乱中牟利。比如，在我国的股票、期货市场上，各种诈骗行为、内幕交易、大户操纵，都是世界证券市场上少有的。在这种情况下，再加上行政权力的滥用，就可能并且已经使少数人暴富。这些打着改革旗号出现的、为少数人谋利益的、阻碍深化改革的力量，他们的所作所为，为那些真正保守僵化的人提供了趁机攻击和反对改革的口实。

随着改革的不断深化，“放”与“管”所触及的利益格局的情况也出现了一些新的变化。最突出的变化之一，就是“放”已不只是触动部门和条条的利益；“管”也不只是触动地方、企业、个人的利益了。举例来说，政府管理权限的下放和机构的精简，广泛触及广大机关干部甚至领导干部的利益；企业放开搞活，减人增效、下岗分流，广泛触及广大在职职工的利益；高校毕业生分配的放开，触及曾经热情支持并积极投身改革的青年大学生的利益；而价格的放开、住房分配的放开，则广泛触及千家万户老百姓的利益。与“放”也会触及地方、企业、老百姓的利益一样，“管”同样也触及部门和条条的利益。比如国家对土地批租市场、银行贷款制度、粮食流通领域的严格管理，就明显触及了握有土地批租权和金融信贷权、粮食收购销售权的部门和条条的利益。

从这个意义上讲，改革和进一步深化改革确实是一场触及各种利益集团的利益格局的深刻革命。我们每一个地区、部门、企业和个人，都应当以革命的理想、革命的精神投身改革，顾全大局，服从大局，正确对待各种利益关系的调整，自觉把改革这场中国的第二次革命进行到底。

第四，就全面改革对各种陈旧观念冲击的广度和深度而言，改革也是一场深刻的革命。

我国全面改革不仅是广泛触及各种利益关系的一场深刻革命，而且也是广泛冲击各种陈旧观念的一场深刻革命。经过近 20 年改革实践的洗礼，当代中国共产党人和中国人民思想观念产生了多么巨大的变化啊！大到对什么是社会主义、怎样建设社会主义，中国社会主义处在什么发展阶段，什么是社会主义公有制、怎样实现社会主义公有制，社会主义可不可以搞市场经济，社会主义条件下可不可以让一部分人先富起来，社会主义可不可以借鉴资本主义的某些管理机制和方法的认识；小到时效观念、市场观念、开放观念、竞争观念、法制观念、择业观念等等，也都发生了和正在继续发生着意义深远的变化。正如党的十三大报告所指出的，改革开放“使民族精神获得了新的解放。长期窒息人们思想的许多旧观念，受到了很大冲击。积极变革，勇于开拓，讲求实效，开始形成潮流”。社会主义条件下的全面改革，就其引起人们观念更新、观念变革的广度和深度来说，同样是又一次革命。

党的十四届六中全会在全面分析改革开放以来我国所取得的历史性成就时，充分肯定了包括思想观念在内的精神力量的作用。全会决定指出：这种历史性成就，同解放思想、实事求是，以实践为检验真理唯一标准的思想路线的重新确立，同对什么是社会主义、怎样建设社会主义的重新认识是分不开的；同为国家富强、人民幸福而开拓进取的群众创造精神的崛起，同不信邪、不怕压、维护国家主权、冲破西方制裁的民族自立精神的发扬也是分不开的。归根到底，是同邓小平建设有中国特色社会主义理论和党的基本路线的形成与发展分不开的。

这里总共列举了四个方面的精神力量。首先是“解放思想、实事求是，以实践为检验真理唯一标准的思想路线的重新确立”。我国整个改革开放历史新时期全面改革的伟大事业，就是以思想解放形成的新的精神状态为起点并且贯穿其全过程的。第二是“对什么是社会主义、怎样建设社会主义的重新认识”。这是一个首要的基本的理论问题，我国社会主义在改革开放前所经历的种种曲折和失误，归根到底在于对这个问题没有完全搞清楚，改革开放以来在前进中遇到的一些犹疑和困惑，归根到底也在于对这个问题没有完全搞清楚。逐渐搞清楚这个问题，“对社会主义的认识突破一系列僵化观念而提高到新的水平”，这是在指导理论这个层次上推动我们事业进步的精神力量。第三是“为国家富强、人民幸福而开拓进取的群众创造精神的崛起”。这是遍及全国广大农村和城市，同人民群众切身利益和要求紧密联系在一起的精神力量。党的思想路线和指导理论的拨乱反正，启发和保护了群众的创造精神；集中和总结群众的实践和群众的创造精神,又成为党的思想和理论发展的源泉。第四是“不信邪、不怕压、维护国家主权、冲破西方制裁的民族自立精神的发扬”。中华民族的自立自强精神,在反对帝国主义的长期斗争中得到锤炼,面对近年西方压力一时猖獗而进一步焕发出来,显示了新的光辉。

以上这些,都生动反映了我们党对新时期以来的伟大变革中,思想路线、指导理论、精神状态这些精神力量的战略意义和伟大作用的充分估计,生动反映了在邓小平理论指导下,我们全党全民族许多适应社会进步趋势的新思想、新观念是在全面改革这场新的革命中产生的。它表明,改革开放这场新的革命、中国的第二次革命,也像以往推动社会历史前进的革命一样,广泛地涉及对传统所有制关系、人际交往关系、管理方式、思想方式以及文化观念的全面改革,即“使人们普遍地发生变化”,以适应经济社会发展的需要。

## 四、全面改革这场新的革命或中国的第二次革命的主要特点

《邓小平文选》以及我们党和国家的重要文献对全面改革这场新的革命、第二次革命的特点作过许多重要论述,归结起来,有以下五点。

1. 改革作为我国的第二次革命,其对象不是人,而是旧体制。邓小平同志指出,改革是一场新的革命,但“这不是对人的革命,而是对体制的革命”。这就是说,它不是指的一个阶级推翻另一个阶级的政治革命,不是推翻三座大山反动统治那样的革命,也不是“文化大革命”那样的所谓“革命”。虽然这场革命必然要触及某些阶层和个人的利益和权力,但是归根到底这是在社会绝大多数成员根本利益一致基础上的改革,是为了巩固发展而不是削弱、剥夺第一次革命带给人民群众的根本利益。

2. 我国第一次革命由于是典型的政治革命和社会革命,往往通过暴力和突变的形式,充满剧烈的阶级冲突和社会震荡,使社会完成由旧质到新质的变革。而我国全面改革是在人民政权之下更深层次解放和发展生产力的自我革命,虽然这也会引起社会结构广泛深刻变化,但总体上是一个有序推进、循序渐进的过程。它不需要也不允许社会出现剧烈的冲突和震荡,相反,需要安定团结的政治局面和稳定的社会环境。中国有过“文化大革命”

十年内乱的惨痛教训,决不能让这样的悲剧重演。邓小平同志指出,现在中国要是乱起来,就决不只是“文化大革命”那样的问题,会出现真正内战的局面。“一打内战就是血流成河,还谈何‘人权’?一打内战就是各霸一方,生产衰落,交通中断,难民不是百万、千万而是成亿地往外面跑,首先受影响的是现在世界上最有希望的亚太地区。这就会是世界性的灾难。所以,中国不能把自己搞乱,这当然是对中国自己负责,同时也是对全世界全人类负责。”这就是说,维护政治稳定,反对一切动乱,是第二次革命顺利进行的关键所在,也是中国人民的最高利益所在。

3. 同一般政治革命、社会革命通常都是由原有制度之外异己的政治力量或内部反对力量,由外而内、自下而上对旧制度发起冲击,推翻反动统治,在旧制度的废墟上重组新的政治权威不同,我国全面改革表现为有组织、有领导、有步骤的自上而下的过程。邓小平同志说:“改革要成功,就必须有领导有秩序地进行。没有这一条,就是乱哄哄,各行其是,怎么行呢?”“我们要定一个方针,就是要在中央统一领导下深化改革。”实践证明,强固的中央权威是改革能够以较低成本获取平稳快速发展的关键。领导全面改革的中央权威是在第一次革命中建立起来的,它与广大人民群众在第一次革命中凝聚而成的血肉联系,成为推动第二次革命的深厚的政治资源。

4. 我国的全面改革既是一场革命,又是社会主义制度的自我完善。改革与革命的不同,就在于革命常常是由被统治阶级发动的,而改革一般是由统治阶级发动的;革命如果取得成功,则其结果是由一种社会形态转变为另一种社会形态,改革则是同一种社会形态的某种变革和优化。用邓小平的话来说,改革不是推翻反动统治,而是改变陈旧体制。改革不是对根本制度的重新选择,而是对政策的重新选择。1988 年 6 月,邓小平在一次讲话中指出:“十一届三中全会决定进行改革,就是要选择好的政策。”选择一系列新的方针政策,“中心点是从以阶级斗争为纲转到以发展生产力为中心,从封闭转到开放,从固守成规转到各方面的改革”。改革是为了发展社会主义,更好地坚持社会主义。这是因为“我们建立的社会主义制度是个好制度,必须坚持”。“我们的改革要达到一个什么目的呢?总的目的就是要有利于巩固社会主义制度,有利于巩固党的领导,有利于在党的领导下和社会主义制度下发展生产力。”搞改革,要始终坚持社会主义的两条根本原则,“一个公有制占主体,一个共同富裕”,没有这两条,全面改革的社会主义性质将成为一句空话。全面改革虽然也会带来一些消极的东西,但只要我们始终保持清醒头脑和采取正确措施,它们就不会伤害社会主义。

5. 我们讲改革始终是一场革命,“从另一个意义来说,我们现在做的事都是一个试验”,“是个很大的试验,是书本上没有的”,“不仅在中国,而且在国际范围内也是一种试验”。“如果成功了,可以对世界上的社会主义事业和不发达国家的发展提供某些经验。”前无古人,后启来者,这就是我国改革这场新的革命、第二次革命的又一个重要特点。

综上所述,《邓小平文选》及党和国家重要文献把我国全面改革定义为一场新的革命、中国的第二次革命,其内涵是相当丰富,其意义也极为深远。

首先,改革是一场新的革命、中国的第二次革命的命题,表明了我国改革的广泛性、深刻性。改革对我国整个社会所起的作用和影响是广泛和深远的,它既不是基本制度的改变,也不是原有经济体制的细枝末节的修补,而是对以往经济体制的全面改造:既要从根本上改变高度集中的计划经济体制及其运行机制,建立充满生机和活力、适应现代化大生产需要的社会主义市场经济体制,同时又要相应地改革政治体制和其他方面的体制,改变一切落后的过时的管理方式、活动方式和思想方式。这种改革已不是局部调整性的改革或改良,而是在社会主义这个总的质的规定性的范围内带有某种程度、某种部分质变性质的变革。我们要充分认识这种广泛性、深刻性。

其次,改革是一场新的革命、中国的第二次革命的命题,表明了我国改革的艰巨性、复杂性。过去的体制在我们国家的经济生活、政治生活和精神生活的各个领域根深蒂固,积弊已久,形成了巨大的历史成规和惯性力量,要用新体制取而代之,决非易事。新旧体制转换过程中,必然会引起社会利益结构的重大调整,涉及每一个人的利益;改革也触及人们的思想观念,要求打破许多旧的传统观念的束缚,不断解放思想。改革还使人们的生活方式、生活习惯相应地加以改革。如此全面、深刻的变革,不可能没有阻力和障碍,不可能没有困难和阵痛,我们要充分认识这种艰巨性和复杂性。

再次,改革是一场新的革命、中国的第二次革命的命题,表明了我国改革的长期性。如果说,作为“推翻一个旧世界”的我国第一次革命搞了 28 年,那么,作为“建设一个新世界”的我国第二次革命,在时间上恐怕会长得多。单是作为体制创新、体制革命的中国特色社会主义的定型化,至少就要近 50 年,从 1978 年改革开放算起,一直要持续到 21 世纪的 2021 年,即中国共产党成立 100 周年。至于作为生产力革命的社会主义现代化建设,则需要十几代人、几十代人的持久努力。正是在这个意义上,邓小平同志说:“我们搞社会主义才几十年,还处在初级阶段。巩固和发展社会主义制度,还需要一个很长的历史阶段,需要我们几代人、十几代人,甚至几十代人坚持不懈地努力奋斗,决不能掉以轻心。”关于“基本路线要管一百年,动摇不得”。“资本主义发展几百年了,我们干社会主义才多长时间!何况我们自己还耽误了二十年。如果从建国起,用一百年时间把我国建设成中等水平的发达国家,那就很了不起!从现在起到下世纪中叶,将是很要紧的时期,我们要埋头苦干。我们肩膀上的担子重,责任大啊!”我们要充分认识我国全面改革和社会主义现代化建设的这种长期性,下定决心,持久奋斗,经过一代又一代人的努力,“把中国由不发达的社会主义国家变成富强民主文明的社会主义现代化国家”,夺取建设有中国特色社会主义这一人类历史上空前壮丽的伟大事业的全面胜利。

# 邓小平理论是指引我们党胜利前进的伟大旗帜

（1997 年 11 月）

刚刚闭幕的党的十五大，作出了邓小平理论是马克思主义在中国发展的新阶段的科学论断，并且把邓小平理论作为我们党的指导思想写入了党章。党的十五大报告强调：在当代中国，“坚持邓小平理论，就是真正坚持马克思列宁主义、毛泽东思想；高举邓小平理论的旗帜，就是真正高举马克思列宁主义、毛泽东思想的旗帜”。

中国共产党自诞生以来，迄今为止，在党章中对党的指导思想增加科学的新内容先后有两次：一次是党的七大，把毛泽东思想确立为我们党的指导思想并写入党章；另一次就是党的十五大，把邓小平理论作为我们党的指导思想和行动指南写入党章。

党的十五大关于高举邓小平理论伟大旗帜的重大决策，是在邓小平同志逝世之后作出的，并且也是以近半个世纪深厚的历史实践为基础作出的。

## 一、党举起一面什么旗帜至关重要

中国共产党作为中国工人阶级的先锋队，作为中华民族和中国人民的先锋队，其先进性的根本标志，就是有科学的主义、科学的理论作为自己的指导思想。早在建党前夕，毛泽东同志就指出，革命的人们要实行“主义的结合”。他说：“主义譬如一面旗子，旗子立起了，大家才有所指望，才知所趋赴。”这里所说的有所指望，是回答向何处去；知所趋赴，是回答走什么路。当时，我们党立起的旗子，就是马克思列宁主义。因为“十月革命一声炮响，给我们送来了马克思列宁主义。”在中国共产党登上中国历史舞台之前，许多仁人志士都寻觅过和立起过这样那样的旗子，最终都没能找到拯救中国的正确方向和道路。直到中国共产党、中国人民找到了马克思列宁主义,中国革命的面貌才为之一新。

然而,要把马克思列宁主义的理论同中国革命的实践结合起来,形成中国革命自己的理论,开辟中国革命自己的道路,还需要我们作出努力和牺牲。从党的二大到六大,这五次党的全国代表大会,都为此作出过贡献,但都没有能够解决这个历史性课题。

党的七大是以高举毛泽东思想的旗帜为标志,载入我们党的史册的。按照党的七大的提法,毛泽东思想是“马克思列宁主义的理论与中国革命的实践之统一的路线”。七大作出把毛泽东思想确立为党的指导思想并写入党章的决策,是以建党以来24年的历史经验作为基础的。在这24年中,我们党经历了大革命的胜利和失败,从遵义会议实现党的历史的伟大转折以后,毛泽东同志领导我们党在抗日战争中得到空前规模的胜利发展。这种胜利和失败的比较,教育了中国共产党人。经过延安整风和总结历史,毛泽东思想逐渐在全党取得共识。党的七大高举起毛泽东思想的旗帜,这绝不意味着抛弃或贬低马克思列宁主义,而是强调在马克思列宁主义同中国革命实践相结合的进程中、在把马克思主义中国化进程中,我们党已经产生了科学的理论成果即毛泽东思想。毛泽东思想同马克思列宁主义是统一的科学体系。在中国,坚持毛泽东思想,就是真正坚持马克思列宁主义;高举毛泽东思想旗帜,就是真正高举马克思列宁主义的旗帜。

在毛泽东思想的旗帜下,我们党在领导中国人民取得抗日战争胜利之后,又取得解放战争的胜利,建立了中华人民共和国,并且在新中国成立以后短短7年时间里,就建立起社会主义基本制度。

党的八大是探索中国自己的建设社会主义道路的良好开端。在这个新的复杂的探索进程中,我们党取得了建设社会主义的很大成就,但又经历了“大跃进”和“文化大革命”这两大严重挫折。党的九大和十大,举着“文化大革命”及“无产阶级专政下继续革命的理论”的旗帜。历史已经做了明确结论:党的九大在思想上、政治上和组织上的指导方针都是错误的;党的十大继续了九大的“左”倾错误。粉碎“四人帮”为纠正“文化大革命”的错误提供了契机。但是,党的十一大仍然举着“无产阶级专政下继续革命的理论”的旗帜。直到党的十一届三中全会才把这个历史责任真正担当起来,从而成为新中国成立以来我们党的历史上具有深远意义的伟大转折。

从党的十一届三中全会前后开始，邓小平同志领导我们党进行拨乱反正、总结历史，开创了改革开放和集中力量进行社会主义现代化建设的历史新时期，形成和发展了建设有中国特色的社会主义的新理论。党的十二大提出了“走自己的道路，建设有中国特色的社会主义”这个中心口号。党的十三大确认十一届三中全会以来我们党发挥和发展了一系列科学理论观点，“构成了建设有中国特色的社会主义理论的轮廓”。党的十四大在邓小平同志南方谈话的认识上，提出“邓小平同志建设有中国特色社会主义理论”，阐明了这个理论的指导意义，论述了这个理论的科学体系和历史地位，提出了用这个理论武装全党的任务。党的十五大作出高举邓小平理论旗帜的决策，可以说这正是十一届三中全会以来、历次党的全国代表大会在旗帜问题上的决策的进一步发展。

历史证明，旗帜问题至关紧要。党的七大高举起毛泽东思想的正确旗帜，就给党和人民带来伟大的胜利；而“文化大革命”的错误，给党和人民带来巨大灾难。纠正“文化大革命”实践和理论的错误，在新的历史条件下继承和发展毛泽东思想，高举起邓小平理论的正确旗帜，意味着中国社会主义事业从危难中重新奋起，取得改革开放和现代化建设新的伟大胜利。从这样一种大跨度的历史比较中，可以鲜明地凸显出旗帜问题、指导思想的理论问题，对于我们党和国家事业的兴衰成败，具有何等重要的意义！

## 二、邓小平理论是当之无愧的伟大旗帜

在革命、建设、改革的每一个历史时期，面对党肩负的中心任务，我们党都必须有自己鲜明的旗帜，使全党“有所指望”“知所趋赴”。坚持邓小平理论，并在实践中创造性地运用、丰富和发展这个理论，这就是党的十四届三中全会以来，特别是党的十五大，以江泽民同志为核心的党中央举起的鲜明旗帜。

邓小平理论是指引我们党的事业胜利前进的当之无愧的伟大旗帜，是因为以江泽民同志为核心的党中央，把邓小平理论作为指导我们事业的旗帜，是从历史和现实中得出的不可动摇的结论；是历史、人民、实践选择的结果。走过了艰难曲折道路的中国共产党，能够形成这样一套在社

会主义基础上，面向世界、面向未来、面向现代化，使社会主义能够充满希望和活力，从而不断增强综合国力，并经过长期奋斗、接力奋斗，最终实现中华民族伟大复兴的理论和路线。这实在是党之大幸、人民之大幸、中华民族之大幸。

邓小平理论成为指引我们党的事业胜利前进的当之无愧的伟大旗帜是因为，在改革开放和现代化建设20年历程中，特别是在若干重大历史关头面前，邓小平理论都经受住了非同寻常的严峻考验。在国内风波中，我们站住了；在国际风波中，我们也站住了。经受住重大历史关头如此严峻的考验，使我们的事业更加生机蓬勃、大步前进。这就表明：我们党正确地把握了大局，我们党的指导思想的正确理论反映了客观规律。

邓小平理论成为指引我们党的事业胜利前进的当之无愧的伟大旗帜是因为，中国共产党人和中国人民从历史的比较和国际的观察中认识到，在当代中国，只有邓小平理论能够解决社会主义的前途和命运问题。如果说，毛泽东思想是指引中国人民昂首挺胸地“站起来”的理论，那么，邓小平理论就是指引中国社会主义在国际风云变幻中“站住了”的理论。世纪之交的当代中国共产党人和中国人民是幸运的，在当今世界的大转折中，我们既没有“荷戟彷徨”之忧，也没有“歧路亡羊”之虑，在我们面前展现的是一派“坚冰已经打破，航线已经开通，道路已经指明”的壮丽前景。

邓小平理论成为指引我们党的事业胜利前进的当之无愧的伟大旗帜是因为，邓小平理论的旗帜，就是建设有中国特色社会主义的旗帜，就是“一个中心、两个基本点”的旗帜，就是指引我们朝着社会主义现代化目标、胜利迈向21世纪新征途的旗帜。

如同高举毛泽东思想的旗帜决不意味着抛弃或贬低马克思列宁主义一样，高举邓小平理论的旗帜也决不意味着抛弃或贬低毛泽东思想，而是强调毛泽东思想在新的历史条件下有了新的发展，产生了邓小平理论这个马克思主义中国化新的科学成果。

马克思列宁主义、毛泽东思想、邓小平理论是经过党的一大、七大、十五大，先后写到我们党的旗帜上的，现在我们党举起的同一面旗帜上写着这三句话。因此，高举邓小平理论伟大旗帜，就意味着同时举起了马克思列宁主义、毛泽东思想的旗帜。

## 三、坚定不移地在邓小平理论的旗帜下奋勇前进

党的十五大报告的结束语指出："我们已经走出了一条光明大道"；同时又指出："前面的路并不都是平坦的，还会有各种困难和风险，包括可以预料的和难以预料的，来自国内的和来自国外的，经济生活中的和社会政治生活中的。"报告还强调："无论什么困难和风险，都不能动摇我们对邓小平理论的坚定信念，而只会使我们更加自觉地运用这个理论去克服困难，战胜风险，胜利前进。"

十五大报告的这一大段话，把我们党对迈向新世纪的伟大进军应有的立场和态度，把我们党面对种种困难和风险应有的立场和态度，把我们党对邓小平理论应有的立场和态度，明白、透彻、完整地表达出来了。

这就是说，对高举邓小平理论伟大旗帜的坚定，首先来源于坚信；行动上坚定不移，首先来源于理论上的坚信不疑。高举邓小平理论伟大旗帜的坚定，还必须表现为克服困难、战胜风险的坚韧，要有不折不挠、坚忍不拔的精神状态。

江泽民同志在党的十五届二中全会上指出："这次金融风波的冲击，我们顶住了，证明改革开放二十年形成的基础，使我们具有相当的承受和抵御风险的能力。但是也必须看到，我们还有许多弱点，这种能力还不够强。我们高举邓小平理论伟大旗帜越是坚定，经济越是持续发展，改革开放越是不断深化，民主法制建设、精神文明建设和反腐倡廉越是得力，这种能力就会越强。总之，坚持改革开放，继续开拓前进，不断增强承受和抵御风险的能力，我们就一定能够立于不败之地。"

江泽民同志在这里提出的"承受和抵御风险的能力"，是一个关系全局的重大战略观念。早在 1988 年，邓小平同志就提出了"对风险的承受能力"问题。他说，十一届三中全会后"这 10 年来中国有了可喜的发展，人民生活有改善，对风险的承受能力有一定的增强"。同年，邓小平同志还指出："要把工作的基点放在出现较大的风险上，准备好对策。这样，即使出现了大的风险，天也不会塌下来。"到 1990 年年底，邓小平同志又指出："我们已经形成了一种能力，承担风险的能力。为什么这次治理通货膨胀能够见效这么快，而且市场没有受多大影响，货币也没有受多大影响？原因就是

有这十一二年改革开放的基础。改革开放越前进，承担和抵抗风险的能力就越强。”

由此可见，清醒准备和对待前进道路上可能出现的各种风险挑战的方针，是邓小平同志反复强调的方针，是邓小平理论的一个重大战略观念。只要我们党对世界范围内力量对比有清醒的估量，对经济全球化的两重性有清醒的估量，对各方面的矛盾有清醒的估量，什么样的风险和困难，都不能动摇我们对邓小平理论的坚定信心，都不能动摇我们对实现中华民族伟大复兴的坚强信心，都不能阻挡我们胜利前进的步伐。

此外，高举伟大旗帜的坚定，还必须体现在推进伟大事业的坚实上。高举伟大旗帜与推进伟大事业历史地、逻辑地统一在一起。高举伟大旗帜是推进伟大事业的前提和基础，而推进伟大事业则是高举伟大旗帜的目标指向和逻辑结果。

总之，高举伟大旗帜，推进伟大事业，这二者紧密联系、相互贯通，都体现了我们党在旗帜问题上的自觉性和坚定性。无论遇到什么困难、什么议论、什么压力、什么风险，都不动摇。这种自觉性和坚定性见之于行动，就是江泽民同志在党的十五大报告中指出的：要抓住机遇而不可丧失机遇，开拓进取而不可因循守旧，把我们的事业全面推向21世纪。

# 要有一个好的精神状态

（1997 年 10 月 30 日）

潜心研读党的十五大报告，我们可以发现，报告在全面阐述“高举邓小平理论伟大旗帜，把建设有中国特色社会主义事业全面推向 21 世纪”这一主题的过程中，重申了进一步解放思想、振奋精神的问题。党的十五大以后，江泽民同志又明确提出：精神状态很重要，“抓住机遇而不可丧失机遇，开拓进取而不可因循守旧”，就是讲要有一个好的精神状态。

进入改革开放和社会主义现代化建设新时期以来，我们党对精神状态问题的强调，总是与强调解放思想同时并举的。在《解放思想，实事求是，团结一致向前看》这一著名讲话中，邓小平同志强调要打破“因循守旧，安于现状，不求发展，不求进步，不愿接受新的事物”的“小生产的习惯势力”，树立“勇于思考、勇于探索、勇于创新”的精神状态。他呼唤要有一批具有“三勇”精神的闯将，不然就无法摆脱我国贫穷落后状况，就无法赶上和超过国际先进水平。在 1992 年南方谈话中，邓小平同志又号召全党同志要发扬“大胆地试、大胆地闯”的精神，并谆谆告诫全党：“没有一点闯的精神，没有一点‘冒’的精神，没有一股气呀、劲呀，就走不出一条好路，走不出一条新路，就干不出新的事业。”

精神状态问题同思想解放问题之所以总是联袂提出，是因为一定的精神状态总是在一定的历史条件下形成的，总是同思想观念联系在一起的，在某种意义上甚至可以说，强调振奋精神其实同强调解放思想本来就是一回事。党的十五大强调全党要有一个好的精神状态，还同我们党在世纪之交的历史关头，对中华民族的命运担负着崇高的历史责任有关。那么，党的十五大提出的“一个好的精神状态”，具体包含哪些具体内容呢？

一是要有为实现跨世纪宏伟目标奋斗不息、建功立业的雄心壮志。邓小平同志把在中国这样的经济文化比较落后的国家实现现代化、建设富强民主文明的社会主义强国称作是一种“雄心壮志”，广大共产党员尤其是领导干部对中华民族崇高的历史责任感，首先应体现在为实现这一雄心壮志而忘我牺牲、不懈奋斗上。要抓住机遇、珍惜机遇、用好机遇，用新的业绩来显示我们党继承邓小平同志遗志，肩负起人民的希望，谱写21世纪新的光辉篇章，并且在这个过程中战胜风险，胜利前进，继续丰富和创造性地发展邓小平理论。

二是要有勇于实践、大胆试验，始终走在时代前列的开拓进取精神。邓小平同志就是这种开拓进取精神的典范。他敢于和善于在新的实践基础上继承前人而又突破陈规。他开拓了当代中国马克思主义的新境界，成功地走出了一条建设有中国特色社会主义的新道路。以江泽民同志为核心的党中央是邓小平同志开创的建设有中国特色社会主义伟大事业的忠诚可靠、奋发有为的继承者。“开拓进取而不可因循守旧”，既是党中央对全党的伟大号召，又是其自身形象的生动写照。我们要以邓小平同志为楷模，在以江泽民同志为核心的党中央领导下，一方面坚持实事求是的思想路线，坚决冲破教条主义、主观主义的束缚，创造性地解决改革攻坚阶段的新问题；一方面坚持“从群众中来、到群众中去”的群众路线，尊重群众首创精神，善于总结群众的智慧、群众的创造，勇于探索，大胆实践，力争到20世纪末使大多数国有大中型骨干企业初步建立现代企业制度，经营状况明显改善，开创国有企业改革和发展的新局面。

三是要有深入实际，艰苦奋斗，真抓实干的务实精神。80年代我们党和国家喊响了“空谈误国，实干兴邦”的口号，在世纪之交更要做到不务虚名、不尚空谈、不投机取巧、不哗众取宠、不搞形式主义。邓小平同志在谈到反对弄虚作假时曾经说过：“过去打仗，宁可少报战功也不多报，谎报战功要杀头。”党的十五大对真抓实干提出了新的要求，根据这些要求，我们在政治上理论上要更加清醒坚定，作风上要更加扎实务实，励精图治，艰苦奋斗，努力把建设有中国特色社会主义伟大事业全面推向21世纪！

# 依托浦东开发开放<br>推动沪港台更大力度经贸合作*

（1998 年 3 月 24 日）

今年 1 月 7 日至 8 日，由台湾《中国时报》、上海《文汇报》联合举办的沪港台经贸关系研讨会在台北市举行。来自上海高校、社科院和实际工作部门的近 10 位专家学者同台湾、香港学者，就沪港台经贸关系、金融交流、投资贸易、航运、农业、产业等内容作了六场专题研讨。研讨会采取自由报名形式，吸引了当地 200 多人报名参加。会上，两岸三地学者既宣读论文，又即席回答与会者内容广泛的提问。台湾媒体对研讨会作了滚动式连续报道，一时在台湾引起热烈反响。笔者应邀参加了此次研讨会，并在会上作了题为《积极合理引进跨国公司投资，有效推动浦东开发开放产业结构升级》的发言。以下是对此次研讨会主要观点的综述。

## 一、沪港台经贸合作的基础

与会专家学者认为，在当今世界，一个地区的经济发展需要同其他地区进行广泛的经济合作，而地区之间的经济合作取决于以下三个因素：①资源与产业的互补程度，各地区在这种合作中都应获得各自的经济利益；②生产的集聚效应与机会成本比较，只有高度的生产集聚才能形成规模经济，降低生产成本；③交通的便利程度以及交通成本的高低。

与会专家学者从以下三个方面具体论证了沪港台经济贸易合作的基础。

首先，目前及今后一段时期内，沪港台都属于经济高速增长地区。90

* 本文系作者参与首次在台湾举办的沪港台经贸关系研讨会撰写的观点综述。

年代以来,这三个地区均保持着良好的经济增长势头。1989—1994 年,上海的国内生产总值和进出口贸易年平均增长率分别高达 10. 8%和 15. 8%,香港为 5. 35%和 16. 6%,台湾为 6. 4%和 8. 5%。

其次,从经济发展水平和对外开放度看,三地之间存在着明显差异。就经济规模而言,上海为香港的 17. 29%、台湾的 9. 38%;就人均国内生产总值而言,上海为香港的 8. 12%、台湾的 15. 24%;就经济的外向度而言,据 1994 年的统计,上海为 69. 36%,香港为 144. 30%(不包括转口贸易),台湾为 73. 14%。

从 1995 年的统计情况看,台湾按新台币计算的 GDP 总量为 69663 亿元,约折 2630 亿美元,人均 GDP 为 12396 美元;香港 GDP 为 11055 亿港元,约为 1429 亿美元,人均 GDP 为 23213 美元;上海 GDP 为 2463 亿元人民币,约为 297 亿美元,人均 GDP 为 2684 美元。从经济总量看,台湾约为香港的 1 倍,为上海的 8 倍。从人均 GDP 看,香港约为台湾的一倍强,约为上海的 9 倍。如果再从产业结构、工业结构、贸易结构的角度进行比较,学者们得出一个明确的结论:上海经济的发展与台湾、香港尚处在不同发展阶段,正是由于发展阶段的不同,使上海经济与台湾、香港经济存在着较强的互补因素。

沪港台三地的经济结构既存在很强的互补性又存在明显的趋同性。90 年代以来,三地都有向服务型经济发展的明确趋向。从就业结构来看,1994 年与 1990 年相比,制造业所占比重,上海从 53. 88%下降到 49. 36%,台湾从 32. 0%下降到 27. 8%,香港从 24. 1%下降到 21. 4%。服务业所占比重,上海从 26. 30%上升到 34. 30%,台湾从 46. 30%上升到 50. 60%,香港从 62. 20%上升到 69. 00%。但与此同时,三地在经济发展水平和经济结构上却存在明显的差异。据 1994 年的统计,上海的国内生产总值中,虽然 90 年代以来第三产业所占的比重有所上升,但制造业所占的比重仍高达 49. 36%,因此基本上还是一个以加工工业为主的生产型城市。台湾的经济结构较均衡,农业、制造业和服务业所占比重分别为 10. 9%、27. 8%和 50. 6%,有明显的新兴工业化经济特征,香港则是一个较为成熟的服务型城市,第三产业比重高达 69. 0%。

沪港台三地在经济和贸易高速增长以及经济结构向服务型经济转型的同时,又存在着经济发展水平的明显差异和经济结构很强的互补性,这就使三地之间实现垂直的和水平的分工成为可能，从而为三地经贸合作提供了广阔空间。

## 二、沪港台经贸合作的前景

与会专家学者认为，展望21世纪，亚洲地区将仍然是世界经济中增长最快的地区，虽然今年以来东南亚金融危机给这一地区的经济增长带来某些不利影响，但从长远看，这一地区仍然有着巨大的经济增长潜力。作为亚洲地区经济增长主要推动力之一的中国，必将对21世纪亚洲乃至世界经济的增长产生重大影响。上海、香港、台湾作为中国经济增长中起重要作用的三个主要的中心地区，正面临如何迎接21世纪严峻挑战的共同课题。从上海来看，虽然目前的经济发展水平相对于台湾和香港来说还比较低，但由于有大陆内地巨大的市场作为腹地，因此其经济增长的潜力不可低估。从台湾来看，自90年代初完成产业结构调整以来，其高科技产业正面临越来越严峻的国际竞争压力，进入大陆市场已成为台湾保持经济增长的必要条件。从香港来看，在80年代完成了制造业的生产基地向内地转移以后，又面临服务产业如何依托国际和国内两个市场保持发展势头的问题，沪港台各自面临的经济增长和结构调整压力，呼唤三地加强经贸合作，并通过这种合作达到共同发展的目的。

第一，沪港台三地应从战略层面突出抓好产业合作。

贸易合作的基础是产业合作。没有产业层次上的合作，贸易方面合作的余地将十分有限。贸易合作关系可以通过市场的自发作用机制形成，而产业合作则需要有战略层面上的安排。90年代以来上海、香港、台湾三地的贸易合作关系，基本上是依靠市场机制的自发作用形成的，没有形成贸易合作和产业合作的有机联系，其结果是低层次的产业合作阻碍了贸易合作的发展。

上海学者、上海外贸学院院长王新奎教授所作的比较研究表明，香港和台湾在上海外资直接投资中所占的比重，大大高于其在上海进出口贸易中所占的比重，而日本和美国在上海外资直接投资中所占的比重，则大致等于其在上海进出口贸易中的比重。以1995年为例，台湾和香港在上海外资直接投资中所占的比重分别为56.74%和17.65%，而其在上海出口中所占的比重则分别只有 28. 89% 和 2. 43%；占上海进口的比重只有 16. 04% 和 2. 59%。同期，日本和美国在上海外资直接投资中所占的比重分别为 38. 24%和 11. 19%，而其在上海出口中所占的比重则分别为 38. 44% 和 16. 72%；在上海进口中所占的比重则分别为 31. 28%和 10. 26%。上述统计表明，日本和美国与上海之间的产业合作和贸易合作上存在着密切的相关关系，而台湾和香港与上海之间的产业合作和贸易合作之间的相关关系则不十分明确。学者们由此提出，今后一段时期内，沪港台三地的经济合作重点应放在产业方面。

具体地说，上海与台湾之间的经济合作重点应放在制造业合作方面。

上海学者、华东理工大学石良平教授从沪港台三地制造业增长与制造业构成的比较研究中得出结论：目前三地最大的合作领域仍在制造业。由于经济发展阶段的不同，目前上海的制造业仍然具有极大的发展潜力。如以 1987 年为 100，到 1995 年，上海的制造业生产指数已达 179. 8，台湾的制造业生产指数则为 120. 5，而香港制造业生产指数仅为 101. 6，上海在工业方面的发展潜力可见一斑。

石良平教授的结论是：从制造业的行业结构和产品结构考察，近年来上海、台湾和香港呈上升状态和呈下降状态的主要工业产品和产量各不相同。上海目前处于上升阶段的产品主要集中在冶金、化工、大型机械、民用建筑材料等重化工业行业，而原先拥有较大优势的轻纺工业已开始走下坡路。台湾目前处在上升阶段的产品主要集中在电子设备、电子元器件以及其他都市型工业领域；而香港工业处在上升阶段的行业主要集中在服装、食品、电子器件等行业中。从比较中可以看出，由于劳动力价格昂贵等因素，台湾和香港的工业正在向高技术和轻型化方面发展，而上海目前的工业支柱产业正在向重型化方向发展，两者之间的互补关系十分明显。再从上海的腹地看，主要重化工业几乎都沿长江而建，从上海到南京，到武汉，到重庆，其工业结构中重化工业的比重由东向西逐渐提高，因此，加强上海、香港、台湾的经济合作，可以使以上海为龙头的沿长江重化工业体系与台湾、香港的轻型工业化体系相结合，形成工业化体系的最佳结构。

台湾学者、中华经济研究院研究员陈丽英女士从对大陆产业结构变迁近况的研究，质疑了台湾当局目前执行的两岸产业分工政策。陈女士采用大陆工业经济统计的原始电脑磁带资料，比较了大陆 29 个行业的市场份额、收入增长弹性、资金利税率等市场供需及经济效益指标。结果发现了以下几项值得台湾修正或补强两岸产业分工策略的大陆产业变动现况。

电子及通信设备制造业、石化相关产业(目前两岸均为高成长高投资回报的产业)、纸及纸制品业(在台湾发展不良,但大陆商机蓬勃)、饮料、食品制造业、建材工业、运输工具业、橡胶(台湾市场较饱和,但大陆投资效益高)、文教体育用品业、医药(台湾在这方面的国际竞争力不强,但大陆市场正商机蓬勃),均值得台湾当局协助推动产业内整合,以进一步开拓大陆市场。

在这次研讨会上,两岸三地学者还共同探讨了加强服务业特别是金融业的合作问题。上海学者、华东理工大学石良平教授的统计研究发现,香港经济已进入以服务业为主导的阶段。现在香港经济的产业支柱中,金融保险不动产业已经占 1/3 强,商业占 1/4 左右,两者相加占香港 GDP 的 60%以上,成为香港经济发展的两个重要轮子。这种产业结构一方面是人均收入高度增长的结果,另一方面这样的产业结构也极易受世界经济波动的影响。

台湾经济从 90 年代以后也开始步入以服务业为主导的经济发展阶段,其中金融、商业、个人团体服务业成为第三产业发展的三驾马车。进入 90 年代以后,制造业对台湾经济增长的贡献率下降较快。80 年代后期,台湾制造业占 GDP 的比重一直保持在 35%左右,1995 年这一比重已经下降到 28%,并且有继续下降的趋势。

上海经济目前尚没有进入以服务业为主导的经济形态,制造业在 GDP 中仍占一半以上份额。然而,近年来,上海的服务业发展非常迅猛,这一发展大致可以分为三个阶段:第一阶段从 80 年代初到 1988 年,这一阶段以发展商业和运输业为主,商业占 GDP 的比重从 80 年代初的 6%上升至 1988 年的 11%。第二阶段从 1989 年开始,这一年的一个重要特征是金融保险业占 GDP 的比重首次超过商业和运输业而成为上海第三产业中的龙头产业。第三阶段从 1993 年开始,上海的房地产业迅速崛起,并且每年以翻番的速度递增。可以预见,上海的金融、保险、不动产业将是带动上海服务业发展的主要产业。从这一角度看,香港和台湾在上海形成金融贸易中心的过程中可以有很大的作为。同时,也可以利用上海信息中心和技术中心的优势,争取大陆广泛的资源和市场腹地。

上海学者、中国人民银行上海分行金融研究所所长盛松成教授,对比研究了沪港台三地在建设金融中心方面各自拥有的优势后提出:香港建设国际金融中心的整体优势地位最为突出,具体表现在香港位于大陆、台湾、东南亚之间;香港特区政府在“97 回归”以后,继续保持其高度自由和开放的政策;香港的法制环境与西方发达国家基本接轨;香港拥有良好的市场基础,交易、资讯系统发达,拥有大批专业人才;香港实行的是联系汇率,这种汇率比浮动汇率更加有利于融入国际金融市场;香港是国际物资中心和国际航运中心。既然香港拥有如此良好的条件,那么,香港就应该百尺竿头,更进一步。尤其考虑到目前世界经济中心正在向环太平洋地区转移,亚太地区在世界经济中的比重已成“鼎足而三”之势,亚太地区应该拥有与大西洋岸边的纽约、伦敦相媲美的自己的顶级金融中心。香港应该也完全有可能担当起这一历史重任。

盛松成教授指出,世界各顶级国际金融中心除了直接服务于本地区的经济以外,更多的是通过大量的批发性业务吞吐资金。这就需要它的周围有一批其他区域性金融中心来接受它的业务辐射,形成众星捧月之势,如伦敦金融中心与法兰克福、巴黎、鹿特丹的关系。香港要想成为顶级金融中心,上海和台湾作为较低能级的金融中心的存在,不仅不会对它构成威胁,而且正可以充分发挥自身的优势,成为香港金融中心前进的必要推动力。这种推动力的来源就在于“交易创造效应”。

与会专家学者还就推动对沪台金融合作提出了若干构想。

一些学者提出,如果说,上海和台湾与香港金融中心的关系是“推进”与“拉动”的关系,那么,沪台之间则应该是“携手前进”的关系。近年来,两岸的经贸交流日趋活跃,台商对大陆的投资稳步增加,客观上亟须两岸加强金融合作,而上海和台湾不约而同地提出了建设国际金融中心的目标,更为两岸的金融合作增添了新的内容。

首先,在国际金融中心建设上,台湾有许多值得上海学习之处。由于台湾金融中心建设起步比较早,在金融市场发展和金融开放,尤其是离岸金融机构的引进和业务发展方面,积累了相当多的有益经验。此外,台湾与上海类似的是,两地金融中心建设都是其更大规模国际经济中心建设的一部分,如何正确处理金融中心与经济中心的关系,如何通过金融国际化促进整体经济的国际化,我们希望能在这些方面加强合作与探讨。

其次,两地应进一步加强金融理论研究合作和信息交流。除了每年一度的“两岸金融学术研讨会”这样高层次的交流外,还应该加强双方的日常交流,尤其是双方业务人员的交流,因为随着两岸金融合作进入实质性阶段,两岸业务人员相互具备充分的了解和信任也是十分必要的。此外,两地金融界还可以加强日常的法规资料、金融信息等交换工作,增进对于彼此经济金融环境的了解。

此外,在沪台金融合作指导思想上,两地要树立互信互谅的态度,对于各自的金融中心建设,也应本着相互支持、相互学习的态度。

有学者提出,沪台金融合作可以分三步走。在现阶段,由于大批台商来上海投资,大量的投资资金由台湾汇往上海。在台资企业陆续投入运营后,与台湾母公司的资金往来越来越频繁。以往通过香港等第三地中转的做法已越来越不能满足两地经贸交流需要。因此,沪台实现资金的直接沟通,已成当务之急。在两地资金实现直接汇兑之后,在通过资金往来建立的互信关系基础上,沪台金融机构可以逐步探讨信贷合作的可能性,以联合贷款、转贷款、贷款担保等形式加强对大陆台资企业的资金支持。以后随着两地金融中心建设的深入,双方将可以在金融市场建设、金融商品开发等方面实现全面合作,进而可以联合起来共同开拓国际金融市场,使两岸金融业能成为国际金融市场中的主导力量之一。

第二,积极推动沪港台三地航运与贸易合作。

与会专家学者认为,随着上海、香港、台湾三地在产业方面的合作日益发展,将逐步为这三地的贸易合作奠定坚实基础,最终有可能形成产业合作与贸易合作良性互动的循环关系。

作为港口城市和地区,沪港台的贸易往来主要是通过水上航运进行的,三地学者分析了三地航空业建设与合作情况。他们在研讨中指出,台、港的航运业历来与大陆有密切联系。尤其是香港,从 80 年代初到 1995 年,香港集装箱吞吐量的年均递增率高达 18.5%,一跃成为世界第一的集装箱输运基地,这与大陆经济的繁荣密不可分。香港的集装箱吞吐量中 85%属中转货或转口货,其中大部分为内地货物,而广东省的货物更是主要部分,目前与广东省有关的集装箱货物约占香港港口总吞吐量的 60%以上。

大陆与台湾虽然尚未形成海运方面的直接合作,但是通过香港的间接合作却不断增强。近 10 年来,港台间航线的运量增长非常快,1986 年到

1995 年的年均递增率高达 21. 6%,占港台集装箱吞吐量的比重也在不断提高,同期两地运量占香港的比重从 8. 9%上升到了 11. 0%,占台湾的比重从 6. 0%上升到了 19. 2%。据香港港口发展局调查,港台航线的集装箱运量约有 75%是来自海峡两岸的转运货物。据有关部门对香港转运的海峡两岸集装箱运量的不完全估计,1990 年总箱量为 20 万标准箱,到 1995 年已上升到 84 万标准箱左右。

沪港台在航运方面的合作前景如何？这是三地学者在研讨会上讨论的热门话题。上海学者、社科院改革开放研究中心副主任朱金海教授指出,随着改革开放的逐步深化,大陆在海运方面已出台了一系列改革措施,逐步与国际惯例接轨,使海运业的对外开放度不断扩大。如基本取消了货载保留。1988 年起大陆取消了国货国运政策;海运运价已基本放开;允许外国(包括港澳台地区的船公司)在中国从事行业活动。

在港口方面,大陆鼓励中外合资建设并经营公用码头泊位;允许合资企业经营装卸业务,经营货物堆存、拆装、包装以及相关的国内公路客货物运输;允许中外合资租赁码头;允许外商独资建设货主专用码头和专用航道;外商投资开发经营成片土地时,可在地块范围内建设和经营专用港区和码头。

在海峡两岸的航运方面,中国政府一再倡导两岸“三通”,1996 年中华人民共和国交通部颁布《台湾海峡两岸间航运管理办法》,并已于 1996 年 4 月开通了厦门、福州与高雄港之间的航线。因此,发展三地航运合作在上海方面已不成问题。

台湾学者、海洋大学航管研究所李弥副教授在会上分析了台湾当局对两岸航运的态度经历了三个阶段,即:两岸间先是由“不通商、不通航”,进入“船不直航,货不直运”,亦即所谓的不直航;如今随着台湾“境外航运中心”的设计,两岸航运又进入“船直航,货不直运”,其实就是将大陆港口与欧美间远洋运输的货物,在高雄港以“不通关不入境”的方式进行运转,并据以制定《境外航运中心管理办法》。依此规定两岸间部分船舶得以“直航”,但货物仍然不能“直运”,这就使高雄港、基隆港的货柜运输不仅成长停滞,而且有衰退的迹象。会上,无论台湾学者还是参会旁听的台湾各界人士,均强烈呼吁台湾当局应尽快顺应经济发展和人心所向,尽快与大陆实现包括海上航运在内的“三通”。

在这次研讨会上，上海学者还倡导，迈向新世纪的沪港台三地经贸合作，应以共同开发长江流域经济为重要内容。

上海学者、社科院副院长姚锡棠研究员在论文中指出，长江三角洲地区虽然一直是我国经济发展潜力大的地区之一，但在浦东开放前有一个很大的不足，就是它的经济循环方式基本上是内向的。长江三角洲地区历史上曾同国际市场有着广泛联系，但1949年后在特殊条件下，这些联系被割断了。改革开放以来，由于其开放度远不及东南沿海地区，经济循环方式转变缓慢。因而到80年代末，长江三角洲地区除上海外，所吸引的外资极少，经济发展的资金主要靠国内筹集；在对外贸易方面也发展缓慢，出口额占国内生产总值的比例也微不足道，区内大型的国有企业和成千上万个乡镇企业的产品也主要销向内地市场。这种内向型的经济循环，带有强烈的封闭色彩。因此，企业技术进步缓慢，产品竞争能力逐渐削弱。在80年代一段时间里，随着外资大量涌入珠江三角洲地区和闽东南三角洲地区，这两个地区外商独资的中外合资企业生产的“广货”和“闽货”，以及大量从这些地区进口的“洋货”，开始大规模抢占原由长江三角洲地区企业占领的市场。因此，长江三角洲地区的发展面临着经济循环方式必须转轨的严峻挑战。

浦东开发开放是全国90年代对外开放的战略重点。它在开发方面最大的带动效应和导向作用，就是引发长江三角洲开发开放高潮。浦东新区、苏州工业园区和其他大量开发区，互相推动，互相补充。浦东的枢纽作用，各开发区的互相推动，使得以上海浦东为龙头的长江三角洲地区继华南以后，成为中国又一个重要的欣欣向荣的对外开放地区。

长江三角洲地区经历的挑战表明，在世界经济日益全球化的今天，随着生产要素，特别是资金、技术在全球流动，单纯内向型经济循环的局限性日益明显。因此，当中央宣布浦东对外开放之后，长江三角洲地区各城市及时抓住这一难得机遇，采取一系列强有力的措施，吸引外资，扩大出口，使自己的经济循环方式迅速向外向型方向转变。长江三角洲地区已成为中国与世界经济新的联结点，理所当然地也应成为沪港台三地经济合作的共同着力点。

许多学者都赞同把沪港台经贸合作的内容之一，明确定位于三地携手、共同开发长江流域经济，并就此发表了若干颇有见地的意见与建议，限于篇幅，本文不再赘述。

# 邓小平对外开放理论与浦东开发开放

（1998 年 4 月）

浦东开发开放迎来了 8 周年纪念日。8 年来，特别是党的十四大正式确立了上海在全国"一个龙头、三个中心"的战略定位以来，浦东开发开放在以江泽民同志为核心的党中央亲切关怀下，在上海市委、市政府直接领导下，取得了举世瞩目的成就。浦东开发建设者都有这样一个共识：浦东开发开放的成就，是邓小平对外开放理论之花，结出的创新实践之果。

## 一、邓小平对外开放理论是对社会主义理论和实践的伟大贡献，是指导浦东开发开放的宝贵精神财富

浦东开发开放，是由邓小平同志亲自提议并全力推动的。党中央、国务院宣布浦东开发开放之时，正值邓小平同志建设有中国特色社会主义理论走向成熟之际。浦东开发开放序幕一拉开，就具有非同一般的意义。对此，我国著名社会学家、全国人大常委会副委员长费孝通，在到浦东作实地考察时有过这样的精辟论述："党中央、国务院 1990 年宣布开发开放上海浦东，其意义就在于通过这里的创新实践，使中国能够尽快地具备参与 21 世纪全球性市场竞争的综合能力"；浦东开发开放"不仅关系到中国在国际上地位的进一步提高，而且还关系到中国为人类提供一条建设社会主义的现实可行的道路"。

邓小平同志生前曾多次亲临浦东视察，他在多次重要谈话中从不同角度论述过浦东开发开放。这些重要论述，不仅是指导和引领浦东开发开放的宝贵精神财富，也是邓小平对外开放理论的重要组成部分。

第一，浦东开发开放，是邓小平同志从当今世界、当代中国“两个大局”中提炼出来的一个大思路。

80 年代末，国际国内形势处在急剧变化之中。一方面，随着苏联解体、东欧剧变和冷战结束，旧的世界格局被打破，世界开始了向经济全球化和多极化发展；另一方面，我国周边的一些国家和地区迅速发展起来，特别是“亚洲四小龙”的快速崛起和腾飞，反衬出中国发展速度的明显滞后。在这样的大背景下，邓小平同志准确把握历史发展大趋势，冷静分析我国面临的机遇和挑战，果断打出了上海这张“王牌”。

让我们来重温一下 1990 年 3 月邓小平同志关于《国际形势和经济问题》这篇重要谈话吧。邓小平同志在谈到当时国际国内形势发生的急剧变化时，以他特有的睿智和果敢，提出了“抓上海”这条大措施。他对参加这次谈话的中央领导同志说：“上海是我们的王牌，把上海搞起来是一条捷径。”当时，邓小平同志提出“抓上海”的核心内容，就是抓好“上海的浦东开发”。就在这次谈话之前不久，邓小平同志非常郑重地对几位负责同志说：“我已经退下来了，但还有几件事，我还要说一下，那就是上海的浦东开发，你们要多关心。”以江泽民同志为核心的党中央高度重视邓小平同志亲自提出的这个大思路，经过几上几下的反复论证，党中央把邓小平同志的这一大思路变成了重大战略决策。1990 年 4 月 18 日，李鹏同志代表党中央、国务院到上海，向全世界庄严宣布：开发浦东、开放浦东。从此，正式拉开了浦东开发开放的序幕。

第二，浦东开发开放，是邓小平同志运用宏观战略眼光捕捉到的一个大机遇。

“抓住时机，发展自己”，这是进入 90 年代以后，邓小平同志最为关注和论述最多的一个问题。他多次强调：中国要“抓住时机，发展自己”；要“善于利用时机解决发展问题”；“要抓住机会，现在就是好机会”。这些都体现出邓小平同志这位运筹帷幄的政治家、战略家，是最善于敏锐地把握机遇、果断地抓住机遇的。

正是基于这种强烈的机遇意识，基于一种高度的历史责任感和时代紧迫感，使邓小平同志把握住了第二轮经济全球化的历史机遇，精心构筑和不断完善了中国对外开放的战略布局。让我们来回顾一下这个过程吧。

80 年代，在邓小平同志积极倡导下，我国相继创办了深圳、珠海、汕头、厦门和海南五大经济特区，在我国的经济版图上，形成了一种“点状开放”的战略态势。随后，邓小平同志又亲自决策开放我国14个沿海城市，形成了一种“线状开放”的战略态势。在刚刚跨入90年代之际，邓小平同志又提议开发开放上海浦东，继而带动长江沿岸城市开放，从而形成我国南北与东西呼应、沿海与沿江并举的T型开发开放总格局。

邓小平同志对上海能否抓住机遇、扩大开放的问题尤为关注。他每次来上海，都要谈及浦东开发开放问题。1991年年初，他到上海视察时，上海的负责同志向他汇报说，90年代是上海发展的一次机遇。邓小平同志立即指出：这是你们的最后一次机遇。这个机遇你们不要放过。现在浦东的开发只能进不能退，而且你们也没有退路。此后，从1992年到1994年，邓小平同志每年都到上海过春节，每次来又必到浦东实地视察，既对浦东开发建设取得的每一点成绩感到欢欣鼓舞、给予热情肯定，又谆谆嘱咐浦东广大干部要珍惜机遇、抓住机遇，特别是牢牢抓住世纪之交的历史机遇，在扩大对外开放上不断迈出新的步伐。

8年后的今天，重温邓小平同志的谆谆教导，对于我们抓住20世纪末的最后一次机遇，实现浦东开发开放的宏伟目标，把邓小平同志亲自开创的改革开放和现代化建设伟大事业全面推向21世纪，无疑具有十分重要的意义。

第三，浦东开发开放，是邓小平同志为上海加快建成“一个龙头、三个中心”精心设计的一张大蓝图。

1991年，邓小平同志在视察上海时指出，开发浦东“不只是浦东的问题，是关系上海发展的问题，是利用上海这个基地发展长江三角洲和长江流域的问题”。他还对上海的领导同志说，深圳是面对着香港的，珠海是面对着澳门的，厦门是面对着台湾的，而浦东是面向世界的。这些重要指示，是邓小平同志为上海加快建成“一个龙头、三个中心”精心设计的一张大蓝图，不但点明了开发开放浦东战略方位的重要性，而且也明确了浦东开发开放战略地位的重要性。当时，邓小平同志伫立在一张硕大的上海地图、浦东新区地图和浦东开发模型前，对上海的负责同志说：“抓紧浦东开发，不要动摇，一直到建成。”1992年到上海视察时，邓小平同志又强调，上海开发了，“长江三角洲，整个长江流域，乃至全国改革开放的局面，都会不一样”。

综观邓小平同志作出的关于浦东开发开放的一系列重要指示，可以看到有以下五个方面的重要特点。

一是起点要高、后来居上。邓小平同志 1991 年视察上海谈到浦东开发开放时指出,浦东开发是晚了,你们可以借鉴广东的经验,可以搞得好一点,搞得现代化一点,起点高一点,后来居上,我相信这一点。

二是抓住机遇、开拓创新。邓小平同志一再叮嘱:浦东开发是 20 世纪的最后一次机遇,这个机遇你们不要放过;“要克服一个怕字,要有勇气”。“什么事情总要有人试第一个,才能开拓新路”。

三是发挥优势、辐射带动。邓小平同志在把开发开放浦东与其他 5 个经济特区进行比较后说:“上海在人才、技术和管理方面都有明显的优势,辐射面宽”,进而要求浦东开发开放要带动“长江三角洲,整个长江流域,乃至全国开放”。

四是面向世界、全面开放。邓小平同志提出的对外开放基本国策,既包括对发达国家开放,也包括对发展中国家开放;既包括经济领域开放,也包括科技、教育、文化等领域的开放;既要引进国外资金、资源、技术和管理经验,也要扩大出口,开拓国际市场,发展跨国经营,走向世界经济舞台。他还要求浦东开发开放要“按国际惯例办事”,“靠这个竞争”;“上海过去是金融中心,今后也要这样搞”;“中国在金融方面取得国际地位,首先要靠上海”。

五是两个文明协调发展。邓小平同志指出,到 20 世纪末,浦东和深圳等地都要回答一个问题——姓“社”不姓“资”。他还强调,与资本主义相比,“不仅经济要上去,社会秩序、社会风气也要搞好,两个文明建设都要超过他们,这才是有中国特色的社会主义”。

我们浦东开发建设者都有这样一个共同的感觉:邓小平同志的这一系列重要指示,不仅进一步丰富了其对外开放理论,而且为浦东开发开放指明了前进方向,是推动浦东开发开放不动摇、一直到建成的力量源泉,也是全面贯彻落实党的十五大提出的要求,实现浦东开发开放跨世纪目标的根本保证。

## 二、浦东开发开放 8 年来取得的进展,是贯彻邓小平对外开放理论和对浦东开发开放一系列重要指示的实践成果

浦东开发开放 8 年来,遵照党的十四大作出的“以上海浦东开发开放

为龙头,进一步开放长江沿岸城市,尽快把上海建成国际经济、金融、贸易中心之一,带动长江三角洲和整个长江流域地区经济的新飞跃"的战略部署,根据上海市委、市政府制定的"开发浦东、振兴上海、服务全国、面向世界"的方针和实行浦东浦西的"东西联动"战略,在全国人民大力支持下,把浦东开发开放不断推上新台阶。

——贯彻邓小平同志和市委领导同志指示精神,加快浦东新区基础设施建设步伐。邓小平同志要求对城市基础设施重大建设项目,"能早上的就集中资金早上,早上一年早得利一年"。朱镕基同志在主持上海市委、市政府工作时也明确提出,浦东开发,要做到基础设施先行。按照中央和上海市委市政府领导同志的指示精神,浦东新区在第一轮开发建设中,通过实行东西联动,大手笔投入 2500 亿元,提前两年建成了南浦大桥、杨浦大桥等"十大重点工程",还先后建成了张杨路等 20 余条区内骨干道路及立交桥等配套设施,揭开了浦东新一轮"三年大变样"的辉煌篇章。目前,浦东又规划了"九五"期间新一轮十大基础设施工程,特别是浦东国际机场、地铁二号线、浦东国际信息港、外环线、给排水、外高桥港区二期、电厂二期和东海天然气等八大工程已先后开工建设。

——按照邓小平同志提出的面向世界、全面开放的要求,坚持打好"中华牌"和"世界牌"。在浦东开发开放过程中,坚持用足用好中央赋予的扩大开放的先行先试政策,在不断扩大对内对外开放度和市场准入度的过程中,全面优化投资环境,注重引资的质量和成效。到 1997 年年底,已有 63 个国家和地区在浦东新区投资了 5000 多个项目,总投资 240. 8 亿美元,协议外资 152. 7 亿美元;投资额 1000 万美元以上的大项目有 385 个;世界排名前 500 位的著名跨国公司中,已有 85 家在浦东投资 138 个项目。扩大开放还促进了浦东新区外向型经济的跨越式发展。1997 年,浦东新区外贸进出口总额已达 42 亿美元,占全市进出口的 17%,出口市场已扩展到 130 多个国家和地区,三资企业出口年均增长达到 33%。

——遵照邓小平同志关于"抓住时机,发展自己"的要求,推进国民经济持续快速健康增长。浦东开发开放 8 年来,始终以抓好发展的硬功夫落实好邓小平同志提出的发展这个硬道理。浦东新区国内生产总值从 1990 年的 60 多亿元,猛增到 1997 年的 608 亿元,年均递增 22%。第二产业结构调整快速推进,1997 年新区工业总产值完成 1350 亿元。支柱产业和高新技术产业已经成为浦东新区工业发展的重要支撑,汽车、通信信息设备、家用电器、石油化工及精细化工、生物医药和钢铁等六大支柱产业,占浦东新区工业增加值的比重达30%左右。浦东的农村经济也保持了稳定发展,粮食连年丰收,单季晚稻亩产夺得上海市郊"十连冠";菜篮子工程建设取得新成效,高产优质的都市型农业示范基地建设已初具规模,浦东新区农村工业总产值、利税和外贸出口交货值,都在上海市郊10个区县中名列前茅。

——牢记邓小平同志关于交出两张满意答卷的嘱托,在快速抓好开发建设的同时,切实加强精神文明建设。浦东开发开放8年来,不但始终坚持以一流的党建带动一流的开发,而且始终坚持以提高市民素质和城乡文明程度为目标,以交出两张满意答卷为动力,全面推进全区思想道德建设和科学文化建设。通过结合浦东开发开放实际,认真抓好邓小平理论的学习、宣传、研究工作;广泛开展爱国主义、集体主义、社会主义教育和机关干部的思想作风养成教育,加强社会公德、职业道德、家庭美德建设,进一步开展"学知识、学科学、学技术"、军民共建、巾帼建功、文明小区、文明单位、文明家庭、行风评议、"七不"规范等群众性精神文明创建活动。1997年,浦东新区共评选出市级文明单位23家、市级文明社区2个、市级文明小区27个;新区级文明单位395家、文明小区65个、文明村25个、文明开发园区6个。浦东新区的市级文明小区和文明单位增长率在上海全市名列前茅。

经过8年艰苦创业与奋力开拓,人口只占全市1/10、地域面积仅占全市1/12的浦东新区,国内生产总值已占到全市1/6,外贸出口占全市1/4,引进外资占全市1/3;浦东重点小区开发面积已达35平方公里,新区城市化面积从8年前的44平方公里,扩大到目前的85平方公里。目前,一个外向型、多功能、现代化的新城区雏形已矗立在上海黄浦江东岸,这是认真贯彻邓小平对外开放理论和对浦东开发开放一系列重要指示的实践成果。

浦东开发开放8年来取得的成就,凝聚着邓小平同志、以江泽民同志为核心的党中央第三代领导集体、历任上海市委和市政府领导的辛劳和心血,是全国人民、上海人民,以及浦东新区广大干部群众,坚持把邓小平对外开放理论与浦东开发开放实践相结合所结出的丰硕成果。

邓小平同志生前曾满怀信心地预言:"下个世纪中国是很有希望的。"这是一个伟大的马克思主义政治家、战略家对他开创的中国特色社会主义事业的坚定信念,是为正在胜利迈向新世纪的中国共产党和中国人民加油鼓劲,也是对处于中国改革开放和现代化建设前沿的浦东开发开放的重托与期待。我们要牢记邓小平同志的嘱托:“从现在起到下世纪中叶,将是很要紧的时期,我们要埋头苦干”;“抓紧浦东开发,不要动摇,一直到建成”,在以江泽民同志为核心的党中央领导下,高举邓小平理论伟大旗帜,沿着邓小平同志为浦东开发开放指引的方向,把浦东开发开放继续推向前进。

# 中国的社会主义制度为什么“站得住”*

（1999年9月3日）

20世纪行将结束。

此时此刻，我们纵看20世纪的历史，不能不为社会主义运动大喜大悲、大起大落的命运而感叹。

这既是一个社会主义运动从空想到科学、从理论到实践、从一国的实践到多国的实践的凯歌行进期，又是一个包括曾经是社会主义“领头羊”在内的若干社会主义国家发生解体和剧变，由“站起来”复又倒下去的命运跌宕期。

当许多社会主义国家的红旗落地、政权易手的时候，我们欣喜地看到，在占世界人口1/5的中国，自新中国成立50年来社会主义运动的大旗不仅不落，而且高高飘扬；社会主义制度不仅没有灭亡，相反奇迹般地“站住了”。这就使世界范围内各种不同立场的人们，都要对中国的社会主义重新进行认识和估量。

1992年9月，美国的一个著名智囊机构曾经提出这样一个颇有影响的估计：“在经过几乎一个世纪的起步失误之后，看来中国终于坚实地走上了一条经济飞速发展、军事上显示其锋芒的道路，而这的确将在整个亚洲和全世界引起反响，这对于美国的经济利益和安全利益的影响是巨大的。中国是世界上军事力量正在迅速扩大的唯一大国，而且它是一种共产主义制度正在满足其人民愿望的第一个实例。”

世界银行高级副行长、首席经济学家约瑟夫·E.斯蒂格利茨，1999年7月21日在中国接受《人民日报》记者采访时说：“任何观察中国发展的人，

* 本文系作者为庆祝新中国成立五十周年而作，原载1999年9月3日上海《文汇报》。

都应当对中国的高速发展留有深刻印象。从人类历史上讲,中国在经济领域所取得的成就是最为显著的。因为中国成功地在非常短的时期内使2亿人口摆脱贫困,同时保持着高增长速度。与此形成对比的是俄罗斯等国家。10年前,中国的国内生产总值(GDP)是俄罗斯的一半,而现在俄罗斯的GDP是中国的一半。在向市场经济转轨方面,中国比其他国家成功得多。"这是在对中国社会主义命运所作的观察和研究方面,发出的一种来自美国学术界清醒的声音。

毛泽东同志使灾难深重的中国人民站起来了,毛泽东思想因此可以称为"站起来"的理论;邓小平同志使社会主义中国在国际风云变幻中"站住了",邓小平理论因此可以当之无愧地称为"站住了"的理论。正如邓小平同志充满自信地说过的那样:"不管国际风云怎么变幻,中国都是站得住的。""只要中国社会主义不倒,社会主义在世界将始终站得住。"

中国的社会主义制度要世世代代岿然屹立于世界民族之林,中国一代又一代共产党人,特别是各级党政领导干部,就不能不潜心研究邓小平的这个使社会主义"站得住"的理论之真谛;就不能不研究中国的社会主义之所以"站得住"的实践之奥秘;就不能不研究这个"站得住"的理论与"站得住"的制度之间的内在联系。

## 一、中国的社会主义能够"站得住",首先根源于我们党在深刻反思社会主义经验教训的基础上,形成了一整套建设、巩固和发展社会主义的基本理论

兴许是大灾大难才能引发大彻大悟吧,中国社会主义在改革开放前走过的20年曲折道路,特别是十年内乱中,"四人帮"散布的"宁要社会主义的草,不要资本主义的苗"之类荒谬绝伦的论调,及其所导致的中国社会生产力长期徘徊停滞、人民生活改善不快、社会主义制度固有的优越性没能得到充分发挥等严重后果,引起了邓小平同志对传统社会主义理论和实践的深刻反思。

这个反思,首先便是从对社会主义"站得住"还是"站不住"的忧患入手的。早在1978年9月,党的十一届三中全会召开之前,邓小平就尖锐地指

出:“如果在一个很长的历史时期内,社会主义国家生产力发展的速度比资本主义国家慢,还谈什么优越性?”十一届三中全会开过不久,他又说:“‘四人帮’提出宁要穷的社会主义,不要富的资本主义,社会主义如果老是穷的,它就站不住。”应该指出,这是邓小平同志第一次以如此警醒的语气,谈到社会主义制度在什么情况下可能会“站不住”。

正是出于这种强烈的痛切感、忧患感,邓小平同志结合由他本人倡导并推动的改革开放伟大实践,开始了后来被称为对社会主义重新认识的理论反思与新的理论创造,在此基础上,逐步形成了关于建设有中国特色社会主义的基本理论。在这个基本理论形成过程中,有三项重大的理论突破,对于中国的社会主义“站得住”还是“站不住”来说,是命运攸关的。

第一个是在对“什么是社会主义”的深刻反思中,破除了对社会主义的种种扭曲的和错误的理解,确立了至关重要的社会主义本质论和判断是非得失的“三个有利于”标准,这就使我们党的基本理论从以往相对抽象的原则出发,回到了一切从符合最广大人民的利益和要求出发来建设和发展社会主义。

现在一般认为,邓小平理论体系中最早形成的是社会主义初级阶段论,其实不然。按照历史唯物主义的本来面目,邓小平同志最早探寻的其实是社会主义本质论。他把党的十一届三中全会确立的解放思想、实事求是的思想路线运用到这一探寻中来,在我们党内高层最早提出了“不解放思想不行,甚至于包括什么叫社会主义这个问题也要解放思想”。这一理论主张不仅贯通了拨乱反正与全面改革这两个相互连接的阶段,而且引导我们党由拨乱反正时期从“两个凡是”、从毛泽东同志晚年错误当中解放出来;进入改革开放阶段以后,又进一步使我们的思想从传统社会主义观念中那些不合乎中国实际、不合乎时代进步、不合乎经济社会发展客观规律的框框中解放出来。

邓小平探寻社会主义本质、酝酿并提出“三个有利于”标准,是从一系列的“排除法”入手的。首先是“不能叫”,即:“经济长期处于停滞状态总不能叫社会主义。人民生活长期停止在很低的水平总不能叫社会主义”。其次是“叫什么”,即:“我们干革命几十年,搞社会主义三十多年,截至一九七八年,工人的月平均工资只有四五十元,农村的大多数地区仍处于贫困状态。这叫什么社会主义优越性”?第三是“不能说”,即:“不发展生产力,不提高人民的生活水平，不能说是符合社会主义要求的”。第四是“不够格”，即：“现在虽说我们也在搞社会主义，但事实上不够格。只有到了下世纪中叶，达到了中等发达国家的水平，才能说真的搞了社会主义，才能理直气壮地说社会主义优于资本主义”。

邓小平同志的这些“排除法”，实质上已经逼近了后来正式从理论上提出的社会主义本质论。正是这个社会主义本质论与“三个有利于”标准，紧紧抓住了过去人们常常忽略的社会主义目的与目标，把生产力标准、实践标准、人民利益标准有机结合起来了。这就是说，邓小平同志探寻社会主义本质，总是把人民日子好过不好过，人民拥护不拥护、赞成不赞成、答应不答应、满意不满意作为出发点和归宿；在此基础上形成最符合广大人民利益和要求的理论，这就是中国的社会主义能够“站得住”的最深厚的物质基础和民心基础。

第二个是在对“怎样建设社会主义”的反思和探寻中，破除了那种追求“纯而又纯”“一大二公”的社会主义的传统观念，确立了社会主义初级阶段论，强调我国社会还处在并在相当时期内（直到21世纪中叶）仍处在社会主义初级阶段，这就使我们党的基本理论从脱离实际、超越阶段的迷雾中，回到了一切从社会主义初级阶段基本国情实际出发，来建设和发展中国特色社会主义的正确轨道上来。

正是因为清醒地认识到社会主义初级阶段的社会主义还不发达、不够格，初级阶段要补上包括城市化在内的工业化、社会化、市场化、现代化这一课，我们党制定了一系列“新的政治的、经济的、社会的政策”，中心点是从以阶级斗争为纲转到以发展生产力为中心，从封闭转到开放，从固守成规转到各方面改革，从急于求成转到循序渐进，从急于求公求纯转到公有制为主体、多种所有制经济共同发展，从平均主义、“大锅饭”的分配方式转到把按劳分配为主与按生产要素分配相结合。这一系列从社会主义初级阶段实际出发的新政策非常管用、非常见效，它使我国社会主义社会生产力在很短时间内就有了迅速发展，综合国力有了新的增强，人民生活有了显著提高。这就是我国社会主义能够“站得住”的现实国情基础。

第三个是在继续探寻“怎样建设社会主义”的过程中，不断破除那种一说市场就是资本主义，认为只有计划才是社会主义的传统观念，确立了社会主义商品经济论和社会主义市场经济论，这就使得我国的体制构建与制度创新,从国家计划经济模式出发,转向了一切从有利于加快现阶段生产力发展出发,为社会主义社会生产力的快速发展,找到了发展社会主义市场经济这样一种最管用、最有效的运行体制和机制。

由此可见,邓小平同志和我们党是从关注我国社会主义的命运,加速我国生产力的发展,以及我国社会主义综合国力的增强、中国人民生活水平的提高这样的根本立场出发,来提出和对待包括市场经济在内的各种政策和理论问题的。事实上,正是以邓小平理论为指导,我国的各项改革才能如此快速地取得重大进展,使社会生产力、综合国力和人民生活水平快速上了一个大台阶,我国发展经济和抵御各种风险的物质技术基础得到大大增强,这就是我国社会主义制度能够“站得住”的体制基础。

## 二、中国的社会主义能够“站得住”,还因为我们党在邓小平理论指导下,形成了一条党在社会主义初级阶段的基本路线

党在社会主义初级阶段的基本路线是建设有中国特色社会主义理论的集中体现,是贯通整个建设有中国特色社会主义理论和实践的一个总纲。十一届三中全会以来,我们党所以能够领导和团结全国人民,经受住各种困难和风险的考验,保持社会政治稳定和经济快速发展,使社会主义制度“站得住”,最根本的就是靠坚决排除各种干扰,坚定不移地贯彻执行党的基本路线。实践昭示我们:只有始终坚持党的基本路线,才能赢得人民的信任和拥护;只有按照基本路线坚定不移地干下去,一直干到21世纪中叶,才能基本实现社会主义现代化,使中华民族在社会主义基础上再造辉煌,使社会主义在中国人民的奋斗中再造辉煌。

历史已经反复证明,当我们党还没有形成一条正确的路线之前,党就如同在黑暗中苦斗,各种“左”的和右的错误常常一犯重犯。新民主主义革命时期,在没有形成完整的新民主主义革命的理论和路线之前,我们党不是有过三次“左”倾、两次右倾的严重失误吗?进入社会主义建设时期,从1958年开始到1978年,我们党不是又受到“左”倾指导思想长达20年之久的危害吗?

20多年前,当极左路线把我国国民经济引向崩溃边缘之际,当“贫穷的

社会主义"宣告破产、"三信危机"愈演愈烈之时,是邓小平同志以马克思主义的理论勇气、求实精神、丰富经验和远见卓识,在全党倡导思想解放,在全国推行改革开放,用"实事求是"取代了"两个凡是",用"以经济建设为中心"取代了"以阶级斗争为纲",用改革、开放、搞活取代了僵化、封闭、停滞,在此基础上形成了党在社会主义初级阶段的基本路线。正是这条路线,大大激发了全国人民的革新创造精神、开拓进取精神、实干兴邦精神,使我国的经济实力显著增强,社会面貌发生深刻变化,人民群众得到莫大实惠,中华民族展现出振兴腾飞的真正希望。

在1992年南方谈话中,邓小平同志郑重地提出:"基本路线要管一百年,动摇不得。"党的十四大以来,我们党在贯彻邓小平同志这一历史性嘱托的过程中,坚持全面理解和正确处理"一个中心、两个基本点"的关系,积累了宝贵的新鲜经验。正是这些新鲜经验,保证了我国社会主义制度在一次又一次风波、风浪、风险的考验面前"站住了";继续坚持这些宝贵的基本经验,将赢得我国社会主义制度的长治久安。

坚持党的基本路线不动摇,关键是必须坚持以经济建设为中心不动摇;必须坚持改革开放总方针、总政策不动摇;必须坚持四项基本原则不动摇,既正确把握坚持改革开放与坚持四项基本原则这两个基本点的关系,又正确把握坚持这两个基本点同坚持一个中心的关系。正如江泽民同志指出的:"离开经济建设这个中心任务,社会主义社会的一切发展和进步就会失去物质基础;离开四项基本原则和改革开放,经济建设就会迷失方向和丧失动力。这就是'一个中心、两个基本点'的辩证统一关系。坚持基本路线一百年不动摇,包括坚持一个中心和两个基本点都不能动摇。"他还强调,始终把"一个中心、两个基本点"统一于建设有中国特色社会主义的伟大实践,贯穿于现代化建设的整个过程,我们就会不断地从胜利走向胜利。

这使我们回想起,我们党在领导新民主主义革命的实践中,形成并提出了"党的领导、统一战线、武装斗争"这三大法宝,"一个中心、两个基本点"这三个方面,恰好也构成了我们党在新时期指导改革开放、建设有中国特色社会主义的新的三大法宝。其中,以经济建设为中心是富国之基,改革开放是强国之路,四项基本原则是立国之本。全面、准确、积极地把握和用好这三大法宝,使我国改革开放和社会主义现代化建设能够始终基实、本固、路正，何愁改革不成、四化不胜？

## 三、我国的社会主义制度能够“站得住”，关键在于我们有一个科学把握“两个大局”，不断认识社会主义发展规律而又善于驾驭全局、奋发有为的中央领导集体

按照马克思主义关于阶级、政党、群众、领袖的观点，我国的社会主义制度能够站得住，归根到底是因为我们中国共产党这个世界上最大的共产党、这个在拥有近13亿人口的大国长期执政的共产党，遵循马克思主义的思想路线，既深刻反思了历史经验，又科学地把握了两个大局，成功地认识和把握了中国社会主义现代化建设的规律，并且在复杂多变的国内外形势和各种风险、考验面前，善于驾驭全局，从而使有中国特色的社会主义成功地经受住了一次又一次国际国内风险的严峻考验，得到了中国最大多数人民的真诚拥护。

在总结社会主义革命和建设的历史经验方面，我们党既严肃、深刻地反思了从1958年到1978年这20年社会主义陷入徘徊、停滞的历史教训，又十分强调以历史唯物主义观点，正确评价毛泽东同志的历史功过、确立毛泽东思想的历史地位，正确评价党和国家过去几十年奋斗的成就，强调毛泽东思想这面旗帜丢不得，强调在冲破“左”的思想束缚时，不能全盘否定社会主义建设时期党的全部历史和全部工作，这既表明了中国共产党是一个在政治上、理论上成熟的坚强的马克思主义政党，又成功地维护了党在改革开放和社会主义现代化建设的历史新时期，团结奋斗的共同政治信仰、共同政治基础。这是我国社会主义制度能够“站得住”的历史基础。

在实行“赶上时代”的全面对外开放方面，我们党既坚持必须打开大门搞建设，必须大胆吸收和利用国外的资金、先进技术和一切进步的东西，大胆吸收和借鉴当今世界各国包括资本主义发达国家的一切反映现代化生产规律的先进经营方式、管理方法和运作机制，必须勇敢地加入国际竞争的行列，又始终坚持独立自主、自力更生，走自己的道路，依靠自己国家的人民群众，而不是跟着别人走，靠着别人站，坐在别人的车子上；同时，我们党在对外开放中始终头脑清醒，注意维护国家的主权和经济社会安全，注意防范和

化解国际风险的冲击，防范和抵制各种腐朽思想和生活方式的侵袭，而不是“市场不设防、工业无屏障、国防半透明、主权被削弱”。这是我国社会主义制度能够“站得住”的主权基础。

在实行作为社会主义制度自我完善和发展的全面改革方面，我们党始终坚持把认清社会主义初级阶段基本国情同坚持社会主义政治方向结合起来，一方面讲社会主义而不脱离初级阶段，不超越国情，不急于求成，另一方面讲初级阶段而不脱离社会主义，随时纠正各种偏离社会主义方向的错误思想、错误倾向；坚持把强调改革是我国的第二次革命同强调改革是社会主义制度的自我完善和发展结合起来，一方面强调体制重塑、制度创新，另一方面又坚持走社会主义道路不动摇；坚持把以公有制为主体同支持多种所有制经济共同发展结合起来，既不只强调前者而不讲后者，也不只强调后者而不讲前者，坚持把按劳分配为主体同允许和鼓励资本、技术等生产要素参与收益分配结合起来，坚持效率优先，兼顾公平；坚持把充分发挥市场的积极作用，充分发挥市场对资源配置的基础性作用，同努力加强和完善宏观调控结合起来，使经济活动既遵循价值规律，适应供求变化，体现竞争原则，又克服市场自身存在的某些缺陷，促进经济总量平衡和结构优化，保持国民经济持续、快速、健康发展。同时，我们党还十分注意把握改革、发展、稳定的最佳结合与辩证统一，坚持把发展的速度、改革的力度同人民群众可承受的程度结合起来，这是我国社会主义制度能够“站得住”的制度基础。

在党的全局工作的指导方面，我们党坚定不移地把坚持以经济建设为中心同要求各级领导干部讲学习、讲政治、讲正气结合起来。改革开放20多年来，尽管国际国内频频发生这样那样的重大事件，我们党和国家都没有动摇以经济建设为中心，这同全党对“发展才是硬道理”，对党的十一届三中全会以来的路线是发展的路线，“中国解决所有问题的关键是要靠自己的发展”在认识上的飞跃和坚定是分不开的。与此同时，我们党又十分注意在工作重心转到经济建设以后，不断研究如何适应新的条件，加强党的思想工作，“防止埋头经济工作、忽视思想工作的倾向”，“防止一些同志，特别是一些新上来的中青年同志在日益复杂的斗争中迷失方向”。以邓小平同志为核心的党中央第二代领导集体和以江泽民同志为核心的党中央第三代领导集体，一以贯之地强调并身体力行地实践了坚定正确的政治立场、政治方向和政治观点，严守政治纪律，增强政治敏锐性和政治鉴别力，从而得以保证全党在思想上、政治上、组织上的高度统一，始终保持清醒的头脑、科学的认识、坚定的信念，这是我国社会主义制度能够“站得住”，能够经受住各种困难和风险考验的坚强政治基础。

总之，一个既总结历史经验又反映时代要求的科学理论，一条来自实践又被实践证明是正确的党的基本路线，一个思想上、理论上、政治上成熟，善于正确把握形势、驾驭复杂局面的坚强的党中央领导集体，这就是中国社会主义在建国 50 年来坚如磐石地“站得住”的“主心骨”，这就是我们“任凭风浪起，稳坐钓鱼船”的根本保证。也正是这个原因，在跨世纪改革与发展的征途上，我们必须始终高举邓小平理论旗帜，与以江泽民同志为核心的党中央保持一致，坚持基本路线，保持百年不变。

# 打好国有企业改革和发展的攻坚战

（1999年10月15日）

今年以来，围绕我国国有企业的改革和发展问题，江泽民同志连续多次深入全国各地，亲自召开多次座谈会，实地进行调查研究，并发表了一系列重要指示，给予处在改革攻坚阶段的全国国有企业经营者和广大职工群众以巨大的鼓舞和有力的鞭策。

国有企业是我国国民经济的支柱，搞好国有企业改革，对建立社会主义市场经济体制与巩固社会主义制度，具有极为重要的意义。从去年起，按照党的十五大精神，在全国范围打响了国有企业改革攻坚战。今年是这场攻坚战的第二年，针对目前企业经营者和职工群众对三年攻坚目标能否完成的种种疑虑，江泽民同志在基层调研与座谈中，反复强调了既不能无所作为，也不能急于求成。他指出，首先要努力实现使大多数骨干大中型企业摆脱困境、大多数国有大中型骨干企业初步建立现代企业制度的三年目标。再用较长的时间，基本完成对国有经济的战略性调整和国有企业的战略性改组，形成更为合理的布局和结构，建立比较完善的现代企业制度。这样的部署既是积极进取的，又是实事求是的。

当前，要完成国有企业改革和脱困的三年目标，首要的问题是必须坚定搞好国有企业的信心。江泽民同志在调研和座谈中提出：在困难面前，关键是要树立排除万难去争取胜利的信念。决不能气馁，决不能有退缩的精神状态，这是千方百计解决国有企业改革和发展中的突出问题，团结和带领群众迎难而上、开拓前进的重要保证，也是对各级领导干部和企业经营者的重要考验。当前国有企业面临的种种困难和问题，都是在前进和发展过程中产生的，也是体制转轨、经济转型和结构调整中难以完全避免的。要实现国有企业改革和脱困的三年目标，进而继续向前，就必须集中力量解决国有企业面临的这些突出困难和问题，国有企业改革攻坚战，首先就要攻这个坚。

要解决国有企业面临的困难和问题,根本的出路在于深化改革。江泽民同志在今年以来连续召开的国有企业改革和发展座谈会上一再强调:不失时机地推进国有企业改革和发展,并取得突破性进展,这是摆在全党面前的一项紧迫任务,必须从战略上调整国有经济布局,对国有企业实施战略性改组,这就进一步重申了党的十五大精神,明确了我国国有企业"何以解忧、唯有改革"的解困取向。

在现阶段,我国国有企业改革分两个层次展开:一是宏观层次,对国有经济的布局进行战略性调整;二是微观层次,对应当保留和发展的国有企业实施战略性改组,坚持建立现代企业制度的改革方向,使企业真正成为适应市场的自主经营、自负盈亏、自我发展、自我约束的法人实体和竞争主体。江泽民同志在今年以来的多次企业改革与发展座谈会上,围绕这两个层次的国有企业改革问题,作出的一系列重要指示,对深化国有企业改革具有极其重要的理论武装意义和实践指导意义。

关于调整国有经济的布局,江泽民同志强调,"要同产业结构的优化升级和所有制结构的调整完善结合起来,坚持有进有退,有所为有所不为"。要集中力量加强重点,提高国有资产的整体质量。国家要在关系国民经济命脉的重要产业和关键领域,集中力量发展一批大企业和大企业集团,使之成为国民经济的主力军。这样做,国有经济在整个国民经济中虽然缩小了范围,降低了比重,但决不会影响社会主义的性质。我们应当克服进行国有经济布局调整的思想障碍,进一步探索国有经济战略定位和控制方式,并在实践中摸索国有经济布局调整的管理方式和操作方式。

关于国有企业的战略性改组,江泽民同志反复强调:必须坚持建立现代企业制度的改革方向。他指出,多年来的实践证明,国有企业要提高市场竞争能力、科技创新能力和抗御风险能力,必须建立起充满生机的管理制度和组织形式。他还在华东七省市国企改革与发展座谈会上阐明了进一步推进现代企业制度建设的八个方面的具体要求,号召东部地区要努力率先实现国有大中型骨干企业初步建立现代企业制度、率先实现国有企业脱困的三年目标,率先实现经济结构的调整和产业的升级优化,对国民经济发展作出更大贡献。

落实江泽民同志关于上述两个层次的深化国有经济和国企改革的一系列重要指示,关键在于要进一步解放思想,实事求是,鼓励大胆地试、大胆地闯，鼓励勇于探索、大胆实践的精神。各级党政领导部门在国有经济布局的战略性调整和国有企业的战略性改组上，步子应该迈得再大些，探索领域可以再广些，企业的所有制形式可以再灵活些。只要符合“三个有利于”的标准，各种探索都是应该鼓励的。要营造一种鼓励企业家敢冒风险、敢闯新路的外部环境与市场条件，还要大胆探索对企业家的激励机制，鼓励国有企业领导人通过对企业的杰出管理致富。只有这样，才能克服国有企业面临的突出困难和问题，不断开创国有企业改革和发展的新局面。

# 世纪尾声访问俄罗斯和芬兰的收获与思考

（1999 年 12 月 1 日）

1999 年 11 月 16 日至 26 日，我参加由上海市副市长、浦东新区管委会主任周禹鹏率领的上海市代表团，赴俄罗斯远东边疆地区的克拉斯诺达尔市，出席了“俄建立自由经济区前景暨中国经济特区经验研讨会”。在此期间，顺访了同属俄罗斯库班地区的索契市，以及莫斯科和圣彼得堡；还从圣彼得堡坐飞机越过芬兰湾，专题考察了著名的世界 500 强企业、芬兰诺基亚总部以及赫尔辛基市的维基科技园、艺术和设计中心，爱思堡市的因诺波利科技园。

此次访问，对我来说，主要有以下三个方面收获。

第一，同代表团团长一道，向俄罗斯地方政府及各界人士全面介绍了上海浦东新区开发开放近 10 年来的成就和经验。此次俄方共邀请了来自中国的 4 个代表团，出席俄罗斯克拉斯诺达尔市的自由经济区国际研讨会。除上海市代表团外，还有深圳市代表团、北京市开发区代表团及我国驻俄罗斯使馆代表团。会上各代表团团长分别作了主题报告。我们上海市代表团在研讨会上，边用投影仪展示浦东开发开放的生动形象，边系统介绍了浦东的地理位置和浦东开发开放的背景、近 10 年来取得的主要进展、推进浦东快速城市化开发建设的几点体会，以及浦东跨世纪开发建设的初步展望等 4 个方面的问题。周禹鹏副市长所作的主题报告，在研讨会上引起热烈反响。与会的俄罗斯地方政府及各界人士对浦东开发开放短短 10 年取得如此巨大的成就表示由衷钦佩；对浦东新区在空间布局设计上坚持“规划先行”，在产业发展重点上坚持金融贸易、基础设施、高科技“三个产业先行”，在投资环境上坚持“法规先行”，在开发战略上坚持“开发一片、建成一片”，以及坚持“城乡一体、共同开发”，“社会开发与经济开发同步协调发展”，在开发建设中由“出形象、出功能、出效益”到“重环境、重管理、重功能”等经验，给予很高评价。克拉斯诺达尔市市长表示，浦东新区的经验对他们今后搞自由经济区开发建设很有启发和借鉴作用。出席会议的深圳市、北京市代表团负责同志，纷纷向我们代表团索要主题报告书面稿。

应主办方的盛情邀请，代表团还临时指定我和另一位成员，在研讨会上就俄方最关心的浦东开发开放“第一桶金”来自何处、开发建设中巨大的基础设施“巨额投资资金”又来自何处等他们最关心的问题，作了带有现场答问解疑性质的即席发言。我们的发言，也引起与会者的重视与好评。

第二，抓住各种机会介绍浦东投资环境，积极开展招商引资和引智活动。此次上海市代表团的主要任务虽然是出席国际研讨会，但鉴于研讨会之余对俄芬地方政府与企业进行了顺访，所以代表团充分利用各种机会介绍浦东投资环境，积极开展招商引资和引智活动，取得初步成效。

在圣彼得堡市参观访问时，俄联邦政府驻圣彼得堡代表处要求会见周禹鹏副市长。在会见中，周禹鹏副市长介绍了浦东 CBD 地区的世纪大道，正在征集上海的各友好城市在世纪大道沿线辟建各友城的小型主题公园。俄联邦驻圣彼得堡代表处当即表示，圣彼得堡作为上海的友好城市之一，愿意积极参与这一活动。在芬兰诺基亚总部与奥利拉总裁会见时，当了解到诺基亚已在中国建立 2 个工厂、7 个生产点和 1 个研发中心后，周禹鹏副市长立即向奥利拉展示了浦东开发开放情况的明胶片，并介绍了西门子、贝尔、摩托罗拉等世界著名通信企业均已入驻浦东，奥利拉受到很大触动，当即询问浦东还有没有空余土地。他表示，上海是中国经济的火车头，他本人会把周禹鹏副市长关于“到浦东去，掀开诺基亚进军中国市场崭新的一页”的建议印在脑子里，今后会考虑到浦东发展诺基亚的现代通信产业。会谈结束前，他还明确表示，明年 1 月他将到中国访问，届时希望能在上海再次与周禹鹏副市长会见。我国驻芬兰大使馆商务处同志表示，愿意积极做好后续服务工作，促成诺基亚到上海浦东新区投资落户。

在与芬兰爱思堡市女市长会见时，周禹鹏副市长指出，目前芬兰在浦东的投资企业仅 6 家，与芬兰的国际地位不太相称。女市长当即表示，愿意促进该市企业到浦东新区投资办厂。代表团结束访问后在赫尔辛基机场候机时，前来送行的我国驻芬兰大使馆马克卿代办，向代表团介绍了同机回国的一位在赫尔辛基学成归国的、专门研究计算机芯片的博士。周禹鹏副市长当即与该博士交换名片，表示浦东欢迎该博士去一展身手，该博士表示愿意认真考虑。

第三，在芬兰专题考察3个高科技园区过程中，我们具体了解到其推进高科技产业化的若干具有借鉴意义的做法。代表团这次在芬兰集中考察了赫尔辛基市和爱思堡市的3个高科技园区。我们从中了解到，作为世界高科技国家，芬兰目前在大学周围或引进、依托大学的某些关键性的系、部，设立了特色鲜明、分工明确的高科技园区。比如，赫尔辛基市的维基高科技园区，主要从事高科技的生物技术和分子生物研究与开发；爱思堡市的因诺波利科技园，主要从事高科技的信息技术研究与开发；艺术和设计中心则主要从事高科技媒体产业的研究与开发。

这些园区均构思于80年代，而真正的实质性开发都始于90年代初。园区初始开发面积都比较小，如赫尔辛基维基科技园目前启动开发的面积仅5平方公里，因诺波利科技园区目前启动开发面积仅1平方公里。园区开发的资金投入，一般都是由政府、企业、社会、个人与开发公司多元化混合投资，政府投资一般只占10%到30%。有些科技园区，如赫尔辛基的维基科技园，赫尔辛基大学也仅投资15%左右。他们把这样的混合经济型的开发区，称为私营公共企业。这些科技园区开发公司专职人员都很少，但为进区企业提供的服务却很全面。维基科技园只有9名专职开发管理人员，因诺波利科技园区有7名，艺术和设计中心只有5名。而这些高科技园区为进区高科技企业提供的服务却是全方位的：既帮助进区企业完成公司注册所需的全套手续，又为这些企业提供园区内各种研究与开发的仪器、设备服务，公共会议场所服务，企业与园区大小公司与国外公司的网络服务，全套孵化器服务以及秘书、财务、法律、商务乃至签订合同等综合性服务。

芬兰的这些高科技园区主要吸引具有创新理念、创新技术的科研单位入园做孵化器，在孵化取得成功基础上成立公司，为社会提供就业机会。他们把这叫作SPINNO（螺旋式上升）项目。据我们观察，SPINNO实际上是芬兰目前兴办的高科技园区的主要功能。其流程是：由高科技园区开发公司到大学和研究院所，对具有产业化前景的高科技创新理念、创新技术进行游说，动员其科技人员与园区开发公司结合，合作兴办高科技孵化企业；孵化一旦取得成功，由园区开发公司帮助取得专利，并进行市场化前景预测、竞争对手分析及企业发展计划制订。如果这些高科技产品打开了国际市场，园区开发公司还可以为企业走向国际市场提供各种帮助。这样，SPINNO就在园区内以“一条龙”方式，实现了从孵化企业到走向市场的企业，再到走向国际市场的成熟和成功的高技术企业的螺旋式上升的全过程。

据了解，芬兰各高科技园区的所有 SPINNO 项目，都催生了一批高科技公司，并相应创造了大量就业机会。我们重点考察的、在全芬兰最早进行 SPINNO 项目的爱思堡市因诺波利高科技园区，自 1991 年建区以来，已通过 SPINNO 途径，由园区各科研单位注册成立了 200 家公司，其中取得成功的有 199 家，为社会提供就业机会 3600 个；预计到 2010 年可提供就业机会 8000 个左右。对于登记失业率在 7%—10% 的赫尔辛基市和爱思堡市来说，这些 SPINNO 项目提供的这样规模的就业机会，无疑是至关重要的。

此次赴俄罗斯参加克拉斯诺达尔市举办的自由经济区国际研讨会期间，还访问了俄罗斯、芬兰两国，通过参会、研讨、参观、考察等活动，我本人主要有以下几点体会。

第一，俄罗斯边疆区的领导和人民，均对我国十分尊重和友好，对改革开放以来中国取得的成就给予很高评价。事实证明：“落后就会挨打”，发展就有尊严。我们代表团一行在克拉斯诺达尔市所受到的欢迎与尊重，不亚于新中国成立初期苏联专家来华援建 156 项大型建设项目时所受到的尊重和欢迎。我们在研讨会内外，经常听到“中国在改革开放方面是我们的老师”“中国的改革开放取得了举世瞩目的成就”等说法。俄方从领导到群众，都以羡慕的眼光、敬佩的口吻称赞中国很幸运：“你们有邓小平理论的正确指引”，“有一个成熟的善于领导改革开放的中央领导集体”。他们还说，俄罗斯人民勤劳勇敢，俄罗斯资源占世界 1/3，但俄罗斯的改革开放和经济建设却没有搞好。这让我得到的启迪是：我们应该无比珍爱邓小平理论，无比珍爱我国 20 多年改革开放取得的成功经验。

第二，俄罗斯边疆区政府高度重视研究借鉴我国各类自由经济区的成功经验。我们应抓住纪念浦东开发开放 10 周年的契机，认真总结自己在改革开放方面的成功经验。这次在前往俄罗斯的飞机上，我看到《北京青年报》上有一则新闻报道：印度一位获得过诺贝尔经济学奖的学者最近提出，印度应认真研究与学习中国在改革开放方面取得的成功经验。联系到在俄罗斯克拉斯诺达尔市国际研讨会上，无论是政界、学界还是经济界、实业界人士，均对我国兴办经济特区以及经济与技术开发区的经验表现出浓厚的研究、学习与引进、借鉴的热情。这让我想到，中国改革开放取得的成功经验已经产生了广泛的国际影响。我们应该对包括兴办各类自由经济区的成功经验认真加以总结，作为开发开放和建设的一种文明成果，在国际社会适当宣传。当然，如同革命是不能输出的一样，改革模式也是不能输出的。但是，既然我国可以借鉴世界各种文明成果，也应当让别国有机会研究与借鉴我国改革开放创造的文明成果，这同样也是我们应尽的国际义务。

第三，应当高度重视学习、研究和借鉴芬兰发展高科技、推进产业化的经验。目前芬兰是国际公认的高科技国家。前不久由党中央召开的创新工作会议，专门印发了我国驻芬兰大使馆与国家科技部联合撰写的《创新：实现持续发展的不竭动力——从芬兰的经验看"科教兴国"战略》专题材料，系统介绍了芬兰发展高科技、推进产业化的经验。据我国驻芬兰大使馆介绍，中央创新工作会议后，芬兰的高科技园区及诺基亚总部，已成为我国各省市区出访团组趋之若鹜的热点地区与热点企业。驻芬使馆同志建议，上海市政府和浦东新区管委会，今后要持续加强对芬兰的高科技企业招商引资及高科技园区的专题学习考察。鉴于因诺波利高科技园区是全芬兰比较成功和成熟的高科技园区，而该园区又地处上海友好城市爱思堡市内，也可以考虑通过友城交流渠道，促成张江与因诺波利结成两市友好高科技园区，以便今后可以陆续派出专业人员前往考察，也可以邀请对方来张江高科技园区为开发公司中层以上干部作专题讲座。

# 改革潮头鼓呼集

（下卷）

施芝鸿　著

人民出版社

# 目　录

## 三、进入 21 世纪

浦东开发是快速发展与可持续发展的统一 ………………………… 487
（2000 年 5 月 23 日）
改革攻坚阶段的反腐败题材创作需要把握好三个关系 …………… 492
（2000 年 9 月 7 日）
赴欧培训考察对西方公共行政管理和公务员管理改革情况的
“十个搞清楚” ……………………………………………………… 495
（2001 年 6 月 28 日）
在改革开放中加强和改进党的作风建设 …………………………… 504
（2001 年 11 月）
准确把握十六大报告的“魂”和“纲” ……………………………… 512
（2003 年 1 月）
勇敢担负起历史和时代赋予我们的庄严使命 ……………………… 525
（2002 年 11 月）
在中国特色社会主义道路上实现中华民族的伟大复兴 …………… 529
（2002 年 11 月）
坚持用发展着的马克思主义指导改革发展新的实践………………… 533
（2002 年 11 月）
全面深化改革呼唤尊重和保护一切有益于人民和社会的劳动 …… 536
（2002 年 11 月）

尊重劳动、尊重知识、尊重人才、尊重创造是我们党和国家一项
重大方针 …………………………………………………………………… 539
(2002 年 11 月)
党员干部在改革开放中要同步同向地实现与党俱进………………… 542
(2005 年 6 月 2 日)
把执政能力建设同先进性建设结合起来 …………………………… 544
(2005 年 6 月 23 日)
创新同改革连为一体密不可分 ……………………………………… 547
(2006 年 1 月 10 日)
联系实际学习和把握江泽民同志的改革观………………………… 550
(2006 年 9 月 28 日)
治党治国之道与江泽民同志的创新观 ……………………………… 555
(2006 年 10 月 17 日)
按照“三个代表”重要思想扎实有效推进党的建设 ………………… 561
——学习《江泽民文选》要着重把握的精髓要义
(2006 年 10 月)
构建社会主义和谐社会:从点题到破题 …………………………… 575
(2006 年 10 月)
列席党的十七大盛会和参与起草党的十七大文件的几点感受 …… 586
(2007 年 10 月 29 日)
改革开放的伟大历史进程和宝贵经验 ……………………………… 602
(2007 年 10 月)
改革开放新时期与三大历史性变化 ………………………………… 612
(2007 年 10 月)
党的第一代中央领导集体的艰辛探索和改革开放………………… 615
(2007 年 10 月)
党的第二代中央领导集体的创新实践和改革开放………………… 618
(2007 年 10 月)
党的第三代中央领导集体的与时俱进和改革开放………………… 621
(2007 年 10 月)

以胡锦涛同志为总书记的党中央在接力推进伟大事业中把
改革开放继续推向前进 …………………………………………… 624
(2007 年 10 月)
党的十七大与新起点上新的思想解放 …………………………… 627
(2007 年 12 月 17 日)
改革开放伟大历史抉择与中国社会发生的深刻变化……………… 639
(2008 年 7 月 24 日)
不动摇不懈怠不折腾这三句话是对改革开放 30 年经验的
大力度概括 …………………………………………………… 660
(2008 年 12 月 20 日)
科学把握党对国际金融危机的辩证思考 ………………………… 665
(2008 年 12 月 17 日)
建设一个什么样的新中国:60 年憧憬与奋斗 …………………… 675
(2009 年 10 月 1 日)
努力提高党的建设科学化水平 …………………………………… 692
(2009 年 10 月 29 日)
从经济"走出去"到中华文化"走出去"的由来与未来 ………… 701
(2010 年 5 月 11 日)
把坚持党的基本路线一百年不动摇贯穿党的建设
各方面和全过程 ……………………………………………… 710
(2010 年 11 月 25 日)
三件大事、接力奋斗与奋力把改革开放推向前进 ……………… 717
(2011 年 8 月)
准确把握我国文化改革发展面临的机遇和挑战…………………… 723
(2011 年 11 月 1 日)
把握好深入贯彻落实科学发展观的五个重要关系………………… 731
(2012 年 5 月 11 日)
我们党对社会主义市场经济新体制形成的八大规律性认识 ……… 741
(2012 年 6 月 11 日)
在改革开放中快速推进的上海市郊城镇化………………………… 748
(2012 年 10 月)

## 四、党的十八大以来

党的十八大报告是一个充满改革精神时代精神的报告 …………… 755
（2012 年 11 月 28 日）
从党的十八大报告看中国特色社会主义的最鲜明特色 …………… 770
（2012 年 11 月）
把推动工业化、信息化、城镇化和农业现代化同步发展写入
十八大党章的重大历史意义 …………………………………… 782
（2012 年 11 月）
党的十八大报告中的八大关键词 ………………………………… 786
（2012 年 11 月）
党的十八大与我国民主政治建设和政治体制改革……………… 791
（2012 年 11 月）
社会主义核心价值观与三个最大公约数 ………………………… 796
（2013 年 3 月）
“摸石头就是摸规律，并非不过河” ………………………………… 801
（2013 年 3 月 7 日）
关于司法公正和司法改革问题 …………………………………… 807
（2013 年 6 月 14 日）
以深化改革有效促进我国协商民主广泛多层制度化发展 ………… 812
（2013 年 6 月 28 日）
准确把握全面深化改革的总目标 ………………………………… 818
（2013 年 11 月）
党的十八届三中全会决定总基调和全面深化改革总目标 ………… 827
（2013 年 11 月 19 日）
通过全面深化改革和推进现代治理努力实现我国“第五个
现代化” ……………………………………………………………… 829
（2013 年 12 月 2 日）
中国全面深化改革决不能犯颠覆性错误也决不能留历史性遗憾 … 834
（2014 年 3 月）

中央深改组没有权力寻租的空间或权钱交易的可能 …………………… 846
（2014 年 3 月 13 日）
改革创新精神的基本内涵和重要意义 ……………………………………… 851
（2014 年 3 月 11 日）
关于国家现代治理的基本价值 ……………………………………………… 854
（2014 年 1 月 26 日）
关于国家现代治理的建构 …………………………………………………… 860
（2014 年 1 月 26 日）
对加大社会共治理论和实践探索的几点思考 ……………………………… 866
（2014 年 8 月 27 日）
各级政府机构简政放权改革应体现“上下要联动”“左右要贯通” …… 871
（2015 年 7 月 10 日）
在全面深化改革中打破利益固化等问题需要加大相关制度供给 … 873
（2016 年 3 月）
全面依法治国标志着新时期我们党的工作重心的又一次伟大
历史转折 …………………………………………………………………… 879
（2014 年 12 月）
浅谈全面依法治国 …………………………………………………………… 888
（2015 年 1 月）
“四个全面”可管两个百年 ………………………………………………… 893
（2015 年 3 月）
全面深改需改革和法治两个轮子一起转 …………………………………… 898
（2017 年 3 月 13 日）
供给侧结构性改革是如何出炉的 …………………………………………… 900
（2016 年 3 月 15 日）
“一带一路”倡议背景下的中国企业以 10 种方式“走出去”是
可以大有作为的 …………………………………………………………… 904
（2015 年 1 月 30 日）
让中国先进制造力和强大建造力与“一带一路”沿线各国比较
优势形成强大合力 ………………………………………………………… 909
（2015 年 2 月 2 日）

"一带一路"是兼济天下的体现 …………………………………………… 916
（2015 年 5 月）
建立新型"政商关系" 亟须加强制度建设 ………………………………… 923
（2016 年 3 月 16 日）
国家监察体制改革是关系全局的一项重大政治体制改革 ………… 926
（2017 年 3 月）
紧紧围绕核心　高度聚焦中心　永远不忘初心　上下勠力同心 … 930
（2017 年 3 月）
准确把握习近平总书记"7・26"重要讲话的五个关键词 …………… 936
（2017 年 8 月 10 日）
十九大吹响了新时代新的伟大进军冲锋号 ……………………………… 943
（2017 年 10 月）
完善国家现代治理　呼唤全面深化改革 ………………………………… 953
（2017 年 10 月）
在中国特色社会主义新时代　改革要更加注重系统性整体性
协同性……………………………………………………………………… 956
（2017 年 10 月）
新时代坚持和发展中国特色社会主义的基本方略 …………………… 959
（2017 年 10 月）
认真学懂弄通和学深悟透党的十九大精神的核心要义 …………… 966
（2018 年 1 月）
深刻领会习近平总书记的"三个一以贯之"重要思想 ………………… 979
（2018 年 3 月 29 日）

# 三、进入 21 世纪

# 浦东开发是快速发展与可持续发展的统一*

（2000年5月23日）

作为一个发展中大国，中国要赶上发达国家，实现社会主义现代化，在为此而奋斗的过程中，既要保持较高的经济增长速度，又要保持经济发展后劲；既要实现快速发展，又要实现可持续发展。浦东开发开放10年来，在推进新区城市化、工业化、市场化、现代化过程中，不仅实现了历史性跨越，而且实现了超高速经济增长。更值得称道的是，浦东开发开放中，始终把江泽民同志一再强调的可持续发展作为一项最重要的战略目标来抓。

## 一、走可持续发展之路，必须坚持科学理性的原则，确立规划先行意识

浦东开发开放这样一个长远的宏伟工程，其每一步行动，都不能是盲目的、自发的、纯经验式的，而应是体现创新精神与目标管理相结合的理智行动。

规划先行之所以重要，是因为合理的规划既能贯彻发展战略，又能发挥人类认识世界、改造世界的主观能动性，它直接关系到可持续发展战略的实施。马克思指出，最蹩脚的建筑师从一开始就比最灵巧的蜜蜂高明的地方，是他在用蜂蜡建筑蜂房以前，已经在自己的头脑中把它建成了。浦东开发开放也是这样，其第一步工作，实际上是从构思和制定合理的规划开始的。正确的发展规划，应该是对客观事物发展规律的自觉认识和把握。10年来，浦东开发开放的顺利推进和持续高质量运行，就是以包括总体规划、分

* 本文系作者与上海学者张雄合作撰写，原载2000年5月23日上海《文汇报》。

区规划、各专业管线规划等在内的、现代化规划体系作保证的。浦东的每一个建设项目,都注重发挥规划的先导作用,从而使浦东在城市空间布局上,形成了一个发展有序、层次较高的现代化新城区框架;在产业布局上,形成了高科技产业、支柱产业、都市重工业和现代农业合理布局、齐头并进的态势;在资源配置上,也为今后的进一步发展留下了潜力和空间。

制定规划的原则是坚持"三个统一",即城市形态发展、城市系列开发与城市经济社会发展在这三个层次上的统一;开发开放的局部利益、眼前利益与全局利益、长远利益的统一;城市总体规划的经济效益、社会效益和环境效益的统一,从而达到经济社会的可持续发展。特别要强调的是,规划先行要突出以人为本,以满足人民日益增长的物质生活和精神生活需要为出发点,以提高人民的生活质量和环境质量为目标来确定浦东新区的最佳人口规模,预防城市病的产生;优化城区产业结构,建设好住宅工程、生态绿化工程,创造浦东新区宜人的生态环境。

浦东开发坚持规划先行的一个突出方面,是创造性提出并实行了"可持续开发"方针,始终坚持"规划一片、开发一片、建成一片、投产一片",集中力量打"歼灭战";不搞"跑马圈地",坚持"惜土如金",杜绝炒卖地皮。浦东在全国率先实行"土地预征制度",只有在规划合理、项目落实、资金到位的前提下,才允许进入"土地实征"阶段,从而避免了土地"圈而不用""开而不发"的资源浪费。

一流的城区开发来自一流的城区规划,而一流的城区规划又离不开一流的"头脑"。浦东的城区规划,主要是通过市场化途径,采用国家咨询、招标等形式,聘请国内外知名专家学者共同参与编制的。浦东开发开放 10 年来的一条重要经验是:政府决策要善于"融智"。无论基础设施建设还是发展规划,乃至深水港、信息港、国际空港等重大工程,都先请专家智囊作科学论证。比如,浦东陆家嘴金融贸易区,是上海中央商务区(CBD)最富活力的一个部分,其规划的拟定在全国率先采用了国际咨询和招标的形式,经过英、法、日、意、中 5 国顶尖专家的设计,10 多个国家 30 多位专家的 17 轮深化,历时两年,最终高质量地完成了该中心区的城市规划,受到党和国家主要领导人的充分肯定和外国政府首脑的高度赞扬。浦东国际机场、世纪大道、东方明珠塔等大型项目也都采取了类似方法。

## 二、走可持续发展之路，必须确立符合当地特点、有前瞻性的产业结构发展战略，以高新技术产业为牵引，以人才资源高地为依托，确保经济发展不断“上台阶、有后劲、创一流”

产业结构的定位，关系到浦东开发开放能否持续、快速、健康发展的大局。亚洲金融危机的教训表明，在积极发展对外贸易的同时，要适时进行产业结构的调整升级。开发开放前的浦东，产业结构存在不少深层次问题，支柱产业和高科技产业十分薄弱，产品科技含量很低。随着知识经济时代的来临，高新技术及其产业的发展已成为世界经济科技发展的主要推动力量。浦东作为改革开放的前沿阵地，必须紧跟世界经济科技发展的方向，确立科学合理、具有前瞻性的产业结构。

10 年来，浦东不失时机实现了产业结构的跨越式升级。主要表现为：以现代基础设施为基础，以三产为龙头、二产为支撑，加快实现一产现代化，同时狠抓产业创新和升级。目前，金融、保险、商品流通、房地产业等第三产业占浦东新区 GDP 的比重，已由 1990 年的 20%上升到 1999 年的 44%。新区以高科技产业和出口加工业为主导的第二产业，已基本形成现代通信、微电子技术、生物工程、计算机、汽车、机电一体化等支柱产业。浦东张江高科技园区正在成为产学研相结合的高智力密集型的基地。

发展高科技产业，关键在人才。浦东开发开放，始终把人才资源开发纳入国民经济和社会持续发展的大系统、大循环中，着力建设三支队伍：一支是高素质的专业化国家公务员队伍；一支是懂经济、善经营、会管理的企业管理人员队伍；一支是适应现代化建设需要的专业技术人员队伍。在人才引进方面，着眼于对海内外中高级人才和全国重点院校本科以上毕业生的吸纳，做好人才资源的战略性储备。10 年来浦东新区共引进 16 万名高素质科技人才，后 10 年数额将逐渐增加到五六十万人；在人才使用方面，重点推行人才的社会化评价和认定，强化职务聘任制度和执业资格制度；在人才激励方面，制定了企业与大部分事业单位市场工资政策，完善财政拨款单位的绩效工资政策，充分发挥工资薪酬的激励作用；在人才保障方面，加快实施社会化、货币化的人才福利政策，在住房补贴、购房贷款、养老保险等方面对高层次、高学历人才给予政策倾斜。浦东新区的奋斗目标是"汇聚一流人才,聚集世界高科技顶尖企业,营造具有中华品牌、世界品牌的高科技产业群"。

## 三、走可持续发展之路,必须发挥文化对经济社会发展的支持作用,大力发掘文化资源,推动经济与文化协调发展,确保浦东开发开放建立在"高智能、高水准、高品位"平台上

民族的、现代的中国文化,既是经济社会发展水平的体现,也为经济社会发展提供了深厚底蕴。当今世界,经济和文化前所未有的共荣共生、紧密互动的一体化关系,正在推动人类文明呈加速度持续向前发展。健全的市场经济也应是一种文化经济,加强文化资源开发,是经济进步的内在要求,也是建设规范、法治、高效的市场经济的内在要求。加强文化建设,能够为市场经济的良性发展提供精神依托和道德价值导向。因此,浦东开发开放从一开始就把发掘文化资源、营造文化景观、推动文化工程建设、发展文化产业,当作可持续发展战略的大事来抓。

10 年来,浦东新区有步骤、有重点地建构了面向 21 世纪的整体文化形态格局,特别是"一带二区三圈"已初显轮廓。"一带",就是由"世纪大道—中央公园—国际机场"构成的浦东现代城区文化综合展示带;"二区",包括陆家嘴中心地区的中外文化交流区,滨海特色文化观光旅游区即华夏旅游文化区;"三圈",就是现代都市社区文化娱乐休闲圈,由金桥、张江、外高桥、孙桥 4 个开发区组成的高科技文化圈,以及上海外环线以外的民俗文化、村镇特色文化圈。"一带二区三圈"为下一个 10 年浦东文化事业的更大发展奠定了厚实的基础。

浦东不仅是我国改革开放的前沿之一,也是中外多种文化直接碰撞和交汇之处。浦东新区在开发建设中十分注意引进国外先进文化,加强中外文化交流,从而为当地文化发展不断注入新的活力。他们在原有海派文化底蕴的基础上,积极参与世界文化交往,既博采世界先进文化之长,又向世界展示了中华民族多姿多彩的文化魅力。去年全球《财富》论坛年会在浦东召开,促进了不同经济制度和企业运作模式理念的交流,既是一次经济盛

会，也是一次文化盛会。不断提高浦东文化的综合水平和总体素质，将为浦东经济社会的可持续发展提供更加广阔的空间和更加深厚的文化资源。

## 四、走可持续发展之路，必须加大环境保护和开发保护力度，实现“人—环境—经济—社会”的和谐发展与全面进步

资源和环境是人类生存与发展最宝贵的财富，可持续发展就是要实现人口、资源、环境的和谐共生，实现既满足当代人需要，又不对后代人满足其需要的能力构成危害的发展。因此，浦东的可持续发展也必须以自然生态环境的不断优化和社会法治环境的日益完善为基石。

10年来，浦东没有牺牲环境来追求经济高速发展，而是努力使经济高速发展中的浦东保持自然生态环境的不断优化和提升，努力使经济建设和生态环境建设协调发展。首先是大力加强新区园林绿化建设，改善生态环境。其次是以防治水污染为重点，开展环境整治。不论经济效益有多高，不符合环保要求的投资项目都不许进入浦东。10年来，浦东新增城市绿地1100万平方米，人均公共绿地达8平方米，在全国名列前茅。目前，浦东初步做到了“天更蓝、水更清、地更绿、居更佳”，获得了“国家级园林城区”称号。

坚持依法治区、依法行政的基本方略，创造稳定、规范、透明度高的投资环境，也是确保浦东经济社会可持续发展的关键。浦东新区重点抓了深化治安环境的治理工作。一方面，深入开展“严打”，坚决制止“黄赌毒”等社会丑恶现象；另一方面，下大气力抓好综合治理。新区开通了110报警电话和999市民求助电话，成立了法律援助中心，积极探索并初步形成了外来人口管理机制。10年来，浦东新区引进中外企业近万家，集中城市化面积扩大了60多平方公里，转移和安置了16万征地农民，接纳了近50万外地劳动力，吸引了30万浦西人口，动迁了几百万平方米的居民和企业用房。在如此大规模的社会变迁和超常规的社会转型时期，浦东新区仍保持了基本稳定，这是依法治理环境的成效。而这种稳定的社会环境，必将继续为浦东经济腾飞提供必不可少的前提，为实现经济社会协调发展服务。

# 改革攻坚阶段的反腐败题材创作需要把握好三个关系

（2000年9月7日）

一部反腐败题材的电影《生死抉择》，引来举国争看、全民争说，这种由文学作品引发的震撼式的轰动效应，在改革进入攻坚阶段以后已是久违了。为什么上至党的总书记、下至黎民百姓，如此众口一词地盛赞《生死抉择》呢？我看，除了反腐败这一题材本身所特具的吸睛效应、聚焦效应以外，剧作者在作品中所展示的对当代中国腐败现象的辩证思维、理性思考，无疑是作品取得成功的一个重要原因。而这一点恰恰是最值得广大文艺工作者思考和借鉴的。

首先，是如何全面把握改革开放成绩与问题的关系。一些反腐败题材的作品，特别是某些官场小说往往一写改革开放中出现的腐败现象，就把改革开放说成像"乌贼鱼打喷嚏——墨墨黑"，似乎当代中国一切问题与弊病，全都是改革开放带来的。这种情绪化的"骂倒改革"，自然不可能使反腐败作品具有思想穿透力、艺术感染力与理性说服力。但这绝不是说，反腐败作品不能写改革开放中客观存在的问题。事实上，改革开放过程往往是泥沙俱下、鱼龙混杂。在改革进入攻坚阶段以后，打着改革旗号以权谋私、权力寻租、权钱交易的大有人在。《生死抉择》的小说作者张平说，他在构思和写作这部作品前40多天的采访中深深感到："腐败分子会把改革葬送，会把中国人民的美好生活葬送。"因而他不能保持沉默，他"要告诉人们正在发生什么，他不希望工人们对改革丧失热情"。正是这种对改革的成绩与存在的问题坚持实事求是的立场与态度，引领《生死抉择》这部反腐败题材的电影，既浓墨重彩讴歌了改革，又毫不留情地揭露了腐败分子借改革以营私，"一个个工厂的迅速完蛋，全都与少数领导者打着深化改革、资产重组的招牌，趁机浑水摸鱼、大肆侵吞国有资产有关"。这样来辩证地把握改革的成功与存在的问题,既符合了艺术的真实,又符合了生活的真实,理所当然地会激起观众的强烈共鸣。

其次,是如何把握现实生活中健康与腐朽的关系。当下的中国社会,在不断扩大对外开放、发展社会主义市场经济的大背景下,出现了愈演愈烈的腐败现象,这是不争的事实。但是,是不是已到了"洪洞县里无好人"的程度呢?恐怕还不能这么说。人们称赞影片《生死抉择》不仅尖锐揭露了腐败分子个人的腐败,而且触及了一个利用"关系网"犯罪的社会问题。在影片中,我们看到,被主人公——市长李高成培养提拔的企业干部,以及那个曾经培养他、提拔他,为他所尊敬的老上级、老革命,竟然也都成了腐败分子。这张腐败网甚至还深入了他的家庭。即便如此,在整个作品中,仍然是邪不压正;海州市的健康力量,终究还是压倒了并最终战胜了腐朽势力。小说作者张平说:"'光明的尾巴'并不是无中生有的,而是我们生活中固有的。你到基层去走走,会发现许多党的干部在埋头苦干,他们是腐败恶潮中的中流砥柱,是污泥中的兰花,是我们党内的健康力量。"诚哉斯言。正是这种对当代中国健康力量与腐朽势力之间力量对比的准确的、有分寸感的宏观把握,才使作品赢得了党心、民心。关键是"'光明的尾巴'并不是无中生有的",要害是我们的作家和剧作家们对改革开放以来中国社会的现实状况和现实生活,要善于作全面观察和把握,不要出现"选择性失明"的片面性。

第三,是如何把握反腐败作品中暴露与揭露的关系。在反腐败题材作品的艺术创作中,暴露与揭露这一对矛盾一直是较难把握的。有的作者干脆认为,暴露与揭露是一回事。其实不然。暴露是自然主义的展示和展露,揭露是渗透了作者价值取向与审美判断的揭示与鞭挞。影片《生死抉择》在处理这一对矛盾时,有两处精彩之笔尤为令人称道。一是影片一开始,用"误会法"把观众引入了海州市的反腐败是官场的不同派系之争的误区(一些官场小说常常是这样来"暴露"的),而随着情节的展开,连市长李高成自己也意识到,这一成见是大谬不然。这就是"揭露"!它旗帜鲜明地揭露了:反腐败绝不是官场的派系之争、权力之争,而是关系到在中国长期执政的中国共产党和中华人民共和国要长治久安,同腐败分子要毁掉我们党和国家的生死存亡之争。二是李高成与郭中尧的正邪交锋的那场戏,把反腐败上升到社会转型期,我们党内和干部队伍内两种世界观、人生观、价值观激烈碰撞的高度。这就从理论层面、精神层面，揭露了腐败分子灵魂的猥琐与丑恶，这当然要比自然主义地展示和“暴露”腐败分子某些外在的以权谋私、权钱交易、权色交易的行为，要大气得多，也深刻得多。

总之，影片《生死抉择》为改革开放环境中、市场经济条件下、社会转型进程里的反腐败题材作品的创作和影视拍摄，提供了多方面的启迪。认真研究并科学借鉴这种辩证的理性思维方式与创作态度，对反腐败作品的写作也许是大有助益的。

# 赴欧培训考察对西方公共行政管理和公务员管理改革情况的“十个搞清楚”

（2001年6月28日）

2001年5月12日至6月4日，我有幸参加中组部组织的中瑞合作项目赴欧洲3国学习考察团，对瑞士、法国、英国的公共行政改革、人事管理和人力资源开发作专题考察培训。此次考察培训虽为期仅3周，但由于事先准备充分、坚持带着问题学、有针对性地问，从头至尾都有意识地进行比较研究，所以，使我从理论和实践的结合上，搞清楚了同我们党和国家组织人事工作紧密相关的十个问题。

## 一、搞清了西方发达国家都在顺应新经济发展的要求，积极推行新公共行政管理改革

20世纪70年代末80年代初以来，为适应新经济发展要求，新公共行政管理的改革浪潮由美国发端，继而席卷欧洲。我们所到的这3个西欧发达国家也都在进行这方面的改革。据介绍，新公共行政管理改革的目的是要打破传统的行政模式，建立新的行政模式，以完善国家组织结构，提高国家行政人员素质、工作效率和服务质量，增强国家行政能力。

新公共行政管理改革的理念是：“公众是公共管理的真正主体”；“行政是服务，公众是顾客”；要“建立一个高效而省钱的政府”。改革的总体思路是：引入市场经济运行机制，借鉴私营部门的有效管理，建立“服务型社会、企业型政府、雇员型队伍、契约型人事”。实际上，就是要把现代企业制度引入政府公共行政管理；把企业的“利润最大化”追求变为政府的“价值最大化”理念；把公共服务的结果“产品化”，考核公共行政管理人员重结果而

不重过程、重成本而不重形象；把原来的公务员终身制变为雇员制，雇员与雇主间实行“契约制”；等等。

改革的动因有3个方面：一是来自这些国家内部的财政危机、管理危机和信任危机，西方政府试图通过公共行政管理改革来摆脱困境。二是来自大众传媒和公众对政府公共行政管理中浪费与低效的强烈不满，公众越来越强烈地要求政府公共行政部门提高服务水平与工作效率，减少行政支出。三是来自私营部门在组织架构、管理机制等方面的创新启迪。

从3个国家的改革实践看，一是下放了中央政府的管理权限，使地方政府获得更多自主权和管理公共行政事务的权力。二是推进了政府内部组织机构的改革、权责关系的调整和人事制度改革等。现在，改革的成效已在这些国家初步显现出来。比较而言，英国的改革成效更为明显。由于布莱尔政府积极推进公共行政改革，推进了“政府现代化日程”，提高了公共服务效率，在此次大选中，英国工党也因此而以压倒性多数再次胜选。

## 二、搞清了西方发达国家实行的是相当一部分议员与官员的“一身二任”体制，而不尽是“先议员、后官员”的从政程序

赴欧考察前，我曾经以为，西方的从政程序都是“先当议员，后当官员”，与我国现行的“先当官员，后当议员”（即所谓“干部到龄不用怕，还有政协和人大”）的做法正好相反。这次在欧洲3国，我就这一问题请教有关行政学院、文官学院学者和专家的见解。他们认为，这可能是一种误解。从表面上看，西方有些发达国家的总统或政府首脑，曾经做过议员，这确乎会给人以一种“先议员、后官员”的印象。但从总体上、本质上看，西方发达国家实行的是相当一部分“入阁议员”与政府官员的“一身二任”。即：由选举产生的议员组成国会，由占议会多数席位的政党组成政府，执政党的领袖成为国家元首或政府首脑，政府各部部长必须由议员担任，他们与执政党共进退。这就是典型的西方文官制度，即：由选举产生的一小部分议员与由执政的政府首脑政治任命的官员是交叉重合的（重合的范围一般到部长，美国把政治任命官员扩大到副部长、助理部长以及总统认为比较重要岗位的中层领导官员和总统身边工作人员。在克林顿政府执政时，这些人员的总数

为4000人左右,但这些政治任命官员一般不与议员发生身份上的重合)。现在,英国地方政府层面,也在积极酝酿推行此种议员与官员“双肩挑”的模式。根据布莱尔的构想,到2002年5月前,英国的地方政府都要确立新的组织架构。到那时,地方的重大决策便不再由地方议会的10多个专门委员会作出,而是由加入“地方内阁”的一部分议员作出。这也就是说,一个总数为50名议员的地方议会中,一般会指定10名议员在地方政府中担当职位,其他议员则组成监察委员会。重大决策由这些“入阁议员”作出,监察委员会则负责对政府官员工作的审查监督。这是在降低政府运作成本、实现“高效而省钱”的政府这一理念下推出的一种改革举措。

## 三、搞清了西方发达国家也在积极筹划公务员队伍的整体性新老交替

与我们党和国家正在积极推进的干部队伍整体新老交替相类似,我们在瑞士、法国、英国的培训考察中发现,他们对各自国家的公务员队伍整体性新老交替同样谋划很多。比如,法国内政部行政总监Limodin先生告诉我们,“二战”以后法国公务员队伍迅猛增长,现在该国公务员平均年龄为43岁,到2010年,现有公务员的50%左右将面临退休。他们担心,在内有财政预算限制、外有私营部门强有力的人才竞争面前,政府部门可能会招聘不到足够数量和质量的公务员。因此,必须未雨绸缪,他们称为“预见性工作”。就是说,公务员队伍的人力资源管理要走在历史发展的前面,要超前思考今后10年政府公共管理部门需要哪些具有新的专业背景的人才,需要多少专业人才;同时要摸清现有公务员队伍中专业人员的底数,准确了解他们对知识、技能更新的需求,以及岗位培训、继续教育、职业教育的任务,等等。瑞士与英国的情况也大体相似。他们预测,到2010年前后,现有公务员的40%至50%将面临退休,他们也在积极筹划公务员队伍的新老交替问题。

西方公务员均是由竞考产生的、直接为政府各部部长服务的终身制官员,就其公务员队伍的相对稳定性与连续性的要求而言,同我们这个长期在中国执政的中国共产党很有某些相似之处。当然,他们筹划公务员队伍的整体性新老交替,归根到底是为维护资本主义制度服务的,而我们党和国家干部队伍的整体性新老交替,则是为巩固我们党的执政地位、巩固和发展社

会主义制度、实现中华民族伟大复兴目标服务的。我们的干部队伍今后的整体性新老交替,应当也完全可以比这些西方资本主义国家做得更好。

## 四、搞清了西方国家的“文官制度”直接来源于古代中国的“科举制度”

在英国文官学院上课时,一位对中国历史、文化颇有研究的 Morgan 先生,在讲坛上放置了一个官员造型的道具,那个官员头戴英国黑色绅士帽,身着黑色官服,手拿黑色公文包。摩根先生说,这位官员从外表看是英国的高级公务员,但其骨子里、本质上是来源于古代中国的官员。他边说边脱去了道具的帽子和外衣,里面果然是一副我国古代官员的装束与行头,头戴花翎官帽,身着官袍。摩根先生用如此幽默的道具,说出了一番深刻的道理:英国是近代西方首创文官制度的国家,但英国文官制度的很多原则,比如实行考试、公开竞争、按才能与技能进行选拔等,均来自古代中国的科举制度。法国国家行政学院前副院长 Kessler 先生在讲课时也指出,当年法国在中国的传教士发现了中国的科举制度,遂向法国政府部门作了汇报,引起法国政府高度重视。此后,通过考试招聘公务员,就成了法国行政制度的一大特点。

上述情况,既令人自豪(原来我国古代除“四大发明”外,科举制度是又一大发明!)也发人深省:为什么借鉴了古代中国“科举制度”的英国、法国以及瑞士等西方发达国家,把通过考试入门的公务员制度一以贯之地坚持下来了,而我们至今还在对公务员要不要进行正规化考试争论不休?法国明文规定,行政公务员一律由竞考产生。竞考可分外部竞考(即对学生开放)和内部竞考(即对至少有五年以上资历的公务人员开放)两种。为数极少的不受竞考录用原则限制的例外,主要是某些专为退役军人而设的职位以及按资格排名的内部晋升。我国由于具体国情不同,新中国成立之初、“文革”之前的公务员队伍,主要不是来自考试而是来自职业革命者队伍,这是其来有自的。但在进入 21 世纪之后,为迎接经济全球化和即将加入 WTO 带来的全新环境与严峻挑战,如果不采取竞考录用公务员的办法,将很难建设一支真正高素质的公务员队伍。

当然,竞考也有个科学化问题。我国古代的科举殿试,上榜的状元中属于高分低能的不少,而西方发达国家在引进我国科举制度的同时,又对考试加以科学规范，把考知识与考经验、考能力结合起来，力求既考试又考活，不让考试专业户占尽便宜。这同样是值得我们学习借鉴的。

## 五、搞清了西方发达资本主义国家的公务员队伍同样面临来自私营部门的激烈竞争，他们的应对之策也是“三个留人”

20 世纪 80 年代之后，在私有化浪潮冲击下，英国、法国、瑞士制造业、服务业的许多企业纷纷私有化。英国在近 20 年中，有大约 100 多万就业岗位从公共部门转到私有部门。目前，全英私营部门的从业人员已占该国就业人数的 82%。私有化浪潮在给这些国家的政府带来相当数量的套现资金、缓解了政府财政压力的同时，也给公务员队伍带来很大冲击。一方面，私有化以后的企业和部门，纷纷从公共部门挖走优秀的管理人员和老师、护士、大夫，加剧了公务员队伍人才流失；另一方面，私有部门的高收入，又持续地导致公务员队伍人心的不稳定。据了解，在瑞士、英国、法国，私营部门的高级管理人员的年收入，一般都比公共部门的高级公务员高出 1 至 3 倍甚至更多。瑞士联邦财政管理局现在每个月都有 1—2 人离职“下海”。英国的公务员队伍已持续几年招不到 20 岁左右的青年大学生。法国面对大量管理精英“下海”的现状，不得不明文规定，国家大银行的财政监督员不得到私营部门工作。

面对来自私营部门日益激烈的人才竞争，这 3 个国家的人事管理部门都想了不少办法，总的思路与我们概括的“三个留人”颇为相似。比如，强化宣传政府公共管理部门的职业前景，力图以“事业留人”；加大政府各部门内部的福利待遇、后勤保障，力图以“感情留人”；尽最大努力提高公务员收入，力图以“适当的待遇留人”。

## 六、搞清了西方发达国家的地方同级公务员实行的是统一的薪酬标准，这有利于公务员的横向流动

法国巴黎郊外的圣丹尼省（Saine-Denis）（即与我国北京争办 2008 年奥

运会的申办城市),是该国最贫穷的地区,但当我们询问该省公务员的收入是不是低于法国其他省时,这个省的省务副理、共产党人 Barruol 先生很明确地回答,圣丹尼的最贫穷,指的是居民收入,不是指公共行政机构的公务员。法国省一级,都有中央政府稳定的财政拨款,地方政府的财政预算80%来自中央政府。那么,这是不是意味着法国各个地区同级公务员的薪酬是大体统一的?这位共产党人明确地表示肯定,并说这有利于地方政府的公务员在地区间的互调。而且西方发达国家中央政府的公务员收入明显高于地方,这又有利于将地方公务员中的精英能顺利地调入中央。据瑞士联邦财政管理局 Cherdonene 先生介绍,中央政府司局长年薪 30 万瑞士法郎,处长 20 万瑞士法郎,普通职员 4.5 万瑞士法郎;州政府的局长年薪 25 万瑞士法郎,处长 16 万瑞士法郎,普通职员 4 万瑞士法郎。能够当上中央政府公务员,对州、市一级公务员来说,始终是令他们所向往的,并且也是一些公务员职业生涯的奋斗目标。

## 七、搞清了西方对公务员队伍内部分配政策调整的总体思路是拉大差距

瑞士、法国、英国的人事管理官员,在给我们讲课时不约而同地谈到,在这 3 个国家,政府公共行政管理部门的高级公务员,收入比私营部门的高级管理人员低得多;而普通公务员的收入,则比私营部门的普通雇员要高。他们认为,这一现象表明,政府公务员队伍内部的收入差距太小,高级公务员收入应继续提高。其实,在我们看来,这 3 个国家公务员队伍内部的收入差距已经不小了。比如,瑞士国家公务员最低与最高为 1∶6.7,即最高为年薪 30 万瑞士法郎,最低为年薪 4.5 万瑞士法郎。法国国家公务员的最低年薪与最高年薪之比为 1∶9.1,1 是部里的传达员,9.1 是法国行政法院副院长。英国国家公务员最低与最高年薪是 1∶3.6,即最低为年薪 4.2 万英镑,最高为年薪 15 万英镑。反观我国公务员队伍内部,1955 年实行统一工资制时,省部级干部月薪 440.8 元,与办事员(20.88 元)相差 21 倍,目前差距仅 3.59 倍。省部级干部的每月货币工资仅 1000 多元。此种现象会导致什么呢?事实表明:一是很容易引发“傍大款”和“59 岁现象”;二是降低了公务员队伍对社会精英人才的吸引力。

## 八、搞清了西方发达国家也有破格提拔晋升优秀青年公务员的“快车道”

在英国文官学院，该国内阁办公室人事主管Channels女士向我们介绍，英国选拔任用高级公务员有逐级提拔、“快车道”和公开招聘三条途径。其中，“快车道”类似我国“小步快跑”式的破格提拔。一般逐级提拔的公务员，要踏入高级公务员的行列（即5级）至少已年届42至43岁。而通过“快车道”提拔，达到公务员第5级的，一般才34岁左右，他们大多都毕业于剑桥和牛津大学，花4年时间参加一系列岗位培训后，就担任中等管理职位，在这一岗位上干三四年，如岗位表现良好，就能快速晋升为高级公务员；随后，再干十二三年，也就是四十六七岁，他们中最优秀的就能晋升到高级公务员1级，即相当于中央政府的部长级。选拔任用高级公务员的“快车道”这一做法，是总结和借鉴了“二战”中英国军队的提拔制度，如今已成为英国政府不断更新其3000名国家高级公务员队伍的一条重要途径。这又一次佐证了邓小平同志早就指出的：“我们说资本主义社会不好，但它在发现人才、使用人才方面是非常大胆的。”目前我国对优秀中青年党政干部的破格提拔还停留在个案处理上，随着干部制度改革的深化，破格提拔也宜逐步做到制度化。比如，修改后的《党政领导干部选拔任用工作条例》似可将此种做法加以规范，形成制度。

## 九、搞清了西方发达国家对有培养前途的优秀公务员和企业管理人员实行公共部门与私营部门的双向流动

英国文官学院国际顾问小组主席Morgan先生向我们介绍说，该国培养高级公务员有一个创新的做法，这就是：把政府部门有培养前途的公务员，有计划地派往私营部门工作两年，研究私营部门的运作机制，积累同私营部门打交道的经验。在私营部门工作期间，企业所给的高收入全部交给公务员原来所在的部门，公务员仍然实行政府的薪酬标准和各项保险、福利待遇。两年期满后再调回政府部门，并享有优先提拔晋升的权利。这样做，私

营部门很欢迎，因为他们可以借此积累和扩大在政府部门的人脉资源；公务员本身也欢迎，因为这可以让他们拓展经历和阅历，而且享有优先晋升权利。Morgan 先生本人就曾在公务员任上，被派往一家私营的酿酒公司工作过两年，以后又被派到国际货币基金组织和世界银行工作过。他以亲身体会指出，这是公务员成长、成才的重要途径。在瑞士，也有类似的做法。他们比英国更胜一筹的是，对私营企业优秀管理人员同有培养前途的政府公务员实行了双向流动，其前提条件是，私营部门优秀管理人员向公务员队伍流动必须经过考试。这样，就为政府和企业管理人员自觉实行宏观部门与微观部门的“换位思考”创造了条件，也为管理人员的成长成才打开了一条新路。反观我国，也有党政机关官员“下海”，但一旦“下海”就“黄鹤一去不复返”，高薪全部归个人，既没有做到“双向流动”，又人为地扩大了体制内与体制外的收入矛盾，导致了仍在政府部门工作的官员心态浮躁失衡，有所谓“出生入死”之说（意即跳出体制外就一片生机，在体制内就死路一条）。就这点而言，西方发达国家的做法，对我们也是颇有启迪和借鉴作用的。

## 十、搞清了西方发达国家也在下大气力培训高素质公务员队伍

瑞士、法国、英国有关人事管理官员和行政学院、文官学院学者在授课时反复强调，“人是一切资源中最可宝贵的资源”，“未来的竞争主要是人才的竞争”，以及“以人为本、投资于人”，建立“服务型政府、学习型组织”等理念。英国政府围绕“政府现代化日程”和“公务员现代化”建设，对高级公务员构建了一套完整的能力框架，要求他们具有战略思维能力，能对他人施加个人影响力，能充分发挥人的潜能，具有学习和改善能力等，并加大了对公务员培训力度。英国在 1976 年建立了专门培训公务员的文官学院，1999 年又建立了专门培训政府各部部长和高级公务员的培训部。2000 年，英国文官学院共开设 2500 种课程，培训了 3 万人次学员。法国政府也明文规定，对决定选用的高级公务员，必须送到国家行政学院深造。法国共产党人执政的圣丹尼省，去年把该省公务员工资总额的 6% 用于公务员培训。由于这种培训是工作需要和个人愿望的有机结合，重点内容是技能和领导能

力的培训，时间短的二三天，最多为一周，而且又是带薪培训，因而深受公务员的欢迎，培训效果也比较好。

以上仅是赴欧培训考察期间个人的片断考察收获与思考，对一些问题的探讨还不够深透，有些观点可能有失偏颇，仅供参考。

# 在改革开放中加强和改进党的作风建设

（2001 年 11 月）

## 一、“三个重大变化”与党的作风建设

进入 21 世纪之初，我们党召开的十五届六中全会专题研究和部署了党的作风建设。此次全会通过的《中共中央关于加强和改进党的作风建设的决定》（以下简称《决定》），深刻分析了我们党进入 21 世纪所面临的国际环境、国内环境和党的队伍状况发生的“三个重大变化”，阐明了大力加强和改进包括作风建设在内的整个党的建设是适应新形势、完成新任务的迫切需要。

随着 21 世纪的到来，我国进入了全面建设小康社会、加快推进社会主义现代化的新的发展阶段。我们党面临着诸多有利因素，也面临着新的挑战和考验，这集中体现在“三个重大变化”上。

一是随着冷战结束、经济发展和科技进步，国际环境发生了重大变化。我们党能否在世界多极化和经济全球化进程中趋利避害，能否在综合国力竞争中始终立于不败之地，能否防范和抵御各种腐朽思想的侵蚀，首先取决于我们党能否不断提高自己的创造力、凝聚力和战斗力。这是因为，当代的国际竞争，既是经济实力、科技实力、国防实力和民族凝聚力的竞争，也是各国执政党之间执政能力、施政作风和工作效率的竞争。全面推进包括作风建设在内的党的建设新的伟大工程，很重要的是因为随着世界多极化、经济全球化、信息网络化等国际环境的重大变化，要求各国的执政党具备更强的驾驭能力和更高的执政水平。

二是随着改革开放的深入和社会主义市场经济的发展，国内环境发生了重大变化。特别是社会经济成分、组织形式、就业方式、利益关系和分配

方式日益多样化，一方面给党的思想、组织、作风建设注入蓬勃生机和活力；另一方面也给党的建设带来许多前所未有的新情况新问题。如何建设一支高素质的、讲政治、懂全局、善于治党治国、能够担当重任、经得起风浪考验的干部队伍；如何使所有党员干部做到真正为人民掌好权、用好权，坚决克服消极腐败现象，坚决防止在党内形成既得利益集团，等等。这些都是国内环境发生的重大变化给党的建设带来的新的重大课题。

三是随着党和国家事业的发展，党的队伍状况发生了重大变化。最重要、最突出的变化是，经过 80 年来的持续发展，我们党已经从一个领导人民为夺取全国政权而奋斗的党，成为一个领导人民掌握着全国政权并长期执政的党；已经从一个在受到外部封锁的状态下领导国家建设的党，成为在全面改革开放条件下领导国家建设的党。新党员的数量大幅度增加，干部队伍新老交替不断进行，一大批年轻干部走上领导岗位。这既给党的发展带来新的活力，也带来许多新问题。比如，教育和管理 6450 多万党员的任务，就比过去任何时候都更为艰巨、更为繁重。现在，大批在和平建设时期和改革开放时期加入党组织的党员和走上各级领导岗位的干部，他们中的不少人由于对党和人民长期奋斗的历史不够了解，缺乏党内生活的严格锻炼，政治上不够成熟，对马克思主义很不熟悉，在思想作风和组织纪律上还程度不同地存在不少问题。按照邓小平同志关于“中青年干部接班，最重要的是接老同志坚持革命斗争方向的英勇精神的班”的要求，加强对这部分党员和年轻干部的教育管理，不断提高他们的思想政治素质，就显得更加迫切。

十五届六中全会《决定》提出的这“三个重大变化”，是对我们党进入 21 世纪和新的发展阶段面临的新形势、新环境的科学概括。只有真正把握了这“三个重大变化”，才能从理论和实践的结合上真正认识和把握加强和改进党的作风建设的大背景，才能不断增强在新世纪新形势下推进党的建设的自觉性和坚定性，按照“三个代表”的要求进一步搞好党的建设。

## 二、作风建设历来是党的建设的重要组成部分

十五届六中全会《决定》指出，“作风建设是党的建设的重要组成部

分”,“全党要坚持讲学习、讲政治、讲正气,在推进党的思想建设、组织建设的同时,把加强和改进党的作风建设放在更加突出的位置,切实抓紧抓好”。这是对作风建设在党的建设新的伟大工程中的一个重要定位。

我们党的建设的历史经验和现实经验表明,思想建设、组织建设和作风建设是一个有机的统一体。它们是相互联系、相互贯通、相互促进的。思想建设是灵魂、是方向,组织建设是基础。作风建设既是党的思想建设和组织建设的重要内容,又是思想建设和组织建设的有效保证。通过抓党的作风建设,能够有力推动党的思想建设和组织建设。

我们党不仅历来高度重视作风建设,而且在重大历史转折时期,更加突出地强调和抓紧作风建设,为取得革命、建设和改革的胜利提供了强有力保证。著名的延安整风和党的七大提出的“三大作风”,为夺取抗日战争、解放战争的胜利提供了保证。七届二中全会提出要继续保持谦虚谨慎、戒骄戒躁和艰苦奋斗的作风,为我们胜利夺取全国政权和迅速荡涤旧社会的污泥浊水、经受住执掌新中国政权的初步考验发挥了重要作用。党的十一届三中全会重新确立了解放思想、实事求是的思想路线,恢复党的优良传统和作风,保证了正确的政治路线的贯彻执行,开创了改革开放和社会主义现代化建设的历史新时期。在21世纪之初,我们党再一次提出加强和改进党的作风建设,这对于按照“三个代表”的要求,胜利完成现代化建设第三步战略目标,完成21世纪三大历史任务,实现中华民族伟大复兴,同样将会起到重要的保证作用。

抓住作风建设,就抓住了新形势下全面推进党的建设一个十分重要的环节,抓住了提高党的领导水平和执政水平、提高拒腐防变和抵御风险能力的一个十分重要的切入点。十五届六中全会所讲的加强和改进党的作风建设,不是一般意义上的作风建设,而是广泛涉及党的思想路线、组织路线、群众路线乃至领导水平、执政能力、管理方法等方面存在的作风问题。实际上,这是从作风建设的角度切入,全面推进党的思想建设、组织建设、制度建设。也可以说,这既是从作风建设的角度所进行的重点突破,又是对党的建设新的伟大工程的整体推进。无论是加强党的思想作风和学风建设,加强党的各级领导干部领导作风建设和纪律建设,还是加强工作作风、生活作风建设和坚持清正廉洁、反对以权谋私等方面的内容,都在十五届六中全会《决定》中得到了充分体现。

## 三、加强和改进党的作风建设的重要性和紧迫性

十五届六中全会《决定》中有一段引人注目的话："执政党的党风，关系党的形象，关系人心向背，关系党和国家的生死存亡。"这"三个关系"，言简意赅，把在改革开放中加强和改进党的作风建设的重要性、紧迫性说得再清楚不过了。

执政党的党风建设关系党的形象，这个论断很容易让人联想起党的十五大报告中关于"旗帜就是形象"的论述。那么，这两者又是什么关系呢？可以说，十五大报告提出的"旗帜就是形象"，是从我们党举什么旗、走什么路的角度，向党内外和国内外展示我们党的政治形象。十五届六中全会所说的执政党的党风关系党的形象，则是着重解决那些与党的性质、宗旨、路线、纲领不相符合、不相适应的问题，端正或重塑在改革开放和发展社会主义市场经济条件下中国共产党人的人格形象。政治形象，代表的是我们党的真理的力量。人格形象，代表的是我们党的人格的力量。

执政党的党风关系党的生死存亡，这是20世纪80年代初由陈云同志提出的一个重大命题。邓小平同志也多次强调过这个问题。他指出，我们党实行对外开放和对内搞活经济的政策以来，有相当多的干部被腐蚀了，"这股风来得很猛。如果我们党不严重注意，不坚决刹住这股风，那末，我们的党和国家确实要发生会不会'改变面貌'的问题。这不是危言耸听"。江泽民同志也一再强调："党风廉政建设关系到党的生死存亡，任何时候都忽视不得。"2000年8月8日，他在观看电影《生死抉择》后指出："不坚决反对腐败，必将亡党亡国。'生于忧患，死于安乐'，领导干部要牢记在心。"

《决定》尖锐而鲜明地提出党的作风建设这"三个关系"，归根到底是要求全党同志居安思危，增强忧患意识。作为一个在中国长期执政的党，我们的各级领导干部决不能只有铁打的江山的安全感、居高临下的优越感，而没有对依靠不依靠群众、研究不研究人心向背的紧迫感。邓小平同志早就一再告诫全党特别是领导干部一定要有忧患意识，要忧党、忧国、忧民。在这"三忧"中，首先要忧党。因为党之所存，乃国运所系。千万不要以为，党的

作风建设、党的自身形象与自己无关。近几年来，江泽民同志多次引用杜牧在《阿房宫赋》中那段话，从历史经验的角度提醒全党同志注意现实的忧患，抓紧解决党在自身建设中存在的突出问题。如果不从1989年政治风波和东欧剧变、苏联解体等事件中深刻汲取教训，对党内存在的问题掉以轻心，任其发展下去，那就难免出现杜牧所说的"秦人不暇自哀，而后人哀之；后人哀之而不鉴之，亦使后人而复哀后人也"的局面。

## 四、认真把握《决定》的"三个重要判断"

《决定》在论述加强和改进党的作风建设的极端重要性和紧迫性时，有"三个重要判断"，即：加强和改进党的作风建设，是全面贯彻党的基本理论、基本路线、基本纲领和实践"三个代表"重要思想的迫切需要，是开创改革开放和现代化建设新局面的必然要求，是党永远立于不败之地的重要保证。这"三个重要判断"，科学概括了加强党的作风建设与贯彻和实践党的理论、路线、纲领、政策的关系，与完成党在21世纪三大历史任务、推进各方面改革和社会主义现代化建设的关系，与巩固党的执政地位的关系，从一个新的角度深刻揭示了作风建设的时代意义。

第一，关于作风建设与党的理论、路线、纲领、政策的关系。一个马克思主义政党的先进性，既体现在它的理论、路线、纲领、政策的正确与否上，也体现在它的党员干部队伍的精神面貌和具体作风上。十一届三中全会20多年来，我们党的正确理论、路线、纲领和方针政策，增强了党对人民群众的巨大吸引力、感召力、凝聚力，而党的作风方面存在的问题，则造成了不容忽视的离心力、破坏力。因此，必须按照"三个代表"重要思想的要求，集中力量加强党的作风建设。

第二，关于作风建设与完成党在21世纪三大历史任务、推进各方面改革和社会主义现代化建设的关系。江泽民同志在党的十五届五中全会上指出："进入新世纪，继续推进现代化建设，完成祖国统一，维护世界和平与促进共同发展，是我们必须抓好的三大任务。党的建设，是实现这三大任务的根本保证。"进行改革开放，发展社会主义市场经济，使我国社会主义增加了新的活力，也使党的建设增添了新的活力。由于改革开放和发展社会主义市场经济是一场深刻的变革，我们党在思想、组织、作风、队伍、制度等方面不可能一下子都适应变革的要求。因此,党必须从各个方面抓紧自身建设,特别是要在作风建设中,进一步推动全党开拓创新、知难而进,关心群众、真抓实干,艰苦奋斗、拒腐防变,这样党才能增强适应能力,提高领导水平,真正成为领导改革开放和社会主义现代化建设的核心力量。

第三,关于作风建设与巩固党的执政地位的关系。历史和现实都告诉我们,一个马克思主义政党,要始终得到最广大人民的支持和拥护,必须始终高度重视党的建设,始终保持党的先进性和纯洁性,始终保持党的创造力、凝聚力和战斗力。20 世纪 80 年代末以来,一些执政多年的老党、大党相继失去政权,主要原因是毁于执政党自己,毁于这些党的腐败作风、家长制、裙带风等。大量事实表明,党执政的时间越长,越要从严要求党员和干部。越是改革开放,越是发展社会主义市场经济,越要大力加强和改进党的作风建设。

## 五、充分认识党的作风建设的长期性和艰巨性

《决定》不但深刻阐明了加强和改进党的作风建设的重要性和紧迫性,而且在精辟分析作风方面存在的问题具有复杂而深刻的社会根源、思想根源的基础上,阐明了作风建设的长期性和艰巨性。党的作风建设的长期性、艰巨性,主要是由导致作风问题的复杂性决定的。

一是党长期执政的原因。新中国成立之后,我们党成为执政党,掌握了政权,有了调动全国人财物等资源的权力,而且权力之大、可调动的资源之多,都是未执政时无法比拟的。大批党员干部担任了从中央到地方各个部门各个地区的领导职务,手中都掌握了这样那样的权力。面对这种环境和条件,党内一些人容易产生脱离群众、故步自封等倾向。有的党员领导干部甚至会利用执政党这一条件,利用党和人民赋予他们的权力谋取私利。在党长期执政的条件下,这种可能、这种危险将始终存在,如果我们党放松教育和管理,这种危险必然会蔓延发展。

二是党所处的客观社会环境发生重大变化的原因。当前,我国正处在由计划经济体制向社会主义市场经济体制转变的过程中,由于适应市场经济发展要求的管理体制、监督制约机制不可能在短时间内建立和完善,行政行为、企业行为和市场行为不可能在短时间内得到严密规范和有效约束,社

会主义民主法制的健全和完善也需要一个长期的过程,这就使得各种不良作风和腐败现象的滋长蔓延有了客观条件,存在易发多发的可能性。同时,社会经济成分、组织形式、就业方式、利益关系和分配方式日益多样化,在给党的作风建设注入新的活力的同时,也会带来一些不容忽视的消极影响。由于经济成分和经济利益的多样化,一些人为追求自己的最大利益,往往会不择手段,不惜用重金、美色等方式拉拢腐蚀领导干部。由于分配方式的多样化,使人们的收入差距逐步拉大,容易引起一些人心理失衡、私欲膨胀而走上违法乱纪的道路。由于生活方式的多样化,使人们的生活追求发生很大变化,一些人的道德水准下降,容易导致见利忘义、奢靡之风滋生蔓延。

三是一些党员干部放松世界观改造的原因。西方敌对势力加紧对我国进行"西化""分化",国外渗透进来的资产阶级腐朽思想和旧社会遗留下来的封建残余思想侵蚀着党的队伍,导致部分党员、干部的世界观、人生观、价值观发生扭曲。苏联解体、东欧剧变后,世界社会主义运动遇到严重曲折,少数党员干部理想信念动摇。有的思想颓废,不相信马克思主义而相信唯心主义,热衷于求神拜佛甚至迷信邪教异端。有的党员干部认为"共产主义渺渺茫茫,社会主义模模糊糊,资本主义实实在在",对共产主义失去信仰,对中国特色社会主义失去信心。有的认为"理想是远的,政治是空的,权力是硬的,金钱是实的",于是他们就"抛开远的,不想空的,抓住硬的,捞取实的"。还有的革命意志衰退,拜金主义、享乐主义、极端个人主义思想滋长,追求灯红酒绿、骄奢淫逸、醉生梦死的生活方式。

四是有的地方和部门治党不严的原因。党的工作重心转移到经济建设上以后,一些地方、部门没有从根本上解决好两手抓、两手都要硬的问题,治党治政不严,思想政治建设和组织建设抓得不紧,管理和监督不力。有的疏于教育,没有按照党章和党的有关规定,严格要求和教育党员干部,发现干部有了不良苗头不及时提醒,不认真帮助,搞好人主义、一团和气。有的疏于管理,对党员队伍、干部队伍特别是党员领导干部缺乏科学、严格的管理办法和制度。有的疏于监督,领导班子内部和领导干部之间缺少正常的相互监督和帮助,该批评的不及时批评,该制止的不严肃制止,回避和掩盖矛盾。有的执纪不严,对领导干部中发生的违法违纪行为,在处理上失之于宽、失之于软,有的甚至瞒案不报、压案不办,从而姑息、放纵了搞不正之风和违法违纪的行为。

江泽民同志在谈到加强党风廉政建设和反腐败斗争的长期性、艰巨性和复杂性时说过:“腐败现象的存在是一个长期的社会历史现象,古今中外许多社会都有,不可能完全消灭干净,但我们必须坚持不懈地与之进行斗争,努力把它减少到最小程度。”这一重要思想对加强和改进党的作风建设是同样适用的。我们要按照《决定》精神,充分认识和把握党的作风建设的长期性、艰巨性、复杂性,一步一个脚印地、坚持不懈地去抓,不断取得阶段性成果,使广大党员和群众看到实效,增强信心。

# 准确把握十六大报告的"魂"和"纲"*

（2003年1月）

今天，我很高兴经中央领导同志批准，来到中共中央组织部培训中心，同第一期全国组织部门领导干部学习党的十六大精神培训班的同志们一道，深入学习领会党的十六大精神。

党的十六大闭幕已将近3个月了，现在我们回过头来评价和估量党的十六大和十六大报告，对报告所涉及的重大理论路线方针政策问题，还需要再学习再深化。

关于对十六大的评价和估量。胡锦涛同志说，党的十六大是一次团结的大会、胜利的大会、奋进的大会、与时俱进的大会。用这样四句话来评价和估量十六大，是既准确又全面的。

为什么说十六大是一次团结的大会？因为大家都知道，经过十六大，我们党在马克思列宁主义、毛泽东思想、邓小平理论和"三个代表"重要思想的基础上，实现了全党的空前团结，实现了党同全国各族人民的空前团结，这预示着我们党和整个国家事业的兴旺发达。

为什么说十六大是一次胜利的大会？所谓"胜利的大会"，有以下五层含义：第一，十六大胜利实现了我们党在指导思想上的又一次与时俱进。至于为什么说是又一次与时俱进，我们下面再说。第二，十六大胜利总结了党领导中国人民建设中国特色社会主义的基本经验。第三，十六大胜利制定了党在新世纪新阶段的奋斗目标。第四，十六大胜利实现了党的中央领导集体的新老交替。第五，十六大胜利实现了全党在马克思列宁主义、毛泽东思想、邓小平理论和"三个代表"重要思想基础上的空前团结。所以说十六大是一次胜利的大会。

---

* 本文系作者在第一期全国组织部门领导干部学习党的十六大精神培训班上的演讲。

为什么说十六大是一次奋进的大会？这是因为，十六大实现了我们党在指导思想上的又一次与时俱进。“又一次与时俱进”这个提法，是中央在十六大闭幕后不久提出来的。现在我们大家一般都说，十六大实现了我们党在指导思想上的与时俱进，其实我们党在指导思想上的与时俱进不只是到了十六大才有的，准确地说，十六大实现的是我们党在指导思想上的又一次与时俱进。回顾历史可以清楚地看到，经过遵义会议和延安整风，党的七大把毛泽东思想确立为党的指导思想，这是我们党在指导思想上的第一次与时俱进。之所以说第一次，是因为建党初期毛泽东同志就说过，十月革命一声炮响，给我们送来了马克思列宁主义，因此当时写在我们党的旗帜上的指导思想是马克思列宁主义。后来我们党又把毛泽东思想确立为自己的指导思想，同马克思列宁主义一道写在了我们党的旗帜上。这才是我们党在指导思想上的第一次与时俱进。那么，第二次与时俱进呢？经过十一届三中全会和党的十二大、十三大，特别是经过十四大、十五大，我们党把邓小平理论确立为指导思想写在了党的旗帜上，这是我们党的指导思想实现的第二次与时俱进。经过十三届四中全会、十四大、十五大，一直到十六大，我们党又把“三个代表”重要思想确立为指导思想，这是我们党在指导思想上的又一次与时俱进。而且，十六大还明确把“与时俱进”纳入了新时期党的思想路线。这一点很重要。过去毛泽东同志首创了我们党实事求是的思想路线。十一届三中全会后，邓小平同志结合拨乱反正和改革开放新的实践，把解放思想纳入党的思想路线，从此解放思想、实事求是成为我们党的思想路线。而十六大又将“与时俱进”纳入党的思想路线。这样我们党的思想路线的科学表述就是：解放思想、实事求是、与时俱进的思想路线。至此，我们党的指导思想的同一面旗帜上，就写上了 4 句话：马克思列宁主义、毛泽东思想、邓小平理论、“三个代表”重要思想。

为什么说十六大又是一次继往开来的大会？这是因为，十六大的理论和路线、方针、政策成功实现了继往开来，这是第一个继往开来；再一个，就是我们党的执政经验成功实现了继往开来；第三个，就是我们党的领导层成功实现了继往开来。有外电评论，中共十六大把“三个代表”重要思想作为自己的指导思想，标志着中国共产党在理论上的成熟；而通过制度化地实现高层有序的新老交替，则标志着中国共产党在组织上的成熟。我想这个评价是相当到位、很有见地的。所以，我们说党的十六大是一次继往开来的大会。十六届一中全会闭幕时,胡锦涛同志率领新一届中央政治局常委健步走上记者招待会主席台那一刻,我们强烈感觉到,继往开来的领路人在向我们走来了。

我注意到,采访十六大的中外记者们被我们党的十六大展现的团结的、兴旺的、发达的气氛和景象所感染,写下了激情洋溢的文字。他们说,中共十六大是一次点燃新的激情、激发新的活力、酝酿新的奋进、展示新的胜利的大会。这是诗一般的语言。我结合自己在十六大现场的感受和观察,也想用以下几句话来评价十六大。第一句话是春潮涌动。当你坐在十六大会场里的时候,会有一种奋进的浪潮在涌动的感觉,这包括解放思想的春潮,全面建设小康社会的春潮,全面推进党的建设新的伟大工程的春潮。第二句话是激情燃烧。我们党与时俱进的执政理论和执政理念,点燃了全党团结奋进的燃烧的激情,而这种激情在会场内外都是可以感觉得到、触摸得到的。第三句话是活力四射。我们党在新时期解放思想、实事求是、与时俱进的思想路线所激发出来的创新、创造活力,在十六大报告通篇都得到了体现,在十六大结束后的短短3个月里得到了更多体现。第四句话是希望无限。这预示着我们党和民族非常有希望,党和国家的伟大事业非常有希望。总的来说,我们有一种春潮涌动、激情燃烧、活力四射、希望无限的感觉。这是我对十六大本身的评价和估量。

关于对十六大报告的评价和估量。胡锦涛同志说,十六大报告是我们党在新世纪新阶段的政治宣言,是全面建设小康社会、加快推进社会主义现代化的行动指南,是一篇马克思主义的纲领性文献。十六大代表们对十六大报告的评价也是相当高的。我在十六大会场期间,对代表们关于十六大报告的评价作了认真细致的摘录和分类。我感到,其中最到位的评价是:十六大报告是一篇鼓舞人心、激动人心、振奋人心、凝聚人心、稳定人心、大得人心的好报告。军队的代表说,十六大报告鼓舞人心、振奋军心、大得民心。这么多的"人心""军心"和"民心",是许多代表分别在不同场合说的,我把它们归纳在一起。也有的代表说,反复阅读十六大报告,一股时代的气息扑面而来,创新的思维随处可见,人民的利益通篇贯穿,这又是一种评价。也有的代表说,十六大报告有着强烈的人民性、鲜明的时代感、深层的忧患感、庄严的责任感,这也是一个很到位的评价。还有的代表说,十六大报告充满着与时俱进的理论激情、洋溢着民族复兴的壮志豪情、饱含着对全国各族人民的深厚感情,这又是一种很有特点的概括。我觉得这些概括都很好,的确都抓住了十六大报告的神韵和特点。总之,正像胡锦涛同志所概括的,十六大报告是一个求真务实、与时俱进、开拓创新的报告,反映了全党意志,洋溢着浩然正气,鼓舞人心、催人奋进。下面,我谈几点对十六大和十六大报告的感受和认识,供大家参考。

第一,“三个代表”重要思想是十六大报告之魂。

胡锦涛同志说,十六大报告的灵魂是“三个代表”重要思想。这就是说,“三个代表”重要思想像一条红线、像一个灵魂一样,贯穿了十六大报告全篇。那么,“三个代表”重要思想何以能够成为十六大报告的灵魂呢?我想主要有以下四个理由。

一是“三个代表”重要思想确立了中国共产党的先进执政理念。一个马克思主义执政党具有什么样的执政理念是至关重要的。回想起来,“两个凡是”也算是一种执政理念,只不过这种执政理念的特点是引导人们向后看,而没有与时俱进地向前看。“三个代表”重要思想作为中国共产党的一种崭新的执政理念,其特点是什么呢?就是引导全党不断地面向现代化、面向世界、面向未来,也就是坚定地站在时代潮流的前头,按照“三个面向”的要求来确定我们党的执政理念。对于这样一种执政理念,十六大报告把它概括为“三个性”,叫作“体现时代性、把握规律性、富于创造性”。在新世纪、新阶段,我们党的指导思想、执政理念都具有这样的特点:引导全党全国人民坚持“三个面向”、体现“三个性”。

体现时代性、把握规律性、富于创造性,这是十六大报告对“与时俱进”内涵的权威解释。与时俱进的这“三个性”的内涵是怎么概括出来的呢?为了写好十六大报告,我们起草组的同志分工到全国各地区调研。当时西部一个省的省委书记问我们,“七一”讲话发表之后,有一个政治词汇在全党全国使用频率都非常高,那就是“与时俱进”。那么,应当如何解释“与时俱进”呢?由于当时还没有看到一个统一的、权威的、高度概括的定义,所以下面就按照各自的理解去解释。有些牵强附会的解释是明显不符合与时俱进的本来意义的,省里的同志们希望十六大报告能对此作一个权威的解释。现在,大家可以看到,十六大报告是用三句话来概括“与时俱进”的科学内涵的:一是党的理论和路线、方针、政策要体现时代性,跟上时代前进的步伐,勇立时代潮流的前头,而不是落在时代的后面,也就是要体现时代性。

二是要把握规律性。那么,什么叫作把握规律性呢?我们党已经执政52年,我们党成立也已80多年。可我们经常发现有些地方、部门的领导干部们在决策失误、浪费劳动人民的血汗钱之后,却一直用“交学费”这样的托词来原谅自己。我们党已执政这么多年了,就应该能够不断探索和把握规律啊!要不断认识和把握共产党执政规律、社会主义建设规律、人类社会发展规律。难道能够永远以“交学费”的方式来原谅自己的无知吗?只有不断把握规律性,我们党才能与时俱进,才能避免那种决策拍脑袋、实施拍胸脯、决策失误拍屁股这么一种状况。三是要富于创造性。我们现在许多地方的工作是很有创造性的,但也有一些地方只知道照抄照转、等因奉此,以为这样就是不折不扣地贯彻了中央精神。只是充当收发室、传声筒,而没有结合本地区、本部门、本单位的实际去创造性贯彻落实中央精神,按照毛泽东同志的说法,那就是最典型的消极怠工。所以,十六大提出的这样一种执政理念,就是要引导全党同志坚持“三个面向”、做到“三个性”,这当然是一个先进的马克思主义政党的一个非常先进的执政理念,它理所当然地成为十六大的灵魂。

二是“三个代表”重要思想科学总结了我们党在实践中探索积累的成熟的执政经验。刚才讲的是执政理念,这里讲的是执政经验。“三个代表”重要思想之所以能够成为十六大和十六大报告的灵魂,就在于她科学、系统地总结了我们党的执政经验。我们党在十六大报告中系统总结了十三届四中全会以后13年来,我们党带领全国各族人民建设中国特色社会主义的基本经验,这同时也是我们党自身的执政经验。大家知道,经过十一届三中全会、十二大、十三大、十四大、十五大,我们党先后总结了党的基本理论、基本路线、基本纲领;到了十六大,我们又总结出了党的基本经验。这样,面向新世纪新阶段的中国共产党就有了“四个基本”:基本理论、基本路线、基本纲领、基本经验。这“四个基本”,是我们党在改革开放历史新时期的宝贵精神财富,是我们党领导全国各族人民全面建设小康社会、开创中国特色社会主义事业新局面有力的思想理论武器。那么,这10条执政经验中最核心的是什么呢?最核心的是两条,也就是“两个搞清楚”:一个是搞清楚什么是社会主义、怎样建设社会主义;另一个是搞清楚建设什么样的党、怎样建设党。在这“两个搞清楚”中,搞清楚什么是社会主义、怎样建设社会主义,就是要搞清楚中国特色社会主义伟大事业应当怎么推进;搞清楚建设什么样的党、怎样建设党，就是要搞清楚党的建设新的伟大工程应当怎么推进。

三是“三个代表”重要思想科学把握了我们党执政的历史方位。我第一点讲的是执政理念，第二点讲的是执政经验，这第三点讲的是历史方位，实际上也就是党的执政方位。一个执政党能不能科学判断、认识和界定自己所处的历史方位至关重要。十六大报告讲的党执政的历史方位的变化，就是我们党的党情所发生的两大变化，即从一个领导人民为夺取全国政权而奋斗的党，成为一个领导人民掌握着全国政权并长期执政的党；从一个在受到外部封锁的状态下领导国家建设的党，成为在全面改革开放条件下领导国家建设的党。

大家知道，邓小平同志最大的历史性贡献是提出了社会主义初级阶段理论，这个理论搞清楚了我国社会发展的历史方位；而“三个代表”重要思想的一大理论贡献，就在于搞清楚了我们党自身发展的历史方位。这两个历史方位的确立都至关重要啊！邓小平同志的社会主义初级阶段理论，搞清楚了我国社会发展的历史方位，使我们的政策从指导思想一度发生偏差时的“天上”回到了“人间”，使我们的双脚真正踏在社会主义初级阶段的土壤上，来思考我们的一切。“三个代表”重要思想则搞清楚了我们党的历史方位，使我们的双脚踏在两个历史性变化的历史方位上，来思考我们党的思维逻辑、行为逻辑，以及一切理论和路线、方针、政策。

四是十六大向党内外和国内外鲜明表达了在新世纪、新阶段，我们党的建设最关键的是要加强党自身的执政能力建设。胡锦涛同志说，党的全部建设，包括思想理论建设、组织建设、作风建设、制度建设，都要紧紧围绕提高党的执政能力建设来进行。这是一个非常重要的观点。我们过去讲党的建设通常讲三大建设：思想建设，组织建设，作风建设。十一届三中全会以后，加了一个制度建设，变成四大建设。经过十六大，我们党的建设变成了五大建设。而这五大建设，又是以党的执政能力建设来统领、来贯通的，党的所有建设都要聚焦到党的执政能力建设上。如果不提高党的执政能力，不加强这方面的建设，那么思想理论建设也好，组织建设也好，作风建设也好，制度建设也好，就叫作没有把握灵魂。从这个角度来看，“三个代表”重要思想能够成为十六大和十六大报告的灵魂绝不是偶然的。

第二，强国富民是十六大报告之纲。

现在大家对十六大报告已经学了将近 3 个月，那么应该怎样来理解和把握贯穿其中的纲呢？我认为，强国富民是十六大报告之纲。抓住了这个纲，就可以做到纲举目张。否则，如果学来学去都难以抓住最要害、最本质的东西。

请同志们想一想，党的十一届三中全会以后，我们党在拨乱反正阶段深刻反思的一个时期以来最大的失误是什么呢？最大的失误就在于没有搞清楚什么是社会主义、怎样建设社会主义。在很长一段时间里，我们错误地片面地认为，贫穷就是社会主义，富裕就是修正主义、资本主义，因而在一个时期里我们的理论叫作"穷则革命，富则修"，我们的实践是搞"贫穷的社会主义"。其结果，就是社会生产力发展不快，人民生活改善不快，社会主义固有的优越性没有充分发挥出来。在一些极端贫困落后地区，老百姓常常说，嘴上唱社会主义好，心里在叫肚子没吃饱。长此以往，这样的社会主义是坚持不下去的，也不可能对人民群众产生强大的感召力、凝聚力、吸引力。这就像马克思在《共产党宣言》中曾讲到的，当时欧洲有一种封建的社会主义者，他们把无产阶级的乞食袋当作旗帜来挥舞。但是，每当人民跟着他们走的时候，都发现他们的臀部带有旧的封建纹章，于是就哈哈大笑，一哄而散。我想，贫穷的社会主义也有这样的特点，把无产阶级的讨饭袋绑在旗杆上来号召群众，群众会跟你走吗？记得有位老一辈革命家在深刻反思我们党以往的失误时指出，过去我们说越穷越革命，这是对的，但反过来，如果说越革命越穷，这难道也是对的吗？这样的反思何等深刻！经过这样的深刻反思，党的十一届三中全会确立了同贫穷的社会主义截然不同的、追求强国富民的这样一种奋斗目标的社会主义。我们党在社会主义初级阶段的基本路线，在表述党的奋斗目标时，就提出要建设富强、民主、文明的社会主义。在这样的社会主义中，第一位的追求就是富强，也就是强国富民。十六大报告集中体现了我们党从十一届三中全会以来建立在科学反思基础上的这样一种强国富民的理念。

十六大提出的全面建设小康社会的奋斗目标，充分体现了人民群众这种强国富民的共同追求。最近《人民日报》有篇评论说，这是一个圆梦的时代。中华民族有许多百年梦想。在过去13年里，我们先后告别了贫穷，实现了小康，实现了香港、澳门回归，成功申办了奥运会，这些梦想几乎都在这13年里实现了。这又使我想到60年代初期英国元帅蒙哥马利访问中国时曾向毛主席讨教过一个问题。他说，中国革命经历了100年，即从1840年到1949年大体上搞了100年，把中国革命搞成功了，那么中国的建设要搞多长时间呢？毛主席说，也是100年。现在看来，毛主席这个100年的预想是完全正确的。也就是说，从20世纪的1949年中华人民共和国诞生时起，到21世纪的2049年大体上100年时间里，中华民族将要实现伟大复兴这样一个百年梦想，我们党就是要实现这样一个目标而不懈奋斗。

那么，为什么说十六大报告的纲是强国富民呢？也有以下四个理由。

一是“三个代表”重要思想直接服务于强国富民。江泽民同志在十六大报告中阐述“三个代表”重要思想时强调，必须把发展作为党执政兴国的第一要务。这个概括非常重要，这就是说，悠悠万事，唯发展为大。中国共产党作为执政党，要在中国长期执政下去，悠悠万事发展为大，发展是我们党执政兴国的第一要务。把“三个代表”归结于、聚焦于发展，这是十六大的一大贡献。十六大报告是用发展来贯通“三个代表”中的每一个代表的。代表先进生产力的发展要求，这不是发展吗？代表先进文化的前进方向，这不是发展吗？代表最广大人民的根本利益，这不是发展吗？所以整个来说，“三个代表”中的每一个代表，都聚焦于发展、落脚到发展。把“三个代表”归结于“发展是党执政兴国的第一要务”，大大拓展了“三个代表”重要思想的内涵。邓小平同志讲过，发展才是硬道理。这个硬道理，主要是指社会生产力的发展。而十六大报告所讲的作为党执政兴国第一要务的发展，比这个内涵要稍大一些，既包括先进生产力的发展、先进文化的发展、最广大人民根本利益的维护和发展，还包括社会的全面发展和人的全面发展。所以，当十六大报告讲发展是党执政兴国的第一要务时，绝不只是指生产力的发展，而是包括先进生产力的发展，先进文化的发展，最广大人民群众利益的维护和发展，以及社会的、人的全面发展。正因为发展是贯通“三个代表”的每一个代表的，因此，我们党在十六大报告中就强调，要聚精会神搞建设、一心一意谋发展，这是十六大报告提出的一个非常重要的思想。胡锦涛同志在十六届一中全会闭幕后见记者时的讲话中，强调新一届中央领导集体首先要抓发展，我们党在21世纪头20年要抓住难得的机遇来聚精会神搞建设、一心一意谋发展，通过发展来强国富民，通过发展来实现中华民族的百年梦想。

可以这么认为，十六大报告的“两个全面”，即全面贯彻“三个代表”重要思想、全面建设小康社会，有人说这可以叫作两全其美。当时十六大报告在征求意见的时候，有人说你们这些秀才们词汇可以多一点嘛，怎么用来用去都是“全”：全面贯彻“三个代表”重要思想是“全”，全面建设小康社会又是“全”，变化一下词汇行不行啊？后来有位中央领导说，两全其美不是很好吗？所以，这两个全也可以叫作两全其美。而两全其美讲的恰恰都是发展。在这一点上，主义和问题是一致的。用不着像胡适先生说的，少谈一点主义，多研究一些问题。用不着，因为我们的主义——“三个代表”，我们要解决的问题——“全面小康”，全部归结到、落脚到发展。所以说十六大报告的纲是强国富民，这是第一点理由。

二是全面小康和伟大复兴这“一小一大”，归根到底也服务于“一富一强”。十六大报告实际上讲了“一小一大”，即全面小康和伟大复兴，我们心中的目标是伟大复兴，但我们写在十六大标题上的目标是全面小康。我们今天建设这个“小”，乃是为了实现若干年后的那个“大”。要学会把握这个历史的和现实的辩证法。我们党在新世纪新阶段要建设的是全面小康社会，只是过个温饱有余尚不富裕的日子嘛，不会让人家感觉到你对整个世界会有什么威胁啊。所以，十六大报告提出的这“一小一大”，实际上也是服务于“一富一强”，即服务于强国富民的。

三是我们党在现阶段的全部方针政策也是服务于强国富民的。十六大报告充分表明了我们党在追求强国富民的过程中，对劳动、对价值、对财富、对财产、对资本、对技术、对管理、对收入，对所有这些引起人民群众广泛关注的重大问题所秉持的态度，就是要放手让一切劳动、知识、技术、管理和资本的活力竞相迸发，让一切创造财富的源泉充分涌流。这两句话，在十六大会场里是最引起人们激动和关注的，十六大以后的国内外反响也是很强烈的。如果说十六大报告是中国共产党在新世纪新阶段的政治宣言，那么这个政治宣言里面最亮点的东西，就是要在党的十一届三中全会开辟的中国特色社会主义道路上，放手让一切劳动、知识、技术、管理和资本的活力竞相迸发，放手让一切创造财富的源泉充分涌流。我们党以此向党内外、国内外表明，我们全面建设小康社会，就是要让全国各族人民的家庭财产普遍增加、让人民生活共同富裕。事实上，十六大报告关于全面小康的一个重大目标，就是家庭财产普遍增加。我们说要放手让一切创造财富的源泉充分涌流，就是要保护一切合法的劳动收入和合法的非劳动收入，就是要尊重劳动、尊重知识、尊重人才、尊重创造，就是要在全国营造出一种鼓励人们干事业、支持人们干成事业的浓厚社会氛围。

由此可见,我们党在十六大报告中围绕强国富民的目标,表明了自己对所有这些重大问题的基本方针、基本政策、基本态度。这样的态度是如此鲜明、如此强烈,因而引起了党内外、国内外的广泛关注和高度重视。有一位代表这样评论说,十六大和十六大报告处处体现了一种以人为本、关注民生、为民造福、帮民致富、为民解忧的人民性。这个评价是很到位的。十六大报告的最后一句话是:“共同创造我们的幸福生活和美好未来”。有一位女代表说,江泽民同志念完这句话以后,她的热泪就涌流出来了。她说,听到这样一句话,就感觉到这样的执政党完全是同我们老百姓想到一起去了。法国《欧洲时报》评论说,中共十六大报告透露出一个强烈信息,就是中国共产党作为执政党,她的全部执政理念和执政目标就是要让老百姓过上好日子。这真是一语中的!十六大确实向全党、全社会,包括也向全世界,透露出了这么一种强烈的信息。中国共产党为谁执政?就是为全国老百姓执政啊。为什么执政?就是为了让全国老百姓都过上好日子啊。从这样一个角度来说,中国共产党的确就是要为民造福,的确就是要关注民生,的确就是要帮民致富,的确就是要为民解忧。如果我们各级干部都能像十六大报告所要求的那样,自觉为党分忧、为民解难、为国建功、为民造福,那么,我们党和国家的事业就大有希望。

四是十六大报告讲的“九个一切”归根结底也是为了强国富民的。不知道同志们注意到没有,十六大报告中一共讲了“九个一切”:在论述“三个代表”重要思想那一段里,第一段是讲让实践来检验一切;第二段又讲了“三个一切”,即一切妨碍发展的思想观念都要坚决冲破,一切束缚发展的做法和规定都要坚决改变,一切影响发展的体制弊端都要坚决革除;然后,在第三段又讲了“五个一切”,即一切有益于人民和社会的劳动,一切为我国社会主义现代化建设作出贡献的劳动,一切合法的劳动收入和合法的非劳动收入,一切劳动、知识、技术、管理和资本的活力,一切创造社会财富的源泉。把这些加起来,整个十六大报告一共讲了“九个一切”。这“九个一切”,归根到底落实到“两个一切”,这就是:我们党代表人民在中国长期执政,一切为了执政为民,一切为了强国富民。如果我们这样融会贯通地去解读十六大报告,这样去精准把握十六大报告,那就抓住了纲。一个马克思主义执政党,就是要幸福着人民的幸福、快乐着人民的快乐、忧患着人民的忧患,这样,执政党就完全和人民想到一起去了。正因为十六大是这样做的,因此在我们党召开十六大的时候,老百姓就像自己在过大节一样地兴奋、快乐、高兴。许多采访十六大的台湾记者感慨尤其深刻,他们说原来以为采访中国共产党的全国代表大会,肯定是来接受意识形态教条的灌输的,结果没想到,一坐到座位席上,拿到的报告第一行映入眼帘的第一句话就是全面建设小康社会,中国共产党确实不简单!他们还说,现在中国共产党在拼经济,台湾的陈水扁在拼政治,陈水扁怎么会为台湾老百姓拼经济呢?大陆的中国共产党才在拼经济呢。所以,十六大报告之纲是强国富民。如果大家都能抓住这个纲来理解十六大报告,就是抓住了一个纲举目张的东西。

第三,继往开来是十六大报告之志。

这次十六大,我们党把继往开来写入了大会报告的主题,这有五层含义:一是思想理论的继往开来;二是执政经验的继往开来;三是伟大事业的继往开来;四是伟大工程的继往开来;五是中央和地方领导层的继往开来。这就意味着:继往开来不仅仅是表现为我们党的指导思想、执政经验顺利传到了新一届中央集体领导手中,而且是我们党的最高领导层实现了一次有序的新老交替,党和国家的接力棒在快速奔跑中传递到了新一届和新一代手中。

按照十六大报告的要求,我们要顺利实现这五种含义的继往开来,就必须做到“五个新”:发展要有新思路,改革要有新突破,开放要有新局面,工作要有新举措,最后归结到中国特色社会主义事业要开创新局面。现在人们通常讲“四个新”,这当然也不错,但这“四个新”最后还要有一个落脚点,就是开创中国特色社会主义新局面,就是继往还要开来,还要开创一个新的局面。所以,五个层次的继往开来归根到底要落实到“五个新”上来。从这个角度我们就可以理解,江泽民同志在十六大报告中为什么要强调:“实践没有止境,创新也没有止境。我们要突破前人,后人也必然会突破我们。这是社会前进的必然规律。”这句话在十六大期间也是引起广泛关注和议论的一句话。这体现了一个在中国长期执政的马克思主义执政党,具有何等广阔的胸怀和情怀啊。“我们要突破前人”这句话很容易理解,因为改革开放历史新时期以来,我们在许多地方确实突破了前人;那么,对“后人也必然会突破我们”应当怎么理解呢?这就是说,我们党的事业总是在不断地继往开来中向前推进的，共产党人就是要有这么一种长江后浪推前浪的胸怀和情怀。我们要突破前人，也欢迎后人不断突破我们。只有这样，我们的事业才能不断地波浪式地向前推进。这也就是说，老祖宗不能丢，又要说新话，经典著作还要读，又要写出新篇章，革命传统要弘扬，又要创造新办法，这才叫作真正意义、完整意义上的继往开来。继往，就是老祖宗不能丢，马列主义老祖宗能丢吗？不能丢，但是又要说新话；经典著作还要读，这是继往，但是又要写出新篇章，这又叫开来；革命传统要弘扬，这就是继往，然后又要创造新经验、新办法，这又叫开来。所以，我们一代又一代的中国共产党人，如果都能够把继往同开来结合起来，那么我们党和国家的事业就能够不断与时俱进。

第四，“两个伟大”是十六大报告之基。

十六大报告通篇贯穿着、浸润着“两个伟大”：第一个伟大，就是全面推进中国特色社会主义伟大事业，对我们党来说，就是党要认识和改造的客观世界；第二个伟大，就是全面推进党的建设新的伟大工程，对我们党来说，就是要在领导伟大事业的过程中改造自己的主观世界。那么，这“两个伟大”的内在联系是什么呢？中央领导同志深刻指出，伟大事业离不开伟大工程来支持，就是推进中国特色社会主义伟大事业，必须依靠党的建设新的伟大工程来加以支撑；反过来，伟大工程又要紧紧围绕伟大事业来进行。讲到这里，大家可以想一想，共产党执政规律、社会主义建设规律、人类社会发展规律这三大规律，不也就是分别用来说明和指导这两个伟大的吗？其中，社会主义建设规律和人类社会发展规律，是用来指导我们党领导的伟大事业的；共产党执政规律，则是用来指导我们党的建设新的伟大工程的。所以，三大规律也是体现和服务于“两个伟大”的。进一步往深里想，前面说过的对我们党与时俱进的指导思想要搞清楚的两大基本问题，也是体现和服务于这“两个伟大”的。其中，搞清楚什么是社会主义、怎样建设社会主义，是体现和服务于伟大事业的；搞清楚建设什么样的党、怎样建设党，是体现和服务于伟大工程的。把我们党的这一系列政治概念贯通起来理解，就是这样一个内在逻辑：“两个伟大”不仅贯通了三大规律，贯通了我们党的两大基本问题，而且也贯通了我们党在社会主义初级阶段要改造的客观世界和党自身建设的主观世界。

总之，整个十六大和十六大报告实际上就讲了我们党在新世纪、新阶段,在建设和发展中国特色社会主义道路上的“一小一大”和“两个伟大”。一小,就是全面小康;一大,就是伟大复兴;两个伟大,就是伟大事业和伟大工程。把握住这“一小一大”和“两个伟大”,整个十六大报告的精髓和核心要义就把握住了。

# 勇敢担负起历史和时代赋予我们的庄严使命

（2002 年 11 月）

在党的十六大报告导语中，有一段大气磅礴的论述：我们党必须坚定地站在时代潮流的前头，团结和带领全国各族人民，实现推进现代化建设、完成祖国统一、维护世界和平与促进共同发展这三大历史任务，在中国特色社会主义道路上实现中华民族的伟大复兴。这是历史和时代赋予我们党的庄严使命。学习和把握这一重要论述，需要弄清一个概念，明确三个关系。

弄清一个概念，就是我们党的庄严使命是什么。如果把党的十六大报告的开头语和结束语联系起来学习、贯通起来思考，就会看到，我们党的庄严使命，就是要在中国特色社会主义道路上实现中华民族伟大复兴；在实现中华民族伟大复兴的进程中建设中国特色社会主义，使社会主义中国发展和富强起来，始终作为促进世界和平与发展的坚定力量，为人类作出更大贡献。实现中华民族伟大复兴的庄严使命，是由中国历史发展的任务和要求向我们党提出来的。有着悠久历史和灿烂文化的中华民族，曾经长期走在人类文明发展的前列，但 15 世纪以后中国逐渐落伍，鸦片战争以后骤然跌落，封建王朝在西方列强的坚船利炮面前不堪一击。这个被马克思称为“奇异的悲歌”的教训，既让人扼腕长叹，又使人刻骨铭心。

中国共产党诞生以后，领导反帝反封建的革命斗争，争取民族独立和人民解放，实现中华民族伟大复兴的庄严使命，历史地落到了中国共产党身上。从 19 世纪中叶到 20 世纪中叶的 100 年间，中国人民的一切奋斗，都是为了实现祖国的独立和民族的解放，彻底结束民族屈辱的历史。这个历史伟业，我们已经完成了。从 20 世纪中叶到 21 世纪中叶的 100 年间，中国人民的一切奋斗，则是为了实现祖国的富强、人民的富裕和民族的伟大复兴。

这个历史伟业，我们党领导全国人民已经奋斗了50年，我们还要继续奋斗下去，相信再经过几十年的奋斗，也必将胜利完成。

全面理解我们党的历史使命，需要明确三个关系。

第一，历史潮流、时代潮流与党的庄严使命的关系。党的十六大报告讲的是站在时代潮流的前头。从历史的角度看问题，我们党成立前后所面临的时代潮流，也就是我们今天所说的历史潮流。时代潮流、历史潮流给党提出历史任务，而党的历史任务的完成，又总是要在顺应时代潮流、赶上时代潮流的进程中才能实现。中国共产党在成立前后，面对的是两大历史潮流：一个是1840年鸦片战争以来形成的中华民族求独立求解放求富强的历史潮流；另一个是由1917年俄国十月革命激发的世界社会主义革命的历史潮流。当年我们党毫不犹豫地顺应这两大历史潮流，勇敢地站到了时代进步潮流的前头，团结和带领全国各族人民，经历了长期奋斗和浴血奋战，完成了民族独立和人民解放的历史任务，为实现中华民族伟大复兴创造了前提。新中国成立后，我们党继续站在历史潮流的前头，团结带领全国各族人民，创造性地完成由新民主主义到社会主义的过渡，实现中国历史上最伟大最深刻的社会变革，开始了在社会主义道路上实现中华民族伟大复兴的历史征程。在此基础上，党的十一届三中全会以来，我们党找到了建设中国特色社会主义的正确道路，赋予民族复兴以新的强大生机。中华民族的伟大复兴展现出灿烂的前景。在十六大报告的开头，江泽民同志在论述党的庄严使命时，之所以突出强调“坚定地站在时代潮流的前头”，就是因为在现时代、现阶段，完成中华民族伟大复兴的庄严使命，不可能脱离开当今的时代潮流。

当今时代，世界多极化和经济全球化的趋势在曲折中发展，科技进步日新月异，综合国力竞争日趋激烈。形势逼人，不进则退。这样的时代潮流，其“逼人”之处就在于，社会主义与资本主义的关系出现了新态势新特点：一方面，西方发达国家在经济、科技、军事等方面占优势的压力仍然存在；另一方面，社会主义国家又必须积极参与而不能置身于多极化、全球化与信息化的时代潮流之外。这样，社会主义与资本主义两种截然不同的社会制度，势必既并存共处，又对立竞争；既要在经济、科技、文化等方面发生多种交往，又面临被“西化”“分化”的危险；既要加入世贸组织，又要千方百计趋利避害，维护社会主义国家的经济、政治、国防安全，等等。我们党要看清这个潮流、顺应这个潮流，勇敢地带领全国各族人民，继续走在这个时代潮流的前头。邓小平同志说的“赶上时代”是这个意思，江泽民同志说的“与时俱进”也是这个意思。所以，新世纪新阶段，我们党要担负起自己的庄严使命，就必须始终坚定地站在时代潮流的前头。

第二，党的历史任务与党的庄严使命的关系。在党的十六大报告开头的那一大段论述中，江泽民同志既讲了党的庄严使命，又讲了党的历史任务。他说的历史任务，就是实现推进现代化建设、完成祖国统一、维护世界和平与促进共同发展这三大历史任务。此外，在党的十六大报告的结束语中，江泽民同志还讲了全面建设小康社会，加快推进社会主义现代化，使社会主义中国发展和富强起来，为人类进步事业作出更大贡献，这是我们党必须勇敢地担负起来的历史任务。这里就发生了党的历史任务与党的庄严使命究竟是什么关系的问题。在党的十六大报告中，党的历史任务与党的庄严使命是既有联系又有区别的。党的庄严使命，是指贯通党在革命、建设、改革几个历史阶段的那样一种历史任务，这就是在中国特色社会主义道路上实现中华民族的伟大复兴。十六大报告所说的历史任务，则是特指党在某一历史阶段或某一发展阶段的具体奋斗目标。比如，21 世纪三大历史任务，是我们党在整个 21 世纪的奋斗目标；全面建设小康社会，加快推进社会主义现代化，则是我们党在新世纪新阶段的奋斗目标。如果把完成党的庄严使命比喻为党的事业持续发展的“接力赛”，那么，实现党在某一阶段的历史任务，则可以比喻为接力赛中的每一棒。显然，我们首先必须完成党在各个阶段的历史任务，才能最后完成党的庄严使命。

第三，中国特色社会主义与中华民族伟大复兴的关系。中国人民在实现中华民族伟大复兴的历史进程中，曾经寻求过多种救国救民的道路，但最后都以失败而告终。经历了种种艰难曲折，我们党和人民终于认识到：只有社会主义才能救中国，只有中国特色社会主义才能振兴和发展中国。改革开放 20 多年来，我们党一直致力于建设的，就是中国特色社会主义；我们取得的一切成就，归根到底是中国特色社会主义的胜利。在中国特色社会主义道路上实现中华民族伟大复兴，表明了我们复兴中华民族，归根到底是同巩固和发展社会主义互为表里的：中华民族将在中国特色社会主义的基础上再造辉煌；中国特色社会主义将在中华民族伟大复兴的奋斗中显示威力。

当然，中华民族的伟大复兴，对内决不意味着尊崇和恢复任何封建主义糟粕，对外决不提倡任何狭隘的民族主义。中国的发展决不威胁任何人，因为中国特色社会主义是“主张和平的社会主义”，是“不断发展生产力的社会主义”。中国发展振兴起来，必将成为维护世界和平、促进共同发展的坚定力量。

# 在中国特色社会主义道路上实现中华民族的伟大复兴

（2002 年 11 月）

党的十六大报告导语部分强调指出：在中国特色社会主义道路上实现中华民族的伟大复兴，这是历史和时代赋予我们党的庄严使命。在十六大报告结束语中，又大跨度地回溯了中华民族伟大复兴的历史进程，展望了中华民族伟大复兴的灿烂前景。正确理解在中国特色社会主义道路上实现中华民族的伟大复兴这一科学论断，要注重把握以下三个要点。

第一，中国共产党从成立那一天起，就肩负着实现中华民族伟大复兴的庄严使命。我们有着悠久历史和灿烂文化的中华民族，曾经长期走在人类文明发展的前列。15 世纪以后，在汹涌澎湃的近代文明大潮中，中国逐渐成了落伍者；在剧烈竞争的世界舞台上，长期成为挨打者。积贫积弱的国情，落后挨打的境地，激荡起中华民族救亡图存、实现伟大复兴的信念和决心。但是，在中国共产党成立之前，中国无数仁人志士为拯救中国于危亡，以资本主义列强为师，结果都失败了。一是“老师”总是欺负“学生”，二是资本主义内部矛盾越来越暴露。正当先进的中国人疑惑日深之时，十月革命一声炮响，给我们送来了马克思列宁主义。中国的先进分子从此赶上世界社会主义革命的时代潮流，改弦更张，以俄为师，以社会主义为师，开始探索中国走向社会主义的新的革命道路。正是这个新目标的确立和新道路的探索，使中国共产党成为独树一帜的、实现民族复兴历史使命的政治力量。

第二，中国共产党在朝着社会主义目标复兴中华民族的不懈奋斗中，走过了漫长而艰辛的探索之路。最初是新民主主义革命道路的探索。中国共产党的第一个纲领，原本是直接实行社会主义革命的纲领，但是在革命实践中，中国共产党人很快认识到，在中国这样一个经济文化落后的不发达国家，不能直接实行社会主义。中国革命当时的主要任务，是反对帝国主义和封建主义，还不是也不可能是一般地反对资本主义、实行社会主义。中国革命要分两步走，第一步，民主主义，第二步，才是社会主义。而新民主主义革命，在中国，资产阶级不能领导，工人阶级才能领导。工人阶级不能通过城市武装起义取得革命胜利，而是要走农村包围城市的武装斗争的道路。工人阶级要同农民、同城市小资产阶级和民族资产阶级结成广泛的统一战线。中国共产党领导的新民主主义革命，其前途不是资本主义，而是社会主义。新民主主义理论是拒绝种种关于社会主义的空谈，在中国脚踏实地为实现社会主义作准备的理论。沿着新民主主义革命的道路，我们党团结和带领全国各族人民胜利完成民族独立、人民解放的历史任务，在抗日战争和解放战争胜利的基础上，中华人民共和国于 1949 年成立了，这就为实现中华民族伟大复兴创造了前提。

接着是又一个探索，即新中国成立后，由新民主主义到社会主义过渡的探索。中华人民共和国成立时，《共同纲领》曾是一个建设新民主主义即人民民主主义共和国的纲领。这个纲领含有起决定作用的社会主义因素，但并没有明确宣布社会主义。在建立新民主主义政权、实现没收官僚资本和改革土地制度的新民主主义经济纲领之后，中国共产党在 1953 年宣布了向社会主义过渡的总路线。在开始实行有计划建设的同时，全面展开了对农业、手工业和资本主义工商业的社会主义改造，创造性地完成了由新民主主义到社会主义的过渡，实现了中国历史上最伟大最深刻的社会变革。由此开始了在社会主义道路上实现中华民族伟大复兴的历史征程。

从 1956 年党的八大开始，中国共产党继续前进，努力探索一条适合中国国情的社会主义建设道路。我们党原本希望对这条道路的探索能比当年对中国革命道路的探索，少一些失误和曲折，使我们能把社会主义建设得快些、好些。但实践证明，社会主义建设和探索虽然取得了很大成绩，但曲折并没能避免。“大跃进”和“文化大革命”就是两大曲折。这就促使中国共产党人重新思考，究竟什么是社会主义，怎样建设社会主义。十一届三中全会以来，我们党最大的收获是开始找到建设中国特色社会主义这一实现中华民族伟大复兴的正确道路。“建设有中国特色的社会主义”这个口号，是邓小平同志在十二大开幕词中首先提出来的。从这个口号的提出，到建设中国特色社会主义道路的形成，成为中国共产党新的漫长探索的主题。我们党找到建设中国特色社会主义的正确道路，便赋予中华民族伟大复兴以新的强大生机。

党的十三届四中全会特别是党的十四大和十五大以来，以江泽民同志为核心的党中央，高举邓小平理论伟大旗帜，在继续探索中坚定地创造性地推进和发展着中国特色社会主义事业和理论。党的十五大提出的党在社会主义初级阶段的基本纲领，就是从经济、政治、文化方面全面建设中国特色社会主义的三大纲领；“三个代表”重要思想进一步揭示了中国特色社会主义发展道路，就是要在中国共产党的坚强领导下，发展社会主义市场经济、社会主义民主政治和社会主义先进文化，不断促进社会主义物质文明、政治文明和精神文明的协调发展。这就使中华民族的伟大复兴展现出更加灿烂的前景。

第三，在中国特色社会主义道路上实现中华民族的伟大复兴，指明了中国特色社会主义道路是复兴中华民族的唯一正确的道路。党的十一届三中全会以来，经过20多年的不懈探索，我们党终于找到了建设中国特色社会主义道路，其内容大体包括“三大转变”“十个要点”和“三大目标”。

“三大转变”，一是从“以阶级斗争为纲”转为“以经济建设为中心”，二是从僵化半僵化转为全面改革，三是从封闭半封闭转为对外开放。

“十个要点”，一是社会主义，初级阶段；二是工作中心，经济建设；三是全面改革，对外开放；四是公有为主，市场经济；五是民主政治，法治国家；六是科教兴国，精神文明；七是统一战线，民族团结；八是“一国两制”，统一祖国；九是独立自主，和平、反霸；十是四项原则，党的建设。

“三大目标”，一是发展社会主义市场经济，建设社会主义物质文明；二是发展社会主义民主政治，建设社会主义政治文明；三是发展社会主义先进文化，建设社会主义精神文明。

需要强调指出的是，党的十六大报告关于中国特色社会主义三大目标的论述，第一次以最明确的语言，科学地表述了什么是中国特色社会主义道路，以及这条道路与实现中华民族伟大复兴的内在联系。这就是：在中国特色社会主义道路上实现中华民族伟大复兴，在中华民族伟大复兴的历史进程中建设中国特色社会主义。从党的十五大提出中国特色社会主义三大纲领，到党的十六大提出中国特色社会主义三大目标，表明中国共产党人对中国特色社会主义理论和实践的认识与把握，又跃上了一个新台阶。

20多年的实践证明，只有把马克思列宁主义同当代中国实践和时代特征结合起来的中国特色社会主义道路,而没有别的道路能够真正实现中华民族伟大复兴的庄严使命。

在中国特色社会主义道路上实现中华民族伟大复兴,同时也指明了中国共产党人的爱国主义与社会主义是内在地统一于建设中国特色社会主义和实现中华民族伟大复兴的历史伟业之中的。

中国的社会主义现代化,中华民族的伟大复兴,已是跃出东方地平线的一轮绚丽红日,这轮红日是注定要高高升起来的,它的美丽霞光正在照耀祖国的大好河山。

# 坚持用发展着的马克思主义指导改革发展新的实践

（2002年11月）

用发展着的马克思主义指导新的实践，这是党的十六大报告提出的一个极其重要的新思想、新观点。能不能始终坚持用发展着的马克思主义指导新的实践，是我们的改革开放和现代化建设事业兴衰成败的关键。

第一，用发展着的马克思主义指导新的实践，这是把与时俱进精神运用于理论和实践的生动体现。发展着的马克思主义，指的是马克思主义理论在新世纪新阶段的与时俱进；新的实践，指的是我们在新世纪新阶段各项实践的与时俱进。把这两个概念结合在一起，表明我们党要坚持用与时俱进的创新的理论去指导不断发展变化着的实践。反过来，不断发展变化着的实践，又为马克思主义理论的丰富和完善提供了不竭的动力。所以，用发展着的马克思主义指导新的实践，生动地体现了实践的发展与理论的发展的良性互动关系。

第二，用发展着的马克思主义指导新的实践，这是对马克思主义发展史的科学总结。马克思主义理论蓬勃旺盛的生命力，就在于它不是偏狭封闭、万古不变的教条，而是不断随着实践的发展而发展的科学。一部马克思主义发展史，从《共产党宣言》的问世到《资本论》的发表，从俄国十月革命的胜利到中国共产党的诞生，从毛泽东思想、邓小平理论的形成到"三个代表"重要思想的提出，实际上就是不断用发展着的马克思主义指导新的实践的生动历程。时代的发展呼唤理论的创新，推动历史的进步要求实现理论的完善。马克思主义理论正是在顺应时代潮流、应对时代挑战、破解时代难题的过程中，不断实现新的突破、完成新的飞跃的；正是在总结历史经验、探索发展规律、推进历史变革中显示强劲活力、发挥强大威力的。其结果就是，时代前进了，理论也发展了。不仅是"生活之树常青"，"理论之果也同样常新”。

第三,马克思主义创始人是用发展着的理论指导新的实践的典范。马克思、恩格斯一贯认为,我们的理论是发展的理论,而不是必须背得烂熟并机械地加以重复的教条。马克思在从事理论活动的初期就声明,我们不想教条式地预料未来,而只是希望在批判旧世界中发现新世界。马克思恩格斯在《共产党宣言》中指出,“共产党人的理论原理,决不是以这个或那个世界改革家所发明或发现的思想、原则为根据的。这些原理不过是现存的阶级斗争、我们眼前的历史运动的真实关系的一般表述”。始终着眼于“眼前的历史运动”,这是全部马克思主义理论的立足点和出发点。马克思主义创始人毕生关注着人类社会历史发展的新情况,始终根据科学的和实践的新发展不断补充和完善自己的理论。这方面的典型事例不胜枚举。马克思、恩格斯、列宁、毛泽东、邓小平、江泽民,都善于根据实践的新发展提出新的思想和理论。

第四,马克思主义创始人为后代马克思主义者用发展着的理论指导新的实践留下了巨大的空间。恩格斯说,因为很可能我们还差不多处在人类历史的开端,而将来会纠正我们的错误的后代,大概比我们有可能经常以十分轻蔑的态度纠正其认识错误的前代要多得多。列宁说,只有不可救药的书呆子,才会单靠引证马克思关于另一历史时代的某一论述,来解决当前发生的独特而复杂的问题。毛泽东同志在 1960 年读苏联《政治经济学教科书》的时候,曾说过这样的话:马列的书必须读。这是第一。但是单靠这些是不行的。任何国家的共产党人,任何国家的无产阶级思想家,都要创造自己的理论,写出新的著作。他还指出:现在我们已经进入社会主义时代,出现了一系列的问题,如果不适应新的需要,写出新的著作,形成新的理论,也是不行的。邓小平同志也说过:“绝不能要求马克思为解决他去世之后上百年、几百年所产生的问题提供现成答案。列宁同样也不能承担为他去世以后五十年、一百年所产生的问题提供现成答案的任务。真正的马克思列宁主义者必须根据现在的情况,认识、继承和发展马克思列宁主义。”马克思主义创始人的这些至理名言告诉我们,用发展着的理论指导新的实践,这是马克思主义理论的天经地义,是马克思主义者的庄严历史责任。马克思主义不发展,就不能适应新形势;要使党和国家的发展不停顿,首先理论上不能停顿;要推动制度创新、科技创新、文化创新以及其他各方面的创新发展,首先要推动实践基础上的理论创新。否则,一切新的发展都无从谈起。

第五,由于近100多年来实际生活变动的剧烈和深刻,已经达到前人难以想象的程度,当代中国共产党人用发展着的马克思主义指导新的实践的任务,也因此而空前迫切和艰巨。江泽民同志在“5·31”重要讲话中,关于“四个一定要”的精辟论述,对这一点阐发得极为深刻。他说,坚持与时俱进,就一定要看到《共产党宣言》发表150多年来世界政治、经济、文化、科技等发生的重大变化,一定要看到我国社会主义建设发生的重大变化,一定要看到广大党员干部和人民群众工作、生活条件和社会环境发生的重大变化,一定要充分估计这些变化对我们党执政提出的严峻挑战和崭新课题。这就是说,离开了今天活生生的现实,闭眼不看实际生活的巨大变化,还是用几十年前甚至100多年前的老眼光、老脑筋、老观念来套现实社会的发展,是绝对行不通的。马克思主义的一个基本道理,就是不能用本本去框实践,而只能用实践去发展本本。如果一切都要先看本本上有没有、老祖宗讲过没有,本本上有的即使同现实情况比已经过时了,也一句不敢改,本本上没有的就一步不敢迈,那就很难在实践中开创新局面。

正确的态度,就是江泽民同志在党的十六大报告中所要求的:适应实践的发展,以实践来检验一切,自觉地把思想认识从那些不合时宜的观念、做法和体制的束缚中解放出来,从对马克思主义的错误的和教条式的理解中解放出来,从主观主义和形而上学的桎梏中解放出来。要坚持马克思主义基本原理,又要谱写新的理论篇章;要发扬革命传统,又要创造新鲜经验,善于在解放思想的过程中统一思想,用发展着的马克思主义指导新的实践。我们要按照党的十六大报告的要求,始终做到在继承中创新,在创新中继承,在坚持中发展,在发展中坚持。这样,我们就能确有把握地在理论上不断打开新视野,作出新概括,开拓新境界,党的思想理论才能引导和鼓舞全党和全国人民把中国特色社会主义事业不断推向前进。

# 全面深化改革呼唤尊重和保护一切有益于人民和社会的劳动

（2002 年 11 月）

党的十六大报告把尊重劳动提到非常重要的位置，强调要尊重和保护一切有益于人民和社会的劳动。对此，我们应当从全面深化改革呼唤尊重和保护一切有益于人民和社会的劳动这一高度，去加深理解和把握。

第一，尊重和保护一切有益于人民和社会的劳动，就是要在充分认识劳动和劳动价值理论的基础上，承认一切有益人民和社会的劳动的价值。劳动问题是认识整个劳动价值理论的起点和关键。要深化对马克思主义劳动价值理论的研究和认识，就必须把握中国特色社会主义条件下劳动与劳动者的特点，更好地在全社会倡导“尊重劳动、尊重知识、尊重人才、尊重创造”的良好风尚，制定和完善有利于各类劳动者各尽其能、各得其所，逐步走向共同富裕的一系列重大政策。

随着 20 世纪 70 年代以来新科技革命的兴起和社会生产力的飞跃发展，劳动的形态及其在经济活动中的地位已经发生并将继续发生巨大而深刻的变化。马克思当年曾明确指出，劳动有多种形态，包括体力劳动、脑力劳动，简单劳动、复杂劳动，生产劳动、非生产劳动，也包括生产的指挥、监督等管理劳动。在今天新的历史条件下，劳动的形态又发生了新的历史性变化：首先是随着科学技术成为第一生产力，科技工作不仅成为相对独立的劳动形态，而且在现代社会化生产中实际上已成为第一生产劳动；其次，随着社会化生产的发展和管理革命的推进，经营管理已成为一种仅次于科技工作的重要劳动形态；再次，同商品生产相联系的精神产品的生产和服务业的劳动，也已成为生产劳动的一种重要形态；最后，上述不同形态的劳动，其性质、作用的区别也更加突出。那些体力消耗并不强，但是知识需要比较多、脑力消耗比较大的劳动，比如科技工作和经营管理等，已经成为当今世界、当代中国的一种最重要的复杂劳动，它所创造的价值，是简单劳动以至一般复杂劳动所无法比拟的。

在劳动形态及其性质的深刻变动过程中，劳动者本身也出现了新的特点。传统的劳动者、资本所有者、经营管理者之间的界限正在被打破，劳动者的身份越来越具有多重性，特别是一些原来纯属私营经济的企业，如今为了扩大规模、留住人才或是充分调动员工积极性，逐渐向管理人员持股、员工持股和吸收社会资金入股发展。这样一种资本社会化的趋势继续发展下去的结果，必将使越来越多的劳动者成为所有者。这是劳动者日益持股化、劳动日益社会化的必然结果。同时，随着劳动者就业日趋市场化，劳动力的配置不再通过单一的国家行政手段，员工和企业都可以进行双向的自由选择，这就使得劳动力的流动和职业转换加剧了。我们对现阶段各种社会阶层成员的身份、地位、岗位和属性，都要以一种动态的、发展的眼光去看待，千万不能看死了。

第二，尊重和保护一切有益于人民和社会的劳动，就是要让一切形态的劳动者都有用武之地，都能得到社会的充分尊重，从而放手让一切创造社会财富的源泉充分涌流，以造福于人民。这就要求我们在劳动问题上进一步解放思想，牢固树立以下5个方面的新观念。

一是要确立这样一种中国特色社会主义新型劳动观，即一切为我国社会主义现代化建设作出贡献的劳动，不论是体力劳动还是脑力劳动，不论是简单劳动还是复杂劳动，都是光荣的，都应该得到承认和尊重。二是要充分认识普通工人、农民的劳动是基础性劳动，他们的劳动理应受到尊重，他们的生活包括劳动条件、劳动安全、劳动争议仲裁等都应当得到更多关心。三是要充分认识知识分子的脑力劳动是具有更多创造性的劳动，在建设中国特色社会主义进程中，尊重劳动必然要尊重知识、尊重人才。四是要充分认识企业家的经营管理，也是参与价值创造的重要劳动、复杂劳动，也应得到全社会的认同和尊重。五是要充分认识一切以商品生产为目的的第三产业中的劳动，都是创造价值的生产劳动，从事第三产业的劳动者也同样应当受到社会的承认与尊重。

第三，尊重和保护一切有益于人民和社会的劳动，就必须充分认识作为物化劳动和国民财富重要表现形式的资本，在社会经济发展中的地位和作用，更好地发挥外来资本、民间资本的作用。在很长一个时期，由于种种原因，人们一直把"资本"作为资本主义特有的经济范畴。邓小平同志南方谈话发表后，党的十四大确立了建立社会主义市场经济体制的改革目标，十四届三中全会通过的《中共中央关于建立社会主义市场经济体制若干问题的决定》，第一次在党的重要文件中使用了"资本"的概念，党的十五大报告进一步使用"资本"范畴来说明我国改革和发展的有关重大问题。在此基础上，现在还要进一步认识：资本是决定我国经济增长的重要因素之一，是推进工业化、现代化、信息化、社会化、城市化的重要物质力量；资本也是解决就业问题的必要条件，是上缴国家税收的重要源泉；资本对于实现资源有效配置、提高我国国际竞争力和完善市场经济体制都具有重要作用。党的十六大报告强调指出，"海内外各类投资者在我国建设中的创业活动都应该受到鼓励"。这就要求进一步采取有效措施和完善相关政策，通过积极吸引、促进外来的与民间的技术与资本的运营，进一步发挥各种所有制经济的创造活力，放手让一切劳动、知识、技术、管理和资本的活力竞相迸发，以利于全面建设小康社会，加快推进社会主义现代化建设。

第四，尊重和保护一切有益于人民和社会的劳动，还必须依法承认、尊重和保护一切合法的劳动收入和合法的非劳动收入。党的十六大报告强调指出，一切合法的劳动收入和合法的非劳动收入都应得到保护。不能简单地把有没有财产、有多少财产当作判断人们政治上先进和落后的标准，而主要应该看他们的思想政治状况和现实表现，看他们财产是怎么得来的以及对财产怎么支配和使用，看他们以自己的劳动对中国特色社会主义事业所作的贡献。这是深化对马克思主义劳动价值理论研究的题中应有之义，是尊重和保护一切有益于人民和社会的劳动的必然要求。

我们应当以党的十六大报告为理论武器，既立足于历史实际又立足于我国社会主义初级阶段的当下实际，科学认识与把握社会主义市场经济条件下的合法的劳动收入和合法的非劳动收入这一理论和实际问题，更自觉、更坚定地坚持以公有制为主体、多种所有制经济共同发展的基本经济制度和按劳分配为主体、多种分配方式并存的分配制度，从而更充分地调动一切可以调动的积极因素，包括外来资本与民间资本等积极因素，共同为建设中国特色社会主义伟大事业服务。

# 尊重劳动、尊重知识、尊重人才、尊重创造是我们党和国家一项重大方针

（2002 年 11 月）

党的十六大报告提出的“四个尊重”的重大政策思想，是对马克思主义劳动和劳动价值理论的重要发展，是实现中华民族伟大复兴的一个关系全局的重大理论和实践问题。对此，我们可以从以下四个方面去深入领会和理解。

第一，把“四个尊重”作为党和国家的一项重大方针在全社会认真贯彻，这是党的十六大报告的一个重大理论创新和政策创新。改革开放以来，邓小平同志和江泽民同志分别提出过“要尊重劳动，尊重人才”，“尊重知识，尊重人才”，“尊重创造，尊重创新”等新观点、新理念。十六大报告把这些集中起来并加以系统化，以“四个尊重”这样整装的理论形态集中而又鲜明地提到全党面前，并且要求作为党和国家的一项重大方针在全社会认真贯彻。这充分体现了我们党作为与时俱进的马克思主义执政党，对马克思主义劳动和劳动价值理论的高度尊崇，对知识和知识分子历史地位与重要作用的高度尊崇，对社会主义条件下人才和人才资源的高度尊崇，对新时期一切有利于祖国富强、人民幸福的创新精神和创造性劳动的高度尊崇。“四个尊重”是关系到中国特色社会主义能否保持旺盛生机和持久活力的重大理论和战略问题，是关系到社会主义发展方向和道路的重大理论和战略问题，必须引起全党同志高度重视，必须提高全党同志对这一重大理论命题和实践命题的深刻认识和自觉执行。

第二，“四个尊重”的核心是尊重劳动。我们必须深化对马克思主义关于劳动和劳动价值理论的研究和认识，更好地在全社会普及对中国特色社会主义条件下劳动的新形态、新特点的认识。按照“四个尊重”的基本观念，制定和完善有利于各类劳动者各尽其能、各得其所，逐步走向共同富裕

的一系列大政方针。劳动是马克思主义整个学说的起点。恩格斯曾经指出:马克思主义是在“劳动发展史中找到了理解全部社会史的锁钥”。我们党历来十分重视用马克思主义的劳动观来教育干部和群众,从而使“劳动创造了世界”“劳动创造了人本身”的观念在党内外得到广泛宣传与认同。但是,对社会主义条件下劳动和劳动价值理论的认识和理解,是一个复杂的理论和实践问题。由于过去“左”的观念和政策的影响,人们头脑中的劳动观念还存有种种偏颇。比如,有的鄙视体力劳动,看不起普通工人、农民的劳动,认为当工人、农民没有出息;有的对知识分子的脑力劳动认识不足,甚至仍然认为体力劳动才是劳动;有的对企业家的经营管理也是劳动、也参与价值的创造、也应得到全社会的认同,更加认识不足。这就向全党全社会提出了以解放思想、实事求是、与时俱进的科学精神,克服和纠正种种在劳动问题上的不正确认识,树立社会主义新型劳动观,制定适合今天实践需要的劳动政策的重大任务和时代课题。

第三,尊重劳动必然要尊重知识、尊重人才、尊重创造。党的十一届三中全会前后,在拨乱反正过程中,我们党在邓小平同志倡导下,已经把科学技术是生产力,科技工作者是劳动者、是工人阶级一部分的观念在党内外树立起来了。但是,如何进一步从更深层次的劳动形态上,去认识和对待知识分子的问题并没有完全解决,人们对知识分子的劳动性质在认识上依然比较模糊。其实,马克思主义创始人早就明确地把从事脑力劳动的各类知识分子称为“生产劳动者”和“生产工人”。恩格斯明确地称知识分子为“脑力劳动无产阶级”。邓小平同志明确指出:“不论脑力劳动,体力劳动,都是劳动。从事脑力劳动的人也是劳动者。”他向全党全社会发出“尊重知识、尊重人才”的号召。江泽民同志也一再提醒全党全社会要注意知识经济时代的到来,并提倡尊重创新精神,提倡尊重、爱护、吸引、用好、留住各类人才。学习这些重要思想,有助于我们正确认识今天新的历史条件下尊重劳动、尊重知识、尊重人才、尊重创造的极端重要性和紧迫性。

有研究发现,1956 年,在对美国社会劳动结构的统计中,“白领”人数第一次达到 50.2%,一举超过了“蓝领”人数。这意味着,在人类的劳动结构中,首次在美国出现了脑力劳动者人数超过体力劳动者的现象。此后,随着生产劳动的自动化、智能化、信息化,到 20 世纪 80 年代,美国“蓝领”比例继续下降到 30%,90 年代进一步下降到 10%。权威社会学家预测,到 21 世纪初，这个比例将进一步下降为 5%。其他发达国家也都先后出现这一发展趋势。比如，英国在 20 世纪 80 年代末，“蓝领”比例下降为 14%左右。发达国家劳动结构发生的这种划时代的重大变化，在我们国家迟早也会出现，这是无法回避的客观规律。及早认清这个规律，在改革开放和现代化建设中自觉运用这一规律，有助于加快我国成为学习型社会、知识型社会的进程。正如邓小平同志所说的：“我们国家，国力的强弱，经济发展后劲的大小，越来越取决于劳动者的素质，取决于知识分子的数量和质量。”“全党和全社会都要真正尊重知识，真正发挥知识分子的作用。这样，我们就一定会逐步实现现代化。”

第四，倡导“四个尊重”，就是要营造鼓励人们干事业、支持人们干成事业的社会氛围，放手让一切劳动、知识、技术、管理和资本的活力竞相迸发，让一切创造社会财富的源泉充分涌流，以造福于人民。在全面建设小康社会、加快推进社会主义现代化的历史进程中，我们党和国家要最广泛最充分地调动一切积极因素，这其中就包括调动一切物化劳动和活劳动的积极因素，发挥劳动、资本、知识、技术、管理等生产要素的积极作用，大力倡导各种新型劳动组合和劳动关系，从而使全社会、全民族的各种劳动形态、各类劳动者、各种资本所有者的积极性创造性都得到广泛而充分的发挥。要通过完善制度和体制，在全社会形成一个支持人们干事业、鼓励人们干成事业、保护人们干好事业的社会氛围，共同创造我们的幸福生活和美好未来。

# 党员干部在改革开放中要同步同向地实现与党俱进*

（2005年6月2日）

以实践“三个代表”重要思想为主要内容的保持共产党员先进性教育活动，实质上是在新世纪新阶段，用党的与时俱进的指导思想武装全党、使6900多万名共产党员和340多万个基层党组织，在全面建设小康社会的历史进程中，同步同向地实现与党俱进。这对于加强党的执政能力建设和先进性建设，都是至关重要的。

江泽民同志在党的十六大报告中指出：“贯彻‘三个代表’重要思想，关键在坚持与时俱进”。他还说：“与时俱进，就是党的全部理论和工作要体现时代性，把握规律性，富于创造性。能否始终做到这一点，决定着党和国家的命运。”这些重要论述告诉我们，历史是不断发展变化的，永远不会停止在一个水平上。因此，只有紧紧抓住与时俱进这个关键，不断地有所发现，有所发明，有所创造，有所前进，才能深刻理解“三个代表”，自觉当好“三个代表”。再深入一层看，与时俱进既是人类社会的发展规律，也是马克思主义认识论的发展规律。马克思主义的发展史和我们党的历史都表明，与时俱进的理论，才能万古长青；与时俱进的政党，才能永葆青春；与时俱进的事业，才能欣欣向荣。

党的指导思想的与时俱进，对于党的执政能力建设和先进性建设来说，具有归根到底的决定性意义。我们党从诞生之日起，就把马克思列宁主义确立为自己的指导思想。在80多年奋斗历程中，在把马克思主义普遍真理同中国实际相结合的进程中，党不断推进了马克思主义中国化，先后产生了三大理论成果，这就是毛泽东思想、邓小平理论和“三个代表”重要思想。

---

* 本文系作者与中共中央办公厅调研室一组同志合作撰写。

党的指导思想是管总的，是决定党举什么旗、走什么路、实现什么目标的。党的指导思想在实现了与时俱进之后，党的各项具体的工作路线和工作方针，也必须同步同向地实现与时俱进；对各级党组织来说，还要注重引导广大党员干部同步同向地实现与党俱进。

这次在全党集中开展的先进性教育活动强调，“提高党员素质，加强基层组织”，一个很重要的方面，就是要通过用“三个代表”重要思想武装全党，使广大党员对“三个代表”重要思想真学、真懂、真信、真用，使党的各级基层组织真正成为贯彻“三个代表”重要思想的组织者、推动者和实践者。只有这样，才能把“三个代表”重要思想这一强大的精神力量，转化为全面建设小康社会、加快推进社会主义现代化的巨大物质力量。从第一批开展先进性教育活动单位的情况看，广大党员通过认真学习，进一步坚定了对“三个代表”重要思想的信仰，进一步坚定了走中国特色社会主义道路的信念，进一步坚定了为实现全面建设小康社会、实现中华民族伟大复兴而团结奋斗的信心。通过学习讨论，各部门、各单位的党员联系各自的实际，提出了具有时代特色、岗位特点的保持共产党员先进性的具体要求，使先进性标准由模糊变得清晰，由抽象变得具体；通过分析评议，认真查摆了问题，深刻剖析了根源，进一步明确了努力方向；通过边学边改、边议边改和整改提高阶段的工作，一些突出问题得到有效解决，促进了党群关系、干群关系的和谐，促进了经济社会的发展。

先进性教育活动为加强党的执政能力建设和先进性建设，积累了新鲜经验。实践证明，坚持用党的与时俱进的指导思想武装全党，是使全党同志自觉与党俱进、使各项工作不断与时俱进的根本途径。我们只有坚持不懈地这样做，才能使党的各级基层组织进一步发挥战斗堡垒作用；才能使广大党员干部进一步发挥先锋模范作用；才能使我们党始终保持蓬勃朝气、昂扬锐气、浩然正气，从而使我们党在世界形势深刻变化的历史进程中始终走在时代前列，在应对国内外各种风险考验的历史进程中始终成为全国人民的主心骨，在建设有中国特色社会主义的历史进程中始终成为坚强的领导核心。

# 把执政能力建设同先进性建设结合起来*

（2005 年 6 月 23 日）

在深入开展保持共产党员先进性教育活动中，不时会听到一些基层党组织和党员同志提出一个带有普遍性的问题：现在，我们党一方面强调执政能力建设，一方面又强调先进性建设，这两方面的建设究竟是一回事还是两回事，我们应当怎样从理论和实践的结合上，把握好这两项建设的内在关系呢？

加强党的执政能力建设和先进性建设，都是马克思主义政党加强自身建设的根本任务和永恒课题。这两方面的建设又是相互联系、密不可分的。一方面，党的先进性建设是党的执政能力建设的基础和前提，党的先进性要体现在对共产党执政规律、社会主义建设规律和人类社会发展规律的深刻把握和科学运用上。因此，抓住了先进性建设，就抓住了党的建设的根本，也就抓住了加强党的执政能力建设、巩固党的执政地位、完成党的执政使命的关键。

另一方面，党的执政能力又是党的先进性的现实体现。党的先进性的具体内涵，是随着形势和任务的变化而不断丰富和发展的，是同党所处的社会历史方位和党自身的历史方位相对应的。在长期执政条件下，党的先进性最根本的，就体现在党的领导水平和执政能力的不断提高上。党的执政能力建设和先进性建设统一于全面贯彻“三个代表”重要思想的伟大实践，统一于建设中国特色社会主义伟大事业，统一于党的建设新的伟大工程。我们应当从理论和实践的结合上，把握好这两方面建设的内在统一性，从而增强自觉性、克服盲目性、防止片面性。

---

* 本文系作者与中共中央办公厅调研室一组同志合作撰写。

首先，我们应当在全面贯彻“三个代表”重要思想的伟大实践中，把党的执政能力建设同先进性建设紧密结合起来。贯彻“三个代表”重要思想，加强党的执政能力建设和先进性建设，都要求我们紧紧联系党在推动历史前进中的作用，来观察与判断党的先进性及先进性程度之大小。在新民主主义革命和社会主义革命时期，党的先进性体现在推翻旧制度，为先进生产力和先进文化的发展扫清道路，实现民族独立和人民解放上。在党的十一届三中全会开启的改革开放和现代化建设的历史新时期，党的先进性体现在改革传统体制，为先进生产力和先进文化的发展创造条件，实现国家富强和人民富裕上。在新世纪新阶段，党的先进性体现在完成三大历史任务，在中国特色社会主义道路上实现中华民族的伟大复兴上。因此，我们在先进性教育和先进性建设中，要始终紧扣“三个代表”重要思想这条主线，既保持和发展党的先进性，又不断提高党的领导水平和执政能力。

其次，我们应当在全面推进中国特色社会主义伟大事业和党的建设新的伟大工程过程中，把党的执政能力建设同先进性建设紧密结合起来。我们党领导的伟大事业，从来都是同党的建设伟大工程紧密联系在一起的。伟大事业不断为伟大工程注入新的生机和活力、开辟广阔的前景，伟大工程紧紧围绕伟大事业来进行、确保其蓬勃发展。既促进伟大事业，又推进伟大工程，这是以江泽民同志为核心的第三代中央领导集体治党治国的一条根本经验，也是以胡锦涛同志为总书记的新一届中央领导集体始终坚持的一项根本方针。

应该看到，同属于党的建设新的伟大工程的执政能力建设和先进性建设，归根到底是服务于我们党领导的中国特色社会主义伟大事业的。只有把加强党的执政能力建设和先进性建设，同推进中国特色社会主义伟大事业紧密结合起来，加强党的执政能力建设和先进性建设才有明确的方向，推进中国特色社会主义伟大事业才有坚强的保证。

还应该看到，我们党作为马克思主义执政党，党的各方面工作、各方面建设都必须紧紧围绕保持党的先进性、提高党的创造力凝聚力战斗力来进行；党的各方面建设成效最终都要体现到保持和发展党的先进性、提高党的执政能力上来。先进性教育活动的实践表明，紧紧围绕加强党的执政能力建设和先进性建设，全面推进思想建设、组织建设、作风建设和制度建设，及时解决党内存在的突出问题，就可以使我们党始终保持先进性，更好地提高执政能力、巩固执政地位、完成执政使命。

总之，党的执政能力建设和先进性建设的内在统一性，要求我们在推进党领导的伟大事业和党的建设新的伟大工程中，始终把这两方面建设贯通起来思考、统一起来部署、联系起来推进。只要坚持不懈地这样做，我们党的先进性程度和领导水平、执政水平就会不断提高，拒腐防变和抵御风险的能力就会不断增强，我们党就能够始终站在时代潮流的前头，团结和带领人民群众共同创造我们的幸福生活和美好未来。

# 创新同改革连为一体密不可分*

（2006 年 1 月 10 日）

2006 年 1 月 9 日，是全国科学技术大会开幕的日子，也是我随中央领导同志出访哈萨克斯坦启程的日子。出访第二天，1 月 10 日，《人民日报》全文刊登了胡锦涛同志在全国科学技术大会上的重要讲话稿，我国驻哈使馆当天就复印送给了我们代表团的同志。在异国零下 40 多度的深夜，我读到这个讲话稿时，激情洋溢地连夜写下了以下几则学习笔记。

第一，党的十六大以来，以胡锦涛同志为总书记的党中央从强调"聚精会神搞建设、一心一意谋发展"，到强调"以人为本，全面协调可持续"的科学发展，再到强调站在新的历史起点上，通过走中国特色自主创新道路建设创新型国家，来"引领未来、支撑发展"。所有这些，都生动地体现了新一届中央领导集体在治国理政的实践中，是如何把改革同创新有机结合起来，不断解放思想、实事求是、与时俱进、改革创新的；同时也生动地体现了中央领导层是如何不断研究发展的新情况、总结发展的新经验、破解发展的新难题、开创发展的新局面的。

第二，自主创新既是一条发展道路，也是一项同改革连为一体、密不可分的国家战略。中央大力倡导自主创新，就是要在有一定基础和优势、关系国计民生和国家安全的领域，在花钱买不到的真正的关键技术、核心技术方面，加强原始创新、集成创新和引进消化吸收再创新，在若干重要领域掌握一批核心技术，拥有一批自主知识产权，造就一批具有国际竞争力的企业，从而增强国家创新能力，大幅度提高国家竞争力，既支撑现实的经济社会持续协调发展，又引领带动未来的经济社会发展。这样的自主创新，其实是内在地包含了深化改革、扩大开放，充分吸收国外文化、科技有益成果在内的。

* 本文系作者学习研读胡锦涛同志在全国科学技术大会上重要讲话的札记。

因此,倡导自主创新,并不意味着我们要关上对外开放的大门,一切都依靠自己的力量从头搞起。按照中央一贯方针,在现阶段,可行的战略选择仍然是:能引进的继续引进,花钱引不进的坚决依靠自主创新。这就叫作自主创新,重点跨越,支撑发展,引领未来。

第三,落实自主创新这一国家战略,必须紧紧扭住为经济社会发展服务这一中心任务,在统筹安排、整体推进基础上,确定重点领域、选准优先主题,突破八大目标,并从五个方面加快构建国家创新体系。这八大目标和五大创新体系,涵盖了官、产、学、研等各个方面,既强调要充分发挥政府主导作用,又强调要发挥市场在科技资源配置中的基础性作用,发挥企业主体作用,发挥国家科研机构骨干和引领作用,发挥高等院校生力军作用。五大创新体系中,有一个区域创新体系,这就表明,走中国特色自主创新道路,建设创新型国家,不仅仅是中央行为和国家战略,也是各地区、各部门的共同责任。

第四,建设创新型国家,要求我们在全党全社会营造创新氛围、发展创新文化,培育创新精神、完善创新机制,提高创新能力、集聚创新人才,释放创新活力、推进创新事业。要通过建设学习型政党、学习型政府、学习型社会,推动建设创新型国家。

第五,党的中高级领导干部既要引领创新,又要带头创新,成为具有创新精神的优秀领导人才。各级领导班子应当成为充满创新激情和创新活力的创新团队。要进一步弘扬邓小平同志倡导的“敢于闯、敢于试、敢于冒”的精神,实现创新、创业、创造“三创”联动。要把各级领导班子和党的中高级领导干部的自主创新能力,作为加强党的执政能力建设和先进性建设的重要内容和检验标准。结合当前正在深入开展的第三批先进性教育活动,教育和引导广大党员和各级党的干部做坚持走中国特色自主创新道路、建设创新型国家的表率。

第六,我们党在实践基础上的理论创新,是引领各方面创新的。只有通过与时俱进的理论创新,才能不断推进制度创新、科技创新、文化创新以及其他各方面创新,为建设创新型国家提供更好的理论指导、有力的制度保障和良好的文化氛围。我们党在 80 多年的革命、建设和改革实践中,已先后形成马克思主义中国化的三大理论创新成果,这就是毛泽东思想、邓小平理论和“三个代表”重要思想。党的十六大以来,经过十六届三中、四中、五中全会，又提出了一系列创新的战略思想；2005 年开展先进性教育活动以来，在加强党的执政能力建设和先进性建设方面也取得不少创新的理论成果。实践证明，我们党的理论创新每前进一步，都必然带来全党全社会科学思想、科学精神、科学方法的极大进步，从而成为推动全民族自主创新的强大思想武器。

第七，走中国特色自主创新道路，建设创新型国家，对党的人才工作提出了新的更高要求。这就是：要求我们进一步贯彻落实党管人才原则和人才强国战略，在培养、用好和引进人才等方面，持续地下苦功夫、硬功夫。一方面坚持在创新实践中发现人才，在创新活动中培养人才，在创新事业中凝聚人才；另一方面，努力营造有利于人才干事创业的良好环境，形成有利于优秀人才脱颖而出的体制机制，最大限度激发科技人员创新激情和创新活力，推进创新团队建设，提高创新效率。与此同时，还要求我们继续加大引进人才、引进智力的工作力度，尤其是要积极引进海外高层次人才，吸引广大出国留学人员回国创业。

第八，中国特色自主创新道路同中国特色社会主义道路一样，都是建立在我们党要代表中国先进生产力的发展要求，代表中国先进文化的前进方向，代表中国最广大人民的根本利益之上的；都是服从和服务于全面建设小康社会、加快推进社会主义现代化，实现中华民族伟大复兴这一伟大目标的；都是同经济全球化相联系而又坚持独立自主的；都是着眼于对内努力构建和谐社会、对外积极推进和谐世界的，一句话，都是为了人民、代表人民、造福人民的。

# 联系实际学习和把握江泽民同志的改革观*

（2006年9月28日）

我国新时期最鲜明的特点是改革开放。我们联系当前新的实际学习《江泽民文选》，印象最深刻的是江泽民同志的改革观。

## 一、毫不动摇地坚持改革，就要毫不动摇地坚持社会主义市场经济的改革方向

受命于20世纪80年代末、90年代初这个决定党和国家命运的重大历史关头的江泽民同志，刚一上任就在党的十三届四中全会上斩钉截铁地表示，对于党的十一届三中全会以来的路线和基本政策，“我要十分明确地讲两句话：一句是坚定不移，毫不动摇；一句是全面执行，一以贯之”。此后，他又强调，我国改革开放的总方针、总政策是完全正确的，必须坚定不移地贯彻下去。从《江泽民文选》中我们看到，所谓坚定不移、毫不动摇地坚持改革，从根本上说是要毫不动摇地坚持社会主义市场经济的改革方向。

在社会主义条件下发展市场经济，这是前无古人的伟大创举。江泽民同志对确立社会主义市场经济改革方向和目标作出了杰出贡献。在酝酿召开党的十四大过程中，他根据邓小平同志南方谈话中提出的“计划多一点还是市场多一点，不是社会主义与资本主义的本质区别。计划经济不等于社会主义，资本主义也有计划；市场经济不等于资本主义，社会主义也有市场。计划和市场都是经济手段”的重要思想，在征求党内外同志意见的基础上，代表中央确定了社会主义市场经济体制的改革目标，体现了马克思主

---

* 本文系作者与中共中央办公厅调研室一组同志合作撰写。

义的理论勇气和实践勇气，体现了解放思想、实事求是、与时俱进、勇于创新的精神。

1997年党的十五大，江泽民同志针对当时党内外、国内外的思想状况，强调要坚持社会主义市场经济的改革方向，使改革在一些重大方面取得新的突破，从而不仅加快了国民经济市场化进程，而且加快了建立统一、开放、竞争、有序的市场体系步伐。

2002年，在筹备召开党的十六大时，他明确宣布，在21世纪头20年，我国经济建设和改革的主要任务之一，是完善社会主义市场经济体制，健全统一、开放、竞争、有序的现代市场体系，健全现代市场经济的社会信用体系，健全同经济发展水平相适应的社会保障体系。他还指出，要加强和完善宏观调控，整顿和规范市场经济秩序，创造各类市场主体平等使用生产要素的环境，在更大程度上发挥好市场在资源配置中的基础性作用。

可以这样说，十四大以来我们党和国家之所以能够始终坚持社会主义市场经济的改革方向不动摇，既同以江泽民同志为核心的党中央的坚强领导密不可分，也同江泽民同志在这个问题上的坚定执着息息相关。

## 二、坚持社会主义市场经济的改革方向，关键是要把社会主义市场经济体制同社会主义基本制度紧密结合起来

通读《江泽民文选》可以发现，江泽民同志对坚持社会主义市场经济改革方向的强调，是同他对坚持社会主义基本制度的强调内在统一、相辅相成的。江泽民同志的改革观，就是把改革定位于社会主义制度的自我完善和发展，而决不是对社会主义制度的全盘否定。这一思想在1992年党的十四大确立社会主义市场经济的改革目标时得到了生动体现。

当时，党内党外都有一些同志对社会主义市场经济的提法有一些不同意见，他们主张采用市场经济的提法，而不用社会主义市场经济的提法。对此，江泽民同志毫不含糊地指出："我们搞的是社会主义市场经济，'社会主义'这几个字是不能没有的，这并非多余，并非'画蛇添足'，而恰恰相反，这是'画龙点睛'。所谓'点睛'，就是点明我们市场经济的性质。"

按照江泽民同志的明确要求，把社会主义市场经济体制同社会主义基

本制度紧密结合起来,关键是要紧紧抓住和切实抓好三个重要环节。

一是在基本经济制度上,要把坚持公有制为主体同促进多种所有制经济共同发展紧密结合起来。为此,江泽民同志在党的十六大报告中提出了著名的“两个毫不动摇”的方针,这就是:要毫不动摇地巩固和发展公有制经济,特别是要不断发展壮大国有经济,这既可以为我们党长期执政和整个社会主义上层建筑提供坚实的经济基础和强大的物质手段,又对于增强我国的经济实力、国防实力和民族凝聚力具有关键性作用;同时,要毫不动摇地鼓励、支持和引导非公有制经济发展,这对于充分调动社会各方面的积极性、不断增强我国经济社会发展的活力、加快生产力发展具有重要作用。这“两个毫不动摇”的方针,极大地调动了我国各种所有制经济在市场竞争中发挥各自优势,相互促进、共同发展的积极性、主动性、创造性,极大地促进了一切劳动、知识、技术、管理和资本的活力竞相迸发,促进了一切创造社会财富的源泉充分涌流,造福了全国人民。

二是在分配制度上,要把坚持按劳分配为主体同实行多种分配方式紧密结合起来。江泽民同志在党的十四大报告中提出,贯彻以按劳分配为主体、其他分配方式为补充的分配制度,要兼顾效率与公平,既要运用包括市场在内的各种调节手段鼓励先进,促进效率,合理拉开收入差距,又要防止两极分化,逐步实现共同富裕。他在党的十五大报告中又提出,要把按劳分配和按生产要素分配结合起来,把坚持效率优先同兼顾公平结合起来,依法保护合法收入,取缔非法收入,整顿不合理收入,从而规范收入分配,使收入差距趋向合理,防止两极分化。在党的十六大报告中,他进一步强调,要确立劳动、资本、技术和管理等生产要素按贡献参与分配的原则,完善按劳分配为主体、多种分配方式并存的分配制度。

三是在经济运行机制上,要把充分发挥市场机制的作用同加强宏观调控紧密结合起来。江泽民同志强调,发挥市场机制的作用和国家宏观调控,都是社会主义市场经济体制的内在要求,决不能把它们割裂开来,甚至对立起来。我们要通过建立社会主义市场经济体制,使市场在社会主义国家宏观调控下对资源配置起基础性作用。这是因为,市场具有对各种经济信号反应比较灵敏的优点,能够促进生产和需求的及时协调,同时,市场也有其自身的弱点和消极方面,必须通过加强和改进国家对经济的宏观调控来加以弥补。

## 三、坚持社会主义市场经济取向的改革同惠及十几亿人口的全面小康社会建设，都是要让人民共享改革发展成果

江泽民同志在党的十六大报告中，首次提出了全面建设惠及十几亿人口的更高水平的小康社会的重要思想。“惠及十几亿人口”这一重要的政策主张和决策取向，集中体现了我们党立党为公、执政为民的根本宗旨，鲜明揭示了“三个代表”重要思想代表人民、为了人民、造福人民的价值取向。从《江泽民文选》中可以看到，2000年春天，江泽民同志在提出“三个代表”重要思想的同时着重指出，要认真研究我国社会生活的新变化和群众工作的新特点，把制定和贯彻党的方针政策的基本着眼点，放到既代表最广大人民的根本利益，又正确反映和兼顾不同方面群众的利益诉求上来，使全体人民朝着共同富裕的方向稳步前进。

这一重要思想在党的十六大报告中得到了集中体现。江泽民同志在十六大报告中指出，最大多数人的利益和全社会全民族的积极性创造性，对党和国家事业的发展始终是具有决定性的因素。在我国社会深刻变革、党和国家事业快速发展的进程中，妥善处理各方面的利益关系，把一切积极因素充分调动和凝聚起来，至关重要。我们要保护发达地区、优势产业和通过辛勤劳动与合法经营先富起来人们的活力，鼓励他们积极创造社会财富，更要高度重视和关心欠发达地区以及比较困难的行业和群众，特别要使困难群众的基本生活得到保障，并积极帮助他们解决就业问题和改善生活条件，使他们切实感受到社会主义社会的温暖。

在江泽民同志看来，要使改革成果真正惠及十几亿人口，就必须统筹城乡经济社会发展，促进区域经济协调发展。江泽民同志在十六大报告中首次提出的统筹城乡经济社会发展和促进区域经济协调发展的重要思想，既是全面建设惠及十几亿人口的更高水平的小康社会的重要保证，也为十六大以后提出的坚持以人为本、实现科学发展、构建社会主义和谐社会等重大战略思想，提供了思想依据。

在江泽民同志看来，要使改革成果真正惠及十几亿人口，就必须坚决防止和克服少数党员干部打着改革的旗号与民争利、损害群众利益的现象，特

别是要严格防止在我们党内形成既得利益集团。江泽民同志一再强调，所有党员干部必须真正代表人民掌好权、用好权，而绝不允许以权谋私，绝不允许形成既得利益集团。在我们党长期执政和领导改革开放、发展社会主义市场经济条件下，是把权力用来谋发展，为人民谋利益，还是用来谋私利，这是衡量党员干部世界观、人生观、价值观和权力观、地位观、利益观正确与否的分水岭。现在，人民群众最深恶痛绝的腐败现象之一，就是少数党员干部甚至领导干部搞权钱交易、以权谋私，就是滥用权力保护和巩固既得利益。腐败现象已经成为破坏社会和谐、动摇我们党的执政地位的最大危险。江泽民同志反复强调，要坚持一手抓改革开放，一手抓惩治腐败，强调在从严治党过程中，要从决策到执行等环节加强对权力的监督，保证把人民赋予的权力真正用来为人民谋利益，这是让改革和发展成果惠及最广大人民群众的根本保证。

# 治党治国之道与江泽民同志的创新观*

（2006 年 10 月 17 日）

江泽民同志在党的十六大报告中指出，创新是“我们要长期坚持的治党治国之道”。通读《江泽民文选》，令人印象深刻的是，这一“治党治国之道”是贯通全书的，从创新的重要意义到理论创新的先导作用，从创新的基础地位到创新的根本途径，从营造创新环境到培养创新人才，江泽民同志提出了一系列新思想、新观点、新论断，形成了具有丰富内涵和鲜明特色的创新观。

## 一、坚持创新才能实现与时代同步伐、与人民共命运意义上的与时俱进

纵观江泽民同志关于创新的一系列重要论述，他总是把创新提到事关党领导的伟大事业和党的建设新的伟大工程的高度来认识，而不是单纯从科学的和技术的层面去认识和对待创新的。在他看来，我们党要保持先进性，我们国家要提高竞争力，我们民族要跻身于世界先进民族行列，都必须依靠创新来实现。他指出：“创新是一个民族进步的灵魂，是一个国家兴旺发达的不竭动力，也是一个政党永葆生机的源泉。”这就把创新这一治党治国之道对于我们国家、民族和党的至关重要的决定性作用揭示得再透彻不过了。

江泽民同志把创新提到治党治国之道的高度，是同他对我们党和国家所面临的前所未有的机遇和前所未有的挑战的清醒认识和深刻把握紧密相

---

* 本文系作者同中共中央办公厅调研室一组同志合作撰写。

关的。在党的十六大报告中,江泽民同志指出,“综观全局,二十一世纪头二十年,对我国来说,是一个必须紧紧抓住并且可以大有作为的重要战略机遇期”。他指出,无论从国际还是国内来看,我们面临的形势都是“机遇和挑战并存”,都是“形势逼人、不进则退”。在这样的形势下,我们党要团结带领全国各族人民完成全面建设小康社会、开创中国特色社会主义事业新局面的繁重任务,就必须注重学习,不断创新,与时俱进。

我们应当充分认识和估量与时俱进在实现党和国家各方面工作创新中的重要作用。江泽民同志在党的十六大报告中指出,“贯彻‘三个代表’重要思想,关键在坚持与时俱进。”而“与时俱进,就是党的全部理论和工作要体现时代性,把握规律性,富于创造性。能否始终做到这一点,决定着党和国家的前途命运”。江泽民同志对与时俱进的另一种表述是,“全党必须在思想上不断有新解放,理论上不断有新发展,实践上不断有新创造,把‘三个代表’重要思想贯彻到社会主义现代化建设的各个领域,体现在党的建设的各个方面,使我们党始终与时代发展同步伐,与人民群众共命运”。他要求全党在党的建设新的伟大工程中,要坚持用时代发展的要求审视自己,以改革的精神加强和完善自己,不断为党的肌体注入新活力。

## 二、要坚持把理论创新放在首位,实践基础上的理论创新是社会发展和变革的先导

江泽民同志对理论创新极为重视。在他看来,只有始终奋力开拓马克思主义理论发展的新境界,才能不断开创社会主义事业的新局面。党只有在思想理论上不断开拓创新,才能引导和鼓舞全党和全国人民把中国特色社会主义事业不断推向前进。他一再强调,要使党和国家的发展不停顿,首先理论上不能停顿,因此要把理论创新放在首位,理论创新是前提和关键,其他一切创新都是在理论创新的指导和推动下进行的。在党的十六大报告中,他提出了“实践基础上的理论创新是社会发展和变革的先导”的重要论断,这是江泽民同志创新观的一个鲜明特色。

江泽民同志关于理论创新先导作用的重要论断,是建立在对时代特征和实践要求的清醒认识之上的。这就是:世界在变化,我国改革开放和现代化建设在前进,人民群众的伟大实践在发展,迫切要求我们党以马克思主义

的理论勇气，总结实践的新经验，借鉴当代人类文明的有益成果，在理论上不断扩展新视野，作出新概括。只有这样，党的思想理论才能引导和鼓舞全党全国人民把中国特色社会主义事业不断推向前进。因此，江泽民同志要求全党同志在坚持马克思主义的立场、观点、方法，坚持马克思主义的基本原理要坚定不移、不能含糊；贯彻解放思想、实事求是的思想路线，坚持勇于追求真理和探索真理的革命精神也要坚定不移、不能含糊的前提下，做到三个“解放出来”。这就是：“自觉地把思想认识从那些不合时宜的观念、做法和体制的束缚中解放出来，从对马克思主义的错误的和教条式的理解中解放出来，从主观主义和形而上学的桎梏中解放出来”；“善于在解放思想中统一思想，用发展着的马克思主义指导新的实践”。这些重要思想，对于推进全党在实践基础上的理论创新起到了重要指导作用。

江泽民同志集中全党智慧创立的“三个代表”重要思想，就是我们党坚持实践基础上的理论创新的重要成果。江泽民同志强调，“三个代表”重要思想是发展的、前进的。实践没有止境，创新也没有止境。我们要突破前人，后人也必然会突破我们。这就为我们不断推进实践基础上的理论创新进一步指明了方向。

## 三、坚持自力更生、自主创新是我们真正在世界高科技领域占有一席之地的重要基石

江泽民同志把创新这个治党治国之道，运用于党领导的中国特色社会主义伟大事业，就是一再强调和积极推动自主创新。可以说，始终关注和高度重视自主创新，是江泽民同志创新观的一个重要特点，这个特点在《江泽民文选》中多处体现出来。

比如，在强调自主创新的重大战略意义时，江泽民同志指出，自力更生、自主创新，是我们真正在世界高科技领域占有一席之地的重要基石。作为一个独立自主的社会主义大国，我们必须在科技方面掌握自己的命运，必须在学习、引进国外先进技术的同时，坚持不懈地着力提高国家的自主研究开发能力。唯有掌握核心技术，拥有自主知识产权，才能将祖国发展与安全的命运掌握在我们自己手中。他还强调，我们要立下一个雄心壮志，就是努力

建设强大的民族高技术产业，尽快使我国摆脱高技术落后的局面，这是关系我们经济繁荣、民族振兴和国家强盛的战略之举。

再比如，江泽民同志指出，要大力弘扬中华民族的伟大创新精神，增强全民族的创新意识，力争取得更多更大的科技创新成就；要加强国有企业的技术改造和技术创新，加强政府、科研机构、大学和企业之间的有机联系与分工合作，加快形成以企业为主体、产学研结合的技术创新体系，促进科技成果向现实生产力转化；要抓紧国家创新体系建设，推进科技创新和知识创新，加快高新技术的发展和产业化。他还强调，要把形成有利于自主创新的技术进步机制，作为我国调整经济结构、转变增长方式，实现国民经济持续快速协调健康发展的一个重要原则。

又比如，在阐述不断提高自主创新能力时，江泽民同志强调，要鼓励原始性创新，提高我国科技的持续创新能力，更多地掌握具有自主知识产权的核心技术和关键技术，加速实现我国科技发展从以跟踪模仿为主向以自主创新为主的转变，促进社会生产力跨越式发展。要在一些重要领域和科技前沿拥有自主知识产权，在奋力攀登世界科学高峰的进程中，努力在世界高新技术领域占有一席之地。同时，他还强调，要正确处理好自主创新同适当引进国外先进技术的关系。他说，加强国际科技交流与合作，积极引进国外先进技术，博采众长，为我所用，是加快我国技术升级和经济发展的有效途径。这项基本政策要长期坚持下去。要扩大对外开放，善于抓住一切可以抓住的机遇，有选择有重点地引进国外关键技术。

## 四、加强学习实践是推动理论创新和各方面创新的基本前提和根本途径

江泽民同志一再强调，实践没有止境，学习没有止境，创新也没有止境。他还提出，当今的时代是一个各种新事物、新知识、新经验层出不穷的时代，是要求人们必须终身学习的时代。不论是谁，只要停顿下来，不学习新东西，不实现知识的不断更新，肯定是要落伍的。领导干部都要树立终身学习的观念，除了理论学习之外，要学习一切反映当代世界发展的新知识，学习做好工作所必需的一切知识；通过加强学习，努力提高自己，紧跟时代前进的步伐。他还要求领导干部树立强烈的创新精神，成为勇于创新、善于创新

的典范。

不断实践是推动和实现创新的根本途径。江泽民同志强调，我们党要做到理论创新、制度创新、科技创新、文化创新和其他各方面创新，都离不开人民群众认识世界、改造世界的伟大实践。离开了实践，创新便成了无源之水、无本之木。科学的发生和发展，一开始就是由社会生产所决定的。正如恩格斯深刻指出的那样："社会一旦有技术上的需要，这种需要就会比十所大学更能把科学推向前进。"因此，科技进步、科技创新只有同经济社会发展的实践紧密结合起来，才能具有强大的生命力。我国十二亿多人口拥有的创造活力和巨大市场潜力，不仅对技术创新提出了广泛的要求，而且也为技术创新提供了强大动力和广阔舞台。这就是中央为什么强调经济建设必须坚定地依靠科技进步、科技工作要面向经济建设主战场的根本原因之所在。

## 五、各级党委和政府要努力营造有利于鼓励和保护创新的环境和氛围

强调千方百计营造有利于鼓励和保护创新的环境和氛围，也是江泽民同志创新观的一个重要特点。他一再提出，要在全社会形成有利于科技进步和创新的良好社会风尚和社会氛围；要努力营造尊重特点、鼓励创新、信任理解这样一种符合人才成长规律的良好环境，激励人们充分发挥聪明才智。这些重要论述，是建立在对创新活动规律的深刻认识、对创新本质特征的准确把握的基础之上的，对我们营造有利于鼓励和保护创新的环境和氛围是具有长远指导作用的。

在全社会大力倡导和弘扬鼓励创新、宽容失败的精神，是营造有利于鼓励和保护创新的环境和氛围的基础。江泽民同志在党的十六大报告中提出了尊重劳动、尊重知识、尊重人才、尊重创造这一重大方针，并引人注目地强调了"九个一切"，这就是：让实践来检验一切；一切妨碍发展的思想观念都要坚决冲破；一切束缚发展的做法和规定都要坚决改变；一切影响发展的体制弊端都要坚决革除；要尊重和保护一切有益于人民和社会的劳动；一切为我国社会主义现代化建设作出贡献的劳动，都是光荣的，都应该得到承认和尊重；一切合法的劳动收入和合法的非劳动收入，都应该得到保护；要放手

让一切劳动、知识、技术、管理和资本的活力竞相迸发;让一切创造社会财富的源泉充分涌流,以造福于人民。强调这“四个尊重”和“九个一切”,归根结底就是要培育创新意识,释放创新活力,尊重创新劳动,保护创新成果,努力营造鼓励人们创新、支持和保护创新的环境和氛围。

建立健全适应和推动创新的体制机制,是营造有利于鼓励和保护创新的环境和氛围、凝聚成千上万的各类创新人才齐心协力推进创新的保障。江泽民同志在党的十六大报告中强调,“要形成与社会主义初级阶段基本经济制度相适应的思想观念和创业机制”。他还在其他场合强调,“要建立一套能够发挥社会主义制度集中力量办大事和社会主义市场经济体制这两种优势的机制,形成一个拴心留人的环境,培育一个竞相创新的氛围,使优秀人才脱颖而出、发挥才干。在这个问题上,大家一定要有紧迫感”。他还强调,要更新人才工作的思想观念,探索更加灵活的人才工作思路,形成更为灵活的人才管理体制,把各方面优秀人才集聚到党和国家事业中来。“惟有英才不断涌现,我们的事业才能始终充满发展的活力”。

# 按照"三个代表"重要思想扎实有效推进党的建设[*]

## ——学习《江泽民文选》要着重把握的精髓要义

（2006年10月）

《江泽民文选》作为系统阐述"三个代表"重要思想科学体系的集大成之作，作为以江泽民同志为核心的党的第三代中央领导集体治国理政智慧和经验的经典之作，充分体现了推进中国特色社会主义伟大事业同推进党的建设新的伟大工程的统一。这里，我们着重围绕学习《江泽民文选》关于加强党的建设的一系列重要论述，谈谈需要着重把握的精髓要义问题。

## 一、关于"三个代表"重要思想

"三个代表"重要思想，是《江泽民文选》的华彩篇章，是江泽民同志治国理政的智慧结晶，也是他献给全党最宝贵的精神财富。今天，联系党和国家工作大局，重温江泽民同志关于"三个代表"重要思想的一系列重要论述，我们有以下三点新认识。

第一，"三个代表"重要思想既是治党的理论，又是治国的理论，必须全面贯彻到治国理政的实践中。江泽民同志强调，提出"三个代表"重要思想，就是要在研究新情况、新实践的基础上，回答建设中国特色社会主义进程中提出的重大问题，把社会主义现代化建设和我们党的自身建设不断推向前进。在党的十六大报告中他进一步指出，要把"三个代表"重要思想贯彻到社会主义现代化建设的各个领域，体现在党的建设的各个方面。这就清楚地表明，"三个代表"重要思想首先是治党的理论，出发点是创造性地

---

* 本文系作者与中共中央办公厅调研室一组同志合作撰写，原载2006年10月《求是》杂志。

回答“建设一个什么样的党、怎样建设党”的问题;同时又是治国的理论,其出发点和落脚点是进一步回答“什么是社会主义、怎样建设社会主义”的问题。党的十六大报告和十六大通过的新党章,把“三个代表”重要思想同马克思列宁主义、毛泽东思想、邓小平理论一道,确立为我们党必须长期坚持的指导思想,这对于全面建设小康社会、开创中国特色社会主义事业新局面,已经、正在并且必将继续产生极其重要的作用。贯彻“三个代表”重要思想,关键在坚持与时俱进,核心在坚持党的先进性,本质在坚持执政为民。在新世纪新阶段,我们要牢牢把握这个根本要求,不断增强学习和贯彻“三个代表”重要思想、全面落实科学发展观的自觉性和坚定性,把“三个代表”重要思想全面贯彻到社会主义经济建设、政治建设、文化建设、社会建设和党的建设的伟大实践中去,促进科学发展与社会和谐。

第二,“三个代表”重要思想既要落实到基层,更要落实到领导层,关键是要落实到建设一支高素质的干部队伍中。江泽民同志指出,始终做到“三个代表”,是对党的各级组织和全体党员、干部提出的根本要求。他一方面强调,党的基层组织都应该成为贯彻“三个代表”重要思想的组织者、推动者和实践者,每一名共产党员都要身体力行和始终做到“三个代表”;另一方面又强调,党员干部特别是中高级干部要带头学习和实践“三个代表”重要思想,成为勤奋学习、善于思考的模范,解放思想、与时俱进的模范,勇于实践、锐意创新的模范。这就告诉我们,“三个代表”重要思想,既要落实到基层,更要落实到领导层。在全面建设小康社会、开创中国特色社会主义事业新局面的历史进程中,我们要始终坚持用“三个代表”重要思想武装头脑、指导实践、推动工作,始终注重建设一支能够担当重任、经得起风浪考验的高素质领导干部队伍,并通过领导机关和领导干部的表率作用,把“三个代表”重要思想落实到基层、落实到各项工作中去。

第三,“三个代表”重要思想既同邓小平理论相承接,又同科学发展观相连接,贯彻科学发展观同贯彻“三个代表”重要思想是内在统一的、相辅相成的。江泽民同志创立的“三个代表”重要思想,继承和发展了马克思列宁主义、毛泽东思想、邓小平理论,是当代中国发展着的马克思主义。他强调,“三个代表”重要思想是发展的、前进的。实践没有止境,创新也没有止境。我们要突破前人,后人也必然会突破我们。这就为我们不断推进实践基础上的理论创新指明了方向。以胡锦涛同志为总书记的党中央关于树立和落实科学发展观、构建社会主义和谐社会等一系列重大战略思想，正是在继承邓小平理论和“三个代表”重要思想的基础上提出来的，是马克思主义中国化的最新成果。正是在这个意义上，可以说，“三个代表”重要思想既同邓小平理论相承接，又同树立和落实科学发展观、构建社会主义和谐社会等重大战略思想相连接。坚持用科学发展观武装全党、教育人民，齐心协力促进科学发展，同舟共济构建和谐社会，正是对邓小平理论和“三个代表”重要思想的继承和发展。

## 二、关于党的建设新的伟大工程

在《江泽民文选》中，有许多篇章是论述党的领导和党的建设新的伟大工程的。联系当前党建工作实际，重温这些重要论述，我们有以下四个方面的新认识、新体会。

第一，全面推进党的建设新的伟大工程，必须把保持和发展党的先进性作为出发点和着眼点。江泽民同志强调，当今世界和我们所处的时代，同过去相比发生了很多深刻的变化，如果因循守旧、停滞不前，我们就会落伍，我们党就有丧失先进性和领导资格的危险。他指出，贯彻“三个代表”重要思想，核心在坚持党的先进性。综观《江泽民文选》对党的先进性的重要论述，我们体会到，党的先进性既体现在党领导的伟大事业中，又体现在党的自身建设新的伟大工程中。保持和发展党的先进性，就要在“三个代表”重要思想指导下，通过不断加强和改进党的建设，使我们党既不断开创事业新局面，又始终与时代发展同步伐、与人民群众共命运。所谓与时代发展同步伐，就是我们党必须坚定地站在时代潮流的前头，团结和带领全国各族人民，实现推进现代化建设、完成祖国统一、维护世界和平与促进共同发展这三大历史任务，在中国特色社会主义道路上实现中华民族伟大复兴；所谓与人民群众共命运，就是要坚持立党为公、执政为民，始终保持党同人民群众的血肉联系，实现好、维护好、发展好最广大人民的根本利益，把全国各族人民团结在党中央的周围，共同创造我们的幸福生活和美好未来。

第二，全面推进党的建设新的伟大工程，必须把科学判断党的历史方位和牢固树立执政党思维作为重要前提。江泽民同志深刻分析了我们党所处的历史方位，这就是：我们党已经从领导人民为夺取全国政权而奋斗的党，成为领导人民掌握全国政权并长期执政的党;已经从受到外部封锁和实行计划经济条件下领导国家建设的党,成为对外开放和发展社会主义市场经济条件下领导国家建设的党。党的历史方位的深刻变化,要求我们从理论到实践,从领导层到广大基层,都要牢固树立执政党思维。这就是,在发展社会生产力这个层面,要注意把党的先进性和社会主义优越性落实到发展先进生产力、发展先进文化、实现最广大人民根本利益上来,推动社会全面进步,促进人的全面发展;在完善生产关系这个层面,要注意认真研究我国社会生活的新变化和群众工作的新特点,把制定和贯彻党的方针政策的基本着眼点,放到既代表最广大人民的根本利益,又正确反映和兼顾不同方面群众的利益诉求上来,使全体人民朝着共同富裕的方向前进。

第三,全面推进党的建设新的伟大工程,必须始终把着力点放在解决好两大历史性课题上。江泽民同志创造性地向全党提出的“两个提高”的要求,即提高党的领导水平和执政水平、提高拒腐防变和抵御风险能力,为党的建设新的伟大工程作出了科学定位。我们体会,这两大历史性课题,前者讲的是党在执政以后如何改造客观世界的问题,后者讲的是党在长期执政条件下如何改造主观世界的问题。这也可以理解为,前者主要是解决不适应新形势新任务需要的问题,以保持和发展党的先进性;后者主要是解决不符合“三个代表”重要思想和全面建设小康社会要求的问题,以不断维护党的纯洁性,从而使我们党既始终具有真理的力量,又不断增强人格的力量。解决好这两大历史性课题,是一项长期而艰巨的任务,需要全党同志结合新世纪新阶段的伟大任务,继续进行积极的探索和实践。

第四,全面推进党的建设新的伟大工程,必须以执政能力建设为重点,把思想建设、组织建设和作风建设有机结合起来,把制度建设贯穿其中。在改革开放和社会主义现代化建设历史新时期,我们党的建设的格局由原来的思想建设、组织建设、作风建设这“三大建设”,发展成为包括制度建设在内的“四大建设”。江泽民同志又进一步提出“一个重点、四大建设”,这就是:以执政能力建设为重点,全面加强和改进党的思想建设、组织建设、作风建设和制度建设,把制度建设贯穿到党的建设的各个方面。这就为我们在继续坚持“四位一体”的党建格局过程中,坚持靠制度建党、按制度办事和用制度管人,通过制度创新来落实理论创新的成果,通过机制建设来落实党的建设的各项任务,形成保持和发展党的先进性的最可靠的制度保障指明了方向。

## 三、关于党的思想理论建设

同毛泽东、邓小平同志一样,江泽民同志高度重视党的思想理论建设,并提出了一系列重要思想。尤其值得我们重视的是,江泽民同志结合党的思想理论建设,提出了建设学习型政党的战略任务。可以说,抓住了学习型政党建设,就抓住了党的思想理论建设的关键。我们体会,在新形势下加强党的思想理论建设和学习型政党建设,要把握好以下三个重要问题。

第一,要通过持续不断的思想教育,引导广大党员干部毫不动摇地坚持党的基本理论、基本路线、基本纲领和基本经验。江泽民同志在党的十六大报告中强调,邓小平理论是我们的旗帜,党的基本路线和基本纲领是各项工作的根本指针。无论遇到什么困难和风险,都必须坚持党的基本理论、基本路线和基本纲领不动摇。党的十六大以后,胡锦涛同志进一步强调,要坚持党的基本理论、基本路线、基本纲领和基本经验不动摇。这“四个基本”是新时期以来我们党全部理论和实践的科学结晶,是我们处理纷繁复杂的国内外问题的主心骨。越是形势复杂,越是任务繁重,我们越是要始终坚持这“四个基本”不动摇。党的十六大以来,以胡锦涛同志为总书记的党中央,正是坚持这样做的,因而在全面建设小康社会、开创中国特色社会主义事业新局面的进程中,排除各种干扰,夺取了党和国家事业的新胜利。今后,我们要在党的思想理论建设和学习型政党建设中,把这“四个基本”学习得更好,坚持得更牢。

第二,要使全党始终保持与时俱进的精神状态,不断开拓马克思主义理论的新境界。从《江泽民文选》中可以看到,江泽民同志总是把开创党和国家工作的新局面同开拓马克思主义理论的新境界紧密结合起来。这是因为,实践基础上的理论创新,是社会发展和变革的先导。开创工作新局面,开拓理论新境界,都必须发扬马克思主义的理论勇气和政治勇气。在这方面,江泽民同志着重强调了两个“坚定不移、不能含糊”,这就是:坚持马克思主义的立场、观点、方法,坚持马克思主义的基本原理要坚定不移、不能含糊;贯彻解放思想、实事求是的思想路线,坚持勇于追求真理和探索真理的革命精神也要坚定不移、不能含糊。这也就是说,坚持是发展的基础,发展是最好的坚持;继承是创新的前提,创新是最好的继承。党的十六大以来,以胡锦涛同志为总书记的党中央在新的实践中提出的一系列重大战略思想,正是这种理论勇气和政治勇气的生动体现,是坚持和发展、继承和创新的最佳结合。

第三,要大力弘扬理论联系实际的马克思主义学风,坚持学以致用。从《江泽民文选》中我们可以看到,江泽民同志对党的学风问题是反复强调、抓住不放的。他提出的"一个中心、三个着眼于",即:以我们正在做的事情为中心,着眼于马克思主义的运用,着眼于对实际问题的理论思考,着眼于新的实践和新的发展,是党的理论联系实际的学风在新的历史条件下的具体体现。强调"一个中心、三个着眼于"是因为,离开本国实际和时代发展来谈马克思主义,没有意义;静止地孤立地研究马克思主义,把马克思主义同它在现实生活中的生动发展割裂开来、对立起来,没有出路。当前,我国正处于改革的攻坚阶段、发展的关键时期,新情况新问题层出不穷。创造性地回答和解决这些问题,努力开创工作新局面、开拓理论新境界,要求我们大力弘扬马克思主义学风,坚持用发展着的马克思主义指导新的实践。这就要继续做到:老祖宗不能丢,又要说新话;马克思主义基本原理要坚持,又要谱写新篇章;革命传统要发扬,又要创造新办法。

## 四、关于领导班子建设和干部队伍建设

从《江泽民文选》中可以看到,江泽民同志对领导班子建设和干部队伍建设始终高度重视,提出了一系列重要思想。我们体会,在这方面要把握好以下三个重要问题。

第一,确保各级领导核心由忠诚于马克思主义的人组成,是关系到党和国家盛衰兴亡的战略问题。江泽民同志指出,在这个问题上,要牢牢汲取历史和现实的经验教训。国际共产主义运动中的历史教训,1989 年国内政治风波和苏联解体、东欧剧变的现实教训,都是非常深刻的。确保领导核心由忠诚于马克思主义的人组成,实质上是要解决干部队伍的革命化问题。江泽民同志强调,全面贯彻党的干部队伍"四化"方针和德才兼备原则,既不能重德轻才,也不能重才轻德,选人、用人、育人都要以革命化为前提。这就告诉我们,贯彻"四化"方针,革命化是第一位的;贯彻德才兼备原则,必

须坚持以德为先，总的来说就是要求政治上靠得住。当然，革命化的具体内涵在不同的历史条件下是有所不同的，忠诚于马克思主义并不是死守教条，而是在坚持中发展、在继承中创新，是坚持当代中国发展着的马克思主义。

第二，要抓紧培养选拔一大批德才兼备的接班人，把老一辈革命家开创的事业不断推向前进。同邓小平同志一样，江泽民同志对培养接班人的问题想得很深很远，常常夜不能寐。他语重心长地说，只有作出了党和人民满意的工作业绩，培养了党和人民放心的接班人，我们才算完成了自己的历史使命。在这个问题上，江泽民同志提出了许多重要观点。比如，坚持德才兼备而不求全责备，坚持干部标准而又不拘一格，注重台阶而不死抠台阶；对年轻干部要看大节、看主流、看发展；用人要扬长避短，用其所长；等等。这些重要思想我们都要坚持下去，这种辩证思维我们都要继承下来，从而更好地把握年轻干部成长的规律，促进一代又一代年轻干部的茁壮成长，使我们的事业后继有人、兴旺发达。

第三，要深化干部人事制度改革，为建设高素质干部队伍提供有力的制度保证。不断增强干部队伍的活力、效率、积极性，为建设高素质干部队伍提供制度保证，这是江泽民同志始终十分关注的一个重要问题。他在分析干部工作中存在的优秀人才难以脱颖而出、用人上的不正之风有禁不止的问题时深刻指出，这些问题的存在，根本的还是没有真正形成富有生机与活力的用人机制，缺乏严格的人事工作规则和强有力的监督制度。为此，他提出要以建立健全选拔任用和监督管理机制为重点，以干部工作的科学化、民主化、制度化（简称“三化”）为目标，进一步深化干部人事制度改革。在这“三化”中，江泽民同志讲得最多的是民主化问题，他强调要扩大群众的民主参与，落实群众对干部选拔任用的知情权、参与权、选择权和监督权（简称“四权”），有效防止考察失真、用人失误。这就启示我们，干部人事制度改革作为政治体制改革的重要内容，必须坚持以扩大民主为基本方向，把坚持党管干部原则同坚持干部工作走群众路线结合起来，把落实群众“四权”的要求贯穿于干部选拔的全过程，确保干部选得准、用得好、管得住。

## 五、关于干部教育培训和党校工作

江泽民同志在党的干部教育培训和党校工作方面提出的一系列重要思

想观点，体现了高瞻远瞩的战略眼光和求真务实的科学态度。我们体会，在这方面要突出把握好以下三个重要问题。

第一，要进一步加深对严重的问题在于教育干部这一科学论断的认识。毛泽东同志说过，严重的问题在于教育农民；江泽民同志强调，严重的问题在于教育干部。之所以把对干部的教育培训提到如此重要的高度，是因为在新的历史时期，我们党肩负着光荣而艰巨的“三大历史任务”。建设一支高素质的干部队伍，是团结带领广大党员和人民群众完成这三大历史任务的关键所在。强调严重的问题在于教育干部，还因为在改革开放和社会主义市场经济条件下，广大干部的健康成长面临着诱惑很多、考验很大的复杂环境；而我们在干部工作中存在的重选拔、轻培养，重使用、轻教育的问题，使干部队伍中程度不同地存在一些“不适应”“不符合”的问题。江泽民同志强调，在干部工作中，只着眼于选人，忽视育人，是短视的、落后的。改革开放和现代化建设越深入，越要加强对干部的教育。这些年来，我们在干部队伍中先后开展的“三讲”集中教育、“三个代表”学教活动和保持共产党员先进性教育活动，以及十六大以来我们党提出的“放开视野看教育、集中力量抓培训”，大规模培训干部、大力度搞好干部教育、大幅度提高干部素质，等等，对于不断提高干部队伍素质，推动党和国家的各项事业都起到了重要的保证作用。

第二，要进一步发挥好党校教育作为各级党政领导干部教育培训主渠道的作用。江泽民同志一贯倡导，育人要坚持两条腿走路。这就是，既要靠实践中的选拔培养，又要靠包括到党校的教育培训。他强调，党校工作是党的事业的重要组成部分，是培养和提高干部的重要途径，是全国各级党政领导干部培训轮训的主渠道，应该也完全可以在建设高素质干部队伍中发挥重要作用。他要求，各级党委要加强对党校工作的领导；各级党校的同志要从国内外形势的发展和党的建设的实际要求出发，兢兢业业地做好工作，为干部教育培训工作作出更大的贡献。江泽民同志的这些重要论述，为我们充分认识和积极发挥党校在干部教育培训工作中的重要作用指明了方向。

第三，要进一步深化党校教学改革以全面提高干部教育培训的质量和水平。在江泽民同志担任总书记期间，中共中央制定和颁发了《关于面向二十一世纪加强和改进党校工作的决定》。在为落实这一《决定》召开的全国党校工作会议上，江泽民同志强调，各级党校的教学和科研工作，都要围绕中心、服务大局，为实现党和国家的战略任务、建设高素质干部队伍服务。他还强调，各级党校要深化教学改革，提高教学质量，建设好“三基本”“五当代”的教材体系，不断完善“一个中心”“四个方面”的党校教学新布局，从理论素养、世界眼光、战略思维、党性修养等方面，全面提高各级领导干部特别是中青年领导干部的思想政治素质和业务能力，完成好党赋予党校的光荣使命。江泽民同志的这些重要论述，对于进一步抓好干部教育培训和做好党校工作具有极为重要的指导意义。

## 六、关于党管人才和人才队伍建设

通观《江泽民文选》，关于人才问题的论述比比皆是，一系列新思想、新观点、新论断贯穿其中。这些重要思想观点，丰富和发展了马克思主义人才观。我们体会，学习贯彻江泽民同志的这些重要思想，要继续在以下三个方面狠下功夫。

第一，要牢固树立人才资源是第一资源的思想，尽快实现我国由人口大国向人才资源强国的转化。江泽民同志关于“人才资源是第一资源”的重要思想，同邓小平同志关于“科学技术是第一生产力”的科学论断一道，构成了我们党制定和实施科教兴国战略和人才强国战略的理论基石。我国是人口大国而非人才资源强国，这一严峻的现实告诉我们，进一步落实人才强国战略，推动我国尽快由人口大国转化为人才资源强国，是干部人事工作的当务之急。

第二，要始终坚持党管人才原则，努力把各方面优秀人才集聚到党和国家事业中来。江泽民同志强调，要在发挥市场配置人才资源基础性作用的同时，加强党和政府的宏观调控，加强党对人才工作的领导。他指出，作为一个在对外开放和发展社会主义市场经济条件下长期执政的党，一定要广纳贤才，知人善任，既重视有所成就的人才，也关注具有潜能的人才；既重视国内人才，也积极吸引海外人才；既重视国有企事业单位的人才，也要把民营科技企业、受聘于外资企业的专门人才纳入视野，努力把优秀人才集聚到党和国家的各项事业中来。正是按照江泽民同志的这些重要思想，我们党在 2003 年召开了全国人才工作会议，中共中央国务院作出了《关于进一步加强人才工作的决定》。我们要继续认真落实江泽民同志的这些重要思想和全国人才工作会议精神，为进一步把我们党建设成为优秀人才高度密集的执政党，把我们国家建设成为人才资源强国而不懈奋斗。

第三，要着力培养造就大批善于治党治国治军的优秀领导人才，为党和国家的长治久安提供坚强的人才保障。江泽民同志指出，党和人民的事业需要的人才是多方面的，政治、经济、文化、科技、外交、教育、法律、军事等工作的开展，都需要集聚和造就大批优秀人才。而培养讲政治、懂全局、善于治党治国治军的领导人才尤为重要。中国特色社会主义事业能不能巩固和发展下去，中国能不能在激烈的国际竞争中始终强盛不衰，关键就看我们能不能不断培养造就一大批高素质的领导人才。这些精辟论述，抓住了我国人才工作的核心和关键。要保证党和国家的事业兴旺发达、后继有人，必须始终高度重视培养造就善于治党治国治军的优秀领导人才，把各级领导班子建设成为坚持贯彻“三个代表”重要思想、全面落实科学发展观的坚强领导集体。这项工作要长期坚持做下去。

## 七、关于基层党组织和党员队伍建设

《江泽民文选》对基层党组织和党员队伍建设有许多重要论述。我们体会，学习贯彻这些重要思想，要注意把握以下三个重点。

第一，要把握基层党组织的科学定位。在改革开放和社会主义现代化建设历史新时期，党的基层组织的工作千头万绪，最根本的是要在服务人民群众的过程中，当好贯彻“三个代表”重要思想的组织者、推动者、实践者，不断增强党的创造力、凝聚力、战斗力。这里的“三个者”“三个力”有着紧密的内在联系，其聚焦点是代表人民群众、服务人民群众、造福人民群众。在农村“三个代表”重要思想学教活动中，强调“干部受教育、农民得实惠”；在建设农村党员干部现代远程教育工程中，强调“干部经常受教育、农民长期得实惠”；在保持共产党员先进性教育活动中，强调“党员受教育、群众得利益”，都是这一聚焦点的生动体现。如何在落实科学发展观、构建社会主义和谐社会和建设创新型国家的实践中，推动基层党组织进一步当好“三个者”，更加充分地发挥“三个力”，是一个亟待继续探索解决的重大课题。

第二，要扩大党的工作覆盖面和影响力。江泽民同志敏锐地把握我国社会“四个多样化”的阶段性特征，强调指出，党的领导如何更加切实有效地覆盖社会和市场发展的广泛领域，是一个必须认真研究解决的重大问题。他要求加大对非公有制经济组织、街道社区、社团和社会中介组织党的建设的工作力度，不断拓宽党的工作的覆盖面。扩大覆盖面，既包括组织覆盖，也包括工作覆盖，而组织覆盖是工作覆盖的基础和前提。强调组织覆盖同改革党组织的设置形式、活动内容和活动方式是相辅相成的。这些年来，一些农村基层组织建在产业链上、建在各种新型合作经济组织上，一些社区党组织建在高科技人员集中的商务楼宇内等创新举措，有效扩大了基层党组织的覆盖面和影响力。我们党要长期执政、科学执政、民主执政，就必须不断探索扩大党的工作覆盖面和影响力的问题，使应建的党组织都能及时建起来，建起来的党组织都能正常开展活动、充分发挥作用。在壮大党的队伍最基本的组成部分和骨干力量的同时，把其他社会阶层的先进分子吸收到党内来，这是扩大党的工作覆盖面和影响力的题中应有之义。要继续按政策、按程序、高要求、高质量地做好这项工作，不断增强党的阶级基础、扩大党的群众基础。

第三，要始终保持党员队伍的先进性。保持党员队伍先进性的问题，本质上是要始终处理好党员队伍数量和质量的关系问题。江泽民同志强调，党的力量和作用主要不在于党员的数量，而在于党员的素质。他还强调，广大党员干部既要不断增强为人民服务的意识，又要不断提高为人民服务的本领。对于党员队伍来说，质量就是先进性，质量就是生命力；只有不断提高党员素质，才能使我们党的先进性长在、生命力永存。我们要抓住素质建设这个党员队伍建设的核心，在加强教育培训和管理监督的过程中，不断提高广大党员的理论素养、政治素质和业务素质、工作本领，使每一名党员都真正无愧于共产党员的光荣称号。

## 八、关于党的作风建设

学习贯彻江泽民同志关于党的作风建设的思想，要把握好以下三个问题。

第一，加强党的作风建设是一项重大而紧迫的任务。江泽民同志强调，作风是一个党的性质、宗旨的外在体现，是一个党的创造力、凝聚力、战斗力的重要内容。实践表明，改革开放以来，党的理论、路线和方针政策不断增强了党对人民群众的凝聚力和感召力，而党的作风中存在的问题则在党和人民群众的关系中,造成了相当程度的离心力和破坏力。因此,作风建设关系党的形象,关系人心向背,关系党和国家的生死存亡。抓好党的作风建设,就抓住了提高党的领导水平和执政水平、提高拒腐防变和抵御风险能力的一个重要切入点。在新形势下,我们要始终把加强和改进党的作风建设,作为探索和解决"建设一个什么样的党、怎样建设党"的问题的一个重要组成部分,作为提高党的执政能力和增强党的先进性的题中应有之义,切实解决好党在作风方面存在的种种"不适应"和"不符合"的问题。

第二,作风建设的核心是保持党同人民群众的血肉联系。江泽民同志反复强调,作风建设的核心是要保持党同人民群众的血肉联系。这一精辟论断,既总结了我们党 80 多年奋斗的基本经验,也反映了我们党对世界上其他政党兴衰规律的深刻思考;既是极为重要的政治观点,也是极为重要的政治要求。中央一再要求全党同志牢记"两个务必",坚持为民、务实、清廉,坚持体察民情、了解民意、集中民智、珍惜民力,坚持权为民所用、情为民所系、利为民所谋,不断实现好、维护好、发展好最广大人民的根本利益,说到底也就是要始终保持党同人民群众的血肉联系。只有这样,才能不断促进党群关系、干群关系的和谐,从而促进整个社会的和谐,使我们党永远立于不败之地。

第三,作风建设的重点是反对形式主义和官僚主义。江泽民同志强调,要把反对形式主义和官僚主义作为加强党的作风建设的重点,这是具有很强现实针对性的。形式主义的要害是贪图虚名、不务实效、劳民伤财,官僚主义的要害是高高在上、凌驾于群众头上做官当老爷。官僚主义引发形式主义,形式主义助长官僚主义。形式主义、官僚主义都是同我们共产党人的根本宗旨格格不入的,是严重脱离群众、败坏党的形象、危害党的事业的。要克服形式主义和官僚主义,就必须在全党大力弘扬求真务实精神,教育引导广大党员干部坚持讲实话、出实招、办实事、务实效;牢固树立正确的政绩观,努力创造经得起历史检验、实践检验和群众检验的政绩,扎扎实实地把改革开放和现代化建设推向前进。

## 九、关于党风廉政建设和反腐败斗争

江泽民同志在担任党的总书记期间,始终抓住党风廉政建设和反腐败斗争不放，特别是在党的十五大以后，他每年都要在中央纪委全会上就党风廉政建设和反腐败斗争问题发表重要讲话，提出了一系列重要思想。这些重要思想，为党风廉政建设和反腐败斗争奠定了理论基础，提供了行动指南。联系当前实际，要着重抓住以下四个方面。

第一，要牢固树立治国必先治党、治党务必从严的观点。当今中国的事情办得怎么样，关键取决于我们党。治党始终坚强有力，治国必会正确有效。正因为这样，江泽民同志一再强调，治国必先治党、治党务必从严。这是一个具有全局意义和长远意义的指导方针。贯彻落实好这一方针，要求我们始终坚持两手抓、两手都要硬，一手抓改革开放，一手抓惩治腐败，以保证中国特色社会主义沿着正确航向前进。要把从严治党落实到党的思想、组织、作风和制度建设的各个方面，体现在对各级党组织、广大党员和干部进行教育、管理、监督等各个环节，特别是要对各级领导干部严格要求、严格教育、严格管理、严格监督，坚决克服党内存在的消极腐败现象。

第二，要严格防止在党内形成既得利益集团。江泽民同志一再强调，所有党员干部都必须真正代表人民掌好权、用好权，而绝不允许以权谋私，绝不允许形成既得利益集团。这是江泽民同志关于党风廉政建设和反腐败斗争一系列重要论述中最值得我们重视的重要思想之一。在党长期执政条件下，党员干部是把权力用来为人民谋利益，还是用来为个人谋私利；在改革开放和社会主义市场经济条件下，是把权力用来谋发展，还是用来搞“寻租”，这是衡量党员干部权力观、地位观、利益观正确与否的分水岭。现在，人民群众最深恶痛绝的腐败现象之一，就是少数党员干部甚至领导干部搞权钱交易、以权谋私，就是滥用权力甚至通过部门立法来保护和巩固既得利益。在从严治党过程中，我们要从决策到执行等各个环节加强对权力的监督，保证把人民赋予的权力真正用来为人民谋利益，从而逐步铲除党内滋生既得利益集团的土壤和条件。

第三，要坚决防止和从严惩处吏治腐败。吏治腐败是危害最烈的腐败。在党管干部条件下，在市场经济环境中，惩治吏治腐败的问题，已越来越成为反腐败斗争中的一个重要领域。此伏彼起的吏治腐败现象，已经危害到了我们的关键部位。针对这一问题，江泽民同志一再强调，要严格防止和从严惩处吏治腐败。他指出，选贤任能，事关重大。由于卖官鬻爵及其带来的和助长的其他腐败现象，造成“人亡政息”、王朝覆灭的例子，在中外历史上都屡见不鲜。因此,对领导干部的选拔任用一定要严格把关,坚持任人唯贤,反对任人唯亲;坚持五湖四海,反对以人划线;坚持德才兼备,反对重才轻德。这些年来,我们党在这方面作了许多探索和实践,取得了初步成效,但这个问题依然存在。核心的问题,是要深化干部人事制度改革,推进党和国家领导制度改革,加强党内党外的民主建设和民主监督,不断探索靠教育、靠制度、靠监督遏制吏治腐败的有效途径。

第四,要坚持标本兼治,综合治理。江泽民同志指出,惩治腐败要作为一个系统工程来抓,标本兼治,综合治理,持之以恒。他在强调严肃查处各种消极腐败现象和腐败分子的同时,强调要把查处案件、纠正不正之风同加强思想政治教育结合起来,同加强制度防范和管理监督结合起来,同体制创新结合起来,从思想上筑牢拒腐防变的堤防,从源头上预防和解决腐败的问题。要引导每个领导干部经常想一想:“参加革命是为了什么?现在当干部应该做什么?将来身后应该留点什么?”坚持把党和人民的利益放在第一位,始终忠诚于党和人民的事业,从而时刻做到自重、自省、自警、自励。我们要深入研究在改革开放和发展社会主义市场经济条件下腐败现象产生的特点和规律,提出有效的办法和措施,推动反腐倡廉工作深入开展。

# 构建社会主义和谐社会：从点题到破题*

（2006年10月）

党的十六届六中全会是我们党的历史上第一个以研究社会主义社会建设为主题的中央全会；这次全会作出的《中共中央关于构建社会主义和谐社会若干重大问题的决定》（以下简称《决定》），是我们党执政以来第一个关于全面加强社会主义社会建设的纲领性文件。这次全会和这个《决定》，标志着我们党提出的构建社会主义和谐社会这一重大战略任务，在亿万人民的伟大实践中，开始实现由点题到进一步破题、由舆论和价值导向到比较系统完备的政策和制度导向的重大转变。

以认识世界、改造世界为己任的中国共产党，在革命、建设、改革各个历史时期，都把提出和实现自己的奋斗目标，同认识和改造中国社会紧紧联系在一起。《毛泽东选集》第一卷第一篇文章就是《中国社会各阶级的分析》。在拨乱反正和全面改革历史新时期，邓小平同志提出把党的工作重点由以阶级斗争为纲转到以经济建设为中心的轨道上来，也是从深刻分析和准确把握当时我国社会的主要矛盾及其发展变化入手的。江泽民同志提出“三个代表”重要思想，同样也是以认真研究分析我国社会生活的新变化为重要依据的。可见，重视对社会问题的研究，是我们党制定正确的理论、路线、方针、政策的重要基础。

社会和谐是我们党不懈追求、不断奋斗的目标。新中国成立以来，我们党为促进社会和谐进行了艰辛探索，积累了正反两方面经验。党的十一届三中全会以来、特别是党的十六大以来，我们党根据国际国内形势发生的新变化，不断深化了对社会和谐问题的认识，明确了构建社会主义和谐社会在

---

* 本文系作者同中共中央办公厅调研室一组同志合作撰写。

中国特色社会主义事业总体布局中的地位，作出了推动和谐社会建设的一系列决策部署，取得初步成效。

党的十六届四中全会正是在这样的认识和实践的基础上，第一次提出了构建社会主义和谐社会的重大战略任务。因此，构建社会主义和谐社会的“点题”，可以说是由党的十六届四中全会完成的。

从党的十六届四中全会闭幕到十六届六中全会召开，以胡锦涛同志为总书记的党中央，在两年多时间里的几个重大关节点上提出的政策思想和举措，对我们党完成构建社会主义和谐社会从点题到进一步破题的重大转变是至关重要的。

——2004 年 12 月，在党的十六届四中全会闭幕后不久召开的中央经济工作会议上，胡锦涛同志提出，从当前来看，积极扩大就业，努力完善社会保障体系，逐步理顺分配关系，加快社会事业发展，是维护群众利益、促进社会公平、构建社会主义和谐社会的重要任务。这就第一次明确提出了在现阶段构建社会主义和谐社会的四个重要着力点。

——在 2005 年 2 月举办的省部级主要领导干部提高构建社会主义和谐社会能力专题研讨班上，胡锦涛同志在阐述党的十六届四中全会提出构建社会主义和谐社会的重大任务时强调指出，我们所要构建的社会主义和谐社会，是同社会主义经济建设、政治建设、文化建设“四位一体”的；社会主义和谐社会，应该是民主法治、公平正义、诚信友爱、充满活力、安定有序、人与自然和谐相处的社会。这就第一次明确提出了“四位一体”的中国特色社会主义事业的总体布局和社会主义社会建设的理论概念，以及构建社会主义和谐社会的总目标、总要求。

——2005 年 2 月 21 日，中央政治局围绕构建社会主义和谐社会进行第 20 次集体学习。胡锦涛同志在主持学习时强调，要加强对构建社会主义和谐社会所涉及的社会结构、社会利益关系和社会稳定等重大问题的调查研究，加强对我国历史上和国外关于社会建设问题及其积极成果的理论研究和借鉴。这就第一次明确提出了社会主义社会建设要注意研究和借鉴我国历史上和国外关于社会建设问题的积极成果。

——2005 年 10 月中旬，胡锦涛同志在党的十六届五中全会上的讲话中，突出强调了加强统筹协调、提高处理利益关系的能力。他指出，更好地协调各方面利益关系，促进社会和谐，对于我们抓住和用好战略机遇期，更广泛地调动广大人民群众的积极性,推进党和人民的事业不断发展,保证党和国家长治久安,都具有十分重要的意义;要从解决关系人民群众切身利益的现实问题入手,扎扎实实推进社会主义和谐社会建设。这就第一次明确了提高协调各方面利益关系的能力,是加强党对构建社会主义和谐社会领导的一项重要内容。

——2005 年 10 月下旬,胡锦涛同志在访问朝鲜时的一次讲话中,在阐述我们党不断探索和发展中国特色社会主义事业的问题时强调指出:实践证明,中国特色社会主义道路,是引导中国走向富强民主文明和谐的正确道路。这就第一次明确把和谐作为同富强、民主、文明并列的中国特色社会主义的奋斗目标。

——2006 年 3 月,胡锦涛同志在参加十届全国人大四次会议上海代表团讨论时强调指出,要毫不动摇地坚持改革方向,进一步坚定改革的决心和信心,同时要注重提高改革决策的科学性,增强改革措施的协调性,使改革兼顾到各方面利益、照顾到各方面关切,真正得到广大人民群众的拥护和支持。这就第一次明确提出了注重提高改革决策的科学性、增强改革措施的协调性和兼顾各方面利益、照顾各方面关切对于构建社会主义和谐社会具有重要作用。

——2006 年 5 月中旬,胡锦涛同志在云南考察工作时强调,要树立共同理想,打牢共同思想基础,特别是要宣传和树立"八荣八耻"为主要内容的社会主义荣辱观,促进和谐文化建设,为构建社会主义和谐社会提供强大的思想道德力量。这就第一次明确提出了和谐文化建设的理论概念。

——2006 年 5 月下旬,中央政治局召开会议,专题研究改革收入分配制度和规范收入分配秩序问题。胡锦涛同志在会上强调指出,要在经济发展的基础上,更加注重社会公平,合理调整国民收入分配格局,加大收入分配调节力度,使全体人民都能享受到改革开放和社会主义现代化建设的成果。要积极推进收入分配制度改革,进一步理顺分配关系,完善分配制度,着力提高低收入者收入水平,扩大中等收入者比重,有效调节过高收入,取缔非法收入,努力缓解地区之间和部分社会成员收入分配差距扩大的趋势,以促进社会主义和谐社会建设。这就第一次完整提出了我国现阶段收入分配政策调整的基本方向和方针。

——2006 年 6 月,在庆祝建党 85 周年暨保持共产党员先进性教育活动总结表彰大会上，胡锦涛同志强调，要努力让全体人民共享改革发展的成果，以促进社会和谐的成效体现党的先进性。在此后召开的全国统战工作会议上，他又从政党关系、民族关系、宗教关系、阶层关系、海内外同胞关系等5个方面，深刻阐述了统一战线在和谐社会建设中的优势、作用和任务。这就第一次把促进社会和谐的成效同体现我们党的先进性联系起来；第一次把构建社会主义和谐社会同认识和把握我国各方面重大社会关系联系起来。

——2006年8月，在中央政治局集体学习时，胡锦涛同志强调，保证人民享有接受教育的机会，是党和政府义不容辞的职责，也是促进社会公平正义、构建社会主义和谐社会的客观要求。要统筹城乡、区域教育，统筹各级、各类教育，统筹教育发展的规模、结构、质量、效益，努力办好让人民群众满意的教育。这就第一次把让人民都有接受教育的机会摆到了促进社会公平正义、构建社会主义和谐社会的重要位置。

在此基础上，党的十六届六中全会在更高层次、更广领域全面研究了构建社会主义和谐社会的若干重大问题。党的十六届六中全会通过的《决定》，明确提出了当前和今后一个时期构建社会主义和谐社会的指导思想、目标任务、工作原则和重大部署，科学界定了我们要构建的社会主义和谐社会，是在中国特色社会主义道路上，中国共产党领导全体人民共同建设、共同享有的和谐社会。《决定》还强调，要切实抓好同树立和落实科学发展观相辅相成的社会建设，抓好保障社会公平正义的制度建设，抓好体现理想信念、道德规范和时代精神的和谐文化建设，抓好适应社会结构和利益格局变化的社会管理体制建设，抓好各级领导班子和领导干部领导构建社会主义和谐社会的能力建设。这个《决定》作为指导我们全面构建社会主义和谐社会的纲领性文件，标志着构建社会主义和谐社会开始实现从点题到进一步破题的重大转变。这主要表现在以下六个方面。

构建社会主义和谐社会之所以能够进一步破题，首先是由于我们党在理论和实践的探索中，不断深化了对社会主义本质的认识。

改革开放历史新时期以来，我们党围绕什么是社会主义、怎样建设社会主义这一首要的基本理论问题，在总结正反两方面经验教训的基础上深刻揭示了：贫穷不是社会主义，发展太慢也不是社会主义；平均主义不是社会主义，两极分化也不是社会主义；僵化封闭不能发展社会主义，照搬外国也不能发展社会主义;没有民主就没有社会主义,没有法制也没有社会主义;不重视物质文明建设搞不好社会主义,不重视精神文明建设也搞不好社会主义。基于这样的反思和认识,我们党先后着重从经济、政治、文化方面明确界定过中国特色社会主义。这就是:中国特色社会主义应当是以经济建设为中心和改革开放、充满活力的社会主义;应当是在发展社会主义市场经济过程中解放和发展生产力的社会主义;应当是发展社会主义民主、健全社会主义法制的社会主义;应当是物质文明、政治文明、精神文明协调发展的社会主义;应当是消灭剥削、消除两极分化、最终达到共同富裕的社会主义;应当是维护世界和平、促进共同发展、永不称霸的社会主义。

在那个认识和实践的阶段上,我们对中国特色社会主义的本质属性和目标定位是:在中国共产党领导下,发展社会主义市场经济、社会主义民主政治和社会主义先进文化,不断促进社会主义物质文明、政治文明和精神文明协调发展,实现中华民族伟大复兴。与这样的认识和实践相对应,党的基本路线确定的社会主义初级阶段的奋斗目标是建设富强、民主、文明的社会主义现代化国家。换言之,我们党把富强、民主、文明作为社会主义的本质属性。

随着时代前进和实践发展,我们党对社会主义本质的认识也不断深化。在党的十六届六中全会《决定》形成过程中,我们党发扬民主、集思广益,在研究提出构建社会主义和谐社会一系列重大举措的同时,进一步提出了社会和谐是中国特色社会主义本质属性的重要论断,进一步发展和完善了邓小平理论和"三个代表"重要思想对社会主义本质的认识,有利于更全面地坚持科学社会主义原理,也有利于更好地实现最广大人民的根本利益。

构建社会主义和谐社会之所以能够进一步破题,其次是由于我们党在理论和实践的探索中,不断深化了对社会主义社会建设理论的认识。

我们党在领导中国特色社会主义伟大事业方面提出的社会主义社会建设这个理论命题,同在党的建设新的伟大工程上提出的党的先进性建设这个理论命题一样,都是对于马克思主义科学社会主义理论和党的建设理论的新发展。尽管马克思主义经典作家对社会主义社会建设曾经提出过一系列富有前瞻性的重要思想,也在实际上指明了社会主义社会建设的前进方向;尽管我们党在不断探索和发展具有中国特色的社会主义革命和建设道路的进程中,也在实际上提出了关于社会主义社会建设的不少正确思想,但所有这些,同明确地提出社会主义和谐社会建设的理论命题,毕竟不是一回事。

在此基础上,党的十六届六中全会向全党提出,必须坚持以经济建设为中心,把构建社会主义和谐社会摆到更加突出的地位;同时还提出,在实际工作中,我们既要从"大社会"着眼,把和谐社会建设落实到包括经济建设、政治建设、文化建设、社会建设和党的建设等在内的党和国家全部工作之中;又要从"小社会"着手,以解决人民群众最关心、最直接、最现实的利益问题为重点,着力发展社会事业、促进社会公平正义、建设和谐文化、完善社会管理、增强社会创造活力,走共同富裕道路,推动社会建设与经济建设、政治建设、文化建设协调发展。所有这些,都是我们党关于社会主义社会建设理论和实践探索的科学总结与经验结晶。

构建社会主义和谐社会之所以能够进一步破题,第三是由于我们党在理论和实践探索中,不断深化了对构建社会主义和谐社会同十六大以来以胡锦涛同志为总书记的党中央提出的一系列重大战略思想内在联系的认识。《决定》通篇体现了这种内在联系。

——社会要和谐,发展是前提。而发展必须是科学发展,即:坚持以人为本,坚持"五个统筹",坚持体现转变增长方式、提高发展质量,坚持发展为了人民、发展依靠人民、发展成果由人民共享,促进人的全面发展。这就是构建社会主义和谐社会同全面落实科学发展观的内在联系。也就是说,落实科学发展观是从科学发展的角度促进社会和谐,而构建和谐社会则是从维护社会和谐的角度促进科学发展。

——社会要和谐,农村是基础。构建社会主义和谐社会,必须扎实推进社会主义新农村建设、促进城乡协调发展,坚持工业反哺农业、城市支持农村和多予少取放活的方针,加快建立有利于改变城乡二元结构的体制机制。这就是构建社会主义和谐社会同建设社会主义新农村的内在联系。

——社会要和谐,创新是动力。要通过构建社会主义和谐社会,把坚持创新精神贯穿到治国理政各个环节,从而使全社会创造活力显著增强,创造能量充分释放,创新成果不断涌现,创业活动蓬勃开展,形成万众一心共创伟业的生动局面,实现到2020年基本建成创新型国家的奋斗目标。这就是构建社会主义和谐社会同建设创新型国家的内在联系。

——社会要和谐,文化是灵魂。树立社会主义荣辱观,培育文明道德风尚,是建设和谐文化与社会主义核心价值体系的重要内容。要坚持以社会主义核心价值体系与和谐文化引领社会思潮,尊重差异、包容多样,才能最大限度地形成促进社会更加和谐的思想共识,才能形成全民族奋发向上的精神力量和团结和睦的精神纽带。这就是构建社会主义和谐社会同树立社会主义荣辱观与推进和谐文化建设的内在联系。

——社会要和谐,和平的外部环境是条件。我们对内致力于构建社会主义和谐社会,对外致力于推动建设持久和平、共同繁荣的和谐世界,从而把推动对外和平发展、开放发展、合作发展同推动国内和谐发展结合起来,把对外的和平宣示与承诺同对内的自我约束与规范结合起来。这就是构建社会主义和谐社会同推动建设和谐世界的内在联系。

——社会要和谐,党的领导是关键。必须以党的执政能力建设和先进性建设推动社会主义和谐社会建设,为构建社会主义和谐社会提供坚强有力的政治保证,同时把构建社会主义和谐社会的实际成效作为检验党的执政能力和先进性的重要标准。这就是构建社会主义和谐社会同加强党的执政能力建设和先进性建设的内在联系。

构建社会主义和谐社会之所以能够进一步破题,第四是由于我们党在理论和实践的探索中,逐步深化了对构建社会主义和谐社会目标任务的认识。

在党的十六届六中全会召开之前,尽管我们党已经提出了构建社会主义和谐社会的总目标、总要求,但是,由于和谐社会建设的中近期目标尚未明确,相应的方针政策措施也还不够系统和贯通,因而在实际操作上还没有形成明晰的行动纲领。在党的十六届六中全会《决定》形成过程中,我们党通过总结社会主义社会建设的历史经验和近年来各地区各部门促进社会和谐的新鲜经验,明确提出了到2020年构建社会主义和谐社会的八大目标和主要任务。由于这个目标和任务突出强调了"人民的权益得到切实尊重和保障","家庭财产普遍增加,人民过上更加富足的生活","社会就业比较充分","基本公共服务体系更加完备","良好道德风尚、和谐人际关系进一步形成","社会管理体系更加完善"等定量性和操作性的内容,因而就为社会主义和谐社会建设进一步破题奠定了重要基础。

应当看到,这八大目标任务的设计,既把构建社会主义和谐社会作为长期历史任务来谋划,又作为重大现实课题来部署;既与民主法治、公平正义、诚信友爱、充满活力、安定有序、人与自然和谐相处这“六句话”的总目标相一致，又与党的十六大提出的全面建设小康社会“六个更加”的具体目标相衔接，同时还与建设创新型国家“五个方面”的战略目标相匹配，从而使现阶段构建社会主义和谐社会更具有行动力和执行力。

党的十六届六中全会《决定》提出的八大目标任务，既不回避当前影响我国社会和谐的突出矛盾和问题，又对解决这些矛盾和问题给出了明确的政策和目标导向；既高度重视人民群众的利益关切，也不吊高群众的胃口。包括完善民主法制、促进共同富裕、保障民生之本、强化公共服务、增强全民素质、激发社会活力、维护社会稳定和保护生态环境等，都是根据我国发展的阶段性特征，针对发展不平衡、部分群众生活困难、收入差距拉大、消极腐败现象滋长等突出矛盾和问题在内的八大目标任务提出的，是同现阶段我国人民群众最关心、最直接、最现实的利益问题紧紧联系在一起的。在现阶段，实现了这些目标和任务，我们党就一定能够最大限度地增加和谐因素，最大限度地减少不和谐因素，不断促进社会和谐。

构建社会主义和谐社会之所以能够进一步破题，第五是由于我们党在实践中逐步实现了和谐社会建设从舆论价值导向到比较系统的政策导向的转变。

党的十六届六中全会召开之前，处在点题阶段的社会主义和谐社会建设主要体现为舆论和价值导向，和谐社会建设虽然也有政策导向，但大多属于单项的应对之策，还不够系统，也不配套。

党的十六届六中全会《决定》认真总结了这些年来各地区各部门关于加强社会建设、解决影响社会和谐的突出矛盾和问题的实践探索，提出了一系列政策措施或政策思路，初步搭建了从现在起到2020年较为全面和系统的和谐社会建设的政策框架，为构建社会主义和谐社会提供了有力的政策保障。这些政策措施或政策导向主要有三个鲜明特点。

一是体现了更加关注民生，集中解决部分群众就业难、上学难、住房难、看病难等方面突出问题的政策导向。比如，《决定》强调，要实现经济发展与扩大就业的良性互动，逐步形成城乡统一的人才市场和劳动力市场，健全再就业援助制度，着力帮助零就业家庭和就业困难人员就业；要推动公共教育协调发展，保障人民享有接受良好教育的机会，保障农民工子女接受义务教育，加快发展城乡职业教育和培训网络，努力使劳动者人人有知识、个个有技能;要加快廉租房建设,规范和加强经济适用房建设,逐步解决城镇低收入家庭住房困难;要坚持公共医疗卫生的公益性质,建立覆盖城乡居民的基本卫生保障制度,为群众提供安全、有效、方便、价廉的公共卫生和基本医疗服务,加强食品、药品、餐饮卫生安全,保障人民身体健康安全,等等。

二是体现了更加注重促进城乡利益相协调、区域利益相协调、经济社会相协调、人与自然相协调的政策导向。比如,《决定》强调,各级政府要把基础设施建设和社会事业发展的重点转向农村,逐步加大政府土地出让金用于农村的比重,整合城乡医疗卫生资源,建立城乡医院对口支援制度,加强农村医疗卫生人才培养,提高农村师资水平,突出抓好农村广播电视“村村通”工程,以及维护劳动者特别是农民工合法权益;要形成分工合理、特色鲜明、优势互补的区域产业结构,推动各地区共同发展,加大对欠发达地区和困难地区的扶持,加大对革命老区、民族地区、边疆地区、贫困地区以及粮食主产区、矿产资源开发地区、生态保护任务较重地区的财政转移支付;要以解决危害群众健康和影响可持续发展的环境问题为重点,加快建设资源节约型、环境友好型社会,实施重大生态建设和环境整治工程,有效遏制生态环境恶化趋势,等等。

三是体现了更加注重务实性与前瞻性相统一的政策导向,对凡是经过努力能够解决的问题提出了具体的政策措施,而对需要在实践中进一步探索的问题则提出了政策取向的基本思路。比如,《决定》强调要加快建立有利于改变城乡二元结构的体制机制,探索确保农民现实利益和长期稳定收入的有效办法,解决好被征地农民的就业和社会保障;要逐步缩小地区间基本公共服务差距;要建立健全资源开发有偿使用制度和补偿制度,对资源衰退和枯竭的困难地区经济转型实行扶持措施;要完善有利于环境保护的产业政策、财税政策、价格政策,建立生态环境评价体系和补偿机制;等等。

构建社会主义和谐社会之所以能够进一步破题,第六是由于我们党在实践中逐步实现了和谐社会建设从舆论和价值导向到比较完备的制度导向的转变。

完善的体制机制和制度体系,是促进社会和谐的根本保证。党的十六届六中全会《决定》围绕保障社会公平正义,从政治、经济、文化、社会等各个方面提出了一系列相互衔接、相互配套的制度规定,朝着邓小平同志在1992年南方谈话中提出的“恐怕再有三十年的时间,我们才会在各方面形成一整套更加成熟、更加定型的制度”的目标，迈出了实质性步伐。

《决定》提出的完善民主权利保障制度、法律制度、司法体制机制、公共财政制度、收入分配制度、社会保障制度等六大制度规定，是把促进社会和谐的各项制度建设，放到社会主义经济建设、政治建设、文化建设、社会建设“四位一体”总体布局中统盘考虑的，并且是把制度建设同经济体制、政治体制、文化体制、社会体制的改革和创新结合起来整体设计的。这是因为，落实好促进社会和谐的各项制度，归根到底要靠深化改革。《决定》要求全党，把实现好、维护好、发展好最广大人民的根本利益作为改革的出发点和落脚点，注意兼顾各方面利益，照顾各方面关切，提高改革决策的科学性、改革措施的协调性，努力使各项改革取得更大成效。这就要求我们从各地区各部门的实际出发，更加积极主动地加强促进社会和谐的各项制度建设，为“在各方面形成一整套更加成熟、更加定型的制度”奠定基础。

党的十六届六中全会《决定》的制定和颁布，标志着我们党已经站在了以科学发展观为统领，构建社会主义和谐社会新的历史起点上。

在这个新起点上全方位推进社会主义和谐社会建设，既是一项前无古人的伟大建设任务，又是一项涉及十几亿中国人的国民素质、中国社会治理方式以及人与自然关系的伟大而深刻的改造任务。这对我们党的领导水平和执政水平是一场新考验。我们每一个党组织和每一位共产党员都要认真思考：如何交出一份让党和人民满意的答卷？

党的十六届六中全会《决定》强调，要充分发挥党的领导核心作用，有重点分步骤地持续推进社会主义和谐社会建设。这就要求全党同志以高度的自觉，切实把和谐社会建设摆上重要议事日程，努力使思想观念、工作部署、工作方式、工作作风更加适应构建社会主义和谐社会的要求。

构建社会主义和谐社会是摆在全党面前的一个新的时代课题。我们不了解不熟悉的东西很多，必须加强学习和实践。这就要求我们像党的十一届三中全会以来勤奋钻研经济建设的知识、注重提高领导经济工作的本领一样，更加自觉加强社会建设理论和社会政策的学习研究和教育培训，探索和把握新形势下和谐社会建设的特点和规律，不断提高各级领导班子和领导干部管理社会事务、协调利益关系、开展群众工作、激发社会创造活力、处理人民内部矛盾、维护社会稳定的本领。

构建社会主义和谐社会的重心在基层。这就要求我们切实加强党的基层组织和基层政权建设,充分发挥基层党组织凝聚人心、推动发展、促进和谐的作用;增强基层政权的社会服务功能,提高基层政权的社会管理、依法办事能力。要认真研究和把握新形势下党的群众工作的特点和规律,千方百计把群众工作做深做细做实,始终保持党同人民群众的血肉联系。

构建社会主义和谐社会必须坚持以党内和谐带动社会和谐。党的十六届六中全会《决定》强调,党风正则干群和,干群和则社会稳。这就要求我们坚持党要管党、从严治党,严格党内生活,严肃党的纪律,增进党的团结统一,深入开展党风廉政建设和反腐败斗争,以优良的党风促政风带民风,营造和谐的党群干群关系。

构建社会主义和谐社会急需一大批社会工作各类专门人才。这就要求我们按照造就一支结构合理、素质优良、规模宏大的社会人才工作队伍的要求,制定人才培养规划,加强专业培训,不断提高他们的素质和能力,努力使公共服务和社会管理部门都能配备社会工作专门人员,以提高专业化社会服务水平。

构建社会主义和谐社会是人民群众自己的事业。促进和谐人人有责、和谐社会人人共享。这就要求我们尊重人民群众的主体地位和首创精神,团结一切可以团结的力量,调动一切积极因素,汇集起促进社会和谐的强大合力。

# 列席党的十七大盛会和参与起草党的十七大文件的几点感受*

（2007年10月29日）

紧锣密鼓筹备了将近一年，吸引了全中国、全世界目光的中国共产党第十七次全国代表大会，已经胜利降下帷幕。

经出席党的十七大全体代表庄严选出的新一届中央领导集体，已向党内外、国内外精彩亮相。

赢得40次热烈掌声，被代表们称之为振奋党心、军心、民心的党在新的历史起点上的政治宣言、行动纲领、光辉文献——十七大报告和报告的诞生记，均已全文发表。

此时此刻，中共中央书记处书记、中央政策研究室主任王沪宁同志，亲自主持召开中央政策研究室中心组学习（扩大会议），并安排我作中心发言，千言万语，一时竟不知从何说起。我想还是先从参加十七大盛会和十七大文件起草的几点感受说起吧。

我的第一点感受是，有幸三次作为党的全国代表大会的旁听者、列席者（即党的十三大、十六大、十七大），每一次都有这样的感觉：在我们党召开全国代表大会的日子里，广大人民群众就像在过一个属于他们自己的盛大节日。我注意到，一位专程前来采访我们党的十七大的外国记者，也敏锐地发现和捕捉到了这一点，并在他发出的一篇电讯稿中特意提到了这一点。那么，其原因究竟何在呢？

我在反复追寻答案的过程中，想起了在十六大闭幕以后不久，我们文件起草组工作班子在总结工作时，不少同志都提到了这样几句话：幸福着人民的幸福、快乐着人民的快乐、忧患着人民的忧患。也就是说，我们始终有一

---

* 本文系作者在中央政策研究室机关学习会上的发言。

种为党立言、为人民代言的满腔激情充溢胸间,始终追求在这一特大型文稿起草中,充分体现党性和人民性的最佳结合,充分体现人民群众对我们党的全国代表大会确定的各项大政方针深深的期待。

说到这里,我想顺便向大家推荐在十七大召开的日子里唱响全国的一首歌《期待》,并且还要向大家透露,这首歌的歌词,就是十七大报告起草组成员、中央组织部副部长欧阳淞同志写的,而为之谱曲的则是《同一首歌》的曲作者孟卫东同志。

这首歌的歌词是这样写的:春风期待桃红李白,秋水期待流光溢彩,百姓期待美好生活,历史期待宏篇再开。美丽的中国睁大了双眼,期待着、期待着盛会的到来。大地期待绿水青山,江河期待奔流入海,幸福期待花开万家,发展期待又好有快。青春的中国张开了双臂,期待着、期待着盛会的到来。儿女期待母亲安康,母亲期待游子归来,征程期待号角吹响,号角期待中国气派。和谐的中国屏住了呼吸,期待着、期待着盛会的到来。一个盛会树起一座丰碑,一个盛会带来一段精彩,一个个盛会引领祖国,走向伟大复兴的未来。

这首歌,好就好在敏锐地抓住并形象地表达了"期待"这个充满现实感、充满人民性的大字眼。应当指出,十七大报告要抓住新机遇新挑战,研究新情况新问题,回应人民群众的新要求新期待,这是胡锦涛同志去年 12 月 11 日在党的十七大报告起草组第一次全体会议上的讲话中提出来的。欧阳淞同志的这首歌,形象地、艺术化地表达了这种新期待。而胡锦涛同志亲自主持起草的党的十七大报告,则从经济、政治、文化、社会、党建等各个方面,全面回应了人民群众的新期待。因而许多十七大代表才会用"震撼""喜悦""信心""责任"这样发自内心的语言,来表达他们聆听十七大报告的感受:因而人民群众包括网民,才会用"十七大报告,有人看到了辉煌,有人体验了阳光,有人解读了明天,有人收割了希望,有人感悟了正气,有人刷新了思想,有人装填了奋进,有人获取了力量"这样发自肺腑的语言,来表达他们对十七大报告由衷的喜悦和深深的共鸣。

我的第二点感受是,列席旁听党的全国代表大会既庄严神圣又心潮澎湃。如果加上旁听十七大盛会,那么,我已经是第三次有幸参与旁听党的全国代表大会了。第一次是 20 年前的 1987 年,我作为上海市出席党的十三大代表团的一名普通工作人员,手持一枚粉红色的听会证,有幸参与听会;

第二次是2002年，作为十六大文件起草组工作班子的一名成员，参与听会；第三次，就是作为十七大文件起草组的一名成员，参与听会。

每次参与旁听党的全国代表大会，我都仿佛置身于一台巨型的触摸式电脑屏幕前，好像此时此刻可以近距离地触摸到跳动的党心民心，感受到党心之所向、民心之所愿；同时，又仿佛手握一只巨型的听诊器，可以真真切切地谛听到我们身处的这个伟大时代脉搏的律动。

是的，在胡锦涛同志代表党的十六届中央委员会作报告过程中，人民大会堂内联翩响起的40次掌声，那发自内心的、不约而同的、经久不息的掌声，让我触摸到了13亿中国人民、7000多万名中国共产党党员，在此时此刻由衷的情感，让我真切地感受到了他们的所思所想、所求所盼。同样，也在那一刻，我想到了党的全国代表大会政治报告这样的重要历史文献，其思想的力量、理论的分量和现实的作用、历史的价值。

说到这里，我觉得应当向大家报告一下我在盛会期间收集到的方方面面对十七大报告的高度评价。党的十七大代表们普遍反映，十七大报告是一个顺应时代潮流、回应百姓期待，集中全党智慧、凝聚党心民心，振奋人、鼓舞人、激励人的好报告。那么，报告究竟好在哪里呢？文化工作者说，好就好在一面伟大旗帜高高飘扬，一条伟大道路无比宽广，一个科学理论体系光芒万丈，一系列重大战略思想指引方向，一条基本路线关乎党的存亡，一幅宏伟蓝图鼓舞奋斗力量，一整套重大工作部署反映民心所向。而农民代表，著名的华东第一村——江苏省华西村原党支部书记吴仁宝则说，十七大报告好就好在农民群众看得懂、基层干部好操作。一位省长代表说，十七大报告对十六大以来5年工作总结得好，对改革开放29年的历史回顾得好，对科学发展观阐述得好，对全面建设小康社会总体目标的新要求概括得好，对建设中国特色社会主义总体布局各项任务部署得好，对党的建设新的伟大工程论述得好。有位从事党史研究的专家说，报告好就好在体现了开拓马克思主义中国化新境界的理论勇气，体现在淋漓尽致地表达了以人为本的爱民情结，表现了立足国情、居安思危、戒骄戒躁的忧患意识，这实在是我们党之大幸、国之大幸。

理论界、知识界代表普遍认为，十七大报告政治智慧高、创新亮点多。有位从事自然科学研究的同志说，十七大报告通篇闪烁着马克思主义中国化的理论智慧，贯穿着科学发展、和谐发展、和平发展的发展理念，贯穿着立党为公、执政为民、关注民生、促进和谐的执政理念。党的创新理论的模范宣讲者方永刚代表说,他在病床上聆听胡锦涛同志的报告,深感这个报告旗帜鲜明、精彩深刻,言简意赅、内容丰富,十二个部分浑然一体,提出了许多新思想、新观点、新论断,是一篇光辉的马克思主义理论文献,在马克思主义发展史和马克思主义中国化进程中有着非常重要的意义。他还说,我特别赞同报告提出的:"坚持中国特色社会主义道路,就是真正坚持社会主义;坚持中国特色社会主义理论体系,就是真正坚持马克思主义。"这是实践的结论、时代的真理。

还有许多代表说,听了报告,一是感到震撼,二是感到喜悦,三是想到责任。报告字里行间流露的气势让人震撼,报告展示的改革开放 29 年来和十六大 5 年来的巨大成就让人喜悦,作为现场聆听报告的代表,更加强烈地感受到做好今后工作的崇高责任。

下面,我按照室务会确定的研究型交流发言的定位,向同志们汇报一下我对于十七大报告总论部分的学习体会。我的学习体会一共有以下五条。

## 一、怎样理解十七大报告关于党的十七大是在我国改革发展关键阶段召开的一次十分重要的大会

我的理解是,说关键阶段,是因为十七大恰好处在三个重要的时空连接点上;说十分重要,是因为十七大担负着"三位一体"的重要使命。

所谓三个时空连接点:一是十七大处在新中国成立以来两个 29 年的连接点上。从 1949 年毛主席宣布中国人从此站立起来了,到 1978 年改革开放前夕,是新中国编年史上的第一个 29 年;从十一届三中全会到党的十七大,是新中国编年史上的第二个 29 年。通过十七大科学总结好前两个 29 年,才能更好地开创新中国成立以来的第三个 29 年。二是十七大处在改革开放以来两个 15 年的连接点上。从十一届三中全会召开,到 1992 年邓小平同志发表南方谈话,是我国改革开放的第一个 15 年。邓小平同志在南方谈话中说,恐怕要再用 30 年的时间,我们党开创的中国特色社会主义,才能在各方面形成一套更加成熟、更加定型的制度。从那时以来到十七大召开,是我国改革开放的第二个 15 年。通过十七大科学总结好前两个 15 年,才能

更好地开创新时期的第三个15年。三是十七大处在全面建设小康社会第一个10年的后半程与第二个10年的连接点上。党的十六大提出，要紧紧抓住本世纪头20年的重要战略机遇期，全面建设惠及十几亿人口的更高水平的小康社会。从那时以来，我们已经朝着全面建设小康社会的目标迈出了坚实步伐。今后5年是全面建设小康社会第一个10年的后半程。通过十七大，动员全党团结带领全国各族人民扎实干好第一个10年，全面建成小康社会的第二个10年才会更辉煌、更精彩。

所谓"三位一体"的重要使命：一是十七大要集中全党智慧，起草出一篇顺应全党全国各族人民共同心愿、符合中国特色社会主义发展要求的好的政治报告；二是十七大要按照既保持《中国共产党章程》的连续性稳定性又体现与时俱进的要求，把党章修改好；三是十七大要选举产生一个政治坚定、奋发有为的中央委员会和中央领导机构。三件大事连为一体，目的都是要高举旗帜、抓住机遇，求真务实、锐意进取，把我们党领导的中国特色社会主义伟大事业和党的建设新的伟大工程继续推向前进。

十七大开下来，人们对于这次大会是在我国改革发展关键阶段召开的一次会议的理解更深刻、更全面了。

## 二、为什么十七大报告的标题那么吸引眼球，设定这样一个标题有什么微言大义

《文心雕龙》主张，写文章要"立片言而居要，乃一篇之警策"，一般来说，这主要是就文章的主题而言的。但由于标题是浓缩主题的，因此，每次党的全国代表大会报告标题的设定，都让主其事者煞费苦心，都要在深思熟虑的基础上，千方百计把标题设计成整个报告画龙点睛的题眼、统摄全篇的灵魂。

十七大报告的标题之所以吸引眼球，之所以具有思想穿透力、视觉冲击力和心灵震撼力，是因为它体现了"两个对应"：第一，高举中国特色社会主义伟大旗帜，对应了我们党在改革开放历史新时期29年来、一以贯之的建设和发展中国特色社会主义的理论主题和实践主题。十二大以来，我们党的四次全国代表大会的报告，中国特色社会主义的字眼都是上了标题、进了主题的。十七大报告当然也必须如此，而且要对应得更鲜明，这样才能更好

地体现党的基本理论、基本路线、基本纲领、基本经验的稳定性、连续性和坚定性。第二,为夺取全面建设小康社会新胜利而奋斗,对应了十六大提出的本世纪头 20 年的奋斗目标,这个目标是要历经 20 年的持续奋斗才能实现的。如果十六大时全面建设小康社会进入了大会标题,而十七大报告标题中竟然不提了,或改提别的了,人们也会对我们全面建设小康社会 20 年奋斗目标的连续性和稳定性提出疑问。

那么,可不可以用实现中华民族伟大复兴来替代全面建设小康社会呢?对这个问题,在十六大报告起草时就已深入讨论过。实现中华民族伟大复兴,是我们党自诞生之日起就勇敢地担当起来的伟大使命和奋斗目标。全面小康这个“小”,实际上蕴含着、连接着伟大复兴这个“大”,全面建成了惠及十几亿人口的更高水平的小康社会,再继续奋斗几十年,才能基本实现现代化,才算真正实现了中华民族伟大复兴。所以,十七大报告继续提出为夺取全面建设小康社会新胜利而奋斗,恰恰是在一步一个脚印地努力实现中华民族伟大复兴。

而且,十七大报告的这个标题,其实也体现了深入贯彻落实科学发展观的要求。党的十六届六中全会《决定》不是这样说过吗:全面贯彻落实科学发展观,是从中国特色社会主义事业总体布局和全面建设小康社会全局出发提出的重大战略任务。可见,十七大报告的标题,第一句体现了中国特色社会主义事业总体布局,第二句体现了全面建设小康社会全局。特别是由于十六大以来党中央提出的科学发展观等一系列重大战略思想,拓展了中国特色社会主义事业总体布局,丰富了全面建设小康社会内涵,因此,十七大报告的这个标题,又是很有思想张力的。

有一位曾经是地方领导同志、现在已成为新一届中央领导集体领导成员的同志,在参与党的中央全会文件起草时这样说过,农民群众习惯于把那些最对他们心思的党的中心口号刷上墙头。十六大开完后,当地农民就把全面建设小康社会刷上了墙头,把聚精会神搞建设、一心一意谋发展刷上了墙头。我想,十七大以后,那个地方的农民肯定会把十七大的标题刷上墙头的。因为正如江苏省华西村的原党支部书记吴仁宝同志所说的那样,十七大报告好就好在农民群众看得懂、基层干部好操作。十七大报告的标题、主题、内容,都是农民群众看得懂,也都是基层干部好操作的,一句话,它充满了人民性。

## 三、怎样理解十七大报告的主题是鲜明的、深刻的，是体现了十七大报告全篇的主旨、主线和灵魂的

如果说十七大报告的标题是浓缩主题的，那么，十七大报告的主题则是浓缩总论的。关于十七大报告标题的深刻含义，刚才我已说了，这里再说说我对十七大报告主题的理解。

我注意到，在党的十六届七中全会上，有些中央委员深有体会地说："十七大报告的'点睛之笔'，是对报告主题的界定以及对主题的简要说明，这是力重千钧、统领全篇的。"现在，经十七大审议通过的报告主题，在文件本子上是4行黑体字、共84个字，即：高举中国特色社会主义伟大旗帜，以邓小平理论和"三个代表"重要思想为指导，深入贯彻落实科学发展观，继续解放思想，坚持改革开放，推动科学发展，促进社会和谐，为夺取全面建设小康社会新胜利而奋斗。

我体会，这个主题涵盖了两层意思：第一层，即前三句话，表达的是"一个始终不渝"，就是我们党要在新的历史起点上，在新的发展进程中，始终不渝地高举中国特色社会主义伟大旗帜，坚持以邓小平理论和"三个代表"重要思想为指导，深入贯彻落实科学发展观，毫不动摇地坚持和发展中国特色社会主义；第二层，即后五句话，表达的是"四个坚定不移"，即：坚定不移地继续解放思想，坚定不移地坚持改革开放，坚定不移地推动科学发展、促进社会和谐，坚定不移地为夺取全面建设小康社会新胜利而奋斗。做到这"四个坚定不移"，对保持党和国家事业顺利发展的大局至关重要。胡锦涛同志在中央党校省部级干部进修班上的重要讲话中指出："确定这样的主题，对我们党继往开来、开拓奋进十分紧要。确定这样的主题，就是要鲜明地向党内外、国内外宣示，我们党将举什么旗、走什么路，以什么样的精神状态、朝着什么样的发展目标继续前进。"

十七大报告的这个主题，是胡锦涛同志和中央政治局常委会，在广泛听取各方面意见基础上，经过深思熟虑提出来的。这里，可以向大家简要介绍一下胡锦涛同志在报告起草过程中关于如何设计大会主题的一段重要讲话。

胡锦涛同志说，举什么旗、走什么路，是关系党和国家事业发展的根本

问题,党的十五大、十六大报告的主题强调了旗帜问题,强调了奋斗目标问题,都非常鲜明有力,对于全党全国各族人民统一思想、凝聚力量,开创中国特色社会主义事业新局面,具有十分重大的意义。现在,对党的十七大,党内外、国内外关注的焦点仍然是我们党今后举什么旗、走什么路的问题。因此,党的十七大报告的主题,首先要鲜明地回答我们党十七大之后举什么旗、走什么路继续开拓奋进的问题,其次要鲜明地回答我们党遵循什么样的发展思路继续开拓奋进的问题,第三要鲜明地回答我们党应该以什么样的精神状态继续开拓奋进的问题,第四要鲜明地回答我们党朝着什么样的发展目标继续开拓奋进的问题。我体会,胡锦涛同志所要求的这"四个鲜明回答",在党的十七大报告的主题中都充分体现出来了。

十七大报告主题所蕴含的这两个层次,贯穿着一个重要的内在逻辑,即:只有坚持"一个始终不渝","四个坚定不移"才能保持正确方向;只有全面做到"四个坚定不移",才能真正坚持和发展中国特色社会主义。这就是十七大报告主题的内在逻辑,也是十七大以后我们党全部理论和实践的内在逻辑。

大家可以看到,现在,十七大报告总论的四个部分,实际上就是报告主题的逐层展开。报告的第二部分,就是主题中关于高举中国特色社会主义伟大旗帜、继续解放思想、坚持改革开放的具体展开;报告的第三部分,就是主题中关于推动科学发展、促进社会和谐的具体展开;报告的第四部分,就是为夺取全面建设小康社会新胜利而奋斗的具体展开。党的创新理论的模范宣讲者方永刚同志很在行地说:"十七大报告之所以大气磅礴、浑然一体,是同主题以及结构的科学设定分不开的。"

在这里,我还想指出,十七大报告主题所强调的继续解放思想、坚持改革开放、推动科学发展、促进社会和谐,归根到底,是要在坚持和发展中国特色社会主义新的伟大实践中,努力推进中国特色社会主义定型化。我们从十七大报告关于中国特色社会主义道路和六条与之相配套的具体道路,以及关于一系列体制、机制和体系的论述中,已经可以初步看出中国特色社会主义逐步走向定型化的端倪。

比如,十七大报告在提出坚持走中国特色社会主义道路的同时,提出了与之相配套的中国特色自主创新道路,中国特色新型工业化道路,中国特色农业现代化道路,中国特色城镇化道路,中国特色社会主义政治发展道路,中国特色军民融合式发展道路。

比如,十七大报告全文共出现了60余次关于“体系”的论述,共涉及30多个方面。在理论建设上,提出“中国特色社会主义理论体系”。在经济建设上,提出“国家创新体系”“国家规划体系”“宏观调控体系”“现代市场体系”“现代产业体系”“现代金融体系”“现代能源产业和综合运输体系”“能源资源利用体系”“农村市场和农业服务体系”“开放型经济体系”“公共财政体系”“社会保障体系”“社会信用体系”等13个方面的体系。在政治建设上,提出“中国特色社会主义法律体系”“政府职责体系”“公共服务体系”等3个方面的体系。在文化建设上,提出“社会主义核心价值体系”“公共文化服务体系”“文化传播体系”“现代国民教育体系”“终身教育体系”“学科体系”“社会志愿服务体系”等7个方面的体系。在社会建设上,提出“社会管理体系”“社会保障体系”“社会救助体系”“公共卫生服务体系、医疗服务体系、医疗保障体系、药品供应保障体系”“农村三级卫生服务网络和城市社区卫生服务体系建设”“社会治安防控体系”等6个方面的体系。在国防和军队建设上,提出“武器装备科研生产体系”“军队人才培养体系”“军队保障体系”等3个方面的体系。在党的建设上,提出“干部考核评价体系”“党员联系和服务群众工作体系”“惩治和预防腐败体系”等3个方面的体系。

再比如,十七大报告全文共出现45次关于“体制”、25次关于“机制”以及5次关于“体制机制”的论述。在经济建设上,提出要“建立以工促农、以城带乡长效机制”“完善反映市场供求关系、资源稀缺程度、环境损害成本的生产要素和资源价格形成机制”“建立健全资源有偿使用制度和生态环境补偿机制”等13个方面的体制机制。在政治建设上,提出要“健全基层党组织领导的充满活力的基层群众自治机制”“形成权责一致、分工合理、决策科学、执行顺畅、监督有力的行政管理体制”,以及“探索实行职能有机统一的大部门体制,健全部门间协调配合机制”等6个方面的体制机制。在文化建设上,提出要“深化文化体制改革,完善扶持公益性文化事业、发展文化产业、鼓励文化创新的政策,营造有利于出精品、出人才、出效益的环境”“在时代的高起点上推动文化内容形式、体制机制、传播手段创新,解放和发展文化生产力,是繁荣文化的必由之路”等两个方面的体制机制。在社会建设上,提出要“推进社会体制改革”“完善市场就业机制,扩大就业规模,改善就业结构”“建立企业职工工资正常增长机制和支付保障机制”“健全基层社会管理体制”“健全党和政府主导的维护群众权益机制”“完善突发事件应急管理机制”“健全国家安全体制”等7个方面的体制机制。在国防和军队建设上,提出要“调整改革军队体制编制和政策制度”“调整改革国防科技工业体制和武器装备采购体制”等3个方面的体制机制。在党的建设上,提出要“健全领导体制,完善地方党委领导班子配备改革后的工作机制”“完善党的地方各级全委会、常委会工作机制”“坚持党管干部原则,坚持民主、公开、竞争、择优,形成干部选拔任用科学机制”“建立健全城乡一体党员动态管理机制”“建立健全城乡党的基层组织互帮互助机制”“建立健全党内激励、关怀、帮扶机制”“形成拒腐防变教育长效机制、反腐倡廉制度体系、权力运行监控机制”等12个方面的体制机制。

## 四、十七大报告的主题和主线是如何统一起来的

刚才说过,十七大报告的主题是“一个始终不渝”和“四个坚定不移”,简单地说,就是高举中国特色社会主义伟大旗帜;而贯穿十七大报告的主线是深入贯彻落实科学发展观。这个主题和主线是通过什么统一起来的呢?我在学习研究中发现,是通过坚持和发展中国特色社会主义这个新观点、新论断作为连接点统一起来的。

科学发展观之所以能够成为十七大报告主题和主线的重要连接点,是因为,十七大报告作出的定位是:科学发展观,既是中国特色社会主义理论体系的重要组成部分,又是发展中国特色社会主义必须坚持和贯彻的重大战略思想。因此,深入贯彻落实科学发展观,既是高举中国特色社会主义伟大旗帜的具体体现,也是坚持和发展中国特色社会主义的强大思想武器。记得我在7月19日我们中央研究室召开的全室学习胡锦涛同志“6·25”重要讲话的交流会上,曾提请大家注意“发展中国特色社会主义”这个重要概念,其原因就在于此。

如果要列举十七大报告在哪些方面发展了中国特色社会主义,那么,可以简要地说,一是在理论体系中发展了,二是在奋斗目标上发展了,三是在总体布局上发展了,四是在“四位一体”的中国特色社会主义的每一个具体建设上发展了。我们只要把十七大报告同十五大和十六大报告比较一下,

就不难发现这一点。

比如，十七大报告讲经济建设，就是抓“两个加快”，即加快转变经济发展方式，加快完善社会主义市场经济体制。抓政治建设，就是抓“两个推进”和“两个必须”：“两个推进”，就是始终不渝地推进社会主义民主政治建设，积极稳妥地推进政治体制改革；“两个必须”，就是我国政治体制改革，必须坚持正确的政治方向，必须随着经济社会发展不断推进，努力与我国人民政治参与的积极性不断提高相适应。抓文化建设，就是要在大力推进文化创新、全面推进文化体制改革和文化建设过程中，着力抓好五个“更”，这就是：更加自觉、更加主动地推动文化大发展、大繁荣，使当代中华文化更加多姿多彩、更具吸引力和感染力，更好地保障人民群众的文化权益。抓社会建设，就是要围绕使经济发展成果更多地体现到改善民生上这个重点，积极突破教育、就业、分配、保障、医疗等关键点，调节各种利益关系，进一步促进社会公平正义，增进社会和谐，等等。

科学发展观对中国特色社会主义的这一系列重要的新发展，表明科学发展观实际上体现了我们党对共产党执政规律、社会主义建设规律、人类社会发展规律的进一步认识和把握，实际上是对中国特色社会主义越干越会干的体现，而正是这种越干越会干，预示着中国特色社会主义道路必将越走越宽广。

## 五、怎样理解十七大报告在旗帜问题上的新贡献

党内外、国内外对于十七大鲜明提出高举中国特色社会主义伟大旗帜，反响是非常强烈、非常正面的。有些专家学者指出，十七大高高举起中国特色社会主义伟大旗帜，表明我们党对中国特色社会主义的认识更深化、更丰富、更全面、更坚定了。有的同志说，中国特色社会主义能够成为当代中国发展进步的旗帜，首先在于它坚持了科学社会主义的基本原则，十七大高举这面旗帜，就同各种非社会主义思潮和道路划清了界限；中国特色社会主义能够成为当代中国发展进步的旗帜，还在于它是扎根于中国现实的，被赋予鲜明中国特色的，有蓬勃生机活力的社会主义，正如邓小平同志指出的：“社会主义必须是切合中国实际的有中国特色的社会主义。”

同时，我也看到，有一些学习体会和解读文章说，中国特色社会主义伟

大旗帜，是十七大第一次提出来的。我认为，这样的理解是不够完整和不很科学的，十七大在旗帜问题上的新贡献，不是第一次提出了中国特色社会主义伟大旗帜，而是第一次实现了旗帜问题上的"三个统一"。

所谓"三个统一"，就是十七大报告第一次把新时期近 30 年来我们党的全部理论创新成果集中起来，纳入中国特色社会主义理论体系和中国特色社会主义这面统一的旗帜；第一次阐明了高举中国特色社会主义伟大旗帜，最根本的就是要坚持中国特色社会主义道路和中国特色社会主义理论体系，从而界定了高举中国特色社会主义伟大旗帜统一的内涵；报告还第一次把高举这面伟大旗帜同"四个坚定不移"，即坚定不移地继续解放思想，坚定不移地坚持改革开放，坚定不移地推动科学发展、促进社会和谐，坚定不移地为夺取全面建设小康社会新胜利而奋斗结合起来，作为对全党高举这面伟大旗帜、坚持这条伟大道路和理论体系的统一的要求。从十七大报告的"旗帜论"所阐明的这"三个第一次"和"三个统一"可以看出，我们党对建设和发展中国特色社会主义规律的认识和运用，同 25 年前刚提出这一命题时相比，大大深化了。

第一，关于统一的旗帜。回顾新时期以来 29 年的历史，我们可以看到，中国特色社会主义，是从十三大到十七大我们党始终高举的一面伟大旗帜。早在党的十二大开幕词中，邓小平同志就提出了中国特色社会主义这一新时期的理论主题和实践主题。1987 年党的十三大，第一次提出了建设有中国特色社会主义理论的概念，指出党的十一届三中全会以来，我们党在对社会主义再认识的过程中提出的一系列科学理论观点，构成了建设有中国特色社会主义理论的轮廓。十三大报告还明确指出，建设有中国特色的社会主义是扎根于当代中国的科学社会主义，是指引我们事业前进的伟大旗帜。党的十四大报告明确提出邓小平同志建设有中国特色社会主义理论，并系统论述了中国特色社会主义理论的主要内容、科学体系，提出了用这个理论武装全党的任务，从而更高地举起了中国特色社会主义伟大旗帜。1997 年，在邓小平同志逝世以后召开的党的十五大，开宗明义提出高举邓小平理论伟大旗帜，把建设有中国特色社会主义事业全面推向 21 世纪。到了世纪之交，2002 年召开的党的十六大，又进一步强调提出了高举邓小平理论伟大旗帜，全面贯彻"三个代表"重要思想。十六大以后的五年中，我们党高举邓小平理论和"三个代表"重要思想伟大旗帜，开创了中国特色社会主义事业新局面，开拓了马克思主义中国化新境界。综上所述，认为中国特色社会主义伟大旗帜是十七大首次提出的，这是没有根据的。

党的十七大报告在全景式、大跨度回顾总结改革开放近30年历史进程和宝贵经验的基础上，对我们党在新时期以来建设、捍卫、发展中国特色社会主义的创新实践中，相继形成的马克思主义中国化的理论成果，作了一个完整、统一而又鲜明、准确的大整合。这就是：把邓小平理论、“三个代表”重要思想以及科学发展观等重大战略思想，统称为中国特色社会主义理论体系；相应地，把我们党在新时期以来高举的旗帜，统称为中国特色社会主义伟大旗帜。这样的科学的综合，充分体现了我们党在新时期的实践创新和理论创新，既是一以贯之、薪火相传、接力推进的，又是充满创造活力、决不停滞僵化、不断向前发展的。十七大报告在党内一定范围征求意见和提交十六届七中全会审议时，大家一致认为，十七大在旗帜问题上的这个大整合，既充分体现了我们党的政治智慧，又为我们在新的历史起点和新的奋斗实践中坚持和发展中国特色社会主义，预留了广阔的空间。

这里涉及一个问题，在十七大报告征求意见过程中，一些地方和部门的同志提出，为什么不把毛泽东思想纳入中国特色社会主义理论体系？对此胡锦涛同志在十六届七中全会上作了很有说服力的解答。他指出，中国特色社会主义理论体系，是改革开放历史新时期我们党的理论创新成果，总体上属于马克思列宁主义同中国实际相结合的第二次历史性飞跃的理论成果。党的十五大报告指出，马克思列宁主义同中国实际相结合有两次历史性飞跃，产生了两大理论成果。第一次飞跃的理论成果是被实践证明了的关于中国革命和建设的正确理论原则和经验总结，它的主要创立者是毛泽东。第二次飞跃的理论成果是建设有中国特色社会主义理论，它的主要创立者是邓小平。也就是说，我们党已经明确，中国特色社会主义理论是邓小平同志在改革开放历史新时期创立的，也是在改革开放历史新时期不断丰富和发展的。当然，中国特色社会主义理论体系是对毛泽东同志艰辛探索社会主义建设规律重要思想的继承和发展。报告明确指出，这个理论体系，坚持和发展了马克思列宁主义、毛泽东思想，凝聚了几代中国共产党人带领人民不懈探索和实践的智慧和心血。因此，在当代中国，高举中国特色社会主义伟大旗帜，就是真正高举马克思列宁主义、毛泽东思想的旗帜。

第二，关于统一的内涵。十七大报告第一次明确地把高举中国特色社会主义伟大旗帜的内涵界定为:最根本的,是坚持中国特色社会主义道路和中国特色社会主义理论体系。而对这条道路进行科学界定,同对新时期党的理论创新成果进行科学整合,这两者理所当然地就成为十七大最重大的理论贡献。这样,在十七大报告中,中国特色社会主义的一面旗帜、一条道路、一个理论体系这三者,就成为完整的统一体。它们共同鲜明地回答了党在新时期指导思想的理论基础和我们的发展道路、奋斗目标、共同理想及当代中国的社会制度问题。

这里,有必要对中国特色社会主义道路的科学界定问题再简要地展开说几句。在新时期伊始的 1979 年 3 月,邓小平同志就提出了我们党要在中国的建设问题上完成当年在中国革命问题上毛泽东同志领导我们党完成的开创自己道路的任务。他说:“过去搞民主革命,要适合中国情况,走毛泽东同志开辟的农村包围城市的道路。现在搞建设,也要适合中国情况,走出一条中国式的现代化道路。”1980 年 1 月,他又提出,在发展经济方面,要“寻求一条合乎中国实际的,能够快一点、省一点的道路”。1982 年 9 月,在党的十二大开幕词中,他又提出:“走自己的道路,建设有中国特色的社会主义”。

同以毛泽东同志为代表的中国共产党人是经过反复探索,在总结成功和失败经验基础上,才找到了中国自己的革命道路一样,以邓小平同志为代表的中国共产党人,也是在总结新中国成立以来正反两方面经验的基础上,在研究和借鉴国际经验基础上,在改革开放崭新实践中,才找到了中国自己的建设道路。这是因为,在中国这样落后的东方大国建设社会主义,同当年在半殖民地半封建的旧中国进行革命一样,都是马克思主义发展史上的新课题,指望照搬书本、照搬外国,是根本行不通的,必须从我们自己的国情出发,把马克思主义基本原理同中国实际相结合,在实践中开辟具有中国特色的革命和建设道路。

需要指出的是,尽管党的十三大报告就宣告我们党已开始找到一条建设有中国特色的社会主义道路,但这条道路的科学内涵和完整表述,则是在十三大、十四大、十五大、十六大相继提出党在社会主义初级阶段基本理论、基本路线、基本纲领、基本经验基础上,由十七大首次提出来的。

十七大报告对中国特色社会主义道路作出了明确界定。这个界定包含 12 句话,大体上涵盖了“一个中心、两个基本点”的基本路线,涵盖了“四位一体”的中国特色社会主义事业总体布局和奋斗目标，涵盖了中国特色社会主义经济建设、政治建设、文化建设、社会建设基本目标和基本政策构成的基本纲领。在十七大报告征求意见时，各地区各部门普遍认为，明确界定中国特色社会主义道路和科学整合中国特色社会主义理论体系，表明我们党经过近 30 年的改革开放，对建设和发展中国特色社会主义规律的认识，同十二大刚刚提出建设有中国特色社会主义这个概念时相比，是大大深化了。这也是中国特色社会主义道路“越走越宽广”的一个重要体现。

第三，关于统一的要求。也就是我在以上第三点体会中，所说过的坚持“一个始终不渝”和“四个坚定不移”有机结合这样的统一要求，这里就不再重复。

十七大报告在这“三个统一”基础上所体现的鲜明的坚定性，也是应当引起我们深刻注意的。十一届三中全会以来，中国特色社会主义事业能够不断开创新局面，当代中国马克思主义能够不断进入新境界，最根本的是对党的理论、路线的坚定不移、毫不动摇，而且是几代中央领导集体一以贯之的坚定不移、毫不动摇，是全党全国各族人民高度一致的坚定不移、毫不动摇。

十七大报告以高度自觉，把这种坚定性继承下来并发扬光大了。请看吧，报告这样指出，“在当代中国，坚持中国特色社会主义道路，就是真正坚持社会主义”；“在当代中国，坚持中国特色社会主义理论体系，就是真正坚持马克思主义”；“不为任何风险所惧，不被任何干扰所惑，使中国特色社会主义道路越走越宽广，让当代中国马克思主义放射出更加灿烂的真理光芒”。如此铿锵有力的宣示，正是我们党理论和实践的坚定性的集中体现。

毫无疑问，十七大报告的这种坚定性，在我们党从上到下实行又一轮新老交替的此时此刻，对于引导各级干部坚定不移地把中国特色社会主义作为战无不胜的伟大旗帜来高举，作为当代中国唯一正确的理论体系来信仰，作为中华民族伟大复兴的必由之路来坚持，作为全党全民族的共同理想来实践，作为毫不动摇的目标来追求，具有极重大的意义；对于进一步抓住 21 世纪上半叶前所未有的新机遇和应对前所未有的新挑战，排除各种“左”的和右的错误思潮、错误倾向的干扰，进一步引领中国特色社会主义伟大事业的航船乘风破浪、乘胜前进，具有极重大的意义。

说到这里，还可以形象化地说，在我们党领导的新时期建设和发展中国特色社会主义的奋斗历程中，中国特色社会主义是始终响彻中国大地的“同一首歌”。这首歌既是当代中国发展进步之歌，又是凝聚全党全国各族人民团结奋斗之歌。今天，我们在新的历史起点上继续高唱这“同一首歌”，实际上就是高唱另一首同样内涵的歌，“我们走在大路上”，更确切地说，这 30 年我们是始终走在中国特色社会主义大路上。

# 改革开放的伟大历史进程和宝贵经验

（2007 年 10 月）

党的十七大报告通篇蕴涵着一个重要的内在逻辑，这就是：要在新的实践中坚持和发展中国特色社会主义，就必须坚持改革开放；只有坚持改革开放，才能不断开创中国特色社会主义事业新局面。同时，党的十七大报告在回顾总结我们党领导的改革开放这场新的伟大革命的历程、经验以及阐述如何继续深化改革开放的问题时，有两句斩钉截铁的话，给人们留下深刻印象。一句是：改革开放符合党心民心、顺应时代潮流，方向和道路是完全正确的，成效和功绩不容否定，停顿和倒退没有出路。另一句是：要毫不动摇地坚持改革方向，提高改革决策的科学性，增强改革措施的协调性，使改革始终得到人民拥护和支持。党的十七大报告在我国改革发展关键阶段所阐明的这样一篇全面的、发展的“改革论”，把坚持改革开放同完善改革开放结合起来，是有利于进一步凝聚改革共识、有助于齐心协力完成改革攻坚的。

应当说，这是党的十七大的一个重大历史贡献，也是新时期以来党在领导改革开放问题上与时俱进的新发展。人们从中不仅激荡起对这场新的伟大革命的成就感、自豪感，而且提高了继续深化改革开放，为夺取全面建设小康社会新胜利、谱写人民美好生活新篇章而努力奋斗的责任感、使命感。

## 一、改革开放是党在新的时代条件下带领人民进行的新的伟大革命

在中国近现代史上，特别是新中国成立以来的历史上，我们党领导的改革开放这场新的伟大革命，无疑是最壮丽的史诗、最华彩的篇章。如果说，

辛亥革命结束了沿袭数千年的封建帝制,为近代中国发展进步打开了闸门;如果说,新民主主义革命推翻了“三座大山”,建立起人民当家做主的新中国和社会主义基本制度,为当代中国发展进步创造了前提;那么,改革开放这场新的伟大革命则使社会主义制度得到巩固和完善,为当代中国发展进步开辟了道路,并对当今世界格局和人类历史进程产生了深远影响。

这场新的伟大革命的发生决不是偶然的。现在回过头去看,近 30 年前,我们国家面临的是十分困难的局面:十年内乱给我们党和国家带来了极其严重的创伤,国民经济濒临崩溃的边缘,“文化大革命”遗留下来的政治、思想、组织等方面的混乱现象极其严重。而从粉碎“四人帮”到召开党的十一届三中全会前的两年间,党的指导思想上的是非并没有得到应有的澄清,拨乱反正呈现徘徊局面。与此同时,世界范围内新科技革命蓬勃兴起,发达国家纷纷进行后工业革命,许多发展中国家也加紧向现代化社会转型。

所有这些,都对我们党形成了巨大压力。党要在如此严重的困境中重新奋起,是一件多么不容易的事情!面对困境和压力,我们党科学分析国内状况和世界大势,准确把握时代主题和人民愿望,以拨乱反正、改革开放的大智大勇,坚定地开辟建设社会主义的新路。

在这个问题上,我国改革开放总设计师邓小平同志说过三句振聋发聩的话。第一句是:“一个党,一个国家,一个民族,如果一切从本本出发,思想僵化,迷信盛行,那它就不能前进,它的生机就停止了,就要亡党亡国。”第二句是:“如果现在再不实行改革,我们的现代化事业和社会主义事业就会被葬送。”第三句是:“不坚持社会主义,不改革开放,不发展经济,不改善人民生活,只能是死路一条。”这就表明,我们党从“文化大革命”的严重曲折中深刻认识到,要摆脱我们当时所处的严重困境,要加快改变中国的面貌和改善中国人民的生活,必须果断结束“以阶级斗争为纲”,把党的工作重点转到以经济建设为中心上来;必须通过改革,解放和发展社会生产力、完善社会主义制度;必须通过开放,在独立自主的前提下勇敢参与国际经济合作和竞争。这是中国共产党人在新的时代条件下一个了不起的伟大觉醒。正是这个伟大觉醒,孕育了从理论到实践的伟大创造。

以 1978 年我们党召开的具有重大历史意义的十一届三中全会为标志,改革开放历史新时期的序幕拉开了,全面改革的进程从农村到城市、从经济领域到其他各个领域势不可挡地展开了,对外开放的大门从沿海到沿江沿边、从东部到中西部毅然决然地打开了。

邓小平同志说:"改革是中国的第二次革命。""我们要赶上时代,这是改革要达到的目的。"这两句话,把改革开放的性质和目的说得很透彻、很深刻。联系当时的国内状况和国际大势,我们可以看到,改革开放这场新的伟大革命,实际上是被当时的困境和压力逼出来的,其历史背景和根本目的至少有这么三条:一是要通过拨乱反正,彻底否定"文化大革命"的错误理论和实践,同时正确评价毛泽东同志的历史地位和继承毛泽东思想,带领全党全国各族人民走出十年内乱给我国造成的危难和困境,在治穷致富基础上实现中华民族伟大复兴。二是要通过改革开放,摆脱高度集中的计划经济体制的束缚,摆脱闭关自守的封闭状态,增强综合国力,改善人民生活,坚持和发展社会主义。三是要抓住和平与发展这个时代主题,顺应世界范围蓬勃兴起的新科技革命,使我们这个历史悠久的文明古国和发展中的社会主义大国摆脱落后、赶上时代,使我们党成为这个新的伟大事业的坚强领导核心。

党的十七大报告把这三个方面的背景以及改革开放的性质和目的,大力度地概括为:"改革开放是党在新的时代条件下带领人民进行的新的伟大革命,目的就是要解放和发展社会生产力,实现国家现代化,让中国人民富裕起来,振兴伟大的中华民族;就是要推动我国社会主义制度自我完善和发展,赋予社会主义新的生机活力,建设和发展中国特色社会主义;就是要在引领当代中国发展进步中加强和改进党的建设,保持和发展党的先进性,确保党始终走在时代前列。"

回首改革开放近30年的伟大历程,我们党领导的这场新的伟大革命,之所以目的与效果是如此统一,之所以当一些国家的"改革"导致了社会主义制度的解体和共产党执政地位的丧失,而中国近30年的改革开放却使社会主义和马克思主义在中国大地上焕发出勃勃生机,给人民带来更多福祉,使中华民族大踏步赶上时代前进潮流、迎来伟大复兴的光明前景,一个根本的原因就在于,我们党领导的改革开放,正是依据新的伟大革命同社会主义制度自我完善和发展相统一的原则来进行的。

那么,我们党是怎样在实践中把新的伟大革命同社会主义制度自我完善和发展统一起来的呢?简单地说,就是严格区分了作为"基本制度选择"的社会主义革命,同作为"好的政策选择"的新的伟大革命的界限。我们党领导人民在完成了对社会主义这样一种“基本制度选择”之后，之所以还要进行“好的政策选择”，用邓小平同志的话来说，就是要“独立思考，从自己的实际出发来制定政策”，就是要“在坚持四项原则的基础上选择好的政策，使社会生产力得到比较快的发展”。而所谓“好的政策选择”，最根本的就是对改革开放总方针总政策的选择，以及对与之相配套的经济的、政治的、文化的、社会的政策的选择。显然，我们党和国家在新时期的这样一种“好的政策选择”，坚持和深化了“基本制度选择”，并且使我们所坚持的马克思主义和社会主义在中国大地上焕发出强大的生命力、创造力、感召力。这就是十七大报告精辟指出的：在当代中国，坚持中国特色社会主义道路，就是真正坚持社会主义；坚持中国特色社会主义理论体系，就是真正坚持马克思主义。同时，这也正是我国改革开放的航船能够不断排除各种错误思潮的干扰，始终沿着正确方向破浪前进的根本原因。

## 二、永远铭记和深刻认识党的三代中央领导集体和新一届党中央为推进改革开放作出的历史性贡献

党的十七大报告全景式、大跨度地回顾了改革开放伟大历史进程，用“三个面貌”的变化和新时期“三个最”的论述，令人信服地展示了改革开放伟大历史成就；用“三个永远铭记”，浓墨重彩地讴歌了几代中国共产党人艰辛探索和不断推进改革开放的伟大历史功绩；用“十个结合”，全面深刻地总结了改革开放新的宝贵经验。这样，党的十七大就把论述改革开放给当代中国带来的发展进步，落实到了既见物又见人上。

应当说，党的十七大报告在回顾改革开放伟大历程时，开宗明义强调的关于中国人民、社会主义中国、中国共产党这“三个面貌”的历史性变化，是对我们党在新时期伟大成就实事求是、鼓舞人心的精辟概括；同样应当说，党的十七大报告关于新时期“三个最”的举世瞩目成就的估价，是对我们党在新时期伟大成就，在另一个层面的实事求是、鼓舞人心的精辟概括。近30年来，在改革开放推动下，我国所出现的人的全面发展、社会的全面进步和党的先进性的全面增强，在这些论述中都得到了充分展示。

马克思说过，革命是历史前进的火车头。而党和人民又是推动革命向前发展的领导力量和主体力量。我们要观察改革开放这场新的伟大革命从

哪些方面推动了当代中国发展进步，不能不对中国人民的面貌、社会主义中国的面貌和中国共产党的面貌发生了哪些深刻变化，作一番深入考量。

近 30 年改革开放带来的最深刻的变化，是人的变化，首先是中国人民面貌的变化。这种变化是多方面的，最根本的就是，在这场以拨乱反正、解放思想为先导的深刻变革中，中国人民以实事求是取代了“两个凡是”，长期窒息人们思想的许多旧观念受到了很大冲击，积极变革、勇于开拓、讲求实效开始成为人们精神状态的主流；他们在党的领导下，以改革开放为动力，万众一心地为创造幸福生活和美好未来而团结奋斗、顽强奋斗、不懈奋斗。在这场深刻变革中，社会主义中国的面貌所发生的历史性变化，最根本的就是，以思想解放推动了改革开放，实现了从以阶级斗争为纲到以经济建设为中心、从封闭半封闭到改革开放、从计划经济到市场经济的深刻转变，十几亿人口的中国，正在创造着一个充满希望和充满活力的社会主义。在这场深刻变革中，中国共产党的面貌所发生的历史性变化，最根本的就是，端正了党的指导思想，重新确立了马克思主义的思想路线、政治路线和组织路线，在勇敢地开辟中国特色社会主义新道路的过程中，在领导社会主义现代化进程中，保持和发展党的先进性，提高党的执政能力，转变党的执政方式，巩固党的执政基础，使党成为始终走在时代前列的中国特色社会主义事业的坚强领导核心。

近 30 年改革开放带给当代中国的发展进步，还深刻地体现在党的十七大报告阐述的新时期“三个最”上。

新时期最鲜明的特点是改革开放。正是这场历史上从未有过的大改革、大开放，使一个面向现代化、面向世界、面向未来的社会主义中国巍然屹立在世界东方。

新时期最显著的成就是快速发展。正是在改革开放的推动下，我们这样一个人口众多的发展中大国，以世界上少有的速度持续快速发展起来，经济实力、综合国力不断增强，基础设施和城乡面貌发生巨大变化，人民生活总体上达到小康水平。从 1978 年到 2006 年，我国国内生产总值从 2165 亿美元增长到 26269 亿美元，年均增长 9.7%，远远高于同时期世界经济平均 3%左右的增长速度，经济总量跃升至世界第四位；粮食、棉花、肉类、钢铁、煤炭、化肥、水泥等主要农产品和工业品产量居世界首位；进出口总额从 206 亿美元提高到 17607 亿美元，上升为世界第三位；城乡居民收入大幅度增长，扣除物价因素，城镇居民人均可支配收入和农村居民人均纯收入均增长了5.7倍；农村贫困人口从2.5亿减少到2000多万；政治建设、文化建设、社会建设取得举世瞩目的成就。中国的发展，不仅使中国人民稳定地走上了富裕安康的广阔道路，而且为世界经济发展和人类文明进步作出了重大贡献。前不久世界银行公布的数据表明，过去25年来，全球脱贫事业所取得的成就中，有67%的成就归功于中国。

新时期最突出的标志是与时俱进。正是在与时俱进地探索和回答什么是社会主义、怎样建设社会主义，建设什么样的党、怎样建设党，实现什么样的发展、怎样发展等重大理论和实际问题的过程中，我们党不断推进了马克思主义中国化，在开创中国特色社会主义事业新局面的同时，拓展了当代中国马克思主义新境界。

事实雄辩地证明，“改革开放是决定当代中国命运的关键抉择，是发展中国特色社会主义、实现中华民族伟大复兴的必由之路；只有社会主义才能救中国，只有改革开放才能发展中国、发展社会主义、发展马克思主义”。

当代中国的这一切发展进步，是怎么来的呢？党的十七大报告要求全党同志抚今追昔、饮水思源，做到“三个永远铭记”。应当说，这“三个永远铭记”既饱含深情，又具有历史的纵深感，生动地体现了改革开放伟大事业是几代中国共产党人一以贯之、薪火相传、接力推进的。

我们要永远铭记，改革开放伟大事业，是在以毛泽东同志为核心的党的第一代中央领导集体创立毛泽东思想，带领全党全国各族人民建立新中国、取得社会主义革命和建设伟大成就以及艰辛探索社会主义建设规律取得宝贵经验的基础上进行的；要永远铭记，改革开放伟大事业，是以邓小平同志为核心的党的第二代中央领导集体带领全党全国各族人民开创的；要永远铭记，改革开放伟大事业，是以江泽民同志为核心的党的第三代中央领导集体带领全党全国各族人民继承、发展并成功推向21世纪的。

紧接着这“三个永远铭记”，党的十七大报告还有一段承上启下的重要论述。这就是：“十六大以来，我们以邓小平理论和‘三个代表’重要思想为指导，顺应国内外形势发展变化，抓住重要战略机遇期，发扬求真务实、开拓进取精神，坚持理论创新和实践创新，着力推动科学发展、促进社会和谐，完善社会主义市场经济体制，在全面建设小康社会实践中坚定不移地把改革开放伟大事业继续推向前进。”

这段重要论述表明，先辈回眸应笑慰，擎旗自有后来人。以胡锦涛同志为总书记的党中央正在继承和发展着老一辈无产阶级革命家开创的改革开放伟大事业。所谓继承，就是坚定不移地高举中国特色社会主义伟大旗帜，继续解放思想，坚持改革开放；所谓发展，就是明确提出了推动科学发展、促进社会和谐。这里需要着重指出的是，我们党在十六届三中全会上首次提出科学发展观时，正是把它作为深化改革、完善社会主义市场经济体制的指导思想和重要原则之一来强调的。也就是说，在新的历史起点上，我们党既要用科学发展、社会和谐来推动深化改革，又要在深化改革中实现科学发展、社会和谐。这正是改革开放能顺利完成攻坚克难的重要保证。从这个意义上来领会党的十七大报告主题中关于“一个始终不渝”和“四个坚定不移”的重要论述，人们当可获得更加深刻的认识。

毫无疑问，在新世纪新阶段，我们党和国家有以胡锦涛同志为总书记的党中央这样坚定、坚强、坚韧的中央领导集体引领，就一定能够使邓小平同志开创的、江泽民同志进一步发展了的改革开放伟大事业得到继承和发展。毫无疑问，我们党自诞生之日起就勇敢担当起来的带领中国人民创造幸福生活、实现中华民族伟大复兴的历史使命，就一定能在当代中国共产党人顽强扎实的奋斗中得以实现。

## 三、深刻理解我们党在近30年改革开放伟大实践中创造的“十个结合”的宝贵经验

改革开放以来，我们党和国家在取得社会主义现代化建设举世瞩目成就的同时，创造和积累了丰富的实践经验。在党的十三大、十四大、十五大、十六大分别作出改革开放阶段性经验总结的基础上，党的十七大从总结近30年改革开放整个历史进程着眼，紧扣在一个十几亿人口的发展中大国如何才能摆脱贫困、加快实现现代化、巩固和发展社会主义的问题，全方位、大力度地总结概括出“十个结合”的宝贵经验。

党的十七大报告选择这样一个角度来总结经验，一个重要原因是，摆脱贫困和实现现代化，这在全世界范围内是具有普遍意义的；而中国的改革开放，本来就是对所谓贫穷的社会主义的一种反思和纠正，就是要以改革开放为动力，打破旧体制的束缚，解放和发展社会生产力，完善社会主义制度，使

中国摆脱贫穷落后，依次实现温饱、小康和中等发达，在中国特色社会主义道路上实现中华民族伟大复兴。

邓小平同志在谈到改革开放的动因时，曾经这样说过，“多少年来我们吃了一个大亏，社会主义改造基本完成了，还是‘以阶级斗争为纲’，忽视发展生产力。‘文化大革命’更走到了极端。”造成的结果是：“就整个政治局面来说，是一个混乱状态；就整个经济情况来说，实际上是处于缓慢发展和停滞状态。”他还举例说：“截至一九七八年，工人的月平均工资只有四五十元，农村的大多数地区仍处于贫困状态。”正是这种贫穷落后的状况，引发了我们党的深刻反思。反思的结论是：“贫穷不是社会主义，社会主义要消灭贫穷。不发展生产力，不提高人民的生活水平，不能说是符合社会主义要求的。”

从这里可以看到，我们党对于“主义”的反思，是从直面“问题”开始的，而又落脚到通过改革开放来有效地解决“问题”，从而更好地实现对我们党和人民选择的社会主义的真正坚持上来。这就是中国近 30 年改革开放从实践到理论、又从理论到实践的内在逻辑。让我们循着这个内在逻辑，来看一看“十个结合”的宝贵经验吧。

第一个结合说的是，中国改革开放能够取得成功，关键是既不丢“老祖宗”，又发展“老祖宗”；既不断开创事业发展新局面，又不断开拓马克思主义理论新境界。这样的结合，推动了人们思想观念的解放和社会生产力的解放。

第二个结合说的是，中国社会主义能在新时期显示出蓬勃生机和活力，就在于它是实行改革开放的社会主义；中国改革开放之所以能健康发展，就在于它是有利于巩固和发展社会主义的改革开放。这样的结合，创造了真正活跃起来的社会主义，创造了进一步造福人民的社会主义。

第三个结合说的是，我们在改革开放中，既依靠党和政府的坚强领导，又尊重基层和人民群众特别是地方的改革首创精神。这样的结合，使中国在改革开放导致的利益多元化的情况下，能够有效地保持国家的统一和社会的整合。

第四个结合说的是，社会主义市场经济新体制，作为前无古人的创举，同社会主义基本制度是紧密相连的。这样的结合，使社会主义市场经济成为一种既符合市场经济一般要求，又符合社会主义本质和方向的制度模式。

第五个结合说的是，我们党既重视经济体制改革，又重视包括政治体制改革在内的上层建筑变革；而在推进政治体制改革中，又把扩大民主同健全法制结合起来。这样的结合，创造了兼具民主和集中两种政治制度模式。

第六个结合说的是，中国在改革开放和现代化建设中，既重视“物”的发展即社会生产力的发展，又重视“人”的发展即全民族文明素质的提高。这样的结合，把人的全面发展同社会全面进步统一于现代化建设的实践之中。

第七个结合说的是，党在领导改革开放和现代化建设中，适时地把促进发展、提高效率同注重社会公平、促进社会和谐结合起来。这样的结合，使中国社会既持续地充满创造活力，又有助于避免两极分化而达到共同富裕。

第八个结合说的是，中国这样一个有十几亿人口的发展中大国要发展起来，既离不开参与经济全球化，更离不开独立自主。这样的结合，使我们能同时用好国内国际两个市场、两种资源，在趋利避害的平等竞争中达到互利、普惠、共赢。

第九个结合说的是，中国在改革开放中，注意协调改革力度、发展速度同社会可承受程度的关系，把改善人民生活作为处理这三者关系的重要结合点。这样的结合，既避免了不少转型国家出现过的经济严重衰退和社会剧烈震荡，又使改革发展成果真正惠及全体人民。

第十个结合说的是，我们党把对客观世界的改造同主观世界的改造结合起来，为改革开放和现代化建设提供强有力的政治保证和组织保证。这样的结合，既推动了中国特色社会主义伟大事业，又推进了党的建设新的伟大工程，从而不断提高了党的领导水平、执政水平和拒腐防变能力。

总而言之，贯穿这“十个结合”的一个最本质的结合，就是把坚持科学社会主义基本原则，同根据我国实际和时代特征所赋予的鲜明中国特色结合起来。从这个意义上说，“十个结合”的宝贵经验，实际上阐发的是中国在改革开放中形成的超越于中国表面发展成就的、更为本质的成就，那就是中国制度文明的特色和发展模式的特点。这也就是说，中国改革开放的成功，本质上是一种制度文明的成功和发展模式的成功。这种制度和模式就叫作中国特色社会主义。

现在国际舆论对中国的制度和模式问题议论纷纷，既有叫好的，也有唱衰的；既有认为难以置信的，也有感到不可思议的；还有担心中国把自己的发展模式向外输出,造成所谓“模式威胁”的。当然也有对我们自己创造的成功制度和模式不屑一顾,而总想着另外去寻找别的什么主义和模式的。不管别人怎么说,我们党自有明确的主心骨,那就是:坚定不移地走自己的路,建设和发展中国特色社会主义。

写到这里,有必要强调,我们党和国家历来认为,世界上的问题千差万别,不可能都用一个模式去解决。中国的发展道路和发展模式只适合于中国国情。我们坚信,改革开放以来,我们党和国家在制度文明和发展模式等方面所创造的中国特色,是具有强大生命力的。同时,我们又高度尊重人类发展的差异性和文明进步的多样性。我们既然一再强调革命、建设、改革都要走自己的路,就决不会以任何理由要求别国照搬照套我们的发展道路、发展模式。所以,所谓中国“模式威胁论”同其他种种“威胁论”一样,都是根本站不住脚的。

# 改革开放新时期与三大历史性变化

（2007年10月）

党的十七大报告在回顾总结新时期近30年来改革开放伟大历史进程时，开宗明义作出了一个蕴涵广阔历史背景和深刻思想内容的精辟概括，即：党的十一届三中全会开启了改革开放历史新时期，从那时以来，中国人民的面貌、社会主义中国的面貌、中国共产党的面貌发生了历史性变化。人们只要回顾一下党的十一届三中全会前后的历史，就不难从理论和实践的结合上加深对三大历史性变化的理解。

1976年10月，我们党一举粉碎"四人帮"，这一胜利，从危难中挽救了党和国家，但"文化大革命"遗留下来的政治、思想、组织和经济上的混乱还极其严重，党的指导思想上的是非并没有得到应有的澄清，"两个凡是"还禁锢着人们的思想、束缚着人们的手脚。在那个拨乱反正的徘徊期，一方面，广大干部群众强烈要求纠正"文化大革命"的错误理论、方针和政策，彻底扭转"文化大革命"造成的严重局面，使中国从危难中奋起这样的愿望迟迟得不到满足；另一方面，由于"文化大革命"玷污了党的形象、社会主义的形象，在一些人中产生了对毛泽东思想、对党的领导、对社会主义的怀疑乃至否定的情绪。很明显，在当时那样的情况下，党如果不坚决澄清是非、肃清"左"倾错误，就既无法走出困境、开启新局；也难以抵制和纠正怀疑、否定党的领导和社会主义的错误倾向。

正是在这样的重大历史关头，具有伟大历史意义的党的十一届三中全会于1978年12月召开了。在邓小平同志的领导和老一辈无产阶级革命家的支持下，十一届三中全会从根本上冲破了长期"左"倾错误的严重束缚，批评了"两个凡是"的错误方针，明确指出必须完整、准确地掌握毛泽东思想的科学体系。全会高度评价关于真理标准问题的讨论，重新确立马克思主义的思想路线、政治路线和组织路线，作出了把党和国家的工作重点转移到社会主义现代化建设上来和实行改革开放的战略决策。邓小平同志在十一届三中全会前召开的中央工作会议上，发表了《解放思想，实事求是，团结一致向前看》的著名讲话。讲话中关于“一个党，一个国家，一个民族，如果一切从本本出发，思想僵化，迷信盛行，那它就不能前进，它的生机就停止了，就要亡党亡国”这样振聋发聩的重要论断，代表了中国共产党人在新的时代条件下的一个了不起的伟大觉醒。这个伟大觉醒，有力地推进了拨乱反正和全面改革，同时也孕育了新时期从理论到实践的伟大创造。

为什么十七大报告要强调党的十一届三中全会开启了改革开放历史新时期呢？这是因为，我们党在新中国成立以来的历史上，具有深远意义的伟大转折是以这次全会为开端的。我们党在思想、政治、组织等领域的全面拨乱反正，是从这次全会开始的。伟大的社会主义改革开放，是由这次全会揭开序幕和开始起步的。建设中国特色社会主义的新道路，是以这次全会为起点开辟的。指导改革开放和社会主义现代化建设的强大理论武器——邓小平理论，是在这次全会前后开始逐步形成和发展起来的。一句话，十一届三中全会标志着：中国从此进入了改革开放和社会主义现代化建设的历史新时期，中国共产党从此开始了建设中国特色社会主义的新探索。

为什么十七大报告要特别强调从十一届三中全会以来，中国人民的面貌、社会主义中国的面貌、中国共产党的面貌都发生了历史性变化呢？这是因为，我国新时期外在的、有形的变化和发展进步，人们很容易一眼就能看出来；而对这三个面貌这样一种内在的、深层次的变化和发展进步，却并非所有人都能看得出来，这就特别需要着重地加以揭示和阐发。

中国人民面貌的历史性变化，最根本的，就是在十一届三中全会重新确立的解放思想、实事求是的思想路线指引下，冲破了长期窒息人们思想的许多旧观念，摆脱了许多思想上的枷锁和禁锢，振奋起伟大的革新创造精神、开拓进取精神、实干兴邦精神，激发出空前的积极性、主动性、创造性，持续并持久地创造出举世瞩目的经济社会发展的历史性成就。

社会主义中国面貌的历史性变化，最根本的，就是在十一届三中全会作出的彻底否定“以阶级斗争为纲”的错误理论和实践、科学评价毛泽东同志和毛泽东思想、把党和国家的工作中心转移到经济建设上来、实行改革开放的历史性决策引领下，我国实现了从以阶级斗争为纲到以经济建设为中心、从封闭半封闭到改革开放、从计划经济到市场经济的深刻转变，拥有十几亿人口的中国创造了并继续创造着充满活力的社会主义，中华民族已经、正在并将继续以面向现代化、面向世界、面向未来的崭新面貌屹立在世界东方。

中国共产党面貌的历史性变化，最根本的，就是以十一届三中全会为标志，端正了党的指导思想，重新确立了马克思主义的思想路线、政治路线和组织路线，并以此为起点，坚定地依靠广大干部和群众的集体智慧，从各个方面深入总结了历史经验，既勇敢地摆脱了多年来的“左”倾错误和毛泽东同志晚年的错误，又坚决维护了党在长期斗争中形成的优良传统。特别是通过拨乱反正、全面改革，勇敢地走自己的路，在探索建设中国特色社会主义的道路上开创了党的事业的新局面，开拓了马克思主义中国化新境界，并在这个过程中加强和改善了党的领导和党的建设，使党赢得人民群众衷心拥护，成为中国特色社会主义事业的坚强领导核心。

党的十七大报告强调，改革开放方向和道路完全正确，成绩和功绩不容否定，首先就是指改革开放带来的中国人民的面貌、社会主义中国的面貌、中国共产党的面貌这种历史性变化、历史性进步不容否定。

# 党的第一代中央领导集体的艰辛探索和改革开放

（2007 年 10 月）

党的十七大报告作出的“改革开放伟大事业，是在以毛泽东同志为核心的党的第一代中央领导集体创立毛泽东思想，带领全党全国各族人民建立新中国、取得社会主义革命和建设伟大成就以及艰辛探索社会主义建设规律取得宝贵经验的基础上进行的”这一精辟论断，是符合我国历史实际，经得起历史、人民和实践检验的科学论断。对此，我们可以从以下两个方面来加深理解。

首先，从根本政治前提和制度基础来看。十七大报告指出：“新民主主义革命的胜利，社会主义基本制度的建立，为当代中国一切发展进步奠定了根本政治前提和制度基础。”这就是说，改革开放这场新的伟大革命，同以毛泽东同志为核心的党的第一代中央领导集体创立毛泽东思想，带领全党全国各族人民建立新中国、取得社会主义革命和建设伟大成就以及艰辛探索社会主义建设规律取得的宝贵经验之间，既有历史递进性，更有内在统一性；以毛泽东同志为核心的党的第一代中央领导集体所领导的新民主主义革命、所创立的社会主义基本制度和艰辛探索社会主义建设规律所取得的宝贵经验，孕育了毛泽东思想，实现了马克思列宁主义同中国实际相结合的第一次历史性飞跃，为当代中国一切发展进步提供了根本政治前提和制度基础；以邓小平同志为核心的党的第二代中央领导集体领导的改革开放这场新的伟大革命，正是在这样的根本政治前提和制度基础上进行的。这两次革命，前者是属于制度选择，后者是属于政策选择。弄清这个问题，对于指导我们正确总结改革开放的历史进程及其宝贵经验，是至关紧要的。

以毛泽东同志为核心的党的第一代中央领导集体，领导全党和全国各族人民，经过长期奋斗，夺取了新民主主义革命的胜利，进而建立起社会主义基本制度,把100多年来备受侵略、奴役、欺凌的半殖民地半封建的旧中国,变成了独立的人民当家作主的社会主义新中国。这场中国有史以来最伟大的革命,开辟了中国历史的新纪元。我们党领导人民,在完成了对社会主义这样一种"基本制度选择"之后,之所以还要进行改革开放这场新的伟大革命,用邓小平同志的话来说,就是要"在坚持四项原则的基础上选择好的政策,使社会生产力得到比较快的发展"。而所谓"好的政策选择",最根本的就是对改革开放总方针总政策的选择,以及对与之相配套的政治的、经济的、社会的政策的选择。显然,我们党和国家在新时期的这样一种"好的政策选择",坚持和深化了"基本制度的选择",并且使我们所坚持的马克思主义和社会主义,在中国这块土地上焕发出强大的生命力、创造力、感召力。

正因为这样,改革开放这场新的伟大革命,决不是要改变我国社会主义制度的性质,而是社会主义制度的自我完善和发展。其目的,正如十七大报告所指出的:"就是要解放和发展社会生产力,实现国家现代化,让中国人民富裕起来,振兴伟大的中华民族;就是要推动我国社会主义制度自我完善和发展,赋予社会主义新的生机活力,建设中国特色社会主义;就是要在引领当代中国发展进步中加强和改进党的建设,保持和发展党的先进性,确保党始终走在时代前列。"

回顾改革开放近30年的伟大历程,我们党领导的这场新的伟大革命,之所以目的与效果是如此统一;之所以当一些国家的"改革"导致了社会主义制度的解体和共产党执政地位的丢失,而中国近30年的改革开放,却"使社会主义和马克思主义在中国大地上焕发出勃勃生机,给人民带来更多福祉,使中华民族大踏步赶上时代前进潮流,迎来伟大复兴的光明前景",一个根本的原因就在于,我们党领导的改革开放,正是依据新的伟大革命同社会主义制度自我完善和发展相统一的原则来进行的。

其次,从对中国社会主义建设道路的探索实践来看。新中国成立以后,特别是在我们党团结带领全国人民,创造性地完成了由新民主主义革命向社会主义革命转变的深刻社会变革以后,毛泽东同志在带领人民转入大规模社会主义建设过程中,对适合中国国情的社会主义道路进行了艰辛探索。1956年,毛泽东同志发表《论十大关系》,强调我们的基本方针,就是要把国内外一切积极因素调动起来,为社会主义事业服务。1957年,毛泽东同志又发表《关于正确处理人民内部矛盾的问题》，指出社会主义社会的基本矛盾仍然是生产关系和生产力、上层建筑和经济基础之间的矛盾；我们的根本任务已经由解放生产力变为在新的生产关系下面保护和发展生产力；提出了严格区分和正确处理两类不同性质的矛盾，团结全国各族人民发展我们的经济、发展我们的文化，建设社会主义强大国家的战略思想。在艰辛的探索实践中，毛泽东同志提出了不少关于中国社会主义建设的重要观点，涉及政治、经济、文化、国防、外交等各个方面。尽管在探索实践中有曲折、有失误，甚至出现过严重失误，但一个基本的事实是，新中国成立以来，一个原来饱受帝国主义掠夺和奴役的国家，变成了一个享有主权的独立的国家；一个原来四分五裂的国家，变成了一个除台湾等岛屿外实现统一的国家；一个原来人民备受欺凌和压迫的国家，变成了一个人民当家作主、享有民主权利的国家。

人们从这样的客观事实中，特别是从社会主义前途命运的国际比较中，深刻体会到，以毛泽东同志为核心的党的第一代中央领导集体在社会主义建设事业中坚持独立自主，执着地、不倦地探索适合自己国情的道路，既上承我们党从成立以来就具有的光荣传统，又下启改革开放历史新时期的创新实践。所谓上承光荣传统，就是继承了民主革命时期我们党独立开辟农村包围城市战略道路的大智大勇；所谓下启创新实践，就是对十一届三中全会以后我们党独立开辟中国特色社会主义道路，有着重要指导作用，对十六大以来我们党继续开创改革开放和社会主义现代化建设新局面，开拓马克思主义中国化新境界，也有着重要指导作用。

# 党的第二代中央领导集体的创新实践和改革开放

（2007年10月）

党的十七大报告关于“改革开放伟大事业，是以邓小平同志为核心的党的第二代中央领导集体带领全党全国各族人民开创的”这一重要论断，深刻阐明了邓小平同志和以邓小平同志为核心的党的第二代中央领导集体，是我国新时期改革开放伟大事业的开创者。对此，我们可以从以下四个方面来加深理解。

第一，新时期我们党解放思想、实事求是思想路线的重新确立，以及拨乱反正和全面改革的大力度推进，都是同邓小平同志和以邓小平同志为核心的党的第二代中央领导集体的领导和倡导紧密相关的。“文化大革命”结束后，刚刚开始的拨乱反正，就遇到了“两个凡是”的严重障碍。为了冲破禁锢、打开局面，早在1977年4月，邓小平同志就在致当时党中央负责同志的信中提出：“要用准确的完整的毛泽东思想来指导我们全党、全军和全国人民，把我们党的事业、社会主义的事业和国际共产主义运动的事业推向前进。”此后，邓小平同志又一再强调，毛泽东思想的精髓是实事求是，并亲自领导和支持了关于实践是检验真理唯一标准的大讨论，旗帜鲜明地反对“两个凡是”的错误观点，为党的十一届三中全会作了必要的思想理论准备。1978年年底召开的、具有重大历史意义的十一届三中全会，批评了“两个凡是”的错误方针，以巨大的政治勇气和理论勇气，彻底否定“以阶级斗争为纲”的错误理论和实践，科学评价毛泽东同志和毛泽东思想，果断作出把党和国家工作重点转移到社会主义现代化建设上来的战略决策。这次全会标志着我们党重新确立了马克思主义的思想路线、政治路线和组织路线。邓小平同志在为这次全会作准备的中央工作会议上所作的《解放思想，实事求是，团结一致向前看》的重要讲话，实际上是十一届三中全会的主题报告，是开创我国改革开放历史新时期的宣言书。

第二，改革开放这一打开我国新时期新局面的历史性决策，是由邓小平同志和以邓小平同志为核心的党的第二代中央领导集体作出的。邓小平同志指出，十一届三中全会以来，“我们主要做了两件事，一是拨乱反正，二是全面改革”。他还说，“改革的问题，十一届三中全会也已经提出来了”。在果断实行全面改革方面，邓小平同志说过三句振聋发聩的话：一句是：“一个党，一个国家，一个民族，如果一切从本本出发，思想僵化，迷信盛行，那它就不能前进，它的生机就停止了，就要亡党亡国。”另一句是：“再不实行改革，我们的现代化事业和社会主义事业就会被葬送。”还有一句是：“不坚持社会主义，不改革开放，不发展经济，不改善人民生活，只能是死路一条。”邓小平同志还说过：“我们要赶上时代，这是改革要达到的目的。”这就表明，作出改革开放这一决定当代中国命运的历史性决策和关键抉择，既是要摆脱我们党和国家当时所处的严重困境，摆脱高度集中的计划经济体制的长期束缚，摆脱闭关自守的封闭状态，实现从困境中重新奋起；又是要顺应和平发展的时代潮流，赶上世界新科技革命新的浪潮，在坚持独立自主的前提下，勇敢参与国际经济合作和竞争。这是中国共产党人在当时历史条件下的一个了不起的伟大觉醒。没有这样的觉醒，新时期就根本无法开创，新局面也根本无从打开。

第三，我们党和国家在新时期“走自己的路、建设中国特色社会主义”的时代号角，是由邓小平同志和以邓小平同志为核心的党的第二代中央领导集体吹响的。邓小平同志在党的十二大所作的开幕词，在深刻总结我国革命和建设正反两方面经验的基础上，首次提出了“走自己的道路，建设有中国特色的社会主义”的口号。这个口号，既是总结我们党长期历史经验得出的基本结论，又是我们党在新时期的全部理论和实践的主题；既是开创新时期的逻辑起点，也是整个新时期的历史起点。这个口号的提出，标志着我们党在改革开放和社会主义现代化建设历史新时期，对于寻找中国自己的社会主义发展道路，形成自己的理论、路线、纲领、目标这种历史要求，作出了最鲜明的概括，标志着这种政治和理论的自觉开始达到新的历史高度。

第四，作为开创新时期的强大思想武器的邓小平理论和党在社会主义初级阶段基本路线，是由邓小平同志和以邓小平同志为核心的党的第二代中央领导集体创立和确立的。我们党在新时期领导的创新实践，呼唤和孕育创新的理论。在这个过程中,围绕不断探索和回答“什么是社会主义、怎样建设社会主义”的问题,形成了邓小平同志建设有中国特色社会主义理论和党在社会主义初级阶段基本路线。党的十三大报告指出,十一届三中全会以来,我们党在对社会主义再认识的过程中,在哲学、政治经济学和科学社会主义等方面,发挥和发展了一系列科学理论观点,构成了建设有中国特色社会主义理论的轮廓,并首次概括了党在社会主义初级阶段建设有中国特色社会主义的基本路线,规划了我们前进的科学道路。党的十四大报告明确提出邓小平同志建设有中国特色社会主义理论,并从 9 个方面论述了中国特色社会主义理论的主要内容,还明确提出新时期 14 年伟大实践的经验,集中到一点,就是要毫不动摇地坚持以建设有中国特色社会主义理论为指导的党的基本路线。党的十五大报告进一步指出,马克思列宁主义同中国实际相结合有两次历史性飞跃,产生了两大理论成果。第一次历史性飞跃的理论成果,是被实践证明了的关于中国革命和建设的正确的理论原则和经验总结,它的主要创立者是毛泽东。第二次历史性飞跃的理论成果,是建设有中国特色社会主义理论,它的主要创立者是邓小平。十五大报告还进一步阐明了党在社会主义初级阶段的基本路线和基本纲领。这就进一步明确了邓小平同志和以邓小平同志为核心的党的第二代中央领导集体,不仅是我国新时期改革开放伟大事业的开创者,也是中国特色社会主义理论和党在社会主义初级阶段基本路线的创立者。

# 党的第三代中央领导集体的与时俱进和改革开放

（2007 年 10 月）

党的十七大报告关于“改革开放伟大事业，是以江泽民同志为核心的党的第三代中央领导集体带领全党全国各族人民继承、发展并成功推向二十一世纪的”这一重要论断，充分肯定了江泽民同志和以江泽民同志为核心的党的第三代中央领导集体，在危难时刻和世纪之交，为继承、捍卫和发展改革开放伟大事业，并将这一事业成功推向 21 世纪所作出的卓越贡献。对此，我们可以从以下四个方面来加深理解。

第一，江泽民同志担负起中国共产党第三代中央领导集体核心的重任，正值国际国内政治风云变幻之际，可以说是受命于危难之时。20 世纪 80 年代末 90 年代初，国内发生严重政治风波，世界社会主义出现严重曲折，我国社会主义事业发展面临空前巨大的困难和压力，我们党和国家处在决定前途命运的重大历史关头。江泽民同志和以江泽民同志为核心的党的第三代中央领导集体临危受命、不负重托，坚持改革开放、与时俱进，在国内外政治风波的严峻考验面前，紧紧依靠党和人民，旗帜鲜明地反对动乱、平息暴乱，成功地稳住了改革发展的大局，捍卫了社会主义国家政权，捍卫了中国特色社会主义，维护了国家的独立、尊严、安全和稳定，维护了人民根本利益，奋力维护和推进了中国特色社会主义伟大事业，继续引领改革开放的航船沿着正确方向破浪前进。

第二，江泽民同志和以江泽民同志为核心的党的第三代中央领导集体高举邓小平理论伟大旗帜，战胜种种风险挑战，把改革开放伟大事业成功推向 21 世纪。从十三届四中全会到十六大这 13 年间，来自政治领域、经济领域和自然界的风险挑战接连不断：海湾战争，华东水灾，“台独”分裂势力猖狂挑衅，亚洲金融危机，长江和嫩江、松花江严重洪涝灾害，美国用导弹袭击我国驻南联盟大使馆，中美撞机事件，“9·11”事件，阿富汗战争，等等。在复杂的形势和严峻的挑战面前，江泽民同志和以江泽民同志为核心的党的第三代中央领导集体，团结带领全党全国各族人民，坚持以经济建设为中心，坚持四项基本原则，坚持改革开放，从容应对并化解各种风险和挑战。同时，着眼于抓住机遇、深化改革、扩大开放、促进发展、保持稳定，制定和实施了一系列方针政策和重大战略，锐意推进经济体制改革、政治体制改革、文化体制改革和其他各方面改革。实施依法治国基本方略，推进建设社会主义法治国家。坚持和平统一、“一国两制”方针，使香港、澳门先后回到祖国怀抱。坚持独立自主的和平外交政策，从1989年到2002年，江泽民同志先后出访70多个国家，总行程约60多万公里，为打开我国外交工作崭新局面作出杰出贡献。在此期间，我国综合国力大幅跃升，人民生活总体上实现了由温饱到小康的历史性跨越。以江泽民同志为核心的党的第三代中央领导集体，在执政实践中，始终高举邓小平理论伟大旗帜，并在党的十五大把邓小平理论确立为我们党的指导思想，及时而鲜明地回答了党内外、国内外对邓小平同志逝世以后我们党举什么旗、走什么路这一根本问题的普遍关切，对全党统一思想、凝聚力量，开创中国特色社会主义事业新局面，发挥了重要作用。

第三，江泽民同志和以江泽民同志为核心的党的第三代中央领导集体，创建了社会主义市场经济新体制，开创了全面开放新局面。1992年，邓小平同志视察南方并发表重要谈话以后，江泽民同志和以江泽民同志为核心的党的第三代中央领导集体积极贯彻、认真实践，在统一各方面思想认识的基础上，在当年召开的党的十四大，确立了建设社会主义市场经济体制的改革目标，把我国改革开放和社会主义现代化事业推进到一个新阶段。在社会主义条件下发展市场经济，这是前无古人的伟大创举，是中国共产党人对马克思主义发展作出的历史性贡献，体现了江泽民同志和以江泽民同志为核心的党的第三代中央领导集体，坚持解放思想、实事求是、与时俱进，坚持体现时代性、把握规律性、富于创造性的巨大理论勇气和实践勇气。由传统计划经济体制向社会主义市场经济体制的深刻转变，实现了我国改革开放新的历史性突破，打开了我国经济、政治、文化发展的崭新局面。与此同时，推动我国以更加积极的姿态走向世界，在更大范围和更深程度上参与国际竞争和合作。特别是以加入世贸组织为标志，把我国的对外开放推进到一个新的阶段。

第四，江泽民同志和以江泽民同志为核心的党的第三代中央领导集体，准确把握时代特征和党所处的历史方位，创立“三个代表”重要思想，推进了党的建设新的伟大工程，把马克思主义推进到一个新境界。从十三届四中全会到十六大，这 13 年艰辛探索中创立的“三个代表”重要思想，具有深厚的实践基础、理论基础和群众基础。它用一系列紧密联系、相互贯通的新思想、新观点、新论断，进一步回答了什么是社会主义、怎样建设社会主义的问题，创造性地回答了建设什么样的党、怎样建设党的问题，从而正确界定了我们党的历史方位，并从代表中国先进生产力的发展要求、中国先进文化的前进方向和中国最广大人民根本利益的高度，提出了坚持和发展党的先进性、提高党的执政能力的时代课题。这对于推进我们党领导的中国特色社会主义伟大事业和党的建设新的伟大工程，都具有重大而深远的指导意义。2006 年 8 月出版发行的《江泽民文选》，全面反映了“三个代表”重要思想孕育、形成、发展的历史轨迹，为全党深入学习领会“三个代表”重要思想，更好地用“三个代表”重要思想武装头脑、指导实践、推动工作，继续推进中国特色社会主义伟大事业和党的建设新的伟大工程，提供了最好的教材。

# 以胡锦涛同志为总书记的党中央在接力推进伟大事业中把改革开放继续推向前进

（2007年10月）

要深刻理解党的十七大报告关于“十六大以来，我们以邓小平理论和‘三个代表’重要思想为指导，在全面建设小康社会实践中坚定不移地把改革开放伟大事业继续推向前进”这个重要论断，就应当紧紧抓住“继续推向前进”这个关键词，并把它同前两个自然段的关键词“阔步前进”“破浪前进”联系起来，从中可以看到，新时期以来，我们党领导的改革开放伟大事业是一以贯之、薪火相传、接力推进的。

第一，十六大以来我们党坚持高举旗帜、抓住机遇，求真务实、开拓进取。高举旗帜，就是坚持以邓小平理论和“三个代表”重要思想为指导，这是十六届中央委员会在领导工作中的一个最鲜明特点，也是十六大以来我国改革开放伟大事业能在全面建设小康社会的实践中继续推向前进的一个重要原因。十六届中央委员会刚一组成，胡锦涛同志就在十六届一中全会上郑重承诺：要高举旗帜、与时俱进，发扬民主、团结统一，艰苦奋斗、求真务实，清正廉洁、一心为民。十六大闭幕后，中央及时举办了新进中央委员会的委员、候补委员学习“三个代表”重要思想和贯彻十六大精神研讨班；随后，又连续举办了10期、共1500名省部级领导干部参加的学习贯彻“三个代表”重要思想专题研讨班；随后，又用一年半时间，在全党开展了以实践“三个代表”重要思想为主要内容的保持共产党员先进性教育活动；在党的十七大召开之前，中央又举办了省部级领导干部学习《江泽民文选》专题研讨班。

高举旗帜同抓住机遇、求真务实、开拓进取是并行不悖的。胡锦涛同志多次强调，要紧紧抓住和用好21世纪头20年的重要战略机遇期。党中央坚持解放思想、实事求是、与时俱进，带头以求真务实、开拓进取精神，以思想上不断有新解放、理论上不断有新发展、实践上不断有新创造，推动党和国家各项事业朝着十六大提出的各项奋斗目标不断取得新进展。十六大以来，面对复杂多变的国际环境和艰巨繁重的改革发展任务，党依靠全国各族人民，高举邓小平理论和“三个代表”重要思想伟大旗帜，成功地战胜各种困难和风险，开创了中国特色社会主义事业新局面，开拓了马克思主义中国化新境界。

第二，十六大以来我们党继续进行理论创新和实践创新，着力推动科学发展、促进社会和谐。按照十六大报告提出的“通过理论创新推动制度创新、科技创新、文化创新以及其他各方面的创新，不断在实践中探索前进”的要求，以胡锦涛同志为总书记的党中央，在全面建设小康社会实践中，全面认识新形势新任务，科学分析新机遇新挑战，深刻把握新课题新矛盾，不断作出理论上的新概括。党中央先后提出了以人为本，实现科学发展，构建社会主义和谐社会，建设社会主义新农村，建设创新型国家，树立社会主义法治理念，建设社会主义核心价值体系，建设和谐文化，树立社会主义荣辱观，坚持走和平发展道路，推动建设和谐世界，加强党的先进性建设等重大战略思想。这就从经济、政治、文化、社会、科技、外交和党建等各个方面，自觉把握了我国在新的历史起点上经济社会发展的阶段性特征，是我们党在新的实践中继续进行理论创新和实践创新的集中体现。特别是作为对党的第三代中央领导集体关于发展的重要思想的继承和发展，作为马克思主义关于发展的世界观和方法论的集中体现，作为顺应我国经济社会又好又快发展迫切需要、发展中国特色社会主义基本要求提出的科学发展观，为党和国家各方面工作的与时俱进、开拓创新提供了理论和实践指导。

第三，十六大以来我们党继续解放思想、坚持改革开放，在全面建设小康社会实践中着力完善社会主义市场经济体制。按照十六大报告提出的“在新世纪新阶段，发展要有新思路，改革要有新突破，开放要有新局面，各项工作要有新举措”的要求，十六大以来我们党从开创中国特色社会主义事业新局面的战略高度，坚持社会主义市场经济的改革方向，继续推进经济体制、政治体制、文化体制、社会体制和其他方面体制改革。

十六届三中全会就完善社会主义市场经济体制作出全面部署，明确了完善社会主义市场经济体制的目标任务以及指导思想和原则，强调坚持社会主义市场经济的改革方向，更大程度地发挥市场在资源配置中的基础性作用，注重制度建设和体制创新，增强企业活力和竞争力，健全国家宏观调控，完善政府社会管理和公共服务职能，为全面建设小康社会提供强有力的体制保障。十六届二中全会和四中全会，分别对政治体制改革作出部署，要求改革和完善党的领导方式和执政方式，改革和完善决策机制，加强对权力运行的制约和监督，推进行政管理体制和机构改革，开展司法体制和工作机构改革。在按照十六大要求深化文化体制改革试点基础上，中央制定了全国文化体制改革总体方案，对文化体制改革作出了部署。按照构建社会主义和谐社会的重大战略思想，十六届六中全会对社会体制改革作出了部署，强调要使各级各类教育迅速发展，农村免费义务教育基本实现，就业规模日益扩大，社会保障体系建设进一步加强，公共卫生体系和基本医疗服务不断健全，社会管理逐步完善。

在全面深化改革的同时，以胡锦涛同志为总书记的党中央还主动适应我国加入世贸组织后的新形势，在实施“引进来”和“走出去”相结合的开放战略方面迈出坚实步伐，把我国开放型经济推进到一个新阶段。正是在这个意义上，十七大报告强调，十六大以来，我国改革开放和全面建设小康社会取得重大进展。

# 党的十七大与新起点上新的思想解放

（2007年12月17日）

党的十七大报告深刻揭示了坚持解放思想对于党在新时期形成中国特色社会主义这一面旗帜、一条道路、一个理论体系的重要作用。报告强调，解放思想是发展中国特色社会主义的一大法宝，要继续解放思想。这就吹响了在新的历史起点上，在奋力开拓中国特色社会主义更为广阔的发展前景进程中，继续解放思想的时代号角。

向着中国特色社会主义制度定型化和社会主义市场经济体制规范化目标迈进的党的十七大，究竟在哪些方面体现了继续解放思想呢？

## 一、十七大报告关于建设和发展中国特色社会主义的重大理论概括，在新时期的理论主题和实践主题上体现了继续解放思想

中国特色社会主义，是我们党在改革开放和社会主义现代化建设历史新时期一以贯之的理论主题和实践主题。改革开放新时期近30年来，我们党团结带领全国各族人民始终紧紧围绕建设中国特色社会主义这个主题不懈奋斗。在这个过程中形成的邓小平理论、“三个代表”重要思想和科学发展观，都是紧紧围绕建设中国特色社会主义这个主题，不断总结实践经验、不断拓展理论视野、不断作出理论概括提出来的，都是持续解放思想的产物。

2007年6月25日，胡锦涛同志在中央党校省部级干部进修班上的重要讲话中，首次提出了要在新的历史起点上和新的发展实践中，“毫不动摇地坚持和发展中国特色社会主义”。讲话把坚持和发展中国特色社会主义

并列地提了出来，这表明我们党在新的历史起点上和新的发展实践中，不仅要继续为建设中国特色社会主义而奋斗，而且要为发展中国特色社会主义而奋斗，从而努力使中国特色社会主义道路越走越宽广，使当代中国马克思主义放射出更加灿烂的真理光芒。

通观整个十七大报告，发展中国特色社会主义这个重大战略思想渗透和体现在全篇许多重要方面。比如，报告强调，“在新的发展阶段继续全面建设小康社会、发展中国特色社会主义，必须坚持以邓小平理论和‘三个代表’重要思想为指导，深入贯彻落实科学发展观”；科学发展观，“是发展中国特色社会主义必须坚持和贯彻的重大战略思想”；“解放思想是发展中国特色社会主义的一大法宝，改革开放是发展中国特色社会主义的强大动力，科学发展、社会和谐是发展中国特色社会主义的基本要求”；等等。

十七大报告还把推进“四位一体”的社会主义经济建设、政治建设、文化建设、社会建设，都同发展中国特色社会主义联系起来。强调在经济建设上，要“着力把握发展规律、创新发展理念、转变发展方式、破解发展难题，提高发展质量和效益，实现又好又快发展，为发展中国特色社会主义打下坚实基础”；强调在政治建设上，“在发展中国特色社会主义的历史进程中，中国共产党人和中国人民一定能够不断发展具有强大生命力的社会主义民主政治”；强调在社会建设上，“实现社会公平正义是中国共产党人的一贯主张，是发展中国特色社会主义的重大任务”；强调在深化改革开放上，要“着力构建充满活力、富有效率、更加开放、有利于科学发展的体制机制，为发展中国特色社会主义提供强大动力和体制保障”；同时还强调，“要坚持把以经济建设为中心同四项基本原则、改革开放这两个基本点统一于发展中国特色社会主义的伟大实践，任何时候都决不能动摇”；等等。

很明显，体现了继续解放思想要求的建设和发展中国特色社会主义，乃是贯通整个十七大报告的主旋律，也是贯彻落实好十七大精神的主题词。围绕这个主旋律、突出这个主题词，才能真正学懂十七大报告的精髓之所在，才能真正弄通党在新的历史起点上的使命之所在，才能真正明确党在新的发展实践中继续解放思想的指向之所在。

## 二、十七大报告关于中国特色社会主义一面旗帜、一条道路、一个理论体系的重大理论观点和对科学发展观科学内涵、精神实质的深刻阐述，在发展中国特色社会主义的旗帜问题上体现了继续解放思想

党的十七大报告在理论上主要有两大突出贡献：一是把我国新时期改革开放、发展进步的根本经验和基本原因，把我们党的指导思想、共同理想、发展道路、奋斗目标，概括为一面旗帜、一条道路、一个理论体系；二是精辟论述了科学发展观的历史背景、科学内涵和精神实质。这两大理论贡献，就其实质和内在联系而言，其实都是统一于中国特色社会主义这一面旗帜、一条道路、一个理论体系的。

十七大报告第一次把新时期近30年来我们党的全部理论创新成果包括科学发展观等重大战略思想集中起来，纳入中国特色社会主义理论体系和中国特色社会主义这面统一的旗帜；第一次阐明了高举中国特色社会主义伟大旗帜，最根本的就是要坚持中国特色社会主义道路和中国特色社会主义理论体系，从而界定了高举中国特色社会主义伟大旗帜统一的内涵；报告还第一次把高举这面伟大旗帜同“四个坚定不移”，即坚定不移地继续解放思想，坚定不移地坚持改革开放，坚定不移地推动科学发展、促进社会和谐，坚定不移地为夺取全面建设小康社会新胜利而奋斗结合起来，作为十七大报告统一的主题。这“三个第一次”和“三个统一”，都是我们党在新的历史起点上继续解放思想的生动体现。从中可以看出，党对建设和发展中国特色社会主义规律的认识和运用，同25年前党的十二大刚提出建设有中国特色社会主义这一命题时相比，已经大大深化了。

十七大报告还提出了一个十分重要的新论断，即：科学发展观是发展中国特色社会主义必须坚持和贯彻的重大战略思想。这就是说，科学发展观既是中国特色社会主义理论体系的一个重要组成部分，又是用来指导建设和发展中国特色社会主义这一新的伟大实践的。或者也可以说，正是发展中国特色社会主义新的伟大实践，孕育和催生了科学发展观这一马克思主义中国化的最新成果；而科学发展观的提出和深入贯彻落实，又为发展中国

特色社会主义提供了理论指导和行动指南。

人们或许还记得，党的十六大提出了用发展着的马克思主义指导新的实践这一重大理论概念；党的十七大提出的建设和发展中国特色社会主义，实际上是提出了一个包括发展着的中国特色社会主义理论和发展中国特色社会主义新的实践这“两位一体”的重大理论概念。也就是说，提出发展中国特色社会主义的理论命题和实践命题，归根到底是因为，我们党在继续解放思想的过程中，把当代中国马克思主义在邓小平理论和“三个代表”重要思想基础上又往前发展了。

理论的新概括，归根到底来源于实践的新发展。科学发展观之所以既是中国特色社会主义理论体系的一个重要组成部分，又是发展中国特色社会主义必须坚持和贯彻的重大战略思想，从理论和实践的结合上看，就在于它深刻认识和把握了当代中国既仍然处于并将长期处于社会主义初级阶段又已进到新的历史起点这样一种基本国情的新变化新特点，深刻认识和把握了我国全面参与经济全球化的新机遇新挑战，深刻认识和把握了工业化、信息化、城镇化、市场化、国际化深入发展的新形势新任务，深刻认识和把握了我国发展面临的新课题新矛盾，深刻认识和把握了人民群众对我们党的新要求新期待。正因为这样，科学发展观理所当然地成为指导全党从新的历史起点出发，为实现中国特色社会主义制度定型化和社会主义市场经济体制规范化而继续解放思想的强大思想武器。

## 三、十七大报告关于中国特色社会主义“四位一体”的总体布局和四大建设的重要论述，在发展中国特色社会主义的基本纲领上体现了继续解放思想

如同毛泽东同志在《新民主主义论》中深刻论述了新民主主义的政治、新民主主义的经济和新民主主义的文化，标志着我们党创立的新民主主义理论开始走向成熟一样，十七大报告关于中国特色社会主义经济建设、政治建设、文化建设、社会建设“四位一体”的总体布局的理论概括，以及关于四大建设的目标定位和具体部署，则既丰富和完善了十五大报告提出的党在社会主义初级阶段基本纲领，又标志着中国特色社会主义理论进一步走向

成熟。

我们说十七大报告进一步丰富完善了十五大报告提出的党在社会主义初级阶段基本纲领，一个重要的依据是，十七大报告的第四部分明确指出，要坚持中国特色社会主义经济建设、政治建设、文化建设、社会建设的基本目标和基本政策构成的基本纲领。这是一个应当引起人们高度重视和深刻理解的重大理论观点和重大战略思想。人们应当记得，十五大报告是说过与此相类似的话的，叫作建设有中国特色社会主义的经济、政治、文化的基本目标和基本政策，有机统一，不可分割，构成党在社会主义初级阶段基本纲领。经过十六大以来这五年的进一步探索和实践，我们党以解放思想、求真务实精神，在十七大报告中不仅扩展了基本纲领的内涵，而且对基本纲领中的四大建设的每一个方面都论述得更丰富、更完整、更全面了。从这个意义上说，建设和发展中国特色社会主义这一重大战略思想，在党的基本纲领中是体现得最为充分的。

在经济建设上，强调提出了更好实施科教兴国战略、人才强国战略、可持续发展战略，着力把握发展规律、创新发展理念、转变发展方式、破解发展难题，提高发展质量和效益，实现又好又快发展，为发展中国特色社会主义打下坚实基础的问题；强调提出了努力实现以人为本、全面协调可持续的科学发展，实现各方面事业有机统一、社会成员团结和睦的和谐发展，实现既通过维护世界和平发展自己，又通过自身发展维护世界和平的和平发展的问题；强调提出了尊重人民主体地位，发挥人民首创精神，保障人民各项权益，走共同富裕道路，促进人的全面发展，做到发展为了人民、发展依靠人民、发展成果由人民共享的问题；特别是强调提出了要在加快转变经济发展方式、完善社会主义市场经济体制方面取得重大进展，坚持走中国特色新型工业化道路，坚持扩大国内需求特别是消费需求的方针，促进经济增长由主要依靠投资、出口拉动向依靠消费、投资、出口协调拉动转变，由主要依靠第二产业带动向依靠第一、第二、第三产业协同带动转变，由主要依靠增加物质资源消耗向主要依靠科技进步、劳动者素质提高、管理创新转变的问题。

在政治建设上，强调提出了坚持中国特色社会主义政治发展道路，坚持党的领导、人民当家作主、依法治国有机统一，坚持和完善人民代表大会制度、中国共产党领导的多党合作和政治协商制度、民族区域自治制度以及基层群众自治制度，不断推进社会主义政治制度自我完善和发展的问题；强调提出了人民民主是社会主义的生命，深化政治体制改革，必须坚持正确政治方向，以保证人民当家作主为根本，以增强党和国家活力、调动人民积极性为目标，扩大社会主义民主，建设社会主义法治国家，发展社会主义政治文明的问题；强调提出了政治体制改革作为我国全面改革的重要组成部分，必须随着经济社会的发展而不断深化，与人民政治参与积极性不断提高相适应的问题；强调提出了扩大社会主义民主，更好保障人民权益和社会公平正义，公民政治参与有序扩大，依法治国基本方略深入落实，全社会法制观念进一步增强，法治政府建设取得新成效，以及政府提供基本公共服务能力显著增强的问题。

在文化建设上，强调提出了要坚持社会主义先进文化前进方向，兴起社会主义文化建设新高潮，激发全民族文化创造活力，提高国家文化软实力，增强我国文化国际竞争力的问题；强调提出了充分发挥人民在文化建设中的主体作用，调动广大文化工作者的积极性，更加自觉、更加主动地推动文化大发展大繁荣，在中国特色社会主义的伟大实践中进行文化创造，让人民共享文化发展成果的问题；强调提出了明显提高全民族文明素质，基本建立覆盖全社会的公共文化服务体系，使适应人民需要的文化产品和社会文化生活更加丰富多彩，使人民基本文化权益得到更好保障，使人民精神风貌更加昂扬向上的问题；强调提出了建设社会主义核心价值体系，增强社会主义意识形态的吸引力和凝聚力，建设和谐文化，培育文明风尚，弘扬中华文化，建设中华民族共有精神家园，推进文化创新，增强文化发展活力的问题。

在社会建设上，强调提出了加快推进以改善民生为重点的社会建设，全面改善人民生活，现代国民教育体系更加完善，终身教育体系基本形成，全民受教育程度和创新人才培养水平明显提高，社会就业更加充分，覆盖城乡居民的社会保障体系基本建立，人人享有基本生活保障，合理有序的收入分配格局基本形成，中等收入者占多数，绝对贫困现象基本消除，人人享有基本医疗卫生服务，社会管理体系更加健全的问题；强调提出了扩大公共服务，完善社会管理，促进社会公平正义，努力使全体人民学有所教、劳有所得、病有所医、老有所养、住有所居，推动建设和谐社会的问题；强调提出了优先发展教育、建设人力资源强国，实施扩大就业的发展战略、促进以创业带动就业，深化收入分配制度改革、增加城乡居民收入，加快建立覆盖城乡居民的社会保障体系、保障人民基本生活，建立基本医疗卫生制度、提高全民健康水平，完善社会管理、维护社会安定团结的问题。

很明显，十七大报告阐述的中国特色社会主义经济、政治、文化、社会建设的基本纲领，无论从总体布局的广度还是每一方面建设的深度，都在十五大阐述的三大基本纲领的基础上大大拓宽和加深了。从中不难看出，在继续解放思想的推动下，中国特色社会主义确确实实在新的历史起点上开拓了更为广阔的发展前景；我们党确确实实在建设中国特色社会主义的同时发展了中国特色社会主义。

## 四、十七大报告关于既要毫不动摇地坚持改革方向，又要提高改革决策的科学性、增强改革措施的协调性，使改革始终得到人民拥护和支持的重大战略思想，在发展中国特色社会主义的强大动力和体制保障上体现了继续解放思想

我国改革开放历史新时期是靠解放思想、拨乱反正、全面改革揭开序幕的。改革开放以来，建设中国特色社会主义的每一步进展都是靠解放思想、改革开放加以推进的。在新的历史起点上建设和发展中国特色社会主义，仍然要靠继续解放思想、坚持改革开放。十七大报告在关于大会的主题、改革开放伟大历史进程和宝贵经验以及深入贯彻落实科学发展观和“四位一体”的中国特色社会主义经济、政治、文化、社会建设部分，对此都作了充分论述。

贯穿十七大报告这些重要论述的核心内容，就是我们党在建设和发展中国特色社会主义伟大实践中，既要毫不动摇地坚持改革开放，又要按照科学发展观的要求，从各方面完善改革开放。完善改革开放的前提是坚持改革开放；通过不断完善改革开放，才能更好地坚持改革开放；只有把坚持改革开放同完善改革开放结合起来，才能使改革开放始终得到人民拥护和支持。

如果说，从党的十一届三中全会到十六大，我们党通过倡导解放思想、实行改革开放，着重解决的是在原来贫穷落后的基础上加快发展起来的问题；那么，十六大以来以胡锦涛同志为总书记的党中央提出并要求全党深入

贯彻落实的科学发展观，则是要在继续解决把中国发展起来问题的同时，着重解决发展中的问题和发展起来以后的问题。

邓小平同志在1992年南方谈话中就指出，在本世纪末达到小康水平的时候，就要突出地提出和解决内地同沿海贫富差距的问题。1993年，他又强调，过去我们讲先发展起来。现在看，发展起来以后的问题不比不发展时少。他还说，解决12亿人口怎样实现富裕、富裕起来以后财富怎样分配的问题，比解决发展起来的问题还困难。解决这些问题，需要一些年富力强的同志。从这样的历史回顾中可以看出，以胡锦涛同志为总书记的党中央在十六大以后适时提出科学发展观，正是为了解决邓小平同志早就期待解决的这些问题，以便实现他在南方谈话中提出的“在建设有中国特色社会主义道路上继续前进”的嘱托。

通过深入贯彻落实科学发展观来坚持和完善改革开放，体现在提高改革决策的科学性上，就是要进一步推进改革决策的科学化、民主化，使各项改革决策既有兴国强国的大计又有惠民富民的方略，从而充分体现人民群众意愿，切实得到人民群众拥护和欢迎；体现在增强改革措施的协调性上，就是要协调好改革进程中的各种利益关系，使改革进一步兼顾到各方面利益、照顾到各方面关切，通过深化改革开放和完善改革开放，真正做到让人民群众共享改革发展成果，使全体人民朝着共同富裕的方向稳步前进。

通过深入贯彻落实科学发展观来坚持和完善改革开放，体现在经济体制改革上，就是既要从制度上更好地发挥市场在资源配置中的基础性作用，又要形成有利于科学发展的宏观调控体系；既要拓展对外开放广度和深度，提高开放型经济水平，又要提高自主创新能力，建设创新型国家；既要积极支持东部地区率先发展，更好发挥经济特区、上海浦东新区、天津滨海新区在改革开放和自主创新中的重要作用，又要深入推进西部大开发，全面振兴东北地区等老工业基地，大力促进中部地区崛起，同时加大对革命老区、民族地区、边疆地区、贫困地区发展扶持力度；等等。

通过深入贯彻落实科学发展观来坚持和完善改革开放，体现在政治体制改革上，就是既要积极借鉴和吸收人类社会创造的一切优秀文明成果，又要坚持正确政治方向，坚持社会主义政治制度的特点和优势；既要坚持党的领导，又要坚持国家一切权力属于人民，坚持依法治国方略，完善制约和监督机制，确保让权力在阳光下运行；等等。

通过深入贯彻落实科学发展观来坚持和完善改革开放，体现在文化体制改革上，就是既要在时代的高起点上推动文化内容形式、体制机制、传播手段创新，解放和发展文化生产力，又要建设社会主义核心价值体系，增强社会主义意识形态的吸引力和凝聚力，巩固马克思主义指导地位；既要大力发展文化产业，繁荣文化市场，增强国际竞争力，又要坚持把发展公益性文化事业作为保障人民基本文化权益的主要途径，加大社区和乡村文化设施建设的投入力度；等等。

通过深入贯彻落实科学发展观来坚持和完善改革开放，体现在社会体制改革上，就是既要贯彻尊重劳动、尊重知识、尊重人才、尊重创造的方针，激发各类人才创造活力和创业热情，又要完善面向所有困难群众的就业援助制度，及时帮助零就业家庭解决就业困难；既要坚持保护物权，创造条件让更多群众拥有财产性收入，又要深化收入分配制度改革，逐步提高居民收入在国民收入分配中的比重，提高劳动报酬在初次分配中的比重，提高低收入者收入，提高扶贫标准和最低工资标准；等等。

总之，只要我们按照党的十七大精神，在继续解放思想过程中，毫不动摇地把坚持改革开放同完善改革开放结合起来，就一定能够进一步凝聚改革共识，就一定能够齐心协力地完成改革攻坚的战略任务。

## 五、十七大报告提出的科学发展、和谐发展、和平发展的发展理念和科学执政、民主执政、依法执政的执政理念，以及其他一系列与时俱进的理念、观念和意识，在发展中国特色社会主义的思维方式上体现了继续解放思想

思想是行动的先导。新时期以来我国社会主义之所以能开放活跃起来，经济社会之所以能持续快速发展起来，关键是通过坚持党的思想路线，使全党全国人民的思想不断解放，使生产力中最活跃的因素真正活跃起来，由此带来了整个国家的勃勃生机和空前活力。十七大报告提出的一系列面向现代化、面向世界、面向未来的重要理念、观念、意识，充分反映了我们党在新的历史起点上继续解放思想、活跃思维所达到的广度和深度。

比如，报告中出现了一系列关于“理念”的重要论述，强调深入贯彻落

实科学发展观，就必须"创新发展理念"；坚定不移发展社会主义民主政治，就必须"树立社会主义法治理念"和"树立社会主义民主法治、自由平等、公平正义理念"；等等。

比如，报告中出现了一系列关于"观念"的重要论述，强调深入贯彻落实科学发展观，就必须"着力转变不适应不符合科学发展观的思想观念"；建设生态文明，就必须使"生态文明观念在全社会牢固树立"；深入落实依法治国基本方略，就必须使"全社会法制观念进一步增强"；优先发展教育、建设人力资源强国，就必须"更新教育观念"；实施扩大就业的发展战略、促进以创业带动就业，就必须"加强就业观念教育"；开创国防和军队现代化建设新局面，就必须"增强全民国防观念"；等等。

又比如，报告中出现了一系列关于"意识"的重要论述，强调扩大人民民主、保证人民当家作主，就必须"加强公民意识教育"；建设和谐文化、培育文明风尚，就必须"以增强诚信意识为重点，加强社会公德、职业道德、家庭美德、个人品德建设"；健全让党员经常受教育、永葆先进性长效机制，使党员真正成为牢记宗旨、心系群众的先进分子，就必须"增强党员意识"；始终保持对马克思主义、对中国特色社会主义、对实现中华民族伟大复兴的坚定信念，就"一定要居安思危、增强忧患意识"；等等。

十七大报告的这一系列论述深刻表明，我们党要在新的历史起点上建设和发展中国特色社会主义，就必须把继续解放思想的要求落实到这一系列重要的理念、观念和意识的创新上来，并举一反三、由此及彼地在继续解放思想过程中，破除那些不合时宜的理念、观念和意识的束缚，从而真正做到用科学发展观等重大战略思想这一发展着的马克思主义指导发展中国特色社会主义这一新的实践。

联系这些理念、观念和意识来看，同新时期以来前两个15年大多是在一个一个思想观点艰难更新的层面上体现解放思想不同的是，党在新的历史起点上的继续解放思想，更着重于思维方式的转变。而所谓思维方式的转变，就是既要破除对马克思主义采取教条主义的思维方式，又要破除对西方学说和制度的教条主义思维方式，真正采取面向时代实际、国情实际、党情实际的求真务实的思维方式。只有用这样的思维方式来指导继续解放思想，才能真正做到不断实事求是，而不断实事求是才是真正意义上的继续解放思想。

## 六、十七大报告关于形成一整套比较成熟、比较定型的制度的深刻论述，以及关于中国特色社会主义具体道路、一系列体系和体制机制的新概括，在发展中国特色社会主义的制度创新上体现了继续解放思想

邓小平同志在1992年南方谈话中高瞻远瞩地提出，恐怕要再用30年的时间，我们党开创的中国特色社会主义，才能在各方面形成一套更加成熟、更加定型的制度。中国特色社会主义制度的定型化问题，是对我国经济社会双重转型提出的一个十分重要的奋斗目标。十七大报告瞄准到2021年中国共产党建党100周年时，实现中国特色社会主义制度定型化和社会主义市场经济体制规范化的目标，提出了一系列重要理论观点、重大战略思想和重大战略部署。

比如，十七大报告提出了与中国特色社会主义道路这条总道路相配套的中国特色自主创新道路，中国特色新型工业化道路，中国特色农业现代化道路，中国特色城镇化道路，中国特色社会主义政治发展道路，中国特色军民融合式发展道路等一系列具体发展道路。

比如，十七大报告在各个部分中多次出现关于“体系”的论述。包括理论建设上的“中国特色社会主义理论体系”；经济建设上的“国家创新体系”“国家规划体系”“宏观调控体系”“现代市场体系”“现代产业体系”“现代金融体系”等；政治建设上的“中国特色社会主义法律体系”“政府职责体系”“公共服务体系”等；文化建设上的“社会主义核心价值体系”“公共文化服务体系”“文化传播体系”“现代国民教育体系”“终身教育体系”等；社会建设上的“社会管理体系”“社会保障体系”“社会救助体系”“公共卫生服务体系、医疗服务体系、医疗保障体系、药品供应保障体系”等；党的建设上的“干部考核评价体系”“党员联系和服务群众工作体系”“惩治和预防腐败体系”等。

又比如，十七大报告还多次出现关于“体制”“机制”的论述。包括经济建设上的“建立以工促农、以城带乡长效机制”，“完善反映市场供求关系、资源稀缺程度、环境损害成本的生产要素和资源价格形成机制”，“建立健

全资源有偿使用制度和生态环境补偿机制”等;政治建设上的“健全基层党组织领导的充满活力的基层群众自治机制”,“形成权责一致、分工合理、决策科学、执行顺畅、监督有力的行政管理体制”等;社会建设上的“完善市场就业机制”,“建立企业职工工资正常增长机制和支付保障机制”,“健全基层社会管理体制”,“健全党和政府主导的维护群众权益机制”等;党的建设上的“完善地方党委领导班子配备改革后的工作机制”,“形成干部选拔任用科学机制”,“建立健全城乡一体党员动态管理机制”,“建立健全党内激励、关怀、帮扶机制”,“形成拒腐防变教育长效机制、反腐倡廉制度体系、权力运行监控机制”等。

从十七大报告的这些重要论述中,人们已经可以初步看出中国特色社会主义制度逐步走向定型化、社会主义市场经济体制逐步走向规范化的端倪。而这些重要论述,既是在新的历史起点上带头继续解放思想的生动体现,又有利于指导全党同志把继续解放思想的要求落实到为实现中国特色社会主义制度定型化、社会主义市场经济体制规范化的目标而奋斗的新的实践之中。

以上着重论述了十七大报告关于在党领导的中国特色社会主义伟大事业中如何继续解放思想的问题。我们党领导的伟大事业同党的建设新的伟大工程是相辅相成的。因此,十七大报告关于继续解放思想的要求,还体现在以改革创新精神全面推进党的建设新的伟大工程之中,特别是体现在继续加强党的执政能力建设、积极推进党内民主建设、着力推进高素质干部队伍和人才队伍建设以及着力加强反腐倡廉建设等方面。总之,我们党在新的历史起点上,既要用继续解放思想来建设和发展中国特色社会主义,又要用继续解放思想来坚持和完善改革开放;既要用继续解放思想来推动中国特色社会主义定型化,又要用继续解放思想来推动社会主义市场经济体制规范化。这就是十七大报告关于继续解放思想与奋力开拓中国特色社会主义更加广阔发展前景之间的重要内在联系。

# 改革开放伟大历史抉择与中国社会发生的深刻变化*

（2008 年 7 月 24 日）

首先，我要衷心感谢中国关爱成长行动委员会和中共党史教育办公室，为我提供了同全国各省区市高校和中学优秀青少年代表、企事业单位从事青年思想政治工作的代表面对面交流的机会。今天我要给大家演讲的主题是：改革开放历史抉择与中国社会深刻变化。

今年是中国的大灾之年，也是北京举办 2008 年奥运会之年，同时还是中国改革开放 30 周年。在这样一个特殊的年份、特殊的时刻，应邀来到你们这个学习班，使我有机会联系自己的亲身实践，来给大家讲讲在改革开放 30 年中，党中央的一系列重大决策对中国社会发展的影响。大家知道，一年前召开的党的十七大，在十三大、十四大、十五大、十六大分别对改革开放作出阶段性总结的基础上，全景式回顾总结了我国改革开放近 30 年的历史进程、伟大成就和基本经验。这些经验，集中阐释了这样一个真理：“改革开放是决定当代中国命运的关键抉择，是发展中国特色社会主义、实现中华民族伟大复兴的必由之路；只有社会主义才能救中国，只有改革开放才能发展中国、发展社会主义、发展马克思主义。”

十七大报告中的这段经典论述，讲了“两个是”“两个只有”和“三个发展”。“两个是”就是：改革开放是决定当代中国命运的关键抉择，是发展中国特色社会主义、实现中华民族伟大复兴的必由之路；“两个只有”和“三个发展”就是：只有社会主义才能救中国，只有改革开放才能发展中国、发展社会主义、发展马克思主义。大家在集中学习领会党的十七大报告的时候想必对这些都已很熟悉了，不需要我再来重复。今天我想选择这样一个角

* 本文系作者在全国优秀青少年中共中央党校第四期党史教育学习班上的演讲。

度，结合回顾中国改革开放30年历史进程和中国社会的深刻变化，以漫谈的方式，集中讲几个同学们、老师们、同志们共同关心的一些重大问题。

## 一、改革开放30年给中国社会带来的深刻变化

改革开放30年引发的中国社会的历史巨变，可以用多种视角来观察、从多个方面来概括，但是我认为，其中最突出的一条，或者说，最惠及十几亿中国人、也最为国际舆论所称道的一条，就是中国在改革开放历史新时期，从根本上改变了30年前中国社会封闭僵化的颓势和万马齐喑的沉闷，真正充满希望地活跃起来了。

1987年5月12日，邓小平同志在会见荷兰首相吕贝尔斯时曾这样说过："'文化大革命'期间，那时'四人帮'当权横行，人民心情沉闷，甚至可以说是在忧虑之中，整个社会处于停滞状态。'文化大革命'结束以后，还有两年徘徊。中国真正活跃起来，真正集中力量做人民所希望做的事情，还是在一九七八年底党的十一届三中全会以后。"

实际上，从改革开放历史新时期一开始，到21世纪的头8年，中国共产党30年始终一贯、最为重视的就是中国经济和社会发展有无活力的问题，就是人民群众的精神状态是沉闷还是活跃的问题。正如邓小平同志在党的十一届三中全会上说过的那句振聋发聩的话："一个党，一个国家，一个民族，如果一切从本本出发，思想僵化，迷信盛行，那它就不能前进，它的生机就停止了，就要亡党亡国。"这是讲改革开放前的中国社会是个什么样的状态。

而在经历了改革开放30年的今天，我们国家到处呈现的是另一种社会景象，这就是："一切劳动、知识、技术、管理和资本的活力竞相迸发，一切创造社会财富的源泉充分涌流"。十几亿人口的中国，地无分南北，人无分老幼，人人都在开动脑筋，个个都在迸发活力。当代中国，经济社会发展的强大活力已成为举世瞩目的重大现象，以至于一家著名的外国通讯社发出了这样的惊呼：改革开放以后的中国，发生了真正的"大跃进"！

一个13亿人口的发展中大国，一个社会主义的后发现代化国家，在改革开放推动下，由于成功调动了人民的活力、效率、积极性，竟然实现了持续30年每年接近10%的高速发展。国内生产总值由1978年的3645亿元，增

长到2007年的24.66万亿元。经济总量由世界第10位跃升到世界第4位。粮食、棉花、肉类、钢铁、煤炭、化肥、水泥等主要农产品和工业产品产量,居于世界首位。我国进出口贸易总额从200亿美元提高到2.17万亿美元,成为世界第三大贸易国。外汇储备也高居世界首位,中国经济对世界经济增长的贡献率连续多年超过1/4,成为名副其实的拉动世界经济增长的火车头。

在经济持续快速增长的带动下,数以亿计的长期束缚在有限耕地上的农村劳动人口,总体有序地转入非农产业。数以百万计的摆脱了指令性计划束缚并拥有自主权的工商企业蓬勃发展并活跃起来。城镇居民的人均年可支配收入,由343元增长到1.37万元;农民人均年纯收入,由133元增长到4100多元,全国有两亿多人摆脱了绝对贫困、13亿中国人民的生活总体进入了小康水平。此外,每年三四千万人次的出国旅游大军,数以两亿计的网民、手机用户和居于世界前列的报业市场,再加上中国社会本身和谐发展和文明复兴正日益成为新的亮点,如此等等。这样一种世所罕见的“井喷式”发展势头,显然还将长时期持续下去。

要问中国社会充满希望的发展活力、令人振奋的发展景象究竟从何而来?十七大报告给出了这样的回答:党的十一届三中全会开启了改革开放历史新时期,从那时以来,中国人民的面貌、社会主义中国的面貌、中国共产党的面貌发生了历史性变化。

中国人民面貌的历史性变化,最根本的,就是在十一届三中全会重新确立的解放思想、实事求是的思想路线指引下,冲破长期窒息人们思想的许多旧观念,摆脱许多思想上的枷锁和禁锢,振奋起伟大的革新创造精神、开拓进取精神、实干兴邦精神。

社会主义中国面貌的历史性变化,最根本的,就是在十一届三中全会作出的彻底否定“以阶级斗争为纲”的错误理论和实践、科学评价毛泽东同志和毛泽东思想、把党和国家的工作重心转移到经济建设上来、实行改革开放的历史性决策引领下,我国实现了从以阶级斗争为纲到以经济建设为中心、从封闭半封闭到改革开放、从计划经济到市场经济的深刻转变,拥有十几亿人口的中国创造了并继续创造充满活力的社会主义,中华民族已经并将继续以面向现代化、面向世界、面向未来的崭新面貌,屹立在世界东方。

中国共产党面貌的历史性变化，最根本的，就是以十一届三中全会为标志，端正了党的指导思想，重新确立了党的思想路线、政治路线和组织路线，并以此为起点，坚定地依靠广大干部和群众的集体智慧，从各个方面深入总结了历史经验，既勇敢地摆脱了多年来的"左"倾错误和毛泽东同志晚年的错误，又科学评价了毛泽东同志的历史功绩和毛泽东思想的历史地位，坚决维护了我们党在长期斗争中形成的优良传统。特别是通过拨乱反正、全面改革，勇敢地走自己的路，在探索建设中国特色社会主义的道路上开创了党的事业的新局面，开拓了马克思主义中国化新境界，并在这个过程中加强和改善了党的领导和党的建设，使党赢得人民群众的衷心拥护，成为中国特色社会主义事业的坚强领导核心。

党的十七大报告强调，改革开放方向和道路完全正确，成绩和功绩不容否定，首先就是指改革开放带来的中国人民的面貌、社会主义中国的面貌、中国共产党的面貌这种历史性变化、历史性进步不容否定。

党的十七大强调在新的历史起点上继续解放思想，其目的，就是要为我们党和人民的伟大事业、党的建设新的伟大工程，继续注入强大精神动力和新的思想活力，使我国经济社会始终繁荣活跃，使我们党和国家生机长存、活力长在，使我们党和国家的事业万古长青。

今年7月15日，《中共中央国务院关于全面推进集体林权制度改革的意见》在《人民日报》全文发表了，境内外舆论对此极为关注。30年前，中国农村推行了家庭联产承包责任制，实现了耕田有其主，使我国农村生产力得到极大解放；30年后的今天，中国实行农村集体林权制度改革，实现了山林有其主，这是中国农村改革的又一个里程碑，必将极大地调动亿万农民保护山林的积极性，从而实现农村生产力的又一次大解放。

我在想，如果说30年前，发端于安徽省小岗村的农村家庭联产承包责任制，一举解决了我国18亿亩耕地所有权和经营权的分离，开拓了一片造福我国几亿农民的"希望的田野"；那么，在新的发展阶段，当我们许多地方和部门只是在18亿亩耕地上做文章，对如何破解农业持续增产、农民持续增收这一难题感到求索无解的时候，发端于福建省洪田村的集体林权制度改革，又一举解决了数倍于18亿亩耕地的集体林业用地所有权和经营权的分离，给广大农民开拓出一片带来新的福祉的"希望的山林"。

我国是多山的国家，山区面积占全国国土面积近七成，山区人口占全国人口五六成,我国绝大多数贫困人口聚集在山区。因此,党中央决定启动农村集体林权制度改革,可以彻底解放山区劳动力和林地生产力。这件利国利民的大事,是福建省洪田村党支部书记邓文山带领农民群众先干起来的。1999 年,这个村自发搞起了分林到户的改革,把集体林地的经营权承包到农户,并允许对农民拥有的林地承包经营权和林木所有权进行转包、出租、转让、入股,或作为出资、合作条件。这项由农民群众自己原创并深受广大农民欢迎的改革,在短时间里就由洪田村扩展到整个福建省,又由福建省扩展到其他几个试点省,现在又扩展到全国十几个省。实行集体林权制度改革以后,广大农民专注于山林经营,加大对林业的投入;他们还学科技、搞经营、跑市场,有效拓展了农业发展空间,促进了农民就业和增收致富。集体林权制度改革还空前调动了广大农民造林育林护林的积极性,促进了农村特别是山区的生态建设和保护。

这一生动事例再次告诉我们,中国改革开放 30 年的伟大历史性成就,是由党领导下的中国社会的历史合力共同造就的。在这个过程中,群众是真正的英雄,领导是决定的因素。在改革开放初期,正是亿万农民群众的首创精神和大无畏的开拓进取精神,同我们党的高层领导的巨大理论勇气和政治勇气结合在一起,才打开了中国改革开放历史新时期充满活力、充满希望的发展进步的闸门。在新的历史起点上,只要我们进一步加强和改善党的领导,把继续解放思想、坚持改革开放同尊重人民群众和基层的首创精神结合起来,就一定能夺取全面建设小康社会新胜利,就一定能在新的实践中坚持和发展中国特色社会主义,谱写人民美好生活新篇章。

## 二、我们党作出改革开放历史抉择的深刻背景和最大成果

在中国近现代史上,特别是新中国成立以来的编年史上,我们党领导的改革开放这场新的伟大革命,无疑是最壮丽的史诗、最华彩的篇章。如果说,辛亥革命结束了沿袭数千年的封建帝制,为近代中国的发展进步打开了闸门;如果说,新民主主义革命推翻了"三座大山",建立起人民当家作主的新中国和社会主义基本制度,为当代中国发展进步创造了前提;那么,改革开放这场新的伟大革命则使我国社会主义制度得到巩固和完善,为当代中国发展

进步开辟了道路，并对当今世界格局和人类历史进程产生了深远影响。

这场新的伟大革命的发生决不是偶然的。邓小平同志说："我们要赶上时代，这是改革要达到的目的。"这句话，把中国为什么要实行改革开放说得很透彻、很深刻。联系当时的国内状况和国际大势，我们可以看到，改革开放这场新的伟大革命是被当时的困境和压力逼出来的。其历史背景和根本目的至少有这么三条：一是要通过拨乱反正，彻底否定"文化大革命"的错误理论和实践，同时正确评价毛泽东同志历史地位和继承毛泽东思想，带领全党全国各族人民走出十年内乱给我国造成的危难和困境，在治穷致富基础上实现中华民族伟大复兴。二是要通过改革开放，摆脱高度集中的计划经济体制的束缚，摆脱闭关自守的封闭状态，增强综合国力，改善人民生活，坚持和发展社会主义。三是要抓住和平与发展这个时代主题，顺应世界范围蓬勃兴起的新科技革命，使我们这个历史悠久的文明古国和发展中的社会主义大国摆脱落后、赶上时代，使我们党成为这个伟大事业的坚强领导核心。

这里所说的改革开放的三大背景，是对30年前我们党和国家面临的两个大局，即国际大局和国内大局的深刻分析和战略思考中概括出来的。

从当时的国内大局来看，邓小平同志是这样分析的。他说："多少年来我们吃了一个大亏，社会主义改造基本完成了，还是'以阶级斗争为纲'，忽视发展生产力。'文化大革命'更走到了极端。"造成的结果是："就整个政治局面来说，是一个混乱状态；就整个经济情况来说，实际上是处于缓慢发展和停滞状态。"他还举例说，"截至一九七八年，工人的月平均工资只有四五十元，农村的大多数地区仍处于贫困状态"。正是这种贫穷落后的状况，引发了我们党的深刻反思。反思的结论是："贫穷不是社会主义，社会主义要消灭贫穷。不发展生产力，不提高人民的生活水平，不能说是符合社会主义要求的。""如果现在再不实行改革，我们的现代化事业和社会主义事业就会被葬送。"邓小平同志的这段话真是振聋发聩啊！

再从当时的国际大局来看，20世纪70年代，世界范围内蓬勃兴起的新科技革命，以及发达国家纷纷进行的后工业革命，许多发展中国家加紧向现代化的转型，都对我国形成了巨大压力。我们党要通过改革开放，带领全国各族人民追赶时代发展潮流。正如邓小平同志指出的："我们要赶上时代，这是改革要达到的目的。"

1978年10月,邓小平同志访问日本,第二年又访问美国,结束访美后又顺访日本。这两次极为关键的出访,对邓小平同志形成中国实行改革开放的目的是要赶上时代这一重要思想,是起了至关重要作用的。比如,1978年10月,他在日本乘坐新干线由东京前往日本文化古城京都访问的火车上,一位日本记者请他谈谈对乘坐新干线有什么感受,邓小平脱口说道:"就感觉到快,有催人跑的意思,我现在正合适坐这样的车。"在结束这次访问回国前夕,他对日本记者发表谈话时又说,在这次访问中,我们高兴地看到伟大的日本人民在经济建设和科学技术方面取得的巨大成就。

1979年2月,在访问美国时,邓小平参观了波音747飞机装配厂,并在厂房外面登上一架已出售的巨型喷气式客机参观。在参观结束时,他向厂方表示:"今天我看到了一些很新颖的东西。"他还在出席美国波音飞机公司董事长举行的欢迎午宴上说:"太平洋再也不应该是隔开我们的障碍,而应该是联系我们的纽带,中国人民在争取本世纪末实现四个现代化的努力中,有许多方面要向创造先进的工业文明的美国人民请教。这也是我们这次访问的目的之一。"

联系到邓小平同志后来一再强调的"当今的世界是开放的世界""中国的发展离不开世界",我们就可以看到,"改革的目的是要赶上时代"这个重要思想,往近了说,可以追溯到20世纪70年代末期访日和访美;往远了说,恐怕可以追溯到他投身中国革命之前的旅法勤工俭学。

我举这些事例是想说明,从我们党的第一、第二、第三代领导核心,直到以胡锦涛同志为总书记的新一届中央领导集体,在他们的所有领导活动中,最关键的是两条:一是熟悉国情,二是了解世界。或者说,一是民族根基,二是世界眼光。比较而言,毛泽东同志非常熟悉中国国情,也有扎实的民族根基,但相对来说,他老人家了解世界不够。而邓小平、江泽民、胡锦涛同志是既熟悉国情又了解世界的,中国改革开放搞得比较成功,同这一点是有一定关系的。

说到底,鸦片战争以来一个多世纪的历史,中华民族一次次变革图存的奋斗,一声声振兴中华的呐喊,都是为了摆脱落后、赶上时代。而这两个方面又是相辅相成的:赶上时代有利于找到差距、摆脱落后;而通过改革开放,使中国尽快摆脱贫穷落后,依次实现温饱、小康和中等发达,才能真正赶上时代。

十七大报告把我们党实行改革开放的目的,高度概括为“三个就是要”,即:就是要解放和发展社会生产力,实现国家现代化,让中国人民富裕起来,振兴伟大的中华民族;就是要推动我国社会主义制度自我完善和发展,赋予社会主义新的生机活力,建设中国特色社会主义;就是要在引领当代中国发展进步中加强和改进党的建设,保持和发展党的先进性,确保党始终走在时代前列。以1978年我们党召开的具有重大历史意义的十一届三中全会为标志,改革开放历史新时期的序幕拉开了,全面改革的进程从农村到城市、从经济领域到其他各个领域势不可挡地展开了,对外开放的大门从沿海到沿江、沿边,从东部到中西部毅然决然地打开了。近30年改革开放的伟大实践表明,我们党通过这场伟大变革的洗礼,已经昂首阔步走在了时代前列,中华民族也在摆脱落后的进程中,大踏步赶上了时代发展潮流,这对于国家富强、民族振兴都是至关重要的。

我们党之所以能在改革开放30年中团结带领13亿中国人民摆脱贫穷落后、赶上时代潮流,最根本的是在解放思想、实事求是、与时俱进思想路线的指引下,经过艰难探索,找到了一条正确的发展道路。十七大报告对中国特色社会主义道路作出了明确界定。这个界定涵盖了“一个中心、两个基本点”的基本路线,涵盖了“四位一体”的中国特色社会主义事业总体布局,涵盖了中国特色社会主义经济建设、政治建设、文化建设、社会建设基本目标和基本政策构成的基本纲领,把我们党在实践中找到的这条道路的关键之点都归纳和揭示出来了。

联系改革开放的历史背景,联系我们党在改革开放历史新时期对中国特色社会主义道路的探索历程,我们可以获得以下四个方面的深刻启迪。

第一,无论革命、建设还是改革,都要坚持独立自主地走自己的路,照抄照搬别国经验、别国模式从来不能得到成功,这就是我们党总结长期历史经验得出的基本结论。第二,要敢于和善于把马克思主义同新的实际结合起来,决不走实践证明是封闭僵化的老路,也不能走那种改旗易帜的邪路,而是要坚决走充满生机活力的新路。第三,我们成功地走出的中国特色社会主义发展道路、发展模式打破了西方的政治优越感,冲击了西方价值观。与此同时,世界范围对中国发展成就和发展道路、发展模式的关注和认同在日益增长。所谓“中国威胁论”,正是西方对中国道路、中国模式感到焦虑和恐慌的体现。第四,世界上既没有放之四海而皆准的发展道路和发展模式,也没有一成不变的发展道路和发展模式。因此,我们既不会搞所谓模式输出论,也不会搞模式僵化论。不搞模式输出论,表明所谓“中国模式威胁论”是根本站不住脚的;不搞模式僵化论,表明我们将不断适应国内外形势的新变化、顺应人民过上更好生活的新期待,结合自身实际,结合时代条件变化,不断探索和完善适合本国情况的发展道路和发展模式,不断增加全社会的生机活力,真正做到与时代发展同步伐、与人民群众共命运。

## 三、正确理解我国改革开放既是新的伟大革命又是社会主义制度的自我完善和发展

回首改革开放30年的伟大历程,我们党领导的这场新的伟大革命,之所以目的与效果是如此统一;之所以当一些国家的“改革”导致了社会主义制度的解体和共产党执政地位的丢失,而中国30年的改革开放,却“使社会主义和马克思主义在中国大地上焕发出勃勃生机,给人民带来更多福祉,使中华民族大踏步赶上时代前进潮流、迎来伟大复兴的光明前景”,其中一个根本的原因就在于,我们党领导的改革开放,是依据新的伟大革命同社会主义制度自我完善和发展相统一的原则来进行的。

那么,我们党是怎样在实践中把新的伟大革命同社会主义制度自我完善和发展这两个方面统一起来的呢?简单地说,就是严格区分了作为“基本制度选择”的新民主主义革命和社会主义革命,同作为“好的政策选择”的改革开放新的伟大革命的界限。

党的十七大报告指出:“新民主主义革命的胜利,社会主义基本制度的建立,为当代中国一切发展进步奠定了根本政治前提和制度基础。”这就是说,改革开放这场新的伟大革命,同以毛泽东同志为核心的党的第一代中央领导集体创立毛泽东思想,带领全党全国各族人民实行新民主主义革命、建立新中国、取得社会主义革命和建设伟大成就,以及艰辛探索社会主义建设规律取得宝贵经验之间,既有历史递进性,更有内在统一性。以毛泽东同志为核心的党的第一代中央领导集体所领导的新民主主义革命,所创立的社会主义基本制度和艰辛探索社会主义建设规律所取得的宝贵经验,孕育了毛泽东思想,实现了马克思列宁主义同中国实际相结合的第一次历史性飞跃,为当代中国一切发展进步,提供了根本政治前提和制度基础;以邓小平

同志为核心的党的第二代中央领导集体领导的改革开放这场新的伟大革命，正是在这样的根本政治前提和制度基础上进行的。

这两次革命，前者属于制度选择，后者属于政策选择。弄清这个问题，对于指导我们正确总结改革开放的历史进程及其宝贵经验，是至关重要的。

以毛泽东同志为核心的党的第一代中央领导集体，领导全党和全国各族人民，经过长期奋斗，夺取了新民主主义革命的胜利，进而建立起社会主义基本制度，把一百多年来备受侵略欺凌的半殖民地半封建的旧中国，变成了独立的、人民当家作主的社会主义新中国。这场中国有史以来最伟大的革命，开辟了中国历史的新纪元。我们党领导人民，在完成了对社会主义这样一种"基本制度选择"之后，之所以还要进行改革开放这场新的伟大革命，用邓小平同志的话来说，就是要"在坚持四项原则的基础上选择好的政策，使社会生产力得到比较快的发展"。而所谓"好的政策选择"，最根本的就是对改革开放总方针总政策的选择，以及对与之相配套的政治的、经济的、社会的政策的选择。显然，我们党和国家在新时期的这样一种"好的政策选择"，坚持和深化了"基本制度选择"，并且使我们党所坚持的马克思主义和社会主义，在中国大地上焕发出强大的生命力、创造力、感召力。

我们党在改革开放历史新时期所采取的好的政策选择，可以说是成系列的配套件。这里包括：一要放活土地；二要搞活资本；三要发展科技；四要改善生态；五要扩大就业；六要更好地尊重劳动、尊重知识、尊重人才、尊重创造，使各类建设者都能各尽其能、各得其所，使中国经济社会发展既能更广大地开源，又能坚持以人为本、全面协调可持续发展。与此同时，还要通过对外开放更充分地调动国外境外资本、技术、人才、资源的积极因素。

以上列举的我们党在改革开放历史新时期采取的这一系列好的政策选择，实质上涵盖了充分调动我国党内和党外、体制内和体制外、境内和境外、国内和国外的十大生产力要素。有党和国家"好的政策选择"调动起众多生产力要素的积极因素，从而进一步解放和发展了生产力，释放和发展了社会活力，实现了我国生产力发展每隔几年就上一个大台阶的持续快速发展，实现了我国综合国力和国际竞争力的历史性飞跃。

所以，改革开放这场新的伟大革命同社会主义制度的自我完善和发展，归根到底统一于不断解放和发展社会生产力，统一于不断释放和发展社会活力。邓小平同志在1992年南方谈话中，有一个至关重要的理论概括："革命是解放生产力,改革也是解放生产力。”在南方谈话中,邓小平同志还把“解放生产力,发展生产力”放到关于社会主义本质的极重要概括的首位。联系到邓小平同志曾经说过的,“马克思主义最注重发展生产力。……社会主义阶段的最根本任务就是发展生产力,社会主义的优越性归根到底要体现在它的生产力比资本主义发展得更快一些、更高一些……如果说我们建国以后有缺点,那就是对发展生产力有某种忽略”,那么,改革开放以后我们党和国家工作最大的亮点,就是高度重视了社会生产力和社会活力的进一步解放和发展。其结果,就是党的十六大报告所说的,使我国社会主义制度得到极大的巩固和发展。

事情就是这样:在当代中国,不仅坚持马克思列宁主义、坚持社会主义,归根到底取决于发展,而且解决改革开放这场新的伟大革命同社会主义制度的自我完善和发展的统一,归根到底也取决于发展。邓小平同志说得好:“最终说服不相信社会主义的人要靠我们的发展。”“如果我们达到人均国民生产总值四千美元,而且是共同富裕的,到那时就能够更好地显示社会主义制度优于资本主义制度,就为世界四分之三的人口指出了奋斗方向,更加证明了马克思主义的正确性。”可见,在我们党看来,聚精会神搞建设、一心一意谋发展,不仅是当代中国共产党人要一代一代锲而不舍地秉持的主义,而且也是当代中国一代又一代共产党人要一以贯之地去解决的根本问题。解决十几亿人的发展和共同富裕,就是我们党坚持真正的马克思主义、真正的社会主义所要解决的根本问题。问题解决得越多、越普遍、越深刻,人们对我们党所秉持的主义的信任度和向心力就会越大、越强、越坚定。在国际风云变幻的形势下,马克思主义在当代中国大行其道,社会主义在当代中国大旗不倒,其全部奥秘难道不正在于此吗?我们纪念改革开放30周年,就是要一以贯之地坚持我们党的这一发展的理论、发展的路线,从而对坚持中国特色社会主义更坚定,对解决我们面临的各种问题更执着,对坚持以人为本、全面协调可持续发展更自觉。

## 四、倡导“摸着石头过河”<br>并不意味着我国改革开放没有理论作指导

改革开放30年来,我们经常听到这样一种议论:中国自改革开放以来

一直强调要“摸着石头过河”，这表明中国的改革始终停留在感性阶段、经验阶段，没有理论作指导，没有上升到理性认识和理论指导的高度。同学们，这种说法站得住脚吗？答案当然是否定的。

历史和现实一再证明，中国共产党是最善于进行实践探索和理论思维、理论创造的党。改革开放30年来，我们党既强调“摸着石头过河”、勇于实践、大胆探索，又始终一贯地从中国这个世界最大发展中国家和世界第一人口大国的实际出发，而不是从本本出发，从概念出发，始终一贯地紧紧抓住困扰我们思想、束缚我们手脚的若干重大的基本理论和实际问题，不断推进实践基础上的理论创新、制度创新、科技创新、文化创新以及各方面创新，在踏踏实实地“摸着石头过河”的实践中，在以巨大的政治勇气和理论勇气对社会主义进行再认识的过程中，实实在在地摸到了具有理论基石分量的三块“大石头”。这就是党的十七大报告所概括的：我们党坚持马克思主义的思想路线，不断探索和回答什么是社会主义、怎样建设社会主义，建设什么样的党、怎样建设党，实现什么样的发展、怎样发展等重大理论和实际问题，不断推进马克思主义中国化，坚持并丰富党的基本理论、基本路线、基本纲领、基本经验。

这就是说，在改革开放30年中，我们党面对的实践课题、理论课题无疑是众多的，但是归结起来，这样的基本问题和我们党在解决这些基本问题中不断实现的新的觉醒，主要体现在三大方面。

第一大方面，是不断探索和回答“什么是社会主义、怎样建设社会主义”。改革开放历史新时期的思想解放，关键就是在这个问题上的解放。拨乱反正、全面改革，从以阶级斗争为纲到以经济建设为中心，从封闭半封闭到改革开放，从计划经济到市场经济，直到提出构建社会主义和谐社会等，都是属于逐渐搞清楚这个根本问题，并且随着实践发展不断深化的伟大觉醒过程。在这个过程中，首先创立的、具有从根本上奠定基础性质的邓小平理论，特别是这个理论所包含的社会主义本质论、社会主义初级阶段论、社会主义市场经济论、社会主义精神文明论和党在社会主义初级阶段“一个中心、两个基本点”的基本路线，以及后来的社会主义政治文明论、社会主义和谐社会论和中国和平发展道路论等，正确界定了我国现实社会的历史方位和主要矛盾。在这个过程中，明确提出了我们党在社会主义初级阶段的兴国之要、立国之本、强国之路等一系列带根本性的问题。

第二大方面，是不断探索和回答“建设什么样的党、怎样建设党”。同样从新时期一开始，我们党就启动了这一方面的探索和回答，确立了新时期党的思想路线、政治路线、组织路线，进一步明确了要把党建设成为领导社会主义物质文明和精神文明建设的马克思主义执政党。以江泽民同志为核心的党的第三代中央领导集体集中全党智慧、创立“三个代表”重要思想为标志，世纪之交的中国共产党人深刻认识和把握新的历史条件下变化了的世情、国情和党情，在进一步回答“什么是社会主义、怎样建设社会主义”问题的同时，创造性地回答了“建设什么样的党、怎样建设党”的问题，从而进一步明确界定了我们党的历史方位，并且提出了坚持和发展党的先进性、提高党的执政能力的时代课题，从新的历史高度来认识自己、完善自己、加强自己。在这个过程中，明确提出和回答了我们党的立党之本、执政之基、力量之源这一系列带根本性的问题。

第三大方面，是不断探索和回答“实现什么样的发展、怎样发展”。从党的十一届三中全会后不久即明确提出的“中国式现代化”，到“三步走”战略部署，到区域发展的“两个大局”，到“科教兴国”“依法治国”“可持续发展”等一系列重大战略方针，再到新世纪新阶段的全面建设小康社会，统筹城乡经济社会发展，坚持新型工业化道路和以“生产发展、生活富裕、生态良好”为特征的文明发展道路，也是一个不断探索和深化的实践和认识过程。党的十六大以后，以胡锦涛同志为总书记的党中央在继承党的三代中央领导集体关于发展的重要思想的基础上，提出了“科学发展观”等重大战略思想，进一步明确了我国仍处于并将长期处于社会主义初级阶段而又进到新的历史起点的发展方位，并把发展问题提到体现以人为本、体现社会公平正义、体现人的全面发展和社会的全面发展，以及资源环境的可持续发展的高度，既着眼于把握发展规律、创新发展理念、转变发展方式、破解发展难题，又着力于推进党的执政方式和社会管理方式的转变。在这个过程中，明确提出和回答了发展之本、发展方式、发展规律等一系列带根本性的问题。

我们党在改革开放30年中创造性地探索和回答的这三大基本理论的每一方面，都是从新时期一开始就明确提出，并在实践中不断展开和深化的。与此同时，这三个方面又总是在30年各个具体阶段上党的总体战略布局中相互联系，构成统一的整体。而贯穿这个统一整体的，则是对社会主义初级阶段基本国情的深刻认识和自觉把握，是对社会主义初级阶段“一个中心、两个基本点”基本路线的全面认识和坚定贯彻。

应当说，由此三大基本问题而来的我们党的三大新觉醒，以及在这三大新觉醒基础上树立的三大执政理念，即科学执政、民主执政、依法执政；三大发展理念，即科学发展、和谐发展、和平发展，正是当代中国生产力发展要求和人民群众最迫切愿望的集中反映，是当代世界进步潮流和时代特征的集中反映，是伟大的物质、精神和政治成果的科学结晶。中国共产党在改革开放30年中从实践到理论、再从理论到实践一系列卓有成效的创造，都是同这三个方面伟大新觉醒分不开的。

在这样的历史进程中，中国共产党排除“左”、右干扰，由思想解放不断进入新境界，有力带动了改革开放不断上台阶、社会生产力和社会活力的解放不断上台阶；反过来，改革开放和社会生产力、社会活力的解放又有力促进了思想再解放。

在这样的历史进程中，理论创新与实践创新这两者相结合如此之紧密，我们党的理论如此之管用、之直接见效于解放思想、解放生产力、释放社会活力，实为新中国成立以来所未有。

也正是在这样的历史进程中，中国共产党获得新觉醒而与时俱进，中国特色社会主义伟大事业和党的建设新的伟大工程进到新的境界。直到党的十七大，由思想理论上的三大新觉醒达到中国特色社会主义这一面旗帜、一条道路、一个理论体系，这又是中国共产党对中国特色社会主义伟大事业和党的建设新的伟大工程规律性认识的进一步深化和系统化的鲜明体现和最新成果。

在这里，我还要强调指出，新时期以来我们党在这三个方面的伟大觉醒和理论上的重大贡献，是不断把马克思主义中国化推进到新境界；实践上的重大贡献，是不断开拓了中国特色社会主义事业新局面；而我们党在改革开放30年的各个不同发展阶段所推动的每一次思想解放，则是要求全党同志从理论到实践同步达到中央领导层已经达到的理论和实践的新境界。这就叫作：既要与时俱进，又要与党俱进。

## 五、我国改革开放历史起点是高层次的而不是低层次的

我国30年前的改革开放，是从农村家庭联产承包责任制开始起步的。

当时有一种形象的说法，叫作农村包围城市。意思是说，当年我们党领导的新民主主义革命，走了一条农村包围城市、最后夺取全国政权的正确道路；我们党领导的改革开放这场新的伟大革命，还是要走农村包围城市的道路。有些同志据此便得出了中国改革开放的起点是低层次的结论。同学们，这个结论对吗？符合历史事实吗？我以为，这个结论不对，不符合历史事实。

历史的事实是这样的：1978 年 3 月我们党先是召开了全国科学大会，而后在同年 12 月又召开了党的十一届三中全会。因此，今年我们全党全国各族人民隆重纪念的，实际上是两个 30 年，一个是科学春天 30 年，一个是改革开放 30 年。两个 30 年连在一起，前者是后者的重要组成部分。

这一点深刻启示我们，科学的春天，即 30 年前我们党有鉴于“现代科学技术正在经历着一场伟大的革命”和我们必须努力改变自己“落后状况”而召开的全国科学大会，邓小平同志当时代表党中央在全国科学大会上的祝词，可以说实际上正是中国共产党下决心开创改革开放历史新时期、开创中国特色社会主义崭新事业的重大动因和重大举措之一。这表明，从改革开放一开始，我们党就深刻认识到，面对世界发展大势，面对日趋激烈的国际竞争，只有把科学技术摆在我们这个十几亿人口的、后发现代化国家的战略地位，才能赢得发展的战略主动权，才能实现社会主义现代化。

这一点同时还深刻启示我们：邓小平同志所说的“我们要赶上时代，这是改革要达到的目的”，这个精辟论断实质上也正是包含了要把改革开放和现代科学技术作为我们这样一个后发现代化国家“赶上时代”的两大动力来看待的精神。由此可见，中国改革开放的历史起点实在很不低，从一开始就同现代科学技术这个第一生产力的要求紧紧联系在一起。如果再加上当年的全国科学大会召开之后不久，就恢复高考和开放留学，那么，就还可以说，“科教兴国”的战略构想，早在 30 年前就已经进入中国改革开放总设计师的设计理念之中了。

这样说，是不是有任意拔高或者对新时期历史的任意涂抹之嫌呢？为了说明这一点，我们要举出粉碎“四人帮”以后重新复出的邓小平同志自告奋勇担任我国科技和教育工作“后勤部长”，并且紧紧抓住科技和教育这个现代化建设的关键不放这个例子来加以深入说明。

1977 年 5 月，邓小平同志对两位中央领导同志说：“我们要实现现代化，关键是科学技术要能上去。发展科学技术，不抓教育不行。靠空讲不能实现现代化,必须有知识,有人才。没有知识,没有人才,怎么上得去?科学技术这么落后怎么行?""不抓科学、教育,四个现代化就没有希望,就成为一句空话","一定要在党内造成一种空气:尊重知识,尊重人才"。"抓科技必须同时抓教育","要经过严格考试,把最优秀的人集中在重点中学和大学"。

在邓小平同志的积极倡导下,1977 年 10 月我国恢复高考,在"文化大革命"前后 10 多年中丧失了高考机会的几千万中学生甚至是已届而立之年的"老三届"们,终于得到了最后的机遇,他们欢呼雀跃、奔走相告,这一年冬季和次年夏季报考的人数竟然达到 1600 万人。当时为了解决考卷用纸的困难,中共中央决定调用印刷《毛泽东选集》(第五卷)的纸张来印考卷。

恢复高考,使中国整整一代人得救了。恢复高考,就是恢复教育和社会文明的秩序和公正,就是重新树起重视教育和尊重知识、尊重人才的旗帜。恢复高考,激活了整个社会,并使全社会形成了一个共识,中国要实现现代化,就必须重视发展科技和教育。这是因为人才是国家发展的战略资源,科技进步和创新的关键是人才,必须通过高考等途径形成广纳群贤、人尽其才、充满活力的用人机制,努力造就数以亿计的高素质劳动者、数以千万计的专门人才和一大批拔尖创新人才,把优秀人才集聚到党和国家的各项事业中来,开创人才辈出的生动局面。

恢复高考以后不久,1978 年 6 月,邓小平同志又在听取清华大学校长汇报工作时强调,赞成增大派遣留学生的数量,并且强调要成千成万地派,不是只派十个八个,要千方百计加快步伐,路子要越走越宽。我们一方面要努力提高自己的大学水平,一方面派人出去学习,这样可以有一个比较,看看我们自己的大学究竟办得如何。

邓小平同志的重要指示,表现出马克思主义政治家和战略家的远见卓识和宏大气魄,开启了在即将到来的改革开放和社会主义现代化建设新的历史时期我国大规模派遣留学人员的序幕,同时也翻开了我国出国留学工作的新篇章。从那以后,整整 30 年来,伴随着我国改革开放和社会主义现代化建设波澜壮阔的历史进程,神州大地先是出现了一波又一波的"出国热",接着又出现了一浪接一浪的"回国潮"。在党和政府积极鼓励和大力支持下,我国出国留学和留学回国工作取得了长足发展。出国留学生累计达120多万人，遍布世界100多个国家和地区，形成了我国历史上规模最大、领域最多、范围最广的一次出国留学潮。同时，回国工作的海归派队伍也越来越庞大，为中国社会主义现代化事业作出的贡献越来越突出。

有一个统计资料表明，目前中国科学院院士的81%，中国工程院院士的54%，“九五”期间国家“863计划”课题组组长以上科学家的72%，都有留学经历。在我们党和国家新时期的管理工作中，在内政外交国防、治党治国治军的高级领导干部中，也有不少是海归派。

今天，当我们为科教兴国的伟大成就而感到无比自豪的时候，我们对早在30多年前就自告奋勇地担当我国科技和教育事业“后勤部长”，就充满远见卓识地抓科技、抓教育、抓恢复高考、抓开放留学的邓小平同志，充满了敬意。

改革开放30年来，我国科学技术整体水平已位居发展中国家前列，有些科研领域已达到国际先进水平。我国教育事业也取得举世瞩目的历史性成就：我国已拥有世界上最大的受教育人群，教育普及程度已接近世界中等收入国家平均水平。特别是我国基本普及九年义务教育和基本扫除青壮年文盲取得巨大成就。从国际上看，从普及小学到普及初中一般需要30多年时间，而我国仅用10多年就实现了，而且是在农村学生占70%多的情况下实现的。2006年我国高中阶段在校生达到4342万人的空前规模，高等教育总规模已位居世界第一，达到2500万人。在这样的事实面前，我们可以理直气壮地说，30年前的改革开放，一开始就同科学技术这个第一生产力和教育这个民族振兴的基石紧紧联系在一起。因此，我国改革开放的历史起点，毫无疑问是高层次的，而决不是低层次的。

## 六、我国改革开放30年伟大成果惠及全民

经过改革开放30年，我们国家的总体富裕程度显著提高了，经济和社会发展活力大为增强了。这就是党的十七大报告所说的：新时期最显著的成就是快速发展。我们党坚持不懈地实施现代化建设“三步走”战略，带领全党全国各族人民艰苦奋斗，推动我国以世界上少有的速度持续快速发展起来。中国的发展，不仅使中国人民稳定地走上了富裕安康的广阔道路，而且为世界经济发展和人类文明进步作出了重大贡献。

但与此同时,改革和发展中积累的某些深层次矛盾和问题,也更加凸显出来了,特别是党内外、国内外议论纷纷的城乡之间、区域之间、经济与社会之间发展的不平衡问题,成为关注的焦点。有些极端的观点甚至认为,改革开放30年就是富了少数沿海地区和少数先富阶层,中国出现了严重的两极分化。

应当如何看待经历了改革开放30年后的当代中国社会成员之间收入差距扩大的问题呢?首先应当看到,改革开放30年来,我国人民群众的收入水平和生活水平同30年前相比普遍大幅度提高了。特别是绝对贫困人口已由30年前的2.5亿减少到2000多万,这是一个来之不易的、相当了不起的伟大成就。世界银行公布的一项数据表明,过去25年来全球脱贫事业所取得的全部成就中,有67%的成就归功于中国。

现在的问题主要是在城乡之间、地区之间还存在发展不平衡和较大的收入差距,这里既有工作中的问题,又有历史和自然条件等长期形成的问题。我们党对这些问题并没有等闲视之,而是始终强调和高度重视采取综合措施,积极有效地解决这些问题。

党的十六大强调,最大多数人的利益和全社会全民族的积极性创造性,对党和国家事业的发展始终是最具有决定性的因素。在我国社会深刻变革、党和国家事业快速发展的进程中,妥善处理各方面的利益关系,把一切积极因素充分调动和凝聚起来至关重要。十六大还强调,我们党制定和贯彻方针政策的基本着眼点,是要代表最广大人民的根本利益,正确反映和兼顾不同方面群众的利益,使全体人民朝着共同富裕的方向稳步前进。我们要保护发达地区、优势产业和通过辛勤劳动与合法经营先富起来人们的发展活力,鼓励他们积极创造社会财富,更要高度重视和关心欠发达地区以及比较困难的行业和群众,特别要使困难群众的基本生活得到保障,并积极帮助他们解决就业问题和改善生活条件,使他们切实感受到社会主义社会的温暖。

党的十七大也强调,全心全意为人民服务是党的根本宗旨,党的一切奋斗和工作都是为了造福人民。要始终把实现好、维护好、发展好最广大人民的根本利益作为党和国家一切工作的出发点和落脚点,尊重人民主体地位,发挥人民首创精神,保障人民各项权益,走共同富裕道路,促进人的全面发展,做到发展为了人民、发展依靠人民、发展成果由人民共享。

早在1997年党的十五大报告中,就提出了要让人民共享受经济繁荣成果的重要思想。党的十六大提出的全面建设小康社会奋斗目标,也强调我们要全面建设惠及十几亿人口的更高水平的小康社会。党的十七大在此基础上,充分考虑和积极回应人民群众的新期待,在对实现全面建设小康社会奋斗目标的新要求中,既继续强调了发展的总体水平,又更加突出强调了发展的人均水平和基本水平。

一个国家发展的总体水平是一个数量概念,而人均水平是一个质量概念。在国际的横向比较中,总体水平做的是乘法,而人均水平做的是除法。比如,从总体水平看,去年我国 GDP 总量已排名世界第四,今年将有可能超越德国,排名世界第三。但是,在世界人均 GDP 排名中,我国仍处在世界 100 名之后。显然,人均水平这样的除法,更有利于国际社会客观估量中国的发展水平,也有利于提醒国人时刻戒骄戒躁,勿忘艰苦奋斗。十七大报告提出的基本水平则是一个和谐发展的重要概念。因为总体水平突出了综合国力,却掩盖了人口基数;而人均水平虽然考虑到人口基数,却掩盖了人口中不同社会群体、不同社会成员间的差别。十七大报告强调基本水平,就是在提高全体人民总体生活水平和平均生活水平的同时,注重提高社会中最困难群体的基本生活水平或最低生活水平。十七大报告中关于人人享有基本生活保障、人人享有基本医疗卫生服务以及绝对贫困现象基本消除的要求,就是基本水平的生动体现。

此外,党的十七大报告还就深化收入分配制度改革、增加城乡居民收入提出了一系列合理兼顾效率与公平的方针政策,包括初次分配和再分配都要处理好效率与公平的关系,再分配要更加注重公平。这既有利于提高经济效率,不断增加社会财富,又有利于促进社会公平正义,充分发挥各方面的积极性。

十七大报告还提出,要逐步提高居民收入在国民收入分配中的比重,提高劳动报酬在初次分配中的比重。提高这“两个比重”,是对国民收入分配格局的重要调整,有利于理顺国家、企业和个人三者的分配关系,有利于增加广大劳动者收入,维护劳动者权益,也有利于合理调整投资与消费关系,促进经济社会协调健康发展。

此外,十七大报告还提出,要合理调整收入分配格局,调整的总原则是“提低、扩中、调高、打非”。“提低”,就是要着力提高低收入者收入。要强化支农惠农政策,促进农民持续增收,建立企业职工工资正常增长机制和支付保障机制，逐步提高扶贫标准和最低工资标准，使城乡居民特别是低收入者收入随着经济增长逐步较多地增加。“扩中”，就是努力扩大中等收入者比重。要通过采取多种措施，创造条件，让更多群众拥有财产性收入，使更多低收入者进入中等收入者行列。“调高”，就是切实对过高收入进行有效调节。要正确运用税收手段，使过高收入者的一部分收入通过税收等形式，由国家集中用于再分配。“打非”，就是取缔非法收入。要严格执法，对偷税漏税、侵吞公有财产、权钱交易等各种非法收入依法取缔和惩处。还要规范垄断行业的收入，引入竞争机制，打破经营垄断；同时，规范垄断性企业资本收益的收缴和使用办法，合理分配利润。总之，党和政府要通过改革和发展，扩大转移支付，强化税收调节，打破经营垄断，创造机会公平，整顿分配秩序，逐步扭转收入分配差距扩大趋势，有效防止两极分化，使全体社会成员逐步达到共同致富。

有些专家学者指出，中国作为后发现代化国家，现在正经历着成长的烦恼。我们要在社会主义初级阶段 100 年时间里走完发达资本主义国家二三百年才走完的路程，既要补课，又要追赶，这意味着人家在二三百年工业化、城市化、现代化进程中逐渐出现的矛盾和问题，在我国社会主义初级阶段 100 年会集中凸显；人家花二三百年渐次解决的矛盾和问题，我们要在初级阶段 100 年集中解决。我们 13 亿中国人都是在吃着这样一个特殊的社会历史阶段发展的压缩饼干。这就是中国的现状，这就是当前我们面临的全部问题的历史根源。

同学们，你们都是在改革开放历史新时期出生和成长的新一代，经受了改革开放洗礼的当代青年，在你们身上展现出鲜明的时代特点。比如，你们富有理想，拥护党的领导，对中国特色社会主义事业充满信心；你们热爱祖国，具有强烈的民族自信心和自豪感；你们在社会主义市场经济大潮中，勇于面对压力，勇于参与竞争，努力追求事业成功；你们紧跟科技发展步伐，积极主动地学习新知识新技能，创新意识和创造活力不断增强；你们面对日益丰富的社会生活，意识更加自主，追求更加多样，个性更加鲜明；你们顺应世界的大变革大调整和我国对外开放的不断扩大，以更加开阔的视野、更加积极的姿态走向世界。

特别是今年以来，在北京奥运火炬的境内外传递过程中，在历史罕见的雨雪冰冻灾害和特大地震灾害中，全国广大青年包括海外留学生，焕发出

“井喷式”的强烈爱国热情,同党和国家形成了“焊接式”的坚强团结。你们自觉而坚定地维护国家利益和民族尊严,为改革开放新一代青年赢得了光荣与信赖,使全党全社会刮目相看。所以,今天我本来要讲的最后一个问题,就是改革开放新一代是大有希望还是希望渺茫。我想,你们已经用自己的实际行动回答了这一点,似乎已经不需要我再作为一个问题来做什么从理论到实践的论证了。

最后,我想引用在奥运火炬结束境外传递的第二天,也就是今年5月4日,我在网上看到的一篇出自“80后”手笔、题为《五环旗下的蛋》的精彩文章。文章写道,“年轻人往往在一夜间长大。而一代人的成长,都有一些标志性的事件,比如说50年代抗美援朝保家卫国、60年代上山下乡、70年代知青回城、80年代自主择业……而在今天,这个标志就是举办奥运”。

文章还写道,“北京奥运,代表着1978年打开国门之后,中华民族与国际社会对接的最新努力。它给平时各自努力、默默成长的年轻人,提供了一片开阔的国际视野,一个脱颖而出的舞台。我们是五环旗下一颗颗正在破壳的蛋”。

文章最后写道,“当圣火辉耀珠峰之际,我们看到,在灿烂的五星红旗下,在夺目的五环旗下,这一代青年笑傲天下。他们,正以崭新的姿态,迎来8月那场盛大辉煌的成人礼”。

是的,我非常赞同这篇文章的观点。百年奥运,百年期盼,百年奋斗,百年梦圆。中国人为迎来属于自己的奥运会主场,已经等待得太久、太久;为举办这场既属于13亿中国人民,又属于世界近60亿人民的国际体育盛会,我们付出得太多、太多!在7年前的莫斯科城一举赢得奥运会举办权之后,中国人在筹办奥运的这7年中,看到的和学到的也太多、太多!不仅年轻的“80后”“90后”们,作为五环旗下破壳的蛋,令人惊喜地瞬间成长起来了,我们党、我们国家、我国各族人民也在这整整7年不同寻常的日子里经历了很多、看到了很多、学到了很多。

一句话,我们整个民族在改革开放的而立之年,在筹办奥运、办好奥运的艰难拼搏之年,整体上更加文明进步了,更加成长成熟了。所以,出自“80后”手笔、题为《五环旗下的蛋》的精彩文章所说的成人礼,应该属于我们大家,属于我们整个党、整个国家、整个民族。

# 不动摇不懈怠不折腾这三句话是对改革开放30年经验的大力度概括*

（2008年12月20日）

2008年12月18日，党中央在人民大会堂，隆重举行了纪念党的十一届三中全会召开30周年大会。胡锦涛同志在纪念大会上所作的长篇重要讲话，对改革开放30年经验作了深刻总结。那天，我是在现场聆听这个讲话的。我注意到，胡锦涛同志在讲话中指出："我们的伟大目标是，到我们党成立一百年时建成惠及十几亿人口的更高水平的小康社会，到新中国成立一百年时基本实现现代化，建成富强民主文明和谐的社会主义现代化国家。只要我们不动摇、不懈怠、不折腾，坚定不移地推进改革开放，坚定不移地走中国特色社会主义道路，就一定能够胜利实现这一宏伟蓝图和奋斗目标。"讲到这里，话音刚落，全场就响起一阵阵掌声和会心的笑声。

不动摇、不懈怠、不折腾这高度凝练、深度聚焦的三句话，说出了全党全国各族人民此时此刻的共同心声，是对党的十七大报告关于"改革开放符合党心民心、顺应时代潮流，方向和道路是完全正确的，成效和功绩不容否定，停顿和倒退没有出路"言简意赅的表达。

为什么胡锦涛同志在这次纪念大会重要讲话中要强调不动摇呢？早在1982年，邓小平同志就在党的十二大开幕词中，提出了坚持党的正确理论和路线方针政策自觉性坚定性的问题。10年以后，邓小平同志在1992年南方谈话中又语重心长地告诫全党："党的基本路线要管一百年，动摇不得。"作为改革开放总设计师，邓小平同志对于不能改变党的基本理论、基本路线这个关系党和国家前途命运的重大问题，真可以说是千叮咛、万嘱

---

* 本文系作者学习研读胡锦涛同志在纪念党的十一届三中全会召开30周年大会上讲话的札记。

咐。他强调,“一个中心、两个基本点”的战略布局,“我们一定要坚持下去,永远不改变”,“不但这一届领导人要坚持,下一届、再下一届都要坚持,一直坚持下去”。他还强调:“十一届三中全会确立的这条中国的发展路线,是否能够坚持得住,要靠大家努力,特别是要教育后代。”江泽民同志在党的十三届四中全会上指出,在党的十一届三中全会以来的路线和基本政策“这个最基本的问题上,我要十分明确地讲两句话:一句是坚定不移、毫不动摇;一句是全面执行、一以贯之”。江泽民同志还把坚持党的十一届三中全会以来的路线方针政策的问题,提高到坚持党的理想信念的高度,强调中国共产党人的根本政治信仰就是在现阶段建设中国特色社会主义、最终实现共产主义,这在任何时候都不能动摇。理想信念的动摇是最危险的动摇,理想信念的坚定是最重要的坚定。我们要既胸怀共产主义远大理想,又坚定中国特色社会主义信念,模范执行党的十一届三中全会以来党和国家制定的各项方针政策,沿着充满希望和活力的中国特色社会主义道路奋勇前进。

由此可见,强调不动摇,包括对改革开放不动摇,对党在社会主义初级阶段“一个中心、两个基本点”的基本路线不动摇,对坚持和发展中国特色社会主义不动摇,这从根本上说是因为经过改革开放30年的实践检验,雄辩地证明了我们党的基本理论、基本路线、基本纲领、基本经验都是完全正确的。从历史上看,当我们党没有形成一套正确的理论和路线以前,党就如同在黑暗中苦斗,各种“左”的和右的错误常常一再重犯。民主革命时期,在没有形成完整的新民主主义革命和路线之前,我们党不是有过三次“左”倾、两次右倾的严重失误吗?进入社会主义建设时期,在形成党的十一届三中全会以来的正确理论路线之前,我们党不是又受到“左”倾指导思想长达20年之久的严重危害吗?现在,我们党有了一套来自改革开放实践又经过改革开放30年实践检验的完全正确的理论路线,又有一整套指导改革开放和社会主义现代化建设的方针政策和工作部署,使我们在中国特色社会主义道路上开拓前进有了明确的主心骨。但是,正确的理论和路线在贯彻执行中并不总是一帆风顺的。过去,我们在学习中共党史的时候,在学到毛泽东同志提出的正确理论和路线总是受到党内“左”、右倾机会主义干扰时,总是感觉挺抽象的,没有切身感受。那么今天,联系党的十一届三中全会理论路线和方针政策在实践中所受到的

“左”的、右的错误思想的干扰，就感到一点也不抽象，而是实实在在的、千真万确的。

胡锦涛同志在这次纪念大会重要讲话中，有两段特别重要的论述。一段是：“三十年来，国际局势风云变幻，改革任务艰巨繁重，党和人民经历和战胜了前所未有的严峻考验和挑战。”“无论是面对历史罕见的洪涝、雨雪冰冻、地震等重大自然灾害和非典等重大疫病，还是面对亚洲金融危机和当前这场国际金融危机，党和人民始终同心同德、奋勇向前。特别是在决定党和国家前途命运的重大历史关头，我们党紧紧依靠全国各族人民，坚持党的十一届三中全会以来的路线不动摇，排除各种干扰，坚定不移地捍卫中国特色社会主义伟大事业，保证了改革开放和社会主义现代化建设航船始终沿着正确方向破浪前进。”另一段是：“在新的国际国内形势下和新的历史起点上，我们必须坚定不移地坚持党的十一届三中全会以来开辟的中国特色社会主义道路，坚定不移地坚持党的基本理论、基本路线、基本纲领、基本经验，勇于变革、勇于创新，永不僵化、永不停滞，不为任何风险所惧，不被任何干扰所惑，继续奋勇推进改革开放和社会主义现代化事业。”从这些斩钉截铁的话语中可以看到，邓小平同志健在时，特别是在 1992 年南方谈话中千叮咛、万嘱咐的坚持党的基本路线 100 年不动摇，正在得到有力的贯彻和落实，今后还将继续得到更加有力的贯彻和落实。

为什么胡锦涛同志在这次纪念大会重要讲话中要强调不懈怠呢？这是因为，党的十六大报告曾明确指出：“不断在实践中探索前进，永不自满，永不懈怠，这是我们要长期坚持的治党治国之道。”改革开放 30 年来，我们党和国家取得了举世瞩目的伟大成就，国内外对我们好评如潮，这很容易使一些同志被胜利冲昏头脑，也很容易产生骄傲自满、故步自封、小富即安和未富先豪的懈怠情绪。胡锦涛同志在此时此刻强调不懈怠，我理解，就是要提醒全党同志牢记毛泽东同志早在党的七届二中全会上就提出的“两个务必”，做到戒骄戒躁、艰苦奋斗，不断开创改革开放和社会主义现代化建设新局面。胡锦涛同志强调不懈怠，一是因为，我们取得的伟大成就同我们的远大目标相比，同人民群众对美好生活的期待相比，没有任何理由骄傲自满、故步自封。二是因为，我们的事业是面向未来的事业。实现全面建设小康社会的目标还需要继续奋斗十几年，基本实现现代化还需要继续奋斗几十年，巩固和发展社会主义制度则需要几代人、十几代人甚至几十代人坚持不懈地努力奋斗，任何时候都不能懈怠。三是因为，党的先进性和党的执政地位都不是一劳永逸、一成不变的，过去先进不等于现在先进，现在先进不等于永远先进；过去拥有不等于现在拥有，现在拥有不等于永远拥有。党要承担起人民和历史赋予的重大使命，必须认真研究自身建设遇到的新情况新问题，在领导改革发展中不断认识自己、加强自己、提高自己。一句话，我们党改造客观世界和改造主观世界的繁重任务，决定了我们要永远开拓进取，而决不能有任何自满和丝毫懈怠。

为什么胡锦涛同志在纪念大会重要讲话中要强调不折腾呢？对此，可以联系邓小平同志1992年在南方谈话中的一段重要讲话来加深理解。邓小平同志尖锐地指出："现在，有右的东西影响我们，也有'左'的东西影响我们，但根深蒂固的还是'左'的东西"。"'左'带有革命的色彩，好像越'左'越革命，'左'的东西在我们党的历史上可怕呀！一个好好的东西，一下子被他搞掉了。右可以葬送社会主义，'左'也可以葬送社会主义。中国要警惕右，但主要是防止'左'。右的东西有，动乱就是右的！'左'的东西也有。把改革开放说成是引进和发展资本主义，认为和平演变的主要危险来自经济领域，这些就是'左'。我们必须保持清醒的头脑，这样就不会犯大错误，出现问题也容易纠正和改正。"同20年前邓小平同志说这段话的时候相比，20年后的此时此刻，"左"的和右的干扰不是减少了，而是变本加厉了。无论"左"的思想，还是右的思潮，说到底，就是要抓住改革发展遇到的矛盾和问题，以种种名义和借口搞折腾、搞干扰、搞内耗！

新中国成立以来，在党的指导思想一度出现迷误的时候，吃够了"以阶级斗争为纲"、频繁搞政治运动之类穷折腾之苦的中国人民，刚刚通过改革开放过上了好日子，决不允许再搞折腾。说到折腾，我就想起，有一位曾经在中共中央华东局工作的老同志，曾深有体会地说，新中国成立以来我们的失误就失误在穷折腾上，常常是吃了几年饱饭，就寻思着整人和搞运动，搞到吃不上饭了、饿肚子了，就搞调整，就放宽政策；然后吃上几年饱饭了，又寻思着整人和搞运动，又闹得吃不上饭、饿肚子。这样来回折腾、自我折腾的历史教训太深刻了，千万不能再重复了！我认为，这位老同志的话说得很在理、很到位。说到折腾，我还想起，著名作家、原文化部部长王蒙同志也说过一句很深刻的话，他说，世界上的事情无非是这么两类，一类是吃不饱饭闹腾的，二是吃饱了饭折腾的。这话说得真是言简意赅、入木三分啊！今天的中国尽管还有吃不饱饭闹腾的,但更多的情况下恐怕还是吃饱了饭折腾的。因此,明确提出不折腾,同样有很强的现实针对性和长远指导性。

当然,强调不折腾,决不意味着我们不要完善党的十一届三中全会以来形成的理论路线方针政策,也决不意味着我们不要完善改革开放和社会主义现代化建设本身。应该看到,坚持和发展中国特色社会主义,本身就带有完善的意思。同样应该看到,提出不折腾,丝毫也不意味着我们党不听取党内外干部群众对改革开放的善意的批评和建设性意见,关键在于:为了继续奋勇推进改革开放和社会主义现代化事业,全党同志和全国各族人民要同心同德、同舟共济。胡锦涛同志在纪念大会重要讲话中强调:“改革开放是人民的要求和党的主张的内在统一,是亿万人民自己的事业。”胡锦涛同志还强调:“我们要自觉维护全党的团结统一,保持党同人民群众的血肉联系,巩固全国各族人民的大团结,加强海内外中华儿女的大团结,促进中国人民同世界各国人民的大团结,进一步把我们自己的事情办好,在发展中国特色社会主义的历史画卷上描绘出更新更美的图画。”

# 科学把握党对国际金融危机的辩证思考*

（2008 年 12 月 17 日）

胡锦涛同志在中央经济工作会议上的讲话充满了辩证思维，在分析这次国际金融危机对世界经济发展带来的最新动向和长期趋势方面，在论述我国如何应对这次国际金融危机的冲击和影响方面，都极具思想上、理论上的穿透力，精辟地回答了当前党内外、国内外普遍关注的，由这次国际金融危机引发的若干重大理论和实际问题。这些问题依次是以下三个方面。

第一，这次国际金融危机真的意味着经济全球化和我国外向型经济将从此发生逆转吗？对这个问题的回答，国内外舆论都有种种言过其实的观点，特别是那些本来就极力反对中国加入经济全球化的人们，更是以为从国际金融危机中找到了中国应当退出经济全球化的根据。胡锦涛同志在讲话中深刻指出，这次金融危机重挫了美国长期依赖虚拟资产财富效应支撑负债消费的增长模式，其消费需求对全球经济增长的拉动作用会相对减弱，这对严重依赖外需拉动经济发展的国家将产生重大影响，许多国家面临通过扩大内需拉动经济增长的严峻挑战。同时，以科技进步和生产力全球配置为基础的经济全球化不会逆转，各国经济相互联系、相互依赖将继续加强。

这段论述深刻启迪我们，经济全球化是当今世界任何国家都不能置身其外的世界发展大势。我们在任何时候、任何情况下，都要注重维护我国好不容易得来的独立自主，百折不挠地把我们的伟大民族振兴起来；同时，我们在任何时候、任何情况下，都要继续积极参与经济全球化，坚持对外开放基本国策，坚持互利共赢的开放战略。要坚定不移地在更高起点上坚持对外开放，大胆吸收国外资金、人才、先进技术和先进经营方式、管理方法为我所用。要把大规模“引进来”同大踏步“走出去”更好结合起来，扩大开放领

---

* 本文系作者学习研读胡锦涛同志在 2008 年中央经济工作会议上讲话的札记。

域，优化开放结构，提高开放质量，完善内外联动、互利共赢、安全高效的开放型经济体系。要全面把握经济全球化带来的机遇和挑战，努力做到趋利避害，形成在经济全球化条件下参与国际经济合作和竞争的新优势。

虽然经济全球化是由西方发达国家主导的，但只要我们把握得当、应对得体、处置得法，注重在实现本国发展的同时兼顾别的国家特别是发展中国家的正当关切，共同推动经济全球化朝着均衡、普惠、共赢方向发展，那么，在经济全球化进程中争取一个有利的发展地位是完全有可能的。改革开放30年来，我们国家坚持全方位对外开放，充分发挥比较优势，勇敢地参与国际经济合作和竞争；我们积极加入世界贸易组织，既向外国开放我们的市场，又奋力开拓国外市场，收到了以开放促改革、促发展，增强我国经济发展活力和国际竞争力的共赢效果。正是在这个意义上，我们认同这样的观点：中国的和平发展得益于经济全球化，经济全球化成全了中国的和平发展。个中道理其实不难理解。我们知道，在旧式工业化时期，那些后兴的工业大国往往在掠夺性地消耗了本国资源和能源之后，通过发动战争和对外掠夺，来弥补其国内资源能源的不足，这就是我们屡见不鲜的后兴大国的武力崛起。而在经济全球化的当今世界，我国的后发现代化和以信息化带动的工业化，则完全可以通过积极参与经济全球化、通过资源能源的市场化配置来获得。这就是当代中国为什么能够实现和平发展的重要外部条件。当然，对中国和平发展起决定性作用的因素，则是我们党开创的中国特色社会主义，对内是坚持发展生产力的社会主义，对外是坚持和平的社会主义，这才是当代中国能够实现和平发展的根本制度原因。

胡锦涛同志的讲话在断言经济全球化深入发展的大趋势不会改变的同时，也科学阐明了由国际金融危机带来的世界经济发展的最新动向，要求我们面对美国等发达国家经济陷入衰退、对我国进口需求大量减少的新形势，要因势利导、顺势而为，采取更加强有力的措施调整经济结构，真正把经济增长的基本立足点放到扩大国内需求上来，加快形成主要依靠内需特别是消费需求拉动经济增长的格局。由于这次国际金融危机恰恰发生在我国过去30年的经济增长模式快要走到尽头，那种单纯依靠投资拉动增长、依靠出口为快速增长的工业产能提供出路的发展模式已经难以为继的时候；同时，我国的人口红利和WTO红利也已基本用完，我国经济的对外依存度已高达67%，我国出口市场也难以继续扩大了。这些因素叠加在一起，大大增强了我国由单纯的外向型经济增长转向以扩大内需为主与稳定外需相结合的统筹型经济增长的紧迫性。从这里，我们就可以加深理解，胡锦涛同志今年在博鳌亚洲论坛年会开幕式上的演讲中强调，“世界上没有放之四海而皆准的发展道路和发展模式，也没有一成不变的发展道路和发展模式，必须适应国内外形势的新变化、顺应人民过上更好生活的新期待，结合自身实际、结合时代条件变化不断探索和完善适合本国情况的发展道路和发展模式”。这是高瞻远瞩、切中时弊、大有深意的。我国在过去 30 年完成了由社会主义计划经济发展模式向社会主义市场经济发展模式的转型之后，在新的历史起点和新的发展阶段的当务之急，是要完成由单纯的出口导向型经济向坚持扩大内需为主和稳定外需相结合的统筹型经济发展模式的转换。

其实，世界各国在面对本次国际金融危机的冲击时，都有一个因势利导地转换发展模式的问题。美国和其他发达国家要转变其“放任自流的市场经济发展模式”，俄罗斯和一些资源能源富集国家要转变其“资源密集型发展模式”，印度等一些国家要转变其“服务外包型经济模式”，我国和相关国家则要转变“出口导向型经济模式”。比较而言，我国的经济发展模式转变更具紧迫性。如果说由次贷危机引发的本次国际金融危机，是美国自 20 世纪 30 年代经济大萧条至今最严重的一次金融危机的话，那么本次国际金融危机对我国经济转型的挑战也是近 30 年来最大的一次。过去 30 年，我国经济每次面对来自国际的挑战，包括亚洲金融危机那样的挑战，总是能够依靠增加投资、加速工业化、依赖出口，而得以摆脱困境、走出困境。这当中的一个重要原因是，我国紧紧抓住了上一轮世界经济上升周期和我国加入世贸组织的机遇，充分发挥了我国的比较优势，积极利用外部需求，大幅度提升了我国的经济实力。即便在亚洲金融危机时期，由于美国经济和西欧经济总体上还在靠信贷消费拉动增长，外部需求依然旺盛；而且 10 年前在亚洲金融危机爆发时，我国出口商品占全球市场的份额还很低，出口空间还很广阔，因此，靠外需拉动增长总是我国摆脱危机的有效应对之策。而当前的情况则是：美国等发达国家经济陷入衰退，外部需求大量减少，我国经济面对的挑战比前 30 年任何时候都更为严峻，这就必须采取更强有力的措施，真正把经济增长的基本立足点放到扩大国内需求上来，利用国际经济结构调整的时机，加快形成主要依靠内需特别是消费需求拉动经济增长的格局。

但是,由于受各方面条件的制约,我国要形成主要依靠内需特别是消费需求拉动经济增长的格局,还会有一个相当艰难的孕育和发展过程。在这样的情况下,就必须在坚持扩大内需的同时,继续发挥和强化我国的比较优势,稳定和扩大我国在国际市场所占份额,更好地实现内需为主和积极利用外需的共同拉动,从而全面增强我国应对外部经济风险的能力。胡锦涛同志在中央经济工作会议上提出的这个重要思想启迪我们,应对国际金融危机,转变经济发展模式,必须坚持按辩证法办事:一方面,必须千方百计扩大内需;另一方面,又必须竭尽全力稳定外需。而稳定外需,又有一个不可或缺的重要前提,就是要继续发挥和强化我国的比较优势,任何客观上已经、正在或者还会继续削弱、损伤我国比较优势的做法,都是不利于我们尽快走出国际金融危机影响的,也是有害于我们在当前形势下提高国际竞争力的。

第二,这次国际金融危机果真导致了美国金融资本主义的历史终结,还将导致"看得见的手"取代"看不见的手",并将从此改变市场在资源配置中的基础性作用吗?对此,国内外舆论同样有种种言过其实的观点。比如,法国《世界报》就发表文章认为,华尔街金融崩溃,意味着资本主义的"柏林墙"已经倒塌,美国金融资本主义制度面临历史的终结。也有的则把发达资本主义国家的政府纯粹作为权宜之计的救市之举,拿来同所谓告别资本主义、依归社会主义相提并论。有的西方学者发表文章认为,美国是自由资本主义的领头羊,如今却率先将部分银行收归国有,这表明美国正在成为美利坚社会主义苏维埃共和国。英国《泰晤士报》刊登过一幅漫画,漫画中把小布什的头像同马恩列斯并列,讥讽美国政府实行的国有化是在走社会主义道路。也有的外国学者和国内学者撰文认为,本次国际金融危机使凯恩斯主义全面回归。特别是今年的诺贝尔经济学奖得主,落在了新凯恩斯学派的代表人物克鲁曼身上,更使某些学者由此认为,垄断诺贝尔经济学奖数十年的芝加哥学派已退出历史舞台,新凯恩斯学派将主导当前和今后一个时期美国经济和世界经济的发展潮流。面对这些议论,胡锦涛同志在中央经济工作会议上明确指出,在国际金融危机冲击下,政府维护市场正常运行的职责会有所强化,但市场在资源配置中的基础性作用不会改变;我们要坚持政府调控和发挥市场机制作用相促进,进一步增强经济发展内在动力和活力。这样的精辟论述同样给人以深刻启迪,并反衬出某些与之截然相反的所谓反思实在是言过其实、荒诞不经。

比如，把2007—2008年由美国次贷危机引发的国际金融危机，谬说成是资本主义的“柏林墙”已经倒塌，并进而得出美国金融资本主义制度面临历史终结的结论就是这样。这种所谓资本主义制度的历史终结论，如同1989年某些西方学者把苏联解体、东欧剧变和中国在同年春夏之交发生的政治风波，说成是社会主义的历史终结的观点一样，都是主观臆造的、经不起历史检验的。我们清楚地记得，1989年夏天，美国学者福山发表了轰动全球并引起热烈争论的《历史的终结》一文。福山在他的文章中提出，共产主义世界在80年代兵败如山倒，逐步退出历史舞台，人类除了自由民主主义，已别无选择。我们还清楚地记得，当时美国前总统尼克松也出版了《大失败》一书，认为20世纪兴起的社会主义必将在20世纪内灭亡。

同福山的武断结论和尼克松的惊人预言相反，历史的发展偏偏是这样：当着一面面社会主义红旗落地、一个个社会主义政权易手、当代人类历史的天空似乎是资本主义的乌云压顶之际，我们党所开创的中国特色社会主义不仅大旗不倒，而且当代中国马克思主义理论依然在蓬勃发展。经历了改革开放30年的中国，政治稳定、经济发展、民族团结，社会生产力、综合国力和人民生活都上了一个大台阶。历史印证了邓小平同志的科学预言：“中国的社会主义是变不了的。中国肯定要沿着自己选择的社会主义道路走到底。谁也压不垮我们。只要中国不垮，世界上就有五分之一的人口在坚持社会主义。”

面对社会主义中国巍然屹立在世界东方这样的历史事实，前不久福山不得不出来自我纠错，认为10多年前他关于历史已经终结的观点是轻率的、错误的。问题就在于，在21世纪头10年接近尾声的此时此刻，国内外恰恰有这样一批论者，却依然在重复着当年福山的轻率和武断，他们的所谓这次国际金融危机意味着资本主义的“柏林墙”已经倒塌，美国金融资本主义制度面临历史终结的观点，也同样会被历史证明是短视的、肤浅的，因而是根本站不住脚的。

按理说，人是不能两次跨进同一条河流的，但是为什么在20世纪80年代末和21世纪头10年的此时此刻，当着社会主义制度和资本主义制度先后面临低潮和危机之时，某些国内外学者在判断社会主义和资本主义的历史走向时，却犯了同样的错误呢？问题的症结就在于：他们都把这两种不同的社会制度同各自的具体发展模式等同起来，既把计划经济这一社会主义发展模式的失灵等同于社会主义基本制度的失败，又把放任自流的市场经济发展模式的失灵等同于资本主义基本制度的失败。正是这种思想方法论上的失误，导致他们所推导出的结论的谬误。

事实证明，我们国家在改革开放中扬弃社会主义计划经济，创造性地发展社会主义市场经济，这既不意味着对社会主义计划经济的全盘否定，也决不意味着对社会主义制度的根本颠覆。历史昭示我们，在苏联十月革命胜利之初，采用高度集中的计划经济体制，曾使苏联在帝国主义包围下，创造出举世瞩目的经济高速增长的成就，并同当时处在严重危机和萧条之中的西方国家形成鲜明对照。在新中国成立初期，采用计划经济体制也同样曾取得过引人注目的成就，不仅在经济恢复时期的短短 3 年内，一举遏制住国民党统治时期遗留下来的恶性通货膨胀、投机活动猖獗、市场混乱等问题，使国民经济得以迅速恢复；而且在第一个五年计划时期，集中全国的财力、物力和人力，重点进行了以苏联援建的 156 项工程为主的经济建设，较快地奠定了新中国的工业基础。在这以后，随着我国经济发展规模的扩大和经济结构的多样化，在 20 世纪 50 年代初中期曾经起过重要作用的高度集中的计划经济体制，越来越不适应日益复杂的社会化大生产的需求，因而被社会主义市场经济体制所取代，这只是一种具体发展模式的变换，而不是社会主义制度的失败。

事实同样还将证明，这次国际金融危机也只是以极端的灾难性形式凸显美国放任自流的金融模式出了问题，而决非资本主义制度行将终结、行将寿终正寝。有的美国学者直截了当地指出，既然 20 世纪 30 年代的大萧条都没有终结美国的金融资本主义，反而将其进一步完善和强化，那么这一次国际金融危机，也不会终结美国的金融资本主义。许多持理性态度的国际金融专家都认为，当前美欧采取政府主导的救市措施，突出了政府监管市场这一“有形之手”的作用，但这并不意味着他们从此将放弃市场配置资源这一“无形之手”的作用，更不会简单地回归凯恩斯主义。

胡锦涛同志在这次中央经济工作会议上强调，在国际金融危机冲击下，政府维护市场正常运行的职责会有所强化，但市场在资源配置中的基础性作用不会改变。这既深刻地揭示了这次国际金融危机的本质，同时也科学地清醒地把握了国际金融危机背景下国内外思潮相互激荡的现状，为我国社会主义市场经济发展进一步指出了正确的前进方向。我们在改革开放中把建立在公有制基础上、实现人民当家作主的社会主义基本制度，同发展社会主义市场经济结合起来，让市场在国家宏观调控下对资源配置起基础性作用。实践证明，这样做，把握了在经济全球化环境中发展现代市场经济的内在规律，体现了放开搞活同有效监管的统一，既打开了社会活力和财富创造之门，又成功规避了市场失控。人们公认，在社会主义条件下发展市场经济，是我们党对马克思主义的历史性贡献；发展社会主义市场经济，使我国社会活力竞相迸发，创造能量充分释放，创新成果大量涌现，社会财富极大增加，人民生活显著改善，困扰我国几十年的短缺经济、票证经济从此一去不复返了。

通过这次国际金融危机，我们同越来越多的国家一样更深切地认识到，合理的政府干预对于维护市场机制正常运行、及时纠正市场缺陷、防范各类风险是非常必要的；在市场需求不足、企业投资和居民消费意愿减弱的情况下，也需要通过增加政府公共支出来拉动经济增长，这是最直接、最有效的办法，但扩大内需最终还是要靠激发企业和群众的积极性创造性。因此，我们必须坚持社会主义市场经济的改革方向，充分利用这次国际金融危机客观上形成的倒逼机制，抓紧推出有利于促进发展的改革举措，通过深化改革，消除制约扩大社会需求的体制性机制性障碍，通过发挥好市场在资源配置中的基础性作用来扩大内需。这就是说，我们既要发挥好政府“看得见的手”的作用，又要继续发挥好市场“看不见的手”的作用，广泛调动各方面积极性、主动性、创造性，不断增强经济发展的活力和动力。对于这样的“两手抓”，我们在建立和完善社会主义市场经济的过程中是始终坚持的。通过这次国际金融危机，我们进一步提高了要坚持政府监管“有形的手”与市场配置资源“无形的手”“两手抓”的自觉性和坚定性。在现代经济中，市场机制和政府调控相辅相成，“看得见的手”和“看不见的手”都不能少，而且两手都要硬。违背市场规律和放松市场监管都要付出代价。我们既要充分发挥市场在资源配置中的基础性作用，又要有效克服市场的盲目性和局限性；既要加强和改善宏观调控，规范市场和微观主体行为，又不能代替市场功能、造成市场扭曲。

特别是联系到我国金融业本身的发展，坚持这样的“两手抓”，就显得尤为重要。这是因为，由次贷危机引发的美国华尔街金融海啸，很容易被拿来证明对中国金融市场进一步加强监管的必要性、紧迫性。而问题的实质却在于:我国金融业存在的问题同美国刚好相反,美国是金融创新过度、金融监管滞后,而我国的现状恰恰是金融创新不足、金融监管超前。在此危机当头的时刻,决不能变成美国金融业生什么病、中国金融业也要跟着吃什么药。如果是那样,那就真正是吃错了药。所以,胡锦涛同志在这次中央经济工作会议上强调,我国金融发展相对滞后仍然是经济发展中的一个突出矛盾,我们必须积极稳妥地推进金融改革、开放、创新,大力完善金融监管体系,使金融监管能力与金融市场发展相适应,使金融更好地服务于实体经济发展,形成虚拟经济和实体经济相辅相成、良性互动的格局。

第三,这次国际金融危机使我国实体经济尤其是加工贸易企业受到严重冲击,我国经济要不要坚持走兼顾结构升级和扩大社会就业的新型工业化道路? 国际金融危机导致的信贷紧缩,对我国实体经济特别是沿海加工贸易企业造成致命性打击,企业停产倒闭增多,失业人员增加,就业问题非常突出。珠三角和长三角一带的农民工返乡潮比往年整整提前了两个月。中央经济工作会议透出的信息表明,明年我国就业形势将十分严峻。明年我国城镇新增劳动力将会进一步增加;城镇登记失业人员现有 800 多万人,预计明年还会增加;部分企业经营困难,在岗员工特别是农民工失业会进一步增多。最近,我们在广东了解到,目前落户广东珠三角的港资中小企业就有 7 万家之多,为内地提供了大约 1000 万个就业机会。香港工业总会有个预测,这些港资加工贸易企业中相当大的一部分,在做完今年圣诞节订单之后,将在明年春节前发生集中倒闭。

胡锦涛同志在中央经济工作会议上强调,要坚持推进结构升级和扶持就业创业相协调,进一步增强经济竞争优势和吸纳就业能力。他指出,由于我国制造业总体上仍处于国际分工链条低端,推动结构升级和提升产业技术层次是现阶段的紧迫任务。结构升级需要不断改善资本有机构成、改善分工、提高生产效率,但如果把握不好,也可能导致就业岗位相对减少,增加就业压力。因此,处理好推进结构升级和扶持就业创业关系更为紧要。在制定发展战略和产业政策时,我们必须充分考虑我国国情,既要注意发展资本技术和知识密集型产业,又要积极支持发展劳动密集型产业,大力发展第三产业,构建多元化多层次的产业结构体系,创造更多就业机会。联系在广东调研中了解到的情况,我感到,胡锦涛同志的这段重要讲话同样极具思想理论的穿透力,鲜明提出和回答了在我国实体经济,特别是加工贸易企业受到国际金融危机严重冲击的情况下，要不要继续坚持走兼顾结构升级和扩大社会就业的新型工业化道路的问题，很有现实针对性和指导性。

中国特色新型工业化道路，实际上包含两个大的方面，前一个大方面，是要求“科技含量高、经济效益好、资源消耗低、环境污染少”；后一个大方面，则是要求“人力资源优势得到充分发挥”。现在，一些地方对前一个大方面比较注重，而对后一个大方面则相对重视不够，甚至可以说有某种程度的忽略或轻视。我把这种现象概括为没有处理好省情与国情的关系。一些沿海发达地区往往只强调省情，而不顾我国有13亿人口的国情，一味强调发展高端产业，追求资本有机构成高、使用劳动力越少越好，而淡忘了甚至完全忘掉了“人力资源优势得到充分发挥”这一条！针对这种偏颇，胡锦涛同志在去年的中央经济工作会议上就强调，我国的后发现代化同西方发达国家已经实现的工业化一样，客观上是一个资本积累、技术进步的历史过程，很容易出现机器排挤劳动、资本所得挤占劳动所得的现象。一些国家进入工业化中期阶段和中等收入国家行列后，由于没有处理好经济增长和收入分配关系，没有处理好技术进步和扩大就业的关系，结果社会矛盾激化，现代化进程受阻。这个深刻教训是值得我们认真汲取的。在今年的中央经济工作会议上，胡锦涛同志又再次强调了这一观点。这样的反复强调和一再重申，充分表明这个问题是何等重要，应当引起全党各级干部的高度重视。

从一些地方的实践经验看，要推进结构升级和扶持就业创业相协调，解决好增强经济竞争优势同提高吸纳就业能力的矛盾，无非是两种办法：一是“腾笼换鸟”，二是就地改造。关于“腾笼换鸟”，搞得比较早、比较成功的是浙江省。习近平同志在任浙江省委书记时，就通过与江西省联手，有力有序有效地推动了劳动密集型中小企业在省际的转移，实现了互利双赢。而有些地方也讲“腾笼换鸟”，却是撒手不管，实际上无异于“拆笼赶鸟”，这势必会激化就业矛盾、恶化劳资关系、影响党群关系和干群关系、损害劳动者利益。关于就地改造，则是习近平同志最近在广东调研时，同广东省负责同志商定的。习近平同志指出，近30年来，港澳同胞始终是祖国内地改革开放事业的积极参与者、推动者、受益者。改革开放初期，港澳资本占内地吸收外资总额的80%以上，目前仍超过40%。防止港资中小企业在这次国际金融危机冲击下集中破产倒闭，不仅有利于保持港澳经济稳定，也有利于减少失业,保持内地经济社会稳定。他建议港澳两个中联办同广东省一道,整合粤港澳三地政府和民间资源,更好地为中小企业提供服务,为加工贸易企业的升级换代创造有利空间。他表示相信,只要思想统一、运作得当,此次国际金融危机完全有可能成为整体提升珠三角地区港澳资中小企业素质的重要契机,其结果,必定是粤港澳三地互利共赢的局面。

党中央对青年就业创业问题历来十分重视。明年全国高校应届毕业生有610万人,是近年来的最高值,许多高校还有不少往届毕业生至今没有解决就业问题,被称为"校漂一族"。两者加在一起,使青年就业创业问题显得空前突出。最近,中共中央书记处专门开会研究了这个问题,充分肯定了团中央最近提出的"要把促进青年就业创业作为共青团服务青年的重中之重,集中力量抓出成效"的工作思路,认为团中央的这项工作抓到了点子上。要求举全团之力,与政府有关部门通力合作,统筹城市和农村、输出地和流入地、学校和企业及城市社区,进一步做好促进青年就业创业工作。特别是要协助党委和政府动员一切力量,做好明年高校毕业生就业工作,确保初次就业率不出现大幅下降。要鼓励具有大专以上学历的年轻人到农村担任大学生村干部,充实村级"两委"班子。按照胡锦涛同志有关批示精神,中央将在最近专门召开座谈会对此提出相关工作要求。中央书记处还要求团中央结合贯彻党的十七届三中全会精神,有效促进农村富余青年劳动力转移就业,充分发挥返乡青年农民工从城市带回的资金、信息和技术优势,因地制宜自我创业,并指示团中央可以考虑采取树立返乡农民工以创业带动就业先进典型等方式,深入加以推动。

以上三个方面,是我们党对国际金融危机的辩证思考。记得毛泽东同志曾对邓小平同志提出的"要学会按辩证法办事"大为赞赏,在"文化大革命"后期也提出过要坚决反对形而上学猖獗问题。在党的十四届一中全会上,江泽民同志要求全党同志特别是领导干部,要在学习和掌握唯物辩证法方面下功夫。以胡锦涛同志为总书记的党中央在统筹国内国际两个大局、总揽我国改革开放和社会主义现代化建设全局的过程中,十分注意运用马克思主义的唯物辩证法观察问题、分析问题、解决问题。这方面的案例有很多,中央应对此次国际金融危机的一系列重大决策和部署,包括胡锦涛同志在中央经济工作会议上的重要讲话,可以说是这方面的最新案例。我从这样的角度来学习领会今年中央经济工作会议精神,感觉越学越有味道。

# 建设一个什么样的新中国：60年憧憬与奋斗[*]

（2009年10月1日）

新中国成立60年来，执政的中国共产党的领袖们，对于究竟要建设一个什么样的新中国始终极为关注。他们立足国情、热烈憧憬，面向未来、科学谋划，并一以贯之地付诸行动、接续奋斗。最近，笔者通过集中研读毛泽东、邓小平、江泽民、胡锦涛同志有关新中国国家形象的重要论述，受到极大启发和鼓舞。诚如马克思所说："哲学家们只是用不同的方式解释世界，而问题在于改变世界。"也正如毛泽东同志所说："中国的面貌，无论是政治、经济、文化，都不应该是旧的，都应该改变。"中国共产党把马克思主义基本原理同中国革命、建设、改革的具体实际结合起来，把认识世界同改造世界结合起来，团结带领全国各族人民，不断解放和发展生产力，建立和完善社会主义经济基础和上层建筑，从根本上改变了旧中国一盘散沙、贫穷落后的国家形象，塑造了新中国团结进步、焕然一新的国家形象。毛泽东同志充满自豪地说："我们把中国的面貌改变了。我们的成绩是谁也否认不了的。"邓小平同志说："中华人民共和国建立后，改变了中国的形象。"

在中国共产党领袖们的话语系统中，对新中国国家形象的论述，集中在以下六个方面。

## 一、独立自主走自己的路、办自己的事的形象

1949年10月1日，毛泽东同志在天安门升起第一面五星红旗，宣告中华人民共和国成立了。占人类总数四分之一的中国人从此站立起来了，我

* 本文系作者学习毛泽东、邓小平、江泽民、胡锦涛同志有关新中国国家形象重要论述的札记。

们的民族从此再也不是一个被欺凌、被侮辱的民族了。中国从此进入了历史发展的新纪元。

中国人民是依靠自己的力量独立自主站立起来的,中国革命的胜利是中国共产党根据马克思主义基本原理、按照中国社会历史文化等特点,独立自主领导人民实现的。因此,中国共产党的领袖们,始终把独立自主、自力更生视为最可宝贵的民族精神、最为重要的国家形象。邓小平同志明确说过:“要维护我们独立自主、不信邪、不怕鬼的形象。”

近代中国屡遭列强欺凌,在民族危亡、国势衰败的境地下,之所以能以巨人的姿态重新站立起来,是同中华民族为实现国家独立、统一、民主、富强而前赴后继、百年抗争紧密相连的。近代以来,中华民族始终怀着民族独立和强国富民这两大历史追求。毛泽东同志对此作过深入分析。他强调,国家的独立、自由、民主和统一,是国家富强的历史前提。“一个不是贫弱的而是富强的中国,是和一个不是殖民地半殖民地的而是独立的,不是半封建的而是自由的、民主的,不是分裂的而是统一的中国,相联结的。”江泽民同志对此也作过历史和逻辑相结合的精辟阐发。他强调,从 19 世纪中叶到 20 世纪中叶的 100 年间,中国人民的一切奋斗,都是为了实现祖国的独立和民族的解放,彻底结束民族屈辱的历史。这个历史伟业,我们党已经领导中国人民胜利完成了。从 20 世纪中叶到 21 世纪中叶的 100 年间,中国人民的一切奋斗,则是为了实现祖国的富强、人民的富裕和民族的伟大复兴。这个历史伟业,我们党领导全国人民已经奋斗了 50 年,取得了巨大进展,再经过 50 年的奋斗,也必将胜利完成。这就是说,中华民族伟大复兴这篇大文章,上篇是实现民族独立,下篇是实现强国富民,而贯穿这两大历史追求的思想红线就是独立自主、自力更生。

在中国共产党领袖们的话语系统中,独立自主、自力更生这个概念具有丰富的思想内涵。

首先,在我们这样一个人口众多的发展中大国,必须主要依靠自己的力量进行革命、建设和改革事业,我们的方针要放在自己力量的基点上。同时,中国的革命、建设和改革不能也不可能孤立于世界之外,我们需要学习外国一切对我们有益的、有用的先进文明成果。但是,完成中国的革命、建设和改革事业,从根本上说,必须主要依靠我们自己的力量。中国的事情要按照中国的情况来办,要依靠中国人自己的力量来办。新中国成立后,毛泽东同志一再强调,必须“独立自主地搞建设”。邓小平、江泽民同志强调,独立自主,自力更生,无论过去、现在和将来,都是我们的立足点,是我们发展的根本基点。胡锦涛同志强调,我们必须主要依靠体制创新和科技创新、依靠扩大国内需求、依靠提高国民素质来推进我国的发展。

其次,适合中国国情的前进道路只能在中国共产党领导下、依靠中国人民自己来寻找和创造。毛泽东同志早在 20 世纪 50 年代中期就强调指出:“照抄别国的经验是要吃亏的,照抄是一定会上当的。这是一条重要的国际经验。”1982 年,邓小平同志在党的十二大开幕词中,同样如此鲜明提出:“把马克思主义的普遍真理同我国的具体实际结合起来,走自己的道路,建设有中国特色的社会主义,这就是我们总结长期历史经验得出的基本结论。”但是,在这个问题上,因为缺乏经验等原因,我们也曾经走过弯路、吃过苦头、付出过沉重代价。错误和挫折使我们懂得了,应当和怎样独立自主地寻找中国自己的前进道路和发展模式。正如胡锦涛同志指出的那样,“世界上没有放之四海而皆准的发展道路和发展模式,也没有一成不变的发展道路和发展模式”,我们要“不断完善适合我国国情的发展道路和发展模式”;我们“决不走封闭僵化的老路,也决不走改旗易帜的邪路,而是坚定不移地走中国特色社会主义道路”。这些浸透沉痛历史教训和极富政治智慧的话,非亲力亲为者是说不出来的。

第三,新中国作为后发现代化国家,必须坚持自己的民族自尊和自信,决不允许有任何奴颜婢膝、卑躬屈膝的表现。新中国成立 60 年来,无论遇到什么样的艰难险阻和压力挑战,中国共产党和中国各族人民都不曾有过丝毫屈服,表现了大无畏的英雄气概。邓小平同志在 20 世纪 80 年代末说过:“中国人民珍惜同其他国家和人民的友谊和合作,更加珍惜自己经过长期奋斗而得来的独立自主权利。任何外国不要指望中国做他们的附庸,不要指望中国会吞下损害我国利益的苦果。”江泽民同志指出,中国人民“有着酷爱自由、追求进步、维护民族尊严和国家主权的光荣传统。对外来侵略者无比痛恨,对卖国求荣的民族败类无比鄙视,对爱国志士无比崇敬,这已经成为我们宝贵的民族性格”。胡锦涛同志把中华民族以爱国主义为核心的伟大民族精神概括为以下六个鲜明特点,这就是:坚持国家和民族利益至上、誓死不当亡国奴的民族自尊品格,万众一心、共赴国难的民族团结意识,不畏强暴、敢于同敌人血战到底的民族英雄气概,百折不挠、勇于依靠自己的力量战胜侵略者的民族自强信念，开拓创新、善于在危难中开辟发展新路的民族创造精神，坚持正义、自觉为人类和平进步事业贡献力量的民族奉献精神。

第四，我们既珍视和维护中国人民经过长期奋斗得来的独立自主权利，也高度尊重别国人民的独立自主权利。我们这样一个人口众多的社会主义发展中大国，任何时候都要坚持中国人民自己选择的发展道路和社会制度，始终把维护国家主权、安全和领土完整放在第一位，作为自己至高无上的使命，坚持各国的事情要由各国自己管，坚决反对外部势力干涉我国内部事务，不屈从于任何外来压力。同时，我们也高度尊重各国人民自主选择发展道路的权利，坚持国家不分大小、强弱、贫富一律平等，不干涉别国内部事务，不把自己的意志强加于人；不计较历史恩怨，不计较社会制度和意识形态差别，不分国家强弱，同所有国家发展相互尊重、平等对待、友好合作的关系。

## 二、改革开放、发展图强的经济大国的形象

发展才是硬道理。离开发展，马克思主义执政党的先进性、社会主义制度的优越性和实现强国富民的现实性都无从谈起。因此，中国共产党的领袖们，对党执政以后要加快实现国家的发展富强，有着一以贯之的热烈憧憬，并进行了持之以恒的接力奋斗。

新中国成立前夕，毛泽东同志这样憧憬，“中国人民将会看见，中国的命运一经操在人民自己的手里，中国就将如太阳升起在东方那样，以自己的辉煌的光焰普照大地，迅速地荡涤反动政府留下来的污泥浊水，治好战争的创伤，建设起一个崭新的强盛的名副其实的人民共和国。”

20 世纪 80 年代末，邓小平同志这样憧憬：“中国要真正按计划实现第二个翻番，这也就是社会主义的一个成功。”他还说，到下个世纪 50 年代，如果我们基本实现现代化，达到人均国民生产总值 4000 美元，而且是共同富裕的，那就可以进一步断言社会主义取得成功，就能更好地显示社会主义优于资本主义，到那时就为占世界总人口 3/4 的第三世界走出了一条路。

值得注意的是，邓小平同志的这一憧憬有着极为深刻的内涵。他指出：“中国是个大国，又是个小国。所谓大国就是人多，土地面积大。所谓小国

就是中国还是发展中国家,还比较穷。”“联合国安全理事会常任理事国,中国算一个”,这表明中国“现在已经是一个政治大国了”,中国“在不长的时间内将会成为一个经济大国”。所谓“经济大国”,就是要尽快提高我国的综合国力,“把贫困的中国变成小康的中国”,“把落后的中国变成发达的中国”,以解决十几亿人口贫困的问题、发展的问题。

在世纪之交和纪念党的十一届三中全会召开 30 周年大会上,江泽民同志和胡锦涛同志都分别而又共同有过这样的憧憬:我们的伟大目标是,到我们党成立 100 年时,建成惠及十几亿人口的更高水平的小康社会;到新中国成立 100 年时,基本实现现代化,建成富强民主文明和谐的社会主义现代化国家。

中国共产党领袖们的这些美好憧憬,充满了民族自信心,激荡着马克思主义执政党的历史使命感,这就是:引领全国各族人民依靠自己的艰苦奋斗、顽强奋斗、不懈奋斗,彻底改变旧中国“一穷二白”的面貌,把新中国建设成为一个同政治大国地位相匹配的经济大国,从而为人类作出我们应有的贡献。关于这一点,我们还可以从以下这些今天读来仍然使人激情燃烧、思绪澎湃的重要论述中得到印证。

早在新中国成立以后不久,毛泽东同志就指出:“中国是一个大国,它的人口占全世界人口的四分之一,但是它对人类的贡献是不符合它的人口比重的。将来这种状况会改变的,可是这已不是我这一辈的事,也不是我儿子一辈的事。将来要变成什么样子,是要看发展的。”

20 世纪 80 年代中期,邓小平同志指出:“现在人们说中国发生了明显的变化。我对一些外宾说,这只是小变化。翻两番,达到小康水平,可以说是中变化。到下世纪中叶,能够接近世界发达国家的水平,那才是大变化。到那时,社会主义中国的分量和作用就不同了,我们就可以对人类有较大的贡献。”

20 世纪 90 年代末,江泽民同志指出:“中国人民所以要进行百年不屈不挠的斗争,所以要实行一次又一次的伟大变革、实现国家的繁荣富强,所以要加强民族团结、完成祖国统一大业,所以要促进世界和平与发展的崇高事业,归根到底就是为了一个目标:实现中华民族的伟大复兴,争取对人类作出新的更大的贡献。”

胡锦涛同志在党的十七大报告中,展望了中国到 2020 年全面建设小康社会目标实现之时的面貌。他的结论也是:我们这个历史悠久的文明古国和发展中社会主义大国,到那时将成为对外更加开放、更加具有亲和力、为人类文明作出更大贡献的国家。

中国共产党的领袖们,如此一以贯之地强调中国应当对人类作出较大的贡献、更大的贡献、新的更大贡献,这深刻表明:执政的中国共产党所秉持的爱国主义同国际主义是有机统一的,对自己国家和民族的使命感、责任感,同为人类进步事业作出更大贡献的时代紧迫感是紧密相连的。为了尽快把我国建设成为同政治大国相匹配的经济大国,中国共产党勤于学习,善于总结,勇于坚持真理、修正错误,在党的十一届三中全会以后,制定了一整套符合中国社会主义初级阶段基本国情和社会主要矛盾的理论、路线和方针政策。所有这些憧憬,都是着眼于发展、致力于发展的,所以邓小平同志将其称为发展的理论、发展的路线。

为了实现强国富民的奋斗目标,中国共产党始终强调抓住机遇、加快发展。从 20 世纪 70 年代末 80 年代初开始,中国共产党抓住和平与发展的时代主题,顺应世界范围蓬勃兴起的新科技革命,果断地把党的工作重点转移到以经济建设为中心的轨道上来;强调要把坚持党的先进性和发挥社会主义制度的优越性,落实到发展先进生产力、发展先进文化、实现最广大人民的根本利益上来,落实到推动社会全面进步、促进人的全面发展上来,集中全国人民的智慧和力量,聚精会神搞建设、一心一意谋发展,专心致志地办好中国自己的事情;强调坚持求真务实,过若干年上一个新台阶,在原来贫穷落后的基础上,依次实现温饱、小康和中等发达的社会主义现代化建设“三步走”战略目标,使强国富民的憧憬不断得以实现。

为了实现强国富民的奋斗目标,中国共产党坚持以改革开放促进发展。革命是解放生产力,改革也是解放生产力。社会主义基本制度确立以后,还要从根本上改变束缚生产力发展的经济体制,开拓促进先进生产力和先进文化发展的新途径,建立起充满生机和活力的社会主义市场经济新体制和各方面体制,解放和发展生产力;当今世界是开放的世界,中国的发展离不开世界,中国既坚持独立自主搞建设,又打开国门搞建设,积极参与国际经济技术合作和竞争,全面提高对外开放水平。实行改革开放 30 多年来,在新中国成立以后取得的成就基础上,我国综合国力迈上新台阶,人民生活总体上达到小康水平,从根本上改变了改革开放前长期困扰我们的短缺经济状况,这表明改革开放是推动经济社会快速发展的强大动力。邓小平同志多次强调:我们"要给国际上、给人民一个改革开放的形象"。只要我们坚持不动摇、不懈怠、不折腾,坚定不移地推进改革开放,坚定不移地走中国特色社会主义道路,就一定能够实现建成富强民主文明和谐的社会主义现代化国家的奋斗目标。

为了实现强国富民的奋斗目标,中国共产党坚持统筹国内国际两个大局,推动科学发展、和谐发展、和平发展。党的十六大以来,以胡锦涛同志为总书记的党中央,继承和发展党的三代中央领导集体关于发展的重要思想,着眼于把握发展规律、创新发展理念、转变发展方式、破解发展难题,在总结我国发展实践、借鉴国外发展经验、适应新世纪新阶段我国发展一系列新的阶段性特征基础上,提出了科学发展观。这一重大战略思想聚焦了我们党在新形势下的三大发展理念,这就是:以人为本、全面协调可持续的科学发展;各方面事业有机统一、社会成员团结和睦的和谐发展;既通过维护世界和平发展自己,又通过自身发展维护世界和平的和平发展。在国际金融危机冲击面前,我们党坚持以科学发展观审视过去、指导现在、规划未来,强调要把实现保增长、保民生、保稳定,同转变发展方式、调整经济结构结合起来,坚持走生产发展、生活富裕、生态良好的文明发展道路,切实解决好经济社会发展中存在的不平衡、不协调、不可持续问题,切实解决好民生问题。所有这些,都有力地推动经济社会在又好又快发展上,不断取得实实在在的成效,让广大人民群众不断得到实实在在的利益,从而脚踏实地、一步一个脚印地实现强国富民的伟大憧憬。

## 三、人民当家作主、国家团结统一的形象

新中国成立60年来,在几代中央领导集体团结带领下,经过全党全国各族人民不懈奋斗,我们国家的面貌发生天翻地覆的变化:从一个受帝国主义掠夺和奴役的国家,变成了一个享有主权的独立的国家;从一个四分五裂的国家,变成了一个除台湾等岛屿外实现统一的国家;从一个人民备受欺凌压迫的国家,变成了一个人民当家作主、享有民主权利的国家;从一个经济文化落后的国家,变成了一个走向经济繁荣、全面进步的国家;从一个在世界上被人瞧不起的国家,变成了一个受到国际社会普遍尊重的国家。这就

是当代中国呈现在世人面前的整体国家形象。其中，至关重要的是在中国共产党领导下，实现了人民当家作主，这既为新中国辉煌的今天也为新中国光明的未来，奠定了坚实的基础。

中国是有5000多年历史的文明古国，但人民真正实现当家作主，成为国家、社会和自己命运的主人，只是在新中国成立以后才成为现实。新中国的成立，开辟了中国历史上从未有过的人民当家作主的新纪元，标志着中国实现了从延续2000多年的封建专制政治，向着人民当家作主的民主政治的伟大跨越，向世界展示了充满希望的“民主进步的良好国际形象”。

人民当家作主是由新中国的国家性质所决定的。新中国的成立，社会主义制度的建立，为我国发展人民民主、实现人民当家作主创造了根本政治前提。毛泽东同志在展望新中国实现人民当家作主的景象时指出：“总结我们的经验，集中到一点，就是工人阶级（经过共产党）领导的以工农联盟为基础的人民民主专政。”1949年9月，新中国成立前夕召开的中国人民政治协商会议第一届全体会议，通过的《中国人民政治协商会议共同纲领》这部具有临时宪法地位的重要文献，以及1954年9月20日，第一届全国人民代表大会第一次会议通过的《中华人民共和国宪法》都明确规定，中华人民共和国的一切权力属于人民；人民行使权力的机关是全国人民代表大会和地方各级人民代表大会。

人民当家作主是通过具有中国特色的四大政治制度得以实现的。新中国成立后，中国共产党领导全国各族人民在大力推进经济建设的同时，大力发展人民民主，创造性地探索形成了一整套具有中国特色的社会主义民主政治制度，这就是：人民代表大会制度，中国共产党领导的多党合作和政治协商制度，民族区域自治制度，以及基层群众自治制度。正是这些立足中国国情而又顺应时代潮流的政治制度，使中国的人民民主不断扩大，人民的民主权利得到有力保障，人民当家作主的积极性、主动性、创造性得到极大发扬。历经风险和挑战，党和人民对中国特色社会主义政治制度的自信更增强、更坚定了。

诞生于1954年的人民代表大会制度，作为新中国的根本政治制度，从人民民主专政的社会主义国家这一国体的高度，从人民代表的广泛性、代表行使当家作主权利的真实性、有效性等方面，切实保障了人民当家作主。如果离开了人民代表大会制度，人民权利高于一切就无从谈起，人民当家作主就会归于落空。

中国共产党领导的多党合作和政治协商制度,作为我国的一项基本政治制度,从政党关系的角度,切实保障了人民当家作主。这一制度既不同于许多资本主义国家的多党制和两党制,也不同于一些国家的一党制,它在最广泛最充分地调动一切积极因素、同心协力推进中国特色社会主义民主政治不断发展方面,起到了不可或缺、不可替代的作用。

民族区域自治制度,是我国的又一项基本政治制度,它从民族关系角度,切实保障了人民当家作主。在国家统一领导下实现民族区域自治,体现了国家尊重和保障少数民族自主管理本民族内部事务的权利,体现了各民族共同团结奋斗、共同繁荣发展的原则,是促进民族地区经济社会发展,巩固平等团结互助和谐的社会主义民族关系的必由之路。

基层群众自治制度,是我国社会主义民主政治实践中的崭新创造,为人民群众依法直接行使民主权利,管理基层公共事务和公益事业,实行自我管理、自我服务、自我教育、自我监督,并对干部实行民主监督的角度,提供了制度保障,是人民当家作主最有效、最广泛的途径。

人民当家作主是同坚持党的领导和实行依法治国有机统一的。在中国这样一个有着13亿人口、56个民族的发展中大国,党的领导是人民当家作主和依法治国的根本保证,人民当家作主是社会主义民主政治的本质和核心,依法治国是党领导人民治理国家的基本方略。坚持党的领导、人民当家作主、依法治国有机统一,坚持中国特色社会主义政治发展道路,有利于社会主义制度的巩固和国家的团结统一。

早在新中国成立初期,毛泽东同志就指出:“国家的统一,人民的团结,国内各民族的团结,这是我们的事业必定要胜利的基本保证。”“从中华人民共和国成立的那一天起,中国各民族就开始团结成为友爱合作的大家庭,足以战胜任何帝国主义的侵略,并且把我们的祖国建设成为繁荣强盛的国家。”在改革开放历史新时期,邓小平同志也强调:“凡是中华民族子孙,都希望中国能统一,分裂状况是违背民族意志的。”1997年,江泽民同志在哈佛大学的演讲中系统阐述了中华民族团结统一的传统。他指出:“中国历史上虽曾出现过暂时的分裂现象,但民族团结和国家统一始终是中华民族历史的主流,是中国发展进步的重要保障。”新世纪新阶段,胡锦涛同志反复强调:“祖国统一是各族人民的最高利益,民族团结是祖国统一的重要保证。历史和现实都表明:国家统一、民族团结,则政通人和、百业兴旺;国家分裂、民族纷争,则丧权辱国、人民遭殃。”在中国共产党领导下,今日之中国,到处呈现各民族空前团结、齐心协力为实现祖国完全统一而奋斗的喜人景象。可以预期,在中国共产党领导下,在全面建设小康社会、加快推进社会主义现代化、实现中华民族伟大复兴的进程中,中国各民族的大团结必将进一步巩固,各种形式的分裂活动必将归于失败,中华民族凝聚力必将进一步增强,“一国两制、和平统一”的伟大构想必将成为现实。中国共产党提出的在新世纪推进现代化建设、完成祖国统一、维护世界和平与促进共同发展这三大历史任务,一定要实现,也一定能实现。

## 四、文化繁荣兴盛、文明伟大复兴的形象

在中国共产党的领袖们看来,新中国的成立为博大精深、源远流长的中华文明在社会主义基础上的伟大复兴创造了前提,而改革开放则赋予中华文明复兴以新的强大生机和活力。这个复兴,不但将创造出高度发达的物质文明,而且将创造出以马克思主义为指导的,批判继承历史传统而又充分体现时代精神的,立足本国而又面向世界的,这样一种高度发达的社会主义精神文明。这就是要引领中国悠久的历史文明走向社会主义现代文明,向世界展示中华民族泱泱大国的文明形象。

新中国成立前夕,毛泽东同志就指出:“随着经济建设的高潮的到来,不可避免地将要出现一个文化建设的高潮。中国人被人认为不文明的时代已经过去了,我们将以一个具有高度文化的民族出现于世界。”新中国成立后,毛泽东同志又指出,要把“一个经济上文化上落后的国家,建设成为一个工业化的具有高度现代文化程度的伟大的国家”。

邓小平同志在改革开放历史新时期一再强调:“我们要在建设高度物质文明的同时,提高全民族的科学文化水平,发展高尚的丰富多彩的文化生活,建设高度的社会主义精神文明。”强调要培养造就有理想、有道德、有文化、有纪律的社会主义新人。

江泽民同志在新世纪之初提出,中国共产党既要代表中国先进生产力的发展要求、代表中国先进文化的前进方向,又要代表中国最广大人民的根本利益。他要求全党着眼于创造出更加灿烂的先进文化,在当代中国人民

的伟大奋斗中,迎来社会主义文化建设新高潮。

胡锦涛同志强调,发展社会主义先进文化,是实现中华民族伟大复兴的显著标志。他提出,要激发全民族文化创造活力,推动社会主义文化大发展大繁荣,提高国家文化软实力,使人民基本文化权益得到更好保障,使社会文化生活更加丰富多彩,使人民精神风貌更加昂扬向上。

新中国成立 60 年,特别是改革开放 30 多年来,中国共产党在推进社会主义革命、建设、改革的实践中,在引领当代中国人民的伟大奋斗中,大力发展社会主义先进文化,使人民日益增长的精神文化需求得到更好满足,社会主义核心价值体系建设取得重大进展,马克思主义思想理论建设成效彰显,群众性精神文明创建活动、公民道德建设、青少年思想道德建设全面推进,文化事业生机盎然,文化产业空前繁荣,国家文化软实力不断增强,人民精神世界日益丰富,全民族文明素质显著提高,中华民族的凝聚力和向心力明显增强。

中国共产党在推动文化繁荣兴盛和文明伟大复兴的实践中,把代表先进文化前进方向同自觉体现时代性、把握规律性、富于创造性结合起来,找到了三条规律性的东西。

第一,发展先进文化,就是发展面向现代化、面向世界、面向未来的,民族的、科学的、大众的而又开放的、包容的社会主义文化。就是坚持为人民服务、为社会主义服务的方向和百花齐放、百家争鸣方针,弘扬主旋律、提倡多样化,尊重差异,包容多样,大力发展先进文化,支持健康有益文化,努力改造落后文化,坚决抵制腐朽文化,不断满足人民的基本文化权益,不断丰富人们的精神世界,不断增强人们的精神力量,努力形成体现中国先进生产力发展要求、体现中国先进文化前进方向、体现中国最广大人民根本利益的理论指导、精神支柱、舆论力量和文化条件;就是既要弘扬我们民族几千年来创造的优秀文化传统,使之在社会主义现代化建设中获得新的生命、放射出新的光彩,又要汲取世界各国优秀文明成果,并在实践中检验和发展,使中国特色社会主义先进文化和中华文明走在世界前列。

第二,发展当代中国的社会主义先进文化,就是建设社会主义精神文明,社会主义精神文明是社会主义社会的重要特征。中国特色社会主义是精神文明同物质文明相辅相成、协调发展的事业。任何时候都不能以牺牲精神文明为代价换取经济的一时发展。主张把社会主义核心价值体系建设作为主线，贯穿到国民教育和精神文明建设全过程，坚持不懈地用马克思主义中国化最新成果武装全党、教育人民，用中国特色社会主义共同理想凝聚力量，用以爱国主义为核心的民族精神和以改革创新为核心的时代精神鼓舞斗志，用社会主义荣辱观引领风尚，巩固全党全国各族人民团结奋斗的共同思想基础。主张物质文明和精神文明两手抓，实行依法治国和以德治国相结合，以科学的理论武装人、以正确的舆论引导人、以高尚的精神塑造人、以优秀的作品鼓舞人，着力培育有理想、有道德、有文化、有纪律的公民，不断提高全民族的思想道德素质和科学文化素质，推动实现文化繁荣、教育发达、科学昌明，促进人的全面发展。

第三，推动社会主义文化繁荣兴盛和中华文明伟大复兴，必须始终立足于建设、立足于创新。中华民族是富有文化创造力的伟大民族，我们祖先创造的包括四大发明在内的灿烂民族传统文化，曾为人类文明进步作出过重大贡献。在建设社会主义先进文化、推动中华文明伟大复兴过程中，仍然需要激发全民族文化自觉和文化创造活力，坚持贴近实际、贴近生活、贴近群众，大力推进文化建设、文化创造和文化创新，推动文化事业和文化产业不断发展、文化市场更加繁荣，让人民共享文化发展成果。要善于在时代的高起点上推动文化内容形式、体制机制、传播手段创新，解放和发展文化生产力，调动文化工作者积极性创造性，形成以公有制为主体、多种所有制共同发展的文化产业格局和统一、开放、竞争、有序的现代文化市场体系，形成科学有效的宏观文化管理体制，形成以民族文化为主体、吸收外来有益文化、推动中华文化走向世界的文化开放格局，不断提高国家文化软实力，增强中华文化国际竞争力和中华文明国际影响力。

## 五、社会和谐安定、人民幸福安康的形象

在发展社会主义市场经济、民主政治、先进文化基础上构建社会主义和谐社会，才能更好地体现社会主义本质，更切实地造福人民群众，更全面地展示新中国富强民主文明和谐的国家形象。党的十六大以来，中国共产党提出构建社会主义和谐社会的重大战略思想和重大战略任务，着力保障和改善民生，推进社会体制改革，扩大公共服务，完善社会管理，促进社会公平正义，努力使全体人民学有所教、劳有所得、病有所医、老有所养、住有所居，

体现了全党全国各族人民的共同愿望。

社会和谐是科学社会主义的题中应有之义,是中国特色社会主义的本质属性,是中国共产党的奋斗目标,也是新中国国家形象的重要组成部分。中国共产党领导人民进行新民主主义革命,推翻"三座大山",建立人民当家作主的新中国,为实现社会和谐提供了根本前提。新中国成立后,党又为促进社会和谐进行了艰辛探索。在如何认识社会和谐、怎样实现社会和谐的问题上也发生过严重失误和曲折。改革开放以来,我们党在邓小平理论和"三个代表"重要思想指导下,深刻总结社会主义现代化建设正反两方面经验,在社会主义发展道路、发展阶段、发展战略、根本目的、根本任务、发展动力、领导力量、依靠力量等方面取得一系列新的重大认识,为深化对社会主义本质的认识、提出构建社会主义和谐社会的重大战略思想和重大战略任务奠定了理论基础。构建社会主义和谐社会,有利于更全面地体现党的奋斗目标、更好地实现中国最广大人民的根本利益。

新中国是人民当家作主的社会主义国家,全国最广大人民根本利益是一致的,我国社会的基本矛盾是非对抗性的,我们具有不断促进社会和谐安定和人民幸福安康、最终建成社会主义和谐社会的根本政治前提和社会制度保证。新中国成立60年特别是改革开放30多年来,我国经济持续发展,我国社会总体和谐。同时,改革开放以来,由于经济体制深刻变革、社会结构深刻变动、利益格局深刻调整、思想观念深刻变化,也带来城乡、区域、经济社会发展不平衡,人口资源环境压力加大,就业、社会保障、收入分配、教育、医疗、住房、安全生产、社会治安等方面关系群众切身利益的问题比较突出等影响社会和谐安定的矛盾和问题。

构建社会主义和谐社会,从党的十六届四中、六中全会到党的十七大以及十七大以来近两年,经历了从点题到破题的发展过程。我们党在实际工作中,既从"大社会"着眼,把和谐社会建设落实到包括经济建设、政治建设、文化建设、社会建设以及生态文明建设和党的建设等在内的党和国家全部工作之中;又注重从"小社会"着手,着力解决人民群众最关心、最直接、最现实的利益问题,着力发展社会事业和改善民生。党和国家加大教育事业投入,各级各类教育迅速发展,城乡免费义务教育全面实现。积极实施扩大就业发展战略,全国就业规模日益扩大。加快建立覆盖城乡居民的社会保障体系,城乡公共卫生体系和基本医疗服务不断健全,人民健康水平不断提高。不断改进社会管理,保持社会大局稳定,持续改善人民生活,人民群众在共建共享基础上更加安居乐业。

党的十七大描绘的全面建设小康社会宏伟蓝图,对构建和谐社会提出了新的目标要求。这就是:现代国民教育体系更加完善,终身教育体系基本形成,全民受教育程度和创新人才培养水平明显提高。社会就业更加充分。覆盖城乡居民的社会保障体系基本建立,人人享有基本生活保障。合理有序的收入分配格局基本形成,中等收入者占多数,绝对贫困现象基本消除。人人享有基本医疗卫生服务。社会管理体系更加健全。这些目标要求,适应了国内外形势的新变化,顺应了各族人民过上更好生活的新期待。

以胡锦涛同志为总书记的党中央及时总结实践经验,要求进一步推动社会建设与经济建设、政治建设、文化建设以及生态文明建设协调发展,更好做到发展成果由人民共享,不断促进社会和谐。要求各级党委和政府更加自觉、更加主动地加强以改善民生为重点的社会建设,推进社会体制改革,扩大公共服务。优先发展教育,健全教育投入保障机制,大力发展职业教育;实施扩大就业的发展战略和积极的就业政策,着力促进高校毕业生就业和农民工就业;深化收入分配制度改革,加快完善社会保障体系,加快推进社会保障统筹工作,切实保障困难群众基本生活;加快建立覆盖城乡居民的基本医疗卫生服务体制,提高新型农村合作医疗水平;加强城市保障性住房建设;强化安全生产管理和监督,完善社会管理,努力在推动和谐社会建设中,把全体人民学有所教、劳有所得、病有所医、老有所养、住有所居落到实处。同时,进一步加强节能减排和环境保护,大力发展循环经济,努力形成节约能源资源和保护生态环境的产业结构、增长方式、消费模式,增强可持续发展能力。

## 六、谋求世界持久和平、共同繁荣的形象

新中国成立 60 年,特别是改革开放 30 多年来,我国坚持在国际关系中弘扬民主、和睦、协作、共赢精神,在国际事务中发挥重要建设性作用,成为当今世界热爱和平、维护和平,与不同社会制度、不同意识形态、不同发展水平的国家和平共处,构建持久和平、共同繁荣的和谐世界的典范。

新中国诞生前夕,毛泽东同志就曾这样憧憬:“我们的民族将从此列入

爱好和平自由的世界各民族的大家庭,以勇敢而勤劳的姿态工作着,创造自己的文明和幸福,同时也促进世界的和平和自由。”20 世纪 50 年代,他又这样憧憬:“中国会变成一个大强国而又使人可亲。”

在改革开放历史新时期,邓小平同志这样憧憬:“我们搞的是有中国特色的社会主义,是不断发展社会生产力的社会主义,是主张和平的社会主义。”他还说:“社会主义中国应该用实践向世界表明,中国反对霸权主义、强权政治,永不称霸。中国是维护世界和平的坚定力量。”

在世纪之交,江泽民同志这样憧憬:“中国的发展与进步,不会对任何人构成威胁。将来中国富强起来了,也永远不称霸。这是我们矢志不渝的基本国策”,是“中国人民对世界的庄严承诺”。我们要在国际上树立维护和平和致力于共同发展的形象,树立和平发展、友好合作的形象。

在新世纪新阶段,胡锦涛同志这样憧憬:“人类的发展进步,民族的繁荣富强,应该也只有通过和平发展道路才能实现。”中国“既充分利用世界和平发展带来的机遇发展自己,又以自身的发展更好地维护世界和平、促进共同发展”,推动建设“持久和平、共同繁荣的和谐世界”。

新中国之所以如此酷爱和平,之所以始终致力于人类和平与发展的崇高事业,归根到底,有以下三个重要原因。

第一,爱好和平是中国的历史和文化传统。江泽民同志指出:“我国先秦思想家就提出了‘亲仁善邻,国之宝也’的思想,反映了自古以来中国人民就希望天下太平、同各国人民友好相处。”胡锦涛同志强调:“中华民族历来爱好和平。中国人在对外关系中始终秉承‘强不执弱’、‘富不侮贫’的精神,主张‘协和万邦’。中国人提倡‘海纳百川,有容乃大’,主张吸纳百家优长、兼集八方精义。”中国共产党的领袖们还多次强调,近代以来,中国人民饱受外族侵略之苦。从鸦片战争起,先后欺侮过中国的列强就有十几个,中国人民蒙受了巨大的苦难,深知和平之宝贵。我们绝不会把自己曾经遭受列强侵略、压迫和欺凌的苦难加之于人。

第二,维护和平是社会主义制度的内在要求。毛泽东同志指出:“我们的国家是社会主义国家,不是资本主义国家,因此,一百年,一万年,我们也不会侵略别人。”“我们中国过去、现在都没有占领别的国家,将来也不会去占领美国、英国作殖民地,所以我们始终是文明国家。”邓小平同志强调:“十亿人的中国坚持社会主义,十亿人的中国坚持和平政策,做到这两条,我们的路就走对了，就可能对人类有比较大的贡献。”在中国共产党的领袖们看来，当今世界主张和平和谐的，不一定都是社会主义者，但真正的社会主义者必须坚决反对霸权主义、维护世界和平。社会主义国家如果损害别国主权，搞霸权主义，既损害社会主义在世界上的形象，又损害本国的社会主义事业。江泽民、胡锦涛同志都一再向全世界宣示：中国是维护世界和平的坚定力量。中国越发展，世界和平越靠得住。中国的发展和进步，不会对任何人构成威胁。将来中国发展起来、发达起来、富强起来了，也永远不搞扩张、永远不称霸。

第三，中国的现代化建设需要和平的国际环境。邓小平同志指出：“只有争取到和平的环境，才能比较顺利地发展。”江泽民同志指出：“集中精力搞好现代化建设，是中国今后长期的根本任务。中国需要一个持久的和平国际环境和良好的周边环境，需要同世界各国进行友好交流与合作。”胡锦涛同志强调，要不断为我国现代化建设营造和平稳定的国际环境、睦邻友好的周边环境、平等互利的合作环境、互信协作的安全环境、客观友善的舆论环境。中国共产党的领袖们还提出，“二十一世纪头二十年，对我国来说，是一个必须紧紧抓住并且可以大有作为的重要战略机遇期。”以胡锦涛同志为总书记的党中央统筹国内国际两个大局，团结带领全党全国各族人民聚精会神搞建设、一心一意谋发展，既推动了改革开放和现代化建设事业，又为世界和平与发展作出重要贡献。当前，全党全国各族人民正在进一步抓住和用好我国发展的重要战略机遇期，继续解放思想、坚持改革开放、推动科学发展、促进社会和谐，为夺取全面建设小康社会新胜利、开创中国特色社会主义事业新局面、实现中华民族伟大复兴而团结奋斗。

中国共产党的领袖们强调：“要根本改变中国的落后面貌需要很长的时间，至于要赶上和超过世界上最先进的资本主义国家，没有一百多年的时间是不行的。”毛泽东同志说过，“我们有充分的信心，克服一切艰难困苦，将我国建设成为一个伟大的社会主义共和国”，“更加美好的未来必将属于历尽沧桑而自信自立自强的中国人民”！正如胡锦涛同志在党的十七大报告中所憧憬的那样：“到二〇二〇年全面建设小康社会目标实现之时，我们这个历史悠久的文明古国和发展中社会主义大国，将成为工业化基本实现、综合国力显著增强、国内市场总体规模位居世界前列的国家，成为人民富裕程度普遍提高、生活质量明显改善、生态环境良好的国家，成为人民享有更加充分民主权利、具有更高文明素质和精神追求的国家,成为各方面制度更加完善、社会更加充满活力而又安定团结的国家,成为对外更加开放、更加具有亲和力、为人类文明作出更大贡献的国家。”可以说,这既是对中国 21 世纪头 20 年改革开放和现代化建设发展趋势的集中概括,也是对当代中国国家形象的系统描绘,又是鼓舞全党全国各族人民在中国共产党领导下,创造更加美好未来的强大精神动力。

# 努力提高党的建设科学化水平*

（2009 年 10 月 29 日）

党的十七届四中全会通过的《中共中央关于加强和改进新形势下党的建设若干重大问题的决定》（以下简称《决定》）站在时代、历史、全局、战略的高度，提出了在新形势下提高党的建设科学化水平的要求。这与我们党此前提出的加强党的执政能力建设和先进性建设的要求，具有同等重要的理论和实践意义。这表明，作为领导我国走向社会主义现代化的马克思主义执政党，我们党的自身建设正在按照共产党执政规律、社会主义建设规律、人类社会发展规律，更加自觉地朝着科学化、现代化方向奋进；表明我们党为应对新形势新挑战而进一步提高管党治党水平，以改革创新精神不断提高和完善自己。可以预期，通过全党同志认真贯彻落实这一要求，必将把我们党认识世界和改造世界的能力提升到新水平，使党领导的伟大事业和党的建设新的伟大工程，进入一个与时俱进的新境界。

## 一、倡导和推动党的领导和党的建设科学化，是我们党在革命、建设、改革各个发展阶段一以贯之的自我追求

肩负崇高历史使命的中国共产党为了实践党的宗旨，不负历史重托和人民期望，既始终强调党要管党、从严治党，又历来注重科学管党、科学治党。

毛泽东同志早在 1929 年就在《关于纠正党内的错误思想》一文中，针

---

* 本文系作者学习党的十七届四中全会《决定》精神札记，原载 2009 年 10 月 29 日《人民日报》。

对红军第四军共产党内存在的单纯军事观点、极端民主化、绝对平均主义等各种非无产阶级思想，提出了党的建设科学化的主张，他强调要“使党员的思想和党内的生活都政治化，科学化”。

邓小平同志在改革开放之初提出，党在领导社会主义事业中，要“采取科学的态度”，“要有一套科学的办法”。他还强调，“为了坚持党的领导，必须努力改善党的领导”，“除了改善党的组织状况以外，还要改善党的领导工作状况，改善党的领导制度”。显然，当时党中央强调用科学态度、科学办法坚持和改善党的领导，正是要实现党的领导和党的建设科学化。

江泽民同志在1988年要求各级党政领导，要把“领导工作真正建立在科学的基础上”。1997年，他强调，要“加强学习，扎实工作，增加工作中的预见性和科学性，防止盲目性和片面性”。2001年，他又强调，“我们搞社会主义现代化建设，我们的思想方法和思维方式也必须符合现代化建设的要求，本身也应现代化。而思想方法和思维方式的现代化，也就是要按照科学精神来观察、思考和解决各种问题”。他还强调，要坚持和完善能够保证党的领导坚强有力和社会主义兴旺发达的一整套“科学的制度”。

胡锦涛同志强调，党要“以科学的思想、科学的制度、科学的方法领导中国特色社会主义事业”，坚持“科学执政、民主执政、依法执政”；坚持“科学决策、科学运筹、科学管理”，“推进决策科学化、民主化”，“大力提高科学管理能力”，“提高改革决策的科学性，增强改革措施的协调性”。他还强调，“要把树立和落实科学发展观与掌握科学的思想方法紧密结合起来”，“以科学态度抓好发展”，坚持“科学发展、和谐发展、和平发展”。

中国共产党在长期革命、建设、改革实践中，无论是对于客观世界还是对于主观世界的认识和改造，也无论是在党的领导还是党的建设中，都有一个坚持从世情、国情、党情实际出发的问题，都有一个正确认识规律、把握规律、运用规律的问题，一句话，都有一个体现和实践科学化的问题。

以毛泽东同志为核心的党的第一代中央领导集体，在革命斗争实践中，破除党内那种把马克思主义教条化、把共产国际指示神圣化的错误倾向，坚持实事求是，独立自主地开创出一条以农村包围城市、武装夺取政权的革命道路；同时，又从以农村为主要阵地、以农民为主力军、农民出身的党员占党员队伍的大多数这样的特殊历史条件出发，开创了一条坚持从思想上建党、以党的最低纲领和最高纲领之统一的思想来建党以及坚持“支部建在连上"这样独创的党建道路,形成了马克思主义与中国实际相结合的毛泽东思想。这些,当然是推动党的领导和党的建设科学化的生动体现。

以邓小平同志为核心的党的第二代中央领导集体,在拨乱反正和全面改革的历史新时期,通过坚决破除"两个凡是"的错误方针,倡导解放思想、实事求是,彻底否定"以阶级斗争为纲"的错误理论和实践,推动了党的思想路线、政治路线、组织路线的拨乱反正,作出把党和国家工作中心转移到经济建设上来、实行改革开放的历史性决策,提出要完整准确地理解毛泽东思想,科学评价毛泽东思想和毛泽东同志历史地位,创立邓小平理论,确立社会主义初级阶段基本路线;同时,围绕改革发展稳定大局,坚持不懈抓党的建设,从多方面加强和改善党的领导,推进了党和国家领导制度改革,废除了实际存在的领导职务终身制,建设起一支革命化、年轻化、知识化、专业化的党政干部队伍。这些,当然也是推动党的领导和党的建设科学化的生动体现。

以江泽民同志为核心的党的第三代中央领导集体,在建设中国特色社会主义实践中,依靠党和人民坚定捍卫中国特色社会主义,坚持解放思想、实事求是、与时俱进,坚持以实践基础上的理论创新推动各方面创新,创建社会主义市场经济新体制,开创了深化改革、全面开放新局面;同时,科学把握党的历史方位和历史使命,创立了"三个代表"重要思想,提出党的领导和党的建设都要体现时代性、把握规律性、富于创造性,全面加强和改进党的建设特别是党的执政能力建设,不断增强党的阶级基础、扩大党的群众基础,把我们党建设成为中国工人阶级的先锋队、中国人民和中华民族的先锋队。这些,当然还是推动党的领导和党的建设科学化的生动体现。

以胡锦涛同志为总书记的党中央在新世纪新阶段,抓住并用好重要战略机遇期,把握我国发展的阶段性特征,倡导树立和落实科学发展观,实现好、维护好、发展好最广大人民根本利益,推进中国特色社会主义事业全面发展和人的全面发展,建设一个发展为了人民、发展依靠人民、发展成果由人民共享的全面小康社会和社会主义和谐社会,促进政党关系、民族关系、宗教关系、阶层关系、海内外同胞关系的和谐,完善社会主义市场经济体制和各方面体制;同时,坚持以加强党的执政能力建设和先进性建设为主线,以改革创新精神全面推进党的思想建设、组织建设、作风建设、制度建设和反腐倡廉建设;注重抓好党的理论创新和理论武装,全面提高干部素质,开展保持共产党员先进性教育活动和学习实践科学发展观活动,整体推进惩治和预防腐败体系建设。这些,当然同样是推动党的领导和党的建设科学化的生动体现。

## 二、提高党的建设科学化水平,是新形势下确保党的领导和党的建设始终走在时代前列的迫切需要

党的十七届四中全会着眼于继续解放思想、坚持改革开放、推动科学发展、促进社会和谐,着眼于提高党的执政能力、保持和发展党的先进性,着眼于增强全党为党和人民事业不懈奋斗的使命感和责任感,着眼于保持党同人民群众的血肉联系,把提高党的建设科学化水平这一重大课题提到全党同志面前,回应了人民群众的迫切愿望,反映了全党同志的共同意志,体现了党的建设与时俱进的时代要求,具有很强的现实针对性和指导性。

第一,党所处的客观环境变化要求提高党的建设科学化水平。《决定》把我们党在长期执政条件下面临的考验概括为执政考验、改革开放考验、市场经济考验、外部环境考验这“四大考验”,更加凸显了应对外部环境考验在提高党的建设科学化水平中的重要地位,这对全党同志无疑是有深刻启迪和引导作用的。

从国际环境看,当前最重要的新动向是出现了影响深远的“三个大”“三个新”,这就是:当今世界正处在大发展大变革大调整时期;世界经济格局发生新变化,国际力量对比出现新态势,全球思想文化交流交融交锋呈现新特点;此外,当然还有发达国家在经济、科技等方面仍占优势,综合国力竞争和各种力量较量更趋激烈,不稳定不确定因素增多等问题。这样一种变化了的国际环境,要求全党同志切实提高战略思维、创新思维、辩证思维能力,提高抓住机遇、化解挑战、驾驭复杂局面的能力。特别是要求我们深化对内政外交互动规律的认识,坚持把国内发展同对外开放统一起来,积极利用外部环境提供的发展机遇,有效应对外部环境带来的挑战。在实践中,既要重视国内工作对外部环境的影响,又要注重外部环境对国内工作的反应,更好地为推动科学发展、促进社会和谐服务。

从国内环境看,当前最深刻的新变化是出现了同国际金融危机冲击和

我国发展呈现的一系列新的阶段性特征相联系的新情况新问题。这些问题主要是:经济全球化负面效应凸显,要求我们加快转变发展方式、完善发展模式;同时,随着工业化、信息化、城镇化、市场化、国际化深入发展,随着我国在新的历史起点上向前迈进,党和国家统筹兼顾各方面利益的难度加大,公民政治参与和网络问政议政的积极性高涨,出现了网上虚拟社会呼声同网下现实社会问题相交织的新情况。这样一种变化了的国内环境,要求我们党提高科学执政、民主执政、依法执政能力,提高总揽全局、协调各方能力,提高统筹协调各方面利益关系能力,注重把扩内需同稳外需、保增长同调结构、增活力同惠民生结合起来,把加大社会建设力度同增强社会治理能力结合起来,自觉贯彻发展是硬道理、稳定是硬任务的战略思想,全面提高各级党政干部谋划发展、统筹发展、优化发展、推动发展的本领,提高群众工作、公共服务、社会管理、维护稳定的本领,注重增强新形势下依法办事能力和应急管理、舆论引导、新兴媒体运用、做好民族宗教工作等方面能力,更加自觉、更加有效地解决一部分党员领导干部中存在的“老办法不管用、新办法不会用”的本领恐慌问题,切实抓好“发展”这个第一要务,履行好“维护稳定”这个第一责任。

第二,党的历史方位和干部队伍构成发生的新变化要求提高党的建设科学化水平。《决定》重申了党的历史方位和中心任务的变化。我们党历经革命、建设和改革,已经从领导人民为夺取全国政权而奋斗的党,成为领导人民掌握全国政权并长期执政的党;已经从受到外部封锁和实行计划经济条件下领导国家建设的党,成为对外开放和发展社会主义市场经济条件下领导国家建设的党。这就对保持党的性质、宗旨,坚持和发展党的先进性提出新的任务、新的要求。同时,改革开放30多年来,我们党的干部队伍按照“四化”方针持续进行新老交替,党的干部队伍构成也发生深刻变化。现在不仅新中国成立前入党和参加工作的干部已全部退出领导和工作岗位,而且“文革”前入党和参加工作的干部也已经或将要退出领导和工作岗位。一大批具有较宽世界眼光、较高知识层次、较强开拓精神的年轻干部相继走上党和国家各级领导岗位,给党和人民的事业带来了蓬勃生机和活力,但也给我们党在新形势下的思想政治建设特别是执政能力建设和先进性建设以及党性党风党纪教育提出了新的任务、新的要求。此外,党员队伍在市场经济条件下发生的深刻结构性变化,以及在快速工业化、城镇化进程中发生的大规模的社会流动，也给党员教育管理提出了新的任务、新的要求。

按照《决定》的科学分析，当前，党的领导水平和执政水平、党的建设状况、党员队伍素质总体上同党肩负的历史使命是适应的。同时，党内也存在不少不适应新形势新任务要求、不符合党的性质和宗旨的问题。《决定》从理想信念、民主集中制、领导班子和干部队伍建设、基层党组织建设、作风建设、反腐败斗争6个方面作了全面分析，要求全党充分认识加强和改进新形势下党的建设的重要性和紧迫性，按照提高党的建设科学化水平的要求，继续扎实推进党的建设新的伟大工程。特别是要教育引导广大干部高举旗帜、坚定信念、践行宗旨，既要继承弘扬党的优良传统和作风、保持同人民群众的血肉联系，又要做到勇于变革、勇于创新，永不僵化、永不停滞；既要毫不动摇地抓好发展这个党执政兴国的第一要务，又要毫不含糊地完成维护稳定这个第一责任；既要保持和发展党的先进性，又要始终维护党在思想、理论、组织和作风上的纯洁性，使党始终代表中国先进生产力发展要求、中国先进文化前进方向、中国最广大人民根本利益，确保我们党始终是中国工人阶级的先锋队，同时是中国人民和中华民族的先锋队。所有这些，都呼唤着党的建设必须与时俱进、改革创新，呼唤着进一步提高党的建设科学化水平。党的十七届四中全会关于提高党的建设科学化水平的论述和部署是全面的、系统的，体现在党的思想建设、组织建设、作风建设、制度建设和反腐倡廉建设“五位一体”总体布局的每个方面，需要全党同志认真学习、悉心领会、全面贯彻。只有这样，才能把提高党的建设科学化水平真正落到实处。

## 三、提高党的建设科学化水平，要求全党按照《决定》精神进行深入探索和实践

从毛泽东同志、邓小平同志、江泽民同志、胡锦涛同志的相关论述中，从《决定》的内在逻辑中，我们可以清楚地看到，努力提高党的建设科学化水平，就是要在全党进一步树立科学思想、弘扬科学精神、掌握科学方法、强化科学管理、完善科学制度。

从树立科学思想来看。《决定》要求全党“坚持党的思想路线，解放思想、实事求是、与时俱进，坚持真理、修正错误，不断推进马克思主义中国化、

时代化、大众化，坚持以马克思列宁主义、毛泽东思想、邓小平理论和'三个代表'重要思想为指导，深入贯彻落实科学发展观，提高运用科学理论改造主观世界和客观世界能力，使党的理论和实践始终体现时代性、把握规律性、富于创造性”。要求全党“系统掌握中国特色社会主义理论体系”。《决定》还要求全党“紧密结合我国国情和时代特征大力推进理论创新，在实践中检验真理、发展真理，用发展着的马克思主义指导新的实践”，不断“丰富发展中国特色社会主义理论体系”。科学的思想和理论是马克思主义政党的行动指南。只有牢固树立科学思想，坚持和发展科学理论，才能自觉高举中国特色社会主义伟大旗帜，坚持中国特色社会主义理论体系，既不走封闭僵化的老路，也不走改旗易帜的邪路，而是坚定不移走中国特色社会主义道路。

从弘扬科学精神来看。《决定》要求“全党必须居安思危，增强忧患意识，常怀忧党之心，恪尽兴党之责”。《决定》还要求全党“坚持运用马克思主义立场、观点、方法准确把握当今世界发展大势，准确把握社会主义初级阶段基本国情，准确把握改革发展实际”，自觉划清在重大问题上的原则界限，“坚决抵制各种错误思想影响，始终保持立场坚定、头脑清醒”。特别是要求“全党必须牢记，党的先进性和党的执政地位都不是一劳永逸、一成不变的，过去先进不等于现在先进，现在先进不等于永远先进；过去拥有不等于现在拥有，现在拥有不等于永远拥有”。这些重要论述，充分体现了我们党的彻底唯物主义精神。如同毛泽东同志并不讳言政党、阶级、国家机器都会消亡一样，《决定》也毫不讳言党的先进性和党的执政地位有可能得而复失的问题。这些警世之言、醒世之言，应当会使我们全党同志更加警醒起来。按照党的十七届四中全会精神，增强党的生命力、创造力、感召力同弘扬科学精神息息相关。只有用科学精神去观察、思考和解决问题，去认识世界和改造世界，才能使我们党的全部理论、全部工作始终与时代发展同进步、与人民群众共命运，才能真正把不动摇、不懈怠、不折腾落到实处。

从掌握科学方法来看。《决定》强调：要“牢固树立辩证唯物主义和历史唯物主义世界观和方法论”，“提高全党马克思主义水平”；党要“以改革创新精神提高和完善自己，不断推进党的建设实践创新、理论创新、制度创新”，“增强党的生机活力”。这些重要论述告诉我们，世界在发展、形势在变化、我们的事业在不断前进，我们的思想方法、工作方法必须适应客观世界的变化而不断发展和创新。这正是辩证唯物主义和历史唯物主义的科学方法论所要求的。《决定》还强调,要"在全党大力弘扬理论联系实际、密切联系群众、批评和自我批评的作风,始终谦虚谨慎、艰苦奋斗",强调要认真贯彻党的群众路线,坚定不移依靠群众,适应群众工作新特点新要求,深入做好组织群众、宣传群众、教育群众和服务群众、造福群众的各项工作,健全联系群众制度,创新联系群众方式,保持党同人民群众的血肉联系。这些论述表明,群众路线既是我们党的根本工作路线,也是我们党根据党的性质和马克思主义认识论创造的科学领导方法和工作方法。按照辩证唯物主义和历史唯物主义世界观和方法论办事,就要始终坚持向书本学习、向实践学习、向群众学习,忠诚党的事业、心系人民群众,坚持立党为公、执政为民,而决不能照搬照套某些西方管理学,不负责任地贬低、否定我们党的群众路线的科学方法。

从强化科学管理来看。我们党一再强调:"科学管理,是兴国之道","搞现代化,离不开科学管理","没有科学严密的管理,就没有现代化"。科学管理,不仅包括党对国家事务和经济、社会、文化事业的管理,对各行各业各个部门的管理,也包括对党自身的管理。《决定》从我们党拥有 7500 多万党员,"落实党要管党、从严治党的任务比过去任何时候都更为繁重和紧迫"的实际出发,深刻论述了党的自身建设中的严格管理和科学管理问题。《决定》强调的科学管理,既涵盖党领导的伟大事业,又覆盖党的"五位一体"总体布局;既强调要"以加强党内基层民主建设为基础,切实推进党内民主",又强调要"坚决维护党的集中统一","提高管党治党水平"。特别是对党的各级领导班子、领导干部的各项管理要求,体现了既从严管理又科学管理、既宏观管住又微观管活、既严格要求又关心爱护、既有效治标又注重治本。只要坚决按照全会《决定》的这些重要部署去做,就一定可以把我们党对伟大事业和党的建设新的伟大工程的科学管理提高到新水平。

从完善科学制度来看。《决定》提出,要"建立健全以党章为根本、以民主集中制为核心的制度体系,推进党的建设科学化、制度化、规范化"。《决定》还着眼于加强相关制度的协调、衔接和确保各项制度得到有效贯彻执行,提出了覆盖党的"五位一体"总体布局的 40 多项制度性规定。邓小平同志强调指出,制度问题更带有根本性、全局性、稳定性和长期性。根据实践的发展,不断健全各项制度,形成一套从严治党的制度和机制,坚持用制度管权、管事、管人，是我们党在改革开放和社会主义现代化建设历史新时期加强和改进党的建设的重要取向。《决定》提出的各项制度，特别是健全党内情况通报制度，建立党委新闻发言人制度，建立健全党内事务听证咨询、党员定期评议基层党组织领导班子成员等制度，完善党代表大会制度和党内选举制度，建立各级党代表大会代表提案制度，健全对中央重大决策部署执行情况定期检查和专项督查制度、纪律保障机制，建立领导班子定期务虚制度，建立基层党员轮训制度，建立党性定期分析制度，完善党员领导干部报告个人有关事项制度，建立健全防止利益冲突制度等，与提高党的执政能力、保持和发展党的先进性的目标相统一，与党承担的历史任务相一致，与广大党员和人民群众的期待相符合，充满改革精神和时代气息。完全可以相信，只要把这些制度真正落到实处，就一定能推动党的建设取得新成效、开创新局面、再上新水平。

# 从经济“走出去”到中华文化“走出去”的由来与未来*

（2010年5月11日）

## 一、关于中华文化“走出去”的内涵与历史沿革

所谓中华文化“走出去”，不是指一般意义上的“走出去”，而是指有组织、有计划、有品牌、有载体，成建制、成规模、成气候的一种对外文化宣传、对外文化交流以及对外文化贸易活动。这里的“四个有”和“三个成”“三个对外”，在具体操作层面，又可以细分为中央、地方、部门、单位和企业这几个层次。正如中央分管领导同志在今年全国宣传部长会议上的讲话中所强调的：推进文化“走出去”涉及中央、地方多个部门和单位，必须进一步凝聚各方面力量、发挥各方面积极性；要注意把外宣工作与外交、外贸、外援工作紧密结合起来，把政府公关工作与民间交流活动紧密结合起来，把中央的外宣工作与地方的外宣工作紧密结合起来；在继续扩大政府间文化交流的同时，要着力推动文化企业“走出去”，成为参与国际文化市场竞争的主体；新闻、出版、文化、影视部门都要规划培育一批具有影响力的知名文化企业，落实支持企业“走出去”的政策。由此可见，我们对于推动中华文化“走出去”的战略设计、方式创新、载体选择、品牌打造、组织协调、力量整合、政策倾斜等，都应该是覆盖中央和地方、政府和民间、部门和单位、企业和事业这些广泛领域的。只有把各方面认识进一步统一起来，力量广泛整合起来，积极性、主动性、创造性充分发挥出来，我们才能真正做到使新形势下的中华文化“走出去”更加有力、有序、有效，才能更加自觉地服务于国家总体外交战略。

---

* 本文系作者同中共中央政策研究室文化研究局同志合作撰写。

我们党和国家倡导的中华文化"走出去"和经济"走出去",这两者究竟何者为先?现在比较普遍的看法是经济"走出去"先于文化"走出去",但我们在系统梳理有关历史史实时却发现,实际情况刚好相反。

早在新中国成立之前的1949年6月,我们党就从老解放区选派了一批青年艺术家赴匈牙利参加世界青年与学生和平友谊联欢节。尽管那时我们党还没有执掌全国政权,但已经在若干根据地和解放区局部执政,因此这也可以算作我们党自觉推动文化"走出去"的最早尝试。

新中国成立以后,早在1951年,我国就同波兰签订了政府间文化合作协定,而那时新中国最早的对外经济合作即苏联援建的156个经济建设大项目还没有开始。同样是在1951年,我国派出第一支青年文工团赴欧洲参加世界青年联欢节。20世纪60年代,我国著名的东方歌舞团随同党和国家领导人出访亚非拉等国家和地区,以艺术表演和文化交流方式,密切了同亚非拉国家和地区的情感联系。即使在"文化大革命"十年内乱期间,我国对外文化交流活动也没有完全停止。从1971年到1976年,我国先后派出了40批、近3000人次的艺术表演团组,访问了50多个国家。当时我国的"出土文物展览"还赴西欧、美国、日本、南斯拉夫、罗马尼亚、墨西哥等10多个国家展出,受到这些国家观众的广泛好评。对外文化交流作为政府外交的一部分,在新中国成立以后的国家外交大局中,发挥了不可或缺、不可替代的重要作用。

在改革开放和社会主义现代化建设历史新时期,从1980年到1990年,中国同外国签订了79个文化合作协定和220个年度文化交流执行计划。从党的十三届四中全会到1998年年底,我国共派出政府文化代表团和文化官员代表团230余起,接待来自世界各国的政府文化代表团和文化官员代表团400余起。同我国签订文化合作协定的国家已达138个,是"文化大革命"前17年总数的三倍多;在政府文化合作协定基础上,我国同外国签订的文化交流执行计划407个,是"文化大革命"前的两倍还多。

从以上的历史回顾中可以看到,在新中国成立前后,文化"走出去"是实实在在地先于经济"走出去"的。这丝毫不奇怪,一个国家的经济发展与文化发展,并不构成绝对的因果关系或正相关关系。我们从以上的历史回顾中还可以看到,在改革开放和社会主义现代化建设历史新时期,我们党和国家领导人提出经济"走出去"战略,在时间上确实是先于提出文化"走出去”战略，这也是有大量历史史实可以佐证的。

我们党提出经济“走出去”战略，最早可以追溯到党的十四大。1992年，江泽民同志在党的十四大报告中提出：“积极开拓国际市场，促进对外贸易多元化，发展外向型经济”，“积极扩大我国企业的对外投资和跨国经营”，“更多地利用国外资源和引进先进技术”。在这里，“开拓国际市场”“对外贸易多元化”“跨国经营”和“利用国外资源”等，就是我国经济“走出去”战略的核心概念。1997年7月26日，也就是在党的十五大召开之前，江泽民同志在河北省唐山市考察工作时，首次提出了关于加紧研究国有企业如何有重点有组织地“走出去”，做好利用国际市场和国外资源这篇大文章的重要思想。在同年12月24日，会见全国外资工作会议代表的讲话中，江泽民同志强调要实施“引进来”和“走出去”相结合的开放战略。他强调，“引进来”和“走出去”，是我们对外开放基本国策的两个紧密联系、相互促进的方面，缺一不可。这是一个大战略，既是对外开放的重要战略，也是经济发展的重要战略。此后，党的十五届五中全会和十六大，也都对此作了重要阐发。

在提出经济“走出去”战略之后不久，我们党又逐步明确提出了文化“走出去”战略。2004年8月，胡锦涛同志在第十次驻外使节会议上的讲话中就首次提出：“要加强经济外交和文化外交，推动实施‘引进来’和‘走出去’相结合的对外开放战略，深入开展对外宣传和对外文化交流。”在这之前的2003年12月，胡锦涛同志在全国宣传思想工作会议上提出，要“大力发展涉外文化产业，积极参与国际文化竞争”；在这之后的2004年9月，党的十六届四中全会通过的《中共中央关于加强党的执政能力建设的决定》提出：“推动中华文化更好地走向世界，提高国际影响力。”2005年10月，胡锦涛同志在党的十六届五中全会上的讲话中指出，要“加快实施文化产品‘走出去’战略，推动中华文化走向世界”。这次全会通过的《中共中央关于制定国民经济和社会发展第十一个五年规划的建议》强调：“积极开拓国际文化市场，推动中华文化走向世界。”2006年9月出台的《国家“十一五”时期文化发展规划纲要》提出：抓好文化“走出去”重大工程、项目的实施，初步改变我国文化产品贸易逆差较大的被动局面，形成以民族文化为主体、吸收外来有益文化、推动中华文化走向世界的文化开放格局。2007年，胡锦涛同志在党的十七大报告中还首次提出，要提高国家文化软实力，并把推动中国文化"走出去"，提高国家文化软实力、增强中华文化影响力和竞争力，作为我国全面建设小康社会、加快推进社会主义现代化建设过程中推进文化建设的基本目标。

明确提出中华文化"走出去"战略以来，我国已先后在法国、菲律宾、缅甸、印度、德国、比利时、美国、委内瑞拉、俄罗斯、日本等国，举办了各种形式的中国"文化周""文化月""文化季""文化年"活动。其中，从 2003 年到 2005 年历时两年的中法"文化年"活动，2006 年至 2007 年的中俄"国家年"活动，2009 年到今年在中俄两国开展的"俄语年""汉语年"活动，还有 2007 年在日本开展的中日"文化体育交流年"活动，以及目前正在同韩国等国举行的"友好年"活动，影响都很大，都在所在国掀起了经久不息的中国文化热。与此同时，我国还在世界各地广泛建立以传授汉语为主旨的孔子学院和以推广中国文化为内容的海外文化中心建设；大力推进我国主流媒体在海外、境外落地，支持其在海外参股、并购或投资创办新闻出版、广播影视等文化企业；积极实施"中国图书对外推广计划"和"中国文化著作翻译出版工程"，扩大海外商演、版权输出和影视剧出口，不断提高我国文化产品在国际市场所占份额。所有这些推动中华文化"走出去"的重要举措，既充分挖掘了中华文化的资源潜力，增强了中华文化的国际影响力、亲和力、感召力，又推动了我国文化外交的形成与实践，为中国的科学发展、和谐发展、和平发展塑造了更好的国际文化环境。

## 二、关于中华文化"走出去"的若干方式

从 2000 年开始，我国政府相继推出"中华文化美国行""中华文化非洲行""中阿合作论坛—阿拉伯艺术节"等一系列中华文化"走出去"活动。如果把进入新世纪后的 10 年来在这方面的实践梳理一下，可以看到，我国在推动中华文化"走出去"方面，大体形成以下 8 种有效方式。

一是主题文化活动"走出去"。即各种形式的"文化年""文化节"活动，也包括我国同俄罗斯相继举行的"国家年""语言年"活动，以及目前正在同韩国等国家举办的"友好年"活动，等等。

二是重要文化载体"走出去"。比如，教育部推进的孔子学院，文化部推进的海外中国文化中心，以及面向海外推出的"春节""国庆""感知中

国”“文化中国”等活动，都已成为传播中国文化的重要载体。

三是有影响的文化产品“走出去”。比如，艺术演展、海外商演、版权输出和影视剧出口，以及正在积极推进中的“中国图书对外推广计划”和“中国文化著作翻译出版工程”，等等。

四是重要电视频道“走出去”。比如，中央电视台提高中央 4 台等频道的海外落地率以及开播中国网络电视台，中国国际广播电台在全世界建成 34 个整频率调频台和中波台等。

五是重要网站“走出去”。比如，积极推动传统媒体与新兴媒体融合，推动主流媒体向互联网、手机等新兴传播领域延伸，推动人民网、新华网、央视网等重点新闻网站加快发展，积极打造多语种、多平台、多终端、覆盖全球的综合门户网站，等等。

六是重要媒体“走出去”。大力推进我国主流媒体在境外落地，支持其在海外参股、并购或投资创办新闻出版、广播影视等文化企业，等等。

七是借助国际平台“走出去”。其中最典型的是去年我国成功借助德国法兰克福书展这一平台，实行多部门协同作战，精心组织了法兰克福书展中国主宾国活动。中央领导同志对这一形式的文化“走出去”活动高度重视，强调要积极参加国际多边文化交流活动，善于借助外力、借船出海，大力推动中国文化企业参与国际文化市场竞争。

八是整合地方力量“走出去”。即充分发挥各地资源优势，通过广泛开展以友好地区、友好城市为载体的各种文化交流活动，不断扩大了中华文化在我国各友好地区、友好城市的影响力、吸引力、感召力。

## 三、关于中华文化“走出去”的指导方针

在新世纪新阶段，以胡锦涛同志为总书记的党中央根据国内外形势的发展变化，对推动中华文化“走出去”提出了新的更高要求，形成推动我国文化“走出去”的一系列重要指导方针。

一是提出加强经济外交和文化外交，推动实施“引进来”和“走出去”相结合的对外开放战略，强调文化“走出去”必须服从服务于国家整体外交战略，为国家的和平发展、对外开放塑造更好的国际文化环境与国际政治环境。

二是提出推动与不同文明友好相处、平等对话、发展繁荣，共同构建和谐世界的理念，强调文明多样性是当代世界的基本特征，意识形态、社会制度、发展模式的差异，不应成为人类文明交流的障碍，更不能成为相互对抗的理由；强调我国要勇敢地参与全球思想文化交流交融交锋。

三是提出大力发展涉外文化产业，加快实施文化产品、文化企业"走出去"战略、扩大对外文化贸易，形成对外文化宣传、对外文化交流与对外文化贸易"三位一体"的文化"走出去"局面，让世界更多更好地了解中国。

四是提出增强国家文化软实力，扩大中华文化的国际影响力、形象亲和力、道义感召力，以及党的十七大报告提出的推动我国哲学社会科学优秀成果和优秀人才走向世界，都是为增强我国文化软实力这一目标服务的。

为了深入领会和自觉实践党中央提出的关于推动中华文化"走出去"的这些重要指导方针，在这里，我愿意向大家介绍党的十七大以来习近平同志在出访活动中，特别是在参与有关中华文化"走出去"活动时发表的相关重要意见，以便同大家分享。

比如，2009年，习近平同志在法兰克福国际书展开幕式上所作的演讲中提出，加强世界各国文化交流，扩大不同文化背景下人们的心灵沟通，是推动建设和谐世界的重要途径。他强调，文化的影响力是超越时空、跨越国界的。维护文明多样性，推动世界各国文化进一步交流，是各国人民的热切愿望，是推动人类文明进步的重要动力，也是促进世界和平与发展的重要动力。在总结法兰克福国际书展中国主宾国活动的有关情况和经验时，习近平同志提出，我国文化"走出去"的过程、特别是走到欧洲等发达国家的过程，既有交流交融的一面，也有交锋较量的一面。我们应当既不回避交锋又要善于交锋。所谓善于交锋，就是坚持韬光养晦、有所作为，注意不主动引火烧身；就是要坚持你讲你的、我讲我的，暗中较量、绵里藏针；就是在不得不正面交锋时，也要尽可能多发挥专家学者作用，而且还要做到斗而不破，体现有理、有利、有节。

又比如，今年习近平同志在俄罗斯"汉语年"开幕式上的致辞中提出，人文交流具有基础性、先导性、广泛性、持久性特点。中俄人文交流在推动中俄战略协作伙伴关系方面发挥了不可或缺、不可替代的重要作用。文化因交流而丰富，心灵因交流而沟通，友谊因交流而加深。在总结近年来我国推动文化"走出去"过程中开展的一系列对外人文交流活动经验时，习近平同志提出，加强同国外的人文交流要精心设计，在战略上给予更多重视，在战术上科学组织协调，在工作中做到持之以恒，不求表面轰轰烈烈、热热闹闹，力求打动人心，让人文交流往心灵深处走，不断拉近同相关国家民众的情感距离。我认为，习近平同志讲的这些既有很强政治性、又极具专业性的指导意见，对推动中华文化“走出去”同样具有重要指导意义。

## 四、关于中华文化“走出去”的理念沟通

当代中国快速崛起所遇到的来自国际社会的各种反应，归结起来，就是向我们提出，要把开展对外文化宣传、文化交流这篇大文章，更多地做在面向所在国、所在对象的情绪梳理、思想对话和心态调整上。当代国际社会特别是西方国家，面对中国的快速崛起、特别是经济的持续快速发展，从政界、舆论到民间普遍出现不同程度的焦虑和茫然。从 2008 年北京奥运火炬在西方国家传递时遇到的种种障碍，到上海世博会开幕前后某些西方舆论包括网络舆论对上海世博会各项筹备工作的种种挑剔和责难，都同西方世界对中国快速崛起没有做好充分的心理准备和心态调整直接相关。因此，我们在推动中华文化“走出去”过程中，应该更加突出理念沟通、心灵沟通，促进国际社会特别是欧美日等发达经济体，在观察中国问题时的心理调适、心态调整。这就要求我们在文化“走出去”方面，要注重把一般地介绍我国的历史文化，同有针对性地介绍当代中国的现实、特别是那些促成了改革开放 30 多年来中国翻天覆地变化的思想观念和重要理念更好地结合起来，让外国政府、政党、议会和社会各界对于中国的事情既能知其然，也能知其所以然。

在这方面，习近平同志在“2010’经济全球化与工会”国际论坛开幕式上的致辞和在博鳌亚洲论坛 2010 年年会开幕式上的演讲，均为我们提供了很好的范例。比如，在“2010’经济全球化与工会”国际论坛开幕式上，习近平同志针对各国工会组织对金融危机和就业危机问题的种种观点，全面介绍了我们党和政府在应对国际金融危机冲击中成功实现经济稳定、就业稳定的情况，特别是系统介绍了中国共产党和中国政府在一个 13 亿人口的发展中大国，坚持统筹兼顾实现工业化同实现劳动者充分就业的一系列重要理念，在各国工会组织负责人中引起强烈反响。他们表示，中国作为 13 亿人口的发展中大国，能够提出关于扩大就业和充分就业的这一系列重要理念，

很不容易，值得钦佩。在博鳌亚洲论坛2010年年会开幕式上的演讲中，针对国际社会关于生态文明、低碳经济、绿色发展等种种主张，习近平同志系统介绍了从20世纪90年代中期以来，特别是进入新世纪新阶段以来，中国共产党和中国政府围绕发展问题所实现的一系列观念和理念创新的重要观点和重大举措，同样引起与会者的强烈反响和情感共鸣。他们表示，中国共产党和中国政府关于发展的一系列理念，同国际社会倡导的绿色发展、可持续发展高度契合，走在了时代潮流前列。他们表示认同中国在推进绿色发展和可持续发展方面是知行统一、说到做到的，中国在应对全球气候变化、加强应对气候变化能力建设方面是积极主动、切实有效的。从以上举出的这两个事例中可以看到，在推进中华文化"走出去"过程中，为文化外交增加一点思想元素至关重要。所谓对外文化交流的中国元素，首先应当是思想观念方面的元素。

## 五、关于中华文化"走出去"的战略设计

进一步推动我国文化"走出去"，需要有总体的战略设计。今年2月，李长春同志在全国宣传部长会议上强调指出，加快推进中华文化"走出去"，必须配合国家总体外交战略，紧紧围绕重大活动和重大事件，向世界宣传我国改革开放和现代化建设的巨大成就，宣传科学发展观等重大战略思想，宣传我国坚持走和平发展道路的主张，积极回应国际社会对一些涉及我们国家利益和形象的重大问题的关切。去年10月，习近平同志在访问欧洲五国总结报告中也提出，推动中华文化"走出去"亟待制定整体战略。我认为，结合当前制定"十二五"发展规划，在集中各方面意见建议基础上，抓紧制定当前适用、长期管用的，具有针对性、指导性、前瞻性的文化"走出去"整体战略，是提高我国文化"走出去"水平和成效的关键。

我国的总体外交战略是"四句话"，就是：大国是关键，周边是首要，发展中国家是基础，多边是重要舞台。文化"走出去"应当紧紧聚焦和围绕这"四句话"做文章。首先，文化"走出去"要服务于继续同发达国家加强战略对话，增进互信，深化合作，妥善处理分歧，推动相互关系长期稳定健康发展。其次，文化"走出去"要服务于继续贯彻与邻为善、以邻为伴的周边外交方针，加强同周边国家的睦邻友好和务实合作，积极开展区域合作，共同

营造和平稳定、平等互信、合作共赢的地区环境。第三，文化“走出去”要服务于继续加强同广大发展中国家的团结合作，深化传统友谊，扩大务实合作，提供力所能及的援助，维护发展中国家的正当要求和共同利益。第四，文化“走出去”要服务于继续积极参与多边事务，承担相应国际义务，发挥建设性作用，推动国际秩序朝着更加公正合理的方向发展。建议各相关部门都能在总结这些年来推动文化“走出去”成功经验和存在问题的基础上，对形成我国文化“走出去”整体战略设计，提出建设性意见和建议。一个比较理想化的为我国总体外交战略服务的中华文化“走出去”整体战略设计，恐怕应当是由外交部针对各个时期国家总体外交战略和地缘战略需要和动态发展变化，在综合考虑需要和可能的基础上出题目、下订单，由我国宣传思想文化主管部门，组织协调有关部门围绕这些题目和订单，从对外文化宣传、对外文化交流、对外文化贸易相结合的角度来分工合作、形成合力。如果能形成这样的战略组织形态和具体运作机制，就一定能不断提高我国新形势下文化“走出去”的水平和实效；同时，这也有利于各相关部门进一步增强推动文化“走出去”战略要服从服务于我国全方位外交战略的共识。

## 六、关于中华文化“走出去”的组织协调

推动中华文化“走出去”是一个涉及众多部门协同作战的系统工程，需要强有力的组织协调机制来统筹各方面力量、整合各方面资源。去年 10 月，习近平同志在访问欧洲五国总结报告中已经明确提出了这个课题。他强调，要形成推动我国文化“走出去”的管理协调机制。目前的状况是：推动中华文化“走出去”从决策到实施、从载体到平台、从人员到资金都比较分散，主题聚焦不够，力量整合不够，组织协调不够，这在一定程度上影响了工作力度和整体效果。因此，尽快探索建立一个符合实际的、科学高效的组织协调机制，已经成为各相关单位的共同认识和共同呼声。但是这个问题既很复杂又很敏感，各部门往往不愿或不便就此深入对话和探讨，而这又是推动中华文化更好地“走出去”无法绕开、不能回避的问题。我们有责任把这些问题提出来，希望能够以此聚焦大家的深入探讨，集聚大家的思考，向中央提出合理化建议，从而改变目前中华文化“走出去”多头管理和决策分散的问题。

# 把坚持党的基本路线一百年不动摇贯穿党的建设各方面和全过程*

（2010 年 11 月 25 日）

今年 6 月下旬，在中国共产党成立 89 周年之际，曾庆红同志《关于党的建设工作》文集上下两册正式出版。这部低调发行、未作宣传的文集，引起全国各级党组织、广大党员干部和群众的普遍重视和踊跃购买。

笔者在反复学习研读这部专门论述党的建设工作的重要文集过程中，有一个强烈的感觉，这就是：贯穿这部文集上下两册共 107 篇文稿的一条鲜明的思想红线，就是邓小平同志关于“基本路线要管一百年，动摇不得”的重要思想。关于这一点，我们既可以从作者在文集扉页上的重要题词“办好中国的事情，关键在党”中得以窥见，更可以从作者这部文集的一篇重要文章《关于坚持党的基本路线一百年不能变》中得到佐证。

这篇文章开门见山就提出：“一九九二年春天，邓小平同志在南方谈话中，严肃地告诫全党：‘基本路线要管一百年，动摇不得。’在收入《邓小平文选》第三卷的一百一十九篇文章中，谈到涉及基本路线不能变这一内容的共有几十篇之多。特别是一九八九年春夏之交那场政治风波前后，邓小平同志在连续三次重要谈话中，都把坚持党的基本路线不能变作为对党的第三代中央领导集体的‘政治交代’。”

随后，曾庆红同志又围绕为什么要反复强调党的基本路线一百年不能变，强调党的基本路线一百年不能变具体包含哪些内容以及怎样才能保证党的基本路线一百年不变这三个重大问题，展开了理论与实际贯通、历史与现实结合的具体阐述。

曾庆红同志的这部文集告诉我们，坚持党的基本路线一百年不变，既是

---

* 本文系作者学习研读曾庆红同志《关于党的建设工作》文集札记。

合乎民心之举,又是关乎国运之策,这就是邓小平同志反复警策全党要坚持党的基本路线一百年不动摇的根本原因。

曾庆红同志的这部文集告诉我们,党的基本路线一百年不变,首先是坚持以经济建设为中心不能变;其次是坚持四项基本原则不能变;第三是坚持改革开放不能变。这就是邓小平同志反复强调和说明的党的“一个中心、两个基本点”的基本路线不能变的主要内容。

曾庆红同志的这部文集告诉我们,党的十一届三中全会以来为保证基本路线贯彻执行而提出的一整套方针政策、一系列重大理论原则,也都在不应变、不能变之列。它们包括:一是发展社会主义市场经济不能变;二是发展社会主义民主政治不能变;三是注重社会主义精神文明建设不能变;四是尊重知识、尊重人才政策不能变;五是科学技术是第一生产力的认识不能变;六是人民军队的性质不能变;七是用“一国两制”统一祖国的方针不能变;八是独立自主的和平外交政策不能变;等等。

曾庆红同志的这部文集还告诉我们,保证党的基本路线一百年不变,关键是要始终抓住抓好五个重要环节:一是要高举旗帜,就是要高高举起社会主义、共产主义的伟大旗帜;二是要勤换脑子,坚持解放思想、实事求是;三是要走对路子,坚持沿着中国特色社会主义道路前进;四是要选好班子,保证党的基本路线一百年不动摇,就要靠这一条来保障;五是要抓牢刀把子,运用人民民主专政的力量,巩固人民的政权。

可以说,把邓小平同志关于坚持党的基本路线一百年不能变的重要思想,结合党的建设工作实际,阐述得如此清清楚楚、论述得如此明明白白的文章,在我们党的文献史、思想史上是不多见的。现在距离作者撰写这篇文章的时间已过去17年了,但文章所显示的思想的力量、逻辑的力量,依然是那么强劲、那样鲜活、那般提神和鼓劲。

从以上概述的本书思想红线、主要特点中,人们当能看到,曾庆红同志选择这样的时机整理出版这样一部《关于党的建设工作》的文集,既是抒发他对敬爱的中国共产党成立89周年的真挚情感,更是集中表达他对于办好中国的事情关键在党、关键在坚持党的基本路线一百年不能变这一规律性认识的思考和感悟。

当前,人类即将迎来21世纪第二个10年,这也是我国全面建设小康社会、建设创新型国家的第二个10年。此时此刻,联系我们党近90年发展史、61年执政史和32年改革开放史，研读曾庆红同志《关于党的建设工作》一书，我们在深刻领会和把握全书其他重要观点的同时，尤其需要着重领会和把握他关于党的基本路线为什么一百年不能变、哪些不能变、怎样保证其不变的重要论述。

曾庆红同志在《关于坚持党的基本路线一百年不能变》一文中，对社会主义在中国真正充满希望地活跃和兴旺起来，有如下生动感人的描述："遵循这条基本路线，全国各族人民在党的领导下，一心一意搞建设，锐意改革，扩大开放，全国上下生气勃勃，整个中华大地发生了历史性的伟大变化。""十一亿人民的温饱问题基本得到解决，正向小康生活迈进。我国经济建设和综合国力都上了一个大台阶，国力增强，人民高兴，世界瞩目。我们能取得这些成就，集中到一点，就是因为毫不动摇地贯彻执行了党的基本路线。"

时隔17年，我们可以从新时期30多年改革发展取得的巨大成就中，更加深切感悟到这个道理，也就是胡锦涛同志所概括的："党的基本路线是兴国、立国、强国的重大法宝，是实现科学发展的政治保证，是党和国家的生命线、人民群众的幸福线。"

正是在这条路线指引下，冲破了束缚人们思想的条条框框，激发了亿万中国人民的革新创造精神、开拓进取精神和实干兴邦精神，增强了全社会的创造活力，中华民族大踏步地赶上时代潮流、迎来伟大复兴的光明前景。

正是在这条路线指引下，我国经济以世界上少有的速度持续快速发展起来，现代化建设第一、第二步战略目标提前实现，今年国内生产总值有望提升到世界第二位，人均国内生产总值将超过4000美元，社会主义优越性进一步显现。

正是在这条路线指引下，我国城乡居民收入大幅度提高，人民生活从温饱不足发展到总体小康，改革开放前长期困扰我们的短缺经济从根本上得到改变，中国人民稳定地走上了富裕安康的广阔道路。

正是在这条路线指引下，我们成功实施"一国两制"基本方针，祖国和平统一大业迈出重大步伐；我国国际地位和国际影响显著上升，在国际事务中发挥重要建设性作用；我们党的建设新的伟大工程全面推进，党在中国特色社会主义事业中的领导核心作用不断增强。

可以说，新时期以来，我们之所以能够成功摆脱"文化大革命"十年内乱造成的危难局面，经受住 20 世纪 80 年代末 90 年代初国内发生严重风波、世界社会主义出现严重曲折的考验，战胜历史罕见的洪涝、地震、泥石流等重大自然灾害和“非典”等重大疫病，克服亚洲金融危机和国际金融危机严重冲击，成功举办北京奥运会和上海世博会，都生动体现了党的基本路线的巨大威力。

改革开放历史新时期以来，我们在党的基本路线指引下才干了 30 多年，就取得人民满意、世界瞩目的发展成就。如果再这样干 30 年、40 年，中国面貌又将会发生多么巨大的变化！可以断言，到 21 世纪中叶，中华民族必将在中国特色社会主义道路上实现伟大复兴，社会主义必将在民族复兴的历程中实现伟大振兴。对此，我们一定要充满信心，决不可妄自菲薄、自甘落后。

党的基本路线是基于我国正处于并将长期处于社会主义初级阶段的基本国情确立的，所以，也被称为党在社会主义初级阶段的基本路线。社会主义初级阶段从完成社会主义三大改造到基本实现现代化，至少需要 100 年时间。在这百年奋斗的历程中，在依次实现温饱、小康和中等发达水平的实践中，基本路线始终是照耀我们各项工作、当然也包括党的建设工作胜利前进的灯塔。对此，我们一定要保持清醒，决不能脱离实际、急于求成。

“一个中心、两个基本点”是党的基本路线的核心内容。以经济建设为中心是兴国之要，是我们党和国家兴旺发达和长治久安的根本要求；四项基本原则是立国之本，是我们党和国家生存发展的政治基石；改革开放是强国之路，是我们党和国家发展进步的活力源泉。因此，坚持党的基本路线不变，必须坚持“一个中心”和“两个基本点”都不变。

“一个中心、两个基本点”作为我们党在社会主义初级阶段兴国、立国、强国的三大法宝，如同毛泽东同志在新民主主义革命中所概括的统一战线、武装斗争、党的建设这三大法宝一样，是相互贯通、相互依存、不可分割的统一整体，须臾不可偏离、丝毫不可偏废。离开经济建设这个中心，社会主义社会的一切发展和进步就会失去物质基础；离开四项基本原则和改革开放，经济建设就会迷失方向和丧失动力。

进一步分析还可以看到，坚持以经济建设为中心，实际上指明了现阶段我国社会的主要矛盾和我们党面临的中心任务；坚持改革开放、坚持四项基本原则这两个基本点，则指明了解决这个主要矛盾、完成这个中心任务的根本动力和政治方向。我们党强调“两个基本点”是服从服务和统一于“一个中心”的,这是明确现阶段我国社会主要矛盾的“一元论”;我们党强调“两个基本点”不可偏废,这是解决现阶段我国社会主要矛盾所必须坚持的“两点论”。正因为这样,对“一个中心”和“两个基本点”必须全面贯彻执行,而不能任意加减,既不能把一个中心变成两个中心,也不能把两个基本点变成一个基本点。如果减掉了改革开放这个基本点,我国社会主义就会倒退到封闭僵化的老路;如果减掉了四项基本原则这个基本点,我国社会主义就会滑向改旗易帜的邪路。

由此可见,“一个中心、两个基本点”之须臾不可偏离、丝毫不可偏废,必须全面认识和理解、全面贯彻和执行,反映了社会主义现代化建设的客观规律。我们应该在科学把握的基础上创造性地贯彻它、落实它,而不能偏离它、背离它。邓小平同志在南方谈话中不仅强调:“基本路线要管一百年,动摇不得。只有坚持这条路线,人民才会相信你,拥护你。谁要改变三中全会以来的路线、方针、政策,老百姓不答应,谁就会被打倒。”而且指出,“文化大革命”结束后,为了解决党和国家长治久安问题,“我们推荐别的人,真正要找第三代。但是没有解决问题,两个人都失败了,而且不是在经济上出问题,都是在反对资产阶级自由化的问题上栽跟头”。

那么,怎样才能把我们党在基本路线问题上的“一元论”同“两点论”有机结合起来,努力防止“左”的和右的两种错误倾向,真正做到坚持党的基本路线一百年不动摇呢?

坚持党的基本路线一百年不动摇,必须始终高举中国特色社会主义伟大旗帜。党的十七大报告不仅第一次阐明了高举中国特色社会主义伟大旗帜的内涵,“最根本的”就是要坚持中国特色社会主义道路和中国特色社会主义理论体系;而且把高举中国特色社会主义伟大旗帜同继续解放思想、坚持改革开放、推动科学发展、促进社会和谐紧密联系起来,揭示了坚持和发展中国特色社会主义的关键所在。高举中国特色社会主义伟大旗帜,既是坚持“一个中心、两个基本点”的基本路线的必然要求,又从科学的理论指导、坚定的理想信念、正确的发展道路、不懈的奋斗目标等方面为坚持党的基本路线一百年不动摇提供了有力支撑,同时也在承前继往中为党的基本路线不断注入新的时代内涵和实践特色。

比如,从邓小平同志面对“文化大革命”结束后国民经济一度面临崩溃边缘的局面，强调“贫穷不是社会主义，社会主义要消灭贫穷”，指出“发展才是硬道理”，提出社会主义现代化建设“三步走”的战略目标；到江泽民同志从世纪之交我国人民生活总体上达到小康水平的实际出发，强调发展是党执政兴国的第一要务，提出要全面建设惠及十几亿人口的更高水平的小康社会；再到胡锦涛同志根据新世纪新阶段我国发展呈现出的一系列新的阶段性特征，强调科学发展观第一要义是发展，对内要坚持科学发展、和谐发展、统筹发展，对外要坚持和平发展、开放发展、合作发展，所有这些不仅没有削弱和动摇经济建设这个中心，而且使其内涵越来越丰富、成效越来越显著，同时也表明我们党对社会主义现代化建设规律的认识越来越深化了，在坚持和发展中国特色社会主义的实践中越干越会干了。用邓小平同志的话来说，就是：“我们现在的路子走对了，人民高兴，我们也有信心。我们的政策是不会变的。要变的话，只会变得更好。”

坚持党的基本路线一百年不动摇，必须加强和改善党的领导。邓小平同志曾说过：“我们说不变，不是一个方面的不变，而是两个方面的不变。一个是坚持改革开放政策不变，一个是坚持社会主义制度、坚持党的领导不变。”党的基本路线也明确提出，要领导和团结全国各族人民，为把我国建设成为富强民主文明和谐的社会主义现代化国家而奋斗。其实质，就是要把尊重人民主体地位同加强和改善党的领导结合起来，在充分发挥人民创造历史的主体作用中体现党的领导核心作用。无论坚持以经济建设为中心，还是坚持改革开放、坚持四项基本原则，都必须加强和改善党的领导。为了加强党的领导，必须改善党的领导；只有改善党的领导，才能加强党的领导。我们要时刻警惕借改善党的领导之名、行改掉党的领导之实的错误倾向，在贯彻落实党的基本路线问题上真正做到不动摇、不懈怠、不折腾。对此，曾庆红同志在《关于党的建设工作》一书中，联系党的各方面、各领域的建设，作了深刻论述。

回顾历史可以看到，“文化大革命”根据“无产阶级专政下继续革命”的错误理论，把斗争矛头对准所谓党内的“走资派”，提出“踢开党委闹革命”，混淆了是非、混淆了敌我，不仅没有实现天下大治，反而导致天下大乱。在苏联末期，戈尔巴乔夫把党视为封闭僵化和消极腐败的根源，视为深化改革的最大阻力，试图“踢开党委搞改革”，不仅没有实现改革目标，反而葬送了苏共，葬送了苏联，这样的教训必须认真汲取。要永远牢记邓小平同志关于我们的改革要达到的总的目的,就是要有利于巩固社会主义制度,有利于巩固党的领导,有利于在党的领导下和社会主义制度下发展生产力的教导。

坚持党的基本路线一百年不动摇,还必须选准人用好人,确保党的事业坚如磐石、永不变色。邓小平同志在南方谈话中强调:"十一届三中全会确立的这条中国的发展路线,是否能够坚持得住,要靠大家努力,特别是要教育后代。"他还重申:"我在一九八九年五月底还说过,现在就是要选人民公认是坚持改革开放路线并有政绩的人,大胆地放进新的领导机构里,使人民感到我们真心诚意搞改革开放。人民,是看实践。人民一看,还是社会主义好,还是改革开放好,我们的事业就会万古长青!"

新时期以来,我们党领导的伟大事业能够不断迈上新的台阶,靠的正是一届又一届、一茬又一茬各级领导干部接力推进,不断把党的路线方针政策和党的优良传统作风继承下来、发扬下去。站在新的历史起点上,我们要夺取全面建设小康社会新胜利、开创中国特色社会主义事业新篇章,也必须把那些政治上靠得住、工作上有本事、作风上过得硬、人民群众信得过的人,把那些想干事、会干事、干成事而又能共事、不出事的人,不断选拔到各级领导岗位上来,为坚持党的基本路线一百年不动摇,确保党的事业坚如磐石、永不变色,提供坚强组织保证。对此,曾庆红同志在《关于党的建设工作》一书中的多篇文章,特别是关于党的干部人事制度改革的多篇重要讲话中,作了理论联系实际的论述。

总之,我们要更加自觉坚定地把坚持以经济建设为中心同坚持四项基本原则、坚持改革开放这两个基本点统一于发展中国特色社会主义的伟大实践。这也就是曾庆红同志在《关于党的建设工作》一书中反复强调的:我们党领导改革开放和社会主义现代化建设,既要让祖国河山不断改变面貌,又要让红色江山永不变色;既要实现卫星上天,又要始终做到红旗高扬。这是曾庆红同志任期期间,在他分管的党的建设工作中的一个鲜明特点。我们每一个中国共产党人都应该这样来认识和把握党在社会主义初级阶段的基本路线,科学把握发展规律,主动适应环境变化,有效化解各种矛盾,更加奋发有为地推进我国改革开放和社会主义现代化建设。

# 三件大事、接力奋斗与奋力把改革开放推向前进*

（2011年8月）

2011年7月1日，胡锦涛同志代表党中央所作的庆祝中国共产党成立90周年重要讲话，在回顾我们党90年光辉历程时明确指出，建党90年来，中国共产党先后完成和推进了三件大事。他还强调，庆祝建党90周年，就要把我们的全部精力集中在党未竟的事业上，把我们党正在推进的改革开放奋力推向前进。

## 一、关于包括改革开放在内的三件大事

胡锦涛同志说，我们党建党90年来，团结带领人民在中国这片古老的土地上书写了人类发展史上惊天地、泣鬼神的壮丽史诗，这集中体现为完成和推进了三件大事。

第一件大事，就是党紧紧依靠人民完成了新民主主义革命，实现了民族独立、人民解放。新中国的成立，使人民成为国家、社会和自己命运的主人，实现了中国从几千年封建专制制度向人民民主制度的伟大跨越，实现了中国高度统一和各民族空前团结，中国人从此站立起来了，中华民族发展进步从此开启了新的历史纪元。

第二件大事，就是党紧紧依靠人民完成了社会主义革命，确立了社会主义基本制度，党创造性地实现由新民主主义到社会主义的转变，使占世界人口1/4的东方大国进入社会主义社会，实现了中国历史上最广泛最深刻的社会变革。

---

* 本文系作者学习研读胡锦涛同志在庆祝建党90周年大会上的重要讲话札记。

第三件大事，就是党紧紧依靠人民进行了改革开放新的伟大革命，开创、坚持、发展了中国特色社会主义，形成了党在社会主义初级阶段的基本理论、基本路线、基本纲领、基本经验，建立和完善社会主义市场经济体制，坚持全方位对外开放，推动社会主义现代化建设取得举世瞩目的伟大成就。

胡锦涛同志指出，这三件大事，从根本上改变了中国人民和中华民族的前途命运，不可逆转地结束了近代以后中国内忧外患、积贫积弱的悲惨命运，不可逆转地开启了中华民族不断发展壮大、走向伟大复兴的历史进军，使具有5000多年文明历史的中国面貌焕然一新，中华民族伟大复兴展现出前所未有的光明前景。

对中国共产党成立90年来完成和推进的这三件大事的重要概括，既高屋建瓴，又提纲挈领。在中国共产党的历史文献中，对这三件大事的概括，有一个从一到二再到三的逐步形成发展的历史过程。今天我们回顾这个过程，可以看到中国共产党90年来不懈奋斗的清晰轨迹。

先看第一件大事。1949年6月30日，毛泽东同志在为纪念中国共产党成立28周年所写的《论人民民主专政》这篇文章中首次提出，建党28年来，“我们党仅仅做了一件大事，这就是取得了革命战争的基本胜利。这是值得庆祝的，因为这是人民的胜利，因为这是在中国这样一个大国的胜利”。

1951年6月30日，刘少奇同志在庆祝中国共产党成立30周年大会上的讲话中，对毛泽东同志说的这第一件大事作了深入阐发。他指出，中国新民主主义革命的胜利之所以是伟大的，是因为28年来摆在中国共产党和中国人民面前的敌人，是世界上差不多所有的帝国主义国家和强大的中国封建势力与官僚买办大资产阶级势力。这些敌人是十分凶恶的，他们不给中国共产党和中国人民以任何活动的自由，他们用野蛮的屠杀和刑罚来对待中国共产党人，企图赶尽杀绝中国共产党人。在这样凶恶的敌人面前，中国共产党人如果不拿起枪来同敌人进行英勇不屈的武装斗争，就不能获得中国革命的胜利。中国共产党在这28年中进行了4次伟大的革命战争，才在中国这块土地上最终推翻了这些敌人的统治，取得了中国革命的胜利。

再看第二件大事。1961年6月30日，刘少奇同志在庆祝中国共产党成立40周年大会上的讲话中指出，在40年中间，中国共产党同中国人民一起，做了许多事情，概括起来说，主要是两件大事：第一件事是在中国进行人民民主革命，第二件事是在中国进行社会主义革命和社会主义建设。他引用了毛泽东同志关于中国革命必须分两步走的重要思想，即第一步是人民民主革命，第二步是社会主义革命，在以毛泽东同志为核心的党中央制定的过渡时期总路线和各项具体政策指导下，我国社会主义革命进行得比较迅速、比较顺利。我们党运用列宁关于无产阶级专政条件下工农联盟的理论和农业合作化理论，总结我国革命根据地农业互助合作运动的经验，按照解放后我国的具体条件，依靠贫农和下中农，巩固地团结其他中农，通过各种过渡形式，使我国农业由个体经济转变为社会主义集体经济。同时，我们党运用了马克思关于无产阶级在一定条件下可以对资产阶级实行赎买政策的思想，运用了列宁关于无产阶级专政条件下采取国家资本主义政策的思想，总结了我们党在革命根据地中关于工商业政策的经验，并且按照解放后我国的具体条件，对资本主义工商业实行了利用、限制、改造相结合的政策，通过由低级到高级的各种国家资本主义的形式，成功地完成了民族资本主义工商业的社会主义改造，并由此促进了个体手工业的社会主义改造。

再看第三件大事。1991 年 7 月 1 日，江泽民同志在庆祝中国共产党成立 70 周年大会上的讲话中，第一次明确概括了我们党成立以来所做的三件大事，即：第一，完成反帝反封建的新民主主义革命任务，结束了中国半殖民地半封建社会的历史；第二，消灭剥削制度和剥削阶级，确立了社会主义制度；第三，开创建设有中国特色社会主义道路，逐步实现社会主义现代化，这件事情还正在做。

我们党建党 90 年来，为什么能完成和推进这三件大事呢？答案就是不懈奋斗、接续奋斗相结合。正如胡锦涛同志在这个讲话中指出的：“90 年来，我们取得的一切成就，是一代一代中国共产党人同人民一道顽强拼搏、接续奋斗的结果。”

对建党 90 年来我们党所做的这三件大事，作了集中的理论概括和深入阐述的，是 2010 年受中央政治局常委会委托、主持起草党的十七届四中全会决定的习近平同志。这个关于加强党的建设的重要决定，把我们党建党 90 年来所做的这三件大事，高度概括为“三大历史性转变”：一是从半殖民地半封建社会到民族独立、人民当家作主新中国、新社会的历史性转变；二是从新民主主义革命到社会主义革命和建设的历史性转变；三是从高度集中的计划经济体制到充满活力的社会主义市场经济体制、从封闭半封闭到全方位开放的历史性转变。这“三大历史性转变”，是对我们党建党 90 年来所做的三件大事的一种理论表达、理论概括。

## 二、关于在新的历史起点上奋力把改革开放继续推向前进

在“七一”重要讲话中，胡锦涛同志强调指出，中国共产党自诞生之日起，就勇敢担当起团结带领人民实现中华民族伟大复兴的历史使命。继续推动中华民族伟大复兴进程，必须始终坚持党的基本路线不动摇，继续解放思想，坚持改革开放，推动科学发展，促进社会和谐，在新的历史起点上把中国特色社会主义伟大事业全面推向前进。胡锦涛同志还强调，面向未来，全党同志必须牢记，我国过去 30 多年的快速发展靠的是改革开放，我国未来发展也必须坚定不移依靠改革开放。一定要坚定不移坚持党的十一届三中全会以来的路线方针政策，坚定信心、砥砺勇气，坚持不懈把改革创新精神贯彻到治国理政各个环节，奋力把改革开放推向前进。

从胡锦涛同志这一番话中可以看到，中国共产党在新的历史起点上瞻望中国的光明前景，首先强调的是要奋力把改革开放推向前进。无论是强调只有改革开放才能发展中国、发展社会主义、发展马克思主义也好，无论是深刻点破制约科学发展的体制机制障碍躲不开、绕不过，必须通过深化改革加以解决也好，还是再次重申坚持社会主义市场经济改革方向，提高改革决策科学性，增强改革措施协调性，找准深化改革开放突破口，明确深化改革开放重点也好，都有很强的现实针对性和长远指导性。

尤为重要的是，胡锦涛同志在这个讲话中，讲清楚了继续大力推进社会主义民主政治建设同坚定不移走中国特色社会主义政治发展道路以及深化政治体制改革的关系问题。他明确指出，人民民主是中国共产党始终高扬的光辉旗帜。改革开放以来，我们坚持推进政治体制改革，在发展社会主义民主政治方面取得了重大进展。

他列举了中国共产党持续推进中国政治体制改革的七个方面的基本事实：一是我们废除了实际上存在的领导干部职务终身制，确保了国家政权机关和领导人员有序更替；二是我们不断扩大人民有序政治参与，人民实现了内容广泛的当家作主；三是我们坚持和完善中国共产党领导的多党合作，深

入开展政治协商、民主监督、参政议政,发展最广泛的爱国统一战线;四是我们建立健全深入了解民情、充分反映民意、广泛集中民智、切实珍惜民力的决策机制,保证决策符合人民利益和愿望;五是我们建立健全广纳群贤、人尽其才、能上能下、充满活力的用人机制,为各方面优秀人才建功立业开辟了广阔渠道;六是我们形成了中国特色社会主义法律体系,我们党自觉在宪法和法律范围内活动,支持人大、政府、政协、司法机关等依照法律和各自章程独立负责、协调一致开展工作;七是我们建立健全权力运行制约和监督体系,保证党和国家机关按照法定权限和程序行使权力。

这些客观存在的事实,既充分证明了中国社会主义民主政治具有强大生命力,证明了中国特色社会主义政治发展道路是保证人民当家作主的正确道路,又有力驳斥了那种攻击我们党只搞经济体制改革不搞政治体制改革的谬论。

胡锦涛同志在"七一"重要讲话的结束语部分,还对青年问题作了热情洋溢、深刻感人的论述。他指出:"我们党从成立之日起,就始终代表广大青年、赢得广大青年、依靠广大青年","青年是祖国的未来、民族的希望,也是我们党的未来和希望"。

这些关于青年问题的论述很值得我们深入领会和思考。1921 年参加党的一大的 13 名代表中,平均年龄只有 28 岁。随后,在党领导的革命、建设、改革各个历史时期,青年都成了积极的参与者和先锋队。正如胡锦涛同志在讲话中指出的:"我们党的创始人,一代又一代中国共产党人,大多数都是从青年时代就满腔热血参加了党,决心为党和人民奋斗终身。我们党的队伍里始终活跃着怀抱崇高理想、充满奋斗激情的青年人,这是我们党历经九十年风雨而依然保持蓬勃生机的一个重要保证。"

青年也是我们党的新鲜血液的重要来源。中共中央组织部发布的数据表明,在 2010 年全国新发展的 307.5 万名党员中,35 岁以下的党员 251.6 万名,占 81.8%;大学生党员 123.6 万名,占 40.2%。从当今世界各国的实际情况看,青年是经济全球化形势下新知识、新技术最重要的使用者、创造者,也是新经济、新科技的重要推动者。国外的微软、谷歌、脸谱,其创始人都是不到 30 岁的青年人;国内腾讯的马化腾、阿里巴巴的马云、百度的李彦宏等,也都是青年创新创业的典型代表。还有调查表明,当今的网络、IT 行业骨干从业人员中,70%以上也都是 30 岁以下的青年。我们党作为中国先进生产力的代表，理所当然地要重视和发挥青年的积极作用。

只要各级党组织按照胡锦涛同志讲话精神，都把关心和引领青年成长成才作为一件大事来做，关注青年、关心青年、关爱青年，倾听青年心声，支持青年创业，鼓励青年成长，就一定能使更多有志的中国青年在实践的丰厚沃土中，成长为党和人民事业的栋梁之材。

# 准确把握我国文化改革发展面临的机遇和挑战

（2011 年 11 月 1 日）

党的十七届六中全会通过的《中共中央关于深化文化体制改革推动社会主义文化大发展大繁荣若干重大问题的决定》（以下简称《决定》），要求全党准确把握我国经济社会发展新要求，准确把握当今时代文化发展新趋势，准确把握各族人民精神文化生活新期待，增强责任感和紧迫感，抓住机遇，应对挑战，乘势而上，在全面建设小康社会进程中、在科学发展道路上奋力开创社会主义文化建设新局面。这“三个准确把握”，说到底，就是要求全党准确把握当前我国社会主义文化大发展大繁荣面临的机遇和挑战。

## 一、我国文化改革发展同样正面临重要战略机遇期

重要战略机遇期的这个概念，是在 2002 年由党的十六大报告首先提出来的。十六大报告指出，21 世纪头 20 年，是我国必须紧紧抓住并且可以大有作为的重要战略机遇期。2007 年，党的十七大报告对战略机遇期问题，作了至关重要的重申和发挥。党的十七届五中全会在科学分析“十二五”时期我国面临的国内外形势时强调指出，我国发展仍处于可以大有作为的重要战略机遇期。党的十七届六中全会《决定》科学判断当前国内国际两个大局，再次向国人和世人昭示：在 21 世纪第二个 10 年，我国文化发展同经济社会发展一样，正处在重要战略机遇期，要求我们必须抓住和用好我国发展的重要战略机遇期，在坚持以经济建设为中心的同时，自觉把文化繁荣发展作为坚持发展是硬道理、发展是党执政兴国第一要务的重要内容，作为深入贯彻落实科学发展观的一个基本要求，进一步推动文化建设与经济建

设、政治建设、社会建设以及生态文明建设协调发展,更好满足人民精神需求、丰富人民精神世界、增强人民精神力量,为继续解放思想、坚持改革开放、推动科学发展、促进社会和谐,提供坚强思想保证、强大精神动力、有力舆论支持、良好文化条件。

在21世纪的第一个10年之初、第二个10年伊始,我们党之所以反复强调抓住和用好我国发展的重要战略机遇期,就是因为牢牢抓住和用好我国发展的重要战略机遇期,乃是我们国家在当前世界综合国力当然也包括国家软实力的竞争中,赢得主动、赢得优势、赢得未来的关键所在。在21世纪第一个10年之初,全党全国各族人民按照党的十六大的要求,自觉抓住机遇、迎接挑战,顽强拼搏、开拓进取,推动我国改革开放和社会主义现代化建设取得举世瞩目的伟大成就,经济实力、综合国力、人民生活水平都上了一个新台阶。这充分表明,能不能抓住和用好机遇,对党和国家事业发展具有决定性意义。在21世纪第二个10年伊始,只要全党同志坚决按照中央要求,增强机遇意识和忧患意识,科学把握发展规律,主动适应环境变化,有效化解各种矛盾,满怀信心地带领全国各族人民,在中国特色社会主义伟大实践中进行文化创造,就一定能在全面建设小康社会进程中、在科学发展道路上奋力开创全民族文化创造活力持续迸发、社会文化生活更加丰富多彩、人民基本文化权益得到更好保障、人民思想道德素质和科学文化素质全面提高的新局面,就一定能建设好中华民族共有精神家园,为人类文明进步作出更大贡献。

《决定》对推动我国社会主义文化大发展大繁荣同样正面临重要战略机遇期的科学论断,首先是从我们党在革命、建设、改革各个历史时期都高度重视文化工作不可替代的重大作用这一重要角度展开的。《决定》指出,中国共产党从成立之日起,就既是中华优秀传统文化的忠实传承者和弘扬者,又是中国先进文化的积极倡导者和发展者。我们党历来高度重视运用文化引领前进方向、凝聚奋斗力量,团结带领全国各族人民不断以思想文化新觉醒、理论创造新成果、文化建设新成就推动党和人民事业向前发展,文化工作在革命、建设、改革各个历史时期都发挥了不可替代的重大作用。

人们可以看到,我们党在革命、建设、改革各个历史时期,都很自觉地结合时代条件,围绕党的中心任务,提出自己的文化纲领、文化目标、文化政策,大力推进文化建设,从而有力促进了党和人民事业发展。新中国成立

60 多年来特别是改革开放 30 多年来，我们党的历次全国代表大会都对文化建设进行部署。在 20 世纪 80 年代、90 年代和新世纪新阶段的第二个 10 年，党中央还先后 3 次召开全会，对社会主义精神文明建设和文化建设进行专题研究和重点部署。1986 年 9 月召开的党的十二届六中全会，审议通过了《中共中央关于社会主义精神文明建设指导方针的决议》；1996 年 10 月召开的党的十四届六中全会，审议通过了《中共中央关于加强社会主义精神文明建设若干重要问题的决议》；2011 年 10 月召开的党的十七届六中全会，又重点研究深化文化体制改革、推动社会主义文化大发展大繁荣问题并作出决定。这 3 次全会对我国社会主义文化建设和文化改革发展，都发挥了并将继续发挥至关重要的指导作用，产生了并将继续产生至关重要的深远影响。中国共产党对文化工作不可或缺、不可替代的重大作用历来高度重视，在改革开放历史新时期特别是党的十六大以来更加重视。特别是党的十七届六中全会强调"社会主义先进文化是马克思主义政党思想精神上的旗帜，文化建设是中国特色社会主义事业总体布局的重要组成部分"；强调"加强和改进党对文化工作的领导，提高推进文化改革发展科学化水平"；强调"加强和改进党对文化工作的领导，是推进文化改革发展的根本保证，也是加强党的执政能力建设和先进性建设的内在要求。必须从战略和全局出发，把握文化发展规律，健全领导体制机制，改进工作方式方法，增强领导文化建设本领"。毫无疑问，这些都是当前和今后一个时期，推动我国社会主义文化大发展大繁荣的有利条件和宝贵机遇。

《决定》对推动我国社会主义文化大发展大繁荣同样正面临重要战略机遇期的科学论断，其次是从我们党自改革开放以来特别是党的十六大以来，重视和开展文化工作的实践和取得的成就这一角度展开的。在这方面，《决定》高屋建瓴而又提纲挈领地概括了"五个坚持"。

一是坚持解放思想、实事求是、与时俱进，不断推进马克思主义中国化时代化大众化，形成和发展了中国特色社会主义理论体系，为开辟和拓展中国特色社会主义道路、确立和完善中国特色社会主义制度提供了科学理论指导。

二是坚持推进社会主义核心价值体系建设，用马克思主义中国化最新成果武装全党、教育人民，用中国特色社会主义共同理想凝聚力量，用以爱国主义为核心的民族精神和以改革创新为核心的时代精神鼓舞斗志，用社会主义荣辱观引领风尚，巩固了全党全国各族人民团结奋斗的共同思想道德基础。

三是坚持为人民服务、为社会主义服务的方向和“百花齐放，百家争鸣”的方针，发扬广大人民群众和文化工作者的创造精神，推动优秀文化产品大量涌现，丰富了人民精神文化生活。

四是坚持推进文化体制改革，创新文化发展理念，解放和发展文化生产力，推动文化事业全面繁荣、文化产业健康发展，大幅度提高了人民基本文化权益保障水平，大幅度提高了文化在经济社会发展中的地位和作用。

五是坚持发展多层次、宽领域对外文化交流格局，借鉴吸收人类优秀文明成果，实施文化“走出去”战略，不断增强中华文化国际影响力，向世界展示了我国改革开放的崭新形象和我国人民昂扬向上的精神风貌。

这“五个坚持”，既是对改革开放以来特别是党的十六大以来，我们党推动文化建设取得的成就及其对党和国家事业全局作出贡献所作的全面概括，也是对新时期以来我们党加强和改进对文化工作领导的宝贵经验所作的科学总结。把这“五个坚持”归结到一点，就是我们党在建设中国特色社会主义伟大实践中，始终把文化建设放在党和国家全局工作重要战略地位，坚持物质文明和精神文明两手抓，实行依法治国和以德治国相结合，促进文化事业和文化产业同发展，推动文化建设不断取得新成就，走出了中国特色社会主义文化发展道路。我国文化改革和发展，显著提高了全民族思想道德素质和科学文化素质、促进了人的全面发展，显著增强了国家文化软实力，为坚持和发展中国特色社会主义提供了强大精神力量。毫无疑问，这“五个坚持”及其内含的伟大成就和宝贵经验，也是推动我国社会主义文化大发展大繁荣的有利条件和宝贵机遇。

《决定》对推动我国社会主义文化大发展大繁荣同样正面临重要战略机遇期的科学论断，还是从文化在推动科学发展、促进社会和谐，以及文化在推动我国经济结构战略性调整和转变经济发展方式中的作用这一角度展开的。《决定》提出，要自觉把推动文化繁荣发展作为深入贯彻落实科学发展观的一个基本要求。《决定》提出，必须坚持社会主义先进文化前进方向，坚持把社会效益放在首位、社会效益和经济效益相统一，按照全面协调可持续的要求，推动文化产业跨越式发展，使之成为新的经济增长点、经济结构战略性调整的重要支点、转变经济发展方式的重要着力点，为推动科学发展提供重要支撑。毫无疑问,这“一个基本要求”和“三个点”,同样也是推动我国社会主义文化大发展大繁荣面临的有利条件和宝贵机遇。

## 二、我国文化改革发展面临的新形势、新问题、新挑战

《决定》在充分肯定我国文化改革发展取得历史性成就、文化领域正在发生广泛而深刻的变革、推动文化大发展大繁荣具备许多有利条件和宝贵机遇的同时,也着眼于当前世情国情党情新变化,深入分析了我国文化改革发展面临的新形势、面对的新问题,特别是深入分析了我国文化改革发展面临的种种新挑战。

当前和今后一个时期,我国文化改革发展面临的新形势,就是《决定》所指出的,当今世界正处在大发展大变革大调整时期。当代中国进入了全面建设小康社会的关键时期和深化改革开放、加快转变经济发展方式的攻坚时期,文化越来越成为民族凝聚力和创造力的重要源泉、越来越成为综合国力竞争的重要因素、越来越成为经济社会发展的重要支撑,丰富精神文化生活越来越成为我国人民的热切愿望。在这样的新形势下,推动我国社会主义文化大发展大繁荣,动力在深化改革,出路在加快发展。

《决定》对当前国内外形势正处在“三个时期”的重大判断,对我国文化建设正面临“四个越来越”这样的全局发展态势的科学论断,深刻揭示了当前和今后一个时期国内国际大局深刻变动的一个显著特点,这就是:在当今世界,谁占据了文化发展制高点,谁拥有了强大文化软实力,谁就能够在激烈的国际竞争中赢得主动。面对这样的发展态势,我们党把文化建设作为中国特色社会主义事业总体布局的重要组成部分,把促进文化更加繁荣作为全面建设小康社会的重要目标和重要保证,这既是审时度势的战略选择,又是顺势而为的科学决策,同时也是从容应对、有效应对国内外思想文化领域种种新挑战的关键举措。

准确把握这“三个时期”“四个越来越”的总体判断,首先是要充分认识和正确应对新形势下在维护国家文化安全、增强国家文化软实力和中华文化国际影响力方面的严峻挑战。正如《决定》指出的,当今世界各种思想文化交流交融交锋更加频繁,文化在综合国力竞争中的地位和作用更加凸显,

维护国家文化安全任务更加艰巨,增强国家文化软实力、中华文化国际影响力要求更加紧迫。这“四个更加”的科学论断,集中阐明了推进文化改革发展的重大意义,深刻揭示了国际政治经济格局发生的深刻变动和国际思想文化领域出现的复杂变化给我国文化改革发展带来的严峻挑战。

应该看到,文化是一个国家和民族价值理念、文明传承和精神追求的外在体现。当今世界综合国力的竞争和较量,更深层次地体现为文化的交流交融交锋。在改革开放和社会主义现代化建设历史新时期,特别是全面建设小康社会新阶段,我国实行全方位对外开放,发展多层次、宽领域对外文化交流格局,注重吸收各国优秀文明成果,积极推动我国文化“走出去”,这是我们党和国家具备文化自觉和文化自信,勇敢地参与国际文化交流交融的生动体现。同时也要看到,对外文化的交流交融过程,不可避免地伴随着由此而来的文化交锋和文化渗透。从苏联解体、东欧剧变,到中亚“颜色革命”,再到西亚北非局势动荡,都同西方敌对势力的思想文化渗透密不可分。

我国是在改革开放中快速崛起的社会主义国家,那些处心积虑要遏制中国和平崛起的国际敌对势力,面对综合国力竞争中彼消我长、彼降我升的新形势、新态势,认识到单纯依靠硬实力遏制中国的发展已越来越难以奏效,所以便加大了对我国进行意识形态渗透的力度。他们对我国进行的渗透和攻击,很大程度上是利用各类文化载体进行的,是通过各种文化形式出现的。我们要充分认识和有效应对这个新特点,在吸收外来有益文化成果的同时,高度注意防范民族优秀文化空间被挤压、舞台和阵地被占领、主流影响被削弱。要积极有效应对这方面的严峻挑战,切实维护国家文化安全,就要不断增强文化自觉和文化自信,不断壮大我国文化实力。要充分运用我国丰富的传统文化资源,积极向国际社会宣示我国价值理念,展现我国文明、民主、开放、进步的形象,以利于占据国际道义制高点,增强国际话语权。

准确把握这“三个时期”“四个越来越”的总体判断,其次是要充分认识和积极应对当前我国文化建设面临的突出矛盾和问题所带来的严峻挑战。《决定》从 8 个方面深入分析了文化改革发展面临的一系列新情况新问题,包括一些地方和单位,对文化建设重要性、必要性、紧迫性认识不够,文化在推动全民族文明素质提高中的作用亟待加强;一些领域道德失范、诚信缺失,一些社会成员人生观、价值观扭曲,用社会主义核心价值体系引领社会思潮更为紧迫,巩固全党全国各族人民团结奋斗的共同思想道德基础任务繁重;舆论引导能力需要提高,网络建设和管理亟待加强和改进;有影响的精品力作还不够多,文化产品创作生产引导力度需要加大;公共文化服务体系不健全,城乡、区域文化发展不平衡;文化产业规模不大、结构不合理,束缚文化生产力发展的体制机制问题尚未根本解决;文化"走出去"较为薄弱,中华文化国际影响力需要进一步增强;文化人才队伍建设急需加强。

这些突出矛盾和问题,归结起来,一个是"不适应",一个是"不符合"。推动社会主义文化大发展大繁荣,就应该统筹解决好这些"不适应""不符合"的问题。

所谓"不适应",就是我国文化发展同经济社会发展和人民日益增长的精神文化需求还不完全适应,同提高全民族思想道德素质和科学文化素质的要求还不完全适应,同推动科学发展、促进社会和谐的要求还不完全适应,同转变经济发展方式、大力发展文化事业和文化产业、把我国文化产业打造成国民经济支柱性产业的要求还不完全适应,同扩大对外开放、提高文化开放水平的要求还不完全适应。推动文化繁荣发展,满足人民多样化精神文化需求,不论是发展文化事业还是文化产业,基础工作都是要创作生产更多优秀作品。当前我国文化产品创作和生产,虽然在总体上呈现繁荣发展景象,但同人民群众的需求和期待相比,仍然存在不小差距,特别是缺乏叫得响、传得开、留得住的高质量文化精品。我国文化产业原创力还不强、知名品牌还不多、科技含量和附加值还不高,文化产品特别是优质文化产品和服务供给还不足,距离把文化产业打造成国民经济支柱性产业的要求还较远。

所谓"不符合",就是思想文化领域仍然存在种种不符合社会主义先进文化前进方向,不符合社会主义核心价值体系要求,不符合以科学理论武装人、以正确舆论引导人、以高尚精神塑造人、以优秀作品鼓舞人的要求,以及不符合信息化、网络化条件下善待、善用、善管网络媒体和网络文化要求的种种失序、失范、失衡、失调现象。特别应当看到,随着互联网技术的快速发展、普及、更新,以及新兴网络传播手段的不断涌现,一方面催生了新的文化生产和传播方式,形成了特色鲜明的网络文化,并成为干部群众特别是青少年精神文化生活的重要组成部分;另一方面也成为意识形态较量的重要平台,成为国内外敌对势力对我国进行思想文化渗透、威胁我国文化安全和国家安全的重要载体。面对网络媒体传播力和影响力越来越大、网络舆论对社会舆论影响越来越大、对青少年成长影响越来越大这“三个越来越大”的新形势，一些地方和部门对互联网的管理同积极利用、科学发展、依法管理、确保安全的要求还有较大差距，网上有害信息的传播特别是持续炒作社会热点、人为增加社会焦虑、不断撕裂社会共识、竭力破坏社会和谐的网络舆论尚未得到有效遏制。切实解决好这方面存在的问题，紧紧团结依靠广大网民共同加强网上舆论引导，唱响网上思想文化主旋律，培育文明理性的网络环境，发展健康向上的网络文化，已成为对全党的一个新的挑战和重大考验，也是我国文化建设的一个重大课题。

总之，当前和今后一个时期，我国文化改革发展总体上面对的是机遇和挑战并存而机遇大于挑战的新形势。我们应该按照《决定》的要求，充分认识“物质贫乏不是社会主义，精神空虚也不是社会主义。没有社会主义文化繁荣发展，就没有社会主义现代化”，进一步增强责任感和紧迫感，以改革创新精神积极应对这些矛盾、问题和挑战，更加奋发有为、更加积极主动、更加卓有成效地团结带领全党全国各族人民为把我国建设成为社会主义文化强国而团结奋斗、接续奋斗、不懈奋斗。

# 把握好深入贯彻落实科学发展观的五个重要关系*

（2012 年 5 月 11 日）

科学发展观是我们党在改革开放伟大实践中，通过“摸着石头过河”摸到的具有理论基石分量的三块“大石头”之一。科学发展观的形成，一是源于我国自己的发展实践、发展阶段、发展特征，二是鉴于国外的发展潮流、发展态势、发展特征。科学发展观从提出到贯彻落实这 9 年来，其内涵外延在实践中不断丰富发展，到现在已经形成一个涵盖经济、政治、文化、社会以及生态文明、党的建设各个领域，涉及改革发展稳定、内政外交国防、治党治国治军等各个方面的比较系统的理论框架。

科学发展观自形成和贯彻落实以来，在推动科学发展、促进社会和谐方面取得明显成效。但同时也存在不少党员干部对科学发展观的理解还不深刻、不全面的问题，在推动科学发展、促进社会和谐方面还存在种种不适应、不符合的问题。当前和今后一个时期，在深入贯彻落实科学发展观方面，要正确认识和处理好以下五个方面的重要关系。

第一，正确认识和处理求好与求快的关系。科学发展观要求我国各地区各部门都要实现又好又快的发展。在指导发展时，把“好”置于“快”之前，就是要求做到“快”必须服从于“好”。所谓又好又快的发展，用东部沿海地区有些地方主要领导同志的话来说，就是要老老实实按科学发展观办事，扎扎实实抓好经济发展方式转变。这些地方的领导同志当然不是不懂得，只要大力发展重化工业和实施高强度的城市化开发，就不难形成几千万吨的钢铁和几千万吨的石化工业，但其后果是给子孙后代留下需要花费巨大代价才可能恢复的生态环境。所以，他们宁可暂时牺牲发展速度，也坚决

---

* 本文系作者在中共重庆市委举行的科学发展观报告会上演讲的一部分。

不走先污染后治理的旧式工业化老路。我们从这些地方主要领导同志对科学发展所秉持的这份科学态度中可以看到,要实现又好又快的发展,必须有实事求是之心、去哗众取宠之意。但也有些地方、有的领导干部,对好与快的关系缺乏全面辩证的认识和把握,他们担心强调又好又快的科学发展会束缚自身发展,在经济和社会发展中一味求快、单纯求快、盲目求快。人民群众批评这些地方的领导干部是:求快的举措比求好的举措更多更实,追求当下大干快上的劲头比谋求长远可持续发展的劲头更大更足。还有的地方、有的领导干部用实用主义态度对待又好又快问题,片面强调自身发展阶段和发展条件的特殊性,这是多年片面追求快的思维惯性还没有根本解决的突出表现。

虽然一些地方、一些部门要求后来居上、加快发展也许各有各的道理,但从全局来看,局部的合情并不等于全局的合理。比如,中央明确规定的“十二五”期间全国 GDP 增长每年都在 7.5%—8%之间,但从各地公布的数据看,大多数地方确定的发展速度都远远高于全国目标。其实,持续的高投资、高速度,只会导致积累和消费比例失调,制约经济结构调整的回旋余地;持续的高消耗,只会导致包括土地在内的自然资源供给紧张,加深能源、矿产资源对外依存度越来越高;持续的高排放,也只会导致生态环境代价过大,使节能减排预定目标难以完成。总之,自觉、积极推动经济发展方式转变和经济结构调整,是实现又好又快发展的根本途径。如果盲目追求经济增长这根弦绷得过紧,很容易导致各方面关系失衡,增加国家宏观调控和社会稳定难度,不但会影响国家“十二五”规划目标实现,而且会增加国家宏观调控难度。其结果必然是局部的所谓“争先”,并不能为全局添彩,反而是“添乱”。

坚持又好又快的发展,是社会主义生产目的所要求的,也是我国在社会主义初级阶段基本国情所决定的。有不少地方和部门的领导干部,他们在经济社会发展中,追求快的办法很多、本事很大,而对于怎样在科学发展观指导下实现又好又快的发展,则还缺少思路、缺少办法。他们并不是不懂得我国正处于并将长期处于社会主义初级阶段,但他们往往在经济总量还低时尚能立足初级阶段,而在经济总量提高后则往往忘了初级阶段;在谋划长远发展时尚能立足初级阶段,而在日常工作中则往往忘了初级阶段;在经济建设中尚能立足初级阶段,而在政治、文化、社会、生态文明建设中则往往忘了初级阶段。所以,要把科学发展观真正落实好,真正实现又好又快的发展,就必须引导广大干部想问题、作决策、办事情,都要始终立足于、着眼于社会主义初级阶段,而不能超越社会主义初级阶段。

第二,正确认识和处理经济建设与社会建设的关系。现在有一种观点认为,我国以经济建设为中心已经讲了30多年,目前我国经济实力已经很强,而同改善民生、消除后顾之忧、保持社会稳定密切相关的社会建设则相对滞后,应当把以经济建设为中心改成以社会建设为中心。这种观点貌似有理,其实非常有害。我国现阶段社会建设在总体上滞后于经济建设的问题,是以胡锦涛同志为总书记的党中央最先提出来的。党的十六大以后党中央提出的科学发展观、和谐社会论,提出的在共建中共享,提出的促进基本公共服务均等化,以及党和国家这几年一系列力度很大的保障和改善民生举措的出台,都是着眼于缓解这个问题的。为什么说是“缓解”?就是因为,要从根本上解决这个问题需要有巨大的投入,并且要花很长的时间,时间短了是做不到的。因此,搞社会建设和民生改善,不能脱离社会主义初级阶段,尤其不能搞超越国情、国力,省情、省力,市情、市力的“大跃进”“大干快上”。而且还要看到,这里还有一个经济发展与社会发展孰先孰后和谁决定谁的理论与实践问题。

改革开放以来,我们党始终强调以经济建设为中心,推动社会生产力以前所未有的速度发展起来,这是我国综合国力、人民生活水平、国际地位大幅度提升的根本原因。我们党在当前形势下进一步强调,必须继续坚持发展是硬道理的战略思想,继续牢牢扭住经济建设这个中心,决不能有丝毫动摇,这同马克思主义关于生产决定分配的原理是一致的,同世界上许多国家都是经济发展程度决定社会发展水平的做法也是相通的。

党的十六大以来,特别是提出和落实科学发展观以来,党中央在抓社会发展、促民生改善方面是下了很大气力、作了很大投入的。比如,近年来,党中央、国务院先后召开了全国普通高校毕业生就业工作视频会议、全国教育工作会议、全国人力资源和社会保障工作会议、全国保障性安居工程工作会议、全国农村社会保险工作座谈会、全国深化医药卫生体制改革工作会议、纪念西部大开发10周年会议、援疆会议、援藏会议、中央扶贫开发会议等。对重要的社会建设和民生改善问题,中央好几位常委同志和政治局委员都亲自挂帅、分工负责,抓得很紧、很实、很细。而且,社会建设和民生改善都是需要巨额投入的。科学发展观提出以来的2003—2011年,全国财政用于同人民生活直接相关的教育、医疗卫生、社会保障和就业、保障性住房等方面的支出累计达到16.47万亿元。其中,用于教育的9年累计达7.24万亿元;用于医疗卫生的达2.42万亿元;用于社会保障体系建设的达5.42万亿元;用于保障性住房建设的达4813亿元。人民群众从中分享了改革发展成果,得到了不少实惠。

现在的问题是,在社会建设和民生改善问题上,我们要深刻汲取欧洲一些国家的经验教训。大家知道,现在欧洲一些国家正在闹主权债务危机。国内外学术界普遍认为,欧洲主权债务危机的一个深层次原因,就是超越本国经济实力的福利开支长期刚性增长造成的。我最近看到的一个实证研究报告显示:近10年来,爱尔兰、希腊和葡萄牙的社会保障支出,年均增速分别为11.1%、9.4%、7.8%,而这3个国家的经济年均增速分别只有5.3%、5.6%、3.5%;此外,西班牙和意大利的社会保障支出增速,也分别不同程度高于经济增速。前车之覆,后车之鉴。我国是一个国土辽阔而区域发展很不平衡的国家。从人均国内生产总值、人均地方财政收入、城镇居民人均可支配收入和农村居民人均纯收入等经济发展指标上看,2010年,东部地区分别是西部地区的2.06倍、2.07倍、1.47倍和1.84倍;西部地区在教育、医疗卫生、社会保障方面也明显落后于东部发达地区。但随着西部大开发战略的持续推进,一些地方不但追求经济建设上的"跨越式发展",在社会建设上也想一步就同东部发达地区拉平,有的甚至想一步就跨到东部发达地区前面去。其实,在社会建设特别是在民生、福利、保障等问题上搞"跨越",同在经济建设上搞"跨越"一样,同样都是根本违背经济和社会发展规律的,都是脱离社会主义初级阶段这个最大的国情实际的。

第三,正确认识和处理政府宏观调控"看得见的手"与市场配置资源"看不见的手"的关系。党的十七大报告强调,深入贯彻落实科学发展观,必须继续深化改革开放。要把改革创新精神贯彻到治国理政各个环节,毫不动摇地坚持改革方向,提高改革决策的科学性,增强改革措施的协调性。胡锦涛同志在庆祝建党90周年大会上的讲话中也强调,全党同志必须牢记,我国过去30多年的快速发展靠的是改革开放,我国未来发展也必须坚定不移依靠改革开放。

深化改革开放,最关键的是要坚持社会主义市场经济的改革方向。在发展社会主义市场经济过程中，既要发挥市场配置资源的基础性作用，又要发挥政府加强和完善宏观调控作用。坚持“看不见的手”与“看得见的手”两手抓，这正是我国社会主义市场经济体制的重要特征，也是我国能够率先走出国际金融危机影响的一个重要原因。

胡锦涛同志在2008年中央经济工作会议上强调指出，在应对国际金融危机过程中，政府维护市场正常运行的职责会有所强化，但市场在资源配置中的基础性作用不会改变；我们要坚持政府调控和发挥市场机制作用相互促进，进一步增强经济发展内在活力和动力。这就是说，决不能把应对国际金融危机的阶段性做法简单归结为政府主导模式的成功，决不能背离社会主义市场经济改革方向，决不能任意扩大政府行政干预和行政垄断，决不能置建设服务型政府于不顾，一个劲儿地去回归全能型政府。

但是，现在的实际情况怎么样？我们可以看到，不少地方政府不但过多干预或直接参与微观经济活动，运用政府强大的资源动员能力，靠海量投资来支撑高速增长，而且几乎直接包揽和包办了所有经济社会事务。一些政府部门习惯于发号施令而轻协调和服务，习惯于审批盖章而轻监管和预警，习惯于行政管制而轻法治和疏导。早在1980年，邓小平同志就指出，我们的各级领导机关，都管了很多不该管、管不好、管不了的事，这些事只要有一定的规章，放在下面，放在企业、事业、社会单位，让他们真正按民主集中制自行处理，本来可以很好办，但是统统拿到党政领导机关、拿到中央部门来，就很难办。谁也没有这样的神通，能够办这么繁重而生疏的事情。这些话很值得我们深思。

党的十七大报告要求全党深化对社会主义市场经济规律的认识，从制度上更好发挥市场在资源配置中的基础性作用，形成有利于科学发展的宏观调控体系。这就是说，市场对资源配置起基础性作用应当制度化，政府宏观调控要科学化。而连接这个市场配置资源制度化、政府宏观调控科学化的，就是推动我国现代市场经济法治化，这是进一步完善我国社会主义市场经济体制的法治保证。我们应当按照党中央的要求，针对我国发展中不平衡、不协调、不可持续问题突出，制约科学发展的体制机制障碍躲不开、绕不过的现状，通过深化改革加以解决。要坚定不移坚持党的十一届三中全会以来的路线方针政策，通过继续深化改革，特别是深化行政体制改革和社会体制改革，实行政企分离、政资分离、政事分离、政社分离，加强社会建设，发育社会组织，完善社会保障，创新社会管理，切实改变、尽快改变政府过多干预或直接参与微观经济活动，不合理地包办大量社会事务，而政府经济调节、市场监管、社会管理、公共服务职能却长期薄弱的状况。同时，还要按照依法治国基本方略，加快实现社会主义市场经济制度的法治化，从法律和制度上保证更好发挥市场在资源配置中的基础性作用，形成有利于科学发展的宏观调控体系。

第四，正确认识和处理科学执政、民主执政、依法执政同科学发展、和谐发展、和平发展的关系。十六届四中全会明确提出，我们党要坚持科学执政、民主执政、依法执政。这是我们党的三大执政理念，它同科学发展、和谐发展、和平发展这三大发展理念是相辅相成、密不可分的。党的十六大闭幕后不久，胡锦涛同志在首都各界纪念中华人民共和国宪法公布施行二十周年大会上发表重要讲话强调，各级党委和领导干部必须增强法制观念，善于把坚持党的领导、人民当家作主和依法治国统一起来，不断提高依法执政的能力。他要求党的各级组织和全体党员都要模范地遵守宪法，严格按照宪法办事，自觉地在宪法和法律范围内活动，团结带领广大人民群众不断创造改革开放和社会主义现代化建设的新业绩。这些话我们今天读来还是有着强烈的现实针对性。这说明，依法执政、依法办事的问题在实际工作中并没有解决。

比如，有的领导干部，为了实现所谓的“提高效率”，就把必须履行的民主程序、法律程序一概省略了；为了实现所谓的“跨越发展”，就置党纪党规、法律法规于不顾了；甚至为了防民之口、维护形象，就可以目无法纪、践踏法纪、草菅人命了！这些人自以为手中有了权力，就可以成为不受任何党内法规约束的特殊党员、不受任何法律约束的特殊公民，就有了挑战党纪党规、法律法规的资格，就可以享受“刑不上大夫”的特权。他们忘记了：在我们这个社会主义法治国家，“不管谁犯了法，都要由公安机关依法侦查，司法机关依法办理，任何人都不许干扰法律的实施，任何犯了法的人都不能逍遥法外”。党员干部不论职位多高，只要无视法律，甚至肆意践踏法律的尊严和权威，都将受到法律的制裁。谁都没有擅权营私的特权，谁都不能心存一丝一毫“刑不上大夫”的侥幸。

我很认同这样的观点，法治是一个国家生存的灵魂，是保证社会长治久安的根本。党员干部法治意识的强弱，会直接影响一个地区、一个部门能否依法办事。党员干部只有真正尊重法律的神圣,高度敬畏法律的威严,养成“研究问题先学法、制定决策遵循法、解决问题依照法”的习惯,才能实现建设法治国家、法治政府的目标,才能带动全社会都来尊重法律、遵守法律、维护法律。我也很认同这样的说法,人生规划千万条,遵纪守法头一条。法纪犹如屹立在悬崖边上的一道护栏,它对每一个人都是一种关爱和保护;法纪的堤防一旦决口,就必然会出问题、受惩罚。一定要坚持党的事业至上、人民利益至上、宪法法律至上,严格执行党的纪律、遵守国家法律,守住信念防线、道德防线和法纪防线。我们党的各级干部特别是领导干部,都应当成为政治上靠得住、工作上有本事、人民群众信得过的干部,都应当成为想干事、会干事、干成事、好共事、不出事的干部(简称“五事干部”)。对我们党的各级领导干部包括广大基层干部来说,只有真正成为这样的“五事干部”,才能在任何情况下都稳得住心神、管得住行为、守得住清白,才能在自己领导的地方和部门,既坚持科学执政、民主执政、依法执政,又做到科学发展、和谐发展、和平发展。

第五,正确认识和处理科学发展观与正确政绩观的关系。党中央在提出科学发展观的同时,反复强调要树立正确政绩观。这两者确实是须臾不可偏废的。现在,科学发展观在一些地方难以真正落地、全面落地,这同还没有建立起全面科学的干部考核评价体系是密切相关的。无论是一些地方、一些部门的领导干部急功近利、热衷于上项目、铺摊子也好,还是好大喜功、热衷于搞劳民伤财的“形象工程”和沽名钓誉的政绩工程也好,甚至以权谋私、损害群众利益也好,一个很重要的原因是对干部政绩考核的指标评价体系还不科学、不完善。

现有的干部考核评价指标中,投入产出比,GDP 中各次产业占比,投资与消费比例,国民收入分配中政府、企业、个人比例等指标的合理区间尚未明确,使科学考核评价体系的建立面临严重制约。同时,对干部考核评价的方法也不尽合理,只考当前“显绩”而不看长远“潜绩”、只重视结果而忽视过程、只比现状而忽视历史条件和发展阶段差异等,显然不科学、不公平、不合理的做法依然存在。这就很容易使一些地方领导干部为追求任内的政绩,而把赢得未来变成透支未来。

国家审计署的审计报告显示,截至 2011 年年末,全国地方政府性债务余额已达 10.7 万亿元,高于 2011 年全国财政收入,而且目前各地正处于用款高峰,债务余额还在继续增加。最近全国范围内开展的地方政府融资平台贷款清理规范工作情况也表明,在地方政府的贷款中,以土地为唯一还款来源的平台贷款有1.3万亿元,占比24.1%;以土地抵押或土地收益权质押的平台贷款有1.7万亿元,占比32%,两项合计占比达到56%。目前,全国土地市场价格出现下滑,土地购置面积下降,平台贷款风险随之增加,一些地方已出现借新还旧。

国内外经验表明,政府性债务处理不好,很容易酿成财政风险甚至经济风险,目前"欧猪五国"政府债务引发的欧盟国家债务危机再次表明了这一点。中央强调,要按分类管理、区别对待、逐步化解的原则,妥善处理好存量债务,严格控制新增债务。而一些地方,特别是经济欠发达地区,为了尽快赶上和超越发达地区、实现跨越式发展,不惜用严重透支未来的办法筹集当下"大干快上"的资金来源。这种竭泽而渔、杀鸡取卵的做法,既不利于这一届和下一届的届际可持续发展,也不利于这一代和下一代的代际可持续发展。我国古代官场有所谓"一将功成万骨枯"的说法;现在,我们的干部队伍则有所谓"一届光鲜后届苦""前任的政绩、后任的包袱"等抱怨。所以,我们要高度重视"可持续发展就是既满足当代人需求,又不对后代满足需求的能力构成危害的发展"这一重要定义,这对各级领导干部树立正确政绩观、落实好科学发展观具有长远指导意义。

我们中国共产党是一个在中国长期执政的马克思主义政党,而不像西方那样"你方唱罢我登场"的多党轮流执政。多党轮流执政的政治逻辑是什么?就是有权不用过期作废;就是为了捞取选票、取悦选民,不惜在上台前乱许愿、乱承诺,上台后乱开口子、乱开福利支票,使反对党即使上台后也干不下去。我们中国共产党的领导干部,必须把抓当前、出政绩同谋长远、打基础结合起来,把在届内为党和人民建功立业同夯实党长期执政的基础统一起来。须知,罗马不是一天建成的,全面小康社会和社会主义和谐社会也不可能在一天完成。我们要坚持求真务实、实干兴邦,坚持尽力而为、量力而行,坚持一以贯之、接力推进,一届接着一届干,一张蓝图干到底。

为此,可以考虑针对目前干部考核评价方法的科学性、程序的公开性和透明度还不高、考核评价监督机制还不健全、考核评价结果的运用还不规范、还没有落实到选人用人环节上等弊端,认真加以改进和完善。比如,在对干部考评指标的设计上,可适当强化对结构优化、民生改善、资源节约、环境保护、基本公共服务、社会管理、依法办事等目标任务完成情况的综合考核评价；在考核评价的程序上，可拓宽人民群众、基层干部、新闻媒体、公务员服务对象参与考评的渠道。对干部考核评价可做到“两个挂钩”：一是把科学发展要求与干部绩效考核挂钩；二是把科学发展与干部选拔任用挂钩。这有利于推动形成有利于科学发展的用人导向、制度导向、政策导向，相信是会逐渐被我们党的干部部门所采纳的。

在结束今天的宣讲之前，我还想说一个问题，就是在21世纪上半叶，我们党既担负着带领全国人民实现我国社会主义现代化建设两大奋斗目标的崇高历史任务，又面临着带领全国各族人民避免两个经济陷阱的严峻历史考验。

我们党要实现的两大奋斗目标就是，到我们党建党100年时，全面建成小康社会；到新中国成立100年时，全面建成富强民主文明和谐的社会主义现代化国家。这两大奋斗目标，是党的十五大报告首先提出来的。此后，党的十六大报告、十七大报告重申了这两大目标。

我们党要坚决避免的两个经济陷阱，一个是“日本陷阱”，一个是“中等收入陷阱”。

所谓“日本陷阱”，核心特征是泡沫经济加人口老龄化。众所周知，在严重泡沫经济、严重人口老龄化双重打击下，日本经济已经历了两个“失落的十年”。去年3月，日本又经历了地震、海啸、核泄漏的三位一体的危机重创，实际上已站在了第三个“失落的十年”门口。我国去年刚刚跨入人均GDP5500美元的世界中等偏上收入国家行列，由货币高流动性和未来几年新一轮银行不良资产上升可能引发的资产价格泡沫，一旦与人口老龄化的拐点相互重叠，在可能面临的这样双重打击下，我国的人均收入将会停滞不前，这很可能导致我国将在掉入“日本陷阱”的同时，掉入第二个陷阱，即“中等收入陷阱”。

世界银行在2006年提出的“中等收入陷阱”概念，其基本含义是：一个经济体在从中等收入向高收入迈进过程中，很容易重复也很难以摆脱以往由低收入转入中等收入的发展路径，很容易出现经济增长停滞和徘徊，人均国民收入很难突破1万美元门槛。据世界银行最近发布的《2030年的中国：建设现代、和谐、有创造力的高收入社会》报告指出，在过去50年间，只有13个国家和地区成功地从中等收入经济体晋级为高收入经济体，而大多数在 20 世纪 60 年代就成为中等收入经济体的国家或地区，到今天依然停滞不前，被称为掉入了“中等收入陷阱”。由于拉美国家在这方面表现更加突出，因此，“中等收入陷阱”通常也被称作“拉美陷阱”。

“中等收入陷阱”的典型症状是：当由低成本、适龄人口构成的人口红利，以及当本国科技水平显著低于国际平均水平的“追赶效应”耗尽之后，导致失去通常由人力资本或全要素生产率驱动的持续增长引擎。过去 30 多年，我国经济获得年均近 10%的持续高速增长，但我们如果不能全面深入贯彻落实科学发展观，不能正确应对新世纪新阶段的阶段性特征，不能适时解决由低收入转向中等收入的发展路径，一旦出现经济增长的停滞和徘徊，也是有可能掉入“日本陷阱”和“中等收入陷阱”的。对此，我们必须有强烈的前瞻意识、忧患意识，决不能掉以轻心，更不能麻木不仁。

抗日战争胜利前夕，毛泽东同志曾专门论述过中国的两个前途、两种命运问题。在本世纪上半叶，我们党带领全国人民要实现的两大奋斗目标、要避免的两大经济陷阱，可不可以说是中国在 21 世纪上半叶的两个前途、两种命运呢？

当前我国正处于由中等收入国家向中高收入国家迈进的阶段，同样面临进入中等收入阶段后的各种挑战。我们要总结借鉴国际上正反两方面经验，走出一条中国特色经济转型发展之路，顺利实现本世纪上半叶我国社会主义现代化建设的两大奋斗目标，成功避免两大经济陷阱。

这就是我们在迎接党的十八大召开，并且在十八大召开以后深入贯彻党的十八大精神过程中，要坚持不动摇、不懈怠、不折腾，继续深入贯彻落实好科学发展观的时代背景、时代要求、时代课题。

# 我们党对社会主义市场经济新体制形成的八大规律性认识*

（2012 年 6 月 11 日）

**问**：施主任，我们遵照报社领导要求，准备撰写纪念邓小平同志提出中国也可以搞市场经济的重要思想 20 周年的重点评论文章，想请您谈谈经过这 20 年的初步实践，我们党和国家对发展社会主义市场经济形成了哪些规律性认识。

**答**：邓小平同志南方谈话和党的十四大先后提出的建立社会主义市场经济新体制的重要思想，至今已整整 20 年了。这个重要思想强调要把建立社会主义市场经济新体制作为我国的改革目标，这在人类社会发展史、马克思主义发展史上，都是前所未有的创举。20 年来，我们党既大胆借鉴世界各国包括资本主义发达国家的、一切反映现代社会化生产规律的先进经营方式、管理方法，同时又从中国实际出发，使社会主义市场经济新体制不仅在我国初步建立起来，而且在实践中逐步走向完善。

你们提到我们党和国家对发展社会主义市场经济形成了哪些规律性认识，这是一个好问题。规律总是在一个较长时期内，经过反复实践，慢慢被发现、被揭示出来的。我们国家提出和发展社会主义市场经济才短短 20 年时间，对社会主义市场经济的认识，可以说还处在一个由必然王国向自由王国的转变过程中。但也正因为有了这 20 年的创新实践，我们党和国家对发展社会主义市场经济，积累了不少在实践中形成的深刻感悟。我在对这些感悟精心梳理的基础上，归纳了以下 8 个方面的带有规律性的认识。在这里，我尝试着把这些规律性认识，用数字化表达方式概括为以下“八个两”。

---

* 本文系作者接受《人民日报》评论部同志采访的访谈稿。

1. 两个等式和两个不等式

在过去一个较长时期内，我们对市场经济和计划经济的认识，大体上是这样的，即认为："市场经济＝资本主义"，"计划经济＝社会主义"。而中国改革开放总设计师邓小平同志在不断质疑了这两个等式的基础上，提出了与之针锋相对的两个著名的不等式，这就是："市场经济≠资本主义"，"计划经济≠社会主义"。邓小平同志的原话是这样说的："计划多一点还是市场多一点，不是社会主义与资本主义的本质区别。计划经济不等于社会主义，资本主义也有计划；市场经济不等于资本主义，社会主义也有市场。计划和市场都是经济手段。"这样勇敢的质疑、如此直白的纠错，可谓振聋发聩！试问，在此之前，有哪一本中西方经济学教科书说过这样的话呢？可以说，邓小平同志用言简意赅的语言，捅破了经济学界乃至整个思想界，在计划与市场问题上的最后的一层窗户纸，给人一种理论上的穿透力和畅快感。这个重要思想极大地解放了人们的思想。从此，社会主义市场经济大潮犹如开闸的一江春水，在广袤的中国大地上奔涌向前。如果没有这个重要思想作指导，我们就不可能创造举世瞩目的中国奇迹。这就是思想的力量、理论的力量。用毛泽东同志的话来说，这就是物质变精神、精神变物质。

2. 两个重要的着眼点

中国正在建设和不断完善的社会主义市场经济新体制，有两个最重要的着眼点和着力点：一个是解放生产力，另一个是发展生产力。

同样是在南方谈话中，邓小平同志精辟地揭示了"社会主义的本质，是解放生产力，发展生产力，消灭剥削，消除两极分化，最终达到共同富裕"。在这里，邓小平创造性地把解放生产力引入到社会主义本质的范畴中。这在马克思主义政治经济学理论中，是前所未有的。

在南方谈话中，邓小平同志还提出："革命是解放生产力，改革也是解放生产力。推翻帝国主义、封建主义、官僚资本主义的反动统治，使中国人民的生产力获得解放，这是革命，所以革命是解放生产力。社会主义基本制度确立以后，还要从根本上改变束缚生产力发展的经济体制，建立起充满生机和活力的社会主义经济体制，促进生产力的发展，这是改革，所以改革也是解放生产力。过去，只讲在社会主义条件下发展生产力，没有讲还要通过改革解放生产力，不完全。应该把解放生产力和发展生产力两个讲全了。"

在过去一个较长时期内，我们一般是讲在建立了社会主义基本制度以后的任务是加快发展社会生产力，对社会主义基本制度建立以后还有个解放生产力的问题，没有给予足够重视；只讲社会主义优越性能够促进生产力发展，不讲社会主义还存在的某些体制机制上的弊端，束缚和阻碍着生产力的发展。这表明，我们过去对社会主义的认识是不完整、不全面的。

需要指出的是，中国共产党领导的改革作为一场新的伟大革命，归根到底，也是从冲破禁锢、束缚社会生产力发展的体制机制弊端出发的，也就是说，要通过经济体制及其他各方面体制的变革，通过建设社会主义市场经济，最大限度地发挥社会主义优越性，解放生产力，同时也解放生产力中最活跃的因素即人的创造活力。正是由于这“两个解放”，使中国社会和中国人民的创造力空前活跃起来了。中国经济社会 24 年来的持续快速发展，都同这“两个解放”密不可分，同中国社会和中国人的创造力空前活跃密不可分。

3. 充分利用国内国际两个市场、两种资源

我们党在发展社会主义市场经济方面，特别是在对资源的开发利用方面，一贯强调要充分利用国内国际两个市场、两种资源。无论是 20 世纪 80 年代我国沿海地区积极发展“两头在外”的外向型经济，还是今天大量中国企业的“走出去”，在“拓展内需”的同时“巩固外需”；无论是对外加入世界贸易组织、积极参与全球竞争，还是对内发展横向经济联系，打破市场壁垒，建立统一、开放、竞争、有序的社会主义市场经济，其基本着眼点都是立足国内国际两个大局，用好国内国际两个市场，配置好国内国际两种资源。

这就改变了过去搞计划经济时，关起门来搞财政收支、银行信贷、物资供需和外汇收支的“四大平衡”，改变了过去只是着眼于国内市场哪些东西多了、产能过剩了，就简单地关停并转了事；而是放眼国内国际两个市场，注重内外平衡、协调平衡。即便国内产能过剩，也不是简单地关停并转了事，而是把向国外转移一部分过剩产能作为出路之一。

4. 始终坚持“两个毫不动摇”

发展社会主义市场经济，同坚持社会主义初级阶段基本经济制度是相辅相成、相互促进的。党的十六大报告提出，要“根据解放和发展生产力的要求，坚持和完善公有制为主体、多种所有制经济共同发展的基本经济制度”。为此，必须坚持“两个毫不动摇”：“第一，必须毫不动摇地巩固和发展公有制经济。”“第二，必须毫不动摇地鼓励、支持和引导非公有制经济发

展。"党的十七大、十八大报告都一再重申了这个重要思想和重大方针。对于充分发挥社会主义制度的优越性，充分调动多种所有制成分的积极性、创造性，不断增强我国经济实力、国防实力和民族凝聚力，具有关键性作用。对这"两个毫不动摇"的重大方针，有些人持有异议。他们或者认为，改革开放以来私有化搞得还不够彻底，希望把国企全部变成私企；或者认为，我国非公有制经济发展过头了，主张重走国有企业一统天下的老路。这两种观点和主张，都不符合我国社会主义初级阶段生产力多层次、生产关系多形式的实际，都是不利于解放生产力、发展生产力、激发全社会创新创造创业活力的。我们必须把握发展社会主义市场经济的内在规律，把公有制经济和非公经济的积极性和活力都广泛调动起来、充分释放出来，真正做到："放手让一切劳动、知识、技术、管理和资本的活力竞相迸发，让一切创造社会财富的源泉充分涌流，以造福于人民。"

5. 充分调动中央地方两个积极性

早在 1956 年，毛泽东同志在《论十大关系》中，就提出要正确处理中央和地方的关系。他指出："我们的国家这样大，人口这样多，情况这样复杂，有中央和地方两个积极性，比只有一个积极性好得多。我们不能像苏联那样，把什么都集中到中央，把地方卡得死死的，一点机动权也没有。""应当在巩固中央统一领导的前提下，扩大一点地方的权力，给地方更多的独立性，让地方办更多的事情。这对我们建设强大的社会主义国家比较有利。"

今天，我国在改革开放条件下发展社会主义市场经济，同样也要"合理划分中央与地方经济管理权限，发挥中央和地方两个积极性"。对宏观经济的调控权，包括货币的发行、基准利率的确定、汇率的调节和重要税种税率的调整等，都必须集中在中央，这是保证经济总量平衡、经济结构优化和全国市场统一的需要。同时，又必须赋予省、自治区和直辖市必要的权力，使其能够按照国家法律、法规和宏观政策制定地区性的法规、政策和规划；通过地方税收和预算，调节本地区的经济活动；充分运用地方资源，促进本地区的经济和社会发展。这些都是在党的十四届三中全会，也就是十四大把建立社会主义市场经济新体制作为我国改革目标之后，不到两年时间提出来的。实践证明，这样做有效促进了生产力的解放和发展。可以说，社会主义市场经济的进一步完善，同中央和地方合理划分经济管理权限是息息相关的。

6. 要坚持市场配置资源这只“看不见的手”与政府宏观调控这只“看得见的手”两手抓、两手都要硬

社会主义市场经济同资本主义市场经济的一个重要区别是，前者既强调要发挥市场在资源配置中的基础性作用，又高度重视建立健全宏观调控体系，把市场调节这只无形的手同政府宏观调控这只有形的手结合起来，做到两手抓、两手都要硬。无论是 1997 年亚洲金融危机，还是 2008 年国际金融危机，以及当前的欧债危机，都充分显示出坚持两手抓、两手都要硬的社会主义市场经济，优于自由放任的市场经济。

但是，我们不能由此而片面夸大政府作用，把政府的职能同市场的功能混淆起来，甚至把改革开放以来已经放给市场、放给地方的权限又收回到中央政府来。有一种说法：国际金融危机之后，市场配置资源这只看不见的手，“越来越看不见了”；政府直接配置资源这只闲不住的手，“越来越闲不住了”。有些学者主张，在深化经济体制改革中，政府要进一步向市场放权、向社会放权、向地方放权；要把那些中央政府管得太多而又管不了、管不好的事，充分放给市场、放给社会、放给地方去做，中央政府致力于搞好经济总量的基本平衡，促进经济结构不断优化。总之，搞社会主义市场经济，一定要把政府与市场的关系处理好。政府应当做到宏观调控必须到位，既不越位，也不缺位。这是一篇需要继续深入探索的大文章，需要依靠中央和地方共同来做。

7. 构筑社会保障和社会信用两个支撑体系

党的十四届三中全会《决定》和十六届三中全会《决定》，对这两个保障社会主义市场经济健康运行的支撑体系问题，都作了重要论述和战略部署。前者强调，要建立合理的社会保障制度，这对于深化企业和事业单位改革、保持社会稳定、顺利建立社会主义市场经济体制具有重大意义；后者强调要建立健全信用体系，形成以道德为支撑、产权为基础、法律为保障的社会信用制度，这是建设社会主义市场经济体系的基本条件，也是规范社会主义市场经济秩序的治本之策。这充分体现了党和国家对建立这两大体系的重要性、紧迫性的深刻认识，而建设社会主义市场经济 20 年的实践也充分表明，社会保障和社会信用这两个体系，都是保证社会主义市场经济持续健康发展不可或缺的支撑体系。

完善的社会保障体系是社会主义市场经济体制的重要支柱，是国民安

全感和幸福感的重要源泉，关系我国改革、发展、稳定全局。党和国家在这方面已经做了大量工作，20 年来国家公共财政也作了大量投资，有中国特色的社会保障体制的雏形正在逐步展现。但社会保障水平要与我国社会生产力发展水平以及各方面承受能力相适应，各级政府既要尽力而为，也要量力而行，特别是一届政府不可能把所有的好事都办完。我们要赢得未来，但不能透支未来，这是我们在构建中国特色社会保障体系方面必须始终把握的一个重大原则问题。

建立健全社会信用体系也非常重要。从中央到地方在这方面已经作了大量探索，包括加快建设企业和个人信用服务体系，建立信用监督和失信惩戒制度，逐步开放信用服务市场等，今后还会继续加大这方面的工作力度。

8. 注意纠正“左”的和右的两种错误倾向

在整个改革开放进程中，包括在建立健全社会主义市场经济体制这 20 年的实践中，“左”的和右的这两种错误倾向都在不断地干扰我们。这些年来，党中央在应对“左”的和右的两种错误倾向方面，先后提出了一系列极为重要的指导方针。比如，党的十七大报告提出：要“坚持解放思想、实事求是、与时俱进，勇于变革、勇于创新，永不僵化、永不停滞，不为任何风险所惧，不被任何干扰所惑”。胡锦涛同志在纪念党的十一届三中全会召开 30 周年大会上的讲话中提出：“不动摇、不懈怠、不折腾，坚定不移地推进改革开放，坚定不移地走中国特色社会主义道路”，“决不走封闭僵化的老路，也决不走改旗易帜的邪路”，等等。所有这些，都是针对那些“左”的、右的错误思潮，以及意识形态领域出现的一些杂音、噪音提出来的，有很强的现实针对性和长远指导性。

过去，我们学习中共党史，经常在教科书中看到这样一句话：党中央的正确路线总是受到“左”、右倾机会主义路线的干扰。但是，我们这一代人对这种干扰的严重程度、痛切程度，很少感同身受。而改革开放以来，党中央的正确路线是怎样一次又一次受到“左”的、右的错误思潮干扰的，我们大家都是亲历亲见的。所以，要使社会主义市场经济健康发展，就一定要正确地开展反倾向斗争。一个优秀的乒乓球运动员在乒乓球桌上击球时，总是既善于左推又善于右挡的。面对社会上的错误思潮和意识形态领域的种种杂音噪音的“左”右夹攻，我们也要善于“左”推右挡，决不能对任何一种错误倾向掉以轻心。

以上这8个方面，都是我个人对20年来我们党和国家在建立和完善社会主义市场经济过程中积累的有益经验的一种初步概括。我认为，我们党在这8个方面的认识都是带有规律性的认识。抓住这些关键之点，我们就能在实践中做一个清醒的社会主义市场经济的实践者；而对于你们搞新闻传播的同志来说，抓住这些关键点，则有利于在阐释关于发展社会主义市场经济的重要理论文章中，占领思想制高点、寻找论述切入点、找到上下结合点、构造思想闪光点，增强理论文章的感染力、影响力、说服力。

# 在改革开放中快速推进的上海市郊城镇化*

（2012年10月）

《中国绿色城镇化之路·上海实践》系列丛书出版问世了。我对此书出版面世感到由衷喜悦，并对改革开放推动下快速推进的具有中国特色、上海特征、城郊型特点的城镇化进程，表示诚挚祝贺！

城镇化是实现我们国家现代化的题中应有之义。当今世界，凡是已实现了现代化的国家，大都是城镇化率很高、农业现代化也同步达到相当水平的工业化国家。因此，推进一个国家现代化的过程，必然也是同步推进工业化、城镇化的过程。我们国家同样如此。截至2011年年底，全国城镇化率已超过50%，上海城镇化率已接近90%，不仅高于全国城镇化率的平均值，而且也高于城镇化率接近80%的世界发达国家水平。这是一个很了不起的历史性成就。

上海在推进城镇化方面取得的骄人业绩主要表现在：农业比重大幅下降；农业人口大量转移；农业基础地位不断加强，农业综合生产能力不断提高；新农村建设取得显著成效，农村基础设施明显改观；农民纯收入不断增加，城乡收入差距不断缩小。上海已初步建立起城镇化网络体系和基本框架，基本形成了有利于城镇发展的重大基础设施体系，基本形成了与城镇发展相适应的产业格局，基本形成了与城镇化体系相配套的公共设施和社会服务体系，城乡关系、城乡面貌发生历史性变化，城市综合实力显著增强。

上海在改革开放推动下实现的快速城镇化，其发展轨迹大体是这样的：20世纪80年代，上海郊区乡镇企业的蓬勃兴起加速了城镇化发展进程。早在1986年，上海就在全国率先提出城乡一体发展目标，并重点开展了洪

---

* 本文系作者为《中国绿色城镇化之路·上海实践》系列丛书所写的序。

庙、小昆山等36个试点小城镇建设。到1990年，城镇化率就从1978年的58.7%提高到67.4%。1992年以后，在浦东开发开放的辐射带动下，上海郊区全面推进工业向园区集中、农业向规模经营集中、农民向城镇集中的“三个集中”，还确定了中心城区—新城—新市镇—集镇—中心村的五级层次、梯度结构的城镇化规划体系，并加大力度推进了包括松江新城、安亭镇、罗店镇、朱家角镇等在内的“一城九镇”建设。到2005年，“一城九镇”建设就已初具规模，成为上海城镇化的重要标志，城镇化率从1990年的67.4%提高到2005年的84.5%。2006年以来，遵照中央关于建设社会主义新农村的决定和工业化、城镇化与农业现代化“三化”同步协调推进的要求，上海又在举办世博会的带动下，依托高速公路、轨道交通等现代交通网络，实施了7个新城建设规划和12个试点镇建设，推动上海城镇化进入以工促农、以城带乡、城乡互动、共促共进的新阶段。

上海在加快城镇化进程中，坚持解放思想、实事求是、与时俱进、求真务实，坚持一切从本地实际出发、不搞“一刀切”，从而使上海的城镇化发展呈现出中国特色、上海特征和城郊型特点。这个特点集中表现为“三进”，就是城市拓展与城镇发展双向演进，经济社会发展与政府规划引导共同推进，郊区自身发展与中心城区辐射带动互促共进；同时还表现为“四动”路径，就是城镇化发展依靠城市大发展大建设推动，依托全市产业调整带动，依托大型居住区建设拉动，依托各试点区建设与城镇化联动。

上海的城镇化实践，为我们国家整体的城镇化建设，提供了四个方面的宝贵启迪。

一是同步推进工业化是加快实现城镇化的强大动力。工业化是城镇化的经济内涵，城镇化则是工业化的空间载体；城镇化需要工业化带动，也会给工业化提供支撑。党的十一届三中全会以后，上海郊区的经济功能逐步从以农业生产为主转向以工业生产为主。1984年，上海在全国率先提出“城乡通开”的思路，鼓励城市工业向郊区扩散产品，发展工农联营企业。1986年，上海又明确提出，从城乡一体化出发，规划和发展城乡工业；上海郊区也同步提出，把郊区建成既是新型城镇又是进步乡村的城乡结合的新区域。

二是产业和人口集聚是加快实现城镇化的必备条件。与一些地方在推进城镇化过程中，只注重规模扩张而忽视产业集聚、城镇产业服务功能和人口吸纳能力明显不足的情况不同，上海在城镇化过程中通过“三个集中”，把城市建设重心转向郊区，在郊区加快形成以产业化农业和现代化工业为主体的功能区域。到20世纪末，上海郊区工业总产值已占到全市60%以上、经济总量已占全市1/3。经过21世纪以来十多年的持续努力，目前上海的新城建设和大型居住区建设已进入全面推进阶段。

三是基础设施、公共服务一体化是加快实现城镇化的重要基础。城镇化是长期的历史任务、复杂的系统工程，如果城乡差距和城市内部二元结构问题处理不好，就会迟滞工业化进程。上海在加快推进城镇化过程中，高度重视从基础设施和公共服务的城乡一体化抓起。20世纪90年代，上海基础设施建设就已呈现向郊区倾斜的趋势。到90年代末，郊区集镇建成区面积就已达到370平方公里，初步形成郊区与市区、郊区内部交通网络的一体化空间格局。进入21世纪，特别是2010年上海世博会胜利闭幕后，上海城市建设重心进一步转移到郊区。2010年上海城镇人口为2055.51万人，占全市总人口89.3%，呈现人口城市化和郊区化并进的发展态势。

四是维护好失地农民利益是加快实现城镇化的关键所在。世界各国推进城市化的正反两方面经验表明，城市化一方面有助于改变农村经济社会面貌，另一方面也使大量农民失去土地和家园，如果处置不当，大量进城农民就会沦为城市贫民，贫民窟现象就会拖累城市化和现代化进程。上海在城镇化过程中十分重视失地农民的就业、安置和社会保障。他们通过建立城乡一体化的就业制度、政府购买服务岗位、农民就业技能培训等措施，解决了失地农民就业问题。他们还通过农村集体经济产权制度改革，通过资产量化，使农民变股东，失地农民可以带股带资进城，这不仅解决了失地农民的后顾之忧，而且使农民在城镇化过程中成为有“薪金、股金、租金、保障金”的“四金农民”，从而确保了城镇化顺利推进。

“十二五”时期，我国将继续积极稳妥推进城镇化，稳步推进农业转移人口转为城镇居民，增强城镇综合承载能力，并通过优化城市化布局和形态，加强城镇化管理，不断提升城镇化质量和水平。从全局角度看，我国下一轮城镇化发展，特别是在农业人口继续转移过程中，需要慎重把握好以下六个方面的问题。

一是要确保粮食安全。粮食安全关乎国家安全。稳定地解决全国十几亿人口的吃饭问题，始终是治国安邦的头等大事，也是推进城镇化的基本物质保障。在城镇化进程中,要进一步落实中央各项强农惠农富农政策,继续加强农业基础,调动农民种粮积极性,调动广大科技人员科技兴农积极性,调动各级政府重粮抓粮积极性,切实保障粮食安全,夯实"三农"这个城镇化、现代化建设的根基。

二是要确保土地安全。土地是我国经济和社会发展的第一生产要素,也是农民赖以生存的命根子。在推进城镇化过程中,要进一步消除土地安全的隐患。要以确保土地资源安全为目标,以我国现有的土地资源为前提,统筹兼顾、综合施策,严守土地红线,严格保护耕地,真正实现工业化、城镇化、农业现代化同步发展、协调发展、可持续发展。

三是要确保资源安全。城镇化进程的快速推进,农村富余劳动力的规模化转移,都需要综合考虑资源承载能力问题。在未来二三十年里,如果我国城镇化率的提高速度保持目前水平,今后平均每年还将有1000多万人口转移到城镇。因此,要以资源承载能力为底线,统筹规划非农人口转移力度、速度和方位。要积极挖掘现有中小城市潜力,优先发展区位优势明显、资源环境承载能力较强的重点城市。有重点地发展小城镇,把有条件的东部地区中心镇、中西部地区县城和重要边境口岸逐步发展成为中小城市。坚持就近就地安置和转移农村富余劳动力,做到以人为本、节地节能、生态环保、安全实用。

四是要确保农民权益。亿万农民是我国工业化、城镇化的主体,而不能变成"被城镇化"的客体、自身利益被任意侵害的弱势群体。这就必须把维护农民权益放在加快推进城镇化的突出位置。城镇化和土地非农化过程中产生的增值收益,应当作为农民土地财产权的一项重要权益维护好、落实好、实现好。要逐步建立和完善农民进城的"托底"机制和进退自主的选择机制,通过提供服务、创造条件,让已经进城的农民能安顿、安心、安居,使他们居有定所、老有保障,即使返乡也能有房住、有地种。要通过改革户籍制度,有序推进农业转移人口市民化,并从制度层面解决好农民进了城却落不了户、就了业却安不了家的窘况,努力实现城镇基本公共服务常住人口全覆盖,破解城乡二元结构和城市内部新的二元结构等难题。

五是要确保农村安定。我国作为一个人口大国和农业大国,即使在实现现代化以后也会有大量人口居住在农村。因此,必须以全局眼光研究思考在快速城镇化过程中,如何避免农民被边缘化、农村被空心化的问题;研究思考现在和将来农村谁来种田、如何种好田，以及新农村如何建设，有文化、懂技术、会经营的新型农民如何培养等问题。这些问题都关系到我国农村长期繁荣稳定和社会安定，必须在加快推进城镇化过程中进行战略谋划和战术安排，形成城镇化和新农村建设互促共进机制。

六是要确保社会稳定。城镇化是一项社会系统工程。正如胡锦涛同志2010年12月27日在中国2010年上海世界博览会总结表彰大会上的讲话中所指出的那样："要认真吸收和运用上海世博会所展示的世界城市建设和管理的先进理念，坚持走中国特色城镇化道路，遵循城市发展规律，深入探索城市居住、生活、工作新模式，提高城市文明程度和管理水平，着力统筹城乡一体化发展。"在城镇化进程中，要以维护社会和谐稳定为目标，通过各种途径，使亿万农民工尽快融入城镇。特大城市要合理控制人口规模；大中城市要加强和改进人口管理，继续发挥吸纳外来人口的重要作用；中小城市和小城镇要根据实际放宽落户条件。继续鼓励各地探索相关政策和办法，合理确定农业转移人口市民化规模。同时，通过多渠道、多形式改善农民工居住条件，采取多种方式将符合条件的农民工纳入城镇住房保障体系。

改革开放30多年来，我国城镇化、工业化持续快速推进，预计到2050年，全国城镇化率将达到70%以上。城镇化的快速推进，必将给我国社会结构和人们的居住方式、职业结构、消费行为、价值观念等带来深刻变化，并对中国的未来产生深远影响。从国际经验看，发达国家也并没有走单一的城市化道路，它们走的是城市与城镇共同发展之路。我们要坚定不移走大中小城市和小城镇协调发展的中国特色城镇化道路。这条道路符合中国国情，也符合上海市情和上海郊区区情，能更好地解决城乡居民生活、就业、居住、社保等问题。这套丛书就是探索具有上海特色的城镇化之路理论和实践的结晶，它既具有依托大城市实现城镇化的地方特色，又是中国特色城镇化道路的一个生动缩影。

中国特色城镇化作为党的十八大报告提出的"四化"同步发展战略的重要组成部分，是一个值得继续共同探讨的命题。希望本丛书的出版问世能引起读者的深入思考和研究，以进一步建立和完善中国特色城镇化的理论学科和政策宝库，共同推动我国城镇化健康、可持续发展。

# 四、党的十八大以来

# 党的十八大报告是一个充满改革精神时代精神的报告*

（2012年11月28日）

党的十八大是在我国进入全面建成小康社会决定性阶段召开的一次十分重要的大会，是一次高举旗帜、继往开来、团结奋进的大会。这里所说的继往开来，就是指我们党的中央领导集体成功实现了自改革开放历史新时期以来的又一次新老交替，选举产生了以习近平同志为总书记的新一届中央领导集体。从党的十八届中央政治局常委会全体同志，在习近平总书记率领下，与中外记者见面、首次集体亮相时，习近平总书记所作的带有施政纲领性质的即席讲话中，全党全国各族人民对这一届中央领导集体非常看好、给予厚望。

这次大会，可以说是开出了自信心、开出了凝聚力、开出了新气象、开出了新愿景。我想围绕党的十八大报告是一个充满改革精神、时代精神的报告这一主题，谈三点学习体会。

## 一、党的十八大报告是一个体现我们党充满历史感、自豪感、忧患感、责任感的报告

党的第十八次全国代表大会在对十七届中央委员会报告的决议中，对十八大报告是这样评价的：这个报告是我们党团结带领全国各族人民夺取中国特色社会主义新胜利的政治宣言和行动纲领，是马克思主义的纲领性文献。

据我看到的有关简报和新闻报道，全国广大党员、党的领导干部，对这

* 本文系作者在中央政策研究室机关谈学习党的十八大精神的体会。

个报告作了各有特点的评价和概括。比如,有的认为,这是一个集中全党智慧、凝聚各方共识、反映人民心声、动员全党全国各族人民共同创造中华民族更加幸福美好未来的报告。有的认为,这是一个体现高举旗帜、继往开来、团结奋进要求,突出解放思想、改革开放、凝聚力量、攻坚克难这个主题的报告;是一个充满时代精神、改革精神、创新精神的报告。有的认为,这是一个反映我们党对中国特色社会主义规律的认识达到新的高度,体现我们党对世情国情党情的准确把握、对发展大势和发展规律的准确把握、对新机遇新挑战新期待的准确把握的报告。有的认为,这是一个体现解放思想与实事求是统一、理论创新与实践创新统一、总结过去与规划未来统一、立足国情与面向世界统一、坚定自信与冷静清醒统一,具有党总揽全局的政治智慧、攻坚克难的责任担当和实事求是的思想作风的报告。有的认为,这是一个及时回应社会方方面面关切、社会各群体和各阶层的人们都可以从中找到自身位置和发展前景的、具有很强吸引力、感染力、亲和力的报告。

党的十八大报告是由十七届中央政治局常委会委托习近平同志主持起草的。2007 年,习近平同志到中央工作以后,先是在 2009 年受中央政治局常委会委托,主持起草了党的十七届四中全会关于加强党的建设若干问题的决定;2012 年 1 月至 10 月,又主持起草了党的十八大报告。这两个党的重要文献,体现了习近平同志的许多重要思想和独特风格。

我个人在反复学习和研读中,感到党的十八大报告是一个体现我们党充满历史感、自豪感、忧患感、责任感的报告。

第一,党的十八大报告是一个通篇洋溢着深沉厚重的历史感的报告。报告开篇即从我们党的“历史伟业”讲起。报告这样说:“经过九十多年艰苦奋斗,我们党团结带领全国各族人民,把贫穷落后的旧中国变成日益走向繁荣富强的新中国,中华民族伟大复兴展现出光明前景。”接着,在报告第一部分,由“历史伟业”讲到我们党自十六大以来这 10 年的“历史性成就”。在第二部分又更大跨度“回首近代以来中国波澜壮阔的历史”,把中国特色社会主义道路、中国特色社会主义理论体系、中国特色社会主义制度这一党和人民 90 多年奋斗、创造、积累的根本成就,放到党和人民 90 多年奋斗历程中来认识,放到马克思主义中国化的历史进程中来认识,充分肯定了毛泽东、邓小平、江泽民、胡锦涛等几代中央领导集体和领导核心的杰出历史贡献;并从“新的历史起点”讲到“新的历史特点”,深思熟虑、语重心长地点明了

“发展中国特色社会主义是一项长期的艰巨的历史任务，必须准备进行具有许多新的历史特点的伟大斗争”；以及“在新的历史条件下夺取中国特色社会主义新胜利必须牢牢把握的基本要求”8条。在报告的党建部分则讲到要“学习党的历史，深刻认识党的两个历史问题决议总结的经验教训”。

报告的结束语部分，又回到大跨度的历史回溯中来，指出：“我们党紧紧依靠人民，付出了最大牺牲，书写了感天动地的壮丽史诗，不可逆转地结束了近代以后中国内忧外患、积贫积弱的悲惨命运，不可逆转地开启了中华民族不断发展壮大、走向伟大复兴的历史进军，使具有五千多年文明历史的中华民族以崭新的姿态屹立于世界民族之林。”报告还讲到，在新的历史征程上，面对新的历史条件和考验，全党应当以更加坚定的信念、更加顽强的努力，继续实现推进现代化建设、完成祖国统一、维护世界和平与促进共同发展这三大历史任务。

马克思曾经说过：“人们自己创造自己的历史，但是他们并不是随心所欲地创造，并不是在他们自己选定的条件下创造，而是在直接碰到的既定的从过去承继下来的条件下创造。”中国共产党人是辩证唯物主义和历史唯物主义的统一论者，我们党一贯尊重历史而不是割断历史，一贯主张让历史告诉现在、让历史启迪未来。今天，我们在新的历史征程上沿着中国特色社会主义道路继续前进，非常需要从历史的经验中汲取智慧和启迪，从而更好地完成我们党的历史使命和历史任务。

第二，党的十八大报告是一个对党和人民既能成就辉煌的过去，又能赢得光明的未来充满无比自信和自豪感的报告。比如，报告导语部分就说：“我们对党和人民创造的历史伟业倍加自豪”。在报告第一部分，对十六大以来10年的工作回顾中又强调：这10年的历史性成就“增强了中国人民和中华民族的自豪感和凝聚力”。在报告第二部分大跨度回顾90多年来党的历史后，充满自豪感地宣称：我们党把马克思主义基本原理同中国实际和时代特征结合起来，独立自主走自己的路，历经千辛万苦，付出各种代价，取得革命建设改革的伟大胜利，开创和发展了中国特色社会主义，从根本上改变了中国人民和中华民族的前途命运；在改革开放30多年一以贯之的接力探索中，我们坚定不移高举中国特色社会主义伟大旗帜，既不走封闭僵化的老路，也不走改旗易帜的邪路。中国特色社会主义道路，中国特色社会主义理论体系,中国特色社会主义制度,就是党90多年奋斗、创造、积累的根本成就,对此必须倍加珍惜、始终坚持、不断发展。报告还向党内外、国内外郑重宣告,只要我们胸怀理想、坚定信念,不动摇、不懈怠、不折腾,顽强奋斗、艰苦奋斗、不懈奋斗,就一定能在中国共产党成立100年时全面建成小康社会,就一定能在新中国成立100年时建成富强民主文明和谐的社会主义现代化国家。全党要坚定这样的道路自信、理论自信、制度自信。

十八大报告所体现的不仅仅是对我们党成就辉煌的过去充满自豪,而且对于赢得主动、赢得优势、赢得未来,同样充满自信、充满自豪。报告第二部分强调:"中华民族充满希望的未来";在第三部分强调:"综观国际国内大势,我国发展仍处于可以大有作为的重要战略机遇期。我们要准确把握重要战略机遇期内涵和条件的变化,全面把握机遇,沉着应对挑战,赢得主动,赢得优势,赢得未来。"在结束语部分又强调:"中国特色社会主义事业是面向未来的事业",全党要"共同创造中国人民和中华民族更加幸福美好的未来"。这种对历史、对现实、对未来发自内心的自信心、自豪感,充分表明了中国共产党人对自己从事的伟大事业充满定力、无比坚定。党的十八大报告无论是强调道路自信、理论自信、制度自信这"三个自信"也好,无论是强调不动摇、不懈怠、不折腾这"三个不"也好,无论是强调"两个不可逆转"和一系列的"毫不动摇""坚定不移"也好,都表明了我们党的信仰坚定、信念坚定、信心坚定。

当然,正如习近平总书记在十八届中共中央政治局常委同中外记者见面时所说的那样:"我们的党是全心全意为人民服务的政党。党领导人民已经取得举世瞩目的成就,我们完全有理由因此而自豪,但我们自豪而不自满,决不会躺在过去的功劳簿上。"十八大报告要求全党必须增强忧患意识,谦虚谨慎,戒骄戒躁,始终保持清醒头脑,始终保持奋发有为的精神状态。奋发有为也是十八大报告中多处提及、反复出现的一个关键词。比如,在导语部分强调,要"更加奋发有为、兢兢业业地工作"。在党的建设部分强调,"坚持和发展中国特色社会主义,关键在于建设一支政治坚定、能力过硬、作风优良、奋发有为的执政骨干队伍"。同奋发有为相关的,十八大报告还多次强调奋发进取、埋头苦干、顽强拼搏、顽强奋斗、艰苦奋斗、不懈奋斗、勇于开拓、勇于担当、勇于实践、勇于变革、勇于创新等。所有这些,都体现了我们党在全面建成小康社会决定性阶段、在近代以来历史上中华民族最接近实现民族伟大复兴目标的此时此刻的精气神，显示了一种最强的底气和担当！

第三，党的十八大报告是一个对党面临的风险和挑战，对党自身存在的问题和不足，充满忧患感、紧迫感的报告。这种忧患感、紧迫感，在十八大报告对世情、国情、党情的冷静分析中，可以清晰地触摸得到、感受得到。

比如，在对世情的分析中，党的十八大报告既强调，当今世界正在发生深刻复杂变化，和平与发展仍然是时代主题，又清醒冷静地指出，当今世界仍然很不安宁。在这样的国际环境下，一方面，我国综合国力和国际地位显著提高，抵御外部风险和塑造外部环境能力明显增强；另一方面，我国同发达国家的结构性矛盾开始显现，同新兴市场国家的竞争面有所上升，同一些周边国家和发展中国家的利益摩擦增多，我国周边环境中的战略压力和地缘风险有所突出。美国等西方国家继续加紧对我国进行战略牵制和遏制，加紧在我国周围进行战略布局。这就要求我们必须增强统筹国际国内两个大局能力，维护我国发展的重要战略机遇期，积极应对和管控风险和挑战，妥善处理各种矛盾和摩擦，确保在激烈的国际竞争和斗争中赢得主动。

又比如，在对国情的分析中，党的十八大报告既强调改革开放30多年来，我们全面推进改革开放和现代化建设，各方面工作取得重大成就，国家经济实力大幅提升，人民生活水平显著提高，全面建设小康社会扎实推进；又清醒地指出：我们的工作还存在许多不足，前进道路上还有不少困难和问题。十八大报告罗列的许多问题，既涉及发展方面的问题，也涉及改革方面的问题、民生方面的问题，以及党的建设领域和道德领域的问题，等等。报告对工作中存在的不足、前进道路上面临的困难和问题罗列之多、篇幅之大，是近年来我们党的代表大会报告中所少见的。对此，我们必须按照党的十八大的要求，充分认识、高度重视、有效应对。如果应对得当，保持经济社会发展良好势头，我们就能在21世纪第二个10年跨上更高发展平台。而如果应对不当，我们就可能面临经济徘徊不前和社会动荡不安等困难局面，就可能掉入所谓“中等收入陷阱”。

我国去年刚刚跨入人均GDP5500美元的世界中等偏上收入国家行列。货币高流动性和未来几年新一轮银行不良资产上升可能引发的资产价格泡沫，一旦与人口老龄化的拐点相叠加，在可能面临的这样双重打击下，我国人均收入将会停滞不前，这很可能使我国同时陷入“中等收入陷阱”和

"日本陷阱"。抗日战争胜利前夕,毛泽东同志曾专门论述过当时中国的两个前途、两种命运问题。在21世纪上半叶,我们要总结借鉴国际上正反两方面经验,走出一条中国特色的经济转型发展之路,顺利实现21世纪上半叶"两个一百年"的奋斗目标,成功避免"中等收入陷阱"和"日本陷阱"这两大陷阱。这可以说就是我们国家在21世纪上半叶的两个前途、两种命运。

再比如,在对党情的分析中,十八大报告既充分肯定了十六大以来这10年,我们党的建设改革创新取得一系列新的成效,同时也清醒地分析了我们党在新形势下面临的许多严峻挑战,以及党内亟待解决的许多问题。特别是对一些党员干部中发生的贪污、腐败、脱离群众、形式主义、官僚主义问题,更必须下大气力切实解决。习近平总书记在十八届中央政治局常委同中外记者见面时,以非常清醒和警醒的语言突出强调,面对这些问题,"全党必须警醒起来。打铁还需自身硬。我们的责任,就是同全党同志一道,坚持党要管党、从严治党,切实解决自身存在的突出问题,切实改进工作作风,密切联系群众,使我们党始终成为中国特色社会主义事业的坚强领导核心"。

习近平总书记这里所说的"警醒起来"和"打铁还需自身硬"这样的话,成为这些天来网络和微博热议、热评的两大关键词。这两句话同党的十八大报告中提出的反对腐败、建设廉洁政治"这个问题解决不好,就会对党造成致命伤害,甚至亡党亡国"一样,都是我们党充满忧患感、紧迫感的充分体现。党的十八大报告对于各方面改革创新包括党的自身建设的改革创新提出的一系列"加快""加强""加紧""加大力度"的要求,正是这种忧患感和紧迫感的充分体现。

第四,党的十八大报告是一个对创造中国人民和中华民族更加幸福美好未来充满强烈责任感的报告。比如,报告在导语部分提出,在召开党的第十八次全国代表大会的此时此刻,我们"对党肩负的历史责任倍加清醒"。在外事工作部分提出,中国将"发挥负责任大国作用,共同应对全球性挑战"。在党建部分提出,"全党要增强紧迫感和责任感"。在结束语部分又强调:"在新的征程上,我们的责任更大、担子更重。"习近平总书记在十八届中央政治局常委同中外记者见面时的即席讲话,更是通篇讲了我们党的责任问题。他说,全党同志的重托,全国各族人民的期望,是对我们做好工作的巨大鼓舞,也是我们肩上的重大责任。这个重大责任,就是对民族的责任、对人民的责任、对党的责任。

这种强烈的责任感同样也是贯穿党的十八大报告始终的。我们只需从一个角度,就是全国广大人民群众,不管是哪一个社会群体、哪一个社会阶层的群众,他们对美好生活的向往、对现实生活中一些切身利益问题的关切和期待,几乎都可以从十八大报告中找到回应这样一个角度,就可以看出,我们党对于自己肩负的这份对中国人民和中华民族沉甸甸的责任感,思虑是何等之深、谋划是何等之细。

比如,关心自己钱包的人,抱怨现在"什么都涨,就是工资不涨"的人,一直期盼着党和国家出台收入倍增计划的人,他们能从十八大报告提出的"两个倍增""两个同步""两个提高"这些温暖人心的政策导向中,看到真正实现发展成果由人民共享的希望。关注社会公共服务体系建设的人,关心自己的就业、孩子的教育、老人的医疗和养老的人,他们能从十八大报告有关基本公共服务均等化的改革目标、教育现代化基本实现、就业更加充分、社会保障基本覆盖、人人享有基本医疗服务、住房保障体系基本形成这些奋斗目标中看到希望。全民所有制和多种所有制企业的广大工人、新的社会阶层人士、广大农民、知识分子、高校毕业生、家庭经济困难学生、农民工、农民工子女、城镇困难人员、退役军人、妇女儿童、老年人、残疾人、身患重特大疾病的病人、正在读书的孩子、少数民族、宗教界人士、海外侨胞、归侨侨眷,全国广大党员、干部、党外代表人士,文化工作者,各类人才包括海外人才,等等,也都能从十八大报告中读到关系自己切身利益、给自己带来福祉的温暖人心的表述。

党的十八大胜利闭幕后,我注意到,《中国青年报》在其祝贺大会闭幕的社论中这样写道:执政党的前途、国家的未来,都取决于有没有给民众梦想和期待,有没有让民众看到改革的诚意和前行的动力,有没有让民众感受到这个国家在往前走。青年有了期待,国家才有未来。无疑,执政党的十八大报告让人们有了更多期待。期待和梦想是将一个多元化社会中的人们凝聚起来的力量。如果民众有了共同的期待,人心也就有了凝聚力,改革也就寻找到了共识。我为什么说《中国青年报》的这篇社论写得好?就是因为社论把十八大报告关于"解放思想,改革开放,凝聚力量,攻坚克难"阐发得清清楚楚、明明白白。

## 二、党的十八大在坚持和发展中国特色社会主义理论体系方面作出的新的伟大历史贡献

中国共产党是一个善于和勤于在实践基础上进行理论思维和理论创造的党。党的十一届三中全会以来召开的历次全国代表大会,都对中国特色社会主义理论的提出和形成、丰富和发展作出过重要历史贡献。比如,党的十三大提出了社会主义初级阶段理论和党的基本路线。党的十四大提出了邓小平理论的基本框架。党的十五大提出了党的基本纲领。党的十六大提出了党的基本经验。党的十七大提出了中国特色社会主义一面旗帜、一条道路、一个理论体系。党的十八大又在以下5个方面,对坚持和发展中国特色社会主义作出了理论上的重大历史性贡献。

第一,党的十八大第一次在全国党代会报告中,深刻阐明了中国特色社会主义是党和人民长期实践取得的根本成就。中国特色社会主义是改革开放历史新时期开创的,也是建立在我们党长期奋斗基础上的,是由我们党的几代中央领导集体团结带领全党全国人民历经千辛万苦、付出各种代价、接力探索取得的。这样大跨度的历史回溯,不但把新中国成立以来在改革开放前后两个30年的历史发展打通了,而且也把建党90多年来,我们党的整个奋斗历史,即大体上三个30年的奋斗历史打通了。

正因为这样,十八大报告强调,我们要永远铭记党的三代中央领导集体和以胡锦涛同志为总书记的党中央为中国特色社会主义作出的历史性贡献。以毛泽东同志为核心的党的第一代中央领导集体,为新时期开创中国特色社会主义提供了宝贵经验、理论准备、物质基础。以邓小平同志为核心的党的第二代中央领导集体,成功开创了中国特色社会主义。以江泽民同志为核心的党的第三代中央领导集体,成功把中国特色社会主义推向21世纪。新世纪新阶段,以胡锦涛同志为总书记的党中央,成功在新的历史起点上坚持和发展了中国特色社会主义。从这里我们可以看出,中国特色社会主义,承载着几代中国共产党人的理想和探索,寄托着无数仁人志士的夙愿和期盼,凝聚着亿万人民的奋斗和牺牲,是近代以来中国社会发展的必然选择,是发展中国、稳定中国的必由之路。

第二,党的十八大第一次在全国党代会报告中,深刻阐明了中国特色社

会主义是由道路、理论体系、制度“三位一体”构成的，并且阐明了中国特色社会主义道路、中国特色社会主义理论体系、中国特色社会主义制度的基本内涵及其相互联系。报告强调：中国特色社会主义道路是实现途径，中国特色社会主义理论体系是行动指南，中国特色社会主义制度是根本保障，三者统一于中国特色社会主义伟大实践。这是中国特色社会主义的最鲜明特色。

这个概括告诉我们：中国特色社会主义是实践、理论、制度紧密结合的，我们党在坚持和发展中国特色社会主义进程中，既把成功的实践上升为理论，又以正确的理论指导新的实践，还把实践中已见成效的方针政策及时上升为党和国家的制度。所以，中国特色社会主义特就特在其道路、理论体系、制度上，特就特在其实现途径、行动指南、根本保障的内在联系上，特就特在这三者统一于中国特色社会主义伟大实践上。在当代中国，坚持和发展中国特色社会主义，就是真正坚持社会主义。

第三，党的十八大第一次在全国党代会报告和十八大党章修正案中，深刻阐明了科学发展观的历史地位，进一步丰富了科学发展观的科学内涵，并对深入贯彻落实科学发展观提出了新要求。按照十八大报告和党章修正案的论述，科学发展观是中国特色社会主义理论体系的最新成果，是马克思主义同当代中国实际和时代特征相结合的产物，是同马克思列宁主义、毛泽东思想、邓小平理论、“三个代表”重要思想既一脉相承、又与时俱进的科学理论，是马克思主义关于发展的世界观和方法论的集中体现，是马克思主义中国化的最新成果，是中国共产党集体智慧的结晶，是发展中国特色社会主义必须坚持和贯彻的指导思想。把科学发展观纳入党的指导思想、写在我们党的旗帜上，实现了党的指导思想的又一次与时俱进，这也是十八大在理论上最大的历史贡献。

第四，党的十八大第一次在全国党代会报告中，深刻阐明了建设中国特色社会主义的总依据、总布局、总任务。报告强调，建设中国特色社会主义，总依据是社会主义初级阶段，总布局是“五位一体”，总任务是实现社会主义现代化和中华民族伟大复兴。这“三个总”的新概括，有助于我们深刻领会和把握中国特色社会主义的真谛和要义。

强调总依据，是因为社会主义初级阶段是当今中国的最大国情、最大实际。我们在任何情况下都要牢牢把握这个最大国情，推进任何方面的改革发展都要牢牢立足这个最大实际。不仅在经济建设中要始终立足初级阶段,而且在政治建设、文化建设、社会建设、生态文明建设中也都要始终牢记初级阶段;不仅在经济总量还低时要立足初级阶段,而且在经济总量提高后仍然要牢记初级阶段;不仅在谋划长远发展时要立足初级阶段,而且在日常工作中也要牢记初级阶段。十八大报告要求全党同志始终牢记"三个没有变":一是我国社会主义初级阶段基本国情没有变,二是我国现阶段社会主要矛盾没有变,三是我国是世界最大发展中国家的国际地位没有变。只有始终牢记这"三个没有变",才能真正做到既不妄自菲薄,也不妄自尊大,扎扎实实夺取中国特色社会主义新胜利。

强调总布局,是因为中国特色社会主义是全面发展的社会主义。我们要牢牢抓好党执政兴国的第一要务,始终代表中国先进生产力的发展要求,坚持以经济建设为中心,在经济不断发展的基础上,协调推进政治建设、文化建设、社会建设、生态文明建设以及其他各方面建设。十八大期间,我应中央电视台邀请到《焦点访谈》去介绍十八大报告的八大亮点,其中就讲到了"五位一体"总体布局的形成过程。早在 1986 年,党的十二届六中全会首次提出以经济建设为中心、坚定不移地进行政治体制改革、坚定不移地加强精神文明建设的总体布局,这一"三位一体"总体布局从党的十三大一直延续到党的十六大。党的十六届六中全会提出了构建社会主义和谐社会的重大任务,在总体布局中增加了社会建设,拓展为"四位一体"。随着我国经济社会发展不断深入,生态文明建设地位和作用日益凸显。党的十八大适应人民群众对良好生态环境越来越迫切的期待,把生态文明建设放在突出地位、纳入总体布局,使总体布局又进一步拓展为"五位一体"。这是我们党对社会主义建设规律在实践和认识上不断深化的重要成果。特别是在党的事业总体布局中更加明确生态文明建设的战略地位,有利于把生态文明建设融入经济建设、政治建设、文化建设、社会建设各方面和全过程,有利于我们党和国家从源头上扭转生态环境恶化趋势,坚持走生产发展、生活富裕、生态良好的文明发展道路,着力建设资源节约型、环境友好型社会,形成节约资源和保护环境的空间格局、产业结构、生产方式、生活方式,为人民创造良好生活环境,在实现当代人利益的同时,给自然留下更多修复空间,给农业留下更多良田,给子孙后代留下天蓝、地绿、水净的美好家园,实现中华民族永续发展。同时,这也有助于我国占据当代国际生态伦理制高点,为全球生态安全作出贡献。英国《卫报》刊登过一篇评论，它认为："19 世纪英国教会了世界如何生产，20 世纪美国教会了世界如何消费。如果中国要引领 21 世纪，它必须教会世界如何可持续发展。"这就是说，中国人民、中华民族将把地球推向生态文明新时代。

强调总任务，是因为我们党从成立的那天起，就肩负着实现中华民族伟大复兴的历史使命。我们党领导人民进行革命、建设、改革，就是要让中国人民富裕起来，国家强盛起来，振兴伟大的中华民族。按照社会主义现代化建设"三步走"的战略部署，建设富强民主文明和谐的社会主义现代化国家，是我们党和国家在整个社会主义初级阶段的奋斗目标。我们党的庄严使命、改革开放的根本目的、我们国家的奋斗目标，都聚焦于这个总任务、归结于这个总任务。我们要紧紧扭住这个总任务，一代一代锲而不舍干下去。

第五，党的十八大第一次在全国党代会报告中，深刻阐明了夺取中国特色社会主义新胜利的基本要求。这些基本要求都是根据党的基本理论、基本路线、基本纲领、基本经验，深刻总结 60 多年来我国社会主义建设特别是中国特色社会主义建设实践提出的，是最本质的东西，是体现共产党执政规律、社会主义建设规律、人类社会发展规律的东西，表明我们党对中国特色社会主义规律的认识达到新水平。

党的十八大提出的这八大基本要求，进一步回答了在新的历史征程上怎样才能夺取中国特色社会主义新胜利的基本问题。这八大基本要求的内在逻辑是：中国特色社会主义是亿万人民自己的事业，所以我们必须发挥人民主人翁精神，更好保证人民当家作主。解放和发展社会生产力是中国特色社会主义的根本任务，所以我们必须坚持以经济建设为中心，以科学发展为主题，实现以人为本、全面协调可持续的科学发展。改革开放是坚持和发展中国特色社会主义的必由之路，所以我们必须始终把改革创新精神贯彻到治国理政各个环节，不断推进我国社会主义制度自我完善和发展。公平正义是中国特色社会主义的内在要求，所以我们必须在全体人民共同奋斗、经济社会发展的基础上，加紧建设对保障社会公平正义具有重大作用的制度，逐步建立社会公平保障体系。共同富裕是中国特色社会主义的根本原则，所以我们必须使发展成果更多更公平惠及全体人民，朝着共同富裕方向稳步前进。社会和谐是中国特色社会主义的本质属性，所以我们必须团结一切可以团结的力量，最大限度增加和谐因素、增强社会创造活力，确保人民安居乐业、社会安定有序、国家长治久安。和平发展是中国特色社会主义的必然选择,所以我们必须坚持开放的发展、合作的发展、共赢的发展,扩大同各方利益汇合点,推动建设持久和平、共同繁荣的和谐世界。中国共产党是中国特色社会主义事业的领导核心,所以我们必须加强和改善党的领导,充分发挥党总揽全局、协调各方的领导核心作用。

还应当看到,党的十八大提出的夺取中国特色社会主义新胜利的这八大基本要求,都是对当前我国经济社会发展中存在的突出问题、改革攻坚和加快转变经济发展方式面临的难点问题、干部群众普遍关注的热点问题的积极回应,是对我国进入全面建成小康社会决定性阶段改革发展稳定、内政外交国防、治党治国治军的正确指引。这些基本要求,既涉及生产力和生产关系、又涉及经济基础和上层建筑,既涉及中国特色社会主义伟大事业、又涉及党的建设新的伟大工程,同时还涉及统筹国内国际两个大局。党的十八大对各项工作的谋划和部署,都是遵循和体现这些基本要求的。抓住了这些基本要求,就能更好凝聚力量、攻坚克难,继续推动科学发展、促进社会和谐,继续改善人民生活、增进人民福祉,完成时代赋予我们党的光荣而艰巨的任务。

## 三、党的十八大在促进中国特色社会主义各项具体制度更加成熟和定型方面作出的新的伟大历史贡献

十八大报告是一个充满改革精神和时代精神的报告。在新的历史起点上,改革依然是我国发展最大的红利,要让全国人民过上更加美好的生活,必须通过改革开放提供动力和保障。应当看到,十八大强调的进一步深化改革开放的目标,是一个全面深化改革开放的目标。全面建成小康社会,呼唤着全面深化改革开放,这是顺理成章的,也体现了十八大报告是一个“全面建成小康社会”和“全面深化改革开放”的两“全”齐美报告。十八大报告对全面深化改革开放,提出了“五个加快”,即:加快完善社会主义市场经济体制,加快推进社会主义民主政治制度化、规范化、程序化,加快完善文化管理体制和文化生产经营机制,加快形成科学有效的社会管理体制,加快建立生态文明制度。十八大报告还要求全党同志:“必须以更大的政治勇气和

智慧，不失时机深化重要领域改革，坚决破除一切妨碍科学发展的思想观念和体制机制弊端，构建系统完备、科学规范、运行有效的制度体系，使各方面制度更加成熟更加定型。”这是解决目前我国多个领域产能过剩、同时又出现多个领域制度供应匮乏的关键举措。

我梳理了一下十八大要构建的制度体系，主要是强调通过全面深化改革，加快构建以下两个方面的制度。

一个是有关推动经济社会发展更加公平正义的制度。包括逐步建立以权利公平、机会公平、规则公平为主要内容的社会公平保障体系，努力营造公平的社会环境，保证人民平等参与、平等发展权利；调整国民收入分配格局，加大再分配调节力度，着力解决收入分配差距较大问题，使发展成果更多更公平地惠及全体人民；以增强公平性、适应流动性、保证可持续性为重点，全面建成覆盖城乡居民的社会保障体系；保证各种所有制经济依法平等使用生产要素、公平参与市场竞争、同等受到法律保护，完成促进基本公共服务均等化和主体功能区建设的公共财政体系，构建地方税体系，形成有利于结构优化、社会公平的税收制度，建立公共资源出让收益合理共享机制；让广大农民平等参与现代化进程，共同分享现代化成果，着力在城乡规划、基础设施、公共服务等方面推进一体化，促进城乡要素平等交换和公共资源均衡配置；大力促进教育公平，合理配置教育资源，重点向农村、边远、贫困、民族地区倾斜，提高家庭经济困难学生资助水平，积极推动农民工子女平等接受教育，让每个孩子都能成为有用之才；等等。

另一个是有关围绕中国特色社会主义伟大事业“五位一体”总体布局全面深化改革方面的制度。

比如，从经济体制改革方面看，十八大报告提出，加快改革户籍制度，有序推进农业转移人口市民化；坚持和完善农村基本经营制度，依法维护农民土地承包经营权、宅基地使用权、集体收益分配权；改革征地制度，提高农民在土地增值收益中的分配比例。

从政治体制改革方面看，十八大报告提出，完善各级人大代表联系群众制度；健全国家权力机关组织制度；健全社会主义协商民主制度，坚持和完善中国共产党领导的多党合作和政治协商制度；完善基层民主制度，健全以职工代表大会为基本形式的企事业单位民主管理制度；坚持和完善中国特色社会主义司法制度；深化行政审批制度改革；建立健全决策问责和纠错制度，完善党务公开、政务公开、司法公开和各领域办事公开制度；坚持和完善民族区域自治制度。

从文化体制改革方面看，十八大报告提出，完善公共文化服务体系，提高服务效能；加大对农村和欠发达地区文化帮扶力度，继续推动公共文化设施向社会免费开放；构建和发展现代传播体系，提高传播能力；完善经营性文化单位法人治理结构，繁荣文化市场。

从社会体制改革方面看，十八大报告提出，构建中国特色社会主义社会管理体系，加快形成政府主导、覆盖城乡、可持续的基本公共服务体系，加快形成政社分开、权责明确、依法自治的现代社会组织体制，加快形成源头治理、动态管理、应急处置相结合的社会管理机制；深化企业和机关事业单位工资制度改革，推行企业工资集体协商制度；整合城乡居民基本养老保险和基本医疗保险制度，实现基础养老金全国统筹，建立兼顾各类人员的社会保障待遇确定机制和正常调整机制；建立社会保险基金投资运营制度，确保基金安全和保值增值；健全社会福利制度，支持发展慈善事业；建立市场配置和政府保障相结合的住房制度；健全残疾人社会保障和服务体系；建立更加便民快捷的社会保障服务体系；健全全民医保体系，建立重特大疾病保障和救助机制，巩固基本药物制度；改革和完善食品药品安全监管体制机制；逐步完善政策，促进人口长期均衡发展；加强基层社会管理和服务体系建设，完善和创新流动人口和特殊人群管理和服务；完善信访制度，完善人民调解、行政调解、司法调解联动的调解体系；建立健全影响社会稳定的风险评估机制。

从生态文明体制改革方面看，十八大报告提出，加强生态文明制度建设，建立国土空间开发保护制度，完善最严格的耕地保护制度、水资源保护制度、环境保护制度；建立反映市场供求和资源稀缺程度、体现生态价值和代际补偿的资源有偿使用制度和生态补偿制度；健全生态环境保护责任追究制度和环境损害赔偿制度。

中国特色社会主义是实践、理论、制度紧密结合的，我们党在全面深化改革开放的实践中，既把成功的实践上升为理论，又以正确的理论指导新的实践，还把实践中已见成效的方针政策及时上升为党和国家的制度。应该看到，中国特色社会主义制度是特色鲜明、富有效率的，但还不是尽善尽美、成熟定型的。中国特色社会主义事业不断发展，中国特色社会主义制度也需要不断完善。邓小平同志1992年在南方谈话中指出:“恐怕再有三十年的时间,我们才会在各方面形成一整套更加成熟、更加定型的制度。”党的十八大强调,要把制度建设摆在突出位置,充分发挥我国社会主义政治制度优越性。我们要坚持以实践基础上的理论创新推动制度创新,坚持和完善现有制度,从实际出发,及时制定一些新的制度,构建系统完备、科学规范、运行有效的制度体系,使各方面制度更加成熟、更加定型,从而为夺取中国特色社会主义新胜利提供更加有效的制度保障。这样的制度红利、改革红利,必将为我们夺取新的历史征程上的全面建成小康社会的决定性胜利,必将为我们夺取中国特色社会主义新胜利,提供强劲动力和制度保障。

为了让同志们用最简洁明快的语言记住十八大报告的主要内容,特别是那些重点和亮点的内容,我把十八大报告精神概括为一首七律诗。我要说明,这首七律诗其实并不完全符合诗词的格律,充其量也只能算作一首打油诗。这首诗是这样的:高举旗帜走转改(即高举中国特色社会主义伟大旗帜,坚定不移走中国特色社会主义道路,加快转变经济发展方式,全面深化改革开放),科学发展谱新篇。抓住战略机遇期,牢记三个没有变。三个自信增豪情,两个百年催奋进。实现两个翻一番,复兴路上大步迈。

# 从党的十八大报告看中国特色社会主义的最鲜明特色

（2012 年 11 月）

## 一、党的十八大的重大历史和理论贡献

党的十八大是在邓小平同志提出“走自己的道路，建设有中国特色的社会主义”30 周年之际召开的。这次大会不负众望，精辟概括了中国共产党和中国人民历经 90 多年奋斗、创造、积累的根本成就；提出了中国特色社会主义是由道路、理论体系、制度“三位一体”构成的；提出了科学发展观是中国特色社会主义理论体系最新成果，科学发展观同马克思列宁主义、毛泽东思想、邓小平理论、“三个代表”重要思想一道，是我们党必须长期坚持的指导思想；提出了中国特色社会主义的总依据、总布局、总任务；提出了夺取中国特色社会主义新胜利的基本要求八条；提出了全党要坚定道路自信、理论自信、制度自信；提出了一定要毫不动摇坚持、与时俱进发展中国特色社会主义，不断丰富中国特色社会主义的实践特色、理论特色、民族特色、时代特色，这些都是党的十八大的重大历史和理论贡献。

中国共产党是善于和勤于在实践基础上进行理论思维和理论创造的党。如同新民主主义这一命题，深刻揭示了我们党为推翻帝国主义、封建主义、官僚资本主义“三座大山”、建立新中国长期奋斗的理论和实践主题那样，中国特色社会主义这一命题，深刻揭示了我们党在改革开放和社会主义现代化建设历史新时期的理论和实践主题。建设中国特色社会主义，既是党和人民波澜壮阔的伟大实践，也是具有中国特色和时代特征的伟大理论创造。我们国家能在这 30 多年快速发展起来，人民生活水平能快速提高起来，国际地位能快速提升起来，其根本原因，就是党在接力推进中国特色社会主义伟大实践中，不断丰富和完善了中国特色社会主义理论。

有比较才会有鉴别,有鉴别才会知珍惜。在 20 世纪 80 年代末 90 年代初苏联解体、东欧剧变的国际风云变幻中,在 2008 年以来国际金融危机、欧洲主权债务危机和国内一系列重大自然灾害的严峻考验中,中国特色社会主义都像定海神针那样,一再彰显了其巨大优越性和强大生命力。可以这样说,我们党领导的新民主主义革命和社会主义革命昭示了:只有社会主义才能救中国;而我们党领导的改革开放这场新的伟大革命昭示了:只有中国特色社会主义才能发展中国。

那么,中国特色社会主义究竟特在何处,它的巨大优越性和强大生命力又来自何处?党的十八大报告鲜明揭示了中国特色社会主义是“三位一体”的:即中国特色社会主义道路、中国特色社会主义理论体系、中国特色社会主义制度;鲜明揭示了这三个组成部分的科学内涵和内在联系:即中国特色社会主义道路是实现途径,中国特色社会主义理论体系是行动指南,中国特色社会主义制度是根本保障,三者统一于中国特色社会主义伟大实践;同时鲜明揭示了“这是党领导人民在建设社会主义长期实践中形成的最鲜明特色”。也就是说,中国特色社会主义特就特在其道路上,特就特在其理论体系上,特就特在其制度上,特就特在其实现途径、行动指南、根本保障的内在联系上,特就特在这三者统一于中国特色社会主义伟大实践上。中国特色社会主义的最鲜明特色就在这里,其巨大优越性和强大生命力也来自这里!

党的十八大报告还提出了“中国特色社会主义的实践特色、理论特色、民族特色、时代特色”。这“四个特色”同“最鲜明特色”的内在联系又是怎样的呢?可以这样认为,“最鲜明特色”所概括的是中国特色社会主义本体性、本原性特色;而“四个特色”的概括,则是从知行统一、时空联系的角度,深刻揭示了中国特色社会主义“最鲜明特色”得以形成的国情特点、民族历史文化和时代特征等因素。显然,“四个特色”并不是外在于而是内化于“最鲜明特色”之中的。

任何一国的历史都不可能是别国历史的重复,而一个国家的国情特点和民族历史文化,又总是深刻影响着这个国家的过去、现在和未来,深刻影响着其执政党的全部理论和实践。因此,中国特色社会主义的“最鲜明特色”和“四个特色”,都是中国的国情特点和所处的时代特征共同造就的。在这个意义上,又可以说,任何一国的文化、文明,包括器物文明、制度文明、精神文明,也都不可能是对别国文化、文明的简单照搬和复制。

近代中国是一个落后的东方大国,几千年历史文化传统使其具有特殊的政治、经济、文化、社会条件。我们党进行的革命建设改革,就是在这样的国情条件下进行的。而党领导的改革开放和社会主义现代化建设,还同世界多极化、经济全球化、文化多样化、社会信息化的国际环境相联系而非相脱离。我们党在实践中已经、正在和将要遇到的许多理论和实践问题,都是马克思主义经典著作中没有的,也是社会主义发展史上罕见的。这就决定了我们在自己的实践中,不但要注意学习借鉴别国经验,而且必须根据马克思主义基本原理、从中国具体实际和时代特征出发,进行一系列独立自主、独立思考、原创独创的艰辛探索,而不能把书本当教条,不能照抄照搬别国经验、别国模式。这就是中国特色社会主义得以形成自己最鲜明特色的根本由来。

## 二、中国特色社会主义道路的最鲜明特色

党的十八大报告指出:“建设中国特色社会主义,总依据是社会主义初级阶段,总布局是五位一体,总任务是实现社会主义现代化和中华民族伟大复兴。”这段话,不但精辟概括了中国特色社会主义的总特征,而且把中国特色社会主义的道路特色概括得既简明又鲜明。道路关乎党的命脉,关乎国家前途、民族命运、人民幸福。我们党在 90 多年奋斗实践中,在相继完成新民主主义革命、社会主义革命和推进改革开放新的伟大革命这三件大事过程中,接力探索和开辟了具有中国特色的新民主主义革命道路、社会主义改造道路和社会主义建设道路。这些道路的开辟,都是党带领人民历经千辛万苦、付出各种代价换来的,都是极具中国特色的。

我们党制定的无产阶级领导的、人民大众的、反对帝国主义、封建主义、官僚资本主义的新民主主义革命总路线和以农村包围城市、武装夺取政权的新民主主义革命道路,以及通过新民主主义革命走向社会主义的“两步走”战略,都是从旧中国半殖民地半封建的社会性质、历史方位出发的。我们党在改革开放和社会主义现代化建设历史新时期提出的以经济建设为中心,坚持四项基本原则,坚持改革开放,解放和发展社会生产力,建设社会主义市场经济、社会主义民主政治、社会主义先进文化、社会主义和谐社会、社

会主义生态文明，促进人的全面发展，逐步实现全体人民共同富裕，建设富强民主文明和谐的社会主义现代化国家的中国特色社会主义道路，也是从中国仍处于并将长期处于社会主义初级阶段的社会性质、历史方位出发的。

我国社会主义初级阶段，不是泛指任何国家进入社会主义都必定会经历的起始阶段，而是特指我国在生产力落后、商品经济、市场经济不发达条件下建设社会主义必然要经历的特定阶段。这个阶段，既不同于社会主义经济基础尚未奠定的过渡时期，又不同于已经实现社会主义现代化的阶段。准确认识和牢牢把握这一点并非易事。党的十一届三中全会之前，我国社会主义建设出现严重失误的根本原因之一，就是因为提出的一些任务和政策脱离了、超越了社会主义初级阶段，而改革开放以来我们取得成功的根本原因之一，就是既自觉纠正了超越阶段的错误观念和政策措施，又坚决抵制了抛弃社会主义的各种错误主张。所以，党的十八大报告才这样重申："在任何情况下都要牢牢把握社会主义初级阶段这个最大国情，推进任何方面的改革发展都要牢牢立足社会主义初级阶段这个最大实际。"中国特色社会主义的道路特色、理论特色、制度特色，归根到底，都是由社会主义初级阶段这个最基本的特色而来的。

这条道路始终坚持以经济建设为中心。社会主义初级阶段就是生产力不发达阶段。其根本原因就在于：我国社会主义并非脱胎于发达资本主义经济形态，而是脱胎于生产力水平远远落后于发达资本主义国家的半殖民地半封建社会。所以，在整个社会主义初级阶段，都要把发展社会生产力作为党和国家全部工作的中心，坚持聚精会神搞建设、一心一意谋发展。改革开放 30 多年来，我国现代化建设虽然已取得举世瞩目的伟大成就，但我国仍处于并将长期处于社会主义初级阶段的基本国情没有变，人民日益增长的物质文化需要同落后的社会生产之间的矛盾这一社会主要矛盾没有变，我国是世界最大发展中国家的国际地位没有变。发展仍是解决我国所有问题的关键，我们仍然要把以经济建设为中心作为兴国之要，牢牢坚持发展是硬道理的战略思想，坚持以科学发展为主题，对内坚持科学发展、和谐发展、统筹发展，着力把我们自己的事情办好；对外坚持和平发展、开放发展、合作发展、共赢发展。对此，决不能有丝毫犹疑和动摇。

这条道路始终坚持改革开放。我国新时期最鲜明的特点是改革开放。改革开放是决定当代中国命运的关键抉择，是发展中国特色社会主义、实现中华民族伟大复兴的必由之路。只有改革开放才能发展中国、发展社会主义、发展马克思主义。我国过去30多年的快速发展靠的是改革开放，未来发展也必须坚定不移依靠改革开放。只有始终坚持社会主义市场经济的改革方向，始终坚持对外开放的基本国策，不断推进理论创新、制度创新、科技创新、文化创新以及其他各方面创新，才能不断推进我国社会主义制度自我完善和发展。那些把我国实行改革开放说成是搞中国特色资本主义或是搞所谓国家资本主义的人，可能并不懂得什么叫社会主义初级阶段，并不懂得：我们党立足社会主义初级阶段实际、勇于和善于借鉴资本主义有益经验，乃是为了更好地建设社会主义、完善社会主义，取得同资本主义相比较的优势，不断改善人民生活、增进人民福祉，同时为人类作出更大贡献。

这条道路始终坚持四项基本原则。四项基本原则是立国之本，它同以经济建设为中心这个兴国之要和改革开放这个强国之路是相互贯通、相互依存的，是我们党和国家生存发展的政治基石。坚持以经济建设为中心，就是坚持了社会主义初级阶段我国社会主要矛盾的一元论；坚持四项基本原则和坚持改革开放这两个基本点，就是坚持了解决现阶段社会主要矛盾在战略举措上的两点论。离开经济建设这个中心，社会主义社会的一切发展和进步就会失去物质基础；离开四项基本原则和改革开放，经济建设就会迷失方向和丧失动力。所以，党在社会主义初级阶段基本路线是党和国家的生命线、人民群众的幸福线。只有坚持把“一个中心、两个基本点”的基本路线统一于中国特色社会主义伟大实践，坚定不移高举中国特色社会主义伟大旗帜，既不走封闭僵化的老路，也不走改旗易帜的邪路，才能在新的历史征程上坚持和发展中国特色社会主义，才能夺取中国特色社会主义新胜利。

这条道路始终坚持科学的全面的总体布局。在社会主义初级阶段，我们既要推动我国社会主义制度自我完善和发展，又要实现国家现代化和中华民族伟大复兴。完成这样的历史使命，要求我们党不懈探索和把握中国特色社会主义规律。在这个过程中，我们党相继提出的以经济建设为中心、坚定不移进行政治体制改革、坚定不移加强精神文明建设“三位一体”的总体布局；建设社会主义市场经济、民主政治、先进文化、和谐社会，以及经济建设、政治建设、文化建设、社会建设“四位一体”的总体布局；再到党的十八大提出包括生态文明建设在内的“五位一体”总体布局，表明了我们党对中国特色社会主义规律在认识上的不断深化。按照这个总体布局更加全面扎实地推进中国特色社会主义建设,我们就一定能在中国共产党成立一百年时全面建成小康社会,在新中国成立一百年时建成富强民主文明和谐的社会主义现代化国家。

这条道路始终坚持社会主义现代化建设“三步走”战略。在社会主义初级阶段,我们党的奋斗目标是要带领人民依次实现温饱、小康、中等发达,这是三个相互联系的发展阶段。党的十六大从第三阶段单独划出一个全面建设小康社会新阶段。这种分阶段有步骤的发展战略,同党在新民主主义革命时期提出通过新民主主义革命走向社会主义的“两步走”战略,同在由新民主主义向社会主义的过渡时期,党对资本主义工商业实行一系列从低级到高级的国家资本主义过渡形式,最后实现对资本主义的和平赎买,以及引导个体农业逐步向社会主义过渡一样,都体现了循序渐进的实践特色。

这条道路是由总道路和一系列具体道路构成的道路体系。中国特色社会主义道路还有一个重要特色:它是由中国特色社会主义这条总道路和一系列具体道路共同构成的道路体系。这些具体道路包括:中国特色社会主义政治发展道路,中国特色社会主义文化发展道路,中国特色新型工业化、信息化、城镇化、农业现代化道路,中国特色自主创新道路,中国特色反腐倡廉道路。

总之,中国特色社会主义道路的最鲜明特色,最简要的概括是“一二三四五”,就是:坚持社会主义初级阶段“一个中心、两个基本点”的基本路线,坚持分“三步走”、实现“四句话”的奋斗目标,坚持“五位一体”总体布局进行全面建设。

## 三、中国特色社会主义理论体系的最鲜明特色

党的十八大报告指出:“中国特色社会主义,既坚持了科学社会主义基本原则,又根据时代条件赋予其鲜明的中国特色,以全新的视野深化了对共产党执政规律、社会主义建设规律、人类社会发展规律的认识,从理论和实践结合上系统回答了在中国这样人口多底子薄的东方大国建设什么样的社会主义、怎样建设社会主义这个根本问题。”这深刻阐明了中国特色社会主义理论体系的最鲜明特色。

这个理论体系是马克思主义中国化第二次历史性飞跃的伟大成果。我们党在领导中国革命建设改革长期实践中，在不断推进马克思主义中国化进程中，实现了两次历史性飞跃。第一次历史性飞跃发生在新民主主义革命时期，党在总结成功和失败经验的基础上，开辟了一条新民主主义革命道路，并在革命胜利后积极探索适合我国国情的社会主义建设道路，形成被实践检验证明了的关于中国革命和建设的正确的理论原则和经验总结——毛泽东思想。第二次历史性飞跃发生在改革开放历史新时期，我们党在总结我国经验和时代特征基础上，开创了中国特色社会主义，形成被实践检验证明了的关于中国建设、巩固、发展社会主义的正确的理论原则和经验总结，这就是包括邓小平理论、“三个代表”重要思想、科学发展观在内的中国特色社会主义理论体系。中国特色社会主义理论体系坚持和发展了马克思列宁主义、毛泽东思想。我们党举起中国特色社会主义这面伟大旗帜，就是举起了马克思列宁主义、毛泽东思想的伟大旗帜。

这个理论体系始终坚持解放思想。建设中国特色社会主义，这是马克思没有讲过、我们的前人没有做过、其他社会主义国家也没有干过的全新的事业。这个全新的事业呼唤我们党以全新的视野，勤于研究新情况、勇于解决新问题、善于创造新理论。我们党发扬马克思主义的科学精神和创造活力，既毫不动摇地坚持科学社会主义基本原则，又不断把全党思想从不合时宜的观念、做法和体制的束缚中解放出来，从对马克思主义错误的和教条式理解中解放出来，从主观主义和形而上学桎梏中解放出来，善于在解放思想中统一思想，用发展着的马克思主义指导新的实践。在这个过程中，我们党既没有丢掉马克思主义、毛泽东思想老祖宗，又谱写了当代中国马克思主义新篇章；既继承发扬党的优良革命传统，又创造了适合新的历史条件的新经验；既借鉴人类文明一切优秀成果、借鉴其他国家兴衰成败经验教训，又不把书本上的个别论断和别国的经验当作束缚自己手脚的教条，同时也不把我们自己在实践中已见成效的东西看成完美无缺的模式，从而使当代中国马克思主义，不断拓展了新视野、发展了新观念、达到了新水平、进入了新境界。

这个理论体系始终坚持实事求是。我们党在新时期建设中国特色社会主义伟大实践中，坚持一切从实际出发，坚持解放思想、实事求是，坚持尊重群众首创精神，不断深化对共产党执政规律、社会主义建设规律、人类社会发展规律的认识，不断以实践基础上的理论创新推动制度创新、科技创新、文化创新以及其他各方面创新。党在拨乱反正和全面改革实践中，用实事求是冲破了“两个凡是”，用思想解放推动了改革开放，打开了中国特色社会主义建设的崭新局面。党在领导这一伟大实践过程中，“不是靠本本，而是靠实践，靠实事求是”，既把人民拥护不拥护、赞成不赞成、答应不答应、高兴不高兴、满意不满意作为制定一切路线和方针政策的出发点和归宿，又始终尊重劳动、尊重知识、尊重人才、尊重创造，尊重人民首创精神。农村家庭联产承包、乡镇企业异军突起，开辟和建设经济特区，建设社会主义市场经济，建设社会主义新农村，等等，都是亿万人民群众在实践中的伟大创造。这种尊重实践、源于实践而又高于实践、指导实践的中国特色社会主义理论，为马克思主义在当代中国新的大发展提供了深厚的群众基础和不竭的源头活水。

这个理论体系始终坚持与时俱进。一个马克思主义政党能否始终做到与时俱进，决定着这个党的前途与命运。与时俱进，就是党的全部理论和工作要体现时代性、把握规律性、富于创造性。中国特色社会主义理论体系，包括邓小平理论、“三个代表”重要思想、科学发展观，既是我们党在“摸着石头过河”的实践中，相继摸到的具有理论基石分量的三块“大石头”，又与时俱进地探索和回答了什么是社会主义、怎样建设社会主义，建设什么样的党、怎样建设党，实现什么样的发展、怎样发展等重大理论和实际问题，以一系列紧密联系、相互贯通的新思想、新观点、新论断，为当代中国发展着的马克思主义贡献了新内容、增添了新活力。它不但持续推进了马克思主义中国化，使社会主义和马克思主义在中国大地上焕发出勃勃生机，而且给人民带来更多福祉，使中华民族大踏步赶上时代潮流、迎来伟大复兴光明前景。

这个理论体系始终坚持求真务实。中国特色社会主义理论体系最鲜明的精神实质是解放思想、实事求是、与时俱进、求真务实。求真务实就是追求真理、讲求实际、注重实干、更重实效。邓小平同志强调：“什么叫社会主义这个问题也要解放思想”，“贫穷不是社会主义，发展太慢也不是社会主义”，“社会主义也可以搞市场经济”，这就是在“什么是社会主义、怎样建设社会主义”问题上的求真务实。江泽民同志强调：“我们党必须始终代表中国先进生产力的发展要求，代表中国先进文化的前进方向，代表中国最广大人民的根本利益”，强调“我们党始终是中国工人阶级的先锋队，同时是中国人民和中华民族的先锋队"，强调"不能简单地把有没有财产、有多少财产当作判断人们政治上先进和落后的标准"，强调"放手让一切劳动、知识、技术、管理和资本的活力竞相迸发，让一切创造社会财富的源泉充分涌流，以造福于人民"，这就是在"建设什么样的党、怎样建设党"问题上的求真务实。胡锦涛同志强调："进一步抓好发展这个党执政兴国的第一要务"，"实现以人为本、全面协调可持续的科学发展"，"统筹城乡发展、区域发展、经济社会发展、人与自然和谐发展、国内发展和对外开放"，"做到发展为了人民、发展依靠人民、发展成果由人民共享"，这就是在"实现什么样的发展、怎样发展"问题上的求真务实。我们党在新时期持续弘扬求真务实精神，使中国特色社会主义这棵参天大树结出了求真务实的累累理论硕果。

总之，中国特色社会主义理论体系最鲜明的特色，就在于它体现了解放思想、实事求是、与时俱进、求真务实的精神实质；就在于它既坚持了科学社会主义基本原则，又根据时代条件赋予其鲜明的中国特色，以全新的视野深化了对共产党执政规律、社会主义建设规律、人类社会发展规律的认识；就在于它系统回答了在中国这样人口多底子薄的东方大国建设什么样的社会主义、怎样建设社会主义这个根本问题。在当代中国，坚持中国特色社会主义理论体系，就是真正坚持马克思主义。

## 四、中国特色社会主义制度的最鲜明特色

党的十八大报告强调，"中国特色社会主义道路是实现途径，中国特色社会主义理论体系是行动指南，中国特色社会主义制度是根本保障"。中国特色社会主义制度的根本保障作用，集中体现在它有利于保持党和国家活力、调动广大人民群众和全社会各方面积极性、主动性、创造性，有利于解放和发展社会生产力、推动经济社会全面发展，有利于维护和促进社会公平正义、实现全体人民共同富裕，有利于集中力量办大事、有效应对前进道路上的各种风险挑战，有利于维护民族团结、社会稳定、国家统一。

一个国家选择什么样的政治发展道路和政治制度模式，归根到底由这个国家的性质和国情所决定，也就是俗话所说的："鞋子是否合脚，只有穿鞋的人才知道。"中国特色社会主义制度同中国特色社会主义道路、中国特色社会主义理论体系一样，也是党和人民在长期革命建设改革实践中奋斗、

创造、积累的。这样一套符合我国国情、顺应时代潮流、充满生命力的制度体系，同样是具有鲜明中国特色的。

这个制度始终坚持国家层面民主制度同基层民主制度的有机结合。人民代表大会制度的根本政治制度，中国共产党领导的多党合作和政治协商制度、民族区域自治制度以及基层群众自治制度等基本政治制度，不但体现了中国共产党的领导地位，体现了工人阶级领导的、以工农联盟为基础的社会主义国家政权性质，体现了我国单一制形式的国家结构，也体现了国家层面的民主制度同基层民主制度的有机结合。其中，人民代表大会制度是人民当家作主的重要途径和最高实现形式，人民通过普遍的民主选举产生自己的代表，人大及其常委会代表人民利益和意志，统一行使国家权力，各级人大都对人民负责、受人民监督，因而既能普遍反映人民的呼声和要求，又能有效支持和监督各级国家机关。中国共产党领导的多党合作和政治协商制度，实行共产党领导、多党派合作，共产党执政、多党派参政，既实现了广泛的民主参与，又有利于集中统一、统筹兼顾各方利益；既健全了民主制度，又丰富了民主形式，拓展了中国特色社会主义民主的深度和广度。民族区域自治制度，保证了各民族无论大小都能享有平等的经济、政治、文化、社会、生态权益，从而形成相互支持、相互帮助、共同团结奋斗、共同繁荣发展的和谐民族关系。由农村村民自治、城市社区居民自治、企事业单位职工代表大会制度构成的基层群众自治制度，是广大人民群众在中国共产党领导和支持下，在城乡基层单位和组织中依法直接行使民主选举、民主决策、民主管理、民主监督权利的民主制度，保障人民享有更多更切实的民主权利，是中国特色社会主义民主最直接和最具体的体现。

这个制度始终坚持根本政治制度、基本政治制度同基本经济制度以及各方面体制机制等具体制度的有机结合。我国的根本政治制度、基本政治制度同基本经济制度，以及建立在这些制度基础上的经济体制、政治体制、文化体制、社会体制和生态文明等各项具体制度是有机结合在一起的。改革开放30多年来，我们党立足社会主义初级阶段基本国情，既毫不动摇地巩固和发展公有制经济，积极推进公有制的多种实现形式，有效发挥了国有经济的主导作用，增强了国有经济的活力、控制力、影响力；又毫不动摇地鼓励、支持、引导非公有制经济发展，保证各种所有制经济依法平等使用生产要素，公平参与市场竞争，同等受到法律保护，促进了多种所有制经济持续快速发展。与此同时，还建立了充满生机活力的社会主义经济体制、政治体制、文化体制、社会体制、生态文明体制，这对于建设社会主义市场经济、民主政治、先进文化、和谐社会、生态文明，对于放手让一切劳动、知识、技术、管理和资本的活力竞相迸发，让一切创造社会财富的源泉充分涌流，起到了根本意义上的鼓舞、激励和保障作用。

这个制度始终坚持党的领导、人民当家作主和依法治国的有机结合。发展社会主义民主，健全社会主义法制，是中国特色社会主义民主政治建设的重大战略任务。新中国成立60多年来，特别是改革开放30多年来，我们党领导人民制定宪法和法律，经过长期不懈努力，到2010年年底，已形成一个以宪法为统帅，以宪法相关法、民法商法等多个法律部门的法律为主干，由法律、行政法规、地方性法规等多个层次的法律规范构成的中国特色社会主义法律体系。这个法律体系，不但为确保中国共产党始终成为中国特色社会主义事业的领导核心，确保国家一切权力牢牢掌握在人民手中，确保民族独立、国家主权和领土完整，确保国家统一、社会安定和各民族大团结，确保坚持独立自主的和平外交政策、走和平发展道路，确保国家永远沿着中国特色社会主义的正确方向奋勇前进提供了法律保障；而且也使国家经济建设、政治建设、文化建设、社会建设、生态文明建设都能够有法可依。可以说，立足中国国情和实际、适应改革开放和社会主义现代化建设需要的中国特色社会主义制度，集中体现了党和人民意志，为更好实现党的领导、人民当家作主、依法治国相统一，为全面落实依法治国基本方略、着力建设社会主义法治国家提供了坚强的法律和制度保障。

这个制度始终坚持制度继承性和制度创新性的有机结合。我们说中国特色社会主义道路、理论体系和制度是党和人民90多年奋斗、创造、积累的根本成就，这在中国特色社会主义制度建设上体现得是最为充分的。一方面，我们党自十一届三中全会以来，在新的伟大实践中形成和创立了一整套立足国情、赶上时代、与时俱进的理论、路线，并在经济、政治、科技、教育、文化、军事、外交等各个方面建立了不少新的章程；另一方面，也科学继承了党的第一代中央领导集体在奋斗、创造中积累的积极成果，包括人民民主专政的国家政权、人民代表大会制度、中国共产党领导的多党合作和政治协商制度、民族区域自治制度等。中国特色社会主义制度正是在这种继承性和创新性的有机结合中不断健全和完善起来的。

中国特色社会主义制度是特色鲜明、务实管用的，但还不是尽善尽美、成熟定型的。邓小平同志1992年在南方谈话中指出："恐怕再有三十年的时间，我们才会在各方面形成一整套更加成熟、更加定型的制度。"我们党清醒地意识到，在同"五位一体"的中国特色社会主义相对应的各项操作层面的制度建设上，制度创新滞后、制度供给不足的问题还亟待解决。因此，我们必须按照党的十八大精神，既毫不动摇坚持又与时俱进发展中国特色社会主义制度。我们要以实践基础上的理论创新推动制度创新和各方面创新，不断把马克思主义中国化的理论创新成果适时转化为制度创新成果，同时把实践中已见成效的章程、政策及时上升为法律，从而为夺取中国特色社会主义新胜利提供更加系统完备、更加成熟定型、更加行之有效的制度保障。

党的十八大报告向国人、世人昭告："回首近代以来中国波澜壮阔的历史，展望中华民族充满希望的未来，我们得出一个坚定的结论：全面建成小康社会，加快推进社会主义现代化，实现中华民族伟大复兴，必须坚定不移走中国特色社会主义道路。"这是因为，"实践充分证明，中国特色社会主义是当代中国发展进步的根本方向，只有中国特色社会主义才能发展中国"。只要我们胸怀理想、坚定信念，不动摇、不懈怠、不折腾，顽强奋斗、艰苦奋斗、不懈奋斗，就一定能在中国共产党成立一百年时全面建成小康社会，就一定能在新中国成立一百年时建成富强民主文明和谐的社会主义现代化国家，开拓中国特色社会主义更为广阔的发展前景。

# 把推动工业化、信息化、城镇化和农业现代化同步发展写入十八大党章的重大历史意义

（2012 年 11 月）

党的十八大审议通过的党章修正案，增写了推动工业化、信息化、城镇化和农业现代化同步发展的重要内容，这让出席十八大的代表特别是来自农村和农业领导部门、技术部门的代表喜出望外。有代表建议，要把推动工业化、信息化、城镇化和农业现代化同步发展的内容写入十八大党章的重大历史意义好好论一论，给大家说一说。正好这个任务落到了我的头上，我就试着论一论、说一说吧。

十八大党章修正案增写这一内容，是因为：推动工业化、信息化、城镇化和农业现代化同步发展，体现了现代化建设的客观规律。工业化、信息化、城镇化和农业现代化是相互支撑、相互促进的。当今世界在以信息技术为主要特征的新技术革命浪潮冲击下，信息化不仅与工业化、城镇化和农业现代化深度结合，而且赋予现代化建设以鲜明的时代特色和全新的驱动力量。党的十七届五中全会《建议》就提出，要在工业化、城镇化深入发展中同步推进农业现代化。党的十八大报告进一步强调，要推动工业化、信息化、城镇化、农业现代化同步发展。十八大党章修正案增写这一内容，标志着我们党在建设中国特色社会主义过程中，对社会主义现代化建设规律的认识达到了一个新高度，有助于统一全党对工业化、信息化、城镇化、农业现代化问题的认识，有助于统筹协调各方面力量，实现到建党 100 年时全面建成小康社会、到建国 100 年时全面建成社会主义现代化国家的奋斗目标。

第一，推动信息化和工业化深度融合，是进一步提高我国工业化质量的客观需要。在我国社会主义初级阶段推进现代化建设，面临着既要继续完成发达国家已经完成的传统工业化、又要以信息化带动工业化的双重任务。

党的十六大报告提出:“信息化是我国加快实现工业化和现代化的必然选择,必须坚持以信息化带动工业化,以工业化促进信息化。”党的十七大报告进一步指明了走中国特色新型工业化道路的发展方向。

新中国成立以来历经 60 多年艰苦奋斗,已经建成符合我国国情、门类齐全、独立完整的工业体系,我国已成为全球具有重要影响的经济体和工业大国。在制造业行业分类的 30 多个大类中,我国已有半数以上行业的生产规模位居世界第一,还有不少位居世界第二。目前,我国已进入工业化中期阶段。但我国工业化在取得辉煌成就的同时,也存在不少问题。主要是:关键技术自给率还低,一些核心技术、高档产品和关键装备还依赖进口,产业总体还处于全球价值链低端;生态环境承载力下降,能源资源安全状况堪忧,应对气候变化压力加大;信息化在产业领域应用尚处于较低层次,产业结构调整进展不快,产业竞争力有待提高。统计资料显示,我国制造业产品增加值率仅为日本的 4. 37%、美国的 4. 38%、德国的 5. 56%,而我国单位 GDP 能耗,却分别是世界平均水平的 2. 62 倍、美国和欧洲的 4 倍、日本的 8 倍。

2008 年国际金融危机以来,发达国家纷纷实施“再工业化”、启动新一轮工业革命,先后提出“低碳经济”“绿色发展”“智慧地球”等发展理念,对我国制造业发展构成新挑战。与此同时,一批新兴国家加入世界生产体系,我国在资源、土地、劳动力等方面的比较优势正在逐步削弱。另一方面,世界范围内突飞猛进的科技革命,特别是高新技术和信息技术的广泛应用,正在重塑制造业竞争格局。这就为我们创造了难得的发展机遇,为我国借助信息化推进工业化转型升级提供了技术支撑,也为我们利用信息化带动工业化、实现后发赶超打开了机会之窗。我们应当审时度势、因势利导,大力推进信息化与工业化深度融合,运用信息技术改造提升传统产业,加快培育发展一批战略性新兴产业,提高能源资源利用效率和产业竞争能力,力争在未来国际竞争中赢得先机和主动,推动我国经济持续快速发展。

第二,推动工业化和城镇化良性互动,是进一步积极稳妥推进我国城镇化的客观需要。一个国家的现代化进程,应该也必然是工业化、城镇化协调发展的过程。这是因为,工业化是城镇化的经济内涵,而城镇化则是工业化的空间载体,两者相互促进、相辅相成,共同推动经济发展和社会进步。无论从联合国标准还是经合组织标准看,城镇人口和非农产业就业比例都是区分发达国家与发展中国家的一个很重要、很清晰的界线。到2000年，我国非农产业就业比重已首次超过50%，农村有一半以上离开农业的劳动力直接分享工业化成果和工业文明；到2010年，我国城镇化率已首次超过50%，一半以上离开农村的人口初步分享城镇化成果和城市文明。但这种分享还停留在较低层次。统计数据显示，2011年我国非农产业就业的比重已达到65.2%，而城镇化率只有51.3%。这表明，相当一部分人口虽然离开了农业却没能进入城镇；我国城镇户籍人口占总人口比例仅为35%左右，这说明我国还有约1.5亿人口生活在城镇却没能在城镇安家落户。这样的比例，不仅明显低于发达国家近80%的水平，也低于许多同等发展阶段国家的水平。可见，我国城镇化确实明显滞后于工业化。因此，推动工业化和城镇化良性互动，必须始终坚持以工业化带动城镇化，避免城镇化过程中的产业空心化。

现在一些地方在推进城镇化过程中，只注重规模扩张而忽视产业集聚，只注重城市经营而忽视同城待遇，城镇产业服务功能和人口吸纳能力明显不足。相当一部分城镇或多或少出现了资源短缺、环境污染、交通拥挤、房价高企等问题，严重影响了工业等产业的发展。与此同时，还有上亿农民工及其家属进了城却落不了户、就了业却安不了家，长期游离在城乡之间，不仅造成了对资源的双重占用，也引发了许多社会问题。因此，必须大力推进农业转移人口融入城镇生活，把在非农产业就业的农民转为进城安家落户的居民。特大城市和大城市都要根据实际，创新方法，鼓励具有稳定收入并在城市居住一定年限的农业转移人口落户。中小城市和小城镇更要改革户籍制度，有序推进农业转移人口市民化，努力实现城镇基本公共服务常住人口全覆盖。“十二五”时期，如果我国每年能新增城镇人口1400万并达到目前城镇居民平均消费水平，那就可以相应带动消费需求增加1000亿元以上；如果再加上每增加一个城镇人口至少可带动10万元投资的话，每年至少还可以新增固定资产投资1.4万亿元左右。可以预期，城镇人口及其生产活动的规模化快速集聚，必将为我国工业化进程注入强大动力。

第三，推动城镇化和农业现代化相互协调，是进一步夯实我国农业基础的客观需要。改革开放以来特别是党的十六大以来，党和国家始终坚持以工促农、以城带乡，连续9年出台的关于“三农”问题的中央一号文件，使各项强农惠农富农政策不断完善。仅“十一五”时期，中央财政对“三农”的投入累计就达近3万亿元,年均增幅超过23%。我国取消了征收2600多年的农业税和各种收费,制定出台了农村扶贫开发纲要和兴边富民行动规划,每年减轻农民负担超过1335亿元,全国粮食总产量实现历史罕见的"九连增"。

但是也要看到,由于历史基础等原因,当前我国农业现代化步伐还相对滞后于工业化、城镇化。这表现在:农业基础还比较薄弱,粮食安全保障能力还不强,这越来越成为我国现代化建设的重要瓶颈和突出短板。近几年,我国农业自然灾害频发、农产品价格波动剧烈,就是这方面情况的一个突出反映。同时还要看到,在我国城镇化率已超过50%的情况下,今后还会有更多青壮年人口从乡村进入城镇,而随着更多农产品生产者变为消费者,粮食等主要农产品的需求压力会进一步增大;随着更多土地等生产要素从农业转向非农产业,农业生产的资源约束也会进一步增强。城镇化的深入发展,客观上还要求农业提供数量更多、质量更高的农产品,释放出规模更大、素质更高的农业劳动力,这就使农业的支撑和保障任务愈加繁重,加快农业现代化的要求愈加迫切。同时,随着城镇化快速发展,我国已进入工业反哺农业、城市支持农村的发展阶段,加快推进农业现代化的历史时机已经到来。我国完全有能力不断加大工业化对农业现代化的反哺和补偿力度,强化强农惠农富农政策,增强农村发展活力,逐步缩小城乡差距,促进城乡共同繁荣。

全国各级党组织一定要按照党章修正案的要求,抓住党和国家着力推动工业化、信息化、城镇化和农业现代化同步发展的历史机遇,审时度势、顺势而为、乘势而上,加快农业现代化步伐,夯实农业这个基础,推动城乡发展一体化,为我国顺利推进工业化、城镇化提供充足的农产品和丰富的劳动力,推动社会主义现代化建设稳步前行。

# 党的十八大报告中的八大关键词*

（2012年11月）

## 一、两个“五位一体”构成党和国家战略新布局

党的十八大报告将中国特色社会主义事业总体布局从“四位一体”扩展为“五位一体”，这表明我们党对中国特色社会主义建设规律从认识到实践都达到了新的水平。早在1986年，党的十二届六中全会首次提出以经济建设为中心、坚定不移地进行经济体制改革，坚定不移地进行政治体制改革，坚定不移地加强精神文明建设的总体布局，这样的“三位一体”总体布局，从党的十三大一直延续到十六大。党的十六届四中全会和六中全会提出构建社会主义和谐社会的重大任务，总体布局增加了社会建设，拓展为“四位一体”；党的十八大提出生态文明建设，又把总体布局拓展为“五位一体”。“五位一体”的总体布局，对应着全国老百姓的经济、政治、文化、社会、生态文明五大利益和五大权益。特别是通过生态文明建设，我们党和国家将在实现当代人利益的同时，给自然留下更多修复空间，给农业留下更多良田，给子孙后代留下天蓝、地绿、水净的美好家园。

党的十八大报告提出的我们党的建设总体布局也是“五位一体”，即思想建设、组织建设、作风建设、反腐倡廉建设、制度建设。中国特色社会主义事业“五位一体”总体布局中的生态文明，体现着大自然生态环境的不断净化，而我们党的建设新的伟大工程“五位一体”总体布局中的反腐倡廉建设，体现的是中国共产党对党的肌体和党内政治生态的自我净化。

---

* 本文系作者接受新华社记者采访时的访谈要点。

## 二、科学发展观是党的指导思想的又一次与时俱进

党的十八大报告进一步明确了科学发展观的历史定位,实现了党的指导思想又一次与时俱进。我们党在推进马克思主义中国化过程中有两次历史性飞跃,第一次飞跃形成了毛泽东思想;第二次飞跃是在改革开放新的伟大革命中,逐步形成的中国特色社会主义理论体系。这个理论体系实现了我们党的指导思想的三次与时俱进,第一次是将邓小平理论确立为党的指导思想,第二次是将"三个代表"重要思想确立为党的指导思想,第三次是将科学发展观确立为党的指导思想,同马克思列宁主义、毛泽东思想、邓小平理论、"三个代表"重要思想一道,写在了我们党的指导思想的旗帜上,这是党的十八大报告最大的理论亮点和历史贡献。

## 三、八项要求:丰富了中国特色社会主义内涵

党的十八大报告对中国特色社会主义作出新的理论概括,强调在新的历史条件下,夺取中国特色社会主义新胜利,必须牢牢把握八个基本要求,分别是:必须坚持人民主体地位,必须坚持解放和发展社会生产力,必须坚持推进改革开放,必须坚持维护社会公平正义,必须坚持走共同富裕道路,必须坚持促进社会和谐,必须坚持和平发展,必须坚持党的领导。这八条,不但条条都有强烈的现实针对性、长远指导性,而且作为全党全国人民的共同信念,必将极大地推进解放思想、改革开放、凝聚力量、攻坚克难,扎扎实实夺取中国特色社会主义新胜利,奋力开拓中国特色社会主义更为广阔的发展前景。

## 四、"两个目标"是夺取新胜利的两座高耸的里程碑

党的十八大报告提出"两个一百年"奋斗目标,一个是在中国共产党成立一百年时全面建成小康社会,一个是在新中国成立一百年时建成富强民

主文明和谐的社会主义现代化国家。这“两个一百年”奋斗目标最早是在党的十五大报告中提出的，此后，党的十六大、十七大报告以及胡锦涛同志在纪念党的十一届三中全会召开30周年大会上的讲话中都作了重申。

党的十八大报告再次重申这“两个一百年”奋斗目标，就是要强调，此时此刻，我们正处于近代以来中国历史上最接近中华民族伟大复兴目标的重要时刻，我们既倍加自豪，又对党和人民确立的理想信念倍加坚定，对党肩负的历史责任倍加清醒。也可以这样说，这“两个一百年”奋斗目标必将成为我们夺取中国特色社会主义新胜利的两座高耸的里程碑，让全国老百姓都看得见、摸得着、可参与。

## 五、从“五个方面”充实完善了全面建成小康社会目标要求

党的十八大报告提出“为全面建成小康社会而奋斗”，从“建设”到“建成”，这一字之变，是个质的飞跃；这一字之改的含金量很高，为我们扎扎实实迈向中华民族伟大复兴提供了一个看得见、摸得着、感受得到的阶段性目标，把全面建成惠及十几亿人口的更高水平的小康社会美好前景，更加清晰地呈现在全国人民面前，必将极大激发全国人民的奋斗热情。

全面建成小康社会的新的目标要求分别是：经济持续健康发展，人民民主不断扩大，文化软实力显著增强，人民生活水平全面提高，资源节约型、环境友好型社会建设取得重大进展。

这里最引人注目的目标是：到2020年“实现国内生产总值和城乡居民人均收入比2010年翻一番”。到那时，全国老百姓的衣食住行用水平将全面提高，基本公共服务均等化将总体实现，全民受教育程度和创新人才培养水平将明显提高，教育现代化将基本实现，农民工子女将平等接受教育，让每个孩子都能成为有用之才，城乡就业将更加充分，收入分配差距将会缩小，中等收入群体将持续扩大，扶贫对象将大幅减少，农业转移人口市民化进程将加快，城镇基本公共服务将实现常住人口全覆盖，人人享有基本医疗卫生服务，人居环境明显改善，住房保障体系基本形成。老百姓生活在社会主义中国的幸福感将普遍增强。

全面深化经济、政治、文化、社会、生态文明这五大体制改革，也在全面

建成小康社会新的目标要求中全面呈现,进一步明确了包括政治体制改革、生态文明体制改革在内的全面深化改革的重点。用一个形象的词语来概括,就叫作"高举旗帜走转改","高举旗帜"就是高举中国特色社会主义伟大旗帜,"走"就是坚定不移走中国特色社会主义道路,"转"就是加快转变经济发展方式,"改"就是全面深化改革开放。

## 六、社会主义协商民主是政治体制改革重要内容

党的十八大报告提出健全社会主义协商民主制度,这是我国人民民主的重要形式,有利于就经济社会发展重大问题和涉及群众切身利益的实际问题广泛协商,广纳群言、广集民智,增进共识、增强合力。把中国特色选举民主同社会主义协商民主相结合,将有利于我们国家健全民主制度、丰富民主形式,扩大社会主义民主,发展社会主义政治文明,为实现最广泛的人民民主确立正确方向。

## 七、24个字分三个层次概括了社会主义核心价值观

党的十八大报告用24个字,提出覆盖全国各方面意见、反映现阶段全国人民最大公约数的社会主义核心价值观的表述。这个表述是分别从国家、社会、公民个人三个层面展开的。

从国家层面看,是富强、民主、文明、和谐;从社会层面看,是自由、平等、公正、法治;从公民个人层面看,是爱国、敬业、诚信、友善。毛泽东同志一再强调正确处理国家、集体、个人三者利益关系,这三个层面的社会主义核心价值观的表述,也体现了同样的思想方法。在这个基础上,有利于积极培育社会主义核心价值观。

## 八、"三型"是对执政党自身建设规律的更全面把握

党的十八大报告提出,要建设学习型、服务型、创新型的马克思主义执

政党。这“三型”目标,表明我们对执政党建设规律的把握更自觉、更全面、更深刻。“三型”目标中的为人民服务的“服务型”是宗旨,是目的;“学习型”“创新型”是方法,是路径,表明我们党要通过学习和创新,不断提高为人民服务的本领、能力和水平。

在党的十八大报告中,“人民”是个关键词,“服务”也是个关键词。坚持人民主体地位,更好保障人民权益、更好保障人民当家作主贯穿报告始终,为人民服务也贯穿报告始终。在社会主义经济、政治、文化、社会、生态文明建设部分的论述和部署中,处处体现了我们党和国家全方位为人民服务,加强各方面、各领域服务体系建设,服务各方面人群的服务功能、服务效能。同时,党的十八大报告也对基层“服务型”党组织建设作出了总体部署,必将充分发挥基层党组织推动发展、服务群众、凝聚人心、促进和谐的作用,进一步夯实党执政的基层组织基础。

# 党的十八大与我国民主政治建设和政治体制改革

（2012年11月）

改革开放以来，我们党总结新中国成立以来发展社会主义民主正反两方面经验，强调人民民主是社会主义的生命，坚持国家一切权力属于人民，不断推进政治体制改革，扩大社会主义民主，健全社会主义法制，在社会主义民主政治建设方面取得重大进展。党的十八大报告提出的全面建成小康社会奋斗目标中，展现了人民民主不断扩大的前景。这就是：民主制度更加完善，民主形式更加丰富，人民积极性、主动性、创造性进一步发挥。依法治国基本方略全面落实，法治政府基本建成，司法公信力不断提高，人权得到切实尊重和保障。所有这些，必将把我国民主政治建设和政治体制改革往前大大推进一步。

关于中国的民主政治建设问题，恐怕真应了那句“旁观者清”的老话。我注意到，在十八大期间，国外媒体对中国的民主政治建设问题发表了一些很有见地、很有分量的评论。

比如，俄罗斯报纸网今年11月12日刊发的一篇文章称，中国没有丰富的资源，不靠任何人援助，也没有听别人的教诲，他们坚持走自己的路，使占全球1/5的人口摆脱了贫困，如今的中国比30年前距离民主更近了。这是中国共产党的丰功伟绩，他们改变了自己，改变了国家，也改变了世界。

无独有偶，英国《金融时报》今年11月11日发表的文章也指出，在一个大国，一人一票的选举是有其弊端的，一个富人选民群体经过经济学比较后发现，他们可以轻而易举地让这种制度朝着对自己有利的方向倾斜。而且，一人一票的选举民主还有更深层的问题。比如，在欧洲和美国，公众屡屡投票支持低税收和高福利，却轻率地压上了国家的未来。而中国政府已经形成了挑选政治领导人的正确模式，这种模式与中国的文化和历史发展相一致，符合现代社会发展形势。应该在这种模式的基础上加以改进，而不是实行西方式的民主。这些来自美欧国家的理性的声音，是值得我们重视的。

我们看到，自20世纪80年代以来，在新自由主义影响下，一些发展中国家盲目照搬西方政治体制，水土不服，破而不立；经济停滞，民生凋敝，社会动荡，不仅损耗了国家实力，甚至扼杀了对未来的憧憬。所以，许多西方媒体和港澳台媒体，高度赞赏中共十八大报告关于中国“既不走封闭僵化的老路，也不走改旗易帜的邪路”的论述，也高度赞赏中共十八大报告提出的“积极借鉴人类政治文明有益成果，绝不照搬西方政治制度模式”的论述。他们认为，这不仅显示了中国充分的底气和对未来政改的信心，而且也表明，在中国的具体国情下完全可以选择一条不同于西方的政治发展道路。

关于政治体制改革问题，胡锦涛同志2011年在庆祝中国共产党成立90周年大会上的讲话中，作过比较深入、比较系统的论述。他充分阐明了改革开放30多年来，中国的政治体制改革已经改了什么。在党的十八大报告中，胡锦涛同志又进一步论述了中国今后的政治体制改革究竟怎么改的问题。

关于改革开放历史新时期以来，中国的政治体制改革已经改了什么，胡锦涛同志理直气壮而又有根有据地列举了以下7个方面。一是我们废除了实际上存在的领导干部职务终身制，确保了国家政权机关和领导人员有序更替。二是我们不断扩大人民有序政治参与，人民实现了内容广泛的当家作主。三是我们坚持和完善中国共产党领导的多党合作，深入开展政治协商、民主监督、参政议政，发展最广泛的爱国统一战线。四是我们建立健全深入了解民情、充分反映民意、广泛集中民智、切实珍惜民力的决策机制，保证决策符合人民利益和愿望。五是我们建立健全广纳群贤、人尽其才、能上能下、充满活力的用人机制，为各方面优秀人才建功立业开辟了广阔渠道。六是我们形成了中国特色社会主义法律体系，我们党自觉在宪法和法律范围内活动，支持人大、政府、政协、司法机关等依照法律和各自章程独立负责、协调一致开展工作。七是我们建立健全权力运行制约和监督体系，保证党和国家机关按照法定权限和程序行使权力。事实充分表明，改革开放以来我们党在不断推进政治体制改革方面已经取得重大进展，成功开辟和坚持了中国特色社会主义政治发展道路，为实现最广泛的人民民主确立了正确方向。

关于下一步我国政治体制改革究竟怎么改，胡锦涛同志在党的十八大报告中首先强调，政治体制改革是我国全面改革的重要组成部分，必须继续积极稳妥推进政治体制改革，发展更加广泛、更加充分、更加健全的人民民主。他强调，必须坚持党的领导、人民当家作主、依法治国有机统一，以保证人民当家作主为根本，以增强党和国家活力、调动人民积极性为目标，扩大社会主义民主，加快建设社会主义法治国家，发展社会主义政治文明。同时，胡锦涛同志还在党的十八大报告中提出了三个“更加注重”的总方针。这就是：更加注重改进党的领导方式和执政方式，保证党领导人民有效治理国家；更加注重健全民主制度、丰富民主形式，保证人民实行民主选举、民主决策、民主管理、民主监督；更加注重法治在国家治理和社会管理中的重要作用，维护国家法治统一、尊严、权威，保证人民依法享有广泛权利和自由。

关于下一步中国政治体制改革的具体改革措施，十八大报告提了七个方面：一是支持和保证人民通过人民代表大会行使国家权力；二是健全社会主义协商民主制度；三是完善基层民主制度；四是全面推进依法治国；五是深化行政体制改革；六是健全权力运行制约和监督体系；七是巩固和发展最广泛的爱国统一战线。

上述七个方面的政治体制改革措施充分表明，我们党对于推进政治体制改革是有顶层设计的，并且是有系统的思路、全面的部署。

说到对中国政治体制的顶层设计，那就是早已有之的中国特色社会主义制度体系中的人民代表大会制度的根本政治制度，中国共产党领导的多党合作和政治协商制度、民族区域自治制度以及基层群众自治制度等基本政治制度，中国特色社会主义法律体系，公有制为主体、多种所有制经济共同发展的基本经济制度，以及建立在这些制度基础上的经济体制、政治体制、文化体制、社会体制等各项具体制度。

其中，人民代表大会制度是人民当家作主的重要途径和最高实现形式，人民通过普遍的民主选举产生自己的代表，人大及其常委会代表人民利益和意志，统一行使国家权力，各级人大都对人民负责、受人民监督，因而既能普遍反映人民的呼声和要求，又能有效支持和监督各级国家机关。

中国共产党领导的多党合作和政治协商制度，实行共产党领导、多党派合作，共产党执政、多党派参政，既实现了广泛的民主参与，又有利于集中统一、统筹兼顾各方利益，拓展了中国特色社会主义民主的深度和广度。民族区域自治制度，保证了各民族无论大小都能享有平等的经济、政治、文化、社会、生态权益，从而形成相互支持、相互帮助、共同团结奋斗、共同繁荣发展的和谐民族关系。

由农村村民自治、城市社区居民自治、企事业单位职工代表大会制度构成的基层群众自治制度，是广大人民群众在中国共产党领导和支持下，在城乡基层单位和组织中依法直接行使民主选举、民主决策、民主管理和民主监督权利的民主制度，是中国特色社会主义民主最直接和最具体的体现。

党的十八大报告对这些制度提出了进一步发展、完善的重大思路。比如，加强人民代表大会对政府全口径预算、决算的审查和管理，加强对"一府两院"的监督等，就是对我国根本政治制度的发展和完善。又比如，发展社会主义协商民主，就是对我国基本政治制度的发展和完善。2006 年中央5 号文件明确提出了关于我国的两种民主形式的概念。文件指出："人民通过选举、投票行使权力和人民内部各方面在重大决策之前进行充分协商，尽可能就共同性问题取得一致意见，是我国社会主义民主的两种重要形式。"2011 年中共中央办公厅 16 号文件进一步明确了人民政协和协商民主的关系，文件指出："人民政协这种民主形式融协商、监督、合作、参与于一体，极大丰富了我国社会主义民主的内涵，成为协商民主的重要渠道。"应该看到，党的十八大报告提出的协商民主，是比人民政协的民主协商更为宽泛的政治概念。报告强调，要推进协商民主广泛、多层、制度化发展，通过国家政权机关、政协组织、党派、团体等渠道，就经济社会发展重大问题和涉及群众切身利益的实际问题广泛协商，广纳群言、广集民智，增进共识、增强合力。报告还强调，既要加强同民主党派的政治协商，也要积极开展基层民主协商，增强民主协商的实效性。

总之，一个国家选择什么样的政治发展道路和政治制度，归根到底是由这个国家的性质和国情决定的，这就是俗话所说的："鞋子是否合脚，只有穿鞋的人才知道。"现在，我们看到，那些采用了西方一人一票加多党制的政治体制的非西方国家，基本上只有两种结局：一种是从希望到失望，如菲律宾、泰国、乌克兰、吉尔吉斯斯坦等；另一种是从希望到绝望，如海地、伊拉克、阿富汗、刚果民主共和国等。这就表明,邓小平同志关于“照抄照搬别国经验、别国模式,从来不能得到成功”的论述是完全正确的。在这个问题上,我们确实必须进一步增强道路自信、理论自信、制度自信。

# 社会主义核心价值观与三个最大公约数

（2013年3月）

党的十八大期间，我在中央电视台和《人民日报》上解读党的十八大精神时，曾简要介绍过十八大报告是怎么提炼和概括社会主义核心价值观问题的。

先说说提炼和概括社会主义核心价值观这件事情的缘起。2011年，在党的十七届六中全会研究制定关于深化文化体制改革、推动社会主义文化大发展大繁荣若干重大问题的决定时，全国各级党组织、党员干部特别是党的各级宣传思想文化部门，都建议这次全会最好能在十六届六中全会《决定》提出的社会主义核心价值体系基础上，进一步总结提炼出一个更简洁、更易懂易记、也更方便对内对外传播的、关于社会主义核心价值观的表述。以胡锦涛同志为总书记的党中央很重视这个意见，但由于当时全党全国、方方面面对这个问题的认识不尽统一，主要是对于从什么层面上来加以概括的认识不尽统一，所以，十七届六中全会最终没能完成这个任务。

2012年1月，在筹备召开党的十八大时，各地区、各部门又把这个问题重新提了出来，但还是绕不开一个老问题：究竟应该从什么层面上来概括社会主义核心价值观？当时，中央军委已经提出了当代革命军人核心价值观，那是着眼于革命军人这一特定群体来概括的；北京、上海两大直辖市也先后提出了对“北京精神”“上海精神”的概括，那都是着眼于一个地域来概括的；还有一些“企业精神”“行业精神”，本质上都是着眼于一个企业、一个行业的特点提出来的。那么，党的十八大报告究竟应当从一个什么样的层面、什么样的角度，来概括社会主义核心价值观呢？当时面临的就是这样一个问题。

再来说说关于明确表述社会主义核心价值观内容方案的由来。党的十八大报告在起草过程中，经过听取和整合各方面意见，经过文件起草组反复讨论和修改，最后选择了分三个层次来概括社会主义核心价值观的组合式方案，这是一个覆盖全党全国各方面意见，反映现阶段对社会主义核心价值观在认识上最大公约数的一种表述方案。

这个方案是分别从国家、社会、公民个人这三个层面，用 12 个词组、24 个字，来组合式表述社会主义核心价值观的。

在国家层面，提出富强、民主、文明、和谐；在社会层面，提出自由、平等、公正、法治；在公民个人层面，提出爱国、敬业、诚信、友爱。试想一下，在我们这样一个 13 亿人口的大国、8000 多万党员的大党，如果只从一个局部、一个层面、一个群体去概括社会主义核心价值观，怎么能够避免种种局限和偏颇呢？而从以上这三个层面来进行组合式的概括和表述，则可以避免这些局限和偏颇。

作这样三个层面的组合式表述，在思想方法上，借鉴了毛泽东同志在 20 世纪 50 年代，从三个层面来论述社会主义条件下的利益关系问题的概括和表述方法。毛泽东同志当时提出，正确处理社会主义条件下的利益关系，就要既讲国家利益，也讲集体利益、个人利益。那么，对社会主义核心价值观进行概括和表述，是不是也可以从这三个层面来进行呢？在召开党的十八大的会场内外、我们党内党外，绝大部分同志对这样组合式的表述是赞同的、认可的，认为作这样的表述，可以体现同社会主义核心价值观有关的三个最大公约数，的确比较全面，也比较科学。

第一个最大公约数，要联系近代以来中华民族的两大历史性追求来加深理解。1840 年鸦片战争以来，我们中华民族一直怀抱着两大历史性追求：一是实现国家独立和民族解放；二是实现国家富强和人民富裕。这两大历史性追求，概而言之，一是要救亡；二是要富强。毛泽东同志曾对这两大历史性追求作过深入的理论分析。他强调，国家的独立、自由、民主和统一，是国家富强的历史前提，“一个不是贫弱的而是富强的中国，是和一个不是殖民地半殖民地的而是独立的，不是半封建的而是自由的、民主的，不是分裂的而是统一的中国，相联结的。”在中国共产党领导下，经过全国人民的浴血奋战、持续奋斗，现在第一个历史性追求已经实现了，第二个历史性追求正在努力逐步实现的过程之中。

联系这两大历史性追求，我们可以看到，党的十八大报告从国家、社会、公民个人三个层面对社会主义核心价值观所作的概括和表述,特别是从国家层面上对“富强、民主、文明、和谐”这8个字的表述,集中反映了我们党和中华民族几代人的历史追求、目标追求,归根到底是集中反映了我们党和民族,对我们这个人民共和国的最高利益、最大价值的追求。因此,那种认为“富强、民主、文明、和谐”这8个字,只是国家奋斗目标而非社会主义核心价值的看法和说法,无论在理论上和实践上都是站不住脚的。

我们还可以看到,这8个字的表述,对我们整个国家、民族以及海内外中华儿女,都具有空前的感召力、凝聚力、影响力。十八大以后,当习近平同志在参观《复兴之路》展览时提出“现在,大家都在讨论中国梦,我以为,实现中华民族伟大复兴,就是中华民族近代以来最伟大的梦想”时,在举国上下和全球中华儿女中立刻引起的巨大反响,就生动表明,十八大报告在这个层面上对社会主义核心价值观所作的表述,确确实实反映了现阶段我们党、我们中华民族在思想上、政治上、价值上的最大公约数。

第二个最大公约数,要联系党的十六届六中全会关于构建社会主义和谐社会的总要求等重要文献来加深理解。2006年10月,党的十六届六中全会作出的《中共中央关于构建社会主义和谐社会若干重大问题的决定》,对构建社会主义和谐社会提出了28个字的总要求。这就是:“民主法治、公平正义、诚信友爱、充满活力、安定有序、人与自然和谐相处”。比较一下就可以发现,其中的6个重要词组都进入了社会主义核心价值观的12个词组之中。如果我们再联系更早以前党的十二届六中全会《中共中央关于社会主义精神文明建设指导方针的决议》和党的十七大报告,还会看到,这样的表述在我们党的重要文献中,仍是一以贯之的。

党的十二届六中全会《决议》指出:“在人类历史上,在新兴资产阶级和劳动人民反对封建专制制度的斗争中,形成民主和自由、平等、博爱的观念,是人类精神的一次大解放。马克思主义批判地继承资产阶级的这些观念,又同它们有原则的区别。从根本上说,资产阶级民主是为维护资本主义制度服务的。社会主义在消灭阶级压迫和剥削的基础上,为充分实现人民当家做主,把民主推向新的历史高度开辟了道路。”

党的十七大报告指出:“加强公民意识教育,树立社会主义民主法治、自由平等、公平正义理念”,“扩大社会主义民主,更好保障人民权益和社会公平正义”。

以上引述的我们党的这两个重要历史文献中，至少有 7 个重要词组被写入十八大报告表述的社会主义核心价值观的 12 个词组之中。这表明，我们党在长期革命、建设、改革实践中，通过不断深化对民主法治、自由平等、公平正义等理念的认识，形成了中国特色社会主义的民主法治观、自由平等观、公平正义观，这不仅是从中国的实际出发，科学地借鉴了包括资本主义有益文明成果在内的，一切人类进步的价值理想，而且也继承和发展了马克思主义民主法治观、自由平等观、公平正义观；同时，这也生动表明，十八大报告对社会主义核心价值观的概括，特别是从社会层面所作的自由、平等、公正、法治的概括，反映了整个进步人类的价值追求。费孝通先生晚年说过，各美其美，美人之美，美美与共，天下大同，应该成为中国人的文化自觉。从这个意义上说，十八大报告在社会层面对社会主义核心价值观所作的表述，体现了同我们整个社会、整个民族乃至整个进步人类的核心价值追求的最大公约数。

第三个最大公约数，要联系 2001 年党中央印发的《公民道德建设实施纲要》等重要文献来加深理解。2001 年 9 月，党中央印发的《公民道德建设实施纲要》，把“爱国守法、明礼诚信、团结友善、勤俭自强、敬业奉献”这 20 个字，确立为我国公民基本道德规范。在此之前和之后，党中央也在多次重要会议和重要文献中，论及公民道德规范方面的内容。比如，1986 年 9 月，党的十二届六中全会《中共中央关于社会主义精神文明建设指导方针的决议》提出：“要培养有理想、有道德、有文化、有纪律的社会主义公民，提高整个中华民族的思想道德素质和科学文化素质。”1996 年 10 月，党的十四届六中全会通过的《中共中央关于加强社会主义精神文明建设若干重要问题的决议》提出，要加强社会公德、职业道德、家庭美德建设。

从上述重要文献中可以看到，十八大报告从公民个人层面对社会主义核心价值观作出的爱国、敬业、诚信、友爱的概括，涵盖了社会主义公民道德行为各个层面，贯穿了社会公德、职业道德、家庭美德、个人品德各个方面，同时也集中体现了中华民族传统美德、中国共产党人革命道德和改革开放历史新时期国民道德的精华，不但具有很强的全面性和系统性，而且也反映了社会主义核心价值观，同中华民族优秀传统、中国共产党人革命道德和改革开放历史新时期公民道德基本价值追求的最大公约数。

总之，十八大报告在概括社会主义核心价值观这样的宏大命题时，秉持的是一种以马克思主义为指导，批判继承历史传统而又充分体现时代精神，坚持立足本国实际而又面向世界潮流的科学态度，体现的是马克思主义价值观与中国传统价值思想有机统一、民族性与时代性有机统一、主导性与包容性有机统一的科学方法。这样一种社会主义核心价值观，乃是一种积淀着中华民族最深层的精神追求、具有广泛民众基础的价值观，是勇于和善于吸收人类创造的各种优秀思想文化成果，而又随着时代和实践发展而不断丰富完善的价值观，是真正能够引领当代中国发展进步的价值观。

在十八大开启的实现“两个一百年”奋斗目标、实现中华民族伟大复兴中国梦的新的历史征程上，我们要自觉地把培育和发扬社会主义核心价值观同深入贯彻落实十八大报告提出的夺取中国特色社会主义新胜利的八条基本要求紧密结合起来，因为这八条基本要求生动体现了社会主义核心价值观的思想内涵。我们要通过团结奋斗、持续奋斗，使夺取中国特色社会主义新胜利的过程，成为社会主义核心价值观在全党全国全社会更加深入人心的过程，成为更加自觉地把人们的自我追求与奋斗融入中华民族伟大复兴中国梦的过程。正如习近平同志所精辟论述的那样：“国家好，民族好，大家才会好。”

# “摸石头就是摸规律，并非不过河”*

（2013年3月7日）

## 一、没有改革的底层探索
## 光靠顶层设计是靠不住的

**《21世纪经济报道》**：前段时间你到很多地方做了十八大的宣讲报告，反响非常强烈，尤其是对你提出的经过30多年锲而不舍地摸着石头过河，我们已经摸到了带有理论基石分量的“三块大石头”，这就是邓小平理论、“三个代表”重要思想和科学发展观，反响尤为强烈。那么，我们应该怎么从时间顺序、理论内涵上去加深理解这“三块大石头”？

**施芝鸿**：这里所说的“三块具有理论基石分量的大石头”，是按照改革开放的时间顺序和我们党的实践创新、理论创新、制度创新的顺序概括出来的。邓小平理论是我们党摸到的第一块“具有理论基石分量的大石头”，摸到了这块大石头，就意味着我们党在认识论上，越过了一条什么是社会主义、怎样建设社会主义的大河；接着就是摸到了“三个代表”重要思想这块“具有理论基石分量的大石头”，摸到了这块大石头就意味着我们党在认识论上，越过了一条改革开放和社会主义市场经济条件下，建设什么样的党、怎样建设党的大河；科学发展观是我们党摸到的第三块“具有理论基石分量的大石头”，摸到了这块大石头就意味着我们党在认识论上，又越过了一条在社会主义现代化建设中，要实现什么样的发展、怎样发展这条大河。

有人这样提出问题：摸到石头就等于过河了吗？言下之意，你所说的摸到三块具有理论基石分量的大石头，也没有什么了不起。其实，所谓摸到三块大石头，这只是从认识论上来说的。我们党越过了认识论上的这三条大

---

* 本文系作者接受《21世纪经济报道》记者采访时的访谈要点。

河，当然还不等于我们已经越过了改革开放实践中所要解决的摸着石头过河的任务，这还要求我们在“实践论”这个范畴里，把在“认识论”上“摸石过河”的成果付诸实践。习近平总书记最近强调指出，“摸石头就是摸规律”。这个话说得很精练，也很精辟。对于我们认识和把握客观世界的规律来说，难道这样的摸石过河、投石问路，这样的实践探索会有什么水深水浅的问题而导致我们无法摸规律的吗？只要客观世界还存在，摸规律的认识活动和实践活动就存在。所以，即便在改革的深水区里，我们还是要继续坚持摸着石头过河，同时要注意把摸石过河的底层探索，同改革的顶层设计结合起来。没有改革的底层探索，光靠顶层设计是靠不住的。当年，苏联解体就吃过这个亏。当时，他们把西方人请去帮助搞的“休克疗法”的顶层设计，其结果如何是众所周知的。

即使有了全面深化改革的顶层设计，也还要在一些牵动全局的关键的改革问题上坚持搞好试点，选择一些地方作为先行先试区、改革实验区。把搞好全面深化改革的顶层设计同摸着石头过河的实践结合得越好，越能提高全面深化改革决策的科学性，体现全面深化改革的系统性、整体性、协同性，越能扎扎实实地推进全面深化改革。

**《21世纪经济报道》**：现在有人认为，“摸着石头过河”已经摸得太久，有些领导已经忘记我们的任务是要过河。你怎么看待这种说法？

**施芝鸿**：其实，摸着石头过河，这只是我们党在改革开放过程中的一个比喻。在革命战争年代，毛泽东同志也作过一个比喻。他说，我们的任务是要过河，要过河就要解决船和桥的问题。毛泽东同志讲的船和桥，同邓小平同志讲的摸石头，都是一种形象化、具象化的比喻。摸到石头同解决船和桥的问题，当然都是为了要过河。由于我们党在推进改革开放和社会主义现代化建设中所肩负任务的艰巨性和繁重性世所罕见，我们在改革发展稳定中所面临矛盾和问题的规模和复杂性世所罕见，我们在前进中所面对的困难和风险也世所罕见，因此摸着石头过河的时间，就可能会相对长一些。习近平总书记最近多次指出，改革开放只有进行时没有完成时；改革开放中的矛盾只能用改革开放的办法来解决。从这个意义上说，没有什么摸着石头过河已经摸得太久的问题，也不存在什么只摸石头不过河的问题。事实上，我们党摸到了这三块“具有理论基石分量的大石头”，就意味着我们已经朝着“过河”即建设和发展中国特色社会主义向前跨进了一大步。不积跬步，无以至千里。只有通过坚持不懈地摸着石头过河，才能积小胜为大胜，由量变到质变，最终达到“过河”的目的。

有人说，摸着石头过河已经过时了。说这些话的同志，恐怕对摸着石头过河的具象理解有点窄、也有点急了。习近平总书记多次强调，要允许摸着石头过河，并强调要把摸着石头过河同顶层设计结合起来，这是一种科学的改革方法论。如果幻想一口可以吃成一个胖子，一个时期的短促突击就能把建设和发展中国特色社会主义任务立马完成，那就未免太浪漫主义、太理想化了。

## 二、要解决多个领域制度供应匮乏的问题

**《21世纪经济报道》**：你刚才讲到摸石头就是摸规律，你觉得在未来全面深化改革过程中，还会摸到什么样的大石头？

**施芝鸿**：要回答这个问题，只要重温一下党的十八大报告就清清楚楚、明明白白了。党的十八大报告强调：“全面建成小康社会，必须以更大的政治勇气和智慧，不失时机深化重要领域改革，坚决破除一切妨碍科学发展的思想观念和体制机制弊端，构建系统完备、科学规范、运行有效的制度体系，使各方面制度更加成熟更加定型。”由此可以说，我们全面深化改革，要摸的下一块大石头，就是要让中国特色社会主义各方面制度更加成熟更加定型的大石头，或者说，就是要摸到更加成熟更加定型的制度这块大石头。

现在我们国家面临的一个很突出的矛盾是：一方面有多个领域的产能严重过剩，另一方面是多个领域的制度供应相当匮乏。所以，党的十八大报告把“构建系统完备、科学规范、运行有效的制度体系”的任务，突出地提到全党全国人民面前。毫无疑问，这就是我们要通过全面深化改革去摸的一块大石头。摸到了这块大石头，我们就可以使中国特色社会主义各方面制度更加成熟更加定型。这个任务，是邓小平同志在1992年南方谈话中首次提出来的。那时，邓小平说：“恐怕再有三十年的时间，我们才会在各方面形成一整套更加成熟、更加定型的制度。在这个制度下的方针、政策，也将更加定型化。”“定型化”，就是习近平同志在他主持起草的十八大报告中所要求的中国特色社会主义制度的完善化。十八大以后我国的全面深化改革，就是奔着这个目标去的。

**《21世纪经济报道》**:对这个问题是侧重理论还是侧重实践方面的探讨?

**施芝鸿**:理论和实践都重要。完善中国特色社会主义制度体系,既有理论认识方面的问题,也有实践探索的问题。

**《21世纪经济报道》**:这跟我们讲的顶层设计有什么联系?

**施芝鸿**:当然有联系。摸规律属于理论范畴,在规律性认识指导下解决"过河"的任务属于实践范畴,所以只有在思想理论上认识到位,才能使顶层设计到位,加上继续摸着石头过河的探索到位,才能摸到这块大石头,完成让中国特色社会主义各方面一整套制度更加成熟更加定型的任务和目标。

**《21世纪经济报道》**:比较几次党代会报告,中国特色社会主义从最初的"三位一体"拓展为"五位一体"。怎么看待这种变化?

**施芝鸿**:这个"五位一体",既是中国特色社会主义的总体布局,也是全国各族人民的总体利益。我在中央电视台做访谈节目时说过,党的十八大提出的这个"五位一体",所对应的是全国老百姓的经济利益、政治利益、文化利益、社会利益、生态文明利益。人民群众需要我们党在这五个方面满足他们的权益和利益。人民群众对美好生活的向往和愿望,就是我们党的奋斗目标。所以,围绕这五大利益,推进"五位一体"的改革和建设,就能把中国特色社会主义制度建设得更完善。

**《21世纪经济报道》**:十八大报告中提出"两个一百年"的奋斗目标:"在中国共产党成立一百年时全面建成小康社会","在新中国成立一百年时建成富强民主文明和谐的社会主义现代化国家。"对此,应当怎么理解?

**施芝鸿**:其实,"两个一百年"的奋斗目标,早在党的十五大报告中就提出来了。十五大报告是这样说的:"展望下世纪,我们的目标是,第一个十年实现国民生产总值比二〇〇〇年翻一番,使人民的小康生活更加宽裕,形成比较完善的社会主义市场经济体制;再经过十年的努力,到建党一百年时,使国民经济更加发展,各项制度更加完善;到世纪中叶建国一百年时,基本实现现代化,建成富强民主文明的社会主义国家。"此后,党的十六大、十七大、十八大又不断重申了这个奋斗目标。

"两个一百年"的奋斗目标,可以形象化地看作是在我们实现中华民族伟大复兴中国梦的道路上,竖起了两块高高的里程碑。不是总有一些同志认为不论中国特色社会主义共同理想，还是共产主义远大理想，在目标上都显得有点抽象、有点渺茫吗？那么，把"两个一百年"的里程碑高高竖立起来，就使我们的奋斗目标更加看得见、摸得着了，就能极大地鼓舞全党全国各族人民瞄准和聚焦"两个一百年"的奋斗目标，团结奋斗、艰苦奋斗、接力奋斗，直到我们国家实现全面现代化。

## 三、探索协商民主这一重要形式需要制度保证

**《21世纪经济报道》**：你以前是在幕后从事辅助工作，现在到政协这样一个开放的前台，对这个转变有什么感受？

**施芝鸿**：我对自己面临的这个转变是这样看的：过去是在党的高级领导机关，从事党内民主、决策民主乃至中国特色社会主义民主制度的理论和实践研究，现在到了全国政协，是直接参与中国特色社会主义协商民主，这就有一个转视角、转观念的问题。在全国政协这个政治协商、民主监督的舞台上，我要向老政协委员学习，努力把社会主义协商民主问题研究得更透彻，实践得更自觉，建设得更完善。

**《21世纪经济报道》**：党的十八大报告把政治协商单独成段，首次提出并系统论述了"社会主义协商民主是我国人民民主的重要形式"，"健全社会主义协商民主制度"，强调把政治协商纳入决策程序。从中能看出什么变化？

**施芝鸿**：这实际上是我们党和国家在探索如何进一步完善中国特色社会主义民主的实现形式问题。当年，我们党在革命根据地时期建立的"三三制"政权形式，实际上已经是一种协商民主的雏形；新中国成立初期创立的人民政协制度，搭建了协商民主的政治框架；改革开放以来，我们又借鉴国际上有关协商民主的研究成果，结合中国实际、特别是人民政协工作实际，探索形成了专题协商、对口协商、界别协商、提案办理协商等中国特色的协商民主形式。党的十八大把这些实践中的探索成果上升到理论和制度层面。协商民主的提出，是对中国特色社会主义民主政治的一种丰富和完善，必将使中国特色社会主义民主政治发展道路越走越宽广。

**《21世纪经济报道》**：十二届全国政协有很多新委员进来，大家呼吁希望加强政协在监督这方面的功能，在程序上，甚至在法律层面上有所保障，

以后出去调研做的提案更有监督力度。你怎么看?

**施芝鸿:**人民政协承担着政治协商、民主监督、参政议政的职能,这三项职能恐怕应当结合起来理解和把握,既不能顾此失彼,也不能厚此薄彼。政协委员们在今天上午的发言中也都谈到了,搞好多党合作本身就有监督的问题。过去毛泽东同志和邓小平同志强调共产党要接受监督,现在习近平总书记强调共产党要能够容得下批评,这些都体现了我们党的最高领导层、最高领导人,对于权力必须受监督、权力必须在阳光下运行的自觉性、坚定性。所以,我们要在习近平总书记和新一届中央领导集体领导下,充分发挥人民政协作为协商民主重要渠道作用,围绕团结和民主两大主题,推进政治协商、民主监督、参政议政制度建设,更好地协调关系、汇聚力量、建言献策、服务大局,特别是要继承和弘扬人民政协光荣传统,把民主监督问题搞得更好。

# 关于司法公正和司法改革问题*

（2013年6月14日）

参加今天召开的“公正司法”专题座谈会之前，我按照全国政协领导同志的要求，把党和国家领导人以及党的十六大、十七大、十八大报告对公正司法的有关重要论述，作了比较系统的梳理。

## 一、关于公正司法的基本内涵

公正司法，这是人民群众的迫切愿望，是中国特色社会主义司法制度的本质要求，也是建设社会主义法治国家、更好体现社会公平正义的重要任务。党的十六大、十七大、十八大报告都突出强调：要“建设公正高效权威的社会主义司法制度”，“保障在全社会实现公平和正义”。公正司法的基本内涵是：围绕建设社会主义法治国家总目标，着眼于切实尊重和保障人权，深化司法体制改革，坚持和完善中国特色社会主义司法制度，确保审判机关、检察机关依法独立公正行使审判权、检察权，保证国家法律统一、正确实施，维护社会主义法制的统一、尊严、权威，不断提高司法公信力，让人民群众在每一个司法案件中都能感受到公平正义。具体来说，对司法公正有以下三条明确要求和主张。

一是在价值取向上，我们党和国家始终坚持把公正司法视为司法工作的生命线。公正是公信的基石，公正司法是司法工作的生命线。因此，早在2002年2月5日，江泽民同志就强调指出：“前几年，存在这样一种怪现象，那就是‘起诉不受理，受理不开庭，开庭不宣判，宣判不执行’。一个社会如果司法公正都得不到保证，社会信用就无从谈起。”2005年2月19日，

* 本文系作者在十二届全国政协机关召开的专题座谈会上的发言。

胡锦涛同志强调：要“充分发挥司法机关维护社会公平和正义的作用，促进在全社会实现公平和正义”。2012 年 12 月 4 日，习近平同志强调：“各级国家行政机关、审判机关、检察机关要坚持依法行政、公正司法，加快推进法治政府建设，不断提高司法公信力。”

二是在实践要求上，我们党和国家坚持把公正司法作为社会主义法治国家建设的重要任务。社会主义法治国家建设包括科学立法、严格执法、公正司法、全民守法这四个不可或缺的重要环节。正是在这个意义上说，公正司法是社会主义法治国家建设的重要任务。2011 年 7 月 1 日，胡锦涛同志强调：“要全面落实依法治国基本方略，在全社会大力弘扬社会主义法治精神，不断推进科学立法、严格执法、公正司法、全民守法进程，实现国家各项工作法治化。”2013 年 2 月 23 日，习近平同志强调：要“坚持依法治国、依法执政、依法行政共同推进，坚持法治国家、法治政府、法治社会一体建设，不断开创依法治国新局面”。

三是在具体操作上，我们党和国家突出强调，要努力做到让人民群众在每一个司法案件中都能感受到公平正义。我国政法机关处在保障社会公平正义最后一道防线。如果连保障公民权益、维护公平正义的公正司法都做不到，就会导致社会主义法治的底线和人民群众心理承受能力的底线崩溃。正因为这样，习近平同志在今年 1 月 7 日就做好新形势下政法工作作出的重要指示中强调，“全国政法机关要顺应人民群众对公共安全、司法公正、权益保障的新期待，全力推进平安中国、法治中国、过硬队伍建设，深化司法体制机制改革，坚持从严治警，坚决反对执法不公、司法腐败，进一步提高执法能力，进一步增强人民群众安全感和满意度，进一步提高政法工作亲和力和公信力，努力让人民群众在每一个司法案件中都能感受到公平正义”。真正做到这一点，就要努力使每一起案件的办理、每一件事情的处理都成为维护社会公平正义的具体实践，努力让经济确有困难的群众能打得起官司，让有理有据的当事人能赢得了官司，让打赢官司且具备条件执行的当事人能及时实现胜诉权益，使当事人能切身感受到法律的尊严和公正。

## 二、关于怎样才能做到公正司法

党的十六大、十七大、十八大报告以及党和国家有关领导同志的讲话，就怎样才能做到公正司法的问题着重强调了三个方面：一是从制度上来保证；二是通过深化改革来完善；三是通过队伍建设来促进。从制度上来保证，就是通过优化司法职权配置，着力解决影响司法公正、制约司法能力的深层次问题，不断优化司法环境，规范司法行为，加强监督制约，推动社会主义司法制度不断自我完善与发展。通过队伍建设来促进，就是要建设一支政治坚定、业务精通、作风优良、执法公正的司法队伍，提升司法工作者的“五种能力”，即做好新形势下群众工作能力、维护社会公平正义能力、新媒体时代的社会沟通能力、科技信息化应用能力、拒腐防变能力。

从制度上来保证公正司法和从队伍建设上来促进公正司法，都离不开进一步深化司法体制改革。党的十六大、十七大、十八大报告以及党和国家领导人对深化我国司法体制改革，着重强调了以下五个方面。

一是在司法系统各单位内部，既要合理配置权力，又要深化司法机关工作机制和人财物管理体制改革。比如，党的十六大报告强调：要“改革司法机关的工作机制和人财物管理体制，逐步实现司法审判和检察同司法行政事务相分离。”孟建柱同志今年1月7日在全国政法工作电视电话会议上强调：“要在权力过于集中的领域、岗位合理配置权力，落实法官、检察官、人民警察办案责任制，全面推行量刑规范化改革、案例指导制度，建立有权必有责、用权受监督、失职要问责、违法要追究的管理体系，进一步规范自由裁量权的行使，确保司法权严格依法运行。”

在实践中，各有关方面也提出了一些关于改革地方各级人民法院和检察院的编制、干部、经费管理体制的建议。比如，地方各级人民法院和检察院编制，可以由省级人民法院和检察院来统一管辖；地方各级人民法院的法官、人民检察院的检察官，可以由省区市党委管理，并依照法定程序进行任免；地方各级人民法院和检察院经费可以由省级财政或中央财政负担；等等。再比如，为确保审判权力的科学运用，可以建立主审法官和合议庭司法责任制，保障参审法官审判职权。同时，改革人民法院审判委员会制度，明确审判委员会只研究案件的法律适用问题，不讨论案件的事实认定问题。

二是在司法系统各单位之间，既要完善机构设置、职权划分和管理制度，又要通过深化改革体现尊重司法规律、规范司法程序，进一步建立权责明确、相互配合、相互制约、高效运行的司法体制。比如，人民法院、人民检察院、公安机关之间“既要加强沟通合作，确保形成合力，又要加强对民事、行政案件审判、执行的监督制约，加强对侦查权、自由裁量权的监督制约，加强对刑罚执行和监管活动的监督制约，防止权力失控、行为失范，确保司法公正”。“进一步规范分工，强化制约，重点加强检察机关对侦查、审判、执行环节的法律监督，确保司法权不被滥用。”

三是在司法系统上下级机关之间，要通过深化改革确保国家法律统一、正确实施。党和国家领导同志提出，要通过进一步规范上级司法机关对下级司法机关的领导、指导、监督的权限、范围，规范案件请示报告制度，做到既确保国家法律统一、正确实施，防止地方保护主义、部门保护主义，又确保各层级政法单位依法独立公正办案。

在实践中，各有关方面也提出了防止地方保护主义对公正司法的干扰的建议。比如，探索与行政区划适当分离的司法管辖制度，最高人民法院可根据工作需要在全国范围内设立若干巡回法庭，省高级人民法院可在辖区内设立若干巡回法庭，等等。

四是在司法机关外部，也要通过改革，确保司法权的行使不受行政机关、社会团体和个人干涉，同时还要加强对司法工作的监督。在关于确保司法权行使不受干涉问题上，党和国家领导同志反复强调：“要完善对违反法定程序干预司法权的登记备案报告和通报制度，确保司法权行使不受行政机关、社会团体和个人干涉，努力创造良好的司法环境。”在关于加强对公正司法的监督问题上，党的十八大报告强调：要推进司法公开和完善办事公开制度，“让人民监督权力，让权力在阳光下运行”。重点是要有效拓宽人民群众有序参与司法的渠道，充分发挥人民陪审员、人民监督员的作用。除法律规定保密的情况外，要把司法依据、程序、流程、结果及时公之于众，确保司法权在阳光下运行，让“暗箱操作”没有空间，让司法腐败无处藏身。在加强对公正司法监督的问题上，各有关方面在实践中也提出了深化审判公开、检务公开，包括扩大公开审判范围、法庭庭审同步录音录像等方面的改革措施，以及除涉及国家秘密、商业秘密和个人隐私的文书外，生效裁判文书全部上网等。

在当今这个网络化社会，确保司法权的行使不受行政机关、社会团体和个人干涉，还有一个司法既不能无视网络民意，也不能被带有相当盲目性和情绪性的民意所绑架的问题。网络民意属于社会整体民意的一部分。因此，人民法院、人民检察院在行使司法权时，一方面需要维护民意自由表达的权利，另一方面又要在汹涌的网络民意面前保持应有的定力。这是在网络社会环境下建设法治国家、法治政府、法治社会碰到的一个新问题，也需要通过改革予以妥善处理。

五是必须注意涉法涉诉信访工作改革。党和国家领导同志强调，要针对少数群众“信访不信法”“信上不信下”“弃法转访”等问题，以实施修改后的刑事诉讼法和民事诉讼法为契机，引导涉法涉诉信访问题在法治轨道内妥善解决，保护合法信访、制止违法闹访，实现维护司法权威与维护群众合法权益的统一。在实践中，有些地方也提出，可以通过完善涉法涉诉信访事项终结制度，来保障公民合法权益、维护社会正常秩序。同时，建立司法救助制度，对无法通过诉讼得到经济赔偿、生活陷于困境的当事人进行救助；完善法律援助制度，保障生活困难的当事人得到法律援助；等等。

# 以深化改革有效促进我国协商民主广泛多层制度化发展*

（2013 年 6 月 28 日）

全国政协"人民政协协商民主建设"课题组办公室的同志，邀请我参加今天的座谈会。我想围绕以深化改革有效促进我国协商民主广泛多层制度化发展和人民政协如何发挥协商民主重要渠道作用的问题，谈四点认识、提两条建议。

第一点认识：党的十八大报告提出完善社会主义协商民主制度的着眼点在于注重健全我国民主制度、丰富我国民主形式。

党的十八大闭幕后，我在全国宣讲党的十八大精神时注意到，一些地区和部门对社会主义协商民主问题存在两种片面认识：一种片面认识，是把我们党讲的协商民主同人民政协政治协商完全等同起来。比如，有一位从事政协工作的干部说，党的十八大以后，我们政协有了协商民主的理论支撑，这种认识就是把协商民主看成是人民政协专属的和专有的。另一种片面认识，是把协商民主看成同各级人大实行的选举民主、票决民主相对应、相对立、相割裂的理论范畴，认为协商民主是我国今后民主发展的唯一取向，协商民主必将逐步取代人大的选举民主、票决民主。显然，这两种认识既不符合人大、政协实际运作情况，也是违背党的十八大提出社会主义协商民主本义的。

我在参与起草党的十八大文件的过程中体会到，党的十八大提出的社会主义协商民主，是同支持和保证人民通过人民代表大会行使国家权力、完善基层民主制度、全面推进依法治国、深化行政体制改革、健全权力运行制约和监督体系、巩固和发展最广泛的爱国统一战线相并列的一个重要观点、

* 本文系作者在全国政协召开的"人民政协协商民主建设"课题座谈会上的发言。

一项重大工作、一个重要抓手，是在我国发展更加广泛、更加充分、更加积极的人民民主方面必须注重健全的民主制度之一和必须予以丰富的民主形式之一。所以，那种把协商民主同人大的选举民主、票决民主简单对应起来、人为对立起来、机械割裂开来，甚至认为要用协商民主取代和取消人大选举民主、票决民主的想法和说法，都是一种理论上的误解、误读和主观上的想当然。

第二点认识：提出完善社会主义协商民主制度，是对党的十三大提出的建立社会协商对话制度的继承和发展。

党的十八大报告在健全社会主义民主制度、丰富社会主义民主形式方面最大的亮点和贡献，不在于明确提出了社会主义协商民主制度的概念，而在于着重强调了要促进协商民主广泛、多层、制度化发展，明确界定了现阶段我国社会主义协商民主包含国家政权机关、政协组织、党派团体和基层民主协商等 4 大渠道，人民政协被定位为协商民主的重要渠道，但不是唯一渠道。对此，我们全国政协的同志，我们今天在座的课题组同志，应该在科学认识、准确把握人民政协在协商民主中的定位的基础上，做到奋发有为。

20 世纪 80 年代，党的十三大提出了建立社会协商对话制度、提高领导机关活动的开放程度、重大情况让人民知道、重大问题经人民讨论。党的十三大在当时提出建立社会协商对话制度的出发点，就是基于人民政协虽然是个很重要的政治协商载体，但是只靠政协的政治协商还不够，还要从总体上提高我们党和国家机关全部决策活动、执政活动、公共管理活动的民主程度、开放程度。

所以，我提议，我们既要“立足人民政协看协商民主”，进一步发挥好人民政协作为协商民主重要渠道的作用；同时又要“跳出人民政协看协商民主”，着力拓展和延伸人民政协的协商民主功能，为推进协商民主广泛、多层、制度化发展作出积极贡献。

第三点认识：这些年来，人民政协以及国家政权机关、党派团体和广大基层，在开展社会协商对话、发展社会主义协商民主方面，都有许多富有成效的创新创造，对此需要及时进行总结和提高。

人民政协作为我国协商民主的重要渠道，这些年来在扎实推进中国共产党领导的多党合作和政治协商制度建设、积极开展人民政协协商民主实践方面取得不少重要成果。比如，完善了全体会议、常委会议、主席会议等既有的政治协商、民主协商形式，同时还创造了专题协商、界别协商、对口协商、提案办理协商等新的协商形式。仅在十一届全国政协的5年内，全国政协常委会就开展了各类政治协商、民主协商活动420多场次。同时，还认真总结推广了各地制定政治协商规程的成功做法，科学确定协商议题，有效规范协商程序，推进成果转化运用，提高了协商质量，使人民政协作为中国共产党领导的多党合作和政治协商重要机构的作用得到进一步发挥。

我作为十二届全国政协的一名新委员，同政协的许多老委员一样，对十届全国政协以来创造的专题协商、提案办理协商等做法给予高度评价，认为这是近些年来人民政协开展政治协商、民主协商卓有成效的新平台、新品牌。

专题协商具有抓战略性问题、党政高层领导出席、形成对话和互动机制、能够提出比较成熟的意见和建议等主要特点。据了解，十届全国政协以来，先后召开了11次专题协商会，集探讨、交流、协商、议政于一体，既坚持原则、顾全大局，又畅所欲言、集思广益，体现了求同存异、体谅包容、平等议事的协商要旨，产生了良好效果。

提案办理协商具有通过多种方式丰富协商内容，增强协商实效，扩大社会参与度和推进提案办理协商广泛、多层、制度化发展等主要特点。据了解，十一届全国政协的5年中，共召开重点提案办理协商会58次，八个民主党派中央和全国工商联、政协各专委会的多位负责同志、政协委员代表及110余位中央和国务院部委负责同志均参与提案办理协商活动，在协商中交换看法、形成共识，共同推动了各种合理化建议的采纳和进入决策。特别是通过在互联网上公开提案全文和办理复文、举办提案工作成果展、与网民进行在线交流、邀请网民参与提案工作等创新举措，有效发挥了提案办理协商在扩大公民有序政治参与中的重要作用。

这些年来，在人民政协积极发挥协商民主重要渠道作用的同时，国家政权机关、党派团体和广大基层，也在实践中创造了开展协商对话、发扬协商民主的许多有效载体和形式。

比如，在践行“重大情况让人民知道”方面，以下创新做法是可圈可点的：一是经过1983年以来持续30年之努力，中共中央倡导的新闻发言人制度已经在党中央13个部门、31个省区市和新疆生产建设兵团党委，以及5个计划单列市和各省会城市党委、74个国务院部门和单位、31个省区市政府普遍建立起来。同时还在包括人民法院、人民检察院、公安和司法等多部门的全国各级政法机关建立起来。二是各种形式的信息公开活动方兴未艾。从国务院各部委机关、直属机关到党中央一些机关对社会公众和外宾的开放日活动经久不衰,其他各种形式的政务公开、党务公开、村务公开、厂务公开、司法公开活动也蓬勃开展,在维护公众知情权以及实现“让人民监督权力,让权力在阳光下运行”方面发挥了积极作用。

再比如,在践行“重大问题经人民讨论”方面,这些年来也有不少可圈可点的创新举措,特别是我国“十二五”规划纲要前期研究中确定的 41 个重大课题,通过采取委托招标方式,动员了社会上 70 家研究机构参与,形成了 500 万字的研究报告;同时,还利用互联网、手机短信平台、电子邮件等方式,在全国人民中发起了“共绘蓝图——我为‘十二五’规划建言献策”活动,收到各个方面 64709 条建议,使“十二五”规划的编制充分体现了人民群众愿望和社会各界智慧。此外,同人民群众切身利益密切相关的教育改革与发展规划、医药卫生体制改革、收入分配制度改革等重大改革举措,也都采取了面向全社会公开征求意见的做法。其中,各界人士对国家中长期教育改革与发展规划发表意见和建议 210 多万条,对医药卫生体制改革群众反馈意见 35260 条。

又比如,从国家政权机关、党派团体到广大基层的各种形式协商对话活动广泛开展,使社会主义协商民主日益成为人民群众的生动实践。从全国人民代表大会的立法协商,到中央政府和地方政府的决策协商,再到全国城乡基层的群众性对话协商,这些年来也有很多行之有效的创新和创造。

在人大立法协商方面,《物权法》《监督法》的立法过程极具代表性,前者从研究起草到形成历时 13 年,先后召开上百次座谈会和直接听取全国人大代表、社会各界人士、专家学者及中央有关部门意见的若干次论证会,还全文公布《物权法(草案)》,广泛征求社会各方面尤其是基层群众意见;《监督法》也是这样,从酝酿到颁布实施历时 20 年。

在政府决策协商方面,除了召开决策听证会以外,“政府 2.0 上网工程”以及通过各级政府网站与网民进行的在线交流、协商对话,这些年来也迈入了“进行时”,不但各级政府主要领导亲自参与对话,而且各地还探索设立了“政府网络发言人”等代表政府与网民进行对话以及体制内意见领袖与网民对话的制度。

在我国省市一级设立的政府、雇主和工会多层次三方协商对话机制，则为适应新形势下劳动关系发生的新变化、化解劳资矛盾起到积极推动作用。

在基层民主协商对话方面，各地创造了民情恳谈会、民主理财会、社区议事会、民主听（议）证会等各种行之有效的形式。

在对我国乡村的民主治理中，已有学者总结归纳出咨议质询式、民意测验式和民主审议式 3 种协商民主对话形式。

第四点认识：为完善社会主义协商民主制度，人民政协要把继续探索丰富发挥协商民主重要渠道作用的新形式，同促进协商民主广泛、多层、制度化发展有机结合起来。

我的一个总的看法是，在不搞多党制，也不在人民政协设立民主党派党团开展有组织的党派活动的既定体制和机制下，在人民政协内部，除了进一步完善现行的党派协商、专题协商、界别协商、对口协商、提案办理协商以外，拓展协商民主制度的空间已经相对有限。所以，可以考虑，把完善协商民主制度的文章主要做在充分发挥政协自身优势，促进协商民主广泛、多层、制度化发展方面。为此，提出以下两条建议。

一是可以考虑把实体的政协会同网络政协会结合起来。俞正声同志在上海主持工作时，曾创造性地提出并实现了在举办 2010 年上海世博会的同时，举办网上世博会，通过互联网、虚拟现实等多种技术的融合，将世博会的精彩内容和丰富场景整体呈现在网上，同时充分利用互联网的特点，营造一个访问者和实体世博会进行互动的网络平台，把上海世博会打造成为永不落幕的世博会。我们完全可以借鉴这一思路，把每年的全国政协全体会议和日常的议政性常委会议开成网络政协会。现在，我们既然可以通过在互联网上公开政协委员提案全文和办理复文、举办提案工作成果展、与网民进行在线交流、邀请网民参与提案工作，有效发挥提案办理协商在扩大公民有序政治参与中的重要作用，成功推进提案办理协商广泛多层制度化发展，那么，网络政协会也应当是可行的。政协的开幕会、闭幕会和大会发言、小组讨论以及政协议政性常委会发言，都可考虑对全国实行电视和网上在线实况转播，使线上、线下良性互动，以政协的高水平协商民主、协商对话带动全社会协商民主、协商对话的发展和完善。

二是可以考虑从政协相关界别选派专家型委员到一些地方，配合当地党委、政府同群众开展有深度、有成效的专题协商对话活动。比如，最近

《人民日报》连续发表文章，就我国多个城市 PX 项目遭遇当地群众邻避性抵制问题进行阐释。这让我想起在十八大闭幕以后，我到全国多个地方和中央国家机关多个部委宣讲十八大精神时，也多次以 PX 项目在我国厦门、大连、宁波、昆明、彭州等多个地方遭遇当地群众抵制反对为例，强调建设美丽中国，要把满足后代人利益同兼顾当代人利益结合起来。目前全球生产的 3000 多万吨 PX，绝大部分都成为生产服装的聚酯纤维原料。2012 年我国生产的合成纤维总量达 2800 万吨，如果将其全部改为生产同等数量的自然纤维，则要占用 2 亿亩耕地。2010 年至今我国国内市场对 PX 需求持续走高，而 PX 项目建设却步伐放缓，国内自给率已由 2000 年的 88%降低为目前的 63%。如果无限期停缓建上述城市的 PX 项目，预计到 2015 年国内自给率将下降到 50%以下。一些地方政府简单地以“一闹就停”的方式，来处理因 PX 项目引发的群体性事件，不但会恶化我国 PX 供求状况，也无益于我国协商民主发展，所以，组织政协相关界别的专家型委员同相关地方群众开展有深度、有成效的专题协商对话是完全必要的，也是切实可行的。这方面的社会需求还可以举出很多。

总之，只要进一步解放思想，打破关起门来搞协商民主的陈旧思路，代之以把发挥政协协商民主重要渠道作用同促进协商民主广泛多层制度化发展相结合的新思路，那么，政协协商民主工作一定会搞得更加广泛、更加活跃、更有成效。

# 准确把握全面深化改革的总目标

（2013 年 11 月）

党的十八届三中全会，是我们党自改革开放以来召开的第八个三中全会。我国改革开放 35 年来，中国共产党的每一次三中全会制定的改革目标，总是牵动着人们的期待和憧憬，引动着国内外舆论的关切和评论。这次全会通过的《中共中央关于全面深化改革若干重大问题的决定》（以下简称《决定》），是覆盖从现在起到 2020 年这 6 年的。这是我国能否全面建成小康社会、顺利跨越“中等收入陷阱”、实现国内生产总值和城乡居民人均收入“两个翻一番”、迈向高收入国家行列和创新型国家行列最关键的 6 年。因此，党内外、国内外都高度关注这次全会，特别是高度关注这次全会提出的全面深化改革的总目标。这是因为，总目标不但关乎全面深化改革的前进方向，也是打胜这场攻坚战的决定性因素。

## 一、党的十八届三中全会设定的全面深化改革的总目标，其内容引人注目，其内涵十分深刻

党的十八届三中全会《决定》对全面深化改革总目标的顶层设计，简洁鲜明而又鼓舞人心，内涵深刻而又催人奋进。就其丰富内涵而言，包括两句话的改革目标总概括、“三个性”的改革方法论、“五位一体”的具体改革目标、“三个让”的改革根本目的这四个层次。

第一，两句话的改革目标总概括就是：完善和发展中国特色社会主义制度，推进国家治理体系和治理能力现代化。这个简洁鲜明的总目标，同党的十八大报告关于“构建系统完备、科学规范、运行有效的制度体系，使各方面制度更加成熟更加定型”相比，由于增加了推进国家治理体系和治理能力现代化这个至关重要的新目标，而格外引人注目、耐人寻味。

关于完善和发展中国特色社会主义制度。新中国成立以来，特别是改革开放历史新时期以来，我们党和国家在实践中逐步形成的中国特色社会主义根本政治制度、基本政治制度和社会主义初级阶段基本经济制度、中国特色社会主义法律体系，以及建立在这些制度基础上的经济体制、政治体制、文化体制、社会体制等各项具体制度，已被实践证明是发展中国、发展社会主义、发展马克思主义的符合国情、行之有效的制度体系。我们应当不断增强对中国特色社会主义道路自信、理论自信、制度自信。那种动辄就想抛开中国特色社会主义而另起炉灶，或者依傍别的什么主义、什么制度的种种政治主张，就像鲁迅先生辛辣讽刺的那样：这“恰如用自己的手拔着头发，要离开地球一样”，“实在也是一个心造的幻影”。

强调不断增强中国特色社会主义道路自信、理论自信、制度自信，并不意味着中国特色社会主义的一些具体制度就不需要进一步完善了。早在20世纪80年代初，我们党就强调指出：“党和国家现行的一些具体制度中，还存在不少的弊端，妨碍甚至严重妨碍社会主义优越性的发挥。如不认真改革，就很难适应现代化建设的迫切需要，我们就要严重地脱离广大群众。”30多年来，经过几届中央领导集体的不懈奋斗、接续奋斗，这样的情况已发生很大改变。但是，同中国特色社会主义各方面制度更加成熟更加定型的要求相比，仍有很大距离。

由于制度问题更具有根本性、全局性、稳定性和长期性，所以，党的十八大报告提出：“必须以更大的政治勇气和智慧，不失时机深化重要领域改革，坚决破除一切妨碍科学发展的思想观念和体制机制弊端，构建系统完备、科学规范、运行有效的制度体系，使各方面制度更加成熟更加定型”。

十八届三中全会《决定》提出的“五位一体”的全面深化改革具体目标和各项重大改革措施，都是聚焦“使各方面制度更加成熟更加定型”的。

比如，在完善社会主义市场经济制度建设方面，重申了完善基本经济制度，强调要毫不动摇巩固和发展公有制经济，毫不动摇鼓励、支持、引导非公有制经济发展，健全归属清晰、权责明确、保护严格、流转顺畅的现代产权制度；推动国有企业完善现代企业制度，鼓励有条件的私营企业建立现代企业制度；加快完善现代市场体系的各项制度；加快政府职能转变，优化政府组织结构的各项制度；建立现代财政制度，改进预算管理制度，完善税收制度，建立事权和支出责任相适应的制度；健全城乡发展一体化体制机制，让广大农民平等参与现代化进程,共同分享现代化成果的制度;构建开放型经济新体制,形成全方位开放新格局的各项制度等。

比如,在完善社会主义民主政治制度建设方面,提出推动人民代表大会制度与时俱进、推进协商民主广泛多层制度化发展,发展基层民主、开展形式多样的基层民主协商、推进基层协商制度化,推进法治中国建设,加快建设公正、高效、权威的社会主义司法制度;普遍建立法律顾问制度;探索建立与行政区划适当分离的司法管辖制度;建立符合职业特点的司法人员管理制度;完善司法人员分类管理制度;健全法官、检察官、人民警察职业保障制度;完善人权司法保障制度;健全国家司法救助制度;完善法律援助制度等。

十八届三中全会《决定》在中国特色社会主义文化建设、社会建设、生态文明建设和党的建设等方面,也提出了一系列旨在完善和健全具体制度的重大措施。比如,首次确立的我国生态文明制度体系,就包括源头严防、过程严管、后果严惩的14项"史上最严"制度,体现了对我国广袤国土上的"山水林田湖"的全覆盖。其中,关于健全自然资源资产产权制度、自然资源有偿使用制度、地区间横向生态补偿制度,都极具开创性。如果全部付诸实施到位,就将把我国每一寸国土空间的自然资源资产都真正管起来。所有这些,都有利于从具体制度层面推进中国特色社会主义制度更加成熟更加定型。可以预期,萌生和形成于全面改革过程中的中国特色社会主义,必将更加成熟更加定型于全面深化改革之中,从而推动中国特色社会主义制度自我完善和发展,开拓中国特色社会主义事业更加广阔的发展前景。

关于推进国家治理体系和治理能力现代化。完善和发展中国特色社会主义制度,同推进国家治理体系和治理能力现代化是并行不悖、相辅相成的。这是因为,一个政党、一个国家,即使有再好的制度,也是要靠人去执行的。如果没有国家治理体系和治理能力的现代化,亦即人的现代化,即便中国特色社会主义各方面制度都更加成熟更加定型了,也不等于就能自然而然地全面建成小康社会,进而建成富强民主文明和谐的社会主义现代化国家,实现中华民族伟大复兴的中国梦。所以,正是努力开拓中国特色社会主义事业更加广阔的发展前景,呼唤着、倒逼着国家治理体系和治理能力尽快实现现代化。

国家治理体系、治理能力所强调的治理,其并不玄奥,是早已有之的。我们党执掌全国政权以来,就提出治国理政、民族区域自治等同治理相关的概念。改革开放以来,也提出了社会治安综合治理、企业法人治理、基层群众自治等概念。党的十六大以来,提出治党治国治军,以及党要管党、从严治党等概念。本次全会又提出推进法治中国建设;实现有效的政府治理;改进社会治理方式,实现政府治理和社会自我调节、居民自治良性互动,坚持系统治理、综合治理、依法治理、源头治理;推进社会组织依法自治;建立事业单位法人治理结构;完善学校内部治理结构;完善环境治理等概念。十八届三中全会首次明确提出的国家治理体系,就是对各方面存量和增量的治理体制机制的总概括、总称谓。

治理同管理,这二者既有联系,也有区别。管理一般是指自上而下的纵向管理、单向管理、垂直管理,而治理则既包括各方面的科学管理,也包括法治、德治、自治、共治等内涵。我们党强调推进国家治理体系和治理能力现代化,实际上包括两个方面的要求:一是要把我们党和国家对现代化建设各领域的有效管理,同各种范畴、各种层次、各种形式的多元治理相结合,做到治理的广覆盖、全覆盖,推进国家治理体系化;二是强调提高治理水平,在实现国家治理体系现代化的同时,着力提高治理能力现代化。

推进国家治理体系和治理能力现代化,必须坚持党的领导,通过经济市场化、社会法治化、国家政治生活民主化、权力运行制约和监督科学化等途径来实现。同时还要充分利用多种信息化手段和智能化平台来辅助实现。比如,本次全会《决定》提出,“建立全社会房产、信用等基础数据统一平台,推进部门信息共享”;“完善收入分配调控体制机制和政策体系,建立个人收入和财产信息系统”,都表明了将充分发挥信息化载体在国家治理和社会治理中的作用。毫无疑问,实现国家治理体系和治理能力现代化,最广泛最充分调动社会各方面参与国家治理的积极性,必将把走向全面小康社会的国家治理、社会治理提高到新水平、推进到新境界。

第二,“三个性”的改革方法论就是:更加注重改革的系统性、整体性、协同性。这是习近平总书记在去年年底中央政治局集体学习会上,作为改革的重要方法论提出来的。此后,总书记又在多个场合反复强调了这一点。党的十八届三中全会《决定》把这“三个性”写入总目标,并体现在全面深化改革的各项部署和举措之中,这既体现了对全面深化改革的科学指导,也体现了解放思想、实事求是、与时俱进、求真务实。

我国改革和开放是分别从农村和沿海试点起步、点线展开的。这样自下而上的局部突破，虽然能在短时间内解决贫穷落后和封闭僵化带来的紧迫问题，但同时也存在系统性改革不够、全局性矛盾长期没有触及等弊端。比如，我国房地产市场的宏观调控涉及土地制度、财税制度、城市管理制度和城乡二元结构等多个领域，如果仅就市场交易本身进行调控，效果总是有限的。这还仅仅是就经济体制改革而言。如果从“五位一体”全面深化改革来看，其协同面更广、系统性更强，就更必须注重改革的系统性、整体性、协同性，努力做到全局和局部相配套、治本和治标相结合、渐进和突破相衔接。只有这样，才能使各项改革相互促进、良性互动，整体推进、重点突破，形成全面深化改革的强大合力。

第三，“五位一体”的具体改革目标就是：加快建设社会主义市场经济、民主政治、先进文化、和谐社会、生态文明。这五个方面，既是中国特色社会主义的建设和发展目标，又是全面深化改革的具体目标。党的十八大报告提出了“两个全面”，一个是全面建成小康社会，一个是全面深化改革开放。这表明，从现在到2020年这6年间，要如期实现全面建成小康社会“五位一体”的目标，就必须同时实现“五位一体”的全面深化改革目标，后者是为前者的实现提供动力、注入活力的。

到2020年完成了“五位一体”的全面深化改革任务，在重要领域和关键环节的改革上取得决定性成果以后，我国社会将会展现怎样的美好前景呢？到那时，我们这个历史悠久的文明古国和发展中的社会主义大国，必将成为工业化、信息化、城镇化、农业现代化实现同步发展、综合国力显著增强、国内市场总体规模位居世界前列的国家；成为人民富裕程度普遍提高、生活质量明显改善、生态环境良好的国家；成为法治国家、法治政府、法治社会一体化建设取得明显成效，人民享有更加充分民主权利、具有更高文明素质和精神追求的国家；成为各方面制度更加完善定型、社会更加充满生机活力而又安定团结的国家；成为对外更加开放、更加具有亲和力、为人类文明作出更大贡献的国家。

同时，还应当充分估计到，深化“五位一体”的全面改革，就能推动实现进一步解放思想、解放和发展社会生产力、解放和增强社会活力同人的精神进一步解放的良性互动，使我国西部地区以及革命老区、民族地区、边疆地区、贫困地区从担心不能与全国同步进入全面小康社会的焦灼中解脱出来；使进城农民工从不能顺利实现市民化、不能完全纳入城镇住房和社会保障体系的烦恼中解脱出来；使广大农民从没有更多财产权利、不能平等参与现代化进程、共同分享现代化发展成果的后顾之忧中解脱出来；使民营企业、小微企业从不能同其他所有制企业平等竞争的不公平感中解脱出来；使社会底层青年群体从不能打破体制壁垒、扫除身份障碍的社会阶层固化中解脱出来；使中等收入群体从对职业生涯和财富增长的不稳定感中解脱出来；使一方是独生子女的夫妇从不能生育两个孩子的政策固化中解脱出来；使农村留守儿童、妇女、老年人、残疾人、困境儿童从对社会关爱服务体系和分类保障的阳光能不能照耀到他们身上的疑虑中解脱出来；使广大中小学生从失去快乐童年的沉重课业负担和一考定终身的弊端中解脱出来；使科研人员从忙于跑资金、应付各种评审、无法集中精力搞科研的状态中解脱出来；使各级干部从应对各种考评压力、简单地以国内生产总值论英雄、为经济增长率全国排位的纠结中解脱出来。可以说，在21世纪的第二个10年，我们国家、我们民族、我们社会一旦实现了精神解放，其势将引发的我国社会生产力和社会创造活力进一步解放的广度和深度，恐怕是难以估量的。

第四，“三个让”的改革根本目的就是：让一切劳动、知识、技术、管理、资本的活力竞相迸发，让一切创造社会财富的源泉充分涌流，让发展成果更多更公平惠及全体人民。这“三个让”中的前两个“让”，是对全党全国各族人民耳熟能详的党的十六大报告精神的重申。21世纪初召开的党的十六大提出的这两句话，生动表达了中国共产党在领导改革开放和社会主义现代化建设中，高度尊重劳动、尊重知识、尊重人才、尊重创造，高度尊重和保护包括体力劳动和脑力劳动、简单劳动和复杂劳动在内的一切有益于人民和社会的劳动，高度尊重和保护一切合法经营、诚实劳动创造的财富，高度尊重和调动社会主义劳动者和资本所有者的积极性创造性。“三个让”中的第三个“让”，即“让发展成果更多更公平惠及全体人民”，则是对党的十五大报告精神的重申。党的十五大报告强调：要“保证国民经济持续快速健康发展，人民共享经济繁荣成果”。这说明，改革为了人民、改革依靠人民、改革造福人民，让人民共享改革发展成果的重要思想，在我们党的几代中央领导集体的治国理政理念中，是一以贯之的。

党的十八届三中全会《决定》把至关重要的这“三个让”组合起来，作为我们党领导的全面深化改革的总目标和根本目的，这表明了我们党在社会主义初级阶段全面深化改革的进程中，一以贯之地倡导劳动与资本的统一，效率与公平的统一，财富创造与财富分配的统一，尊重劳动、尊重知识、尊重人才、尊重创造的统一。所有这些，归根到底都要通过不断解放思想、解放和发展社会生产力、解放和增强社会活力来实现；都要通过让一切创造社会财富的源泉充分涌流，把社会财富的蛋糕不断做大，满足人民日益增长的物质文化需要，让人民共享改革发展成果来实现。旗帜鲜明地提出这样的全面深化改革总目标和根本目的，当然是有很强的现实针对性和长远指导性的。习近平同志在十二届全国人大第一次全体会议上发表当选中华人民共和国国家主席感言时这样说："我们要随时随刻倾听人民呼声、回应人民期待，保证人民平等参与、平等发展权利，维护社会公平正义，在学有所教、劳有所得、病有所医、老有所养、住有所居上持续取得新进展，不断实现好、维护好、发展好最广大人民根本利益，使发展成果更多更公平惠及全体人民，在经济社会不断发展的基础上，朝着共同富裕方向稳步前进。"这次全会提出的全面深化改革的各项部署和举措，特别是有关保障和改善民生的各项改革举措，充分体现了习近平总书记和新一届中央领导集体作出的庄严承诺，已经、正在、今后还将更多化为全面深化改革和全面建成小康社会的实际行动，而行动总是最有说服力的。

## 二、党的十八届三中全会设定的全面深化改革的总目标彰显了三个重要特点

纵观党的十八届三中全会《决定》文本，梳理本次全会《决定》通篇蕴含的内在逻辑和重大理论创新、重大实践举措，可以看到，本次全会设定的全面深化改革总目标，彰显了以下三个重要特点。

第一，彰显了全面深化改革的正确方向。我国的改革是在中国特色社会主义道路上不断前进的改革，这个改革是有方向、有立场、有原则的。这就是"坚持党的领导，贯彻党的基本路线，不走封闭僵化的老路，不走改旗易帜的邪路，坚定走中国特色社会主义道路"。这个方向、立场、原则，既覆盖党的十八届三中全会《决定》全篇，又突出体现在全面深化改革总目标所包含的"六个紧紧围绕"的具体目标之中。即：紧紧围绕使市场在资源配置中起决定性作用深化经济体制改革，紧紧围绕坚持党的领导、人民当家作主、依法治国有机统一深化政治体制改革，紧紧围绕建设社会主义核心价值

体系、社会主义文化强国深化文化体制改革,紧紧围绕更好保障和改善民生、促进社会公平正义深化社会体制改革,紧紧围绕建设美丽中国深化生态文明体制改革,紧紧围绕提高科学执政、民主执政、依法执政水平深化党的建设制度改革。这“六个紧紧围绕”,就是在新的历史起点上,全面深化改革的路线图;坚持这“六个紧紧围绕”的正确方向,就能做到“时止则止,时行则行,动静不失其时,其道光明”;就会不断增强全党同志和全国人民的道路自信、理论自信、制度自信,激发全党全国人民锐意进取、攻坚克难的勇气、智慧、信心。

第二,彰显了全面深化改革的内在规律。党的十一届三中全会召开35年来,我们党在锐意推进经济体制、政治体制、文化体制、社会体制、生态文明体制和党的建设制度改革,不断扩大开放方面的成功实践,为21世纪第二个10年我国全面深化改革提供了重要经验和科学借鉴。党的十八届三中全会《决定》在总结借鉴这些重要经验的基础上,透过纷繁复杂的事物表象,自觉把握了社会脉搏、人民期待,自觉把握了全面深化改革进程中关乎全局、关乎长远的若干重大关系。这就是:处理好解放思想和实事求是的关系、整体推进和重点突破的关系、顶层设计和摸着石头过河的关系、胆子要大和步子要稳的关系、改革发展稳定的关系。同时,《决定》还自觉把握了立足社会主义初级阶段这个最大实际、坚持发展仍是解决我国所有问题的关键这个重大判断、以经济建设为中心、发挥经济体制改革牵引作用与推动生产关系同生产力、上层建筑同经济基础相适应,推动“五位一体”改革全面深化、协同推进的关系。毫无疑问,更加自觉和坚定地运用这些规律性的认识,必将大大有利于把全面深化改革扎扎实实推向前进,确保改革取得成功。

第三,彰显了全面深化改革的最大公约数。从历史和现实的经验看,突破思想观念束缚、利益固化藩篱和部门权力掣肘,最大限度凝聚改革共识,对全面深化改革取得成功至关重要。没有广泛的社会共识,改革就难以顺利推进,也难以取得全面成功。党的十八届三中全会《决定》依据广泛深入调查研究,在对全面深化改革众说纷纭的种种诉求和建言中,找到了最大公约数,开出了突破思想观念束缚、利益固化藩篱和部门权力掣肘的正确药方,形成了包括全面深化改革总目标在内的聚焦点、着力点,找准了改革力度、发展速度、社会可承受程度的最佳结合点。按照党的十八届三中全会

《决定》精神全面抓好落实，增强推进改革的信心和勇气，坚持解放思想、实事求是，坚持从大局出发考虑问题，必将进一步凝聚共识、凝聚力量，为全面深化改革提供广泛支持。

所有这些，都有利于把党内外一切可以团结的力量广泛团结起来，把国内外一切可以调动的积极因素充分调动起来，形成锐意进取、攻坚克难的改革合力，坚定不移实现中央的改革决策部署，谱写改革开放伟大事业历史新篇章，确保全面建成小康社会、不断夺取中国特色社会主义新胜利！

# 党的十八届三中全会决定总基调和全面深化改革总目标*

（2013 年 11 月 19 日）

在本次全国政协常委会上，我着重谈谈对党的十八届三中全会决定总基调和全面深化改革总目标的学习体会。

全面深化改革《决定》的总基调，就是“三个破”“三个进一步解放”和“三个让”。“三个破”就是：冲破思想观念的束缚、突破利益固化的藩篱、破除各方面体制机制弊端，推动中国特色社会主义制度自我完善和发展；“三个进一步解放”就是：进一步解放思想、进一步解放和发展社会生产力、进一步解放和增强社会活力；“三个让”就是：让一切劳动、知识、技术、管理、资本的活力竞相迸发，让一切创造社会财富的源泉充分涌流，让发展成果更多更公平惠及全体人民。这个总基调体现了“破字当头、立在其中”，彰显了全社会各种改革诉求的最大公约数，昭示了全面深化改革的出发点和落脚点。

全面深化改革的总目标，就是“完善和发展中国特色社会主义制度，推进国家治理体系和治理能力现代化。”这两句话的总目标，既简洁鲜明、鼓舞人心，又内涵深刻、催人奋进。

总目标指向的“完善和发展中国特色社会主义制度”，既体现了邓小平同志 1992 年南方谈话作出的“恐怕再有三十年的时间，我们才会在各方面形成一整套更加成熟、更加定型的制度”的伟大预言，又体现了党的十八大报告关于“构建系统完备、科学规范、运行有效的制度体系，使各方面制度更加成熟更加定型”的总体要求。

总目标指向的“推进国家治理体系和治理能力现代化”，包括推进国家

---

* 本文系作者在全国政协常委会议上的发言。

治理体系化、实现国家治理体系和治理能力现代化这两个方面的要求。这里说的国家治理,是一种现代治理,同传统的自上而下的纵向管理、单向管理、垂直管理不同,治理囊括了比管理更宽泛的法治、德治、自治、共治等内涵。把中国共产党对国家现代化建设各领域的有效管理,同各种范畴、各种层次、各种形式的多元治理相结合,就能实现广覆盖、全覆盖的国家治理体系现代化。而国家治理体系和治理能力现代化,又要通过经济市场化、社会法治化、国家政治生活民主化、治理手段信息化,以及权力运行制约和监督科学化,这样多个途径来实现。国家治理体系和治理能力现代化真正做到了,就能最广泛最充分调动社会各方面参与国家治理的积极性,把走向全面小康社会的国家治理体系、治理水平推进到新境界。

落实党的十八届三中全会关于全面深化改革的总基调、总目标,就能使我国西部地区以及革命老区、民族地区、边疆地区、贫困地区的干部群众从担心不能与全国同步进入全面小康社会的焦灼中解脱出来;使广大进城农民工从不能顺利实现市民化、不能完全纳入城镇住房和社会保障体系的烦恼中解脱出来;使8亿多农民从没有更多财产权利、不能平等参与现代化进程、共同分享现代化发展成果的后顾之忧中解脱出来;使民营企业、小微企业从不能同其他所有制企业平等竞争的不公平感中解脱出来;使社会底层青年群体从不能打破体制壁垒、扫除身份障碍的社会阶层固化中解脱出来;使中等收入群体从对职业生涯和财富增长的不稳定感中解脱出来;使一方是独生子女的夫妇从不能生育两个孩子的政策固化中解脱出来;使农村留守儿童、妇女、老年人、残疾人、困境儿童从对社会关爱服务体系和分类保障的阳光能不能照耀到他们身上的疑虑中解脱出来;使广大中小学生从失去快乐童年的沉重课业负担和一考定终身的弊端中解脱出来;使科研人员从忙于跑资金、应付各种评审、无法集中精力搞科研的状态中解脱出来;使各级干部从应对各种考评压力、简单地以国内生产总值论英雄、为经济增长率全国排位的纠结中解脱出来。而实现如此广大人群的精神解放和全面发展,正是全面深化改革、全面建成小康社会的出发点和落脚点。

# 通过全面深化改革和推进现代治理努力实现我国“第五个现代化”*

（2013 年 12 月 2 日）

## 一、改革开放 35 年来，在每一个发展阶段，我们党都与时俱进地提出改革总目标和具体目标

**《经济日报》**：党内外、国内外都高度关注党的十八届三中全会提出的全面深化改革总目标。您认为确立全面深化改革总目标的意义是什么？

**施芝鸿**：确立全面深化改革总目标的意义就在于，使全党全国人民都明确认识到：到 2020 年，我们党和国家在重要领域和关键环节改革上要取得决定性成果，到底要朝着什么样的聚焦点、着力点去奋斗，从而心往一处想、劲往一处使，积小胜为大胜，确保改革攻坚战取得成功。

20 世纪 70 年代末，我们党确立了以经济建设为中心，加快发展社会生产力，使国家摆脱贫穷落后状态，让社会主义优越性在中国充分体现出来的改革目标。

20 世纪 80 年代初，我们党在深刻总结反思基础上，确立了走自己的路，建设有中国特色的社会主义，建设富强、民主、文明的社会主义现代化国家的改革目标。

20 世纪 90 年代初，我们党提出了我国经济体制改革的目标是建立社会主义市场经济体制。这样，就更加明确了在建设中国特色社会主义这个改革总目标下的社会主义市场经济体制改革的具体目标，把改革开放推进到一个新阶段。

---

* 本文系作者接受《经济日报》记者采访时的访谈要点。

21世纪初召开的党的十六大，在十五大提出的党在社会主义初级阶段三大基本纲领基础上，明确提出了发展社会主义市场经济、社会主义民主政治和社会主义先进文化，促进社会主义物质文明、政治文明和精神文明协调发展，推进中华民族伟大复兴的改革目标。

党的十七大进一步把建设中国特色社会主义这个全面改革的总目标和“三位一体”的具体目标，扩展为包括社会主义和谐社会在内的“四位一体”；党的十八大又把这个目标进一步扩展为包括社会主义生态文明在内的“五位一体”。这样，中国特色社会主义“五位一体”的建设目标，就同全面深化改革在“五位一体”各个领域的具体目标完全对应起来了。

同时，这也充分表明，我们党领导的改革不但是有方向、有立场、有原则的，而且始终是有明确的奋斗目标的。

**《经济日报》**：党的十八届三中全会提出的全面深化改革的总目标有哪些特点和亮点？

**施芝鸿**：全面深化改革总目标的特点和亮点就在于：既简洁鲜明、鼓舞人心，又内涵深刻、层次鲜明。其中，包括两句话的改革目标总概括，就是完善和发展中国特色社会主义制度，推进国家治理体系和治理能力现代化；“三个性”的改革方法论，就是必须更加注重改革的系统性、整体性、协同性；“五位一体”的具体改革目标，就是加快发展社会主义市场经济、民主政治、先进文化、和谐社会、生态文明；“三个让”的改革根本目的，就是让一切劳动、知识、技术、管理、资本的活力竞相迸发，让一切创造社会财富的源泉充分涌流，让发展成果更多更公平惠及全体人民。

设定这样的总目标，既高屋建瓴，又提纲挈领，为全党全国各族人民指明了全面深化改革的前进方向，必将成为打胜这场改革攻坚战的决定性因素。

## 二、完善和发展中国特色社会主义制度，同推进国家治理体系和治理能力现代化是并行不悖的

**《经济日报》**：您刚才谈到了“两句话的改革目标总概括”，这两句话的内在联系是什么？

**施芝鸿**：全面深化改革总目标的这两句话，其内在逻辑是：我们党要善

于运用不断完善的国家制度和法律体系治理国家，并把这些制度和法律转化为管理国家的效能，不断提高党科学执政、民主执政、依法执政水平。

我们党在长期实践中探索形成的中国特色社会主义制度，已被实践证明是唯一能够发展中国、发展社会主义、发展马克思主义的制度体系。我们应当不断增强对中国特色社会主义的道路自信、理论自信、制度自信。那种动辄就想抛开中国特色社会主义而另起炉灶的政治主张，就像鲁迅先生辛辣讽刺过的那样：“恰如用自己的手拔着头发，要离开地球一样”可笑。

我们党突出强调“三个自信”，这丝毫也不意味着中国特色社会主义的一些具体制度就不需要进一步完善了。党的十八届三中全会启动的全面深化改革攻坚战、全会《决定》提出的“五位一体”全面深化改革的具体目标和各项重大改革措施，都是聚焦于“以更大的政治勇气和智慧，不失时机深化重要领域改革，坚决破除一切妨碍科学发展的思想观念和体制机制弊端，构建系统完备、科学规范、运行有效的制度体系，使各方面制度更加成熟更加定型”的。党的十八届三中全会制定的全面深化改革总体部署，提出了许多突破性思路、创新性举措。可以预期，这必将根本改变我国目前多个领域产能过剩而又存在多个领域制度供应匮乏的局面，从而有力推动中国特色社会主义制度的自我完善和发展。萌生和形成于全面改革过程中的中国特色社会主义，必将更加成熟更加定型于全面深化改革之中。

完善和发展中国特色社会主义制度，同推进国家治理体系和治理能力现代化是并行不悖的。这也就是说，这两句话是不可偏废的。我们推进国家治理体系和治理能力现代化，归根结底是为了完善和发展中国特色社会主义，而不是某些人歪曲宣传的全盘西化。党的十八大要求全党同志“必须准备进行具有许多新的历史特点的伟大斗争”，这也对国家治理体系和治理能力现代化提出了新的更高要求。我们既要下硬功夫去完善和发展中国特色社会主义制度，又要花大气力推进国家治理体系和治理能力现代化。

## 三、可以把推进国家治理体系和治理能力现代化，看成是工业、农业、国防、科技“四个现代化”之后的“第五个现代化”

**《经济日报》**：您认为应该怎样理解国家治理体系和治理能力现代化？

两者之间有什么内在联系？

**施芝鸿**：国家治理体系和治理能力，前者指的是一个国家的总体制度或制度体系，后者指的是制度的执行能力和实际效能。国家治理体系是在我们党领导下管理国家的整套制度体系，包括经济、政治、文化、社会、生态文明和党的建设等各领域体制机制、法律法规安排，也就是一整套紧密相连、相互协调的国家制度。国家治理能力则是运用国家制度管理各方面事务的能力，包括改革发展稳定、内政外交国防、治党治国治军等各个方面。国家治理体系和治理能力是一个相辅相成的有机整体。有了好的现代国家治理体系，才能提高国家现代治理能力；提高了国家现代治理能力，才能充分发挥国家现代治理体系的总体效能。

实现国家治理体系现代化，既要靠制度，又要靠我们在国家治理上的高超能力，靠高素质干部队伍。从这个意义上，可以把推进国家治理体系和治理能力现代化，看成是我们党继提出工业、农业、国防、科技这"四个现代化"之后，审时度势、与时俱进地提出的"第五个现代化"。这表明，我们党和国家的治理体系和治理能力，正在不断朝着体现时代性、把握规律性、富于创造性的目标前进，正在不断深化对共产党执政规律、社会主义建设规律和人类社会发展规律的认识和运用。

党的十八届三中全会《决定》把中国特色社会主义制度的成熟化定型化提升到推进国家治理体系和治理能力现代化的高度，这决不是偶然的。在十八届三中全会《决定》中，"现代化"这个关键词，总共出现了 21 次之多。这是因为，现在，我们比历史上任何时期都更接近中华民族伟大复兴目标，也比历史上任何时期都更接近建成社会主义现代化国家目标。所以，党的十八届三中全会《决定》不但是以问题为导向，而且也是以实现国家治理的现代化为指向的。

推进国家治理体系和治理能力现代化，必须通过多种信息化手段和智能化平台来辅助实现。本次全会《决定》提出，"建立全社会房产、信用等基础数据统一平台，推进部门信息共享"；"完善收入分配调控体制机制和政策体系，建立个人收入和财产信息系统"等。这些重大改革举措表明，信息化系统和平台将在我国现代国家治理和社会治理中发挥越来越大的作用。

**《经济日报》**："治理"同"管理"仅一字之差，如何理解其内涵的差别？

**施芝鸿**：国家治理体系、治理能力所强调的治理，同管理既有联系也有区别。管理一般是指自上而下的纵向的、垂直的、单向的管理，并且管理主体单一，由此而带来的问题是：不断导致出现横不到边、纵不到底的管理空白、管理漏洞。而现代治理，既包括各方面的科学管理，也包括法治、德治、自治、共治等内涵。因此，治理在内涵上要比管理更宽泛，参与共同治理的主体比管理更多元。提出国家现代治理这个概念，有利于在中国共产党领导下，把国家对现代化建设各领域的有力有序有效的管理，同各种范畴、各种层次、各种形式的多元治理相结合，做到国家治理、社会治理有机结合、全面覆盖。

**《经济日报》**：如何推进国家治理体系和治理能力现代化？

**施芝鸿**：习近平总书记指出，党的十八届三中全会《决定》部署的全面深化改革，从总目标、路线图到各项具体改革举措，都是从国家治理体系和治理能力现代化的总体角度考虑的。特别是《决定》关于“六个紧紧围绕”的全面深化改革路线图，实际上已为我们指明了推进国家治理体系和治理能力现代化的正确路径。这就是：推进资源配置更加市场化、实现效益最大化和效率最优化；推进党的领导、人民当家作主、依法治国有机统一和协商民主广泛多层制度化、实现国家治理法治化；推进社会主义核心价值体系更加深入人心、文化管理体制和文化生产经营机制更加开放化；推进社会基本公共服务更加均等化、社会治理更加有序化；推进环境治理、生态修复和生态文明建设制度化；推进党的建设制度更加科学化；等等。我相信，只要我们全党全国各族人民齐心协力、锲而不舍地朝着这些方向去努力，就一定能实现国家治理体系和治理能力现代化。

# 中国全面深化改革决不能犯颠覆性错误也决不能留历史性遗憾*

（2014 年 3 月）

**《南华早报》**：请您深入解读一下党的十八届三中全会关于全面深化改革的《决定》？

**施芝鸿**：十八届三中全会《决定》，是一个社会共识度很高、现实针对性和可操作性很强的改革纲领。这个《决定》对我国社会这些年广泛讨论和网上激烈争论过的改革热点、难点、焦点问题，作出了出乎许多人意料的积极全面回应。

我注意到，《纽约时报》去年 11 月发表的一篇评论文章，在说到中共十八届三中全会《决定》的社会共识度很高这一特点时，有一个令人印象深刻的总判断："'左'派对此有口难言，右派对此无话可说。"这是真实的，而不是虚幻的。

我还注意到，很多网友，包括不少网络意见领袖，也都用"喜大普奔"这样的网络语言（即"喜出望外、大快人心、普天同庆、奔走相告"）来表达他们对十八届三中全会《决定》的喜悦和点赞。为什么对十八届三中全会《决定》的社会共识这么高？我想原因之一，就是这个《决定》是"以重大问题为导向"的，它以惊人的坦率，回应了党内外、国内外对当前中国存在的各种热点、难点和焦点问题的热切关注。

邓小平同志作为中国改革开放总设计师，他当年倡导改革，就是带着一种强烈的问题意识的。正是在不断思考问题、提出问题和解决问题过程中，邓小平同志开辟了中国特色社会主义道路。习近平总书记在全面深化改革的方法论上也继承了邓小平同志。他在主持制定十八届三中全会

---

* 本文系作者接受香港《南华早报》记者采访时的访谈要点。

《决定》时强调,我们“中国共产党人干革命、搞建设、抓改革,从来都是为了解决中国的现实问题。可以说,改革是由问题倒逼而产生,又在不断解决问题中而深化”。他说,“35 年来,我们用改革的办法解决了党和国家事业发展中的一系列问题。同时在认识世界和改造世界的过程中,旧的问题解决了,新的问题又会产生”。所以,习近平总书记在十八届三中全会《决定》的起草过程中反复强调,要有强烈的问题意识,要以重大问题为导向,抓住关键问题进一步研究思考,着力推动解决我国发展面临的一系列突出矛盾和问题。

中国共产党走什么道路、搞什么“主义”,这个早已历史地确定了,即:走自己的道路、建设有中国特色的社会主义。这是在 1982 年邓小平同志在党的十二大开幕词中就已经确定了的。此后,从十三大到十八大的历次党的全国代表大会报告也都一再重申过了。既然道路和主义是确定无疑的,那就无须再作无谓争论了。在这个既定的道路和主义之下,完善和发展中国特色社会主义、让改革发展成果更多更公平惠及全体人民还有哪些突出矛盾、紧迫问题需要解决,这才是我们应该高度关注和妥善解决的。

当前,我国改革和发展面临的最大问题是:完善和发展中国特色社会主义制度,面临各方面体制机制的障碍;推进国家治理体系和治理能力现代化,面临许多方面制度供应匮乏、不少干部治理能力不足的障碍;实现公平正义、增进人民福祉,面临尚未形成全国统一市场体系和公平竞争的发展环境的障碍。所有这些,集中表现为思想观念的障碍和利益固化的藩篱。可以说,现在我国改革又到了一个新的重要关头。

全面深化改革,必须从客观存在的问题出发,以促进社会公平正义、增进人民福祉为出发点和落脚点,勇于直面问题,善于解决问题。通过全面深化改革,使我国各项制度安排有利于健全和完善社会主义市场经济体制,有利于提高资源配置效率和公平性。特别是要打破体制壁垒、扫除身份障碍,为缺乏职业生涯上升通道的社会底层年轻人解决阶层固化和纵向流动不畅的问题。

**《南华早报》**:习近平总书记多次强调农民子弟上学就业的重要性,是否也就是因为要打破这种阶层固化?

**施芝鸿**:对。所以习近平总书记和新一届中央领导集体按照十八届三中全会《决定》关于“大力促进教育公平”和“实施离校未就业高校毕业生就业促进计划”的要求，为打破这方面的阶层固化做了大量工作。仅2013年全国贫困地区农村上重点高校的人数就比上年增长了8.5%；全国应届高校毕业生绝大部分已实现就业。把类似的利益关系调整到位，不断释放新的改革红利，真正体现社会公平正义，我们的改革才能赢得更加广泛的社会共识和更为持久的社会支持。

坚持“以重大问题为导向”，同样可以梳理出党的建设和管理中存在的主要问题，即形式主义、官僚主义、享乐主义和奢靡之风突出；一些领域里出现的消极腐败现象易发、多发和高发，反腐败斗争形势严峻。解决好这些问题的关键，在于深化包括党的建设制度改革在内的全面改革，特别是要强化权力运行制约和监督体系，让人民监督权力，让权力在阳光下运行，这是把权力关进制度笼子的根本之策。

十八届三中全会《决定》赢得社会高度共识的另一个原因，是突出了“三个进一步解放”，即进一步解放思想、进一步解放和发展社会生产力、进一步解放和增强社会活力。这“三个进一步解放”，既是全面深化改革的目的，也是改革得以顺利进行的条件，同时能够激发全体人民的积极性、主动性、创造性，让一切劳动、知识、技术、管理、资本的活力竞相迸发，让一切创造社会财富的源泉充分涌流，把中国特色社会主义能够在解放和发展社会生产力、解放和增强社会活力、促进人的全面发展上同资本主义相比较的优越性更充分地体现出来。

十八届三中全会《决定》还突出强调推进国家治理体系和治理能力现代化。这是全会《决定》中最带战略指导作用和全局指导作用的重大理论和实践创新。

同时，十八届三中全会《决定》还突出了坚持社会主义市场经济改革方向，让市场在资源配置中起决定性作用和更好发挥政府作用；突出了发挥经济体制改革牵引作用；突出了完善产权保护制度；突出了发挥群众首创精神、紧紧依靠人民推动改革；突出了加强顶层设计和摸着石头过河相结合；突出了改革的系统性、整体性和协同性。而过去的改革往往是某一方面的单兵出击、单项改革。比如，以往在治理房地产乱象时，只是就房地产论房地产，没有看到房地产问题是一个综合性、系统性很强的问题，必须联系我们的土地制度和土地财政，还要联系城乡二元结构、税收制度等，进行综合治理单纯在房地产市场上采取这样那样的限制性措施，很难治到根子上。

总而言之，我认为，十八届三中全会《决定》能够获得全党全社会高度共识的原因，一是坚持了“以重大问题为导向”，当大家都来共同关注和聚焦研究怎么解决当下中国存在的紧迫问题时，认识就容易统一；二是做到了几个突出，当大家都围绕十八届三中全会《决定》强调的几个突出问题去认识改革、理解改革、参与改革时，也就比较容易达成思想共识。

我认为，改革共识的形成，不仅对十八届三中全会《决定》的起草是至关重要的，而且对全面贯彻落实好这个《决定》，打胜这场改革攻坚战同样也是起决定性作用的。

巩固和扩大全党全社会对十八届三中全会《决定》的最大公约数、最高共识度，很关键的一条是要坚决防止对全会《决定》在思想认识上的种种片面性，即便是“深刻的片面”也不行。有一些片面性的思想认识乍一听、乍一看，似乎很深刻，但这种“深刻的片面”往往离真理更远。列宁说过：“真理只要向前一步，哪怕是一小步，就会成为谬误。”

**《南华早报》**：都有哪些片面性的解读呢？

**施芝鸿**：从现实情况看，对十八届三中全会《决定》在思想认识上的种种片面性，主要体现在以下几个方面。

一是把全面深化改革总目标的两句话抽离成一句话。十八届三中全会《决定》提出的全面深化改革的总目标是：完善和发展中国特色社会主义制度，推进国家治理体系和治理能力现代化。这两句话是相互补充、相辅相成的，抽掉了其中任何一句，全面深化改革的总目标就不完整了。

为什么要强调“完善和发展中国特色社会主义制度”呢？改革开放36年来，我们党和国家取得的最重要的成果是在实践中开创和发展了中国特色社会主义；在新的历史征程上，我们党要推进全面深化改革，最根本的任务也是要完善和发展中国特色社会主义制度，推动中国特色社会主义制度更加成熟更加定型。十八大报告明确要求全党，“必须以更大的政治勇气和智慧，不失时机深化重要领域改革，坚决破除一切妨碍科学发展的思想观念和体制机制弊端，构建系统完备、科学规范、运行有效的制度体系，使各方面制度更加成熟更加定型”。全面深化改革总目标中的第一句话，就是从十八大报告的这一段重要论述中提炼和归纳出来的。

**《南华早报》**：这就是您之前谈到的搞什么主义的问题吗？

**施芝鸿**：是的，全面深化改革总目标的第一句话，明确规定了我们党和国家制度改革、完善、发展的根本方向，从根本上讲清楚了我们党在新的历史征程上举什么旗、走什么路的问题，也可以说进一步明确了我们党要搞什么“主义”的问题。

全面深化改革总目标的第二句话，规定了我们党要在中国特色社会主义制度框架内去推进国家治理体系和治理能力现代化，而不是离开这个制度框架另起炉灶；同时也讲清楚了我们党要用“推进国家治理体系和治理能力现代化”来完善和发展中国特色社会主义制度。

应当看到，全面深化改革总目标中的这两句话并非并列关系，而是包含关系，前者包含后者，后者服从服务于前者；而且总目标中的后一句话还揭示了：国家治理体系和治理能力现代化是两个不可或缺的方面，只有这两个轮子一起转动起来，我们的国家制度现代化的问题、中国特色社会主义完善和发展的问题，才能真正得到有效解决。

李克强总理在本次政府工作报告中提出“社会多元主体共同治理”，这个社会共治就是推进国家治理体系和治理能力现代化的重要内容。我理解，推进国家治理体系和治理能力现代化，是要在中国共产党领导下，从以下四个层面去推进国家的现代治理：一是法治中国，二是共治社会，三是自治基层，四是德治公民，在这个基础上形成中国共产党领导下管理国家的现代制度体系。这是中国特色社会主义制度的完善化，而绝不是西方化、资本主义化。

**《南华早报》**：请您具体解释一下国家治理现代化这个问题？

**施芝鸿**：我先讲国家治理现代化中的法治中国问题，这是十八届三中全会《决定》对法治中国的界定，就是必须坚持依法治国、依法执政、依法行政共同推进，坚持法治国家、法治政府、法治社会一体建设。国家治理现代化中的共治社会，就是注重运用法治方式，更好发挥社会组织在公共服务和社会治理中的作用，实行多元主体共同治理，推进社会治理创新。比如说环境治理、食品安全治理、对大量存在的医患矛盾的治理，甚至对中国式过马路的治理，这些如果光靠政府治理显然不够。要把社会组织广泛动员起来，把民间力量广泛动员起来，也把企业的力量广泛动员起来，这就是社会共治。国家治理现代化还包括自治基层和德治公民。通过法治中国、共治社会、自治基层、德治公民这样一种治理体系的现代化、党和国家各级领导干部治理能力的现代化，来完善和发展中国特色社会主义制度。

在一些犯思想认识片面性错误的人看来，全面深化改革总目标中的第一句话是可有可无的，所以他们只热衷于解读第二句话。这样做，无疑就抽离了两句话中管总的、管方向的、灵魂的东西。所以，习近平总书记在省部级主要领导干部全面深化改革专题研讨班上，专门讲了这个问题。这也体现了他的政治眼光敏锐，善于见微知著，并且把这个问题提到了不能片面理解十八届三中全会《决定》精神的高度。

对十八届三中全会《决定》精神理解上的片面性不是个别的。比如，一些人只讲市场在资源配置中起决定性作用，不讲还要更好发挥政府作用。其实这后面一句话同样很重要，特别是 2008 年国际金融危机的发生和应对，让我们，也让世人都看到：一些西方国家那种放任自流的市场经济，同德国的社会市场经济、同我国有国家宏观调控相配合的社会主义市场经济相比，其弊端是显而易见的。

在发展社会主义市场经济条件下，政府的作用能不能仅仅是充当守夜人？在中国这样一个大国搞市场取向的改革，其难度和复杂性恐怕是世所罕见的，政府仅仅起一个守夜人的作用是远远不够的。我们国家的经济体制改革一度曾踏入过泥潭，比如搞教育产业化、医疗产业化，曾引发很多争论。那些应该市场化的长期没有市场化，而不应该市场化的却市场化了，这就给经济社会发展和民生改善带来诸多问题。比如，一部分城乡居民看不起病、住不起房、上不起学等问题集中出现了。十八届三中全会《决定》把市场在资源配置中起决定性作用和更好发挥政府作用结合起来阐述，表明我国在全面深化改革中，既要建设强市场，也要建设强政府和强社会，当然这是在各自该强的领域里强。只有这三者都强，才符合十八届三中全会《决定》对政府、市场、社会的要求。

片面性的再一个表现，就是只讲分好蛋糕，不讲做大蛋糕。在十八大召开前，我国曾有过一场“蛋糕之争”：到底是先做大蛋糕重要，还是先分好蛋糕重要？当时，我恰好先后去陷入这场争论的广东、重庆这两个地方做过宣讲工作。当地干部问我对这个问题怎么看？我说，在这个问题上，中央的正确方针是：要在进一步做大蛋糕的同时，更加注重分好蛋糕。单纯强调某一个方面，都是犯了习近平总书记指出的盲人摸象的错误。

十八届三中全会《决定》一方面强调：全面深化改革，必须“以促进社会公平正义、增进人民福祉为出发点和落脚点”；另一方面强调：“全面深化改革,必须立足于我国长期处于社会主义初级阶段这个最大实际,坚持发展是解决我国所有问题的关键,以经济建设为中心,发挥经济体制改革牵引作用",这是对这场"蛋糕之争"给出的最好回答。

片面性还表现在:只讲推动发展混合所有制经济,不讲还要推动国有企业完善现代企业制度,甚至认为现在中国的国有企业根本搞不好,应该把它取消;只讲赋予农民对承包地的各种权能,不讲稳定农村土地承包关系并保持长久不变;只讲一方是独生子女的夫妇可以生育两个孩子,不讲坚持计划生育的基本国策;等等。

以上列举的这些,都属于对十八届三中全会《决定》在认识和解读上,已经露出苗头的片面性。放任这些片面性,会导致"差之毫厘、失之千里"。所以,这不是小事情。习近平总书记在省部级主要领导干部全面深化改革专题研讨班上把这些问题讲得很清楚,这对我们下一步在全面深化改革施工期,怎么做到正确施工而不是偷工减料地施工是极为重要的。

如果我们再增强一点历史的纵深感,就会看到,改革开放36年来,在对我们党的重大改革方针、政策的认识和实践上出现片面性,其实早已有之。举例来说,我们党在社会主义初级阶段的基本路线是"一个中心、两个基本点":"一个中心",就是以经济建设为中心;"两个基本点",一个是坚持四项基本原则,一个是坚持改革开放。坚持四项基本原则是立国之本,坚持改革开放是强国之路。但是,有些人在改革开放实践中,只讲坚持改革开放,而把坚持四项基本原则丢掉了,其结果,导致改革开放中出现了一些重大失误,走了一些不应走的弯路。所以,联系我们党在改革开放中的历史经验来看,习近平总书记很严肃地指出,在学习领会十八届三中全会精神方面要切忌盲人摸象、以偏概全,要防止一知半解、断章取义,这都是有很强的现实针对性和长远指导性的。

当前我国全面深化改革进入施工期,要有效防止对十八届三中全会《决定》的理解和贯彻中出现片面性,我认为,还要注意把握好:十八届三中全会《决定》通篇是贯穿着"两个决不能"这样的重大战略考虑的。

所谓"两个决不能",第一是决不能犯颠覆性错误;第二是决不能留历史性遗憾。

所谓决不能犯颠覆性错误,就是要坚决守住政治底线:执政党决不能把自己创立的中国特色社会主义制度给颠覆了,决不能把共产党的执政地位给颠覆了，同时也决不能把现行国际政治和经济秩序给颠覆了。我们现在之所以批判安倍，就是因为安倍要颠覆“二战”后的国际格局和国际秩序，而我们中国共产党主张遵守“二战”以后的国际格局和秩序。尽管这一格局和秩序也有这样那样的问题，但我们主张改革它、完善它，而不是颠覆它；正如我们党自己建立的社会主义制度也有这样那样的弊端，我们也是要通过改革完善它而不是颠覆它一样。中国即使发展得再强大，也不会去挑战和颠覆现行国际政治和经济秩序。

所以，习近平总书记所讲的“中国是一个大国，决不能犯颠覆性错误”，包括对内和对外两个方面。对内，不会让任何政治势力来颠覆执政党和国家秩序，贻误改革良机；对外，中国的崛起无意挑战和颠覆现行国际政治和经济秩序，也不会认同其他国家来试图颠覆“二战”后的国际格局和国际秩序。

**《南华早报》**：这个重要的战略考虑在初始的时候就包含了两层意思吗？

**施芝鸿**：我们党提出的重大战略方针和政策，都是把统筹国内国际两个大局结合起来考虑的。关于中国“决不能犯颠覆性错误”当然也是这样。

习近平总书记说过，“中国是一个大国，决不能在根本性问题上出现颠覆性错误”。他还曾谈到，全面深化改革尤其不能犯颠覆性错误。所谓全面深化改革不能犯颠覆性错误，就是要坚决守住全面深化改革的政治底线。

那么，所谓决不能留历史性遗憾呢，就是动员全党全国人民抓住现在难得的发展机遇期、改革窗口期，通过“三个进一步解放”，自觉跃上全面深化改革最前线。

一个是守住全面深化改革的政治底线，一个是动员全党全国人民跃上改革最前线，只有统筹兼顾了这两个方面，才能使全面深化改革始终沿着正确方向不断向前推进。

应该看到，决不能犯颠覆性错误、决不能留历史性遗憾这“两个决不能”，尤其是第一个“决不能”，既是中国共产党面对全面深化改革攻坚战的一种自我警示，也是对某些国内外势力的明确警示，千万不要把这种警示不当一回事。因为中国改革开放 36 年来，每当改革走向深化之际，都是执政党有可能犯颠覆性错误的时候，同时也是国内外某些势力有可能错误估计形势、意图搞颠覆的时候。

所以,习近平总书记反复强调中国是一个大国,决不能犯颠覆性错误,这是执政党对这种历史经验的深刻总结和自觉记取。现在的问题是,执政党已自觉记取历史教训了,国内外的某些势力是不是也记取这个历史教训了呢?人们都知道,任何国家的执政党,都不可能在闹政治地震的情况下来搞改革和现代化建设。这就是我们党始终强调维护改革发展稳定大局的根本原因。只有在社会稳定中才能推进改革发展,只有通过改革发展才能维护和促进社会稳定。因此,这就要求我们既要为全面深化改革创造相对宽松的经济环境,也要为全面深化改革创造相对平和的政治环境。

我在去年全国两会期间接受海外记者采访时就说过,对我们党和国家提出的任何意见,只要是补台而不是拆台的,那么执政党都会认真采纳;而那些旨在对现行国家体系另起炉灶、推倒重来的任何主张,都只能是政治泡沫。在当代中国,任何势力,想要趁全面深化改革之际,制造事端,煽动对抗,撕裂社会,其结果只能是颠覆者颠覆了自己。

所以,我很赞同"'文革''武革',皆不可取"这样一种理性的声音。鼓吹回到"文革"的极左、煽动颠覆党和国家的"武革"这种极右,都会给中国人民带来深重灾难。

我愿意借此机会向我们体制内外、社会各界呼吁,大家都应秉持对国家、民族的道义感、使命感、责任感,珍惜为时不长的改革攻坚这 7 年多时间,把对十八届三中全会《决定》的"喜大普奔",转化为朝着全面深化改革总目标的"携手齐奔",多理解、多支持、多参与,少搅局、少干扰、少折腾。这样,全面深化改革攻坚战就能如期全面打胜,中国的面貌又将迎来新一轮翻天覆地的变化。

**《南华早报》**:对于十八届三中全会《决定》,其实社会上还有一种质疑,就是如何能让政府真正放权?

**施芝鸿**:李克强总理在政府工作报告中说,简政放权是本届政府开门第一件大事。他还说:"进一步简政放权,这是政府的自我革命。"国务院要在去年分批取消和下放 416 项行政审批事项基础上,今年再取消和下放行政审批事项 200 项以上。

自我革命,这是我们党领导的改革开放这场新的伟大革命最显著的特点,这场自我革命就是要革那些不适合建设富强民主文明和谐的社会主义现代化国家要求的管理理念、管理体制、管理机制和管理方法的命,其中也包括要革那种政府对社会事务包揽过多,管了很多不该管、管不好的东西的治理体制的命。李克强担任总理之后,新一届中央政府按照以习近平总书记和新一届中央领导集体确定的改革要求,以背水一战、壮士断腕的劲头,率先在政府自我革命上动了真格。中央政府和部门的许多审批权已经和正在下放给地方、下放给市场、下放给社会。在持续简政放权过程中,正在培育起一种能参与社会共治的社会力量。

所以,全面深化改革的总目标,虽然只是短短两句话,但是它的涵盖面很广,理论和实践的思想张力极强,成为十八届三中全会《决定》中最耀眼、最核心的思想和理论亮点。我估计,新一届党中央理论创新的方向,也很有可能就是这个治理现代化。

**《南华早报》**:如此看来,中国的改革和现代化建设其实还有两个最大的难点:一个是人才的问题,一个是人性的问题。本届政府在未来 10 年怎么才能解决这两个问题呢?

**施芝鸿**:1964 年,时任国务院总理周恩来在全国四届人大上做了一个政府工作报告。他说,我们要推进工业、农业、科技、国防"四个现代化"。这"四个现代化"已经提出半个多世纪了,这其实是器物也就是国家硬实力的现代化。而十八届三中全会提出的国家治理体系和治理能力现代化,则是人的现代化,也就是第五个现代化,或者是治理国家的"道"的现代化。

由器物文明,走向制度文明,最后走向人的自身全面而自由发展的"道"的文明,这就在发展层次上又提升了一大步。中国这样一个经济文化曾经十分落后的东方大国,在走向现代化过程中,如何把器物层次的物质文明与更高层次的制度文明、人的文明即"道"的文明结合起来,如何使人的现代化更好推动其他"四个现代化",这是我们推进国家治理体系和治理能力现代化所要面对的问题。

至于说 10 年时间能不能完成这样一个人才和人性的现代化任务,这使我想起鲁迅先生热切呼唤的改造国民性,至今已经快一个多世纪了,这个任务还没有完成。人的改造和环境的改造,哪个更重要?马克思和恩格斯在《德意志意识形态》一文中专门讲过这个问题:在某种情况下,环境会改变人,在另一种情况下,人会改变环境,而且人本身也会被环境所改造。我们党用全面深化改革这 7 年多时间来集中抓一下人的现代化,尤其是抓党和国家各级领导干部国家治理能力的现代化,切实解决在不少干部中存在的

“老办法不管用、新办法不会用、硬办法不敢用、软办法不顶用”的执政本领恐慌和能力危机，这一定会收到实际效果的。能不能在短时间里把所有问题都解决？不见得。但是把明显影响我们国家进步的、妨碍十八届三中全会《决定》贯彻的问题加以解决，我想这是有可能的。

当然，要改造中国社会是需要有韧劲的。执政党看到了我们各方面体制机制上存在的弊端，也看到了干部队伍中在领导方法、治理能力上的种种不足，下决心全面深化改革，既要改革体制机制的弊端，也要革除利益固化的弊端，还要革除一些干部在国家治理方面的一些明显脱离现代化要求的弊端。

在这方面，我曾经服务过的老首长曾庆红副主席在他分管我们党的建设和干部队伍建设时，曾下了很大功夫来抓全国农村党员干部现代远程教育。这是一个致力于提高我们党最基层的广大农村干部领导能力现代化的巨大系统工程。在他的积极努力和不懈推动下，这个现代远程教育系统已经建成了。现在，全国农村广大党员干部都可以通过这个现代远程教育网络，同步接受中央党校和北京的、全国的著名专家学者以及高级领导干部的课件教育。这个工程很了不起。我举这个事例是要说明，我们党作为一个领导中国走向现代化的执政党，对自身能力现代化包括干部教育培训手段和载体的现代化是多么重视，今后还会更加重视。

**《南华早报》**：您如何看待现在的反腐？

**施芝鸿**：现在我们党在雷霆整风、重拳反腐中揭露出来的问题许多属于吏治腐败问题，即干部选拔任用上的问题。而这又同我们推进国家治理体系和治理能力现代化问题联系在一起。历朝历代，吏治的腐败都是危害最大的腐败。在这种情况下，我们党下决心解决好吏治腐败。

最近，中共中央把修订后的《党政领导干部选拔任用工作条例》印发给各级党组织，这个条例吸收了干部人事制度改革的新经验新成果，根据新形势新任务，对干部选拔任用制度进行了改进完善，是做好党政领导干部选拔任用工作的基本遵循，也是从源头上预防和治理选人用人不正之风的有力武器。认真贯彻落实好这个条例，必将有力保证建设一支信念坚定、为民服务、勤政务实、敢于担当、清正廉洁的高素质领导干部队伍，真正把那些想干事、会干事、干成事、好共事、不出事这样的“五事”干部，大量选拔到我们党和国家各级领导岗位上来。

想干事，就是有为人民服务的意识；会干事、干成事，就是有为人民服务的本领；好共事，就是能团结同志共同做好工作；不出事，就是能严于律己，做到拒腐蚀、永不沾。

我们党一方面以“零容忍”态度持之以恒重拳反腐，另一方面如果能高度重视并切实从制度上、源头上解决好吏治腐败问题，注重把政治上靠得住、工作上有本事、作风上过得硬、人民群众信得过的好干部或者说“五事”干部，大量选拔到我们党和国家各级领导岗位上来，让他们有用武之地，让他们有施展才华的舞台，那么我们的党就更加大有希望，打赢全面深化改革攻坚战就更加大有希望，实现“两个一百年”的奋斗目标和中华民族伟大复兴中国梦就大有希望。

# 中央深改组没有权力寻租的空间或权钱交易的可能*

（2014 年 3 月 13 日）

## 一、中央深改组办公室为何设在中央政策研究室

在中央决定成立全面深化改革领导小组之后，对其办事机构究竟如何设置，一度成为外界关注的焦点。此前，外界曾就此有过多种猜测，例如成立一个新的机构，作为中央深改组的办公室；也有人曾提出把中央深改组的办公室设在国家发改委或中央财经领导小组办公室；等等。

施芝鸿对《北京青年报》记者表示，目前中央已经确定把中央全面深化改革领导小组办公室设在中央政策研究室。

施芝鸿认为，党的十八届三中全会以来的全面深化改革，涉及的领域，概括起来是“5+1+1”共 7 个领域。“5”就是构成中国特色社会主义总体布局的五个方面，经济、政治、文化、社会、生态文明体制这五个方面的改革，加上党的建设制度方面的改革，再加上军队和国防改革。这次全面深化改革，实际上就是指的上述 7 大领域的改革。而中央政策研究室的内部机构设置，正好同这 7 大领域是完全对应的。

“在这样的存量机构基础上，再添加一些增量的、直接服务于中央全面深化改革领导小组的内设机构，组建起同中央政策研究室现有内设机构既分又合、既能单独作战又能联合作战打统仗的中央全面深化改革领导小组日常办事机构，就能成为中央深改组的一个得力办事机构、咨询机构和信息汇总机构。所以，中央这次把深改组的办公室，放在中央政策研究室的决定是很正确的，这本身就体现了机构设置上的一个重大改革。”施芝鸿表示，

---

* 本文系作者接受《北京青年报》记者采访时的访谈要点。

中央政研室长期以来为中央高层的决策提供咨询服务，而且参与中央重要会议和文件的起草，对改革的全局情况非常熟悉。把这两个研究机构并联设置，会形成存量与增量机构 1+1>2 的整体合力和研究实力，共同服务于党中央和中央全面深化改革领导小组，其对于我们全面深化改革的作用，也将是很值得看好的。

## 二、人员罕见高规格构成逐渐清晰

根据此前已经公布的信息，中央全面深化改革领导小组由习近平担任组长，三位副组长分别为李克强、刘云山、张高丽，四名正副组长均为中央政治局常委，这样的高规格人员配置被认为体现了中央全面深化改革领导小组的权威性以及改革的力度。

此前央视公布的中央全面深化改革领导小组第一次会议的报道和电视画面中，除了上述四位正副组长外，参加会议并在里圈就座的官员还包括（注：按央视摄像机拍摄顺序排列）：马凯、刘延东、许其亮、汪洋、赵乐际、杜青林、王晨、周强、张庆黎、王正伟、王沪宁、刘奇葆、李建国、孟建柱、栗战书、赵洪祝、郭声琨、曹建明、周小川等领导同志。

此外，深改组成员还包括来自中央直属部门、国务院各部委以及中纪委、最高检、最高法、全国人大及全国政协的领导，分别构成 6 个专项小组。

## 三、336 项改革举措已分解到专项小组

在内设机构和人员组成的轮廓已经日渐清晰之后，中央全面深化改革领导小组的工作事实上也早已经在陆续启动和推进。

根据公开报告梳理，中央全面深化改革领导小组已经分别于 1 月 22 日和 2 月 28 日开过两次会议。习近平总书记作为中央全面深化改革领导小组组长，主持召开了这两次会议并发表重要讲话。在 2 月 28 日下午召开的第二次会议上，习近平总书记强调，全面完成党的十八届三中全会确定的改革任务还有 7 年时间，起跑决定后程。2014 年工作抓得怎么样，对起好步、开好局意义重大。要把抓落实作为推进改革工作的重点，真抓实干，蹄疾步稳，务求实效。

据施芝鸿介绍,中央全面深化改革领导小组已经把党的十八届三中全会列出的336项改革举措全部分解到位,明确了各项改革举措的牵头单位、参加单位和成员单位。下一步将在集中各方面智慧的基础上,尽快确定这一轮改革的突破口。

## 四、好像指挥三大战役的前敌委员会

**《北京青年报》**:据您所知,中央全面深化改革领导小组的功能,将来会承担更多类似于智囊机构的功能,还是会有更实际的权力来推进改革?

**施芝鸿**:中央全面深化改革领导小组及其办公室有四个方面的功能,而不仅仅只是发挥智囊作用。中央成立深改组,负责改革总体设计、统筹协调、整体推进、督促落实:总体设计,包括顶层设计和分层对接设计;统筹协调,就是对上述"5+1+1"等7个领域的全面深化改革,要有一个办公室来协调;此外,还要推动落实中央全面深化改革领导小组审议通过的各项重大改革方案。所以,它不只是智囊机构。打个比方,中央全面深化改革领导小组是全面深化改革的前沿指挥部,而设在中央政研室的办公室,则好比是前沿指挥部的一个参谋机构,这就很像当年毛泽东同志指挥打人民解放战争三大战役时的前敌委员会。

## 五、这个机构没有自己特殊的部门利益

**《北京青年报》**:有人担心,中央深改组办公室会不会成为下一个发改委?

**施芝鸿**:绝对不会,中央深改组本身是一个超脱于现有的党政军群各个部委机构设置之上的,顶层的、权威的改革领导机构,这个机构既不管钱,也不管物,更不涉及项目审批等,它没有自己的部门利益,也就是没有自己的既得利益;它完全是站在全党、全国、全民族利益的高度,履行上述四个方面的全面深化改革的整体功能。中央全面深化改革领导小组办公室所联体的中央政策研究室,也是一个清水衙门中的清水衙门,它同样不批钱,也不批物,没有权力寻租的空间,没有权钱交易的可能。因此,它能够站在党和人民利益的高度,来协助设计全面深化改革总体思路、分层对接思路,并针对

改革中出现的倾向性问题，及时向中央全面深化改革领导小组提出意见和建议，来冲破思想观念束缚，突破利益固化藩篱，打赢这场改革攻坚战。

## 六、短时间内已分解了336项改革举措

**《北京青年报》：**中央深改组现在是不是已经开始具体运作了？

**施芝鸿：**中央全面深化改革领导小组已开了两次全体会议，习近平总书记作为组长，在两次会议上都作了重要讲话。经过这一段时间紧锣密鼓的工作，中央全面深化改革领导小组和六个专门小组，以及中央改革办，已经把十八届三中全会列出的336项改革举措全部分解到位，并且梳理细化后，正在明确每个领域的改革重点，很快就要进入全面深化改革的“施工期”。

这个办公室的工作是紧张高效、有序尽职的。今年春节期间，中央全面深化改革领导小组的六个专门小组的好多领导和工作人员都没有休息，所以才能在这么短的时间内，分解了十八届三中全会列出的336项改革举措的牵头单位、参加单位和成员单位。

## 七、全面深化改革突破口或在“法治国家建设”

**《北京青年报》：**全面深化改革千头万绪，那么中央深改组推进改革的突破口会在哪里呢？

**施芝鸿：**关于这个问题，我举个例子。我们全国政协社科界的刘树成委员是中国社科院经济所的研究人员，在中央领导同志来听取我们联组讨论的时候，他有个发言。他在发言中认为，这次全面深化改革的突破口，就应该是加强法治国家建设，国家治理体系的现代化归根结底最重要的是法治化。他建议中央把推进法治中国建设作为全面深化改革的突破口。他讲到这里的时候，中央领导同志插了一句话，“刘委员，你的意思是说把法治建设作为突破口吗？”刘树成委员说“对”，中央领导同志颔首表示肯定。我当时在现场注意到这个细节。

现在究竟怎么来选择改革突破口？我想下一步中央深改组包括下设的六个专门小组，以及中央改革办，会及时汇总梳理各方面意见，还有全国各个省自治区直辖市成立的各地的深改组，他们也会梳理出来意见，形

成一个更完整的汇总，最后找出真正的突破口在哪里。我认为，改革的突破口应该是“牵一发而动全局”的领域，像当年的家庭联产承包责任制和经济特区，都成为“牵一发而动全局”的改革举措。这次全面深化改革的突破口会怎么选择？刘树成委员提出的这个思路不无道理，如果法治是突破口之一，那法治领域更具体的突破口落在哪一个措施上？这还要深入寻找。

我相信，在集中各方面智慧的基础上，这个突破口会尽快明确的。

## 八、要突破思想观念和利益固化的藩篱

**《北京青年报》**：这一轮全面深化改革的障碍在哪里？

**施芝鸿**：障碍主要有两个，一是思想观念的障碍，一是利益固化的藩篱。邓小平同志南方谈话解决的是“社会主义可不可以搞市场经济”的问题；这次十八届三中全会启动的全面深化改革，是要进一步解决“怎样搞好社会主义市场经济”的问题，使社会主义市场经济既是有效率的，也是公平的，既是能够激发活力的，也是能够不断实现现代治理的，能够形成一个全国统一的市场体系，打破目前市场秩序失序、市场规范失范所导致的种种不公平竞争，以及大家反映强烈的各个方面的利益差距问题。如果这个问题在这一轮全面深化改革中解决好了，我们就能使中国特色社会主义制度更加成熟更加定型，也会使我们国家治理体系、治理能力更加现代化。

# 改革创新精神的基本内涵和重要意义*

（2014 年 3 月 11 日）

进入改革开放和现代化建设历史新时期以来，我们党始终高度重视和大力弘扬改革创新精神。党的十八大以来，习近平总书记在多个场合一再强调，要“坚持不懈把改革创新精神贯彻到治国理政各个环节，奋力把改革开放推向前进”。

我们回望历史、立足当下、放眼未来，可以自豪地说，改革创新精神是推动我国新时期解放思想、解放和发展社会生产力、解放和增强社会活力的强大动力，是党和人民事业大踏步赶上时代的重要法宝。离开了改革创新精神，我们国家就不可能有今天这样的大好局面。

改革创新精神的基本内涵，在我看来，主要有四条。

第一，改革创新精神是一种解放思想、攻坚克难的自我革命精神。我们党自登上中国历史舞台以来，历经 90 多年艰苦卓绝的奋斗，已相继完成和推进了新民主主义革命、社会主义革命和改革开放这场新的伟大革命。这场新的伟大革命是在过去革命取得成功、社会主义建设取得巨大成就的基础上进行的，是在我们党领导下有秩序有步骤地进行的。它不是要改变我国社会主义制度的性质，而是社会主义制度的自我完善和发展。它也不是原有经济体制的细枝末节的修补，而是经济体制的根本性变革。也就是说，这场革命既不是颠覆性革命，也不是内乱式革命，而是一场建设性革命。

我们党在领导这场建设性革命中，既坚持革故鼎新、推陈出新，又注重在继承中创新，在创造性转化和创新性发展中华优秀传统文化的基础上做到古为今用，在借鉴国外有益文明成果的基础上做到洋为中用。

---

* 本文系作者接受政论片《百年潮·中国梦》摄制组采访时的访谈要点。

当前，这场新的伟大革命正在经历第三次浪潮。第一次浪潮是改革开放初期的生产力革命；第二次浪潮是改革开放中期的市场化革命；第三次浪潮是十八届三中全会开启的推进国家治理体系和治理能力现代化的新治理革命。

要落实好党的十八届三中全会精神，以更大决心破除各方面体制机制弊端，冲破思想观念的束缚、突破利益固化的藩篱，推动中国特色社会主义制度自我完善和发展，就必须继续振奋起全民族解放思想、攻坚克难的自我革命精神。

第二，改革创新精神是一种抓住机遇、赶上时代的开拓进取精神。邓小平同志说过："我们要赶上时代，这是改革要达到的目的。"习近平同志指出："我们不仅要赶上时代，而且要引领时代潮流、走在时代前列。"这种抓住机遇、赶上时代的开拓进取精神，正是改革创新精神的重要内涵。

在勇于赶上时代还是甘于落后时代的问题上，我们这个民族是有深刻的正反两方面经验和教训的。

从 18 世纪中叶到 19 世纪中叶，大概是 100 年时间，由于当时的清朝政府闭关锁国、夜郎自大，失去了工业革命带来的发展机遇，导致我国经济技术进步大大落后于世界发展步伐；从 19 世纪中叶到 20 世纪中叶，大概又是 100 年时间，在西方坚船利炮轰击下，我国成为半殖民地半封建国家，列强侵略、政府腐败，加上长期战火连绵、动荡不宁，根本没有条件进行国家建设，也根本没有条件赶上时代前进步伐。

党的十一届三中全会以来，我们党抓住国际上兴起的科技革命和产业变革浪潮，通过改革创新，大踏步赶上了时代。在新的历史起点上，我们要全面审视当今世界和当代中国的发展大势，全面把握我国发展新要求和人民群众新期待，更加奋发有为地开拓进取，打好全面深化改革这场攻坚战，使中国特色社会主义永远走在时代前列。

第三，改革创新精神是一种以问题为导向、勇于研究新情况、善于创造新经验的实事求是精神。习近平总书记说，我们中国共产党人干革命、搞建设、抓改革，从来都是为了解决中国的现实问题。可以说，改革是由问题倒逼而产生，又是在不断解决问题中而深化的。30 多年来，我们用改革的办法解决了党和国家事业发展中的一系列问题。同时，在认识世界和改造世界过程中，旧的问题解决了，新的问题又不断产生，因而改革只有进行时，没有完成时。

当前,我国改革和发展面临的最大问题是:完善和发展中国特色社会主义制度,面临各方面体制机制的障碍;推进国家治理体系和治理能力现代化,面临制度供应匮乏、治理能力不足的障碍;实现公平正义、增进人民福祉,面临尚未形成全国统一的市场体系和公平竞争的发展环境的障碍。而所有这些,又集中表现为思想观念障碍和利益固化藩篱。可以说,现在我国的全面深化改革,又到了一个新的重要关头。全面深化改革,必须从客观存在的问题出发,勇于面对问题,有效解决问题。通过全面深化改革,使我国各项制度安排有利于健全和完善社会主义市场经济体制,有利于提高资源配置效率和公平性,有利于促进公平正义、增进人民福祉。

第四,改革创新精神是一种永不僵化、永不停滞,坚持以理论创新推动各方面创新的与时俱进精神。创新是一个民族进步的灵魂,是一个国家兴旺发达的不竭动力,也是一个政党永葆生机的源泉。改革开放 30 多年来,我们党持续推进实践基础上的理论创新,并以此推动制度创新、科技创新、文化创新以及其他各方面创新,从根本上改变了改革开放前贫穷落后的颓势,使中国的社会主义充满希望地活跃起来了,使一切创造社会财富的源泉井喷式地充分涌流出来了。

比如,在理论创新方面,我们党在实践中探索形成了包括邓小平理论、“三个代表”重要思想、科学发展观在内的中国特色社会主义理论体系,实现了马克思主义中国化的第二次历史性飞跃。

在制度创新方面,30 多年来改革最主要的成果是开创和发展了中国特色社会主义制度,为社会主义现代化建设提供了强大动力和有力保障。

在科技创新方面,我们坚定不移走中国特色自主创新道路,实施科教兴国战略、人才强国战略和创新驱动发展战略,加快建设创新型国家,向着建设科技强国目标迈出坚实步伐。

古人说,天行健,君子以自强不息。改革创新精神的重要意义,就在于它是我们党的“治党治国之道”,也是我们国家和民族的“生存发展之道”。始终高扬包括改革创新精神在内的伟大的中国精神,就能为实现“两个一百年”奋斗目标、实现中华民族伟大复兴的中国梦注入强大的正能量,就能不断增强全党全国人民团结一心的精神纽带、焕发自强不息的精神动力,永远朝气蓬勃迈向未来。

# 关于国家现代治理的基本价值*

（2014年1月26日）

清华大学公共管理学院和明德公益研究中心召开的本次国家治理现代化学者沙龙，很及时，很必要。党的十八届三中全会审议通过的《中共中央关于全面深化改革若干重大问题的决定》（以下简称《决定》），提出的“推进国家治理体系和治理能力现代化”这一重大理论概念，引起全社会高度关注和学术界广泛讨论。深刻把握这一重大理论概念，就能立足十八届三中全会《决定》的思想制高点，把握全会精神的最亮点，抓住改革纲领与治国方略的契合点，找到贯彻《决定》同做好各方面实际工作的最佳结合点。这次学者沙龙要求既务虚也务实，既谈国家治理的基本价值，也谈国家治理的相关建构。下面，我先就十八届三中全会提出国家治理现代化的背景问题，谈几点属于务虚层面的认识。

## 一、现代治理是中国共产党治国理政现代思维和行为的题中应有之义

怎样治理社会主义社会这个在人类历史上全新的社会，在以往的世界社会主义理论和实践中是一个没有解决好的问题。马克思、恩格斯没有遇到全面治理一个社会主义国家的实践；列宁去世得过早，也没有来得及深入探索这个问题；苏联共产党在这个问题上做过一些探索，但也犯下了严重错误。我们党在全国执政后不断探索这个问题。但是，从“文革”到改革，我们党在国家治理上的理论和实践是有一些重大差异的。

毛泽东同志在发动“文化大革命”时说过：“天下大乱达到天下大治”。

* 本文系作者在清华大学学者沙龙上的发言。

但实际上，“文化大革命”已被我们党《关于建国以来党的若干历史问题的决议》认定为：“是一场由领导者错误发动，被反革命集团利用，给党、国家和各族人民带来严重灾难的内乱。”这场内乱，只是乱了我们自己。天下大乱而未达到天下大治，事实上也根本不可能达到天下大治。1976年，我们党一举粉碎“四人帮”，特别是1978年党的十一届三中全会胜利召开，我们党通过艰难的但是成功的解放思想、拨乱反正，通过持之以恒、接力推进的全面改革、完善治理，才逐步走出了“文化大革命”的混乱局面。此后，经过几届中央领导集体的励精图治、不断努力，才把当代中国治理成一个政治稳定、经济发展、社会和谐、民族团结的生机勃勃的中国，治理成一个世界第一大出口国、第二大经济体、世界银行和国际货币基金组织第三大股东国。这同世界上一些地区和国家不断出现乱局形成了鲜明对照。

这个鲜明的历史对比表明：中国共产党这样一个通过武装斗争取得政权的党，在执政以后，应当及时把“造反有理”的颠覆性思维，转换成“发展才是硬道理”的建设性思维；应当把“推翻一个旧世界”的颠覆性行为，转换成“建设一个新世界”的建设性行为；同时，应当把建设好一个社会主义现代化国家，同治理好这个国家结合起来。邓小平同志推动的改革开放，就是要解决好这个在以往世界社会主义理论和实践中都没有解决好的重大问题。

改革开放是我们党继完成新民主主义革命和社会主义革命之后，所进行的一场新的伟大革命。但这场革命不是通过“天下大乱达到天下大治”那样的“内乱式革命”，而是通过“坚持大改达到国家大治”的“内治式革命”，即社会主义制度自我完善和发展的一场自我革命。我们党领导的改革开放，不仅是要革一切束缚生产力的解放和发展的体制机制的命，而且要革一切束缚各种生产要素和人的积极因素充分发挥的经济运行机制的命，还要革一切同建设社会主义现代化国家不相适应的治理体制的命。

36年来，这场革命大体上经历了从生产力到生产关系、从经济基础到上层建筑深刻变革的三次浪潮。第一次浪潮是改革开放初期的生产力革命；第二次浪潮是改革开放中期的市场化革命；第三次浪潮是党的十八届三中全会开启的推进国家治理体系和治理能力现代化的新治理革命。这就是党的十八届三中全会《决定》提出推进国家治理体系和治理能力现代化的重要历史背景。同时，这也标志着中国共产党新一届中央领导集体在治国理政上的新的伟大觉醒。这就是:要发挥好中国特色社会主义制度的优越性,真正实现国家长治久安、社会和谐稳定,还是要靠制度、靠执政集团在国家治理上的高超能力、靠科学民主依法执政的高素质干部队伍。而这就必须从各个领域推进国家治理体系和治理能力现代化。

## 二、我们党提出现代治理的思想已有近30年历史

党的十八届三中全会《决定》提出的“推进国家治理体系和治理能力现代化”并非是突如其来的。这实质上是我们党顺应我国现代化建设实际,提出的至关重要的“第五个现代化”。50多年前,我们党在第四届全国人民代表大会上提出了工业、农业、国防、科技“四个现代化”。今天的中国已成为世界第二大经济体,“四个现代化”当然并没有过时,但我们国家这么大,国家各个方面建设和治理的任务这么艰巨、繁重、复杂,只提“四个现代化”显然已远远不够了。必须通过提出“国家治理体系和治理能力现代化”这“第五个现代化”,即人的现代化,也即各级领导干部领导水平、治理能力的现代化,来推进国家治理体系的现代化,让生产力能继续发展和优化,并相应推动生产关系完善和优化,推进中国特色社会主义制度更加成熟更加定型。

“国家治理体系和治理能力现代化”这一重大理论概念,给了我们这样的启迪:我们党在新时期的全部理论和全部实践,就是把解放思想、拨乱反正、全面改革同现代治理有机结合起来。早在1985年,邓小平同志就说过:“治理国家,这是一个大道理,要管许多小道理。那些小道理或许有道理,但是没有这个大道理就不行。”在此之前的1984年,邓小平同志在论述“一个国家,两种制度”时也指出:“要相信香港的中国人能治理好香港。”可见,我们党对现代化治理理论和治理概念的运用,从那时以来就开始了。

邓小平同志在那个时期频繁提出治理概念,同他深入思考国家管理的历史经验和教训密切相关。1988年,邓小平同志在一次重要讲话中指出:“这几年我们走的路子是对的,现在是总结经验的时候”,“过去我们是穷管,现在不同了,是走向小康社会的宏观管理。不能再搬用过去困难时期那些方法了”。邓小平同志提出的“走向小康社会的宏观管理”,实质上就是

要对国家政治生活和经济生活进行现代化治理。而所谓现代化治理,就是要适应时代变化,既改革不适应实践发展要求的体制机制、法律法规,又不断构建新的体制机制、法律法规,使各方面制度更加科学、更加完善,实现党、国家、社会各项事务治理制度化、规范化、程序化。

此后,现代治理这一重大理论概念,更加频繁地出现在我们党和国家领导人的重要讲话和党的重要文献之中。

1997 年,江泽民同志在党的十五大报告中提出:“依法治国,是党领导人民治理国家的基本方略。”2000 年,他在提出“三个代表”重要思想时又指出:“不读点历史,不了解中国历史和外国历史,不知道历史和现实的联系,不掌握中外历史上的成功和失败、经验和教训,怎么治理社会、治理国家啊?”

2004 年,党的十六届四中全会通过的《中共中央关于加强党的执政能力建设的决定》提出,党“必须坚持科学执政、民主执政、依法执政,不断完善党的领导方式和执政方式”。“要坚持依法治国,领导立法,带头守法,保证执法,不断推进国家经济、政治、文化、社会生活的法制化、规范化。”2007 年,胡锦涛同志在党的十七大报告中提出,“要坚持党总揽全局、协调各方的领导核心作用”,“保证党领导人民有效治理国家”。2012 年,胡锦涛同志在党的十八大报告中又指出:“更加注重发挥法治在国家治理和社会管理中的重要作用,维护国家法制统一、尊严、权威,保证人民依法享有广泛权利和自由。”

2013 年,习近平总书记在党的十八届三中全会上的讲话中指出:“国家治理体系和治理能力是一个国家制度和制度执行能力的集中体现”。“推进国家治理体系和治理能力现代化,就是要适应时代变化,既改革不适应实践发展要求的体制机制、法律法规,又不断构建新的体制机制、法律法规,使各方面制度更加科学、更加完善,实现党、国家、社会各项事务治理制度化、规范化、程序化”,“善于运用制度和法律治理国家,把各方面制度优势转化为管理国家的效能,提高党科学执政、民主执政、依法执政水平”。

我们党和国家在新时期的重要文献中,对现代治理理论和概念的运用也是相当频繁和广泛的。比如,在经济建设方面,提出过“治理通货膨胀、价格上涨”“依法治理金融”“预防和治理城市病”“完善公司法人治理结构”“建立事业单位法人治理结构”“参与全球经济治理”“推动国际经济治理结构完善”等。在政治建设方面，提出过“发挥法治在国家治理和社会管理中的重要作用”“法治是治国理政的基本方式”“实行科学的宏观调控、有效的政府治理”“提高社会管理法治化水平”“完善乡镇治理机制”“促进城乡社区治理”“健全基层群众自治机制”等。在文化建设方面，提出过“坚持依法治国和以德治国相结合”“做到法治和德治相辅相成、相互促进”“开展道德领域突出问题的教育和治理”“完善学校内部治理结构”等。在社会建设方面，提出过“加快形成科学有效的社会治理体制”“创新社会治理”“改进社会治理方式”“坚持系统治理、依法治理、综合治理、源头治理”“加强社会治安综合治理”“建立安全生产隐患排查治理体系”等。在生态文明建设方面，提出过“环境综合治理”“不能走先污染、后治理的路子”“山水林田路综合治理”“治理水土流失”“加强荒漠化、石漠化治理”“加强大江大河大湖治理”等。在党的建设方面，提出过“治国必先治党，治党务必从严”“在从严治党中，首先要治理好领导班子和领导干部”“惩治腐败要标本兼治、综合治理”“对腐败现象，既要治标，又要治本”“坚持标本兼治、综合治理、惩防并举、注重预防方针，全面推进惩治和预防腐败体系建设”“对不正之风和突出问题进行专项治理”等。

这些都表明，现代治理的理论和概念，在我国改革发展稳定、内政外交国防、治党治国治军的实践中，得到了广泛运用，取得了明显成效。同时这也表明，我们的国家治理体系和治理能力总体上是好的，是适应我国国情和发展要求的。

## 三、现代治理观是新一届中央领导集体的理论创新方向

习近平总书记在党的十八届三中全会上的讲话中指出，这次全会《决定》“推进所有领域改革，就是从国家治理体系和治理能力的总体角度考虑的”。而推进国家治理体系和治理能力现代化，需要有科学的现代化治理理论来指导。早在胡锦涛同志提出科学发展观这一与时俱进的创新理论成果时，人们就普遍感到：科学发展观强烈呼唤科学治理观。马克思说过：“理论在一个国家实现的程度，总是决定于理论满足这个国家的需要的程度。”因此，可以预期，新一届中央领导集体的理论创新、实践创新的一个重

要取向,便是现代治理观。

当前我国正处于发展关键期、改革攻坚期、矛盾凸显期,在国家治理、政府治理和社会治理方面,存在着许多亟待解决的突出矛盾和问题。比如,资源配置的进一步市场化,与政府必须为社会提供良好公共秩序、健全社会保障、有效公共交通、安全社会环境、清洁自然环境的矛盾比较突出;城乡区域发展差距和居民收入分配差距依然较大;社会矛盾明显增多。又比如,频繁出现的群体性事件,大量发生的安全生产事故、食品安全问题,环境污染、垃圾围城,多个城市和区域的挥之不去的雾霾、高发多发的腐败案件,以及一些地方和部门违反科学执政、民主执政、依法执政的种种乱作为,等等。这些问题的集中出现,都同管理理念、管理手段、管理方法的陈旧落后有关。党的十八届三中全会《决定》提出推进国家治理体系和治理能力现代化的重大理论概念,正是为了有力有序有效地解决好这些新问题新矛盾新挑战。我们党和国家在这个过程中形成的现代治理观,必将为推进国家治理体系和治理能力现代化提供科学的理论指导。

在对国家治理现代化这一重大理论概念的研究和阐发上,要注意以下两个问题:

一是不要把治理同管理截然对立起来。习近平总书记在党的十八届三中全会上指出:“国家治理体系是在党领导下管理国家的制度体系”。在这里,治理和管理是并列地提出来的。可见,我们党引入现代化治理理论和概念,是对管理国家的制度体系的补充和完善,而决不是要把管理一笔勾销。事实上,管理也不可能被一笔勾销。

二是不要把治理同统治截然对立起来。习近平总书记在最近召开的中央政法工作会议上强调:“只讲专政,不讲民主,是不对的;只讲民主,不讲专政,也是不对的。一些人认为,现在只讲民主就可以了,再讲专政有些不合时宜了。这种认识是错误的。”总书记还说:“对人民内部矛盾要善于运用法治、民主、协商的办法进行处理。”这从方法论角度提醒我们,在研究、运用和传播现代化治理理论和概念过程中,不宜把自治、法治、共治同国家统治完全割裂开来。实际上,正如马克思所说的那样,“统治阶级的思想在每一时代都是占统治地位的思想”。我们要坚持把与时俱进的国家统治与社会自治、法治、共治更好地结合起来,形成“一主多元”的国家治理、政府治理、社会治理新局面。

# 关于国家现代治理的建构*

（2014 年 1 月 26 日）

习近平总书记在党的十八届三中全会上的讲话中指出，这次全会决定"推进所有领域改革，就是从国家治理体系和治理能力的总体角度考虑的"。正因为这样，当前启动的新一轮改革和国家现代化治理的最本质最紧迫的问题，都在这次全会《决定》的顶层设计中体现出来了，尤其是集中体现在"六个紧紧围绕"的全面深化改革路线图之中。

按照党的十八届三中全会的总体设计，推进国家治理体系和治理能力现代化的正确路径，在国家层面上，就是要靠持久化、常态化，即"永远在路上"的改革取向，彰显中华民族的生存发展之道和党的治国理政之道；在经济体制上，就是要靠市场化的经济体制改革取向，让一切生产要素的活力竞相迸发、让一切创造社会财富的源泉充分涌流；在政治体制上，就是要靠民主化、法治化的改革取向，坚持党的领导、人民当家作主、依法治国相结合，扩大社会主义民主，健全社会主义法治，推进法治中国建设；在文化体制上，就是要通过社会主义先进文化的导向化和包容化的改革取向，推进社会主义核心价值体系更加深入人心、公共文化服务体系和文化市场更加现代化、文化开放水平和对外话语体系建设更加有效化；在社会体制上，就是要通过社会基本公共服务更加均等化、社会治理更加有序化的改革取向，更好保障和改善民生，促进社会公平正义，确保社会既充满活力又和谐有序；在生态文明体制上，就是要通过源头严防、过程严管、后果严惩配套化的改革取向，推进环境治理、生态修复和生态文明建设制度化、体系化；在党的建设制度上，就是要通过提高科学执政、民主执政、依法执政水平的改革取向，推进党的建设制度更加科学化，推进党和国家的治理水平更加现代化；等等。

---

* 本文系作者在清华大学学者沙龙上的发言。

推进国家治理体系和治理能力现代化，在操作层面上，呼唤治理主体与治理对象的信息对称化。党的十八届三中全会《决定》提出，“建立全社会房产、信用等基础数据统一平台，推进部门信息共享”；“完善收入分配调控体制机制和政策体系，建立个人收入和财产信息系统”；“构建利用信息化手段扩大优质教育资源覆盖面的有效机制”；“健全网络化城乡基层医疗卫生服务运行机制”。这表明，国家治理体系和治理能力现代化，必须充分利用多种信息化手段和智能化平台来辅助实现。

归结起来，党的十八届三中全会《决定》指明的国家、政府和社会的现代化治理的正确路径就是：在中国共产党领导下，建成一整套体现市场化、法治化、民主化方向的管理国家的制度体系。这套制度体系，包括经济、政治、文化、社会、生态文明和党的建设等各领域体制机制、法律法规安排，也就是一整套紧密相连、相互协调的国家制度；国家治理能力则是运用这套国家制度管理社会各方面事务的能力，包括改革发展稳定、内政外交国防、治党治国治军等各个方面。因此，党的十八届三中全会《决定》不但是全面深化改革的理论纲领和行动纲领，也是中国共产党的现代化治国方略。显然，这样的现代化国家治理，既是要建成强市场，也是要建成强社会，同时还要建成强政党、强政府。这既借鉴了美国自建国以来不断提升国家治理能力现代化水平的有益经验，也汲取了苏联由于其国家治理能力的丧失而导致一朝解体的沉痛教训。

下面，我就这个现代化国家治理的正确路径所涉及的几个重要问题，谈一些看法。

第一，强调全面深化改革要持久化、常态化，凸显了改革既是中华民族的生存发展之道，也是我们党的治国理政之道。习近平总书记在谈到加深对全面深化改革重大意义的认识时说：“改革是一个国家、一个民族的生存发展之道。”“面向未来，要破解发展中面临的难题、化解来自各方面的风险挑战，推动经济社会持续健康发展，除了深化改革开放，别无他途。”这段重要论述启迪我们，改革开放既是我们国家和民族的生存发展之道，也是中国共产党的治国理政之道。

如果我们站在这样一个“人间正道”的高度，再去研读总书记在党的十八大以后反复强调的“改革开放是决定当代中国命运的关键一招，也是决定实现‘两个一百年’奋斗目标、实现中华民族伟大复兴的关键一招”，“改革开放只有进行时,没有完成时”等论述,就能豁然开朗。同时也能深刻认识到:既然我国的改革是以问题为导向的,“改革是由问题倒逼而产生,又是在不断解决中而深化”的,那么,在我们认识世界和改造世界过程中,新的问题是生生不息的,党和国家各方面制度也是需要不断完善的。因而改革既不可能一蹴而就,也不可能一劳永逸。既然我们国家要经历“两个一百年”的不懈奋斗才能最后实现中华民族伟大复兴的中国梦,那么,改革开放就只有进行时,没有完成时。

还要看到,当今的世界是变革的世界,时代的潮流是浩浩荡荡的变革潮流。党的十一届三中全会以来,我们党和国家抓住了国际上兴起的科技革命和产业变革浪潮,通过改革开放,大踏步赶上了时代,使我们这个原来贫穷落后的东方大国,成了世界第一大出口国、第二大经济体、世界银行和国际货币基金组织第三大股东国。当前国内外各方面主客观条件都对我们深化改革有利,应当充分发挥我们的独特优势,开启新的改革窗口,赢得主动、赢得未来,全面提高我国综合国力和国际竞争力,包括国家治理的现代化能力。

第二,发挥市场在资源配置中的决定性作用,核心问题就是要处理好市场和官场的关系。党的十八届三中全会《决定》指出,经济体制改革的核心问题是处理好政府和市场的关系。从我国提出和建立社会主义市场经济体制 20 多年的实践看,社会生产力和国家综合国力的持续快速上升,同权力寻租、权钱交易的腐败现象高发多发是相伴而行的。特别是在加入世贸组织以来 10 多年的高速发展过程中,腐败现象愈演愈烈。这从党的十六大前倒了一个政治局委员陈希同、十七大前倒了一个政治局委员陈良宇、十八大前又倒了一个政治局委员薄熙来、十八大以来短短 14 个多月又倒了 19 个省部级高官中,可以看得清清楚楚。问题确实是出在没有处理好政府和市场的关系,决策、执行、监督等环节的基本民主治理制度还不健全;主要公共权力机关之间的关系还不够协调,公共权力还没有得到有效的制约和监督,官员的腐败和特权还处在高峰时期,政府公信力的流失比较严重;公民参与的渠道还不够畅通;公共利益部门化现象还相当严重。

说到底,产生这些问题的体制根源是市场与官场的“两场”严重不分。一方面是官场搅和市场,那些手握决策权和审批权的地方和部门高官,用权力去干预市场资源配置,而且干预得越来越深;另一方面是市场搅和官场,那些心术不正的企业家和私营企业老板，用重金去收买地方和部门的主要官员，大搞买官卖官的不法勾当。所以，党的十八届三中全会《决定》力主让市场对资源配置起决定性作用，实际上就是对地方和部门一些手握决策权和审批权的主要领导干部大搞权力寻租、权钱交易的腐败行为的一种釜底抽薪，这也是从根本上保护干部、爱护干部。

党的十八届三中全会《决定》把对市场秩序的治理，同对官场权力的治理结合起来，一方面强调实行统一的市场准入制度、推进工商注册制度便利化，以及实行统一的市场监管；另一方面推出了强化权力运行制约和监督的一系列重大改革措施。包括让人民监督权力、让权力在阳光下运行；推行地方各级政府及其工作部门权力清单制度、依法公开权力运行流程，加强和改进对主要领导干部行使权力的制约和监督，推动党的纪律检查工作双重领导体制具体化、程序化、制度化；强化上级纪委对下级纪委的领导，查办腐败案件以上级纪委为主，线索处置和案件查办在向同级党委报告的同时必须向上级纪委报告；各级纪委书记和副书记的提名和考察，以上级纪委会同组织部门为主；全面落实中央纪委向中央一级党和国家机关派驻纪检机构，改进中央和地方巡视制度，做到对地方、部门、企事业单位全覆盖。这些重大改革举措和制度安排，不但有利于把权力关进制度的笼子、推进国家治理体系和治理能力现代化，而且体现了党和国家对腐败的零容忍，体现了以猛药去疴、重典治乱的决心，以刮骨疗毒、壮士断腕的勇气，体现了习近平总书记和新一届中央领导集体坚决把党风廉政建设和反腐败斗争进行到底的坚定意志。

第三，创新社会治理体制、改进社会治理方式，坚持社会化、有序化的改革取向十分重要。党的十八届三中全会《决定》在社会体制改革方面，着重部署了同社会化、有序化改革相关的以下改革举措。比如，实现政府治理和社会自我调节、居民自治良性互动，鼓励和支持社会组织参与社会治理、激发社会活力，建立畅通有序的诉求表达、心理干预、矛盾调处、权益保障机制，以及健全公共安全体系等方面的重大改革举措。这些重大改革举措，十分强调发挥政府治理的主导作用，同时又注重增强社会自我调节功能，深化居民自治；加大政府购买公共服务力度；实行四类社会组织直接登记，限期实行行业协会、商会与行政机关真正脱钩等。推出这些重大改革举措的目的，就是要最大限度增强社会发展活力，提高社会治理水平，确保社会既充满活力又和谐有序。

在社会治理问题上，开国领袖毛泽东同志和改革开放总设计师邓小平同志先后提出过各自的治理思路。

1949 年 9 月 30 日，也就是在登上天安门城楼宣布中华人民共和国成立的前夜，毛泽东同志心潮激荡、夜不能寐，连夜写出了一篇《中国人民大团结万岁》的文章。他在此篇文章中写道："全国同胞们，我们应当进一步组织起来。我们应当将全中国绝大多数人组织在政治、军事、经济、文化及其他各种组织里，克服旧中国散漫无组织的状态，用伟大的人民群众的集体力量，拥护人民政府和人民解放军，建设独立民主和平统一富强的新中国。"那时，我们党靠"组织起来"治理国家、治理社会，全社会被治理得井井有条、非常有序，但同时也存在缺乏活力的某些弊端。到了后来，更走向万马齐喑的沉闷局面，严重窒息了社会创造活力，窒息了社会生产力的解放和发展。

到了拨乱反正、全面改革历史新时期，邓小平同志强调中国社会要"活跃起来"。1987 年 5 月 12 日，他在同一位外国领导人谈话时说："改革开放使中国真正活跃起来"，"'文化大革命'期间，那时'四人帮'当权横行，人民心情沉闷，甚至可以说是在忧虑之中，整个社会处于停滞状态。'文化大革命'结束以后，还有两年徘徊。中国真正活跃起来，真正集中力量做人民所希望做的事情，还是在一九七八年底党的十一届三中全会以后"。

"活跃起来"的结果，就是全社会创造活力的不断增强，就是社会生产力的井喷式发展。与此同时，社会的活跃和活力也带来与之相伴生的另一个方面的问题，就是社会秩序失序、治理规范失范、人们心态失衡。党的十八届三中全会总结了在国家治理和社会治理上从"组织起来"到"活跃起来"的经验教训，强调指出：把社会管得死死的，导致死水一潭固然不行；而社会开放搞活了，导致暗流汹涌也不行。党的十八届三中全会《决定》提出的实现国家治理体系和治理能力现代化，在某种程度上就是要解决好放而不乱、活而有序、治而有效的问题，也就是要引导我们整个国家、民族、社会，也包括我们党，都要在"组织起来""活跃起来"的基础上，朝着实现和谐起来、有序起来的方向去治国理政、去从严治党。这当然是对国家和社会治理提出的一个很高的要求，也是对我们国家治理体系和治理能力现代化水平的一个现实的检验。在这方面，还需要我们在贯彻党的十八届三中全会《决定》精神、推进现代化治理实践中，摸索和积累更多经验。

党的十八届三中全会《决定》是把国家治理体系现代化同治理能力现代化同时提出来的。国家治理能力是运用国家制度管理社会各方面事务的能力,它同国家治理体系是一个相辅相成的有机整体。有了好的国家治理体系才能提高治理能力,而提高了国家治理能力才能充分发挥国家治理体系的效能。说到国家治理能力现代化,就不能不指出,2004 年召开的党的十六届四中全会曾专门就加强党的执政能力建设作出重要决定。

《中共中央关于加强党的执政能力建设的决定》指出,党的执政能力就是党提出和运用正确的理论、路线、方针、政策和策略,领导制定与实施宪法和法律,采取科学的领导制度和领导方式,动员和组织人民依法管理国家和社会事务、经济和文化事业,有效治党治国治军,建设社会主义现代化国家的本领。党的十六届四中全会还具体提出,要加强 5 个方面的执政能力建设,即:驾驭社会主义市场经济的能力;发展社会主义民主政治的能力;建设社会主义先进文化的能力;构建社会主义和谐社会的能力;应对国际局势和处理国际事务的能力。现在看来,似乎还应该增加确保国家机构内部的控制、监督、协调的统领能力、维护社会公平正义的再分配能力、对自然资源和国家生态环境的保护和治理能力、维护国家安全和公共安全的强制能力等。

国家治理能力的现代化,可以说是中国特色社会主义定型化的根本保障。只有大力加强各级干部的治理能力现代化建设,不断提高党科学执政、民主执政、依法执政水平,才能把各方面制度优势转化为各级干部管理国家的效能,才能全面建成小康社会,进而实现中华民族伟大复兴。

# 对加大社会共治理论和实践探索的几点思考*

（2014 年 8 月 27 日）

我在前来参加今天清华大学明德公益研究中心召开的“社会共治的实践与创新”研讨会之前，认真研读了明德公益研究中心提供的《社会共治研究系列报告》和社会共治的杭州经验、温州经验三份书面材料。刚才，听了与会同志的发言，受到很多启发。

第一，我想谈谈对清华大学公共管理学院撰写的《社会共治研究系列报告》和相关建议的看法。社会共治问题，作为我国社会治理创新的一个重要理论和实践问题，已越来越受到学术界和实际工作部门的重视。从今年 3 月起，清华大学公共管理学院围绕社会治理创新和社会共治问题，开展了多角度、多层次、多系统的密集研究，在不到半年时间里，就形成了包括地方实践案例卷和行业经验案例卷在内的 9 卷系列研究报告。这充分体现了清华大学公共管理学院对推进国家治理现代化的高度重视，也体现了清华大学公共管理学院在这方面的研究实力。

这 9 卷系列研究报告，涉及我国社会治理的众多空间和领域，不但覆盖面相当广，而且提供了宝贵的第一手经验和众多很接地气的研究成果。特别是课题组提出的推动社会共治制度进入立法、推动若干重大公共领域深化改革与公共政策建设、推动若干重大领域社会共治制度建设等 3 条建议，抓住了当前我国社会治理创新和社会共治中的关键性问题。我相信，这些研究成果和建议一定会对推动我国社会治理创新和社会共治产生重要影响。

第二，我想就推进我国现代治理，特别是搞好社会共治问题谈些看法。

---

* 本文系作者在清华大学公共管理学院“社会共治的实践与创新”研讨会上的发言。

今年 3 月，在十二届全国政协第二次全体会议分组讨论中，我曾简要介绍过对推进国家治理体系和治理能力现代化科学内涵的看法。我认为，党的十八届三中全会提出的国家现代治理，其科学内涵大体包括四个层面：一是国家层面的法治国家；二是社会层面的共治社会；三是城乡社区和广大企业层面的自治基层；四是广大公民层面的德治公民。这"四个治"，即法治、共治、自治、德治，是对推进我国现代治理的一种内涵细分。

我还认为，法治国家、共治社会、自治基层和德治公民这四个层面的治理，在实践中都同社会共治密不可分。也就是说，法治国家、自治基层、德治公民，从本质上说，都贯穿了一种社会共治理念。离开了社会共治，无论是法治国家、自治基层还是德治公民，都会成为无源之水、无本之木。

比如，在法治国家层面，我们党提出的法治国家建设的方针，即：全面推进科学立法、严格执法、公正司法、全民守法，坚持依法治国、依法执政、依法行政共同推进，坚持法治国家、法治政府、法治社会一体建设，就充分体现了法治国家建设过程中的社会共治，或者用你们在系列研究报告中的说法，这就是一种基于法治的社会共治。

比如，在自治基层方面，其实也包含着相当程度的社会共治。从《社会共治的温州经验》中可以看到，温州的社区自治中就体现了行政力量、市场力量、社会力量的多方面参与，是一种基于社会共治的基层自治。我的家乡上海市在 2011 年就提出了城市街道层面的"社区共治"概念，就是在社区党组织领导下，政府组织驻区企事业单位、社会组织、社区居民等围绕共同需求、共同利益、共同目标，通过协商合作方式提出公共服务、解决公共问题、优化公共秩序、推动社区发展。经过 3 年来的探索实践，目前在上海的城市街道层面，已初步形成区域化党建平台、社区委员会平台、网格化管理平台这三大服务性的社会共治平台，构建了街道社区党工委领导、街道办事处主导、驻区单位和社会组织协同、居民参与的多元主体共治的社会治理格局。上海的社区建设，其广度、深度在全国都是领先的，而你们的系列研究报告中没有上海案例，这可能是一个缺陷。

又比如，在德治公民层面，同样离不开社会共治。我国社会舆论争论已久的老年人当街摔倒后该扶不该扶的问题，其实就是一个基于社会共治的公民德治问题。也就是说，解决这个问题，并非仅仅是对摔倒的老人和旁观的路人的一种道德教化、道德提升的德治问题，而是一个需要伴随有效的社会共治才能解决的公共治理课题。此外，解决公交车上自觉让座的问题，其实也是一个基于德治的社会共治课题。

同时，社会共治作为国家现代治理的一个重要概念，虽然在我们国家出现的时间比较晚，但社会共治的理念和观念，早就作为一种体现于我们党和国家治国理政实践中的群众观点、群众路线，在我国社会管理中出现了。因此，我同意清华大学公共管理学院社会共治研究课题组的看法，社会共治的概念虽然是在今年3月全国两会的政府工作报告中首次正式提出的，但社会共治的理念和实践则是早已有之的。

比如，早在20世纪50年代末，我国就在公安工作中提出，破除苏联的格伯乌神秘主义路线，实行人民公安特别是社会治安的群防群治；1963年，毛泽东主席又批示肯定的浙江枫桥干部群众创造的"依靠群众就地化解矛盾"这一社会综合治理的"枫桥经验"，都可以说是出现于我国的比较早的社会共治理念和观念。2003年和2013年，习近平同志先后两次就"枫桥经验"发表讲话和作出批示。他把"相信和依靠群众，充分发挥群众自我教育、自我管理、自我约束的力量，让社会和谐稳定，让群众安居乐业"，概括为"枫桥经验"的重要内涵；强调要充分认识"枫桥经验"的重大意义，适应时代要求，创新群众工作方法，善于运用法治思维和法治方式解决涉及群众切身利益的矛盾和问题。

改革开放以后，特别是进入21世纪以来，党的十六届四中全会、十六届六中全会《决定》，以及党的十七大、十八大报告，在谈到党的执政能力建设、和谐社会建设以及社会体制改革问题时，都一再强调要建立健全党委领导、政府负责、社会协同、公众参与的社会管理格局。这种聚合广泛社会力量的社会管理格局实质上也是一种社会共治格局。

2011年5月30日，胡锦涛同志在中央政治局研究加强和创新社会管理问题会议上的主持讲话中明确提出，"加强和创新社会管理，要坚持以人为本、服务为先，多方参与、共同治理"。这里提出的加强和创新社会管理的"共同治理"概念，表明我们党早在3年前已接近于提出社会共治理念。

党的十八届三中全会《决定》明确提出，改进社会治理方式，坚持系统治理、依法治理、综合治理、源头治理，也都很接近于社会共治。

第三，对修改完善社会共治的杭州经验和温州经验这两篇实证研究报告的评价和充实完善社会共治系列研究报告的几点意见和建议。

清华大学公共管理学院社会共治研究课题组的《社会共治研究系列报告》，从大量地方实践中，选择了四种最具典型性和代表性的模式，分别是杭州市的“增量共治”、温州市的“推位让治”、成都市锦江区的“借力协治”和北京市中关村的“士绅熵治”，作了深入调查和系统研究。

我在研读社会共治的杭州经验和温州经验后，有一个感觉，这两篇实证研究报告都很接地气，又各具特色，充分反映了我国一些地方和基层在摸着石头过河的社会共治实践中各具地方特色的创新和创造。比较而言，温州社会共治的实证研究报告写得更好一些。该报告以论带叙、夹叙夹议，思辨色彩比较强，显得更有辨识度。

《社会共治研究系列报告》和杭州、温州社会共治的两篇实证研究报告中，还有一些值得你们在修改和完善这些研究报告时，需要研究解决的 4 个问题。

1. 你们选取的地方实践案例和行业经验案例虽然已经比较广泛，但没有覆盖我国广大农村的社会共治问题。在快速城镇化中越来越走向空心化、人户分离化的我国广大农村，在社会治理特别是社会共治方面面临许多新的挑战和问题。报告文学《中国在梁庄》对此有所反映。建议清华大学公共管理学院社会共治研究课题组考虑，可不可以补上农村社会公共治理的实践案例。这样，覆盖面会更广，指导性会更强。

2. 对目前我国不少一线城市和二线城市中普遍存在的“城中村”和“村改居”社区这样的案例，也没有纳入你们的系列实证研究报告中去。而近年出现的一些影视作品对此倒是有一些零星的反映。这两类区域是当前我国社会治理的难点和盲点，如果能在你们的系列实证研究报告中补上对这两类区域的调研，就会成为系列实证研究报告的一大亮点。

3. 在我国经济和社会持续转型过程中，产生了许多新的公共领域，出现了不少新的公共事件，也由此出现了许多新的公共治理需求。比如，围绕今年广西玉林狗肉节出现的吃狗派与爱狗派的舆论大战。比如，围绕广场舞大妈在国内外广场上的劲歌劲舞，在网络媒体和新媒体上出现了许多意见对立的文章和观点。又比如，在我国多地出现了盲目反对 PX 项目落户本地的邻避效应，等等。目前我国的社会共治方式，似乎还没有进入这些新的公共领域、公共事件。你们有没有可能深入调查研究一下在这些领域和问题上的社会共治问题，首先是国内哪些地方对此已经有了可供参考的案例，建议也能够作些实证研究。

4. 要注意防止把国家现代治理和社会共治同党的领导核心作用割裂开来。你们针对一些地方案例的实证研究报告,比如温州的社会共治研究报告中,在讲到政府与社会、政府与社区、政府与社会组织、政府与社工志愿者组织如何在社会共治中通力合作时,没有讲到党的领导在社会共治中的作用。这是一个应当在实际工作中加以弥补的缺陷。党的十八大报告、十八届三中全会在关于“推进国家治理体系和治理能力现代化”和“改进社会治理方式”的论述中,都强调要发挥党的领导在国家现代治理和改进社会治理中的核心作用和团结、组织、激励、鼓舞、推动作用。这是中国特色现代治理的一个重要特点,是现代社会共治的一个不可或缺的重大要素。建议你们在系列研究报告中都要注意这个问题。

以上这些看法意见和建议,仅供课题组的同志们参考。

# 各级政府机构简政放权改革应体现“上下要联动”“左右要贯通”*

（2015 年 7 月 10 日）

今天，我想就简政放权改革要做到“上下要联动”“左右要贯通”这个问题，作一简要发言。

什么叫“上下要联动”呢？20 世纪 90 年代，我在上海浦东新区政策研究室工作时，联系当时浦东新区和海南省所搞的“小政府，大社会”的改革试点，对我国从中央到地方的政府机构改革中，“下改上不改，改了也白改；下动上不动，越改越被动”，有身处改革一线的切身感受。那时，因为缺少中央政府层面的上下联动，海南和浦东的“小政府，大社会”改革探索受阻，其短命的“小政府”，很快都先后双双回归了大政府。

现在的行政审批制度改革情况是“上动下不动，纵向没联动”，这同海南、浦东的“小政府，大社会”改革试点情况正好反过来了。党的十八大以来，国务院各部门共取消或下放了行政审批事项 537 项，本届政府承诺的把原有的审批事项减少 1/3 以上的目标，已提前两年完成。从省级政府来看，有些进展较快的省，行政审批事项取消和下放的比例已超过一半；有的省非行政许可审批事项已全面取消。但省以下的市县两级政府行政审批改革力度小、简政放权速度慢。这种“上动下不动”造成人民群众对简政放权改革的获得感不明显。所以，建议各地政府按照李克强总理的要求，进一步采取措施，把深化简政放权要上下联动的要求真正落到实处。

什么叫“左右要贯通”呢？就是对整个行政审批流程，应该实行全链条下放的左右贯通。现在的情况是：有些政府部门的审批权下放了，但与之相关联的规划、国土、环保、建设等审批权并没有同步下放，带有行政垄断性质

---

* 本文系作者在全国政协专题协商会上的发言。

的“红顶中介”服务收费高、耗时长、质量不高的问题,也并没有同步解决。这是导致一些重大水利工程、中西部铁路、棚户区改造、城市基础设施等项目,中央投资虽然早已到位了,但就是迟迟开不了工、钱也花不出去的重要原因。同时,这也是实行“先照后证”的商事制度改革后,只要缺一个证,企业就运行不了的重要原因。基层反映,现在中介评估至少有几十种之多:比如,有环评,即环境影响评价;有水评,即水影响评价;有能评,即能源评估;有安评,即安全评价;有交评,即交通影响评价;有灾评,即地质灾害评估;有震评,即地震安全性评价;有文评,即文物影响评估;有雷评,即雷击风险评估;还有气评,即气象评估。这一口气数下来就是“十评”。并不是说这些评估都不需要,也并非都得取消。而是说服务收费高、评估耗时长、质量又不高的问题,确实已经到了非改革不可的时候了。

目前的深化行政审批制度改革只是取得初步成效,新的企业虽然出生比过去容易了,但出生以后依然面临“红顶中介”过多,许可、认定、评估等事项过繁这样一种“成长的烦恼”,非常不利于大众创业万众创新的“双创”发展。这表明,对政府出台的有关政策和某些行政治理方式,有的地方和基层干部群众除了哭和笑这两种反应之外,还有哭笑不得这第三种反应。所以,要把改革落到实处,使广大群众真正得到改革实惠、收获改革红利,就必须做到“上下要联动”“左右要贯通”。而这就要求各地和各级政府部门都来争当改革促进派和改革实干家。

# 在全面深化改革中打破利益固化等问题需要加大相关制度供给*

（2016年3月）

## 一、谈全面深化改革打破利益固化要提供相关制度性安排

**《南方都市报》**：“十三五”规划建议中提出了创新、协调、绿色、开放、共享这五大发展理念，同时强调这是关系我国发展全局的一场深刻变革，这场变革究竟“变”在何处？

**施芝鸿**：所谓“深刻变革”，在我看来，首先是理念之变，由过去单纯“投资于物”转向同样注重“投资于人”；过去把所有的钱都投在项目上，都投在“铁公基”（铁路、公路、基础设施）上，使得中国现在的基础设施建设远远领先于其他发展中国家。而今后会在继续搞基础设施建设的同时，把资金更多投向人力资源开发，这是习近平总书记和新一届中央领导集体在发展理念上的一个很重要、很关键的变化，同马克思、恩格斯当年提出的实现人的自由而全面的发展这一重要思想是完全契合的。

其次会引发我国发展方式的深刻变革，由过去单纯拼设备、拼投资、拼消耗，转向调整结构、提质升级、提高发展质量和效益。

最后会引发我国发展动力的深刻变革，由过去科技对经济增长贡献率远低于发达国家水平，转向把创新作为引领发展第一动力，把人才作为发展的第一资源，把创新摆在国家发展全局的核心位置，不断推动理论创新、制度创新、科技创新、文化创新等各方面创新。

**《南方都市报》**：您认为，我国正在进行的新一轮全面深化改革，应该从

* 本文系作者在全国两会期间接受《南方都市报》记者采访时的访谈要点。

哪些方面打破利益固化的藩篱？

**施芝鸿**：主要是从两个方面去打破。一个是从观念上入手。改革触动到一些利益群体的特殊利益、不当利益时，会立即产生条件反射式的种种障碍，原来的改革者也有可能会变成全面深化改革的阻力。这就要求在推进全面深化改革中，采取协商民主的办法，通过讨论和协商首先在理念上有一种突破和创新，这样才能使推出的改革措施为全社会方方面面所接受，从而减少来自某些利益群体的阻力。

此外，需要一种制度性的改革。我们讲供给侧结构性改革，既是针对适销对路的产品供不应求的问题而言的，也是针对制度的供不应求问题而言的。所以打破利益固化，一是要冲破观念固化的藩篱，二是要提供制度性安排，对这两者都应该同等重视。

## 二、谈公平社会建设
## “两极分化”和“过度福利化”都要防止

**《南方都市报》**：您曾撰文把党的十八大以来党中央治国理政的总思路形象概括为“一二三四五，上山打老虎，引领新常态，为民造新福”这四句话。您在分析“为民造新福”时，多次提到要注重机会公平，建立更加公平更可持续的社会保障制度。您是如何看待机会公平的？

**施芝鸿**：公平正义是中国特色社会主义的内在要求，也是全面深化改革、全面依法治国的出发点和落脚点。习近平总书记在党的十八届五中全会上的讲话中指出：“共享发展注重的是解决社会公平正义问题。”他还指出，一方面要继续把我国经济发展的“蛋糕”不断做大，另一方面又要注重解决比较突出的分配不公问题，还要注意解决收入差距、城乡区域公共服务水平差距较大的问题。

目前，在共享改革和发展成果上，无论是实际情况还是制度设计，都还有不完善的地方。为此，需要按照习近平总书记倡导的发展为了人民、发展依靠人民、发展成果由人民共享的重要思想，通过全面深化改革，作出更有效的制度安排，使全体人民朝着共同富裕方向稳步前进。

比如，党和国家将大力促进教育公平。特别是要确保城乡贫困家庭孩子都能受到教育，阻断贫困代际传递，不让贫困家庭孩子输在起跑线上。对这一点,我觉得本届政府做得特别好。现在,来自贫困地区的大学生的录取比例越来越高。李克强总理在这次政府工作报告中提到,重点高校招收贫困地区农村学生的人数又增长了10.5%,这就是老百姓有获得感、幸福感的改革举措。

**《南方都市报》**:"十三五"时期应该如何建设公平社会?

**施芝鸿**:"十三五"时期,我国建设"共建共享"的"公平社会",其基本思路仍然是在党的十八大报告中提出的:"逐步建立以权利公平、机会公平、规则公平为主要内容的社会公平保障体系,努力营造公平的社会环境,保证人民平等参与、平等发展权利。"

在分配公平问题上,一定要在不断把"蛋糕"做大的基础上,更加重视把"蛋糕"分好。我记得我到全国各地去讲课,一些地方干部问我,现在到底是做大"蛋糕"更重要,还是分好"蛋糕"更重要。我说这样提出问题本身都是有片面性的。习近平总书记和新一届中央领导集体讲得很清楚,我们在进一步做大"蛋糕"的基础上,要更加重视分好"蛋糕"。如果不把"蛋糕"进一步做大,整天只是想着怎么去分好,那岂不是坐吃山空了?

党和国家一再强调,既要不断扩大中等收入阶层,逐步形成我国社会"橄榄型"的收入分配格局,又要加大对困难群众的帮扶力度,让全体人民共享改革发展成果。简单地说,就是既要防止"两极分化",又要防止"过度福利化"。"过度福利化"是西方国家特别是欧洲国家给我们的一个教训,人家走过的弯路,我们要从中汲取教训。

同时还要按照中央要求,在全面深化改革中打破体制壁垒,扫除身份障碍,让每个人都有成长成才、脱颖而出的通道,这是实现让每个人都有人生出彩机会的治本之策。

## 三、谈深化干部人事制度改革 政绩考核评价体系要体现新发展理念

**《南方都市报》**:"十三五"规划建议提出,要深化干部人事制度改革,完善政绩考核评价体系和奖惩机制。您觉得官员的政绩考核应该往什么方向走?

**施芝鸿**:现阶段,政绩考核评价体系和奖惩机制必须朝着"五位一体"

总体布局、“四个全面”战略布局、新发展理念、五大支柱性政策和补短板防风险这五大发展战略重点去完善。

比如,为推动生态文明建设,必须把资源消耗、环境损害、生态效益等体现生态文明建设状况的指标,纳入经济社会发展评价体系和干部政绩考核体系。

同时,考虑到我国是一个有着13亿多人口、56个民族、960万平方公里广袤土地的发展中大国,各地区各部门具体情况千差万别,所以,政绩考核必须突出针对性、体现差异化。

比如,党的十八届五中全会建议提出“两个翻番”的目标,意味着“十三五”时期全国年均经济增长要保持在6.5%以上,全国城乡居民人均可支配收入年均增长5.8%以上。但这个目标要求是对全国的要求,各地不可能都保持这样的速度,有些高一点、有些低一点才符合实际。因此,对干部的相关考核,也应该是体现差异化的,而不是一刀切的。

党和国家对一些中西部地区,对一些革命老区、民族地区、边疆地区、贫困地区,特别是农产品主产区、重点生态功能区提出的目标要求,主要是保障国家粮食安全、保障国家生态安全的主体功能要得到加强。这实际上也是对完善政绩考核评价体系和奖惩机制的要求。

随着新发展理念的提出和贯彻落实,对干部考核指标的设定也要不断完善。民生导向、法制导向、生态导向、共享导向、绿色导向,这些也都应该纳入修改完善后的干部考核指标。

## 四、谈深入开展反腐败斗争<br>权力不能过分集中在一个部门

**《南方都市报》**:对当前的反腐形势,您认为实现了“不敢腐、不能腐、不想腐”三步目标中的哪一步?党员干部如何能够做到“不想腐”?

**施芝鸿**:习近平总书记今年年初在中纪委六次全会上的讲话中,已经给出了明确答案。总书记说,党的十八大以后这3年来,经过持续不断的反腐败斗争,“不敢腐”的震慑作用充分发挥,“不能腐”“不想腐”的效应初步显现,反腐败斗争压倒性态势正在形成。

总书记作出的这个判断是完全符合实际的。党的十八大以后3年多

来，党中央把全面从严治党纳入“四个全面”战略布局，把党风廉政建设和反腐败斗争作为全面从严治党的重要内容，以正风肃纪、反腐惩恶的实际行动，增强了人民群众对党的信任和支持，人民群众对此也给予高度评价。

全面从严治党，推动实现“不敢腐”，既靠教育，也靠制度，二者一柔一刚，要同向发力，同时发力。要真正做到“不想腐”，最关键的就是要坚持加强思想教育、形成“不想腐”的自律意识和思想道德防线。

**《南方都市报》**：权力过度集中会导致腐败，如何防止权力的过度集中？

**施芝鸿**：防止权力过度集中导致腐败的问题，关键是要“把权力关进制度的笼子”。

我到全国各地区讲课，不时会听到一种说法，叫作“把权力关进笼子”，这个说法是不准确的。党中央明确的提法是要“把权力关进制度的笼子”。在这里，“制度”这两个字是无论如何都不能漏掉的。这句话的意思是说：对执政党和执政党的党员干部特别是领导干部手中握有权力的监督，要有一整套刚性的、可操作性的具体制度。“把权力关进制度的笼子”，是说要用制度来管官、管权、管吏，让权力在制度的阳光下透明地运作。这决不能理解为“把权力关进笼子”。试想一下，如果把一切权力都关进了笼子，整个一部国家机器还怎么运作呢？

比如，在加强对政府内部权力制约方面，要对财政资金分配使用、国有资产监管、政府投资、政府采购、公共资源转让、公共工程建设等权力集中的部门和岗位，实行分事行权、分岗设权、分级授权，定期轮岗，强化内部流程控制，防止权力滥用。

这就是不要把权力过于集中在一个部门，或者是一个部门的某一个人身上。国家能源局一下子查出了 5 个大贪官，这是为什么呢？因为国家能源局一个处长的权力都是很大很集中的，而且这种权力又缺乏有效监督。在这样的情况下，能不导致腐败吗？党的十八届三中全会提出，对一些审批权力集中的岗位实行分事行权、分岗设权、分级授权，定期轮岗，强化内部流程控制，防止权力滥用，这是完全必要的。

在健全依法决策机制方面，要把公众参与、专家论证、风险评估、合法性审查、集体讨论决定确定为重大行政决策法定程序，确保决策制度科学、程序正当、过程公开、责任明确。这是党中央提出的一个很重要很管用的思路，现在是要把思路化为可落实、可操作的具体举措。

**《南方都市报》**：您去年接受媒体采访时曾提出，我国在改革开放 30 多年的快速发展中，也为此付出了两个沉重的代价，这就是自然生态的严重污染、政治生态的严重破坏。在今后的发展中，如何从制度上来避免这两方面的问题？

**施芝鸿**：自然生态的污染、政治生态的破坏，是对 30 多年改革开放在取得巨大成就的同时，对改革实践中存在的突出问题进行的一种自我审视和自我反思。

在过去 30 多年持续快速发展中，我国农产品、工业品、服务产品的生产力迅速提高，但提供优质生态产品的能力却在减弱，一些地方生态环境还在恶化。总书记指出，我们说补短板，生态环境的严重污染就是一个很突出的短板。党的十八大以后 3 年多来，党中央对环境污染治理可以说是不遗余力的，采取了一系列制度性举措。

我国自 2001 年加入 WTO 以来，深度融入了经济全球化，也深度实行了国内市场化。但由于我国各方面法律规范的不健全，干部队伍的素质还没有达到同经济全球化、市场化相匹配的程度，存在官场利用权力去搅和市场的资源配置，市场又利用资本去搅和官场的干部资源配置。这就是导致市场和官场"两场"乱象的重要原因。所以，一定要让市场对资源配置起决定性作用，而不再是让各级手上握有权力的干部去决定资源配置。

其实，习近平总书记早在 2013 年就提出，要像治理自然生态严重污染一样，下决心治理政治生态的严重污染。按照党中央部署，必须双管齐下：一方面，要靠各级领导干部特别是高级干部从自身做起的示范引领作用；另一方面，要靠深化体制机制改革和制度创新的保证作用，通过体制机制改革和制度创新促进政治生态不断修复和改善。

# 全面依法治国标志着新时期我们党的工作重心的又一次伟大历史转折*

（2014年12月）

**《秘书工作》杂志：**首先，请您谈谈党的十八届四中全会召开的历史背景。

**施芝鸿：**这次全会是在党的十八届三中全会启动的全面深化改革元年、中华人民共和国第一部宪法即“五四宪法”颁布60周年之际召开的，是在全面建成小康社会还有6年、基本实现社会主义现代化还有35年的时间节点上召开的。大家都知道，现在我国经济发展正处于“三期叠加”的新形势；其实我国社会主义法治建设，可以说也面临着另一种“三期叠加”的新形势，这就是社会矛盾凸显期、贪腐案件高发期、实现“两个一百年”奋斗目标对加快建设社会主义法治国家的倒逼期。在这样一种“三期叠加”背景下召开的党的十八届四中全会，是我们党建党93年来、在新中国执政65年来首次召开的、以依法治国为主题的中央全会，是我国加快法治国家建设征途上的一个重要里程碑。习近平总书记说，十八届四中全会设定这样一个主题，蕴涵了党中央一个很重要的战略意图，这就是要为子孙万代计、为长远发展谋，而这也就是古人所说的，“计利当计天下利，建功当建万世功”。

从我们国家现在的情况看，只要国内国际不发生大的波折，经过努力，到2020年全面建成小康社会、实现第一个“一百年”奋斗目标是有把握的。但是，在全面建成小康社会之后，实现第二个“一百年”奋斗目标的路该怎么走，我们党如何跳出历史周期率、实现长期执政，如何实现党和国家长治久安？这些都是习近平总书记和新一届中央领导集体都在深入思考的

---

* 本文系作者2014年12月应邀为中共中央办公厅《秘书工作》杂志所作的对党的十八届四中全会精神的解读，原载2014年12月《秘书工作》杂志。

大问题。

17 年前党的十五大首次提出了依法治国基本方略。这次党的十八届四中全会又专题研究部署全面推进依法治国问题。比较而言,此次全会审议通过的《中共中央关于全面推进依法治国若干重大问题的决定》(以下简称《决定》),可以视为党的十五大提出的依法治国基本方略的升级版。同时也可以说,党的十八届四中全会提出的全面推进依法治国,将是继党的十一届三中全会把我们党的工作重心由"以阶级斗争为纲",转到以经济建设为中心的伟大历史转折之后,在新的历史起点上,把我们党包括以经济建设为中心的全部工作,转到法治轨道上来的又一次伟大历史转折。这个伟大历史转折表明:如同打造中国经济的升级版,要靠加快转变发展方式那样;打造中国法治建设的升级版,则要靠进一步转变党的执政方式。我们应当从新时期我们党的"两个转折""两个升级版""两种转方式"的战略高度,来看待党的十八届四中全会和全会《决定》的划时代意义。

**《秘书工作》杂志**:全面建成小康社会、全面深化改革、全面推进依法治国这三者之间有着怎样的内在联系?

**施芝鸿**:这里蕴含着两个内在逻辑:一个是内在的思想逻辑,一个是内在的结构逻辑。

先看内在的思想逻辑。党的十八大及十八届三中、四中全会分别提出了全面建成小康社会、全面深化改革和全面推进依法治国。这"三个全面",有其紧密的内在思想逻辑:全面建成小康社会,属于我们党提出的"两个一百年"奋斗目标中的第一个目标;全面深化改革,是为实现这个目标提供动力;全面推进依法治国,是为实现这个目标提供保障;十八届三中全会提出发挥市场对资源配置的决定性作用,十八届四中全会提出更好发挥法治的引领、规范和保障作用;十八届三中全会提出全面深化改革,主要是着眼于"破",十八届四中全会提出全面推进依法治国,主要是着眼于"立"。可以说,这"三个全面",是我们党的一个总体战略部署在三个时间轴上的顺序展开。

全面建成小康社会、全面深化改革,都离不开全面推进依法治国的引领、规范、保障作用。推进十八届三中全会提出的各项重大改革都要于法有据,都要纳入法治轨道,都要高度重视运用法治思维和法治方式;而全面推进依法治国,又必须通过全面深化改革来实现。同时,十八届三中全会重申的改革开放这场新的伟大革命同十八届四中全会提出的依法治国这场国家治理领域广泛而深刻的革命，又构成了新的历史起点上我们党领导的这“两场革命”之间的内在逻辑联系。

以上说的是十八届四中全会《决定》的思想逻辑，下面再来看十八届四中全会《决定》的内在的结构逻辑。全面推进依法治国是一个系统工程，涉及中国特色社会主义事业总体布局的各个领域。所以，习近平总书记从一开始就提出，对这些方面必须统一考虑、统筹谋划。

所谓统一考虑、统筹谋划，就是要求在思想认识上，要自觉地把社会主义法治建设的自转，服从服务于党和国家全局工作的公转。十八届四中全会《决定》在谋篇布局的总体设计过程中，按照习近平总书记在文件起草组第一次全体会议上的讲话精神，经过一段时间的探索，把全面推进依法治国置于中国特色社会主义事业“五位一体”总体布局中去思考，做到社会主义法治工作四句话的基本格局，服从服务于中国特色社会主义伟大事业“五位一体”总体布局，坚持在总体布局的大局下设计、在总体布局的大局下起草。《决定》深刻体现了推进经济、政治、文化、社会、生态文明建设等各个领域的改革发展对提高法治水平的要求，深刻体现了推进国家治理体系和治理能力现代化的要求，而不是单纯地就法治论法治。

**《秘书工作》杂志：**十八届四中全会《决定》有哪些思想亮点？

**施芝鸿：**这次十八届四中全会《决定》从总论到分论、从思想观点到具体举措亮点纷呈。由于篇幅关系，这里不可能全面展开解读，我就择其要者，向大家介绍《决定》的六大思想亮点。

第一个亮点：党的十八大以来习近平总书记系列重要讲话精神被列入全面推进依法治国的指导思想。

10 月 23 日晚上，十八届四中全会公报刚一发表，就有理论界人士敏锐地发现，全会公报在对全面推进依法治国指导思想的表述中，引人注目地加上了“深入贯彻习近平总书记系列重要讲话精神”这句话。与理论界同样敏感的新闻界，在 10 月 24 日及时报道了理论界人士发现的这一文件亮点，立刻在互联网上引起热烈反响。不少网民表示，党的十八大以来，习近平总书记的许多重要讲话，总能拨动人民大众的心弦，他的思想观点和创新词汇，总是迅速被老百姓认同并广为流传。他们喜欢习近平总书记的讲话风格，希望这些站得高、看得远、想得深、接地气的系列重要讲话，能早日成为我们党的指导思想。理论界、新闻界的敏锐发现和广大网民的想法说法，确实反映了我们党内许多同志也包括我本人的内心想法。

党的十八大以来，习近平总书记和新一届中央领导集体，在开创中国特色社会主义事业新局面的同时，以一系列富有创见的新思想新观点新论断新要求，进一步升华了我们党对中国特色社会主义规律和马克思主义执政党建设规律的认识，为我们在新的历史起点上实现新的奋斗目标提供了科学指引和基本遵循。

如果说我们党在从十八大到全面建成小康社会、实现第一个一百年奋斗目标过程中，有可能形成将会写在我们党的旗帜上的又一个理论创新成果的话，那么，其理论创新的一个重要方面，很有可能就是推进我们国家治理体系和治理能力的现代化。我这样说的根据就是：从习近平总书记系列重要讲话读本中可以看到，十八大以后的两年时间里，总书记总是高度重视研究解决日益走向现代化的当下中国的国家治理问题、政府治理问题、社会治理问题、军队治理问题、党的治理问题，以及中国如何更加积极有为地参与推动全球治理机制变革等问题。因此，可以逻辑地推断，我们党的下一个理论创新成果，其主要内容之一将很可能是从理论和实践的结合上回答：什么是国家治理体系和治理能力现代化，怎样实现国家治理体系和治理能力现代化。

第二个亮点：十八届四中全会《决定》通篇贯穿了坚持走中国特色社会主义法治道路、建设中国特色社会主义法治体系这条思想红线。

十八届四中全会《决定》旗帜鲜明地提出了中国特色社会主义法治道路、法治体系，是对中国特色社会主义理论的重大贡献，同时也进一步拓展了中国特色社会主义道路的广阔内涵。

旗帜决定方向，道路决定命运。新民主主义革命时期，我们党历经艰难曲折的探索，找到了一条符合中国实际的新民主主义革命道路、推翻了压在中国人民头上的三座大山、建立了人民当家作主的新中国，从根本上改变了中国人民和中华民族的前途命运。在改革开放历史新时期，我们党又按照邓小平同志在党的十二大开幕词中关于必须“把马克思主义的普遍真理同我国的具体实际结合起来，走自己的道路，建设有中国特色的社会主义”的要求，历经艰辛探索，找到了一条体现时代性、把握规律性、富于创造性的中国特色社会主义道路。

新中国成立65年来，特别是改革开放36年来，我们党找到的中国特色社会主义道路，不仅指引全国人民创造了一个个举世瞩目的中国奇迹，而且这条道路就像定海神针那样，指引着我们全党全国各族人民经受住了国内外一系列风险、挑战的严峻考验，彰显了其巨大优越性和强大生命力。中国为什么能、中国共产党为什么能？国内外不少人都在深入思考这个问题。习近平主席前不久在同美国总统奥巴马的中南海瀛台会谈中说，我们已经找到一条符合国情的发展道路，这就是中国特色社会主义道路。我们将沿着这条道路坚定不移走下去。

现在，社会上对我国法治建设应该走什么样的道路争议不少、噪音不小。种种杂音、噪音鼓吹的是同一种论调，就是认为所谓法治，只有实行西方国家那一种模式，如果中国不亦步亦趋地搞西方那一套，就要被打入另类。其目的，就是企图从法治问题上打开缺口，进而否定中国共产党的领导和社会主义的基本制度。所以，总书记在十八届四中全会上的讲话中很有针对性地指出，全面推进依法治国必须走对路。如果路走错了，南辕北辙了，那再提什么要求和举措也都没有意义了。中国特色社会主义法治道路，是社会主义法治建设成就和经验的集中体现，是建设社会主义法治国家唯一正确的道路。改革开放36年来，我们党和国家以自己的成功实践向世界说明了一个道理：治理一个国家，并不是只有西方法治道路这一条道，各国完全可以走出符合自身国情的法治道路来。这就叫作“条条大道通罗马”。

第三个亮点：把党的领导贯彻到依法治国全过程和各方面被总结概括为我国社会主义法治建设的一条基本经验。

习近平总书记在关于十八届四中全会《决定》的说明中指出，党和法治的关系是社会主义法治建设的核心问题。党的领导是中国特色社会主义最本质的特征，是社会主义法治最根本的保证。最本质的特征、最根本的保证这两句话，揭示了党的领导和依法治国关系中最本质、最根本的东西。

党的领导和依法治国的关系，在理论上长期被搞得很混乱的主要有两大问题：一个是所谓“党在法上”还是“党在法下”的问题。首先必须明确：全面推进依法治国，决不是要削弱党的领导，而是要有利于加强和改善党的领导，有利于巩固党的执政地位、完成党的执政使命。所谓“党在法上”还是“党在法下”的反复纠缠，实际上就是冲着党要加强对法治国家建设的领导这个最本质的问题而来的。所以十八届四中全会《决定》有一个非常重要的提法,叫作“坚持党的领导是全面推进依法治国的题中应有之义”。这就是说,党的领导既不是在法之上,也不是在法之下,而是党的领导就在法之中。

另一个问题是:中国共产党的领导权,对全国人大和政府、政协、审判机关、检察机关而言,究竟是强制性的还是非强制性的问题。在这个问题上,也首先应当看到:十八届四中全会《决定》通篇既强调毫不动摇地坚持党对法治建设的领导,又强调党要加快转变执政方式来改善对法治建设的领导,并且强调的重点是进一步改善党的领导,决不像西方媒体所说的“以党治国”。

这次十八届四中全会《决定》用“三个统一”“四个善于”非常清晰和透彻地回答了这个问题。“三个统一”,就是把依法治国基本方略与依法执政基本方式统一起来,把党总揽全局、协调各方同人大、政府、政协、审判机关、检察机关依法依章程履行职能、开展工作统一起来,把党领导人民制定和实施宪法法律同党坚持在宪法法律范围内活动统一起来;“四个善于”,就是善于使党的主张通过法定程序成为国家意志,善于使党组织推荐的人选通过法定程序成为国家政权机关的领导人员,善于通过国家政权机关实施党对国家和社会的领导,善于运用民主集中制原则维护中央权威、维护全党全国集中统一。十八届四中全会《决定》通过这“三个统一”“四个善于”,把我们党同全国人大、政府、政协、审判机关、检察机关的关系说得清清楚楚、明明白白。

这里顺便告诉大家一个重要发现,十八届四中全会《决定》中有中国特色社会主义法治建设的“十六字令”两首:一首是“科学立法、严格执法、公正司法、全民守法”;一首是“领导立法、保证执法、支持司法、带头守法”。这两首“十六字令”,其实就是大力度地概括了我们党怎样在继续加强对法治建设领导的同时,进一步改善党对法治建设的领导。总之,党的领导和依法治国的关系就是那经典的三句话:党既领导人民制定宪法法律,也领导人民执行宪法法律,党自身必须在宪法法律范围内活动。

第四个亮点:十八届四中全会《决定》通篇体现了我们党对宪法的高度尊崇和确保实现依宪治国、依宪执政的坚强决心。

《决定》在按照我国法治工作基本格局部署全面推进依法治国的各项任务时,首先强调和部署的第一项任务,就是要完善以宪法为核心的中国特色社会主义法律体系,强调要健全宪法实施和监督制度、完善立法体制、深入推进科学立法、民主立法、加强重点领域立法。并提出一系列重要措施。

比如,《决定》提出,完善全国人大及其常委会宪法监督制度,健全宪法解释程序机制,加强备案审查制度和能力建设,依法撤销和纠正违宪违法的规范性文件。

比如,《决定》提出,将每年 12 月 4 日定为国家宪法日。建立宪法宣誓制度。这里的国家宪法日和宪法宣誓制度,是两项极其重要的制度性规定,有利于在全社会建立宪法信仰,弘扬宪法精神。

经过长期努力,我国到 2010 年形成了中国特色社会主义法律体系,总体上实现了有法可依,这是一个了不起的重大成就。但完善这个体系的任务依然很重。我们文件起草组到一些地方调研时,地方党员干部和人民群众反映,我们国家涉及管理类的立法偏多,而涉及公共服务和民生领域的立法偏少;约束老百姓的法律较多,而保障公民基本权利和自由方面的法律相对较少。还有的反映,资源环境保护、安全生产、食品药品监管、医疗、住房、收入分配等重点领域立法滞后,而已经立的有些法律由于不适用、不管用、不好用,被群众称为"观赏性法律"。还有党员干部和群众反映,虽然中国特色社会主义法律体系已经形成,但就如同一座毛坯房,内部装修的任务还很重。《决定》在部署完善以宪法为核心的中国特色社会主义法律体系方面提出,要完善立法机制。比如,健全有立法权的人大主导立法工作的体制机制,依法建立健全专门委员会、工作委员会立法专家顾问制度;重要行政管理法律法规由政府法制机构组织起草;对部门间争议较大的重要立法事项,由决策机关引入第三方评估,不能久拖不决;明确地方立法权限和范围,禁止地方制发带有立法性质的文件。

第五个亮点:十八届四中全会《决定》通篇体现了依法治国首先要依法治权、依法治官,坚决"把权力关进制度的笼子"。

2013 年 1 月 22 日,习近平总书记在十八届中央纪律检查委员会第二次全体会议上的重要讲话中首次提出"把权力关进制度的笼子"。十八届四中全会《决定》通篇体现的"把权力关进制度的笼子"是一个覆盖全面的大笼子:既要把政府行政权力关进制度的笼子,也要把审判机关、检察机关的司法权力关进制度的笼子。

我先介绍十八届四中全会《决定》关于把政府行政权力关进制度笼子

里的一些重大举措。比如,《决定》提出,推行政府权力清单制度,坚决消除权力设租寻租空间。健全依法决策机制,把公众参与、专家论证、风险评估、合法性审查、集体讨论决定确定为重大行政决策法定程序,建立行政机关内部重大决策合法性审查机制,建立重大决策终身责任追究制度及责任倒查机制。要建立健全政府内部权力制约机制。《决定》强调,要加强党内监督、人大监督、民主监督、行政监督、司法监督、审计监督、舆论监督制度建设。要进一步完善审计制度,对公共资金、国有资产、国有资源和领导干部履行经济责任情况实行审计全覆盖。

《决定》还提出了“把司法权力关进制度的笼子”的一系列重大举措。比如,《决定》要求建立领导干部干预司法活动、插手具体案件处理的记录、通报和责任追究制度;明确各类司法工作人员工作职责、工作流程、工作标准,实行办案质量终身负责制和错案责任倒查问责制,确保案件处理经得起法律和历史检验;要求完善检察机关行使监督权的法律制度,绝不允许法外开恩,绝不允许办关系案、人情案、金钱案。

第六个亮点:十八届四中全会《决定》把弘扬社会主义法治精神、建设社会主义法治文化作为法治社会建设的重大课题。

按照十八届四中全会《决定》的顶层设计和总体部署,在全面推进依法治国中,可以从以下三个环节入手,来弘扬社会主义法治精神、建设社会主义法治文化。

一是坚持法治国家、法治政府、法治社会一体建设,形成人们不愿违法、不能违法、不敢违法的法治环境。要针对“中国式过马路”“中国式医闹”“中国式到此一游”等现象中折射出来的法不责众观念,针对那种一遇到麻烦事就千方百计找关系、四处活动走后门,以及“案件一进门,两边都托人”这种注重找人情关系而非走法律程序的人治理念,抓紧实施国家机关“谁执法谁普法”的普法责任制。比如,《决定》提出,要建立法官、检察官、行政执法人员、律师等以案释法制度,使办案过程成为向群众宣传法律的过程。执法司法机关还可定期编辑、推出各类典型案例,开展以案说法、以案释法活动,充分发挥典型案例的教育警示作用。

二是坚持把领导干部带头学法、模范守法,作为加强社会主义法治文化建设的关键。一些领导干部依法治国、依法执政、依法行政能力不强,信奉“搞定就是稳定,摆平就是水平,无事就是本事,妥协就是和谐”;有的干部习惯用行政命令开展工作，以言代法、以权压法问题严重。有的基层干部长期不学法不懂法，以至于“讲政策讲不过拆迁户，讲道理讲不过缠访户，讲法律讲不过钉子户”。在这次全会上，有的中央委员说，领导干部可以不是法律专家，但必须要有法治思维；可以不记得具体法律条文，但必须时刻绷紧依法办事这根弦，领导班子在办事情、作决策时，要注意发挥法律专业人员作用。这话说得很有针对性。全体公职人员特别是各级领导干部都要针对这些问题，按照习近平总书记提出的以上率下的要求，带头学习、尊崇和遵守宪法法律，带头培育法治文化、弘扬法治精神。

三是加强社会诚信建设，健全全民守法信用记录，引导人们在法治文化建设中自觉做到立规矩、讲规矩、守规矩。比如，十八届四中全会《决定》提出的“加强社会诚信建设”的要求和部署，正是引导人们自觉立规矩、讲规矩、守规矩的体现；《决定》提出要“引导和支持人们理性表达诉求、依法维护权益”，这是倡导“得理也让人”“有话好好说”“有冤向法诉”“有仇靠法报”，从而在全社会形成遵纪守法、诚实守信的良好氛围。

今年上半年，我国台湾地区爆发的所谓“太阳花”运动，近一个多月来发生在香港的“占中”非法集会，都是不讲规矩、不守规矩的恶劣表现。可以说，我国台湾“太阳花”运动和香港“占中”非法集会，是给大陆民众上了两堂活生生的法治精神、法治文化的教育课，使大家认识到，对涉世未深的青年学生来说，自觉加强法治精神培育和法治文化教育是何等重要。

十八届四中全会《决定》精神是对法治中国建设的顶层设计和全面部署，内容博大精深，我讲的只是其中最关键的重点和最突出的亮点，更多内容还有待大家认真学习领会。

# 浅谈全面依法治国*

（2015年1月）

## 一、告别“观赏性法律”亟须提高立法质量

我国到2010年已形成中国特色社会主义法律体系，国家生活和社会生活各方面总体上实现了有法可依，这是一个了不起的重大成就。同时，完善中国特色社会主义法律体系的任务依然很重。我们到一些地方调研时，党员干部和人民群众反映，虽然中国特色社会主义法律体系已经形成，但涉及管理类的法律多，涉及公共服务和民生领域的法律少；约束老百姓的法律多，保障公民基本权利和自由方面的法律少；有些法律由于不适用、不管用、不好用，被群众称为“观赏性法律”。解决这些问题，亟待按照党的十八届四中全会《决定》关于“法律是治国之重器，良法是善治之前提”的要求，进一步提高立法质量和立法效率。

“立善法于天下，则天下治；立善法于一国，则一国治。”立良法、行善治，完善以宪法为核心的中国特色社会主义法律体系，最重要的是坚持科学立法、民主立法。科学立法的核心就在于尊重和体现客观规律，民主立法的核心就在于为了人民、依靠人民。要抓住立法质量这个关键，恪守以民为本、立民为本理念，把公正、公平、公开原则贯穿立法全过程。明确立法权力边界，完善立法体制机制，健全有立法权的人大主导立法工作的体制机制，发挥全国人大及其常委会在立法工作中的主导作用，更多发挥人大代表参与起草和修改法律作用。加强和改进政府立法制度。健全立法机关和社会公众沟通机制，开展立法协商，充分发挥政协委员、民主党派、工商联、无党派人士、人民团体、社会组织、专家学者作用。拓宽公民有序参与立法途径，

* 本文系作者在《人民政协报》就全面依法治国问题发表的四篇评论。

广泛凝聚社会共识。

要从我国当前实际情况出发，加强重点领域立法。为推动立法精细化，实现公民权利保障法治化，必须尽快实现从以经济建设为中心的立法观，转变为“五位一体”全面协调发展的立法观；从重立法效率、轻立法民主的立法观，转变为民主优先、兼顾效率的立法观；从只管法律制定不顾法律实施的立法观，转变为兼顾立法与法律实施并以法律实施为导向的立法观；还要从避重就轻、拣易怕难的立法观，转变为敢于啃硬骨头、敢于攻坚克难的立法观。

## 二、依法治国必先依法治“官”

在学习讨论党的十八届四中全会《决定》时，法学界专家学者和一些地方、部门的领导同志提出，依法治国首先要依法治权，依法治权首先要依法治官，尤其要依法严惩严治那些贪腐高官。这些认识可以说是深得党的十八届四中全会《决定》之精髓要义的。

从党的十八大以来反“四风”、反腐败的成功实践来看，中国共产党的党风好转确实是可以带动政风社风民风好转的。习近平总书记和新一届中央领导集体反复强调，作风建设和反腐败斗争要做到以上率下，中央政治局委员首先要作出表率，从严治党首先要管住各级党组织一把手，这些要求其实也都内涵了依法治国首先要依法治权、依法治权首先要依法治官。

我国自古就有“以吏为师”的传统。而且，古人也说过：“治国者必先受制于法”。只有坚持治国先治“官”，才能充分发挥各级领导干部和国家公职人员在依法治国中的表率作用，才能提高全面推进依法治国的说服力、公信力。

依法治权、依法治官，既要按照零容忍、全覆盖、无禁区，不封顶、不设限、无例外的原则，继续大力度惩治那些腐败高官，如周永康、令计划、徐才厚、苏荣等；同时还要坚持“抓大也不放小”，不能放过那些一朝权在手便把令来行，信奉靠山吃山、靠水吃水，有权不用、过期作废，大搞权力设租、权力寻租，权权交易、权钱交易、权色交易、权学交易的中低层官员，也包括乡村站、所、场中的小官、小吏。党的十八大以来，北京市首先发现和揭露的“小官巨贪”案例，就是最有说服力的佐证。在反腐败斗争中，坚持“抓大也不放小”，在坚持打“老虎”的同时，也不放过治理危害群众切身利益的“苍蝇式腐败”，实行“打虎”“拍蝇”一起抓，才能着力清除反腐败斗争的“死角”。

当前我国县以下基层腐败问题也相当严重，“小官巨贪”现象频出。只有坚持既“打虎”又“拍蝇”，既高压惩治腐败又严厉整顿“四风”，才能让广大党员和人民群众看到习近平总书记和新一届中央领导集体全面推进依法治国是动真的、碰硬的，亲身感受到中国共产党是在以实际行动坚决纠正有法不依、执法不严、违法不究。

## 三、“把权力关进制度的笼子”不等于“把权力关进笼子”

党的十八届四中全会《决定》提出了“把权力关进制度笼子”的一系列重大举措。比如，要求对财政资金分配使用、国有资产监管、政府投资、政府采购、公共资源转让、公共工程建设等权力集中的部门和岗位，实行分事行权、分岗设权、分级授权，定期轮岗，强化内部流程控制，防止权力滥用；强调建立领导干部干预司法活动、插手具体案件处理的记录、通报和责任追究制度；等等。国内外舆论包括网络舆论，对这些把行政权、司法权关进制度笼子里的重大举措给予很高评价，认为这将有效保证各级政府机关和司法机关真正做到权为民所用、利为民所谋、情为民所系。

党的十八大以来，习近平总书记和新一届中央领导集体对“四风”的严厉整顿，对裸官的系统性清理，对腐败的零容忍惩治，对境外逃犯的不懈追捕，这一系列既“打虎”又“猎狐”、既治标又治本的雷霆反腐行动，让广大干部群众看到，中国共产党全面推进依法治国、全面从严治党确实是令出法随、说到做到、不放空炮的，从而不断增强了对反腐败斗争必胜的信心。但有些别有用心的人却在这个问题上故意制造混乱，鼓吹所谓要“把权力关进笼子”。这是在公然鼓吹无政府主义，干扰和破坏反腐败斗争。

习近平总书记说得清清楚楚、明明白白：“把权力关进制度的笼子里，坚持用制度管权管事管人。要建立决策科学、执行坚决、监督有力的权力运行体系，把笼子扎得紧一点，严防‘牛栏关猫’，使权力运行守边界、有约束、受监督。”显然，“把权力关进制度的笼子”不等于不要任何权力，更不等于“把权力关进笼子”。在我们国家，特别是在需要集中力量推动发展、深化改革、维护稳定的当下，如果把党和国家的所有权力都关进笼子，那我们靠什么来推进全面建成小康社会、全面深化改革、全面依法治国、全面从严治党呢？所以，“把权力关进制度的笼子”同“把权力关进笼子”是决不能画等号的。在这个问题上，千万不要被“乱花迷眼”“浮云遮眼”，千万不要被一些别有用心的人玩弄的“障眼法”所迷惑。

## 四、人民是依法治国的主体

有些同志提出一个问题：党的十八届四中全会《决定》强调人民是依法治国的主体，这是完全必要的，但人民的这种主体地位同中国共产党在全面推进依法治国中的领导地位是什么关系呢？应当认识到，坚持人民主体地位同坚持中国共产党的领导地位一样，都是我国宪法明确规定的，都是全面推进依法治国的题中应有之义。党的领导、人民当家作主、依法治国是有机统一的，党是全面依法治国的领导主体、责任主体、推进主体，人民是全面依法治国的力量主体、监督主体、受益主体。

我国宪法明确规定：“中华人民共和国一切权力属于人民。”人民作为我们国家的主人，当然是全面推进依法治国的主体而不是客体。在我国“八二宪法”之前的三部宪法中，“国家机构”这一章都是放在“公民的基本权利和义务”这一章之前的。在“八二宪法”修改过程中，有人主张把“公民的基本权利和义务”置于“国家机构”之前。当时的宪法修改委员会感到难以决断，便专门向邓小平同志作了请示汇报。邓小平同志经过深入思考后明确表示：在宪法文本中，应当把“公民的基本权利和义务”这一章摆到“国家机构”这一章的前面。当时，邓小平同志对这个问题考虑得是很深的：在国家宪法的篇章结构上，先规定公民的基本权利和义务，再规定国家机构，这不但表明了我们国家的一切权力属于人民，国家机构是根据人民的授权建立的；而且也表明了我们党和国家对保障公民享有的宪法权利的高度重视。

党的十八届四中全会《决定》不但同修改起草“八二宪法”时的法治理念一以贯之，而且在坚持法治建设必须以保障人民根本权益为出发点和落脚点，保证人民依法享有广泛的权利和自由、承担应尽的义务方面，提出了比“八二宪法”更多更全面的要求。

人心普遍安定,社会才能稳定。我们要把落实党的十八届四中全会《决定》提出的重大举措,同落实习近平总书记关于政法机关要重点解决好损害群众权益的突出问题,决不允许对群众的报警求助置之不理,决不允许让普通群众打不起官司,决不允许滥用权力侵犯群众合法权益,决不允许执法犯法造成冤假错案这“四个决不允许”结合起来,在法治建设为了人民、依靠人民、造福人民、保护人民上取得实实在在的新成效。

# “四个全面”可管两个百年*

（2015 年 3 月）

## 一、从“一个全面”到“四个全面”

**《环球人物》杂志**：请您解读一下“四个全面”战略布局的形成过程。

**施芝鸿**：全面建成小康社会、全面深化改革、全面依法治国、全面从严治党这“四个全面”战略布局，是党的十八大以来，习近平总书记和新一届中央领导集体，从坚持和发展中国特色社会主义全局出发，逐步提出和形成的。其间，经历了 3 个阶段。

2002 年，党的十六大报告提出了“全面建设惠及十几亿人口的更高水平的小康社会”这“一个全面”。2007 年，党的十七大报告重申了这“一个全面”的奋斗目标，并且把“全面建设小康社会”改为“全面建成小康社会”。2012 年，党的十八大报告中统一提出了全面建成小康社会和全面深化改革开放的奋斗目标，将“一个全面”扩展为“两个全面”。当时有人戏称这“两个全面”是“两全其美”。

2014 年，党的十八届四中全会审议通过的《中共中央关于全面推进依法治国若干重大问题的决定》提出：“全面建成小康社会、实现中华民族伟大复兴的中国梦，全面深化改革、完善和发展中国特色社会主义制度，提高党的执政能力和执政水平，必须全面推进依法治国。”这样，又把“两个全面”扩展为“三个全面”。

党的十八届四中全会闭幕以后不久，习近平总书记到江苏考察调研时提出：“要全面贯彻党的十八大和十八届三中、四中全会精神，落实中央经济工作会议精神，主动把握和积极适应经济发展新常态，协调推进全面建成

* 本文系作者接受《环球人物》杂志记者采访时的访谈要点。

小康社会、全面深化改革、全面依法治国、全面从严治党，推动改革开放和社会主义现代化建设迈上新台阶。”这样，总书记把“三个全面”进一步扩展为“四个全面”。

对“四个全面”的定位同样也有一个发展过程。最初，这“四个全面”是针对全面完成党的十八大提出的任务、要求及当前党和国家事业发展中必须解决好的主要矛盾提出来的。2015 年 2 月，习近平总书记在省部级主要领导干部学习贯彻党的十八届四中全会精神全面推进依法治国专题研讨班开班式的讲话中，首次把这“四个全面”定位为党中央的战略布局。

**《环球人物》杂志**：为什么习近平总书记要在现在这个时间点提出“四个全面”？

**施芝鸿**：瓜熟才能蒂落，水到才能渠成。党的十八大以后，面对“中国已经进入全面建成小康社会决定性阶段”的新形势，习近平总书记在实践中提出了一系列新思想、新论断、新要求，科学回答了全面建成小康社会面临的诸多重大问题。在这个过程中，总书记提出全面建成小康社会，核心就在全面。这个“全面”，体现在覆盖的人群是全面的，涉及的领域是全面的。总书记提出“四个全面”的战略布局，是在新的历史起点上，对改革开放历史新时期以来几代中央领导集体坚持的实践基础上的理论创新、制度创新、科技创新、文化创新及其他各方面创新精神的继承和发扬，也是我们党更多地认识和把握全面建成小康社会内在规律的生动体现。所以，只有在此时此刻才能提出“四个全面”的战略布局和战略思想。

## 二、“四个全面”之间的关系

**《环球人物》杂志**：这“四个全面”之间，有着怎样的关系？

**施芝鸿**：“四个全面”战略布局，实际上是一个战略目标和三大战略举措的关系。为实现到 2020 年全面建成小康社会这个战略目标，就要有全面深化改革、全面依法治国、全面从严治党这三个战略举措来保证和支持其实现，而且这三个战略举措一个都不能缺。

发展是当今时代的潮流、中国的主题。后三个全面，归根到底是为了全面建成小康社会。只有全面深化改革，冲破体制机制的障碍、破除利益固化的藩篱，全面建成小康社会才有动力；只有全面依法治国，建立规则秩序、推进公平正义，全面建成小康社会才有保障；只有全面从严治党，锻造领导核心、提供政治支撑，全面建成小康社会才有保证。

**《环球人物》杂志：**有海外媒体把这“四个全面”同党的基本路线的“一个中心、两个基本点”相比照，将其理解为“一个中心、三个基本点”，您如何看待这种说法？

**施芝鸿：**全面建成小康社会，从根本上说是个发展问题，它大体上相当于党的基本路线中的“一个中心”，即“以经济建设为中心”；而全面深化改革、全面依法治国、全面从严治党，作为实现全面建成小康社会的三大战略举措，同党的基本路线中的“两个基本点”，即“坚持四项基本原则，坚持改革开放”也是大体一致的、对应的。

**《环球人物》杂志：**全面从严治党是当下老百姓比较关注的问题，请您谈谈对这方面的认识。

**施芝鸿：**全面从严治党是习近平总书记在我们党90多年历史上首次提出的，这是对中国共产党自身建设规律的新探索、新概括。全面从严治党，核心问题是要始终保持党同人民群众的血肉联系，始终保持党的先进性和纯洁性，重点是要从严治吏、正风反腐、严明党纪，目标是要增强党的自我净化、自我完善、自我革新、自我提高能力，确保我们党始终成为中国特色社会主义事业的坚强领导核心。

全面从严治党，第一是指内容无死角。现在，党的建设中一个比较明显的问题是轻视思想政治工作，往往以为定了制度、有了规章，就万事大吉。有的党员干部甚至已经不会做思想政治工作，也不大习惯于被做思想政治工作了，还有的党员干部甚至认为组织找自己谈话是多此一举。习近平总书记针对这一情况突出强调，对广大党员干部既要靠教育，也要靠制度，二者一柔一刚，要同向发力、同时发力。

第二是指主体全覆盖。就是要强化党的建设，包括党风廉政建设的主体责任，党委（党组）书记作为第一责任人，既要挂帅，又要出征。在这方面，目前地市县是薄弱环节，所以要把主体责任延伸和落实到地市县。

第三是指劲头不松懈。习近平总书记曾斩钉截铁地说，党风廉政建设和反腐败斗争永远在路上，开弓没有回头箭，这是一场输不起的斗争，必须决战决胜。我们一定能够打赢党风廉政建设和反腐败斗争这场攻坚战、持久战，必定会迎来海晏河清的那一天！

第四是指把守纪律、讲规矩摆到全面从严治党更加重要的位置。纪律不严,规矩不彰,从严治党就无从谈起。

## 三、“四个全面”为何长期管用

**《环球人物》杂志:**“四个全面”战略布局同中国梦等与习近平总书记此前提出的治国理政思想有何联系?

**施芝鸿:**这个问题提得很好。党的十八大以来,习近平总书记在提出“四个全面”战略布局的同时,还提出了其他一系列新思想、新观点、新论断、新要求。我把这些梳理归纳为习近平总书记治国理政的总思路,它同“四个全面”战略布局共同构成了新一届中央领导集体治国理政的总思路、总布局。这个总思路可以表述为“一二三四五,上山打老虎,引领新常态,为民造新福”。

**《环球人物》杂志:**您能具体解释一下吗?

**施芝鸿:**一二三四五,就是“一个中国梦”“两个一百年”“三大战略”“四个全面”“第五个现代化”。

“一个中国梦”,是2012年11月29日习近平总书记在参观《复兴之路》展览时提出的,“现在,大家都在讨论中国梦,我以为,实现中华民族伟大复兴,就是中华民族近代以来最伟大的梦想”。

“两个一百年”,是2012年1月至11月习近平同志在主持起草党的十八大报告过程中提出来的,就是要在中国共产党成立一百年时,全面建成小康社会,在新中国成立一百年时,建成富强民主文明和谐的社会主义现代化国家。

“三大战略”,是2014年12月9日习近平总书记在中央经济工作会议上提出的,“中央决定,要重点实施‘一带一路’、京津冀、长江经济带‘三大战略’”。

“四个全面”,是2014年12月14日习近平总书记在江苏调研时提出的,“全面建成小康社会、全面深化改革、全面依法治国、全面从严治党”。

“第五个现代化”,是2014年2月17日习近平总书记在省部级主要领导干部学习贯彻十八届三中全会精神全面深化改革专题研讨班开班式的讲话中提出的:“我们讲过很多现代化,包括农业现代化、工业现代化、科技现代化、国防现代化等，国家治理体系和治理能力现代化是第一次讲。”

“上山打老虎”是指党的十八大以来，习近平总书记和新一届中央领导集体，按照零容忍、全覆盖、无禁区，不封顶、不设限、无例外的原则持续高压反腐。两年多来，我们党对“四风”的严厉整顿，对腐败的零容忍惩治，对裸官的系统性清理，对境外逃犯的不懈追捕，这一系列反腐行动让广大干部群众看到了我们党全面从严治党是动真格、敢碰硬的。

“引领新常态”，是2013年12月10日习近平总书记在中央经济工作会议上的讲话中，首次提出了我国经济发展新常态的概念。中国经济在持续高速增长30多年后出现的中高速增长新常态，就是一种符合经济增长规律的新状态、正常态。新常态的提出，是尊重这种客观经济规律的体现。

“为民造新福”，就是党中央国务院坚持以人为本，持续增加民生投入，保基本，兜底线，建机制，2014年尽管国家财政收入增速放缓、支出压力加大，但财政用于民生的比例仍达到70%以上。在医疗、养老、教育、文化等领域都有新的改善和提高。

**《环球人物》杂志：**“四个全面”能管多少年？

**施芝鸿：**“四个全面”战略布局，立足治国理政全局，抓住改革发展稳定关键，统领中国发展总纲，确立了新形势下党和国家各项工作的主攻目标、战略方向、重点领域、政治保证。《人民日报》评论员文章说得很到位：“四个全面”是引领中华民族伟大复兴的战略布局。这就是说，习近平总书记提出的“四个全面”这一党和国家工作的战略布局，不仅要管到2020年全面建成小康社会之日，即第一个一百年奋斗目标实现之日，而且对实现第二个一百年奋斗目标也将是长期管用的。

# 全面深改需改革和法治两个轮子一起转*

（2017 年 3 月 13 日）

## 一、国家监察法：实现对所有公职人员的监督全覆盖

2016 年，党的十八届六中全会通过了《关于新形势下党内政治生活的若干准则》和《中国共产党党内监督条例》这两部管党治党的重要党内法规。今年，全国人大又将国家监察法立法提上议事日程。

“国家监察法的立法，实际上就是国家的反腐败立法。”施芝鸿委员认为，国家监察法的立法目的，是要把监督监察对象从立法、执法到司法、守法，从中央部委到地方基层，覆盖所有公职人员。

这样做，就在国家制度层面，使反腐败的党内立规与国家立法结合起来了，就能使党内监督和国家监督融为一体、形成合力。

“这样的立法部署和立法节奏表明，中国共产党领导的反腐败斗争，正在由党的十八大以来连续 4 年多的重在治标，开始转向标本兼治、重在治本。”施芝鸿委员说。

## 二、新型政商关系走向制度化、法治化

中国近年来查处腐败案暴露出的不少问题，都出在政商关系的异化和扭曲上。

一年前，习近平总书记提出要建立新型政商关系，并将其核心内涵概括

---

* 本文系作者接受中新社记者采访时的访谈要点。

为"亲""清"两个字。随后,中央深改组审议通过了《关于完善产权保护制度依法保护产权的意见》。今年政府工作报告也提出,要加快构建新型政商关系,支持非公有制经济发展,强调凡影响市场公平竞争的不合理行为,都要坚决制止;政府要带头讲诚信,绝不能随意改变约定,绝不能新官不理旧账。

施芝鸿委员认为,建立新型政商关系,要有相关制度作保障。经过1年多来的不懈努力,在加强新型政商关系的制度化、法治化建设方面,已迈出坚实步伐。现在的关键,是要把这些举措通过相关立法特别是民法典等重要法律,使之固定起来、固化下来。

## 三、立法与改革:相辅相成、相互促进

党的十八大以来,无论是国家立法还是党内立规的进程都明显加快。近4年来出台或修订的党内法规达55部,占了现行150多部党内法规的1/3。其他领域法律法规亦密集出台。施芝鸿委员分析,这是两个因素倒逼形成的。

一是党的十八大报告明确提出,到2020年全面小康社会建成之时,依法治国基本方略要全面落实,法治政府要基本建成,司法公信力要不断提高,人权要得到切实尊重和保障。要如期实现这一目标,必须加快各方面立法进程。

二是一段时间以来中国存在着多个领域产能过剩,同时又存在多个方面法律和制度供应不足的状况。在推动供给侧结构性改革进程中,必须加快立法立规步伐,加大对全面依法治国和全面从严治党的制度供应。

对一度出现的两种声音,即"改革就是要冲破法律禁区,改革要上路、法律就必须让路"以及"法律就是要保持稳定性、权威性、适当的滞后性,因此很难引领改革"的观点,施芝鸿说,习近平总书记一再指出,这两者都是片面的。

施芝鸿委员表示,只有在法治下推进改革,在改革中完善法治,才能发挥改革和法治在全面深化改革中两个轮子一起转的加速推动作用。

# 供给侧结构性改革是如何出炉的*

（2016年3月15日）

## 一、民营经济发展必将迎来又一个春天

**《成都商报》**：3月4日，习近平总书记在参加全国政协十二届四次会议的民建、工商联界别联组会时强调，要强化政策落实，增强民营企业政策获得感。您能为我们的读者解读一下习近平总书记讲话的意义吗？

**施芝鸿**：习近平总书记的这次重要讲话，是对十八大以来我们党关于支持发展非公有制经济政策最全面、最系统的论述。讲话充分体现了从供给侧发力，通过"政策供给"，引导我国经济结构优化；通过"制度供给"，激发非公有制经济活力，提高企业投资信心，改善企业市场预期，使民营企业同国有企业一样，成为真正的市场主体，在冲破所谓"市场的冰山、融资的高山、转型的火山"过程中，充分释放增长潜力，使我国整体经济更加充满希望和活力。

习近平总书记讲话中提出要建立新型政商关系，并且用"亲""清"二字来定义这一新型政商关系的科学内涵，这是对那些贪腐官员一度既利用官场权力搅和市场资源配置，又助推市场利用资本力量搅和官场资源配置；既破坏我国官场政治生态，又破坏正常政商关系的一种拨乱反正，为社会主义市场经济条件下建立新型政商关系提供了基本遵循，为广大非公有制经济人士撑了腰、鼓了劲。他们说，习近平总书记重要讲话为民营企业家廓清了迷雾、指明了方向，让他们倍感定心、安心、放心，民营经济发展必将迎来又一个春天。

---

* 本文系作者在全国两会期间接受《成都商报》记者采访时的访谈要点。

## 二、经过五年探索和实践，对供给侧结构性改革有了较为完整、系统的认识和揭示

**《成都商报》**：最近，供给侧结构性改革变成了热词。类似这样的政策，在出台时一般会经历哪些过程？

**施芝鸿**：供给侧结构性改革这一大思路的酝酿和提出，可以说是经历了跨越 5 个年头的探索和实践过程：从 2012 年到 2016 年，从党的十八大到党的十八届五中全会前后这 5 个年头。而这个探索和实践过程，始终是围绕对我国新的发展起点上的经济发展趋势应当怎么看、面对新情况新问题我们应当怎么干展开的。

2012 年年底党的十八大报告提出，要“推进经济结构战略性调整”“着力解决制约经济持续健康发展的重大结构性问题”。这里不但提出了经济结构战略性调整的重大历史任务，而且指明了这些重大结构性问题制约了我国经济持续健康发展。现在，人们对结构性改革这个重要概念其实早在 2012 年就提出来了这一点，还了解不够、重视不够。这是第一阶段。

2013 年年底召开的中央经济工作会议，提出了“增长速度换挡期、结构调整阵痛期、前期刺激政策消化期”这“三期叠加”和经济发展“新常态”概念。这是党中央强调结构性改革的第二阶段。在这一阶段，中央是把“结构调整阵痛期”，放在“三期叠加”的经济发展新常态的大逻辑框架下来认识和对待的。

第三阶段，2014 年年底召开的中央经济工作会议，对怎样认识、适应、引领中国经济发展新常态，作出了系统性论述。在论述过程中，再次强调了对我国经济实行结构性调整和结构性改革的问题。

第四阶段，2015 年召开的中央财经领导小组第十一次会议，首次提出了供给侧结构性改革这一重大概念。在党的十八大报告提出的“结构性改革”之前加上了“供给侧”，变成了“供给侧结构性改革”。一方面强调，当下我国结构性改革、调整的问题主要是在供给侧；另一方面强调，要着力加强供给侧结构性改革，提高我国供给体系的质量和效率，增强经济持续增长动力，推动我国社会生产力水平实现整体跃升。

第五阶段，2016 年 1 月，习近平总书记在省部级主要领导干部学习贯

彻十八届五中全会精神专题研讨班上的讲话中，对供给侧结构性改革的性质、内涵、要求作了深刻阐述。总书记指出，当前和今后一个时期，我国经济发展面临的问题，供给和需求两侧都有，但矛盾的主要方面在供给侧。我国目前的供给侧产品、质量、服务，都还跟不上消费者需求所发生的变化。中高端有效供给能力不足，一方面影响了我国发展迈向中高端水平，另一方面也直接导致大量"需求外溢"。要解决这些问题，就必须推进供给侧结构性改革，引导企业针对不同消费群体，满足消费者多元化、升级化、个性化消费需求。通过提高供给质量，既扩大国内巨大消费需求，又把严重外溢的消费逐步引导回来。总书记还说，供给侧和需求侧这二者不是非此即彼、一去一存的替代关系，而是要相互配合、协调推进。

我们党的最高领导层、决策层，经过党的十八大以后跨越五个年头的探索和实践，对我国经济在结构性调整和结构性改革中，在供给和需求这两侧都存在一些问题，但矛盾的主要方面在供给侧，才有了较为完整、系统的认识和揭示。矛盾的主要方面找到了，对症下药就好办了。

改革开放以来我们党推出的类似的重大改革举措，差不多也都经历了像供给侧结构性改革这样的实践、认识、再实践、再认识的循环往复过程。而每项重大改革举措，又总是展现了精神变物质的巨大力量，推动了中国经济社会的持续快速发展。供给侧结构性改革的形成和落实也必定是这样。

## 三、尽可能多兼并重组、少破产清算

**《成都商报》**：您现在感兴趣的研究领域是什么？

**施芝鸿**：个人感兴趣的研究领域当然不少，但我现在最关注的是，推进供给侧结构性改革，在生产端促进过剩产能有效化解、促进企业兼并重组过程中，如何妥善做好下岗分流职工的安置工作，切实防范经济和社会风险问题。

去年 12 月召开的中央经济工作会议、最近召开的全国两会都强调，要重点抓好钢铁、煤炭等困难企业去产能，坚持市场倒逼、企业主体、地方组织、中央支持，运用经济、法律、技术、环保、质量、安全等手段，坚决淘汰落后产能，有序退出过剩产能。党中央还提出，要采取兼并重组、债务重组或破产清算等措施，积极稳妥处置长期亏损、失去清偿能力和市场竞争力的"僵尸企业”;党中央还专门安排了财政、金融等支持政策,重点用于退出产能过剩企业职工分流安置。也就是说,在促进钢铁、煤炭等行业脱困和转型升级过程中,要把职工安置作为化解产能过剩工作的重中之重。党中央还强调,要尽可能多兼并重组、少破产清算,做好职工安置工作。作为全国政协委员,我将持续跟踪观察和研究这个问题,因为它既关系到供给侧结构性改革的成效,也关系到社会大局的稳定。

# "一带一路"倡议背景下的中国企业以10种方式"走出去"是可以大有作为的*

（2015年1月30日）

中民投股份有限公司召开这个主题为"积善天下，奠基未来"的研讨会，以及为研讨会设定的"一带一路：新战略，新构想，新格局"的话题，是切合当前和今后一个时期中国和"一带一路"沿线国家实际的，也是可以通过头脑风暴式的研讨、交流、碰撞，来打开思路、提振信心，使经济下行压力下我国众多企业家的愁眉锁眼为之一扫的。

"一带一路"是一个体现当今以和平发展、合作共赢为主题的大时代所需要的大战略，也是把中国梦和亚太梦、世界梦联为一体的大智慧，它必将建构一个集政策沟通、设施联通、贸易畅通、资金融通、民心相通为一体的大格局。中国传统文化的经典《礼记·礼运》中，有关于未来社会两个阶段的宏大构想：第一阶段是小康；第二阶段是大同。中国人讲究"穷则独善其身，达则兼济天下"。2013年，习近平总书记提出的"一带一路"倡议，实际上体现了正在接近完成全面建成小康社会战略目标的当代中国"达则兼济天下"或者说"积善天下"这样一种天下大同的大视野、大格局、大胸怀。

这里，我想着重就"一带一路"倡议背景下的中国企业"走出去"问题谈些看法。

中国企业"走出去"战略从提出到今天，已经25年了。"引进来"和"走出去"，这是中国不断扩大对外开放、有效发展开放型经济的两个紧密联系、相互促进、缺一不可的大战略，它既是对外开放的大战略，也是推动中国经济持续健康发展的大战略。

---

* 本文系作者在中民投股份有限公司召开的全球专家咨询委员会研讨会上的发言。

在"一带一路"倡议背景下，中国企业要做到大规模"走出去"，企业家就要深刻认识和把握：在当下的中国和世界，外有强大拉力牵引中国企业"走出去"，内有巨大压力倒逼中国企业"走出去"，还有政府助力激励中国企业"走出去"。

所谓外有强大拉力牵引中国企业"走出去"，就是"一带一路"沿线发展中国家，大多面临交通运输瓶颈和融资困难这双重制约，这与当下中国利用资金优势推动装备"走出去"的需求高度契合。中国装备不但质量有保证，而且性价比高。仅从高铁建设来看，中国高铁每公里基础设施建设成本通常为1700万至2100万美元，而欧洲高铁每公里的建设成本为2500万至3900万美元，美国加州则高达5600万美元。因此，到目前为止，已有28个国家同中国洽谈引进高铁技术或合作开发，项目累计规划里程超过5000公里，总投资近万亿元。这只是已经在洽谈中的投资，10年内市场巨额需求及强大拉力还会更强。

所谓内有巨大压力倒逼中国企业"走出去"，就是经过改革开放37年持续快速发展，当下中国在进一步发展上面临三大瓶颈制约：一是市场瓶颈；二是资源瓶颈；三是技术瓶颈。正处在发展转型升级关键阶段的中国，经济下行压力增大，部分行业产能过剩问题突出，资源和环境承载能力急剧恶化，亟须开拓海外市场、拓展发展空间。随着我国逐步从资本净输入国转向资本净输出国，提升"走出去"水平和质量也更加迫切。只有加快产业、企业、装备"走出去"步伐，才能有效转移国内部分过剩产能和巨额外汇储备以及民间资金。

所谓还有政府助力激励中国企业"走出去"，就是中国政府从原来只允许国企对外投资，到现在明确广大民企也可以对外投资；从原来只鼓励企业到国外购买资源，到现在鼓励企业到国外更广泛领域进行投资。同时，中国政府还大幅度放宽了境内资金进行海外投资的自由度。今年1月28日召开的国务院常务会议，确定了关于"走出去"的更加完善的支持政策，包括按照市场原则拓宽外汇储备运用渠道，支持企业在境内外发行股票或债券募集资金，发挥政策性金融工具作用，为重大装备和优势产能"走出去"提供合理融资便利，等等。

在"一带一路"倡议背景下，中国企业要做到大规模"走出去"，企业家还要深刻认识和把握：中国党和政府倡导、鼓励和支持的大规模"走出去"

主要是5种情况下的“走出去”。

第一种是倡导、鼓励、支持企业优势产能“走出去”。就是鼓励具有自主知识产权和较高技术水平的核电、发电及输变电、轨道交通、工程机械、汽车制造、电子信息、通信等行业企业，到“一带一路”沿线国家投资兴业。

第二种是倡导、鼓励、支持企业富余产能“走出去”。就是以钢铁、有色金属、建材、轻纺、食品加工为重点，针对国际市场需要，支持企业利用国内装备，在境外建设上下游配套的生产线，实现产品、技术和合规标准“走出去”，到资源富集、市场需求大的“一带一路”沿线国家建设生产基地，释放国内富余产能。

第三种是倡导、鼓励、支持企业低端产能“走出去”。2014年8月，波士顿咨询公司发布的《全球制造业版图重构报告》认为，墨西哥制造业成本已经低于中国。10年前，墨西哥制造业平均工资相当于中国的两倍，现在则比中国低20%。因此，国内的低端产能已经做不下去。在这种情况下，中国最大的女鞋生产商之一的华坚集团，从2012年起在埃塞俄比亚建立了制鞋厂。现在，该厂生产的女鞋出口份额已占埃塞俄比亚鞋业出口份额的50%以上，还雇用了大量当地员工。中国派过去的100多人都是企业高管。企业仍然是为原来的国际一线品牌代工，只是产品贴上了埃塞俄比亚制造的标签。这种“走出去”能有效地推动中国低端产能的产地销转变为销地产。

第四种是倡导、鼓励、支持企业“并购、买高、补短”“走出去”。就是引导境内优势企业以并购、参股等形式开展境外技术合作，设立海外研发中心、合资企业，利用产业投资基金投向高新技术产业、高端制造业等领域。这实质上是一种针对欧美地区高端制造业及“一带一路”沿线地区进行的一种“并购、买高、补短”式的“走出去”，有利于推动中国传统制造业优化升级、提质增效。

第五种是倡导、鼓励、支持企业通过对外工程承包、对外投资等巩固通信、电力、工程机械、船舶等成套设备出口。

在“一带一路”倡议背景下，中国企业要做到大规模“走出去”，企业家们还要深刻认识和把握以下五种形式的“走出去”。

第一种是通过产业的链条式转移方式“走出去”。这样做，可以发挥骨干企业的领头羊带动作用，吸引和集聚上下游产业链和关联产业携手“走出去",建立研发、生产和营销体系,延伸产业链,提高资源在国外的就地加工转化比重。

第二种是以企业的集群式转移方式"走出去"。推动同行业企业在"走出去"过程中实行差别化经营,避免"走出去"后重复国内同质竞争、恶性杀价那种"昨天的故事",从而有效配置资源,形成规模效应,迅速提高在国外市场的占有率和影响力。

第三种是通过园区化经营方式"走出去"。就是支持企业到境外建设跨境产业园区、科技园区、经贸合作区等。通过这种产业化园区的运营,整合各类生产要素,搭建产业合作平台,吸引企业入园投资,促进"走出去"企业的集中布局和联袂发展。据不完全统计,目前我国在海外建设的园区将近100个,主要是工业园区。可以预期,通过这种园区化经营方式"走出去"的制造业,必将成为以园区方式"走出去"的先锋。

第四种是通过资源、工程、融资的捆绑方式"走出去"。在这方面,我国企业在安哥拉的投资实践是一个成功的范例。从2003年起,中国和安哥拉两国开始实施互惠贷款合作。在双方共同努力下,以资源、贷款、工程和促进发展一揽子合作为特点的"安哥拉模式",使安哥拉连续4年成为中国第二大原油进口来源国,2009年原油进口量达到3217万吨,占我国原油总进口量的15.8%。这一模式,也使安哥拉连续4年成为我国在非洲第一大贸易伙伴,同时还是我国在非洲最主要的承包工程市场之一。现在"安哥拉模式"已被更多非洲国家成功复制,刚果(布)、赤道几内亚、埃塞俄比亚和苏丹也分别同我国签署了类似的合作协议,为带动中非经贸合作发挥了积极作用,也有效拉动了我国产品和劳务出口。

第五种是企业以建设—运营—移交(即BOT方式)、公私合营(即PPP方式)开展境外铁路、公路、电信、电力、仓储等基础设施建设,带动设备、技术、标准和服务"走出去"。

中国制定的"一带一路"建设规划,是以基础设施建设为牵引、以产能合作为抓手、以金融合作为支撑的。美国企业研究所近日发布的《中国全球投资追踪报告》称,过去10年中国对外直接投资总额超过5600亿美元。如果加上近年来在海外不断增长的工程建设投资,即在全球发展中国家兴建铁路和港口、实施民生福利项目等,则中国对外投资总额可能已经超过1万亿美元,成为仅次于美国的全球第二大对外投资国。习近平主席在

APEC 工商领导人峰会开幕式上的演讲中宣告,未来 10 年,中国对外投资将达 1. 25 万亿美元。他还宣布,亚投行筹建工作已经迈出实质性一步,创始成员国已签署了政府间谅解备忘录,中国还将出资 400 亿美元成立丝绸之路基金,为"一带一路"沿线国家基础设施建设、资源开发、产业合作等有关项目提供投融资支持。

以上梳理和概括的在"一带一路"倡议背景下中国企业"走出去"的 10 种方式充分表明,中国多种所有制企业在"一带一路"建设中是可以大有作为的。

# 让中国先进制造力和强大建造力与“一带一路”沿线各国比较优势形成强大合力*

（2015年2月2日）

“一带一路”建设，已完成理念设计、总体框架和基本规划，目前正进入务实合作、谋求早期收获的开局阶段和起步阶段。

“一带一路”建设开好局、起好步，既要抓紧当下早出成果，又要抓好能聚焦实质、吸引眼球、打动人心的成功宣介。可以考虑，把对内对外宣介的主旋律设定为：让中国的先进制造力、强大建造力，同“一带一路”沿线国家各自的比较优势形成强大合力，把中国梦同亚太梦、世界梦连为一体，造福44亿人口的丝路居民，并把宣介内容确定为本文建议的10个方面。

先进制造力、强大建造力，这是助力当代中国崛起腾飞的两个翅膀，也是推进“一带一路”建设、造福丝路居民的两大法宝。唱响这一主旋律，有助于扫除妨碍“一带一路”建设的各种思想障碍，在把“一带一路”倡议变成“一带一路”沿线国家和人民共识、夯实“一带一路”沿线国家的社会和民意基础方面，收到统领全局、纲举目张之效。

## 一、一部中华民族的文明史，既闪耀着古代中国制造力的光芒，也折射出强大建造力的智慧

在中华民族5000多年历史长河中，勤劳勇敢智慧的中国人民，既创造了先进的制造力，也创造了强大的建造力。在北宋年间《营造法式》一书中，把“营造”定义为我国古代建筑技术；在《词源》《辞海》等辞书中，也把

* 本文系作者向中央提交的关于完善“一带一路”建设内外宣介工作的建议。

“营造”的内涵诠释为：建造、创造、制作、构造等，并引申为“古代营造工程”；在现代意义上，似可把制造技术运用于大型经济基础设施、交通基础设施和社会公共设施工程的技术和能力，统称为建造力。为推进“一带一路”建设，在继续宣介中国先进制造力的同时，加大对古代中国和现代中国强大建造力的内外宣介，可谓恰逢其时。

从古代制造力看，早在母系氏族社会，直接改变远古人类生活方式的陶器制造业就在中国诞生了。此后，更形成了享誉世界的古代中国冶铸业、纺织业、制瓷业、造纸业、造船业、制漆业、酿酒业、煮盐业等8大制造业。直到1840年，中国仍然是当时世界首屈一指的制造业大国；在1915年巴拿马万国博览会上，古代中国制造仍然作为前工业时代的遗产，获得1200余枚金牌、银牌、铜牌、名誉奖章、奖状，在当时31个参展国中独占鳌头。这虽然已属“落日辉煌”，但作为体现中国先进制造力的一段宝贵历史，依然是值得铭记和称道的。

从古代建造力看，从春秋战国时期起，各诸侯国就营造了以宫室为中心的大量都城，到19世纪初，在当时全世界50万人口以上的10个大城市中，中国就占有6个。中国古代建筑业、营造业经历了秦汉500年间的第一个高潮、隋唐时期的第二个高潮和元明清600多年的最后高潮。在此期间，中国先人修筑了世界上最早的通达全国的驰道、建造了防御北方游牧民族南下的万里长城，兴建了古代中国最早的人工运河鸿沟和世界上距今历史最久的无坝引水工程都江堰，开凿了长约2500公里的京杭大运河，修建了世界历史上最早的石拱桥赵州桥、最长的石梁桥安平桥，建造了阿房宫、圆明园、颐和园、承德避暑山庄、沧浪亭、拙政园等中国古代园林。从这些窥斑见豹的实例中可以看到，中国古代曾长期拥有享誉世界的建筑、园林、水利、桥梁、道路的强大建造力。

法国百科全书主编狄德罗在该书“中国”条目中，盛赞“中国民族，其历史之悠久，文化、艺术、智慧、政治、哲学的趣味，无不在所有民族之上”。

## 二、当代中国的先进制造力同强大建造力一道在对外援助和工程合作中赢得越来越高的国际美誉度

在近现代历史上，首先被称为制造业大国的是英国。从1820年完成第

一次工业革命到 19 世纪 80 年代走向衰落的 60 多年间，英国无论是工业品的产量还是出口量，都占世界第一位。20 世纪初，美国开始崛起并逐步取代英国成为世界制造业中心。20 世纪 70 年代后，日本、德国制造业后来居上，其中日本制造业的辉煌持续了 20 年，从 90 年代就开始跌落。而经过改革开放 30 多年持续快速发展的当代中国，到 2010 年制造业增加值占世界的比重已接近 20%，超过美国成为全球制造业第一大国。这意味着在经历了一个半世纪之后，中国把世界第一制造业大国这个一度丢掉的地位重新夺了回来。

我国工信部统计资料显示，2011 年，在世界 500 种主要工业品中，中国有 220 种工业品产量居全球第一位。其中，粗钢产量占全球总产量的 44. 7%，电解铝产量占全球总产量的 40%，造船完工量占全球市场的 42%，彩电产量占全球市场的 48. 8%，冰箱产量占全球市场的 70%，手机产量占全球市场的 70. 6%，计算机产量占全球市场的 90. 6%。

随着中国制造业快速崛起和综合实力日益增强，中国的建造业也在同步腾飞。无论是作为世界上最大的水利枢纽工程的三峡大坝，还是通车里程和运行速度都排世界第一位的中国高速铁路网；无论是作为世界上运营里程最长、穿越海拔最高的高原冻土层的青藏铁路和兰新高铁，还是跨越 1000 多公里路程、可供 4. 7 亿人口用水的南水北调工程；无论是从西北中亚、东北中俄、西南中缅和东部海上的千里之外，修建到我国的四大国际原油和油气通道，还是国内跨越 1 万公里以上的“三交四直”、7 条特高压交直流输变电线路，都证明了当代中国具有世界一流的基础设施建造能力。正是这样的能力，才造就了南水北调、北煤南运、西电东送、西气东输和把外国陆上海上油气长距离输入中国的人间奇迹。

新中国成立以来，特别是改革开放以来，中国凭借这样的先进制造力和强大建造力，先后帮助发展中国家建成了涉及轻工、纺织、机械、化工、冶金、电子、建材、能源等多个行业的 688 个工业生产性项目，同时还建成了 598 个经济基础设施项目。其中，仅 2010 年至 2012 年，中国就在亚非拉发展中国家，援建了包括公路、桥梁、机场、港口等在内的 70 多个交通运输项目，包括水电站、热电站、输变电和配电网、地热钻井工程等在内的 20 多个能源项目，包括光缆电信传输网、电子政务网以及广播电视调频发射台等在内的 60 多个信息化项目。

海外媒体和国外媒体，在对“中国制造”的长期报道和评论之后，近一两年来对“中国建造”的报道和评论也明显多了起来。比如，“中国在全球开展铁路外交”“中国要为全世界修铁路”“中国高铁撬动地缘政治版图”“5000中国人肯尼亚修铁路”“北京打造红海—地中海铁路新走廊”，等等。可以说，正是中国的先进制造力和强大建造力，为中国提出并实施“一带一路”倡议赢得了强大底气。

## 三、紧扣中国已经制定的“一带一路”建设规划深入系统宣介中国的先进制造力和强大建造力

以下是完善对内对外宣介的10条具体建议。

1. 加大对中国铁路特别是高铁技术进入世界先进水平行列的宣介。宣介内容：去年夏天，中国企业在土耳其建成第一条电气化高速铁路、实现了中国高铁在海外“零”的突破，目前已有28个国家同中国洽谈引进高铁技术或合作建设高铁；去年年底，由中方为泰国修建廊开至曼谷及南部出海口约870公里的标准轨铁路建设项目正式敲定，泛亚铁路网建设迈出第一步；中国、匈牙利、塞尔维亚三国签署关于匈塞铁路合作备忘录，将通过匈塞铁路连通马其顿和希腊，打造从地中海直接进入欧洲腹地的中欧陆海快线；前不久，继首条采用中国标准轨的尼日利亚现代化铁路铺通之后，尼日利亚沿海铁路项目商务合同也已签署；把广袤的东非腹地同印度洋连接起来的肯尼亚蒙内铁路项目已开工；中国和缅甸已就中缅铁路（瑞丽—皎漂）建设达成协议；中国、巴西、秘鲁商定将共同建设贯通太平洋、大西洋的“两洋铁路”；以及中国北车集团获得美国波士顿280多辆地铁车辆供应合同等。宣介效果：使沿线国家认识到，中国不但拥有1.6万公里高铁建造，特别是在高海拔、高寒地区和戈壁沙漠修建高铁的经验积累；中国铁路和高铁装备技术完善，重载铁路运输技术世界领先，性价比高，质量有保障，中国国家铁路局已发布了《高速铁路设计规范》；而且中国和欧洲国家已分别开通了渝新欧、汉新欧、蓉新欧、郑新欧、西新欧、义新欧等国际联运大通道，具有开通国际铁路班列的丰富经验。

2. 加大对中国高速公路工程建造和技术达到世界先进水平的宣介。宣介内容：中国企业承建的阿尔及利亚东西高速公路中、西标段，投资修建的

加勒比地区施工难度最大的工程之一——牙买加南北高速公路中段工程已经建成通车;中国援建的肯尼亚西卡高速公路第三标段,使肯尼亚首都内罗毕到经济重镇西卡全线贯通,为肯尼亚、埃塞俄比亚、坦桑尼亚等国实现互联互通作出贡献等。宣介效果:使沿线国家认识到,中国国内高速公路和公路总里程均已居世界第二、公路货运量跃居第一,中国东部等发达地区高速公路密度,已接近甚至超过发达国家水平。

3. 加大对中国港口建设达到世界先进水平的宣介。宣介内容:由中国企业建造的巴基斯坦瓜达尔港、斯里兰卡汉班托塔港、孟加拉国吉大港这三个印度洋沿岸的重要港口,有的已经建成,有的正在建造;中国还在非洲承建了吉布提、达累斯萨拉姆、马普托、达咯尔等12个深水港;在以色列承建了阿什杜德南港等。宣介效果:使沿线国家认识到,中国港口建设技术先进,中国已经建成和投入运营的港口数量、规模、吞吐能力以惊人速度增长,目前全国已形成五大区域港口群、拥有亿吨大港22个,并跻身世界港口大国行列。

4. 加大对中国桥梁建设达到世界先进水平的宣介。宣介内容:中国企业在美国承建了亚历山大·汉密尔顿大桥改造工程;在塞尔维亚承建了欧洲大型基建工程——贝尔格莱德多瑙河大桥;在马来西亚承建了槟城第二跨海大桥;在印度尼西亚承建了泗水—马都拉海峡大桥;在孟加拉国承建了6座大桥;在埃塞俄比亚承建了格特拉立交桥等。宣介效果:使沿线国家认识到,中国国内建成的各类大桥已达57万座,桥梁里程已达2.3万公里。中国桥梁建设不但实现了跨径的大超越,而且在深水大跨度桥梁建设上创造了世界先进技术;中国继建成第一座跨海大桥东海大桥之后,又建成世界上最长的跨海大桥杭州湾跨海大桥,中国正在由桥梁建设大国向桥梁建设强国转变,整体桥梁建设水平已跨入世界先进行列。

5. 加大对中国隧道建设达到世界先进水平的宣介。宣介内容:中国企业在塔吉克斯坦承建了海拔近3000米、地质情况极为复杂、目前中亚最长的隧道——沙赫里斯坦隧道工程项目;在土耳其承建了安伊高铁项目中累计长达55公里的隧道建设等。宣介效果:使沿线国家认识到,中国是世界上修建隧道包括铁路隧道最多、穿越地层最复杂、发展速度最快的国家。从京广线的大瑶山隧道——14294米,到西康铁路的秦岭隧道——18460米,再到西格线的关角特长隧道——32000米,中国铁路隧道长度的历史纪录不断被刷新。目前，中国在隧道建设上，不仅安全施工速度快、质量和应变能力强，而且任何地层的隧道线路都能成功打通。

6. 加大对中国水利水电工程建设达到世界先进水平的宣介。宣介内容：中国已先后在亚、非、欧、美100多个国家和地区进行了水利水电工程承包建设和经济技术合作，已拥有全球50%以上的水利水电建设市场份额；中国企业在非洲承建了最大水电工程——埃塞俄比亚特克泽水电站，援建了喀麦隆拉格都水电站、塞内加尔达喀尔市输变电和配电网项目等。宣介效果：使沿线国家认识到，中国在国内兴建的高度超过15米的水坝约占世界总数的一半；中国不仅拥有世界第一大水电站——三峡水电站，拥有世界第一高坝——高达312米的双江口大坝，而且在全球十大水电站中占了4个；中国兴建的南水北调工程，不仅是世界上建设规模和供水规模最大、调水距离最长、受益人口最多的调水工程，而且攻克了一系列技术难关，已申请国内专利110项。

7. 加大对中国核电项目建设先进水平的宣介。宣介内容：中国即将在南亚建设巴基斯坦卡拉奇核电站2、3号机组项目，在罗马尼亚建设切尔纳沃德核电站3、4号机组项目等。宣介效果：使沿线国家认识到，中国大陆目前已投入运行的核电机组共19台，迄今未发生过国际核事件分级（INES）二级及以上的事件，也未发生对环境和人造成影响的事件。中国核电没有温室气体排放、安全系数高、监管有保障，中国运行核电厂流出物排放均低于国家规定的控制值。在世界核运营者组织主要运行性能指标中，中国运行核电机组普遍处于国际较好水平，部分机组达到国际先进水平，有些机组名列前茅。

8. 加大对中国海上油气资源合作勘探开发先进水平的宣介。宣介内容：从1983年起，中海油就与菲利浦斯石油公司签订首个在南中国海找油合同，目前已同近百家外资公司合作过；中国已有同委内瑞拉、尼日利亚、文莱等其他国家合作勘探开发海上油气资源的成功经验等。宣介效果：使沿线国家认识到，中国海上油气勘探开发技术已经达到世界先进水平，目前中国所属海域油气年产量已突破5000万吨，相当于建成了一个“海上大庆油田”；中国自主研发建造的3000米深水半潜式钻井平台“981号”，代表了当今世界海洋石油钻井平台技术的最高水平，中国海洋石油勘探开发能力已实现从水深300米到3000米的历史性跨越。

9. 加大对中国电信和网络技术先进水平的宣介。宣介内容:中国援建的土库曼斯坦、多哥、厄立特里亚等国电信项目,为这些国家提供了稳定的高质量通信系统,使用户容量成倍增长;中国在喀麦隆、坦桑尼亚等国援建的光纤骨干传输网项目,促进了光缆在非洲国家的广泛应用等。宣介效果:使沿线国家认识到,中国完全拥有知识产权的SCDMA、TD-SCDMA和McWiLL等通信技术标准,已被确认为国际标准;华为、中兴等已成为全球领先的信息与通信解决方案供应商,华为、联想和小米等中国手机品牌的全球市场份额,已超过韩国三星手机;中国现代通信技术和能源技术、运输技术的深度融合势头强劲,中国国家电网已斥资820亿美元,计划在未来4年内,建成遍布全国的数字化能源互联网,使成百上千的中国居民在社区里就能用太阳能或风能发电;中国原创的"11·11"网络购物狂欢节,已从中国走向世界,去年"11·11"这一天,仅阿里跨境电商就在200多个国家和地区产生交易。

10. 加大对中国房屋建造先进水平的宣介。宣介内容:中国企业在海外以工程总承包模式承揽的单项合同金额最大的住房类项目——安哥拉社会住房工程项目,被该国总统桑托斯称赞为安哥拉战后重建王冠上最为璀璨的明珠,是非洲社会住房项目的典范;中国企业在俄罗斯圣彼得堡投资建设了大型综合性开发区项目——波罗的海明珠工程、在俄罗斯莫斯科参与建设了欧洲第一高楼——俄罗斯联邦大厦、在埃塞俄比亚承建了近年来中国政府对非援建的最大工程——非盟会议中心、在特多承建了加勒比地区的标志性建筑——特多国家表演艺术中心、在巴哈马投资并承建了加勒比地区最大旅游综合设施工程—巴哈马凯布尔海岛大型旅游综合设施项目等。宣介效果:使沿线国家认识到,随着中国城镇化的快速推进,在中国国内完成了大量超高层、大空间、有特色、有品位的房屋建筑设计与施工,中国房屋建设规模和速度都是史无前例的,中国企业建造技术和施工能力已达到世界先进水平。

为了增强对"一带一路"沿线国家和人民的宣介效果,我们还建议:党和国家领导人今后到地方和部门视察工作时,可以有选择地到一些体现中国强大建造力的铁路、公路、港口、桥梁、电信、电力、核电、石油原油管道、天然气管道、大型核电站机组工程、水电站工程等标志性项目现场视察,以增进"一带一路"沿线国家和人民对中国强大建造力的感性认识;今后党和国家领导人到高铁沿线的省区市考察工作,还可以选择乘坐高铁,以增强"一带一路"沿线国家和人民携手建设"一带一路"的决心和信心。

# “一带一路”是兼济天下的体现*

（2015 年 5 月）

## 一、世纪性系统工程

**《中国新闻周刊》**：在博鳌亚洲论坛 2015 年年会上，中国政府颁布了《推动共建丝绸之路经济带和 21 世纪海上丝绸之路的愿景与行动》（以下简称《愿景与行动》）。请问你如何理解“一带一路”建设？

**施芝鸿**：“一带一路”建设，是借用古丝绸之路的历史符号，顺应经济全球化和区域经济一体化时代潮流，由中国发起的一项最广泛最全面的国际性经济互利合作倡议，是面向国际社会，特别是亚欧非各国和亚太国家，提供的国际公共产品，是“一带一路”沿线 60 多个国家联袂开展的以互联互通为核心概念、以互利共赢为基本内容的集体行动，是推动建设人类命运共同体的世界实践。这是彰显人类社会共同理想和美好追求、造福世界各国人民的世纪工程。

中国倡导的“一带一路”建设，体现了正在接近完成全面建成小康社会战略目标的当代中国的、“达则兼济天下”的大胸怀、大视野、大思路。我把其内涵用“一二三四五”来概括。

“一”，就是打造“一项系统工程”。跨越亚欧非广袤陆地和海洋的“一带一路”建设，旨在促进沿线国家开展大范围、高水平、深层次区域合作，通过经济政策协调、市场深度融合、要素自由流动、资金高效配置，以共同利益连接起沿线 60 多个国家、40 多亿人口，共同打造开放、包容、均衡、普惠的区域经济合作架构的一项世纪性系统工程。

---

* 本文系作者接受《中国新闻周刊》记者采访时的访谈要点。

"二",就是贯通"两个经济圈"。"一带一路"建设,以亚欧非大陆东头活跃的东亚经济圈和西端发达的欧洲经济圈为依托,连接起中间经济发展潜力巨大的广大腹地国家,打造一系列带动腹地发展的战略支点,推动沿线各国发展战略对接与耦合,增进各国人民人文交流与文明互鉴,为亚欧非国家共同发展与综合安全发挥积极的建设性作用。

"三",就是坚持"三个发展"。中国将在"一带一路"建设中与沿线各国和人民一道,坚持和平发展、共同发展、合作发展;做到"三个促进",即促进与沿线国家的贸易与投资,促进沿线国家互联互通与新型工业化、创造需求和就业,促进各国共同发展,让沿线国家40多亿人民共享发展成果;发挥"三个作用",即充分发挥市场在资源配置中的决定性作用,发挥各类企业的主体作用,发挥好各国政府作用;打造"三个共同体",即通过推进全方位务实合作,打造政治互信、经济融合、文化包容的利益共同体、命运共同体和责任共同体。

"四",就是顺应"四化"潮流,即世界多极化、经济全球化深入发展,文化多样化、社会信息化持续推进的世界潮流;用好中国"四大机遇",即中国在同世界互动越来越紧密的背景下更加凸显的市场机遇、投资机遇、绿色机遇和对外合作机遇;坚持"四个共",即共商、共建、共享、共赢;建成"四条路",即把"一带一路"建成沿线国家互尊互信之路、和平友谊之路、文明互鉴之路、合作共赢之路。

"五",就是遵守和平共处五项原则,坚持"五通",即政策沟通、设施联通、贸易畅通、资金融通、民心相通;覆盖"五大战略方向",即陆上从中国经中亚、俄罗斯至欧洲(波罗的海)方向,从中国经中亚、西亚至波斯湾、地中海方向,从中国至东南亚、南亚、印度洋方向;海上从中国沿海港口过南海到印度洋并延伸至欧洲方向,从中国沿海港口过南海到南太平洋方向。

**《中国新闻周刊》**:党的十八大以后,习近平总书记提出了一系列治国理政的大思路。请问"一带一路"倡议同这些大思路有何内在联系?

**施芝鸿**:今年全国两会期间,我曾用一首打油诗,概要介绍了党的十八大以来习近平总书记治国理政的大思路,即"一二三四五,上山打老虎,引领新常态,为民造新福。"这里的"一二三四五",指的是"一个中国梦""两个一百年""三大战略""四个全面""第五个现代化"。"一带一路"倡议,就是"三大战略"的一个重要组成部分。

“一带一路”倡议被普遍认为是体现当今以和平发展、合作共赢为主题的大时代所需要的大格局、大智慧。中国倡议建设“一带一路”和设立亚投行,生动体现了适应当今国际体系和国际秩序深度调整、国际力量对比朝着有利于和平与发展方向深刻变化的时代需要的、以战略对冲替代战略对抗、以发展战略对接替代国家利益对峙、以国际范围的增量改革替代存量改革的大格局、大智慧。

所谓以战略对冲替代战略对抗,就是中国以弘扬亚太大家庭精神和命运共同体意识,以欧亚大陆互利共赢的一体化发展,对冲美国重返亚太的战略压力。事实证明,这样的对冲是成功的。中国以巨大的市场、快速的发展、巨额的外汇、先进的制造力和强大的建造力、互利共赢的合作理念和各国梦寐以求的合作机会,赢得了众多国家信任,近期已有60多个国家参与“一带一路”建设,57个国家加入亚投行,就生动证明了这一点。

所谓以发展战略对接替代国家利益对峙,就是在“一带一路”建设过程中,通过硬件的互联互通,拉近各经济体的距离;通过软件的互联互通,加强与沿线各国的政策沟通、贸易畅通、资金融通;通过人员往来的互联互通,促进与沿线国家人民的友好往来和民心相通。这样做,既契合沿线国家和地区发展需要、符合有关各方共同利益,又顺应地区和全球合作潮流,既承认各自发展独特性,又可以在“一带一路”建设中结成沿线国家互为中心和源头的共同发展体系。

所谓以国际范围的增量改革替代存量改革,就是顺应当今全球范围的世道人心,在对现行国际金融体系搞存量改革改不成的情况下,尝试搞与时俱进的增量改革。国际金融危机以来,在G8和G20峰会上,增加中国、印度、俄罗斯等在世界银行、国际货币基金组织的投票权利份额的要求已多次提出,但均遭美国国会否决。因此,中国倡导设立亚投行这样一个配套建设“一带一路”的金融机构,就是以国际范围的增量改革替代存量改革。实践证明,这样做是深得人心的。当然,中国倡议“一带一路”建设和设立亚投行,是用来补充和完善现行国际金融体系,而绝不是挑战或取代现有国际秩序。

## 二、不谋地区霸权

**《中国新闻周刊》**:党的十八大以来,我们党提出了处理国与国关系的一系列崭新理念，请问“一带一路”倡议是怎样体现这些重要理念的？

**施芝鸿**：2012年7月7日，时任国家副主席习近平在清华大学世界和平论坛开幕式上的致辞中就明确提出，一个国家要谋求自身发展，必须也让别人发展；要谋求自身安全，必须也让别人安全；要谋求自身过得好，必须也让别人过得好。党的十八大以来，习近平总书记又提出，在处理国与国关系中，要推动建立以合作共赢为核心的新型国际关系，坚持互利共赢的开放战略，把合作共赢理念体现到政治、经济、安全、文化等对外合作方方面面。

这些理念，具体体现在我们党对“一带一路”倡议秉持的“四个不是、四个而是”的明确宣示上。习近平主席在博鳌亚洲论坛2015年年会上的主旨演讲中提出，“一带一路”倡议秉持的是共商、共建、共享原则，不是封闭的，而是开放包容的；不是中国一家的独奏，而是沿线国家的合唱；不是要替代现有地区合作机制和倡议，而是要在已有基础上，推动沿线国家实现发展战略相互对接、优势互补；不是空洞的口号，而是看得见、摸得着的实际举措，将给地区国家带来实实在在的利益。

这些理念，具体体现在“一带一路”倡议秉持的共商、共建、共享原则上。共商，就是集思广益，好事大家商量着办，使“一带一路”建设兼顾各方利益和关切，体现各方智慧和创意；共建，就是各展所长，各尽所能，把各方优势和潜能充分发挥出来，聚沙成塔，积水成渊，持之以恒加以推进；共享，就是让建设成果更多更公平惠及沿线各国人民，打造各种利益共同体、命运共同体和责任共同体。

同时，这些理念也体现在《愿景与行动》提出的“一带一路”合作对象、合作机制、合作途径、合作成果等方面。

**《中国新闻周刊》**：中国党和政府多次提出，要以更加积极的姿态参与国际事务、发挥负责任大国作用、共同应对全球性挑战。请问“一带一路”倡议是怎样体现这一庄严承诺的？

**施芝鸿**：习近平主席在博鳌亚洲论坛2015年年会上说：“作为大国，意味着对地区和世界和平与发展的更大责任，而不是对地区和国际事务的更大垄断。”曾任美国副国务卿高级顾问的罗伯特·A.曼宁最近撰文说：“多年来，美国一直敦促中国做‘国际体系中的负责任攸关方’。现在，推出‘一带一路’和亚投行的中国，正在自觉地创造公共产品。因此，美国在反对亚投行的同时又不提供可替代的选择，这看上去有些伪善。”

确实，推进“一带一路”建设和设立亚投行，正是践行这一承诺和发挥负责任大国作用的实际行动。《愿景与行动》明确指出，推进“一带一路”建设，既是中国扩大和深化对外开放的需要，也是加强和亚欧非及世界各国互利合作的需要，中国愿意在力所能及的范围内承担更多责任义务，为人类和平发展作出更大的贡献。

中国提出“一带一路”倡议和设立亚投行，不仅具有经济意义，而且体现了坚持发展和安全并重、以地区和世界的可持续发展促进可持续安全的崭新思维。从《愿景与行动》中可以看到，推进“一带一路”建设和设立亚投行，不仅要实现互利互惠，而且要实现共同安全；不仅要使经济联系更加紧密，而且要使政治互信更加深入；不仅要加强不同文明的互鉴共荣，使各国人民相知相交、和平友好，而且要积极探索国际合作以及全球治理的新模式，为世界和平发展增添新的正能量。

由此可见，“一带一路”建设从倡议到实施，从理念到行动，都体现了不搞零和博弈、不谋地区霸权，而是坚持以合作谋发展、以合作谋和平、以合作促安全。

## 三、进一步倒逼改革

**《中国新闻周刊》**：中国党和政府一贯强调，要坚持对外开放的基本国策，构建开放型经济新体制，进一步以开放促改革。请问“一带一路”倡议是怎样体现这一要求的？

**施芝鸿**：党的十一届三中全会以来，以开放促改革，始终是中国经济持续快速发展的主要动力、主要经验之一。中国从沿海到沿江沿边、从东部到中西部的次第开放，赢得了改革开放以来前 20 多年的持续快速增长；2001 年中国加入世界贸易组织后的扩大全方位对外开放，赢得了此后 10 多年的更加持续快速增长。“一带一路”建设，将进一步倒逼我国全面深化改革，促进中国平衡高水平“引进来”和大踏步“走出去”，形成新的历史起点上参与国际经济合作和竞争新优势。

“一带一路”建设，是对改革开放 30 多年来中国经济深度融入全球经济的成功经验和做法的集大成。实现政策沟通、设施联通、贸易畅通、资金融通、民心相通这“五通”，就是“中国经济深度融入全球经济”最形象的表达;打造利益共同体、命运共同体和责任共同体这“三个共同体”,就是“中国经济深度融入全球经济”最鲜明的标志。

从《愿景与行动》中还可以看到,在“一带一路”建设中,将通过进一步扩大对外开放,着力打造深度融入经济全球化的1个战略支点、2个核心、7个合作区、9个内陆开放型经济高地、15个沿海城市港口和2个国际枢纽机场等,这几乎覆盖了全国绝大部分省区市。

有专家学者认为,“一带一路”倡议的提出和实施,不仅将进一步推进以开放促改革,而且还将赋予我国区域协调发展总体战略以新的内涵,有利于加强我国在各个战略方向上同沿线国家的互联互通,也有利于打破国内不同区域在基础设施等硬件和社会保障、劳动力流动等软件上的障碍,推动国内统一大市场建设,全面提高资源配置效率。

**《中国新闻周刊》**:有一种观点认为,“一带一路”建设,就是要让中国的先进制造力和强大建造力同沿线60多个国家各自的比较优势形成强大合力。请问你对此如何看?

**施芝鸿**:2010年中国制造业增加值占世界的比重已接近20%,超过美国成为全球制造业第一大国,这意味着在经历了一个半世纪之后,中国终于把世界第一制造业大国这个一度丢掉的地位重新夺了回来。

同时,中国也在大型经济基础设施、交通基础设施和社会公共设施等方面,向世界展示了强大建造力。中国不仅建成了世界上最大的水利枢纽工程三峡大坝和通车里程与运行速度都排世界第一位的中国高速铁路网,而且造就了南水北调、北煤南运、西电东送、西气东输和把外国陆上海上油气长距离输入中国的人间奇迹。

先进制造力、强大建造力这“两力”,是助力当代中国崛起腾飞的两个翅膀,也是推进“一带一路”建设、造福丝路居民的两大法宝。习近平总书记说,“一带一路”建设将“促进沿线国家的互联互通与新型工业化”。其中,促进互联互通,是指输出中国的强大建造力;促进新型工业化,是指输出中国的先进制造力。

这些年,“中国制造”已成为中国“走出去”的重要品牌。进一步深化产业合作,既契合沿线国家实现工业化的诉求,又可带动我国产业结构优化升级。在“一带一路”建设中,中国将立足比较优势,结合国内产业结构调整,推动国内装备制造业走出去、富余产能转出去、技术标准带出去。

“一带一路”沿线各国资源禀赋各异，经济互补性较强，彼此合作潜力和空间很大。可以预期，中国的先进制造力和强大建造力，一旦同沿线国家各自的比较优势形成强大合力，就一定能够极大地造福 44 亿人口的丝路居民。

从这个视角看，中国倡导的“一带一路”建设，是以基础设施建设为牵引、以产业合作为抓手、以金融合作为支撑、以兼济天下和互利共赢为出发点和落脚点的。

# 建立新型“政商关系”亟须加强制度建设*

（2016年3月16日）

## 一、净化经济生态和政治生态的思想武器

施芝鸿委员认为，习近平同志关于政商关系既要“亲”又要“清”的科学定义，是对如何处理好新形势下政商关系的一个重大创新。

他认为，在当前净化经济生态和政治生态过程中，部分干部中出现“不能为、不想为、不敢为”的现象，这“三个不为”中有很大一部分是面对民营企业的困难、呼声、求助的不作为。一些干部总是担心，同民营企业家打交道容易被看成是“交友不慎”或“利益输送”，甚至当民营企业家找上门来恳请政府部门提供指导帮助时，一些干部也是避之唯恐不及。

“如果‘为官不为’这个问题不解决，我们可能又会走到‘出工不出力、干多干少一个样、干与不干一个样’的老路上去。”施芝鸿委员说，当前要净化我国经济生态、政治生态，最好的思想武器，就是用习近平总书记关于建立新型政商关系的重要讲话精神武装各级干部头脑，鼓励这些干部大胆放心、堂堂正正地跟非公经济人士打交道。

他说，只要切实把握好“亲”“清”两个字，凡是对帮助民营企业家排忧解难、提供必要帮助的事，都应该放心大胆去做。各地各部门也需要尽快制定出落实习近平总书记讲话精神、“上接天线，下接地气”的完善新型政商关系的制度设计和相关实施细则，帮助各级党政干部和非公经济人士消除在政商关系上的顾虑和担忧，这是顶住当前经济下行的沉重压力、全面建成小康社会的重要保证。

---

* 本文系作者接受新华社记者采访时的访谈要点。

## 二、支持民企坚定发展的“定心丸”

在此次讲话中，习近平总书记重申了“三个没有变”：“非公有制经济在我国经济社会发展中的地位和作用没有变，我们鼓励、支持、引导非公有制经济发展的方针政策没有变，我们致力于为非公有制经济发展营造良好环境和提供更多机会的方针政策没有变。”

目前，我国非公经济数量已占市场主体总数的90%以上，增加值超过GDP的60%，创造了近90%的新增就业。如何更好发挥民营企业在形成发展新动能中的特殊作用，习近平总书记对此念兹在兹。

施芝鸿委员认为，要扭转当前一些民营企业家的顾虑，从根本上说有赖于相关政策体系保障。

要让民营企业真正从非公有制经济的政策体系中增强获得感。比如，3月13日的“两高”报告中，都强调要加强对非公有制经济合法权益的保护。最高法报告提出“依法惩治侵犯非公有制企业合法权益的违法犯罪行为”，“防止因采取措施不当影响企业正常生产经营”；最高检报告则要求确保各种所有制企业诉讼地位平等、诉讼权利平等、法律保护平等。

“要通过对非公经济政策体系的落地生根，让广大民营企业家定心、安心、放心，增强在中国进一步发展的信心。同时，要求他们‘遵纪守法办企业、正大光明搞企业’，这也是要求民营企业家文明经商走正道、坚持既干事又干净地与政府官员打交道。”施芝鸿委员说。

## 三、对调动各方积极性的示范引领

3月4日下午，习近平总书记亲切看望了参加全国政协十二届四次会议的民建、工商联委员，参加联组会听取大家意见和建议，并对大家积极协商议政、建言献策表示肯定。施芝鸿委员说，实践证明，习近平总书记同民营企业家的谈心谈到了他们心坎上，工作做到了节骨眼里，是在我国经济发展关键时刻一次必定会起到关键作用的关键谈话。这对各级党政领导起到了很好的示范和引领作用。各级干部都应该善于面对面地对民营企业家做工作、手把手地给他们作指导，从而更广泛更充分地调动全国各行业、各地区的积极性。

“比如，如果党支持、引导、帮助民营企业发展的政策体系在具体落实时，遇到的‘玻璃门’、‘弹簧门’‘旋转门’的问题不解决，支持民营企业政策体系的总体效应就会打折扣，调动民营企业家的积极性也会打折扣。”他说。

另一方面，也要更加重视调动广大干部的积极性。对各级干部来说，要尽快适应新的经济生态、政治生态，首先要有一个好的心理状态和精神状态。施芝鸿委员建议，要把严格的制约机制、监督机制同有效的激励机制更好地结合起来。

“在‘十三五’时期这一全面建成小康社会的决胜阶段，要让广大干部把干事创业的激情重新燃烧起来，把我们不干、谁干，此时不干、何时才干的精气神真正提振起来。”施芝鸿说。

# 国家监察体制改革是关系全局的一项重大政治体制改革

（2017 年 3 月）

最近看到有一位法学专家撰文称，监察体制改革是事关国家重大宪制结构的改革。我注意到，这位法学专家在文章中强调，监察体制改革需要通过修宪来作保障，他建议在我国监察体制改革取得可复制经验的前提下，及时进行宪法和法律的修改。比如，可以在现行宪法第三章“国家机构”部分新增一节，专门就监察委员会的地位、性质、人员构成、组织结构、任期、监察权的内容、监察权的行使原则，以及各级监察委员会与同级其他国家机关的关系等作出规定。这些观点都是建设性的、有现实针对性的，对推进监察体制改革是有积极意义的。

推进监察体制改革，符合我国宪法关于“完善国家机构组织法”的精神。我国宪法规定的国家机构，主要是人们所熟悉的在各级人大之下的“一府两院”结构，即从中央到地方的各级政府、人民法院和人民检察院。全国人大和地方各级人大行使的对各级国家机构的监督权，主要是对“一府两院”履行的行政权以及审判权、检察权的监督。

随着国家监察体制改革的深入，以及各级监察委员会在试点基础上的普遍组建，我国从中央到地方现有的“一府两院”结构，将扩展为“一府两院一委”的新结构，这是对我国现行宪制结构的重大改革和完善。同时，这一改革，也涉及我国现行监督权配置模式的调整。因此，除了需要对宪法作出修改之外，包括国家《行政监察法》《刑事诉讼法》《人民检察院组织法》《检察官法》《各级人民代表大会和地方各级人民政府组织法》等其他有关法律，也需要作出相应修改。

鉴于我们党领导的全面深化改革，是一种边实践、边总结、边完善的探索性改革，这样的改革在现阶段虽然已经是顶层设计的改革，但依然蕴含着先变革后变法的逻辑。所以,这一改革在宪法修改之前,需要由全国人大或全国人大常委会作出相应授权。去年 12 月 25 日,第十二届全国人民代表大会常委会第二十五次会议通过的《关于在北京市、山西省、浙江省开展国家监察体制改革试点工作的决定》(以下简称《决定》),明确了在先行试点改革的北京市、山西省、浙江省,暂时调整或者暂时停止适用《中华人民共和国行政监察法》等法律的相关规定。

全国人大常委会第二十五次会议的《决定》开宗明义就表明,这个《决定》是根据党中央确定的《关于在北京市、山西省、浙江省开展国家监察体制改革试点方案》(以下简称《试点方案》)作出的。据了解,党中央批准《试点方案》,由中共中央办公厅于 2016 年 11 月印发。《试点方案》主要明确了三项内容。

一是各级监察委员会的产生以及现有监察机构与职能的调整。在北京市、山西省、浙江省及所辖县、市、市辖区设立的监察委员会,行使监察职权。将试点地区人民政府的监察厅(局)、预防腐败局及人民检察院查处贪污贿赂、失职渎职以及预防职务犯罪等部门的相关职能,统一整合至监察委员会。试点地区监察委员会由本级人民代表大会产生。监察委员会主任由本级人民代表大会选举产生;监察委员会副主任、委员,由监察委员会主任提请本级人民代表大会常务委员会任免。监察委员会对本级人民代表大会及其常务委员会和上一级监察委员会负责,并接受监督。

二是各级监察委员会的监察对象和监察职权。试点地区监察委员会按照管理权限,负责对本地区所有行使公权力的公职人员依法实施监察;履行监督、调查、处置职责,监督检查公职人员依法履职、秉公用权、廉洁从政以及道德操守情况,调查涉嫌贪污贿赂、滥用职权、玩忽职守、权力寻租、利益输送、徇私舞弊以及浪费国家资财等职务违法和职务犯罪行为并作出处置决定,对涉嫌职务犯罪的,移送检察机关依法提起公诉。为履行上述职权,监察委员会可以采取谈话、讯问、询问、查询、冻结、调取、查封、扣押、搜查、勘验检查、鉴定、留置等措施。

三是试点地区监察体制改革要积极稳妥、依法有序进行。实行监察体制改革,设立监察委员会,建立集中统一、权威高效的监察体系,是事关全局的重大政治体制改革。试点地区要按照改革试点方案的要求,切实加强党的领导,认真组织实施,保证试点工作积极稳妥、依法有序推进。

从党中央批准下发的上述《试点方案》中的内容来看，我国监察体制改革确实是一项事关全局的重大政治体制改革，也就是法学专家文章中所说的宪制结构性改革。党的十八大以来，在以习近平同志为核心的党中央领导下，结合全面深化改革，分别展开的包括人民代表大会制度、政治协商制度、国家司法体制、国防和军队体制等方面的改革和完善，也都是实实在在的政治体制改革的内容。

为什么党中央要在此时此刻推动深化对国家监察体制的改革，在改革中成立国家各级监察委员会的目的和意义何在呢？应该看到，在全面深化改革过程中，深化国家监察体制改革是势在必行的。这是因为，我们党在中国的长期执政是全面执政，这就要求我们党在严格加强党内自我监督的同时，必须实现对所有行使公权力的公职人员的监察做到全覆盖。这是加强对执政党和整个国家机器、所有公职人员权力运行的有效监督，全面落实有权必有责、用权受监督、违法必追究的题中应有之义，也是推进国家治理体系和治理能力现代化的一项重要内容。

党中央批准下发的《试点方案》明确规定，国家各级监察委员会的监察对象为5类公职人员：一是党的机关、人大机关、行政机关、政协机关、审判机关、检察机关、民主党派和工商联机关的公务员及参照公务员法管理的人员；二是由法律法规授权或者受国家机关依法委托管理公共事务的组织中从事公务的人员；三是国有企业管理人员；四是公办的教育、科研、文化、医疗卫生、体育等单位中从事管理的人员；五是在我国实行群众自治的城乡基层组织中从事集体事务管理的人员。

实行了对以上五种人员的监察全覆盖之后，我们党就将把十八大以来创造性实现的党内巡视、派驻这“两个全覆盖”，进一步扩展为包括对所有行使公权力的公职人员（即上述5类公职人员）的监察全覆盖在内的“三个全覆盖”。也就是覆盖了从立法、执法到司法，从中央部委到地方、基层的所有公职人员的、大一统的国家监察体系，从而使党内监督和国家监督融为一体、形成合力，更加全面有效地推进国家治理体系和治理能力现代化。

有些人问新组建的国家各级监察委员会，有没有监督监察同级人大的职能，有没有监督监察分别行使行政权、审判权、检察权的各级政府、人民法院、人民检察院的权限？提出这个问题可能蕴含着一种误解。我国现行宪法规定，全国人大及其常委会是国家最高权力机关。新组建的各级监察委员会也是由各级人大产生、对人大负责、受人大监督的，它不能反过来监督监察各级人大，这是我国宪制结构上的明确定位。

但《试点方案》确实明确了各级监察委员会可以对党的机关、人大机关、行政机关、政协机关、审判机关、检察机关、民主党派和工商联机关的公务员及参照公务员法管理的人员依法进行监督、监察。这种监督监察是对上述机构中的公职人员的监督监察，而不是对上述机构本身的监督监察。这样的监督监察职能表明，我国国家机构的行政权、审判权、检察权、监察权，既是相互协调又是相互制约的，而这正是中国特色社会主义国家制度的特点和优势所在。

# 紧紧围绕核心　高度聚焦中心<br>永远不忘初心　上下勠力同心*

（2017年3月）

## 一、确立习近平同志的领导核心地位，这是党的十八届六中全会的一个重大政治决定，也是十八届六中全会的一个重大历史贡献

2016年10月召开的党的十八届六中全会，首次正式提出了“以习近平同志为核心的党中央”，明确了习近平同志在党中央和全党的核心地位。十八届六中全会审议通过的《关于新形势下党内政治生活的若干准则》（以下简称《准则》）中，有一段重要论述，是同这次全会确立党的领导核心直接有关的：“坚持党的领导，首先是坚持党中央的集中统一领导。一个国家、一个政党，领导核心至关重要。全党必须牢固树立政治意识、大局意识、核心意识、看齐意识，自觉在思想上政治上行动上同党中央保持高度一致。”

在中国共产党的话语体系中，“党的领导核心”这一提法有双重含义。第一重含义：党的领导核心是在他们各自所处的特定历史阶段上，成为党的政治决断和战略决策上的核心，同时也是党在特定历史阶段上理论创造和理论创新的核心；第二重含义：党的领导核心是在遵义会议形成了一个成熟的党中央之后，每一代中国共产党人在政治上和理论上的代表。

明确习近平同志在党中央和全党的核心地位，正式提出“以习近平同志为核心的党中央”，这是党的十八届六中全会作出的一个重大政治决定，也是这次全会的一个重大历史贡献。在党的十八届六中全会上，到会同志一致认为，明确习近平总书记的核心地位，是全党全军全国各族人民的共同

---

* 本文系作者关于十八届六中全会确立党的领导核心问题的学习札记。

心愿,是我们全党同志的共同意志,是坚持和加强党的领导的根本保证,也是领导全党全国各族人民进行具有许多新的历史特点的伟大斗争、坚持和发展中国特色社会主义伟大事业、推进党的建设新的伟大工程的迫切需要。

2016 年年底召开的中央政治局民主生活会新闻报道明确写道:党的十八届六中全会正式确立了习近平同志作为党中央的核心、全党的核心,这“是关系党和人民根本利益的大事,是关系党中央权威、关系全党团结和集中统一的大事,是关系党和国家事业长远发展的大事”。党的十八届六中全会作出的这一重大政治决定,不仅充分表明了我们党在政治上更加成熟、更加清醒、更加坚强,而且进一步坚定了全党全国各族人民为实现“两个一百年”奋斗目标、实现中华民族伟大复兴中国梦而奋斗的信心。

党的十八届六中全会必将以郑重确立我们党的“一个领导核心”、审议通过管党治党的“两个重要文件”、完善“四个全面”战略布局、强化全党“四个意识”、提高全党“四自能力”、成功经受“四大挑战”、有效克服“四种危险”、坚决做到“四个服从”,确保我们党始终成为中国特色社会主义事业坚强领导核心这一鲜明特色,载入我们党的史册。随着时间推移和实践发展,这一重大政治决定的重大现实意义和深远历史意义将进一步充分显示出来。

党的十八届六中全会之后,我作为十八届六中全会精神中央宣讲团成员之一,在全国所作的 50 多场宣讲报告中,反复阐述了这样一个观点:确立习近平同志作为党中央的核心、全党的核心,这既是十八届六中全会的一个重大政治决定,也是一个重大历史贡献。我们全党同志都要提高紧紧围绕核心、高度聚焦中心,永远不忘初心、上下勠力同心的自觉性、坚定性,在以习近平同志为核心的党中央坚强领导下,满怀信心地在实现中华民族伟大复兴新的长征路上攻坚克难、砥砺前行。

## 二、从十八大以来我们党取得的历史性成就,看习近平总书记党中央的核心、全党的核心地位的形成过程

习近平同志作为党中央的核心、全党的核心,其核心地位是靠踏石留印、抓铁有痕的钉钉子精神,一步一个脚印,并且一个一个台阶踏实地干出

来的。在习近平同志的从政之路上，从地方到中央，先后历经陕西、北京、河北、福建、浙江、上海六个省市，从农村大队支部书记到中央军委秘书长秘书、县委副书记、县委书记、厦门经济特区常务副市长、宁德地委书记、省会城市福州市委书记、省委副书记、省长，再到省委书记和直辖市的市委书记，直到中央政治局常委、国家副主席，直至党中央总书记、国家主席、军委主席，共 18 个领导工作岗位的长期历练和磨炼中，不断成长成熟起来的党中央的核心、全党的核心。

特别是党的十八大以来，在我国决胜全面建成小康社会，并且最接近民族伟大复兴的关键时刻，在全面深化改革的攻坚阶段，在全面依法治国、全面从严治党的紧要关头，习近平总书记所表现出的强烈的历史责任担当、深层的使命意识、卓越的领导才能，使他成为领导全党全军全国人民进行具有许多新的历史特点的伟大斗争的名副其实的领导核心，成为我们党领导的伟大事业、伟大工程和伟大斗争的名副其实的领导核心。

从中国特色社会主义伟大事业来看，党的十八大以来，习近平总书记领导我们党和国家在改革发展稳定、内政外交国防、治党治国治军等方面取得一系列重大成就。他提出和阐述了一个中国梦、“两个一百年”奋斗目标、“三个伟大”、“四个全面”战略布局、五大发展理念等一系列治国理政新理念新思想新战略，统筹推进“五位一体”总体布局，协调推进“四个全面”战略布局，在全面建成小康社会、全面深化改革、全面依法治国等方面均卓有建树，成功开创了中国特色社会主义伟大事业新局面，开拓了 21 世纪马克思主义和当代中国马克思主义新境界。

从党的建设新的伟大工程来看，他领导我们党把全面从严治党纳入“四个全面”战略布局，着力从严从细抓管党治党，着力净化党内政治生态，着力从作风建设这个环节突破、严明党的政治纪律和政治规矩，着力遏制腐败滋生蔓延势头，惩治群众身边的不正之风和腐败问题、着力增强人民群众获得感，着力发挥巡视利剑作用，推动全面从严治党不断向纵深发展。经过持续不懈的努力，反腐败斗争已经取得压倒性态势，全面从严治党取得阶段性成果，党内政治生态展现新气象、党内正气在上升、党风政风在好转、社会风气在上扬，为党和人民事业发展集聚了强大正能量。

从我们党领导的具有许多新的历史特点的伟大斗争来看，习近平总书记运筹帷幄、指挥若定，在国际政治斗争和地缘政治战略博弈中，能坚决顶住压力、保持定力、展露能力、彰显魅力。他以欢迎世界各国都来搭乘中国发展的“便车”和“顺风车”，倡导共建人类命运共同体，成功推进了中国的和平发展、合作发展、共同发展。他高举经济全球化大旗，在G20杭州峰会和达沃斯世界经济论坛上，一再强调要坚持经济全球化正确方向，坚持投资自由化、贸易便利化，决不能让经济全球化的时代潮流逆转，受到国际舆论高度重视和普遍好评。

习近平同志是在浓郁革命氛围中成长起来的我们党的领袖；是在他个人的苦难历史和曲折经历中成长起来的我们党的领袖；是在长期革命实践中成长起来的我们党的领袖；是在具有许多新的历史特点的伟大斗争中，特别是在重大国际斗争中，成长起来的我们党的领袖。总之，是在人民群众之中、在波澜壮阔的改革开放和现代化建设实践中成长起来的我们党的领袖。

习近平总书记作为我们党的核心和领袖所具有的独特魅力和风范，所具有的人格力量和马克思主义真理的力量，是一种可以把广大人民群众紧紧团结凝聚在党的周围的强大力量，是一种能鼓舞、感召全党全军全国各族人民为实现中华民族伟大复兴中国梦而拼搏奋斗的强大力量。

## 三、强调习近平总书记党中央的核心、全党的核心地位，同坚持党的最高决策层的集体领导、坚持和发扬党的民主集中制，是辩证统一

从“坚持党的领导，首先是坚持党中央的集中统一领导；一个国家、一个政党，领导核心至关重要”的政治大逻辑来说，强调“核心”、确立“核心”，只会强化我们党的民主集中制，而不会削弱党的民主集中制。这正如一个交响乐团有各种乐器，但到了演出的时候，都要按同一张乐谱来演奏、都要听从同一个乐队指挥一样。民主集中制是我们党的根本组织制度和领导制度，对此党的十八届六中全会制定的《准则》在第六条中有专章论述。

《准则》强调：“坚持集体领导制度，实行集体领导和个人分工负责相结合，是民主集中制的重要组成部分，必须始终坚持，任何组织和个人在任何情况下都不允许以任何理由违反这项制度。”我们党从中央到地方，各级党委（党组）都是坚持集体领导制度的。对于重大问题，都是按集体领导、民主集中、个别酝酿、会议决定的原则，由集体讨论、按少数服从多数的原则作

出决定的。各级党的领导班子在研究讨论重大问题时，都是充分发扬民主，严格按程序决策、按规矩办事，注意听取不同意见的，是不允许搞一言堂甚至家长制的。党的十八届六中全会《准则》重申的这些我们党的民主集中制的重要原则充分表明，我们党确立习近平同志的领导核心地位，决不会削弱党的最高领导层的集体领导作用。

今年2月13日，习近平总书记在省部级主要领导干部学习贯彻党的十八届六中全会精神专题研讨班上的讲话中，所讲的第二个问题，就是关于“维护党中央权威，贯彻民主集中制”问题。总书记指出，强调维护党中央权威和集中统一领导，绝对不是不要民主集中制。我们党实行的民主集中制，是民主和集中紧密结合的制度。很多重大工作部署，从部门提出到中央政治局会议审议通过要经过五六道关，涉法事项还要到全国人大讨论。这样做的目的，就是为了充分发扬民主，广泛听取意见和建议，做到兼听则明、防止偏听则暗，做到科学决策、民主决策、依法决策。

在年前召开的中央政治局民主生活会上，习近平总书记在谈到核心问题时又强调，核心绝不意味着无限权力，也绝不意味着可以任性决策。他表示，要正确处理核心与集体领导的关系，更好坚持民主集中制，绝不会搞个人专制、个人崇拜，绝不会搞王明残酷的党内斗争那一套，也绝不会搞“文革”那一套。《准则》强调党内政治生活的政治性、时代性、原则性、斗争性也表明，开展党内积极的思想斗争，也绝不会重复过去极左的那一套。

俞正声同志在全国政协传达学习党的十八届六中全会精神的常委会上说，习近平同志有很强的民主意识和民主作风。他主持召开的每一次中央政治局常委会，我们讨论和决策党和国家重大问题时，各位常委同志的发言都是非常热烈的，有时候也会就某些具体问题展开不同意见的讨论。习近平同志总是在听完大家的意见之后，才集中集体智慧作出最后决断。他还说，习近平同志在常委会上充分听取大家意见和建议的民主意识、民主作风，远远超出我自己当年在一个地方、一个部门主持党委（党组）工作时听取班子成员意见的民主化程度。俞正声同志的这一番话，是对那种所谓确立了中共领导核心，就意味着集权、意味着专制这样的杂音噪音的有力回答，也是对党内外一些疑虑和担心的及时澄清。

在党的领导核心与民主集中制的关系问题上，习近平总书记特别强调：维护党中央权威、向党中央看齐，这个逻辑不能层层往下推。层层提权威、要看齐，这在政治上是错误的，甚至是有害的。他要求地方和部门的同志一定要认识到，地方和部门的权威都来自党中央的权威，在地方和部门工作的同志都是党派去工作的，不是独立存在的，也不是孤立存在的，没有天马行空、为所欲为的权力。如果层层都喊维护自己的权威，层层都喊向自己看齐，党中央权威、向党中央看齐就会被虚化、弱化。

我理解，习近平总书记这一重要论述指的是，各级党委负责人不能层层把自己称为核心、要求党员干部都向自己看齐，这同中国共产党作为中国特色社会主义事业的坚强领导核心，其各级党委（党组）都要发挥总揽全局、协调各方的领导核心作用是两码事。

# 准确把握习近平总书记“7·26”重要讲话的五个关键词*

（2017年8月10日）

在2017年7月26日举办的省部级主要领导干部“学习习近平总书记重要讲话精神，迎接党的十九大”专题研讨班开班式上，习近平总书记发表了重要讲话（以下简称“7·26”重要讲话）。讲话立足我国发展新的历史起点和中国特色社会主义新的发展阶段，围绕决胜全面建成小康社会、夺取中国特色社会主义伟大胜利、实现中华民族伟大复兴的中国梦，提出了一系列重要思想、重要观点、重大判断、重大举措，具有重大政治意义、理论意义、实践意义。认真学习贯彻这一重要讲话精神，需要准确把握以下五个关键词。

## 一、党在新时期全部理论和实践的“一个鲜明主题”

我们党在改革开放历史新时期召开的每一次全国代表大会，都有一个鲜明的主题，这个主题是向党内外、国内外宣示我们党在未来的岁月里、正前进的道路上，举什么旗、走什么路、以什么样的精神状态、担负什么样的历史使命、实现什么样的奋斗目标的。即将召开的党的十九大，是连接“两个一百年”奋斗目标的党的全国代表大会，大会选出的新一届中央委员会将要承担收官第一个百年奋斗目标、开启第二个百年奋斗目标的历史重任。习近平总书记指出，中国特色社会主义是改革开放以来党的全部理论和实践的主题；即将召开的党的十九大，是在全面建成小康社会决胜阶段、中国特色社会主义发展关键时期召开的一次十分重要的大会，能否提出具有全

* 本文原载2017年8月20日《人民日报》。

局性、战略性、前瞻性的行动纲领，事关党和国家事业继往开来，事关中国特色社会主义前途命运，事关最广大人民根本利益。他强调，全党必须高举中国特色社会主义伟大旗帜，牢固树立中国特色社会主义道路自信、理论自信、制度自信、文化自信，确保党和国家事业始终沿着正确方向胜利前进。他还指出，我们要提出新的思路、新的战略、新的举措，继续统筹推进“五位一体”总体布局、协调推进“四个全面”战略布局，决胜全面建成小康社会，夺取中国特色社会主义伟大胜利，为实现中华民族伟大复兴的中国梦不懈奋斗。

高举“一面伟大旗帜”、牢固树立“四个自信”、提出“两个新”、推进“两大布局”、决胜全面建成小康社会、夺取中国特色社会主义伟大胜利、为实现中华民族伟大复兴的中国梦不懈奋斗，以新的精神状态和奋斗姿态把中国特色社会主义推向前进，都是围绕中国特色社会主义这“一个鲜明主题”的明确宣示，表达了以习近平同志为核心的党中央面向未来不忘初心、继续前进的鲜明政治态度。

## 二、新的历史起点上的“三个牢牢把握”

牢牢把握社会主义初级阶段这个最大国情、牢牢把握我国发展的阶段性特征、牢牢把握人民群众对美好生活的向往，这“三个牢牢把握”是习近平总书记在总结党的十八大以来的历史性变革基础上提出来的。党的十八大以来的5年，是党和国家发展进程中很不平凡的5年。以习近平同志为核心的党中央科学把握当今世界和当代中国的发展大势，顺应实践要求和人民愿望，推出一系列重大战略举措，出台一系列重大方针政策，推进一系列重大工作；特别是通过“两个加强”“七个坚定不移”共9个方面的开拓性、创造性工作，解决了许多长期想解决而没有解决的难题，办成了许多过去想办而没有办成的大事。这5年的历史性成就和历史性变革，使我国发展站到了新的历史起点上，使中国特色社会主义进入了新的发展阶段。

“三个牢牢把握”，其核心要义是深入分析和准确判断当前世情国情党情，为制定方针、描绘蓝图提供依据；内在逻辑是牢牢把握社会主义初级阶段这个最大国情、牢牢把握我国发展的阶段性特征、牢牢把握人民群众对美好生活的向往，归根到底是为了更准确把握我国社会主义初级阶段不断变化的特点，在新的时代条件下，按照新要求制定党和国家大政方针，完善发展战略和各项政策。

我国社会主义初级阶段在历时百年的长期实践中，在各个具体发展阶段上都会呈现出相应的阶段性特征。经过改革开放近40年的发展，我国社会生产力水平明显提高；人民生活显著改善，对美好生活的向往更加强烈，人民群众的需要呈现多样化多层次多方面的特点，他们期盼有更好的教育、更稳定的工作、更满意的收入、更可靠的社会保障、更高水平的医疗卫生服务、更舒适的居住条件、更优美的环境、更丰富的精神文化生活。这表明，在新的历史起点上，我国在社会生产力发展水平和人民群众需求这两个方面都发生了新的重大变化。准确认识、把握和引领这种变化，就是为了认识和把握我国社会发展的阶段性特征，坚持辩证唯物主义和历史唯物主义的方法论，从历史和现实、理论和实践、国内和国际等的结合上进行思考，从我国社会发展的历史方位上进行思考，从党和国家事业发展大局出发进行思考，得出正确结论。为此，习近平总书记要求全党牢牢把握社会主义初级阶段这个最大国情，牢牢立足社会主义初级阶段这个最大实际，更准确地把握我国社会主义初级阶段不断变化的特点，坚持党的基本路线，在继续推动经济发展的同时，更好解决我国社会出现的各种问题，更好实现各项事业全面发展，更好发展中国特色社会主义事业，更好推动人的全面发展、社会全面进步。

## 三、在理论上不断拓展新视野、作出新概括的“两个新”

我们党是高度重视理论建设和理论指导的党，始终坚持理论必须同实践相统一。习近平总书记强调，我们坚持和发展中国特色社会主义，必须高度重视理论的作用，增强理论自信和战略定力。党的十八大以来的5年，我们党保持和发扬马克思主义政党与时俱进的理论品格，在把中国特色社会主义推进到新的发展阶段的同时，也把当代中国发展着的马克思主义推进到了新的境界。这种新境界就是习近平总书记指出的，党的十八大以来，在新中国成立特别是改革开放以来我国发展取得的重大成就基础上，党和国家事业发生历史性变革，我国发展站到了新的历史起点上，中国特色社会主义进入了新的发展阶段。中国特色社会主义不断取得的重大成就，意味着近代以来久经磨难的中华民族实现了从站起来、富起来到强起来的历史性飞跃，意味着社会主义在中国焕发出强大生机活力并不断开辟发展新境界，意味着中国特色社会主义拓展了发展中国家走向现代化的途径，为解决人类问题贡献了中国智慧、提供了中国方案。

以上这“三个意味着”，就是习近平同志作出“中国特色社会主义进入了新的发展阶段”这一重大理论判断的基本依据。其核心要义是：中国共产党在十八大以来推进我国社会发展实现历史性飞跃的同时，推进马克思主义中国化实现了新的历史性飞跃。我们党在坚持和发展中国特色社会主义的新探索新实践中提出的一系列新理念新思想新战略，推动中国特色社会主义在理论创新、实践创新、制度创新上迈出新步伐，为中国特色社会主义道路、理论、制度、文化注入全新的时代内涵，使中国特色社会主义理论的逻辑体系更加系统、对各方面规律把握更加全面，也使中国特色社会主义制度更加趋向成熟定型。

党的十八大以来，以习近平同志为核心的党中央在实践中形成的“五位一体”总体布局、“四个全面”战略布局、新发展理念以及一整套适应和引领经济发展新常态的经济政策框架，其科学性、指导性、有效性不仅体现在有力推动了党的十八大以来我国新的发展实践，还体现在为解决当代人类发展，特别是发展中国家走向现代化进程中共同面临的难题提供了中国方案。

时代是思想之母，实践是理论之源。习近平总书记强调，我们要在迅速变化的时代中赢得主动，在新的伟大斗争中赢得胜利，就要在坚持马克思主义基本原理基础上，以更宽广的视野、更长远的眼光来思考和把握国家未来发展面临的一系列重大战略问题，在理论上不断拓展新视野、作出新概括。提出这“两个新”表明，在当今的时代变化和我国的发展广度、深度都远远超出马克思主义经典作家当时想象的新形势下，在中国前所未有地接近中华民族伟大复兴目标、前所未有地走近世界舞台中央的时候，我们党将踏着勇于和善于推进理论创新、实践创新、制度创新的步伐，把中国特色社会主义理论和实践进一步推向前进，不断开辟 21 世纪马克思主义发展新境界，让当代中国马克思主义放射出更加灿烂的真理光芒，使党的理论和实践始终走在时代前列。

## 四、推进中国特色社会主义新发展阶段上的“四个伟大”

“在新的时代条件下，我们要进行伟大斗争、建设伟大工程、推进伟大事业、实现伟大梦想”。习近平总书记在“7·26”重要讲话中，把我们党原先提出的伟大斗争、伟大工程、伟大事业这“三个伟大”同实现伟大梦想联为一体，形成新的理论概括。从“三个伟大”到“四个伟大”，不仅把我们党正在做的事情更加完整地凸显出来了，而且体现了手段、路径与目标高度统一的内在逻辑。

党的十八大以来，习近平总书记的系列重要讲话包括“7·26”重要讲话都是紧扣“四个伟大”展开的。他对坚持和发展中国特色社会主义一系列重大理论和实践问题的深刻阐述，对未来一个时期党和国家事业发展大政方针、行动纲领的深刻阐述，也都是紧紧围绕“四个伟大”来展开的。可见，“四个伟大”是一个需要贯通起来理解、结合起来把握、协同起来贯彻的整体。习近平总书记在论述“四个伟大”时，突出强调了党的建设新的伟大工程的极端重要性。党的十八大以来，我们党坚定不移推进全面从严治党，着力解决人民群众反映最强烈、对党的执政基础威胁最大的突出问题，形成了反腐败斗争压倒性态势，党内政治生活气象更新，全党理想信念更加坚定、党性更加坚强，党自我净化、自我完善、自我革新、自我提高能力显著增强，党的执政基础和群众基础更加巩固，为党和国家各项事业发展提供了坚强政治保证。

在新的时代条件下，党要团结带领人民进行伟大斗争、推进伟大事业、实现伟大梦想，必须毫不动摇坚持和完善党的领导，毫不动摇推进党的建设新的伟大工程，把我们党建设得更加坚强有力。只有进一步把党建设好，确保党永葆旺盛生命力和强大战斗力，我们党才能带领人民成功应对重大挑战、抵御重大风险、克服重大阻力、解决重大矛盾，不断从胜利走向新的胜利。正因为如此，习近平总书记指出，实践使我们越来越深刻地认识到，管党治党不仅关系党的前途命运，而且关系国家和民族的前途命运，必须以更大的决心、更大的勇气、更大的气力抓紧抓好。他强调，要坚持问题导向，保持战略定力，推动全面从严治党向纵深发展，把全面从严治党的思路举措搞得更加科学、更加严密、更加有效，确保党始终同人民想在一起、干在一起，引领承载着中国人民伟大梦想的航船破浪前进，胜利驶向光辉的彼岸。这就为全党同志精准把握、全面贯彻“四个伟大”指明了方向和路径，也为协同贯彻“四个伟大”提供了坚强政治保证。

## 五、坚决打好决胜全面建成小康社会“三大攻坚战”

到2020年全面建成小康社会，实现第一个百年奋斗目标，是我们党向人民、向历史作出的庄严承诺。我们要按照党的十六大、十七大、十八大提出的全面建成小康社会各项要求，突出抓重点、补短板、强弱项，特别是要坚决打好防范化解重大风险、精准脱贫、污染防治的攻坚战，坚定不移深化供给侧结构性改革，推动经济社会持续健康发展，使全面建成小康社会得到人民认可、经得起历史检验。2020年全面建成小康社会后，我们要激励全党全国各族人民为实现第二个百年奋斗目标而努力，踏上建设社会主义现代化国家新征程，让中华民族以更加昂扬的姿态屹立于世界民族之林。习近平总书记的这些重要论述告诉我们，决胜全面建成小康社会、夺取中国特色社会主义伟大胜利，是一个前后接续的奋斗历程，前者是后者的必要前提，后者是前者的必然趋势。我们党和国家要踏上建设社会主义现代化国家新征程，首先要确保到2020年如期全面建成小康社会。

党的十八大以来，习近平总书记对突出抓重点、补短板、强弱项，坚决打好防范化解重大风险、精准脱贫、污染防治这“三大攻坚战”作过一系列重要论述。他强调，今后5年，可能是我国发展面临的各方面风险不断积累甚至集中显露的时期。如果发生重大风险又扛不住，国家安全就可能面临重大威胁，全面建成小康社会进程就可能被迫中断。他指出，消除贫困，改善民生，逐步实现共同富裕，是社会主义的本质特征，是我们党的重要使命，也是全面建成小康社会的底线任务和标志性指标。正是基于这样的考虑，党中央在全国范围全面打响了脱贫攻坚战，农村绝对贫困人口逐年减少，贫困地区面貌不断改善。他还强调，打好污染防治攻坚战、治理生态环境恶化、推动形成绿色发展方式和生活方式，是发展观的一场深刻革命。要坚决摒弃损害甚至破坏生态环境的发展模式，让中华大地天更蓝、山更绿、水更清、环境更优美，努力走向社会主义生态文明新时代。毫无疑问，坚决打好打赢这“三大攻坚战”，必将极大提高全国各族人民的获得感幸福感，极大增强人们对全面建成小康社会的认同感。经过 5 年来的砥砺奋进，人民群众对坚决打好打赢“三大攻坚战”、决胜全面建成小康社会充满期待和信心，也对在此基础上踏上建设社会主义现代化国家新征程、实现第二个百年奋斗目标充满期待和信心。

# 十九大吹响了新时代新的伟大进军冲锋号*

（2017 年 10 月）

党的十九大是在中国特色社会主义进入新时代召开的一次十分重要的大会，也是不忘初心、牢记使命、高举旗帜、团结奋进的大会。这次大会深刻总结了十八大以来党和国家事业的历史性成就、历史性变革，作出了中国特色社会主义进入新时代、我国社会主要矛盾已经转化等重大政治论断，深刻阐述了新时代中国共产党的历史使命，确立了习近平新时代中国特色社会主义思想的历史地位，提出了新时代坚持和发展中国特色社会主义基本方略，确定了党和国家事业迈进新时代、开启新征程、续写新篇章的指导思想、行动纲领、奋斗目标、宏伟蓝图，吹响了新时代新的伟大进军的冲锋号。

这是在以习近平同志为核心的党中央领导下，奋力走好新时代的长征路，跑好历史“接力赛”中关键的这一棒：向着决胜全面建成小康社会、夺取新时代中国特色社会主义伟大胜利发起的新的伟大进军，也是向着把中华民族伟大复兴的中国梦由民族愿景变为辉煌现实，发起的新的伟大进军。

## 一、新时代新的伟大进军，是在十八大以来的历史性成就和历史性变革这个新起点上壮行出发的

党的十九大报告指出：“十八大以来的五年，是党和国家发展进程中极不平凡的五年。”

这五年之所以极不平凡就在于，面对世界经济复苏乏力、局部冲突和动荡频发、全球性问题加剧的外部环境，面对我国经济进入新常态等一系列深

* 本文系作者关于党的十九大精神的学习札记。

刻变化，我们党坚持稳中求进工作总基调，迎难而上，开拓进取，取得了改革开放和社会主义现代化建设的历史性成就。这主要体现在经济建设取得重大成就、全面深化改革取得重大突破、民主法治建设迈出重大步伐、思想文化建设取得重大进展、人民生活不断改善、生态文明建设成效显著、强军兴军开创新局面、港澳台工作取得新进展、全方位外交布局深入展开、全面从严治党成效显著等10个方面。

这5年之所以极不平凡就在于，我们党解决了许多长期想解决而没有解决的难题，办成了许多过去想办而没有办成的大事，推动党和国家事业发生了9个方面的历史性变革：一是全面加强党的领导和党的建设，坚决维护党中央权威和集中统一领导；二是坚定不移贯彻新发展理念，坚决端正发展观，转变发展方式；三是蹄疾步稳推进全面深化改革，坚决破除各方面体制机制弊端；四是积极推进全面依法治国，中国特色社会主义法治体系日益完善，全社会法治观念明显增强；五是加强党对意识形态工作的领导，马克思主义在意识形态领域指导地位更加鲜明；六是全党全国贯彻绿色发展理念的自觉性主动性显著增强，忽视生态环境的状况得到明显改变；七是人民军队政治生态得到有效治理，国防和军队改革取得历史性突破，人民军队组织架构和力量体系实现革命性重塑；八是全面推进中国特色大国外交，形成全方位、多层次、立体化外交布局，为我国发展营造了良好外部条件；九是坚决改变管党治党宽松软状况，以顽强的意志品质正风肃纪、反腐惩恶，消除了党和国家内部存在的严重隐患，党内政治生活气象更新，党内政治生态明显好转，党在革命性锻造中更加坚强，焕发出新的强大生机活力。这些历史性变革，对党和国家事业的长远发展具有重大而深远的影响。

这5年之所以极不平凡还在于，党和国家事业取得的成就是全方位的、开创性的，发生的历史性变革是深层次的、根本性的。而实现历史性成就和历史性变革的根本原因就是：以习近平同志为核心的党中央，以巨大的政治勇气、顽强的意志品质、强烈的责任担当，带领全党进行具有许多新的历史特点的伟大斗争，特别是勇于进行正风肃纪、反腐惩恶的自我革命。这场革命作为对党的革命性锻造、作为对军队的革命性重塑，其力度和成效都是空前的。全党全军全国各族人民在实践中形成这样的共识：十八大以来，我们党能卓有成效地坚持和发展中国特色社会主义，关键是有一个好的中央政治局、好的政治局常委会，特别是有一个好的党中央总书记；有习近平总书记掌舵领航，承载着中国人民伟大梦想的中国特色社会主义航船就一定能破浪前进，胜利驶向光辉的彼岸。

如果说党的十八大以来我们取得的最根本、最关键的历史性成就，是确立了习近平同志作为党中央的核心、全党的核心地位；那么，党的十九大的最大历史贡献，就是作出了中国特色社会主义进入新时代的重大政治论断，确立了习近平新时代中国特色社会主义思想的历史地位，提出了新时代坚持和发展中国特色社会主义的基本方略，为党和国家事业提供了科学指引，使我们党在新时代新的伟大进军的征途上有了从胜利走向胜利的主心骨和航标灯。

党的十九大报告指出："经过长期努力，中国特色社会主义进入了新时代，这是我国发展新的历史方位。"这里所说的"长期努力"，主要是指改革开放历史新时期以来，在几届中央领导集体长期探索、接力推进中国特色社会主义建设规律积累的量变基础上，由党的十八大以来全方位、开创性的创新探索和实践形成的一系列重要思想、重要观点、重大战略、重大举措，促成的一种质变。新时代同以往的探索实践，构成继承性、创新性和时代性有机统一的关系，即：既是继承和发展，又是创新和拓展，更是大踏步赶上时代、走在了时代潮流前列。正如党的十六大报告指出的："我们要突破前人，后人也必然会突破我们。这是社会前进的必然规律"，也是中国特色社会主义理论和实践发展的必然规律。

党的十九大从党和国家事业发展的角度提出的新时代指的是，改革开放近 40 年来，特别是党的十八大以来，中国特色社会主义所达到的新的发展方位、发展阶段、发展起点、发展程度、发展水平，以及发展理念、发展方式、发展环境、发展条件、发展要求。

党的十九大指出，以习近平同志为主要代表的中国共产党人，顺应时代发展创立的习近平新时代中国特色社会主义思想，从理论和实践的结合上系统回答了新时代坚持和发展什么样的中国特色社会主义、怎样坚持和发展中国特色社会主义这个重大时代课题，以全新的视野深化对共产党执政规律、社会主义建设规律、人类社会发展规律的认识，进行艰辛理论探索，取得重大理论创新成果。这就告诉我们，习近平新时代中国特色社会主义思想，推动党的理论创新实现了新的与时俱进，在马克思主义中国化进程中具有鲜明时代特色，开辟了马克思主义中国化新境界。

应该看到，习近平新时代中国特色社会主义思想虽然是在党的十九大命名的，但这个思想的科学内涵是在党的十八大以后这5年的创造性实践中孕育、升华而形成的。其丰富内容、精神实质早已写在了广袤的祖国大地上，镌刻在广大党员、干部和人民群众心坎里，成为引领和指导这5年来创新实践的熊熊燃烧的思想火炬。正如德国诗人海涅所说的："思想走在行动之前，就像闪电出现在雷鸣之前一样。"

党的十九大报告用"五个是"给出了中国特色社会主义新时代的科学定义，同时用"八个明确""十四个坚持"和"五个是"诠释了新时代中国特色社会主义的精神实质、丰富内涵和历史地位。这就凸显了中国特色社会主义进入新时代和习近平新时代中国特色社会主义思想在马克思主义中国化进程中的时代意义和时代特色，使21世纪中国的马克思主义展现出更强大更有说服力的真理的力量。

党的十九大报告还用"三个意味着"深刻阐明了中国特色社会主义进入新时代和习近平新时代中国特色社会主义思想的重大理论意义、实践意义和世界意义。这"三个意味着"，展示了当代中国共产党人在世界上高高举起的新时代中国特色社会主义伟大旗帜，不但为中国特色社会主义道路、理论、制度、文化注入了全新的时代内涵，为中华民族伟大复兴提供了更强大的道路自信、理论自信、制度自信、文化自信，而且拓展了发展中国家走向现代化的途径，给世界上那些既希望加快发展又希望保持自身独立性的国家和民族，提供了全新选择，为解决人类问题贡献了中国智慧、提供了中国方案。这"三个意味着"归根到底是意味着：中国特色社会主义取得的历史性成就，打破了所谓的"历史终结论"，打破了西方政治制度和价值观放之四海而皆准的神话，展示了科学社会主义在21世纪的中国焕发出强大生机和活力。

当今世界引人注目的中国之治、西方之乱所呈现的鲜明国际对比，一些发展中国家从过去习惯于眼睛向西、向西方取经，到现在纷纷向东看、向当代中国寻找治国理政的东方宝典这一新时代的新风向都表明，党的十九大报告作出的中国特色社会主义进入新时代的重大政治论断，是具有科学依据、时代依据和实践依据的，是历史逻辑、理论逻辑、实践逻辑的必然结果。

## 二、新时代新的伟大进军，首先是向着决胜全面建成小康社会发起的进军

党的十九大报告用了一个动员令和冲锋号式的标题——《决胜全面建成小康社会　夺取新时代中国特色社会主义伟大胜利》。党的十九大报告明确指出，“从十九大到二十大，是‘两个一百年’奋斗目标的历史交汇期”；“从现在到二〇二〇年，是全面建成小康社会决胜期”。而且，中国特色社会主义新时代，就是“决胜全面建成小康社会、进而全面建设社会主义现代化强国的时代”。改革开放之初，邓小平同志首先用小康来诠释中国式现代化。他明确提出，到 20 世纪末要“在中国建立一个小康社会”。他提出的我国现代化建设“三步走”战略中，从贫穷到温饱、从温饱到总体小康的第一、第二步战略目标，在 20 世纪末已如期实现。

在此基础上，党的十六大提出新世纪新阶段党和国家的新的奋斗目标：即在 21 世纪头 20 年，要全面建设惠及全国十几亿人口的更高水平的小康社会。从那时以来，我们党几届中央领导集体紧紧扭住这个奋斗目标，一茬接着一茬干，一棒接着一棒跑，我国全面小康社会建设实现了一步一层楼的台阶式跨越。我国经济总量由改革开放之初排名世界第十一位，到 2005 年超过法国居世界第五位、2006 年超过英国居世界第四位、2007 年超过德国居世界第三位、2009 年超过日本居世界第二位。外国舆论惊呼，中国在改革开放中实现了真正的大跃进。

党的十八大以来的这 5 年，我国经济保持中高速增长，在世界主要国家中名列前茅，国内生产总值从 54 万亿元增长到 80 万亿元，稳居世界第二，对世界经济增长贡献率超过 30%。在推进全面建成小康社会进程中，习近平总书记提出一个重要思想：全面建成小康社会，要实现覆盖的领域、覆盖的人口、覆盖的区域这“三个全面”；到 2020 年要把全国 13 亿多人口整体带入全面小康社会，决不能落下一个贫困地区、一个贫困群众。为此，习近平总书记还亲自立下坚决打赢精准脱贫攻坚战的军令状。他要求各级党委和政府把脱贫职责扛在肩上，把脱贫任务抓在手上，特别是脱贫攻坚任务重的地区党委和政府，要把脱贫攻坚作为“十三五”期间第一民生工程来抓。经过党的十八大以来 5 年的积极工作，全国范围力度空前的脱真贫、真

脱贫的脱贫攻坚战取得决定性进展，全国 6000 多万贫困人口稳定脱贫，贫困发生率从 10.2%下降到 4%以下。中国作为全球最早实现联合国千年发展目标中减贫目标的发展中国家，为全球减贫事业作出重大贡献。

党的十九大对决胜全面建成小康社会提出的要求是："要按照十六大、十七大、十八大提出的全面建成小康社会各项要求，紧扣我国社会主要矛盾变化，统筹推进经济建设、政治建设、文化建设、社会建设、生态文明建设，坚定实施科教兴国战略、人才强国战略、创新驱动发展战略、乡村振兴战略、区域协调发展战略、可持续发展战略、军民融合发展战略，突出抓重点、补短板、强弱项，特别是要坚决打好防范化解重大风险、精准脱贫、污染防治的攻坚战，使全面建成小康社会得到人民认可、经得起历史检验。"

这里提出的"五大建设""七大战略""三大攻坚战"，以及"抓重点、补短板、强弱项"，还有"得到人民认可、经得起历史检验"，是在按照党的十六大、十七大、十八大提出的全面建成小康社会各项要求基础上，针对决胜全面建成小康社会面临的实际状况提出来的，具有很强的现实针对性和全局指导性。这既表明以习近平同志为核心的党中央对打好决胜全面建成小康社会这关键一仗的高度重视，又体现了我们党大政方针的连续性、稳定性，是全面建成小康社会坚持一张蓝图干到底的生动体现。这里提出的坚决打好防范化解重大风险、精准脱贫、污染防治的攻坚战，抓住了全面建成小康社会决胜阶段的"牛鼻子"，顺应了人民群众的热切期待，也是全面建成小康社会能得到人民认可、经得起历史检验的重要保证。

应该看到，决胜全面建成小康社会同在此基础上全面建设社会主义现代化国家，这是我们党在"两个一百年"奋斗目标历史交汇期肩负的双重历史任务。只有成功收官第一个百年奋斗目标，才能胜利开启第二个百年奋斗目标；前者是后者的必要前提，后者是前者的必然趋势。所以，只有坚决打赢决胜全面建成小康社会这场攻坚战，才能为党和国家事业迈进新时代、开启新征程、续写新篇章奠定坚实基础。

## 三、新时代新的伟大进军，也是向着开启全面建设社会主义现代化国家新征程发起的进军

为了激励全党全国各族人民到 2020 年如期全面建成小康社会之后、乘

势而上、开启全面建设社会主义现代化国家新征程,向第二个百年奋斗目标进军,党的十九大报告综合分析国际国内形势和我国发展条件,作出了从2020年到本世纪中叶分两个阶段来安排的顶层设计,并确定了相应的奋斗目标:第一个阶段,从2020年到2035年,在全面建成小康社会的基础上,再奋斗15年,基本实现社会主义现代化;第二个阶段,从2035年到本世纪中叶,在基本实现现代化的基础上,再奋斗15年,把我国建成富强民主文明和谐美丽的社会主义现代化强国。这是一个注重立足现实和着眼长远相统一的,具有前瞻性、战略性特点的顶层设计和战略安排。如果说习近平新时代中国特色社会主义思想,明确了党在新时代的理论主题,那么全面建设社会主义现代化国家新的"两步走"目标,则明确了党在新时代的实践主题。

按照全面建设社会主义现代化国家分"两步走"的战略安排,从2020年到2035年,我国将基本实现社会主义现代化,人民生活将更为宽裕,全体人民共同富裕将迈出坚实步伐,这就意味着我们党原来确定的第二个百年奋斗目标将提前15年实现;从2035年到本世纪中叶,原来确定的第二个百年奋斗目标将升格为"把我国建成富强民主文明和谐美丽的社会主义现代化强国",到那时,全体人民共同富裕就将基本实现,人民将享有更加幸福安康的生活,中华民族将以更加昂扬的姿态屹立于世界民族之林。这表明,十九大战略安排中的第二个阶段全面建设社会主义现代化强国的奋斗目标,是对2035年基本建成的社会主义现代化国家的加强版和升级版。到那时,中华民族伟大复兴就将迎来胜利实现的那一天。

这一"两步走"的顶层设计、战略安排,使中华民族伟大复兴的光明前景变得更加清晰可见,并且可望可即。可以说:中华民族伟大复兴的光明前景,已"是站在海岸遥望海中已经看得见桅杆尖头了的一只航船","是立于高山之巅远看东方已见光芒四射喷薄欲出的一轮朝日","是躁动于母腹中的快要成熟了的一个婴儿"。

党的十九大报告关于"两个一百年"奋斗目标历史交汇期、全面建成小康社会基础上的"两步走"的顶层设计和战略安排,还有一个重大意义,那就是到2020年全面建成小康社会后,届时"四个全面"战略布局中的全面建成小康社会就可以用全面建设社会主义现代化国家来替代。这样,就可以保持"四个全面"战略布局的历史延续性。这对动员全党全国各族人民迈进新时代、开启新征程、续写新篇章、再造新辉煌,具有重大和长远的指导意义。

## 四、新时代新的伟大进军，要由坚定不移全面从严治党、不断提高党的执政能力和领导水平来提供坚强政治保证

党的十九大在吹响新时代新的伟大进军冲锋号的同时，也向全党440多万个党组织、8900多万党员、干部发出了积极投身这个新的伟大进军的集结号。这主要体现在党的十九大报告在党的建设部分突出强调："中国特色社会主义进入新时代，我们党一定要有新气象新作为。打铁必须自身硬。党要团结带领人民进行伟大斗争、推进伟大事业、实现伟大梦想，必须毫不动摇坚持和完善党的领导，毫不动摇把党建设得更加坚强有力。"应该看到，这是在党的全国代表大会文献中，第一次提出党的建设"两个毫不动摇"的重要思想。党的十六大报告也曾提出过"两个毫不动摇"，那是关于坚持社会主义初级阶段基本经济制度的重要方针。而党的十九大报告提出的这"两个毫不动摇"，则是习近平新时代中国特色社会主义思想中关于党的建设的一个新的重大思想。

这一重大思想的核心要义，就是要坚持在全面加强党的领导前提下推进全面从严治党。我们党在新时代领导的自我革命，坚持"立字当头、立破并举"的成功做法，迥然不同于那种"踢开党委闹革命"式的所谓"革命"可能引发的自我颠覆。习近平总书记一再强调，中国特色社会主义最本质的特征是中国共产党领导，中国特色社会主义制度的最大优势是中国共产党领导，党是最高政治领导力量，党政军民学，东西南北中，党是领导一切的。总书记一再强调，党兴则国强，党衰则国弱。管党治党不仅关系党的前途命运，而且关系国家和民族的前途命运。只有以更大的决心、更大的勇气、更大的气力进一步把党建设好，才能带领人民成功应对重大挑战、抵御重大风险、克服重大阻力、解决重大矛盾，不断从胜利走向新的胜利。

党的十九大报告突出强调，一个政党，一个政权，其前途命运取决于人心向背。人民群众反对什么、痛恨什么，我们就要坚决防范和纠正什么。显然，这是把人民拥护不拥护、赞成不赞成、高兴不高兴、答应不答应的执政思想，运用到党建思想中的生动体现，这同党的十九大报告强调的"确保党始终同人民想在一起、干在一起"一样，都是在党的建设中坚持党性和人民性

有机结合的生动体现。

党的十九大报告在深入分析全面从严治党面临的严峻形势基础上，按照全面从严治党永远在路上的总思路，提出新时代党的建设总要求。总要求确定了“两个坚持”的党建工作根本方针、“4 个以”的党建工作具体抓手、“5+2”的党建工作总体布局、“5 句话”的党建工作目标，提出了同建设质量强国相对应的提高党的建设质量的重大任务。也可以说，这是在思想建党和制度治党同向发力基础上的质量兴党，这同习近平新时代中国特色社会主义思想强调的人民军队坚持政治建军、改革强军、科技兴军、依法治军的要求有相似相通之处。

新时代党的建设总要求突出强调，要把党的政治建设摆在首位。这是党的十八大以来全面从严治党的成功经验，也是新时代党的一项根本性建设，是党在长期执政条件下培养自我革命勇气、增强自我净化能力、提高排毒杀菌政治免疫力的根本途径。下大气力抓好党的政治建设，把握住政治方向、政治立场、政治大局，不断提高党的政治能力，党的建设就能铸魂、扎根，就可以对党的思想建设、组织建设、作风建设、纪律建设、制度建设和反腐倡廉建设起到纲举目张的作用，就能使党内政治生活正常健康、党的事业蓬勃发展。

党的十九大报告还强调，要用新时代中国特色社会主义思想武装全党，以县处级以上领导干部为重点，在全党开展“不忘初心、牢记使命”主题教育，用党的创新理论武装头脑。这是对新时期以来党的理论创新推进到哪里、党的理论武装就跟进到哪里的成功经验的借鉴。结合推进“两学一做”学习教育常态化制度化，开展“不忘初心、牢记使命”主题教育，必将推动全党深刻理解习近平新时代中国特色社会主义思想的科学体系、精神实质、实践要求，使广大党员干部更加自觉地为实现党在新时代的历史使命不懈奋斗。

党的十九大报告着眼于全面增强党的执政本领强调指出，“领导十三亿多人的社会主义大国，我们党既要政治过硬，也要本领高强”，要求党的各级领导干部增强学习本领、政治领导本领、改革创新本领、科学发展本领、依法执政本领、群众工作本领、狠抓落实本领、驾驭风险本领这“八大本领”。

党的十九大报告对新时代党员领导干部提出的本领高强，是同政治坚强、意志顽强紧密相连的。其中的“本领高强”，又同建设高素质专业化干部队伍、增强干部队伍适应新时代中国特色社会主义发展要求的能力，科学处理新时代党和国家事业发展中日趋复杂的各方面关系、善于解决最突出的矛盾和问题、满足人民最迫切的愿望和要求紧密相关。可以预期，通过建设马克思主义学习型政党、推动建设学习大国等各种途径，不断增强党的各级干部的“八大本领”，就能有效提高各级党员领导干部的政治领导力、思想引领力、群众组织力、社会号召力。这对确保我们党永葆旺盛生命力和强大战斗力，对提高党把方向、谋大局、定政策、促改革的能力和定力，确保党始终总揽全局、协调各方，把我们党建设成为中国特色社会主义事业坚强领导核心，都是至关重要的。

“雄关漫道真如铁，而今迈步从头越。”“决胜全面建成小康社会，夺取新时代中国特色社会主义伟大胜利”的时间开始了！动员令已经下达，冲锋号已经吹响。只要全党全国各族人民更加紧密团结在以习近平同志为核心的党中央周围，高举中国特色社会主义伟大旗帜，锐意进取，埋头苦干，撸起袖子加油干，鼓足干劲同心干，那么，迈进新时代、开启新征程、续写新篇章、再创新辉煌的目标和蓝图就一定能实现！

# 完善国家现代治理<br>呼唤全面深化改革*

（2017 年 10 月）

全面深化改革是我国历史新时期最鲜明的特点。邓小平同志说过，党的十一届三中全会以来，“我们主要做了两件事，一是拨乱反正，二是全面改革。”习近平总书记在 2017 年“7 · 26”重要讲话中也指出：“从党的十一届三中全会作出实行改革开放的历史性决策以来，我们一直在推进改革，从来也没有停止，取得了重大成就。”实践已经、正在并将继续证明，坚持改革开放，是我国的强国之路。只有不断深化改革开放，才能发展中国、发展社会主义、发展马克思主义。

党的十八大以来，习近平总书记反复强调：“改革开放是决定当代中国命运的关键一招，也是决定实现‘两个一百年’奋斗目标、实现中华民族伟大复兴的关键一招。”总书记还说：“改革是由问题倒逼而产生，又在不断解决问题中得以深化。”过去 30 多年，我们用改革的办法解决了党和国家事业发展中的一系列问题。同时，由于多方面原因的长期积累，我国各方面体制机制仍然存在不少突出矛盾和问题，形成了许多利益固化藩篱和羁绊，严重阻碍党和国家事业发展，严重妨碍全社会创造活力发挥。如果不继续全面深化改革，党和国家事业就难以更好推进。党的十八大以来，以习近平同志为核心的党中央，以敢于破除思想观念障碍和利益固化藩篱的决心和勇气，敢于啃硬骨头，敢于涉险滩，敢于向积存多年的顽瘴痼疾“开刀”，把改革开放这场新的伟大革命不断推向前进。

5 年来，全面深化改革的广度、深度、力度空前未有，改革全面发力、重点突破、纵深推进。党中央共审议通过 350 多个重大改革方案，中央和国家

---

* 本文系作者为《十九大党章修正案学习问答》一书写的答问文章。收入本书时标题有改动。

有关部门共出台1400多项改革举措，主要领域改革主体框架已基本确立，重要领域和关键环节改革取得突破性进展，阻碍发展活力和社会活力的各方面体制机制弊端得到改变，人民群众获得感不断增强。十九大党章修正案增写“要全面深化改革”的内容，既是对党的十八大以来全面深化改革成绩和经验的充分肯定，也是对中国特色社会主义进入新时代，我们将坚持党的基本路线，继续坚定不移推进改革开放和现代化建设，更好解决我国社会出现的各种问题，更好实现各项事业全面发展，更好发展中国特色社会主义事业，更好推动人的全面发展、社会全面进步的重要宣示。

十九大党章修正案按照习近平总书记亲自主持制定的党的十八届三中全会《决定》精神，把“全面深化改革”与“完善和发展中国特色社会主义制度、推进国家治理体系和治理能力现代化”这一全面深化改革总目标同时提出来，抓住了新时代继续全面深化改革的一个核心和关键问题。习近平总书记强调，必须完整理解和把握全面深化改革总目标是由两句话构成的一个整体。我们全面深化改革，不是因为中国特色社会主义制度不好，而是要使它更好；我们说坚定制度自信，不是要故步自封，而是要不断革除体制机制弊端，让我们的制度成熟而持久。这“两个不是和而是”，体现了我们党在新时代坚持把改革进行到底同坚持改革正确方向的有机统一。

按照习近平总书记的科学阐释，国家治理体系和治理能力是一个国家的制度体系和制度执行能力的集中体现。国家治理体系是在党领导下管理国家的制度体系，包括经济、政治、文化、社会、生态文明和党的建设等各个领域的体制机制、法律法规安排，这是一整套紧密相连、相互协调的国家制度；国家治理能力则是运用国家制度，管理社会各方面事务的能力。有了好的国家治理体系，才能提高治理能力，包括改革发展稳定、内政外交国防、治党治国治军等各方面能力；提高了国家治理能力，才能充分发挥国家治理体系的效能。

党的十九大报告指出，十八大以来这5年，在全面深化改革推动下，中国特色社会主义制度更加完善，国家治理体系和治理能力现代化明显提高。以下两个方面的鲜明对比，有助于帮助我们加深理解这一点：从国家治理状况看，现在不少西方国家乱象丛生、弊端百出，而我们党治理下的中国则调整而不失速、稳定而有活力；从国际影响力看，过去许多发展中国家都习惯于眼睛向西，热衷于向西方取经，现在则纷纷向东看，注重向当代中国寻找治国理政的东方宝典。这一西方之乱、中国之治的鲜明国际对比生动地表明:改革开放近40年来,在中国共产党领导下,我国不仅走出了一条不同于西方国家的成功发展道路,而且形成了一套不同于西方国家的成功制度体系;中国特色社会主义制度不仅使社会主义在中国焕发出强大生机活力,并不断开辟发展新境界,而且拓展了发展中国家走向现代化的途径,为解决人类问题贡献了中国智慧、提供了中国方案。

十九大党章修正案增写要全面深化改革、完善和发展中国特色社会主义制度、推进国家治理体系和治理能力现代化的内容,有助于增强全党同志对中国特色社会主义的道路自信、理论自信、制度自信、文化自信;有助于广大党员、干部特别是党和国家各级领导干部,按照新时代中国特色社会主义思想和基本方略,在努力构建系统完备、科学规范、运行有效的制度体系,推进国家治理体系现代化的同时,不断实现治理能力现代化。着眼于全面建成小康社会、踏上建设社会主义现代化国家新征程,不断增强专业思维、专业素养、专业方法,更多把握市场经济规律、社会发展规律、自然规律等各方面规律,成为国家治理和现代化建设的行家里手。

# 在中国特色社会主义新时代 改革要更加注重系统性整体性协同性*

（2017年10月）

十九大党章修正案将原来党章中关于“增强改革的协调性”，修改为“更加注重改革的系统性、整体性、协同性”，这是由中国特色社会主义进入新时代，我国全面深化改革目标任务的系统性、整体性和实现改革目标任务的协同性、艰巨性决定的。从以往的增强“一个性”到修改后的更加注重“三个性”，就是要求全党同志更加自觉地牢固树立全面深化改革是一项系统工程的观念。推进这项系统工程，靠零敲碎打调整不行，靠碎片化修补也不行，必须是全面的系统的改革和改进，是各领域改革和改进的联动和集成，并且要在国家治理体系和治理能力现代化上形成总体效应、取得总体效果。

2012年习近平同志在主持起草党的十八大报告时就明确要求，在提出全面建成小康社会发展目标的同时，提出要全面加强制度建设的目标。遵照习近平同志的指示精神，党的十八大报告从经济、政治、文化、社会、生态文明5个方面提出了全面深化改革开放的制度性目标，并且强调，“全面建成小康社会，必须构建系统完备、科学规范、运行有效的制度体系”。

党的十八大闭幕后不久，习近平总书记在广东考察调研时也明确指出：“进一步深化改革，必须更加注重改革的系统性、整体性、协同性。”总书记说，现在，重大改革都是牵一发而动全身的，需要全面考量、协调推进。在全面深化改革的顶层设计中，要对经济体制、政治体制、文化体制、社会体制、生态文明体制作出统筹设计，加强对各项改革关联性的研判。要同时推进配套改革，聚合各项相关改革协调推进的正能量。对看得还不那么准，又必

---

* 本文系作者为《十九大党章修正案学习问答》一书写的答问文章。收入本书时标题有改动。

须取得突破的改革,可以先行试点,“摸着石头过河”,取得经验后再全面推开。

此后,在主持起草党的十八届三中全会关于全面深化改革《决定》时,习近平总书记又指出:“全面者,就是要统筹推进各领域改革。”如果各领域改革不配套,各方面改革措施相互牵扯,全面深化改革就很难推进下去,即使勉强推进,效果也会大打折扣。正因为如此,十八届三中全会《决定》在提出全面深化改革总目标的同时,也提出了经济体制、政治体制、文化体制、社会体制、生态文明体制、国防和军队建设体制、党的建设制度等各领域全面深化改革的分目标。这表明,作为顶层设计的全面深化改革总目标和分目标,本身就体现了系统性、整体性、协同性。在推进全面深化改革的实践过程中,当然也必须注重这“三性”。这既是改革深入拓展提出的客观要求,也是我们党更多把握改革规律性的体现。

比如,我们党在20世纪80年代初期和中期提出的中国特色社会主义事业总体布局是“三位一体”,提出的党和国家事业的战略布局是“一个中心、两个基本点”。现在已经把中国特色社会主义事业的总体布局扩展为“五位一体”,把党和国家事业的战略布局扩展为“四个全面”。这是我们党更多更深入地把握了新时代全面深化改革规律性的体现。对此,总书记作过这样的深入解读:“四个全面”战略布局,既有战略目标,也有战略举措,每一个“全面”都具有重大战略意义。全面建成小康社会是我们的战略目标,我们所有奋斗都要聚焦于这个目标。全面深化改革、全面依法治国、全面从严治党是三大战略举措,对实现全面建成小康社会战略目标一个都不能缺。他还说,全面小康,核心就在全面。这包括:覆盖的领域要全面,是“五位一体”全面进步的小康;覆盖的人口要全面,是惠及全体人民的小康;覆盖的区域要全面,是城乡区域共同的小康。这就进一步告诉我们,全面深化改革要更加注重系统性、整体性、协同性,也是由统筹推进“五位一体”总体布局、协调推进“四个全面”战略布局这样的全局部署决定的。

党的十八大以来,习近平总书记在亲自担任中央全面深化改革领导小组组长、亲力亲为谋划设计和指导推进改革过程中,也是按照更加注重改革的系统性、整体性、协同性的要求做的。总书记运筹帷幄、总揽全局,系统谋划、整体把握、协同推进。在政治把握上,他提出,改革不是改向,变革不能变质;还强调,中国是一个大国,决不能在根本性问题上出现颠覆性错误。

在把握全面深化改革的方法论上,习近平总书记强调,要深入研究各领域改革关联性和各项改革耦合性,深入论证改革举措可行性,把握好全面深化改革的重大关系,使各项改革举措在政策取向上相互配合、在实施过程中相互促进、在改革成效上相得益彰。在全面深化改革举措的出台步骤上,总书记坚持统筹推进党的十八届三中、四中、五中、六中全会提出的各项改革要求和改革举措,统筹考虑全面深化改革的战略重点、优先顺序、主攻方向、工作机制、推进方式和路线图、时间表。他一再强调,要把全面深化改革的顶层设计与基层探索即"摸着石头过河"结合起来;把整体推进和重点突破结合起来;把改革创新与法律法规立改废结合起来。总书记既抓方案协同,也抓落实协同,更抓效果协同,正确处理改革发展稳定等重大关系,推动有条件的地方和领域率先实现改革举措系统集成,使各项改革举措不断向全面深化改革的总目标靠拢,提高了改革整体效应。

十九大党章修正案写入"更加注重改革的系统性、整体性、协同性"的要求,对运用好党的十八大以来全面深化改革成功经验,引导各级干部把握改革内在联系、加强改革系统集成、发挥改革整体效应、取得改革协同效果,意义十分重大。

# 新时代坚持和发展中国特色社会主义的基本方略

（2017 年 10 月）

党的十九大深刻阐明了习近平新时代中国特色社会主义思想和基本方略，并且强调指出：作为习近平新时代中国特色社会主义思想精神实质和丰富内涵的“14 个坚持”，构成新时代坚持和发展中国特色社会主义的基本方略。要求全党同志必须全面贯彻党的基本理论、基本路线、基本方略，以更好引领党和人民事业发展。全面学习领会、贯彻落实习近平新时代中国特色社会主义思想和基本方略，需要从理论和实践的结合上搞清楚基本方略同指导思想的关系，基本方略同以往概括的党的基本理论、基本路线、基本纲领、基本经验、基本要求的关系，以及基本方略 14 条本身的内在逻辑、精髓要义及其相互关系。

## 一、习近平新时代中国特色社会主义思想和基本方略的关系，前者是党的指导思想和行动指南，后者是党的行动纲领

习近平总书记明确指出，新时代中国特色社会主义思想是指导思想层面的表述，在行动纲领层面的表述称之为新时代坚持和发展中国特色社会主义的基本方略。这是对我们党的新时代行动指南与行动纲领相互关系的精辟概括。一个马克思主义政党，既要有作为党的指导思想的行动指南，又要有体现党的指导思想的行动纲领。这两者既同等重要、缺一不可，又相互贯通、相辅相成，既是携手共进的，又是与时俱进的。

我们党在革命建设改革各个历史时期，属于党的行动纲领层面的总路线或基本路线、基本纲领或行动纲领，都是同党在各个历史时期的行动指南

相伴而生的。新民主主义革命总路线、总政策及三大纲领，同新民主主义革命理论相伴而生；新中国成立后，党提出的过渡时期总路线同党的过渡时期理论相伴而生；改革开放和社会主义现代化建设历史新时期，党的基本路线、基本纲领，也是同党在新时期的基本理论相伴而生的。

深入研读习近平新时代中国特色社会主义思想和基本方略，就可以看到，它们共同而各有侧重地体现了新时代坚持和发展中国特色社会主义这条主线。前者更多的是从理论和实践的结合上，系统回答新时代坚持和发展什么样的中国特色社会主义；后者更多的是从理论和实践的贯彻落实上，系统回答在新时代怎样坚持和发展中国特色社会主义。正因为这样，习近平总书记在党的十九大报告中明确指出：在新时代，中国特色社会主义基本方略就是“在各项工作中全面准确贯彻落实”“新时代中国特色社会主义思想的精神实质和丰富内涵”。

## 二、习近平新时代中国特色社会主义基本方略同以往概括的党的基本纲领、基本经验、基本要求是继承与发展的关系

党的十九大报告以新时代中国特色社会主义的14条基本方略来概括我们党新时代的行动纲领，这可谓既神形兼备，又恰到好处。因为基本方略是一个思想张力和理论概括力都更强的理论概念，它是全面涵盖党的战略策略等行动纲领层面的。所以，习近平总书记明确指出：改革开放以来，我们党相继提出了基本理论、基本路线、基本纲领、基本经验、基本要求，构成了中国特色社会主义的“五个基本”。其中，基本理论和基本路线是管长远的。相对而言，不同时期形成的基本纲领、基本经验、基本要求，有些内容已经随着实践和理论发展而发展了。这次提出的新时代坚持和发展中国特色社会主义的基本方略，涵盖了此前提出的党的基本纲领、基本经验、基本要求的基本内容。正因为这样，党的十九大报告把“五个基本”简化整合为基本理论、基本路线、基本方略这“三个基本”。

上述简化整合，既体现了我们党对中国特色社会主义毫不动摇坚持同与时俱进发展的有机统一，也体现了继往与开来、承前与启后的有机统一。为了加深理解这一点，我们可以回过头去看看党的十七大报告中的以下这

段论述：要“坚持中国特色社会主义经济建设、政治建设、文化建设、社会建设的基本目标和基本政策构成的基本纲领”。这段话表明，早在10年前召开党的十七大时，我们党就已意识到，原先的经济建设、政治建设、文化建设这三大纲领，已涵盖不了党的十八大报告提出的中国特色社会主义总目标、总任务和总布局的宽广内涵了。此外，党的十七大报告对我国改革开放“十个结合”宝贵经验的概括，党的十八大以来我们党对建党95周年、红军长征胜利80周年、建军90周年等经验的总结，也都超出了原先党的基本经验的范畴；党的十八大以来我们党在改革发展稳定、内政外交国防、治党治国治军各方面提出的一系列新理念新思想新战略，在不少方面也已超出原先对坚持和发展中国特色社会主义提出的8个方面基本要求的范畴了。

上述情况表明，党的十九大用新时代中国特色社会主义基本方略，简化整合原先的“五个基本”，这不但符合我们党与时俱进的理论品格，而且符合以习近平同志为核心的党中央提出的“在理论上不断拓展新视野、作出新概括”的要求。同时这也表明，江泽民同志在党的十六大报告中关于“我们要突破前人，后人也必然会突破我们。这是社会前进的必然规律”的重要思想，是实实在在地体现在我们党的几代中央领导集体接力推进中国特色社会主义伟大事业历史进程中的。习近平总书记关于“新时代中国特色社会主义思想一是强调继承性、二是强调创新性、三是强调时代性”的论述，是对这一规律所作的精辟概括和科学揭示。

## 三、习近平新时代中国特色社会主义基本方略“14个坚持”的内在逻辑、精髓要义及其相互关系

坚持和发展习近平新时代中国特色社会主义基本方略，需要准确把握“14个坚持”的以下6个鲜明特点。

第一，准确把握基本方略总体框架结构所蕴含的4条逻辑线索。一是体现了从坚持党的领导和全面从严治党到“五位一体”总体布局、“四个全面”战略布局、国防和军队建设、国家安全、“一国两制”和祖国统一、对外战略相叠加的逻辑线索；二是体现了改革发展稳定、内政外交国防、治党治国治军的逻辑线索；三是体现了坚持党的领导、人民当家作主、依法治国有机

统一的逻辑线索；四是体现了党在新时代肩负的“四个伟大”历史使命的逻辑线索。这4条既交叉叠合又交相辉映的逻辑线索，全方位、多维度体现了对党的十八大以来我们党理论创新、实践创新、制度创新成果的大力度整合和全息化覆盖，是党在新时代具有很强思想性、战略性、前瞻性、指导性的行动纲领。

第二，准确把握基本方略所体现的新时代中国特色社会主义总体规律和各方面具体规律。“14个坚持”，既在总体框架上又在具体条文上体现了习近平新时代中国特色社会主义思想中最核心、最关键、最重要的内容，是对新时代中国特色社会主义规律的总体把握。比如，“五位一体”总体布局、“四个全面”战略布局，同我们党在20世纪80年代提出的“三位一体”总体布局、“一个中心、两个基本点”战略布局相比，其内涵和外延都大为拓展了。“14个坚持”中的每一条也都有同样的特点。比如，强调“发展必须是科学发展，必须坚定不移贯彻创新、协调、绿色、开放、共享的发展理念”，“必须坚持和完善我国社会主义基本经济制度和分配制度”，坚持“两个毫不动摇”，“使市场在资源配置中起决定性作用，更好发挥政府作用”。比如，强调“全面依法治国是中国特色社会主义的本质要求和重要保障”，“必须把党的领导贯彻落实到依法治国全过程和各方面，坚定不移走中国特色社会主义法治道路，完善以宪法为核心的中国特色社会主义法律体系，建设中国特色社会主义法治体系，建设社会主义法治国家”。比如，强调“文化自信是一个国家、一个民族发展中更基本、更深沉、更持久的力量”，“牢固树立共产主义远大理想和中国特色社会主义共同理想，培育和践行社会主义核心价值观，不断增强意识形态领域主导权和话语权”，“更好构筑中国精神、中国价值、中国力量，为人民提供精神指引”。比如，强调“建设生态文明是中华民族永续发展的千年大计。必须树立和践行绿水青山就是金山银山的理念”，“建设美丽中国，为人民创造良好生产生活环境，为全球生态安全作出贡献”。比如，强调“保持香港、澳门长期繁荣稳定，实现祖国完全统一，是实现中华民族伟大复兴的必然要求。必须把维护中央对香港、澳门特别行政区全面管治权和保障特别行政区高度自治权有机结合起来，确保‘一国两制’方针不会变、不动摇，确保‘一国两制’实践不变形、不走样。必须坚持一个中国原则，坚持‘九二共识’，推动两岸关系和平发展，深化两岸经济合作和文化往来，推动两岸同胞共同反对一切分裂国家的活动，共同为实现中华民族伟大复兴而奋斗”等，都是对新时代怎样坚持和发展中国特色社会主义的规律自觉认识和准确把握的集中体现。

第三，准确把握“14个坚持”体现的坚持党对一切工作的领导和坚持全面从严治党的极端重要性。“14个坚持”以坚持党对一切工作的领导牵头、以坚持全面从严治党收尾，紧紧扭住和高度聚焦中国共产党是当今中国最高政治领导力量，强调“党政军民学，东西南北中，党是领导一切的”，要求全党增强“四个意识”，自觉维护党中央权威和集中统一领导，自觉在思想上政治上行动上同党中央保持高度一致，完善坚持党的领导的体制机制，提高党把方向、谋大局、定政策、促改革的能力和定力，确保党始终总揽全局、协调各方。基本方略同时还强调：“勇于自我革命，从严管党治党，是我们党最鲜明的品格”，必须“把党的政治建设摆在首位，思想建党和制度治党同向发力，统筹推进党的各项建设，抓住‘关键少数’，坚持‘三严三实’，坚持民主集中制，严肃党内政治生活，严明党的纪律，强化党内监督，发展积极健康的党内政治文化，全面净化党内政治生态，坚决纠正各种不正之风，以零容忍态度惩治腐败，不断增强党自我净化、自我完善、自我革新、自我提高的能力，始终保持党同人民群众的血肉联系”等。这其中的内在逻辑就是：必须坚持在全面加强党的领导前提下全面从严治党，这表明我们党在新时代坚持搞的是“立字当头、立破结合”的自我革命，而不是那种“踢开党委闹革命”式的自我颠覆。这些都是从根本上保证党的自我革命只会加强和改善党的领导，而决不是削弱、否定党的领导的集中体现。

第四，准确把握“14个坚持”阐明的坚持以人民为中心、坚持人民当家作主、坚持在发展中保障和改善民生的统一性。在“14个坚持”中，对坚持以人民为中心、坚持人民当家作主、坚持在发展中保障和改善民生各写了一条，深刻阐明了“人民是历史的创造者，是决定党和国家前途命运的根本力量”，“增进民生福祉是发展的根本目的”。这“两个根本”，不但深刻表明了我们党治国理政的政治立场、依靠力量和发展目的，而且表明我们党始终“坚持人民主体地位，坚持立党为公、执政为民”，“把人民对美好生活的向往作为奋斗目标，依靠人民创造历史伟业”，“坚持党的领导、人民当家作主、依法治国有机统一是社会主义政治发展的必然要求”。强调党不但要把“保证人民当家作主落实到国家政治生活和社会生活之中”，而且要“把党的群众路线贯彻到治国理政全部活动之中”，坚持“多谋民生之利、多解民生之忧，在发展中补齐民生短板、促进社会公平正义，在幼有所育、学有所教、劳有所得、病有所医、老有所养、住有所居、弱有所扶上不断取得新进展”，“保证全体人民在共建共享发展中有更多获得感，不断促进人的全面发展、全体人民共同富裕”，“确保国家长治久安、人民安居乐业”。这些都是习近平总书记关于党的各级领导干部都必须做到“心中有党、心中有民”的重要思想在新时代党的基本方略中的生动体现，也是在伟大事业和伟大工程中坚持党性和人民性高度统一的集中体现。

第五，准确把握总体国家安全、国防和军队建设在基本方略中的重要地位和作用。“14 个坚持”从我国发展的历史方位出发，强调“坚持总体国家安全观”，“统筹发展和安全，增强忧患意识，做到居安思危，是我们党治国理政的一个重大原则。必须坚持国家利益至上，以人民安全为宗旨，以政治安全为根本，统筹外部安全和内部安全、国土安全和国民安全、传统安全和非传统安全、自身安全和共同安全，完善国家安全制度体系，加强国家安全能力建设，坚决维护国家主权、安全、发展利益”。强调“坚持党对人民军队的绝对领导”，“建设一支听党指挥、能打胜仗、作风优良的人民军队，是实现‘两个一百年’奋斗目标、实现中华民族伟大复兴的战略支撑”，“必须全面贯彻党领导人民军队的一系列根本原则和制度，确立新时代党的强军思想在国防和军队建设中的指导地位，坚持政治建军、改革强军、科技兴军、依法治军，更加注重聚焦实战，更加注重创新驱动，更加注重体系建设，更加注重集约高效，更加注重军民融合，实现党在新时代的强军目标”。这些充分体现了我们党把有效维护国家安全作为安邦定国的重要基石；把全面推进国防和军队现代化，贯彻新形势下军事战略方针，构建中国特色现代作战体系，作为党和人民赋予人民军队的新时代使命任务。

第六，准确把握推动构建人类命运共同体的负责任大国的使命担当。基本方略强调：“实现中国梦离不开和平的国际环境和稳定的国际秩序。必须统筹国内国际两个大局，始终不渝走和平发展道路、奉行互利共赢的开放战略，坚持正确义利观，树立共同、综合、合作、可持续的新安全观，谋求开放创新、包容互惠的发展前景，促进和而不同、兼收并蓄的文明交流，构筑尊崇自然、绿色发展的生态体系，始终做世界和平的建设者、全球发展的贡献者、国际秩序的维护者。”这些充分表明，中国共产党既是为中国人民谋幸福的党，也是为人类进步事业而奋斗的党。中国共产党始终把为人类作出新的更大的贡献作为自己的使命。

按照党的十九大报告和党的十九大通过的新党章要求，在中国特色社会主义新时代，坚持和发展这些更多把握了共产党执政规律、社会主义建设规律、人类社会发展规律的新时代中国特色社会主义基本方略，对全面贯彻落实习近平新时代中国特色社会主义思想，确保我们党始终成为中国特色社会主义事业坚强领导核心，确保我们党始终走在时代前列，确保承载着中国人民伟大梦想的中国特色社会主义航船始终破浪前进、胜利驶向光辉彼岸，确保更好实现人民对美好生活的向往，具有决定性作用。

# 认真学懂弄通和学深悟透党的十九大精神的核心要义*

（2018 年 1 月）

习近平总书记代表十八届中央委员会所作的十九大报告，是一个高举旗帜、引领方向的报告，是一个不忘初心、牢记使命的报告，是一个引领时代、开辟未来的报告。报告通篇展现了以习近平同志为核心的党中央引领新时代中国特色社会主义的理论成果、实践成果、制度成果，通篇闪耀着当代中国的马克思主义、21 世纪的马克思主义真理的光芒。认真学懂弄通、学深悟透党的十九大精神，知行合一地全面贯彻落实党的十九大精神，具有重大的政治意义、历史意义、理论意义和实践意义。

现在，党内外、国内外都在高度关注、热烈讨论关于"经过长期努力，中国特色社会主义进入了新时代"的问题。这是贯穿党的十九大报告全篇的一条思想红线，也是十九大报告中最大的思想和理论亮点。对于这个问题，习近平总书记在党的十九大报告第一部分从理论和实践的结合上作了充分论述。这里，我从学习体会的角度讲几点认识，供大家分享和参考。

## 一、科学认识和把握促成中国特色社会主义进入新时代的八个重要因素

党的十九大报告用言简意赅的两句话，对中国特色社会主义历史方位作出了科学界定。这就是：今天，我们比历史上任何时期都更接近、更有信心和能力实现中华民族伟大复兴的目标；我国日益走近世界舞台中央。这

* 本文系作者作为党的十九大精神中央宣讲团成员应邀在江苏省无锡市政协大讲堂所作的宣讲要点。

里所说的“都更接近”和“日益走近”，就是中国特色社会主义在新时代的历史方位。应该看到，正是这个历史方位和其他相关因素的共同作用，一道促成中国特色社会主义进入了新时代。这些因素包括以下八个方面。

第一，党的十八大以后这5年来，中国特色社会主义在具有许多新的历史特点的伟大斗争中，所进行的全方位理论创新、实践创新、制度创新促成的我国发展新起点，催生了新时代。

第二，党的十八大以后这5年来，中国共产党执政方式和执政方略的重大创新、发展理念和发展方式的重大转变、发展环境和发展条件的重大变化，以及发展水平和发展要求变得更高的发展新台阶，奠基了新时代。

第三，近代以来久经磨难的中华民族迎来了从站起来、富起来到强起来的伟大飞跃，我国正前所未有地接近中华民族伟大复兴目标、前所未有地走近世界舞台中央这样的历史新方位、发展新阶段，促成了新时代。

第四，我国现阶段社会主要矛盾从供给侧到需求侧这两端所发生的历史性新变化对党和国家工作提出的许多新要求，支撑了新时代。

第五，中国共产党肩负的在新时代进行伟大斗争、建设伟大工程、推进伟大事业、实现伟大梦想的历史使命新内涵，诠释了新时代。

第六，我们党在“两个一百年”奋斗目标的历史交汇期，既要决胜全面建成小康社会、实现第一个百年奋斗目标，又要乘势而上开启全面建设社会主义现代化国家新征程、向第二个百年奋斗目标进军，引领了新时代。

第七，党的十九大报告提出的新时代“五位一体”总体布局、“四个全面”战略布局、国防和军队建设、维护国家安全等14个方面的基本方略提出的新布局、新要求，顺应了新时代。

第八，集十八大以来中国共产党治国理政新理念新思想新战略之大成的习近平新时代中国特色社会主义思想，开创了新时代。

## 二、学懂弄通、学深悟透与新时代直接相关的六个重大理论和实践问题

在全面把握上述这八个重要因素的基础上，还需要从理论和实践的结合上学懂弄通、学深悟透与新时代直接相关的以下六个重大理论和实践问题。

第一,党的十九大报告是从党和国家事业发展的角度,而不是从历史学研究的时代角度,来提出新时代问题的。用新时代来界定我国发展新的历史方位,有利于进一步统一思想、凝聚力量,在新的历史起点上把中国特色社会主义推向前进。

第二,进入新时代,是在党的十八大之前我们党的几届中央领导集体对中国特色社会主义长期探索、实践积累的量变基础上,由十八大以来以习近平同志为核心的党中央全方位、开创性的探索实践促成的一种质变。量变产生于十八大之前,质变发生在十八大之后。十九大报告所说的"经过长期努力,中国特色社会主义进入了新时代",这个"长期努力"既包括十八大之前量变阶段的持续努力,更是指十八大以后这5年来质变阶段的关键性、决定性努力。没有十八大以后这5年来的历史性变革和历史性成就,就没有中国特色社会主义新时代。

第三,习近平新时代中国特色社会主义思想虽然是十九大命名的,但这个思想产生于十八大以后的伟大实践之中,其主要内容和科学内涵早已写在了广袤的祖国大地上,镌刻在广大党员、干部和人民群众心坎里,成为熊熊燃烧的思想火炬,照耀着、引领着十八大以后这5年来党和人民创造性的探索和实践。正如德国诗人海涅所说的那样:"思想走在行动之前,就像闪电出现在雷鸣之前一样。"

第四,习近平新时代中国特色社会主义思想属于理论层面的行动指南,而新时代中国特色社会主义基本方略属于实践层面的行动纲领。前者侧重于回答新时代坚持和发展什么样的中国特色社会主义,而后者侧重于回答新时代怎么样在各个方面、各个领域坚持和发展中国特色社会主义。

第五,习近平新时代中国特色社会主义思想的产生和形成表明,我们党推进马克思主义中国化达到了新时代的一个新的起点,而不是说我们党的理论创新、实践创新、制度创新和其他各方面创新已经达到了新时代的一个终点。习近平新时代中国特色社会主义思想和基本方略,必将在新时代更多的理论创新和实践创新的良性互动中不断丰富和发展。

第六,中华民族在新时代迎来了从站起来、富起来到强起来的伟大飞跃。这一伟大飞跃在时态上属于现在进行时和将来时,而不是完成时。党的十九大报告提出的分两步走、全面建设社会主义现代化强国的顶层设计和战略安排表明,我国还处在由大变强或者由富变强的转化过程之中。

## 三、进入新时代同十八大以后这 5 年来的历史性成就、历史性变革密不可分

党的十八大以来 5 年的历史性成就、我们党和国家事业发生的历史性变革，共同催生了新时代。

习近平总书记在党的十九大报告中明确指出，党的十八大以后这 5 年来，我国改革开放和社会主义现代化建设取得的历史性成就、党和国家事业发生的历史性变革，这“两大历史性”使我国发展站到了新的历史起点上，中国特色社会主义进入了新的发展阶段。这就告诉我们，中国特色社会主义进入新时代，既离不开十八大以来 5 年的历史性成就，更离不开十八大以来 5 年的历史性变革。

关于党的十八大以来 5 年的历史性成就，党的十九大报告第一部分作了十个方面条分缕析的重要概括和论述。这就是：经济建设取得重大成就、全面深化改革取得重大突破、民主法治建设迈出重大步伐、思想文化建设取得重大进展、人民生活不断改善、生态文明建设成效显著、强军兴军开创新局面、港澳台工作取得新进展、全方位外交布局深入展开、全面从严治党成效卓著。

我在全国一些地方、部门和单位宣讲党的十九大精神时，现场听讲的党员、干部总是向我提出这样一个问题：党的十八大以后这 5 年来的历史性变革主要体现在哪里？为什么在党的十九大报告第一部分中找不到对这个问题进行论述的相关段落？我告诉他们，在党的十九大报告中，十八大以后这 5 年来的历史性成就是同历史性变革糅合在一起写的。大家在学习和把握时，要注意把这“两个历史性”结合起来理解，也要把这“两个历史性”区分开来把握。总的特点是：5 年来的历史性变革同历史性成就是大体对应的。从 10 大历史性成就中，可以提炼出以下九个方面的历史性变革。

一是全面加强党的领导和党的建设，一个时期以来党的领导被忽视、淡化、削弱的状况得到明显改变。二是坚定不移贯彻新发展理念，一个时期以来发展观不正确、发展方式粗放的状况得到明显改变。三是蹄疾步稳推进全面深化改革，一个时期以来各方面体制机制弊端阻碍发展活力和社会活力的状况得到明显改变。四是积极推进全面依法治国，一个时期以来有法

不依、执法不严、司法不公问题严重的状况得到明显改变。五是加强党对意识形态工作的领导，一个时期以来社会思想舆论环境中的混乱状况得到明显改变。六是全党全国贯彻绿色发展理念的自觉性主动性显著增强，一个时期以来忽视生态环境保护、生态环境恶化的状况得到明显改变。七是推进人民军队实现革命性重塑，推动国防和军队改革取得历史性突破，一个时期以来人民军队中存在的不良政治状况得到明显改变。八是全面推进中国特色大国外交，一个时期以来我国在国际力量对比中面临的不利状况得到明显改变。九是坚定不移推进全面从严治党，一个时期以来管党治党宽松软的状况得到明显改变。

以上列举的这九个方面的历史性变革，即“九个明显改变”，都体现在党的十九大报告中所说的：“五年来，我们党以巨大的政治勇气和强烈的责任担当，提出一系列新理念新思想新战略，出台一系列重大方针政策，推出一系列重大举措，推进一系列重大工作”。在这“四个一系列”背后，包含了以习近平同志为核心的党中央这 5 年来多少呕心沥血的深入思考、多少夜以继日的紧张工作、多少大刀阔斧的有力行动啊！从而解决了许多长期想解决而没有解决的难题，办成了许多过去想办而没有办成的大事，推动我们党和国家事业发生历史性变革。

## 四、深刻领会习近平新时代中国特色社会主义思想和基本方略的思想精髓、核心要义

党的十九大把我们党理论创新的最新成果命名为习近平新时代中国特色社会主义思想，并把习近平新时代中国特色社会主义思想确立为我们党必须长期坚持的指导思想。这对在新的历史起点上进行伟大斗争、建设伟大工程、推进伟大事业、实现伟大梦想，具有重大现实意义和深远历史意义。习近平新时代中国特色社会主义思想从理论和实践的结合上系统回答了：在新时代坚持和发展什么样的中国特色社会主义、怎样坚持和发展中国特色社会主义。这是我们党在新的历史起点、新的发展阶段，紧紧围绕中国特色社会主义这个改革开放以来党的全部理论和实践的主题，紧紧围绕坚持和发展中国特色社会主义这个十八大以来党和国家工作的主线，在全新的探索和实践中创造的新理论、写出的新著作。

那么，为什么我们党要把党的十八大以后这5年来取得的马克思主义中国化最新理论成果命名为"习近平新时代中国特色社会主义思想"呢？对这个问题，党中央主要有以下三点考虑。

第一，这是为了强调继承性，明确新时代中国特色社会主义思想是对马克思列宁主义、毛泽东思想、邓小平理论、"三个代表"重要思想、科学发展观的继承和发展，是党和人民实践经验和集体智慧的结晶，是中国特色社会主义理论体系的重要组成部分。

第二，这是为了强调创新性，明确新时代中国特色社会主义思想反映了十八大以来我们党在理论创新上实现的新进展。

第三，这是为了强调时代性，突出新时代中国特色社会主义思想在马克思主义中国化进程中的时代特色和时代意义。

## 五、关于十九大报告对习近平新时代中国特色社会主义思想所作的总体概括和精髓要义的特点

从理论和实践的结合上学懂弄通习近平新时代中国特色社会主义思想，首先必须搞清楚这一思想究竟系统回答了哪些同新时代有关的重大理论和实践问题，搞清楚这些重大理论和实践问题同党的十九大报告精辟概括的"八个明确"和"14条基本方略"等精髓要义的内在联系。

党的十九大报告在第一次全面概括和论述新时代中国特色社会主义思想时，首先从总体上全面列举新时代中国特色社会主义思想的精神实质和丰富内涵，然后从"八个明确"和"14条基本方略"的角度，深刻论述了新时代中国特色社会主义思想的理论精髓和核心要义。

党的十九大报告第三部分开头用一大段话，从10个大的方面和17个具体领域，概括了新时代中国特色社会主义思想的精神实质和丰富内涵。10个大的方面就是：系统回答了"新时代坚持和发展中国特色社会主义的总目标、总任务、总体布局、战略布局和发展方向、发展方式、发展动力、战略步骤、外部条件、政治保证等基本问题"。17个具体领域就是："根据新的实践对经济、政治、法治、科技、文化、教育、民生、民族、宗教、社会、生态文明、国家安全、国防和军队、'一国两制'和祖国统一、统一战线、外交、党的建设

等各方面作出理论分析和政策指导”。以上这10个大的方面和17个具体领域的概括，科学揭示了博大精深的习近平新时代中国特色社会主义的科学内涵和丰富内容。对这些方面的思想，需要我们在深入学习党的十九大报告和十九大党章，并且同学习2014年出版的《习近平谈治国理政》、2017年刚刚出版的《习近平谈治国理政》第二卷结合起来，把它们作为全面学习领会党的十九大精神、全面学习领会习近平新时代中国特色社会主义思想的权威读本，学懂弄通、学深悟透并且融会贯通，切实用党的创新理论武装头脑、指导实践、推动工作。

## 六、对习近平新时代中国特色社会主义思想“八个明确”的解读

党的十九大报告精辟概括的这“八个明确”，把我们党在新时代要坚持和发展的中国特色社会主义的思想精髓和核心要义都精辟地概括出来、鲜明地揭示出来了，是对习近平新时代中国特色社会主义思想起到理论支撑作用的“四梁八柱”。其中的每一个“明确”，都是习近平新时代中国特色社会主义思想中最核心、最关键、最重要的内容。可以把这“八个明确”用8个短句来概括，即民族要复兴、制度要先进、法治要昌明、强国要强军、外交要出新、布局要全面、人民要共富、一切党统领。

第一个“明确”就是：明确了新时代中国特色社会主义的总目标、总任务和实现这个总目标、总任务的战略步骤。这个总目标、总任务就是：要实现社会主义现代化，实现中华民族伟大复兴，建成富强民主文明和谐美丽的社会主义现代化强国。这个总目标、总任务虽然只有几句话，却涵盖了自鸦片战争以来一个多世纪几代中国人的梦想、憧憬和愿望，浓缩了无数仁人志士不屈不挠、前仆后继、可歌可泣的斗争。为了实现中华民族伟大复兴，中国共产党成立97年来，先后完成和正在推进三次伟大的社会革命。今天，我们比历史上任何时期都更接近、更有信心和能力实现中华民族伟大复兴的目标。实现这个总目标、总任务的战略步骤就是：要在2020年全面建成小康社会基础上，分两步走，在本世纪中叶建成富强民主文明和谐美丽的社会主义现代化强国。

第二个“明确”就是：明确了新时代我国社会主要矛盾是人民日益增长

的美好生活需要和不平衡不充分的发展之间的矛盾。这个主要矛盾决定了现阶段我国社会的矛盾全局;决定了新时代我们党要在继续发展的基础上,着力解决好发展不平衡不充分问题,大力提升发展质量和效益,更好满足人民在经济、政治、文化、社会、生态等方面日益增长的需要;决定了新时代我们党要坚持和发展的中国特色社会主义,就是以人民为中心、不断满足人民日益增长的美好生活需要的社会主义,就是不断促进人的全面发展、实现全体人民共同富裕的社会主义。

第三个“明确”就是:明确了新时代中国特色社会主义的两大布局,即“五位一体”总体布局、“四个全面”战略布局。“五位一体”总体布局是指导中国特色社会主义伟大事业的一个横向的布局。它主要包括经济、政治、文化、社会、生态文明这五大建设,也就是要发展社会主义市场经济、民主政治、先进文化、和谐社会、生态文明。“四个全面”战略布局是一个指导我们党在新时代进行伟大斗争、建设伟大工程、推进伟大事业、实现伟大梦想的纵向的布局。“四个全面”中的每一个“全面”,都可以指导、推动、保证“五位一体”总体布局的建设和发展。因此,“四个全面”战略布局的政治站位比“五位一体”总体布局更高、覆盖领域更广、指导作用也更强。第三个“明确”同时还明确了我们党在新时代的“四个自信”,也就是要求全党把对新时代中国特色社会主义的认识和实践,高度聚焦到对中国特色社会主义道路、理论、制度、文化这“四个自信”上来。

第四个“明确”到第七个“明确”就是:分别明确了新时代我们党提出的全面深化改革总目标、全面推进依法治国总目标、党在新时代的强军目标以及新时代中国特色大国外交的目标。其中,新时代全面深化改革的总目标,就是要完善和发展中国特色社会主义制度、推进国家治理体系和治理能力现代化;新时代全面推进依法治国的总目标,就是要建设中国特色社会主义法治体系、建设社会主义法治国家;党在新时代的强军目标,就是要建设一支听党指挥、能打胜仗、作风优良的人民军队,把人民军队建设成为世界一流军队;新时代中国特色大国外交的目标,就是要推动构建新型国际关系,推动构建人类命运共同体。这四大目标,都是我们党在新时代坚持和发展中国特色社会主义目标体系的重要组成部分,都是在新时代坚持和发展中国特色社会主义理论和实践中管全局、管长远的东西。

第八个“明确”就是：明确了中国特色社会主义最本质的特征是中国共产党领导，中国特色社会主义制度的最大优势是中国共产党领导，党是最高政治领导力量；党政军民学，东西南北中，党是领导一切的；明确了维护党中央权威和集中统一领导，是我国革命、建设、改革的重要经验，是一个成熟的马克思主义执政党的重大建党原则，全党必须增强政治意识、大局意识、看齐意识、核心意识，自觉维护党中央权威和集中统一领导，自觉在政治上思想上行动上同党中央保持高度一致。同时，第八个“明确”还明确了新时代党的建设总要求，突出了政治建设在新时代党的建设中的重要地位和统领作用，强调必须把保证全党服从中央、坚持党中央权威和集中统一领导作为党的政治建设的首要任务。

## 七、关于对新时代坚持和发展中国特色社会主义的14条基本方略的解读

为了全面贯彻落实习近平新时代中国特色社会主义思想的精神实质和丰富内涵，党的十九大报告还提出了新时代坚持和发展中国特色社会主义的14条基本方略。下面我对14条基本方略的核心要义也作一个简明扼要的解读。

基本方略第一条，坚持党对一切工作的领导，这是讲的领导力量问题；第二条，坚持以人民为中心，这是讲的政治立场问题；第三条，坚持全面深化改革，这是讲的发展动力问题；第四条，坚持新发展理念，这是讲的发展导向问题；第五条，坚持人民当家作主，这是讲的依靠力量问题；第六条，坚持全面依法治国，这是讲的法治保障问题；第七条，坚持社会主义核心价值体系，这是讲的精神力量问题；第八条，坚持在发展中保障和改善民生，这是讲的发展目的问题；第九条，坚持人与自然和谐共生，这是讲的人与自然关系问题；第十条，坚持总体国家安全观，这是讲的国家安全问题；第十一条，坚持党对人民军队的绝对领导，这是讲的国防和军队建设问题；第十二条，坚持“一国两制”和推进祖国统一，这是讲的港澳和台湾问题；第十三条，坚持推动构建人类命运共同体，这是讲的中国和世界关系问题；第十四条，坚持全面从严治党，这是讲的党的自身建设问题。

## 八、围绕新时代中国特色社会主义思想和基本方略需要搞清楚的三个重大问题

新时代中国特色社会主义思想和基本方略是什么关系?

党的十九大报告第三部分的标题是“新时代中国特色社会主义思想和基本方略”。有些同志问:这个标题中的新时代中国特色社会主义思想和基本方略是什么关系、两者是一回事还是两回事? 对这个问题,习近平同志在 2017 年“7 · 26”重要讲话中作过简明扼要的回答。习近平同志说,新时代中国特色社会主义思想是指导思想层面的表述,在行动纲领层面的表述称之为新时代中国特色社会主义基本方略。这就告诉我们,新时代中国特色社会主义思想,是党在新时代的指导思想即行动指南;而新时代中国特色社会主义基本方略,是体现党在新时代指导思想的行动纲领。通过深入研读党的十九大报告第三部分,我们还可以发现,新时代中国特色社会主义思想,更多的是从理论和实践的结合上,系统回答我们党在新时代要坚持和发展什么样的中国特色社会主义;而新时代中国特色社会主义基本方略,更多的是从理论和实践的贯彻落实上,系统回答我们党在新时代应该怎么样在各个方面、各个领域去坚持和发展中国特色社会主义。

中国特色社会主义 14 条基本方略的内在逻辑是什么?

应该看到,新时代中国特色社会主义 14 条基本方略本身构成了我们党关于新时代中国特色社会主义行动纲领层面的总体框架。这个总体框架蕴含着四条内在逻辑线索。

第一条逻辑线索,体现的是从加强党的领导和全面从严治党到“五位一体”总体布局、“四个全面”战略布局、国防和军队建设、国家安全、“一国两制”和祖国统一、对外战略的相叠加。

第二条逻辑线索,体现的是改革发展稳定、内政外交国防、治党治国治军的相结合。

第三条逻辑线索,体现的是坚持党的领导、人民当家作主、依法治国的有机统一。

第四条逻辑线索,体现的是我们党在新时代肩负的“四个伟大”的历史使命。

这四条既交叉叠合又交相辉映的逻辑线索，全方位、多维度体现了对十八大以来我们党的理论创新、实践创新、制度创新成果的大力度整合和全面化覆盖，充分表明这是我们党在新时代具有很强思想性、战略性、前瞻性、指导性的行动纲领。

新时代中国特色社会主义基本方略怎样体现了我们党对新时代中国特色社会主义各方面具体规律的把握？

中国特色社会主义14条基本方略，是习近平新时代中国特色社会主义思想中最核心、最关键、最重要的内容，它们都体现了我们党对新时代坚持和发展中国特色社会主义各方面、各领域具体规律的把握。

比如，14条基本方略强调，“发展必须是科学发展，必须坚定不移贯彻创新、协调、绿色、开放、共享的发展理念。”这五大发展理念中的每一个，都是带有规律性的东西。当今的世界是创新的世界，哪个国家不注重创新发展，就会被时代淘汰出局。协调发展，既包括中国特色社会主义经济、政治、文化、社会、生态文明五大领域的协调发展，也包括城乡区域的协调发展。绿色发展，是习近平总书记高度重视的一个重大发展理念，总书记一再强调的“绿水青山就是金山银山”，保护好了绿水青山，不愁没有金山银山，既抓住了我国长期发展中的一个短板，也揭示了新时代我国发展的一个规律。开放发展，更是一个带有规律性的东西。现在的世界是开放的世界，中国的发展离不开世界，世界的发展也需要中国，打开国门搞建设，高水平引进来、大踏步走出去，以及发展更高层次的开放型经济，提出建设“一带一路”倡议，都是我国在开放发展方面的创新和创造，都对我国持续快速发展起到了助推器、加速器的作用。所以，习近平总书记在党的十九大报告中强调指出：开放带来进步，封闭必然落后。中国开放的大门不会关闭，只会越开越大。共享发展，是体现中国特色社会主义本质即“解放生产力，发展生产力，消灭剥削，消除两极分化，最终达到共同富裕”要求的重大发展理念。强调共享发展，就是要进一步贯彻好“发展为了人民，发展依靠人民，发展成果为人民共享”的发展思想。

比如，14条基本方略强调，要“使市场在资源配置中起决定性作用，更好发挥政府作用”。这是对社会主义市场经济条件下政府和市场的相互关系，以及各自应当发挥什么样的作用的规律性的深刻揭示，也是对十八大以来反“四风”、反腐败斗争中揭露出来的贪腐高官利用手中权力插手和干预资源配置，从中大搞权钱交易、权色交易导致的严重教训的深刻汲取，对新时代把发挥市场在资源配置中的决定性作用同更好发挥政府作用有机结合起来，加快完善社会主义市场经济体制，激发各类市场主体活力，必将起到重大指导作用。

比如，14 条基本方略强调，“文化自信是一个国家、一个民族发展中更基本、更深沉、更持久的力量。”这是对社会主义文化建设规律性的深刻揭示。改革开放近 40 年来，经过党的几代中央领导集体的不懈奋斗、接力奋斗，中国特色社会主义的科学内涵，已由原来中国特色社会主义道路这单一的内涵，逐步扩展为包括道路、理论、制度、文化在内四个部分组成的整体内涵。我们党成立以来推进马克思主义中国化的进程，就是把马克思主义根本立场、基本原理同中华传统文化精华相融合、与中国具体实践相结合的过程。中华优秀文化是我们民族的根和魂，中国共产党人为之奋斗的理想和目标蕴含着中华民族的价值追求。因此，文化自信是对“中国特色”的最好诠释。

比如，14 条基本方略强调，新时代人民军队“三句话”的强军目标、人民军队建设“四位一体”的战略布局，还有“五个更加注重”的战略指导，也都是新时代人民军队建设和军事斗争规律性的体现。其中，强军目标提出的听党指挥、能打胜仗、作风优良，分别揭示了听党指挥是强军之魂、能打胜仗是强军之要、作风优良是强军之基。党在新时代抓住建军治军的这三条，就抓住了规律、抓住了要害，就能起到纲举目张的作用。其中，人民军队建设“四位一体”战略布局提出的政治建军是立军之本、改革强军是必由之路、科技兴军是核心驱动、依法治军是强军之基。这四个方面也是新时代人民军队建设规律性的体现。其中，“五个更加注重”的战略指导提出的更加注重聚焦实战、更加注重创新驱动、更加注重体系建设、更加注重集约高效、更加注重军民融合，分别抓住了新时代人民军队建设必须强化作战需求牵引，必须提高创新对战斗力的贡献率，必须全面提高我军体系作战能力，必须提高国防和军队发展精准度，必须促进经济建设和国防建设协调发展、平衡发展、兼容发展等方面的规律性，进一步明确了对新时代人民军队建设的战略指导。

比如，14 条基本方略强调，“推动构建新型国际关系，推动构建人类命运共同体”。这“两个构建”所体现的新时代中国特色大国外交总目标，也是全方位外交工作规律性的体现。其中,构建新型国际关系,是要走出一条国与国交往的新路,其核心内涵,一是相互尊重,二是公平正义,三是合作共赢,摒弃零和博弈的旧思维,倡导互利互惠的新思路;构建人类命运共同体,是要对解决各种全球性议题和难题提出中国思路、中国方案。不管什么国家、哪个民族都生活在同一个星球上,可谓风雨同舟、命运与共,应当共同建设持久和平、普遍安全、共同繁荣、开放包容、清洁美丽的世界。应该看到,这"两个构建",源自5000年中华文化"天下为公"的优良传统,源自60多年来新中国和平外交的核心价值,源自中国共产党人把中国与各国人民福祉融为一体的世界情怀。

最后,还应当指出,在党的十九大报告中,不仅仅是第三部分集中体现了习近平新时代中国特色社会主义思想,而且十九大报告的13个部分,都是习近平新时代中国特色社会主义思想在各个领域的生动体现和具体展开。比如,十九大报告第二部分,是习近平新时代中国特色社会主义思想中关于不忘初心、牢记使命、高举旗帜、团结奋进重要思想的生动体现;十九大报告第四至第九部分,是习近平新时代中国特色社会主义思想中关于经济、政治、文化、社会和生态文明建设思想的生动体现;十九大报告第十部分,是习近平新时代中国特色社会主义思想中关于人民军队建设思想的生动体现;十九大报告第十一部分,是习近平新时代中国特色社会主义思想中关于坚持"一国两制"、推进祖国统一思想的生动体现;十九大报告第十三部分,是习近平新时代中国特色社会主义思想中关于党建思想的生动体现。对这些内容,也都要像对"八个明确"和中国特色社会主义14条基本方略那样,认真学懂弄通和学深悟透。

# 深刻领会习近平总书记的“三个一以贯之”重要思想*

（2018 年 3 月 29 日）

2018 年 1 月 5 日，习近平总书记在学习贯彻党的十九大精神研讨班开班式上的重要讲话中指出，坚持和发展中国特色社会主义要一以贯之，推进党的建设新的伟大工程要一以贯之，增强忧患意识、防范风险挑战要一以贯之。这“三个一以贯之”的重大理论和实践概括，是对党的十八大以来我国改革发展稳定、内政外交国防、治党治国治军各方面创新实践和成功经验的深刻总结，是对党的十九大精神在更高层面、更深层次、更宽领域的精辟解读，是对党在新时代统揽“四个伟大”、决胜全面建成小康社会、开启全面建设社会主义现代化国家新征程的科学指引。

“三个一以贯之”的精髓要义，就是要在中国特色社会主义新时代，不断推进党领导的伟大社会革命和伟大自我革命“两个伟大革命”。“三个一以贯之”和“两个伟大革命”的重大理论和实践意义就在于：要以我们党在理论创新上的不停顿推动党和人民事业的不停顿，动员全党把不忘初心、牢记使命聚焦到开新局于伟大社会革命、强体魄于伟大自我革命上来，在为人民不懈奋斗、同人民一起奋斗过程中，切实把奋斗精神贯彻到实现“四个伟大”历史使命中，形成竞相奋斗、团结奋斗的生动局面，在我国广袤的大地上继续书写 13 亿多中国人民伟大奋斗的历史新篇章。

---

* 本文原载 2018 年 3 月 29 日《人民日报》。

## 一、深刻理解坚持和发展中国特色社会主义要一以贯之

中国共产党既是马克思主义执政党，也是马克思主义革命党。建党97年来，我们党团结带领人民不仅成功进行了夺取国家政权的伟大政治革命，而且成功领导了变革旧的生产关系、确立和发展新的生产关系以及对社会主义生产关系进行自我完善和发展的伟大社会革命。中国共产党成立97年来，已相继完成新民主主义革命、社会主义革命，正在继续进行改革开放新的伟大革命。习近平总书记把这三次革命统称为党领导人民进行的伟大社会革命，并强调新时代中国特色社会主义是我们党领导人民进行伟大社会革命的成果，也是我们党领导人民进行伟大社会革命的继续，必须一以贯之进行下去。

坚持把中国特色社会主义一以贯之进行下去的一个重要体现是：我们党的几届中央领导集体，始终把坚持和发展中国特色社会主义作为党在新的历史起点上全部理论和实践的主题，把决胜全面建成小康社会、夺取新时代中国特色社会主义伟大胜利作为党的各项工作的主线，把坚持和发展中国特色社会主义作为巩固全党全国各族人民共同思想政治基础的主轴，并在新的历史起点、新的发展阶段的全新实践中，始终紧紧扭住坚持和发展中国特色社会主义不放。

坚持把中国特色社会主义一以贯之进行下去的又一个重要体现是：进入中国特色社会主义新时代，我们党一再强调要把改革开放这场新的伟大社会革命进行到底。习近平总书记多次指出，我国改革已进入攻坚期和深水区，要以壮士断腕的勇气、凤凰涅槃的决心，敢于向积存多年的顽瘴痼疾开刀，敢于触及深层次利益关系和矛盾。为此，要大力弘扬将革命进行到底精神，把改革进行到底。总书记还指出，2018年，我们将迎来改革开放40周年。我们要以庆祝改革开放40周年为契机，逢山开路，遇水架桥，将改革进行到底。

人们可以看到，在全面深化改革施工高峰期，我们党正在多推有利于增添经济发展动力的改革，多推有利于促进社会公平正义的改革，多推有利于增强人民群众获得感的改革，多推有利于调动广大干部群众积极性的改革。

对新时代的全面深化改革，总书记强调指出，要着力补齐重大制度短板，着力抓好改革任务落实，着力巩固拓展改革成果，着力提升人民群众获得感，不断将改革推深做实，推进基础性关键领域改革取得实质性成果。他强调，要在破除各方面体制机制弊端、调整深层次利益格局上再拿下一些硬任务。总书记还明确宣示，2018 年中国改革的领域将更广、举措将更多、力度将更强。所有这些，都是以习近平同志为核心的党中央一以贯之坚持和发展中国特色社会主义、不断推进党领导的伟大社会革命在新时代伟大实践中的生动体现。

## 二、深刻理解推进党的建设新的伟大工程要一以贯之

党的十八大以来，我们党和国家事业取得历史性成就、发生历史性变革，其基本经验可归结为必须把党建设好、必须把道路坚持好。这同党的十九大报告提出的"伟大斗争，伟大工程，伟大事业，伟大梦想，紧密联系、相互贯通、相互作用，其中起决定性作用的是党的建设新的伟大工程"是内在统一的。

突出强调新时代必须以党的自我革命来推动党领导人民进行的伟大社会革命，是因为我们党早在新民主主义革命时期就认识到，党领导无产阶级和人民群众改造世界的斗争，既包括改造客观世界，也包括改造自己的主观世界。在改革开放历史新时期我们党又认识到，要实现党和国家确定的战略目标，必须一手抓改革开放，一手抓惩治腐败。党的十八大以来，我们党从全面从严治党的实践中进一步认识到，不断进行党的自我革命，把党建设得更加坚强有力，不仅对党永远立于不败之地具有重大意义，而且对党把伟大社会革命进行到底具有重大意义。

突出强调新时代必须以党的自我革命来推动党领导人民进行的伟大社会革命，是因为我们党作为马克思主义执政党，不仅要有强大的真理力量，而且要有强大的人格力量。真理力量集中体现为党的正确理论，人格力量集中体现为党的优良作风。党拥有强大的真理力量，就能以高度的自信心，汇聚起夺取新时代中国特色社会主义伟大胜利、实现中华民族伟大复兴的磅礴力量；党拥有强大的人格力量，就能以强大的公信力，取信于人民、取信

于天下，跳出历史周期率，永葆旺盛生命力和强大战斗力。

突出强调新时代必须以党的自我革命来推动党领导人民进行的伟大社会革命，是因为中国特色社会主义最本质的特征是中国共产党领导，中国特色社会主义制度的最大优势是中国共产党领导。党是最高政治领导力量，党政军民学，东西南北中，党是领导一切的。在我们这样一个由党集中统一领导的国家，党兴则国强，党衰则国弱。搞好党的自我革命不仅关系党的前途命运，而且关系国家和民族的前途命运。

突出强调新时代必须以党的自我革命来推动党领导人民进行的伟大社会革命，是因为我们党确信：在中华民族5000多年的奋斗积累面前、在13亿多中国人民聚合的磅礴伟力面前、在8900多万名党员和450多万个基层党组织的强大组织力量面前，没有任何外部力量能打败我们，能打败我们的只有我们自己。只要持续奋斗、不懈奋斗，始终坚持以党的自我革命来推动党领导人民进行的伟大社会革命，永远与人民同呼吸、共命运、心连心，永远同人民想在一起、干在一起，就能确保党在带领人民全面建设社会主义现代化强国的过程中不断提高党的建设质量，增强党组织的政治功能和组织功能，提高适应新时代新要求的新本领新能力。

党的十九大以来，习近平总书记深刻总结、科学概括全面从严治党中形成的重要经验：坚持思想建党和制度治党相统一，坚持使命引领和问题导向相统一，坚持抓“关键少数”和管“绝大多数”相统一，坚持行使权力和担当责任相统一，坚持严格管理和关心信任相统一，坚持党内监督和群众监督相统一。这“六个统一”的管党治党新经验，标志着我们党对新时代党的建设规律的认识达到了新高度。“六个统一”的规律性认识集中到一点就是，始终坚持“打铁必须自身硬”。从“打铁还需自身硬”到“打铁必须自身硬”，再到“自身必须始终过硬”，在习近平总书记2018年“1·5”重要讲话中，具体化为信念过硬、政治过硬、责任过硬、能力过硬、作风过硬这“五个过硬”，都充分体现了这一点。而在抓党的自身过硬方面，可圈可点、管用实用的一条就是始终把抓“关键少数”和管“绝大多数”统一起来，做到领导带头、以身作则、以上率下，因为这样做是最有说服力、最有带动力的。党的十八大和十九大闭幕后，以习近平同志为核心的党中央都率先召开中央政治局民主生活会，都对全党起到了重要示范带动作用。

# 三、深刻理解增强忧患意识、防范风险挑战要一以贯之

我们党领导的“两个伟大革命”的深刻性、艰巨性，决定了它们从来都不是在风平浪静、敲锣打鼓中进行的，而是在应对和化解风险挑战中艰难前行的。把增强忧患意识、防范风险挑战要一以贯之，纳入“三个一以贯之”的论述逻辑表明：习近平新时代中国特色社会主义思想不仅是一个完整的理论体系，而且是有效防范化解各种风险挑战的强大战略体系。

增强忧患意识、注重防范风险，是习近平总书记战略思维的一个显著特点。早在20世纪80年代在河北省正定县工作时，他就提出“七品芝麻官”要讲战略。他要求全县各级干部都要努力成为各个岗位上的战略家，注重在宏观战略指导下研究自己的微观战略，在全局发展战略基础上研究局部的发展战略。到中央工作后，习近平总书记进一步指出：“战略问题是一个政党、一个国家的根本性问题。战略上判断得准确，战略上谋划得科学，战略上赢得主动，党和人民事业就大有希望。”他要求党和国家高级干部一定要有很强的战略意识，不断拓宽战略视野、更新战略思维、增强战略素养、保持战略清醒。

强调下好先手棋、打好主动仗，是总书记战略思维的又一个显著特点。他要求进行科学谋划、长远谋划、战略谋划、全局谋划、统筹谋划，提出既要打好防范和抵御风险的有准备之战，也要打好化险为夷、转危为机的战略主动仗。在学习贯彻党的十九大精神研讨班开班式上的重要讲话中，总书记以深邃的战略眼光、敏锐的政治洞察，全面深刻分析了我们党和国家在新时代面临的一系列重大风险和严峻挑战，深刻指出：预判风险所在是防范风险的前提，把握风险走向是谋求战略主动的关键。

强调注重防范那些可能迟滞或中断全面建成小康社会、实现中华民族伟大复兴进程的全局性风险，是习近平总书记战略思维最重要的显著特点。应当看到，推进“两个伟大革命”本身就是对风险挑战的积极应对和化解，在推进过程中又要防止犯战略性、颠覆性错误，而防止犯这种错误也是防范风险挑战的题中应有之义。还应看到，我们党在新时代面临的诸多风险挑战中，最根本最致命的风险就是那些可能迟滞或中断全面建成小康社会、实

现中华民族伟大复兴进程的全局性风险。对此,党的十八大以来,总书记多次强调,各级党委和政府对可能发生的各种风险要增强责任感和自觉性,把自己职责范围内的风险防控好,不能把防风险的责任都推到上面,也不能把防风险的责任都留到后面,更不能在工作中不负责任地制造风险。坚决做到不让小风险演化为大风险,不让个别风险演化为综合风险,不让局部风险演化为区域性或系统性风险,不让经济风险演化为社会政治风险,不让国际风险演化为国内风险。

习近平总书记指出,我们党是生于忧患、成长于忧患、壮大于忧患的政党。新时代的中国共产党人只有深刻领会、全面贯彻“三个一以贯之”,始终心存忧患、肩扛重担,才能团结带领全国人民不断从胜利走向新的胜利。